工程建设标准规范分类汇编

城市道路与桥梁施工验收规范

（修 订 版）

中国建筑工业出版社 编

中国建筑工业出版社
中国计划出版社

图书在版编目（CIP）数据

城市道路与桥梁施工验收规范/中国建筑工业出版社编．修订版．
—北京：中国建筑工业出版社，中国计划出版社，2003
（工程建设标准规范分类汇编）
ISBN 7-112-06009-5

Ⅰ.城... Ⅱ.中... Ⅲ.①城市道路-道路工程-建筑规范-汇编-中国
②城市桥-工程施工-建筑规范-汇编-中国 Ⅳ.①U41-65②U448.15-65

中国版本图书馆 CIP 数据核字（2003）第 080377 号

工程建设标准规范分类汇编
城市道路与桥梁施工验收规范
（修订版）
中国建筑工业出版社 编
*
中国建筑工业出版社
中国计划出版社 出版
新华书店经销
北京同文印刷有限责任公司印刷
*
开本：787×1092 毫米 1/16 印张：$55\frac{3}{4}$ 字数：1386 千字
2003 年 11 月第二版 2006 年 8 月第十次印刷
印数：19801-21300 册 定价：**114.00** 元
ISBN 7-112-06009-5
TU·5282（12022）

本社网址：http：//www.china-abp.com.cn
网上书店：http：//www.china-building.com.cn

修　订　说　明

“工程建设标准规范汇编”共35分册，自1996年出版（2000年对其中15分册进行了第一次修订）以来，方便了广大工程建设专业读者的使用，并以其“分类科学，内容全面、准确”的特点受到了社会的好评。这些标准是广大工程建设者必须遵循的准则和规定，对提高工程建设科学管理水平，保证工程质量和工程安全，降低工程造价，缩短工期，节约建筑材料和能源，促进技术进步等方面起到了显著的作用。随着我国基本建设的发展和工程技术的不断进步，国务院有关部委组织全国各方面的专家陆续制订、修订并颁发了一批新标准，其中部分标准、规范、规程对行业影响较大。为了及时反映近几年国家新制定标准、修订标准和标准局部修订情况，我们组织力量对工程建设标准规范分类汇编中内容变动较大者再一次进行了修行。本次修订14册，分别为：

《混凝土结构规范》

《建筑结构抗震规范》

《建筑工程施工及验收规范》

《建筑工程质量标准》

《建筑施工安全技术规范》

《室外给水工程规范》

《室外排水工程规范》

《地基与基础规范》

《建筑防水工程技术规范》

《建筑材料应用技术规范》

《城镇燃气热力工程规范》

《城镇规划与园林绿化规范》

《城市道路与桥梁设计规范》

《城市道路与桥梁施工验收规范》

本次修订的原则及方法如下：

(1) 该分册内容变动较大者；

(2) 该分册中主要标准、规范内容有变动者；

(3) "▲"代表新修订的规范；

(4) "●"代表新增加的规范；

(5) 如无局部修订版，则将"局部修订条文"附在该规范后，不改动原规范相应条文。

修订的2003年版汇编本分别将相近专业内容的标准汇编于一册，便于对照查阅；各册收编的均为现行标准，大部分为近几年出版实施的，有很强的实用性；为了使读者更深刻地理解、掌握标准的内容，该类汇编还收入了有关条文说明；该类汇编单本定价，方便各专业读者购买。

该类汇编是广大工程设计、施工、科研、管理等有关人员必备的工具书。

关于工程建设标准规范的出版、发行，我们诚恳地希望广大读者提出宝贵意见，便于今后不断改进标准规范的出版工作。

中国建筑工业出版社

2003年8月

目　　录

“▲”代表新修订的规范；“●”代表新增加的规范。

目 次

▲ 《建筑地基基础设计规范》	GB 50007—02	1—1
大型锅炉基础动力计算及试验方法	SDJ 97—87	2—1
● 湿陷性黄土地区建筑规范	GB 50025—2004	3—1
冲击碾压法施工质量检验和验收	CJJ 1—90	4—1
膨胀土地区建筑技术规范	GBJ 2—90	5—1
● 软弱地基上建筑物的沉降观测及变形允许值	GBJ 7—89	6—1
● 灰土挤密桩和土挤密桩法处理地基技术规程	GBJ 5—81	7—1
强夯地基施工质量验收规范	GB 50497	8—1
建筑基桩检测技术规范	GB 50 —50	9
山区桥涵地基工程规范	CJJ 45—91	10—1
锚杆喷射混凝土支护技术规范	GBJ 3—91	11—1
地基钻探机械安全操作规程及管理条例	CJJ 44—91	12—1
● 粉煤灰混凝土应用技术	CJJ 60—95	13—1
● 湿陷性黄土地区深层处理技术规范	CJJ 69—95	14—1
● 采煤沉陷区地基处理工程施工质量验收	CJJ 72—91	15—1
● 高压旋喷注浆加固技术及验收规程	CJJ 74—59	16—1
● 铁路工程地基处理施工技术规范	CJJ 75—95	17—1
● 干作业钻孔灌注桩施工及验收规程	CJJ 80—98	18
● 建筑岩土工程勘察技术规程	GB 50—2001	19—1

▲为国家行政性规范，●为行业推荐性规范。

中华人民共和国国家标准

沥青路面施工及验收规范

Code for construction and acceptance of asphalt pavements

GB 50092—96

主编部门：中华人民共和国交通部
批准部门：中华人民共和国建设部
施行日期：1 9 9 7 年 5 月 1 日

关于发布国家标准《沥青路面施工及验收规范》的通知

建标［1996］545号

根据国家计委计综合［1992］490号文的要求，由交通部会同有关部门共同修订的《沥青路面施工及验收规范》，已经有关部门会审。现批准《沥青路面施工及验收规范》GB50092—96为强制性国家标准，自1997年5月1日起施行。原国家标准《沥青路面施工及验收规范》GBJ92—86同时废止。

本规范由交通部负责管理，其具体解释等工作由交通部公路科学研究所负责。出版发行由建设部标准定额研究所负责组织。

中华人民共和国建设部
一九九六年九月二十四日

目　次

1 总 则

1.0.1 为贯彻沥青路面“精心施工，质量第一”的方针，使铺筑的沥青路面坚实、平整、稳定、耐久，有良好的抗滑性能，确保沥青路面的施工质量，制定本规范。

1.0.2 本规范适用于新建和改建的公路、城市道路和厂矿道路的沥青路面工程。

1.0.3 沥青路面施工应有详细的施工组织设计。

1.0.4 沥青面层不得在雨天施工，当施工中遇雨时，应停止施工。雨季施工时应采取路面排水措施。

1.0.5 沥青路面施工应确保施工安全，施工人员应有良好的劳动保护。沥青拌和厂应具备防火设施。配制液体石油沥青的车间严禁烟火。使用煤沥青的施工人员应采取防止吸入煤沥青蒸气或皮肤直接接触煤沥青而使身体受到损害的保护措施。

1.0.6 沥青路面施工除应符合本规范外，尚应符合国家现行的有关标准、规范的规定。

2 术语、符号、代号

2.1 术 语

2.1.1 石油沥青

由石油经蒸馏、吹氧、调和等工艺加工得到的，主要为可溶于二硫化碳的碳氢化合物的半固体粘稠状物质。

2.1.2 道路石油沥青

符合沥青路面使用技术标准的沥青结合料。

2.1.3 重交通道路石油沥青

符合为高速公路、一级公路和城市快速路、主干路等重交通量道路使用，并符合“重交通道路石油沥青技术要求”的道路石油沥青，简称重交通道路沥青。

2.1.4 煤沥青

由煤干馏得到的煤焦油再经蒸馏加工制成的沥青。

2.1.5 混合沥青

不同标号的石油沥青按一定比例互相掺配，或以煤沥青与石油沥青互相掺配而制得的沥青。

2.1.6 乳化沥青

石油沥青或煤沥青与水在乳化剂、稳定剂的作用下经乳化加工制得的均匀的沥青产品，也称沥青乳液。按乳化沥青的使用方法分为喷洒型（用 P 表示）及拌和型（用 B 表示）乳化沥青两大类。

2.1.7 阳离子乳化沥青

用阳离子乳化剂制得的带阳电荷（以 C 表示）的乳化沥青。

2.1.8 阴离子乳化沥青

用阴离子乳化剂制得的带阴电荷（以 A 表示）的乳化沥青。

2.1.9 液体石油沥青

用汽油、煤油、柴油等溶剂将石油沥青稀释而成的沥青产品。

2.1.10 改性沥青

掺加橡胶、树脂、高分子聚合物、磨细的橡胶粉或其他填料等外掺剂（改性剂），或采取对沥青轻度氧化加工等措施，使沥青或沥青混合料的性能得以改善而制成的沥青结合料。

2.1.11 抗剥离剂

为提高集料与沥青的粘附性，增强沥青混合料抗水损害能力而向沥青或沥青混合料中加入的表面活化剂或石灰、水泥等填料。

2.1.12 沥青含量

沥青混合料中沥青质量与沥青混合料总质量的比例，以百分数表示。

2.1.13 油石比

沥青混合料中沥青质量与矿料质量的比例，以百分数表示。

2.1.14 矿料

用于沥青混合料的粗集料、细集料、填料的总称。

2.1.15 粗集料

经加工（轧碎、筛分）而成的粒径大于2.36 mm的碎石、破碎砾石、筛选砾石、矿渣等集料。

2.1.16 破碎砾石

由砾石经碎石机破碎加工而成的具有一个以上破碎面的石料。

2.1.17 酸性石料

石料化学成分中以硅、铝等亲水性矿物为主，与沥青粘结性能差，用于沥青混合料时易受水的影响造成沥青膜剥离的石料的统称，如花岗岩、花岗斑岩、石英岩、砂岩、片麻岩、角闪岩等。

2.1.18 细集料

天然形成或经轧碎、筛分等加工而成的粒径小于2.36 mm的天然砂、机制砂及石屑等集料。

2.1.19 天然砂

岩石经风化、搬运等作用后形成的粒径小于2.36 mm的颗粒部分。

2.1.20 机制砂

由碎石及砾石反复破碎加工至小于2.36 mm的部分，亦称人工砂。

2.1.21 石屑

采石场加工碎石时通过规格为4.75 mm的筛子的筛下部分集料的统称。

2.1.22 填料

在沥青混合料中起填充作用的粒径小于0.075 mm的矿物质粉末。

2.1.23 沥青面层

由沥青材料、矿料及其他外掺剂按要求比例混合、铺筑而成的单层或多层式结构层。三层铺筑的沥青面层自上而下称为上面层（也称表面层）、中面层、下面层（也称底面层）。

2.1.24 整平层

铺筑在旧路面上主要起调整高程、横坡和平整度等整平作用的结构层。

2.1.25 透层

为使沥青面层与非沥青材料基层结合良好，在基层上浇洒乳化沥青、煤沥青或液体石油沥青而形成的透入基层表面的薄层。

2.1.26 粘层

为加强在路面的沥青层与沥青层之间、沥青层与水泥混凝土路面之间的粘结而洒布的沥青材料薄层。

2.1.27 封层

为封闭表面空隙、防止水分浸入面层或基层而铺筑的沥青混合料薄层。铺筑在面层表面的称为上封层，铺筑在面层下面的称为下封层。

2.1.28 稀浆封层

用适当级配的石屑或砂、填料（水泥、石灰、粉煤灰、石粉等）与乳化沥青、外加剂和水，按一定比例拌合而成的流动状态的沥青混合料，将其均匀地摊铺在路面上形成的沥青封层。

2.1.29 磨耗层

为改善行车条件，防止行车对面层的磨损，延长路面的使用寿命而在沥青面层顶部用坚硬的细集料和结合料铺筑的薄结构层。

2.1.30 沥青表面处治路面

用沥青和集料按层铺或拌和法施工，其厚度不大于 3 cm 的一种薄层面层。

2.1.31 层铺法沥青表面处治路面

分层浇洒沥青、撒布集料、碾压成型的沥青表面处治路面。

2.1.32 单层式沥青表面处治路面

浇洒一次沥青，撒布一次集料铺筑而成的厚度为1～1.5 cm（乳化沥青表面处治为0.5 cm）的层铺法沥青表面处治路面。

2.1.33 双层式表面处治路面

浇洒两次沥青，撒布两次集料铺筑而成的厚度为 1.5～2.5 cm（乳化沥青表面处治为1 cm）的层铺法沥青表面处治路面。

2.1.34 三层式表面处治路面

浇洒三次沥青，撒布三次集料铺筑而成的厚度为2.5～3 cm（乳化沥青表面处治为3 cm）的层铺法沥青表面处治路面。

2.1.35 沥青贯入式路面

在初步压实的碎石（或破碎砾石）上，分层浇洒沥青、撒布嵌缝料，或再在上部铺筑热拌沥青混合料封层，经压实而成的沥青面层。

2.1.36 沥青混合料

由矿料与沥青结合料拌和而成的混合料的总称。

2.1.37 沥青混凝土混合料

由适当比例的粗集料、细集料及填料组成的符合规定级配的矿料，与沥青结合料拌和而制成的符合技术标准的沥青混合料（以 AC 表示，采用圆孔筛时用 LH 表示）。

2.1.38 密级配沥青混凝土混合料

各种粒径的颗粒级配连续、相互嵌挤密实的矿料，与沥青结合料拌和而成，压实后剩余空隙率小于 10％的沥青混合料。剩余空隙率 3％～6％（行人道路为 2％～6％）的为Ⅰ型密实式沥青混凝土混合料，剩余空隙率 4％～10％的为Ⅱ型半密实式沥青混凝土混合料。

2.1.39 半开级配沥青混合料

由适当比例的粗集料、细集料及少量填料（或不加填料）与沥青结合料拌和而成，压实后剩余空隙率在 10％以上的半开式沥青混合料，也称为沥青碎石混合料（以 AM 表示，采用圆孔筛时用 LS 表示）。

2.1.40 开级配沥青混合料

矿料级配主要由粗集料组成，细集料较少，矿料相互拨开，压实后空隙率大于 15％的开式沥青混合料。

2.1.41 间断级配沥青混合料

矿料级配组成中缺少 1 个或几个挡次而形成的级配间断的沥青混合料。

2.1.42 乳化沥青碎石混合料

由乳化沥青与矿料在常温状态下拌和而成，压实后剩余空隙率在 10％以上的常温沥青混合料。

2.1.43 砂粒式沥青混合料

最大集料粒径等于或小于4.75 mm（圆孔筛5 mm）的沥青混合料，也称为沥青石屑或沥青砂。

2.1.44 细粒式沥青混合料

最大集料粒径为 9.5 mm 或 13.2 mm（圆孔筛 10 mm 或 15 mm）的沥青混合料。

2.1.45 中粒式沥青混合料

最大集料粒径为16 mm或19 mm（圆孔筛20 mm或25 mm）的沥青混合料。

2.1.46 粗粒式沥青混合料

最大集料粒径为26.5 mm或31.5 mm（圆孔筛30～40 mm）的沥青混合料。

2.1.47 特粗式沥青碎石混合料

最大集料粒径等于或大于37.5 mm（圆孔筛45 mm）的沥青碎石混合料。

2.1.48 热拌热铺沥青混合料路面

沥青与矿料在热态下拌和、热态下铺筑施工成型的沥青路面。

2.1.49 常温沥青混合料路面

采用乳化沥青或稀释沥青与矿料在常温状态下拌和、铺筑的沥青路面。

2.1.50 沥青混凝土路面

面层用沥青混凝土混合料铺筑的路面。

2.1.51 沥青碎石路面

沥青面层各层均用沥青碎石混合料铺筑的路面。

2.1.52 抗滑表层

为汽车交通提供较好的抗滑能力，由抗滑表层混合料（以 AK 表示，采用圆孔筛时以 LK 表示）铺筑的符合规定的宏观粗糙度、微观粗糙度及磨擦系数要求的沥青面层的上面层，也称抗滑磨耗层。

2.1.53 马歇尔稳定度

采用马歇尔试验测定的沥青混合料所能承受的最大荷载，以 kN 计。

2.1.54 动稳定度

沥青混合料进行车辙试验时，变形进入稳定期后每产生1 mm 轮辙试验轮行走的次数，以次/mm计。

2.2 符号及代号

符号及代号　表 2.2

编　号	符号或代号	意　义
2.2.1	HMA	热拌沥青混合料，Hot Mix Asphalt 的缩写
2.2.2	AH	重交通量道路用石油沥青（重交通道路沥青）
2.2.3	A	普通道路石油沥青
2.2.4	T	道路煤沥青
2.2.5	PC	喷洒型阳离子乳化沥青
2.2.6	BC	拌和型阳离子乳化沥青
2.2.7	PA	喷洒型阴离子乳化沥青
2.2.8	BA	拌和型阴离子乳化沥青
2.2.9	RS	快裂乳化沥青
2.2.10	MS	中裂乳化沥青
2.2.11	SS	慢裂乳化沥青
2.2.12	AL（R）	快凝液体石油沥青
2.2.13	AL（M）	中凝液体石油沥青
2.2.14	AL（S）	慢凝液体石油沥青
2.2.15	AC	沥青混凝土混合料
2.2.16	LH	沥青混凝土混合料（采用圆孔筛时）
2.2.17	AM	沥青碎石混合料
2.2.18	LS	沥青碎石混合料（采用圆孔筛时）
2.2.19	AK	抗滑表层沥青混合料
2.2.20	LK	抗滑表层沥青混合料（采用圆孔筛时）
2.2.21	ES	乳化沥青稀浆封层沥青混合料
2.2.22	OAC	沥青混合料的最佳沥青用量，Optimum Asphalt Content 的缩写
2.2.23	MS	马歇尔稳定度
2.2.24	FL	马歇尔试验的流值
2.2.25	VV	沥青混合料中的空隙率
2.2.26	VMA	沥青混合料中的矿料间隙率，Void in Mineral Aggregate 的缩写
2.2.27	VFA	沥青混合料中的沥青饱和度，Aggregate Voids Filled with Asphalt 的缩写
2.2.28	DS	沥青混合料车辙试验的动稳定度，Dynamic Stability 的缩写

续表 2.2

编　号	符号或代号	意　义
2.2.29	EVT	等粘度温度，Equi-viscous Temperature 的缩写
2.2.30	COC	沥青的克利夫兰杯开式闪点，Cleaveland Open-Cup Method 的缩写
2.2.31	TOC	沥青的泰格杯开式闪点，Tag Open-Cup Method 的缩写
2.2.32	PSV	石料的磨光值，Polished Stone Valve 的缩写
2.2.33	FB(BPN)	用摆式仪测定的路面磨擦系数摆值，其单位 BPN 是 British Pendulum（Tester）Number 的缩写
2.2.34	TFOT	沥青的薄膜加热试验，Thin Film Oven Test 的缩写
2.2.35	PI	沥青的针入度指数，Penetration Index 的缩写
2.2.36	CL	管理图上质量指标的中线值
2.2.37	UCL	管理图上质量控制的上限值
2.2.38	LCL	管理图上质量控制的下限值
2.2.39	M_x	砂的细度模数

3 基 层

3.0.1 沥青路面基层的材料要求、施工工艺应符合现行的路面设计规范和基层施工技术规范的规定。沥青面层施工前应对基层进行检查，当基层的质量检查符合要求后方可修筑沥青面层。沥青路面的基层应符合下列要求：

3.0.1.1 强度、刚度、干燥收缩和温度收缩变形、高程符合要求。

3.0.1.2 具有稳定性。

3.0.1.3 表面应平整、密实；基层的拱度与面层的拱度应一致。

3.0.2 新建的沥青路面的基层可按设计要求选用水泥、石灰、粉煤灰等无机结合料稳定土或粒料的半刚性基层及泥（灰）结碎石、级配碎石、级配砂砾基层，也可采用沥青贯入式、沥青碎石或碾压式水泥混凝土基层。对高速公路、一级公路和城市快速路、主干路宜采用高强少裂、整体性能好的无机结合料或稳定粒料的半刚性基层，稳定细粒土只可作底基层。

3.0.3 旧沥青路面作为基层加铺沥青面层时，应根据旧路质量，确定对原有路面进行处理、整平或补强，并应遵循下列原则：

3.0.3.1 符合设计强度、基本无损坏的旧沥青路面经整平后可作基层使用。

3.0.3.2 旧路面已有明显损坏的，应调查损坏原因。强度能达到设计要求的，进行全部或部分处理，铲除拥包、车辙及龟裂严重的结构层，填补坑槽并整平后，再加铺沥青面层。损坏严重、强度达不到设计要求的，应重新设计，不得直接作基层使用。

3.0.4 可作基层使用的旧沥青路面的整平应按高程控制铺筑，分层整平的一层最大厚度不宜超过10 cm，如图 3.0.4 所示。

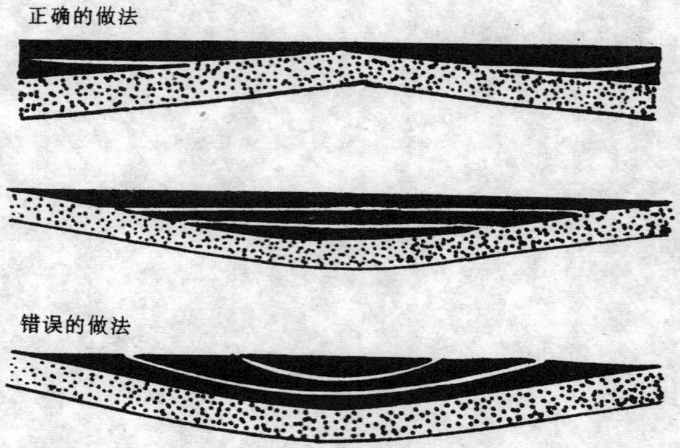

图 3.0.4 旧沥青路面的整平方法

3.0.5 新建半刚性基层铺筑后应及时进行养生及保护，浇洒透层或铺筑下封层，并尽快铺筑沥青面层。

4 材　　料

4.1 一 般 规 定

4.1.1 沥青材料应附有炼油厂的沥青质量检验单。运至现场的各种材料必须按要求进行试验，经评定合格方可使用。

4.1.2 沥青路面集料的粒径选择和筛分应以方孔筛为准。当受条件限制时，可按表 4.1.2 的规定采用与方孔筛相对应的圆孔筛。

方孔筛与圆孔筛的对应关系　　**表 4.1.2**

方孔筛孔径（mm）	对应的圆孔筛孔径（mm）	方孔筛孔径（mm）	对应的圆孔筛孔径（mm）
106	130	13.2	15
75	90	9.5	10
63	75	4.75	5
53	65	2.36	2.5
37.5	45	1.18	1.2
31.5	40 或 35	0.6	0.6
26.5	30	0.3	0.3
19.0	25	0.15	0.15
16.0	20	0.075	0.075

注：表中的圆孔筛系列，孔径小于2.5 mm的筛孔为方孔。

4.1.3 沥青路面的沥青材料可采用道路石油沥青、煤沥青、乳化石油沥青、液体石油沥青等。沥青材料的选择应根据交通量、气候条件、施工方法、沥青面层类型、材料来源等情况确定。当采用改性沥青时应进行试验并应进行技术论证。

4.1.4 路面材料进入施工场地时，应登记，并签发材料验收单。验收单应包括材料来源、品种、规格、数量、使用目的、购置日期、存放地点及其他应予注明的事项。

4.2 道路石油沥青

4.2.1 道路石油沥青适用于各类沥青路面的面层，并应符合下列规定：

4.2.1.1 高速公路、一级公路和城市快速路、主干路铺筑沥青路面时，石油沥青材料的质量要求应符合本规范附录 C 表 C.0.1 的规定。当沥青材料来源确有困难时，高速公路、一级公路和城市快速路、主干路的下面层、联接层，可将技术要求中的含蜡量指标放宽至 5%，15℃ 延度放宽至60 cm（AH－50）及80 cm（除 AH－50 外的其他标号），其他指标应符合要求。

4.2.1.2 除 4.2.1.1 规定以外的其他等级的公路与城市道路，石油沥青材料的质量要求宜符合本规范附录 C 表 C.0.2 的规定。

4.2.2 沥青面层所采用的沥青标号，宜根据气候分区、沥青路面类型和沥青种类等按表 4.2.2 选用。沥青路面施工气候分区应符合附录 A 的规定。

4.2.3 当沥青标号不符合使用要求时，可采用几种不同标号掺配的混合沥青，其掺配比例应由试验决定。掺配时应混合均匀，掺配后的混合沥青应符合本规范附录 C 表 C.0.1 或表 C.0.2 的要求。

4.2.4 面层的上层宜采用较稠的沥青，下层或联接层宜采用较稀的沥青。对渠化交通的道路，宜采用较稠的沥青。

4.2.5 沥青贮运站及沥青混合料拌和厂应将不同来源、不同标号的沥青分开存放，不得混杂。在使用期间，贮存沥青的沥青罐或贮油池中的温度不宜低于 130℃，并不得高于 180℃。在冬季停止施工期间，沥青可在低温状态下存放。经较长时间存放的沥青在使用前应抽样检验，不符合质量要求的不得使用。同一工程使用不同沥青时，应明确记录各种沥青所使用的路段及部位。

沥青标号的选择 表 4.2.2

气候分区	沥青种类	沥青路面类型			
		沥青表面处治	沥青贯入式	沥青碎石	沥青混凝土
寒区	石油沥青	A—140 A—180 A—200	A—140 A—180 A—200	AH—90 AH—110 AH—130 A—100 A—140	AH—90 AH—110 AH—130 A—100 A—140
	煤沥青	T—5 T—6	T—6 T—7	T—6 T—7	T—7 T—8
温区	石油沥青	A—100 A—140 A—180	A—100 A—140 A—180	AH—90 AH—110 A—100 A—140	AH—70 AH—90 A—60 A—100
	煤沥青	T—6 T—7	T—6 T—7	T—7 T—8	T—7 T—8
热区	石油沥青	A—60 A—100 A—140	A—60 A—100 A—140	AH—50 AH—70 AH—90 A—100 A—60	AH—50 AH—70 A—60 A—100
	煤沥青	T—6 T—7	T—7	T—7 T—8	T—7 T—8 T—9

4.2.6 道路石油沥青在贮运、使用及存放过程中应采取防水措施，并应避免雨水或加热管道蒸汽进入沥青罐或贮油池中。

4.3 乳化石油沥青

4.3.1 乳化石油沥青的质量要求应符合本规范附录C表C.0.3的规定。

4.3.2 乳化沥青适用于沥青表面处治路面、沥青贯入式路面、常温沥青混合料路面，以及透层、粘层与封层。

4.3.3 乳化沥青的类型应根据使用目的、矿料种类、气候条件选用。对酸性石料，以及当石料处于潮湿状态或在低温下施工时，宜采用阳离子乳化沥青；对碱性石料，且石料处于干燥状态，或与水泥、石灰、粉煤灰共同使用时，宜采用阴离子乳化沥青。

4.3.4 乳化沥青可利用胶体磨或匀油机等乳化机械在沥青拌和厂现场制备。乳化剂用量(按有效含量计)宜为沥青质量的0.3%～0.8%。制备现场乳化沥青的温度应通过试验确定，乳化剂水溶液的温度宜为40～70℃，石油沥青宜加热至120～160℃。乳化沥青制造后应及时使用。经较长时间存放的乳化沥青在使用前应抽样检验，并不得离析、冻结、破乳，质量不符合要求者不得使用。

4.4 液体石油沥青

4.4.1 液体石油沥青适用于透层、粘层及拌制常温沥青混合料。根据使用目的与场所，可分别选用快凝、中凝、慢凝的液体石油沥青。

4.4.2 液体石油沥青使用前应由试验确定掺配比例，其质量应符合本规范附录C表C.0.4的规定。

4.5 煤 沥 青

4.5.1 道路用煤沥青适用于透层、粘层，也可用于三级及三级以下的公路和次干路以下的城市道路铺筑沥青面层，但热拌沥青混合料路面的表面层不宜采用煤沥青。煤沥青的标号可根据气候分区、沥青路面类型和沥青种类按表4.2.2选用。

4.5.2 道路用煤沥青的质量应符合本规范附录C表C.0.5的规定。

4.5.3 在煤沥青使用期间，其贮油池或沥青罐中的温度宜为70～90℃，并应避免长期贮存。经较长时间存放的煤沥青在使用前应抽样检验，质量不符合要求者不得使用。

4.6 粗 集 料

4.6.1 用于沥青面层的粗集料包括碎石、破碎砾石、筛选砾石、矿渣等。粗集料应由具有生产许可证的采石场生产。

4.6.2 粗集料的粒径规格应按照本规范附录C表C.0.6或表

C.0.7 的规定选用。当生产的粗集料不符合规格要求，但与其他材料配合后的级配符合各类沥青面层的矿料使用要求时，亦可使用。

4.6.3 粗集料应洁净、干燥、无风化、无杂质，并具有足够的强度和耐磨耗性，其质量应符合本规范附录 C 表 C.0.8 的规定。

4.6.4 粗集料应具有良好的颗粒形状，用于道路沥青面层的碎石不宜采用颚式破碎机加工。

4.6.5 路面抗滑表层粗集料应选用坚硬、耐磨、抗冲击性好的碎石或破碎砾石，不得使用筛选砾石、矿渣及软质集料。用于高速公路、一级公路和城市快速路、主干路沥青路面表面层及各类道路抗滑表层的粗集料应符合本规范附录 C 表 C.0.8 中石料磨光值的要求，但允许掺加不超过 40% 粗集料总量的普通集料作为中等或较小粒径的粗集料。

4.6.6 破碎砾石应采用粒径大于50 mm的颗粒轧制。破碎砾石中 4.75 mm（圆孔筛5 mm）及以上颗粒的破碎面积应符合本规范附录 C 表 C.0.8 的要求。

4.6.7 筛选砾石仅适用于三级及三级以下公路和次干路以下的城市道路的沥青表面处治路面或拌和法施工的沥青面层的下面层，不得用于贯入式路面及拌和法施工的沥青面层的中、上面层。

4.6.8 三级及三级以下公路和次干路以下的城市道路可采用钢渣作为粗集料。钢渣在破碎后应有 6 个月以上的存放期，其质量应符合本规范附录 C 表 C.0.8 的要求，并应按本规范附录 B 的方法对钢渣活性进行检验，检验不合格者不得使用。钢渣沥青混合料的沥青用量必须经配合比设计确定。

4.6.9 当用于高速公路、一级公路和城市快速路、主干路的石料为酸性岩石时，宜使用针入度较小的沥青，并应采用下列抗剥离措施，使沥青与矿料的粘附性符合本规范附录 C 表 C.0.8 的要求。

4.6.9.1 用干燥的磨细消石灰或生石灰粉、水泥作为填料的一部分，其用量宜为矿料总量的 1%～2%。

4.6.9.2 在沥青中掺加抗剥离剂。

4.6.9.3 将粗集料用石灰浆处理后使用。

4.7 细 集 料

4.7.1 沥青面层的细集料可采用天然砂、机制砂及石屑，其规格应分别符合本规范附录 C 表 C.0.9 和表 C.0.10 的要求。

4.7.2 细集料应洁净、干燥、无风化、无杂质，并有适当的颗粒级配，其质量应符合本规范附录 C 表 C.0.11 的要求。

4.7.3 热拌沥青混合料的细集料宜采用优质的天然砂或机制砂。在缺砂地区，也可使用石屑，但高速公路、一级公路和城市快速路、主干路沥青混凝土面层及抗滑表层的石屑用量不宜超过天然砂及机制砂的用量。

4.7.4 细集料应与沥青有良好的粘结能力。与沥青粘结性能很差的天然砂及用花岗岩、石英岩等酸性石料破碎的机制砂或石屑不宜用于高速公路、一级公路和城市快速路、主干路沥青面层。当需要使用时，应采用本规范 4.6.9 条规定的抗剥离措施。

4.8 填 料

4.8.1 沥青混合料的填料宜采用石灰岩或岩浆岩中的强基性岩石等憎水性石料经磨细得到的矿粉。原石料中的泥土杂质应除净。矿粉要求干燥、洁净，其质量应符合本规范附录 C 表 C.0.12 的要求。当采用水泥、石灰、粉煤灰作填料时，其用量不宜超过矿料总量的 2%。

4.8.2 粉煤灰作为填料使用时，其烧失量应小于 12%，塑性指数应小于 4%，其余质量要求与矿粉相同。粉煤灰的用量不宜超过填料总量的 50%，并应经试验确认与沥青有良好的粘结力，沥青混合料的水稳性能应满足要求。高速公路、一级公路和城市快速路、主干路的沥青混凝土面层不宜采用粉煤灰作填料。

4.8.3 拌和机采用干法除尘措施回收的粉尘，可作为矿粉的一部分使用。采用湿法除尘措施回收的粉尘，使用时应经干燥粉碎处理，且不得含有杂质。回收粉尘的用量不得超过填料总量的 50%，掺有粉尘填料的塑性指数不得大于 4%，其余质量要求应与矿粉相同。

5 沥青表面处治路面

5.1 一 般 规 定

5.1.1 沥青表面处治适用于三级及三级以下公路、城市道路的支路、县镇道路、各级公路的施工便道以及在旧沥青面层上加铺的罩面层或磨耗层。

5.1.2 沥青表面处治路面可采用拌和法或层铺法施工，其厚度不宜大于3 cm。

5.1.3 拌和法沥青表面处治路面可采用热拌热铺或冷拌冷铺法施工。热拌热铺法的施工工艺应符合本规范第 7 章的规定。冷拌冷铺法的施工工艺应符合本规范第 8 章的规定。

5.1.4 层铺法沥青表面处治路面的施工宜采用沥青洒布车及集料撒布机联合作业。

5.1.5 沥青表面处治施工的工序应紧密衔接，每个作业段长度应根据压路机数量、洒油设备及集料撒布机能力等确定。当天施工的路段应当天完成。

5.1.6 沥青表面处治宜在干燥和较热的季节施工，并应在雨季及日最高温度低于 15℃到来以前半个月结束，使表面处治层通过开放交通压实，成型稳定。

5.2 材料规格和用量

5.2.1 沥青表面处治采用的集料最大粒径应与处治层的厚度相等，其规格和用量应按本规范附录 D 表 D.0.1 或 D.0.2 选用；当采用乳化沥青时，应减少乳液流失，可在主层集料中掺加 20%以上较小粒径的集料。沥青表面处治施工后，应在路侧另备碎石或石屑、粗砂或小砾石作为初期养护用料，其中，碎石的规格为S12（5～10 mm），粗砂或小砾石的规格为S14（3～5 mm），其用量为每1000 m^2准备2～3 m^3。城市道路的初期养护料，在施工时应与最后一遍料一起撒布。

5.2.2 沥青表面处治可采用道路石油沥青、煤沥青或乳化沥青铺筑，并应符合下列规定：

5.2.2.1 当采用道路石油沥青时，沥青用量应按本规范附录D表D.0.1或表D.0.2选定，沥青标号应按本规范表4.2.2选用。

5.2.2.2 当采用煤沥青时，应将附录D表D.0.1或表D.0.2中的沥青用量相应增加15%～20%，沥青标号应按本规范表4.2.2选用。

5.2.2.3 当采用乳化沥青时，乳液用量应根据本规范附录D表D.0.1或表D.0.2所列的乳液用量并按其中的沥青含量进行折算。乳化沥青的类型及标号应按本规范附录C表C.0.3选用。

5.2.2.4 沥青表面处治各层沥青的用量应根据施工气温、沥青标号、基层等情况，在规定范围内选用。在施工气温较低的寒冷地区、当沥青针入度较小、基层空隙较大时，沥青用量宜采用高限。

5.2.3 在旧沥青路面、清扫干净的碎（砾）石路面、水泥混凝土路面、块石路面上铺筑沥青表面处治路面时，可在第一层中增加10%～20%沥青用量，不再另洒透层油。

5.3 施工机械

5.3.1 沥青表面处治施工应采用沥青洒布车喷洒沥青，洒布时车速和喷洒量应保持稳定。沥青洒布车在整个宽度内喷洒应均匀。

5.3.2 小规模沥青表面处治施工可采用机动或手摇的手工沥青洒布机洒布沥青，乳化沥青也可用齿轮泵或气压式洒布机洒布，但不宜采用柱塞式洒布机。手工喷洒，洒布应均匀，喷洒工人应拥有熟练的技术。

5.3.3 沥青表面处治施工宜采用6～8 t及8～10 t的压路机。碾压时，应使集料嵌挤紧密，石料不得有较多压碎。乳化沥青表面处治宜采用较轻的机械。

5.4 施工准备

5.4.1 沥青表面处治施工应在路缘石安装完成以后进行，基层必须清扫干净。

5.4.2 施工前应检查沥青洒布车的油泵系统、输油管道、油量表、保温设备等。将一定数量的沥青装入油罐后，应先在路上试洒，确定喷洒速度及洒油量。每次喷洒前喷油嘴应保持干净，管道应畅通，喷油嘴的角度应一致，并与洒油管成15°～25°的夹角，洒油管的高度应如图5.4.2所示，使同一地点接受两个或三个喷油嘴喷洒的沥青，并不得出现花白条。在有风的天气下不宜使用三重喷洒高度。当采用洒布过热沥青的机械洒布乳化沥青时，必须将残留沥青除净并用柴油清洗干净。

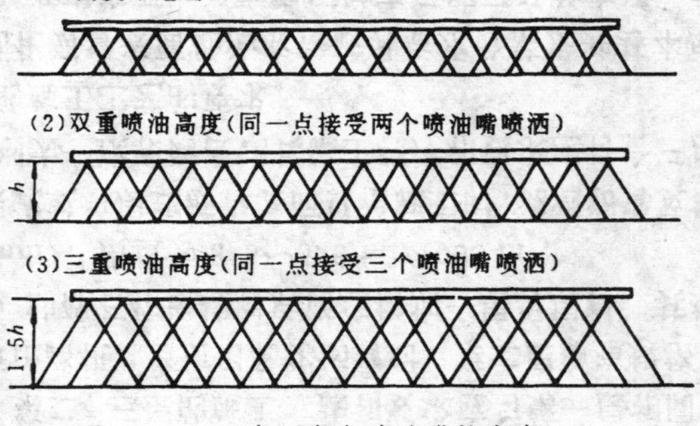

图5.4.2 沥青洒布车喷油嘴的高度

5.4.3 集料撒布机使用前应检查其传动和液压调整系统，并应进行试洒，确定撒布各种规格集料时应控制的下料间隙及行驶速度。

5.4.4 当为半幅施工并采用人工撒布集料时，应先在半幅等距离划分小段，并应按规定用量备足集料，以后每层按同样办法备料。

5.4.5 浇洒透层沥青或粘层沥青应符合本规范第 9 章的规定。

5.5 施 工 方 法

5.5.1 三层式沥青表面处治的施工工艺应按下列步骤进行：

5.5.1.1 在透层沥青充分渗透，或在已做透层或封层并已开放交通的基层清扫后，可按要求速度浇洒第一层沥青。浇洒沥青应符合下列要求：

(1) 沥青的浇洒温度应根据施工气温及沥青标号选择，石油沥青的洒布温度宜为 130～170℃，煤沥青的洒布温度宜为 80～120℃。乳化沥青可在常温下洒布，当气温偏低，破乳及成型过慢时，可将乳液加温后洒布，但乳液温度不得超过 60℃。

(2) 当发现浇洒沥青后有空白、缺边时，应及时进行人工补洒；当有沥青积聚时应刮除。

(3) 沥青浇洒的长度应与集料撒布机的能力相配合，应避免沥青浇洒后等待较长时间才撒布集料。

(4) 前后两车喷洒的接茬应搭接良好。在每段接茬处，可用铁板或建筑纸等横铺在本段起洒点前及终点后，其长度宜为 1～1.5 m。当需要分幅浇洒时，纵向搭接宽度宜为 10～15 cm。浇洒第二、三层沥青的搭接缝应错开。

(5) 除阳离子乳化沥青外，不得在潮湿的集料、基层或旧路面上浇洒沥青。

5.5.1.2 第一层次集料在浇洒主层沥青后立即进行撒布，并不宜在主层沥青全段洒布完成后进行。撒布集料应采用集料撒布机或人工撒布，并应符合下列要求：

(1) 当使用乳化沥青时，集料撒布应在乳液破乳之前完成。

(2) 撒布集料后应及时扫匀，应覆盖施工路面，厚度应一致，集料不应重叠，也不应露出沥青。当局部有缺料时，应及时进行人工找补，局部过多时，应将多余集料扫出。

(3) 前幅路面浇洒沥青后，应在两幅搭接处暂留 10～15 cm宽度不撒石料，待后幅浇洒沥青后一起撒布集料。

5.5.1.3 撒布一段集料后，应立即用 6～8 t钢筒双轮压路机碾压，碾压时每次轮迹应重叠约30 cm，并应从路边逐渐移至路中心，然后再从另一边开始移向路中心，以此作为一遍，宜碾压 3～4 遍。碾压速度开始不宜超过2 km/h，以后适当增加。

5.5.1.4 第二、三层的施工方法和要求应与第一层相同，但可采用 8～10 t压路机。当使用乳化沥青时，第二层撒布规格为 S12（5～10 mm）的碎石作嵌缝料后尚应增加一层封层料，其规格为 S14（3～5 mm），用量为 3.5～5.5 $m^3/1000\ m^2$。

5.5.2 双层式或单层式沥青表面处治施工时，浇洒沥青及撒布集料的次数分别为一次和两次，其施工程序和要求应符合三层式沥青表面处治的施工工艺的要求。

5.5.3 除乳化沥青表面处治应待破乳后水分蒸发并基本成型后方可通车外，沥青表面处治在碾压结束后即可开放交通。在通车初期应设专人指挥交通或设置障碍物控制行车，并使路面全部宽度均匀压实。在路面完全成型前应限制行车速度不超过20 km/h，严禁兽力车及铁轮车行驶。

5.5.4 沥青表面处治应进行初期养护。当发现有泛油时，应在泛油处补撒嵌缝料，嵌缝料应与最后一层石料规格相同，并应扫匀。当有过多的浮动集料时，应扫出路面，并不得搓动已经粘着在位的集料。如有其他破坏现象，也应及时进行修补。

5.5.5 对道路人工构造物及各种管井盖座、侧平石、路缘石等外露部分以及人行道道面等，洒油时应加遮盖，防止污染。

6　沥青贯入式路面

6.1　一般规定

6.1.1　沥青贯入式路面适用于二级及二级以下的公路、城市道路的次干路及支路。沥青贯入层也可作为沥青混凝土路面的联结层。

6.1.2　沥青贯入式路面的厚度宜为4～8 cm。但乳化沥青贯入式路面的厚度不宜超过5 cm。当贯入层上部加铺拌和的沥青混合料面层时，路面总厚度宜为6～10 cm，其中拌和层的厚度宜为2～4 cm。

6.1.3　沥青贯入式路面的最上层应撒布封层料或加铺拌和层。当乳化沥青贯入式路面铺筑在半刚性基层上时，应铺筑下封层。当沥青贯入层作为联结层时，可不撒表面封层料。

6.1.4　沥青贯入式路面宜在干燥和较热的季节施工，并宜在雨季及日最高温度低于15℃到来以前半个月结束，使贯入式结构层通过开放交通碾压成型。

6.2　材料规格和用量

6.2.1　沥青贯入式路面的集料应选择有棱角、嵌挤性好的坚硬石料，其规格和用量应根据贯入层厚度按本规范附录D表D.0.3或表D.0.4、表D.0.5或表D.0.6选用。当使用破碎砾石时，其破碎面应符合本规范附录C表C.0.8的要求。沥青贯入层主层集料中大于粒径范围中值的数量不得少于50%。细粒料含量偏多时，嵌缝料用量宜采用低限。表面不加铺拌和层的贯入式路面在施工结束后每1000 m^2应另备2～3 m^3石屑或粗砂等供初期养护使用，石屑或粗砂的规格应与最后一层嵌缝料规格相同。

6.2.2　沥青贯入层的主层集料最大粒径宜与贯入层厚度相同。当采用乳化沥青时，主层集料最大粒径可采用厚度的0.8～0.85倍，数量宜按压实系数1.25～1.30计算。

6.2.3　沥青贯入式路面的结合料可采用粘稠石油沥青、煤沥青或乳化沥青，并应符合下列规定：

6.2.3.1　当采用石油沥青时，沥青用量应按本规范附录D表D.0.3或表D.0.4、表D.0.5或表D.0.6选定，沥青标号按本规范表4.2.2选用。

6.2.3.2　当采用煤沥青时，沥青用量应相应增加15%～20%，沥青标号应按本规范表4.2.2选用。

6.2.3.3　当采用乳化沥青时，乳液用量应根据本规范附录D表D.0.3或表D.0.4、表D.0.5或表D.0.6所列的乳液用量并按其中的沥青含量进行折算。乳化沥青的标号应按本规范附录C表C.0.3选用。

6.2.4　贯入式路面各层结合料的用量应根据施工气温及沥青标号等在规定范围内选用，在施工季节气温较低的寒冷地区，或沥青针入度较小时，沥青用量宜采用高限。在低温潮湿气候下用乳化沥青贯入时，应按乳液总用量不变的原则进行调整，上层应比正常情况适当增加，下层应比正常情况适当减少。

6.3　施工机械

6.3.1　沥青贯入式路面的主层集料可采用碎石摊铺机或人工摊铺。嵌缝料宜采用集料撒布机撒布。

6.3.2　沥青洒布车应符合本规范5.3.1条的要求。

6.3.3　沥青贯入式路面施工的压路机应符合本规范5.3.3条的要求，其主层集料宜用钢筒式压路机碾压。

6.4　施工准备

6.4.1　沥青贯入式路面施工前，基层应清扫干净。当需要安装路缘石时，应在路缘石安装完成以后施工。

6.4.2 乳化沥青贯入式路面必须浇洒透层或粘层沥青。当沥青贯入式路面厚度小于或等于5 cm时，也应浇洒透层或粘层沥青。

6.5 施工方法

6.5.1 沥青贯入式路面的施工应按下列步骤进行：

6.5.1.1 撒布主层集料。撒布时应避免颗粒大小不均，并应检查松铺厚度。撒布后严禁车辆在铺好的集料层上通行。

6.5.1.2 主层集料撒布后应采用 6～8 t的钢筒式压路机进行初压，碾压速度宜为2 km/h。碾压应自路边缘逐渐移向路中心，每次轮迹应重叠约30 cm，接着应从另一侧以同样方法压至路中心，以此为碾压一遍。然后检验路拱和纵向坡度，当不符合要求时应调整，找平后再压，至集料无显著推移为止。然后再用 10～12 t压路机进行碾压，每次轮迹重叠 1/2 左右，宜碾压 4～6 遍，直至主层集料嵌挤稳定，无显著轮迹为止。

6.5.1.3 主层集料碾压完毕后，应立即浇洒第一层沥青。浇洒方法应按本规范 5.5.1.1 款进行。沥青的浇洒温度应根据沥青标号及气温情况选择。当采用乳化沥青贯入时，应防止乳液下漏过多。当主层集料碾压稳定后，应先撒布一部分上一层嵌缝料，再浇洒主层沥青。乳化沥青在常温下洒布，当气温偏低需要加快破乳速度时，可将乳液加温后洒布，但乳液温度不得超过 60℃。

6.5.1.4 主层沥青浇洒完成后，应立即撒布第一层嵌缝料，嵌缝料撒布应均匀并应扫匀，不足处应找补。当使用乳化沥青时，石料撒布应在乳液破乳前完成。

6.5.1.5 嵌缝料扫匀后应立即用 8～12 t钢筒式压路机进行碾压，轮迹应重叠轮宽的 1/2 左右，宜碾压 4～6 遍，直至稳定为止。碾压时应随压随扫，并应使嵌缝料均匀嵌入。当气温较高使碾压过程中发生较大推移现象时，应立即停止碾压，待气温稍低时再继续碾压。

6.5.1.6 当浇洒第二层沥青、撒布第二层嵌缝料并完成碾压后，再浇洒第三层沥青。

6.5.1.7 撒布封层料，施工要求应与撒布嵌缝料相同。

6.5.1.8 最后碾压，宜采用 6～8 t压路机碾压 2～4 遍，然后开放交通。

6.5.2 沥青贯入式路面开放交通后的交通控制、初期养护等，应符合本规范 5.5.3 条和 5.5.4 条的规定。

6.5.3 当沥青贯入式路面表面不撒布封层料，加铺沥青混合料拌和层时，应紧跟贯入层施工，上下应成为一个整体。贯入部分采用乳化沥青时，应待其破乳、水分蒸发且成型稳定后方可铺筑拌和层。当拌和层与贯入部分不能连续施工，且要在短期内通行施工车辆时，贯入层部分的第二遍嵌缝料用量应增加 2～3 $m^3/1000\ m^2$。在摊铺拌和层沥青混合料前，应清除贯入层表面的杂物、尘土以及浮动石料，再补充碾压一遍，并应浇洒粘层沥青。

7 热拌沥青混合料路面

7.1 一 般 规 定

7.1.1 热拌沥青混合料适用于各种等级道路的沥青面层。高速公路、一级公路和城市快速路、主干路的沥青面层的上面层、中面层及下面层应采用沥青混凝土混合料铺筑，沥青碎石混合料仅适用于过渡层及整平层。其他等级道路的沥青面层上面层宜采用沥青混凝土混合料铺筑。

7.1.2 热拌沥青混合料的种类应按表7.1.2选用，其规格应以方孔筛为准，集料最大粒径不宜超过31.5 mm。当采用圆孔筛作为过渡时，集料最大粒径不宜超过40 mm。

热拌沥青混合料种类　　表7.1.2

混合料类别	方孔筛系列			对应的圆孔筛系列		
	沥青混凝土	沥青碎石	最大集料粒径(mm)	沥青混凝土	沥青碎石	最大集料粒径(mm)
特粗式	—	AM—40	37.5	—	LS—50	50
粗粒式	AC—30	AM—30	31.5	LH—40 或LH—35	LS—40 LS—35	40 35
粗粒式	AC—25	AM—25	26.5	LH—30	LS—30	30
中粒式	AC—20	AM—20	19.0	LH—25	LS—25	25
中粒式	AC—16	AM—16	16.0	LH—20	LS—20	20
细粒式	AC—13	AM—13	13.2	LH—15	LS—15	15
细粒式	AC—10	AM—10	9.5	LH—10	LS—10	10
砂粒式	AC—5	AM—5	4.75	LH—5	LS—5	5
抗滑表层	AK—13	—	13.2	LK—15	—	15
抗滑表层	AK—16	—	16.0	LK—20	—	20

7.1.3 沥青路面各层的混合料类型应根据道路等级及所处的层次，按表7.1.3确定，并应符合以下要求：

沥青路面各层的沥青混合料类型　　表7.1.3

筛孔系列	结构层次	高速公路、一级公路城市快速路、主干路		其他等级公路		一般城市道路及其他道路工程	
		三层式沥青混凝土路面	两层式沥青混凝土路面	沥青混凝土路面	沥青碎石路面	沥青混凝土路面	沥青碎石路面
方孔筛系列	上面层	AC—13 AC—16 AC—20	AC—13 AC—16	AC—13 AC—16	AM—13	AC—5 AC—10 AC—13	AM—5 AM—10
方孔筛系列	中面层	AC—20 AC—25					
方孔筛系列	下面层	AC—25 AC—30	AC—20 AC—25 AC—30	AC—20 AC—25 AC—30 AM—25 AM—30	AM—25 AM—30	AC—20 AC—25 AM—25 AM—30	AM—25 AM—30 AM—40
圆孔筛系列	上面层	LH—15 LH—20 LH—25	LH—15 LH—20	LH—15 LH—20	LS—15	LH—5 LH—10 LH—15	LS—5 LS—10
圆孔筛系列	中面层	LH—25 LH—30					
圆孔筛系列	下面层	LH—30 LH—35 LH—40	LH—30 LH—35 LH—40	LH—25 LH—30 LH—35 AM—30 AM—35	LS—30 LS—35 LS—40	LH—25 LH—30 LS—30 LS—35 LS—40	LS—30 LS—35 LS—40 LS—50

注：当铺筑抗滑表层时，可采用AK—13或AK—16型热拌沥青混合料，也可在AC—10（LH—15）型细粒式沥青混凝土上嵌压沥青预拌单粒径碎石S—10铺筑而成。

7.1.3.1 应满足耐久性、抗车辙、抗裂、抗水损害能力、抗滑性能等多方面要求，并应根据施工机械、工程造价等实际情况选择沥青混合料的种类。

7.1.3.2 沥青混凝土混合料面层宜采用双层或三层式结构，其中应有一层及一层以上是Ⅰ型密级配沥青混凝土混合料。当各层均采用沥青碎石混合料时，沥青面层下必须做下封层。

7.1.3.3 多雨潮湿地区的高速公路、一级公路和城市快速路、主干路的上面层宜采用抗滑表层混合料，一般道路及少雨干燥地区的高速公路、一级公路和城市快速路、主干路宜采用Ⅰ型沥青混凝土混合料作表层。

7.1.3.4 沥青面层集料的最大粒径宜从上至下逐渐增大。上层宜使用中粒式及细粒式，不应使用粗粒式混合料。砂粒式仅适用于城市一般道路、市镇街道及非机动车道、行人道路等工程。

7.1.3.5 上面层沥青混合料集料的最大粒径不宜超过层厚的1/2，中、下面层及联结层集料的最大粒径不宜超过层厚的2/3。

7.1.3.6 高速公路的硬路肩沥青面层宜采用Ⅰ型沥青混凝土混合料作表层。

7.1.4 热拌热铺沥青混合料路面应采用机械化连续施工。

7.2 施工准备

7.2.1 基层准备应符合本规范第3章的要求。

7.2.2 施工前应对各种材料调查试验，经选择确定的材料在施工过程中应保持稳定，不得随意变更。

7.2.3 施工前对各种施工机具应做全面检查，应经调试并使其处于良好的性能状态。应有足够的机械，施工能力应配套，重要机械宜有备用设备。

7.2.4 沥青加热温度及沥青混合料施工温度应根据沥青品种、标号、粘度、气候条件及铺筑层的厚度，按表7.2.4的规定选择。当沥青粘度大、气温低、铺筑层厚度薄时，施工温度宜用高限。

热拌沥青混合料的施工温度（℃） **表7.2.4**

沥青种类		石油沥青			煤沥青	
沥青标号		AH—50 AH—70 AH—90 A—60	AH—110 AH—130 A—100 A—140 A—180	A—200	T—8 T—9	T—5 T—6 T—7
沥青加热温度		150～170	140～160	130～150	100～130	80～120
矿料温度	间隙式拌和机	比沥青加热温度高10～20（填料不加热）			比沥青加热温度高15（填料不加热）	
	连续式拌和机	比沥青加热温度高5～10（填料加热）			比沥青加热温度高8（填料加热）	
沥青混合料出厂正常温度		140～165	125～160	120～150	90～120	80～110
混合料贮料仓贮存温度		贮料过程中温度降低不超过10			贮料过程中温度降低不超过10	
运输到现场温度		不低于120～150			不低于90	
摊铺温度	正常施工	不低于110～130且不超过165			不低于80不超过120	
	低温施工	不低于120～140且不超过175			不低于100不超过140	
碾压温度	正常施工	110～140且不低于110			80～110 不低于75	
	低温施工	120～150且不低于110			90～120 不低于85	
碾压终了温度	钢轮压路机	不低于70			不低于50	
	轮胎压路机	不低于80			不低于60	
	振动压路机	不低于65			不低于50	
开放交通温度		路面冷却后			路面冷却后	

注：①施工温度与沥青品种及标号有关，较稠沥青的施工温度宜靠近高限，较稀沥青的施工温度可靠近低限；

②本表不适用于改性沥青混合料施工；

③对高速公路、一级公路和城市快速路、主干路，沥青混合料出厂温度超过正常温度高限30℃时，混合料应予废弃。

7.3 热拌沥青混合料的配合比设计

7.3.1 热拌沥青混合料应选用符合要求的材料，充分利用同类道路与同类材料的施工实践经验，并应经配合比设计确定矿料级配和沥青用量。

7.3.2 热拌沥青混合料配合比设计应按本规范附录B的步骤进行。筛分矿料的标准筛筛孔应以方孔筛为准，当确有困难时，经主管部门同意，也可使用圆孔筛。各种沥青混合料的矿料级配范围应符合本规范附录D表D.0.7或表D.0.8的要求。除已经试验路段铺筑或实践证明附录D表D.0.7或表D.0.8规定的级配范围不适于当地情况外，矿料级配范围不应变更。

7.3.3 经配合比设计确定的各类沥青混凝土混合料的技术指标应符合表7.3.3的规定，并应具有良好的施工性能。

7.3.4 对用于高速公路、一级公路和城市快速路、主干路沥青路面的上面层和中面层的沥青混凝土混合料进行配合比设计时，应通过车辙试验机对抗车辙能力进行检验。在温度60℃、轮压0.7 MPa条件下进行车辙试验的动稳定度，对高速公路和城市快速路不应小于800次/mm，对一级公路及城市主干路不应小于600次/mm。

7.3.5 沥青碎石混合料的配合比设计应根据实践经验和马歇尔试验的结果，经过试拌试铺论证确定。

7.3.6 高速公路、一级公路和城市快速路、主干路的热拌沥青混合料的配合比设计应按下列步骤进行：

7.3.6.1 目标配合比设计阶段。应采用工程实际使用的材料计算各种材料的用量比例，配合成的矿料级配应符合附录D表D.0.7或表D.0.8的规定，并应通过马歇尔试验确定最佳沥青用量。此矿料级配及沥青用量应作为目标配合比，供拌和机确定各冷料仓的供料比例、进料速度及试拌使用。

7.3.6.2 生产配合比设计阶段。对间歇式拌和机，应从二次筛分后进入各热料仓的材料中取样，并进行筛分，确定各热料仓的材料比例，供拌和机控制室使用。同时，应反复调整冷料仓进料比例，使供料均衡，并取目标配合比设计的最佳沥青用量、最佳沥青用量加0.3%和最佳沥青用量减0.3%等三个沥青用量进行马歇尔试验，确定生产配合比的最佳沥青用量。

热拌沥青混合料马歇尔试验技术指标 表7.3.3

试验项目	沥青混合料类型	高速公路、一级公路、城市快速路、主干路	其他等级公路与城市道路	行人道路
击实次数（次）	沥青混凝土	两面各75	两面各50	两面各35
	沥青碎石、抗滑表层	两面各50	两面各50	两面各35
稳定度①（kN）	Ⅰ型沥青混凝土	>7.5	>5.0	>3.0
	Ⅱ型沥青混凝土、抗滑表层	>5.0	>4.0	—
流值（0.1 mm）	Ⅰ型沥青混凝土	20～40	20～45	20～50
	Ⅱ型沥青混凝土、抗滑表层	20～40	20～45	—
空隙率②（%）	Ⅰ型沥青混凝土	3～6	3～6	2～5
	Ⅱ型沥青混凝土、抗滑表层	4～10	4～10	—
	沥青碎石	>10	>10	—
沥青饱和度（%）	Ⅰ型沥青混凝土	70～85	70～85	75～90
	Ⅱ型沥青混凝土、抗滑表层	60～75	60～75	—
	沥青碎石	40～60	40～60	—
残留稳定度（%）	Ⅰ型沥青混凝土	>75	>75	>75
	Ⅱ型沥青混凝土、抗滑表层	>70	>70	—

注：①粗粒式沥青混凝土稳定度可降低1kN；

②Ⅰ型细粒式及砂粒式沥青混凝土的空隙率为2%～6%；

③沥青混凝土混合料的矿料间隙率（VMA）宜符合下表要求：

最大集料粒径（mm）									
	方孔筛	37.5	31.5	26.5	19.0	16.0	13.2	9.5	4.75
	圆孔筛	50	35或40	30	25	20	15	10	5
VMA 不小于（%）		12	12.5	13	14	14.5	15	16	18

④当沥青碎石混合料试件在60℃水中浸泡即发生松散时，可不进行马歇尔试验，但应测定密度、空隙率、沥青饱和度等指标；

⑤残留稳定度可根据需要采用浸水马歇尔试验或真空饱水后浸水马歇尔试验进行测定。

7.3.6.3 生产配合比验证阶段。拌和机应采用生产配合比进行试拌，铺筑试验段，并用拌和的沥青混合料进行马歇尔试验及路上钻取的芯样检验，由此确定生产用的标准配合比。标准配合比应作为生产上控制的依据和质量检验的标准。标准配合比的矿料合成级配中，0.075 mm、2.36 mm、4.75 mm（圆孔筛0.075 mm、2.5 mm、5 mm）三挡筛孔的通过率应接近要求级配的中值。

7.3.7 经设计确定的标准配合比在施工过程中不得随意变更。生产过程中，当进场材料发生变化，沥青混合料的矿料级配、马歇尔试验技术指标不符合要求时，应及时调整配合比，使沥青混合料质量符合要求并保持相对稳定，必要时重新进行配合比设计。

7.3.8 二级及二级以下公路、次干路以下城市道路热拌沥青混合料的配合比设计可按 7.3.2～7.3.7 条的步骤进行。当材料与同类道路相同时，可直接引用成功的经验。

7.4 热拌沥青混合料的拌制

7.4.1 沥青混合料必须在沥青拌和厂（场、站）采用拌和机械拌制。拌和厂的设置除应符合国家有关环境保护、消防、安全等规定外，还应具备下列条件：

7.4.1.1 拌和厂应设置在空旷、干燥、运输条件良好的地方。

7.4.1.2 沥青应分品种、分标号密闭储存。各种矿料应分别堆放在具有硬质基底的料仓或场地上，并不得混杂。矿粉等填料不得受潮。集料宜设置防雨顶棚。拌和厂应有良好的排水设施。

7.4.1.3 拌和厂应配备试验室，并配置足够的仪器设备。

7.4.1.4 拌和厂应有可靠的电力供应。

7.4.2 热拌沥青混合料可采用间歇式拌和机或连续式拌和机拌制。各类拌和机均应有防止矿粉飞扬散失的密封性能及除尘设备，并有检测拌和温度的装置。连续式拌和机应具备根据材料含水量变化调整矿料上料比例、上料速度、沥青用量的装置。高速公路、一级公路和城市快速路、主干路的沥青混凝土宜采用间歇式拌和机拌和。当工程材料来源或质量不稳定时，不得采用连续式拌和机拌制。

7.4.3 间歇式拌和机宜配置自动记录设备，在拌和过程中应逐盘打印沥青及各种矿料的用量、拌和温度。

7.4.4 沥青材料应采用导热油加热，拌和的沥青混合料出厂温度应符合表 7.2.4 的要求。当混合料出厂温度过高，并影响沥青与集料的粘结力时，混合料不得使用，已铺筑的沥青路面应予铲除，混合料的废弃温度应符合表 7.2.4 注③的规定。

7.4.5 沥青混合料拌和时间应经试拌确定。混合料应拌和均匀，所有矿料颗粒应全部裹覆沥青结合料。间歇式拌和机每锅拌和时间宜为 30～50 s，其中干拌时间不得少于5 s；连续式拌和机的拌和时间应根据上料速度及拌和温度确定。

7.4.6 间歇式拌和机热矿料二次筛分用的振动筛筛孔应根据矿料级配要求选用，其安装角度应根据材料的可筛分性、振动能力等由试验确定。

7.4.7 拌和厂拌和的沥青混合料应均匀一致、无花白料、无结团成块或严重的粗细料分离现象，不符合要求时不得使用，并应及时调整。

7.4.8 拌好的热拌沥青混合料不立即铺筑时，可放入成品储料仓储存。储料仓无保温设备时，允许的储料时间应以符合摊铺温度要求为准，有保温设备的储料仓储料时间不宜超过72 h。

7.4.9 出厂的沥青混合料应逐车用地磅称重，并按现行试验方法测量运料车中沥青混合料的温度，签发一式三份的运料单，一份存拌和厂，一份交摊铺现场，一份交司机。

7.5 热拌沥青混合料的运输

7.5.1 热拌沥青混合料应采用较大吨位的自卸汽车运输。运输时应防止沥青与车厢板粘结。车厢应清扫干净，车厢侧板和底板可涂一薄层油水（柴油与水的比例可为 1：3）混合液，并不得有余液积聚在车厢底部。

7.5.2 从拌和机向运料车上装料时，应防止粗细集料离析，每卸一斗混合料应挪动一下汽车位置。

7.5.3 运料车应采取覆盖篷布等保温、防雨、防污染的措施，夏季运输时间短于0.5 h时，也可不加覆盖。

7.5.4 沥青混合料运输车的运量应比拌和能力或摊铺速度有所富余，施工过程中摊铺机前方应有运料车在等候卸料。对高速公路、一级公路和城市快速路、主干路，开始摊铺时在施工现场等候卸料的运料车不宜少于 5 辆。

7.5.5 连续摊铺过程中，运料车应停在摊铺机前 10～30 cm处，并不得撞击摊铺机。卸料过程中运料车应挂空挡，靠摊铺机推动前进。

7.5.6 沥青混合料运至摊铺地点后应凭运料单接收，并检查拌和质量。不符合本规范表 7.2.4 的温度要求，或已经结成团块、已被雨淋湿的混合料不得用于铺筑。

7.6 热拌沥青混合料的摊铺

7.6.1 铺筑沥青混合料前，应检查确认下层的质量。当下层质量不符合要求，或未按规定洒布透层、粘层、铺筑下封层时，不得铺筑沥青面层。

7.6.2 热拌沥青混合料应采用机械摊铺。对高速公路、一级公路和城市快速路、主干路宜采用两台以上摊铺机成梯队作业，进行联合摊铺。相邻两幅之间应有重叠，重叠宽度宜为 5～10 cm。相邻两台摊铺机宜相距 10～30 m，且不得造成前面摊铺的混合料冷却。当混合料供应能满足不间断摊铺时，也可采用全宽度摊铺机一幅摊铺。

7.6.3 摊铺机在开始受料前应在料斗内涂刷少量防止粘料用的柴油。

7.6.4 用于铺筑高速公路、一级公路和城市快速路、主干路的沥青混合料摊铺机应符合下列要求：

7.6.4.1 具有自动或半自动方式调节摊铺厚度及找平的装置。

7.6.4.2 具有足够容量的受料斗，在运料车换车时能连续摊铺，并有足够的功率推动运料车。

7.6.4.3 具有可加热的振动熨平板或振动夯等初步压实装置。

7.6.4.4 摊铺机宽度可以调整。

7.6.5 摊铺机自动找平时，中、下面层宜采用由一侧钢丝绳引导的高程控制方式。表面层宜采用摊铺层前后保持相同高差的雪橇式摊铺厚度控制方式。经摊铺机初步压实的摊铺层应符合平整度、横坡的规定要求。

7.6.6 沥青混合料的摊铺温度应符合本规范表 7.2.4 的要求，并应根据沥青标号、粘度、气温、摊铺层厚度选用。

7.6.7 当高速公路、一级公路和城市快速路、主干路施工气温低于 10℃，其他等级道路施工气温低于 5℃时，不宜摊铺热拌沥青混合料。当需要摊铺时，应采取以下措施：

7.6.7.1 应提高混合料拌和温度，使其符合表 7.2.4 的低温施工温度要求。

7.6.7.2 运料车必须采取覆盖等保温措施。

7.6.7.3 应采用高密实度的摊铺机，熨平板应加热。

7.6.7.4 摊铺后紧接着碾压，应缩短碾压长度。

7.6.8 沥青混合料的松铺系数应根据实际的混合料类型、施工机械和施工工艺等由试铺试压方法或根据以往实践经验确定，也可按表 7.6.8 选用。摊铺过程中应随时检查摊铺层厚度及路拱、横坡，并按式 7.6.8 校验平均厚度，不符要求时应根据铺筑情况及时进行调整。

沥青混合料的松铺系数 表 7.6.8

种类	机械摊铺	人工摊铺
沥青混凝土混合料	1.15～1.35	1.25～1.50
沥青碎石混合料	1.15～1.30	1.20～1.45

$$T=\frac{100\times M}{D\times L\times W} \tag{7.6.8}$$

式中 D——压实成型后沥青混合料的密度（t/m^3）；

L——摊铺段长度（m）；

M——摊铺的沥青混合料总质量（t）；

T——摊铺层压实成型后的平均厚度（cm）；

W——摊铺宽度（m）。

7.6.9 摊铺沥青混合料应缓慢、均匀、连续不间断。摊铺过程中不得随意变换速度或中途停顿。摊铺速度应根据拌和机产量、施工机械配套情况及摊铺层厚度、宽度按式7.6.9确定，并应为2～6 m/min。在铺筑过程中，摊铺机螺旋送料器应不停顿地转动，两侧应保持有不少于送料器高度2/3的混合料，并保证在摊铺机全宽度断面上不发生离析。当熨平板按所需厚度固定后，不得随意调整。

$$V=\frac{100\times Q}{60\times D\times W\times T}\times C \tag{7.6.9}$$

式中 V——摊铺机摊铺速度（m/min）；

Q——拌和机产量（t/h）；

C——效率系数。根据材料供应、运输能力等配套情况确定，宜为0.6～0.8。

7.6.10 用机械摊铺的混合料，不应用人工反复修整。当出现下列情况时，可用人工做局部找补或更换混合料：

7.6.10.1 横断面不符合要求。

7.6.10.2 构造物接头部位缺料。

7.6.10.3 摊铺带边缘局部缺料。

7.6.10.4 表面明显不平整。

7.6.10.5 局部混合料明显离析。

7.6.10.6 摊铺机后有明显的拖痕。

7.6.11 人工找补或更换混合料应在现场主管人员指导下进行。缺陷较严重时，应予铲除，并调整摊铺机或改进摊铺工艺。当由机械原因引起严重缺陷时，应立即停止摊铺。人工修补时，工人不宜站在热混合料层面上操作。

7.6.12 路面狭窄部分、平曲线半径过小的匝道或加宽部分以及小规模工程可用人工摊铺。人工摊铺沥青混合料应符合下列要求：

7.6.12.1 半幅施工时，路中一侧宜事先设置挡板。

7.6.12.2 沥青混合料宜卸在铁板上，摊铺时应扣锹摊铺，不得扬锹远甩。

7.6.12.3 边摊铺边用刮板整平，刮平时应轻重一致，往返刮2～3次达到平整即可，不得反复撒料反复刮平引起粗集料离析。

7.6.12.4 撒料用的铁锹等工具使用前宜加热，也可以沾轻柴油或油水混合液，以防粘结混合料。沾轻柴油或油水混合液时，不得过于频繁。

7.6.12.5 摊铺不得中途停顿。摊铺好的沥青混合料应及时碾压。当不能及时碾压或遇雨时，应停止摊铺，并应对卸下的沥青混合料采取覆盖等保温措施。

7.6.12.6 低温施工时，卸下的混合料应以苫布覆盖。

7.7 热拌沥青混合料的压实及成型

7.7.1 压实后的沥青混合料应符合压实度及平整度的要求。沥青混合料的分层压实厚度不得大于10 cm。

7.7.2 应选择合理的压路机组合方式及碾压步骤，并应达到最佳碾压结果。沥青混合料压实宜采用钢筒式静态压路机与轮胎压路机或振动压路机组合的方式。压路机的数量应根据生产效率确定。

7.7.3 道路沥青混合料压实宜采用人工热夯及双轮钢筒式压路机、三轮钢筒式压路机、轮胎压路机、振动压路机、手扶式小型振动压路机、振动夯板等机械。各机械应符合下列规定：

7.7.3.1 双轮钢筒式压路机为6～8 t；

7.7.3.2 三轮钢筒式压路机为8～12 t或12～15 t；

7.7.3.3 轮胎压路机为12～20 t或20～25 t；

7.7.3.4 振动压路机为2～6 t或6～14 t；

7.7.3.5 手扶式小型振动压路机为1～2 t；

7.7.3.6 振动夯板的质量不小于180 kg，振动频率不小于3000次/min；

7.7.4 沥青混合料的压实应按初压、复压、终压（包括成型）三个阶段进行。压路机应以慢而均匀的速度碾压，压路机的碾压速度应符合表7.7.4的规定。

压路机碾压速度（km/h） **表7.7.4**

压路机类型	初压		复压		终压	
	适宜	最大	适宜	最大	适宜	最大
钢筒式压路机	1.5～2	3	2.5～3.5	5	2.5～3.5	5
轮胎压路机	—	—	3.5～4.5	8	4～6	8
振动压路机	1.5～2（静压）	5（静压）	4～5（振动）	4～5（振动）	2～3（静压）	5（静压）

7.7.5 沥青混合料的初压应符合下列要求：

7.7.5.1 初压应在混合料摊铺后较高温度下进行，并不得产生推移、发裂，压实温度应根据沥青稠度、压路机类型、气温、铺筑层厚度、混合料类型经试铺试压确定，并应符合本规范表7.2.4的要求。

7.7.5.2 压路机应从外侧向中心碾压。相邻碾压带应重叠1/3～1/2轮宽，最后碾压路中心部分，压完全幅为一遍。当边缘有挡板、路缘石、路肩等支挡时，应紧靠支挡碾压。当边缘无支挡时，可用耙子将边缘的混合料稍稍耙高，然后将压路机的外侧轮伸出边缘10 cm以上碾压。也可在边缘先空出宽30～40 cm，待压完第一遍后，将压路机大部分重量位于已压实过的混合料面上再压边缘，减少边缘向外推移。

7.7.5.3 应采用轻型钢筒式压路机或关闭振动装置的振动压路机碾压2遍，其线压力不宜小于350 N/cm。初压后应检查平整度、路拱，必要时应修整。

7.7.5.4 碾压时应将驱动轮面向摊铺机，如图7.7.5。碾压路线及碾压方向不应突然改变而导致混合料产生推移。压路机起动、停止应减速缓慢进行。

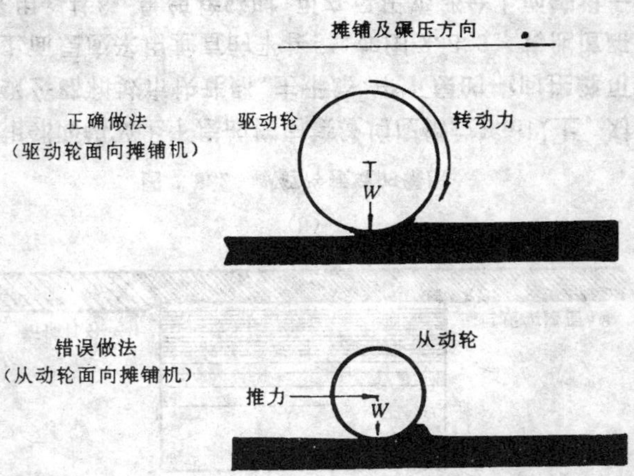

图7.7.5 压路机的碾压方向

7.7.6 复压应紧接在初压后进行，并应符合下列要求：

7.7.6.1 复压宜采用重型的轮胎压路机，也可采用振动压路机或钢筒式压路机。碾压遍数应经试压确定，并不宜少于4～6遍。复压后路面达到要求的压实度，并无显著轮迹。

7.7.6.2 当采用轮胎压路机时，总质量不宜小于15 t。碾压厚层沥青混合料，总质量不宜小于22 t。轮胎充气压力不小于0.5 MPa，相邻碾压带应重叠1/3～1/2的碾压轮宽度。

7.7.6.3 当采用三轮钢筒式压路机时，总质量不宜小于12 t，相邻碾压带应重叠后轮的1/2宽度。

7.7.6.4 当采用振动压路机时，振动频率宜为35～50 Hz，振幅宜为0.3～0.8 mm，并应根据混合料种类、温度和层厚选用。层厚较大时应选用较大的频率和振幅。相邻碾压带重叠宽度宜为10～20 cm。振动压路机倒车时应先停止振动，并在向另一方向运动后再开始振动，并应避免混合料形成鼓包。

7.7.7 终压应紧接在复压后进行。终压可选用双轮钢筒式压路机或关闭振动的振动压路机碾压，终压不宜少于2遍，路面应无轮迹。路面压实成型的终了温度应符合本规范表7.2.4的要求。

7.7.8 压路机的碾压段长度应与摊铺速度相适应，并保持大体稳定。压路机每次由两端折回的位置应阶梯形的随摊铺机向前推进，折回处不应在同一横断面上。在摊铺机连续摊铺的过程中，压路机不得随意停顿。

7.7.9 压路机碾压过程中有沥青混合料沾轮现象时，可向碾压轮洒少量水或加洗衣粉的水，严禁洒柴油。轮胎压路机在连续碾压一段时间轮胎已发热后应停止向轮胎洒水。

7.7.10 压路机不得在未碾压成型并冷却的路段上转向、调头或停车等候。振动压路机在已成型的路面上行驶时应停止振动。

7.7.11 对压路机无法压实的桥梁、挡墙等构造物接头、拐弯死角、加宽部分及某些路边缘等局部地区，应采用振动夯板压实。对雨水井与各种检查井的边缘还应用人工夯锤、热烙铁补充压实。

7.7.12 在当天碾压的尚未冷却的沥青混合料面层上，不得停放任何机械设备或车辆，不得散落矿料、油料等杂物。

7.8 接　　缝

7.8.1 在施工缝及构造物两端的连接处操作应仔细，接缝应紧密、平顺。

7.8.2 纵向接缝部位的施工应符合下列要求：

7.8.2.1 摊铺时采用梯队作业的纵缝应采用热接缝。施工时应将已铺混合料部分留下10～20 cm宽暂不碾压，作为后摊铺部分的高程基准面，在最后作跨缝碾压。

7.8.2.2 当半幅施工不能采用热接缝时，宜加设挡板或采用切刀切齐。在铺另半幅前应将缝边缘清扫干净，并应涂洒少量粘层沥青。摊铺时应重叠在已铺层上5～10 cm，摊铺后用人工将摊铺在前半幅上面的混合料铲走。碾压时应先在已压实路面上行走，碾压新铺层的10～15 cm，然后压实新铺部分，再伸过已压实路面10～15 cm，接缝应压实紧密，如图7.8.2。上下层的纵缝应错开15 cm以上，表层的纵缝应顺直，且宜留在车道区画线位置上。

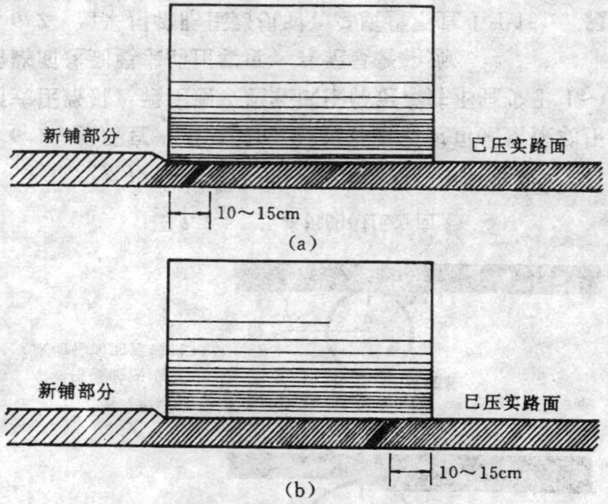

图7.8.2　纵缝冷接缝的碾压

7.8.3 相邻两幅及上下层的横向接缝均应错位1 m以上。对高速公路、一级公路和城市快速路、主干路，中下层的横向接缝可采用斜接缝，上面层应采用垂直的平接缝，如图7.8.3。其他道路的各层均可采用斜接缝。铺筑接缝时，可在已压实部分上面铺设一些热混合料，并应使接缝预热软化。碾压前应将预热用的混合料铲除。

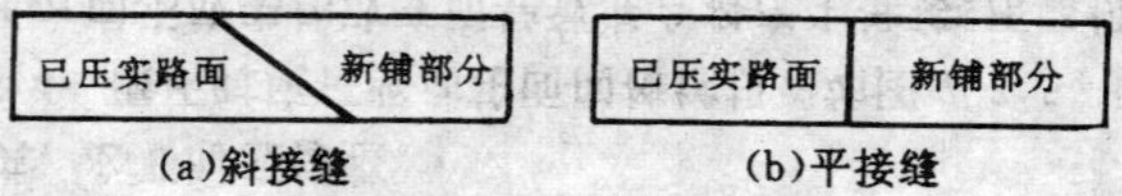

图7.8.3　横向接缝的两种型式

7.8.4 斜接缝的搭接长度宜为 0.4～0.8 m。搭接处应清扫干净并洒粘层油。当搭接处混合料中的粗集料颗粒超过压实层厚度时应予剔除，并应补上细混合料，斜接缝应充分压实并搭接平整。

7.8.5 平接缝应粘结紧密，压实充分，连接平顺。可采用下列方法施工：

7.8.5.1 在施工结束时，摊铺机在接近端部前约1 m处将熨平板稍稍抬起驶离现场，用人工将端部混合料铲齐后再碾压。然后用3 m直尺检查平整度，趁尚未冷透时垂直刨除端部层厚不足的部分，使下次施工时成直角连接。

7.8.5.2 在预定的摊铺段的末端先撒一薄层砂带，摊铺混合料后趁热在摊铺层上挖出一道缝隙，缝隙应位于撒砂与未撒砂的交界处，在缝中嵌入一块与压实层厚度相等的木板或型钢，待压实后铲除撒砂的部分，扫尽砂子，撤去木板或型钢，并在端部洒粘层沥青接着摊铺。

7.8.5.3 在预定摊铺段的末端先铺上一层麻袋或牛皮纸，摊铺碾压成斜坡，下次施工时将铺有麻袋或牛皮纸的部分用人工刨除，在端部洒粘层沥青接着摊铺。

7.8.5.4 在预定摊铺段的末端先撒一薄层砂带，再摊铺混合料，待混合料稍冷却后将撒砂的部分用切割机切割整齐后取走，用干拖布吸走多余的冷却水，待完全干燥后在端部洒粘层沥青接着摊铺，在接头有水或潮湿时不得铺筑混合料。

7.8.6 从接缝处起继续摊铺混合料前应用3 m直尺检查端部平整度，当不符合要求时，应予清除。摊铺时应调整好预留高度，接缝处摊铺层施工结束后再用3 m直尺检查平整度，当有不符合要求者，应趁混合料尚未冷却时立即处理。

7.8.7 横向接缝的碾压应先用双轮或三轮钢筒式压路机进行横向碾压，如图 7.8.7。碾压带的外侧应放置供压路机行驶的垫木，碾压时压路机应位于已压实的混合料层上，伸入新铺层的宽度宜为15 cm。然后每压一遍向新铺混合料移动 15～20 cm，直至全部在新铺层上为止，再改为纵向碾压。当相邻摊铺层已经成型同时又有纵缝时，可先用钢筒式压路机沿纵缝碾压一遍，其碾压宽度为 15～20 cm，然后再沿横缝作横向碾压，最后进行正常的纵向碾压。

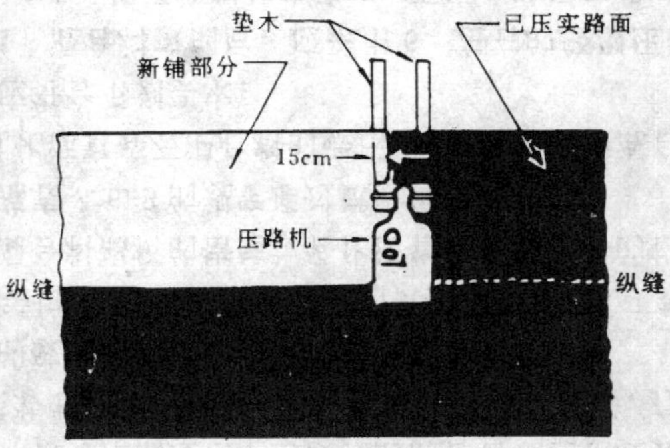

图 7.8.7 横向接缝的碾压方法

7.9 开放交通及其他

7.9.1 热拌沥青混合料路面应待摊铺层完全自然冷却，混合料表面温度低于 50℃后，方可开放交通。需要提早开放交通时，可洒水冷却降低混合料温度。

7.9.2 沥青路面雨季施工应符合下列要求：

7.9.2.1 应加强工地现场与沥青拌和厂联系，缩短施工长度，各项工序衔接应紧密。

7.9.2.2 运料汽车和工地应备有防雨设施，并应做好基层及路肩的排水。

7.9.2.3 当遇雨或下层潮湿时，不得摊铺沥青混合料。对未经压实即遭雨淋的沥青混合料，应全部清除，更换新料。

8　乳化沥青碎石混合料路面

8.1　一 般 规 定

8.1.1　乳化沥青碎石混合料适用于三级及三级以下的公路、城市道路支线的沥青面层、二级公路的罩面层施工，以及各级道路沥青路面的联接层或整平层。

8.1.2　乳化沥青的类型及规格应符合本规范附录C表C.0.3的要求。

8.1.3　乳化沥青碎石混合料路面的沥青面层宜采用双层式。下层应采用粗粒式沥青碎石混合料，上层应采用中粒式或细粒式沥青碎石混合料。单层式只宜在少雨干燥地区或半刚性基层上使用。在多雨潮湿地区必须做上封层或下封层。

8.2　施 工 准 备

8.2.1　乳化沥青碎石混合料路面的施工准备应符合本规范第7.2.1～7.2.3条的要求。

8.3　乳化沥青碎石混合料的配合比设计

8.3.1　乳化沥青碎石混合料可采用本规范附录D表D.0.7或表D.0.8的矿料级配，并根据已有道路的成功经验经试拌确定配合比。

8.3.2　乳化沥青碎石混合料的乳液用量可按热拌沥青碎石混合料的沥青用量折算，实际的沥青用量宜根据当地实践经验以及交通量、气候、石料情况、沥青标号、施工机械等条件，比同规格热拌沥青混合料的沥青用量减少15%～20%。

8.4　乳化沥青碎石混合料路面施工

8.4.1　乳化沥青碎石混合料宜采用拌和厂机械拌和。在条件限制时也可在现场用人工拌制。

8.4.2　当采用阳离子乳化沥青时，在与乳液拌和前应将集料用水湿润，集料总含水量应达到5%左右。天气炎热宜多加，低温潮湿可少加。当集料湿润后仍不能与乳液拌和均匀时，应改用破乳速度更慢的乳液，或用1%～3%浓度的氯化钙水溶液代替水预先润湿集料表面。

8.4.3　混合料的拌和时间应保证乳液与集料拌和均匀。拌和时间应根据施工现场使用的集料级配情况、乳液裂解速度、拌和机械性能、施工时的气候等具体条件通过试拌确定。机械拌和时间不宜超过30 s（自矿料中加进乳液的时间算起）；人工拌和时间不宜超过60 s。

8.4.4　混合料应具有充分的施工和易性，混合料的拌和、运输和摊铺应在乳液破乳前结束。已拌好的混合料应立即运至现场进行摊铺。在拌和与摊铺过程中已破乳的混合料，应予废弃。

8.4.5　袋装的乳化沥青混合料，存放时应密封良好，存放期不得超过乳液的破乳时间，拌和时应加入适量的稳定剂。

8.4.6　拌制的混合料宜用沥青摊铺机摊铺。当用人工摊铺时，应采取防止混合料离析的措施。乳化沥青碎石混合料的松铺系数可根据本规范表7.6.8的规定通过试验确定。

8.4.7　乳化沥青碎石混合料的碾压，可按热拌沥青混合料的规定进行，并应符合下列要求：

8.4.7.1　混合料摊铺后，应采用6 t左右的轻型压路机初压，宜碾压1～2遍，使混合料初步稳定，再用轮胎压路机或轻型钢筒式压路机碾压1～2遍。初压时应匀速进退，不得在碾压路段上紧急制动或快速启动。

8.4.7.2　当有粘轮现象时，可在碾轮上洒少量水。

8.4.7.3 当乳化沥青开始破乳、混合料由褐色转变成黑色时，应用12～15 t轮胎压路机或10～12 t钢筒式压路机复压。复压2～3遍后，立即停止。待晾晒一段时间、水分蒸发后，再补充复压至密实为止。当压实过程中有推移现象时应立即停止碾压，待稳定后再碾压。如当天不能完全压实，应在较高气温状态下补充碾压。

8.4.7.4 碾压时发现局部混合料有松散或开裂时，应挖除并换补新料，整平后继续碾压密实。修补处应保证路面平整。

8.4.8 乳化沥青碎石混合料路面的上封层应在压实成型、路面水分蒸发后加铺。

8.4.9 压实成型后的路面应进行早期养护，并封闭交通2～6 h。开放交通初期，应设专人指挥，车速不得超过20 km/h，并不得刹车或调头。在未稳定成型的路段上，严禁兽力车和铁轮车通过。当路面有损坏时，应及时修补。

8.4.10 阳离子乳化沥青碎石混合料可在下层潮湿的情况下施工，施工过程中遇雨应停止铺筑。

8.4.11 乳化沥青碎石混合料施工的所有工序，包括路面成型及铺筑上封层等，均必须在冻前完成。

9 透层、粘层与封层

9.1 透 层

9.1.1 沥青路面的级配砂砾、级配碎石基层及水泥、石灰、粉煤灰等无机结合料稳定土或粒料的半刚性基层上必须浇洒透层沥青。

9.1.2 透层沥青宜采用慢裂的洒布型乳化沥青，也可采用中、慢凝液体石油沥青或煤沥青，透层沥青的规格和质量应符合本规范附录C表C.0.3、表C.0.4、表C.0.5的要求。透层沥青的稠度宜通过试洒确定，表面致密的半刚性基层宜采用渗透性好的较稀的透层沥青。级配砂砾、级配碎石等粒料基层宜采用较稠的透层沥青。透层乳化沥青的沥青标号应根据基层的种类、当地气候等条件确定。

9.1.3 各种透层沥青的品种和用量应根据基层的种类通过试洒确定，并应符合本规范附录D表D.0.9的要求。

9.1.4 透层宜在基层表面稍干后浇洒。当基层完工后时间较长、表面过分干燥时，应对基层进行清扫，并在基层表面少量洒水，等表面稍干后浇洒透层沥青。

9.1.5 透层沥青宜采用沥青洒布车喷洒，二级及二级以下公路、次干路以下城市道路也可采用手工沥青洒布机喷洒。洒布应符合本规范5.3.1条的要求。当用于表面处治或贯入式路面喷洒沥青的喷嘴不能保证均匀喷洒时，应予更换。

9.1.6 浇洒透层沥青应符合下列要求：

9.1.6.1 浇洒透层前，路面应清扫干净，应采取防止污染路缘石及人工构造物的措施。

9.1.6.2 洒布的透层沥青应渗透入基层一定深度，不应在表面流淌，并不得形成油膜。

9.1.6.3 如遇大风或即将降雨时不得浇洒透层沥青。

9.1.6.4 气温低于 10℃时，不宜浇洒透层沥青。

9.1.6.5 应按设计的沥青用量一次浇洒均匀，当有遗漏时，应用人工补洒。

9.1.6.6 浇洒透层沥青后，严禁车辆、行人通过。

9.1.6.7 在铺筑沥青面层前，当局部地方有多余的透层沥青未渗入基层时，应予清除。

9.1.7 在无机结合料稳定半刚性基层上浇洒透层沥青后，宜立即撒布石屑或粗砂，其用量为 2～3 $m^3/1000\ m^2$。在无结合料粒料基层上浇洒透层沥青后，当不能及时铺筑面层，并需开放施工车辆通行时，也应撒铺适量的石屑或粗砂，此种情况下，透层沥青用量宜增加 10%。撒布石屑或粗砂后，应用 6～8 t钢筒式压路机碾压一遍。当通行车辆时，应控制车速。在铺筑沥青面层前如发现局部地方透层沥青剥落，应予修补。当有多余的石屑或砂时，应予扫除。

9.1.8 透层洒布后应尽早铺筑沥青面层。当用乳化沥青作透层时，洒布后应待其充分渗透，水分蒸发后方可铺筑沥青面层，其时间间隔不宜少于24 h。

9.2 粘 层

9.2.1 在下列情况及位置应浇洒粘层：

9.2.1.1 在铺筑双层式或三层式热拌热铺沥青混合料路面的上层前，其下面的沥青层已被污染的。

9.2.1.2 当旧沥青路面层上加铺沥青层时。

9.2.1.3 当水泥混凝土路面上铺筑沥青面层时。

9.2.1.4 与新铺沥青混合料接触的路缘石、雨水进水口、检查井等的侧面。

9.2.2 粘层的沥青材料宜采用快裂的洒布型乳化沥青，也可采用快、中凝液体石油沥青或煤沥青，粘层沥青的规格和质量应符合本规范附录 C 表 C.0.3、表 C.0.4、表 C.0.5 的要求。粘层沥青宜采用与面层所使用的种类、标号相同的石油沥青经乳化或稀释制成。

9.2.3 各种粘层沥青品种和用量应根据粘结层的种类通过试洒确定，并应符合本规范附录 D 表 D.0.9 的要求。

9.2.4 粘层沥青宜采用沥青洒布车喷洒，洒布应符合本规范 5.3.1 条的要求。当用于表面处治或贯入式路面喷洒沥青的喷嘴不能保证均匀喷洒时，应予更换。在路缘石、雨水进水口、检查井等局部应用刷子进行人工涂刷。

9.2.5 浇洒粘层沥青应符合下列要求：

9.2.5.1 粘层沥青应均匀洒布或涂刷，浇洒过量处，应予刮除。

9.2.5.2 路面有脏物尘土时应清除干净。当有沾粘的土块时，应用水刷净，待表面干燥后浇洒。

9.2.5.3 当气温低于 10℃或路面潮湿时，不得浇洒粘层沥青。

9.2.5.4 浇洒粘层沥青后严禁除沥青混合料运输车外的其他车辆、行人通过。

9.2.6 粘层沥青洒布后应紧接铺筑沥青层。当使用乳化沥青作粘层时，应待破乳、水分蒸发完后铺筑。

9.3 封 层

9.3.1 符合下列情况之一时，应在沥青面层上铺筑上封层：

9.3.1.1 沥青面层的空隙较大，透水严重。

9.3.1.2 有裂缝或已修补的旧沥青路面。

9.3.1.3 需加铺磨耗层改善抗滑性能的旧沥青路面。

9.3.1.4 需铺筑磨耗层或保护层的新建沥青路面。

9.3.2 符合下列情况之一时，应在沥青面层下铺筑下封层：

9.3.2.1 位于多雨地区且沥青面层空隙较大，渗水严重。

9.3.2.2 在铺筑基层后，不能及时铺筑沥青面层，且须开放交通。

9.3.3 适用上封层及下封层的沥青材料宜按表 9.3.3 选用，沥青的标号应根据当地的气候情况确定。

封层适用的沥青材料 **表 9.3.3**

沥青种类	上封层	下封层	质量要求
道路石油沥青	AH—90、AH—110 AH—130	AH—110 AH—130	符合本规范附录 C 表 C.0.1 的要求
	A—100、A—140 A—180	A—100、A—140 A—180	符合本规范附录 C 表 C.0.2 的要求
乳化沥青	PC—3、PA—3 BC—3、BA—3	PC—2、PA—2 BC—2、BA—2	符合本规范附录 C 表 C.0.3 的要求
煤沥青	T—5、T—6、T—7	T—4、T—5	符合本规范附录 C 表 C.0.5 的要求
液体石油沥青		AL(M)—5、AL(M)—6 AL(S)—5、AL(S)—6	符合本规范附录 C 表 C.0.4 的要求

9.3.4 上封层及下封层可采用拌和法或层铺法施工的单层式沥青表面处治，也可采用乳化沥青稀浆封层。新建的高速公路、一级公路和城市快速路、主干路的沥青路面上不宜采用稀浆封层铺筑上封层。

9.3.5 层铺法沥青表面处治铺筑上封层的材料用量和规格可按本规范附录 D 表 D.0.1 或表 D.0.2 执行，沥青用量应采用表中范围的中低限。铺筑下封层的矿料规格可采用本规范附录 C 表 C.0.7 的 S14、S13 或 S12 等；矿料用量应根据矿料尺寸、形状、种类等情况确定，宜为 5～8 $m^3/1000\ m^2$；沥青用量可采用附录 D 表 D.0.1 或表 D.0.2 规定的范围的中高限。

9.3.6 拌和法沥青表面处治铺筑上封层及下封层，应按本规范第 7 章热拌沥青混合料的规定执行。当铺筑下封层时，宜采用 AC—5（或 LH—5）砂粒式沥青混凝土，厚度宜为1.0 cm。

9.3.7 采用乳化沥青稀浆封层作为上封层及下封层时，稀浆封层的厚度宜为 3～6 mm。

9.3.8 稀浆封层混合料的类型及矿料级配，应根据处治目的、道路等级选择，铺筑厚度、集料尺寸及摊铺用量宜按本规范附录 D 表 D.0.10 选用。

9.3.9 稀浆封层可采用慢裂或中裂的拌合型乳化沥青铺筑。当需要减缓破乳速度时，可掺加适量的氯化钙作外加剂；当需要加快破乳速度时，可采用一定数量的水泥或消石灰粉作填料。

9.3.10 稀浆封层混合料中沥青乳液的用量宜按附录 D 表 D.0.10 的规定范围并通过试验确定。混合料的湿轮磨耗试验的磨耗损失不宜大于800 g/m^2；轮荷压砂试验的砂吸收量不宜大于600 g/m^2。稀浆封层混合料的加水量应根据施工摊铺和易性由稠度试验确定，其稠度应为 2～3 cm。

9.3.11 稀浆封层的施工应符合下列要求：

9.3.11.1 当在已有破损的旧路面上铺筑稀浆封层时，施工前应先修补坑槽、整平路面。

9.3.11.2 稀浆封层施工应在干燥情况下进行。

9.3.11.3 稀浆封层施工应采用稀浆封层铺筑机。铺筑机应具有储料、送料、拌和、摊铺和计量控制等功能。摊铺时应控制集料、填料、水、乳液的配合比例。当铺筑过程中发现有一种材料用完时，应立即停止铺筑，重新装料后再继续进行。搅拌形成的稀浆混合料，应符合本规范附录 D 表 D.0.10 的要求，并有良好的施工和易性。

9.3.11.4 稀浆封层铺筑机工作时应匀速前进，铺筑厚度应均匀、表面应平整。

9.3.11.5 稀浆封层铺筑后，应待乳液破乳、水分蒸发、干燥成型后方可开放交通。

9.3.11.6 稀浆封层的施工气温不得低于 10℃。

10 其他工程

10.1 一般规定

10.1.1 沥青面层的材料要求及施工方法均应遵照本规范相关规定执行。当在特殊场合使用时，应根据其使用部位及功能要求采取相应的措施。

10.2 行人道路

10.2.1 人行道、自行车道、非机动车道、公园道路、不通行重型车辆的行人广场、运动场地等的沥青面层应平顺、舒适、有良好的排水性能。

10.2.2 行人道路沥青面层的材料要求宜与车行道沥青面层相同，并宜选择针入度较高的石油沥青或乳化沥青。行人道路路面沥青用量宜比车行道用量增加 0.3%左右。

10.2.3 三幅道以上道路的非机动车道、行人广场，当采用拌和的沥青混合料时，宜分双层铺筑，上面层应采用 I 型的细粒式或砂粒式沥青混凝土混合料。铺筑贯入式路面时宜加铺拌和层。

10.2.4 人行道、自行车道、公园道路可铺筑单层细粒式或砂粒式沥青混凝土混合料面层、沥青表面处治面层或空隙率大的沥青碎石混合料透水性面层。

10.2.5 沥青混合料的技术指标应符合本规范表 7.3.3 行人道路的规定。

10.2.6 行人道路沥青面层的施工应符合下列要求：

10.2.6.1 路缘石、阀门盖座、消防水栓、电杆等道路附属设施应按设计要求预先安装。

10.2.6.2 浇洒沥青或铺筑混合料时应采取防止污染道路附属设施及其他构造物的措施。

10.2.6.3 压路机碾压时不得损坏道路附属设施及其他构造物。使用大型压路机有困难的部位，应采用小型振动压路机或振动夯板压实。在不能采用压实机具的地方，可采用人工夯实。

10.3 重型车停车场、公共汽车站

10.3.1 高速公路服务区、停车场、各类货场、堆栈、通行或停放重型车辆的广场、公共汽（电）车站等的沥青面层应满足较长时间停驻重型车辆及承受反复启动制动的水平力的功能要求。沥青混合料应有较高的抵抗永久变形的能力。

10.3.2 在结构选择及沥青混合料配合比设计时宜采用下列措施：

10.3.2.1 采用整体性好的半刚性基层。基层表面宜有较多粗集料外露，形成多棱角的粗糙面，并洒布透层。

10.3.2.2 增加沥青混合料中的粗集料部分，适当增大粗集料最大粒径，减少砂及矿粉用量。

10.3.2.3 采用低针入度沥青。沥青用量比标准配合比设计用量宜减少 0.3%左右。

10.3.2.4 采用改性沥青。

10.3.2.5 在空隙率很大的沥青碎石混合料中浇注水泥浆。

10.3.3 上述大面积广场、货场类沥青面层的纵横坡度、平整度及排水应符合设计要求，施工时应采用下列措施：

10.3.3.1 严格控制基层及面层中下层的平整度，表层平整度应符合要求。

10.3.3.2 加密控制施工放样桩，并采用方格网，样桩间距不宜大于5 m。

10.3.3.3 采用大型摊铺机或多台摊铺机同时施工。

10.3.3.4 在施工中应随时用3 m直尺检查平整度，并检查高

程，当不符合要求时，及时趁热整修。

10.4 水泥混凝土桥面的沥青铺装

10.4.1 大中型水泥混凝土桥桥面铺筑的沥青铺装层，应满足与混凝土桥面的粘结、防止渗水、抗滑及有较高抵抗振动变形的能力等功能性要求。小桥涵桥面沥青面层的各项要求应与其相接路段的车行道面层相同。

10.4.2 沥青铺装宜由粘层、防水层、保护层及沥青面层组成，其总厚度宜为6～10 cm。多雨潮湿地区、纵坡大于5%或设计车速大于50 km/h的大中型高架桥、立交桥桥面应铺设抗滑表层。

10.4.3 沥青铺装铺筑前应对水泥混凝土桥面进行检查，桥面应平整、粗糙、干燥、整洁，不得有尘土、杂物或油污。桥面横坡应符合要求。当不符合要求时应处理，对尖锐突出物及凹坑应打磨或修补。

10.4.4 铺筑防水层前应撒布粘层沥青，撒布方法和用量可按本规范第9.2节的规定执行。

10.4.5 桥面防水层的厚度宜为1.0～1.5 mm，防水层可采用下列形式之一：

10.4.5.1 分两次撒布总用量为0.4～0.5 kg/m²的沥青或改性沥青粘层，撒布一层中砂，碾压形成的沥青涂胶类下封层。

10.4.5.2 涂刷聚氨酯胶泥、环氧树脂、阳离子乳化沥青、氯丁胶乳等高分子聚合物涂胶。

10.4.5.3 铺设沥青或改性沥青防水卷材，或浸渗沥青的无纺布（土工布），通过沥青粘层与桥面粘结。

10.4.6 桥面防水层施工应符合下列要求：

10.4.6.1 防水层应全桥面满铺。并不应有破洞、漏铺、脱开、翘起、皱折现象。

10.4.6.2 铺贴沥青卷材时，除预制梁拼缝两侧5～10 cm范围内不粘贴外，均应用粘结剂或防水涂料将卷材与基面密贴，并用滚筒碾平压实。应沿水流方向将上层卷材压住下层卷材，上下层的搭接缝应错开半幅，纵缝搭接长度应为8～10 cm，横缝搭接不应少于10 cm。接缝处应填充接缝材料。相邻两幅横缝错开的距离应大于每卷长度的1/3。

10.4.6.3 涂刷高分子聚合物涂胶作防水层时，涂料应拌匀，并用1.18 mm筛过滤后使用。

10.4.6.4 铺设防水层成型后应立即铺筑保护层，在铺设保护层前严禁行人和机械通行。

10.4.6.5 边角（阴阳角）拐弯处及形状不规则的细部应做好防水层铺设，阴阳角基面应做成圆弧或纯角状，角部应设加强防水层。

10.4.7 为防止损伤防水层，宜在其上面铺设保护层。保护层宜采用AC－10或AC－5型沥青混凝土或单层式沥青表面处治，其厚度宜为1.0 cm。保护层宜采用人工铺筑，并用6～8 t轻型压路机以较慢的速度碾压。

10.4.8 桥面铺装沥青面层宜采用单层或双层高温稳定性好的AC－16或AC－20型中粒式热拌热铺沥青混凝土混合料铺筑，其厚度宜为4～10 cm。双层式面层的表面层的厚度不宜小于2.5 cm。沥青面层也可采用与相接道路的中面层、上面层或抗滑表层相同的结构和材料，并应与相接道路一同施工。

10.4.9 沥青面层的施工碾压宜采用轮胎压路机复压及轻型钢筒式压路机终压的方式，不得采用有可能损坏桥梁的大型振动压路机或重型钢筒式压路机。

10.4.10 沥青面层所用的沥青应符合本规范附录C表C.0.1的要求，也可采用改性沥青。

10.4.11 桥面铺装和道路路面的连接部位，连接应平顺，并应采取防止桥头施工后沉降的措施。

10.5 路 缘 石

10.5.1 沥青路面的路缘石可根据要求和条件选用沥青混凝土或水泥混凝土预制块、条石、砖等。车行道与分隔带、车行道与人行道之间的路缘石宜采用水泥预制块、条石铺筑，硬路肩与土路肩之间的路缘石可采用沥青混凝土铺筑。

10.5.2 路缘石应有足够的强度，并应具有抗撞击、耐风化的性能，表面应平整，不应有脱皮现象。

10.5.3 铺筑沥青混凝土路缘石应符合下列要求：

10.5.3.1 应采用路缘石成型机在沥青面层铺筑后连续铺设。

10.5.3.2 沥青混凝土混合料的矿料级配应符合表10.5.3的要求，沥青用量宜比马歇尔试验配合比设计的最佳沥青用量增加0.5%～1.0%，双面击实50次的设计空隙率宜为2%～6%。

10.5.3.3 基底应撒布粘层沥青，其用量应为0.25～0.5kg/m²。

沥青路缘石矿料级配范围 **表10.5.3**

筛孔(mm)							
	方孔筛	16	13.2	4.75	2.36	0.3	0.075
	圆孔筛	20	15	5	2.5		
通过质量百分率（%）		100	85～100	65～80	50～65	18～30	5～15

10.5.4 埋置式路缘石必须在沥青面层施工前安装完毕。路缘石埋置后应将回填材料压实或采取防止沥青面层施工时变形的保护措施。严禁在各层沥青面层铺筑后开挖面层埋设路缘石。

10.6 雨水口与检查井

10.6.1 雨水口的施工应与路缘石同期进行。严禁在沥青面层铺筑后开挖面层，建造雨水口。

10.6.2 检查井的施工应与给排水管道、热力管道、电力及通信电缆管道等附属设施同步进行。

10.6.3 检查井井圈底座应铺砌牢固，并应有足够强度，井圈四周的路基、基层与沥青面层均应用夯板仔细夯实，井盖顶面标高应与路面标高一致。

10.6.4 沥青路面施工时，雨水口应妥善保护，检查井应设置标志或路障等防止损坏、确保施工安全的措施。

11 施工质量管理与检查验收

11.1 一般规定

11.1.1 沥青路面施工应根据全面质量管理的要求，建立健全有效的质量保证体系，实行严格的目标管理、工序管理与岗位责任制度，对施工各阶段的质量进行检查、控制、评定，达到所规定的质量标准，确保施工质量的稳定性。

11.1.2 对实行监理制度的工程项目，除施工企业进行自检外，工程监理应按有关规定进行质量检查与认定，政府质量监督部门及工程建设单位（业主）应对工程质量进行监督。

11.1.3 施工质量管理与检查验收应包括工程施工前、施工过程中的质量管理与质量控制，以及各施工工序间的检查及工程交工后的质量检查验收。

11.2 施工前的材料与设备检查

11.2.1 在工程开始前以及施工过程中材料来源或规格发生变化时，应对材料来源、材料质量、数量、供应计划、材料场堆放及储存条件等进行检查。

11.2.2 施工前材料的质量检查应以同一料源、同一次购入并运至生产现场（或储入同一沥青罐、池）的相同规格品种的集料、沥青为一“批”进行检查。材料试样的取样数量与频率应按现行试验规程的规定进行。每批材料的质量应符合本规范附录C的规定。对沥青等重要试样，每一“批”都应在试验后留样封存，并记录沥青使用的路段，留存的数量不宜少于4 kg。

11.2.3 施工前应对拌和厂及沥青路面施工机械和设备的配套情况、性能、计量精度等进行检查。

11.2.4 对实行监理制度的工程项目，材料试验结果及据此进行的配合比设计的结果、施工机械和设备的检查结果，都应在使用前规定的期限内向监理工程师或工程质量监督部门提出正式报告，待取得正式认可后，方可使用。

11.3 铺筑试验路段

11.3.1 高速公路、一级公路和城市快速路、主干路在施工前应铺筑试验段。其他等级公路与城市道路在缺乏施工经验或初次使用重大设备时，也应铺筑试验段。当同一施工单位在材料、机械设备及施工方法与其他工程完全相同时，经主管部门批准，也可利用其他工程的结果，不再铺筑新的试验路段。

11.3.2 试验段的长度应根据试验目的确定，宜为100～200 m。试验段宜在直线段上铺筑，当在其他道路上铺筑时，路面结构等条件应相同。路面各层的试验可安排在不同的试验段。

11.3.3 热拌热铺沥青混合料路面试验段铺筑应分为试拌及试铺两个阶段，并应包括下列试验内容：

11.3.3.1 根据沥青路面各种施工机械相匹配的原则，确定合理的施工机械、机械数量及组合方式。

11.3.3.2 通过试拌确定拌和机的上料速度、拌和数量与时间、拌和温度等操作工艺。

11.3.3.3 通过试铺确定：透层沥青的标号与用量、喷洒方式、喷洒温度；摊铺机的摊铺温度、摊铺速度、摊铺宽度、自动找平方式等操作工艺；压路机的压实顺序、碾压温度、碾压速度及遍数等压实工艺；松铺系数、接缝方法等。

11.3.3.4 按本规范7.3.6条的方法验证沥青混合料配合比设计结果，提出生产用的矿料配比和沥青用量。

11.3.3.5 建立用钻孔法及核子密度仪法测定密度的对比关系。确定粗粒式沥青混凝土及沥青碎石面层的压实标准密度。

11.3.3.6 确定施工产量及作业段的长度，制订施工进度计划。

11.3.3.7 全面检查材料及施工质量。

11.3.3.8 确定施工组织及管理体系。

11.3.3.9 其他项目。

11.3.4 在试验段的铺筑过程中，施工单位应认真做好记录分析，监理工程师或工程质量监督部门应监督、检查试验段的施工质量，及时与施工单位商定有关结果。铺筑结束后，施工单位应就各项试验内容提出试验路总结报告，取得主管部门的批复。

11.4 施工过程中的质量管理与检查

11.4.1 沥青面层施工必须在得到主管部门的开工令后方可开工。

11.4.2 在施工过程中，应由专职的质量检测机构负责施工质量的检查与试验。

11.4.3 施工单位在施工过程中应随时对施工质量进行自检。实行监理制度的工程项目，监理工程师或质量监督人员亦应进行抽检或旁站检验，并对施工单位的自检结果进行检查认定。当施工人员、监理工程师、监督人员发现有异常情况时，应立即报告或追加试验检查。

11.4.4 施工单位在施工过程中必须对各种施工材料进行抽样试验，其项目与频度不应少于本规范附录E表E.0.1的规定。材料质量应符合本规范附录C规定的质量指标的要求。

11.4.5 施工过程中工程质量检查的内容、频度、质量标准应符合本规范附录E表E.0.2、表E.0.3的规定。当检查结果达不到规定要求时，应追加检测数量，查找原因，并进行处理。

11.4.6 沥青混合料拌和厂应对拌和均匀性、拌和温度、出厂温度及各个料仓的用量进行检查，并应取样进行马歇尔试验，检测混合料的矿料级配和沥青用量。

11.4.7 混合料铺筑现场应对混合料质量及施工温度进行观测，随时检查厚度、压实度和平整度，并逐个断面测定成型尺寸。

11.4.8 对施工厚度进行控制时，除应在摊铺及压实时量取，并测量钻孔试件厚度外，还应校验由每一天的沥青混合料总量与实际铺筑的面积计算出的平均厚度。

11.4.9 施工压实度的检查应以钻孔法为准。用核子密度仪检查时应通过与钻孔密度的标定关系进行换算，并应增加检测次数。当钻孔检验的各项指标持续稳定并达到质量控制要求时，经主管部门同意，钻孔频度可适当减少，增加核子密度仪检测频度，并严格控制碾压遍数。此种情况下，钻孔频度不应少于每公里钻一个孔。施工过程中钻孔的试件宜编号贴上标签予以保存，以备工程交工验收时使用。压实度及标准密度应按本规范附录F的方法确定。

11.4.10 施工单位的质量检测结果应按1 km（公路）或100 m（城市道路）为单位整理成表。当发现异常时，应停止施工，分析原因，找出影响因素，并采取措施。经主管部门同意后方可复工。

11.4.11 高速公路、一级公路和城市快速路、主干路施工宜利用计算机实行动态质量管理，其方法应符合本规范附录G的规定。

11.4.12 道路施工的关键工序或重要部位宜拍摄照片或进行录相，并作为实态记录保存。

11.5 交工验收阶段的工程质量检查与验收

11.5.1 工程完工后，施工单位应将全线以1～3 km（公路）或100～500 m（城市道路）作为一个评定路段，按本规范附录E表E.0.4或表E.0.5的规定频率，随机选取测点，对沥青面层进行全线自检，计算平均值、标准差及变异系数，向主管部门提交全线检测结果、施工总结报告，以及原始记录、试验数据等质量保证资料，申请交工验收。

11.5.2 工程完工后应全线测定路面平整度、宽度、纵断面高程、横坡度等，并提出竣工图。

11.5.3 对需要钻（挖）孔取样才能检查的厚度、压实度、沥青用量、矿料级配等，经主管部门同意，可利用施工过程中测定的数据。当需实测矿料级配和沥青用量时，其试样可合用一个评定路段钻孔的混合料。

11.5.4 交工验收阶段检查与验收的各项质量指标应符合本规范附录E表E.0.4或表E.0.5的规定。对厚度和压实度还应按本规范附录F的方法计算每一个评定路段的平均值与代表值，并进行评定。

11.5.5 行人道路沥青面层的质量检查及验收与车行道相同，其质量指标应符合本规范附录E表E.0.6的规定。

11.5.6 大、中型桥梁水泥混凝土桥面沥青铺装的质量检查与验收，应以100 m作为一个评定路段，其质量指标应符合本规范附录E表E.0.7的规定。

11.5.7 路缘石的质量检查及验收与车行道相同，其质量指标应符合本规范附录E表E.0.8的规定。

11.5.8 工程建设单位或监理、工程质量监督部门在接到施工单位的交工验收报告，并确认施工资料齐全后，应立即对施工质量进行交工检查与验收。检查验收应按随机抽样的方法，选择一定数量的评定路段进行实测检查，每一检查段的检查频度、试验方法及检测结果应符合本规范附录E表E.0.4或表E.0.5、表E.0.6、表E.0.7、表E.0.8的规定。当实测检查有困难时，经主管部门同意后，可随机抽查一定数量施工单位的质量检测结果，对工程质量进行评定。此种情况下，仍应复测部分路段的平整度，并利用施工中保存的钻孔试件对厚度及压实度进行复核。

11.6 工程施工总结

11.6.1 工程结束后，施工企业应根据国家竣工文件编制的规定，提出施工总结报告及若干个专项报告，连同竣工图表，形成完整的施工资料档案，一并提交工程主管部门及有关档案管理部门。

11.6.2 施工总结报告应包括工程概况（包括设计及变更情况）、工程基础资料、材料、施工组织、机械及人员配备、施工方法、施工进度、试验研究、工程质量评价、工程决算、工程使用服务计划等。

11.6.3 施工管理与质量检查报告应包括施工管理体制、质量保证体系、施工质量目标、试验段铺筑报告、施工前及施工中材料质量检查结果（测试报告）、施工中工程质量检查结果（测试报告）、工程交工后质量自检结果（测试报告）、工程质量评价以及原始记录、相册、录像等各种附件。

11.6.4 施工企业在高速公路、一级公路和城市快速路、主干路施工结束通车后，应进行一定时间（宜为交工后一年）的工程使用服务，服务内容包括路面使用情况观测、局部损坏的维修保养，并将服务情况报告有关部门。

附录A 沥青路面施工的气候分区

A.0.1 沥青路面施工应根据工程所在地的气候特点进行施工组织设计、选择沥青标号及沥青混合料类型。

A.0.2 根据气温的不同，我国沥青路面气候分区可按表A.0.2分为寒区、温区、热区。当同一省区气候条件不同时，可按最低月平均气温确定气候分区。

沥青路面施工气候分区 **表A.0.2**

气候分区	最低月平均气温（℃）	所属省区
寒区	<−10	黑龙江、吉林、辽宁（营口以北）、内蒙古（包头以北）、山西（大同以北）、河北（承德、张家口以北）、陕西（榆林以北）、甘肃、新疆、青海、宁夏、西藏等省区
温区	−10～0	辽宁（营口以南）、内蒙古（包头以南）、北京、天津、山西（大同以南）、河北（承德、张家口以南）、陕西（榆林以南、西安以北）、甘肃（天水一带）、山东、河南（南阳以北）、江苏（徐州、淮阴以北）、安徽（宿县、亳县以北）、四川（成都西北）等省区
热区	>0	河南（南阳以南）、江苏（徐州、淮阴以南）、上海、安徽（宿县、亳县以南）、陕西（西安以南）、广东、海南、广西、湖南、湖北、福建、浙江、江西、云南、贵州、重庆、台湾、四川（成都东南）等省区

A.0.3 对沥青路面的水稳定性、抗滑性能等与路面潮湿情况有关的技术要求，应根据工程所在地的雨量及下雨日数等确定，年降雨量大于1000 mm的地区属于多雨潮湿地区，小于500 mm的地区为少雨干燥地区。对年降雨量500～1000 mm的地区，视年下雨日数的多少确定。

附录B 热拌沥青混合料配合比设计方法

B.1 一 般 规 定

B.1.1 热拌沥青混合料的配合比设计应包括目标配合比设计阶段、生产配合比设计阶段及生产配合比验证阶段，通过配合比设计决定沥青混合料的材料品种、矿料级配及沥青用量。

B.1.2 沥青混合料的配合比设计的试验方法应遵照现行试验操作规程执行。混合料拌和必须摸拟实际生产情况，采用实验室小型沥青混合料拌和机进行。

B.1.3 热拌沥青混合料的配合比设计应采用马歇尔试验设计方法，并对设计的沥青混合料进行浸水马歇尔试验及车辙试验分别检验其水稳定性和抗车辙能力。对使用钢渣的沥青混合料尚应进行钢渣活性检验。

B.1.4 配合比设计各阶段都应进行马歇尔试验。经配合比设计得到的沥青混合料应符合本规范表7.3.3规定的马歇尔试验设计技术标准，矿料级配应符合本规范附录D表D.0.7或表D.0.8的规定。

B.2 材 料 准 备

B.2.1 按相关试验规程规定选取的沥青及矿料试样，应具有足够数量和代表性。按本规范第4章材料质量的技术要求试验各项性质，当检验为不合格时，不得用于试验。

B.2.2 应对粗集料、细集料、填料进行筛分，得出各种矿料的筛分曲线。

B.2.3 应测定粗集料、细集料、填料及沥青的相对密度（25/25℃）。

B.3 矿料配合比计算

B.3.1 根据道路等级、路面类型及所处的结构层位等选择适用的沥青混合料类型，按本规范附录D表D.0.7或表D.0.8确定矿料级配范围。

B.3.2 由各种矿料的筛分曲线计算配合比例，合成的矿料级配应符合本规范附录D表D.0.7或表D.0.8的规定。矿料的配合比计算宜借助计算机进行。当无此条件时，也可用图解法确定。合成级配应符合下列要求：

B.3.2.1 应使包括0.075 mm、2.36 mm、4.75 mm筛孔在内的较多筛孔的通过量接近设计级配范围的中限。

B.3.2.2 对交通量大、轴载重的道路，宜偏向级配范围的下（粗）限。对中小交通量或人行道路等宜偏向级配范围的上（细）限。

B.3.2.3 合成的级配曲线应接近连续或有合理的间断级配，不得有过多的犬牙交错。当经过再三调整，仍有两个以上的筛孔超出级配范围时，应对原材料进行调整或更换原材料重新设计。

B.4 马歇尔试验

B.4.1 根据本规范附录D表D.0.7或表D.0.8中所列的沥青用量范围及实践经验，估计适宜的沥青用量（或油石比）。

B.4.2 以估计沥青用量为中值，按0.5%间隔变化，取5个不同的沥青用量，用小型拌和机与矿料拌和，按本规范表7.3.3规定的击实次数成型马歇尔试件。按下列规定的试验方法，测定试件的密度，并计算空隙率、沥青饱和度、矿料间隙率等物理指标，进行体积组成分析。

B.4.2.1 Ⅰ型沥青混合料试件应采用水中重法测定。

B.4.2.2 表面较粗但较密实的Ⅰ型或Ⅱ型沥青混合料、使用了吸收性集料的Ⅰ型沥青混合料试件应采用表干法测定。

B. 4. 2. 3 吸水率大于2%的Ⅰ型或Ⅱ型沥青混合料、沥青碎石混合料等不能用表干法测定的试件应采用蜡封法测定。

B. 4. 2. 4 空隙率较大的沥青碎石混合料、开级配沥青混合料试件可采用体积法测定。

B. 4. 3 进行马歇尔试验，测定马歇尔稳定度及流值等物理力学性质。选择的沥青用量范围应使密度及稳定度曲线出现峰值。

B. 4. 4 按图B. 4. 4的方法，以沥青用量为横坐标，以测定的各项指标为纵坐标，分别将试验结果点入图中，连成圆滑的曲线。

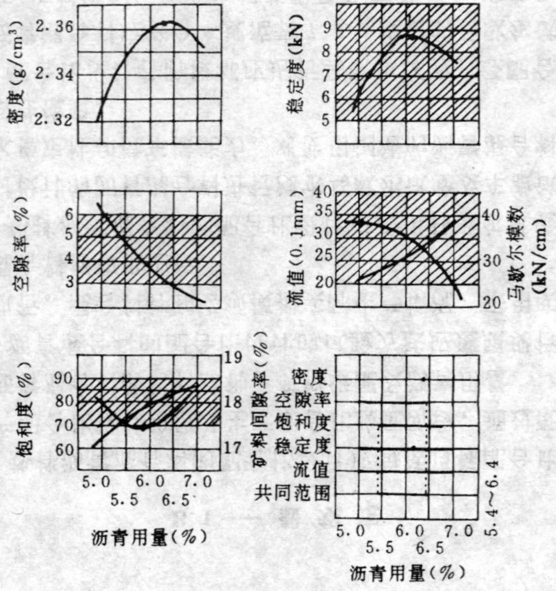

图B. 4. 4 马歇尔试验结果示例

注：图中阴影范围为设计要求范围，图中：a_1=6.35%，a_2=6.2%，a_3=5.7%，OAC_1=6.08%，OAC_{min}=5.4%，OAC_{max}=6.4%，OAC_2=5.9%，OAC=6.0%。

B. 4. 5 从图B. 4. 4中求取相应于密度最大值的沥青用量为a_1，相应于稳定度最大值的沥青用量a_2及相应于规定空隙率范围的中值（或要求的目标空隙率）的沥青用量a_3，按式B. 4. 5求取三者的平均值作为最佳沥青用量的初始值OAC_1。

$$OAC_1 = (a_1 + a_2 + a_3)/3 \qquad (B.4.5)$$

B. 4. 6 求出各项指标均符合本规范表7. 3. 3沥青混合料技术标准的沥青用量范围OAC_{min}～OAC_{max}，按式B. 4. 6求取中值OAC_2。

$$OAC_2 = (OAC_{min} + OAC_{max})/2 \qquad (B.4.6)$$

B. 4. 7 按最佳沥青用量初始值OAC_1在图B. 4. 4中求取相应的各项指标值，当各项指标均符合本规范表7. 3. 3规定的马歇尔设计配合比技术标准时，由OAC_1及OAC_2综合决定最佳沥青用量（OAC）。当不能符合表7. 3. 3的规定时，应调整级配，重新进行配合比设计，直至各项指标均能符合要求为止。

B. 4. 8 由OAC_1及OAC_2综合决定最佳沥青用量（OAC）时，宜根据实践经验和道路等级、气候条件按下列步骤进行：

B. 4. 8. 1 一般可取OAC_1及OAC_2的中值作为最佳沥青用量（OAC）。

B. 4. 8. 2 对热区道路以及车辆渠化交通的高速公路、一级公路、城市快速路、主干路，预计有可能造成较大车辙的情况时，可在OAC_2与下限OAC_{min}范围内决定，但不宜小于OAC_2的0.5%。

B. 4. 8. 3 对寒区道路以及其他等级公路与城市道路，最佳沥青用量可以在OAC_2与上限值OAC_{max}范围内决定，但不宜大于OAC_2的0.3%。

B. 5 水稳定性检验

B. 5. 1 按最佳沥青用量（OAC）制作马歇尔试件进行浸水马歇尔试验或真空饱水后的浸水马歇尔试验，当残留稳定度不符合本规范表7. 3. 3的规定时，应重新进行配合比设计，或按本规范4. 6. 9

条的规定采取抗剥离措施重新试验，直至符合要求为止。

B.5.2 当最佳沥青用量（OAC）与两个初始值 OAC_1、OAC_2 相差甚大时，宜按 OAC 与 OAC_1 或 OAC_2 分别制作试件，进行残留稳定度试验，根据试验结果对 OAC 作适当调整。

B.6 高温稳定性检验

B.6.1 按最佳沥青用量（OAC）制作车辙试验试件，在 60℃条件下用车辙试验机检验其高温抗车辙能力，当动稳定度不符合本规范 7.3.4 条的要求时，应对矿料级配或沥青用量进行调整，重新进行配合比设计。

B.6.2 当最佳沥青用量（OAC）与两个初始值 OAC_1、OAC_2 相差甚大时，宜按 OAC 与 OAC_1 或 OAC_2 分别制作试件，进行车辙试验，根据试验结果对 OAC 作适当调整。

B.7 钢渣活性检验

B.7.1 对粗集料或细集料使用钢渣的沥青混合料进行马歇尔试验时，应增加 3 个试件，将试件在 60℃水浴中浸泡48 h，然后取出冷却至室温，观察有无裂缝或鼓包，测量试件体积，其增大量不得超过 1%。同时还应满足浸水马歇尔残留稳定度不小于 75% 的要求，达不到这些要求的钢渣不得使用。

附录C 材料质量要求

重交通道路石油沥青质量要求 **表 C.0.1**

试验项目		AH−130	AH−110	AH−90	AH−70	AH−50
针入度(25℃,100g,5s)(0.1 mm)		120～140	100～120	80～100	60～80	40～60
延度(5 cm/min,15℃)不小于(cm)		100	100	100	100	80
软化点(环球法) (℃)		40～50	41～51	42～52	44～54	45～55
闪点(COC) 不小于(℃)		230				
含蜡量(蒸馏法) 不大于(%)		3				
密度(15℃) (g/cm³)		实测记录				
溶解度(三氯乙烯) 不小于(%)		99.0				
薄膜加热试验 163℃ 5 h	质量损失 不大于 (%)	1.3	1.2	1.0	0.8	0.6
	针入度比 不小于 (%)	45	48	50	55	58
	延度(25℃)不小于 (cm)	75	75	75	50	40
	延度(15℃) (cm)	实测记录				

注：①有条件时，应测定沥青 60℃温度的动力粘度（Pa·s）及 135℃温度的运动粘度（mm²/s），并在检验报告中注明；

②对高速公路、一级公路和城市快速路、主干路的沥青路面，如有需要，用户可对薄膜加热试验后的 15℃延度、粘度等指标向供方提出要求。

中、轻交通道路石油沥青质量要求　　表 C.0.2

试验项目 \ 标号		A—200	A—180	A—140	A—100甲	A—100乙	A—60甲	A—60乙
针入度（25℃，100 g，5 s）　(0.1 mm)		200～300	160～200	120～160	90～120	80～120	50～80	40～80
延度（25℃，5 cm/min）不小于　(cm)		—	100	100	90	60	70	40
软化点（环球法）　(℃)		30～45	35～45	38～48	42～52	42～52	45～55	45～55
溶解度（三氯乙烯）　不小于　(%)		99.0	99.0	99.0	99.0	99.0	99.0	99.0
蒸发损失试验 163℃ 5 h	质量损失　不大于　(%)	1	1	1	1	1	1	1
	针入度比　不小于　(%)	50	60	60	65	65	70	70
闪点（COC）　不小于　(℃)		180	200	230	230	230	230	230

注：当 25℃延度达不到 100 cm 时，如 15℃延度不小于 100 cm，也认为是合格的。

道路用乳化石油沥青质量要求　　表 C.0.3

项目 \ 种类		PC—1 PA—1	PC—2 PA—2	PC—3 PA—3	BC—1 BA—1	BC—2 BA—2	BC—3 BA—3
筛上剩余量　不大于　(%)		0.3					
电　荷		阳离子带正电（+）、阴离子带负电（—）					
破乳速度试验		快裂	慢裂	快裂	中或慢裂		慢裂
粘度	沥青标准粘度计 $C_{25,3}$　(s) 恩格拉度 E_{25}	12～45 3～15	8～20 1～6		12～100 3～40		40～100 15～40
蒸发残留物含量　不小于　(%)		60	50		55		60
蒸发残留物性质	针入度（100 g，25℃，5 s）(0.1 mm)	80～200	80～300	60～160	60～200	60～300	80～200
	残留延度比（25℃）不小于　(%)	80					
	溶解度（三氯乙烯）不小于　(%)	97.5					
贮存稳定性	5 d 不大于　(%) 1 d 不大于　(%)	5 1					
与矿料的粘附性，裹复面积不小于		2/3					
粗粒式集料拌和试验		—			均匀	—	
细粒式集料拌和试验		—				均匀	
水泥拌和试验，1.18 mm 筛上剩余量　不大于　(%)		—				5	
低温贮存稳定度（—5℃）		无粗颗粒或结块					
用　途		表面处治及贯入式洒布用	透层油用	粘层油用	拌制粗粒式沥青混合料	拌制中粒式及细粒式沥青混合料	拌制砂粒式沥青混合料及稀浆封层

注：① 乳液粘度可选沥青标准粘度计或恩格拉粘度计测定，$C_{25,3}$表示测试温度 25℃、粘度计孔径 3 mm，E_{25}表示在 25℃时测定；
② 贮存稳定性一般用 5 d 的，如时间紧迫也可用 1 d 的稳定性；
③ PC、PA、BC、BA 分别表示洒布型阳离子、洒布型阴离子、拌合型阳离子、拌合型阴离子乳化沥青；
④ 用于稀浆封层的阴离子乳化沥青 BA—3 型的蒸发残留物含量可放宽至 55%。

道路用液体石油沥青质量要求 表 C.0.4

试验项目		快凝 AL(R)-1	快凝 AL(R)-2	中凝 AL(M)-1	中凝 AL(M)-2	中凝 AL(M)-3	中凝 AL(M)-4	中凝 AL(M)-5	中凝 AL(M)-6	慢凝 AL(S)-1	慢凝 AL(S)-2	慢凝 AL(S)-3	慢凝 AL(S)-4	慢凝 AL(S)-5	慢凝 AL(S)-6
粘度 (s)	$C_{25,5}$	<20		<20						<20					
	$C_{60,5}$		5~15		5~15	16~25	26~40	41~100	101~200		5~15	16~25	26~40	41~100	101~200
蒸馏体积 (%)	225℃前	>20	>15	<10	<7	<3	<2	0	0						
	315℃前	>35	>30	<35	<25	<17	<14	<8	<5						
	360℃前	>45	>35	<50	<35	<30	<25	<20	<15	<40	<35	<25	<20	<15	<5
蒸馏后残留物	针入度(25℃, 100 g, 5 s)(0.1 mm)	60~200	60~200	100~300	100~300	100~300	100~300	100~300	100~300						
	延度 (25℃) 5cm/min(cm)	>60	>60	>60	>60	>60	>60	>60	>60						
	浮漂度(50℃)(s)									<20	>20	>30	>40	>45	>50
闪点(TOC 法)℃		>30	>30	>65	>65	>65	>65	>65	>65	>70	>70	>100	>100	>120	>120
含水量 不大于 (%)		0.2		0.2						2.0					

注：粘度使用道路沥青粘度计测定，*C* 脚标第 1 个数字代表测试温度（℃），第 2 个数字代表粘度计孔径（mm）。

道路用煤沥青质量要求 表 C.0.5

试验项目				T-1	T-2	T-3	T-4	T-5	T-6	T-7	T-8	T-9
粘度 (s)	$C_{30,5}$			5~25	26~70							
	$C_{30,10}$					5~20	21~50	51~120	121~200			
	$C_{50,10}$									10~75	76~200	
	$C_{60,10}$											35~65
蒸馏试验馏出量 (%)	170℃前	不大于		3	3	3	2	1.5	1.5	1.0	1.0	1.0
	270℃前	不大于		20	20	20	15	15	15	10	10	10
	300℃前	不大于		15~35	15~35	30	30	25	25	20	20	15
300℃蒸馏残渣软化点（环球法）			(℃)	30~45	30~45	35~65	35~65	35~65	35~65	40~70	40~70	40~70
水分		不大于	(%)	1.0	1.0	1.0	1.0	1.0	0.5	0.5	0.5	0.5
甲苯不溶物		不大于	(%)	20	20	20	20	20	20	20	20	20
含萘量		不大于	(%)	5	5	5	4	4	3.5	3	2	2
焦油酸含量		不大于	(%)	4	4	3	3	2.5	2.5	1.5	1.5	1.5

注：粘度使用道路沥青粘度计测定，*C* 脚标第 1 个数字代表测试温度（℃），第 2 个数字代表粘度计孔径（mm）。

沥青面层用粗集料规格（方孔筛） 表C.0.6

规格	公称粒径(mm)	通过下列筛孔（方孔筛，mm）的质量百分率（%）												
		106	75	63	53	37.5	31.5	26.5	19.0	13.2	9.5	4.75	2.36	0.6
S1	40～75	100	90～100	—	—	0～15	—	0～5						
S2	40～60		100	90～100	—	0～15	—	0～5						
S3	30～60		100	90～100	—	—	0～15	—	0～5					
S4	25～50			100	90～100	—	—	0～15	—	0～5				
S5	20～40				100	90～100	—	—	0～15	—	0～5			
S6	15～30					100	90～100	—	—	0～15	—	0～5		
S7	10～30					100	90～100	—	—	—	0～15	0～5		
S8	15～25						100	95～100	—	0～15	—	0～5		
S9	10～20							100	95～100	—	0～15	0～5		
S10	10～15								100	95～100	0～15	0～5		
S11	5～15								100	95～100	40～70	0～15	0～5	
S12	5～10									100	95～100	0～10	0～5	
S13	3～10									100	95～100	40～70	0～15	0～5
S14	3～5										100	85～100	0～25	0～5

沥青面层用粗集料规格（圆孔筛） 表C.0.7

规格	公称粒径(mm)	通过下列筛孔（圆孔筛，mm）的质量百分率（%）														
		130	90	75	60	50	40	35	30	25	20	15	10	5	2.5	0.6
S1	40～90	100	90～100	—	—	—	0～15	—	0～5							
S2	40～75		100	90～100	—	—	0～15	—	0～5							
S3	40～60			100	90～100	—	0～15	—	0～5							
S4	30～60			100	90～100	—	—	—	0～15	—	—	0～5				
S5	25～50				100	90～100	—	—	—	0～15	—	0～5				
S6	20～40					100	90～100	—	—	—	0～15	—	0～5			
S7	10～40					100	90～100	—	—	—	—	—	0～15	0～5		
S8	15～35						100	95～100	—	—	—	0～15	—	0～5		
S9	10～30							100	95～100	—	—	—	0～15	0～5		
S10	10～20									100	95～100	—	0～15	0～5		
S11	5～15										100	95～100	40～70	0～15	0～5	
S12	5～10											100	95～100	0～10	0～5	
S13	3～10											100	95～100	40～70	0～15	0～5
S14	3～5												100	85～100	0～25	0～5

沥青面层用粗集料质量要求 **表 C.0.8**

指　　标		高速公路、一级公路城市快速路、主干路	其他等级公路与城市道路
石料压碎值	不大于　（%）	28	30
洛杉矶磨耗损失	不大于　（%）	30	40
视密度	不小于（t/m³）	2.50	2.45
吸水率	不大于　（%）	2.0	3.0
对沥青的粘附性	不小于	4 级	3 级
坚固性	不大于　（%）	12	—
细长扁平颗粒含量	不大于　（%）	15	20
水洗法<0.075 mm 颗粒含量	不大于　（%）	1	1
软石含量	不大于　（%）	5	5
石料磨光值	不小于（BPN）	42	实测
石料冲击值	不大于　（%）	28	实测
破碎砾石的破碎面积	不小于　（%）		
拌和的沥青混合料路面表面层		90	40
中下面层		50	40
贯入式路面		—	40

注：①坚固性试验可根据需要进行；

②当粗集料用于高速公路、一级公路和城市快速路、主干路时，多孔玄武岩的视密度可放宽至 2.45 t/m³，吸水率可放宽至 3%，并应得到主管部门的批准；

③石料磨光值是为高速公路、一级公路和城市快速路、主干路的表层抗滑需要而试验的指标，石料冲击值可根据需要进行。其他公路与城市道路如需要时，可提出相应的指标值；

④钢渣的游离氧化钙的含量不应大于 3%，浸水后的膨胀率不应大于 2%。

沥青面层用天然砂规格 **表 C.0.9**

方孔筛（mm）	圆孔筛（mm）	通过各筛孔的质量百分率（%）		
		粗　砂	中　砂	细　砂
9.5	10	100	100	100
4.75	5	90～100	90～100	90～100
2.36	2.5	65～95	75～100	85～100
1.18	1.2	35～65	50～90	75～100
0.6		15～29	30～59	60～84
0.3		5～20	8～30	15～45
0.15		0～10	0～10	0～10
0.075		0～5	0～5	0～5
细度模数 M_x		3.7～3.1	3.0～2.3	2.2～1.6

沥青面层用石屑规格 **表 C.0.10**

规格	公称粒径（mm）	通过下列筛孔的质量百分率（%）					
		方孔筛（mm） 圆孔筛（mm）	9.5 10	4.75 5	2.36 2.5	0.6	0.075
S15	0～5		100	85～100	40～70	—	0～15
S16	0～3			100	85～100	20～50	0～15

沥青面层用细集料质量要求 **表 C.0.11**

指　　标		高速公路、一级公路城市快速路、主干路	其他等级公路与城市道路
视密度	不小于（t/m³）	2.50	2.45
坚固性（>0.3 mm 部分）	不大于（%）	12	—
砂当量	不小于（%）	60	50

注：①坚固性试验可根据需要进行；

②当进行砂当量试验有困难时，也可用水洗法测定小于0.075 mm部分的含量（仅适用于天然砂），对高速公路、一级公路和城市快速路、主干路要求该含量不大于 3%，对其他公路与城市道路要求该含量不大于 5%。

附录D 路用材料规格和用量

沥青表面处治材料规格和用量（方孔筛） 表 D.0.1

沥青种类	类型	厚度 (cm)	集料 (m³/1000m²) 第一层 粒径规格	第一层 用量	第二层 粒径规格	第二层 用量	第三层 粒径规格	第三层 用量	沥青或乳液用量 (kg/m²) 第一次	第二次	第三次	合计用量
石油沥青	单层	1.0	S12	7~9					1.0~1.2			1.0~1.2
		1.5	S10	12~14					1.4~1.6			1.4~1.6
	双层	1.0*	S12	10~12	S14	5~7			1.2~1.4	0.8~1.0		2.0~2.4
		1.5	S10	12~14	S12	7~8			1.4~1.6	1.0~1.2		2.4~2.8
		2.0	S9	16~18	S12	7~8			1.6~1.8	1.0~1.2		2.6~3.0
		2.5	S8	18~20	S12	7~8			1.8~2.0	1.0~1.2		2.8~3.2
	三层	2.5*	S9	18~20	S11	9~11	S14	5~7	1.6~1.8	1.1~1.3	0.8~1.0	3.5~4.1
		2.5	S8	18~20	S10	12~14	S12	7~8	1.6~1.8	1.2~1.4	1.0~1.2	3.8~4.4
		3.0	S6	20~22	S10	12~14	S12	7~8	1.8~2.0	1.2~1.4	1.0~1.2	4.0~4.6
乳化沥青	单层	0.5	S14	7~9					0.9~1.0			0.9~1.0
	双层	1.0	S12	9~11	S14	4~6			1.8~2.0	1.0~1.2		2.8~3.2
	三层	3.0	S6	20~22	S10	9~11	S12	4~6	2.0~2.2	1.8~2.0	1.0~1.2	4.8~5.4
							S14	3.5~4.5				

注：①煤沥青表面处治的沥青用量可比石油沥青用量增加 15%~20%；
②有 * 符号的规格和用量只适用于城市道路。最后一层集料中已包括了 2~3 m³/1000 m² 养护料；
③表中乳化沥青的乳液用量适用于乳液中沥青用量约为 60%的情况；
④在高寒地区及干旱风砂大的地区，可超出高限 5%~10%。

沥青面层用矿粉质量要求 表 C.0.12

指标		高速公路、一级公路 城市快速路、主干路	其他等级公路与城市道路
视密度	不小于 (t/m³)	2.50	2.45
含水量	不大于 (%)	1	1
粒度范围	<0.6 mm (%)	100	100
	<0.15 mm (%)	90~100	90~100
	<0.075 mm (%)	75~100	70~100
外观		无团粒结块	
亲水系数		<1	

沥青表面处治材料规格和用量（圆孔筛）

表 D.0.2

沥青种类	类型	厚度(cm)	集料(m³/1000m²) 第一层 粒径规格	第一层 用量	第二层 粒径规格	第二层 用量	第三层 粒径规格	第三层 用量	沥青或乳液用量(kg/m²) 第一次	第二次	第三次	合计用量
石油沥青	单层	1.0	S12	7~9					1.0~1.2			1.0~1.2
		1.5	S11	12~14					1.4~1.6			1.4~1.6
	双层	1.0*	S12	10~12	S14	5~7			1.2~1.4	0.8~1.0		2.0~2.4
		1.5	S11	12~14	S12	7~8			1.4~1.6	1.0~1.2		2.4~2.8
		2.0	S10	16~18	S12	7~8			1.6~1.8	1.0~1.2		2.6~3.0
		2.5	S9	18~20	S12	7~8			1.8~2.0	1.0~1.2		2.8~3.2
	三层	2.5*	S9	18~20	S11	9~11	S14	5~7	1.6~1.8	1.1~1.3	0.8~1.0	3.5~4.1
		2.5	S9	18~20	S11	12~14	S13 (S14)	7~8	1.6~1.8	1.2~1.4	1.0~1.2	3.8~4.4
		3.0	S8	20~22	S11	12~14	S13 (S14)	7~8	1.8~2.0	1.2~1.4	1.0~1.2	4.0~4.6
乳化沥青	单层	0.5	S14	7~9					0.9~1.0			0.9~1.0
	双层	1.0	S12	9~11	S14	4~6			1.8~2.0	1.0~1.2		2.8~3.2
	三层	3.0	S8 (S9)	20~22	S10 (S11)	9~11	S12	4~6	2.0~2.2	1.8~2.0	1.0~1.2	4.8~5.4
							S14	3.5~4.5				

注：①煤沥青表面处治的沥青用量可比石油沥青用量增加 15%~20%；

②有 * 符号的规格和用量只适用于城市道路。最后一层集料中已包括了 2~3 m³/1000 m² 养护料；

③表中乳化沥青的乳液用量适用于乳液中沥青用量约为 60%的情况；

④在高寒地区及干旱风砂大的地区，可超出高限 5%~10%。

沥青贯入式面层材料规格和用量（方孔筛）

（用量单位：集料：m³/1000 m²，沥青及沥青乳液：kg/m²）

表 D.0.3

沥青品种	石油沥青					
厚度(cm)	4		5		6	
规格和用量	规格	用量	规格	用量	规格	用量
封层料	S14	3~5	S14	3~5	S13(S14)	4~6
第三遍沥青		1.0~1.2		1.0~1.2		1.0~1.2
第二遍嵌缝料	S12	6~7	S11(S10)	10~12	S11(S10)	10~12
第二遍沥青		1.6~1.8		1.8~2.0		2.0~2.2
第一遍嵌缝料	S10(S9)	12~14	S8	16~18	S8(S6)	16~18
第一遍沥青		1.8~2.1		2.4~2.6		2.8~3.0
主层石料	S5	45~50	S4	55~60	S3(S2)	66~76
沥青总用量		4.4~5.1		5.2~5.8		5.8~6.4

沥青品种	石油沥青				乳化沥青			
厚度(cm)	7		8		4		5	
规格和用量	规格	用量	规格	用量	规格	用量	规格	用量
封层料	S13(S14)	4~6	S13(S14)	4~6	S14	4~6	S14	4~6
第五遍沥青								0.8~1.0
第四遍嵌缝料							S14	5~6
第四遍沥青						0.8~1.0		1.2~1.4
第三遍嵌缝料					S14	5~6	S12	7~9
第三遍沥青		1.0~1.2		1.0~1.2		1.4~1.6		1.5~1.7
第二遍嵌缝料	S10(S11)	11~13	S10(S11)	11~13	S12	7~8	S10	9~11
第二遍沥青		2.4~2.6		2.6~2.8		1.6~1.8		1.6~1.8
第一遍嵌缝料	S6(S8)	18~20	S6(S8)	20~22	S9	12~14	S8	10~12
第一遍沥青		3.3~3.5		4.0~4.2		2.2~2.4		2.6~2.8
主层石料	S3	80~90	S1(S2)	95~100	S5	40~45	S4	50~55
沥青总用量		6.7~7.3		7.6~8.2		6.0~6.8		7.5~8.5

注：①煤沥青贯入式的沥青用量可比石油沥青用量增加 15%~20%；

②表中乳化沥青用量是指乳液的用量，并适用于乳液浓度约为 60%的情况；

③在高寒地区及干旱风砂大的地区，可超出高限 5%~10%。

沥青贯入式面层材料规格和用量（圆孔筛）

（用量单位：集料：$m^3/1000\ m^2$，沥青及沥青乳液：kg/m^2）

表 D.0.4

沥青品种	石油沥青					
厚度(cm)	4		5		6	
规格和用量	规格	用量	规格	用量	规格	用量
封层料	S14	3～5	S14	3～5	S13(S14)	4～6
第三遍沥青		1.0～1.2		1.0～1.2		1.0～1.2
第二遍嵌缝料	S12	6～7	S11	10～12	S11(S10)	10～12
第二遍沥青		1.6～1.8		1.8～2.0		2.0～2.2
第一遍嵌缝料	S10	12～14	S9	16～18	S9	16～18
第一遍沥青		1.8～2.1		2.4～2.6		2.8～3.0
主层石料	S6	45～50	S5	55～60	S4(S3)	66～76
沥青总用量		4.4～5.1		5.2～5.8		5.8～6.4

沥青品种	石油沥青				乳化沥青			
厚度(cm)	7		8		4		5	
规格和用量	规格	用量	规格	用量	规格	用量	规格	用量
封层料	S13(S14)	4～6	S13(S14)	4～6	S14	4～6	S14	4～6
第五遍沥青								0.8～1.0
第四遍嵌缝料							S14	5～6
第四遍沥青						0.8～1.0		1.2～1.4
第三遍嵌缝料					S14	5～6	S12	7～9
第三遍沥青		1.0～1.2		1.0～1.2		1.4～1.6		1.5～1.7
第二遍嵌缝料	S10(S11)	11～13	S10(S11)	11～13	S12	7～8	S10	9～11
第二遍沥青		2.4～2.6		2.6～2.8		1.6～1.8		1.6～1.8
第一遍嵌缝料	S8(S9)	18～20	S9(S8)	20～22	S9	12～14	S7	10～12
第一遍沥青		3.3～3.5		4.0～4.2		2.2～2.4		2.6～2.8
主层石料	S2	80～90	S2	95～100	S6	40～45	S5	50～55
沥青总用量		6.7～7.3		7.6～8.2		6.0～6.8		7.5～8.5

注：①煤沥青贯入式的沥青用量可比石油沥青用量增加15%～20%；

②表中乳化沥青用量是指乳液的用量，并适用于乳液浓度约为60%的情况；

③在高寒地区及干旱风砂大的地区，可超出高限5%～10%。

表面加铺拌和层时贯入层部分的材料规格和用量（方孔筛）

（用量单位：集料：$m^3/1000\ m^2$，沥青及沥青乳液：kg/m^2）

表 D.0.5

沥青品种	石油沥青					
贯入层厚度(cm)	4		5		6	
规格和用量	规格	用量	规格	用量	规格	用量
第二遍嵌缝料	S12	5～6	S12(S11)	7～9	S12(S11)	7～9
第二遍沥青		1.4～1.6		1.6～1.8		1.6～1.8
第一遍嵌缝料	S10(S9)	12～14	S8	16～18	S8(S7)	16～18
第一遍沥青		2.0～2.3		2.6～2.8		3.2～3.4
主层石料	S5	45～50	S4	55～60	S3(S2)	66～76
总沥青用量		3.4～3.9		4.2～4.6		4.8～5.2

沥青品种	石油沥青		乳化沥青			
贯入层厚度(cm)	7		5		6	
规格和用量	规格	用量	规格	用量	规格	用量
第四遍嵌缝料					S14	4～6
第四遍沥青						1.3～1.5
第三遍嵌缝料			S14	4～6	S12	8～10
第三遍沥青				1.4～1.6		1.4～1.6
第二遍嵌缝料	S10(S11)	8～10	S12	9～10	S9	8～12
第二遍沥青		1.7～1.9		1.8～2.0		1.5～1.7
第一遍嵌缝料	S6(S8)	18～20	S8	15～17	S6	24～26
第一遍沥青		4.0～4.2		2.5～2.7		2.4～2.6
主层石料	S2(S3)	80～90	S4	50～55	S3	50～55
总沥青用量		5.7～6.1		5.9～6.2		6.7～7.2

注：①煤沥青贯入式的沥青用量可比石油沥青用量增加15%～20%；

②表中乳化沥青用量是指乳液的用量，并适用于乳液浓度约为60%的情况；

③在高寒地区及干旱风砂大的地区，可超出高限5%～10%；

④表面加铺拌和层部分的材料规格及沥青（或乳化沥青）用量按热拌沥青混合料（或常温沥青碎石混合料路面）的有关规定执行。

表面加铺拌和层时贯入层部分的材料规格和用量（圆孔筛）

（用量单位：集料：m³/1000 m²，沥青及沥青乳液：kg/m²）

表 D.0.6

沥青品种	石油沥青					
贯入层厚度（cm）	4		5		6	
规格和用量	规格	用量	规格	用量	规格	用量
第二遍嵌缝料	S12	5～6	S12(S11)	7～9	S12(S11)	7～9
第二遍沥青		1.4～1.6		1.6～1.8		1.6～1.8
第一遍嵌缝料	S10(S11)	12～14	S9	16～18	S9	16～18
第一遍沥青		2.0～2.3		2.6～2.8		3.2～3.4
主层石料	S6	45～50	S5	55～60	S4	66～76
总沥青用量		3.4～3.9		4.2～4.6		4.8～5.2

沥青品种	石油沥青		乳化沥青			
贯入层厚度（cm）	7		5		6	
规格和用量	规格	用量	规格	用量	规格	用量
第四遍嵌缝料					S14	4～6
第四遍沥青						1.3～1.5
第三遍嵌缝料			S14	4～6	S12	8～10
第三遍沥青				1.4～1.6		1.4～1.6
第二遍嵌缝料	S10(S11)	8～10	S12	9～10	S10	8～12
第二遍沥青		1.7～1.9		1.8～2.0		1.5～1.7
第一遍嵌缝料	S9(S8)	18～20	S9	15～17	S8(S9)	24～26
第一遍沥青		4.0～4.2		2.5～2.7		2.4～2.6
主层石料	S4(S2)	80～90	S5	50～55	S4	50～55
总沥青用量		5.7～6.1		5.9～6.2		6.7～7.2

注：①煤沥青贯入式的沥青用量可比石油沥青用量增加 15%～20%；

②表中乳化沥青用量是指乳液的用量，并适用于乳液浓度约为 60%的情况；

③在高寒地区及干旱风砂大的地区，可超出高限 5%～10%；

④表面加铺拌和层部分的材料规格及沥青（或乳化沥青）用量按热拌沥青混合料（或常温沥青碎石混合料路面）的有关规定执行。

沥青混合料矿料级配及沥青用量范围（方孔筛）

表 D.0.7

级配类型				通过下列筛孔（方孔筛，mm）的质量百分率（%）															沥青用量（%）
				53.0	37.5	31.5	26.5	19.0	16.0	13.2	9.5	4.75	2.36	1.18	0.6	0.3	0.15	0.075	
沥青混凝土	粗粒	AC-30	Ⅰ		100	90～100	79～92	66～82	59～77	52～72	43～63	32～52	25～42	18～32	13～25	8～18	5～13	3～7	4.0～6.0
			Ⅱ		100	90～100	65～85	52～70	45～65	38～58	30～50	18～38	12～28	8～20	4～14	3～11	2～7	1～5	3.0～5.0
		AC-25	Ⅰ			100	95～100	75～90	62～80	53～73	43～63	32～52	25～42	18～32	13～25	8～18	5～13	3～7	4.0～6.0
			Ⅱ			100	90～100	65～85	52～70	42～62	32～52	20～40	13～30	9～23	6～16	4～12	3～8	2～5	3.0～5.0
	中粒	AC-20	Ⅰ				100	95～100	75～90	62～80	52～72	38～58	28～46	20～34	15～27	10～20	6～14	4～8	4.0～6.0
			Ⅱ				100	90～100	65～85	52～70	40～60	26～45	16～33	11～25	7～18	4～13	3～9	2～5	3.5～5.5
		AC-16	Ⅰ					100	95～100	75～90	58～78	42～63	32～50	22～37	16～28	11～21	7～15	4～8	4.0～6.0
			Ⅱ					100	90～100	65～85	50～70	30～50	18～35	12～26	7～19	4～14	3～9	2～5	3.5～5.5
	细粒	AC-13	Ⅰ						100	95～100	70～88	48～68	36～53	24～41	18～30	12～22	8～16	4～8	4.5～6.5
			Ⅱ						100	90～100	60～80	34～52	22～38	14～28	8～20	5～14	3～10	2～6	4.0～6.0
		AC-10	Ⅰ							100	95～100	55～75	38～58	26～43	17～33	10～24	6～16	4～9	5.0～7.0
			Ⅱ							100	90～100	40～60	24～42	15～30	9～22	6～15	4～10	2～6	4.5～6.5
	砂粒	AC-5	Ⅰ								100	95～100	55～75	35～55	20～40	12～28	7～18	5～10	6.0～8.0
沥青碎石	特粗	AM-40		100	90～100	50～80	40～65	30～54	25～50	20～45	13～38	5～25	2～15	0～10	0～8	0～6	0～5	0～4	2.5～4.0
	粗粒	AM-30			100	90～100	50～80	38～65	32～57	25～50	17～42	8～30	2～20	0～15	0～10	0～8	0～5	0～4	2.5～4.0
		AM-25				100	90～100	50～80	43～73	38～65	25～55	10～32	2～20	0～14	0～10	0～8	0～6	0～5	3.0～4.5
	中粒	AM-20					100	90～100	60～85	50～75	40～65	15～40	5～22	2～16	1～12	0～10	0～8	0～5	3.0～4.5
		AM-16						100	90～100	60～85	45～68	18～42	6～25	3～18	1～14	0～10	0～8	0～5	3.0～4.5
	细粒	AM-13							100	90～100	50～80	20～45	8～28	4～20	2～16	0～10	0～8	0～6	3.0～4.5
		AM-10								100	85～100	35～65	10～35	5～22	2～16	0～12	0～9	0～6	3.0～4.5
抗滑表层		AK-13A							100	90～100	60～80	30～53	20～40	15～30	10～23	7～18	5～12	4～8	3.5～5.5
		AK-13B							100	85～100	50～70	18～40	10～30	8～22	5～15	3～12	3～9	2～6	3.5～5.5
		AK-16						100	90～100	60～82	45～70	25～45	15～35	10～25	8～18	6～13	4～10	3～7	3.5～5.5

沥青混合料矿料级配及沥青用量范围（圆孔筛） 表 D.0.8

级配类型			50	40	35	30	25	20	15	10	5	2.5	1.2	0.6	0.3	0.15	0.075	沥青用量（%）
			通过下列筛孔（圆孔筛，mm）的质量百分率（%）															
沥青混凝土	粗粒	LH-40 Ⅰ	100	90～100	84～94	77～89	68～85	58～78	48～69	41～61	30～50	25～41	18～32	13～25	8～18	5～13	3～7	3.5～5.5
		LH-40 Ⅱ	100	90～100	85～100	78～93	60～78	43～64	36～56	28～48	18～38	12～28	8～20	4～14	3～11	2～7	1～5	3.0～5.0
		LH-35 Ⅰ		100	90～100	82～95	70～88	59～79	50～70	41～60	30～50	25～41	18～32	13～25	8～18	5～13	3～7	4.0～6.0
		LH-35 Ⅱ		100	90～100	78～93	60～78	43～64	36～56	28～48	18～38	12～28	8～20	4～14	3～11	2～7	1～5	3.0～5.0
		LH-30 Ⅰ			100	95～100	75～90	60～80	52～72	41～61	30～50	25～42	18～32	13～25	8～18	5～13	3～7	4.0～6.0
		LH-30 Ⅱ			100	90～100	65～85	50～70	40～60	30～50	18～40	13～30	9～23	6～16	4～12	3～8	2～5	3.0～5.0
	中粒	LH-25 Ⅰ				100	95～100	75～90	60～80	50～70	36～56	28～46	20～34	15～27	10～20	6～14	4～8	4.0～6.0
		LH-25 Ⅱ				100	90～100	65～85	50～70	38～58	24～45	16～33	11～25	7～18	4～13	3～9	2～5	3.5～5.5
		LH-20 Ⅰ					100	95～100	75～90	56～76	40～60	30～50	22～38	16～29	11～21	7～15	4～8	4.0～6.0
		LH-20 Ⅱ					100	90～100	65～85	50～70	28～50	18～35	12～26	7～19	4～14	3～9	2～5	3.5～5.5
	细粒	LH-15 Ⅰ						100	95～100	70～88	48～68	36～53	24～41	18～30	12～22	8～16	4～8	4.5～6.5
		LH-15 Ⅱ						100	90～100	60～80	34～54	22～38	14～28	8～20	5～14	3～10	2～6	4.0～6.0
		LH-10 Ⅰ							100	95～100	55～75	38～58	26～43	17～33	10～24	6～16	4～9	5.0～7.0
		LH-10 Ⅱ							100	90～100	40～60	24～42	15～30	9～22	6～15	4～10	2～6	4.5～6.5
	砂粒	LH-5 Ⅰ								100	95～100	55～75	35～55	20～40	12～28	7～18	5～10	6.0～8.0
沥青碎石	特粗	LS-50	90～100	50～80	45～73	39～65	31～59	25～50	18～40	13～32	5～23	2～16	0～12	0～8	0～6	0～5	0～4	2.5～4.0
	粗粒	LS-40	100	90～100	70～88	50～78	40～70	40～70	32～60	20～48	15～40	7～30	0～14	0～10	0～8	0～5	0～4	2.5～4.0
		LS-35		100	90～100	70～90	48～75	38～65	28～51	20～42	8～31	2～20	0～14	0～10	0～8	0～5	0～4	2.5～4.5
		LS-30			100	90～100	55～80	45～69	35～55	25～45	10～32	2～20	0～14	0～10	0～8	0～6	0～5	3.0～4.5
	中粒	LS-25				100	90～100	55～85	40～70	28～55	12～36	5～22	2～16	1～12	0～10	0～8	0～5	3.0～4.5
		LS-20					100	90～100	55～80	36～62	18～42	6～26	3～18	1～14	0～10	0～8	0～5	3.0～4.5
	细粒	LS-15						100	90～100	40～65	20～45	8～28	4～20	2～15	0～10	0～8	0～6	3.0～4.5
		LS-10							100	85～100	40～65	10～35	5～22	2～16	0～12	0～9	0～6	3.0～4.5
抗滑表层		LK-15A						100	90～100	55～75	30～55	20～40	15～30	10～23	7～18	5～12	4～8	3.5～5.5
		LK-15B						100	90～100	45～65	18～40	10～30	8～22	5～15	4～12	3～9	2～6	3.5～5.5
		LK-20					100	90～100	55～80	40～68	25～45	15～34	10～26	8～18	6～13	4～10	3～7	3.5～5.5

沥青路面透层及粘层材料的规格和用量 表 D.0.9

用途		乳化沥青 规格	乳化沥青 用量（L/m²）	液体石油沥青 规格	液体石油沥青 用量（L/m²）	煤沥青 规格	煤沥青 用量（L/m²）
透层	粒料基层	PC－2 PA－2	1.1～1.6	AL(M)－1 或 2 AL(S)－1 或 2	0.9～1.2	T－1 T－2	1.0～1.3
	半刚性基层	PC－2 PA－2	0.7～1.1	AL(M)－1 或 2 AL(S)－1 或 2	0.6～1.0	T－1 T－2	0.7～1.0
粘层	沥青层	PC－3 PA－3	0.3～0.6	AL(R)－1 或 2 AL(M)－1 或 2	0.3～0.5	T－3、T－4 T－5	0.3～0.6
	水泥混凝土	PC－3 PA－3	0.3～0.5	AL(R)－1 或 2 AL(M)－1 或 2	0.2～0.4	T－3、T－4 T－5	0.3～0.5

乳化沥青稀浆封层的矿料级配及沥青用量范围 表 D.0.10

	筛孔（mm） 方孔筛	筛孔（mm） 圆孔筛	级配类型 ES－1	级配类型 ES－2	级配类型 ES－3
通过筛孔的质量百分率（%）	9.5	10		100	100
	4.75	5	100	90～100	70～90
	2.36	2.5	90～100	65～90	45～70
	1.18	1.2	65～90	45～70	28～50
	0.6		40～60	30～50	19～34
	0.3		25～42	18～30	12～25
	0.15		15～30	10～21	7～18
	0.075		10～20	5～15	5～15
沥青用量（油石比）	（%）		10～16	7.5～13.5	6.5～12
适宜的稀浆封层平均厚度	（mm）		2～3	3～5	4～6
稀浆混合料用量	（kg/m²）		3～5.5	5.5～8	>8

注：①表中沥青用量指乳化沥青中水分蒸发后的沥青数量，乳化沥青用量可按其浓度计算；

②ES－1 型适用于较大裂缝的封缝或中、轻交通道路的薄层罩面处理；

ES－2 型是铺筑中等粗糙度磨耗层最常用的级配，也可适用于旧路修复罩面；

ES－3 型适用于高速公路、一级公路和城市快速路、主干路的表层抗滑处理，铺筑高粗糙度的磨耗层。

沥青面层施工过程中工程质量的控制标准　　表 E.0.2

路面类型	项目		检查频度	质量要求或允许偏差(单点检验)		试验方法
				高速公路、一级公路城市快速路、主干路	其他等级公路与城市道路	
沥青表面处治及贯入式路面	外观		随时		集料嵌挤密实,沥青撒布均匀,无花白料 接头无油包	目测
	集料撒布量		不少于1～2次/日		符合本规范附录D的规定	按相应施工长度的实际用量计算
	沥青撒布量		不少于1～2次/日		符合本规范附录D的规定	按相应施工长度的实际用量计算
	沥青撒布温度		每车1次		符合本规范5.5.1的规定	温度计测量
热拌沥青混合料路面	外观		随时	表面平整密实,不得有轮迹、裂缝、推挤、油丁、油包、离析、花白料现象		目测
	接缝		随时	紧密平整、顺直、无跳车		目测、用3m直尺测量
	施工温度	出厂温度	不少于1次/车	符合本规范表7.2.4的规定		温度计测量
		摊铺温度	不少于1次/车			
		碾压温度	随时			
	矿料级配:与生产设计标准级配的差 方孔筛　圆孔筛		每台拌和机1次或2次/日			拌和厂取样,用抽提后的矿料筛分,应至少检查0.075 mm、2.36 mm、4.75 mm、最大集料粒径及中间粒径等5个筛孔,中间粒径宜为:细、中粒式为9.5 mm(圆孔10);粗粒式为13.2 mm(圆孔15)
	0.075 mm　0.075 mm			±2%	±2%	
	≤2.36 mm　≤2.5 mm			±6%	±7%	
	≥4.75 mm　≥5.0 mm			±7%	±8%	

附录E　施工质量管理与检查验收标准

施工过程中材料质量检查的内容与要求　　表 E.0.1

材料	检查项目	检查频度	
		高速公路、一级公路城市快速路、主干路	其他公路与城市道路
粗集料	外观(石料品种、扁平细长颗粒、含泥量等)	随时	随时
	颗粒组成	必要时	必要时
	压碎值	必要时	必要时
	磨光值	必要时	必要时
	洛杉矶磨耗值	必要时	必要时
	含水量	施工需要时	施工需要时
	松方单位重	施工需要时	施工需要时
细集料	颗粒组成	必要时	必要时
	含水量	施工需要时	施工需要时
	松方单位重	施工需要时	施工需要时
矿粉	外观	随时	随时
	<0.075 mm 含量	必要时	必要时
	含水量	必要时	必要时
石油沥青	针入度	每100 t　1次	每100 t　1次
	软化点	每100 t　1次	必要时
	延度	每100 t　1次	必要时
	含蜡量	必要时	必要时
煤沥青	粘度	每50 t　1次	每100 t　1次
乳化沥青	粘度	每50 t　1次	每100 t　1次
	沥青含量	每50 t　1次	每100 t　1次

注:①表列内容是在材料进场时已按"批"对材料进行了全面检查的基础上,日常施工过程中质量检查的项目与要求;

②"必要时"是指施工企业、监理、质量监督部门、业主等各个部门对其质量发生怀疑,提出需要检查时,或是指根据需要商定的检查频度。

续表 E.0.2

路面类型	项目	检查频度	质量要求或允许偏差(单点检验)		试验方法
			高速公路、一级公路 城市快速路、主干路	其他等级公路 与城市道路	
热拌沥青混合料路面	沥青用量(油石比)	每台拌和机 1次或2次/日	±0.3%	±0.5%	拌和厂取样,离心法抽提(用射线法沥青含量测定仪随时检查)
	马歇尔试验: 稳定度 流值 密度、空隙率	每台拌和机 1次或2次/日	符合本规范表 7.3.1 的规定		拌和厂取样成型试验
	浸水马歇尔试验	必要时	符合本规范表 7.3.1 的规定		拌和厂取样成型试验
	压实度	每 2000 m² 检查 1 次,1 次不少于钻 1 个孔	马歇尔试验密度的 96% 试验段钻孔密度的 99%	马歇尔试验密度的 95% 试验段钻孔密度的 99%	现场钻孔(或挖坑)试验(用核子密度仪随时检查)
	抗滑表层① 构造深度	不少于1次/日	符合设计要求		砂铺法(手工或电动)

注:构造深度根据设计需要决定是否检测,且只对表层测定。

施工过程中沥青面层外形尺寸的质量控制标准 续表 E.0.3

路面类型	检查项目	检查频度	质量要求或允许偏差(单点检验)		试验方法
			高速公路、一级公路 城市快速路、主干路	其他公路 与城市道路	
沥青表面处治	厚度 平整度(最大间隙) 宽度 横坡度	不少于每2000 m²一点 随时 设计断面逐个检测 设计断面逐个检测		−5 mm 10 mm ±30 mm ±0.5%	挖坑(路中及路侧各一点) 用 3 m 直尺检测 用尺量 用横断面仪或水准仪检测
沥青贯入式路面	厚度 平整度(最大间隙) 宽度 横坡度	不少于每 2000 m² 一点 随时 设计断面逐个检测 设计断面逐个检测		−8%或−5 mm② 8 mm ±30 mm ±0.5%	挖坑 用 3 m 直尺检测 用尺量 用横断面仪或水准仪检测
热拌沥青混合料路面	厚度① 总厚度 上面层	不少于每 2000 m² 一点 不少于每 2000 m² 一点	−8 mm −4 mm	−8%或−5 mm② −4mm	铺筑时随时插入量取,每日用混合料数量及实铺面积校核,成型后钻孔或挖坑检测
	平整度(最大间隙) 上面层 中下面层	 随时 随时	 3 mm 5 mm	 5 mm 7 mm	3 m 直尺在纵横各方向检测
	宽度 有侧石 无侧石 纵断面高程 横坡度	设计断面逐个检测 设计断面逐个检测 设计断面逐个检测 设计断面逐个检测	±2 cm 不小于设计宽度 ±15 mm ±0.3%	±2 cm 不小于设计宽度 ±20 mm ±0.5%	用尺量 用尺量 用水准仪检测 用横断面仪或水准仪检测

注:①表中厚度检测频度指成型后钻坑(或挖孔)频度;

②其他公路与城市道路的厚度控制,当设计厚度>60 mm时,以厚度的百分率控制;≤60 mm时,以绝对值控制。

沥青面层交工检查与验收质量标准（公路）

表 E.0.4

路面类型	检查项目		检查频度（每一幅车行道）	质量要求或允许偏差		试验方法
				高速公路、一级公路	其他等级公路	
沥青表面处治、沥青贯入式路面	外观		全线		密实，不松散	目测
	厚度①	代表值	每 200 m 1 点		表处 −5 mm	挖坑
			每 200 m 1 点		贯入 −5 mm 或 −8%	
		极值	每 200 m 1 点		表处 −10 mm	挖坑
			每 200 m 1 点		贯入 −15 mm	
	平整度	标准差	全线连续		表处 4.5 mm	3 m 平整度仪
			全线连续		贯入 3.5 mm	
		最大间隙	每 1 km 10 处，各连续 10 尺		表处 10 mm	3 m 直尺
			每 1 km 10 处，各连续 10 尺		贯入 8 mm	
	宽度	有侧石	每 1 km 20 个断面		±3 cm	用尺量
		无侧石	每 1 km 20 个断面		不小于设计宽度	用尺量
	纵断面高程		每 1 km 20 个断面		±20 mm	水准仪
	横坡度		每 1 km 20 个断面		±0.5%	水准仪
	沥青用量		每 1 km 1 点		±0.5%	抽提
	矿料用量		每 1 km 1 点		±5%	抽提后筛分
沥青混凝土、沥青碎石路面	面层总厚度①	代表值	每 1 km 5 点	−8 mm	−5 mm 或 −8%	钻孔
		极值	每 1 km 5 点	−15 mm	−10 mm 或 −15%	钻孔
	上面层厚度①	代表值	每 1 km 5 点	−4 mm		钻孔
		极值	每 1 km 5 点	−8 mm		钻孔
	平整度（标准差）		全线连续	1.8 mm	2.5 mm	3 m 平整度仪
	（最大间隙）		每 1 km 10 处，各连续 10 尺		5 mm	3 m 直尺
	宽度	有侧石	每 1 km 20 个断面	±2 cm	±3 cm	用尺量
		无侧石	每 1 km 20 个断面		不小于设计宽度	用尺量
	纵断面高程		每 1 km 20 个断面	±15 mm	±20 mm	水准仪
	横坡度		每 1 km 20 个断面	±0.3%	±0.5%	水准仪
	沥青用量		每 1 km 1 点	±0.3%	±0.5%	钻孔后抽提
	矿料级配		每 1 km 1 点	符合设计级配	符合设计级配	抽提后筛分
	压实度②	代表值	每 1 km 5 点	95%（98%）	94%（98%）	钻孔取样法
	弯沉③		全线每 20 m 1 点	符合设计要求	符合设计要求	贝克曼梁
			全线每 5 m 1 点	符合设计要求	符合设计要求	自动弯沉仪
	抗滑表层④					
	构造深度		每 1 km 5 点	符合设计要求	符合设计要求	砂铺法（手工或电动）
	摩擦系数摆值		每 1 km 5 点	符合设计要求	符合设计要求	摆式仪
	横向力系数 μ		全线连续	符合设计要求	符合设计要求	横向力摩擦系数测定车

注：①高速公路、一级公路面层除验收总厚度外，尚须验收上面层厚度。其他等级公路，当设计厚度大于6 cm时，以厚度的百分数计，小于或等于6 cm时，以绝对值控制；

②表中压实度以马歇尔试验密度为标准密度，当以试验段密度为标准密度时，压实度标准采用括弧中的值；

③弯沉可选用贝克曼梁或自动弯沉仪测试，测试时间由设计规定，无规定时实测记录；

④抗滑表层的摩擦系数摆值或横向力系数根据设计需要决定是否检测，测试时间由设计规定；

⑤各项指标应按单个测值评定，有关代表值的计算应按本规范附录F式F.0.3及表F.0.3进行。

沥青面层交工检查与验收质量标准（城市道路）

表 E.0.5

路面类型	检查项目		检查频度（每一幅车行道）	质量要求或允许偏差		试验方法
				城市快速路、主干路	其他城市道路	
沥青表面处治 沥青贯入式路面	外观		全线		密实，不松散	目测
	厚度①	代表值	每 5000 m² 1 点		表处 −8 mm	挖坑
			每 5000 m² 1 点		贯入 −15 mm	
		极 值	每 5000 m² 1 点		表处 −8 mm	挖坑
			每 5000 m² 1 点		贯入 −15 mm	
	平整度	标准差	全线连续		表处 4.5 mm	3 m 平整度仪
			全线连续		贯入 3.5 mm	
		最大间隙	每 200 m 2 处，各连续 10 尺		表处 10 mm	3 m 直尺
			每 200 m 2 处，各连续 10 尺		贯入 8 mm	
	宽度	有侧石	每 100 m 2 个断面		±3 cm	用尺量
		无侧石	每 100 m 2 个断面		不小于设计宽度	用尺量
	纵断面高程		每 100 m 2 个断面		±20 mm	水准仪
	横坡度		每 100 m 2 个断面		±0.4%	水准仪
	沥青用量		每 5000 m² 1 点		±0.5%	抽提
	矿料用量		每 5000 m² 1 点		±5%	抽提后筛分
沥青混凝土 沥青碎石路面	面层总厚度①	代表值	每 4000 m² 1 点	−8 mm	−10 mm	钻孔
		极 值	每 4000 m² 1 点	−15 mm	−15 mm	钻孔
	上面层厚度①	代表值	每 4000 m² 1 点	−4 mm		钻孔
		极 值	每 4000 m² 1 点	−8 mm		钻孔
	平整度（标准差）		全线连续	2.0 mm	2.6 mm	3 m 平整度仪
	（最大间隙）		每 1 km 10 处，各连续 10 尺		5 mm	3 m 直尺
	宽度	有侧石	每 100 m 2 个断面	±2 cm	±3 cm	用尺量
		无侧石	每 100 m 2 个断面		不小于设计宽度	用尺量
	纵断面高程		每 100 m 5 个断面	±15 mm	±20 mm	水准仪
	横坡度		每 100 m 5 个断面	±0.3%	±0.4%	水准仪
	沥青用量		每 4000 m² 1 点	±0.3%	±0.5%	钻孔后抽提
	矿料级配		每 4000 m² 1 点	符合设计级配	符合设计级配	抽提后筛分
	压实度②	代表值	每 4000 m² 1 点	95%（98%）	94%（98%）	钻孔取样法
	弯沉③		全线每 20 m 1 点	符合设计要求	符合设计要求	贝克曼梁
			全线每 5 m 1 点	符合设计要求	符合设计要求	自动弯沉仪
	抗滑表层④					
	构造深度		每 100 m 2 点	符合设计要求	符合设计要求	砂铺法（手工或电动）
	摩擦系数摆值		每 100 m 5 点	符合设计要求	符合设计要求	摆式仪
	横向力系数 μ		全线连续	符合设计要求	符合设计要求	横向力摩擦系数测定车

注：①城市快速路、主干路面层除验收总厚度外，尚须验收上面层厚度；
②表中压实度以马歇尔试验密度为标准密度，当以试验段密度为标准密度时，压实度标准采用括弧中的值；
③弯沉可选用贝克曼梁或自动弯沉仪测试，测试时间由设计规定，无规定时实测记录；
④抗滑表层的摩擦系数摆值或横向力系数根据设计需要决定是否检测，测试时间由设计规定；
⑤各项指标应按单个测值评定，有关代表值的计算应按本规范附录 F 式 F.0.3 及表 F.0.3 进行。

行人道路沥青面层工程质量标准　　表 E.0.6

检查项目		允许偏差	检查频度	检查方法
厚度		±5 mm	每 100 m　1 点	钻孔或挖坑
平整度（最大间隙）	沥青混凝土	5 mm	每 200 m　2 点 各连续 10 尺	3 m 直尺
	其他沥青面层	7 mm		
宽度		−2 cm	每 100 m　2 点	用尺量
横坡度		±0.3%	每 100 m　2 点	用水准仪

水泥混凝土桥面沥青铺装工程质量标准　　表 E.0.7

检查项目	检查频度	允许偏差		检查方法
		高速公路、一级公路 城市快速路、主干路	其他公路与城市道路	
厚度	每 100 m　2 点	0～10 mm		挖坑用尺量
平整度（标准差）	连续测定	1.8 mm	2.5 mm	用 3 m 平整度仪
平整度（最大间隙）	连续测定	3 mm	5 mm	用 3 m 直尺
宽度	每 100 m　10 点	0～5 mm		用尺量
压实度	每 100 m　2 点	96%		挖坑量
横坡	每 100 m　10 点	±0.3%		用水准仪
中线高程	每 100 m　10 点	0～10 mm		用水准仪
其他		同本规范附录 E 表 E.0.5、E.0.6		

路缘石工程质量标准　　表 E.0.8

检查项目	质量要求或允许偏差	检查频度	检查方法
直顺度	10 mm	每 100 m　2 点	拉 20 m 小线量取最大值
预制块相邻块高差	3 mm	每 100 m　5 点	用钢板尺量
预制块相邻缝宽	±3 mm	每 100 m　5 点	用钢板尺量
立式路缘石顶面高程	±10 mm	每 100 m　5 点	用水准仪
水泥混凝土路缘石的预制块强度	25 MPa	每 1 km　1 点	留试块试验
沥青混凝土路缘石的压实度	95%	每 1 km　1 点	取样试验

附录F　沥青面层压实度计算及标准密度的确定方法

F.0.1　沥青面层的压实度按式F.0.1计算：

$$K=\frac{D}{D_0}\times 100(\%) \qquad (F.0.1)$$

式中　K——沥青面层某一测定部位的压实度（%）；

D——由试验测定的沥青混合料实际密度（g/cm^3）；

D_0——沥青混合料的压实标准密度（g/cm^3）。

F.0.2　对一个评定路段的平均压实度、标准差、变异系数按式F.0.2-1、F.0.2-2、F.0.2-3计算：

$$K_0=\frac{K_1+K_2+\cdots\quad\cdots+K_n}{N} \qquad (F.0.2\text{-}1)$$

$$S=\sqrt{\frac{(K_1-K_0)^2+(K_2-K_0)^2+\cdots\cdots+(K_n-K_0)^2}{N-1}} \qquad (F.0.2\text{-}2)$$

$$C_v=\frac{S}{K_0} \qquad (F.0.2\text{-}3)$$

式中　K_0——一个评定路段的平均压实度（%）；

S——一个评定路段的压实度测定值的标准差（%）；

C_v——一个评定路段的压实度测定值的变异系数（%）；

K_1，K_2，……，K_n——该评定路段内各测定点的压实度（%）；

N——该评定路段内各测定点的总数，其自由度为$N-1$。

F.0.3　对一个评定路段的压实度代表值按式F.0.3计算：

$$K'=K_0-t_\alpha S/\sqrt{N} \qquad (F.0.3)$$

式中　K——一个评定路段的压实度代表值（%）；

t_α——t分布表中随自由度和保证率而变化的系数；其值应按附表F.0.3确定。

$t_\alpha/\sqrt{N}$的值　　表F.0.3

测点数 N	高速公路、一级公路、城市快速路及主干路	其他等级公路及城市道路	测点数 N	高速公路、一级公路、城市快速路及主干路	其他等级公路及城市道路
2	4.465	2.176	20	0.387	0.297
3	1.686	1.089	21	0.376	0.289
4	1.177	0.819	22	0.367	0.282
5	0.953	0.686	23	0.358	0.275
6	0.823	0.603	24	0.350	0.269
7	0.734	0.544	25	0.342	0.264
8	0.670	0.500	26	0.335	0.258
9	0.620	0.466	27	0.328	0.253
10	0.580	0.437	28	0.322	0.248
11	0.546	0.414	29	0.316	0.244
12	0.518	0.393	30	0.310	0.239
13	0.494	0.376	40	0.266	0.206
14	0.473	0.361	50	0.237	0.184
15	0.455	0.347	60	0.216	0.167
16	0.438	0.335	70	0.199	0.155
17	0.423	0.324	80	0.186	0.145
18	0.410	0.314	90	0.175	0.136
19	0.398	0.305	100	0.166	0.129

注：本表适用于压实度、厚度等单边检验要求的情况。对高速公路、一级公路和城市快速路、主干路，保证率为95%；对其他等级公路及城市道路，保证率为90%。

F.0.4　沥青混合料的标准密度以沥青拌和厂取样试验的马歇尔密度为准。沥青拌和厂必须按要求每天取样1次或上下午各1次进行马歇尔试验，测定试件的密度，以实测的马歇尔试验密度（试件数不少于4～6个）的平均值作为该批混合料摊铺路段压实度计算的标准密度使用。

F.0.5　对沥青碎石及粗粒式沥青混凝土混合料可以试验段钻孔

试件的平均密度为标准密度，且密度的测定方法应与试验段钻孔试件的测定方法相同。此种情况下，试验段的铺筑应由监理工程师或工程质量监督人员与施工单位一起参加，在温度及采用的压路机合理的情况下，反复碾压至无轮迹，用核子密度仪定点检查密度不再变化为止。然后取不少于15个的钻孔试件的平均密度为压实度计算的标准密度。

附录G　施工质量动态管理的方法

G.0.1　施工单位应以试验检测质量指标的变异系数（或标准差）作为施工水平的主要评价指标。任一施工单位都应总结施工经验，按本规范第11章的要求建立各项施工质量指标变异系数的允许界限值，作为企业管理的目标。施工单位的施工目标，应不低于本规范附录E的规定要求。

G.0.2　高速公路、一级公路和城市快速路、主干路施工过程中，施工单位宜利用计算机建立工程质量数据库，随时将检测结果输入数据库，同时分阶段（一定日期或距离）计算出平均值 $\overline{X}$（期望值）、极差 R、标准差 S 及变异系数 C_v，汇总整理。记录的内容应包括取样地点、试验员、试验项目、试验方法、试验结果及合格与否的评定等。

G.0.3　施工质量控制宜采取平均值和极差管理图（$\overline{X}-R$ 图，如图G.0.3-1）的方法，将试验结果逐次绘制管理图，同时随着施工的进展，绘制施工质量直方图或正态分布曲线（图G.0.3-2）。管理图可供各有关人员随时检查。当发现标准差及变异系数有增大时，应分析原因，研究对策。

G.0.4　在 $\overline{X}-R$ 管理图中应以平均值 $\overline{X}$ 作为中心线CL，并标出质控上限UCL和质控下限LCL，表示允许的施工正常波动范围。当有超出质控上、下限范围时，应视为施工异常或试验数据异常。中心线、质控上限、质控下限按式G.0.4-1～G.0.4-6计算。

$\overline{X}$ 图中：$CL = \overline{X}$　　(G.0.4-1)

$$UCL = \overline{X} + A_2\overline{R} \quad (G.0.4\text{-}2)$$

$$LCL = \overline{X} - A_2\overline{R} \quad (G.0.4\text{-}3)$$

R 图中：$CL = \overline{R}$　　(G.0.4-4)

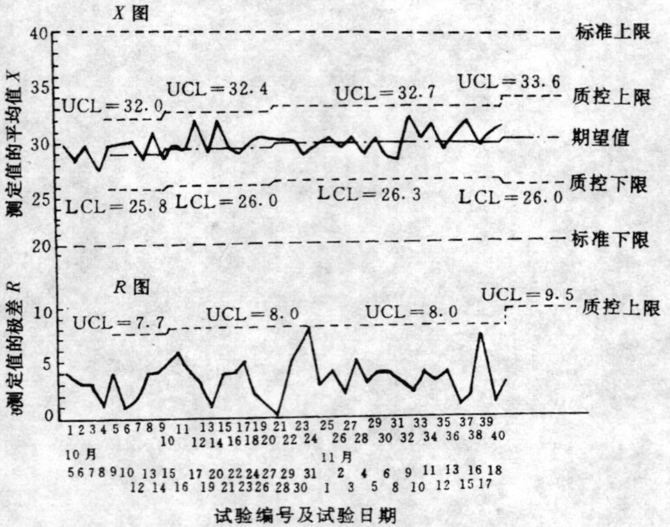

图 G.0.3-1　工程质量指标管理图示例（流值，0.1 mm）

（图中每一点为每次测定的三个试件的平均值 $\overline{X}$ 或极差 R）

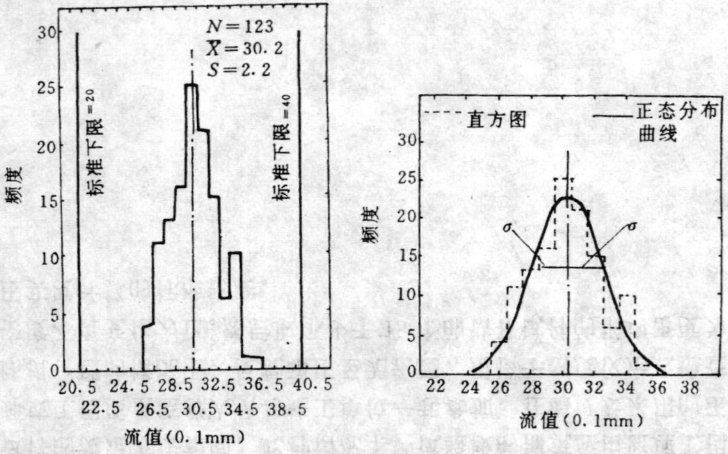

图 G.0.3-2　工程质量检测结果的直方图及正态分布曲线示例

$$UCL = D_4\overline{R} \qquad (G.0.4\text{-}5)$$

$$LCL = D_3\overline{R} \qquad (G.0.4\text{-}6)$$

式中　CL——$\overline{X}-R$ 管理图中的中心线；

UCL——$\overline{X}-R$ 管理图中的质控上限；

LCL——$\overline{X}-R$ 管理图中的质控下限；

$\overline{\overline{X}}$——一个阶段各组检测结果平均值 $\overline{X}$ 的平均值；

$\overline{R}$——一个阶段各组检测结果的极差 R 的平均值；

A_2、D_3、D_4——由一组检测结果的试验次数决定的管理图用的系数，其值应按表 G.0.4 确定。

管理图用系数表　　表 G.0.4

一组检测结果的试验次数 n	d_2	d_3	A_2	D_4	D_3
2	1.128	0.853	1.880	3.267	—
3	1.693	0.888	1.023	2.575	—
4	2.059	0.880	0.729	2.282	—
5	2.326	0.864	0.577	2.115	—
6	2.534	0.848	0.483	2.004	—
7	2.704	0.833	0.419	1.924	0.076
8	2.847	0.820	0.373	1.864	0.136
9	2.970	0.808	0.337	1.816	0.184
10	3.078	0.797	0.308	1.777	0.223
∞	—	—	$\frac{3}{d_2\sqrt{n}}$	$1+3\frac{d_3}{d_2}$	$1-3\frac{d_3}{d_2}$

G.0.5　在 $\overline{X}-R$ 管理图和直方图中可标出本规范附录 E 规定的质量标准或允许差范围。当有超出此范围，即施工不合格时，应予处理。

G.0.6　在 $\overline{X}-R$ 管理图和直方图中可标出企业管理的目标的允许范围。当有超出此范围，即施工水平下降时，应研究对策。

G.0.7　施工结束后，施工单位宜汇总全部数据，计算出平均值、标准差及变异系数，绘制整个工程的施工质量直方图或正态分布曲线，作为下一个工程的企业管理目标。

附录H　本规范用词说明

H.0.1　为便于在执行本规范条文时区别对待，对于要求严格程度不同的用词说明如下：

（1）表示很严格，非这样做不可的：

正面词采用“必须”，反面词采用“严禁”。

（2）表示严格，在正常情况下均应这样做的：

正面词采用“应”，反面词采用“不应”或“不得”。

（3）表示允许稍有选择，在条件许可时首先应这样做的：

正面词采用“宜”或“可”，反面词采用“不宜”。

H.0.2　条文中指明应按其他有关标准、规范执行时，写法为“应按……执行”或“应符合……的规定”。

附加说明

本规范主编单位、参加单位和主要起草人名单

主编单位：交通部公路科学研究所

参加单位：上海市市政工程研究院

北京市公路局

北京市市政工程研究院

辽宁省交通厅

西安公路研究所

主要起草人：沈金安　李福普　吴富生　梁伟光

姜锡志　谢产庭　孙奎增　钟桂兰

中华人民共和国国家标准

沥青路面施工及验收规范

GB 50092－96

条 文 说 明

修 订 说 明

本规范是根据国家计委计综合 1992［490］号文及建设部(92) 建标技字第 38 号文的要求，由交通部负责主编，具体由交通部公路科学研究所会同有关单位对原国家标准《沥青路面施工及验收规范》(GBJ　92—86) 共同修订而成，经建设部 1996 年 9 月 24 日建标［1996］545 号文批准，会同国家技术监督局联合发布。

这次修订的主要内容有：

1. 为适应公路建设的需要，本规范对高速公路、一级公路、城市快速路、主干路提出了许多有别于一般道路的更高的要求。

2. 原来我国的集料标准筛在2.5 mm以上为圆孔筛，2.5 mm以下为方孔筛。本规范根据“七五”国家科技攻关研究及修订此规范的专题研究，统一修订为方孔筛，考虑到推广需要一个过程，本规范采取了以方孔筛为基准、圆孔筛并列的过渡方法，待下次修订时全部取消圆孔筛。规范提出了新的沥青混合料的矿料级配，使之更为合理。

3. 参照国外的方法，对热拌沥青混合料的配合比设计方法作了全面修改，并修订了沥青混合料的设计要求，增加了车辙检验等指标。

4. 为适应乳化沥青的研究和推广应用，增加了乳化沥青方面的内容，并增列了乳化沥青碎石混合料路面一章。

5. 将原规范的贯入式路面及上拌下贯式路面两章修订合并为一章，统一称为贯入式路面。

6. 对沥青路面施工质量管理和验收的方法和标准进行了全面修改，考虑到目前实际情况，对部分实行监理制度的工程在做法上提出了更高的要求。

7. 取消原规范施工准备一章，将材料准备及机械准备分别列入各类路面之中。

8. 原规范附录一名词解释现编为第二章术语、符号、代号，原附录二沥青技术要求现列于附录 C，并将材料规格和用量表格集中在附录 D，施工质量管理与验收标准的一些表格集中在附录 E，以便于使用。保留附录 A“沥青路面施工气候分区”及附录 B“沥青混合料配合比设计方法”的内容，删除原附录四、五的试验方法。

在本规范修订过程中，规范修订组进行了广泛的调查研究，认真总结我国“七五”以来国家公路建设，特别是高速公路、一级公路以及城市快速路、主干路建设的实践经验，同时参考了美国、日本等有关国际标准和国外先进标准，针对主要技术问题开展了科学研究与试验验证工作，并广泛征求了全国有关单位的意见，最后由我部会同有关部门审查定稿。

本规范在执行过程中如发现需要修改和补充之处，请将意见和有关资料寄送交通部公路科学研究所（北京市西土城路 8 号，邮政编码：100088），并抄送交通部，以便今后修订时参考。

中华人民共和国交通部

目　次

1 总 则

1.0.1 本条规定了制订本规范的目的。

1.0.2 本条规定了本规范的适用范围，与原规范规定相同。另外我国机场道路近年来已改建或新建了多处沥青混凝土路面，施工工艺和质量要求等许多方面并无多少差别，也可按此规范执行。但机场道面施工也有许多特殊之处，如夜间施工等，故规范对此不作规定。

规范对高速公路、一级公路和城市快速路、主干路及除此之外的一般道路提出不同的要求，这在国际上是通行的方法，例如美国在规范中将交通量划分成三级，设计交通量 EAL＜10^4 的为轻交通，EAL 在 10^4～10^6 之间的为中交通，EAL＞10^6 的为重交通。日本除了沥青路面铺装要纲外，专门还有高速公路的设计要领及管理要领等。我国原规范将交通量分成重交通、中轻交通两级。这次修订时，参照公路及城市道路等级划分，将重交通量道路的概念修订成高速公路、一级公路和城市快速路、主干路，中轻交通量道路仍订成一般道路，这种划分体现了道路的综合要求。当然对某些地区，如果工程需要，对二级汽车专用公路或二级公路也可以按照一级公路的要求执行。

本规范对工程规模的大小未作规定，但实际上有一定影响，丹麦对工程规模的大小按沥青混合料的数量作如下规定：

规 模	大	中	小
磨耗层	＞2000 t	500～2000 t	＜500 t
沥青碎石层	＞3000 t	1000～3000 t	＜1000 t
沥青混凝土层	＞5000 t	2000～5000 t	＜2000 t

日本沥青路面要纲规定混合料3000 t以上为中规模工程，小于3000 t连续施工几天的为小规模工程，施工 1～2 d的为很小规模工程。

1.0.3 目前我国不少道路工程施工的程序不够健全，施工前无施工组织设计，施工后无总结报告，施工资料分散，为改变这种状况，对此作了具体规定。关于施工组织设计的内容，应包括组织管理机构、拌和厂布置、施工机械组织和材料供应、施工顺序的作业步骤、施工进度计划、施工质量管理体系、质量检测机构的组成及仪器设备、试验与质量评定方法、环境保护对策、安全保障、工程保险等。施工结束后必须提出施工总结报告，施工与管理质量检查报告，施工资料应归工程建设单位（业主）长期保存。

1.0.6 我国幅员辽阔，有很多重大特殊工程、专项工程，以及某些特殊地区的工程、使用特殊材料的工程，仅凭本规范有时尚不能满足要求。有关部门应该制定具体性的补充规定或更详细的操作规程。

2 术语、符号、代号

2.1.15、2.1.18 关于粗、细集料的界限，各国并不一致。美国、日本等对沥青混合料以2.36 mm为界，而对水泥混凝土则以4.75 mm为界。在澳大利亚，均以5 mm为界，本规范按照我国工程习惯，规定与美国、日本相同。

2.1.17 "酸性石料"一词是沥青路面集料中的常用语，但对酸性石料并无明确的定义。据《工程地质手册》对石料岩性的规定，仅对岩浆岩（即火成岩）按化学成分分为以硅、铝为主的酸性、中性，以钙、镁为主的基性及超基性。一般认为，二氧化硅含量66%以上属于酸性，如花岗岩、花岗斑岩、流纹岩等；二氧化硅含量52%～66%属于中性岩石，如正长岩、闪长岩、安山岩、粗面岩；二氧化硅含量52%以下的属于基性岩石，如辉长岩、玄武岩、辉绿岩；以及超基性岩石，如辉岩、橄榄岩等。一般情况下，火成岩中颜色深、石质重的为碱性，颜色浅、石质轻的为酸性岩石。沉积岩（即水成岩）是岩石矿物破碎后经水流、风吹和冰川的搬运、堆积，并经胶结压密而形成的，所以它只按成因分类，分为硅质的，如石英岩、砂岩、燧石角砾岩、石英角砾岩，以及泥质的、灰质的等。对变质岩，因为它是由岩浆岩、沉积岩变质而成的，仅分成片状的、块状的等。片状的有以石英、长石、云母为主要成分的片麻岩、千枚岩、角闪石片岩及以绿泥石为主的绿泥石片岩等，块状的有以石英为主的石英岩及以方解石为主的大理岩等。有鉴于此，本规范按工程习惯，将以硅、铝等为主要成分的亲水憎油、与沥青粘结性不好的石料统称为"酸性石料"。而将以钙、镁等为主要成分、与沥青粘结性较好的石料统称为"碱性石料"。这是工程性的统称，有别于严格的地质定义。据调查，沥青路面常用的与沥青粘结性较差的"酸性石料"主要有石英岩、花岗岩、砂岩、片麻岩等。

2.1.36～2.1.46 关于沥青混合料分类及适用范围。2.1.36～2.1.46条规定了各种沥青混合料的定义。我国历来将沥青混合料分为沥青混凝土及沥青碎石混合料，分别用LH及LS表示。其区别仅在于是否加矿料填料及级配比例是否严格，其实质是混合料的空隙率不同，沥青碎石就是半开式沥青混合料。第17届世界会议提出建议对沥青混合料按压实后的空隙率划分，一种是分成四级：

密实式——具有等于或小于5%的空隙率（实际上是不透水的）；

半密实式——空隙率大于5%而小于或等于10%；

半开式——空隙率大于10%而小于或等于15%；

开式——空隙率大于15%。

另一种是分为三级：

密实式——空隙率小于或等于10%；

半密实式——空障率大于10%而小于等于15%；

开式——空隙率大于15%。

但美国AASHTO T269—80（1986）则明确将沥青混合料分成两类，空隙率小于10%的为密实式（Dence bituminous paving mixtures），空隙率等于或大于10%的称为开式沥青混合料（Open bituminous paving mixtures），密实式混合料用表干法或蜡封法测密度，开式混合料用体积法测密度。在ASTM D 3515中规定了密式及开式沥青混合料的矿料级配，密式的用于沥青面层，开式混合料粗的用于基层、联结层，细的用于面层及整平层，另外还专门规定开级配磨耗层，其含义与开式混合料又有不同，在ASTM D 3515中，空隙率小于10%称为细级配（fine mixture），大于10%的称为粗级配混合料（coarse mixture）。

这些分类方法大同小异，可供本规范参考使用，但我国已习惯沿用沥青混凝土及沥青碎石的叫法，另外，我国习惯于将抗滑表层用的材料称为开级配沥青混合料。但实际上与国外的开式或开级配均不同，空隙率一般并不大于10%，为免于与国外概念混淆，有必要予以纠正，直接称为抗滑表层混合料。

为此，本规范参考第一种分类方法，明确沥青混凝土混合料的空隙率在10%以下，系按相互嵌挤的原则设计成连续级配，属于密实式或半密实式，具体地说空隙率3%～6%（城市道路为2%～6%）称为Ⅰ型沥青混凝土混合料是密实式沥青混合料，空隙率4%～10%的称为Ⅱ型沥青混凝土混合料是半密实式沥青混合料，将空隙率大于10%的称为沥青碎石混合料属于半开式沥青混合料。抗滑表层实际上也属于Ⅱ型沥青混凝土混合料。近年来，欧洲、日本、美国出现了一些空隙率很大的开式沥青混合料(OGFC)，铺筑成能排水的低噪音路面，空隙率在15%～20%以上。另有一种沥青玛碲脂碎石沥青混合料（SMA）属间断级配，有良好的路用性能，但空隙率仅2%～4%，普遍受到了重视。由于我国尚缺乏经验，本规范暂不列入。日本、美国等提出的级配（或建议）如下表（表1），可供参考。

表1

筛孔（方孔筛，mm）	通过质量百分率（%）	
	日本沥青路面要纲推荐的OGFC	美国FHWA提出的SMA混合料级配建议
19	100	100
13.2	90～100	85～95(12.5mm)
9.5	—	60～75
4.75	11～35	20～28
2.36	8～25	16～24
0.6	5～17	12～16
0.3	4～14	12～15
0.15	3～10	—
0.075	2～7	8～10
沥青用量(%)	4～6	>6
设计空隙率(%)	15～25	2～4

原规范沥青混凝土用LH代表，沥青碎石用LS代表，本规范因采用方孔筛为标准筛，圆孔筛为过渡用的标准筛，为区别起见，沥青混凝土用AC（Asphalt Concrete）表示，圆孔筛仍保留LH代号，沥青碎石用AM（Asphalt Macadam）表示，圆孔筛仍保留LS代号。抗滑表层沥青混合料用AK表示，圆孔筛用LK表示（K是抗的拼音字头）。

3 基 层

3.0.2 多年来的工程实践证明，用水泥、石灰、粉煤灰等无机结合料稳定粒料的半刚性基层较之其他基层有整体强度高、板体性好、耐久等优点，且可减薄沥青面层厚度，为此规范推荐高速公路、一级公路和城市快速路、主干路宜采用此类基层。但石灰土等稳定细粒土基层在路面开裂进水后易造成软化、唧浆等的情况，基层强度降低、路面加速破坏，故只宜用于底基层。

4 材 料

4.1 一 般 规 定

4.1.1 道路石油沥青仍然是我国沥青路面建设最主要的材料，目前沥青供应的数量和质量与需求相比仍有较大差距，在选购沥青时应查明其原油种类及炼油工艺，并征得主管部门的同意，这是因为沥青质量基本上受制于原油品种，且与炼油工艺关系很大。为防止因沥青质量发生纠纷，参照国外各炼油厂的做法，沥青出厂均应附有质量检验单，使用单位在购货后进行试验确认。如有疑问或达不到检验单的数据，可请有关质检部门或质量监督部门仲裁，以明确责任。

4.1.2 沥青路面集料粒径修改为以方孔筛为准，是本规范的重大修改。修改标准筛理由及筛孔选择已有专项的研究报告。国外的集料标准筛一般都有方孔筛与圆孔筛两个系列（见图 1）。但用于道路工程的，基本上都采用方孔筛，法国、日本等以前是道路土木工程用方孔筛，建筑工程用圆孔筛，后统一改成方孔筛。但是各国的筛孔大小仍不一致，由于以前的方孔筛都用英制尺寸，换算成公制时都带有尾数，西欧的一些国家如法国、德国、西班牙等便采用了整数公制尺寸。但整数法又各不相同。自从国际标准化组织 ISO 565 颁布后，有些国家也开始统一，英国 BS 410、日本 JIS 8810 甚至 ASTM E11 都作了修正，大部分国家都向 ISO 标准靠拢。

我国解放前采用方孔筛，解放后学习前苏联改用圆孔筛。2.5 mm以上均为圆孔筛，2.5 mm以下采用方孔筛。但2.5 mm筛，有的用圆孔筛，有的仍用方孔筛。前苏联早已改为方孔筛，但我

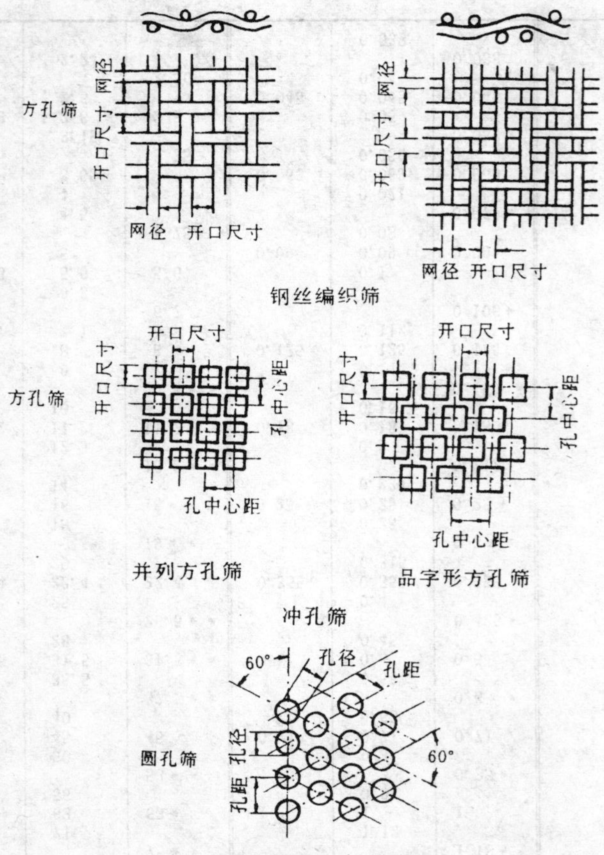

图 1 标准筛筛网尺寸

国仍沿用至今。

圆孔筛的问题以前并不突出，近年来随着高速公路等建设及国外施工监理制度的介入，矛盾越来越突出，其原因是：

(1) 国外用于沥青混合料的矿料级配均为方孔筛系列，我们很难参考或沿用，近年来不少工程发现原规范的矿料级配偏细，想进行修改，但很难进行；

(2) 近年来有不少重点工程使用世界银行贷款，有的是国际招标，在监理及质量检查、验收上很难与国外统一，常常发生疑问，国外专家对矿料级配也无法按其经验发表意见；

(3)以前我国国产的沥青拌和楼在矿料级配控制上要求较低，进口的除老的苏制拌和楼有些采用圆孔滚筒筛外，西方国家的沥青拌和楼均采用方孔振动筛作二次筛分设备，国产的拌和楼亦用方孔筛，由于标准级配及试验室仍采用圆孔筛，二者不好直接联系，对此施工单位感到不便；

(4) 采石场的筛分设备大都采用方孔筛，生产的产品却用圆孔筛试验，标称尺寸与实际尺寸不符，例如名为1～3，2～4 cm的石料，但用圆孔筛检验时，超出此范围的石料比例甚大，国家标准中提出的石料规定至今未能很好执行。

如此等等，许多道路工作者对我国沥青混合料矿料级配采用圆孔筛系列意见甚大。交通部公路科学研究所在“七五”攻关专题研究过程中开始注意这个问题，并开始进行这方面的试验研究工作，并提出建议，逐步修改筛孔为方孔筛，与国外统一。

由于水泥混凝土路面的集料在级配上要求不严，必要性不迫切，且牵动面太大，涉及到建筑、建材等各部门，因此首先在沥青路面改用方孔筛是合理的。

标准筛的标准筛孔问题，国外标准筛孔的系列很复杂。以前，在世界上影响最大的是 ASTM 标准。后来，国际标准化组织 ISO 的 TC24（关于筛、筛分、取样的委员会）制订了 ISO3310－1（编织筛）3310－2（冲孔筛）、3310－3(电磁成型筛)产品标准，及规格标准 ISO565－1990(表 2)，该标准包括 R20/3、R20、R40/3、R′10 四个筛系列。均以1 mm孔作为基准，大于1 mm及小于1 mm的筛孔以固定的系数增大或减小筛孔。R40/3 的系数为 1.4，R20 的系数为 1.12，R20/3 的系数为 1.19，R′10 的系数为 1.25，只有尾数作了很少调整，并采用ISO 3的标准数，其中 R′10 为小于

32 μm的特殊筛，道路上并不采用。

ISO565 标准筛系列　　表 2

R20/3	R20	R40/3	R20/3	R20	R40/3	R′10
125	125	125	2	2	2	0.032
	112			1.8		0.025
		106＊			1.7＊	0.020
	100			1.6		0.016
90	90	90	1.4	1.4	1.4	0.010
	80			1.25		0.005
		75＊＊			1.18＊	
	71			1.12		
63	63	63＊	1	1	1	
	56			0.9		
		53＊＊			0.85＊	
	50			0.8		
45	45	45	0.71	0.71	0.71	
	40			0.63		
		37.5＊＊			0.6＊＊	
	35.5			0.56		
31.5	31.5	31.5＊＊	0.5	0.5	0.5	
	28			0.45		
		26.5＊＊			0.425＊	
	25			0.4		
22.4	22.4	22.4	0.355	0.355	0.355	
	20			0.315		
		19＊＊			0.3＊＊	
	18			0.28		
16	16	16＊	0.25	0.25	0.25＊	
	14			0.224		
		13.2＊＊			0.212	
	12.5			0.2		
11.2	11.2	11.2	0.18	0.18	0.18	
	10			0.16		
		9.5＊＊			0.15＊＊	
	9			0.14		
8	8	8	0.125	0.125	0.125	
	7.1			0.112		
		6.7			0.106＊	
	6.3					
5.6	5.6	5.6		0.1		
	5		0.09	0.09	0.09	
		4.75＊＊		0.08		
	4.5				0.075＊＊	
4	4	4		0.071		
	3.55		0.063	0.063	0.063	
		3.35		0.056		
	3.15				0.053	
2.8	2.8	2.8		0.05		
	2.5		0.045	0.045	0.045	
		2.36＊＊		0.04		
	2.24				0.038	
				0.038		

注：① ISO 标准筛的筛孔比为：R 20/3　1.40

R′ 10　1.25

R 40/3　1.19

R 20　1.12

② 标准筛筛孔<1 mm筛以微米（μm）表示，本表改为毫米（mm）表示。

③ ＊或＊＊为日本土木建筑用标准筛筛孔，其中＊＊为路面用标准筛筛孔。

ASTM 也按照 ISO 标准作了修正，在 ASTM D3515—89 中，大部分采用 R40/3 系列，但少数仍保留 R20 系列将原 12.7、25.4、50.8 mm修改成 12.5、25.0、50 mm等。许多遵从国际关贸总协定的国家，例如日本在 1982 年按照 ISO 作了修正，全部以 ISO 标准 R40/3 系列为准，同时原 JIS 系列作为附件也可使用，五年作为过渡期。与 ASTM 不同的是，日本将原 12.7、25.4、50.8 mm改成了 13.2、26.5、53.0 mm等，完全按照 ISO R40/3 系列。

主要国家的标准筛列于表 3，但是各行各业选用其中的那些筛孔则又有所不同。主要国家用于沥青路面的集料筛孔系列如下，其中小于1 mm以微米（μm）计，大于1 mm以毫米（mm）计：

日本（铺装试验法便览）75，150，300，600（μm），1.18，2.36，4.75，9.5，13.2，19.0，26.5，31.2，37.5，53，63(mm)(R40/3 系列)；

澳大利亚：75，300，600（μm），1.18，2.36，4.75，6.7，9.5，13.2，19.0，26.5，37.5（mm）（R40/3 系列）；

美国 ASTM D3515—89 75，150，300，600（μm），1.18，2.36，4.75，9.5，12.5，19.0，25.0，37.5，50，63（mm）（9.5 mm以下的 R40/3 系列，12.5 mm以上 R40/3，R20 两系列交叉使用）；

英国 BS594－1985：75，212，600（μm），2.36，6.3，10，14，20，28（mm）（2.36 mm以下 R40/3 系列，6.3 mm以上 R20 系列）；

国外集料标准筛系列 表 3

ASTM E11		DIN	BS410		JIS Z8801		N F P18－304	
No.	(mm)	(mm)	R40/3	R20	No.	(mm)	基本	辅助
400	0.038	0.04	0.032		—	—		
325	0.045	0.045	0.038		—	—		
—	—	0.05	0.045		—	—		
270	0.053	0.056	0.053		—	—		
230	0.063	0.063	0.063		—	—		
200	0.075	0.071	0.075		24	0.075*	0.080	
—	—	0.08	—		—	—		
170	0.090	0.09	0.090		—	—		0.09
140	0.106	0.1	0.106		23	0.106	0.100	
120	0.125	0.125	0.125		—	—	0.125	0.112
100	0.150	—	0.150		22	0.150*	0.160	0.140
—	—	0.16	—		—	—		
80	0.180	—	0.180		—	—		0.180
70	0.212	0.2	0.212		—	—	0.200	
60	0.250	0.25	0.250		21	0.250	0.250	0.224
50	0.300	—	0.300		20	0.300*	0.315	0.280
—	—	0.315	—		—	—		
45	0.355	—	0.355		—	—		0.355
40	0.425	0.4	0.425		19	0.425*	0.40	0.45
35	0.50	0.5	0.500		—	—	0.50	0.56
30	0.60	—	0.600		18	0.600*	0.63	
—	—	0.63	—		—	—		
25	0.71	—	0.710		—	—		0.71
20	0.85	0.8	0.850		17	0.850	0.80	0.90
18	1.00	1.0	1.00		—	—	1.00	1.12
16	1.18	—	—		—	—		
—	—	1.25	1.18		16	1.18*	1.25	
14	1.40	—	1.40		—	—		1.40
12	1.70	1.6	1.70		15	1.70	1.60	1.80
10	2.00	2.0	—		14	2.00		
8	2.36	—	2.00		13	2.36*	2.00**	
—	—	2.5	2.36		—	—		2.24
7	2.80	—	—		—	—	2.50	
—	—	3.15	2.80		—	—		2.80
6	3.35	—	3.35		—	—	3.15	3.55
5	4.00	4.0	4.0	4.0	—	—	4.00**	

续表 3

ASTM E11		DIN	BS410		JIS Z8801		NFP18－304	
No.	(mm)	(mm)	R40/3	R20	No.	(mm)	基本	辅助
4	4.75	—	4.75	4.50	—	—		4.50
—	—	5.0	—	5.00	12	4.75*	5.00	
$3^{1/2}$	5.60	—	5.60	5.60	—	—		5.60
1/2″	6.30	6.3	6.70	6.30	—	—	6.30**	
0.265″	6.70	—	—	7.10	—	—		7.10
5/16″	8.00	8.0	8.00	8.00	11	9.5*	8	
3/8″	9.50	—	9.50	9.00	—	—		9
—	—	10.0	—	10.0	—	13.2*	10**	
7/16″	11.2	—	11.2	11.2	10	—		11.2
1/2″	12.5	12.5	13.2	12.5	—	—	12.5	
0.530″	13.2	—	—	14.0	9	16.0		14**
5/8″	16.0	16.0	16.0	16.0	8	19.0*	16	
—	—	—	19.0	18.0	—	—		18
3/4″	19.0	20.0	—	20.0	—	—	20**	
7/8″	22.4	—	22.4	22.4	—	—		22.4
1″	25.0	25.0	26.5	25.0	7	26.5*	25	
1.06″	26.5	—	—	28.0	6	31.5*		28
$1^{1/4}$″	31.5	—	31.5	31.5	5	37.5*	31.5**	
$1^{1/2}$	37.5	—	37.5	35.5	—	—		35.5
—	—	—	—	40.0	4	53.0*	40**	
$1^{3/4}$″	45.0	—	45.0	45.0	3	63.0*		45
2″	50.0	—	53.0	50.0	2	75.0*	50	
2.12″	53.0	—	—	56.0	—	—		56
$2^{1/2}$″	63.0	—	63.0	63.0	1	106*	63**	
—	—	—	75.0	71.0	—	—		71
3″	75.0	—	—	80.0	—	—	80**	
$3^{1/2}$″	90.0	—	90.0	90.0	—	—		
4″	100.0	—	106	100	—	—	100	
4.24″	106.0	—	—	112	—	—		
5″	125.0	—	125	125	—	—		

注：①*日本道路试验法便览规定用于路面材料的标准筛。

②**法国决定集料级配的推荐尺寸。

③英国标准筛 0.032～16 mm是编织筛，16～125 mm是冲孔板状筛，4～16 mm有编织筛及冲孔板状筛两种。

④美国 ASTM 标准筛 0.038～125 mm有编织筛，4～100 mm也有冲孔板状筛。

⑤标准筛直径美国、法国为Φ203 mm，英国有Φ203 mm，也有Φ200 mm，日本为Φ200 mm。

荷兰 RAW－1990：63（μm），2.0，5.6，8，11.2，16，22.4（mm）（R20 系列）；

法国 LCPC：80，500（μm）2，4，6，6.3，10，14（mm）（R20 系列）；

西班牙：80，160，320，630（μm），5，10，12.5，20，25，40（mm）（R20 系列）。

根据与先进国外标准尽量一致的原则，经组织国内专家多次协商讨论，本规范考虑一次到位，按照日本、澳大利亚的规定，全部采用了 ISO565 的 R40/3 系列中的标准筛孔，且按照我国习惯全部采用毫米（mm）制。用于沥青路面矿料级配的筛孔为 0.075、0.15、0.3、0.6、1.18、2.36、4.75、9.5、13.2、16、19、26.5、31.5、37.5、53、63、75、106 mm等 19 个筛孔为标准筛。小于 9.5 mm时，比率为 2，大于9.5 mm，以 9.5，13.2，16 mm的 2 倍递增，而不采用美国 ASTM 中的12.5 mm以上的 2 倍比率。这也是考虑到12.5 mm与9.5 mm差别较小，而与19 mm差别较大的缘故，照顾到某些试验方法的需求，也采用另外一些筛孔，如压碎值采用的16 mm筛，洛杉矶磨耗试验用1.7 mm（原来用2 mm筛）等。

采用方孔筛标准以后，生产单位与技术人员有一个逐渐适应与经验积累的过程。标准筛的生产供应换代也不可能在短时间完成。为此本规范在规定采用以方孔筛为准的同时，又规定在条件不具备时，允许使用圆孔筛的过渡办法，但必须得到主管部门的同意。待下次修订规范时，将完全取消圆孔筛。这个过渡办法，国外日本、法国等也曾采用过。不过使用单位应及早采取措施，在过渡期内更换完毕。对新设计或新施工的路面必须使用方孔筛。研究、设计和教学单位更应采用方孔筛，一般不得再使用圆孔筛。

关于两种筛孔的关系，如图 2 所示，可以有 4 种考虑方法，以方孔筛为准（l），圆孔筛尺寸（l'）的换算为：

a. 如果以最大通过尺寸相同：

$$l' = \sqrt{2}\,l$$

b. 如果开口尺寸相同：

$$l' = l$$

c. 如果以通过面积相同：

$$l' = (2/\sqrt{\pi})l \approx 1.128l$$

d. 但是，一般是以实际通过率相同为标准，根据经验，此时的圆孔筛直径 l' 相同于一半边长加上一半对角线长，即

$$l' = [(1+\sqrt{2})/2]l = 1.2l$$

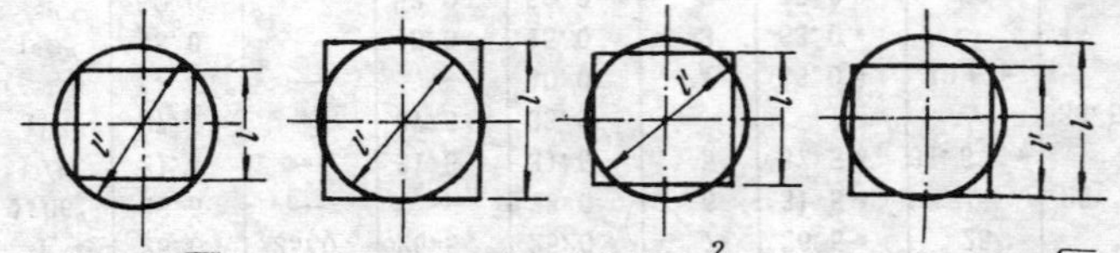

(a) $l'=\sqrt{2}\,l$　(b) $l'=l$　(c) $l'=\frac{2}{\sqrt{\pi}}l$　(d) $l'=\frac{1+\sqrt{2}}{2}l$

图 2　两种筛孔的关系

所以通常认为，某一尺寸的方孔筛等效于 1.2 倍的圆孔筛尺寸。但是，试验实践证明，这种换算关系往往是不可靠的，不同的石料，比例关系不同，对不同粒径的石料，比例也不同。实际上，两种筛孔之间不存在固定的换算关系，上述的 1.2 或 0.8 的关系，充其量只能作为一种极为粗略的估计。

由美国早期发表的方孔筛与圆孔筛的近似当量值大体为 1.15～1.25，平均为 1.20。法国于 1972 年规定改为方孔筛时，过渡段的系数为 1.25，本规范仍采用两种筛孔的 1.2 系数作为大体估算一种过渡方法。

本规范提出了大体对应的方孔筛与圆孔筛规格。其中方孔31.5 mm所对应的圆孔筛，考虑到我国的使用习惯，列入了35 mm或40 mm两种。

4.2 道路石油沥青

4.2.1 附录C表C.0.1“重交通道路石油沥青质量要求”是“七五”国家科技攻关专题“重交通道路沥青在高等级公路工程中的实用技术”研究后修改提出的，对原规范“重交通量道路沥青技术要求”进行了修改，修改的详细情况在该专题研究报告中已有详细论述。其要点如下：

（1）沥青分级。原AH-120，AH-160针入度间隔为40，最大针入度达180，实际上高速公路、一级公路和城市快速路、主干路不可能用这么稀的沥青，为减少沥青质量的波动，统一将间隔范围缩小为20，改为AH-110，AH-130。

（2）原技术要求规定了25℃，15℃两个延度要求，除了极个别情况外，如15℃延度达到要求，25℃延度不可能达不到要求，没有必要规定两个温度。AH-50仍保留大于80 cm的要求。

（3）经过对蜡含量对沥青性质影响的研究，确认保留3%的含蜡量是合理的。

（4）原技术要求有比重指标，要求大于1.0或1.01。经国外众多资料和调查表明，比重并不是质量要求指标，主要是配合比设计需要及体积质量换算时有用。为此澳大利亚已将此指标改为实测指标，也有不少国家的标准并无此项指标。同时对国产稠油沥青进行了大量实验，如克拉玛依稠油沥青，尽管比重小于1.0，但其他性能指标相当好，所以不应该将其作为质量控制指标，故改为实测指标，并按国家标准单位制的统一要求，改为密度。参照日本、澳大利亚等国的标准，温度由25℃改为15℃。

（5）薄膜加热试验后的质量损失原规定参照日本标准均为0.6%。从多种沥青的试验结果看，一些质量甚好的国内外沥青往往达不到要求。为此，根据AASHTO M20针入度级沥青标准按不同标号修改为0.8%～1.5%。对薄膜加热后的15℃延度，要求实测，暂时不提出指标要求，在注中说明，用户如果需要可以向供方提出要求，例如有些地区在进口沥青时要求15℃延度不小于沥青标号，即AH—70不小于70 cm，AH—90不小于90 cm等。

（6）粘度是很重要的指标，考虑到目前仪器尚不普及，故在附注中提出了要求。

（7）溶解度用的溶剂统一规定为三氯乙烯。

另一方面，我国国产沥青中能符合此要求的品种还很不足，有些沥青品种，如茂名石化公司用中东原油及胜利原油混合经过丙烷脱工艺处理后蜡含量仍不能降至3%以下，但15℃延度等指标却能符合要求。在我国南方又无其他沥青来源，因此，为了充分利用国产沥青资源，减少进口，规范规定在某些情况下可以放宽蜡含量至4%～5%，15℃延度放宽至60 cm（AH—50）或80cm（除AH—50外的其他标号），但应限制其使用条件。

附录C表C.0.2的“中轻交通量道路用石油沥青技术要求”即现行中国石油化工行业标准SH 0522—92的沥青标准。

原规范规定的沥青加热温度应随施工工艺而变，在各施工方法中叙述。

4.2.2 沥青标号的选用至关重要。目前由于沥青供应的关系，经常不能按需要使用，在南方需要60号沥青，却供应200号，东北需要140号，却供应100号的情况屡有发生。本条规定可以掺配，但掺配后的质量要求不能降低。另外我国道路所用的沥青基本上是不分上下层均采用同一标号。考虑到上层对抗车辙能力的要求较高，下层对抗弯拉能力要求较高，故提出也可以采用上稠下稀的方式。日本道路公团高速公路设计要领规定的沥青标号对北海道只考虑冬季磨耗，采用80～100号，对本州的北部，靠近日本海一侧在考虑冬季磨耗同时考虑夏季流动变形，采用60～80号，在靠近太平洋一侧只考虑夏季流动变形，对中轻交通量路段采用

60～80 号，对重交通路段（大型车一方向 3000 辆/日以上）采用 40～60 号沥青。美国沥青学会的沥青路面设计规范（MS—11）对沥青标号按年平均气温（MAAT）选择，当 MAAT＜7℃时，适用于 85/100 及 120/150 级；当 MAAT 在 7～23℃时适用于 60/70 及 85/100 级；当 MAAT＞23℃时适用于 40/50 及 60/70 级。按美国的规定对照我国的气候条件，南方最热处 MAAT 不到 24℃，在沈阳以南直至海南岛，MAAT 为 7～23℃，宜用 AH—90，AH—70，AH—50，在沈阳以北宜用 AH—90 及 AH—110、AH—130。规范表 4.2.2 的规定与他们大体符合。

4.2.3 美国沥青协会手册 MS—4 表 2.14 规定的沥青储存温度如表 4。手册还指出，沥青在 100～130℃的温度存放将引起特别的麻烦，应在低于 100℃的温度下存放，或者在高于 130℃的高温下存放，特别不应在水的沸点温度上下反复循环变化。本规范结合我国实际情况规定，在使用期存放温度不宜低于 130℃，在冬天非使用期可以在低温状态下存放。

沥青储存温度表（美国 MS—4） 表 4

AC 级沥青	AC—2.5	AC—5	AC—10	AC—20	AC—40
最低闪点要求	163	177	219	232	232
最高储存温度	160	166	174	177	177
AR 级沥表	AR—100	AR—200	AR—400	AR—800	AR—1600
最低闪点要求	205	219	227	232	238
最高储存温度	163	168	177	177	177
针入度级沥青	40—50	60—70	85—100	120—150	200—800
最低闪点要求	232	232	252	214	177
最高储存温度	177	177	177	177	168
MC 级液体沥青	MC—30	MC—70	MC—250	MC—800	MC—3000
最低闪点要求	38	38	66	66	66
最高储存温度	54	71	91	99	99
RC 级液体沥青	RC—70	RC—250	RC—800	RC—3000	
最低闪点要求	—	27	27	27	
最高储存温度	71	91	99	99	
SC 级液体沥青	SC—70	SC—250	SC—800	SC—3000	
最低闪点要求	66	79	93	107	
最高储存温度	71	91	99	99	
乳化沥青			各个等级		
最高储存温度			82		
透层油			各个等级		
最高储存温度			54		

4.3 乳化石油沥青

4.3.1 原规范未列入乳化沥青的内容，“六五”以来我国乳化沥青的研究和应用有了长足的进步，1991 年建设部发布了行业标准《乳化沥青路面施工及验收规程》（CJJ42—91）列入了乳化沥青的内容，现增加此节。乳化沥青分阳离子及阴离子两种（非离子型我国尚很少见，故暂不列入）。由于煤沥青乳化应用很少，故本规范仅适用于石油沥青乳液，但并不是不能用或不允许煤沥青乳化沥青。

乳化沥青的技术要求是根据我国近年来的工程实践参照日本的标准制定的，并已有了配套的试验方法，仪器设备。附录 C 表 C.0.3 及以后各章中规定了适用范围。与日本的标准相比，我国的技术要求主要有以下区别：

（1）粘度测定方法大都采用道路沥青标准粘度计，在 25℃用 3 mm孔径测定。恩格拉粘度计也可使用，但用得较少。为了国际招标的需要，二者同时列入。

（2）考虑到目前使用乳化沥青的沥青品种较杂，蒸发后残留物的延度以百分数表示，以满足不同的需要。

4.3.3 乳化沥青的应用在品种上应考虑其各自的特点，不要一刀切。阳离子乳化沥青的技术性能好，尤其适用于潮湿矿料及低温气候，与石料粘附性好，但阴离子乳化沥青与碱性石料粘附性好，且价格较便宜，来源较丰富，尤其是与水泥、石灰、粉煤灰共同使用时宜用阴离子乳化沥青。

4.3.4 我国乳化沥青大部分由道路部门在沥青拌和厂自行制备，这样可以根据需要随制随用，且减少含量近 40％的水的运输，制备工艺特别是温度、乳化剂用量均应通过试验确定，本规范数据引自建设部行标《乳化沥青路面施工及验收规程》(CJJ42－91)。日本规定乳化沥青用罐装储存时不超过两个月，但需要经常将罐倾倒防止乳液分离，我国乳化沥青的储存条件较差，不规定储存期，但应不离析、不冻结、不硬化，并检查储存后的质量有无变化。

4.5 煤 沥 青

4.5.1 煤沥青含有致癌物质，在路面使用时易老化，使用寿命较短，在国外用于道路的已越来越少。但在我国仍有较多使用。煤沥青施工时务必注意安全。由于煤沥青老化较快，原规范附表 2.3 注明它适用于交通量小于 500 辆/日（B ZZ－100）的道路，但现在各种道路的透层中常有应用，故本规范作了适当修改。

4.5.2 附录 C 表 C.0.5 道路用煤沥青技术要求是根据冶金部道路用煤沥青行业标准制订的，但冶金部行标中没有 T－1～T－4，由于透层及粘层的需要，本规范仍列入了 T－1～T－4 的标准，各项指标按冶金部行标作了修改。此技术要求与原规范的附表 2.3 道路软煤沥青技术要求主要有以下修改：

（1）将游离碳改为甲苯不溶物，要求稍有提高。

（2）将含酚量改为焦油酸含量，由于含酚量是从中油馏分测得的，焦油酸含量则是从总馏分测得，故其数值较含酚量要大，但规定的限值较原来的规定要严得多。

（3）含萘量指标稍有提高。

4.6 粗 集 料

4.6.2 道路用粗集料规格在原规范即有规定，但由于道路部门自己的采石场甚少，能符合规格的料不多，本规范对此作了新的规定，一方面将规格作了编号，以 S（Stone）打头，分为粗集料（附录 C 表 C.0.8）与石屑（附录 C 表 C.0.10）。另一方面规定如不符合规格要求，但与其他材料配合后符合要求级配也允许使用，以适应目前生产现状的需要。

关于石料粒径，本规范采用方孔筛，同时采用圆孔筛并列的过渡办法。

粗集料规格的制订参考了美国、日本等国外标准做了适当修改。美国规格有一定规律，从 1 号到 10 号是基本规格，除了 1 号是最粗的料与 10 号是最细的料外，都是隔一个筛号成为一种规格（如 37.5～19 mm，26.5～13.2 mm等）。另外有几个号并成一个组合规格，如 467 号即为 4 号＋6 号＋7 号等。而通过上限筛孔的质量百分数，基本规格大都为 90％～100％，组合规格大部分是 95％～100％。日本的粗集料分为单粒径规格，即相邻筛孔成一个规格（如 37.5～26.0 mm，26.0～19 mm等），以及级配碎石规格。但通过上限筛孔的要求均为 85％～100％。与此相比，我国原规定上限通过量为 95％～100％，就太严格了，实际生产上也做不到。为此本规范修改为 90％～100％，考虑到粗集料还应适应不同厚度的表面处治，贯入式路面的需要，故规格等级将常用的规格均列入了。

4.6.3 关于粗集料的质量要求，原规范以石料等级为主要指标。考虑到饱水极限抗压强度的试验方法复杂，而且对路面工程来说，均使用破碎石料，用压碎值等其他指标更能反映实际情况。国外规范中一般也不采用强度指标，故将其取消。根据 19 届世界道路会议的调查，洛杉矶磨耗值和压碎值是各国使用最频繁和最合适的指标。而且对路面使用要求而言，不同的石料品种有不同的要求，从道理上说不过去，它只应该与道路等级即与交通荷载的大小与作用次数有关。例如压碎值、洛杉矶磨耗值作为石料性质的综合指标，原规范规定压碎值 20～25 的石灰岩符合重交通道路要求，但同样压碎值的岩浆岩却只适用于中交通量道路。洛杉矶磨耗值的要求对石灰岩与岩浆岩也差一个等级，这就不合理了，因此本规范对此作了修改，参照近年来各地高速公路招标文件及国外规范的规定，综合提出了附录 C 表 C.0.8 的技术要求。其中磨耗值以洛杉矶磨耗值为准，取消了狄法尔磨耗值并列的办法，其规定值较原规范有些放宽，这是因为试验法中原来为2 mm筛，现应使用1.6 mm筛。日本道路公团规定小于30%，澳大利亚规定表层小于30%，中下层小于35%，同时考虑到各地实际情况决定用小于40%及小于30%。含水率澳大利亚规定小于2%，日本规定小于3%，我国规定小于3%及2%，对海南等地的多孔玄武岩太困难时适当予以放宽。由于一些地方如上海、陕西等地反映石灰岩压碎值达到25%有困难，故放宽到28%。对海南等一些地区，玄武岩有较多孔隙，也有类似情况，故视密度规定也适当放宽，但均需经上级主管部门批准。

4.6.5 抗滑表层石料的抗滑性能至关重要，根据"六五"及"七五"国家攻关课题研究成果，规范附录C表C.0.8增补了磨光值、冲击值等指标。其中磨光值是必须进行的指标。冲击值与压碎值之间有很好的相关关系（$R=0.94$），压碎值$=6.92+0.65\times$冲击值，但试验方法简单。以前如《柔性路面设计规范》对同一条道路的不同路段分成一般路段及环境不良路段分别要求，实际上在同一条路上对石料有不同要求，在生产上有困难，不可能执行，这次取消了这一规定。

4.6.6 破碎砾石的破碎面积至关重要，除表面处治目前不便提出要求外，其余均应满足附录C表C.0.8的规定。规定中将原来一个破碎面的集料质量改成破碎面积，这是参照了美国办法修改的。

4.6.7 近年来，各地使用钢渣代替碎石铺筑沥青面层的实例很多，有关研究专题也经过鉴定，冶金部制订了相应的规范。本规范规定其质量要求不低于碎石质量要求，且对存放期及浸水膨胀率参照日本沥青路面纲要提出了要求，日本规定用于热拌沥青混合料的钢渣有效期不少于3个月，浸水膨胀率不大于2%，我国建设行业标准《钢渣石灰类道路基层施工及验收规范》(CJJ35—90)规定应使用堆存一年以上的陈渣。游离CaO含量应小于3%。实际上，如果钢渣是出炉后仍大块存放的，存放一年以上内部仍有活性，关键是应破碎后使之接触空气存放。本规范为慎重起见，规定破碎后的钢渣存放期要求超过半年，以免路面在使用过程中发生遇水膨胀的鼓包破坏现象。

附录B钢渣活性检验的方法是参照美国宾州规范制定的。

4.6.8 我国有许多地区盛产花岗岩、石英岩等酸性岩石，这些石料除与沥青粘结性较差外，其他性质一般较好，在使用时应慎重，作抗剥离剂用的表面活化剂大都与阳离子乳化剂类似，有机胺类在国内外均有较多使用，掺加沥青用量的0.3%～0.5%后，便有较好效果。

4.7 细 集 料

4.7.1 粗细集料以2.36 mm作为分界，但天然砂中通常都混有部分小砾石，故附录C表C.0.9中2.36 mm通过量并不规定太多，否则还需将砂先过筛，在生产上行不通，也无必要。砂是铺筑沥青面层的主要原材料，美国、澳大利亚等不少国家都将砂按粗细作了分级，但我国原来只有水泥混凝土路面有砂的分类方法，分为Ⅰ、Ⅱ、Ⅲ区，在注中说明Ⅰ区基本属于粗砂，Ⅱ区属中砂和偏细砂，Ⅲ区属细砂和偏细的中砂，但并无粗、中、细砂的定义，本规范按我国历来的资料及使用习惯明确分为粗、中、细砂，实际上沥青路面历来也习用这些名称。其细度模数的计算方法如下：

$$M_X=\frac{\sum A_i}{100}=\frac{1}{100}(A_{4.75}+A_{2.36}+A_{1.18}+A_{0.6}+A_{0.3}+A_{0.15})$$

式中$A_{4.75}$、$A_{2.36}$、$A_{1.18}$、$A_{0.6}$、$A_{0.3}$、$A_{0.15}$分别为4.75、2.36、1.18、0.6、0.3、0.15 mm筛上的累计筛余（%）。当为圆孔筛时，可采用5，2.5，1.2，0.6，0.3，0.15 mm筛上的累计筛余（%）。

4.7.2 细集料的质量要求，我国规定甚少，附录C表C.0.11系参照近年来工程实践、招标文件及国外规范制订的。我国历来规定以水洗法小于0.075 mm的部分作为细集料中的含泥量，实际上这个定义是不正确的。由于水洗法小于0.075 mm的部分实际上不仅仅是泥，有相当一部分是很细的砂，至少这样规定的含泥量不适用于石屑，在石屑中小于0.075 mm的矿粉部分含量并不少。国外许多国家通用砂当量或亚甲兰试验评定粘土成分的含量，17 届世界道路会议也推荐用砂当量试验评定粘土成分的含量。我国已进口了试验设备，进行了研制开发，并进行了大量试验，证明此试验法是可行的。为此，本规范作了修改，改用了砂当量试验。表中参照美国等规范的规定，规定值要求不小于 60 或 50。同时，考虑到有个过渡，在注中说明，当有困难时，仍可用水洗法代替，但仅适用于天然砂，此时不再叫含泥量，直接叫小于0.075 mm部分含量。

4.7.3 将石屑全部或部分代替砂拌制沥青混合料的做法在我国甚为普遍，这样可以节省造价及充分利用碎石场下脚料。这里应注意的是石屑与人工破碎的机制砂有本质的不同。石屑大部分为石料破碎过程中表面剥落或撞下的棱角，强度很低且扁片含量及碎土比例很大，用于沥青混合料时势必影响质量，在使用过程中也易进一步压碎细粒化，因此国外标准大都有所限制。法国专家来华时看到使用石屑感到很奇怪，日本沥青路面纲要对配合比设计规定其用量不宜超过砂的用量。根据我国具体情况，首先对高速公路、一级公路和城市快速路、主干路沥青混凝土面层及抗滑表层作出了限制。

4.8 填　料

4.8.1 矿粉的质量要求根据工程实践及国外规范制订，原规范要求亲水系数应小于 1.00，仍予保留。矿粉的亲水系数是将通过0.075 mm部分各取5 g分别置于水及煤油的量筒中，经24 h后观察的体积的比值，要求在水中的体积小于在煤油中的体积。因此明确规定用石灰岩或岩浆岩中的强基性岩石憎水亲油的岩石磨细制备矿粉。对0.075 mm通过率国外大都是 70%（如美国），或 75%（如澳大利亚）。我国相应规定为 70%或 75%（附录 C 表 C.0.11）。在欧洲如英国等一些国家，矿粉贯入度试验是用以评定沥青矿粉结合料性能的较好方法。在日本，矿粉应进行塑性指数、遇水膨胀、抗剥离性能、受热变质及流值等多种试验。相比之下，我国对矿粉的技术要求是较少的，主要是对细度作了规定，使用时应重视对矿粉的研究。

4.8.2 矿粉用粉煤灰代替是国内外的研究成果，但粉煤灰的质量随煤的性质及燃烧处理不同也有差异。在粉煤灰化学成分中 SiO_2、Al_2O_3、Fe_2O_3 的含量一般达 80%～90%以上，CaO、MgO 的含量不足 5%，但含有 1%左右的 K_2O、Na_2O，溶于水后用 pH 试纸检验一般可呈现阳性，这样的粉煤灰是否属于碱性，在定义上有不同看法。总的来说，在使用时应注意粉煤灰的密度较小，细度、比表面的差别也很大，能否使用应经试验确认沥青混合料是否有良好的粘结力和水稳性，目前暂规定仅在一般道路中使用。

5 沥青表面处治路面

5.1 一 般 规 定

5.1.2 原规范规定沥青表面处治应采用层铺法施工。实际上条文说明中已说清楚，拌和法的施工方法与沥青碎石路面相同，可在应用中发生了误解，所以在征求意见时有好几个单位提出意见，本规范在措词上作了修改，但内容仍限于层铺法。另外，本章相应增加了乳化沥青表面处治的内容。

5.2 材料规格和用量

5.2.1 原规范 5.1.2 条规定石料的最大与最小粒径之比不宜大于 2，由于表中已规定了规格，没有必要再作此说明。材料规格与用量在使用中没有异议，维持不变。但对乳化沥青所用的石料规格，由于单一粒径的主层集料空隙过大，乳液将大量流失到下面，故提出可掺加部分细料比例，这是参照国外的施工经验提出的。增补的乳化沥青表面处治的材料规格与用量并入附录 D 表 D.0.1 或 D.0.2 中。它与热沥青表面处治相比，主层集料的数量稍有增加，嵌缝料减少，但各层表处的最后一遍 5～10 mm嵌缝料撒布后尚应再撒布一层 3～5 mm石屑。

5.2.2 煤沥青的用量原规范规定为石油沥青的用量增加 20%。但由于煤沥青的密度并不相同，故根据实际情况修改为 15%～20%，本规范其余各章也照此修改。

5.5 施 工 方 法

5.5.1 沥青洒布温度在美国 MS－4 规范中规定为大于 130℃，乳化沥青对阳离子型为 50～85℃，对阴离子型为 20～70℃，本规范是根据我国具体情况规定的。原规范规定主层石料用 6～8t 钢筒双轮压路机或轮胎压路机碾压。据施工实践，单独用轮胎压路机较难压实稳定，故本规范作了修改。

6 沥青贯入式路面

6.1 一 般 规 定

6.1.3 原规范有贯入式路面及上拌下贯式路面两章，经多次征求意见和讨论，修订时取消了上拌下贯式路面一章。这是因为上拌下贯式只是施工工艺与贯入式不同，从本质上说它仍是贯入式路面，不能将其列为一种不同的路面结构形式。两种施工方法的不同点仅在于表面是用嵌缝料封闭还是用一层拌和式沥青混合料作封层，使表面渗水情况得到改善。原规范在执行过程中，有些工程误解成贯入式结构和拌和层两种结构，分层验收。在“厚度”上理解也不一样，因此本规范取消了“上拌下贯”一词，改成“表面加铺沥青混合料拌和层”的说法，更为确切。乳化沥青用于贯入式路面时，成型慢、孔隙也大，渗水较严重。所以应铺筑下封层，这是与热沥青贯入的不同之处。

6.2 材料规格和用量

6.2.1 附录 D 表 D.0.3（或表 D.0.4），表 D.0.5（或表 D.0.6）增补了用乳化沥青贯入的材料规格与数量。它与热沥青贯入相比，撒布集料的层次要多，这样可以使乳液的流失减少。

7 热拌沥青混合料路面

7.1 一 般 规 定

7.1.3 沥青路面各层使用的沥青混合料类型是个非常重要的问题。由于不同地区、不同道路等级的情况很复杂，不可能作出统一规定，具体可由路面设计决定，本规范提出了若干应予遵循的原则。规范表 7.1.3 仅作出了一般的规定。关于路面抗滑的要求，国内外研究取得了很多成果，有的国家明确在规范中作出了规定。例如以英国为代表均采用嵌压式沥青混凝土，还有一些国家开始使用开级配排水式沥青磨耗层，从提高交通安全来说，路面抗滑至关重要。提高路面抗滑性能应从两方面考虑：首先，影响路面抗滑性能的第一位因素是石料的性能，即耐磨光的程度，它必须有足够的微观粗糙度，这不仅影响低速行驶时的交通安全，也影响高速行车的交通安全，这一点已在本规范材料部分作了规定。第二，影响抗滑性能的第二个重要因素是路面的宏观粗糙度，它主要是指路表的空隙及降雨时的排水能力，这与高速行车的安全关系密切。近年来我国已铺筑了不少空隙率较大的抗滑表层或磨耗层，也试铺了一些嵌压式沥青混合料，统称为抗滑表层，取得了明显的雨天抗滑效果。但是，路表面抗滑表层采用何种级配与采用何种石料是两个问题，也不应一刀切。例如英国式的嵌压式沥青混合料是将碎石嵌压在采用很细的级配表面上（接近于我国的沥青砂，见表 5），它只适用于英国夏季最高温度不到 25℃的情况，1993 年气温达到 25～27℃，M4 号高速公路只得封闭交通。如在我国使用，大部分地区高温稳定性将不能满足要求，所以它不适用于渠化交通的高速公路、一级公路及城市干线道路。对规范规定的基本上是属于Ⅱ型的抗滑表层沥青混合料而言，由于其空隙率较大，沥青老化快，故其使用寿命较短，由实验可知，空隙率较大的沥青混合料在高温抗车辙能力、耐疲劳性能、抗水剥落能力及低温抗裂性能等各方面均不如Ⅰ型密实式沥青混凝土。因此本规范提出对多雨潮湿地区的高速公路、一级公路和城市快速路、主干路宜采用抗滑表层级配的混合料，在少雨干燥地区可采用Ⅰ型沥青混合料作路表层，对一般道路也可用Ⅰ型混合料。但不管何种级配，上面层的粗集料均应满足路面设计的磨光值的抗滑要求。对多雨潮湿地区及少雨干燥地区的界限，在附录A中指出，多雨地区是指年降雨量在大于1000 mm的地区，少雨干燥地区是年降雨量小于500 mm的地区，对介于500与1000 mm的地区视当地年降雨日数的多少决定。

英国 BS 594 规定的嵌压式标准级配（常用的两种）　表 5

级配	层厚 (mm)	通过下列筛孔(mm)的质量百分率(%) 20	14	10	6.3	2.36	0.6	0.212	0.075	2.36～0.6量	最少沥青用量(%)
7	25				100	95～100	80～100	25～70	13～17	≤22	9.0
9	40	100	85～100	60～90		60～72	45～72	15～50	8～12	≤14	6.5

嵌压用的石屑规格如下表（表6）：

表 6

	通过以下筛孔（mm）的百分率					
D_{max}(mm)	28	20	14	10	0.063	0.015
20	100	90～100	0～25	0～4		0～2
14		100	90～100	0～25	0～4	0～2

7.2　施 工 准 备

7.2.4　施工温度是热拌热铺沥青混合料施工的重要参数，沥青与沥青混合料试验操作规程已规定了由高温粘度决定施工温度的方法，这在国外已很普遍。按ASTM D3515规定，为防止老化，施工阶段任何时候沥青的加热温度均不得超过如下数值：石油沥青：176.6℃；煤沥青：107.2℃；乳化沥青：82.2℃。美国战略公路研究计划（SHRP）研究曾提出将施工温度的等粘温度列为沥青指标，以沥青粘度0.17 Pa·s的温度为拌和温度，以沥青粘度0.28 Pa·s的温度为压实温度，后考虑到改性沥青又提出135℃的最大粘度不超过3 Pa·s；加拿大1990年提出了沥青新标准，要求喷洒沥青的运动粘度不大于150 mm²/s，拌和时不大于300 mm²/s，泵送时不大于600 mm²/s。适宜的施工温度见表7所示。

加拿大1990年新沥青标准建议的石油沥青工作温度（℃）　表 7

沥青等级	喷洒温度	拌和温度	泵送温度
60～70	170～190	145～165	140～190
80～100	160～175	135～160	125～175
120～150	155～170	125～150	120～170
150～200	145～160	120～145	115～160
200～300	—	120～145	—
300～400	—	120～140	—

由于我国在这方面的工作还刚起步，本规范为方便生产起见列出了表7.2.4所示的通常用的沥青加热、拌和及压实温度及开放交通温度等各种施工温度规定。制订时参考了国外有关规范的规定，其中关于混合料废弃温度是首次提出，这是参照国外规范规定并根据我国实际情况规定的，但是由于沥青品种及标号不同，沥青发生老化的温度也有不小的差别，故使用时宜根据实际情况

决定一个废弃温度，而且达到废弃温度的混合料也不是完全没有用了，施工单位应有所准备，使废弃的混合料能在某些支线或其他场所使用。

美国沥青协会手册 MS－8 中规定成型温度不得低于 85℃。美国联邦公路局（FHWA）1992 年《公路桥梁施工规范》FP－92 对沥青混合料的施工温度根据下面层温度及铺筑层厚度规定如表 8 所示，可供参考。

沥青混凝土摊铺温度要求 **表 8**

铺筑时下卧层表面温度（℃）	相应于下列铺筑层厚度(mm)时的最低摊铺温度(℃)		
	<50	50～75	>75
<2	*	*	*
2	*	*	138
4	*	141	135
10	146	138	132
16	141	135	129
21	138	132	129
27	132	129	127
≥32	129	127	124

注：* 表示不宜摊铺。

7.3 热拌沥青混合料的配合比设计

7.3.2 附录 D 表 D.0.7、D.0.8 的矿料级配是经过专题研究，参照国外的规范规定编制的。两个表中的沥青用量，是供马歇尔配合比设计时选择沥青用量用的，也是多年来施工实践的总结，所以试验得出的最佳沥青用量不宜超出此表规定的沥青用量范围。

原规范的沥青混凝土、沥青碎石矿料级配的两张表，是总结我国 80 年代初期以前的施工经验，参考了国外沥青混合料矿料级配，但国外是方孔筛，我国是圆孔筛，实际上很难参考。“七五”以来，我国修建了沈大、京津塘、沪嘉、西临等一批高速公路，对矿料级配的要求比以前更为严格，发现原矿料级配存在一些问题，主要是按密级配Ⅰ型设计的混合料空隙率往往偏小，空隙率很难达到 3% 以上，而Ⅱ型也往往比 6% 要小。因此普遍都对矿料级配作了适当调整，但调整的幅度各不相同。

由于沥青路面集料标准筛由圆孔筛改为方孔筛，因此矿料级配也必须重新修订。在定出方孔筛标准矿料级配的同时，还必须修订出新的圆孔筛矿料级配作为过渡。

关于矿料级配的决定，有理论法与经验法两种。

理论计算法是按照不同粒径相互嵌挤的原则或干涉原则，按一定的公式计算的。例如：

（1）n 法，泰波 A. N. Talbol 法（修订富勒法），是根据最大密实度原则提出的。

$$P_x = 100(d/D)^n$$

$n=0.5$ 时，即为富勒（Fuller）曲线，通常 $n=0.3\sim0.5$，日本认为 $n=0.35\sim0.45$，美国 $n=0.45$，作为制订标准级配的依据。

（2）i 法，同济大学早期提出的方法。

$$P_x = 100(i)^x$$

$$x = 3.32\log(D/d)$$

此法与 n 法本质相同，即 $i=0.5^n$，通常 $i=0.7\sim0.8$ 是合理范围。$i>0.8$ 细料太多，不够稳定，$i<0.7$ 易透水，$i=0.75$ 是最佳组成。

（3）k 法，苏联控制筛余量递减系数的方法。

$$n = 3.32\log(D/0.004)$$

$$P_x = 100\left(1 - \frac{k^x - 1}{k^n - 1}\right)$$

$$x = 3.32\log(D/d_x)$$

同济大学主张 $k=0.7\sim0.8$ 较为合理，我国南方 $k=0.7$ 为好，北方 $k=0.75$ 为好，$k>0.8$ 则将产生车辙。

但是实际上由理论法计算的矿料级配很难直接用于规范，一方面计算得到的级配范围很难适用于所有筛孔，使用上有困难；另一方面在实际使用时往往必须根据路面的结构组成及混合料的使用部位（层次或路面等级等）对级配作不同的调整，这就使选择理论用的 n、i、k 等系数发生困难，因此由长期实践得出的经验便非常宝贵。各国的经验主要体现在各自的规范中。

表 9～表 12 列出了美国、日本、澳大利亚、西班牙等国的规范规定的级配范围。

对比各国的级配范围可见，其差异是明显的。可是混合料的空隙率要求都几乎相同，密级配均为 3%～5%或 3%～6%。这本身说明矿料级配的范围比较宽，另一个因素是，不同的要求，马歇尔试验的击实次数不同，可以是 75 次、50 次、35 次，但矿料级配却没有分别规定，所以级配范围不能太窄，实际使用时允许根据情况选用其上、中、下限或作适当调整。其中美国规范的级配范围最宽，一般为 30%。因为美国 ASTM D3515 规定，用于实际工程时，由配合比设计决定的级配作为中值，按下列数值变化得到工程使用的级配范围：

12.5 mm及大于12.5 mm筛	±8%	0.6 mm 及 0.3 mm 筛	±5%
9.5 mm及4.75 mm筛	±7%	0.075 mm 筛	±3%
2.36 mm及1.18 mm筛	±6%		

表中西班牙的级配规定对空隙率的说明较仔细，故更便于参考。

本规范修订时，对矿料级配的修订列为专题研究，具体步骤如下：

（1）调查近年来高等级公路工程实践采用的级配范围，对原规范圆孔筛级配进行适当调整，得到“圆孔筛调整级配”。

（2）按圆孔筛调整级配的上下限用方孔筛对两种筛进行比较，得到“方孔筛筛分级配”。

（3）以国外规范规定的级配范围（均为方孔筛）为主，参考“方孔筛筛分级配”决定“方孔筛标准级配”，其中重点比较 0.075,

美国沥青混合料矿料级配及沥青用量范围（ASTM D 3515—89） **表 9**

级配类型	D_{max} (mm)	通过下列筛孔(mm)的质量百分率(%)														沥青用量(%)
		63	50	37.5	25	19	12.5	9.5	4.75	2.36	1.18	0.6	0.3	0.15	0.075	
密级配 2in	50	100	90～100	—	60～80	—	35～65	—	17～47	10～36	—	—	3～15	—	0～5	2～7
$1\frac{1}{2}$in	37.5		100	90～100	—	56～80	—	—	23～53	15～41	—	—	4～16	—	0～6	3～8
1in	25.0			100	90～100	—	56～80	—	29～59	19～45	—	—	5～17	—	1～7	3～9
$\frac{3}{4}$in	19.0				100	90～100	—	56～80	35～65	23～49	—	—	5～19	—	2～8	4～10
$\frac{1}{2}$in	12.5					100	90～100	—	44～74	28～58	—	—	5～21	—	2～10	4～11
$\frac{3}{8}$in	9.5						100	90～100	55～85	32～67	—	—	7～23	—	2～10	5～12
NO.4	4.75							100	90～100	65～100	40～80	25～65	7～40	3～20	2～10	6～12
NO.16	1.18								100	95～100	85～100	70～95	45～75	20～40	9～20	8～12
开级配 2in	50	100	90～100	—	40～70	—	18～48	—	5～25	0～12	—	0～6	—	—	—	2～7
$1\frac{1}{2}$in	37.5		100	90～100	—	40～70	—	18～48	6～29	0～14	—	0～8	—	—	—	3～8
1in	25.0			100	90～100	—	40～70	—	10～34	1～17	—	0～10	—	—	—	3～9
$\frac{3}{4}$in	19.0				100	90～100	—	40～70	15～39	2～18	—	0～10	—	—	—	4～10
$\frac{1}{2}$in	12.5					100	85～100	60～90	20～50	5～25	3～19	—	0～10	—	—	4～11
$\frac{3}{8}$in	9.5						100	85～100	40～70	10～25	5～25	—	0～12	—	—	5～12
NO.8	2.36								100	75～100	50～75	28～53	8～30	0～12	0～5	7～12
磨耗层 I型	9.5						100	90～100	30～50	5～15	—	—	—	—	2～5	5～8.5
II型	12.5					100	90～100	60～100	15～40	4～12	—	—	—	—	2～5	4.5～8

日本沥青混合料矿料级配标准 表 10

级配类型	厚度(cm)	D_{max}(mm)	通过下列筛孔(mm)的百分率(%)									沥青用量(%)
			26.5	19	13.2	4.75	2.36	0.6	0.3	0.15	0.075	
粗粒式	4~6	20	100	95~100	70~90	35~55	20~35	11~23	5~16	4~12	2~7	4.5~6
密级配	4~6	20	100	95~100	75~90	45~65	35~50	18~30	10~21	6~16	4~8	5~7
密级配	3~5	13		100	95~100	55~70	35~50	18~30	10~21	6~16	4~8	5~7
细粒式	3~5	13		100	95~100	65~80	50~65	25~40	12~27	8~20	4~10	6~8
间断级配	3~5	13		100	95~100	35~55	30~45	20~40	15~30	5~15	4~10	4.5~6.5
密级配	4~6	20	100	95~100	75~95	52~72	40~60	25~45	16~33	8~21	6~11	6~8
密级配	3~5	13		100	95~100	52~72	40~60	25~45	16~33	8~21	6~11	6~8
间断级配	3~5	13		100	95~100	60~80	45~65	40~60	20~45	10~25	8~13	6~8
细粒式	3~4	13		100	95~100	75~90	65~80	40~65	20~45	15~30	8~15	7.5~9.5
间断级配	3~5	13		100	95~100	45~65	30~45	25~40	20~40	10~25	8~12	5.5~7.5
开级配	3~4	13		100	95~100	23~45	15~30	8~20	4~15	4~10	2~7	3.5~5.5

级配类型	D_{max}(mm)	26.5	19	13.2	9.5	4.75	2.36	0.6	0.3	0.15	0.075
日本道路公团设计要领	13		100	95~100	75~90	55~75	38~58	21~36	13~25	6~16	4~8
	13		100	95~100	75~95	52~72	40~60	25~45	16~33	8~21	5~12
	20	100	95~100	75~95	68~88	52~72	40~60	25~45	16~33	8~21	5~12
	20	100	95~100	70~90	60~88	42~67	30~53	15~30	9~22	4~14	3~7

澳大利亚沥青混合料矿料级配标准 表 11

筛孔(mm)		通过下列筛孔(mm)的百分率(%)													沥青用量(%)
		37.5	26.5	19.0	13.2	9.5	6.7	4.75	2.36	1.18	0.6	0.3	0.15	0.075	
密级配	5						100	85~100	55~75	38~57	26~43	15~28	8~18	4~11	5.0~7.5
	7					100	80~100	70~90	45~60	35~50	22~35	14~25	8~16	5~8	5.0~7.5
	10				100	90~100	70~90	58~70	40~53	27~44	17~35	11~24	7~16	4~7	4.7~7.0
	14			100	85~100	70~85	65~75	53~70	35~52	24~40	15~30	10~24	7~16	4~7	4.5~6.5
	20		100	95~100	80~90	65~80	52~65	45~55	30~43	20~35	14~27	9~21	7~15	3~6	4.0~6.5
	28	100	95~100	82~97	70~80	56~71	45~60	38~50	25~40	17~33	12~26	8~20	6~14	3~6	3.5~6.0
	40	90~100	80~95	65~85	—	44~60	—	30~45	18~35	13~30	10~25	7~18	5~12	2~5	3.5~6.0
开级配	10				100	90~100	40~70	30~50	10~30	5~20	0~15	0~10	0~7	0~4	4.0~6.0
	14			100	90~100	70~90	35~65	20~40	5~20	0~15	0~12	0~9	0~5	0~3	4.0~6.0
间断级配	7					100	95~100	80~90	65~75	52~62	37~47	25~35	10~15	5~7	3.0~7.5
	14			100	75~100	70~80	—	62~72	—	60~70	55~65	50~60	4~28	5~12	6.5~9.0

2.38，4.75，9.5 mm筛的通过量。

（4）以方孔筛标准级配为准，参考圆孔筛、方孔筛筛分对比关系对圆孔筛级配调整，成为“圆孔筛修订级配”。

在上述调整级配过程中，重点是对AC－25、AC－20、AC－13三级进行仔细调整，由此推及AC－30、AC－10、AC－5。调整时首先是Ⅰ型级配，在Ⅰ型级配决定后再调整Ⅱ型。

沥青碎石矿料级配粗，基本上是参照原规范级配及美国ASTM D3515决定的。

（5）所有级配调整后都用计算机绘成级配曲线，使之顺滑。同时将不同最大粒径的同一类型（Ⅰ、Ⅱ型、沥青碎石）曲线放到一个屏幕上比较，或将相同最大粒径的不同类型的曲线放到同一屏幕上比较。

（6）根据近年来工程实践情况及国外规范决定沥青用量范围。

实际上，上面（3）、（4）、（5）是多次循环、反复调整直至级配曲线满意为止。

最后，再按决定的级配进行马歇尔实验检验，计算空隙率、沥青饱和度、矿料间隙率，与要求进行比较，是否满意。

这次修订时还作了下面考虑：

（1）最大粒径的通过量对沥青混凝土是95％～100％，对沥青碎石及抗滑表层级配是90％～100％，这是参照美国等国的规范修改的。

（2）每一级的级配上下限范围对沥青混凝土而言，除小粒径之外，一般保持在15％～20％以上的范围，沥青碎石一般有25％～30％的范围，便于工程上根据情况作上下波动。

（3）矿粉用量甚为重要，一般以与沥青用量之比取1～1.2为宜。

（4）考虑到用计算机进行配合比设计的需要，本规范对每个筛孔的通过量都作了规定。

7.3.3 关于沥青混合料配合比设计技术标准，原规范按交通性质

西班牙沥青混合料矿料级配标准 表12

级配类型		通过下列筛孔(mm)的百分率(%)											沥青用量(%)	空隙率(%)
		40	25	20	12.5	10	5	2.5	0.63	0.32	0.16	0.08		
D	D8					100	70～90	45～70	18～34	12～25	8～17	5～10	4.75～5.5	3～6
	D12			100	80～95	72～87	50～65	35～50	18～30	13～23	7～15	5～8		
	D20		100	80～95	65～80	60～75	47～62	35～50	18～30	13～23	7～17	5～8		
S	S12			100	80～95	71～86	47～62	30～45	15～25	10～18	6～13	4～8	4.25～5.0	3～8
	S20		100	80～95	65～80	60～75	43～58	30～45	15～25	10～18	6～13	4～8		
	S25	100	80～95	75～88	60～75	55～70	40～55	30～45	15～25	10～18	6～13	4～8		
G	G20		100	75～95	55～75	47～67	28～46	20～35	8～20	5～14	3～9	2～6	3.75～4.5	5～9
	G25	100	75～95	65～85	47～67	40～60	26～44	20～35	8～20	5～14	3～9	2～5		
A	A12			100	65～90	50～75	20～40	5～20				2～4	3.0～4.0	12～15
	A20		100	65～90	45～70	35～60	15～35	5～20				2～4		
P	P12			100	75～100	60～80	32～46	10～18	6～12			3～6	4.5～5.5	18～20
PA	PA12			100	70～100	50～80	18～30	10～22	6～13			3～6	4.5～5.5	20～22

及级配粗细划分，美国沥青学会MS-2沥青混合料配合比设计方法分别按设计交通量EAL的大小分成重交通、中交通及轻交通，并提出了配合比设计的技术标准如表13，它与级配粗细并无区别。此标准较以前有了很大变化（表中列出了以前规定中的数据，a为1981年，b为1984年），特别是马歇尔稳定度指标有了大幅度的提高。日本沥青路面要纲的马歇尔设计标准如表14所示。

美国马歇尔试验配合比设计技术要求　　表13

	轻交通（$EAL<10^4$）表层或基层	中交通（$10^4<EAL<10^6$）表层或基层	重交通（$EAL>10^6$）表层或基层
击实次数	双面各35次	双面各50次	双面各75次
稳定度，不小于（N）	3336（2300[a]）（2224[b]）	5338（2300[a]）（3336[b]）	8006（3400[a]）（6675[b]）
流值（mm）	2～4（2～5）	2～4（2～4）	2～3.5（2～4）
空隙率（%）（基层）	3～5（3～5）（3～8）	3～5（3～5）（3～8）	3～5（3～5）（3～8）
VMA（符合下图要求）			

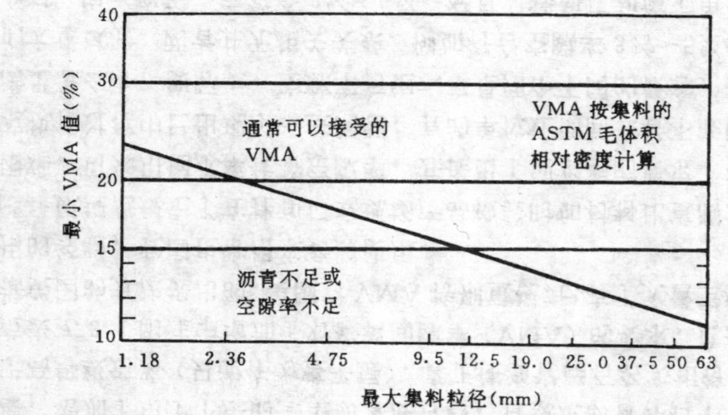

注：实践证明混合料能满足要求、且其他指标也满足时，允许有1%的误差。

日本沥青路面铺装纲要马歇尔设计标准　　表14

级配类型	粗粒式20	密级配20/13	细粒式间断级配(13)	密级配间断级配(13)	密级配20/13F	细粒式间断级配13F	细粒式13F	密级配间断级配13F	开级配13
击实次数 C交通以上	75				50				75
击实次数 B交通以下	50								50
空隙率（%）	3～7	3～6		3～7	3～5		2～5	3～5	—
饱和度（%）	65～85	70～85		65～85	75～85		75～90	75～85	—
稳定度（kg）	>500	>500 >750	>500				>350	>500	>350
流值 0.1mm	20～40						20～80	20～40	

注：①（大于750 kg）是C交通以上击实75次的标准值；
②有水损害的地区，要求残留稳定度大于75%。

这次对高速公路、一级公路和城市快速路、主干路及一般道路分别提出要求，实质上并无变化，但要求的值作了调整，且不再分成粗粒式、中粒式、细粒式等。马歇尔稳定度较原来有所提高，且分别Ⅰ型、Ⅱ型沥青混凝土与抗滑表层提出了不同的要求，这是根据近年来的工程实践总结修订的。原规范对沥青碎石并无技术要求，近几年高速公路、一级公路和城市快速路、主干路用的沥青碎石对级配做了较多修改，一般都掺有3%以上的矿粉，从京津塘高速公路起，各高速公路的招标文件，对沥青碎石的马歇尔试验提出了要求，但这样得到的沥青碎石空隙率一般不到10%，只有6%～10%，实际上又变成了Ⅱ型沥青混凝土，说它是沥青碎石是名不符实的。这次修订时沥青碎石的级配仍参照原规范及 ASTM 的开式沥青混合料，马歇尔试验很难做成。为此，除空隙率外对其不提出要求是符合实际情况的。同时为满足工程需要，增加了用于下层的Ⅱ型沥青混合料，且规定沥青碎石不适用于高等级道路（只能作为整平层），真正使沥青碎石名实相符。规范表 7.3.1 附注中增加了对矿料间隙率（VMA）的要求，这是根据美国的方法提出的，美国对 VMA 特别重视，已有了大量工程应用的经验，我国也常用来参照使用。

原规范规定了在拌和厂或现场产品检验时如材料比重测定有困难，可采用饱水率代替空隙率，并提出了饱水率的要求。在规范执行过程中已出现了一些问题，有的单位还询问二者不能同时满足怎么办？实际上，空隙率与饱水率是两个不同的概念，据我们大量试验，两者并无相关关系。例如符合空隙率 3%～5%的混合料，饱水率不一定符合 2%～5%。况且对拌和厂和施工单位来说，测定材料比重是必须做的简单试验，不存在困难不困难的问题，只有对老路调查时才会遇到这样的问题，所以将其作为配合比设计的技术标准是不合适的，本规范将其取消。

对高速公路、一级公路和城市快速路、主干路，高温车辙的问题至关重要，正如 19 届世界道路会议总报告上指出的那样，各国的试验和实践均已证明，马歇尔试验仅仅是决定沥青混合料矿料级配和最佳沥青用量的手段，用马歇尔方法预估混合料性能是不够的，因此都采用一些补充试验，其中多数国家采用 TRRL 或 LCPC 的车辙试验机。车辙试验的动稳定度与沥青路面的高温抗车辙能力有较好的相关关系。不少国家都已对混合料的动稳定度提出要求，日本 1993 年新版沥青路面要纲重交通道路抗车辙验算车辙试验的动稳定度要求较前又有所提高，一般规定为大于 1500 次/mm，在大型车交通量大的路段要求 3000 次/mm 以上。另一方面，当动稳定度大于 5000 次/mm 时，有些混合料易发生开裂，此时应通过弯曲试验或弯曲疲劳试验等验证其抗裂性能。日本道路公团高速公路设计要领规定的动稳定度要求如下表（15）：

表 15

交通量等级	一方向大型车交通量	一般地区	准磨耗地区	磨耗地区
轻交通量	1500 辆/日以下	800 次/mm	500 次/mm	—
中交通量	1500～3000 辆/日	1000 次/mm	800 次/mm	—
重交通量	3000～15000 辆/日	1200 次/mm	1000 次/mm	—
超重交通量	15000 辆/日以上	3000～5000 次/mm		—

我国“七五”攻关已对此作了不少研究，并提出了动稳定度技术指标的建议。许多单位都作了研究，并已进口或研制了设备，得到了普遍的推广。为此本规范收入作为高速公路、一级公路和城市快速路、主干路沥青混合料配合比设计的高温稳定性检验的指标。但由于我国系首次引进此项指标，故规定的动稳定度要求较低。以后随着研究工作的深入，提出的指标将更符合工程实际情况，而且对沥青混合料的低温抗裂性能指标亦将指出辅助性检验指标。根据美国 SHRP 研究资料，影响开裂的最主要因素是沥青性质，对高温稳定性能满足要求的矿料级配以及沥青用量在最佳沥青用量左右（不大于±0.5%）时，对低温开裂的影响远不如沥青性质的影响大。这也说明配合比设计用高温指标检验的重要性。对抗水损害的指标，本规范仍保留用马歇尔试验的残留稳定性指标，也可在真空饱水后再做浸水马歇尔试验，计算残留稳定度。这是根据荷兰壳牌石油公司中央研究所的研究成果提出的，试验方法已列为我国标准。实践证明，该指标能区分酸性石料及非酸性石料的性能，对非酸性石料或酸性石料使用抗剥落剂之后一般均能达到。

7.3.6 沥青混合料配合比设计结果对路面使用性能、材料用量及工程造价有很大关系，是一项非常重要的工作。但目前仍有一些单位仅凭几个马歇尔试验便得出结果，使得铺筑出的沥青路面质量不能令人满意，这与配合比设计不完善有关。本规范总结了国内高速公路施工实践经验，参考了国外规范的方法，充分引用了“七五”攻关研究专题的研究成果，将配合比设计明确分为目标配合比设计阶段、生产配合比设计阶段、生产配合比验证阶段即试拌试铺阶段等步骤，这将使生产上配合比设计有更加具体的依据，配合比设计更加合理。马歇尔试验配合比设计步骤原来在规范中作为附录提出，且举了图解法求取矿料级配比例的实例。本规范仍将其放在附录B中，但取消了图解法的具体步骤。这是因为目前计算机使用越来越普及，不少单位都已开发了配合比设计的软件，用人机对话的方式进行配合比设计已变得非常简单，且更为合理。

由马歇尔试验的结果决定最佳沥青用量的方法，我国历来采用日本的方法，即求出全部满足设计技术要求的沥青用量范围，以其中值为最佳沥青用量。按此方法使用多年来，也发现了一些问题，主要是对高速公路、一级公路和城市快速路、主干路，由于采用了符合质量要求的好沥青后，在估算沥青用量时，尽管上下变化了5个不同的沥青用量，变化范围达2.0%，但稳定度值一般都能满足要求，流值也大都满足要求，稳定度、密度有时连峰值还未出现，最后决定最佳沥青用量的往往只剩下空隙率一个指标（饱和度也取决于空隙率），而且能共同满足要求的沥青用量范围往往很窄，这对沥青面层的中下层采用粗粒式沥青混凝土（或沥青碎石）的情况更困难，因为所有指标中空隙率是最不容易准确测定的指标，测定也没有更好的方法，所以最佳沥青用量的选择有比较大的随意性。有的工程按此决定，为使沥青碎石空隙率大于10%，最佳沥青用量变得很小，甚至不到3%，显然是偏小的。实际上现在的方法名义上有几个指标，但实质上稳定度、密度基本上很少起作用，只有空隙率决定。因此，这次修改时提出了另一个方法，是美国、欧洲、澳大利亚等大多数国家采用的办法，即采用由马歇尔试验得出的下列三个沥青用量的平均值决定：

（1）最大密度对应的沥青用量 a_1；

（2）最大稳定度对应的沥青用量 a_2；

（3）符合要求的空隙率范围的中值对应的沥青用量 a_3。

按此方法，马歇尔试验的稳定度、密度必须出现峰值，不能只偏于一边。

规范附录B规定，应该按照此方法并综合以往的方法及实践经验论证决定最佳沥青用量。

7.4　热拌沥青混合料的拌制

7.4.1　拌和厂是沥青路面施工的重要设施，但原规范对其并无要求，为此增补了这方面内容。

7.4.2　近年来我国引进了不少国外先进的沥青拌和设备，其中大部分为间歇式的，也有少量连续式的。日本道路公团规定，用于高速公路施工的拌和机必须采用间歇式的。经我国的试验和使用实践证明，采用间歇式拌和机更能保证拌和质量，而且它更符合我国国情。这是因为我国道路部门一般并没有专门的采石场，相反出现了许多集体或个人办的小型采石场，材料质量普遍较差、品种杂、变异性大，再加上拌和厂大都是露天料场，材料含水量受天气影响较大，所以用连续式拌和机往往不能及时的调正材料用量，不如用间歇式拌和机用烘干加热矿料再进行二次筛分，分级称量一锅一锅拌和投料正确，配比更稳定，沥青用量合理，因此本规范明确规定高等级道路的沥青混凝土应采用能自动计量的间歇式拌和机拌和，这是符合我国国情的。

7.4.5　关于拌和时间，美国 ASTM D3515 规定间歇式拌和机干拌0～10 s，加沥青后再拌0～50 s。连续式拌和机拌和25～60 s，其拌和时间按下式计算：

$$\text{拌和时间}=\frac{\text{拌和筒容量（kg）}}{\text{拌和筒出率（kg/s）}}$$

7.4.6　拌和机进行二次筛分用的振动筛孔选择非常重要，表16系参照美国沥青协会 MS-3“Asphalt Plant Manual”对等效筛孔的建议及我国生产实践经验提出，可供施工单位参考使用。

间歇式拌和机用振动筛的等效筛孔（方孔筛，mm） **表 16**

标准筛筛孔	2.36	4.75	9.5	13.2	16	19	26.5	31.5	37.5	53
振动筛筛孔	2.5	6	11	15	19	22	30	35	41	60

7.4.8 混合料施工过程时沥青的老化是不可避免的，ASTM D3515 规定，经拌和摊铺后，回收沥青针入度不得小于下表（表 17）数值：

表 17

沥青等级	200～300	120～150	85～100	60～70	40～50
回收沥青针入度（0.1 mm）	≥74	≥50	≥40	≥31	≥22

ASTM D3515 规定的混合料在热储料仓中的存放时间不得超过下表（表 18）时间（h）：

表 18

	细混合料	粗混合料
普通沥青	12	6
改性沥青	36	18
仓内用隋性气体时	96	72

本规范考虑按 ASTM 要求过严，按国内实际情况，如果遇雨或机器故障，存放期允许为3 d。

7.5 热拌沥青混合料的运输

7.5.1 混合料运输表面上看起来简单，只要是翻斗车就可以拉，但实际上现在存在不少问题，应该引起重视。一是运料车容量太小，赶不上摊铺，使摊铺不得不中断，影响平整度。二是运料车司机中途休息时间过长影响温度的事故时有发生，三是卸料时后退冲撞摊铺机，技术不熟练。根据这些情况，本规范对影响运输的主要环节作了规定。

7.5.4 摊铺机前方有卸料车等候卸车是保证摊铺机连续摊铺的条件。现在各地在修建高速公路时，都要求有一定数量的运料车等候卸料后才开始摊铺，有的规定要求 10 辆或更多，本规范根据大多数地区情况要求不少于 5 辆，实际上只要做到不间断，也允许更少。

7.6 热拌沥青混合料的摊铺

7.6.7 关于适宜施工的最低气温，AASHTO 对不同层位及厚度有不同的规定（表 19）：

表 19

压实层厚度（mm）	表面层（℃）	中、下面层（℃）
＜38	＞15.6	＞12.8
38～63.5	＞10	＞7.2
＞63.5	＞4.4	＞1.7

这样规定是合理的，可供各地参考。本规范根据我国工程实践，规定不低于 10℃或 5℃。

7.6.9 沥青路面的平整度是施工队伍人员素质、操作水平的综合反映，它不仅取决于面层本身，还应从基层甚至路槽开始，只有每层都做好了，才能保证路面平整度。即使是面层，除了摊铺工序外，压实的影响也很大。目前我国沥青路面施工的平整度仍不能如人意，较国外还有差距，根据调查研究，最主要的原因是基层不平整及施工机械不配套，突出表现在摊铺机不能缓慢、均匀、连续不间断地摊铺，由于拌和机能力太小，运输车赶不上，或摊铺速度过快，致使时停时铺，压路机也跟着时停时压，严重影响铺筑质量，所以施工机械的配套极为重要。

7.6.10 有些地方现在仍存在机械摊铺后再做人工修整的情况，当摊铺机性能正常时，实际上往往是画蛇添足。尤其是有些工人素质不高，不能正确地判断高低，造成越整越不平，且容易出现集料离析的情况。即使是有经验的人员，也只有在离开较远处蹲下贴近地面方可看出高低不平的情况，因此本规范规定除特殊情况外一般不应用人工反复修整。

7.7 热拌沥青混合料的压实及成型

7.7.1 热拌沥青混合料压实层厚，美国沥青协会手册 MS-8 规定不得大于10 cm，日本规定一般不大于7 cm，我国目前压路机比国外的普遍要轻，规定不大于10 cm，是偏宽的，最好不大于7 cm。

7.7.4 规范表 7.7.4 的碾压速度要求与最大速度限制参照美国沥青协会手册 MS-8 及日本沥青路面要纲并结合我国情况提出的，日本规定适宜的速度为钢轮 2～3 km/h，振动压路机 3～6 km/h，轮胎压路机 6～10 km/h。美国沥青协会手册的规定如表20。

美国沥青协会手册 MS-8 规定的最大碾压速度（km/h）　表 20

	初　压	复　压	终　压
刚性碾	3	5	5
轮胎碾	5	5	8
振动碾	4～5（不振）	4～5	—

7.7.6 沥青混合料压实的初压、复压、终压三阶段中，复压最为重要。目前，用于复压的压路机有轮胎压路机、振动压路机、钢筒式压路机，一般都能达到要求，但从实践效果来看，用轮胎压路机更应容易掌握，效果更好。为此宜优先采用轮胎压路机。现在国产的轮胎压路机吨位尚嫌小，如有国外普遍使用的 20～25 t 轮胎压路机，效果将更好。当采用振动压路机时，其振动频率和振幅应该很好调正选择，不能保持一成不变。

7.8 接　　缝

7.8.2 路面沿摊铺纵缝开裂的情况在我国普遍存在，应引起高度重视，为此应尽量考虑热接缝一次成型的办法，不得已采用冷接缝时必须洒粘层油使之粘结良好。但当路面较宽时，是采用全幅一次摊铺，还是分两幅梯队式摊铺，不仅考虑减少纵向接缝，还应考虑横向接缝及平整度。在目前的拌和机能力、汽车供料水平情况下，很难保证全幅一次摊铺时不中断摊铺，为此规范 7.6.2 条规定一般宜采用分两幅梯队摊铺的办法。

7.8.3 目前沥青路面的横向接缝仍是一个薄弱环节，接缝跳车或开裂的情况不少路上都可见到。对接缝采用平接缝还是斜接缝，国外也有不同看法，平接缝固然容易做好平整度，但连续性较差，易在此开裂。反之斜接缝则不易搭接得好，容易形成接头跳车。现在有一些采用切缝的工程对切缝时的水不加处理便开始铺混合料，这是很错误的，必须将水擦净，待其干燥后再摊铺混合料，所以规范对接缝作了较为具体的要求。

8 乳化沥青碎石混合料路面

8.1 一 般 规 定

8.1.1 常温沥青混合料可以用乳化沥青或液体沥青拌和。由于液体沥青使用汽油、煤油或柴油等高价的材料，在我国不可能大量使用，故而本规范仅规定用乳化沥青拌和制得。由于常温沥青混凝土混合料还缺乏足够的经验和实践，本规范仅指沥青碎石混合料，其适用范围也有所限制。

8.3 乳化沥青碎石混合料的配合比设计

8.3.1 乳化沥青碎石混合料的配合比目前难于由配合比设计的方法决定，尽管国内外也有一些配合比设计的方法，如美国沥青协会手册 MS-19、日本简易沥青路面纲要都有适用于常温沥青混合料的马歇尔试验方法，我国也提出过改进的马歇尔试验方法，但是还不成熟，因此本规范建议用已有道路的成功经验经试拌决定。其矿料级配可采用热拌沥青碎石的级配，根据实践经验其沥青用量（经乳液折算后）较热沥青节省 15%～20%左右。

8.4 乳化沥青碎石混合料路面施工

8.4.7 常温沥青混合料的施工除拌和不同外，与热拌沥青混合料没有太大差别，只是由于常温沥青混合料有一个乳液破乳、水分蒸发的过程，摊铺必须在破乳前完成，而压实又不可能在水分蒸发前完成，开始必须用轻碾碾压，使其初步压实，待水分蒸发后再做补充碾压。在完全压实之前，不能开放交通。且应做上封层，这些要点在相应的条款中都作了规定。

9 透层、粘层与封层

9.1 透　　层

9.1.1 近年来修筑的几条高速公路，在半刚性基层适用的透层材料、用量及使用方法等各方面均作了不少研究，取得了一些经验。由于半刚性基层表面致密，渗透量很小，如材料使用不当便可能产生流淌，有的工程不得不取消了透层，这是不对的，致使有的路段出现了月牙形推挤裂纹。为此应针对不同的基层类型，由试验确定适宜的透层油品种和用量。沪嘉高速公路及西临高速公路使用煤沥青，京津塘高速公路则采用乳化沥青，洒布透层后都撒布了石屑或粗砂，这种做法与下封层的区别在于石屑或粗砂的撒布量较少，仅薄薄一层，且粒径较小，旨在乳化沥青不被施工车辆或摊铺机带走而引起脱皮，撒布后只用轻碾稍加压实粘住使之稳定，而下封层的石屑则按表面处治的做法有一定厚度，并应撒布嵌缝料，碾压密实，成为一个层次。

9.2 粘　　层

9.2.1 粘层的作用在于使上下沥青层或沥青层与构造物完全粘结成一整体。国外规范规定层与层之间必须洒粘层沥青。考虑我国实际情况，三层或双层式铺筑的沥青层之间，当是连续摊铺并未产生污染时可省去粘层，当已遭污染时必须扫除干净，且撒布粘层油。

9.2.2 美国 AASHTO 规范规定用慢裂型乳化沥青作粘层，因美国主要是级配碎石作基层，但我国主要是半刚性基层，实践经验证明慢裂型的洒布后流淌严重，用快裂型的较为适宜。

9.3 封 层

9.3.7 稀浆封层可以作上封层，也可作下封层，常用于旧路面罩面，但也可用于新建的沥青面层，作为磨耗层或保护层，这在我国已有了成功的经验，尤其是对于缺乏优质石料作抗滑层的地区，可以节省造价。稀浆封层的矿料级配（附录D表D.0.10）及决定配合比的方法、指标是参照ASTM D 3910、ISSA（国际稀浆封层协会）T100编写的，这些方法已在我国许多地区推广应用，证明是适用的。

10 其他工程

10.1 一般规定

10.1.1 原规范本章称为附属工程，附属工程的概念是相对于主体工程而言的，其含义并不明确，本规范将行人道路、重型车停车场、公共汽车站、桥面沥青铺装、路缘石等归入其他工程类，实际上是一些特殊的沥青路面工程。

10.4 水泥混凝土桥面的沥青铺装

10.4.1 桥面铺装在我国还缺乏成功的经验，尤其钢桥面上的沥青层寿命比较短，常规搞法不能适应高温及反复荷载引起振动的使用条件。本规范仅规定了广泛使用的水泥混凝土桥面的沥青铺装，但在水泥混凝土桥面上也普遍存在漏水与接缝问题，尤其是城市立交桥漏水十分严重，故而对桥面防水层作了较为具体的规定。桥头跳车在我国也是一个突出的问题，由于它超出了沥青面层施工的内容，故未作规定。

10.5 路 缘 石

10.5.3 沥青路缘石在国外很常用，我国在京津塘等高速公路等使用后效果良好，施工也方便，已在各地推广应用。美国路缘石规范（SS-3）对路缘石的式样及施工作了详细规定，表10.5.3等有关规定参照SS-3编写。

11 施工质量管理与检查验收

11.1 一 般 规 定

11.1.1 施工质量管理与检查验收是本规范的重点，近年来我国有了很大进步，因此是这次修订的重点。本规范对施工质量管理与检查验收的内容提出了具体要求。考虑到高速公路、一级公路和城市高速路、主干路已开始推广监理制度，故对实行监理制度的工程还提出了进一步的要求。这是根据“七五”以来实行监理制度的经验提出的。但本规范不包括有关管理程序或方法方面的内容。

由于公路和城市道路均已有路面质量要求与质量评定、验收的行业标准，本规范有关各项质量标准均是按照相关的工程质量评定标准修改编写的。

11.2 施工前的材料与设备检查

11.2.2 施工前材料检查包括施工开始前以及施工途中材料发生变化后的检查，对原规范的内容补充了以下几点：

(1) 检查内容除了质量外还包括数量、供应来源、储存堆放。

(2) 规定了检查以“批”为单位，由于一个工程经常使用几个不同料场或分几次购入，材料会有变化，必须每批都作检查。本规范只对“批”作定性规定，未作定量的规定。但对于数量太少的材料，不宜作“批”购入，以免影响材料的稳定性。

(3) 对实行监理制度的工程还规定了检查结果要提出报告并得到认可批准。

材料质量是沥青路面的保证，现在有些路面工程早期破坏严重，当年修当年坏的也不少见，材料不好是原因之一。为杜绝工程使用伪劣产品或弄虚作假，施工单位必须十分重视进行材料试验外，沥青等主要材料还应经监理、质检站或工程质量检测中心试验。

国外一些规范对检查报告的期限及审批手续都有规定，考虑到我国一些施工单位的仪器设备尚不齐全，可以委托试验，但对期限暂不作规定。

11.2.3 机械设备是保证路面施工质量的另一个重要因素，国外对机械设备的要求很具体，美、日等都有专门的规范，我国目前机械型号很杂，质量好坏差别也很大，暂不做详细规定，此处仅列出原则。

11.3 铺筑试验路段

11.3.1 对高速公路、一级公路和城市快速路、主干路这些重大工程来说，铺筑试验段是不可缺少的步骤，应该成为一个制度。只有对同一施工单位，在材料、机械设备和施工方法都相同时，才可利用已有试验路段的结果。但是铺筑试验段决不是一种形式，铺筑试验路段必须有明确的目的，认真研究，在试验路段铺筑后应提出报告并取得主管部门的批复作为施工依据。

11.3.2 试验路段的长度在日本规定不少于200 m，美国规定不少于150 m，本规范根据我国情况，规定为100～200 m，太短了不便施工，得不出稳定的数据。

11.3.3 试验路段试拌试铺两个阶段的目的和内容，是参照日本的规程及我国的经验制订的。每次铺筑试验段必须抓住重点，研究有待解决的问题，作为指导施工的依据。

11.4 施工过程中的质量管理与检查

11.4.4 施工过程中的材料检查，是在每批材料进场时已进行过检查及批准的基础上，再抽查其质量稳定性（变异性），在附录 E 表 E. 0.1 中规定了检查的内容和频度。检查内容选择了材料最主要的指标或变化较大的指标。频度考虑了施工单位的承受能力及目前的实际情况作了规定，主要规定了沥青试验的频度，但对监理或质检站的抽查未作具体规定。

11.4.5 施工过程中的质量检查包括工程质量及外形尺寸两部分，检查应该随时进行，才能保证交工后抽样检查都能合格，因此没有必要对其检查频度作规定。日本沥青路面要纲规定，施工过程中的质量管理，频度与质量界限由承包商自己决策，以保证能达到设计规定的指标。规范仅作为参考举例如下表（表 21），并不作硬性规定。

表 21

项目		频率	质量界限
下面层厚度		每 1000 m^2 1 次	−0.9 cm
表层厚度		每 1000 m^2 1 次	−0.7 cm
宽度		每 100 m 1 次	−2.5 cm
平整度（表层）		全线	2.4 mm（标准差）
沥青混合料	外观	随时	
	温度	随时	
	级配	自动打印：全部	2.36 mm±12%
		抽提筛分 1～2 次/日	0.075 mm±5%
	沥青用量	自动打印：全部	
		抽提筛分 1～2 次/日	±0.9%
	压实度	每 1000 m^2 1 个	>94%

注：打印记录值中超过规定的不超过 5%，沥青稳定砂石不超过 7%。

考虑到目前有些地方试验力量不足，监理或质检站还缺乏自己的试验力量，在交工验收时必须使用施工过程中的试验数据。因此本规范附录 E 表 E. 0.2、表 E. 0.3、表 E. 0.4 对施工过程中的检查规定了最低频度的要求，施工单位应该根据需要规定工程质量检查的项目和频度，有些项目，例如用3 m直尺检查平整度，用核子仪测定压实度，用尺子量取厚度及宽度、高程、横坡等外形尺寸的检查等，应该随时不间断的进行。

关于矿料级配的规定，参照美国标准 ASTM D 3515 及美国沥青协会规范 MS-22 等规定，施工时矿料级配的允许范围如本说明 7.3.2 所述，沥青用量的允许差为±0.5%。

施工过程中质量检查一般是单点评定的，检查时每个试验值都应达到交工验收时的标准，使交工时能经得起检查，不致造成交工检查不合格，故本规范附录 E 表 E. 0.2、表 E. 0.3 的质量标准与表 E. 0.4、E. 0.5 的相同。但实际上可能有个别点达不到要求，这种点的出现也许并不影响交工验收，此时必须判断是否需要返工，这一点关系极大。一般应先重测，增加检测频度，如某个压实度测点达不到要求，可在其附近再钻几个孔测定，如仍不合格，则确定为不合格。具体是否返工，可视情况由主管部门决定。

11.4.9 对压实度的评定至关重要，除了压实本身的原因外，标准密度也是重要因素。原规范对此并无规定，现在一般均以马歇尔试验配合比设计时的密度作为标准密度，从工程开始一直用到结束，这显然是不合理的。由于每天施工时实际的矿料级配和沥青用量都在变化，马歇尔试验密度也在变化，如果采用配合比设计时的标准密度就不合适了。因此，近年来有些工程已改变了做法，如京津塘高速公路天津段用拌和厂一星期上下午 14 次马歇尔试验密度的平均值，济青高速公路采用该批混合料的平均实验密度，而国外承包商则用当天的马歇尔试验密度作为标准密度。

在美国，规范规定了三个标准密度，第一个是试验室密度，即拌和厂每天取样制取四个以上的试件（用配合比设计相同的击实次数）测定马歇尔密度作为标准密度。第二个是每天实测的混合料最大相对密度。第三个是试验段钻孔密度。日本沥青混合料拌和厂规范规定以连续 1～2 d拌和厂试验的马歇尔试验密度为标准密度。为此本规范附录F明确规定了由拌和厂每日提供的马歇尔试验密度作为标准密度，对粗粒式沥青混凝土及沥青碎石，可采用试验段钻孔密度作标准密度比较合理。

表处、贯入式路面结构的质量指标中不列入压实度的原因是，此类结构的成型除了施工过程的碾压外，相当程度上还有赖于通车后的行车碾压、泛油及早期养护，逐渐成型。故施工时压实度不可能太高，而且缺乏合理试验的方法，因此对施工压实度指标代之以外观检查。

11.4.11 随着高速公路、一级公路和城市快速路、主干路施工中质量管理水平不断提高，规范规定了进行动态管理的方法。附录G作了具体说明，包括绘制管理图、直方图、建立变异系数标准等。这在国外的施工工地随处可见，在我国也不难做到。

11.5 交工验收阶段的工程质量检查与验收

11.5.1 工程施工结束后的质量检查与验收是很重要的阶段，验收的目的随时代的发展有不同的含义，不同的国家和部门也有各自的做法。有些国家把验收与支付工程经费挂钩，将质量好坏作为支付的依据。有些则评定工程是否合格。我国则通过验收与评优、评奖挂钩，采用合格率作为主要评定指标。由于公路和城市公路部门都订有"工程质量评定标准"和"验收办法"等，故本规范不包括具体的验收步骤。随着市场经济的建立，验收与支付挂钩将是一种趋势。

交工验收阶段的工程质量检查与验收，包括施工企业自检、监理抽样检查、工程建设单位抽样检查三个步骤。测定项目基本上与原规范相同，但检查频度与质量标准分别对高速公路、一级公路、城市快速路、主干路及一般道路作了规定。修改内容经多次征求意见并经专家讨论后确定，检查时以每1～3 km（公路）或100～500 m（城市道路）为一个检查路段。以公路的沥青混凝土为例，本规范与原规范的交工验收标准修改如下（表22）：

表22

项目	原规范			本规范允许偏差		本规范	
	允许偏差	每千米测点数	合格评定办法	高速公路一级公路	一般公路	每千米测点数	合格评定办法
厚度	±5 mm	2～3	单点测值	−8 mm −15mm	−5 mm或−8%厚度 −10 mm或−15%厚度	5 5	代表值满足 极值满足
宽度	−5 cm	6～15	$X-1.645S$>设计值−5 cm	±2 cm	±3 cm	20	单点测值
纵断面高程	±20 mm	6～15	$X+1.96S$≤设计值+允许差，且>设计值−允许差	±15 mm	±20 mm	20	单个测值
横坡度	±0.5%	6～15	同上	±0.3%	±0.5%	20	单个测值
沥青用量	±0.5%	2～3	单个测值	±0.3%	±0.5%	1	单个测值
平整度 标准差 最大间隙	 2.5 mm 5 mm	 连续 100 m连续10尺	 单个测值 $X+1.645S$≤规定值	 1.8 mm	 2.5 mm 5 mm	 连续，每200 m一次连续10尺	100 m一个点X≤规定值
矿料级配	设计级配范围内	2～3	单个测值	设计级配范围内	设计级配范围内	1	单个测值
压实度	96%	2～3	单个测值	96%(99%) 95%(98%)	95%(98%) 94%(98%)	5	单个测值、代表值满足

高速公路、一级公路和城市快速路、主干路的指标、频度相应提高了。例如热拌沥青混合料路面宽度、高程、横坡原规定每公里6～15处，现改为20处。其中厚度由原来的双边容许范围（±5mm等）改为单边，这是因为一般情况下超厚了对质量并无不良影响，另一方面由于对平整度要求较高，厚度超厚的情况比较普遍。国外规范（如日本）也是单边规定。考虑到目前施工单位普遍反映厚度施工波动较大，标准差较大，允许差小了，一般都不易达到，故本规范修改为以总厚度控制，同时还控制表面层的厚度。

对质量要求和允许差的标准，一般道路除宽度外，与原规范大体相同。高速公路、一级公路和城市快速路、主干路则相应有所提高。但是，检查评定时是用单个测值，还是用平均值，或者用代表值？是否还考虑保证率？对标准的高低是有影响的。因为在我国，目前测定值的波动一般都比较大，标准差较大，就更重要。原规范对平整度、宽度考虑了1.645倍标准差（单边）；对横坡、中线高程考虑了1.96倍标准差，即均考虑了95%的保证率。而对厚度、压实度、矿料级配和沥青用量则采用抽查的办法，用单个测值评定。这次修订时，均改为单点检测评定。这是因为现在公路与城市道路部门都有各自的“质量验收评定标准”，大都采用合格率评定的办法。因此，本规程仅要求以一个评定路段计算平均值、标准差、变异系数。只是厚度和压实度还必须评定一个路段的代表值。同时考虑95%或90%的保证率。代表值K'根据平均值K_O及测点数目n由附录F式F.0.3计算，系数$t_a/\sqrt{n}$列入表F.0.3。

$$K' = K_O - S \cdot \frac{t_a}{\sqrt{n}}$$

在制订代表值的标准时，施工质量的变异性（标准差S）和检测次数n直接影响代表值K'。n越大，$t_a/\sqrt{n}$越小，K'越接近平均值K_O。当以1 km为一个评定路段时，按200 m测一点，即$n=5$，$t_a/\sqrt{n}$分别为0.95和0.69。据调查，压实度的标准差大体在1%～2%左右，厚度的标准差大体为8～15 mm，这与国外的情况也差不多。在丹麦热拌沥青混合料规范中，规定压实度每800 m^{2}取一个样，每批试样12个。对密级配沥青混合料的压实度，要求平均值为95%，对代表值，要求中粒式为94%，细粒式、砂粒式为95%，而对开级配沥青混合料、沥青碎石、沥青砂分别要求压实度平均值应不小于93%、97%、98%，代表值应不小于91%、95%、96%。故规范表中的标准值与代表值有两个不同的标准。这两个要求既反映质量的好坏，又反映质量的稳定性。在附录G中也提到应以标准差或变异系数作为施工企业水平的评价指标。

平整度统一都用3 m平整度仪连续测定为准。

关于质量检查要求或允许差，取决于施工水平（变异性），我国对这方面的调查进行得很少。我国北方两条高速公路的质量检查验收结果如下。

高速公路甲由总监代表处对其中一段检查结果如下：

压实度：用核子仪检查平均98.3%，各段标准差0.8%～2.4%，平均1.68%，取芯检查，压实度表层平均98.7%，标准差1.51%，三层总平均99.9%，标准差1.98%，（压实度过大显然与标准密度采取的配合比设计密度有关）。

厚度：表层设计厚度5 cm，钻孔25个平均5.25 cm，标准差1.12 cm，代表厚度4.47 cm。其中小于4.5 cm的3个，占12%。总厚度设计25 cm，钻孔20个厚21.88～27.0 cm，平均24.1 cm，标准差1.32 cm，代表厚度23.6 cm。

平整度：用3 m平整度仪测定标准差平均值1.32 mm。

高程：与设计高程之差的平均值为4.2 mm，按允许差±10 mm计，合格率96.2%。

横坡：与设计横坡之差的平均值为0.035%，按允许差±0.3%计，100%合格。

另一条高速公路乙的质量检查验收结果如下表（表23）：

表 23

项目	合同标准	1993 年上半年	1993 年下半年
压实度	配合比设计密度的 96%	18 个段路钻 104 孔，S=0.48%～1.89%，平均 1.01%，合格率 96.1%	13 个段路钻 83 孔，S = 0.44%～2.49%，平均 1.09%，合格率 93%。13 个段落的平均值 97.4%，代表值平均值 96.5%。
厚度	−5 mm 表层 −4 mm	18 段落钻 110 孔，S=3.2～16.8 mm，平均 7.0 mm，合格率 83.6%	13 个段落 65 个孔，S = 3.7～16.9 mm，平均8.2 mm，合格率 90%。11 个段落设计厚度4 cm的段落，平均厚4.38 cm，小于3.6 cm的 1 段，占 9%。代表厚度3.74 cm，小于3.6 cm的 5 段，占 45%。2 段设计厚度5 cm的段落，平均厚度5.35 cm，无小于4.6 cm的段落，代表厚度4.5 cm，小于4.6 cm的 1 段，占 50%。
平整度（连续式平整度仪）	1.5 mm（标准差）	中面层 38 段，S=1.10～2.65 mm，标准差0.32 mm，平均 1.45 mm，C_V=22%	
	1.2 mm（标准差）	表面层7段，S=0.87～1.44 mm，标准差 0.19，平均1.13 mm，C_V=17%	45 段 S = 0.69～1.28 mm，标准差 0.142 mm，平均0.90 mm，C_V=16%
平整度（3 m 直尺）	5 mm	中面层 38 段，合格率 99.9%	
	3 mm	表面层 7 段，合格率 99.8%	45 段合格率 99.9%
高程	±10 mm	合格率 77.2%	合格率 91.4%
	±15 mm	合格率 91.5%	合格率 98.0%

续表 23

项目	合同标准	1993 年上半年	1993 年下半年
横坡	±0.5%	合格率 100%	合格率 99.85%
	±0.3%	合格率 97.7%	合格率 99.0%
宽度	±20 mm	合格率 93.0%	

这些指标大体反映我国当前施工的较高的水平。

据美国 AASHTO 1986 年路面设计指南资料，沥青路面主要技术指标的标准差或变异系数如下所列（表 24），可供参考。

表 24

指标	标准差		
	低值	平均	高值
厚度（mm）：沥青混凝土	7.6	12.7	17.8
水泥稳定基层	12.7	15.2	17.8
无结合料基层	15.2	20.3	25.4
无结合料底基层	25.4	30.5	36.1
沥青混凝土矿料级配（%）：			
19 mm、12.5 mm 筛	1.5	3.0	4.5
9.5 mm 筛	2.5	4.0	6.0
4.75 mm 筛	3.2	3.8	4.2
0.3 mm、0.6 mm	1.3	1.5	1.7
0.075 mm	0.8	0.9	1.0
沥青用量（%）	0.1	0.25	0.4
压实度（%）	0.75	1.0	1.5
马歇尔试验			
稳定度（N）	890	1334	1779
流值（0.1 mm）	2.5	3.25	5
空隙率（%）	0.8	1.0	1.4

续表 24

指　　标	标准差		
	低　值	平　均	高　值
沥青针入度（25℃）	2	10	18
沥青粘度（60℃）（100 Pa·s）	2	25	100
	变异系数（%）		
	低	中	高
路面弯沉	15	30	45

在美国 MS-3"Asphalt plant mannal"中对取样频率与目的有如下规定（表 25）：

表 25

材　　料	取样频率	取样数量	试　验　项　目
冷集料	根据需要	另表Ⅳ-2	筛分、容重、砂当量（需要时）
每热料仓	每天 2 次	同上	筛分、砂当量（需要时）
热集料混合料	每天 2 次	同上	筛分
矿粉	根据需要	同上	筛分
沥青	每运输车 2 次	1 L	送中心实验室试验（试验及保存）
未压实沥青混合料	每天 2 次	9 kg	级配、抽样
压实沥青混合料	每天 2 次	7 kg	密度、稳定度

11.5.4 弯沉指标在原规范中是没有的，本规范是否列入有许多不同意见，因为影响路面弯沉的影响因素甚多，沥青面层对弯沉值的影响甚小，减小弯沉主要靠路基及路面基层、底基层，在基层方面，无结合料基层及半刚性基层有很大差别，目前普遍采用的半刚性基层的强度受龄期、气候（潮湿情况、气温）的影响很大，如果设计不合理，即使施工再好，也不可能达到设计要求。另外，目前的设计容许弯沉是使用期末极限时路面破坏容许弯沉，是旧路调查得到的，不是施工结束时的容许弯沉，一条路的基层的施工期较长，不同时间施工的基层有不同的龄期，而弯沉测定往往是同一时间测定（不一定是不利季节）。因此不能用作施工验收标准。但是弯沉是我国评定路面强度的重要的综合指标，也是重要的原始资料，它只能在路面修完后才能测。而且设计部门已开始制订交工验收阶段的设计弯沉，故本规范仍保留弯沉指标，至于作为时间测定是在第一个最不利季节测，还是在交工结束后就测，与验收标准有关，均由设计单位规定，测定结果要求符合设计单位提出的交工弯沉允许值。贝克曼梁及自动弯沉仪也可以仅选择其中一种测定。

关于抗滑指标，摩擦系数及构造深度，在讨论时许多专家也提出了不少意见，主要是摆值与摩擦系数测定车的测定时间问题。摩擦系数除了用摆式仪外还规定了用横向力摩擦系数测定车测定，这是由于它更能反映实际的高速行车下的抗滑性能。但测定时必须在石料表面的沥青膜磨掉以后再测。在交工阶段尚未通车时，石料表面有油膜，测不出实际摩擦系数，一般认为应在通车后石料表面的沥青膜磨掉后测定，至少在通车 6 个月以后测，这也考虑到许多工程都在秋季完工，通车后 6 个月恰为第二年春季。但构造深度往往开始较大，以后逐渐变小，宜在施工结束后测定。

11.5.8 交工验收由监理、工程质量监督部门及工程建设单位进行。本规范规定了应以实测的方法进行验收。考虑到有些地方的监理或监督站试验力量较弱，实测有困难，也允许利用施工单位的数据，此时必须对平整度、厚度、压实度进行复测或核查，这也是参考了日本规范的规定，下面介绍日本沥青路面要纲规定的竣工验收办法，供参考。日本规定可采用两种方法：

一种是利用施工阶段数据的检查验收方法：

（1）检查平整度、宽度的单点测值全部符合下表值；

（2）随机抽查 15 个（基层 14 个）厚度、压实度；

要求 $\overline{X}-KS \geqslant$ 下表中规定值，S 为标准差，$K=1.10$。

（3）沥青混合料的级配及沥青用量，

按 $\overline{X}-KS$ 或 $\overline{X} \pm KS$ 计算符合表（表 26）中要求。

表 26

宽　度	−2.5 cm 以上
厚度（中、下面层） （表层）	−0.9 cm 以上 −0.7 cm 以上
平整度（标准差）	2.4 mm 以下（平整度仪） 1.75 mm 以下（3 m 直尺）
压实度	93%（沥青碎石） 94%（沥青混凝土）
级配 2.36 mm 0.074 mm	±15%（沥青碎石），±12%（沥青混凝土） ±6%（沥青碎石），±5%（沥青混凝土）
沥青用量	−1.2%（沥青碎石），±0.9%（沥青混凝土）

注：级配及沥青用量的检查第一次评定利用拌和机打印数据，超过者不大于 5%（混凝土）或 7%（沥青碎石），即为合格。随机抽 100 个计算值作为一批，第一次不合格时，进一步检查计算。

另一种是实测抽查的检查验收方法：

由发包方（业主）评定工程是否合格，承包商同时临场，由可以信赖的单位（第三者）进行检测试验，要求如下表。

（1）宽度按单点检查评定。

（2）厚度按单点评定时有 90%的点合格即为合格，平均值评分时，用 10 个测定值的平均值评定。

（3）平整度，计算标准差评定。

（4）沥青混合料每 10000 m² 作为一批，抽 10 个计算平均值 $\overline{X}_{10}$，抽 10 个有困难时可抽 3 个点平均 $\overline{X}_3$，$\overline{X}_3$ 不合格时用 $\overline{X}_6$（抽 6 点），$\overline{X}_6$ 不合格时用 $\overline{X}_{10}$（见表 27）。

表 27

	单　点	$\overline{X}_{10}$
宽度	−2.5 cm 以上	—
厚度（下面层）	−0.9 cm 以上	−0.3 cm 以上
（表面层）	−0.7 cm 以上	−0.7 cm 以上
平整度		2.4 cm（平整度仪） 1.75 cm（3 m 直尺）

沥青混合料	$\overline{X}_{10}$	$\overline{X}_6$	$\overline{X}_3$
压实度（%）	95	95	95.5
级配 2.36 mm	±8.0	±7.5	±7.0
0.075 mm	±3.5	±3.5	±3.0
沥青用量（%）	±0.55	±0.5	±0.5

11.6　工程施工总结

11.6.1　针对我国道路建设后对总结不重视及资料档案不全的情况，规范明确规定了施工单位应提出施工总结及施工管理与检查报告等归档的要求。这些规定将对我国道路建设、管理、施工正规化起到重要作用。

中华人民共和国国家标准

水泥混凝土路面施工及验收规范

GBJ 97—87

主编部门：中华人民共和国交通部
批准部门：中华人民共和国国家计划委员会
施行日期：1987年10月1日

关于发布《水泥混凝土路面施工及验收规范》的通知

计标[1987]226号

根据原国家建委（81）建发设字第546号文的通知，由交通部会同有关部门共同制订的《水泥混凝土路面施工及验收规范》，已经有关部门会审。现批标《水泥混凝土路面施工及验收规范》GBJ97—87为国家标准，自1987年10月1日起施行。

本标准由交通部管理，其具体解释等工作，由浙江省交通厅负责。出版发行由我委基本建设标准定额研究所负责组织。

国家计划委员会
1987年2月9日

编制说明

本规范是根据原国家建委[81]建发设字546号文通知，由浙江省交通厅负责主编，并会同广东省交通厅等十四个单位共同编制而成的。

本规范在编制过程中，进行了比较广泛的调查研究，总结了建国以来修筑水泥混凝土路面的经验，吸取了有关科研成果，并广泛征求全国各有关单位的意见，多次召开专题讨论会，经反复讨论修改，最后会同有关部门共同审查定稿。

本规范共分六章十一节和八个附录，主要内容有总则，施工准备，基层与垫层，水泥混凝土板施工，水泥混凝土路面质量检查和竣工验收，安全生产等。

本规范是首次编制，请各单位在执行过程中，注意积累资料，总结经验。如发现需要修改和补充之处，请将意见和有关资料寄交浙江省交通厅（杭州梅花碑），以便今后修订时参考。

中华人民共和国交通部

1987年2月

目次

主 要 符 号

σ_3——混凝土计算抗折强度（MPa）；

σ_c——混凝土圆柱劈裂强度（MPa）；

σ_b——混凝土小梁抗折强度（MPa）；

C——混凝土试件抗压强度（MPa）；

C_e——水泥标号（抗压强度）（MPa）；

C_e^0——水泥实际抗压强度（MPa）；

K_c——水泥标号富余系数；

$\frac{C}{W}$——混凝土灰水比；

C_t——混凝土试配强度；

σ——混凝土强度均方差；

E_t——基层顶面当量回弹模量（MPa）；

E_s——基层顶面计算回弹模量（MPa）；

E_0——土基的回弹模量（MPa）；

l_0——黄河 JN-150 汽车测得的计算回弹弯沉值（mm）；

P——试件破坏最大荷载（N）；

A——试件受压面积（cm^2）。

第一章 总 则

第 1.0.1 条 为了提高水泥混凝土路（道）面（以下简称混凝土路面）工程的施工技术水平，保证工程质量，以促进交通建设和运输的发展，特制订本规范。

第 1.0.2 条 本规范适用于新建和改建的公路、城市道路、厂矿道路和民航机场道面等就地浇筑的水泥混凝土路面的施工及验收。

注：民航机场道面指跑道、停机坪、滑行道。

第 1.0.3 条 混凝土路面的施工，必须根据设计文件、施工条件及水文、地质、气象等不同情况，采取相应的技术措施，以保证工程质量。

第 1.0.4 条 混凝土路面原材料的选用，应贯彻因地制宜就地取材的原则。

第 1.0.5 条 混凝土路面的施工，应采用机械操作，并积极采用新技术、新材料和新工艺。

第 1.0.6 条 混凝土路面的施工及验收，除按本规范的规定执行外，尚应符合国家现行的有关标准、规范的规定。

第二章 施工准备

第 2.0.1 条 施工单位应根据设计文件及施工条件，确定施工方案，编制施工组织设计。

第 2.0.2 条 施工前应解决水电供应，交通道路，搅拌和堆料场地，办公生活用房、工棚仓库和消防等设施。

第 2.0.3 条 有碍施工的建筑物、灌溉渠道和地下管线等，均应在施工前拆迁完毕。

第 2.0.4 条 施工前必须对混凝土路面原材料进行取样试验分析，并应提供混凝土配合比试验数据。

第 2.0.5 条 施工单位应根据设计文件，复测平面和高程控制桩，据以定出路面中心、路面宽度和纵横高程等样桩。控制桩测量的精度，应符合国家有关标准、规范的规定。

第三章 基层与垫层

第 3.0.1 条 混凝土路面的路基，应符合下列要求：

一、路基的高度、宽度、纵横坡度和边坡等均应符合设计要求；

二、路基应有良好的排水系统；

三、路基应坚实、稳定，压实度和平整度应符合设计要求；

四、对现有路基加宽，应使新旧路基结合良好，压实度应符合要求。

第 3.0.2 条 混凝土路面的基层，宜采用板体性好、强度高的石灰稳定土、工业废渣类、级配碎（砾）石掺灰和水泥稳定砂砾（包括砾石土）等半刚性基层，及泥灰结碎(砾)石基层。

第 3.0.3 条 混凝土路面基层的强度应满足设计要求。基层施工应符合下列要求：

一、石灰稳定土基层，应做到土块粉碎，石灰合格，配料准确，拌和均匀，控制最佳含水量，碾压密实。石灰含量宜占土的 8 ～12%。当日平均气温低于 5 ℃(摄氏度)时，应停止施工，并应在冻结前达到规定强度，石灰稳定土基层不宜在雨天施工；

二、对煤渣、粉煤灰、冶金矿渣等工业废渣类基层，应按其化学成份和颗粒组成，掺入一定数量石灰土或石渣组成混合料，加水拌和压实，洒水养护。当日平均气温低于 5 ℃时，不应施工，并应在冻结前达到规定强度；

三、泥灰结碎(砾)石基层，应严格控制泥灰的含量。泥灰的总含量不宜大于总混合料的20%，石灰含量宜占土的8～12%，土的塑性指数宜为10～14。施工可采用灌浆法或拌和法，采用拌和法时，应先拌匀灰土；

注：土的塑性指数，为采用76g平衡锥标准测定液限，如采用100g平衡锥。土的塑性指数宜为15～22。

四、级配碎（砾）石掺石灰基层的碎（砾）石颗粒应符合级配要求。细料含量宜为20～30%，石灰含量宜占细料的 8 ～12%；

五、水泥稳定砂砾（包括砾石土）基层的砂砾应有一定的级配，最大粒径不应超过5cm，水泥含量不宜超过混合料总重的6%，压实工作必须在水泥终凝前完成。

第 3.0.4 条 基层完成后，应加强养护，控制行车，不使出现车槽。如有损坏应在浇筑混凝土板前采用相同材料修补压实，严禁用松散粒料填补。对加宽的基层，新旧部分的强度应一致。

第 3.0.5 条 设置垫层时，垫层施工应符合下列要求：

一、宜选用当地的砂砾或炉渣等材料；

二、垫层施工前，应处理好路基病害，并完成排水设施；

三、垫层铺筑应碾压密实、均匀；

四、冰冻地区采用灰土垫层时，当日平均气温低于 5 ℃时，不应施工，并应在冰冻前达到规定强度。

第 3.0.6 条 混凝土路面施工，应按设计要求，及时完成路肩、排水及人行道等工程。

第四章　水泥混凝土板施工

第一节　材　　料

第 4.1.1 条　用于混凝土板的水泥,应符合下列要求:

一、应采用强度高、收缩性小、耐磨性强、抗冻性好的水泥。其物理性能和化学成份应符合国家有关标准的规定;

二、公路、城市道路、厂矿道路应采用硅酸盐水泥或普通硅酸盐水泥(简称普通水泥),水泥标号不应低于425号。当条件受限制时,可采用矿渣水泥,其标号不应低于425号,并应严格控制用水量,适当延长搅拌时间,加强养护工作;亦可采用325号普通水泥,但应采取掺外加剂、干硬性混凝土或真空吸水等措施;

三、民航机场道面和高速公路,必须采用标号不低于425号的硅酸盐水泥;

四、水泥进场时,应有产品合格证及化验单。并应对品种、标号、包装、数量、出厂日期等进行检查验收;

五、不同标号、厂牌、品种、出厂日期的水泥,不得混合堆放,严禁混合使用。出厂期超过三个月或受潮的水泥,必须经过试验,按其试验结果决定正常使用或降级使用。已经结块变质的水泥不得使用。

第 4.1.2 条　混凝土板用的砂,应符合下列要求:

一、应采用洁净、坚硬,符合规定级配、细度模数在2.5以上的粗、中砂;

二、当无法取得粗、中砂时,经配合比试验可行,可采用泥土杂物含量小于3%的细砂;

三、砂的技术要求应符合表4.1.2的规定。

砂的技术要求　　**表 4.1.2**

项目			技术要求					
颗粒级配	筛孔尺寸(mm)		方孔				圆孔	
			0.16	0.315	0.63	1.25	2.50	5.0
	累计筛余量(%)	Ⅰ区	100~90	95~80	85~71	65~35	35~5	10~0
		Ⅱ区	100~90	92~70	70~41	50~10	25~0	10~0
		Ⅲ区	100~90	85~55	40~16	25~10	15~0	10~0
泥土杂物含量(冲洗法)(%)			≤3					
硫化物和硫酸盐含量(折算为SO_3)(%)			≤1					
有机物质含量(比色法)			颜色不应深于标准溶液的颜色					
其它杂物			不得混有石灰、煤渣、草根等其它杂物					

注:1.Ⅰ区砂基本属于粗砂。Ⅱ区砂属于中砂和一部分偏粗的细砂,颗粒适中,级配最好,Ⅲ区砂属细砂和一部分偏细的中砂。

2.有机物质含量标准溶液的配制方法:取2g鞣酸粉溶解于98ml的10%酒精溶液中即得所需的鞣酸溶液,然后取该溶液2.5ml注入97.5ml、浓度为3%的氢氧化钠溶液中,加塞后剧烈摇动,静置24h即标准溶液。

第 4.1.3 条　混凝土板用的碎(砾)石,应符合下列要求:

一、碎(砾)石应质地坚硬,并应符合规定级配,最大粒径不应超过40mm;

二、碎石的技术要求,应符合表4.1.3-1的规定;

碎石技术要求 **表 4.1.3-1**

项目		技术要求			
颗粒级配	筛孔尺寸(mm)(圆孔筛)	40	20	10	5
	累计筛余量(%)	0～5	30～65	75～90	95～100
强度	石料饱水抗压强度与混凝土设计抗压强度比(%)	≥200			
	石料强度分级	≥3级			
针片状颗粒含量(%)		≤15			
硫化物及硫酸盐含量(折算为SO_3)(%)		≤1			
泥土杂物含量(冲洗法)(%)		≤1			

注：石料强度分级，应符合《公路工程石料试验规程》的规定。

砾石技术要求 **表 4.1.3-2**

项目		技术要求			
颗粒级配	筛孔尺寸(mm)(圆孔筛)	40	20	10	5
	累计筛余量(%)	0～5	30～65	75～90	95～100
空隙率(%)		≤45			
软弱颗粒含量(%)		≤5			
针片状颗粒含量(%)		≤15			
泥土杂物含量(冲洗法)(%)		≤1			
硫化物及硫酸盐含量(折算为SO_3)(%)		<1			
有机物含量(比色法)		颜色不深于标准溶液的颜色			
石料强度分级		≥3级			

注：石料强度可采用压碎指标值(%)。

三、砾石的技术要求，应符合表4.1.3-2的规定。

第 4.1.4 条 用于抗冻性混凝土的碎(砾)石,应进行冻融和坚固性试验。

注：一月份平均温度不低于－10℃的地区，不考虑石料的抗冻性。

第 4.1.5 条 混凝土搅拌和养护用水应清洁，宜采用饮用水。使用非饮用水时，应经过化验，并应符合下列规定：

一、硫酸盐含量(按SO_4计)不得超过2700mg/L；

二、含盐量不得超过5000mg/L；

三、pH值不得小于4。

第 4.1.6 条 混凝土掺用的外加剂，应经配合比试验符合要求后方可使用。掺用的外加剂，可按下列规定选用：

一、为减少混凝土拌合物的用水量，改善和易性，节约水泥用量，提高混凝土强度，可掺入减水剂；

二、夏季施工或需要延长作业时间时，可掺入缓凝剂；

三、冬季施工为提高早期强度或为缩短养护时间，可掺入早强剂；

四、严寒地区为抗冻，可掺入引气剂。

第 4.1.7 条 混凝土板用的钢筋，应符合下列要求：

一、钢筋的品种、规格，应符合设计要求；

二、钢筋应顺直，不得有裂缝、断伤、刻痕，表面油污和颗粒状或片状锈蚀应清除。

第二节 混凝土配合比

第 4.2.1 条 混凝土配合比，应保证混凝土的设计强度、耐磨、耐久和混凝土拌合物和易性的要求。在冰冻地区还应符合抗冻性的要求。

第 4.2.2 条 混凝土配合比，应根据水灰比与强度关系曲线进行计算和试配确定。并应按抗压强度作配合比设计，以抗折强度作强度检验。

混凝土抗压强度的试验应符合本规范附录六的规定。

第 4.2.3 条 混凝土的试配强度宜按设计强度提高10～15%。

第 4.2.4 条 混凝土拌合物的稠度试验，采用塌落度测定时，塌落度宜为1～2.5cm；塌落度小于1cm时，应采用维勃稠度仪测定，维勃时间宜为10～30s。每一工作班应至少检查两次。

第 4.2.5 条 混凝土的水灰比，当有经验数值时，可按经验数值选用。如无经验数值时，可按下列公式计算：

碎石混凝土 $$C = 0.46C_e^0\left(\frac{C}{W} - 0.52\right) \quad (4.2.5\text{-}1)$$

砾石混凝土 $$C = 0.48C_e^0\left(\frac{C}{W} - 0.61\right) \quad (4.2.5\text{-}2)$$

式中 C——混凝土试件抗压强度（MPa）（兆帕）；

C_e^0——水泥实际抗压强度（MPa）；

$\frac{C}{W}$——混凝土灰水比。

第 4.2.6 条 混凝土最大水灰比，应符合下列规定：

一、公路、城市道路和厂矿道路不应大于0.50；

二、机场道面和高速公路不应大于0.46；

三、冰冻地区冬季施工不应大于0.45。

第 4.2.7 条 混凝土的单位用水量，应按骨料的种类、最大粒径、级配、施工温度和掺用外加剂等通过试验确定。粗骨料最大粒径为40mm。粗细骨料均干燥时，混凝土的单位用水量，应按下列经验数值采用：

一、碎石为150～170kg/m³；

二、砾石为140～160kg/m³；

三、掺用外加剂或掺合料时，应相应增减用水量。

第 4.2.8 条 混凝土的单位水泥用量，应根据选用的水灰比和单位用水量进行计算。单位水泥用量不应小于300kg/m³。

第 4.2.9 条 混凝土的砂率，应按碎（砾）石和砂的用量、种类、规格及混凝土的水灰比确定，并应按表4.2.9规定选用。

混凝土砂率 **表 4.2.9**

水灰比	碎（砾）石	
	碎石最大粒径 40mm	砾石最大粒径 40mm
0.40	27～32%	24～30%
0.50	30～35%	28～33%

注：1.表中数值为Ⅱ区砂的选用砂率。
2.采用Ⅰ区砂时，应采用较大的砂率，采用Ⅲ区砂时，应采用较小的砂率。

第 4.2.10 条 选定砂率并经试配后，采用绝对体积法或假定容重法计算砂、石用量，并确定混凝土拌合物的理论配合比。在施工时，应测定现场骨料的含水率，将理论配合比换算为施工配合比，作为混凝土施工配料的依据。

混凝土配合比可参照附录一计算，

第三节　混凝土拌合物的搅拌和运输

第 4.3.1 条　混凝土拌合物应采用机械搅拌施工，其搅拌站宜根据施工顺序和运输工具设置，搅拌机的容量应根据工程量大小和施工进度配置。施工工地宜有备用的搅拌机和发电机组。

第 4.3.2 条　投入搅拌机每盘的拌合物数量，应按混凝土施工配合比和搅拌机容量计算确定，并应符合下列规定：

一、进入拌和机的砂、石料必须准确过秤。磅秤每班开工前应检查校正；

二、散装水泥必须过秤。袋装水泥，当以袋计量时，应抽查其量是否准确；

三、严格控制加水量。每班开工前，实测砂、石料的含水量，根据天气变化，由工地试验确定施工配合比；

四、混凝土原材料按质量计的允许误差，不应超过下列规定：

1.水泥±1%；

2.粗细骨料±3%；

3.水±1%；

4.外加剂±2%。

第 4.3.3 条　搅拌第一盘混凝土拌合物前，应先用适量的混凝土拌合物或砂浆搅拌，拌后排弃，然后再按规定的配合比进行搅拌。

第 4.3.4 条　搅拌机装料顺序，宜为砂、水泥、碎(砾)石，或碎(砾)石、水泥、砂。进料后，边搅拌边加水。

第 4.3.5 条　混凝土拌合物每盘的搅拌时间，应根据搅拌机的性能和拌合物的和易性确定。混凝土拌合物的最短搅拌时间，自材料全部进入搅拌鼓起，至拌合物开始出料止的连续搅拌时间，应符合表4.3.5的规定。搅拌最长时间不得超过最短时间的三倍。

混凝土拌合物最短搅拌时间　　表 4.3.5

搅拌机容量		转速(转/min)	搅拌时间(s)	
			低流动性混凝土	干硬性混凝土
自由式	400L	18	105	120
	800L	14	165	210
强制式	375L	38	90	100
	1500L	20	180	240

第 4.3.6 条　混凝土拌合物的运输，宜采用自卸机动车运输。当运距较远时，宜采用搅拌运输车运输。混凝土拌合物从搅拌机出料后，运至铺筑地点进行摊铺、振捣、做面，直至浇筑完毕的允许最长时间，由试验室根据水泥初凝时间及施工气温确定，并应符合表4.3.6的规定。

混凝土从搅拌机出料至浇筑完毕的允许最长时间　　表 4.3.6

施工气温	允许最长时间(h)
5～10℃	2
10～20℃	1.5
20～30℃	1
30～35℃	0.75

第 4.3.7 条 装运混凝土拌合物，不应漏浆，并应防止离析。夏季和冬季施工，必要时应有遮盖或保温措施。出料及铺筑时的卸料高度，不应超过1.5m。当有明显离析时，应在铺筑时重新拌匀。

第四节 混凝土拌合物的浇筑

第 4.4.1 条 模板宜采用钢模板。模板的制作与立模应符合下列规定：

一、钢模板的高度应与混凝土板厚度一致；

二、木模板应选用质地坚实，变形小，无腐朽、扭曲、裂纹的木料。模板厚度宜为5cm，其高度应与混凝土板厚度一致。模板内侧面、顶面要刨光，拼缝紧密牢固，边角平整无缺；

三、模板高度的允许误差为±2mm。企口舌部或凹槽的长度允许误差：钢模板为±1mm，木模板为±2mm；

四、立模的平面位置与高程，应符合设计要求，并应支立准确稳固，接头紧密平顺，不得有离缝、前后错茬和高低不平等现象。模板接头和模板与基层接触处均不得漏浆。模板与混凝土接触的表面应涂隔离剂。

第 4.4.2 条 混凝土拌合物摊铺前，应对模板的间隔、高度、润滑、支撑稳定情况和基层的平整、润湿情况，以及钢筋的位置和传力杆装置等进行全面检查。

第 4.4.3 条 混凝土拌合物的摊铺，应符合下列规定：

一、混凝土板的厚度不大于22cm时，可一次摊铺，大于22cm时，可分二次摊铺，下部厚度宜为总厚的五分之三；

二、摊铺厚度应考虑振实预留高度；

三、采用人工摊铺，应用锹反扣，严禁抛掷和耧耙，防止混凝土拌合物离析。

第 4.4.4 条 混凝土拌合物的振捣，应符合下列规定：

一、对厚度不大于22cm的混凝土板，靠边角应先用插入式振捣器顺序振捣，再用功率不小于2.2kW平板振捣器纵横交错全面振捣。纵横振捣时，应重叠10～20cm，然后用振动梁振捣拖平。有钢筋的部位，振捣时应防止钢筋变位；

二、振捣器在每一位置振捣的持续时间，应以拌合物停止下沉、不再冒气泡并泛出水泥砂浆为准，并不宜过振。用平板式振捣器振捣时，不宜少于15s；水灰比小于0.45时，不宜少于30s。用插入式振捣器时，不宜少于20s；

三、当采用插入式与平板式振捣器配合使用时，应先用插入式振捣器振捣，后用平板式振捣器振捣。分二次摊铺的，振捣上层混凝土拌合物时，插入式振捣器应插入下层混凝土拌合物5cm，上层混凝土拌合物的振捣必须在下层混凝土拌合物初凝以前完成。插入式振捣器的移动间距不宜大于其作用半径的1.5倍，其至模板的距离不应大于振捣器作用半径的0.5倍，并应避免碰撞模板和钢筋；

四、振捣时应辅以人工找平，并应随时检查模板。如有下沉、变形或松动，应及时纠正。

第 4.4.5 条 干硬性混凝土搅拌时可先增大水灰比，浇筑后采用真空吸水工艺再将水灰比降低，以提高混凝土在未凝结硬化前的表层结构强度。

混凝土板真空吸水工艺应按本规范附录二的要求操作。

第 4.4.6 条 混凝土拌合物整平时，填补板面应选用碎（砾）石较细的混凝土拌合物，严禁用纯砂浆填补找平。经用振动梁整平后，可再用铁滚筒进一步整平。设有路拱时，应使用路拱成形板整平。整平时必须保持模板顶面整洁，接缝处板面平整。

第 4.4.7 条 混凝土板做面，应符合下列规定：

一、当烈日曝晒或干旱风吹时，做面宜在遮阴棚下进行；

二、做面前，应做好清边整缝，清除粘浆，修补掉边、缺角。做面时严禁在面板混凝土上洒水、撒水泥粉；

三、做面宜分二次进行。先找平抹平，俟混凝土表面无泌水时，再作第二次抹平。混凝土板面应平整、密实；

四、抹平后沿横坡方向拉毛或采用机具压槽。公路和城市道路、厂矿道路的拉毛和压槽深度应为1～2mm。民航机场道面拉毛的平均纹理深度（填砂法）：跑道、高速出口滑行道不得小于0.8mm；滑行道、停机坪不得小于0.4mm。

第五节 钢筋设置

第 4.5.1 条 钢筋混凝土板钢筋网片的安放，应符合下列规定.

一、不得踩踏钢筋网片；

二、安放单层钢筋网片时，应在底部先摊铺一层混凝土拌合物，摊铺高度应按钢筋网片设计位置预加一定的沉落度。待钢筋网片安放就位后，再继续浇筑混凝土；

三、安放双层钢筋网片时，对厚度不大于25cm的板，上下两层钢筋网片可事先用架立筋扎成骨架后一次安放就位。厚度大于25cm的，上下两层钢筋网片应分两次安放。

第 4.5.2 条 安放角隅钢筋时，应先在安放钢筋的角隅处摊铺一层混凝土拌合物，摊铺高度应比钢筋设计位置预加一定的沉落度。角隅钢筋就位后，用混凝土拌合物压住。

第 4.5.3 条 安放边缘钢筋时，应先沿边缘铺筑一条混凝土拌合物，拍实至钢筋设置高度，然后安放边缘钢筋，在两端弯起处，用混凝土拌合物压住。

第六节 接缝施工

第 4.6.1 条 胀缝的施工，应符合下列规定：

一、胀缝应与路面中心线垂直；缝壁必须垂直；缝隙宽度必须一致；缝中不得连浆。缝隙上部应浇灌填缝料，下部应设置胀缝板；

二、胀缝传力杆的活动端，可设在缝的一边或交错布置。固定后的传力杆必须平行于板面及路面中心线，其误差不得大于5mm。传力杆的固定，可采用顶头木模固定或支架固定安装的方法，并应符合下列规定：

1.顶头木模固定传力杆安装方法，宜用于混凝土板不连续浇筑时设置的胀缝。传力杆长度的一半应穿过端头挡板，固定于外侧定位模板中。混凝土拌合物浇筑前应检查传力杆位置；浇筑时，应先摊铺下层混凝土拌合物用插入式振捣器振实，并应在校正传力杆位置后，再浇筑上层混凝土拌合物。浇筑邻板时应拆除顶头木模，并应设置胀缝板、木制嵌条和传力杆套管（见图4.6.1-1）。

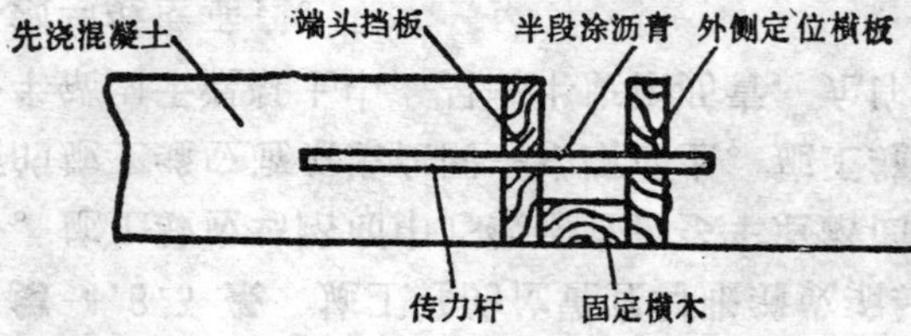

图 4.6.1-1 顶头木模固定传力杆安装图

2.支架固定传力杆安装方法，宜用于混凝土板连续浇筑时设置的胀缝。传力杆长度的一半应穿过胀缝板和端头挡板，并应用钢筋支架固定就位。浇筑时应先检查传力杆位置，再在胀缝两侧摊铺混凝土拌合物至板面，振捣密实后，抽出端头挡板，空隙部分填补混凝土拌合物，并用插入式振捣器振实（见图4.6.1-2）。

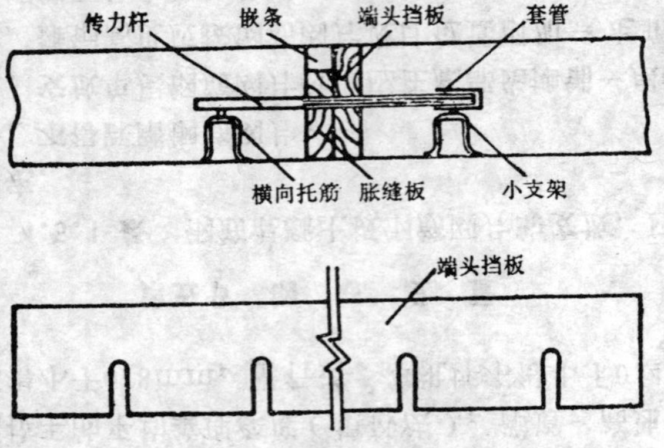

图 4.6.1-2　支架固定传力杆安装图

第 4.6.2 条　缩缝的施工方法，应采用切缝法。当受条件限制时，可采用压缝法。民航机场道面和高速公路必须采用切缝法。切缝法和压缝法的施工，应符合下列规定：

一、切缝法施工，当混凝土达到设计强度25～30%时，应采用切缝机进行切割。切缝用水冷却时，应防止切缝水渗入基层和土基。切缝机具及施工工艺应符合附录三的要求；

二、压缝法施工，当混凝土拌合物做面后，应立即用振动压缝刀压缝。当压至规定深度时，应提出压缝刀，用原浆修平缝槽，严禁另外调浆。然后，应放入铁制或木制嵌条，再次修平缝槽，待混凝土拌合物初凝前泌水后，取出嵌条，形成缝槽。

第 4.6.3 条　施工缝的位置宜与胀缝或缩缝设计位置吻合。施工缝应与路面中心线垂直；多车道路面及民航机场道面的施工缝应避免设在同一横断面上。施工缝传力杆长度的一半锚固于混凝土中，另一半应涂沥青，允许滑动。传力杆必须与缝壁垂直。

第 4.6.4 条　纵缝施工方法，应按纵缝设计要求确定，并应分别符合下列规定：

一、平缝纵缝，对已浇混凝土板的缝壁应涂刷沥青，并应避免涂在拉杆上。浇筑邻板时，缝的上部应压成规定深度的缝槽；

二、企口缝纵缝，宜先浇筑混凝土板凹榫的一边；缝壁应涂刷沥青。浇筑邻板时应靠缝壁浇筑；

三、整幅浇筑纵缝的切缝或压缝，应符合本规范第4.6.2条规定。

纵缝设置拉杆时，拉杆应采用螺纹钢筋，并应设置在板厚中间。设置拉杆的纵缝模板，应预先根据拉杆的设计位置放样打眼。

第 4.6.5 条　混凝土板养护期满后，缝槽应及时填缝。在填缝前必须保持缝内清洁，防止砂石等杂物掉入缝内。常用的填缝料，可按本规范附录四选用。

第 4.6.6 条　填缝采用灌入式填缝的施工，应符合下列规定：

一、灌注填缝料必须在缝槽干燥状态下进行，填缝料应与混凝土缝壁粘附紧密不渗水；

二、填缝料的灌注深度宜为3～4cm。当缝槽大于3～4cm时，可填入多孔柔性衬底材料。填缝料的灌注高度，夏天宜与板面平；冬天宜稍低于板面；

三、热灌填缝料加热时，应不断搅拌均匀，直至规定温度。当气温较低时，应用喷灯加热缝壁。施工完毕，应仔细检查填缝料与缝壁粘结情况，在有脱开处，应用喷灯小火烘烤，使其粘结紧密。

第 4.6.7 条 填缝采用预制嵌缝条的施工，应符合下列规定：

一、预制胀缝板嵌入前，缝壁应干燥，并应清除缝内杂物，使嵌缝条与缝壁紧密结合；

二、缩缝、纵缝、施工缝的预制嵌缝条，可在缝槽形成时嵌入。嵌缝条应顺直整齐。

第七节 混凝土板养护

第 4.7.1 条 混凝土板做面完毕，应及时养护。养护应根据施工工地情况及条件，选用湿治养护和塑料薄膜养护等方法。

第 4.7.2 条 湿治养护应符合下列规定：

一、宜用草袋、草帘等，在混凝土终凝以后覆盖于混凝土板表面，每天应均匀洒水，经常保持潮湿状态；

二、昼夜温差大的地区，混凝土板浇筑后三天内应采取保温措施，防止混凝土板产生收缩裂缝；

三、混凝土板在养护期间和填缝前，应禁止车辆通行。在达到设计强度的40％以后，方可允许行人通行；

四、养护时间应根据混凝土强度增长情况而定，一般宜为14～21d。养护期满方可将覆盖物清除，板面不得留有痕迹。

第 4.7.3 条 塑料薄膜养护应符合下列规定：

一、塑料薄膜溶液的配合比应由试验确定。薄膜溶剂一般具有易燃或有毒等特性，应做好贮运和安全工作；

二、塑料薄膜施工，宜采用喷洒法。当混凝土表面不见浮水和用手指压无痕迹时，应进行喷洒；

三、喷洒厚度宜以能形成薄膜为度。用量宜控制在每千克溶剂喷洒3m²左右；

四、在高温、干燥、刮风时，在喷膜前后，应用遮阴棚加以遮盖；

五、养护期间应保护塑料薄膜的完整。当破裂时应立即修补。薄膜喷洒后三天内应禁止行人通行，养护期和填缝前禁止一切车辆行驶。

混凝土板塑料薄膜养护应符合本规范附录五的要求。

第 4.7.4 条 模板的拆除，应符合下列规定：

一、拆模时间应根据气温和混凝土强度增长情况确定，采用普通水泥时，一般允许拆模时间应符合表4.7.4的规定；

混凝土板允许拆模时间 表 4.7.4

昼夜平均气温 （℃）	允许拆模时间 （h）
5	72
10	48
15	36
20	30
25	24
30 以 上	18

注：1.允许拆模时间，自混凝土成型后至开始拆模时计算；
2.使用矿渣水泥时，允许拆模时间宜延长50～100％。

二、拆模应仔细，不得损坏混凝土板的边、角，尽量保持模板完好。

第 4.7.5 条 混凝土板达到设计强度时，可允许开放交通。当遇特殊情况需要提前开放交通时（不包括民航机场跑道和高速公路），混凝土板应达到设计强度80%以上，其车辆荷载不得大于设计荷载。混凝土板的强度，应以混凝土试块强度作为依据，也可按现行《钢筋混凝土工程施工及验收规范》中的温度、龄期对混凝土强度影响的规定执行。

第八节 冬季施工和夏季施工

第 4.8.1 条 冬季施工，根据当地多年气温资料，当室外日平均气温连续五天低于5℃时，混凝土板的施工应按冬季施工规定进行。

第 4.8.2 条 混凝土板冬季施工应符合下列规定：

一、混凝土板在抗折强度尚未达到1.0MPa或抗压强度尚未达到5.0MPa时，不得遭受冰冻；

二、冬季施工水泥应采用425号以上硅酸盐水泥或普通水泥，水灰比不应大于0.45；

三、混凝土拌合物搅拌站应搭设工棚或其他挡风设备；

四、混凝土拌合物的浇筑温度不应低于5℃。当气温在0℃以下或混凝土拌合物的浇筑温度低于5℃时，应将水加热搅拌（砂、石料不加热）；如水加热仍达不到要求时，应将水和砂、石料都加热。加热搅拌时，水泥应最后投入；

五、材料加热应遵守下列规定：

1.在任何情况下，水泥都不得加热；

2.加热温度应为：混凝土拌合物不应超过35℃，水不应超过60℃，砂、石料不应超过40℃；

3.水、砂、石料在搅拌前和混凝土拌合物出盘时，每台班至少测四次温度；室外气温每四小时测一次温度；混凝土板浇筑后的头两天内，应每隔六小时测一次温度；七天内每昼夜应至少测两次温度。

六、混凝土板浇筑时，基层应无冰冻，不积冰雪，模板及钢筋积有冰雪时，应清除。混凝土拌合物不得使用带有冰雪的砂、石料，且搅拌时间应比本规范第4.3.5条规定的时间适当延长；

七、混凝土拌合物的运输、摊铺、振捣、做面等工序，应紧密衔接，缩短工序间隔时间，减少热量损失；

八、混凝土板浇筑完毕开始做面前，应搭盖遮阴棚。混凝土终凝后，可改用草帘等保温材料覆盖养护，洒水时应移去保温材料，洒水后覆盖；

九、冬季养护时间不应少于28d。允许拆模时间也应适当延长。

第 4.8.3 条 夏季施工，当混凝土拌合物温度在30～35℃时，混凝土板的施工应按夏季施工规定进行。

第 4.8.4 条 混凝土板夏季施工，应符合下列规定：

一、混凝土拌合物浇筑中应尽量缩短运输、摊铺、振捣、做面等工序时间，浇筑完毕应及时覆盖、洒水养护；

二、搅拌站应有遮阴棚。模板和基层表面，在浇筑混凝土前应洒水湿润；

三、应注意天气预报，如遇阵雨，应暂停施工；

四、气温过高时，宜避开中午施工，可在夜间进行。

第九节 旧混凝土板加厚

第 4.9.1 条 旧混凝土板加厚，可采用结合式或隔离式。加厚前，应对旧混凝土板进行复查。对基础沉陷、翻浆，混凝土板翘曲、悬空等病害，以及已经形成结构损坏的混凝土板，应妥善处理后，方能进行加厚施工。

第 4.9.2 条 采用结合式加厚施工，应符合下列规定：

一、旧混凝土板应凿毛，达到表面粗糙；

二、清除混凝土碎渣；用水冲洗洁净；

三、加厚混凝土板的分仓应与旧板完全一致，接缝必须重合。加厚混凝土板的横向缩缝和纵缝应分开。胀缝的宽度，应与原胀缝同宽；

四、支立模板，可采用混凝土块顶撑模板或利用旧板接缝钻孔插入钢钎，固定模板的方法；

五、浇筑新混凝土前应洒水湿润旧混凝土板，待凉干无积水时喷刷水泥砂浆。水泥砂浆水灰比宜为0.4～0.5，水泥砂浆用量宜为1.5～2.0kg/m²。喷刷水泥浆后应即浇筑混凝土。

第 4.9.3 条 采用隔离式加厚施工，应符合下列规定：

一、隔离层的材料，可采用沥青砂、油毡、塑料布等。沥青砂厚度宜为2cm；油毡和塑料布以摊平为度；

二、支立模板应符合本规范第4.9.2条第四款的规定。

第五章 水泥混凝土路面质量检查和竣工验收

第一节 质 量 检 查

第 5.1.1 条 混凝土用的水泥、砂、碎（砾）石、水、外加剂和钢筋等原材料，应按规定进行检查和试验，并应作好记录。

第 5.1.2 条 基层完成后，应检查强度和质量。基层强度应以基层顶面的当量回弹模量值或以黄河标准汽车测算回弹弯沉值作为强度检查指标，其值不得低于设计规定。基层质量检查，其允许误差，公路、城市道路、厂矿道路应符合表5.1.2-1的规定；民航机场道面、高速公路应符合表5.1.2-2的规定。

公路、城市道路、厂矿道路基层质量检查允许误差 表 5.1.2-1

项目	允许误差	检验要求		检验方法
		范围	点数	
当量回弹模量值或计算回弹弯沉值	不小于设计要求	50m	2	现场实测
压实度	不小于规定要求	1000m²	1	无骨料：用环刀法测定。有骨料：用灌砂法测定。
厚度	±10%	50m	1	用尺量

续表

项目		允许误差	检验要求		检验方法
			范围	点数	
平整度		10mm	50m	1	用3m直尺
宽度		不小于设计规定	50m	1	用尺量
纵坡高程		±10mm	20m	1	用水准仪测量
横坡	路面宽<9m	≤±1%	100m	3	用水准仪测量
	路面宽 9～15m	≤±1%	100m	5	
	路面宽>15m	≤±1%	100m	7	

注：压实度（单位重）以重型击实标准试验确定，石灰稳定土和工业废渣类为93%；级配碎（砾）石掺石灰和水泥稳定砂砾为97%。

第 5.1.3 条 钢筋混凝土板的钢筋网片允许误差，应符合表5.1.3的规定。

第 5.1.4 条 混凝土的配合比、搅拌、模板、浇筑，以及接缝等，应在施工中按规定及时检查，并应做好记录。

第 5.1.5 条 混凝土抗折强度检验，应以28d龄期的计算抗折强度为标准，采用小梁试件方法测定，也可采用圆柱劈裂强度推算小梁抗折强度。当采用钻取圆芯检验的推算强度和小梁抗折强度时，应同时符合规定的强度要求。混凝土抗折强度检验，应符合下列规定：

一、应用正在摊铺的混凝土拌合物制作试件，试件的养护条件与现场混凝土板养护相同。

二、每天或铺筑200m³混凝土（机场400m³），应同时制作二组试件，龄期应分别为7d和28d；每铺筑1000～2000m³

民航机场道面、高速公路基层质量检查允许误差 **表 5.1.2-2**

项目	允许误差	检验要求		检验方法
		范围	点数	
当量回弹模量值或计算回弹弯沉值	不小于设计要求	50m	2	现场实测
压实度	不小于规定要求	500m²	1	无骨料：用环刀法测定。 有骨料：用灌砂法测定。
厚度	±10%	2000m²	1	用尺量
平整度	10mm	1000m²	1	用3m直尺
宽度	不小于设计规定	50m	1	用尺量
纵坡高程	±50mm	10m	1	用水准仪测量
横坡	±0.5%			用水准仪测量

注：1.压实度（单位重）以重型击实标准试验确定，石灰稳定土和工业废渣类为93%；级配碎（砾）石掺石灰和水泥稳定砂砾为97%。
2.民航机场道面基层顶面，应铺垫石屑或中粗砂等坚硬材料找平层。
3.横坡检验要求：民航机场道面：每10m长测一断面，横向测点间距≤10m。
高速公路：100m长测一断面，路面宽<9m，横向测3点，路面宽9～15m，横向测5点；路面宽>15m，横向测7点。

钢筋网片的允许误差 **表 5.1.3**

项目	允许误差(mm)	检查方法
钢筋网片的长度、宽度	±10	用尺量
钢筋网眼的尺寸	±10	用尺量
上下两网片的高度	±5	用水准仪检查垫块和钢筋表面
上下表面的保护层厚度	±5	用尺量
钢筋网片的平整度	±10	拉线用尺检查

混凝土应增做一组试件，用于检查后期强度，龄期不应小于90d；

三、当普通水泥混凝土的7d强度达不到28d（换算成标准养护条件的强度）强度的60％（矿渣水泥混凝土为50％）时，应检查分析原因，并对混凝土的配合比作适当修正；

四、浇筑完成的混凝土板，应检验实际强度，可现场钻取圆柱试件，进行圆柱劈裂强度的试验，以圆柱劈裂强度推算小梁抗折强度。

混凝土抗压、抗折和劈裂抗拉强度试验及其劈裂强度与小梁抗折强度的计算关系式，应符合附录六的规定。

第二节 竣工验收

第 5.2.1 条 混凝土路面竣工后，应根据设计文件、竣工资料和施工单位提出的竣工验收报告，按国家有关规定组织进行验收。

第 5.2.2 条 竣工验收应提供下列资料：

一、设计文件和竣工资料；

二、竣工验收报告；

三、混凝土试件的试验报告；

四、混凝土工程施工和材料检查或材料试验记录；

五、基层检查记录；

六、工程重大问题处理文件。

第 5.2.3 条 混凝土板的工程质量验收允许误差，公路、城市道路、厂矿道路应符合表5.2.3-1的规定；民航机场道面、高速公路应符合表5.2.3-2的规定。

第 5.2.4 条 混凝土板面外观，不应有露石、蜂窝、麻面、裂缝、脱皮、啃边、掉角、印痕和轮迹等现象。接缝填缝应平实、粘结牢固和缝缘清洁整齐。

第 5.2.5 条 混凝土合格强度的评定，应视检验组数多寡，分别按下列条件评定。

公路、城市道路、厂矿道路混凝土板质量验收允许误差 表 5.2.3-1

验收项目		质量标准和允许误差	检验要求 范围	检验要求 点数	检验方法
抗折强度		不小于规定合格强度	每天或每200m³ 每1000～2000m³	2 组 增1组	1.小梁抗折试件 2.现场钻圆柱体试件作校核
纵缝顺直度		15mm	100m缝长	1	拉20m小线量取最大值
横缝顺直度		10mm	20条缩缝	2条	沿板宽拉线量取最大值
板边垂直度		±5mm，胀缝板边垂直度无误差	100m	2	沿板边垂直拉线量取最大值
平整度	路面宽<9m	5mm	50m	1	用3m直尺连量三次，取最大三点平均值
	路面宽9～15m	5mm	50m	2	
	路面宽>15m	5mm	50m	3	
相邻板高差		±3mm	每条胀缝	2	用尺量
			20条横缝抽量2条	2	
纵坡高程		±10mm	20m	1	用水准仪测量

续表

验收项目		质量标准和允许误差	检验要求 范围	检验要求 点数	检验方法
横坡	路面宽<9m	±0.25%	100m	3	用水准仪测量
	路面宽9～15m	±0.25%	100m	5	
	路面宽>15m	±0.25%	100m	7	
板厚度		±10mm	100m	2	用尺量或现场钻孔
板宽度		±20mm	100m	2	用尺量
板长度		±20mm	100m	2	用尺量，两缩缝间板长
板面拉毛压槽深度		1～2mm	100m	2块	用尺量

民航机场道面、高速公路混凝土板质量验收允许误差　表 5.2.3-2

验收项目	质量标准和允许误差	检验要求 范围	检验要求 点数	检验方法
抗折强度	不小于规定合格强度	每400m³ 每1000～2000m³	2组 增1组	1.小梁抗折试件 2.现场钻圆柱体试件作校核
纵缝顺直度	10mm	100m缝长	1	拉20m小线量取最大值
横缝顺直度	10mm	20条缩缝	2条	沿板宽拉线量取最大值

续表

验收项目		质量标准和允许误差	检验要求 范围	检验要求 点数	检验方法
板边垂直度		±5mm，胀缝板边垂直度无误差	100m	2	沿板边垂直拉线量取最大值
平整度		3mm			用3m直尺连量三次，取最大三点平均值
相邻板高差		±2mm	每条胀缝	2	用尺量
			20条横缝抽量2条	2	
纵坡高程		±5mm	20m	1	用水准仪测量
横坡		±0.15%			用水准仪测量
板厚度		±5mm	100m	2	用尺量或现场钻孔
板宽度		1/2000	100m	2	用尺量
长度	机场	跑道全长1/4000	量全长	2	按三级导线测量跑道全长
	高速公路	板长度±10mm	100m	2	用尺量两缩缝间板长
板面拉毛	机场平均纹理深度	机场跑道、高速滑行道不得小于0.80mm；滑行道、停机坪不得小于0.40mm	板块总数的1/10		用填砂法并测板对角线的两端和中间
压槽	高速公路	拉毛和压槽深度1～2mm	100m	2块	用尺量

注：1.平整度检验要求：民航机场道面，每50m长测一断面，横向测点间距≤10m，高速公路，每50m长测一断面，路面宽<9m，横向测1点，路面宽9～15m，横向测2点；路面宽>15m，横向测3点。
2.横坡检验要求：民航机场道面，每10m长测一断面，横向测点间距≤10m。高速公路，每100m长测一断面，路面宽<9m，横向测3点；路面宽9～15m，横向测5点；路面宽>15m，横向测7点。

一、试件组数大于五组（民航机场跑道、高速公路应大于10组）时：

1.混凝土合格强度按下式计算：

$$\sigma_h = \sigma_s + K\sigma$$

式中 σ_h——混凝土合格强度（MPa）；

σ_s——混凝土设计计算强度（MPa）；

K——合格评定系数，按表5.2.5采用；

σ——强度均方差（MPa）。如工期长，试验结果有明显的标准偏差，且决定配合比强度时，是根据过去资料用标准偏差的，可用各自的标准偏差；

评定合格系数　　表 5.2.5

n	5～9	10～14	15～24	≥25
K	0.35	0.45	0.55	0.65

2.任何一组试件的最小强度：公路、城市道路和厂矿道路试件组数大于25组时，每25组允许有一组强度小于$0.85\sigma_s$，但不得小于$0.75\sigma_s$；民航机场道面、高速公路不得小于$0.85\sigma_s$。

二、公路、城市道路和厂矿道路试件组数等于或少于五组时：

1.试件平均强度不得小于$1.05\sigma_s$；

2.任一组最小强度不得小于$0.85\sigma_s$。

第 5.2.6 条 工程完工后，施工负责单位，应对完工工程组织初验。在初验中，如发现有质量不符合设计要求而需要返工的工程，应及时返工。返工后重新检查验收。

第六章　安全生产

第 6.0.1 条 施工前应进行安全生产教育，树立安全生产、质量第一的思想。建立和健全安全生产的管理制度，制订安全生产操作规程，工地应有领导分管安全生产工作，班组应有负责安全生产的人员，并制订安全生产守则，经常检查执行情况。

第 6.0.2 条 施工现场必须做好交通安全工作。在不中断交通的情况下，应在施工现场设立明显标志，有专人守管和负责指挥，维持交通，确保施工和交通安全。

第 6.0.3 条 施工机电设备，应有专人负责保管修理，确保安全生产。

第 6.0.4 条 现场操作人员必须按规定配戴防护用品。有毒、易燃材料施工时，其防毒、防火等应按现行有关规定严格执行。

第 6.0.5 条 工地应有消防设施，并应处理好污水，做好环境保护工作。

附录一　混凝土配合比算例

某地修建水泥混凝土路面，混凝土板设计要求计算抗折强度为4.5MPa。采用425号普通水泥，碎石由5～20、20～40mm二档级配，视比重为2.65，砂为中砂，视比重2.7。测得碎石的含水率为1.0％，砂的含水率为3.0％。掺用减水剂，要求坍落度1～2cm，试算混凝土的配合比。

（一）选择水灰比

碎石混凝土水灰比按下列公式计算：

$$C=0.46C_e^0\left(\frac{C}{W}-0.52\right)$$

式中 $\frac{C}{W}$——混凝土所要求灰水比值；

C——混凝土试件抗压强度MPa；

C_e^0——水泥实际抗压强度MPa。

注：水泥实际抗压强度，可用下式计算：

$$C_e^0=K_cC_e$$

式中　C_e——水泥标号（抗压强度）；

K_c——水泥标号富余系数。

水泥标号富余系数应按各地实际统计资料确定，无统计资料时，可取K_c=1.13试算。

混凝土抗折与抗压强度之间无一定对应关系，目前可参照附表1.1试配。

取$K_c=1.13$，代入公式

得$C_e^0=42.5\times1.13=48.0$

$C=30.0\times1.15=34.5$

$\frac{C}{W}=2.08$，水灰比$\frac{W}{C}=0.48$

（二）单位用水量

根据骨料的最大粒径40mm，坍落度为1～2cm，单位经验用水量选用160kg，掺用减水剂，减水率取用10％，水灰比取用0.46。

实际单位用水量为160－16＝144kg。

混凝土抗折与抗压强度参考表　　**附表 1.1**

混凝土28d计算抗折强度σ_3（MPa）	4.0	4.5	5.0	5.5
混凝土28d试件抗压强度C（MPa）	25.0	30.0	35.5	40.0

（三）单位水泥用量

根据已确定的水灰比和单位用水量，求得单位水泥用量C。

$$C=\frac{144}{0.46}=313\text{kg}$$

（四）单位砂、石用量和混凝土理论配合比。

选用砂率28％计算砂和碎石的用量。

1.按假定容重法

假定混凝土容重为2400kg/m³，则每立方米混凝土所需砂和碎石总质量为：

$$2400-144-313=1943\text{kg};$$

其中：砂＝1943×0.28＝544kg/m³；

碎石＝1943－544＝1399kg/m³。

按材料质量比表示为：

水泥:砂:碎石 = 313:544:1399 = 1:1.74:4.47

2.按绝对体积法

每立方米混凝土中砂和碎石总体积为：

$$1000-\left(\frac{313}{3.1}+\frac{144}{1}\right)=755\text{L}$$

其中：砂 = 755 × 2.70 × 0.28 = 570kg/m³；

碎石 = 755 × 2.65 × 0.72 = 1440kg/m³。

按材料质量比表示为：

水泥:砂:碎石 = 313:570:1440 = 1:1.82:4.60

两种方法计算结果接近，在试配中都可采用。根据以上配合比，经试配小梁抗折强度检验，如不符合设计强度要求，则进行调整，取调整后的配合比，作为理论配合比。

（五）施工配合比

设混凝土理论配合比为水泥:砂:碎石 = $I:X:Y$，测得砂含水率为W_x，碎石含水率为W_y，则施工配合比为：

$$I:X(1+W_x):Y(1+W_y)$$

取假定容重法的配合比数值为例，碎石的含水率为1.0%，砂的含水率为3.0%。计算每立方米混凝土的砂和碎石用量为：

砂 = 544(1 + 0.03) = 560kg/m³；

碎石 = 1399(1 + 0.01) = 1413kg/m³；

每立方米混凝土实际用水量为：

144 − [(544 × 0.03) + (1399 × 0.01)] = 114kg/m³；

施工配合比按材料质量比表示为：

水泥:砂:碎石 = 313:560:1413 = 1:1.79:4.51。

附录二　混凝土板真空吸水工艺

（一）真空吸水的作用

采用真空吸水工艺，可解决干硬性混凝土施工操作的困难，并可提高混凝土在未凝结硬化前的表层结构强度，能有效地防治表面缩裂和防冻等性能，缩短整平、抹面、拉毛、拆模工序的间隔时间，为混凝土施工机械化连续作业创造条件。

（二）真空吸水设备

包括真空泵机组、气垫薄膜吸水装置和振动梁、抹光机等组成。

（三）真空吸水施工

1.采用真空吸水的混凝土拌合物，按设计配合比适当增大用水量，水灰比可为0.48～0.55之间，其它材料用量维持原设计不变；

2.混凝土拌合物经振实整平后进行真空吸水。真空吸水时间（min）宜为板厚（cm）的1～1.5倍，并应以剩余水灰比来检验真空吸水效果；

3.真空吸水的作业深度不宜超过30cm；

4.开机后真空度应逐渐增加，当达到要求的真空度（500～600mmHg）开始正常出水后，真空度要保持均匀；结束吸水工作前，真空度应逐渐减弱，防止在混凝土内部留下出水通路，影响混凝土的密实度；

5.混凝土板完成真空吸水作业后，用抹光机抹面，并进行拉毛或压槽等工作。

附录三 混凝土板切缝机具及施工工艺

（一）切缝机具

切缝机具由切割、进刀、行走、定位导向和冷却五个部份组成。工作时由两台电动机带动，一台进行切割，一台行走移动。切缝机应有良好的静态和动态稳定性。转速、切速、冷却装置等都应符合切缝的工作要求。

（二）切缝施工工艺

1.切缝前应检查电源、水源及切缝机组试行运转的情况，切缝机刀片应与机身中心线成90°角，并应与切缝线成直线；

2.开始切缝前，应调整刀片的进刀深度，切割时应随时调整刀片切割方向。停止切缝时，应先关闭旋扭开关，将刀片提升到混凝板面以上，停止运转；

3.切缝时刀片冷却用水，水的压力不应低于0.2MPa；

4.采用切缝机切缝的混凝土，宜采用425号以上普通水泥浇筑。碎石混凝土的最佳切割抗压强度为6.0～12.0MPa，砾石混凝土为9.0～12.0MPa。当气温突变时，应适当提早切缝时间，防止产生不规则裂缝；

5.切缝时，应尽快灌注填缝料。

附录四 混凝土板接缝填缝料

（一）灌入式填缝料

1.聚氯乙烯胶泥

分工厂预先配制和现场临时调制两种：

（1）工厂配制的聚氯乙烯胶泥，为用橡胶煤沥青、聚氯乙烯树脂、硫磺、稳定剂等材料配制而成。在工厂整批配制，装桶储运使用。其使用性能，与混凝土有良好的粘结力，耐热、耐寒性能好，适用于寒冷地区和温热地区的缩缝和胀缝的上部。使用时缓缓加热至130℃。保持恒温15min并不断搅拌，灌注后冷却成型。加热最高温度不得超过160℃，否则树脂将炭化失效；

（2）现场调制的聚氯乙烯胶泥，为煤焦油、聚氯乙烯树脂、粉煤炭和二盐或三盐（稳定剂）等材料调制而成。必须在使用时，现场临时调制，调制好即用，不能久放。其使用性能，低温时性能好，常温、高温时粘结力差，适用于寒冷地区的缩缝和胀缝上部。使用时，先将脱水煤焦油倒入锅内，加热至60℃拌匀，再加入其他材料，边加边搅拌，加热至140℃后，恒温塑化10～20min即灌注。加热最高温度不得超过150℃。其材料和配合比可按照附表4.1使用。

2.沥青橡胶

（1）沥青橡胶配合比及使用性能，可按照附表4.2使用；

（2）使用时将油－10沥青加热脱水，温度升到180～

聚氯乙烯胶泥(现场调制)配合比(质量比)　　附表 4.1

材料名称	脱水煤焦油	聚氯乙烯树脂	增塑剂	粉煤灰	二盐或三盐(稳定剂)
配合比	100	9～11	15～25	30～50	0.5

沥青橡胶配合比(质量比)　　附表 4.2

材料名称	配合比	性能及适用部位
油-10石油沥青	55～60	粘结强度较好，回弹率和低温延伸率较差，适用于温热带地区的缩缝
重柴油或轻柴油	10～20	
橡胶粉	10～15	
石棉粉或石棉短绒	4～6	
石粉	10～15	

注：以重柴油较好，胀缝宜用石棉短绒。

220℃，加入柴油拌匀，再加入经预热的石粉和石棉粉的混合物，最后加入橡胶粉，边加边搅拌，慢火升温到180～220℃，恒温1～1.5h 使具有较大流动性时，即可灌注。

（二）预制嵌缝条

1.胀缝板宜用软木板、木纤维板或沥青浸制的油毛毡压制而成，适用于胀缝的下半部分；

2.沥青橡胶嵌缝条，采用沥青、石棉粉、石粉按比例配合压制成板条，适用于缩缝、纵缝及胀缝的上半部分。其配合比可按照附表4.3使用；

3.有孔氯丁橡胶嵌缝条，采用氯丁橡胶原料，按设计图形用橡胶挤出机挤压成型，然后放在硫化罐内硫化而成，适用胀缝的上半部。

沥青橡胶嵌缝条配合比(质量比)　　附表 4.3

沥青掺配成份	掺配后沥青(%)	废橡胶粉(%)	石粉(%)	石棉粉短绒(%)	适用范围
油-10沥青(80%)+重(轻)柴油(20%)	50	25	20	石棉粉5	缩缝纵缝
油-10沥青(80%)+重(轻)柴油(20%)	50	20	20	石棉短绒10	胀缝上半部

附录五　混凝土板塑料薄膜养护工艺

塑料薄膜养护是将几种化工原料按一定比例配制成油状溶液，用喷洒机具喷（或刷）在拉毛后的混凝土表面，等溶液中挥发物挥发后形成一层较坚韧的纸状薄膜，利用薄膜不透水的作用，将混凝土中的水化热和蒸发水大部分积蓄下来自行养护混凝土的方法。这种养护方法节约用水，在干旱地区或施工用水困难地区较为适用。

目前常用的为过氯乙烯树脂和氯偏乳液薄膜。

（一）过氯乙烯树脂

过氯乙烯树脂应选用粒细、色纯、容易溶解的白色蜂窝状颗粒。

1.配合比可根据施工条件和气温情况，经试验确定。也可按照附表5.1配合比使用；

过氯乙烯树脂配合比（质量比）　　附表 5.1

材料名称	过氯乙烯树脂	二辛脂（增塑剂）	硬脂酸钡（稳定剂）	粗苯（溶剂）	醋酸丁脂（助溶剂）
配合比	10	4	1	84	10

注：溶剂除粗苯外，甲苯、重苯、轻苯和轻重溶剂油等无机溶液均可作为溶剂。

2.配制方法，应随配随用，调配时加料顺序为：（1）先将溶剂盛入木桶，边掺加过氯乙烯树脂边搅拌，当过氯乙烯树脂全部加入后，再搅拌10～20min；（2）加入稳定剂（硬脂酸钡）再搅拌；（3）加助溶剂（醋酸丁脂）或强溶剂，在寒冷地区或低温施工时，酌加丙酮搅拌；（4）最后加增塑剂（二辛脂或二丁脂）搅拌均匀，盖上木盖，每隔一小时左右搅拌一次，每次10～20min，直到树脂全部溶解（不含白色小颗粒，一般约3～5次）为止。调配成的溶液静放24h，即可使用。如果24h后，过氯乙烯树脂仍未完全溶解，可加少量丙酮，不断搅拌，使其溶解；

3.喷洒方法

（1）喷洒机具采用小型空压机和喷漆枪，先在混凝土板外试喷，待均匀后再进入混凝土板喷洒，喷液的压力宜0.5MPa。

（2）先喷洒板边，再逐条均匀喷洒，喷咀离混凝土板面20～30cm为宜。

（二）氯偏乳液

氯偏乳液为抗离子水稳性较高，能与湿的混凝土连成一体，并形成一定的强度，无毒，无刺激味。

1.配合比可按照附表5.2使用；

氯偏乳液配合比（质量比）　　附表 5.2

材料名称	氯乙烯	偏氯乙烯	烷基苯酚环氧乙烷缩合物（OP乳化剂）	十六烷基磺酸钠（OP乳化剂）	过硫酸铵（引发剂）	亚硫酸氢钠（还原剂）	水
配合比	30	70	1.5	4	0.3	0.2	100

注：水应为蒸馏水或无离子水。

2.配制方法

乳液略呈酸性，应用塑料桶装运，不宜用金属桶。乳液在使用前应加磷酸三钠予以中和，磷酸三钠掺量，在拌匀后用试剂纸测定，pH值宜为7～8。乳液宜掺0.5％的磷酸三钠。中和后的氯偏乳液，在常温天气，应采用一份乳液，再掺1～3份的水烯释后使用；

3.喷洒方法

（1）喷洒时间、喷洒机具及操作方法与过氯乙烯树脂薄膜相同。

（2）喷咀距混凝土板面的距离宜在30～60cm。第一次喷洒成无色透明后，应再喷一次，两次的喷洒移动方向应保持垂直，两次喷洒用量宜在 $10kg/m^2$（按一份乳液掺一份水计算）；

4.贮存温度不宜低于0℃。

附录六　混凝土抗压、抗折和劈裂抗拉强度试验

抗压强度试验

（一）试验目的

测定混凝土立方体试件的抗压极限强度，以确定混凝土抗压强度。

（二）试验仪器

压力机或万能试验机，其负荷能力能满足试件破型吨位要求。精确度应在±2％以内，其量程应能使试件的预期破坏荷载值不小于全量程的20％，也不大于全量程的80％。

（三）试件

按混凝土碎（砾）石最大粒径和附表6.1选择试件尺寸。试件同龄期者为一组，每组3个，同条件制作和养护。标准养护条件为：温度20±3℃，相对湿度90％以上，龄期28天。

（四）试验步骤

1.试件相对两面应平行，表面倾斜误差不得超过0.5mm，尺寸测量精确至1mm，并应据此计算试件的承压面积；

2.将试件放置在压力机压板中心，其承压面应与成型时的顶面垂直，几何对中，接触均衡，以每秒600±400kPa的速度连续均匀加荷，当试件接近破坏而开始迅速变形时，停止调整试验机油门，直至试件损坏，记录破坏极限荷载。

（五）试验结果计算

1.试件的抗压强度C按下式计算：

$$C=\frac{P}{A}\times 10^{4}\ (\mathrm{Pa}) \qquad (附6\text{-}1)$$

式中　C——试件抗压强度（Pa）；

P——试件破坏时最大负荷（N）

A——试件受压面积（cm^2）。

2.取三个试件测定值的算术平均值为该组试件的抗压强度值，如三个试件中的任一个测定值与中值差值超过中值的15%时，取中值为测定值。如有两个测定值与中值的差值均超过15%时，则该组试测结果无效；

3.混凝土抗压强度是以150×150×150mm的立方体为标准试件，用其他尺寸的试件测定时，应按照附表6.1规定加以换算。

附表 6.1

骨料最大粒径(mm)	试件尺寸(mm)	换算系数
30	100×100×100	0.95
40	150×150×150	1.00
60	200×200×200	1.05

抗折强度试验

（一）试验目的

测定混凝土抗折极限强度，以提供设计参数，检查混凝土施工质量。

（二）试验仪器

1.试验机——50～300kN抗折试验机或万能试验机，最小读数为200N；

2.抗折试验装置——三分点加荷和二点自由支承式混凝土抗折强度试验装置，见附图6.1。

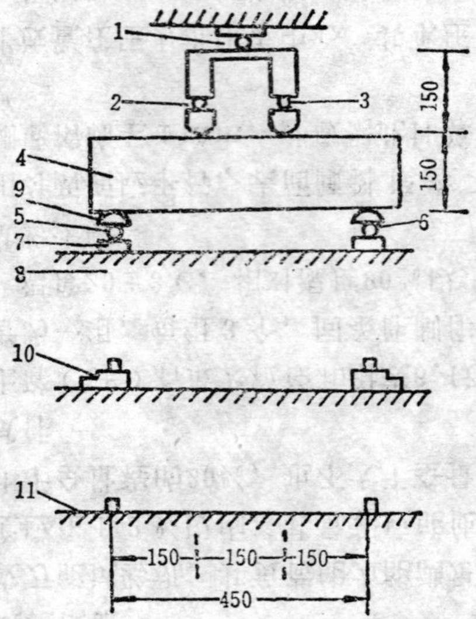

附图 6.1　抗折试验装置图（尺寸单位：mm）

1、2、6—一个钢球；3、5—两个钢球；4—试件；7—活动支座；8—机台；9—活动船形垫块，共4块；10—一般压力机支座；11—简易平轴支座

（三）试件

试件为150×150×550mm直角棱柱体小梁，碎（砾）石量大粒径不超过40mm，标准养护条件同抗压强度试验。

（四）试验步骤

1.试验前先检查试件，如试件中部三分之一长度内有蜂窝（如大于ϕ7×2mm），该试件即作废，否则应在记录中注明；

2.试件中部量出其宽度和高度，精确至±1mm；

3.将试件妥放在支座上，其承压面与试件成型时顶面垂直。缓加初荷1kN，检查调整以确保试件不扭动，接触无空隙，而后以每秒60±40kPa的加荷速度，均匀而连续地加荷，直至试件破坏，记录破坏极限荷载，检查并量度断面处，描述有关特征情况。

（五）试验结果计算

1.当断面发生在两个加荷点之间时，小梁抗折强度σ_b按下式计算：

$$\sigma_b = \frac{PL}{bh^2} \times 10^4 \ (\text{Pa}) \qquad (附6\text{-}2)$$

式中 P——试件破坏时最大极限荷载（N）；

L——计算跨径，即两支点间距（cm）；

b——试件宽度（cm）；

h——试件高度（cm）。

2.如断面发生在两个加荷点外侧，则该试件之结果无效。如同组中有两根试件之结果无效，则该组结果作废。断面位置在试件底面中轴线上量得。

3.抗折强度测定值的计算及异常数据的取舍原则，同抗压强度试验。

圆柱体劈裂抗拉强度试验

（一）试验目的

测定混凝土的劈裂抗拉极限强度，可根据抗折强度与劈裂抗拉强度的关系式推算混凝土的抗折强度。

（二）试验仪具

1.压力机与抗压强度试验的规定相同；

2.钻孔取样机，取样直径$D=150$mm，长度与路面厚度相同；

3.劈裂夹具和木质三合板垫层（或纤维板垫层），如附图6.2。木质三合板宽度为20～25mm，厚3mm+0.2mm，长度不短于试件圆柱长，垫层不得重复使用。

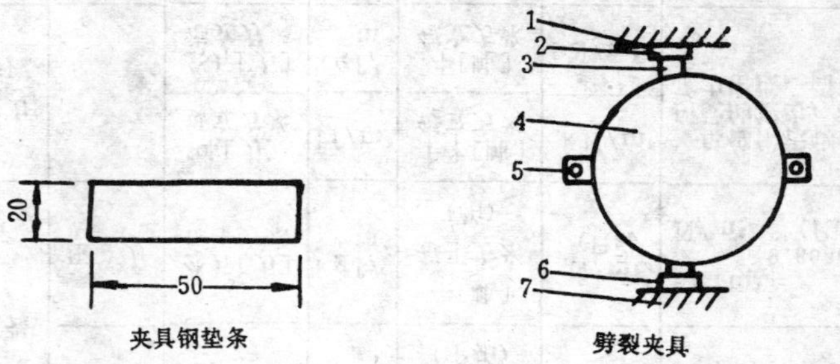

附图 6.2 混凝土劈裂抗拉试验装置示意图

1、7—压力机压板；2、6—夹具钢垫条；3—木质或纤维质垫层；4—试件；5—侧杆

（三）试件

检验路面混凝土板强度，可现场随机选取混凝土板，在板中间部位钻孔取样，试件尺寸以直径150mm，高度与路面厚度相同，每组3个。试件的两端平面应与试件轴线成垂直，误差应不大于±1度，端部平面凹凸每100mm不超过5mm，承压线凹凸不应大于0.25mm。

（四）试验步骤

1.试验前将试件表面擦干，量出试件尺寸，精确至1mm；

2.将劈裂夹具放在压力机上，放好下垫层，再将试件放入夹具内，放好上垫层，借助夹具两侧杆，将试件对中；

3.开动压力机。当上压板与夹具垫条接近时，调整球座使接触均衡。压力加到5kN时，将夹具两侧杆抽出，以每秒钟60±40N的速度连续而均匀加荷，直至试件劈裂为止。

（五）试验结果计算

1.劈裂抗拉极限强度按下式计算

$$\sigma_c = 6370\frac{p}{dh}\ (\text{Pa}) \qquad (附6\text{-}3)$$

式中 σ_c——混凝土劈裂抗拉极限强度（Pa）；

P——试件破坏时最大荷载（N）；

d——圆柱体试件的直径（cm）；

h——圆柱体试件的高度（cm）。

2.劈裂抗拉极限强度测定值的计算及异常数据的取舍原则同抗压强度试验。

（六）圆柱劈裂抗拉强度与小梁抗折强度的计算关系式，各地应通过现场试验取得。当无试验数值时，可采用下列计算关系式：

石灰岩、花岗岩碎石混凝土为：

$$\sigma_b = 1.868\sigma_c^{0.871}\ (\text{MPa})$$

玄武岩碎石混凝土为：

$$\sigma_b = 3.035\sigma_c^{0.428}\ (\text{MPa})$$

式中 σ_b——混凝土小梁抗折强度（MPa）；

σ_c——混凝土钻芯圆柱劈裂抗拉强度（MPa）。

砾石混凝土强度相关性较差，各地应按上述测试方法，钻取圆柱体试件与标准小梁抗折强度试验得出强度关系式后试用。

附录七 计量单位的换算

计量单位换算 附表 7.1

序号	量的名称	举例	原计量单位（米制）名称	原计量单位（米制）符号	国家法定计量单位（SI）名称	国家法定计量单位（SI）符号	单位换算关系
1	质量（重量）	材料重、自重	公斤	kg	千克（公斤）	kg	
2	力、重力	活载、净载作用力、吨位	吨[力]	tf	千牛[吨]	kN	1tf = 9.80665kN
			公斤[力]	kgf	牛[吨]	N	1kgf = 9.80665N
3	压强	单位面积	吨[力]每平方米	tf/m²	千牛[吨]每平方米（千帕）	kN/m²（kPa）	1tf/m² = 9.80665 kN/m²（kPa）
		压力	公斤[力]每平方米	kgf/m²	牛[吨]每平方米（帕）	N/m²（Pa）	kgfm² = 9.80665 N/m²（Pa）
4	重力密度		吨[力]每立方米	tf/m³	千牛[吨]每立方米	kN/m³	单位体积物质所受的重力，称重力密度，简称重密。
			公斤[力]每立方米	kgf/m³	牛[吨]每立方米	N/m³	
5	应力		吨[力]每平方米	tf/m²	千牛[吨]每平方米（千帕）	kN/m²（kPa）	1tf/m² = 9.80665 kN/m²（kPa）
			公斤[力]每平方厘米	kgf/cm²	牛[吨]每平方毫米（兆帕）	N/mm²（MPa）	1kgf/cm² = 0.0980665 N/mm²（MPa）

续表

序号	量的名称	举例	原计量单位（米制）		国家法定计量单位（SI）		单位换算关系
			名称	符号	名称	符号	
5	应力		公斤[力]每平方毫米	kgf/mm^2	牛[吨]每平方毫米（兆帕）	N/mm^2（MPa）	$1kgf/mm^2 = 9.80665 N/mm^2$（MPa）
6	弹性模量	变形模量	公斤[力]每平方厘米	kgf/cm^2	牛[吨]每平方毫米（兆帕）	N/mm^2（MPa）	$1kgf/cm^2 = 0.0980665 N/mm^2$（MPa）

注：1.工程上计算材料自重引起的力时，须乘以 $9.80665m/s^2$ 或乘以 $10m/s^2$。

2.去掉方括号时为单位名称的全称，去掉方括号中的字时，即成为单位名称的简称。无方括号的单位名称，简称与全称同。圆括号中的名称与它前面的名称是同义词。

附录八　本规范用词说明

（一）对条文执行严格程度采用以下写法：

1.表示很严格，非这样作不可的用词：

正面词采用“必须”，反面词采用“严禁”。

2.表示严格，在正常情况下均应这样作的用词：

正面词采用“应”，反面词采用“不应”或“不得”。

3.表示允许稍有选择，在条件许可时首先应这样作的用词：

正面词采用“宜”或“可”，反面词采用“不宜”。

（二）条文中指定应按其他有关标准、规范的规定执行时，其一般写法为“应按”……执行”或“应符合……的要求或规定”。

如非必须按所指定的标准、规范执行的，采用“可参照……”。

附加说明

本规范主编单位、参加单位和主要起草人名单

主编单位： 浙江省交通厅

参加单位：

广东省交通厅　　同济大学

河北省交通厅　　南京工学院

安徽省交通厅　　交通部公路规划设计院

江苏省交通厅　　交通部第二公路勘察设计院

北京市市政工程局　　交通部第一公路工程局

上海市市政工程局　　国家建材局人工晶体研究所

中国民用航空局

主要起草人： 徐启友　薛佩钿　龚欣思　汪银华

中华人民共和国国家标准

地下铁道工程施工及验收规范

Code for construction and acceptance of metro engineering

GB 50299—1999

主编部门：北京市城乡建设委员会

批准部门：中华人民共和国建设部

施行日期：1999年10月1日

关于发布国家标准《地下铁道工程施工及验收规范》的通知

建标［1999］147号

根据国家计委《一九八七年工程建设标准规范制订修订计划》（计综［1986］2630号文附件八）的要求，由北京市城乡建设委员会会同有关部门共同制订的《地下铁道工程施工及验收规范》，经有关部门会审，批准为强制性国家标准，编号为GB 50299—1999，自1999年10月1日起施行。

本规范由北京市城乡建设委员会负责管理，北京城建集团有限责任公司负责具体解释工作，建设部标准定额研究所组织中国计划出版社出版发行。

中华人民共和国建设部

一九九九年六月十日

前　言

本规范是根据国家计委计综［1986］2630号文的要求，由北京城建集团有限责任公司会同有关单位组成编制组编制而成。

编制过程中，遵照国家基本建设的有关方针和政策，在总结我国地下铁道工程施工实践经验的基础上，充分考虑到我国现有的施工技术水平和今后的发展方向，经过调研和试验，适当的吸取和借鉴了部分国外标准，力求做到技术先进、经济合理、安全适用、确保质量。在编制的各个阶段，多次以座谈会和函审等形式，广泛征求全国有关单位的意见，并召开专业会议，经过反复修改和补充，最后由我委会同有关部门审查定稿。

根据地下铁道工程施工技术、方法和专业，共编制19章和3个附录，其中：第1章为总则，第2章至第13章为土建工程，第14章至第19章为机电设备安装工程。

本规范为新制定的国家标准，涉及范围广，专业多，为提高规范质量，请各单位在实施过程中，注意积累资料，总结经验，如发现有修改和补充之处，及时函告北京城建集团有限责任公司《地下铁道工程施工及验收规范》管理组（地址：北京市海淀区学院南路62号，邮编：100081），以供修改时参考。

本规范主编单位、参加单位和主要起草人：

主 编 单 位： 北京城建集团有限责任公司

参 加 单 位： 上海市隧道工程股分有限公司
上海市地下铁道总公司
北京市地下铁道总公司
铁道科学研究院

主要起草人： 任今浩　刘国琦　王义信　王玉林
杨我清　傅德明　黄国伟　闫景迪
吴秉儒　张景海　胡明林　杨学忠
薛泽惠　王金钟　高玉山　李善国
刘启琛　邵根大

目　　次

1 总 则

1.0.1 为保证地下铁道工程施工质量，促进技术进步，做到经济合理、安全可靠，特制定本规范。

1.0.2 本规范适用于新建地下铁道工程的施工及验收。凡未做规定的，均应按国家现行的有关强制性标准执行。

1.0.3 工程开工前，必须根据设计文件经现场调查后，编制施工组织设计，批准后组织并指导施工。

1.0.4 施工现场及周围环境应保持清洁，减少对交通干扰，严格控制地面变形和环境污染，做到文明施工。

1.0.5 工程施工应以批准的设计文件为依据，如需修改，应取得设计单位的同意并签署变更设计或洽商记录后方可实施。

1.0.6 施工中如发现文物、古墓等应妥善保护，并及时报请有关部门处理。

对永久性测量标桩和地质、地震观测桩等应予保护，如需改动，应报请有关部门批准。

1.0.7 采用的原材料、预制品、设备等，应符合国家现行的有关技术标准规定。产品应有合格证和出厂说明书。设备应有铭牌。

1.0.8 采用和推广经鉴定并批准的新技术、新工艺、新材料、新设备等，应制定相应的施工技术标准。

引进的设备，应按其技术文件要求施工。

1.0.9 加强测量管理，严格控制建筑施工和设备安装偏差，严禁侵入限界。

1.0.10 施工应按设计要求实施限制杂散电流的各项措施。

1.0.11 设备安装前应对相关的土建工程进行检查，并符合下列规定：

1 结构验收合格，无渗、漏水现象；

2 影响设备安装和安装后不宜实施的装修工程已经完成；

3 预埋件位置正确、牢固，基础混凝土强度符合设计要求；

4 设备安装范围内清理干净。

1.0.12 设备安装的环境温度、湿度等应符合设计和设备技术文件的要求。

1.0.13 设备开箱检查应符合下列规定：

1 设备型号、规格及配件等应符合设计和设备技术文件的规定；

2 设备合格证、说明书等随机技术文件齐全；

3 设备及配件不得损伤、变形和锈蚀。

1.0.14 施工中有关安全、环保、消防、防汛和劳动保护等，应符合国家现行的有关强制性标准的规定。

2 井点降水

2.1 一般规定

2.1.1 本章适用于含水地层中隧道井点降水的施工及验收，其他排、隔水施工尚应按国家现行的有关强制性标准执行。

2.1.2 井点降水设计应具备下列资料：

1 地质勘察报告和地质剖面图，必要时宜做现场抽水试验确定水文地质参数；

2 基坑及隧道平、纵断面图；

3 降水区域内地下构筑物、管线及临近建筑物的资料。

2.1.3 井点降水方法应按表2.1.3选用。

表 2.1.3 各类井点降水方法适用范围

降水方法 / 适用条件	单层轻型井点	多层轻型井点	喷射井点	管井井点	砂（砾）渗井点
土层渗透系数（m/d）	0.1～50	0.1～50	0.1～50	20～200	0.1～20
水位降低深度（m）	3～6	6～12	8～30	>10	按下伏强导水层的水头、导水性与坑深确定

2.1.4 井点降水应使地下水位保持在基底以下0.5m。停止降水时，必须验算涌水量和明挖隧道结构的抗浮稳定性，当不能满足要求时，不得停泵。

2.1.5 降水井点布设应符合下列规定：

1 井点距基坑边缘不应小于1.5m，距暗挖隧道结构不应小于2m；

2 井点应沿基坑或暗挖隧道布设，并应成封闭形，当不能封闭时，应延长1倍以上的基坑或暗挖隧道横断面宽度；

3 暗挖隧道如地面无条件布设井点时，可在隧道内设置水平井点或采取其他隔水措施；

4 井点间距应根据计算确定。当基坑较宽而满足不了降水深度需要时，应在基坑内增设井点。

2.1.6 井点施工前，应复测基坑（或暗挖隧道）平面位置并测放井点孔位；清除地面、地下障碍物并将保留的地下管线挖露出来；平整场地并挖设泥浆坑。

2.1.7 井点钻孔应符合下列规定：

1 钻孔的孔口处应设置护筒；

2 孔径应比管径大200～300mm；

3 孔径应垂直、上下一致，孔底比管底深0.5～1.0m；

4 钻进中应取土样并做好记录。

2.1.8 分节组装的井点管直径应一致。钢管井点管的滤管应采用穿孔钢管，孔隙率不应小于25%，外壁垫筋缠镀锌铅丝后并包土工布滤网。

管井井点管采用无砂混凝土管时，其孔隙率不应小于20%，并外壁应垫筋、缠丝、包土工布滤网。

2.1.9 井点管沉设应符合下列规定：

1 沉设前应先配管；

2 沉设位置应居中、垂直，管井的滤管应置于含水层中；

3 分节沉设时，各节应同心并连接严密；

4 管井井点管应高出地面300～500mm。井点管就位固定后，管上口应临时封闭。

2.1.10 滤料应洁净，其规格为含水层筛分粒径的5～10倍。投放时应符合下列规定：

1 滤料投放前应清孔稀释泥浆；

2 滤料应沿井管周围均匀投放，投放量不得小于计算量的95%；

3 滤料填至井口下1m左右时应用粘性土填实夯平。

2.1.11 井点管沉设后，应检查渗水性能。当投放滤料管口有泥浆水冒出或向管内灌水能很快下渗时方为合格。

2.1.12 排水管路断面应根据排水流量确定并连接严密。排出的水经过沉砂处理后，方可排入市政管道。

2.1.13 降水井点泵组应搭设防雨设施。寒冷地区冬季施工时，对泵组和管路系统应采取防冻措施。

2.1.14 降水施工应有防止降水区域内建筑物和构筑物产生沉降和水平位移的措施。当采用回灌措施时应化验水质，不得污染地下水。

2.1.15 土洞发育地区采用井点降水时，应有防止引起临近地面塌陷的措施。

2.1.16 降水井点系统，应在明挖隧道基坑回填土填至原水位以上或暗挖隧道初期支护结构完成后方可停泵，并及时拆除。

井点管拔除后，应及时用砂将井孔回填密实。

2.2 轻型井点

2.2.1 轻型井点宜按下列顺序施工：

1 钻设井孔、沉设井点管、投放滤料；

2 敷设集水总管、安装泵组；

3 试抽水合格后正式降水。

2.2.2 每一机组应根据泵类配用功率确定井点数量，并在井点管施工完毕后安装。

2.2.3 泵组及集水总管安装应符合下列规定：

1 泵组应稳固地设在平整、坚实、无积水的地基上。水箱吸水口与集水总管、井点管口等高程宜一致；

2 泵组宜置于集水总管中部；

3 管路系统各部件应连接严密；

4 集水总管与井点管应采用高压软管连接；

5 各组集水总管之间宜采用阀门隔开。

2.2.4 各组井点系统安装完毕，应及时进行试抽水，全面检查管路连接质量、井点出水和泵组工作水压力、真空度及运转等情况。

2.2.5 多层井点拆除应从底层开始逐层向上进行，在下层井点拆除前，上层井点应继续降水。

2.3 喷射井点

2.3.1 喷射井点应按下列顺序施工：

1 安装水泵、循环水箱及水泵的进出口管路；

2 敷设进回水管路；

3 钻孔、沉设井点管、投放滤料、连接进水总管后进行单井试抽水；

4 每组井点施工完毕，接通回水总管进行全面试抽水，合格后正式降水。

2.3.2 井点管组装前应检查井管、连接件及喷射器的喷嘴混合室、支座环和滤网等，组装后应做泵水试验和真空度测试，其真空度不宜小于93kPa。

2.3.3 直接利用井点管水冲孔下沉时，应先沉设外管后再安装内管。

2.3.4 喷射井点的进水总管与井点管位置应正确，管路连接严密，各井点管的连接管应安装阀门，每组进水总管应用阀门隔开，回水总管应分开。

高压水泵出水管必须安装压力表和调压回水管路。

2.3.5 喷射井点内外管底座安装应严密，顶端接头处应用油封装置连接。抽水时，当发现个别井点管的周围翻砂、冒水时，应立即关闭进行处理。

2.3.6 井点管试抽水时排出的混浊水，不得回入循环管路系统，试抽水延续时间，应根据井点水由浊变清程度确定。

2.3.7 工作循环水应保持清洁。全面试抽水 2d 后应采用清水更换。降水过程中应根据水质混浊程度定期更换。

2.4 管井井点

2.4.1 管井应按下列顺序施工：

1 钻孔、沉设井点管、投放滤料、洗井；

2 敷设排水管路；

3 安装水泵、试抽水合格后正式降水。

2.4.2 管井井点宜采用潜水泵，安装应符合下列规定：

1 安装前应检查各部件是否良好；

2 电缆必须绝缘，并牢固地捆绑在排水管上；

3 吸水管底部应设逆止阀；

4 水泵就位后应固定牢固；

5 水泵试抽水合格后方可正式抽水。

2.5 砂（砾）渗井点

2.5.1 砂（砾）渗井点宜疏干滞水层或弱透水层。下层应为非承压的强导水层，距基底 4m 以下，厚度不应小于 3m。

2.5.2 砂（砾）渗井点布置间距：引渗自降井点为 5～10m；引渗抽降井点为砂（砾）渗井与管井间隔布置，其管井间距为 10～15m；砂（砾）渗井为 2～6m。

2.5.3 砂（砾）渗井点成孔除按本规范第 2.1.7 条施工外，尚应符合下列规定：

1 井孔孔径不应小于300mm，其深入强导水层不应小于 3m。

2 井点成孔后，可直接投入粗砂或砾石。如沉设无砂混凝土管时，管壁周围应投放滤料，井点管应高出地面 300～500mm，井口应封闭并加以防护。

2.6 降水管理

2.6.1 降水井点系统应设双路电源供电。

2.6.2 降水观测孔设置应符合下列规定：

1 观测孔应沿基坑中心向两侧垂直成排布设，并宜延长至基坑外 2～3 倍降深长度；

2 降水基坑为二个以上含水层时，应分层布设；

3 临近地表水、地下给排水管道附近的渗漏水层和临近建筑物时，应增加观测点。

2.6.3 降水期间，应对地下水的水位、流量和各类降水设备运转情况进行观测，并按本规范附录 C 表 C-1、表 C-2、表 C-3 做好记录。

2.6.4 观测水位时，应在降水前观测初始水位高程，以后定期观测，雨季应增加观测密度。观测结果应绘制 $s\text{-}t$ 和 $Q\text{-}t$ 曲线。

2.6.5 降水抽出的地下水含泥量应符合规定，发现水质混浊时，应分析原因，及时处理。

2.6.6 雨季施工时，地面水不得渗漏和流入基坑，遇大雨或暴雨时，必须及时将基坑内积水排除。

3 基坑支护桩

3.1 一般规定

3.1.1 本章适用于隧道结构基坑及竖井，采用冲击或振动沉桩、静力压桩、钻孔灌注桩等支护结构的施工及验收。

3.1.2 各种沉桩方法，应根据地质、环境和施工机具设备等条件，按表 3.1.2 选用。

表 3.1.2 各种沉桩施工适用地质范围

沉桩方法		适用地质范围
冲击沉桩		粘性土、砂土、淤泥和粒径不大于 50mm 碎石类土
静力压桩		粘性土、砂土、淤泥
振动沉桩		粘性土、砂土、淤泥
干作业螺旋钻机钻孔		地下水位以上粘性土、砂土和粒径不大于 50mm 碎石类土
螺旋钻机钻孔压浆成桩		粘性土、砂土、淤泥和粒径不大于 50mm 碎石类土
泥浆护壁成孔	冲抓	有地下水的碎石类土、砂土、粘性土、淤泥及基岩
	冲击	有地下水的碎石类土、砂土、粘性土、淤泥及基岩
	回转钻	有地下水的碎石类土、砂土、粘性土、淤泥及基岩

3.1.3 支护桩及腰梁、横撑、锚杆等，必须经过计算，并按设计要求施工。

3.1.4 支护桩沉设前宜先试桩，试桩数量不得少于 2 根。

3.1.5 沉桩前应测放桩位；沉桩时，钻（桩）头就位应正确、垂直；沉桩过程中应随时检测。

沉桩以线路中线为准，允许偏差为：纵向 ± 100mm；横

向 $^{+50}_{0}$mm；垂直度 3‰。

3.1.6 沉桩施工场地应坚实、平整，并应清除地下、地面及高空障碍物，需要保留的地下管线应挖露并加以保护。

3.1.7 基坑开挖后桩墙应垂直平顺，桩间挡土墙及支撑系统应牢固可靠。

钢桩应无严重扭曲、倾斜和劈裂。钢板桩锁口连接应严密，钢筋混凝土灌注桩应无露筋、露石、缩颈和断桩现象。

3.1.8 基坑土方和结构施工期间，应对基坑围岩和桩墙支撑系统进行动态观测，并及时反馈信息。

3.2 冲击沉桩

3.2.1 冲击沉桩应根据沉桩数量和施工条件选用沉桩机械，并按其技术规定施工。

3.2.2 钢桩上端应设吊装孔。钢板桩锁口内应涂油，下端应用易拆物塞紧。

3.2.3 工字钢桩应单根沉设，钢板桩应采用围檩法沉设。

3.2.4 钢板桩围檩支架的围檩桩必须垂直、围檩水平，位置正确、牢固可靠。围檩支架应高出地面 1/3 桩长；最下层围檩距地面不宜大于 500mm；围檩间净距应比 2 根钢板桩组合宽度大 8～15mm。

3.2.5 钢板桩宜以10～20根为一段，逐根插入围檩后，应先沉入两端的定位桩，再以 2～4 根为一组，采取阶梯跳跃式沉入。

3.2.6 钢板桩围堰宜在转角处两桩墙各10根桩位轴线范围内调整后合拢，如不能闭合需要搭接时，其背后应进行防水处理。

3.2.7 沉桩过程中，应随时检测校正桩的垂直度。钢桩沉设贯入度每击 20 次不应小于 10mm。

3.3 振动沉桩

3.3.1 振动锤的振动频率应大于钢桩的自振频率。振桩前，振动锤的桩夹应夹紧钢桩上端，振动作用线与钢桩重心线应在同一直线上。

3.3.2 振动沉设钢桩的方法和程序，应按本规范第 3.2.3 条至第 3.2.7 条有关规定执行。

3.3.3 沉桩中如钢桩下沉速度突然减小，应停止沉桩，并将钢桩向上拔起 0.6～1.0m，然后重新快速下沉，如仍不能下沉时，应采取其他措施。

3.4 静力压桩

3.4.1 压桩机压桩时，桩帽与桩身的中心线应重合，压同一根桩时，应连续沉设。

3.4.2 压桩过程中应随时检查桩身的垂直度，初压过程中，如发现桩身位移、倾斜和压入过程中桩身突然倾斜以及设备达到额定压力而持续 20min 仍不能下沉时，应停止压桩并采取措施。

3.5 拔　桩

3.5.1 拔桩施工应具备下列资料：

1 沉桩平面布置图；

2 沉桩记录；

3 地下管线恢复竣工图及桩位附近原有管线分布图。

3.5.2 拔桩前应拆除或改移高空障碍物，平整夯实作业场地，修筑临时运输道路、架设动力及照明线路，清除桩头附近堆土，检修机械设备、拟定施工方案，就绪后方可施工。

3.5.3 拔桩宜采用振动拔桩机，吊车配合，并符合下列规定：

1 拔桩机卡头应卡紧桩头，起拔线应与桩中心线重合；

2 拔桩开始时应略松吊钩，当振动机振动后，随振幅加大拉紧吊钩；

3 钢桩拔起到可用吊车直接吊起时应停振，并及时吊出，其吊点必须在桩长 1/3 以上部位；

4 钢桩应逐根试拔，易拔桩应先拔出；

5 钢桩拔出后桩孔应及时用砂填实。

3.5.4 拔桩时，在操作方法正确、拔桩机振幅达到最大负荷、振动 30min 仍不能拔起时，应停止振动并采取措施。

3.5.5 在地下管线附近拔桩时，必须保护好管线，机械不得在其上面作业。

3.6 钻孔灌注桩

（Ⅰ） 螺旋钻机成孔

3.6.1 钻头应根据土质选用，其成孔应符合下列规定：

1 钻杆就位正确、垂直，允许偏差不应大于本规范第 3.1.5 条规定；

2 开钻或穿越软硬不均匀土层交界处时，应缓慢钻进并保持钻杆垂直；

3 在松软杂填土或含水量较大的软塑性土层中钻进时，钻杆不得摇晃；

4 钻进中随时清理孔口积土，当发现钻杆跳动、机架摇晃、不进尺等现象时，应停钻检查；

5 钻孔至设计高程后应空钻清渣，提钻后及时加盖。

3.6.2 采用压浆成桩时，除应按本规范第 3.6.1 条规定施工外，在提钻杆时，应边提钻杆边压注水泥浆，至孔口后立即吊放钢筋笼并投放粗集料。

（Ⅱ） 泥浆护壁成孔

3.6.3 护筒设置位置应正确、稳定，与孔壁之间应用粘土填实。其埋置深度，粘土层不应小于 1.0m，砂质或杂填土层不应小于1.5m。

3.6.4 冲击成孔可根据土层按表3.6.4选用冲程和泥浆比重。

表 3.6.4 各类不同土层冲程和泥浆比重选用值

土层类别	冲程（m）	泥浆比重
护筒及以下 3m 范围内	0.9~1.1	1.1~1.3
粘土	1~2	清水
砂土	1~3	1.3~1.5
砂卵石	1~3	1.3~1.5
风化岩	1~4	1.2~1.4
坍孔回填后重新钻孔	1	1.3~1.5

3.6.5 排渣施工应符合下列规定：

1 粘性土中成孔，可注入清水，以原土泥浆护壁，排渣泥浆比重应控制在 1.1~1.2；

2 砂土和较厚夹砂层中成孔，泥浆比重应控制在 1.1~1.3，在穿越砂夹卵石层或容易坍孔土层中成孔时，泥浆比重控制在1.3~1.5；

3 泥浆选用塑性指数 $I_p \geqslant 17$ 的粘土配制；

4 施工中应经常测定泥浆比重，并定期测定粘度、含砂率和胶体率，其指标控制：粘度为18～22s，含砂率为4%～8%，胶体率不小于90%。

3.6.6 清孔施工应符合下列规定：

1 孔壁土质不易坍塌时，可用空气吸泥机清孔；

2 用原土造浆时，清孔后泥浆比重应控制在1.1左右；

3 孔壁土质较差时，宜用泥浆循环清孔，清孔后泥浆比重应控制在1.15～1.25；

4 清孔过程中必须补足泥浆，并保持浆面稳定；

5 清孔后立即吊放钢筋笼，并灌注水下混凝土。

3.6.7 成孔施工中如发现斜孔、弯孔、缩孔、塌孔或沿护筒周围冒浆及地面沉陷等现象时，应及时采取措施处理后方可继续施工。

（Ⅲ） 钢筋笼加工与吊装

3.6.8 钢筋笼绑扎应牢固，其加工除满足设计要求外，尚应符合下列规定：

1 主筋接头可采用对焊、绑扎、搭接焊或冷挤压、气压焊等连接形式，并符合相应施工技术规定；

2 导管灌注水下混凝土桩的钢筋笼内径应大于导管连接处外径10cm以上；

3 钢筋笼应按吊装条件确定分段加工长度，并设置钢筋保护层定位装置和焊接吊装耳环；

4 钢筋笼下端0.5～0.8m范围内主筋应稍向内侧弯曲呈倾斜状；

5 箍筋间距不得大于300mm，并宜采用螺旋筋；

6 钢筋笼刚度较差时应补强，吊运中不得变形。

3.6.9 钢筋笼制作允许偏差为：主筋间距±10mm；箍筋间距±20mm；钢筋笼直径±10mm，长度±50mm。

3.6.10 钢筋笼向钻孔内吊装时应符合下列规定：

1 钢筋笼应吊直扶稳，对准孔位缓慢下沉，不得摇晃碰撞孔壁和强行入孔；

2 分段吊装时，将下段吊入孔内后，其上端应留1m左右临时固定在孔口处，上下段钢筋笼的主筋对正连接合格后继续下沉。

（Ⅳ） 混凝土灌注

3.6.11 混凝土必须具有良好的和易性，配合比应经试验确定。细骨料宜采用中、粗砂，粗骨料宜采用粒径不大于40mm卵石或碎石。坍落度：干作业成孔宜为100～210mm，水下灌注宜为160～210mm。

3.6.12 混凝土灌注前应检查成孔和钢筋笼质量。混凝土应连续一次灌注完毕，并保证密实度。

3.6.13 干作业成孔应沿钢筋笼内侧连续灌注混凝土，不得满口倾倒。

3.6.14 泥浆护壁成孔应采用水下灌注混凝土。其灌注混凝土导管宜采用直径为200～250mm的多节钢管，管节连接应严密、牢固，使用前应试拼，并进行隔水栓通过试验。

3.6.15 水下混凝土灌注应符合下列规定：

1 混凝土灌注前应在导管内临近泥浆面位置吊挂隔水栓；

2 导管底端距孔底应保持300～500mm；

3 导管埋入混凝土深度应保持2～3m，并随提升随拆除。

4 导管吊放和提升不得碰撞钢筋笼。

3.6.16 冬季施工时应采取保温措施。桩顶混凝土强度未达到设计强度的40%时不得受冻。

3.6.17 混凝土试件制作，同一配合比每班不得少于一组，泥浆护壁成孔的灌注桩每5根不得少于一组。

3.7 基坑支护

（Ⅰ） 桩间土护壁

3.7.1 工字钢桩间土壁背板安装应符合下列规定：

1 背板强度应根据计算确定，每块背板伸入工字钢翼缘内不应小于50mm；

2 每层土方开挖后应及时安装背板。背板拼接应严密，背板后的空隙应填密实。

3 背板应根据基坑回填土进度及时拆除，一次拆除高度，应根据坑壁土质确定。

3.7.2 钻孔灌注桩的桩间土壁，应用砂浆或混凝土封闭。如挂钢筋网时，则钢筋网应与桩体钢筋连接牢固。

（Ⅱ） 横撑支护

3.7.3 横撑安装前应先拼装，拼装后两端支点中心线偏心不应大于20mm。安装后总偏心量不应大于50mm。

3.7.4 横撑应在土方挖至其设计位置后及时安装，并按设计要求对坑壁施加预应力，顶紧后固定牢固。

设有腰梁的横撑，其腰梁应与桩体水平连接牢固后，方可安装横撑。

3.7.5 横撑安装位置允许偏差为：高程±50mm，水平间距±100mm。

3.7.6 横撑需要设置中间支撑柱时，其支撑柱应按设计施工，并与横撑连接牢固。

3.7.7 隧道结构施工时，横撑上不得堆放材料或其他重物。发现变形、钢楔松动或支撑系统出现故障时，必须及时处理。

3.7.8 横撑及腰梁应随基坑回填自下而上逐层拆除，边拆边填，必要时应采取加固措施。

当地下连续墙作为主体结构墙体时，横撑必须按设计要求拆除。

（Ⅲ） 土层锚杆支护

3.7.9 锚杆布置应符合下列规定：

1 最上层锚杆覆土厚度不应小于3m；

2 上下两层锚杆间距宜为2～5m，水平间距宜为2～3m；

3 倾斜度宜为15°～35°；

4 位置正确并应避开邻近地下构筑物或管线，如锚杆长度超过施工范围时，应取得有关单位同意；

5 锚固段必须设置于滑动土体1m以外的地层中，锚固段与非锚固段应界限分明。

3.7.10 锚杆的杆体可采用钢筋或钢绞线，钢筋应除锈，钢绞线锚固段应擦拭干净。

锚杆杆体应设置定位器，其间距：锚固段不宜大于2m，非锚固段宜为2～3m。

锚杆的锚头、垫板受力后不得变形和损坏。

3.7.11 锚杆应在基坑土方挖至其设计位置后及时安装。钻孔机具应根据地质条件选择。锚孔允许偏差为：孔位高程±50mm，水平间距±100mm，孔深 $^{+100}_{0}$ mm。

设有腰梁的锚杆，其腰梁应与桩体水平连接牢固后，方可安装锚头。

3.7.12 锚杆注浆应符合下列规定：

1 水泥应采用325号以上的普通硅酸盐水泥，必要时可掺外加剂；

2 水泥浆液的水灰比应为0.4～0.5，水泥砂浆灰砂比宜为1:1～1:2；

3 锚固段注浆必须饱满密实，并宜采用二次注浆，注浆压力宜为0.4～0.6MPa。接近地表或地下构筑物及管线的锚杆，应适当控制注浆压力。

3.7.13 锚杆的锚固段浆液达到设计强度后，方可进行张拉并锁定，其张拉值应为设计荷载的75%～80%，并按本规范附录C表C-4做好记录。

3.7.14 锚杆应进行抗拉和验收试验，并应符合下列规定：

1 试件数量：抗拉试件宜为总数量的2%，且不应少于2根；验收试件宜为总数量3%，且不应少于3根；

2 加荷方式：依次为设计荷载的25%、50%、75%、100%、120%（验收试验锚杆），133%（抗拉试验锚杆）；

3 验收试验锚杆总位移量不应大于抗拉试验锚杆总位移量。

4 地下连续墙

4.1 一 般 规 定

4.1.1 本章适用于在土层或软岩地层中，采用机械挖槽、泥浆护壁、现浇钢筋混凝土地下连续墙的施工及验收。

4.1.2 地下连续墙结构及横撑或锚杆等，必须经过计算，其横撑或锚杆施工应符合本规范第3.7节有关规定。

4.1.3 地下连续墙施工应具备下列资料：

1 地质勘察报告；

2 隧道结构平、纵断面图；

3 基坑范围内地下管线、构筑物及临近建筑物的资料。

4.1.4 地下连续墙施工前，应平整场地，清除成槽范围内的地面、地下障碍物，对需要保留的地下管线应挖露出来，封堵地下空洞并测放出导墙位置。

4.1.5 地下连续墙支护的基坑，在土方开挖和隧道结构施工期间，应对基坑围岩和墙体及其支护系统进行监控量测，并及时反馈信息。

4.1.6 地下连续墙作为主体结构或其一部分时，在施工二次结构前，墙体应凿毛、清理干净、调直预留钢筋，经检查合格后，方可施工二次结构。

4.1.7 地下连续墙支护的基坑为软弱土层时，其基底加固措施应符合设计要求，并在加固浆体达到设计强度后方可进行土方开挖。

4.2 导墙施工

4.2.1 槽段开挖前，应沿地下连续墙墙面两侧构筑导墙，其净距应大于地下连续墙设计尺寸 40～60mm。

导墙可采用现浇或预制钢筋混凝土结构。

4.2.2 导墙结构应建于坚实的地基上，并能承受水土压力和施工机械设备等附加荷载。

4.2.3 预制导墙接头连接必须牢固。现浇钢筋混凝土导墙养护期间，重型机械设备不得在附近作业或停置。

4.2.4 导墙高度宜为1.5～2m，顶部高出地面不应小于100mm，外侧墙土应夯实。导墙不得移位和变形。

4.2.5 导墙施工允许偏差应符合下列规定：

1 内墙面与地下连续墙纵轴线平行度为 ±10mm；

2 内外导墙间距为 ±10mm；

3 导墙内墙面垂直度为5‰；

4 导墙内墙面平整度为3mm；

5 导墙顶面平整度为5mm。

4.3 泥浆制备与管理

4.3.1 泥浆拌制材料宜优先选用膨润土，如采用粘土，应进行物理、化学分析和矿物鉴定，其粘粒含量应大于 50%，塑性指数应大于 20，含砂量应小于 5%，二氧化硅与氧化铝含量比值宜为 3～4。

4.3.2 泥浆应根据地质和地面沉降控制要求经试配确定，并应按表 4.3.2 控制其性能指标和按本规范附录 C 表 C-5 做好记录。

4.3.3 新拌制泥浆应贮存24h以上或加分散剂使膨润土（或粘土）充分水化后方可使用。

表 4.3.2 泥浆配制、管理性能指标

泥浆性能	新配制		循环泥浆		废弃泥浆		检验方法
	粘性土	砂性土	粘性土	砂性土	粘性土	砂性土	
比重（g/cm^3）	1.04～1.05	1.06～1.08	<1.10	<1.15	>1.25	>1.35	比重计
粘度（s）	20～24	25～30	<25	<35	>50	>60	漏斗计
含砂率（%）	<3	<4	<4	<7	>8	>11	洗砂瓶
pH 值	8～9	8～9	>8	>8	>14	>14	试纸

挖槽期间，泥浆面必须保持高于地下水位 0.5m 以上。

4.3.4 施工中可回收利用的泥浆应进行分离净化处理，符合标准后方可使用。废弃的泥浆应采取措施，不得污染环境。

4.3.5 遇有地下水含盐或受化学污染时应采取措施，不得影响泥浆性能指标。

泥浆贮备量应满足槽壁开挖使用需要。

4.4 挖槽施工

4.4.1 地下连续墙应根据地质、地下障碍物、施工环境、墙厚与工程质量要求选择挖槽机械。

挖槽时，抓斗中心平面应与导墙中心平面相吻合。

4.4.2 单元槽段长度应符合设计规定，并采用间隔式开挖，一般地质应间隔一个单元槽段。

4.4.3 挖槽过程中应观测槽壁变形、垂直度、泥浆液面高度，并应控制抓斗上下运行速度。如发现较严重塌坍时，应及时将机械设备提出，分析原因，妥善处理。

4.4.4 槽段挖至设计高程后，应及时检查槽位、槽深、槽宽和垂直度，并按本规范附录C表C-6做好记录，合格后方可进行清底。

4.4.5 清底应自底部抽吸并及时补浆，清底后的槽底泥浆比重不应大于1.15，沉淀物淤积厚度不应大于100mm。

4.5 钢筋笼制作与安装

4.5.1 钢筋笼应在平台上制作成型并应符合下列规定：

1 钢筋笼纵向应预留导管位置，并上下贯通；

2 钢筋笼底端应在0.5m范围内的厚度方向上做收口处理；

3 吊点焊接应牢固，并应保证钢筋笼起吊刚度；

4 钢筋笼应设定位垫块，其深度方向间距为3～5m，每层设2～3块；

5 预埋件应与主筋连接牢固，外露面包扎严密；

6 分节制作钢筋笼应试拼装，其主筋接头搭接长度应符合设计要求，如采用焊接或机械连接时，应按相应的技术规定执行。

4.5.2 钢筋笼制作精度应符合表4.5.2规定。

表 4.5.2 钢筋笼制作允许偏差值（mm）

项目	偏差	检查方法
钢筋笼长度	±50	钢尺量，每片钢筋网检查上、中、下三处
钢筋笼宽度	±20	
钢筋笼厚度	0 −10	
主筋间距	±10	任取一断面，连续量取间距，取平均值作为一点
分布筋间距	±20	每片钢筋网上测四点
预埋件中心位置	±10	抽查

4.5.3 钢筋笼应在槽段接头清刷、清槽、换浆合格后及时吊放入槽，并应对准槽段中心线缓慢沉入，不得强行入槽。

4.5.4 钢筋笼分段沉放入槽时，下节钢筋笼平面位置应正确并临时固定于导墙上，上下节主筋对正连接牢固，并经检查合格后，方可继续下沉。

4.6 混凝土灌注

4.6.1 地下连续墙应采用掺外加剂的防水混凝土，水泥用量：采用卵石时不应小于370kg/m³，采用碎石时不应小于400kg/m³，坍落度应采用200±20mm。其他使用的材料、配合比和搅拌应分别符合本规范第9.2.2条、第9.2.3条和第9.2.4条的规定。

4.6.2 混凝土宜采用商品混凝土，并应采用导管法灌注。导管应采用直径为200～250mm的多节钢管，管节连接应严密、牢固，施工前应试拼并进行隔水栓通过试验。

4.6.3 导管水平布置距离不应大于3m，距槽段端部不应大于1.5m。

导管下端距槽底应为300～500mm，灌注混凝土前应在导管内临近泥浆面位置吊挂隔水栓。

4.6.4 混凝土灌注应符合下列规定：

1 钢筋笼沉放就位后应及时灌注混凝土，并不应超过4h；

2 各导管储料斗内混凝土储量应保证开始灌注混凝土时埋管深度不小于500mm；

3 各导管剪断隔水栓吊挂线后应同时均匀连续灌注混凝土，因故中断灌注时间不得超过30min；

4 导管随混凝土灌注应逐步提升，其埋入混凝土深度应为 1.5～3.0m，相邻两导管内混凝土高差不应大于 0.5m；

5　混凝土不得溢出导管落入槽内；

6　混凝土灌注速度不应低于2m/h；

7　置换出的泥浆应及时处理，不得溢出地面；

8　混凝土灌注宜高出设计高程300～500mm。

4.6.5　每一单元槽段混凝土应制作抗压强度试件一组，每 5 个槽段应制作抗渗压力试件一组，并按本规范附录 C 表 C-7 做好记录。

4.6.6　地下连续墙冬季施工应采取保温措施。墙顶混凝土未达到设计强度的 40%时不得受冻。

4.7　墙体接头处理

4.7.1　地下连续墙各墙幅间竖向接头应符合设计要求，使用的锁口管应能承受混凝土灌注时的侧压力，灌注混凝土时不得位移和发生混凝土绕管现象。

4.7.2　锁口管应紧贴槽端对准位置垂直、缓慢沉放，不得碰撞槽壁和强行入槽。锁口管应沉入槽底 300～500mm。

4.7.3　锁口管在混凝土灌注2～3h后应进行第一次起拔，以后每 30min 提升一次，每次 50～100mm，直至终凝后全部拔出。

锁口管起拔后应及时清洗干净。

4.7.4　后继槽段开挖后，应对前槽段竖向接头进行清刷，清除附着土渣、泥浆等物。

4.8　防水施工

4.8.1　地下连续墙需在墙体内侧喷涂或铺贴卷材防水层时，其施工应按本规范第 5.8 节和第 9 章有关规定执行。

4.8.2　单元槽段接头不宜设在拐角处，采用复合式衬砌时，内外墙接头宜相互错开。

4.8.3　地下连续墙与内衬结构连接处应认真凿毛并清理干净，必要时应做特殊防水处理。

4.9　工程验收

4.9.1　地下连续墙每一单元槽段施工，应对下列项目进行中间检验，并符合本章有关规定：

1　钢筋笼制作的长、宽、高和钢筋间距、焊接、预埋件位置及钢筋笼吊装、入槽深度及位置；

2　泥浆配制及循环泥浆和废弃泥浆的处理；

3　槽段成槽后的宽、深和垂直度及清底和接头壁清刷；

4　锁口管吊装时的插入深度、垂直度及起拔方法和时间；

5　混凝土配合比、坍落度、导管布置及混凝土灌注。

4.9.2　基坑开挖后应进行地下连续墙验收，并符合下列规定：

1　混凝土抗压强度和抗渗压力应符合设计要求，墙面无露筋、露石和夹泥现象；

2　墙体结构允许偏差应符合表4.9.2的要求。

表 4.9.2　地下连续墙各部位允许偏差值（mm）

项目＼允许偏差	临时支护墙体	单一或复合墙体
平面位置	±50	+30 0
平整度	50	30
垂直度（‰）	5	3
预留孔洞	50	30
预埋件	—	30
预埋连接钢筋	—	30
变形缝	—	±20

注：平面位置以隧道线路中线为准进行测量。

4.9.3 工程竣工验收应提供下列资料：

1 原材料质量合格证；

2 图纸会审记录、变更设计或洽商记录；

3 单元槽段中间验收记录；

4 工程测量定位记录；

5 各种试验报告和质量评定记录；

6 废弃泥浆处理报告；

7 基坑开挖后地下连续墙结构验收记录；

8 隐蔽工程验收记录；

9 开竣工报告；

10 竣工图。

5 隧道明挖法施工

5.1 一般规定

5.1.1 本章适用于明挖法修建隧道结构的施工及验收。如基坑采用支护桩或地下连续墙支护时，尚应按照本规范第3章和第4章有关规定执行。

5.1.2 隧道基坑必须保持地下水位稳定在基底0.5m以下。需要降水时，应按照本规范第2章有关规定执行。

5.1.3 隧道基坑土石方需要爆破时，必须事先编制爆破方案，报城市主管部门批准，经公安部门同意后方可实施。

5.1.4 隧道应分段施工，完成一段及时回填。

5.2 管线拆迁、改移和悬吊

5.2.1 隧道基坑开挖范围内各种管线，施工前应调查清楚，经有关单位同意后方可确定拆迁、改移或采取悬吊措施。

5.2.2 基坑管线悬吊必须事先设计，其支撑结构强度和稳定性等应进行验算。

5.2.3 管道漏水（气）时，必须修理好后方可悬吊。如跨基坑的管道较长或接口有断裂危险时，应更换钢管后悬吊或直接架设在钢梁上。

5.2.4 悬吊或架设管道的钢梁，连接应牢固。吊杆或钢梁与管底应密贴并保持管道原有坡度。

5.2.5 管线应在其下方的原状土开挖前吊挂牢固，经检查合格后，用人工开挖其下部土方。

5.2.6 种类不同的管线，宜单独悬吊或架设，如同时悬吊或架设时，应取得有关单位同意，并采取可靠措施。

5.2.7 跨越基坑的便桥上不得设置管道悬吊。利用便桥墩台作悬吊支撑结构时，悬吊梁应独立设置，并不得与桥梁或桥面系统发生联系。

5.2.8 支护桩或地下连续墙支护的基坑，可利用支护桩或地下连续墙做钢梁或钢丝绳悬吊的支撑结构，但必须稳固可靠。放坡开挖基坑的钢梁支撑墩柱或钢丝绳悬吊的锚桩，锚固端应置于边坡滑动土体以外并经计算确定。

基坑较宽而中间增加支撑柱时，梁、柱连接应牢固。

5.2.9 跨越基坑的悬吊管线两端应伸出基坑边缘外距离不小于1.5m处，其附近基坑应加强支护，并采取防止地面水流入基坑的措施。

5.2.10 隧道土方及其他工序施工时，不得碰撞管道悬吊系统和利用其做起重架、脚手架或模板支撑等。

5.2.11 基坑悬吊两端应设防护，行人不得通行。

基坑两侧正在运行的地下管线应设标志，并不得在其上堆土或放材料、机械等，也不得修建临时设施。

5.2.12 基坑回填土前，悬吊管线下应砌筑支墩加固，并按设计要求恢复管线和回填土。

5.3 基 坑 便 桥

5.3.1 基坑施工运输便桥应采用装配式结构，其载重及通过能力必须根据施工机械、车辆荷载经计算确定。用做城市交通的便桥，尚应满足城市交通车辆的要求。

5.3.2 施工运输便桥，基坑如采用支护桩或地下连续墙支护时，宜利用其结构做桥台，并应加强支撑。放坡开挖的基坑，桥台必须加固。

5.3.3 基坑便桥的桥面系统应符合下列规定：

1 桥面应高出两端路面300～500mm，并设横向排水坡度，桥面的桥头和原路面应顺坡相接。

2 桥面宽度应根据运输车辆确定，其两侧人行道宽不得小于0.7m，并应高出桥面150mm。人行道外侧应设护栏，高度不得小于1.2m，护栏两端顺基坑方向延伸不得小于2m。

3 桥面可铺砌炉渣、粉煤灰混合料或沥青路面等。

4 梁底至隧道结构净距和墩台至隧道结构边墙净距均不得小于1m。

5.3.4 便桥两端应设置限载、限速和禁止超车、停车等标志。人行便桥应设置禁止机动车或机械通行标志，并应设置护栏。

5.3.5 便桥在使用中应经常检查主要受力杆件和基坑支护结构及边坡稳定情况，并应及时维修路面和排除积水。

5.4 基坑开挖与回填

（Ⅰ）基坑开挖

5.4.1 基坑开挖前应做好下列工作：

1 制定控制地层变形和基坑支护结构支撑的施工顺序及管理指标；

2 划分分层及分步开挖的流水段，拟定土方调配计划；

3 落实弃、存土场地并勘察好运输路线；

4 测放基坑开挖边坡线，清除基坑范围内障碍物、修整好运输道路、处理好需要悬吊的地下管线。

5.4.2 存土点不得选在建筑物、地下管线和架空线附近，基坑两侧10m范围内不得存土。在已回填的隧道结构顶部存土时，应核算沉降量后确定堆土高度。

5.4.3 基坑应根据地质、环境条件等确定开挖方法，当机械在基坑内开挖并利用通风道或车站出入口做运输马道时，不得损坏地基原状土。

5.4.4 基坑开挖宽度，放坡基坑的基底至隧道结构边缘距离不得小于0.5m。设排水沟、集水井或其他设施时，可根据需要适当加宽；支护桩或地下连续墙临时支护的基坑，隧道结构边缘至桩、墙边距离不得小于1m。

5.4.5 放坡基坑的边坡坡度，应根据地质、基坑挖深经稳定性分析后确定，必要时应采取加固措施。

5.4.6 基坑必须自上而下分层、分段依次开挖，严禁掏底施工。放坡开挖基坑应随基坑开挖及时刷坡，边坡应平顺并符合设计规定；支护桩支护的基坑，应随基坑开挖及时护壁；地下连续墙或混凝土灌注桩支护的基坑，应在混凝土或锚杆浆液达到设计强度后方可开挖。

支护桩或地下连续墙支护的基坑应在土方挖至其设计位置后及时施工横撑或锚杆，并按本规范第3.7节有关规定执行。

5.4.7 基坑开挖接近基底200mm时，应配合人工清底，不得超挖或扰动基底土。

5.4.8 基底应平整压实，其允许偏差为：高程$^{+10}_{-20}$mm；平整度20mm，并在1m范围内不得多于1处。

基底经检查合格后，应及时施工混凝土垫层。

5.4.9 基底超挖、扰动、受冻、水浸或发现异物、杂土、淤泥、土质松软及软硬不均等现象时，应做好记录，并会同有关单位研究处理。

5.4.10 基坑开挖及结构施工期间应经常对支护桩、地下连续墙及支撑系统、放坡开挖基坑边坡、管线悬吊和运输便桥等进行检查，必要时尚应进行监测。

5.4.11 土方及打桩、降水、地下连续墙等施工机械，在架空输电线路和通讯线路下作业时，其施工的安全距离应符合技术安全规范的规定。

5.4.12 雨季施工应沿基坑做好挡水埝和排水沟，冬季施工应及时用保温材料覆盖，基底不得受冻。

（Ⅱ） 基坑回填

5.4.13 基坑回填料除纯粘土、淤泥、粉砂、杂土，有机质含量大于8%的腐植土、过湿土、冻土和大于150mm粒径的石块外，其他均可回填。

5.4.14 回填土使用前应分别取样测定其最大干容重和最佳含水量并做压实试验，确定填料含水量控制范围、铺土厚度和压实遍数等参数。

5.4.15 回填土为粘性土或砂质土时，应在最佳含水量下填筑，如含水量偏大应翻松晾干或加干土拌匀；如含水量偏低，应洒水湿润，并增加压实遍数或使用重型压实机械碾压。

回填料为碎石类土时，回填或碾压前应洒水湿润。

5.4.16 基坑必须在隧道和地下管线结构达到设计强度后回填。

基坑回填前，应将基坑内积水、杂物清理干净，符合回填的虚土应压实，并经隐检合格后方可回填。

5.4.17 基坑回填应分层、水平压实；隧道结构两侧应水平、对称同时填压；基坑回填高程不一致时，应从低处逐层填压；基坑分段回填接茬处，已填土坡应挖台阶，其宽度不得小于1m，高度不得大于0.5m。

5.4.18 基坑回填时，机械或机具不得碰撞隧道结构及防水保护层。隧道结构两侧和顶部500mm范围内以及地下管线周围应采用人工使用小型机具夯填。

5.4.19 基坑回填土采用机械碾压时，搭接宽度不得小于200mm。人工夯填时，夯与夯之间重叠不得小于1/3夯底宽度。

5.4.20 基坑回填碾压过程中，应取样检查回填土密实度。机械碾压时，每层填土按基坑长度50m或基坑面积为1000m^2时取一组，人工夯实时，每层填土按基坑长度25m或基坑面积为500m^2时取一组；每组取样点不得少于6个，其中部和两边各取两个。遇有填料类别和特征明显变化或压实质量可疑处应增加取样点位。

5.4.21 基坑回填碾压密实度应满足地面工程设计要求，如设计无要求时，应符合表5.4.21规定。

表5.4.21 基坑回填碾压密实度值（%）

基础底以下高程（cm）	最低压实度				
	道路			地下管线	农田或绿地
	快速和主干路	次干路	支路		
0～60	95/98	93/95	90/92	95/98	87/90
60～150	93/95	90/92	90/92	87/90	87/90
>150	87/90	87/90	87/90	87/90	87/90

注：1 表中分子为重锤击实标准，分母为轻锤击实标准，两者均以相应的击实试验法求得的最大压实度为100%；

2 基坑压实应采用重锤击实标准，如回填土含水量大或缺少重型压实机具时，方可采用轻锤击实标准；

3 建筑物基础以下的基坑回填土密实度，应根据设计要求确定。

5.4.22 基坑工字钢支护桩地段拆除背板时，应按本规范第3.7.1条规定执行。拆除中如有土体坍落或有孔洞时应认真处理，保证土体密实。

5.4.23 基坑雨季回填时应集中力量，分段施工，取、运、填、平、压各工序应连续作业。雨前应及时压完已填土层并将表面压平后，做成一定坡势。雨中不得填筑非透水性土质。

5.4.24 基坑不宜冬季回填。如必须施工时，应有可靠的防冻措施。除按常规施工要求外，尚应符合下列规定：

1 每层铺土厚度应比常温施工减少20%～25%，并适当增加压实密实度；

2 冻土块填料含量不得大于15%，粒径不得大于150mm，均匀铺填、逐层压实。建筑物、地下管线、道路工程设计高程1m范围内不得回填冻土块；

3 基坑回填前，应清除回填面上积雪和保温材料；

4 集中力量，分段施工，取、运、填、平、压各工序应连续作业；

5 基面压实后立即覆盖保温，必要时可撒盐水；

6 加强测试，严格控制填料含水量。

5.5 钢筋加工及安装

（Ⅰ） 钢筋加工

5.5.1 钢筋宜在工厂加工成型后运至现场安装。

运至加工厂的每批钢筋，应附出厂合格证和试验报告单，并按规定进行机械性能试验。如未附文件证明或对钢筋有怀疑时，尚应进行化学成分分析。

5.5.2 钢筋运输、储存应保留标牌，并分批堆放整齐，不得锈蚀和污染。

5.5.3 钢筋接头在工厂加工时宜采用闪光接触对焊。

现场可采用搭接、绑条电弧焊或采用机械联接和其他焊接方法，其工艺和要求尚应按相应的规定执行。

5.5.4 钢筋加工允许偏差应符合表5.5.4规定。

表 5.5.4 钢筋加工允许偏差值（mm）

项目		允许偏差
调直后局部弯曲		$d/4$
受力钢筋顺长度方向全长尺寸		±10
弯起成型钢筋	弯起点位置	±10
	弯起高度	0 −10
	弯起角度	2°
	钢筋宽度	±10
箍筋宽和高		+5 −10

注：d 为钢筋直径。

5.5.5 结构采用钢筋焊接片形骨架时，应按设计要求施焊，其尺寸允许偏差应符合表 5.5.5 规定。

表 5.5.5 钢筋焊接片形骨架尺寸允许偏差值（mm）

项目	允许偏差
钢筋骨架高度	±5
钢筋骨架宽度	±10
主筋间距	±10
箍筋间距	±10
钢筋网片长和宽	±10
钢筋网眼尺寸	±10

（Ⅱ）钢筋绑扎

5.5.6 钢筋绑扎前应清点数量、类别、型号、直径，锈蚀严重的钢筋应除锈，弯曲变形钢筋应校正；清理结构内杂物，调直施工缝处钢筋；检查结构位置、高程和模板支立情况，测放钢筋位置后方可进行绑扎。

5.5.7 结构不在同一高程或坡度较大时，必须自下而上进行绑扎，必要时应增设适当固定点或加设支撑。

5.5.8 钢筋绑扎应用同标号砂浆垫块或塑料卡支垫，支垫间距为 1m 左右，并按行列式或交错式摆放，垫块或塑料卡与钢筋应固定牢固。

5.5.9 钢筋绑扎搭接长度应满足设计要求，绑扎点应符合下列规定：

1 钢筋搭接时，中间和两端共绑扎三处，并必须单独绑扎后，再和交叉钢筋绑扎；

2 主筋和分布筋，除变形缝处 2～3 列骨架全部绑扎外，其他可交叉绑扎；

3 主筋之间或双向受力钢筋交叉点应全部绑扎；

4 单肢箍筋和双肢箍筋拐角处与主筋交叉点应全部绑扎，双肢箍筋平直部分与主筋交叉点可交叉绑扎；

5 墙、柱立筋与底板水平主筋交叉点必须绑扎牢固，如悬臂较长时，交叉点必须焊牢，必要时应加支撑；

6 钢筋网片除外围两行钢筋交叉点全部绑扎外，中间部分交叉点可相隔交错绑扎牢固。

5.5.10 箍筋位置应正确并垂直主筋。双肢箍筋弯钩叠合处，应沿受力方向错开设置，单肢箍筋可按行列式或交错式排列。

5.5.11 钢筋绑扎必须牢固稳定，不得变形松脱和开焊。变形缝处主筋和分布筋均不得触及止水带和填缝板，混凝土保护层、钢筋级别、直径、数量、间距、位置等应符合设计要求。预埋件固定应牢固、位置正确。钢筋绑扎位置允许偏差应符合表 5.5.11 规定。

表 5.5.11　钢筋绑扎位置允许偏差值（mm）

项　目		允许偏差
箍筋间距		±10
主筋间距	列间距	±10
	层间距	±5
钢筋弯起点位移		±10
受力钢筋保护层		±5
预埋件	中心线位移	±10
	水平及高程	±5

5.6　模 板 支 立

5.6.1　模板设计应符合下列规定：

1　模板和支架应可靠的承受钢筋混凝土结构及施工的各项荷载；

2　保证结构形状、位置和尺寸正确；

3　构造简单，施工方便，装拆灵活，利于搬运，能满足钢筋安装、绑扎和混凝土灌注等工艺要求；

4　墙、柱（钢管柱除外）模板预留吹扫孔和振捣窗。

5.6.2　模板支立前应清理干净并涂刷隔离剂，铺设应牢固、平整、接缝严密不漏浆，相邻两块模板接缝高低差不应大于 2mm。支架系统连接应牢固稳定。

5.6.3　模板应采用拉杆螺栓固定，两端应加垫块（如图 5.6.3），拆模后其垫块孔应用膨胀水泥砂浆堵塞严密。

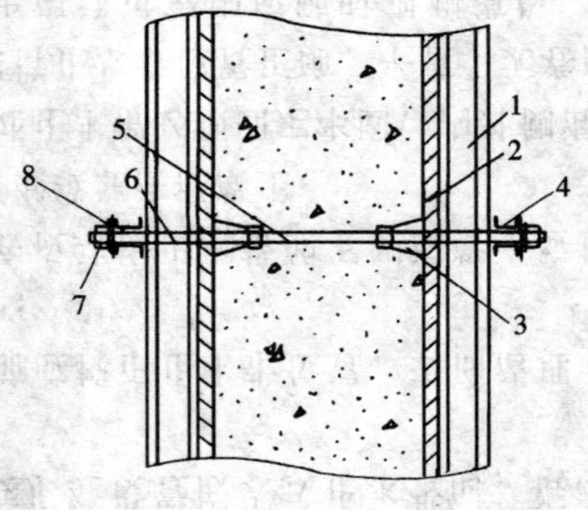

图 5.6.3　模板拉杆螺栓连接图

1—立带；2—模板；3—椎型垫块；4—横带

5—拉杆；6—螺栓；7—螺帽；8—垫板

5.6.4　垫层混凝土模板支立应平顺，位置正确。其允许偏差为：高程 $^{+10}_{-20}$mm；宽度以中线为准，左右各 ±20mm；变形缝不直顺度在全长范围内不得大于 1‰；里程 ±20mm。

5.6.5　底板结构先贴防水层的保护墙应支撑牢固，结构梗斜和底梁模板支立位置应正确、牢固、平整。

5.6.6　顶板结构应先支立支架后铺设模板，并预留 10～30mm 沉落量，顶板结构模板允许偏差为：设计高程加预留沉落量 $^{+10}_{0}$mm；中线 ±10mm；宽度 $^{+15}_{-10}$mm。

5.6.7　墙体结构应根据放线位置分层支立模板，内模板与顶模板连接好并调整净空合格后固定；外侧模板应在钢筋绑扎完后支立。

模板支立允许偏差为：垂直度 2‰；平面位置 ±10mm。

5.6.8　钢筋混凝土柱的模板应自下而上分层支立，支撑应牢固，允许偏差为：垂直度 1‰；平面位置，顺线路方向 ±20mm，垂直线路方向 ±10mm。

钢管柱垂直度、平面位置除符合以上规定外，柱顶高程允许偏差为 $^{+10}_{0}$ mm。

5.6.9 结构变形缝处的端头模板应钉填缝板，填缝板与嵌入式止水带中心线应和变形缝中心线重合，并用模板固定牢固。止水带不得穿孔或用铁钉固定。

端头模板支立允许偏差为：平面位置 ±10mm，垂直度 2‰。

5.6.10 结构留置垂直施工缝时，端头必须安放模板，如设置止水带，除端头模板不设填缝板外，其他应按本规范第 5.6.9 条规定执行。

5.6.11 区间结构采用模板台车施工时，除满足本节有关规定外，尚应制定相应的技术规定。

5.6.12 结构拆模时间：不承重侧墙模板，在混凝土强度达到2.5MPa时即可拆除；承重结构顶板和梁，跨度在 2m 及其以下的强度达到 50%、跨度在 2～8m 的强度达到 70%、跨度在 8m 以上的强度达到 100%时方可拆除。

结构拆模时，尚应符合本规范第 9.2.15 条规定，否则应采取临时覆盖措施。

5.6.13 拆除的模板应清除灰渣，及时维修，妥善保管。

5.7 混凝土灌注

5.7.1 隧道结构均应采用防水混凝土，其施工除满足本节要求外，尚应符合本规范第 9.2 节的规定。

5.7.2 混凝土灌注地点应采取防止暴晒和雨淋措施。

混凝土灌注前应对模板、钢筋、预埋件、端头止水带等进行检查，清除模内杂物，隐检合格后，方可灌注混凝土。

5.7.3 垫层混凝土应沿线路方向灌注，布灰应均匀，其允许偏差为：高程 $^{+5}_{-10}$mm，表面平整度 3mm。

5.7.4 底板混凝土应沿线路方向分层留台阶灌注。混凝土灌注至高程初凝前，应用表面振捣器振一遍后抹面，其允许偏差为：高程 ±10mm，表面平整度 10mm。

5.7.5 墙体和顶板混凝土灌注应符合下列规定：

1 墙体混凝土左右对称、水平、分层连续灌注，至顶板交界处间歇 1～1.5h，然后再灌注顶板混凝土。

2 顶板混凝土连续水平、分台阶由边墙、中墙分别向结构中间方向进行灌注。混凝土灌至高程初凝前，应用表面振捣器振捣一遍后抹面，其允许偏差为：高程 ±10mm，表面平整度 5mm。

5.7.6 混凝土柱可单独施工，并应水平、分层灌注。如和墙、顶板结构同时施工而混凝土标号不同时，必须采取措施，不得混用。

5.7.7 结构变形缝设置嵌入式止水带时，混凝土灌注应符合下列规定：

1 灌注前应校正止水带位置，表面清理干净，止水带损坏处应修补；

2 顶、底板结构止水带的下侧混凝土应振实，将止水带压紧后方可继续灌注混凝土；

3 边墙处止水带必须固定牢固，内外侧混凝土应均匀、水平灌注，保持止水带位置正确、平直、无卷曲现象。

5.7.8 混凝土灌注过程中应随时观测模板、支架、钢筋、预埋件和预留孔洞等情况，发现问题，及时处理。

5.7.9 混凝土终凝后应及时养护，垫层混凝土养护期不得少于7d，结构混凝土养护期不得少于14d。

5.7.10 混凝土抗压、抗渗试件应在灌注地点制作，同一配合比的留置组数应符合下列规定：

1 抗压强度试件：

1）垫层混凝土每灌注一次留置一组；

2）每段结构（不应大于30m长）的底板、中边墙及顶板，车站主体各留置4组，区间及附属建筑物结构各留置2组；

3）混凝土柱结构，每灌注10根留置一组，一次灌注不足10根者，也应留置一组；

4）如需要与结构同条件养护的试件，其留置组数可根据需要确定。

2 抗渗压力试件：每段结构（不应大于30m），车站留置2组，区间及附属建筑物各留置一组。

5.8 结构外防水

5.8.1 结构底板先贴卷材防水层施工，应符合下列规定：

1 保护墙砌在混凝土垫层上，永久保护墙用1:3水泥砂浆砌筑，临时保护墙用1:3白灰砂浆砌筑，并各用与砌筑相同的砂浆抹一层找平层；

2 卷材先铺平面，后铺立面，交接处应交叉搭接；

3 卷材从平面折向立面铺贴时，与永久保护墙粘贴应严密，与临时保护墙应临时贴附于该墙上（如图5.8.1）。

5.8.2 结构边顶后贴卷材防水层施工应符合下列规定：

1 铺贴前应先将接茬部位各层卷材揭开，并将其表面清理干净，如有局部损伤应修补；

2 卷材应采用错茬相接，上层卷材盖过下层卷材不应小于图5.8.2规定；

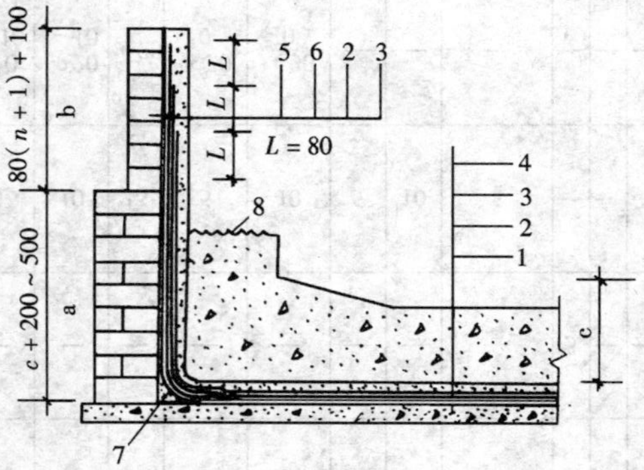

图5.8.1 先贴防水层卷材铺贴图
1—混凝土垫层；2—卷材防水层；3—卷材保护层；4—结构底板；5—保护墙；6—砂浆找平层；7—卷材加强层；8—结构施工缝
a—永久保护墙；b—临时保护墙；c—底板＋梗斜；n—卷材防水层层数

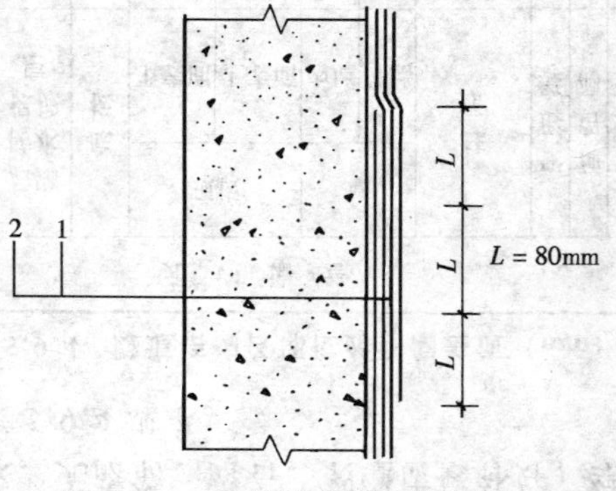

图5.8.2 卷材错茬相接构造图
1—卷材防水层；2—垫层或主体结构

3 卷材铺贴宜先边墙后顶板，先转角，后大面。

5.8.3 在施工条件受到限制，边墙与底板防水层同时铺贴时，边墙顶部应留置临时保护墙，或采取防止损坏卷材留茬的措施。

5.8.4 卷材防水层铺贴及喷涂防水层和特殊部位的防水施工，尚应符合本规范第9章的有关规定。

5.9 工 程 验 收

5.9.1 基坑开挖应对下列项目进行中间检验，并符合本章有关规定：

1 基坑平面位置、宽度及基坑高程、平整度、地质描述；

2 基坑降水；

3 基坑放坡开挖的坡度和支护桩及连续墙支护的稳定情况；

4 地下管线悬吊和基坑便桥稳固情况。

5.9.2 基坑回填应对下列项目进行中间检验，并符合本章有关规定：

1 基坑回填前基底清理；

2 回填料种类、取样、最大干容重和最佳含水量的测试；

3 每层回填土密实度测试。

5.9.3 结构施工应对下列项目进行中间检验，并符合本章有关规定：

1 原材料、配合比和混凝土搅拌及灌注；

2 防水层基面、每层防水层铺贴和保护层施工以及结构混凝土灌注前的模板、钢筋施工质量和隐蔽前的检验；

3 各种材料和试件试验的质量。

5.9.4 隧道结构竣工后，混凝土抗压强度和抗渗压力必须符合设计要求，无露筋、露石，裂缝应修补好，结构允许偏差值应符合表5.9.4规定。

表 5.9.4 隧道结构各部位允许偏差值（mm）

项目	允许偏差												检查方法
	垫层	先贴防水保护层	后贴防水保护层	底板	顶板		墙		柱子	变形缝	预留洞	预埋件	
					下表面	上表面	内墙	外墙					
平面位置	±30	—	—	—	—	—	±10	±15	纵向±20 横向±10	±10	±20	±20	以线路中线为准用尺检查
垂直度（‰）	—	—	—	—	—	—	2	3	1.5	3	—	—	线锤加尺检查
直顺度	—	—	—	—	—	—	—	—	—	5	—	—	拉线检查
平整度	5	5	10	15	5	10	5	10	5	—	—	—	用2m靠尺检查
高程	+5 −10	+0 −10	+20 −10	±20	+30 0	+30 0	—	—	—	—	—	—	用水准仪测量
厚度	±10	—	—	±15	±10		±15		—	—	—	—	用尺检查

5.9.5 工程竣工验收应提供下列资料：

1 原材料、成品、半成品质量合格证；

2 各种试验报告和质量评定记录；

3 图纸会审记录、变更设计或洽商记录；

4 工程定位测量记录；

5 隐蔽工程验收记录；

6 基础、结构工程验收记录；

7 开竣工报告；

8 竣工图。

6 隧道盖挖逆筑法施工

6.1 一 般 规 定

6.1.1 本章适用于盖挖逆筑法修建隧道结构的施工及验收。其施工竖井、洞内土方及材料运输、通风防尘及防有害气体、供电和照明、通风和供水等施工应分别按本规范第7章有关规定执行。工程竣工验收应符合本规范第4.9节和第5.9节的规定。

6.1.2 盖挖逆筑法施工，必须保持围护墙内土层的地下水位稳定在基底0.5m以下。必要时应采取降水措施，并按本规范第2章有关规定执行。

6.1.3 盖挖逆筑法在施工围护墙、中间支承柱、顶板土方及结构的同时，应进行竖井及横洞施工。

6.1.4 隧道结构顶板钢筋混凝土结构施工完后，应迅速恢复地面。

6.1.5 隧道结构围护墙和支承柱，在底板未封闭前，必须验算其承载力和稳定性，必要时应采取加强措施。

6.2 围护墙及支承柱

6.2.1 隧道结构围护墙采用钢筋混凝土灌注桩或地下连续墙时，位置必须正确，以线路中线为准，其允许偏差为：

1 平面位置：

1）支护桩：纵向±50mm、横向$^{+30}_{0}$mm；

2）地下连续墙 $^{+30}_{0}$mm；

2 垂直度3‰。

6.2.2 隧道结构支承柱采用钢管柱或钢筋混凝土灌注柱时，位置必须正确，垂直度符合设计要求，其平面位置以线路中线为准，允许偏差为：纵向 ±25mm、横向 ±20mm。

6.2.3 隧道结构的地下连续墙及钢筋混凝土支承柱与楼、底板结构结合处，除设计规定外，应按施工缝进行处理。

6.2.4 隧道结构围护墙、支承柱所采用的地下连续墙和钢筋混凝土灌注桩（柱），其施工除符合本节规定外，尚应按本规范第 3.6 节和第 4 章的有关规定执行。

6.3 土 方 开 挖

6.3.1 隧道结构顶板及洞内土方开挖，除应符合本节规定外，尚应按本规范第 5.4 节有关规定执行。

6.3.2 隧道结构顶板土方倒段施工时，应根据顶板结构施工的先后顺序进行开挖，并减少与地面干扰。

6.3.3 钢筋混凝土顶、楼、底板和梁的土方开挖时，必须严格控制高程，并应夯填密实、平整，其允许偏差为：高程 $^{+10}_{0}$mm；平整度 10mm，并在 1m 范围内不多于一处。

如遇有软弱或渣土层时，应采取换填或其他加固措施。

6.3.4 隧道洞内每一结构层土方，应根据地质和结构断面尺寸分层、分段进行开挖，其开挖断面坡度必须符合设计规定，不得出现反坡。

6.3.5 隧道洞内土方在未完成相应层的隧道结构前，不得继续开挖下层土方。

6.3.6 隧道洞内土方开挖，如围护墙结构需临时支撑时，应按设计位置及时设置，并按设计要求进行拆除。

6.3.7 围护墙采用支护桩时，桩间土护壁应随土方开挖施工，并按本规范第 3.7.2 条规定执行。

6.4 隧 道 结 构

6.4.1 隧道结构现浇钢筋混凝土模板，除应按本规范第 5.6 节有关要求施工外，尚应符合下列规定：

1 端头模板支立必须保证顶、楼、底板和中、边墙结构变形缝在同一平面内，并符合本规范第 5.6.9 条规定；

2 顶、楼板和梁结构不得直接利用地基做模板，如在地基上铺设底模板时，其高程、中线、宽度等偏差应符合本规范第5.6.6条规定。

6.4.2 隧道结构钢筋，除应按本规范第 5.5 节有关要求施工外，尚应符合下列规定：

1 墙、柱结构预埋件位置应正确，预留钢筋搭接长度符合设计要求，并应采取保护措施；

2 顶板结构钢筋宜预先加工成骨架。

6.4.3 隧道结构混凝土灌注，除应按本规范第 5.7 节和第 9.2 节有关要求施工外，尚应符合下列规定：

1 洞内宜采用泵送混凝土，结构顶板宜采用早强混凝土；

2 结构边、中墙和底、楼板宜以变形缝为界单独灌注混凝土，如施工缝留置位置不符合本规范第 9.2.10 条规定时，应经设计单位同意后方可留置；

3 墙、柱与顶、楼板结合部位预留的施工缝，经养护、处理后方可灌注新混凝土。

6.4.4 隧道结构采用卷材或涂膜防水层时，除应按照本规范第9章有关要求施工外，尚应符合下列规定：

1 结构顶、楼、底板与边墙接茬处防水必须按设计规定进行处理；

2 变形缝处止水带应封闭严密。

7 隧道喷锚暗挖法施工

7.1 一般规定

7.1.1 本章适用于喷锚暗挖法修建隧道结构的施工及验收。岩体分类应根据附录A确定。

7.1.2 隧道喷锚暗挖施工应充分利用围岩自承作用，开挖后及时施工初期支护结构并适时闭合，当开挖面围岩稳定时间不能满足初期支护结构施工时，应采取预加固措施。

7.1.3 工程开工前，应核对地质资料，调查沿线地下管线、构筑物及地面建筑物基础等，并制定保护措施。

7.1.4 隧道开挖面必须保持在无水条件下施工。采用降水施工时，应按本规范第2章有关规定执行。

7.1.5 隧道采用钻爆法施工时，必须事先编制爆破方案，报城市主管部门批准，并经公安部门同意后方可实施。

7.1.6 隧道施工中，应对地面、地层和支护结构的动态进行监测，并及时反馈信息。

7.2 竖 井

7.2.1 竖井应根据现场条件，宜利用通风道、车站出入口、单独或在隧道顶部设置。

7.2.2 竖井结构应根据地质、环境条件等，可采用地下连续墙、钻孔灌注桩或逆筑法等结构形式，并按相应的标准施工。

7.2.3 竖井尺寸应根据施工设备、土石方及材料运输、施工人员出入隧道和排水的需要确定。当竖井利用永久结构时，其尺寸尚应满足设计要求。

7.2.4 竖井与通道、通道与正洞连接处，应采取加固措施。

7.2.5 竖井应设防雨棚，井口周围应设防汛墙和栏杆。

7.2.6 竖井提升运输系统应符合下列规定：

1 提升架必须经过计算，使用中应经常检查、维修和保养；

2 提升设备不得超负荷作业，运输速度应符合设备技术要求；

3 竖井上下应设联络信号。

7.3 地层超前支护及加固

（Ⅰ） 超前导管及管棚

7.3.1 超前导管或管棚应进行设计，其参数可按表 7.3.1 选用。

表 7.3.1 超前导管和管棚支护设计参数值

支护形式	适用地层	钢管直径（mm）	钢管长度（m）		钢管钻设注浆孔的间距（mm）	钢管沿拱的环向布置间距（mm）	钢管沿拱的环向外插角	沿隧道纵向的两排钢管搭接长度（m）
			每根长	总长度				
导管	土层	40～50	3～5	3～5	100～150	300～500	5°～15°	1
管棚	土层或不稳定岩体	80～180	4～6	10～40	100～150	300～500	不大于 3°	1.5

注：1 导管和管棚采用的钢管应直顺，其不钻入围岩部分可不钻孔；
2 导管如锤击打入时，尾部应补强，前端应加工成尖锥形；
3 管棚采用的钢管纵向连接丝扣长度不小于 150mm，管箍长 200mm，并均采用厚壁钢管制作。

7.3.2 导管和管棚安装前应将工作面封闭严密、牢固，清理干净，并测放出钻设位置后方可施工。

7.3.3 导管采用钻孔施工时，其孔眼深度应大于导管长度；采用锤击或钻机顶入时，其顶入长度不应小于管长的 90%。

7.3.4 管棚施工应符合下列规定：

1 钻孔的外插角允许偏差为5‰；

2 钻孔应由高孔位向低孔位进行；

3 钻孔孔径应比钢管直径大30～40mm；

4 遇卡钻、坍孔时应注浆后重钻；

5 钻孔合格后应及时安装钢管，其接长时连接必须牢固。

7.3.5 导管和管棚注浆应符合下列规定：

1 注浆浆液宜采用水泥或水泥砂浆，其水泥浆的水灰比为 0.5～1，水泥砂浆配合比为 1:0.5～3；

2 注浆浆液必须充满钢管及周围的空隙并密实，其注浆量和压力应根据试验确定。

（Ⅱ） 注浆加固

7.3.6 注浆施工，在砂卵石地层中宜采用渗入注浆法；在砂层中宜采用劈裂注浆法；在粘土层中宜采用劈裂或电动硅化注浆法；在淤泥质软土层中，宜采用高压喷射注浆法。

7.3.7 隧道注浆，如条件允许宜在地面进行，否则，可在洞内沿周边超前预注浆，或导洞后对隧道周边进行径向注浆。

7.3.8 注浆材料应符合下列规定：

1 具有良好的可注性；

2 固结后收缩小，具有良好的粘结力和一定强度、抗渗、耐久和稳定性，当地下水有侵蚀作用时，应采用耐侵蚀性的材料；

3 无毒并对环境污染小；

4 注浆工艺简单，操作方便、安全。

7.3.9 注浆浆液应符合下列规定：

1 预注浆和高压喷射注浆宜采用水泥浆、粘土水泥浆或化学浆液；

2 壁后回填注浆宜采用水泥浆液、水泥砂浆或掺有石灰、粘土、粉煤灰等水泥浆液；

3 注浆浆液配合比应经现场试验确定。

7.3.10 注浆孔距应经计算确定；壁后回填注浆孔应在初期支护结构施工时预留（埋），其间距宜为2～5m；高压喷射注浆的喷射孔距宜为0.4～2m。

7.3.11 注浆过程中应根据地质、注浆目的等控制注浆压力。注浆结束后应检查其效果，不合格者应补浆。注浆浆液达到设计强度后方可进行开挖。

7.3.12 注浆施工期间应对地下水取样检查，如有污染应采取措施。

7.3.13 注浆过程中浆液不得溢出地面及超出有效注浆范围。地面注浆结束后，注浆孔应封填密实。

7.4 光面与预裂爆破

7.4.1 隧道钻爆开挖，在硬岩中宜采用光面爆破，软岩中宜采用预裂爆破。分布开挖时，可采用预留光面层的光面爆破。

7.4.2 爆破前应进行爆破设计，并根据爆破效果及时修正有关参数。

7.4.3 爆破参数应依照浅孔、密布、弱爆、循序渐进的原则按表7.4.3选用，并必须经现场试爆后确定。

表 7.4.3 爆破参数值

爆破类别	岩石种类	岩石单轴和抗压强度（MPa）	周边眼间距 E（mm）	周边眼抵抗线 W（mm）	周边眼密集系数 E/W	周边眼至内排崩落眼间距（mm）	装药集中度 q（g/m）
光面爆破	硬岩	＞60	550～700	600～800	0.7～1.0	–	300～350
	中硬岩	30～60	450～650	600～800	0.7～1.0	–	200～300
	软岩	＜30	350～500	450～600	0.5～0.8	–	70～120
预裂爆破	硬岩	＞60	400～500	–	–	400	300～400
	中硬岩	30～60	400～450	–	–	400	200～250
	软岩	＜30	350～400	–	–	350	70～120
预留光面层的爆破	硬岩	＞60	600～700	700～800	0.7～1.0	–	200～300
	中硬岩	30～60	400～500	500～600	0.8～1.0	–	100～150
	软岩	＜30	400～500	500～600	0.7～0.9	–	70～120

注：表列参数适用于炮眼深度1～1.5m，炮眼直径40～50mm，药卷直径20～25mm。

7.4.4 炮眼布置应符合下列规定：

1 炮眼深度应控制在1～1.5m；

2 掏槽炮眼应采用直眼，特殊情况采用斜眼时，如岩层层理或节理明显，则斜眼与其应成一定角度并宜垂直；

3 周边炮眼应沿设计开挖轮廓线布置；

4 辅助炮眼应均匀交错布置在周边与掏槽炮眼之间；

5 周边炮眼与辅助炮眼的眼底应在同一垂直面上，掏槽炮眼加深100mm。

7.4.5 炮眼钻设应符合下列规定：

1 掏槽炮眼的眼口、眼底间距允许偏差均为50mm；

2 辅助炮眼眼口排距、行距允许偏差均为100mm；

3 周边炮眼间距允许偏差为50mm，外斜率不应大于孔深3%～5%，眼底不应超过开挖轮廓线100mm；

4 周边炮眼至内圈炮眼的排距允许偏差为50mm；

5 除掏槽炮眼外，其他炮眼应在同一垂直面上；

6 钻孔完毕检查验收合格并做好记录后方可装药。

7.4.6 炮眼装药应符合下列规定：

1 炮眼装药前应清理干净。

2 炸药宜采用低密度、低炸速、低猛度或高爆力炸药。

3 药卷宜采用小直径连续或间接装药结构。在软岩中，可采用空气柱反向装药结构。硬岩的眼底可装一节加强药卷。

4 起爆方式采用毫秒雷管、导爆索或导爆管，如雷管分段毫秒差小，则周边眼应与内圈眼的雷管跳段使用。周边眼根据地质条件分段起爆。

5 装药完毕，炮眼堵塞长度不宜小于200mm，当采用预裂爆破时，应从药包顶端起堵塞，不得只堵眼口。

7.4.7 爆破后应对开挖断面进行检查，并符合下列规定：

1 开挖断面不得欠挖，允许超挖值应符合本规范第7.5.14条规定；

2 爆破眼的眼痕率：硬岩应大于80%，中硬岩应大于70%，软岩应大于50%，并在轮廓面上均匀分布；

3 两炮眼衔接台阶的最大尺寸不应大于150mm；

4 爆破岩面最大块度不应大于300mm。

7.5 隧 道 开 挖

（Ⅰ） 施工方法

7.5.1 隧道施工方法应根据地质、覆盖层厚度、结构断面及地面环境条件等，经过经济、技术比较后按附录B选用。

7.5.2 全断面法在稳定岩体中应采用光面或预裂爆破成型后施工仰拱，并按设计做初期支护结构或直接进行二次衬砌施工。

7.5.3 台阶法应根据地质和开挖断面跨度等可采用长、短和超短台阶施工，下台阶应在拱部初期支护结构基本稳定后开挖，在土层和不稳定岩体中的下台阶，应先施工边墙初期支护结构后方可开挖中间土体，并适时施工仰拱。

7.5.4 中隔壁法应采用台阶法先分部施工拱部初期支护结构后再分部施工下台阶及仰拱。上下台阶的左右洞体施工时，前后错开距离不应小于15m。

7.5.5 单侧壁导洞法施工，其导洞应结合边墙设置，跨度不宜大于0.5倍隧道宽度，洞顶宜至起拱线。施工时应先完成导洞后再施工上下台阶及仰拱。

7.5.6 双侧壁导洞法施工，其导洞跨度不宜大于0.3倍隧道宽度，施工时，左右导洞前后错开距离不应小于15m。并在导洞施工完后方可按台阶法施工上下台阶及仰拱。

7.5.7 双侧壁边桩导洞法施工，其导洞断面尺寸应满足边桩施工要求。施工应先完成边桩再开挖上台阶，并做好拱部初期支护结构后，方可按逆筑法施工下台阶至封底。

7.5.8 环形留核心土法施工，应先开挖上台阶的环形拱部，并及时施工初期支护结构后再开挖核心土。核心土应留坡度，并不得出现反坡。

上台阶施工完后，应按台阶法施工下台阶及仰拱。

7.5.9 双侧壁及梁柱导洞法施工，其侧壁导洞设置应符合本规范第7.5.6条规定，梁柱导洞断面尺寸应满足梁柱施工要求。施工时，相邻洞前后错开距离不应小于15m，并先开挖侧壁导洞和柱洞，施工完梁柱做好拱部初期支护结构后方可按台阶法施工下台阶及仰拱。

7.5.10 双侧壁桩、梁、柱导洞法施工，其导洞断面尺寸应满足桩、梁柱施工要求，如隧道设置底梁时，则上、下导洞中心线应在同一垂直面内。施工应先开挖导洞，做好桩、梁柱结构，上台阶拱部初期支护结构完成后，方可按逆筑法施工下台阶至封底。

（Ⅱ）开　挖

7.5.11 隧道开挖前应制定防坍塌方案，备好抢险物资，并在现场堆码整齐。

7.5.12 隧道在稳定岩体中可先开挖后支护，支护结构距开挖面宜为5～10m；在土层和不稳定岩体中，初期支护的挖、支、喷三环节必须紧跟，当开挖面稳定时间满足不了初期支护施工时，应采取超前支护或注浆加固措施。

7.5.13 隧道开挖循环进尺，在土层和不稳定岩体中为0.5～1.2m;在稳定岩体中为1～1.5m。

7.5.14 隧道应按设计尺寸严格控制开挖断面，不得欠挖，其允许超挖值应符合表7.5.14的规定。

表 7.5.14 隧道允许超挖值（mm）

隧道开挖部位	岩层分类							
	爆破岩层						土质和不需爆破岩层	
	硬岩		中硬岩		软岩		平均	最大
	平均	最大	平均	最大	平均	最大		
拱部	100	200	150	250	150	250	100	150
边墙及仰拱	100	150	100	150	100	150	100	150

注：超挖或小规模坍方处理时，必须采用耐腐蚀材料回填，并做好回填注浆。

7.5.15 两条平行隧道（包括导洞），相距小于1倍隧道开挖跨度时，其前后开挖面错开距离不应小于15m。

7.5.16 同一条隧道相对开挖，当两工作面相距20m时应停挖一端，另一端继续开挖，并做好测量工作，及时纠偏。其中线贯通允许偏差为：平面位置±30mm，高程±20mm。

7.5.17 隧道台阶法施工，应在拱部初期支护结构基本稳定且喷射混凝土达到设计强度的70%以上时，方可进行下部台阶开挖，并应符合下列规定：

1 边墙应采用单侧或双侧交错开挖，不得使上部结构同时悬空；

2 一次循环开挖长度，稳定岩体不应大于4m，土层和不稳定岩体不应大于2m；

3 边墙挖至设计高程后，必须立即支立钢筋格栅拱架并喷射混凝土；

4 仰拱应根据监控量测结果及时施工。

7.5.18 通风道、出入口等横洞与正洞相连或变断面、交叉点等隧道开挖时，应采取加强措施。

7.5.19 隧道采用分布开挖时，必须保持各开挖阶段围岩及支护结构的稳定性。

7.5.20 隧道开挖过程中，应进行地质描述并做好记录，必要时尚应进行超前地质勘探。

7.6 初 期 支 护

（Ⅰ）钢筋格栅、钢筋网加工及架设

7.6.1 钢筋格栅和钢筋网宜在工厂加工。钢筋格栅第一榀制做好后应试拼，经检验合格后方可进行批量生产。

7.6.2 钢筋格栅和钢筋网采用的钢筋种类、型号、规格应符合设计要求，其施焊应符合设计及钢筋焊接标准的规定。

7.6.3 钢筋格栅加工应符合下列规定：

1 拱架（包括顶拱和墙拱架）应圆顺，直墙架应直顺，允许偏差为：拱架矢高及弧长 $^{+20}_{0}$mm，墙架长度 ±20mm，拱、墙架横断面尺寸（高、宽）$^{+10}_{0}$mm；

2 钢筋格栅组装后应在同一平面内，允许偏差为：高度 ±30mm，宽度 ±20mm，扭曲度 20mm。

7.6.4 钢筋网加工允许偏差为：钢筋间距 ±10mm；钢筋搭接长 ±15mm。

7.6.5 钢筋格栅安装应符合下列规定：

1 基面应坚实并清理干净，必要时应进行预加固；

2 钢筋格栅应垂直线路中线，允许偏差为：横向 ±30mm，纵向 ±50mm，高程 ±30mm，垂直度 5‰；

3 钢筋格栅与壁面应楔紧，每片钢筋格栅节点及相邻格栅纵向必须分别连接牢固。

7.6.6 钢筋网铺设应符合下列规定：

1 铺设应平整，并与格栅或锚杆连接牢固；

2 钢筋格栅采用双层钢筋网时，应在第一层铺设好后再铺第二层；

3 每层钢筋网之间应搭接牢固，且搭接长度不应小于 200mm。

（Ⅱ） 喷射混凝土

7.6.7 喷射混凝土应掺速凝剂，原材料应符合下列规定：

1 水泥：优先选用普通硅酸盐水泥，标号不应低于 325 号，性能符合现行水泥标准；

2 细骨料：采用中砂或粗砂，细度模数应大于 2.5，含水率控制在 5%～7%；

3 粗骨料：采用卵石或碎石，粒径不应大于 15mm；

4 骨料级配通过各筛径累计重量百分数应控制在表 7.6.7的范围内；

表 7.6.7 骨料级配筛分率（%）

骨料粒径（mm）/项目	0.15	0.30	0.60	1.20	2.5	5	10	15
优	5～7	10～15	17～22	23～31	35～43	50～60	73～82	100
良	4～8	5～22	13～31	18～41	26～54	40～70	62～90	100

注：使用碱性速凝剂时，不得使用活性二氧化硅石料。

5 水：采用饮用水；

6 速凝剂：质量合格。使用前应做与水泥相容性试验及水泥净浆凝结效果试验，初凝时间不应超过 5min，终凝时间不应超过 10min。

7.6.8 喷射混凝土的喷射机应具有良好的密封性，输料连续均匀，输料能力应满足混凝土施工的需要。

7.6.9 混合料应搅拌均匀并符合下列规定：

1 配合比：水泥与砂石重量比应取 1:4～4.5。砂率应取 45%～55%，水灰比应取 0.4～0.45。速凝剂掺量应通过试验确定。

2 原材料称量允许偏差为：水泥和速凝剂 ±2%，砂石 ±3%。

3 运输和存放中严防受潮，大块石等杂物不得混入，装入喷射机前应过筛，混合料应随拌随用，存放时间不应超过 20min。

7.6.10 喷射混凝土前应清理场地，清扫受喷面；检查开挖尺寸，清除浮渣及堆积物；埋设控制喷射混凝土厚度的标志；对机具设备进行试运转。就绪后方可进行喷射混凝土作业。

7.6.11 喷射混凝土作业应紧跟开挖工作面，并符合下列规定：

1 混凝土喷射应分片依次自下而上进行并先喷钢筋格栅与壁面间混凝土，然后再喷两钢筋格栅之间混凝土；

2 每次喷射厚度为：边墙 70～100mm；拱顶 50～60mm；

3 分层喷射时，应在前一层混凝土终凝后进行，如终凝 1h 后再喷射，应清洗喷层表面；

4 喷层混凝土回弹量，边墙不宜大于 15%，拱部不宜大于 25%；

5 爆破作业时，喷射混凝土终凝到下一循环放炮间隔时间不应小于 3h。

7.6.12 喷射混凝土 2h 后应养护，养护时间不应少于14d，当气温低于 +5℃时，不得喷水养护。

7.6.13 喷射混凝土施工区气温和混合料进入喷射机温度均不得低于 +5℃。

喷射混凝土低于设计强度的 40%时不得受冻。

7.6.14 喷射混凝土结构试件制作及工程质量应符合下列规定：

1 抗压强度和抗渗压力试件制作组数：同一配合比，区间或小于其断面的结构，每 20m 拱和墙各取一组抗压强度试件，车站各取二组；抗渗压力试件区间结构每 40m 取一组；车站每 20m 取一组。

2 喷层与围岩以及喷层之间粘结应用锤击法检查。对喷层厚度，区间或小于区间断面的结构每 20m 检查一个断面，车站每 10m 检查一个断面。每个断面从拱顶中线起，每 2m 凿孔检查一个点。断面检查点 60%以上喷射厚度不小于设计厚度，最小值不小于设计厚度 1/3，厚度总平均值不小于设计厚度时，方为合格。

3 喷射混凝土应密实、平整、无裂缝、脱落、漏喷、漏筋、空鼓、渗漏水等现象。平整度允许偏差为 30mm，且矢弦比不应大于1/6。

（Ⅲ） 岩体锚杆

7.6.15 锚杆应在初期支护结构喷射混凝土后及时安装。

7.6.16 锚杆钻孔孔位、孔深和孔径等应符合设计要求，允许偏差为：孔位 ±150mm；孔深，水泥砂浆锚杆 ±50mm，楔缝式锚杆 $^{+30}_{0}$mm，胀壳式锚杆 $^{+50}_{0}$mm；孔径，水泥砂浆锚杆应大于杆体直径 15mm，楔缝式锚杆应符合设计要求，胀壳式锚杆应小于杆体直径 1～3mm。

7.6.17 锚杆安装应符合下列规定：

1 安装前应将孔内清理干净；

2 水泥砂浆锚杆杆体应除锈、除油，安装时孔内砂浆应灌注饱满，锚杆外露长度不应大于 100mm；

3 楔缝式和胀壳式锚杆应将杆体与部件事先组装好，安装时应先楔紧锚杆后再安托板并拧紧螺栓；

4 检查合格后应填写记录。

7.6.18 锚杆应进行抗拔试验。同一批锚杆每 100 根应取一组试件，每组 3 根（不足 100 根也取 3 根），设计或材料变更时应另取试件。

同一批试件抗拔力的平均值不得小于设计锚固力，且同一批试件抗拔力最低值不应小于设计锚固力的90%。

7.7 防水层铺贴及二次衬砌

（Ⅰ） 防水层铺贴

7.7.1 防水层应在初期支护结构趋于基本稳定，并经隐检合格后方可进行铺贴。

7.7.2 铺贴防水层的基面应坚实、平整、圆顺、无漏水现象，基面不平整度为50mm。阴阳角处理应符合本规范第9.3.3条规定。

7.7.3 防水层的衬层应沿隧道环向由拱顶向两侧依次铺贴平顺，并与基面固定牢固，其长、短边搭接长度均不应小于50mm。

7.7.4 防水层塑料卷材铺贴应符合下列规定：

1 卷材应沿隧道环向由拱顶向两侧依次铺贴，其搭接长度为：长、短边均不应小于100mm；

2 相邻两幅卷材接缝应错开，错开位置距结构转角处不应小于600mm；

3 卷材搭接处应采用双焊缝焊接，焊缝宽度不应小于10mm，且均匀连续，不得有假焊、漏焊、焊焦、焊穿等现象；

4 卷材应附于衬层上，并固定牢固，不得渗漏水。

7.7.5 隧道结构采用其他卷材和涂膜防水层施工时，应按本规范第9.4节有关规定执行。

（Ⅱ） 二次衬砌

7.7.6 隧道二次衬砌模板施工应符合下列规定：

1 拱部模板应预留沉落量10～30mm，其高程允许偏差为设计高程加预留沉落量$^{+10}_{\ 0}$mm；

2 变形缝端头模板处的填缝板中心应与初期支护结构变形缝重合；

3 变形缝及垂直施工缝端头模板应与初期支护结构间的缝隙嵌堵严密，支立必须垂直、牢固；

4 边墙与拱部模板应预留混凝土灌注及振捣孔口。

7.7.7 隧道二次衬砌混凝土灌注应符合下列规定：

1 混凝土宜采用输送泵输送，坍落度应为：墙体100～150mm，拱部160～210mm；振捣不得触及防水层、钢筋、预埋件和模板；

2 混凝土灌注至墙拱交界处，应间歇1～1.5h后方可继续灌注；

3 混凝土强度达到2.5MPa时方可拆模。

7.7.8 隧道二次衬砌模板、钢筋和混凝土施工，尚应符合本规范第5.5节、第5.6节和第5.7节有关规定。

7.8 监控量测

7.8.1 隧道施工前，应根据埋深、地质、地面环境、开挖断面和施工方法等按表7.8.1的量测项目，拟定监控量测方案。

7.8.2 监控量测测点的初始读数，应在开挖循环节施工后24h内，并在下一循环节施工前取得，其测点距开挖工作面不得大于2m。

7.8.3 量测数据应准确、可靠，并及时绘制时态曲线，当时态曲线趋于平衡时，应及时进行回归分析，并推算出最终值。

7.8.4 围岩和初期支护结构基本稳定应具备下列条件：

1 隧道周边收敛速度有明显减缓趋势；

表 7.8.1　监控量测项目和量测频率

类别	量测项目	量测仪器和工具	测点布置	量测频率
应测项目	围岩及支护状态	地质描述及拱架支护状态观察	每一开挖环	开挖后立即进行
应测项目	地表、地面建筑、地下管线及构筑物变化	水准仪和水平尺	每10~50m一个断面，每断面7~11个测点	开挖面距量测断面前后<2B时1~2次/d 开挖面距量测断面前后<5B时1次/2d 开挖面距量测断面前后>5B时1次/周
应测项目	拱顶下沉	水准仪、钢尺等	每5~30m一个断面，每断面1~3个测点	开挖面距量测断面前后<2B时1~2次/d 开挖面距量测断面前后<5B时1次/2d 开挖面距量测断面前后>5B时1次/周
应测项目	周边净空收敛位移	收敛计	每5~100m一个断面，每断面2~3个测点	开挖面距量测断面前后<2B时1~2次/d 开挖面距量测断面前后<5B时1次/2d 开挖面距量测断面前后>5B时1次/周
应测项目	岩体爆破地面质点振动速度和噪声	声波仪及测振仪等	质点振速根据结构要求设点，噪声根据规定的测距设置	随爆破及时进行
选测项目	围岩内部位移	地面钻孔安放位移计、测斜仪等	取代表性地段设一断面，每断面2~3孔	开挖面距量测断面前后<2B时1~2次/d 开挖面距量测断面前后<5B时1次/2d 开挖面距量测断面前后>5B时1次/周
选测项目	围岩压力及支护间应力	压力传感器	每代表性地段设一断面，每断面15~20个测点	开挖面距量测断面前后<2B时1~2次/d 开挖面距量测断面前后<5B时1次/2d 开挖面距量测断面前后>5B时1次/周

续表 7.8.1

类别	量测项目	量测仪器和工具	测点布置	量测频率
选测项目	钢筋格栅拱架内力及外力	支柱压力计或其他测力计	每10~30榀钢拱架设一对测力计	开挖面距量测断面前后<2B时1~2次/d 开挖面距量测断面前后<5B时1次/2d 开挖面距量测断面前后>5B时1次/周
选测项目	初期支护、二次衬砌内应力及表面应力	混凝土内的应变计及应力计	每代表性地段设一断面，每断面11个测点	开挖面距量测断面前后<2B时1~2次/d 开挖面距量测断面前后<5B时1次/2d 开挖面距量测断面前后>5B时1次/周
选测项目	锚杆内力、抗拔力及表面应力	锚杆测力计及拉拔器	必要时进行	开挖面距量测断面前后<2B时1~2次/d 开挖面距量测断面前后<5B时1次/2d 开挖面距量测断面前后>5B时1次/周

注：1　B为隧道开挖跨度；
2　地质描述包括工程地质和水文地质。
3　当围岩和初期支护结构符合本规范第7.8.3条规定时方可停止量测。

2　收敛量已达总收敛量的80%以上；

3　收敛速度小于0.15mm/d或拱顶位移速度小于0.1mm/d。

7.8.5　隧道施工中出现下列情况之一时，应立即停工，采取措施进行处理：

1　周边及开挖面塌方、滑坡及破裂；

2　量测数据有不断增大的趋势；

3 支护结构变形过大或出现明显的受力裂缝且不断发展；

4 时态曲线长时间没有变缓的趋势。

7.9 隧道内运输

7.9.1 隧道内运输方式应根据开挖断面、运量和挖运机械设备等确定。

7.9.2 有轨线路铺设应符合下列规定：

1 钢轨和道岔型号：钢轨不宜小于24kg/m。并宜选用较大型号的道岔，必要时尚应安装转辙器。

2 轨枕：铺设间距不应大于0.7m，轨枕长应为轨距加0.6m，上下面平整，道岔处铺长轨枕。

3 平面曲线半径不应小于机动车或车辆轨距的7倍。

4 线路铺设：道床应平整坚实，轨距允许偏差为 $^{+6}_{-2}$ mm，曲线应加宽和超高，必要时可设轨距杆。直线地段两轨水平，钢轨接头处应铺两根枕木并保持水平，配件齐全并连接牢固。

5 线间距：双线应保持两列车间距不小于400mm。

6 车辆距隧道壁、人行步道栏杆及隧道壁上的电缆不应小于200mm。人行道宽度不应小于700mm。

7 井底车场和隧道内宜设双股道，如受条件限制设单股道时，错车线有效长度应满足最长列车运行要求。

7.9.3 有轨运输作业应符合下列规定：

1 车辆装载限界：斗车高度不应大于400mm，并不得超宽；平板车高度不应大于1m，并有可靠固定措施，宽度不应大于150mm。

2 车辆不得超载，列车连接可靠，并设有刹车装置。

3 两组列车同方向行驶时，其相距不应小于60m，人推车辆时不应小于20m。

4 轨道外堆料距钢轨外缘不应小于500mm，高度不应大于1m，并堆码整齐。

5 车辆运行中不得摘挂作业，严禁非司机驾驶。

6 机动列车在视线不良弯道和通过道岔或错车时，行车速度不应大于5km/h；在其他地段不应大于15km/h。人推车辆速度不应大于6km/h。

7 轨道应随开挖面及时向前延伸。装卸车处设置车挡，卸土点应设置大于1%的上坡道。

7.9.4 隧道内采用无轨运输时，运输道路应平整、坚实，并做好排水维修工作。其行车速度，施工作业面区不应大于10km/h，其他区段不应大于15km/h。

7.9.5 隧道内运输线路应设专人维修保养，线路两侧的废渣余料等应随时清理干净。

7.10 风、水、电临时设施及通风防尘

（Ⅰ） 供电和照明

7.10.1 隧道施工应设双回路电源，并有可靠切断装置。照明线路电压在施工区域内不得大于36V，成洞和施工区以外地段可用220V。

7.10.2 隧道内电缆线路布置与敷设应符合下列规定：

1 成洞地段固定电线路应采用绝缘线；施工工作面区段的临时电线路宜采用橡套电缆；竖井及正线处宜采用铠装电缆。

2 照明和动力电线（缆）安装在隧道同一侧时，应分层架设，电缆悬挂高度距地面不应小于2m。

3 36V变压器应设置于安全、干燥处，机壳应接地。

4 动力干线的每一支线必须装设开关及保险丝具。不得在动力线上架挂照明设施。

7.10.3 隧道施工范围内必须有足够照明。交通要道、工作面和设备集中处并应设置安全照明。

7.10.4 动力照明的配电箱应封闭严密，不得乱接电源，应设专人管理并经常检查、维修和保养。

（Ⅱ） 供风和供水

7.10.5 空压机站输出的风压应能满足同时工作的各种风动机具的最大额定风量；设置的位置宜在竖井地面附近，并应采取防水、降温、保温和消音措施。

7.10.6 高压风管及水管管径应经计算确定，其安装应符合下列规定：

1 管材和闸阀安装前应检验合格并清洗干净；

2 管路安装应直顺，接头严密；

3 空压机站和供水总管处应设闸阀，干管每 100～200m 并设置分闸阀。

4 高压风管长度大于1000m时，应在管路最低处设油水分离器并定期放出管中的积水和积油；

5 隧道内宜安装在电缆线对面一侧，并不得妨碍交通和运输；

6 管路前端距开挖面宜为30m，并且高压软管接至分风或分水器；

7 严寒地区冬季隧道外水管应有防冻措施。

（Ⅲ） 通风防尘及防有害气体

7.10.7 隧道内施工环境应符合下列规定：

1 氧气含量按体积比不应小于20%；

2 每立方米空气中含10%以上游离二氧化硅粉尘不应超过 2mg；

3 有害气体浓度：一氧化碳含量不应大于$30mg/m^3$；二氧化碳按体积计不应大于 5‰；氮氧化物（换算成 NO_2）含量不应大于 $5mg/m^3$；

4 气温不应超过28℃；

5 噪声不应大于90dB。

7.10.8 隧道施工应采用机械通风。当主风机满足不了需要时，应设置局部通风系统。

7.10.9 隧道内通风应满足各施工作业面需要的最大风量，风量应按每人每分钟供应新鲜空气 $3m^3$ 计算，风速为 0.12～0.25m/s。

7.10.10 通风管径应经计算确定。风管安装与接续应符合下列规定：

1 管路应直顺，接头严密。弯管半径不应小于风管直径的 3 倍。

2 风管的风口距工作面的距离：压入式不宜大于 15m，吸入式不宜大于 5m。

3 混合式通风，两组管路接续交错距离为 20～30m。吸出式风管出风口应置于主风流循环的回风流中。

7.10.11 通风机运转中，必要时应采取消音措施。

通风过程中，应定期测试风量、风速、风压，发现风管风门破损、漏风应及时更换或修理。

7.10.12 隧道凿岩必须湿作业，装渣、放炮后必须喷雾洒水净化粉尘，喷射混凝土时必须采取防尘措施并定期测定粉尘和有害气体的浓度。

7.11 工 程 验 收

7.11.1 喷锚暗挖隧道施工应对下列项目进行中间检验，并符合本章有关规定：

1 竖井开挖、结构和支撑施工以及提升设备安装；

2 超前导管和管棚支护、注浆加固；

3 钻爆施工的爆破参数、炮眼布置、钻设、装药、爆破后开挖断面的检查及锚杆的施工；

4 隧道开挖方法及每一循环节掘进长度、支护距开挖面的距离、开挖断面尺寸及地质描述；

5 初期支护结构钢筋格栅及钢筋网加工、安装以及喷射混凝土作业和质量；

6 喷射和二次衬砌混凝土原材料、配合比、搅拌、试件的制作和试验；

7 防水层材料及基层面检验和衬层、卷材的铺贴；

8 二次衬砌结构钢筋加工及绑扎，模板支立，预埋件安装和混凝土灌注。

7.11.2 隧道结构竣工后，混凝土抗压强度和抗渗压力应符合设计要求，无露筋、漏振、露石，其允许偏差应符合表7.11.2的规定。

表 7.11.2 隧道二次衬砌结构允许偏差值（mm）

项　目	允许偏差值						
	内墙	仰拱	拱部	变形缝	柱子	预埋件	预留孔洞
平面位置	±10	–	–	±20	±10	±20	±20
垂直度（‰）	2	–	–	–	2	–	–
高程	–	±15	+30 −10	–	–	–	–
直顺度	–	–	–	5	–	–	–
平整度	15	20	15	–	5	–	–

注：1 本表不包括特殊要求项目的偏差标准；
2 平面位置以隧道线路中线为准进行测量。

7.11.3 工程竣工验收应提供下列资料：

1 原材料、成品、半成品质量合格证；

2 图纸会审记录、变更设计或洽商记录；

3 各种试验报告和质量评定记录；

4 工程测量定位记录；

5 隐蔽工程验收记录；

6 冬季施工热工计算及施工记录；

7 监控量测记录；

8 开竣工报告；

9 竣工图。

8 隧道盾构掘进法施工

8.1 一 般 规 定

8.1.1 本章适用于在软土地层中，采用盾构掘进和拼装钢筋混凝土管片的方法，修建区间隧道结构的施工及验收。

8.1.2 盾构掘进法施工，应根据隧道外径、埋深、地质、地下管线、构筑物、地面环境、开挖面稳定及地表隆陷值等的控制要求，经过经济、技术比较后选用盾构设备。

8.1.3 盾构设备制造质量，必须符合设计要求，整机总装调试合格，经现场试掘进 50～100m 距离合格后方可正式验收。

盾构及其部件吊运中，不得损坏和变形。

8.1.4 盾构组装时的各项技术指标应达到总装时的精度标准，配套系统应符合规定，组装完毕经检查合格后方可使用。

盾构使用中应经常检查、维修和保养。

8.1.5 盾构施工前，应核对隧道沿线地质资料，对疑难地段，必要时应进行复勘。同时应查清沿线地下管线、构筑物及临近建筑物类型，施工中应采取保护措施。

8.1.6 盾构掘进采用井点降水和地基加固时，应根据地质和地面环境等条件确定实施方法，并按相应的有关规定施工。

8.1.7 盾构掘进法施工，应建立完整的测量和监控量测系统，控制隧道位置，对地层及结构进行监测，并及时反馈信息。

8.2 盾构工作竖井

8.2.1 盾构工作竖井宜设置在靠近车站的端头处，其结构形式根据地质环境条件，可选用地下连续墙、支护桩及沉井等，并应按相应的有关规定施工。

8.2.2 盾构工作竖井结构必须满足井壁支护及盾构推进的后座强度和刚度要求。其宽度、长度和深度应满足盾构装拆、掉头、垂直运输、测量和基座安装等要求。

8.2.3 盾构工作竖井地面上应设防雨棚，井口周围应设防淹墙和安全栏杆。

8.2.4 盾构工作竖井提升运输系统应符合下列规定：

1 提升架和设备必须经过计算，使用中经常检查、维修和保养；

2 提升设备不得超负荷作业，运输速度符合设备技术要求；

3 工作竖井上下应设置联络信号。

8.3 盾构进出工作竖井

8.3.1 盾构在工作竖井内组装和进出工作竖井前，应安装基座和导轨，并对隧道洞口土体进行加固和完成封门施工。

8.3.2 盾构基座应有足够强度、刚度和精度，并满足盾构装拆和检修需要。

基座导轨高程、轨距及中线位置应正确，并固定牢固。

8.3.3 隧道洞口土体加固方法、范围和封门形式应根据地质、洞口尺寸、覆土厚度和地面环境等条件确定。

8.3.4 盾构出工作竖井时，其后座管片的后端面应与线路中线垂直并紧贴井壁，开口段支撑牢固。盾构距洞口适当距离拆除封门后，切口应及时切入土层。

8.3.5 盾构掘进临近工作竖井一定距离时，应控制其出土量并加强线路中线及高程测量。距封门 500mm 左右时停止前进，拆除封门后应连续掘进并拼装管片。

8.3.6 盾构进、出工作竖井时，当盾尾离开井壁后，应及时安装隧道洞口与管片之间空隙的密封装置。

8.4 盾构掘进

8.4.1 盾构掘进中，必须保证正面土体稳定，并根据地质、线路平面、高程、坡度、胸板等条件，正确编组千斤顶。

8.4.2 盾构掘进速度，应与地表控制的隆陷值、进出土量、正面土压平衡调整值及同步注浆等相协调。如停歇时间较长时，必须及时封闭正面土体。

8.4.3 盾构掘进中遇有下列情况之一时，应停止掘进，分析原因并采取措施：

1 盾构前方发生坍塌或遇有障碍；

2 盾构自转角度过大；

3 盾构位置偏离过大；

4 盾构推力较预计的增大；

5 可能发生危及管片防水、运输及注浆遇有故障等。

8.4.4 盾构掘进中应严格控制中线平面位置和高程，其允许偏差均为 ± 50mm。发现偏离应逐步纠正，不得猛纠硬调。

掘进中应按本规范附录 C 表 C-8 填写施工记录。

8.4.5 敞口式盾构切口环前檐刃口切入土层后，应在正面土体支撑系统支护下，自上而下分层进行土方开挖。必要时应采取降水、气压或注浆加固等措施。

8.4.6 网格式盾构应随盾构推进同时进行土方开挖，在土体挤入网格转盘内后应及时运出。

当采用水力盾构时，应采用水枪冲散土体后，用管道运至地面，经泥水处理后排出。

8.4.7 土压平衡式盾构掘进时，工作面压力应通过试推进 50 ~ 100m 后确定，在推进中应及时调整并保持稳定。

掘进中开挖出的土砂应填满土仓，并保持盾构掘进速度和出土量的平衡。

8.4.8 泥水平衡式盾构掘进时，应将刀盘切割下的土体输入泥水室，经搅拌器充分搅拌后，采用流体输送并进行水土分离，分离后的泥水应返回泥水室，并将土体排走。

8.4.9 挤压式盾构胸板开口率应根据地质条件确定，进土孔应对称设置。盾构外壳应设置防偏转稳定装置。掘进时的推力应与出土量相适应。

8.4.10 局部气压式盾构掘进前应将正面土体封堵严密，并根据覆土厚度、地质条件等设定压力值；掘进中，出土量和掘进速度应相适应，并使切口处的出土口浸在泥土中；停止掘进时，应将出土管路关闭。

8.5 气压盾构

8.5.1 气压盾构的最低气压应满足工作面稳定和防止涌水的需要。遇有透水性强的地层且覆土厚度较小时，必须采取措施，保证安全。

8.5.2 气压盾构施工，工地应设医疗闸，施工人员必须经体检合格后方可参加气压作业。

8.5.3 气压盾构闸墙、闸室应专门设计，人行闸和材料闸应分开设置并应满足施工需要。闸室安装后，应用 1.5 倍计算工作压力试验不漏气。

8.5.4 气压盾构各闸室管路的控制阀、仪表、联络信号等应由专人操作。人员进出加、减压时间和压力梯度等应符合规定。

8.5.5 气压盾构工作面应保持安全、卫生、空气新鲜，并符合劳动保护卫生要求。

8.6 钢筋混凝土管片拼装

8.6.1 钢筋混凝土管片应验收合格后方可运至工地。拼装前应编号并进行防水处理，备齐连接件并将盾尾杂物清理干净，举重臂（钳）等设备经检查符合要求后方可进行管片拼装。

8.6.2 钢筋混凝土管片拼装中，应保持盾构稳定状态，并防止盾构后退和已砌管片受损。举重钳钳牢管片操作过程中，施工人员应退出管片拼装环范围。

8.6.3 钢筋混凝土管片拼装时应先就位底部管片，然后自下而上左右交叉安装，每环相邻管片应均布摆匀并控制环面平整度和封口尺寸，最后插入封顶管片成环。

8.6.4 钢筋混凝土管片拼装成环时，其连接螺栓应先逐片初步拧紧，脱出盾尾后再次拧紧。当后续盾构掘进至每环管片拼装之前，应对相邻已成环的3环范围内管片螺栓进行全面检查并复紧。

8.6.5 管片拼装后，应按本规范附录C表C-9做好记录，并进行检验，其质量应符合下列规定：

1 管片拼装允许偏差为：高程和平面±50mm；每环相邻管片平整度4mm；纵向相邻环环面平整度5mm；衬砌环直径椭圆度5‰；

2 螺栓应拧紧，环向及纵向螺栓应全部穿进。

8.7 壁后注浆

8.7.1 衬砌管片脱出盾尾后，应配合地面量测及时进行壁后注浆。

8.7.2 注浆前应对注浆孔、注浆管路和设备进行检查并将盾尾封堵严密。注浆过程中严格控制注浆压力，完工后及时将管路、设备清洗干净。

8.7.3 注浆的浆液应根据地质、地面超载及变形速度等条件选用，其配合比应经试验确定。

8.7.4 注浆时壁后空隙应全部充填密实，注浆量应控制在130%～180%。壁孔注浆宜从隧道两腰开始，注完顶部再注底部，当有条件时也可多点同时进行。注浆后应将壁孔封闭。

同步注浆时各注浆管应同时进行。

8.8 防水

8.8.1 钢筋混凝土管片粘贴防水密封条前应将槽内清理干净，粘贴应牢固、平整、严密、位置正确，不得有起鼓、超长和缺口等现象。

8.8.2 钢筋混凝土管片拼装前应逐块对粘贴的防水密封条进行检查，拼装时不得损坏防水密封条。当隧道基本稳定后应及时进行嵌缝防水处理。

8.8.3 钢筋混凝土管片拼装接缝连接螺栓孔之间应按设计加设防水垫圈。必要时，螺栓孔与螺杆间应采取封堵措施。

8.9 监控量测

8.9.1 盾构掘进施工必须设专人负责监控量测。开工前应拟定方案，施工中按规定进行量测；工程竣工后，应将量测资料整理归档并纳入竣工文件。

8.9.2 盾构掘进施工，应根据地层和地面环境条件按表 8.9.2 量测项目对地层和结构进行动态监控量测。

表 8.9.2 盾构掘进施工监控量测项目

类别	量测项目	量测工具	测点布置	量测频率
必测项目	地表隆陷	水准仪	每 30m 设一断面，必要时需加密	掘进面前后＜20m 时测 1～2 次/d 掘进面前后＜50m 时测 1 次/2d 掘进面前后＞50m 时测 1 次/周
必测项目	隧道隆陷	水准仪、钢尺	每5～10m设一断面	掘进面前后＜20m 时测 1～2 次/d 掘进面前后＜50m 时测 1 次/2d 掘进面前后＞50m 时测 1 次/周
选测项目	土体内部位移（垂直和水平）	水准仪、磁环分层沉降仪、倾斜仪	每30m设一断面	掘进面前后＜20m 时测 1～2 次/d 掘进面前后＜50m 时测 1 次/2d 掘进面前后＞50m 时测 1 次/周
选测项目	衬砌环内力和变形	压力计和传感器	每50～100m设一断面	掘进面前后＜20m 时测 1～2 次/d 掘进面前后＜50m 时测 1 次/2d 掘进面前后＞50m 时测 1 次/周
选测项目	土层压应力	压力计和传感器	每一代表性地段设一断面	掘进面前后＜20m 时测 1～2 次/d 掘进面前后＜50m 时测 1 次/2d 掘进面前后＞50m 时测 1 次/周

8.9.3 监控量测项目应在盾构掘进前测得初始读数。其监控量测取得的数据，应采用随时间变化曲线表示，用回归分析法进行处理，并及时反馈，指导施工。

8.10 隧道内运输、通风及临时设施

8.10.1 隧道内土方水平运输应根据土质情况、设备条件、施工环境等因素，因地制宜地选用水力泵、泥土输送泵、土箱、皮带输送机等运输方法。材料水平运输宜采用有轨运输方式。

8.10.2 气压盾构材料闸门处应设置活动运输轨道，闸门框尺寸应符合运输车辆限界要求。

8.10.3 隧道内运输，除符合以上规定外，尚应按本规范第 7.9 节有关规定执行；通风、供电、照明和供水尚应按本规范第 7.10 节有关规定执行。

8.11 钢筋混凝土管片制作

8.11.1 钢筋混凝土管片应采用高精度的钢模制作，其钢模宽度及弧弦长允许偏差均为 ±0.4mm，并在使用中经常维修、保养。

8.11.2 钢筋混凝土管片的钢筋骨架应采用焊接并在靠模上制作成型。钢筋骨架制作允许偏差应符合表 8.11.2 的规定。

表 8.11.2 钢筋骨架制作允许偏差值（mm）

项目	允许偏差
主筋间距	±10
箍筋间距	±10
分布筋间距	±5
骨架长、宽、高	+5 −10
环、纵向螺栓孔	畅通、内圆面平整

8.11.3 钢筋混凝土管片混凝土施工，除满足本规范第 9.2 节有关要求外，尚应符合下列规定：

1 石子粒径为15～25mm，当采用普通防水混凝土时，其坍落度应为 2～3mm；

2 混凝土必须振捣密实，振捣不得碰钢模芯棒、钢筋、

模板及预埋件等；

3 混凝土终凝后应及时养护，其养护期不得少于 14d；

4 混凝土试件制作，同一配合比每灌注 5 环制作抗压强度试件一组，每 10 环制作抗渗压力试件一组。

8.11.4 钢筋混凝土管片制作应符合下列规定：

1 混凝土抗压强度和抗渗压力应符合设计要求；

2 表面应平整，无缺棱、掉角、麻面和露筋；

3 尺寸允许偏差应符合表8.11.4的规定。

表 8.11.4 钢筋混凝土管片尺寸允许偏差值（mm）

项　目	检查点数	允许偏差
宽　度	测 3 个点	±1
弧　弦　长	测 3 个点	±1
厚　度	测 3 个点	+3 -1

8.11.5 钢筋混凝土管片，每生产一环应抽查一块做检漏测试；每生产 100 环应抽查 3 环做水平拼装检验。其水平拼装检验标准应符合表 8.11.5 的规定。

表 8.11.5 钢筋混凝土管片水平拼装检验允许偏差值（mm）

项　目	检测要求	检测方法	允许偏差
环向缝间隙	每环测 3 点	插片	2
纵向缝间隙	每条缝测 3 点	插片	2
成环后内径	测 4 条（不放衬垫）	用钢卷尺	±2
成环后外径	测 4 条（不放衬垫）	用钢卷尺	±2
纵、环向螺栓全部穿进	螺栓杆与孔的间隙	插钢丝	$d_{孔}-d_{螺}<2$

注：$d_{孔}$—螺孔直径；$d_{螺}$—螺栓杆直径。

8.12 工 程 验 收

8.12.1 盾构掘进法施工，应对下列项目进行中间检验，并符合本章有关规定：

1 管片制作：模板、钢筋、混凝土、制作成型的单块预制管片检漏测试和水平拼装检验；

2 盾构掘进及管片拼装：

1）隧道的平面及高程；

2）管片接缝的防水材料及密封条的粘贴质量；

3）管片的拼装及连接。

8.12.2 隧道结构竣工验收应符合下列规定：

1 钢筋混凝土管片结构抗压强度、抗渗压力应符合设计规定；

2 结构表面无裂缝、缺棱、掉角，管片接缝严密。其允许偏差应符合本规范第 8.6.5 条规定。

8.12.3 工程竣工验收应提供下列资料：

1 原材料、预制管片等成品、半成品质量合格证；

2 各种试验报告和质量评定记录；

3 隐蔽工程验收记录；

4 工程测量定位记录；

5 隧道衬砌环轴线高程、平面偏移值；

6 隧道衬砌渗漏水量检测值；

7 图纸会审记录、变更设计或洽商记录；

8 监控量测记录；

9 开竣工报告；

10 竣工图。

9 隧道结构防水

9.1 一 般 规 定

9.1.1 本章适用于隧道结构自防水、附加防水层、特殊部位防水的施工及验收。

盾构隧道结构防水应按本规范第 8 章有关规定执行。

9.1.2 防水采用的原材料、制品和配件等应符合设计要求，并有出厂合格证，经检验符合要求后方可使用。

9.1.3 各种拌合物成分和调制应符合设计要求并通过试验确定。

9.1.4 卷材和涂膜防水层施工环境和温度应符合产品技术要求，不得在雨、雪及大风天气中施工。

9.1.5 附加防水层应在基层面及主体结构检验合格并填写隐检记录后方可施工。

9.1.6 变形缝、施工缝、结构外墙的穿墙管等特殊部位的防水应采取加强措施。

9.1.7 卷材或涂膜防水层完工后应及时施工保护层，并应符合下列规定：

1 顶、底板保护层平整度允许偏差为：底板 5mm，顶板 10mm；

2 边墙后贴防水层保护层，如采用砌块砌筑时，应边砌边用砂浆填实；

3 保护层砂浆或细石混凝土终凝后应及时养护。

9.2 防水混凝土

9.2.1 隧道结构应采用掺外加剂的防水混凝土，钢管柱宜采用微膨胀混凝土。如地下水含有侵蚀性介质时，尚应采用抗侵蚀性混凝土，其耐侵蚀系数不得小于0.8。

9.2.2 防水混凝土使用的材料应符合下列规定：

1 水泥：

1）标号不低于 425 号；

2）含碱量（Na_2O）不应大于 0.6%；

3）在不受冻融和侵蚀性介质作用下，宜采用普通、火山灰质、粉煤灰硅酸盐水泥和矿渣硅酸盐水泥；

4）受冻融作用和冬期宜采用普通硅酸盐水泥，不宜采用火山灰质和粉煤灰硅酸盐水泥；

5）受侵蚀性介质作用时，应按设计选用水泥；

6）不得采用受潮和过期水泥，不同品种和不同标号的水泥不得混用。

2 砂、石：除应符合国家现行标准《普通混凝土用砂质量标准及检验方法》JGJ 52 和《普通混凝土用碎石或卵石质量标准及检验方法》JGJ 53 的规定外，石子最大粒径不应大于 40mm，含泥量不应大于 1%，吸水率不应大于 1.5%。

砂宜采用中砂，含泥量不应大于 3%。

3 外加剂：除含氯离子的外加剂外，可根据需要掺引气剂、减水剂、防水剂、膨胀剂等。

4 水：无侵蚀性洁净水。

9.2.3 防水混凝土配合比必须经试验确定。其抗渗等级应比设计要求提高 0.2MPa，并应符合下列规定：

1 每立方米混凝土的水泥用量不应低于320kg，当掺活性粉细料时，不应低于280kg；

2 水灰比宜小于0.55，并不得大于0.60；

3 砂率应为35%～40%；

4 灰砂比应为1:2～1:2.5；

5 坍落度应为100～210mm；

6 掺引气剂或引气性减水剂时，混凝土含气量应控制在3%～5%。

9.2.4 防水混凝土搅拌应符合下列规定：

1 必须采用机械搅拌，并根据外加剂的技术要求确定搅拌时间；

2 配料允许偏差为：水、水泥、外加剂、掺合料±1%，砂、石±2%；

3 外加剂应溶成较小浓度溶液加入搅拌机内。

9.2.5 防水混凝土采用输送泵输送时应符合下列规定：

1 坍落度应为100～210mm；

2 混凝土不得发生离析现象；

3 混凝土必须保证供应，连续作业；

4 输送泵管路拐弯宜缓，接头严密，输送混凝土接长管路时，宜分段进行，接好一段，泵出混凝土后方可接长下一段；

5 输送泵间歇时间预计超过45min或混凝土出现离析现象时，应立即冲洗管内残留混凝土；

6 输送混凝土中，受料斗内应保持足够数量的混凝土。

9.2.6 防水混凝土灌注时的自由倾落度高度不应大于2m。当灌注结构的高度超过3m时，应采用串筒、溜槽或振动溜管下落。

9.2.7 防水混凝土必须采用振捣器振捣，振捣时间宜为10～20s，并以混凝土开始泛浆和不冒气泡为准。

振捣器振捣时的移距，插入式不宜大于作用半径1倍，插入下层混凝土深度不应小于50mm，振捣时不得碰撞钢筋、模板、预埋件和止水带等；表面振捣器移距应与已振捣混凝土搭接100mm以上。

9.2.8 防水混凝土应从低处向高处分层连续灌注，如必须间歇时，应在前层混凝土凝结前，将次层混凝土灌注完毕，否则，应留施工缝。

混凝土凝结时间不应大于表9.2.8规定。

表 9.2.8 混凝土凝结时间（min）

混凝土标号	气温低于25℃	气温高于25℃
不大于 C_{30}	210	180
大于 C_{30}	180	150

注：本表所列时间，包括运输和灌注时间。

9.2.9 防水混凝土每层灌注厚度：插入式振捣器不应大于300mm，表面振捣器不应大于200mm。

9.2.10 防水混凝土留置施工缝位置应符合下列规定：

1 柱子施工缝应留置在与顶、底板或梁的交界处。

2 墙体施工缝留置位置：水平施工缝在高出底板200～300mm处，如必须留置垂直施工缝时，应加设端头模板，并宜与变形缝相结合。

3 顶、底板均不得留置水平施工缝，如留置垂直施工缝时，应按本条第2款规定执行。

4 墙体施工缝宜留置平缝，并粘贴遇水膨胀胶条进行防水处理，如图9.2.10-1和图9.2.10-2。

9.2.11 施工缝处继续灌注混凝土时应符合下列规定：

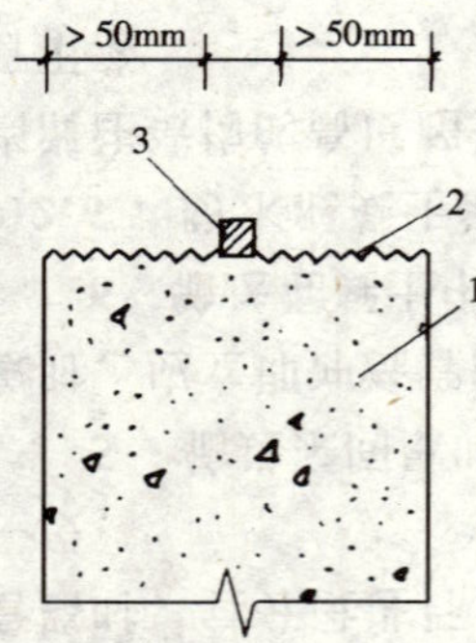

图 9.2.10-1　遇水膨胀胶条安装断面图
1—主体结构；2—施工缝；3—膨胀胶条
注：膨胀胶条应采取防过早膨胀措施并粘贴牢固。

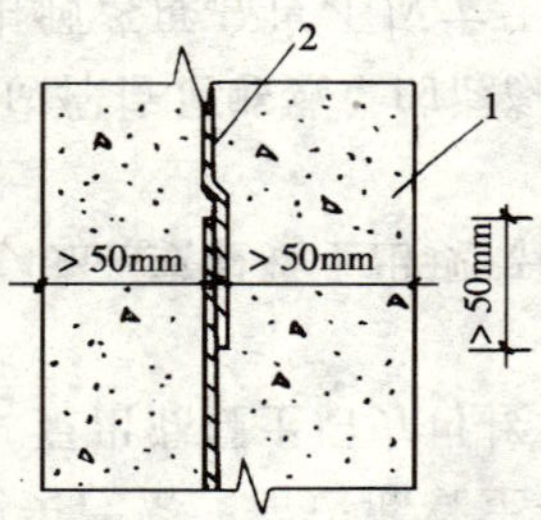

图 9.2.10-2　遇水膨胀胶条搭接平面图
1—主体结构；2—膨胀胶条
注：膨胀胶条应采取防过早膨胀措施并粘贴牢固。

1　已灌注混凝土强度：水平施工缝处不应低于1.2MPa，垂直施工缝处不应低于2.5MPa。

2　已灌注混凝土表面必须凿毛，清理干净后粘贴遇水膨胀胶条。

3　灌注混凝土前，施工缝处应先湿润。水平施工缝先铺20～25mm厚的与灌注混凝土灰砂比相同的砂浆。

9.2.12　后浇缝施工应符合下列规定：

1　位置应设于受力和变形较小处，宽度宜为0.8～1.0m；

2　后浇混凝土施工应在其两侧混凝土龄期达到42d后进行；

3　后浇混凝土施工前，两侧混凝土应凿毛，清理干净，保持湿润，并刷水泥浆后粘贴遇水膨胀胶条；

4　后浇缝应采用补偿收缩混凝土灌注，其配合比经试验确定，并不得低于两侧混凝土强度；

5　后浇混凝土养护期不应少于28d。

9.2.13　防水混凝土结构内的钢筋或绑扎铁丝，不得触及模板，固定模板的螺栓穿过外墙混凝土结构时，必须采取防水措施。

9.2.14　结构预埋件（管）、预留孔洞、钢筋密集以及其他特殊部位，必须事先制定措施，施工中加强振捣，不得漏振。

9.2.15　防水混凝土终凝后，应立即进行养护，并保持湿润，养护期不应少于14d。

拆模时，混凝土结构表面温度与周围气温的温差不应大于20℃。

9.2.16　防水混凝土冬季施工时的入模温度不应低于热工计算要求，养护应采用蓄热法。

9.2.17　防水混凝土试件的留置组数，同一配合比时，每$100m^3$和$500m^3$（不足者也分别按$100m^3$和$500m^3$计）应分别做两组抗压强度和抗渗压力试件，其中一组在同条件下养护，另一组在标准条件下养护。

9.3　卷材防水层

9.3.1　卷材防水层必须采用与卷材相适应的粘贴涂料，其涂刷应符合设计和产品技术文件的规定。

9.3.2　卷材防水层必须在基层面验收合格后方可铺贴，并在铺贴完毕经验收合格后及时施工保护层。

9.3.3　卷材铺贴的基层面应符合下列规定：

1　基层面应洁净；

2 基层面必须坚实、平整，其平整度允许偏差为 3mm，且每米范围内不多于一处；

3 基层面阴、阳角处应做成 100mm 圆弧或 50×50mm 钝角；

4 保护墙找平层，永久与临时保护墙分别采用水泥和白灰砂浆抹面，其配合比均为1:3，厚度为 15～20mm；

5 基层面应干燥，含水率不宜大于 9%。

9.3.4 卷材防水层搭接宽度应符合表9.3.4规定。

表 9.3.4 卷材搭接允许宽度值（mm）

卷材种类 \ 铺贴方法 \ 搭接宽度		短边搭接宽度 满粘法	短边搭接宽度 空铺法 点粘法 条粘法	长边搭接宽度 满粘法	长边搭接宽度 空铺法 点粘法 条粘法
高聚物改性沥青防水卷材		80	100	80	100
合成高分子防水卷材	粘结法	80	100	80	100
	焊接法	50			

9.3.5 防水卷材在以下部位必须铺设附加层，其尺寸应符合下列规定：

1 阴阳角处：500mm 幅宽；

2 变形缝处：600mm 幅宽，并上下各设一层；

3 穿墙管周围：300mm 幅宽，150mm 长。

9.3.6 卷材防水层铺贴收头部位、搭接部位、端部等必须进行密封处理。

9.3.7 卷材铺贴基层面应涂刷处理剂，干燥后先铺贴附加层，并在基层面上测放出基准线后，方可进行卷材铺贴。

9.3.8 卷材防水层铺贴应符合下列规定：

1 卷材粘贴涂料必须涂满铺匀。

2 卷材铺贴长边应与隧道结构纵向垂直，其两幅搭接长度应符合本规范第 9.3.4 条的规定。上下两层卷材搭接缝应错开 1/2 幅宽。

3 卷材粘贴：底板底部卷材与基层面应按设计确定采用点粘法、条粘法或满粘法粘贴；立面和顶板的卷材与基层面、附加层与基层面、附加层与卷材及卷材之间必须全粘贴。

4 卷材应自平面向立面由下向上铺贴，其接缝应留置于平面上，距立面不应小于600mm。

5 卷材应随粘结料边涂边贴，并展平压实，卷材之间以及与基层面之间必须粘贴紧密，粘贴缝粘贴封严。卷材铺贴最外层表面应均匀涂刷一层涂料后方可施工保护层。

9.3.9 夹层卷材防水层，明挖隧道应用外防内贴法施工，喷锚暗挖隧道宜采用空铺法施工。

9.4 涂膜防水层

9.4.1 涂膜防水层应采用耐水、耐裂和耐腐蚀、无毒（或低毒）、刺激性小的合成高分子或高聚物改性沥青涂料。施工前应进行涂布试验，合格后方可正式施工。

9.4.2 涂膜防水层基层面必须坚实、平整、清洁，不得有渗水、结露、凸角、凹坑及起砂现象。采用油溶性或非湿固性涂料时，基层面应保持干燥。

9.4.3 涂膜防水层施工应符合下列规定：

1 涂料应按设计或产品技术规定配制，每次配料应在其规定的时间内用完；

2 涂布前应先在基层面上涂一层与涂膜材料相溶的基

层处理剂；

3 涂料应分层涂布，并在前层干燥后方可涂布后一层。其涂膜厚度应符合设计规定；

4 每层涂料应顺向均匀涂布，且前、后层方向应垂直；

5 分片涂布的片与片之间应搭接80～100mm；

6 边墙应由上向下顺序涂布，并采取防流淌措施。

9.4.4 涂膜防水层采用夹铺胎体增强材料时，除应符合本规范第9.3节有关规定外，其胎体搭接宽度，长边应为50mm，短边应为70mm。

9.5 特殊部位防水

9.5.1 变形缝处防水施工应符合下列规定：

1 止水带宽度和材质的物理性能均应符合设计要求，且无裂纹和气泡。

接头应热接，不得叠接，接缝平整牢固、不得有裂口和脱胶现象。

2 嵌入式止水带固定和变形缝处混凝土灌注应分别符合本规范第5.6.9条和第5.7.7条规定。

3 变形缝处增铺的附加层应按设计施工，并粘贴严密。

9.5.2 隧道结构外墙穿墙管处防水施工应符合下列规定：

1 穿墙管止水环和翼环应与主管连续满焊（如图9.5.2-1和图9.5.2-2），并做防腐处理；

2 穿墙管处防水层施工前，应将翼环和管道表面清理干净；

3 预埋防水套管内的管道安装完毕，应在两管间嵌防水填料，内侧用法兰压紧（如图9.5.2-2），外侧铺贴防水层；

4 每层防水层应铺贴严密，不留接茬，增设附加层时，应按设计要求施工。

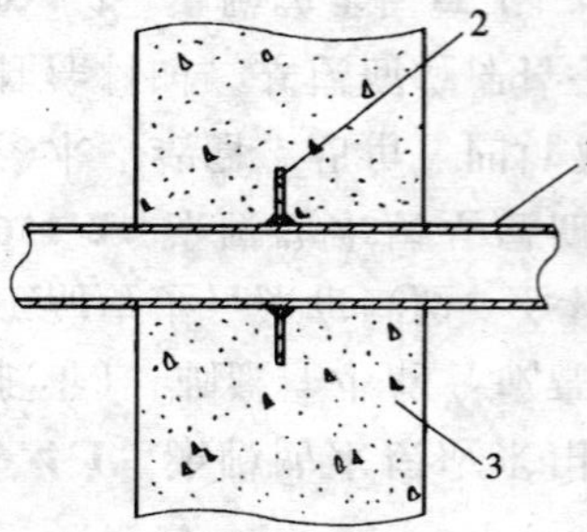

图9.5.2-1 穿墙管图

1—钢管；2—止水环；3—主体结构

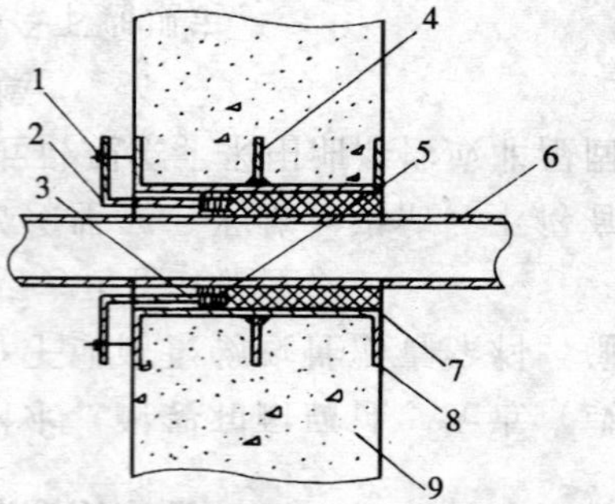

图9.5.2-2 套管式穿墙管构造图

1—螺栓；2—压紧法兰；3—胶圈；4—止水环；5—挡圈；6—主管；7—嵌填料；8—翼环；9—主体结构

9.6 工程验收

9.6.1 隧道结构防水施工下列项目应进行中间检验，并符合本章有关规定：

1 材料规格、品种及质量；

2 混凝土：配合比、坍落度、搅拌时间、混凝土灌注、抗压和抗渗试件试验；

3 基层面及保护层坚实情况及平整度；

4 防水层涂料配制及涂布，卷材及涂膜防水层铺贴及喷涂，穿墙管及变形缝处防水施工。

9.6.2 隧道结构防水竣工验收应符合下列规定：

1 混凝土抗压强度和抗渗压力应符合设计要求；

2 穿墙管与防水层连接紧密，无渗漏水现象；

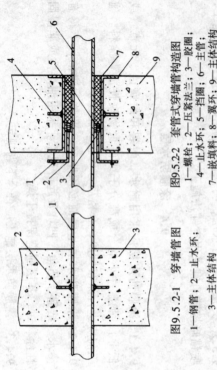

3 防水层接缝严密，涂膜防水层厚度符合设计要求，各层之间和防水层与基层面之间接合紧密，无裂缝、损伤、气泡、脱层或滑动等现象。

9.6.3 工程竣工验收应提供下列资料：

1 原材料质量合格证；

2 试验报告和质量评定记录；

3 混凝土冬期施工热工计算及施工记录；

4 隐蔽工程验收记录；

5 图纸会审记录、变更设计或洽商记录；

6 防水层铺贴放线记录；

7 开竣工报告；

8 竣工图。

10 路　基

10.1 一般规定

10.1.1 本章适用于地面路基的施工及验收。

特殊条件的路基及防护加固等，应按国家现行的有关标准执行。

10.1.2 路基工程开工前，应做好截、排水设施，并测放出路堤、路堑位置和高程，施工中应复测。

10.1.3 路基施工，应对土方进行综合平衡和调配。土方调配应与城市规划建设及郊区农田水利相结合。

10.1.4 路基应分段施工，减少对城市正常生活的干扰。

施工遇有地下管线时，应按本规范第5.2节有关规定执行。

10.1.5 路基采用土工布做渗滤和隔离层时，应根据设计选用材料，其铺设应符合下列规定：

1 铺设前应平整地基，不得有带尖角的杂物；

2 铺设应沿长度方向进行；

3 两幅隔离层应采用焊缝连接。两幅渗滤层搭接，在平面上后幅应压前幅，在斜坡和直墙上应上幅压下幅，其搭接长度不得小于300mm；

4 铺设完毕后应及时摊铺填料，并在300mm范围内不得采用机械碾压。

10.2 路　　堑

10.2.1 路堑两侧顶部排水截流设施开工前应先施工，并应符合下列规定：

1 排水设施应与城市排水系统相沟通，排出的水不得危害附近建筑物、地下管线、道路和农田；

2 路堑与隧道洞口连接处，应安装排水设施。

10.2.2 路堑天沟、侧沟及其他引、截、排水设施，基底应坚实，沟坡、沟底应平顺，沟内无浮土和杂物，排水畅通。

10.2.3 路堑开挖前应标出边坡线，坡顶、坡面应无危石、裂缝和其他不安全因素，必要时应进行处理。

10.2.4 路堑应自上而下逐层开挖，严禁掏洞施工。

路堑边坡应边开挖边修理。边坡设防护时，应紧跟边坡开挖施工，否则，应暂留一层保护层，待施工护坡时再刷坡至设计位置。

10.2.5 在岩层走向及倾角不利边坡稳定的地段应顺层开挖，不得挖断及扰动岩层。设有挡土墙地段，应短开挖或采用马口式开挖，并采取临时支护措施。

10.2.6 路堑两侧不宜弃土，如经批准弃土时，则应保证路堑边坡稳定。

10.2.7 路堑边坡应密实平整、无明显高低差、凸悬危石、浮石、渣堆和杂物，平台台面应平整并符合设计要求。

10.2.8 路堑挖至接近堑底时，应核对土质，测放基床边坡线，并修整压实。

路堑的路基质量应符合下列规定：

1 路基面应平顺，肩棱应整齐、路拱坡面应符合设计要求，不得有局部凹凸现象；

2 路基面宽度，自线路中线至每侧路肩边宽允许偏差为 ±50mm；

3 路肩高程允许偏差：每百米为 ±50mm，但连续长度不得大于 10m；

4 路基面平整度允许偏差为：土质路基 15mm，石质路基 50mm；

5 设有路拱的路基与无路拱路基面之间应顺坡相连。

10.3 路　　堤

（Ⅰ）　路堤填筑

10.3.1 路堤基底土质应符合设计要求，并在填筑前按下列要求进行处理：

1 拔除树根、树墩、杂草，清除杂物和积水；

2 基底坡度陡于1:5时，应挖成不小于 1m 宽的台阶；

3 原地面松土应进行翻挖和压实。

10.3.2 路堤填料和边坡坡度应符合设计要求。路堤填筑密实度如设计无规定时应符合表 10.3.2 规定。

表 10.3.2　路堤填筑密实度标准

路肩高程以下范围（cm）	密实度要求（%）
0～50	95/98
50～120	93/95
>120	87/90

注：1　表中分子为重锤击实标准，分母为轻锤击实标准，两者均以相应的击实试验法求得的最大压实度为 100%；

2　路堤压实应采用重锤击实标准，如回填土含水量大，缺少重型压实机具时，可采用轻锤击实标准；

3　构筑物基础以下的回填土密实度，应根据设计要求确定。

10.3.3 路堤填筑施工应符合下列规定：

1 碾压应顺路堤边缘向中央进行，碾轮外缘距填土边坡外沿500mm的填筑部位应辅以小型机具夯实；

2 分段填筑时，每层接缝处应做成斜坡形，碾迹重叠0.5～1.0m，上下层错缝不应小于1m；

3 采用振动压路机碾压时，宜先静压之后再振压；

4 同一填筑层土质不得混填。分层填筑时，下层宜填筑透水性较大填料，如条件限制，只能填筑透水性小的填料时，表面应做排水坡或盲沟，边坡不得用透水性小的填料封闭。

5 路堤填筑时的其他要求，应按本规范第5.4节的有关规定执行。

10.3.4 桥头、涵洞（管）结构强度达到设计要求时方可进行背后土方填筑，施工除按本规范第10.3.3条要求外，尚应符合下列规定：

1 桥头及挡土墙应填筑透水性好的填料，如受条件限制，填筑透水性差的填料时，应保证其密实度；

2 桥台护坡和填筑宜同时进行，填面微向外侧倾斜；

3 涵洞（管）填土应自两侧对称、均匀分层填筑，对防水层应有保护措施；

4 桥头护坡及挡土墙背后填筑时，其滤水层或排水盲沟应按设计施工。

10.3.5 沼泽地或杂填土地段的路堤应提前施工，对软土层、空洞及暗塘等，应按设计要求处理合格后方可进行填筑。

10.3.6 路堤边坡应夯实，其坡度应符合设计要求。对受自然因素易损坏的路堤边坡坡面，应按设计要求采取防护措施。

10.3.7 路堤雨季填筑施工应符合下列规定：

1 取、运、填、铺、压各工序应连续作业，逐段完成；

2 路堤周围应做好排水系统，傍山沿河地段，应采取防洪措施；

3 涵洞（管）和易翻浆或低洼地段应提前施工；

4 严禁在大、中雨或连阴雨天填筑非透水性填料；

5 路堤填筑应留横向排水坡度并应边填边压实。

10.3.8 冬季路堤填筑应符合下列规定：

1 填料：冻土块不得大于150mm，体积含量不得大于填料30%，并均匀散布于填层内。路基面下1.2m、边坡面1m内和桥头路基不得使用冻土填筑；

2 取、运、填、铺、压各工序应连续作业，周转时间应大于土的冻结时间；

3 遇大雪或其他原因中途停工时，应整平填层及边坡面并加以覆盖，施工前应清除填筑面的冰雪和保温材料；

4 路堤面及边坡整修宜在解冻后进行。

10.3.9 路堤填筑应严格控制填料含水量，其碾压密实度检测应符合下列规定：

1 每层填筑按路基长度，每50m（也不大于$1000m^2$）取样一组，每组不应小于3个点，即路基中部和两边各1点。

2 遇有填料类别和特征有明显变化和对压实质量可疑处，应增加测点。

（Ⅱ）涵　洞

10.3.10 涵洞采用预制钢筋混凝土圆管时，砌筑前基底应夯实，管底高程、坡度应符合设计要求，其管座混凝土应与管身密贴。

10.3.11 涵洞采用石料砌筑时，应按先墙后拱的顺序施工，变形缝应直顺，缝中填料填塞应紧密。

10.3.12 涵洞拱圈砌筑应采用拱架模板支撑，并应符合下列规定：

1 砌筑宜分节施工，并从拱脚同时对称向拱顶方向进行；

2 砌石大面应沿辐射线方向挤嵌稳固，成排砌好后，用中小石料嵌砌，并用砂浆捣实砌缝；

3 拱圈下层外露面应选用平整块石；

4 拱圈碹脸石应加工成同一规格和形状后砌筑；

5 拱圈砌筑后，砂浆达到设计强度的70%时，方可砌筑拱端侧墙和拱背填土。

10.3.13 涵洞采用现浇混凝土结构时，施工应符合本规范第5.6节～第5.8节有关规定。

采用预制钢筋混凝土盖板或拱圈时施工应符合设计规定。

10.3.14 涵洞施工允许偏差应符合下列规定：

1 现浇或砌筑涵洞孔径为±20mm；

2 中线位移为±20mm；

3 结构厚度：混凝土或钢筋混凝土结构为±15mm；砌石结构为±20mm；

4 结构不平整度为：混凝土或钢筋混凝土结构15mm；砌石结构30mm；

5 变形缝直顺度为15mm。

10.4 工 程 验 收

10.4.1 路基工程以下项目应进行中间检验，并符合本章有关规定：

1 路堑：开挖前坡顶侧沟砌筑和开挖边坡坡度、路基侧沟、宽度及高程；

2 路堤：填筑前地基处理、填筑材料、填筑密实度、边坡坡度、路堤宽度及高程；

3 涵洞：基底处理、墙拱砌筑材料、配合比、拌合及砌筑高程、位置。

10.4.2 工程竣工验收应符合下列规定：

1 路堑的边坡坡度和防护符合设计要求，排水设施和路基应分别符合本规范第10.2.2条和第10.2.8条规定。

2 路堤边坡坡度和路堤宽度、高程等应符合设计要求，填筑密实度应符合本规范第10.3.2条规定。

3 涵洞结构应符合设计强度，尺寸允许偏差应符合第10.3.14条规定。

10.4.3 工程竣工验收应提供下列资料：

1 原材料、成品、半成品质量合格证；

2 各种试验报告和质量评定记录；

3 隐蔽工程验收记录；

4 工程测量定位记录；

5 图纸会审记录、变更设计或洽商记录；

6 开竣工报告；

7 竣工图。

11 钢筋混凝土高架桥

11.1 一 般 规 定

11.1.1 本章适用于地面钢筋混凝土高架桥工程的施工及验收。其桩基础、沉井及钢梁等施工，尚应按国家现行有关强制性标准执行。

11.1.2 钢筋混凝土高架桥的预制构件宜在工厂制作，现场拼装。

11.1.3 钢筋混凝土高架桥施工中应经常检测、核对其位置和高程，并定期复测中线桩和水准点。

11.1.4 钢筋混凝土高架桥施工时，应采取措施减少对城市正常生活秩序和交通干扰。

11.2 桥 基 开 挖

11.2.1 施工前应根据地质和现场环境条件，确定基坑开挖坡度或支护形式及降、排水措施。如桥基附近有建筑物或地下管线时，尚应采取防护措施。

11.2.2 基坑开挖采用支护桩支护时，应按本规范第 3 章有关规定执行。基坑放坡开挖而深度在 5m 以内时，其边坡坡度应符合表 11.2.2 规定。

11.2.3 基坑上边缘临时堆土不得影响基坑开挖和坑壁稳定，其距基坑边缘不应小于基坑深度。

11.2.4 基坑采用机械开挖时，应辅以人工刷坡和清底，基底不得超挖和扰动。

放坡基坑底边缘距桥基距离不应小于 0.5m，支护桩基坑不应小于 1m。

表 11.2.2 5m 内深度基坑开挖边坡最大坡度值

土质种类	边坡坡度		
	人工挖土并将土临时堆放于坑边	机械开挖	
		基坑内挖土	基坑边挖土
中密砂土	1:1.00	1:1.00	1:1.25
中密碎石类土(填充为砂土)	1:0.75	1:1.00	1:1.00
硬塑轻亚粘土	1:0.65	1:0.75	1:1.00
中密碎石类土（填充为粘性土）	1:0.50	1:0.65	1:0.75
硬塑亚粘土、粘土	1:0.33	1:0.50	1:0.65
干黄土	1:0.25	1:0.25	1:0.33

11.2.5 基底处理应符合下列规定：

1 基底为未风化岩层时，应将基底面松碎石块、泥土等清理干净，节理倾斜时应将岩面凿成台阶状；如为风化岩层时，周围宜少留或不留富余量，并用基础圬工填满坑底封闭岩层面。

2 基底为碎石类土或砂类土层时应先铺一层砂浆。

3 基底为干燥的粘性土时应先洒水湿润。过湿时应先铺一层碎石垫层。

4 地基有水时，必须进行排水处理。

5 特殊地基应按设计和国家现行有关强制性标准执行。

11.2.6 桥基开挖和回填，除满足本节要求外，尚应符合本规范第5.4节规定。

11.3 现浇钢筋混凝土结构

11.3.1 钢筋混凝土高架桥工程施工，除符合本节规定外，其钢筋、模板、混凝土工程尚应按本规范第 5 章和国家现行有关强制性标准执行。

(Ⅰ) 钢筋绑扎

11.3.2 墩柱结构深入盖梁及承台内主筋的搭接形式和长度应符合设计规定并绑扎（焊接）牢固。

11.3.3 桥台台帽采用钢筋网片施工时应加支撑点，必要时应设置马蹬支架。

无筋基础与墩台连接时，连接处应插设钢筋。

11.3.4 钢筋及预埋件位置应准确，固定牢固。钢筋绑扎允许偏差应符合表 11.3.4 规定。

表 11.3.4 钢筋绑扎允许偏差值（mm）

项目		允许偏差
受力钢筋间距	板、梁、墩、柱	±10
	基础、桥台	±20
箍筋间距		±20
预埋件位置	中心线	10
	平面及高程	±5
支座	平面位置	±10
	平整度	2
混凝土保护层厚度	板	±3
	梁、墩、柱	±5
	基础和桥台	±5

(Ⅱ) 模板支立

11.3.5 模板支立前应测放中线、平面位置和高程。

模板支立必须牢固、严密、平整、支架稳定，模板支立允许偏差应符合表 11.3.5 规定。

表 11.3.5 高架桥结构模板支立允许偏差值（mm）

项目 \ 结构部位	基础	桥台	墩柱	板或梁
轴线位移	±20	±10	±10	±10
结构断面尺寸	±10	±5	±5	±3
垂直度（‰）	1	1	1	—
高程	±10	±3	±3	±3
预埋件位置	—	±3	±3	±3
预留孔洞	—	±3	±3	±3
相邻模板接缝平整度	2	2	2	2

11.3.6 梁（现浇和预制）的模板，当跨度大于 4m 时，起拱应符合设计规定，如设计无规定时，起拱高度宜为全跨度的 2‰～4‰。

11.3.7 模板拆除时的混凝土强度应符合下列规定：

1 不承重结构侧模板不应小于2.5MPa；

2 跨度小于3m的板、梁不低于设计强度的 50%。跨度大于3m的板、梁不低于设计强度的 70%。

(Ⅲ) 混凝土灌注

11.3.8 桥基无筋混凝土填放石块时，应符合下列规定：

1 石块的填放数量不宜大于结构体积的25%；

2 石块应无裂纹、夹层并具有抗冻性；

3 石块抗压强度不应低于30MPa；

4 石块应清洗干净，并埋入混凝土内不小于一半石块的高度；

5 石块分布均匀，净距不应小于 100mm，距结构侧边和顶、底面净距不应小于 150mm；

6 结构受拉区及气温低于0℃时，不得填放。

11.3.9 墩柱间如有横向连接杆件时，应与墩柱同时施工。

11.3.10 梁的混凝土，简支梁应自两端向跨中或自一端向另一端连续灌注；连续梁应自跨中向两端连续灌注，悬臂梁应自悬臂端向墩、柱方向连续灌注；箱型梁应先施工底板后方可施工边、顶和翼板。

11.3.11 大跨度的简支梁或支架坐落在刚性不同基底上的连续梁或悬臂梁，混凝土灌注应采取下列措施之一：

1 混凝土掺缓凝剂并加速灌注，在最初灌注的混凝土初凝前灌注完毕；

2 对支架施加全部结构荷载，使其充分变形后随卸载随灌注混凝土；

3 以正负弯矩变换点附近分段，先灌注正弯矩区段。

11.3.12 梁板组合结构，采用预制梁和现浇板时，混凝土龄期差不宜超过3个月。

11.3.13 梁结构混凝土初凝前，应用表面振捣器振一遍后及时抹面，其平整度允许偏差为3mm。

11.3.14 混凝土强度未达到2.5MPa时，不得承受荷载。

11.3.15 混凝土灌注后应及时养护。其养护期不少于7d。

11.3.16 混凝土抗压强度试件留置组数，同一配合比其基础和承台每150m^{3}制作一组，墩、台、柱、梁每100m^{3}制作一组；一次灌注混凝土不足以上规定者，亦应制作一组。

11.4 装配式钢筋混凝土构件

（Ⅰ） 构件制作

11.4.1 构件制作场地应坚实、平整并排水畅通。

11.4.2 构件模板应拆装方便，表面平整光滑，支撑牢固，缝隙严密。钢筋绑扎或焊接符合规定，预埋件固定牢固，位置正确。

11.4.3 构件混凝土应采用机械振捣，并一次灌注完毕，不得间断。

11.4.4 构件混凝土灌注完毕应及时抹面、养护，并应标明型号、尺寸和制造日期，对上下面难分辨的构件应在统一位置上标注方向。

11.4.5 构件侧模板，应在混凝土强度达到2.5MPa时方可拆除。

重叠制作构件时，下层构件混凝土达到设计强度的30%以上时方可制作上层构件，并应采取隔离措施。

11.4.6 构件混凝土强度必须符合设计要求，表面应无蜂窝麻面、裂缝和漏振，构件应有证明书和合格印记。构件制作允许偏差应符合表11.4.6的规定。

表 11.4.6 构件制作允许偏差值（mm）

项目	允许偏差		
	梁、板	墩、柱	杆件
尺寸（长×宽×高）	±5	±10	±5
对角线之差	±10	±10	±5
翘曲和侧面不直顺度	5	5	3
表面平整度	3	3	3
预埋件位置	±5	±5	—
预留钢筋搭接长度	±10	±10	—
吊环外露高度	±10	±10	—
保护层厚度	±5	±5	±5
预留孔洞位置	±10	±10	—

（Ⅱ） 构件运输和存放

11.4.7 构件检查合格，其混凝土达到设计强度的70%以上时方可吊运。

吊运方法应根据受力要求确定，并固定牢固。

11.4.8 构件存放应符合下列规定：

1 场地应坚实平整、排水流畅，支垫稳固可靠；

2 按吊运、安装顺序和型号应分别堆码，堆垛间应留运输通道并满足吊车的吊距要求；

3 根据构件本身受力要求确定平放或立放并保持稳定；

4 构件重叠分层存放时，吊环面应朝上，层间应用垫木垫平、垫实，上下层垫木应在一条垂线上。存放的层高，应以构件不受损、吊装方便、堆垛稳固、保证安全为原则。

（Ⅲ） 构件安装

11.4.9 构件吊装机械的起重能力必须与构件相适应。吊装前应拟定施工方案，作业中遵守安全操作规定。

11.4.10 构件应在承重结构和构件本身混凝土分别达到设计强度的70%和100%时方可安装。

构件安装前应测放其位置，就位后应及时固定。

11.4.11 预制墩柱安装前，应将预留孔洞凿毛并清理干净，就位后支撑牢固，并及时用同标号砂浆或混凝土将缝隙填筑密实。

11.4.12 预制梁安装前，必须检查其长度、宽度、梁和盖梁及桥台支座预埋件位置，并在桥台和盖梁上测放出梁的安装位置。

每片梁安装就位后应固定牢固。

梁的支座与桥台或盖梁支座连接应正确，不得出现歪斜现象。

11.5 预应力混凝土结构

11.5.1 预应力混凝土不得掺氯盐、引气剂和引气型减水剂。其水泥用量不应超过500kg/m^3。

11.5.2 预应力混凝土结构采用的锚夹具应符合下列规定：

1 类型应符合设计和预应力筋张拉的要求；

2 产品必须有出厂合格证；

3 组合试验时的锚固力不应低于预应力筋标准抗拉强度的90%。

（Ⅰ） 预应力筋加工与编束

11.5.3 预应力筋材料应符合现行国家标准《混凝土结构工程施工及验收规范》GB50204的要求。其加工下料长度应计算确定，并宜采用切断机或砂轮机切断，不得使用电弧切断。

11.5.4 编制成束的预应力筋应采用等强度的钢材，编束时应梳理直顺，绑扎牢固。

11.5.5 钢绞线除低松弛的可不进行预拉外，其他均应在使用前进行预拉，预拉应力值采用整根钢绞线破断负荷的80%，持荷时间不应少于5min。

11.5.6 预应力筋加工验收后应妥善保管，防止损伤、变形和锈蚀。

（Ⅱ） 施加预应力

11.5.7 张拉机具与锚具应配套使用，张拉设备和仪表应配套校验。其压力表精度不宜低于1.5级，校验张拉设备的试验机测力计精度不得小于±2%，校验时的千斤顶活塞口运行方向应与实际张拉工作状态一致。

11.5.8 张拉机具应专人使用、管理和维护，定期校验。其校验期限不宜超过 6 个月或 200 次，其千斤顶使用中出现不正常现象或检修后均应重新校验。

11.5.9 张拉设备安装时，直线预应力筋应使张拉力的作用线与孔道中心线重合；曲线预应力筋应使张拉力作用线与孔道中心线末端的切线重合。

11.5.10 预应力筋的张拉方法和控制应力应符合设计要求，如超张拉时，不宜超过表 11.5.10 规定。

表 11.5.10 最大张拉控制应力允许值

钢 材 种 类	张拉方法	
	先张法	后张法
碳素钢丝、刻痕钢丝、钢绞线	$0.80f_{ptk}$	$0.75f_{ptk}$
热处理钢筋、冷拔低碳钢丝	$0.75f_{ptk}$	$0.70f_{ptk}$
冷拉钢筋	$0.95f_{pyk}$	$0.90f_{pyk}$

注：f_{ptk}为预应力筋极限抗拉强度标准值；

f_{pyk}为预应力筋屈服强度标准值。

11.5.11 预应力筋张拉采用应力控制时，应以伸长值进行校核，实际伸长值与理论伸长值之差应控制在 6%以内。

11.5.12 预应力筋张拉时，其理论伸长值 ΔL（mm）可按下式计算：

$$\Delta L = \bar{P}L/A_y \cdot E_q \qquad (11.5.12)$$

式中 $\bar{P}$ ——预应力筋平均张拉力（N）；

L ——预应力筋长度（mm）；

A_y——预应力筋的截面面积（mm^2）；

E_q——预应力筋弹性模量（N/mm^2）。

11.5.13 预应力筋张拉前，应先调整至初应力值 σ_0（一般为张拉控制应力的 10%～25%）后开始量测，但必须加上初应力时的推算伸长值。对后张法预应力混凝土结构在张拉过程中产生弹性压缩值可省略。

11.5.14 预应力筋张拉后锚固值与设计规定的检验值允许偏差为 ±5%。

11.5.15 锚固阶段张拉端预应力筋的内缩量，不应大于表 11.5.15的允许值。

表 11.5.15 锚固阶段张拉端预应力筋的内缩量允许值（mm）

锚具类型		内缩量允许值
螺帽锚具及镦头锚具		1
锥形锚具		6
夹片锚具		5
楔片式锚具	用于钢筋时	2
	用于钢绞线时	3

11.5.16 预应力筋张拉及放松时，应填写施加预应力记录。

（Ⅲ） 先 张 法

11.5.17 先张法墩式台座结构应符合下列规定：

1 承力台座抗倾覆系数不应小于1.5，抗滑移系数不应小于 1.3；

2 横梁受力挠度不应大于2mm；

3 台座结构构造应满足预制构件施工工艺要求。

11.5.18 预应力筋铺设时，应有防沾污的措施。

11.5.19 多根预应力筋同时张拉时应先调整初应力，并保持相互间的应力一致。

11.5.20 预应力筋张拉时的断丝数量不得超过表11.5.20规定。

11.5.21 同时张拉同一构件的多根钢筋时应抽查预应力值，

其偏差的绝对值不得大于或小于全部钢筋预应力值的5%。

表 11.5.20 先张法预应力筋断丝允许值

预应力筋类别	检查项目	允许值
钢丝及钢绞线	同一构件内断丝不得超过总数	1%
钢筋	拉断	不允许

11.5.22 采用超张拉方法进行张拉时，其张拉程序应符合表11.5.22规定。

表 11.5.22 先张法预应力筋张拉程序

预应力筋种类	持荷时间（min）	张拉程序
钢筋	5	0→初应力→$105\sigma_k$%→$90\sigma_k$%→σ_k（锚固）
钢丝、钢绞线	5	0→初应力→$105\sigma_k$%→0→σ_k（锚固）

11.5.23 预应力筋张拉完毕，位置允许偏差为±5mm，并不得大于结构断面最短边的4%。

11.5.24 预应力筋放张时的混凝土不应低于设计强度的70%。

11.5.25 预应力筋张拉后切断顺序应由放张端开始，逐次切向另一端。

（Ⅳ）后 张 法

11.5.26 预留孔道宜采用内壁比预应力束直径大10～15mm的波纹管，其安装应符合下列规定：

1 位置正确，控制点允许偏差为：垂直方向±10mm，水平方向±20mm；

2 固定波纹管的托架应与结构钢筋连接牢固，托架间距不应大于600mm，特殊部位应加密；

3 管接头连接应严密；

4 灌浆孔设置间距不应大于30m；

5 端头波纹管孔道中心线应垂直于锚垫板并连接牢固、严密。

11.5.27 波纹管孔道形成后应逐根检查，合格后方可进行下道工序施工。施工中严禁电火花损伤管道。

11.5.28 施加预应力时的结构混凝土不应低于设计强度的70%。

11.5.29 预应力筋应分批、分阶段对称张拉，其张拉顺序应符合设计规定。

11.5.30 预应力筋超张拉时，其张拉程序应符合表11.5.30规定。

表 11.5.30 后张法预应力筋张拉程序

预应力筋种类		持荷时间（min）	张拉程序
钢筋、钢筋束及钢绞线束		5	0→初应力→$105\sigma_k$%→σ_k（锚固）
钢丝束	夹片式锚具及锥销式锚具	5	0→初应力→$105\sigma_k$%→σ_k（锚固）
	其他锚具	5	0→初应力→$105\sigma_k$%→0→σ_k（锚固）

11.5.31 长度大于25m的预应力筋宜在两端张拉，并宜在一端张拉锚固后，再在另一端补足预应力值后进行锚固。

11.5.32 预应力筋断丝、滑移不得超过表11.5.32规定。

表 11.5.32 后张法预应力筋断丝、滑移控制值

检查项目		控制数
钢丝、钢绞线	每束钢丝或钢绞线断丝、滑丝	1根
	每个断面断丝之和不超过该断面钢丝总数	1%
单根钢筋	断筋或滑移	不允许

（V） 孔道压浆

11.5.33 后张法预应力筋张拉后应及时进行孔道压浆。其水泥浆应符合下列规定：

1 宜采用425号以上的普通硅酸盐水泥或矿渣硅酸盐水泥；

2 水灰比为0.4～0.45，泌水率不应大于4%；

3 可掺加适量膨胀剂，其膨胀率不应大于10%；

4 稠度为14～18s，流动度为120～170mm；

5 水泥浆调制至灌注延续时间不应超过45min，并在压浆中经常搅动。

11.5.34 压浆应符合下列规定：

1 压浆前应将孔道清理干净，湿润无积水。

2 压浆应缓慢、均匀进行。曲线孔道由低处压浆孔压入，由最高点排气孔排气和泌水。

3 每一孔道宜于两端先后各压一次，间隔时间30～45min。泌水率较小的水泥浆，可采用一次压注法进行。

4 压浆采用活塞泵或压浆泵，不得使用压缩空气。

5 压浆压力为0.5～0.7MPa。

6 压浆中及压浆后48h内，结构混凝土温度不应低于5℃。当气温高于35℃时，宜在夜间施工。

7 压浆应填写记录，每班留取3组试件。

11.5.35 压浆后，锚具应灌注混凝土封闭。长期外露的锚具，应采取防锈措施。

11.5.36 预制构件的孔道水泥浆达到设计强度的55%，并不低于20MPa时方可移运和吊装。

11.6 桥 面 系

11.6.1 变形缝应直顺无堵塞，垫层与结构变形缝应同位，填料前应清理干净，填料填充密实并与垫层面相平。

11.6.2 桥面采用卷材或涂膜防水层时，其施工应符合本规范第9.3节和第9.4节的规定。

11.6.3 栏杆安装应符合下列规定：

1 立柱位置和顶端高程应正确并垂直，其允许偏差：平面位置和高程均为±4mm，垂直度为2‰；

2 扶手应直顺，允许偏差为3mm。

11.6.4 消音墙安装位置应正确，支架应横平竖直，消音板固定牢固。

消音墙允许偏差为：平面位置±5mm，垂直度2‰。

11.6.5 人行步道应平整，并按设计留置排水坡度，其平整度允许偏差为3mm。

11.6.6 缘石必须固定牢固，位置正确，其平整度允许偏差为3mm；

11.6.7 灯杆安装允许偏差为：平面位置，纵向±100mm，横向±20mm；垂直度2‰。

11.6.8 排水孔位置应正确，排水畅通，并应伸出结构100～150mm。

11.7 工 程 验 收

11.7.1 钢筋混凝土高架桥施工以下项目应进行中间检验，并符合本章有关规定：

1 桥基及开挖后的基底高程、基坑宽度、基坑支护和边坡稳定性以及基底处理和基础完成后基坑清理和回填；

2 结构使用的原材料、预制构件及混凝土的配合比、搅拌、灌注和钢筋加工、绑扎、模板、预埋件；

3 预应力混凝土结构钢筋冷拉、钢材编束、孔道预留、施加预应力和孔道压浆；

4 桥面系各部件安装及防水材料和施工。

11.7.2 高架桥结构竣工验收时，其混凝土强度必须符合设计要求，无露筋、露石、裂缝，表面平整，结构允许偏差值应符合表11.7.2规定。

表 11.7.2 高架桥钢筋混凝土结构允许偏差值（mm）

项目		允许偏差	检查方法
平面位置	基础	±20	以线路中线为准，经纬仪检查
	承台	±15	以线路中线为准，经纬仪检查
	台、墩、柱	±10	以线路中线为准，经纬仪检查
	梁、板	±10	以线路中线为准，经纬仪检查
	变形缝	±10	以线路中线为准，用尺检查
	预埋件	±10	以线路中线为准，用尺检查
	预留孔洞	±10	以线路中线为准，用尺检查
	消音墙	±10	以线路中线为准，用尺检查
垂直度	基础	±30	吊锤塞尺检查
	承台	±20	吊锤塞尺检查
	台、墩、柱	2‰	吊锤塞尺检查
	消音墙	2‰	吊锤塞尺检查
平整度及直顺度	基础	20	拉线用2m靠尺检查
	承台	15	拉线用2m靠尺检查
	台、墩、柱	10	拉线用2m靠尺检查
	梁、板及步道	10	拉线用2m靠尺检查
	消音墙	10	拉线用2m靠尺检查
	预埋件	10	靠尺检查
高程	基础	±20	水平仪检查
	承台	±15	水平仪检查
	台、墩、柱	±10	水平仪检查
	梁、板	±10	水平仪检查
	桥面梁板防水保护层及步道	±10	水平仪检查
	预留孔洞	±15	水平仪检查
	预埋件	±10	水平仪检查

11.7.3 工程竣工验收应提供下列资料：

1 原材料、成品、半成品质量合格证；

2 各种试验报告和质量评定记录；

3 隐蔽工程验收记录；

4 工程测量定位记录；

5 混凝土冬季施工热工计算及施工记录；

6 图纸会审记录、变更设计或洽商记录；

7 开竣工报告；

8 竣工图。

12 建筑装修

12.1 一般规定

12.1.1 本章适用于车站及附属建筑物装修工程的施工及验收。未作规定的应按国家现行有关强制性标准执行。

12.1.2 装修工程施工应具备下列条件：

1 施工组织设计已经批准并进行交底；

2 主体结构验收合格并清理干净；

3 装修范围内的整体道床施工完毕；

4 主体结构和道床已贯通测量，与装修有关的水准点、轨道中线点等有关资料交装修施工单位；

5 装修施工范围内临时供电线路及供水管道敷设完毕。

12.1.3 装修工程施工时的环境温度和湿度应符合下列规定：

1 抹灰、镶贴板块饰面工程应不低于5℃；

2 涂料工程应不低于8℃；

3 玻璃工程应不低于5℃；

4 胶结剂粘贴饰面工程应不低于10℃；

5 施工环境相对湿度不宜大于80%。

12.1.4 施工前应对结构净空尺寸，柱子、墙面的垂直度、轴线、预埋件及预留孔、槽等进行检查，不符合设计要求的应进行处理。

12.2 吊顶

12.2.1 吊顶工程应在顶棚内设备管道、检修通道安装完毕后施工。

12.2.2 吊顶的吊挂件不得与设备管道及检修通道的吊挂件合用，也不得吊挂在管道或其他设备上。设备管道不得架设在吊顶龙骨上。

12.2.3 吊顶施工前，应在结构顶板底面测放出大龙骨吊点位置和吊顶周边线以及高程控制线（点）。

12.2.4 吊顶的吊挂点与结构连接可采用预埋件或膨胀螺栓，位置应正确并固定牢固。

膨胀螺栓钻孔遇到结构钢筋时，应沿大龙骨方向前后移动50~100mm补设。

12.2.5 车站大厅吊顶中间应起拱，起拱高度宜为顶棚短边长度的1/400~1/500。

12.2.6 吊杆与吊点及大龙骨的连接件必须连接牢固，吊杆不得弯曲。大、中、小龙骨的挂、插件应连接牢固。

12.2.7 吊杆及连接件等，除采用镀锌件外，凡金属外露面均应做防锈处理。

12.2.8 吊顶的大龙骨不宜悬挑，如遇到悬挑时，其悬挑长度不应大于300mm。

大龙骨对接接长时，相邻大龙骨的接头位置应相互错开。

12.2.9 吊顶上的照明灯具（筒灯除外）、通风口及广播喇叭箅子等，应增设附加龙骨固定在大龙骨上或单独吊挂，不得架设在中、小龙骨上。

12.2.10 吊顶饰面板应在吊顶内的照明、广播及通风管线敷设完工并验收合格后安装。

12.2.11 水泥加压板、金属板（条）、钢丝网片等的吊顶饰面施工应符合下列规定：

1 明龙骨布置，如设计无要求时，中龙骨（或通长次龙骨）应沿车站大厅纵向或主要人口方向敷设，房间内应沿主要人口或房间长边方向敷设；中、小龙骨应相互垂直，搭接底面应平整、无错台，间距尺寸正确，饰面板周边与龙骨支承面应密贴，不得翘曲和露缝。

2 暗龙骨饰面板与龙骨应固定牢固，板面平整，板缝纵横直顺、宽窄均匀一致。

3 饰面板与灯口、箅子口等相交处，套割尺寸应正确，边缘整齐，不得露缝。

4 金属扣条饰面板面应平整，条缝应直顺，相邻条板接头位置应相互错开，接缝严密，不得有错台和错位。

5 钢丝网片饰面的纵横龙骨应相互垂直，接头平整，网格形状一致，周边支撑长度应符合设计要求，网片中部不得下垂，网片和龙骨的涂料颜色应均匀一致。

6 饰面板起拱尺寸应正确，阴阳角收边应规整。

12.2.12 吊顶花饰安装应牢固，并具有完整性和一致性，花饰板面不得翘曲和歪斜，表面应洁净。

12.2.13 吊顶饰面板安装后，不得踩踏龙骨和饰面板，并保持环境通风干燥。

12.3 站厅（台）地面

12.3.1 站厅（台）地面面层应在吊顶和柱（墙）面装修完工后施工。

12.3.2 站厅（台）地面必须以轨道中线位置及高程为基准，测放其高程及站台侧面帽石外缘的位置，其允许偏差为：距离 $^{+3}_{0}$mm，高程 ±3mm。

12.3.3 站台边沿与轨道方向平行铺设的安全线标志的位置及材料的规格和颜色应符合设计要求。

12.3.4 站台面设置的变形缝及检查人孔，其镶边角钢预埋件应与地面基层结合牢固、直顺，宽窄一致并与站台面齐平。变形缝的盖板条及检查孔盖板，表面应平整并与站台面相平。

12.3.5 站厅（台）面层采用板（砖）块铺砌时应符合下列规定：

1 铺砌前应分类选料，凡有裂纹、表面破损和有缺陷的应予剔出，不同品种的板（砖）材不得混用。

2 板（砖）块面层材料应湿润后铺砌。

3 板（砖）块应在砂浆结合层初凝前铺砌完毕，其表面应平整，板缝直顺，缝宽一致，图案镶嵌正确。施工间歇后继续铺砌时，应将已铺砌板（砖）块挤出的砂浆清理干净。

4 板（砖）块面层宜在铺砌 1～2d 后用水泥填缝，水泥凝固后方可清洗面层。

5 大理石面铺砌前，应按设计图案或板面纹理试拼并编号。铺砌后应保护，待水泥砂浆结合层达到设计强度后方可打蜡擦亮。

12.4 站厅（台）钢管柱及钢筋混凝土柱饰面

12.4.1 钢管柱除锈或钢筋混凝土柱清理干净后应及时进行装修施工。

12.4.2 柱面饰面板施工应符合下列规定：

1 安装前饰面板应按品种、规格、颜色进行分类并清理干净，大理石板块尚应进行试拼编号。

2 饰面板应固定牢固，位置正确，接缝直顺，竖缝封闭严密。板面与柱面应湿润后及时灌注水泥砂浆。

3 天然及预制水磨石饰面板接缝应干接，并用与板面相同颜色的水泥浆填缝抹平。

4 饰面板安装完毕，柱面面层清洗干净后应打蜡擦亮。

12.4.3 柱面面层镶贴面砖施工应符合下列规定：

1 钢筋混凝土柱面应凿毛、刷界面剂，抹 1∶3 水泥砂浆底层后弹好控制线；

2 面砖镶贴前应先选砖、预挂、浸泡晾干后镶贴。

3 面砖应自下向上逐层镶贴，贴砖砂浆应饱满，镶贴面砖表面应平整，接缝横平竖直；

4 面砖接缝的嵌填材料、颜色及勾缝深度应符合设计要求。

12.5 站台电缆墙

12.5.1 电缆墙饰面层使用的材料应符合设计要求，墙面应垂直、平整、直顺，并与主体结构连接牢固，其位置以线路中线为准，允许偏差为 $^{+3}_{0}$mm。

12.5.2 混凝土管块电缆墙铺砌应符合下列规定：

1 管块应平实铺卧在砂浆垫层上，垫层厚度为 15～20mm；

2 管块接缝间隙不应大于5mm，上下两层接缝宜错开1/2管块长度；

3 管块接缝处应用纱布包缠并湿润，刷一道水泥浆后抹水泥砂浆；

4 管块铺设完毕后，管孔应用拉棒试通并合格。

12.5.3 金属活动板及水泥加压板电缆墙的型钢骨架应连接牢固，竖、横龙骨应相互垂直，表面平整，接头处不得有错台，骨架应做防锈处理。

12.5.4 金属活动板电缆墙的活动扇与骨架关闭后的固定装置，必须安全可靠，开启方式及方向应符合设计要求。

12.5.5 水泥加压板电缆墙板面安装应符合下列规定：

1 板面安装可用自攻螺丝或沉头螺栓紧固在型钢骨架上，自攻螺丝或沉头螺栓间距：周边不应大于 200mm，中间不应大于 300mm，距板边宜为 12～16mm；

2 自攻螺丝或沉头螺栓帽应略埋入板面，并做防锈处理，用腻子补平后再刷涂料；

3 板缝处理应符合设计要求。

12.6 不锈钢栏杆及楼梯扶手

12.6.1 不锈钢栏杆及楼梯扶手使用的材料品种、规格应符合设计要求，管壁厚度如设计无要求时，应大于 1.2mm。

12.6.2 栏杆及楼梯扶手安装位置应正确、牢固，扶手坡度与楼梯的坡度应一致，栏杆应垂直，间距正确。

12.6.3 栏杆立柱与扶手的接口应吻合，焊缝密实，焊口表面光洁度及颜色应与原材料一致。

12.6.4 扶手转角为弧形角时应圆顺、光滑、不变形；直拐角接口割角应正确，接缝严密，外形美观。

12.7 工程验收

12.7.1 吊顶以下项目应进行中间检验，并符合本章有关规定：

1 吊顶所用材质、品种、规格、颜色；

2 龙骨吊点测放位置、固定及组装；

3 饰面板块的切割和安装。

12.7.2 吊顶竣工后，龙骨及板块必须固定牢固，板面平整，无污染、翘曲、下垂、缺棱掉角等缺陷，板（条）均匀一致，纵横直顺。其吊顶饰面板面允许偏差应符合表 12.7.2 的规定。

表 12.7.2 吊顶饰面板面允许偏差值（mm）

项目	允许偏差	检查方法
表面平整度	2	用 2m 靠尺和楔形塞尺检查
接缝平直度	3	拉 5m 线，不足 5m 拉通线用尺量检查
接缝高低差	0.5	用直尺和楔形塞尺检查
吊顶起拱高度	±5	拉线用尺量或水平仪检查
吊顶边线高度	±2	拉线用尺量或水平仪检查
分格线平直度	2	拉 5m 线，不足 5m 拉通线用尺量检查

12.7.3 站厅（台）板块地面以下项目应进行中间检验，并符合本章有关规定：

1 板块材质、品种、规格、颜色、光洁度；

2 板块垫层砂浆材质、配合比及铺砌；

3 板面及踢脚板铺砌；

4 站台帽石边缘距轨道中心线的距离及地面高程；

5 站台安全线位置及直顺度。

12.7.4 站厅（台）板块地面竣工后应无空鼓，表面平整、洁净，无明显色差，缝隙直顺，宽窄一致，其地面面层偏差应符合表12.7.4的规定。

表 12.7.4 板块地面面层允许偏差值（mm）

项目	允许偏差				检查方法
	天然光镜面石材	预制水磨石	陶瓷地砖	缸砖	
表面平整度	1	2	2	4	用 2m 靠尺和楔形塞尺检查
缝格平直度	2	3	3	3	拉 5m 线，不足 5m 拉通线尺量检查
接缝高低差	0.5	1	1	1.5	直尺和楔形塞尺检查
踢脚板上口平直度	1	2	2	—	拉 5m 线，不足 5m 拉通线尺量检查
板缝宽度	1	2	2	2	尺量检查
帽石边距轨道中线	+3 0				用经纬仪和尺量检查
站台面高程	±3				用水平仪和尺量检查

注：表中第 5 项板缝宽度为设计无要求时的宽度。

12.7.5 站厅（台）柱面板块饰面以下项目应进行中间检验，并符合本章有关规定：

1 饰面板的材质、品种、规格、颜色和光洁度；

2 饰面板底层砂浆材质、配合比及铺砌；

3 板块镶贴。

12.7.6 站厅（台）柱面板块饰面竣工后应无空鼓，表面平整、洁净，无明显色差，缝隙直顺，宽窄一致，阳角方正，弧面圆顺。其柱面板块面层允许偏差应符合表 12.7.6 的规定。

表 12.7.6 柱面面层允许偏差值（mm）

项　目	允许误差					检查方法
	天然光镜面石材		粗磨面石材	预制水磨石	饰面砖	
	方柱	圆柱				
表面平整度	1	—	2	2	2	用 2m 靠尺和楔形塞尺检查
立面垂直度	2	2	2	2	2	用 2m 托线板检查
阳角方正	2	—	3	2	2	用 200mm 方尺和楔形塞尺检查
接缝高低差	0.3	0.3	1	0.5	0.5	用直尺和楔形塞尺检查
板缝宽度	0.5	0.5	1	0.5	1	用尺量检查
弧形柱面精度	—	1.5	—	—	—	用 1/4 圆周样板和楔形塞尺检查
柱群纵横向直顺度	5	5	—	—	—	拉通线或经纬仪用尺量检查

12.7.7 电缆墙以下项目应进行中间检验，并符合本章有关规定：

1 使用的材质、品种、规格、型号；

2 混凝土管块的砌筑和试通；

3 金属活动板及加压板电缆墙的安装质量。

12.7.8 电缆墙竣工后应与结构连接牢固，墙面平整、垂直，混凝土管孔拉棒试通合格，金属活动板及水泥加压板骨架横平竖直，其允许偏差应符合表 12.7.8 的规定。

表 12.7.8 电缆墙允许偏差值（mm）

项　目	允许偏差	检查方法
墙面距轨道中线	+3 −2	用经纬仪和尺量检查
墙面垂直度	3	用 2m 托线板检查
墙面平整度	3	用 2m 靠尺和楔形塞尺检查
板墙骨架横竖龙骨中心距	±2.5	用尺量检查
板墙骨架横竖龙骨对角线尺寸	≤5	用尺量检查
管道管孔通顺度	拉棒试通	用比管孔孔径小 5mm、长 900mm 的拉棒进行检查，两孔以上的水泥管块管道，每个管块任抽试两孔应通顺

12.7.9 不锈钢栏杆、扶手以下项目应进行中间检验，并符合本章有关规定：

1 使用的材质、品种、规格；

2 制作尺寸和安装位置；

12.7.10 栏杆、扶手竣工后应固定牢固，位置正确，表面光滑、色泽光亮一致，扶手弧形弯角无变形，直角接口严密无缝隙，其允许偏差应符合表 12.7.10 的规定。

表 12.7.10 不锈钢栏杆扶手安装允许偏差值（mm）

项目	允许偏差	检查方法
扶手直顺度	1	拉 5m 线，不足 5m 拉通线尺量检查
栏杆垂直度	1	吊线尺量检查
栏杆间距	2	尺量检查

12.7.11 工程竣工验收应提供下列资料：

1 原材料、成品、半成品质量合格证；

2 各种试验报告和质量评定记录；

3 隐蔽工程验收记录；

4 工程测量定位记录；

5 图纸会审记录、变更设计或洽商记录；

6 开竣工报告；

7 竣工图。

13 整体道床轨道

13.1 一 般 规 定

13.1.1 本章适用于隧道内1435mm标准轨距，采用预埋混凝土轨枕或短轨（岔）枕整体道床无缝线路和道岔的施工及验收。地面及高架线路的轨下基础、轨道和道岔施工及验收，应按设计和国家现行的有关强制性标准执行。

13.1.2 钢轨、道岔及配件、混凝土预制构件等应有出厂合格证，并经检验合格后方可使用。

13.1.3 整体道床轨道可采用直接铺轨法或换轨铺设法施工。

采用换轨铺设法施工，除满足本章有关要求外，尚应符合下列规定：

1 工具轨必须与永久轨同型号；

2 永久轨应在隧道外焊接成长轨条后换铺。

13.1.4 钢轨焊接接头应按操作工艺规程施焊，并应进行超声波探伤和外观检查，其标准应符合国家现行标准《钢轨焊接接头技术条件》TB/T 1632 的规定。

13.1.5 整体道床轨道施工的轨长、轨缝、曲线超高、混凝土标号和钢轨锁定温度等应符合设计规定。

13.1.6 整体道床采用的混凝土轨枕、短轨（岔）枕等宜在工厂制作。如牵引电网采用接触轨时，其混凝土底座应预制，并与整体道床同时施工。

13.1.7 整体道床轨道施工应具备下列条件：

1 设计文件齐全，图纸已经会审；

2 施工方案已审批并进行技术交底；

3 隧道结构验收合格，底板混凝土已凿毛，并清理干净；

4 铺轨基标敷设完毕；

5 施工区段内供水、供电和照明满足需要；

6 进料口已落实；器材和施工机具、模板等齐备。

13.1.8 轨道铺设完毕，应在设计规定的锁定轨温范围内正式锁定。

当施工锁定轨温偏离设计规定的锁定温度时，应放散应力后重新锁定。

13.1.9 整体道床轨道完工后，应进行线路贯通测量，并按设计位置敷设线路标志。

13.2 器材整备、堆放和运输

13.2.1 铺轨基地宜设在车辆段内。器材堆放场地应平整、坚实，排水系统应畅通。

13.2.2 钢轨堆放应符合下列规定：

1 分类堆码整齐并标明型号和规格；

2 标定长度公差值在3mm以内的应同垛堆放，并在轨端标注清楚；

3 钢轨应用垫木与地面隔离并分层堆放，每层垫木间距不应大于5m，上下层垫木应在同一垂线上；

4 堆放层数应根据钢轨吊装不受损坏和变形确定；

5 配件不得直接堆放在地面上。

13.2.3 混凝土轨枕、短轨（岔）枕和接触轨预制底座应分类、分层、承力面朝上堆码整齐，并用垫木与地面隔离。

13.2.4 道岔及配件应配套成组或按部件分别堆放整齐，尖轨与基本轨应捆扎堆放。

13.2.5 采用轨节铺设时，宜在基地组装，并应符合下列规定：

1 轨节的钢轨应配对组装，其轨枕或短轨（岔）枕应按本规范第13.4节有关规定安装；

2 轨节组装必须牢固不变形，检查合格后，并应按铺轨顺序和里程编号堆放整齐。

13.2.6 向隧道内运输器材时，钢轨应配对或整轨节、道岔成组装车，并在隧道外调整好方向。

13.3 基标设置

13.3.1 基标设置前应进行隧道结构净空限界检测和轨道线路中线及水平贯通测量，偏差调整闭合后，应根据设计图敷设控制基标和加密基标。

13.3.2 基标设置位置应符合下列规定：

1 控制基标：直线上每120m、曲线上每60m和曲线起止点、缓圆点、圆缓点、道岔起止点等均应各设置一个点；

2 加密基标：直线上每6m、曲线上每5m各设置一个点。

13.3.3 基标设置允许偏差应符合下列规定：

1 控制基标：方向为6″；高程为±2mm；直线段距离为1/5000，曲线段距离为1/10000；

2 加密基标：方向为±1mm；高程为±2mm；直线段距离为±5mm，曲线段距离为±3mm。

13.3.4 基标标桩应埋设牢固，桩帽中线和高程调整符合要求后应及时固定，并标志清楚。

13.4 轨道架设与轨枕或短轨（岔）枕安装

13.4.1 钢轨架设前必须调直，扣件的飞边、毛刺等应打磨干净并涂油。

13.4.2 钢轨和道岔均应采用支撑架架设。

钢轨支撑架架设间距：直线段宜3m、曲线段宜2.5m设置一个，并直线段支撑架应垂直线路方向，曲线段支撑架应垂直线路的切线方向。

道岔支撑架应按设计位置设置。

13.4.3 架设于支撑架上的钢轨、道岔应初步调整其水平、位置、轨距和高程，并测放出轨枕、短轨（岔）枕位置。

13.4.4 轨枕或短轨（岔）枕安装时，直线段两股钢轨的轨枕或短轨（岔）枕中心线应与线路中线垂直，曲线段应与线路中线的切线方向垂直。

道岔辙岔部分的短岔枕应垂直辙岔角的平分线，转辙器及连接部分应与道岔直股方向垂直。

13.4.5 轨枕或短轨（岔）枕安装距离允许偏差为±10mm，承轨槽边缘距整体道床变形缝和钢轨普通（绝缘）接缝中心均不应小于70mm。

13.4.6 轨枕或短轨（岔）枕的垫板安装完毕，其扣件宜先安装钢轨的一侧再安装另一侧，位置正确后拧紧螺栓。

钢轨的普通接头和绝缘接头，应按设计轨缝宽度安装夹板后拧紧螺栓。

13.5 轨道位置调整

13.5.1 轨道应按设计图并依照基标进行调整。道尺使用前应校正，其精度允许偏差为$^{+0.5}_{\ 0}$mm。

13.5.2 轨道的两股钢轨应采用相对式接头，直线段允许相错量为20mm；曲线段采用现行标准缩短轨，允许相错量为规定缩短量之半加15mm，当缩短轨对接布置困难而需要错接时，其错开距离不应小于3m。

道岔接头应按设计图布置。

13.5.3 轨道钢轨的接头里程，普通和绝缘接头应保持相对式接头不变，但距特殊区段的里程必须符合设计规定。

13.5.4 轨道钢轨调整精度应符合下列规定：

1 轨道中心线：距基标中心线允许偏差为±2mm。

2 轨道方向：直线段用10m弦量，允许偏差为1mm。曲线段用20m弦量正矢，允许偏差应符合表13.5.4的规定。

表 13.5.4 轨道曲线正矢调整允许偏差值（mm）

曲线半径（m）	缓和曲线正矢与计算正矢差	圆曲线正矢连续差	圆曲线正矢最大最小值差
251～350	3	5	7
351～450	2	4	5
451～650	2	3	4
>650	1	2	3

3 轨顶水平及高程：高程允许偏差为±1mm，左右股钢轨顶面水平允许偏差为1mm，在延长18m的距离范围内应无大于1mm三角坑。

4 轨顶高低差：用10m弦量不应大于1mm。

5 轨距：允许偏差为$^{+2}_{-1}$mm，变化率不应大于1‰。

6 轨底坡：按1/40设置。

7　轨缝：允许偏差为 $^{+1}_{0}$mm。

8　钢轨接头：轨面、轨头内侧应平（直）顺，允许偏差为0.5mm。

13.5.5　轨道道岔调整精度应符合下列规定：

1　里程位置：允许偏差为±15mm。

2　导曲线及附带曲线：导曲线支距允许偏差为1mm。附带曲线用10m弦量连续正矢差允许偏差为1mm。

3　轨顶水平及高程：全长范围内高低差不应大于2mm；高程允许偏差为±1mm。

4　转辙器必须扳动灵活，曲尖轨在第一连接杆处的动程不应小于152mm；尖轨与基本轨密贴，其间隙不应大于1mm。尖轨的尖端处轨距允许偏差为±1mm。

5　护轨头部外侧至辙岔心作用边的距离为1391mm，允许偏差为 $^{+2}_{0}$mm，至翼轨作用边的距离为1348mm，允许偏差为 $^{0}_{-1}$mm。

6　轨面应平顺，滑床板在同一平面内。轨撑与基本轨密贴，其间隙不应大于0.5mm。

7　其他调整精度应符合本规范第13.5.4条规定。

13.5.6　轨道的钢轨和道岔精度调整合格后必须固定牢固，并隐检合格后，应及时灌注整体道床混凝土。

13.6　整 体 道 床

13.6.1　整体道床混凝土的变形缝和水沟模板支立应牢固，其允许偏差为：位置±5mm；垂直度2mm。

13.6.2　灌注混凝土的脚手架，必须独立设置并牢固，不得与钢轨和支撑架挂连。

13.6.3　混凝土应分层、水平、分台阶灌注，并振捣密实，严禁振捣器触及支撑架和钢轨。

13.6.4　道床混凝土初凝前应及时进行面层及水沟的抹面，并将钢轨、轨枕或短轨（岔）枕及接触轨预制底座、扣件、支撑架等表面灰浆清理干净。抹面允许偏差为：平整度3mm，高程 $^{0}_{-5}$mm。

13.6.5　混凝土灌注终凝后应及时养护，其强度达到5MPa时方可拆除钢轨支撑架。

混凝土未达到设计强度的70%时，道床上不得行驶车辆和承重。

13.6.6　混凝土抗压试件留置组数：同一配合比，每灌注100m（不足者也按100m计）应取二组试件，一组在标准条件下养护，另一组与道床同条件下养护。

13.7　混凝土预制构件制作

13.7.1　混凝土轨枕、短轨（岔）枕及接触轨混凝土底座等预制构件制作应方正、平整、棱角直顺，不得有蜂窝麻面，强度应符合设计要求。

13.7.2　混凝土轨枕及短轨（岔）枕制作允许偏差为：

1　承轨槽底线至螺栓套管中心距离±2mm；

2　承轨槽挡肩高度 $^{+3}_{-1}$mm，坡度±2°；

3　承轨槽面平整度1mm；

4　螺栓套管与承轨面：垂直度1mm；位置±1mm；中心间距±1mm；螺栓套管口与承轨面相平度 $^{+2}_{0}$mm；

5 外型长、宽、高 $^{+10}_{-5}$mm。

13.7.3 接触轨混凝土预制底座制作允许偏差为：表面平整度 1mm；螺栓与底座平面垂直度 2mm，高出平面 $^{+2}_{0}$mm，位置 ±1mm；中心线间距 ±2mm；外形长、宽、高 $^{+3}_{0}$mm。

13.7.4 混凝土预制构件的试件留置组数，同一品种的同一配合比每 1000 块（不足 1000 块也按 1000 块计）应取两组试件。一组在标准条件下养护，另一组和构件同条件下养护。

13.8 工 程 验 收

13.8.1 整体道床轨道以下项目应进行中间检验，并符合本章有关规定：

1 轨道：

1）钢轨、道岔及配件的材质、规格、品种及钢轨焊接质量；

2）基标设置；

3）轨道架设及轨枕或短轨（岔）枕安装；

4）轨道精度调整。

2 整体道床：混凝土预制构件、现浇混凝土材质、配合比、模板支立、混凝土灌注及试件制作。

13.8.2 整体道床竣工验收应符合下列规定：

1 混凝土强度应符合设计规定，并应无蜂窝、麻面和漏振。表面清洁，平整度允许偏差为 3mm，变形缝直顺，在全长范围内允许偏差为 10mm。

2 外露轨枕或短轨（岔）枕、接触轨预制底座的棱角应完整无损伤，预埋件位置正确。

3 水沟直（圆）顺；沟底坡与线路坡度一致并平顺，流水畅通，允许偏差为：位置 ±10mm，垂直度 3mm。

13.8.3 轨道的钢轨和道岔，其扣件、接头夹板螺栓应拧紧并涂油。

13.8.4 轨道钢轨竣工验收，其精度应符合下列规定：

1 轨道中心线：距基标中心线允许偏差为 ±3mm。

2 轨道方向：直线段用 10m 弦量，允许偏差为 2mm；曲线段用 20m 弦量正矢，允许偏差应符合表 13.8.4 的规定。

表 13.8.4 轨道曲线竣工正矢允许偏差值（mm）

曲线半径（m）	缓和曲线正矢与计算正矢差	圆曲线正矢连续差	圆曲线正矢最大最小值差
251～350	5	10	15
351～450	4	8	12
451～650	3	6	9
>650	3	4	6

3 轨顶水平及高程：高程允许偏差为 ±2mm；左右股钢轨顶面水平允许偏差为 2mm；在延长 18m 的距离范围内应无大于 2mm 三角坑。

4 轨顶高低差：用 10m 弦量不应大于 2mm。

5 轨距：允许偏差为 $^{+3}_{-2}$mm，变化率不大于 1‰。

6 轨底坡：1/30～1/50。

7 轨缝：允许偏差为 $^{+1}_{0}$mm。

8 钢轨接头：轨面、轨头内侧应平（直）顺，允许偏差为 1mm。

13.8.5 轨道道岔竣工验收，其精度应符合下列规定：

1 里程位置：允许偏差为 ±20mm。

2 导曲线及附带曲线：导曲线支距允许偏差为 2mm；附带曲线用 10m 弦量正矢为 2mm。

3 轨顶水平及高程：全长范围内高低差不应大于 3mm，高程允许偏差为 ±2mm。

4 转辙器必须扳动灵活，曲尖轨在第一连接杆处的动程不应小于 152mm。尖轨与基本轨密贴，其间隙不应大于 1mm。尖轨尖端处轨距允许偏差为 ±1mm。

5 护轨头部外侧至辙岔心作用边距离为1391mm，允许偏差为 $^{+3}_{0}$mm。至翼轨作用边距离为 1348mm，允许偏差为 $^{0}_{-2}$mm。

6 轨面应平顺，滑床板在同一平面内。轨撑与基本轨密贴，其间隙不应大于 1mm。

7 其他精度应符合本规范第13.8.4条规定。

13.8.6 整体道床轨道线路验收合格后应进行通车试验，其运行速度：第一次为 15km/h，第二次为 25km/h，第三次为 45km/h，以后按设计速度运行，并在运行的头 3d 内复紧一次扣件螺栓。

13.8.7 工程竣工验收应提供下列资料：

1 原材料、配件、混凝土构件等出厂合格证及验收记录；

2 各种试验报告和质量评定记录；

3 钢轨焊接及检验记录；

4 隐蔽工程验收记录；

5 工程测量定位记录；

6 轨道锁定记录；

7 建筑和设备限界、轨距、高程、位置检验记录；

8 图纸会审记录、变更设计或洽商记录；

9 开竣工报告；

10 竣工图。

14 自动扶梯

14.1 一般规定

14.1.1 本章适用于自动扶梯设备现场组装的施工及验收。整机安装时也应按本章相应规定执行。

14.1.2 自动扶梯设备安装工程施工应具备下列条件：

1 施工组织设计已经批准，并进行交底；

2 混凝土基础符合规定并达到允许设备安装的强度；

3 施工用电设施敷设完毕，施工道路畅通。

14.1.3 利用结构吊运设备时，结构的允许承载力应经核算，当满足要求时方可施工。

14.1.4 设备出厂时已组装好的部件或整体吊装的自动扶梯，现场不宜拆装。

14.1.5 自动扶梯安装前应对基础进行检查，并测放出上、下地坪高程及扶梯安装中心线，允许偏差为：高程 $^{0}_{-3}$mm；中心线 ±10mm。

14.2 金属结构架

14.2.1 自动扶梯金属结构架各段连接应符合下列规定：

1 连接应平直，允许偏差为 ±1mm；

2 结构架中心线与扶梯安装中心线允许偏差为 ±1mm，头、尾部水平段的水平度允许偏差为 0.5‰；

3 结构架与混凝土基础的连接、固定应符合设计和设备技术文件的规定，固定可靠。

14.2.2 金属结构架的施焊部位及防腐损坏部位应作处理，且不得低于原防腐标准。

14.3 梯路系统

14.3.1 驱动端与张紧端安装应符合设计和设备技术文件规定。左右转向端对称于扶梯安装中心线的允许偏差为 ±0.5mm。

14.3.2 驱动轴与张紧轴安装应符合下列规定：

1 轴心线水平度允许偏差为0.5‰；

2 轴心线与扶梯安装中心线的垂直度允许偏差为 0.5‰；

3 梯级张紧机构的安装应符合设备技术文件要求。

14.3.3 梯路导轨安装应符合下列规定：

1 直线段导轨的直顺度允许偏差为0.2‰，全长不得大于1.5mm；

2 两侧导轨与扶梯安装中心线的允许偏差为0.5mm；

3 上、下水平段两侧导轨水平度允许偏差为 0.5‰；

4 主、副轮导轨轨距应一致，其与相应反轨之间的距离应使梯级滚轮平滑，通过无卡阻；

5 两侧对应导轨的接头应错开，固定应紧密、平滑、无凸肩。埋头螺栓顶面应埋入导轨平面以下 0.15～0.25mm。

14.3.4 梯级安装应符合下列规定：

1 主、副滚轮转动应灵活，并应同时接触轨面；

2 梯级踏板与围裙板的间隙每侧不得大于4mm，两侧间隙之和不得大于 7mm；

3 扶梯出入口水平梯级导向段长度应符合设计要求；

4 梯级踏板表面在工作区段内应水平；

5 在水平段内，相邻两个梯级的高度偏差不得大于4mm；

6 梯级运行应平稳，横向应无明显游动；

7 梳齿板梳齿与踏板面齿槽的啮合深度不得小于6mm，间隙不得大于4mm。

14.3.5 前沿板安装应符合下列规定：

1 装饰板与活地板镶拼密贴；

2 前沿板水平度允许偏差为0.5‰，与梳齿板拼接高低一致。

14.3.6 链条组装应符合下列规定：

1 链条应清洗脱蜡、销孔擦拭干净、润滑良好。

2 链条与链轮齿的啮合位置应正确，无偏磨现象。驱动链条张紧后，松弛边的垂度不应大于两链轮中心距离的2%。

3 运转时应无碰撞及异常声响。

14.4 驱动主机

14.4.1 驱动主机安装应符合下列规定：

1 驱动主机的纵、横向水平度允许偏差为0.5‰，且固定可靠；

2 主驱动轴的轴心线水平度及轴心线与扶梯纵向中心线的垂直度允许偏差均为0.5‰；

3 主传动轮与驱动轮的轮宽中央平面应在同一平面上，允许偏差为±0.5mm；

4 驱动主机安装在金属结构架内时，其精度应符合设备技术文件要求，并应连接紧密、固定牢固；

5 飞轮与制动盘外侧面应漆成黄色，飞轮上应有与运行方向对应的标志；

6 驱动链条的组装应符合本规范第14.3.6条规定。

14.4.2 制动器安装应符合下列规定：

1 制动带摩擦垫片与制动轮的实际接触面，不宜小于理论接触面积的70%；

2 机电式制动器在制动电路断开时，应立即制动；

3 附加制动器动作时，控制电源应立即断开。

14.4.3 手动盘车装置应操作方便，安全可靠。

14.5 扶手装置

14.5.1 扶手带驱动与张紧装置的安装应按本规范第14.3.1条和第14.3.2条的规定执行。

14.5.2 扶手带导向装置的安装位置应符合设计规定，其托辊组、胶带滑轮和防偏轮均应转动灵活。

14.5.3 左、右扶手带支架安装应对称于扶梯安装中心线，允许偏差为±1mm，顶面高度一致，固定可靠。

14.5.4 扶手带导轨安装应符合下列规定：

1 直线段导轨的直顺度允许偏差为2mm；两侧导轨的平行度允许偏差为2mm；

2 两侧导轨对称于扶梯安装中心线，允许偏差为1mm；

3 导轨表面应无擦伤、倒刺、锐棱，接头应平整光滑。

4 导轨与支架应固定紧密，当用埋头螺栓固定时应按本规范第14.3.3条第5款规定执行。

14.5.5 扶手带表面应无伤痕。扶手带开口边缘与导轨或支架之间的距离不得大于8mm，运行时不得偏移。

14.5.6 围裙板、内外盖板和外装饰板应无孔洞或破边，安装时接头应对接，接缝应直顺，平整光滑。

14.5.7 护壁板安装应平整，两护壁板之间的缝隙不应大于4mm，其边缘应成圆角或倒角。

14.6 电 气 装 置

14.6.1 电线槽安装应符合下列规定：

1 每根电线槽固定点不应少于2点，并固定牢固；

2 电线槽水平和垂直偏差不应大于其长度的2‰，全长不应大于20mm；

3 电线槽接口应严密，槽盖平整，出线口应无毛刺。

14.6.2 接线箱或接线盒安装应牢固、端正。埋入墙内的盒口不应突出墙面，进墙面内不应大于10mm。盒面板与墙面应密贴。

14.6.3 配线应符合下列规定：

1 导线的规格、型号应符合设计规定；

2 动力和控制线路应分别敷设；

3 电线槽内敷设导线的总截面（包括绝缘层），不应大于槽内截面积的60%；电线管内敷设导线的总截面积（包括绝缘层），不应大于管内截面积的40%；

4 截面为10mm^2及以下单股铜芯导线和截面为2.5mm^2及以下的多股铜芯导线与电气设备端子可直接连接，但多股铜芯导线应拧紧并搪锡；

5 截面大于2.5mm^2的多股铜芯线与设备端子的连接应采用焊接，或压接后再连接。

14.6.4 动力回路和电气安全回路的绝缘电阻不应小于0.5MΩ。

14.6.5 扶梯桁架和电气设备金属外壳应与保护地线（PE线）可靠连接。

14.6.6 限速器、断链保护、断带保护等装置的联动开关及安全保护开关的安装与调整，均应符合产品技术文件的规定，其动作应准确，灵敏可靠。

14.7 安全保护装置

14.7.1 自动扶梯安全保护装置应固定牢固，不得在运行中产生位移。

14.7.2 各种安全保护开关应接线正确，标志清晰，动作灵活，准确可靠。

14.7.3 自动扶梯有下列情况之一时，应自动停止运行并发出报警信号：

1 无控制电压；

2 电路接地故障；

3 运行速度超过额定速度的1.2倍；

4 控制装置在超速和运行方向非操纵逆转下动作；

5 驱动链、牵引链和扶手带的断链与断带保护开关动作；

6 附加制动器动作；

7 梯级进入梳齿板处有异物卡住；

8 扶手带入口保护装置动作；

9 梯级下陷保护开关动作；

10 安全电路的断电器和保护电动机的断路器动作。

14.8 调 整 试 验

14.8.1 设备调试前应进行检查，并应符合下列规定：

1 机房及设备清洁无杂物；

2 无漏装零件，紧固件无松动；

3 润滑部位注入润滑油；

4 电气控制及机械保护装置动作正确可靠。

14.8.2 调整试验应符合下列规定：

1 驱动机构运行平稳，无振颤和异常声响。减速机不得漏油。空载运行时在高于上端梳齿板 1m 处所测得的噪音值不应大于 65dB（A）。

2 在额定电压下，空载运行速度与额定速度允许偏差为 ±5%。

3 扶手带在正常运行中不应卡阻和脱离导轨，其运行速度相对于梯级运行速度的允许偏差为 $^{+2}_{0}$%。

4 各类链条运行应符合本规范第14.3.6条的规定。

5 制动器制动时，停车应平稳。空载和负载的向下制动距离应符合表 14.8.2 的规定。

6 试运转中，操纵、联锁、制动等各种安全保护装置动作应灵敏，准确可靠。

表 14.8.2 自动扶梯空载和负载向下制动距离范围

额定速度（m/s）	制动距离范围（m）
0.50	0.20～1.00
0.65	0.30～1.30
0.75	0.35～1.50

14.8.3 操纵开关标志必须与扶梯的实际动作一致；制动装置制动时梯级应平稳。

14.8.4 扶梯应进行正、反两个方向的空载和负载运转。空载运转合格后，方可进行负载运转，并作出测试记录。

14.8.5 扶梯试运转时间：空载不得少于 4h；负载不得少于 2h。

14.9 工 程 验 收

14.9.1 工程验收时应检查下列项目，并应填写验收记录：

1 扶梯整体外观检查符合本规范规定；

2 各种安全保护装置动作的有效性能检查，符合本规范第 14.7 节的规定；

3 功能测试检验，符合本规范第 14.8.2 条的规定。

14.9.2 工程竣工验收应提供下列资料：

1 原材料、设备的合格证及说明书；

2 图纸会审记录、设计变更或洽商记录；

3 调试记录；

4 隐蔽工程验收记录；

5 质量评定记录；

6 开竣工报告；

7 竣工图。

15 通　　信

15.1 一般规定

15.1.1 本章适用于通信线路和设备安装工程的施工及验收。

15.1.2 管路内的电缆、电线，其总截面积不得超过管路内截面积的40%。管路内不得设置接头。

15.1.3 设备电源报警时，应及时排除故障，严禁强行送电。

15.1.4 严禁使用带腐蚀性的焊剂进行焊接。

15.1.5 光、电缆线路施工前应按照施工图进行路由复测。

15.1.6 剥除光、电缆外护套（层）时，严禁损伤光纤及电缆芯线。

15.1.7 预埋件的埋设应符合下列规定：

1 预埋箱、盒位置应正确，并固定牢固；

2 预埋管伸入箱、盒内的长度应为5mm，并拧紧锁紧螺母；多根管伸入时应排列整齐；

3 预埋在结构内的管路不得露出结构表面；

4 管路煨管时，弯曲半径不得小于管外径的6倍，弯扁度不得大于该管外径的1/10；

5 管路经过结构变形缝时的防护及金属管路的接地应符合设计规定。

15.2 光、电缆线路

15.2.1 电缆托架安装应符合下列要求：

1 托架位置应正确，并固定牢固，水平和垂直允许偏差均为±5mm；

2 托架的同层托板应在同一水平面上。

15.2.2 光、电缆单盘测试前应进行检查，型号、规格、长度及气压应符合设计规定，并无损伤、霉烂及硬化变质。

15.2.3 光、电缆单盘应进行下列项目测试，并符合设计和产品技术文件规定：

1 确定光、电缆的A、B端别，并标注清楚；

2 芯线不得断线、混线和错对；

3 绝缘电阻；

4 芯线的环线电阻值；

5 四线组的电容耦合系数 K 和对地不平衡电容 e_1、e_2；

6 A、B端的近端串音衰减值；

7 远端串音防卫度；

8 光缆损耗；

9 检测完毕，剖头应封闭严密。

15.2.4 电缆配盘应符合下列要求：

1 同一个区段内，应配置同一工厂生产的同一型号结构的电缆；

2 近端串音衰减值大的电缆和工作电容小的电缆，应配置在车站设备的两端；

3 电缆接头不得设置在门、洞、通道顶部；

4 电缆接头预留长度应为1.5～2m。

15.2.5 直埋电缆沟的开挖与回填，应符合下列要求：

1 直线段应平直，径路中心线允许偏差为100mm。曲线段弯曲半径不得小于最大电缆外径的15倍。

2 电缆沟深度应符合设计规定，沟底平整，不得有石块或坚硬土块。

3 回填土不得含有腐蚀性物质或坚硬物并夯实。

15.2.6 电缆敷设应符合下列规定：

1 电缆应排列整齐，不得损伤，其端别应一致；

2 铅护套电缆与铝护套电缆的弯曲半径（无特殊规定的），不得小于其电缆外径的7.5倍与15倍；

3 同沟直埋电缆和支架上的同层电缆，不得交叉、扭绞；

4 电缆与其他设施平行或相交时，其距离与防护措施应符合设计规定；

5 支架与隧道顶电缆应固定牢固；

6 直埋电缆应平放于沟内并自然松弛，接头设置在接头坑内，余留长度应为1～1.5m。其拐弯、接头、引入、靠近地下管线及接地处，穿越铁路、公路、河沟的两侧和直线段每隔250m处，应设电缆标志，并统一编号。

15.2.7 直埋电缆的防护，应符合下列规定：

1 穿越道路、铁路或其他障碍物时，其防护管路必须延伸于路基或其他障碍物以外0.5m。

2 采用砂、砖防护时，砖块应覆盖整齐。

3 沿杆或墙引上的防护管应垂直并固定牢固。防护管上口高出地面不得小于2.5m，并堵严。

15.2.8 电缆接续应符合下列要求：

1 铅套管不得变形、漏气，内外应光滑，干燥清洁；

2 芯线接续应牢固，线序正确，芯线套管排列应整齐、平直；

3 电缆接续不得有混线及断线；

4 电缆接头不宜设在电缆与障碍物交叉的位置；

5 绝缘电阻及电气绝缘强度应符合国家现行标准《铁路通信施工规范》TBJ 205的规定；

6 聚乙烯绝缘与纸绝缘的电缆接续，应设气闭绝缘套管；

7 芯线接续长度及扭绞方向应一致，不得改变芯线原有的扭距和对称性，并恢复屏蔽线对的原屏蔽层；

8 分歧尾巴电缆接入干线的端别与干线应一致；

9 灌制气闭后不得漏气；

10 芯线接续完毕，应填写接头卡片，并封焊在铅套管内；

11 充油电缆剖头应使用电缆清洗剂清洗干净，端盖与电缆护套上下盖应密封严密，护套内应灌满密封化合物，并不得渗漏，电缆内外护套应分别沟通。

15.2.9 电缆接头封焊时，不得烫伤电缆与绝缘层。封焊应均匀、圆滑、牢固，不得漏气。

15.2.10 电缆气门安装位置应避开平衡套管，焊接牢固，不得漏气。多条电缆的气门宜集中设置并排列整齐。

15.2.11 充气电缆应充入清洁、干燥、无腐蚀的气体。充气最高气压应为0.1～0.15MPa，保持气压为0.06～0.08MPa，报警气压为0.04MPa。

15.2.12 站间通信电缆电气特性测试应符合设计规定。

15.2.13 综合电缆的平衡测试，应按设计规定的标准执行。

15.2.14 漏泄同轴电缆应进行下列项目测试，并符合设计和产品技术文件规定：

1 环路直流电阻；

2 内外导体间绝缘电阻；

3 内外导体间绝缘耐压；

4 交流特性；

5 测试完毕，应在测试端标出1～2个周期的开槽位置和中心。

15.2.15 漏泄同轴电缆应按测试及设计长度，采用分级补偿办法进行配盘。

15.2.16 隧道内漏泄同轴电缆敷设应符合下列要求：

1 钢丝承力索架设位置、垂度与方式应按设计规定执行；

2 钢丝承力索的钢绞线不得背扣、蓬松、损伤。钢绞线连接处必须安装套环，固定处用钢绞线轧头卡牢，钢绞线回头应有余留长度；

3 漏泄同轴电缆吊挂应平直，弯曲半径不得小于2m。

15.2.17 漏泄同轴电缆的接续，应符合下列要求：

1 不同规格漏泄同轴电缆相接，应采用调相接续法，接头放在漏泄同轴电缆开槽间的中心，并保持原结构型式；

2 相同规格漏泄同轴电缆的接续，应保持原结构型式。

15.2.18 漏泄同轴电缆全程测试应符合设计规定。

15.2.19 光缆应按长度、接头位置和单盘测试指标配盘。

15.2.20 光缆敷设应符合下列规定：

1 光缆端别应一致，一个中继段内应敷设同一厂家生产的结构、制式及维护方式相同的光缆。

2 光缆的弯曲半径不得小于外护层直径的15倍。

3 光缆不得破损、变形或扭伤，其接头套管应密封严密。

4 采用机械敷设时，牵引力不得超过光缆允许承受的最大拉力值。无牵引环的光缆应使用专用夹具及加强芯，牵引最大允许速度应为15m/min，并保持匀速。

5 接头搭接长度应符合光缆结构及接头装置类型的要求。

6 光缆敷设预留长度：接续处2～3m；中继站两侧引入口外3～5m；接续装置内光纤收容余长每侧不得小于0.8m；特殊情况按设计规定执行。

7 直埋敷设：

1）光缆与电缆同沟时，应先敷设电缆后敷设光缆，并分开排列不得交叉；

2）光缆敷设当天应先回填不少于300mm厚的细土或细砂。不得裸露过夜。

15.2.21 光缆接续应符合下列要求：

1 必须在有防灰尘和雨水的设施内接续。

2 光纤应按颜色对应接续，不得损伤。收容光纤的弯曲半径不得小于40mm。

3 光纤接续完毕，应作热缩加强管保护。加强管收缩应均匀，管中不得有气泡。

4 光纤护套、涂层的剥除，光纤端面制备、熔接，作热缩加强管等必须一次连续完成。

5 接续测试记录卡应一式二份，一份放入接头盒内，一份留存。

6 光缆护套接续部位、接头盒及密封材料应清洁，其装配按产品技术文件规定执行。

15.2.22 光缆引入终端应符合下列要求：

1 干线光缆引入室内换接室内光缆，必须做绝缘接头，干线光缆金属护套应屏蔽接地；

2 绝缘接头应置于走线架上或地槽内。

15.2.23 光缆测试应符合下列规定：

1 在一个中继段内，每根光纤接续损耗应符合设计规定；

2 中继段光纤线路衰减测试值应小于设计计算值。

15.3 设 备 安 装

15.3.1 走线架和线槽安装应符合下列要求：

1 走线架支铁应垂直、牢固、整齐，水平支铁应在一条直线上，其转弯处应成直角；

2 走线架边铁、横铁应平直，横铁间距应均匀并垂直边铁；

3 走线架水平与垂直偏差不应大于2mm与3mm；

4 线槽与机架应垂直，连接牢固，边帮应成一直线，偏差不应大于3mm；

5 列间线槽应成一直线，偏差不应大于3mm，两列线槽拼接偏差不应大于2mm；

6 走行架或线槽穿过楼孔或墙洞时，所附装木框的漆色宜与楼板或墙壁颜色一致；

7 走线架和线槽安装位置偏差不应大于50mm。

15.3.2 配线架安装应符合下列规定：

1 底座位置与电缆孔、槽相对应。跳线环应横平竖直。

2 直列上下端垂直允许偏差不应大于3mm。

3 保安器排、试验弹簧排和端子板的排列应整齐。

4 试验弹簧排和端子板在相对湿度75%以下时，其相邻端子间绝缘电阻不得小于100MΩ和500MΩ。

15.3.3 设备安装应符合下列规定：

1 机柜（架）固定应牢固、垂直、水平，其允许偏差为2mm。并列机柜（架）应紧密靠拢。

2 同列机柜（架）主走道侧的盘面应位于同一平面，允许偏差为5mm。

3 非标准加工件、漆色与设备漆色应一致。

4 插接件应插接牢固，不得错插。

15.3.4 调度及会议电话总机阻抗应与外线阻抗匹配。

15.3.5 广播设备安装应符合下列规定：

1 控制台应对号就位。

2 扬声器、扩音柱与扩音机的配接应正确。室外设备应有防雨水渗漏措施。

3 同路多个扬声器的极性应一致。

15.3.6 母钟安装允许偏差为：水平1mm，垂直1.5mm。

15.3.7 高频（智能）开关电源设备的输入电源的相线和零线不得接错，其零线不得虚接或断开。

15.3.8 无线通信设备安装应符合下列规定：

1 机车台应便于司机操作；

2 跳线箱的端子板排列应整齐、序号正确；

3 保安器箱的真空避雷器放电间隙应为0.7mm；

4 天线安装牢固，电缆连接可靠，并应有防水措施。

15.3.9 电视监控设备安装应符合下列要求：

1 摄像机安装稳定、牢固，电动云台转动灵活，摄录范围符合设计规定；

2 控制设备和监视器安装应平稳牢固；

3 敷设在摄像机、控制设备与监视器端的电缆余留量，应以不影响摄像机本身的转动为准。

15.4 设备配线

15.4.1 设备配线应符合下列要求：

1 配线电缆、电线不得破损、受潮、扭曲、折皱；

2 机架上部走线架、走线槽内的配线，先出线的在上层；地面线槽内的配线先出线的在里侧；

3 配线按列（架）顺序分束排列，不得扭绞和交叉；

4 配线转弯圆滑，弯曲半径不得小于电缆直径的5倍。在进、出部位和转弯处，应固定牢固；

5 配线箱（盒）配线，输入端与输出端应分开；

6 室内所配电缆、电线，其段内不得有接头、破损；

7 线槽内或走线架上的电缆、电线应排列整齐，不得扭绞及溢出线槽；

8 广播线、交流电源线与电话线同槽（架）敷设时，广播线与交流电源线应分别采取屏蔽措施；

9 设备的引入电缆或电线，其预留长度应分别为1～2m和0.5～1m；

10 电话集中机配线，其外线环阻应符合设备技术文件的规定，并保持线路平衡；选号电话采用的屏蔽线，其屏蔽层应接地可靠；

11 隧道外的架空广播线路引入室内必须装设真空保安器。

15.4.2 电缆芯线编扎应符合下列要求：

1 电缆剖头平齐，并不得破坏电缆芯线原有扭绞；

2 电缆芯线应按色谱顺序出线，其间距和机架端子板焊片的间距相同，线扣一致；

3 芯线出线部位应在一条直线上，转弯圆滑；

4 备用芯线的长度，应大于更换最长芯线的长度。

15.4.3 电缆芯线与端子连接应符合下列要求：

1 焊接不得错焊、假焊、漏焊，焊点光滑并露出芯线筋骨。芯线绝缘不得烫伤及后缩。

2 无孔端子所绕芯线应全面施焊；有孔端子的焊接芯线由下至上或由左至右穿过焊孔平贴在焊片上，焊锡应填满孔眼。

3 弹簧排电缆芯线的焊接，A线在前面，B线在后面，不得错焊。

4 芯线采用绕接时，接触应严密，不得叠绕。直径为0.4～0.5mm与0.6～1.0mm的芯线，绕线匝数应分别为6～8匝及4～6匝。

5 芯线采用卡接时，芯线与接线排模块应接触严密。

15.4.4 配线架的跳线，其内、外侧端子间应经跳线环水平跳接，松紧一致，并保持原扭绞不变。

15.4.5 机架（设备）电源配线应符合下列要求：

1 直流电源线必须以线色区别正、负极性；

2 直流电源正负极严禁错接与短路，接触必须牢固；

3 交直流电源线应分开布放，并单独绑扎；

4 交直流馈线的直流正、负极线间和负极对地之间的绝缘电阻，交流芯线间和芯线对地之间的绝缘电阻（用500V兆欧表测试），均不得小于1MΩ；

5 列间馈电线架空敷设时，铝（铜）条应整齐平直，正负极分别涂红、蓝色油漆。

15.5 接地装置

15.5.1 接地装置的材质及型号、规格应符合设计规定。

15.5.2 接地体埋设应符合下列要求：

1 接地体与接地母线焊接应牢固，并做防腐处理；

2 两组接地体之间的距离及接地体埋深和接地电阻值应符合设计规定；

3 接地体回填土应使用黄粘土，并分层夯实。

15.5.3 接地引入线与母线连接应采用气焊，搭焊长度不得小于200mm，并不得损伤芯线。焊接处应做防腐处理。

15.5.4 接地引入线保护套管与隧道穿墙管法兰盘连接应绝缘，绝缘电阻应大于100MΩ。

15.5.5 接地引入线在保护套管内不得有接头。隧道穿墙管严禁与隧道结构钢筋接触。

15.5.6 接地引入线、室内接地线、工作（联合）地线及保护地线与设备连接应符合设计规定，严禁接地线代替电源线。

15.5.7 接地盘端子连接应紧密。

15.6 调 整 试 验

15.6.1 设备调试前应进行检查，并符合下列规定：

1 电源电压应符合设备技术文件规定；

2 设备内不得有灰尘及杂物；

3 配线不得有错线、断线、混线和错误接地等情况；

4 元件与配件不得损坏、脱落及松动；

5 扳键、按键、塞孔、插入式电路板及继电器簧片不得变形或损伤，接点接触应可靠。

15.6.2 音选调度电话调试应符合下列规定：

1 电路全程工作衰减不得大于19dB，外线与调度电话总机的阻抗应匹配；

2 熔断器报警电路动作应可靠，信号显示准确；

3 总机或调度所选叫分机的发送频率应准确，接收回铃音清晰；分机接收频率应准确，并发出相应回铃音；

4 全程受信杂音防卫度应大于52dB；

5 踏键和扳键的接点断开时应有间隙，闭合时接触紧密；

6 总机或调度所向最远端分机送出低于额定选叫电平4.3dB的选叫频率时，应准确地呼出该分机；

7 总机或调度所以不同呼叫方式呼叫时，其分机接收应准确，并与分机的相互通话应清晰、音量一致。

15.6.3 程控调度电话调试应符合下列规定：

1 程控电路最大衰减不得大于30dB，程控主控机电路最大衰减为2.3dB；

2 程控调度设备（主机、分机、通话箱）的电气特性指标，应符合设备技术文件规定；

3 程控调度总机值班员对分机检验应无误；

4 熔丝熔断时，告警功能及信号显示应准确；

5 总机与调度所以不同呼叫方式呼叫时，其分机接收应准确；

6 总机对分机摘挂机显示功能应正常；

7 总机与分机间及分机之间的相互通话应清晰、音量一致。

15.6.4 电话集中机调试应符合下列规定：

1 分机或分盘的呼入、呼出及组呼时，应灯亮、响铃；

2 分盘呼入或呼出时的锁闭性能应可靠；

3 回铃音及通话应清晰；

4 交直流电源转换电路动作应准确。

15.6.5 广播设备调试应符合下列规定：

1 人工与自动转换正确、可靠，工作状态不得中断；

2 人工或自动开机、并机和停机性能应可靠；

3 信号显示和保护电路动作应准确；

4 输入阻抗的调整，应符合设备的接收与发送电平值的规定；

5 遥控命令的发送与接收及回示信号的接收与返回皆应准确、可靠；

6 在各种控制状态下，音质应清晰；

7 列车自动广播应准确、清晰。

15.6.6 时钟调试应符合下列规定：

1 自动或人工转换时，工作状态不得中断。

2 主、备母钟必须同步，母钟（二级母钟）与子钟指示时间应一致。

3 母钟（二级母钟）或同步装置故障及子钟回路熔丝熔断时，应及时发出准确的报警信号。

15.6.7 会议电话设备调试应符合下列规定：

1 告警设施显示准确；

2 主席台与分机送话时，应受话清晰，无失真和振鸣；

3 接口电平符合设计规定。

15.6.8 电源设备调试应符合下列规定：

1 人工或自动转换时，供电不得中断；

2 故障报警应准确、可靠；

3 额定负荷时，其输出电压和电流值以及蓄电池备用时间，应符合设备技术文件规定；

4 输出电压和电流超限时，保护电路动作应准确；

5 输入电源故障时，应自动转换电池组供电，其直流输出不得中断；

6 硅整流电源的整流元件应无跳火现象，主变压器、扼流圈、硅二极管、可控硅管的温升，不得超过设备技术文件规定；

7 高频（智能）开关电源的单元液晶显示应准确，交直流配电单元、整流模块、监控模块的性能，应符合设备技术文件规定；

8 不间断电源设备的输入电源故障时，连续供电时间、电压、频率应符合设备技术文件规定。

15.6.9 程控交换设备系统测试应符合下列规定：

1 可靠性测试：

1）每个用户及中继电路中断，每月平均不应大于150s；

2）两个用户及两条中继电路同时中断，每月不应大于120s；

3）选组级交换网络模块，不得发生已通话用户的阻断；

4）处理机的再启动次数每月不应大于：一类5次，二类1次，三类0次；

5）软件故障不应大于8个；硬件故障不应大于2次；印刷板故障更换的次数不得大于0.13次/100户；

6）长时间通话不应小于48h，通话路由应正常，有长时间通话信号输出。

2 接通率测试：

1）在MDF上接不少于32对用户至模拟呼叫器，测试呼叫次数不应小于40000次，接通率不应小于99.96%；

2）在 MDF 上接不少于 10 对用户，分组进行人工拨号，累计呼叫次数不应小于 2000 次，接通率不应小于 95%；

3）程控电话局间及程控电话局与模拟电话局间人工拨号，呼叫次数不应小于 200 次，接通率不应小于 95%。

3 性能测试应符合表 15.6.9 要求：

表 15.6.9 性能测试

项目	方法和要求	指标
本局呼叫	对正常通话，摘机不拨号和位间超时，拨号中途放弃，久叫不应，被叫忙，呼叫空千群和空号及链路忙等，每项抽测 3～5 次	良好
出入局呼叫	对每个直达局的中继线及重要路由作 100% 呼叫测试	良好
释放控制	分互不控制，主叫控制和被叫控制	良好
用户交换机	连选性能，夜间服务，应答反极性能	良好
其他	符合设计规定	—

4 局间中继测试次数不应小于40000次，接续故障率不应大于 4×10^{-2}。

5 当处理机的处理能力超过上限值时，可自动逐步限制普通用户的呼出，被限制的用户应均匀分布在普通用户之间。对不同制式交换机分系统的各功能模块、业务模块、处理机忙时呼叫尝试次数（BHCA），应符合设备技术文件规定。

6 维护管理和故障诊断性能测试：

1）对人机命令测试其功能应完善，执行准确；

2）报警系统动作可靠；

3）话务统计功能应准确；

4）用人机命令对局数据和用户数据的增、删、改应准确；

5）用人机命令执行用户线和用户电路、中继线和中继电路、公用设备、信号链路和交换网络的例行测试和指定测试时，输出应正确；

6）对电源系统、处理机、交换单元、连接单元和外围设备的摸拟故障试验，其故障告警，主、备用设备倒换、故障信息输出及排除故障应灵敏、准确；

7）对用户和中继电路进行人工/自动故障诊断应能测至每一电路；

8）测量台的维护管理功能应良好；

9）对远端交换用户模块或远端用户线单元的集中维护功能应良好。

7 传输指标及同步方式应符合设备技术文件和设计文件规定。

8 环境验收测试：

1）对标称电压为 -48V 的电源，在电源为 -57V 和 -40V时，用模拟呼叫器呼叫，接通率不应小于 99.9%及各种操作维护功能应正常；

2）在室温为 35℃，相对湿度 30%～60%时，系统应能正常工作 1h，用模拟呼叫器进行局内呼叫接通率为 99.9%；在室温为 45℃，相对湿度大于 20%时，测试呼叫 0.5h，系统工作应正常。

15.6.10 程控交换设备试运转应符合下列规定：

1 试运转测试时间不应少于3个月，若主要指标达不到要求时，应延续 3 个月。

2 软件故障不得大于9个。

3 因元件故障更换印制板的次数，每百户每月不应大于0.1次。

4 处理机再启动及用户与中继设备的可靠性按本规范第15.6.9条规定执行。

5 试运转阶段不得由于设备原因进行人工再装入。

6 交换网络非正常倒换不得大于4次。

7 试运转模拟测试：

1）局内接通率测试：用模拟呼叫器每月测试一次，每次作10000次呼叫，接通率不得小于99.9%；用人工呼叫每月测试一次，每次作2000次呼叫，接通率不得小于99.5%；

2）局间接通率测试：各局间出入中继接通率每月测试一次，每个局间作200次呼叫，接通率不得小于95%；

3）长时间通话测试：每月测试一次，用10对话机连成通话状态，在48h内通话正常，无重接、断话或单向通话。

15.6.11 无线通信设备调试应符合下列规定：

1 仪表指示应正确；

2 设备的发射与接收频率以及发送功率与接收电平应符合设计规定；

3 设备的输入、输出阻抗及其电气特性应符合设备技术文件规定；

4 设备的主机或备机发生故障自动转换时，通道不得中断，报警显示应灵敏、准确；

5 当列车由一站管区进入另一站管区时，列车电台的工作频率人工或自动切换，应与站管区对应。

15.6.12 电视监控设备调试应符合下列规定：

1 监视区域内，物景必须清晰；

2 手动或自动、遥控切换及扫描应准确；

3 电动云台遥控操作时，上仰下俯、左右旋转应灵活；

4 时间与日期显示应准确；

5 监示器显示应清晰；

6 录像应清晰完整、准确。

15.6.13 光电数字传输设备系统测试，应符合设计规定及现行国家标准《脉冲编码调制通信系统网络数字接口参数》GB 761、《市内光缆通信系统进网要求》GB 11820及《同步数字体系（SDH）光缆线路系统进网要求》GB/T 15941的规定。

15.7 工程验收

15.7.1 工程竣工应按本规范和国家现行规范的有关规定进行验收，竣工验收检验项目应符合表15.7.1的规定。

表15.7.1 竣工验收检验项目

序号	名称	项目	内容
1	管路敷设		路径，规格，弯曲半径，凹扁程度，连接方式，接头管口及变形缝处的管路处理，备用铁线及规格
2	光、电缆及漏泄同轴电缆线路	立杆、拉线、吊线	杆位及规格，杆垂直度，撑杆距高比，吊线架设高度及规格，垂度，拉线规格
		托架、吊架	托架、吊架位置及规格，垫圈及螺栓规格
		光缆、电缆及漏泄同轴电缆敷设	规格，型号及程式，敷设及管孔位置，埋设深度，电缆防护，回填土夯实，电缆固定，挂钩间距，弯曲半径，电缆垂度，电缆接续程式，管口堵塞，人孔内走向，接地与电阻，余留长度

续表 15.7.1

序号	名称	项目		内容
2	光、电缆及漏泄同轴电缆线路	电缆气闭		气闭位置，固定，性能，堵气头
		电气测试		电缆绝缘，环路电阻，平衡测试，漏泄同轴电缆阻抗，传输衰减，耦合损耗，光缆接头损耗，光纤线路衰减
3	设备	安装		设备型号，规格，安装位置及固定，机柜（架、台）排列，垂直与水平程度，外观，油漆
		配线		排列，编扎与绑扎，出线间距，固定，整理，焊点，绕接与卡接，电源线规格，正、负极性，跳线规格
		测验	调度电话	各种呼叫方式呼叫，通话清晰度，报警性能
			电话集中机	对分机、分盘的呼叫，应答与终话，主机的呼出，再呼出及组呼，分盘锁闭性能，回铃音，通话清晰度
			广播设备	自动与人工转换，开、并机与停机，强行插入，信号显示，极性配接，音质与音量
			时钟设备	人工与自动转换，同步装置，报警功能，走时精度
			无线设备	人工与自动转换，开机与停机，发送与接收频率，站间工作频率切换，场强覆盖率及接收电平
			电视监控	景物摄取范围及显示，云台旋转角度，仰角及俯角，手动与自动切换，遥控操作，扫描范围，时间与日期显示，录像及监示显示
			程控交换机	接通率，可靠性能，本局及出、入局呼叫，释放控制，特种及非电话业务，局间中断，处理能力及超负荷，维护管理与故障诊断，传输指标及同步方式，极限条件测试，试运转测试
			光电传输	单机检验，平均发送光功率和光接收灵敏度，接口信号速率及容差，误码及抖动性能，系统特性及辅助功能
			电源设备	手动与自动转换，自动稳压及稳流性能，过负荷保护
			高频（智能）开关电源	故障保护性能，对电池组的浮充与均充，液晶显示，输出电压与电流
			不间断电源	防护性能，故障时向负载供电连续性能
4	接地装置			规格，埋设位置与深度，数量，回填土及夯实，接点处理，引入线规格及型号，接地电阻

15.7.2 工程竣工验收应提供下列资料：

1 材料和设备合格证及说明书；

2 图纸会审记录、变更设计或洽商记录；

3 隐蔽工程验收记录；

4 测试与调试记录；

5 质量评定记录；

6 开竣工报告；

7 竣工图。

16 信 号

16.1 一 般 规 定

16.1.1 本章适用于信号安装工程的施工及验收。

16.1.2 电缆托架安装、管路敷设、管件预埋应符合本规范第15章有关规定。

16.1.3 设备配线应符合下列规定：

1 电线、电缆的型号、规格及所配线位应符合设计规定。

2 布线不宜交叉，线束应绑扎整齐，线槽出线应顺直。配线绝缘层不得破损，严禁中间接头。

3 配线与端子焊接应牢固，并套软塑料管。多股线焊接不得有漏焊的线头，单股线焊接线头不得露出锡面。

4 配线焊接严禁使用有腐蚀性的焊剂。

5 采用冷压接线端子时，配线压接应紧密。

6 配线线环与端子间及线环间应加垫片并连接紧密，配线绝缘层或配线套管不得压入垫片间。

7 变压器箱、电缆盒配线编号应统一，起始端子应做标志，电缆芯线应留有二次以上的做头余量。

16.1.4 室内设备的接地装置应符合本规范第15.5节有关规定。

16.1.5 设备涂漆应先除锈，漆面厚度应均匀并不得损伤、脱落。室外设备油漆颜色应符合表16.1.5规定。

表 16.1.5 室外设备油漆颜色

机 件 名 称	漆 色
机柱（不包括混凝土柱）	白 色
信号机构、背板及透镜式色灯信号机内部、信号机及表示器遮檐、机柱顶帽	黑 色
转辙机，各种箱、盒，支、吊架，防护管	灰 色
以上各栏未列的室外设备外部	灰 色

16.2 电 缆 敷 设

16.2.1 电缆敷设应符合下列规定：

1 电缆护套不得损伤，芯线不得混线、断线或接地，电气特性应符合产品技术文件的规定。

2 综合扭绞电缆的A端应与B端相接，一条电缆径路中间有接线箱（盒）时，A端与B端应顺序连接。

3 电缆敷设的环境温度不得低于－5℃。采用耐寒护层电缆时，环境温度不得低于－10℃。

4 电缆弯曲半径：全塑电缆不得小于电缆外径的10倍，铠装电缆不得小于电缆外径的15倍。

5 托架上的电缆排列应整齐并自然松弛，同层电缆不得交叉、扭绞。

6 托架上和隧道顶板敷设的电缆，必须固定牢固。

7 电缆备用量：

1）引至室内的电缆备用量不得小于5m；

2）室外设备端电缆备用量不得小于2m，当电缆敷设长度小于20m时，备用量为1m。

16.2.2 直埋电缆径路选择应符合下列规定：

1 两设备间径路应最短或通过障碍物及跨股道最少；

2 宜于施工和维修；

3 不得在道岔尖端、辙岔心及钢轨接头处穿越股道。

16.2.3 直埋电缆应符合下列规定：

1 土质地带电缆埋设深度不得小于700mm，石质地带电缆埋深不得小于500mm，并均应在冻土层以下。电缆沟沟底应平坦，电缆排列应整齐并自然松弛，不宜交叉。

2 电缆防护应符合设计规定。当采用管、槽防护时，钢质管、槽应作防腐处理。

3 电缆通过碎石道床时，必须使用防护管，管内径不得小于管内所穿电缆堆积外径的1.5倍。防护管应伸出轨枕头部500mm，管口封堵严密。

4 平行于轨道的电缆距最近钢轨轨底边缘的距离：

1）在线路外侧不得小于2m；

2）在两线路间不得小于1.6m，如果线间距离为4.5m时，电缆距两线路中心的距离应相等。

5 电缆与供电电压大于500V的电力电缆或其他地下管线平行、交叉敷设间距及防护措施，应符合设计规定。

6 干线电缆径路的下列地点应设电缆标志：

1）电缆的转向处或分支处；

2）大于500m的直线中间点；

3）通过障碍物后需要标明电缆径路的部位；

4）电缆地下接续处。

16.2.4 信号工程中采用通信电缆时，应符合本规范第15章的有关规定。

16.3 室外设备

（Ⅰ） 固定信号机

16.3.1 固定信号机安装位置应符合设计规定，严禁侵入设备限界。

16.3.2 信号机构及配件的紧固件应平衡拧紧，螺杆露出螺母2~3个螺距。

16.3.3 信号机构各灯室不得窜光，机盖严密，机构不得渗、漏水。

16.3.4 隧道内信号机安装应符合下列规定：

1 信号机托架顶面水平，配件完整，安装牢固；

2 信号机安装高度允许偏差为±100mm。

16.3.5 隧道外矮型信号机采用混凝土预制基础时，基础埋设深度不得小于500mm，基础顶面应水平并高出轨面200~300mm。

16.3.6 高柱信号机安装应符合下列规定：

1 机柱埋设深度和信号机构最下方灯位中心到轨面的距离应符合设计规定，机柱垂直度允许偏差为8‰。

2 同一机柱上同方向信号机构各灯室中心应在一条直线上（不包括引导信号机构和进路表示器），托架安装应水平。

3 机柱顶端及电线引入管入口应封堵严密。

4 信号机梯子中心应与机柱中心一致，梯子支架应水平，梯子应平直，连接牢固。

（Ⅱ） 电动转辙机

16.3.7 电动转辙机安装前，道岔的状态应符合下列规定：

1 单开道岔应方正，尖轨的尖端前后位置偏差不应大于 20mm，尖轨开程应为 142～151mm。

2 复式交分道岔：

1）双转辙器道岔的 4 条尖轨的尖端应在一条直线上，前后偏差不应大于 5mm。尖轨开程应为 142～151mm；

2）活动心轨道岔的第一连接杆的中心线距其尖轨尖端距离应为 450mm；两组尖轨尖端的间距应为 312mm；尖轨开程应符合设计规定。

3 尖轨与基本轨应密贴。

16.3.8 电动转辙机安装前应进行检查，并符合下列规定：

1 零部件应齐全，不得损伤或锈蚀。传动齿条与齿轮应吻合，机盖盘根应完整、密贴。

2 转辙机进水、受潮时，必须分解、清洗、注油。

3 机内导电部分的绝缘电阻应符合产品技术文件的规定。

16.3.9 电动转辙机安装应符合下列规定：

1 碎石道床基础角钢应与基本轨固定牢固，并垂直于道岔的直股基本轨或复式交分道岔中心线；

2 整体道床预埋基础螺栓位置应准确，混凝土灌注密实；

3 绝缘配件安装应齐全，固定螺栓应拧紧；

4 动作杆与密贴调整杆应在一条直线上，并与表示杆、道岔第一连接杆平行；

5 道岔应转换灵活，固定装置不得松动。

16.3.10 电动转辙机中心距接触轨弯头端部不应小于1.5m。

（Ⅲ） 轨道电路

16.3.11 轨道电路区段内连接两钢轨的装置，其绝缘配件应齐全、完整，绝缘性能符合产品技术文件规定。

16.3.12 扼流变压器安装应符合下列规定：

1 安装在股道中间时，其顶面高程应低于钢轨顶面 5～25mm 并固定牢固；

2 采用托架安装在隧道墙壁时，固定螺栓应有防松动措施。

16.3.13 焊接式钢轨接续线、道岔跳线、扼流变压器连接线安装，应符合下列规定：

1 焊接位置应准确；

2 焊接部位应去污、除锈，焊接牢固；

3 焊接线的断股数不得大于总股数的1%，焊点表面应涂防锈漆；

4 道岔跳线敷设应平直，并固定牢固；道岔跳线穿越股道时，距钢轨底面不得小于30mm。

16.3.14 塞钉式钢轨接续线、钢轨引接线、道岔跳线的安装，应符合下列规定：

1 塞钉线不得脱焊、损伤或锈蚀，安装位置应准确；

2 钢轨塞钉孔不得锈蚀，塞钉铆接牢固并不得弯曲，塞钉露出钢轨侧面长度应为 1～4mm；塞钉与塞钉孔缘应涂漆封闭；

3 塞钉线敷设应平直并固定牢固；

4 钢轨引接线、道岔跳线穿越股道应符合本规范第 16.3.13 条规定；

5 单开道岔的长跳线宜安装在道岔绝缘节后第二轨枕间距处。

16.3.15 钢轨绝缘安装应符合下列规定：

1 轨道电路中相对的两绝缘节应对齐，不能对齐时，其错开距离不得大于 2.5m；

2 绝缘配件齐全并不应破损，紧固螺栓应拧紧。

16.3.16 无绝缘轨道电路安装，应符合下列规定：

1 轨道电路区段配置的短路棒、调谐单元、电缆和环线安装位置应符合设计规定；

2 连接线焊接应牢固；

3 调谐区段内不宜有钢轨接头。

（Ⅳ） 箱、盒安装

16.3.17 箱、盒安装应符合下列规定：

1 箱、盒安装位置应准确，严禁侵入设备限界。

2 变压器箱的箱盖应朝向所属线路内侧开启。轨道电路引接线电缆盒的引线口应背向轨道。电缆接续电缆盒的起始端子应朝向继电器室方向。

3 变压器箱和电缆盒内的部件应排列整齐，固定牢固。电缆引进做头后，应灌注绝缘胶固定。空闲的引接线口及备用电缆引入孔应封堵严密。

4 钢轨引接线与变压器箱、电缆盒连接应牢固，绝缘片、绝缘管不得破损。

16.3.18 列车自动运行系统轨旁设备安装位置和环路布置应符合设计规定，并固定牢固。连接线焊接应符合本规范第16.3.13条的规定。

16.4 室内设备

16.4.1 设备安装前应进行检查，并符合下列规定：

1 设备按钮、旋钮及扳键动作准确、灵活，触点接触可靠；

2 熔断器规格、指示灯显示、接线端子的使用符合设计文件规定；

3 插接件接触紧密。

16.4.2 设备安装应符合下列规定：

1 设备排列应横平竖直、固定牢固，垂直度允许偏差为1.5‰。同排机架（柜）的盘面应在同一垂直平面上，允许偏差为±1mm。相邻机架（柜）间隙不得大于2mm。

2 走线架应平直，并与机架（柜）连接牢固。

3 走线架油漆颜色应与机架（柜）颜色一致。

4 计算机及其外部设备安装应符合设计和国家现行的有关强制性标准的规定。

16.4.3 控制台盘面及两端方向标牌应与实际线路平面布置及方向相符合。控制台按钮和复示器的位置、颜色应符合设计规定。控制台背面与墙内侧距离不宜小于1m。

16.4.4 设备配线除符合本规范第16.1.3条规定外，尚应符合下列规定：

1 电缆引入口至分线盘的电缆应排列整齐并固定牢固。电缆两端应挂铭牌，标明电缆编号、去向、芯数。

2 走线架上的电缆应敷设在下层，电线敷设在上层，不宜交叉。

3 机架（柜）侧面端子电源环线和零层电源端子配线在同一端子上不得大于2条。机架（柜）无电源从外架（柜）引入电源时，应从外架（柜）零层端子引入。

4 零层端子应标明配线去向、线位。

16.5 车载设备

16.5.1 列车自动防护和自动运行系统车载设备的安装，应符合下列规定：

1 测速装置应固定牢固，并与轮轴运转同步；

2 电缆、电线的防护管路安装应牢固，管口光滑，管内不得有铁屑和杂物，管口封堵严密；

3 机柜内设备必须固定牢固，门、盖严密；

4 操作手柄、扳键和按钮应动作灵活、准确；

5 信号灯灯室不得漏光和窜光；

6 插接件必须接触紧密，防松动措施可靠；

7 天线安装应牢固，并有防松动措施。

16.5.2 车载设备电源不得接入其他用电设备。

16.5.3 屏蔽线经箱、盒连接时，屏蔽层必须经端子连接。

16.5.4 机柜接地线焊接位置应准确，焊接牢固，并做防腐处理。

16.5.5 设备铅封应齐全。

16.6 调 整 试 验

（Ⅰ） 单体调试

16.6.1 固定信号机的调试，应符合下列规定：

1 信号机的光源在聚焦位置上，并根据外界环境亮度调整光源的电压，使其为额定电压的85%～95%；

2 信号机的主、副灯丝转换可靠。

16.6.2 电动转辙机的调试，应符合下列规定：

1 转辙机开启机盖或插入手摇把时，遮断器保护接点应可靠断开，非经人工恢复不得接通电路。

2 转辙机内表示系统的动接点与定接点在接触状态时，其接触深度不应小于4mm，与定接点座的距离不应小于2mm。在挤岔状态时，表示系统的定位、反位接点均应断开。

3 摩擦联接器：

1）道岔正常转换时，摩擦联接器不得空转、打滑；

2）道岔尖轨因故不能转动，或在转换过程中受阻时，电机应空转；

3）摩擦电流不得大于额定电流的1.3倍。

16.6.3 轨道电路应进行下列项目的调试，并符合设计和设备技术文件的规定：

1 轨道电路各项参数指标测试；

2 轨道电路调整、分路状态的调试；

3 轨道电路分路灵敏度测试；

4 设计规定的其他项目。

16.6.4 电源设备调试应符合下列规定：

1 电源严禁混线或接地；

2 主、副电源切换必须可靠，切换时间和电压稳定度应符合设备技术文件规定；

3 闪光电源的闪光频率宜调整在每分钟80～120次；

4 不间断电源的输出电压、频率、满负荷放电时间及超载性能，应符合设备技术文件规定；

5 电源设备对地绝缘电阻值应符合设计规定。

16.6.5 控制台调试应符合下列规定：

1 控制按钮应动作可靠，表示正确；

2 复示器必须清晰、准确反映信号设备的状态；

3 报警装置应动作准确、可靠；

4 控制台端子对地绝缘电阻值，当设计无规定时，不应小于0.2MΩ。

16.6.6 计算机及其外部设备应进行下列项目的调试，并符合设计和设备技术文件规定：

1 设备性能指标测试；

2 计算机功能性测试；

3 稳定性试验；

4 设计规定的其他项目。

16.6.7 列车自动防护、自动运行车载设备应进行静、动态检验，并符合设备技术文件规定。

（Ⅱ） 系统调试

16.6.8 列车自动防护系统设备调试应符合下列规定：

1 联锁试验：

1）进路联锁表所有列车进路的建立及锁闭、信号机开放、直至进路取消或解锁，进路联锁条件必须正确；

2）进路的敌对（敌触）进路不应建立，敌对信号不得开放，与进路无关的设备不得误动作；

3）室内外设备连通试验时，设备动作及其表示应正确；

4）报警信号准确、可靠；

5）稳定性试验时间不得小于72h。

2 在不同的线路状态、速度限制及联锁条件下，车站设备对列车运行线路各区段编码的选择及车载设备的接收、译码应准确、可靠。

3 列车运行间隔、超速防护及间隔控制等功能应符合设计和设备技术文件规定。

4 列车自动防护系统必须符合故障导向安全原则。

16.6.9 列车自动运行系统应进行下列项目调试，并符合设计和设备技术文件规定：

1 轨旁设备性能调试；

2 列车自动运行的速度控制不得引发列车自动防护系统超速防护控制的调试；

3 列车自动运行的速度控制精度、停车位置精度测试；

4 列车自动运行正点率的统计测试；

5 设计规定的其他项目。

16.6.10 列车自动监控系统应进行下列项目调试，并符合设计和设备技术文件规定：

1 列车自动监控系统通道打通试验；

2 列车自动监控系统控制命令执行功能试验；

3 列车运行时刻表编制及管理功能调试；

4 列车进路自动排出、变更和取消功能调试；

5 列车追踪显示功能试验；

6 人工介入控制功能试验；

7 设计规定的其他项目。

16.6.11 列车自动控制系统应进行下列项目综合试验，并符合设计规定：

1 列车自动防护、自动运行和自动监控系统的接口性能测试；

2 调车、接发车及通过列车的进路行车试验；

3 列车行车间隔、折返时间和列车运行调整功能试验；

4 列车自动控制系统可靠性、可用性指标检验；

5 设计规定的其他项目。

16.6.12 在运营条件下，列车自动控制系统无负载试运行应符合下列规定：

1 列车自动控制系统不得重新调整或修改；

2 列车自动控制系统的功能应符合本规范第16.6.8条～第16.6.11条规定；

3 试运行时间应为1～3个月。

16.7 工 程 验 收

16.7.1 工程竣工应按表16.7.1竣工验收项目规定进行验收，并符合本规范有关规定。

表 16.7.1 竣工验收项目

名称	项目	检查内容
管路敷设	管路	路径、规格
	煨管	弯曲半径、凹扁程度
	连接	连接方式，连接长度及接头处理
	其他	结构变形缝处的管路处理，管口处理，备用管规格、数量、是否贯通
电缆敷设	托架、吊架	安装位置、配件是否齐全
	电缆	型号、规格、电气参数、电缆径路
室外设备	轨道电路	扼流变压器、调谐单元安装位置，配件；连接线连接，轨道继电器，分路灵敏度测试
	变压器箱、电缆盒	安装位置和高度，内部配线，基础埋设，钢轨引接线安装，限流器使用阻值
	电动转辙机	设备安装、配线，道岔尖轨开程，工作电流，摩擦电流
	色灯信号机	安装位置，灯位排列，灯光显示，配件，灯泡端电压，主副灯丝断丝转换
	列车自动防护和自动运行系统车载与轨旁设备	安装、配线、技术指标测试，天线调整距离，管路防护，零部件
接地装置	接地体	埋设位置、深度、数量，接地电阻值

续表 16.7.1

名称	项目	检查内容
室内设备	控制台、电源屏、组合架（柜）	安装位置，盘面排列，内部配线，操纵按钮及扳键，表示灯显示，设备技术指标
	车站、车辆段联锁试验	1）控制台的控制与表示 2）按列车进路联锁表检查每条进路的联锁条件 3）检查每条进路取消，信号重复开放，进路正常解锁，人工解锁，调车中途返回解锁；引导接车，引导信号开放和解锁；区段人工解锁等反映设计意图的电路功能 4）联系电路试验
	列车自动控制系统控制中心设备	安装、配线、设备测试，配件
	列车自动控制系统车站、车辆段设备	安装、配线、设备测试
	列车自动控制系统综合检验	列车自动防护、自动运行、自动监控系统相互关系；进路办理，列车行车间隔，折返时间，运行调整功能；系统可靠性、可用性

16.7.2 工程竣工验收应提供下列资料：

1 原材料和设备合格证、说明书、试验记录；

2 图纸会审记录、变更设计或洽商记录；

3 测试与调试记录；

4 隐蔽工程验收记录；

5 质量评定记录；

6 开竣工报告；

7 竣工图。

17 供 电

17.1 一般规定

17.1.1 本章适用于交流供电额定电压为110kV及以下的变电所和电缆，直流牵引电网（额定电压为 750V 接触轨、1500V 架空接触网），1kV 及以下配线、动力电控设备安装工程的施工及验收。

17.1.2 电气设备及器材运输通道，应符合下列要求：

1 隧道内走行轨铺设完毕；

2 地面车辆段能进出重载运输车。

17.1.3 大型设备运输前应对隧道内路径进行检查，严禁侵入设备限界。

17.1.4 隧道内的金属支持件，必须作防腐处理。

17.1.5 供电工程的施工及验收，除按本规范执行外，尚应符合国家现行的有关强制性标准的规定。

17.2 变 电 所

17.2.1 直流快速自动开关安装前应进行外观检查，并符合下列要求：

1 各部件应无破损，固定螺栓应齐全、牢固；

2 传动机构动作应灵活、准确，辅助接点应接触良好，动作可靠；

3 端子板应无裂纹或变形，插接式端子板的接触簧片弹性应良好；

4 灭弧室不应受潮，内绝缘衬件应完好。

17.2.2 直流快速自动开关安装应符合下列规定：

1 安装应垂直并固定牢固，开关的极间中心距及开关与相邻电器或柜体的距离，应符合产品技术文件的规定；

2 开关与母线连接后，不应使开关受到额外的应力；

3 二次回路接线应正确，接头连接应牢固；

4 灭弧室上部的喷弧距离，应符合产品技术文件的规定；

5 开关主触头的压力、开距及部件间隙的调整，应符合产品技术文件的规定。

17.2.3 牵引直流母线涂漆颜色，应符合下列规定：

工作正母线——红色；

备用正母线——黄色；

负母线——蓝色。

盘、柜上模拟母线的标志颜色，应与直流母线的颜色一致。

17.2.4 高压柜、低压柜、直流开关柜、整流柜、电源柜等设备的基础型钢应与结构钢筋进行电气隔离，柜体的非带电金属部分应接地。

17.3 牵引电网

17.3.1 牵引电网应在走行轨铺设符合设计标准后进行施工。

17.3.2 支柱混凝土基础施工应符合现行国家标准《混凝土结构工程施工及验收规范》GB 50204 规定。混凝土预制底座制作应符合本规范第 13.7.3 条规定。

（Ⅰ） 接 触 轨

17.3.3 设备、器材安装前应进行外观检查，并符合下列规定：

1 轨条应无变形和锈蚀。

2 混凝土预制底座表面应平整，无裂纹和掉角；钢制底座的镀锌层应均匀。

3 绝缘子铁件与瓷件的胶装部位，不得开裂或松动。瓷釉表面应光洁，无裂纹、缺釉、斑点、烧伤和气泡等缺陷。

4 铸铁件表面应光洁，无裂纹、结疤。

5 防护罩应无裂纹、变形。

6 开关柜的漆面应完整、无损伤，柜内电器的规格应符合设计规定并固定牢固。

17.3.4 轨条装卸、运输及敷设时，不得损伤或变形。

17.3.5 底座安装应符合下列规定：

1 安装应平正，位置正确，固定牢固；

2 底座中心至相邻走行轨轨头内缘的距离允许偏差为±2mm，高程允许偏差为±2mm；

3 碎石道床地段安装的钢制底座，如置于木枕上时，其找平剔削部位应做防腐处理。

17.3.6 绝缘子与底座的连接应密贴、牢固。

17.3.7 轨条安装应符合下列规定：

1 直线段应平直，曲线段应圆顺、无硬弯；

2 轨条中心至相邻走行轨轨头内缘的水平距离允许偏差为±6mm；轨条顶面与相邻走行轨顶面的高程允许偏差为±6mm；

3 除膨胀接头和普通接头外，轨条焊接时，其接续长度允许偏差为±2%；

4 轨条分段的位置必须符合设计规定，其断开距离允许偏差为：电分段处 $^{+100}_{\ 0}$mm；电不分段处±100mm；

5 轨条焊接端面焊前应除锈，焊接应无夹渣和气孔，轨顶面应打磨平滑；

6 焊接接头电阻，膨胀接头电阻应符合本规范第17.7.2条规定；

7 端部弯头和侧面弯头的安装，必须符合设计规定；

8 膨胀接头的伸缩预留值允许偏差为±1mm。

17.3.8 夹板安装应符合下列规定：

1 轨端钻孔不得歪斜，毛刺应打磨干净；

2 夹板与轨条连接应密贴，两轨端顶面应水平。

17.3.9 接触轨的防爬器、挡板、导向板的安装位置应正确，并固定牢固。

17.3.10 膨胀接头处电连接线的截面应符合设计规定，与轨条的焊接应牢固。

17.3.11 防护罩托架与底座连接应牢固，防护罩及其托架，严禁突出接触轨限界。

17.3.12 接触轨设备安装应符合下列规定：

1 隧道开关柜：

1）柜体与基础连接应牢固，柜门锁闭应可靠；

2）电源刀开关与接地刀开关的联锁应正确可靠，动作灵活；

3）严禁侵入设备限界。

2 直流柜体的接地应符合本规范第17.2.4条规定。

17.3.13 接触轨供电点安装应符合下列要求：

1 接线板与轨条的焊接应牢固，焊缝应做防腐处理；

2 接线板与隧道开关柜应采用软连接，其支持点与道床的连接应牢固。

17.3.14 接触轨回流点安装应符合下列规定：

1 回流线与信号扼流变压器中性点的连接宜采用过渡板，连接应牢固、密贴；

2 回流钢轨应作电气连接，其连接线的型号、规格应符合设计规定，连接线与钢轨焊接应牢固。

（Ⅱ） 架空接触网

17.3.15 设备、器材安装前应进行外观检查，并符合下列规定：

1 钢筋混凝土支柱表面应平整，无露筋；

2 钢柱应无弯曲、扭转现象，焊接处无裂纹，表面防锈漆或镀锌层完整；

3 金属配件表面应光洁、无裂纹，线夹与线索的接触面光滑、平整，镀锌件镀层均匀；

4 电分断绝缘器配件应齐全，绝缘器本体表面光洁、无裂纹，与受电弓接触的接触面应平整；

5 隔离开关绝缘瓷柱应光洁、无裂纹；

6 避雷器瓷釉应光洁、无裂纹，内部元件无松动；

7 绝缘子应符合本规范第17.3.3条的规定。

17.3.16 隧道外支柱应根据设计测放位置。跨距允许调整值为 $^{+1}_{-2}$m。

17.3.17 支柱安装应符合下列规定：

1 支柱埋深允许偏差为 ±100mm。

2 支柱装设横卧板或底板时，横卧板应密贴支柱，不得有空隙和夹土；底板中心应与支柱中心一致。

3 支柱支立应垂直，允许偏差为（钢筋混凝土支柱从地面起算，钢柱从基础起算）：

1）顺线路方向：5‰，但锚柱端应向拉线侧倾斜 0～200mm；

2）垂直线路方向：曲线外侧和直线上的支柱外倾不应超过支柱外缘垂直线；曲线内侧及硬横跨支柱应向受力的反方向倾斜 5‰。

4 同组软（硬）横跨支柱中心连线应垂直线路中心线，允许偏差为 3°。

5 拉线与地面的夹角宜为45°，特殊地形不得大于 60°。

17.3.18 隧道外接触网支持结构安装应符合下列要求：

1 支柱装配：

1）支持部件底座应与支柱密贴、平整；

2）水平拉杆及腕臂安装应满足承力索及接触线悬挂高度、悬挂位置及结构高度的要求；

3）链形悬挂的水平拉杆、腕臂，在平均温度时应垂直于线路中心线，温度变化时，腕臂顺线路方向偏移量应和承力索、接触线在该点的偏移量相一致；

4）腕臂上各部件应处在同一垂直平面内（不包括定位装置），铰接处转动应灵活。腕臂不得有弯曲、锈蚀，顶端管帽密封应良好。

2 硬横跨钢梁与支柱连接应牢固，并垂直线路中心线，固定高度允许偏差为 $^{+100}_{0}$mm。

3 软横跨安装：

1）角钢安装高度允许偏差为 ±50mm；

2）横承力索和上、下部固定索不得有接头。其电分段绝缘子宜在同一垂直平面内；股道间横向电分段绝缘子应位于股道中心。

4 定位装置安装：

1）固定定位器的定位管宜呈水平状态，允许偏差为$^{+20}_{0}$mm；定位管在支持器外露长度不得大于50mm；

2）定位器必须保证接触线拉出值及工作面正确。在平均温度时，定位器应垂直于线路中心线，当温度变化时，顺线路方向的偏移量应与接触导线在该点的伸缩量相一致，其偏角不得大于18°。

17.3.19 隧道内接触网支撑结构底座应按设计测放其位置，并应避开结构变形缝及不同断面处。跨距允许调整值为±0.5m。

17.3.20 隧道内支撑结构安装应符合下列规定：

1 底座安装应牢固、平整，位置正确；

2 底座定位臂的长度允许偏差为±100mm；

3 弹性支撑必须调整在规定的范围内，其下垂角度不得超过35°。

17.3.21 敷设接触网、承力索，必须带张力展放，并无扭转、硬弯、断裂等缺陷。交叉点处导线的上、下位置应正确。

17.3.22 锚段内的接触线、承力索，不得有接头。连续敷设的馈电线、接地线的接头距离不得小于150m，且接头至悬挂点距离不得小于2m。

17.3.23 补偿装置安装应符合下列规定：

1 轮间钢丝绳排列位置及长度应符合设计要求，滑轮转动应灵活；

2 坠砣高度与弹簧终端的拉出值，应符合安装曲线表的规定；

3 补偿终端的断线自动制动装置应可靠，其制动块与棘轮齿间的距离为25±5mm；

4 坠砣应完整，坠串排列应整齐，其缺口应相互错开180°；

5 补偿绳不得有接头、松股、断股等缺陷。

17.3.24 接触悬挂安装应符合下列规定：

1 菱形或链形悬挂的吊弦应顺线路垂直安装，吊弦间距允许偏差为：地面±0.2m，隧道内±0.1m。

2 中心锚结应安装在设计跨距的中间位置上，中心锚结线夹两端辅助绳长度与张力应相等，并不得出现弛度。

3 接触线调整：

1）接触线的“之”字值和拉出值允许偏差为±20mm；

2）承力索与接触导线的“之”字值应调整在同一垂直平面内，允许偏差为：地面±75mm，隧道内±10mm；

3）悬挂点处接触线距轨面的高度允许偏差为：地面±30mm，隧道内±10mm；

4）接触线工作面及各种线夹应端正；

5）接触线、承力索的架设张力和弛度应符合相应的规定值；

6）相邻两悬挂点处，接触线高度允许偏差为±20mm；

7）相邻吊弦间接触线高度差不应大于10mm。

17.3.25 接触网电连接线的截面应符合设计规定，连接牢固，并应预留温度变化的位移长度。

17.3.26 线岔安装应符合下列要求：

1 在平均温度时，线岔的中点应位于接触线的交叉点，接触线在线岔里应能随温度变化而自由纵向移动；

2 静态时，交叉点处上、下方接触线的间隙宜为1～3mm。

17.3.27 架空接触网设备安装应符合下列规定：

1 隔离开关：

1）隔离开关瓷柱应直立并相互平行；

2）传动杆应校直，并与隔离开关、操作机构保持顺直，手动操作机构安装距地面高度宜为1.1～1.2m；

3）设有接地装置的开关主刀闸与接地刀闸的机械联锁应正确可靠。

2 避雷器安装应牢固，支架水平。

3 电分段绝缘器：

1）位置应设在进站惰行处；

2）底平面必须与轨道平面平行；中心线应与轨道中心线重合，允许偏差为±50mm；

3）安装后应保持锚段原有张力；

4）电分段绝缘器导流板与接触线连接处应平滑、不碰弓，绝缘器的连接螺栓应紧密。

4 严禁侵入设备限界。

17.3.28 架空接触网设备安装的安全距离应符合下列规定：

1 架空接触网带电部分至车辆限界线的最小安全间隙为115mm；

2 架空接触网带电部分在静态时至建筑物及设备的最小安全距离为150mm；

3 架空接触网设备安装后，受电弓与结构的最小安全间隙为150mm；

4 架空接触网上配件的横向突出部分与受电弓最小安全间隙为15mm；

5 隔离开关触头带电部分至顶部建筑物距离，不应小于500mm。

17.3.29 架空接触网与树枝间的距离，跨越架空接触网的供电线路距承力索的距离应符合设计规定。

17.3.30 架空接触网接地装置安装除满足设计要求外，尚应符合下列规定：

1 沿支柱敷设的接地线应紧贴杆身、规整，并与支柱绑扎牢固；

2 钢柱和接地线的连接处，宜露在基础外面；

3 隧道内接地线应与结构密贴并固定牢固；

4 接地线应作防腐处理，并连接牢固。

17.3.31 供电线和回流线断3股及以下时，应采用同材质线绑扎加固，断3股以上必须剪断重接。

17.4 配线及动力电控设备

17.4.1 隧道内配线支持件的固定方式应符合设计规定，当设计无规定时，宜用绝缘胀管固定。

17.4.2 隧道行车段的配线，严禁采用粘接法施工。

17.4.3 暗配电线保护管通过变形缝时，应沿止水带内侧通过，保护管及配线应有补偿措施。

17.4.4 经过隔断门处的配线，应在隔断门的两侧进行密闭处理。

17.4.5 隧道内动力箱、电控箱（柜）的安装应符合下列规定：

1 位于行车线路两侧时，必须符合设备限界要求，箱、柜门扇应有锁闭装置；

2 箱、柜应有防水淋措施；

3 隔断门、排水站处的箱、柜基础应高出地面150～250mm。

17.4.6 动力箱、照明箱、电控箱（柜）的金属外壳应接地，接地线另一端应与变电所低压柜的接地线相接。

17.5 电缆线路与接地装置

（Ⅰ） 电缆线路

17.5.1 电缆及附件在运输装卸过程中不得损伤；采用轨道车牵引运输时应捆绑牢固。

17.5.2 电缆存放场地应平整、无积水，电缆盘应标明型号、规格、长度；隧道内临时存放的电缆，不得影响车辆通行和其他专业施工，并应有防护措施。

17.5.3 电缆管敷设应符合下列要求：

1 电缆管穿过隧道结构外墙时，必须设置防水套管；

2 引至设备的电缆管，其管口位置应便于设备连接及拆装；并列敷设的电缆管管口应排列整齐，露出地面的电缆管管口高度宜为100～300mm。

17.5.4 电缆托架安装应符合本规范第15.2节的有关规定。

17.5.5 电缆敷设前应进行检查，并符合下列要求：

1 行车道应畅通，照明满足施工要求，电缆沟清理干净，电缆管墙应无堵塞；

2 电缆型号、规格应符合设计规定，电缆外观无损伤，绝缘良好；

3 电缆托架应齐全，固定牢固。

17.5.6 电缆接头布置应符合下列要求：

1 并列敷设的电缆，其接头位置应相互错开。电缆沟及机房内不应有高压电缆接头。

2 托架上的电缆接头，应用绝缘托板托置固定，托板伸出电缆头两侧不应小于200mm。

17.5.7 电缆敷设应符合下列规定：

1 隧道内电缆敷设：

1）用牵引车敷设时，电缆盘支架及电缆导向架应稳固，牵引车速度均匀且不应大于20m/min；

2）在电缆沟内敷设电缆时不得拖拉摩擦；

3）电缆排列整齐，相互间的净距应符合设计要求。

2 直埋电缆的埋深不应小于0.7m，并设于冻土层以下；跨越碎石道床的电缆，应采取保护措施。

17.5.8 电缆固定点位置应符合下列规定：

1 垂直敷设或超过45°倾斜敷设的电缆在每个支架处或桥架上每隔2m处；

2 水平敷设的电缆，其首末两端、转弯及电缆接头的两端处；

3 沿隧道顶板敷设的电缆，应用刚性卡固定牢固，其间距不得大于1m。

17.5.9 铠装电缆的金属外皮一端应接至变电所开关柜的接地线，另一端浮空。

（Ⅱ） 接地装置

17.5.10 接地体和接地线的材质应符合设计规定；当设计无规定时，应采用铜质材料。

17.5.11 铜质接地体（线）敷设应符合下列规定：

1 接地体长度不应小于2.5m，并垂直配置，其间距不应小于5m；

2 扁铜带应沿铜管周边焊接牢固；

3 扁铜带的连接应采用搭接焊接，其搭接长度应为其扁铜带宽的2倍。

17.5.12 高土壤电阻率地区采用化学方法降低土壤电阻率时，应按产品技术文件规定施工。

17.5.13 接地体(线)经检测并隐检合格后，方可进行回填。

17.5.14 接地线引入隧道时，必须设置防水套管，并作绝缘处理，封堵严密。

17.5.15 隧道内接地线与隧道外引入的接地线应采用螺栓连接，连接处的表面应按现行国家标准《电气装置安装工程母线装置施工及验收规范》GBJ 149 的规定处理。接地线宜通过配管进入接地箱。

17.5.16 室内接地线敷设应符合下列规定：

1 接地线应便于检查，其位置不得妨碍设备装卸及维修；

2 支撑件间的距离：水平直线段宜为0.5～1.5m；垂直段宜为1.5～3m；弯曲段宜为0.3～0.5m；

3 接地线应水平或垂直敷设。

17.6 监控系统

17.6.1 计算机柜、远动终端装置机柜、模拟盘、中间继电器屏、不间断电源柜及控制台等设备安装应符合现行国家标准《电气装置安装工程盘、柜及二次回路结线施工及验收规范》GB 50171 的规定。

17.6.2 光缆施工应按本规范第15.2节的有关规定执行。

17.6.3 强电回路应和弱电回路分开布线。

17.6.4 接地装置安装，应按本规范第15.5节的有关规定执行。

17.7 调整试验

（Ⅰ） 牵引供电系统

17.7.1 直流快速自动开关试验应符合下列要求：

1 开关本体及灭弧罩的绝缘电阻，主触头、弧触头的接触压力，主触头、弧触头的开距，均应符合产品技术条件的规定；

2 交流耐压试验应符合产品技术文件的规定；

3 开关的动作试验，应在直流操作母线额定电压值下分、合闸各3次，有条件时可在115%、90%额定电压下进行操作各2次，断路器动作应正常；

4 开关动作电流值整定。动作电流应采用低电压大电流整定，动作电流值应为3次动作电流平均值，刻度标志应与之相符。

17.7.2 接触网测试应符合下列规定：

1 接触轨焊接接头无损探伤和电阻测试数目应为其总数的1%～5%。

2 接触轨焊接接头电阻不应大于等长母材的电阻；膨胀接头电阻应满足设计要求。

3 绝缘电阻试验应按供电分段进行；架空接触网应大

于1.5MΩ/km，接触轨满足设计要求。

17.7.3 接触网送电前应进行冷滑行试验，冷滑行试验不得少于2次。第一次运行速度为10～15km/h，车辆段为5～10km/h；第二次运行速度为25～30km/h，车辆段为10～15km/h；如需进行第三次，应按正常运行速度运行。

17.7.4 冷滑行试验时应按下列要求进行检查：

1 接触轨：

1）接头应平滑；

2）端部弯头、侧面弯头的安装应符合设计规定；

3）防护罩及其托架不得突出接触轨限界；

4）隧道内直流开关柜（箱）及跨越隧道顶部的电缆安装牢固，且无侵入设备限界。

2 架空接触网：

1）接触线的“之”字值和拉出值应符合设计规定；

2）接触悬挂的弹性良好；

3）各类线夹安装应无碰弓、刮弓现象；

4）接触线应无弯曲、扭转现象；

5）受电弓与有关接地体、定位管及绝缘子之间的距离应符合设计规定。

17.7.5 接触网送电前应检查并擦拭全部绝缘子，不合格者必须更换；绝缘电阻值应满足设计要求；隔离开关的分合闸位置应符合送电方案的规定，并拆除临时接地线。

17.7.6 牵引变电所向接触网送电时，直流快速自动开关合闸3次，接触网应无异常。送电过程中发生故障处理时，必须按有电运行线路的有关规定办理。

17.7.7 接触网送电后，应在供电臂末端进行电压测试，合格后进行空载试验。空载运行1h无异常，再进行电动车组负载试验，并运行24h合格后方可进行试运行。

17.7.8 牵引变电所控制、信号与保护功能试验应符合下列规定：

1 控制、信号功能试验应按手动、电动；就地、集中；单台、联动次序进行。

2 保护功能试验应采用模拟形式，模拟信号宜接近真实情况，其项目应符合设计要求。

3 控制应正确，动作应可靠，信号显示应无误。

17.7.9 牵引变电所电流增量保护和双边联跳保护试验应符合下列要求：

1 短路点应选择在供电距离最远的地方。

2 牵引变电所控制、信号及保护系统按双边供电投入正常运行，试验区段采用单边供电（与供电变电所相邻的变电所断开直流牵引供电回路）。

3 供电变电所应可靠分断，信号显示正确，设备无异常现象。

17.7.10 牵引变电所直流短路试验应符合下列要求：

1 选择一个单边供电和一个双边供电区间进行；

2 单边供电时在供电末端，双边供电时在靠近一端变电所30m以内制造人为短路；

3 牵引变电所控制、信号和保护系统投入正常运行；

4 两端变电所均应可靠分断，信号显示正确，设备无任何异常现象。

17.7.11 列车起动试验应在每个牵引变电所内观测列车起动电流对供电系统的影响，供电系统不应发生误动作。

（Ⅱ） 监控系统

17.7.12 计算机中央处理装置的调试，应符合下列要求：

1 电源回路绝缘电阻、直流输出电压及时钟的脉冲周期和脉宽、周期和脉冲偏差，应符合产品技术文件的要求；

2 中央处理装置的开机自控、运算控制程序、主存贮器、各类中断、信息保护及双机切换等功能应正常。

17.7.13 计算机辅助存贮装置的调试项目，应符合下列要求：

1 对全部存贮器地址进行反复读写检查，24h 不出现差错；

2 信息保护、故障报警显示及出错检查功能正常。

17.7.14 计算机输入输出设备调试项目，应符合下列要求：

1 键盘上各键操作功能正常。

2 屏幕显示装置：

1）全字符显示、回车换行、光标控制、颜色选定和闪光等功能正常；

2）图示画面尺寸、垂直与水平方向的线性度、图像显示的稳定性、亮度、对比度及色度聚焦符合产品技术文件规定；

3）外联打印机、硬拷贝等各项功能正常；

4）画面显示的系统结构图应符合设计规定。

17.7.15 不间断电源的输出电压、频率、负荷充放电时间及超载试验等，应符合设备技术文件的规定。

17.7.16 模拟盘设备显示功能应正常。

17.7.17 远动终端设备应进行绝缘电阻、绝缘强度及连续通电试验，其试验方法和标准按现行国家标准《远动终端通用技术条件》GB/T 13729 执行。

17.7.18 过程输入输出设备调试项目，应符合设备技术文件的规定：

1 主要测定点的波形及其指标；

2 模拟量输入输出模块的寻址和精度；

3 数字量输入输出模块的寻址功能及可靠性，模块的频率、电压和脉冲宽度；

4 脉冲计数输入模块的寻址功能、积算精度。

17.7.19 数据传输通道调试项目，应符合下列要求：

1 装置的负载能力，负载变化时，输出电平符合设备技术文件规定；

2 信息传输功能正常；

3 定时监视的振荡器频率和监视时间符合设计规定；

4 数据传输通道的有效信号衰减及噪声度符合设计规定。

17.7.20 系统软件调试应符合设备技术文件规定的功能指标，应用软件调试应满足监控系统的要求。调试后应进行运行考核，其考核时间宜为：系统软件 1～2 周；应用软件 3～6 个月。

17.7.21 监控系统基本功能试验，应按现行国家标准《地区电网数据采集与监控系统通用技术条件》GB/T 13730 要求进行；系统功能应符合设计规定。

17.7.22 接口装置试验应符合下列要求：

1 静态接口试验：通过接口输入、输出的信号应符合设计规定；

2 动态接口试验：远动终端与被监控设备联机运行时，被监控设备运转应正常。

17.7.23 监控系统设备运转试验，其系统功能和监控精度应符合设计规定。

17.7.24 监控系统设备应作72h连续运行试验，并应按现行国家标准《地区电网数据采集与监控系统通用技术条件》GB/T 13730第4.2节执行。在试验中出现故障时，关连性故障则终止连续运行试验，待故障排除后重新开始计时试验；非关连性故障，待故障排除后继续试验，排除故障过程不计时。

17.7.25 监控系统设备试运行时间宜为3个月。在运行中出现故障时，有关故障处理按本规范第17.7.24条规定执行。

17.8 工程验收

17.8.1 设备验收时，应按下列要求进行检查：

1 直流快速自动开关：

1）固定牢固，外表清洁完整；

2）电气连接可靠，接触良好；

3）操动机构动作灵活可靠，合、分闸指示正确，辅助开关动作可靠，接点无烧损；

4）脱扣装置整定值准确，动作可靠；

5）主触头及部件调整后的间隙值，符合产品技术文件的规定。

2 接触轨：

1）直线段应直顺，曲线段圆顺，与走行轨的距离，接触轨顶面与相邻走行轨顶面的高程均应符合规定；

2）轨条顶面应平滑；

3）防护罩、隧道开关柜安装位置分别符合接触轨限界与设备限界的规定；

4）供电点、回流点的电气连接应正确、牢固。

3 架空接触网：

1）各种零部件安装齐全、牢固，且无超出允许偏差；

2）接触悬挂带电部分至所有接地部分之间的安全距离符合规定值；

3）接触导线高度、结构高度和转换坡度应符合设计规定，导线弹性均匀，无弯曲、扭转现象；

4）接触网设备不得侵入设备限界；

5）补偿装置灵活可靠，坠砣数量及距地面高度，符合设计标准；

6）馈电线和接地线的接头数量、连接质量及接头间的距离符合规定；

7）中心锚结绳的长度和安装质量符合要求；

8）接触导线上的各种线夹无歪斜现象；

9）隔离开关安装正确，操作灵活；

10）接地线连接正确、可靠；

11）沿线树木与接触网的水平距离，跨越接触网的电力线与接触网的垂直距离应符合设计规定。

4 配线及动力电控设备：

1）各种支持件固定牢固；

2）箱柜安装位置正确，箱柜门锁闭装置良好；

3）非带电金属部分的接地或接零良好。

5 电缆线路与接地装置：

1）排列整齐，标志牌齐全、清晰；

2）电缆固定、弯曲半径、相关距离符合要求；

3）电缆接头、终端头无渗漏，电缆终端的相色正确；

4）接地良好；

5）电缆沟内无杂物，盖板齐全；
6）直埋电缆路径标志与实际相符，路径标志清晰、牢固；
7）跨越隧道顶部的电缆固定牢固，并无侵入设备限界；
8）接地装置外露部分的连接应可靠，标志齐全、明显；
9）接地装置的接地电阻值符合设计规定。

6 牵引变电所：
1）控制、信号与保护功能试验；
2）电流增量保护和双边联跳保护试验；
3）直流短路试验；
4）列车起动试验。

7 监控系统：
1）模拟盘及远动终端设备的安装应符合要求；
2）系统的接地装置及其电阻值符合规定；
3）设备的系统功能测试应符合设计规定；
4）设备72h连续运行试验及试运行考核应符合本规范规定。

17.8.2 工程竣工验收应提供下列资料：
1 原材料和设备的合格证及说明书；
2 图纸会审记录、变更设计或洽商记录；
3 各种测试记录；
4 隐蔽工程验收记录；
5 质量评定记录；
6 试运行及系统调试记录；
7 开竣工报告；
8 竣工图。

18 通风与空调

18.1 一般规定

18.1.1 本章适用于通风与空调工程的施工及验收，凡未作规定的，尚应按现行国家标准《通风与空调工程施工及验收规范》GB 50243的有关规定执行。

18.1.2 通风与空调工程所使用的材料应为不燃材料，并应具有防潮、防腐、防蛀的性能，或已达到上述性能要求的防护措施。

18.1.3 通风与空调工程的紧固件应采用镀锌件。管道支、吊架的紧固螺栓应有防松动措施。

18.1.4 通风与空调系统中的金属风管、水管、钢结构及钢连接件均应按设计要求采取防止杂散电流腐蚀的措施。

18.1.5 通风与空调工程施工中应与环境监控系统和消防监控系统配合，做好接口处理工作。

18.1.6 穿越结构隔墙或楼板的管道应设套管，套管宜与结构钢筋绝缘。管道穿过防火墙、楼板及其他防火分隔物时，应采用不燃材料将管道周围的空隙填塞密实。

18.1.7 设备、部件及管材运入现场后，应有防潮及保护措施。

18.1.8 通风与空调设备交付运营前，应定期通电运转或机房通风。

18.2 风　　管

18.2.1 风管制作材料应符合设计规定。当设计未作规定时应采用钢板风管。

18.2.2 钢板风管的最小板材厚度应按风管的耐压等级及尺寸选用，并符合表 18.2.2 的规定。

表 18.2.2 风管钢板最小厚度（mm）

类别 / 长边尺寸或直径	矩形风管		圆形风管	
	低压≤500Pa 中压＞500Pa 且≤1500Pa	高压＞1500Pa	低压≤500Pa 中压＞500Pa 且≤1500Pa	高压＞1500Pa
100～320	0.5	0.8	0.6	0.8
360～450	0.6			
500～630	0.8		0.8	1.0
700～1000				
1120～1250	1.0	1.0	1.0	1.2
1400～2000		1.2	1.2	
2500～3000	1.2		按设计要求	

18.2.3 钢板风管的厚度为1.2mm及以下时，应采用镀层质量为 235～385g/m² 的热镀锌钢板，钢板表面不得有镀锌层脱落、锈蚀及划伤等缺陷。厚度为 1.5mm 及以上时，可采用普通钢板。

18.2.4 排烟或排风兼排烟风管的钢板厚度如设计无规定可按高压风管壁厚选取，并不得使用按扣式咬口。

18.2.5 钢板风管管段间的连接可采用法兰或无法兰连接形式，并应符合表 18.2.5-1 或表 18.2.5-2 的规定。

表 18.2.5-1 矩形风管连接形式（mm）

名称	连接形式与密封	附件厚度	转角要求	使用范围长边尺寸	刚度等级
C 型插条		0.7～0.8	立面插条两端压到两平面各 20 左右	低压风管，≤630 中压风管，≤400	G1
立插条	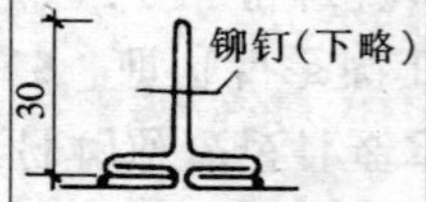	0.8	四角加 90°平板条固定	低压风管，≤1000 中压风管，≤630	G2
立咬口	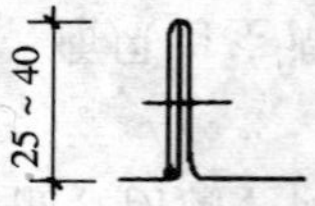	0.8	四角加 90°贴角，并固定	低压风管，≤1000 中压风管，≤630	G2
薄钢板法兰插条		0.8～1.2	四角加 90°贴角	低压风管，≤1250 中压风管，≤1000 高压风管，≤800	G3
薄钢板法兰弹簧夹	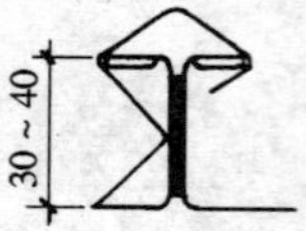	1.0～1.2	四角加 90°贴角	低压风管，≤1250 中压风管，≤1000 高压风管，≤800	G3

续表

名称	连接形式与密封	附件厚度	转角要求	使用范围长边尺寸	刚度等级
角钢法兰	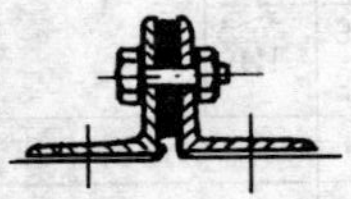	∠25×3	四角加螺栓	低、中、高压风管，≤630	G3
		∠30×4		低、中、高压风管，≤1250	G4
		∠40×4		低、中压风管，≤2500 高压风管，≤1600	G5
		∠50×5		低、中压风管，≤3000 高压风管，≤2500	G6

表 18.2.5-2 圆形风管连接形式（mm）

名称	连接形式与密封	附件厚度	接口要求	使用范围直径	备注
芯管连接	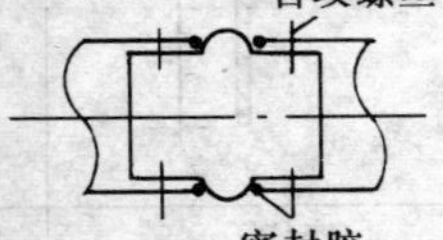	≥风管板厚	芯管长度200～250，插入至根部，密封胶嵌缝	低压风管，≤1000 中压风管，≤700	直缝圆风管单节长度≤2000
扁钢法兰	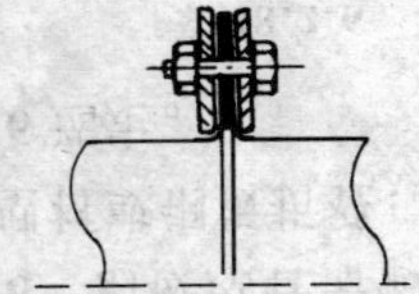	－20×4	翻边＞5，加密封垫片	低、中、高压风管，≤140	直缝圆风管单节长度≤2000
		－25×4		低、中、高压风管，≤280	

续表

名称	连接形式与密封	附件厚度	接口要求	使用范围直径	备注
角钢法兰	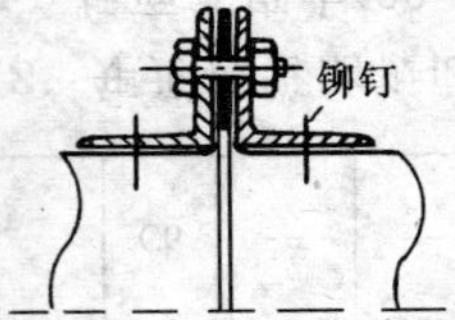	∠25×3	翻边＞6，加密封垫片	低、中、高压风管，≤500	直缝圆风管单节长度≤2000
		∠30×4		低压风管，≤1250 中、高压风管，≤800	两个管段连接间最大距离1000。对应的环状加强筋刚度等级为G3
		∠40×4		低压风管，≤2000 中、高压风管，≤1500	两个管段连接间最大距离1000。对应的环状加强筋刚度等级为G4

18.2.6 钢板风管需做环状加固时，矩形风管宜采用角钢、轻钢型材或钢板折叠；圆形风管宜采用角钢。其尺寸可按表 18.2.6 选定。

表 18.2.6 环状加固用加强筋规格（mm）

名称	断面	高度 H	厚度 δ	刚度等级
角钢	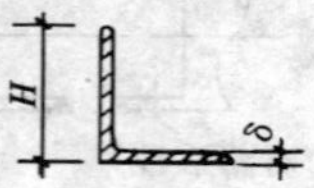	25	3	G2
		30	4	G3
		40	4	G4
		50	5	G5
		60	5	G6
钢板折叠	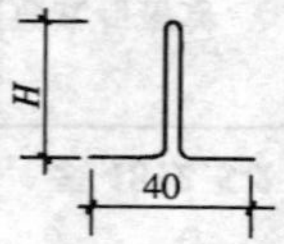	25	1.2	G1
		30	1.2	G2
		40	1.2	G3
		40	2.0	G4

18.2.7 矩形风管两个管段连接间（或与环状加强筋间）的最大距离应符合表 18.2.7-1、18.2.7-2 的规定。

表 18.2.7-1 低、中压矩形风管两个管段连接间的最大距离（mm）

风管长边尺寸		400	630	800	1000	1250	1600	2000	2500	3000
最小板厚		0.6	0.8			1.0			1.2	
连接或加强筋的刚度等级	G1	3000 3000	1600 —	—	—	—	—	—	—	—
	G2	3000 3000	2000 1600	1600 —	1200 —	—	—	—	—	—
	G3	—	2000 1600	1600 1200	1200 1000	1000 —	—	—	—	—
	G4	—	—	1600 1200	1200 1000	1000 800	—	—	—	—
	G5	—	—	—	—	1000 800	800 800	800 800	800 600	—
	G6	—	—	—	—	—	800 800	800 800	800 800	800 600

注：表中每格内上排为低压风管，下排为中压风管。

表 18.2.7-2 高压矩形风管两个管段连接间的最大距离（mm）

风管长边尺寸		400	630	800	1000	1250	1600	2000	2500
最小板厚		0.8				1.0	1.2		
连接或加强筋的刚度等级	G3	3000	1200	1000	—	—	—	—	—
	G4	—	—	1200	1000	800	—	—	—
	G5	—	—	—	1200	800	800	—	—
	G6	—	—	—	—	—	800	800	600

18.2.8 矩形风管的板面加固应符合下列规定：

1 板面宽度为630～1250mm时，宜采用钢板预轧横向弧形楞筋或交叉楞线方式加固；

2 板面宽度为1600～3000mm时，应采用∠40×4 角钢沿气流方向加固。角钢应置于风管宽度方向的中间或均分位置，其间距为 800～1000mm。

18.2.9 矩形风管的法兰或环状加强筋的边长为 2500～3000mm时，应在法兰或加强筋内部采用 ϕ10mm 圆钢或 20mm×4mm 扁钢作拉撑杆。拉撑杆置于法兰宽度方向的中间或均分位置，其间距为 1000～1250mm。

18.2.10 当制作超出本规范表18.2.5-1和 18.2.5-2 所列最大尺寸或耐受－1000Pa 以上负压的钢板风管时，应符合设计规定。如设计无规定时，宜使用 1.5～2mm 厚钢板。法兰、加强筋使用∠60×5 或更大规格的角钢，除法兰连接使用螺栓外，全部采用焊接成型。

18.2.11 玻璃纤维氯氧镁水泥风管制作应符合下列规定：

1 风管应达到该产品行业标准 P 类一等品的要求；

2 风管法兰螺栓孔排列规则，并有互换性。

18.2.12 柔性短风管可采用金属或非金属材料制作。柔性管不得漏风，并与法兰连接牢固，其支撑环的间距应均匀。但与设备相连接的柔性短风管应采用非金属材料制作。

18.3 通风部件

18.3.1 风口制作应符合设计要求，且宜选用铝合金型材。

18.3.2 通风系统中的调节阀，如设计无规定，其长边或直径大于 400mm 时，应采用多叶阀。

18.4 风管及部件安装

18.4.1 矩形风管水平安装吊架的规格和间距应符合表 18.4.1的规定。

表 18.4.1 矩形风管水平安装吊架的规格和间距（mm）

风管长边尺寸	横担规格	吊杆 ϕ	吊架最大间距
400	∠25×3	8	3600
630	∠25×3	8	3000
1000	∠30×4	8	3000
1600	∠40×4	8	3000
2000	∠50×5	10	3000
2500	∠60×5	12	2500

注：1 长边尺寸 400mm 的风管亦可用 25mm×4mm 扁钢 U 型吊架代替横担和吊杆。

2 长边尺寸 2500mm 的焊接风管其横担和吊杆需进行荷载计算。

18.4.2 圆形风管（直缝）水平安装吊架的规格和间距应符合表 18.4.2 的规定。

表 18.4.2 圆形风管水平安装吊架的规格和间距（mm）

风管直径 ϕ	吊箍规格			吊杆		吊架最大间距
	垂直剖分环形箍	水平剖分环形箍	U形半圆箍	扁钢（1个）	圆钢 ϕ（2个）	
450	−25×2	—	—	−25×2	—	3000
800	−30×3	—	—	−30×3	—	2500
	—	—	−30×4	—	8	
1000	—	−30×4	−40×5	—	10	2500
1500	—	−30×4	−40×5	—	10	2500
2000	—	−40×5	—	—	10	2500

18.4.3 玻璃纤维氯氧镁水泥矩形风管水平安装吊架的规格和间距应符合表18.4.3的规定。

表 18.4.3 玻璃纤维氯氧镁水泥矩形风管水平安装吊架的规格和间距（mm）

风管长边尺寸	横担规格	吊杆 ϕ	吊架最大间距
400	∠30×4	8	3000
630	∠40×4	8	2500
1000	∠40×4	8	2000
1250	∠40×5	8	2000
1600	∠50×5	10	2000
2000	∠50×6	10	2000

注：上述风管高度应不超过 500mm，如超过时需进行荷载计算。

18.4.4 隧道通风风管与部件支、吊架的预埋件或膨胀螺栓，应与主体结构固定牢固。

18.4.5 站台厅隧道通风主风管中心线与走行轨中心线距离的偏差，应符合设计要求。

18.4.6 悬吊的风管与部件应设防止位移的固定点，两固定点间的距离不宜大于20m。

18.4.7 风管末端的支、吊架距风管端部的距离不应大于400mm。

18.4.8 玻璃纤维氯氧镁水泥风管法兰的连接螺栓两侧应加设大系列镀锌垫圈。

18.4.9 风管法兰垫片的材质，当设计无要求时，输送空气或烟气温度高于70℃，应采用厚3mm及以上的耐热橡胶板。

18.4.10 风管连接或咬口处用于防止泄漏的密封胶，其适用温度范围应达到 -20～+200℃。

18.4.11 风管通过结构沉降缝时，应使用柔性短管连接。柔性短管应符合设计规定。如设计无要求时，柔性短管长度宜为300～400mm，其中点距沉降缝中心不应大于100mm。

18.4.12 站厅与站台厅的风口安装位置应正确，横平竖直，与风管接合牢固。同轴线、同水平面或垂直面的连续3个以上的风口，其中心与轴线的允许偏差为10mm。

18.4.13 防火阀、多叶阀的讯号装置、调节机构及执行机构处，应留有操作和维护空间，阀下部吊顶应设检查口。

18.4.14 防火阀、排烟阀安装前应做检查，安装后应做动作试验，其动作应灵敏可靠，阀板关闭严密。

18.4.15 组合风阀安装应符合下列规定：

1 在结构墙体上安装时，应设支承框架。框架表面应平整、尺寸准确、四角方正、横平竖直、焊缝饱满。框架与预埋件焊接牢固，框架与结构墙体间应填充密封材料。

2 组合风阀与框架，风阀与风阀间连接应牢固可靠，不漏风。

3 组合风阀的执行机构及联动装置动作可靠，阀板或叶片的开启角度一致，关闭严密，并与输入、输出讯号同步。

18.4.16 通风与空调系统的风管及部件安装完毕，保温前应做漏风量测试。测试宜分段进行。当设计未做规定时，应符合表18.4.16的要求。

表 18.4.16 风管单位面积允许漏风量〔m^3/（m^2·h)〕

风管系统压力级别（Pa）		漏风测试压力（Pa）				
		+300	+500	+800	+1200	+1500
低压风管	≤500	4.3	6.0	—	—	—
中压风管	>500，且≤1500	—	2.0	2.6	3.5	—
高压风管	>1500	—	—	—	1.1	1.3

18.4.17 漏风量测试的抽检率应符合下列要求：

1 低压系统5%，但不得少于一个系统。可只作透光检漏，如有明漏光，应做漏风量测试。

2 中压系统10%，但不得少于一个系统，并均做漏风量测试。如抽检部分不合格，则加倍做漏风量测试。

3 高压系统全部做漏风量测试。

18.5 设 备 安 装

18.5.1 通风机底座采用减振装置时，其基础顶面宜附设底座水平方向的限位装置。但不得妨碍底座垂直方向的运动。

18.5.2 吊装的管道风机、单体空调器及消声器，宜在预埋钢板上焊接吊杆。如采用膨胀螺栓固定时，每根吊杆顶端应设型钢，并用两个膨胀螺栓固定型钢。

18.5.3 组合式消声器安装，应符合下列规定：

1 吸声体的安装序号应符合产品技术文件的要求。

2 每个纵向段的吸声体，其组件竖直方向接口必须对齐，且连接牢固。吸声体两侧外缘垂直度允许偏差为3‰。

3 吸声体各纵向段应相互平行，前端外缘应处于与气流方向垂直的同一平面内，且与中间连接板结合牢固。各段间及与结构侧壁的距离应符合设计规定。

4 组合后吸声体的顶部、底部及吸声体临近侧壁的一边，皆应与结构壁面结合牢固，在额定风量下不得出现松动或振颤现象。

18.6 调整试验

18.6.1 通风与空调系统安装完毕，系统交付使用前，必须进行系统的测定和调整。

18.6.2 通风与空调系统的测定和调整应按下列顺序进行：

1 设备单机试运转；

2 系统无负荷联合试运转；

3 系统带负荷的综合效能试验。

18.6.3 设备单机试运转，应包括通风机、水泵、淋水室或组合空调器、制冷机及系统中所有含有动力输入的相关设备。

通风机试运行前，风亭、风道及区间隧道应预先冲洗干净。

18.6.4 系统无负荷联合试运转应作下列项目的测定与调试。

1 隧道通风系统、局部通风系统和空调送、回风系统：

1）通风机的风量、风压或空调设备余压、转速及噪声的测定；

2）风管、风道及风口的风速和风量分配的调整与测定；

3）站台厅、站厅、设备与管理用房、区间隧道、隧道消声器及风亭格栅等处典型测点的风速和噪声的测定；

4）在有列车运行的条件下，区间隧道及活塞风泄流风井或活塞风迂回风洞内的风速测定。

2 空调系统、制冷系统和未设空调车站的通风系统：

1）空气处理设备和制冷系统的冷、热媒及工质的压力、温度等各项参数的调整与测定；

2）站台厅、站厅、设备与管理用房及区间隧道典型测点的温度、相对湿度测定；

3）上一款测定当时的户外气温和相对湿度以及排风温度和相对湿度的测定。

3 事故通风和排烟系统：

1）事故通风用通风机及排烟风机的风量、风压、转速及噪声的测定；

2）事故通风及排烟风管、风道及风口的风速和风量分配的调整与测定；

3）上一款测定运行时，站台厅、站厅、疏散通道及区间隧道等典型测点的静压、气流方向和流速的测定。

4 地面厅热风采暖系统和设备与管理用房电热采暖运行时房间温度的测定。

5 各设备的就地、距离和远程控制的测定和调整。

6 设计规定的其他调试项目。

18.6.5 系统无负荷联合试运转时，应按设计规定的运行方式，适时投入通风、空调的各个系统。每个系统内的设备及主要部件的联动应协调，并运转正常。

18.6.6 当竣工季节气温符合冷（热）源的运行条件时，空调系统应做带冷（热）源的联合试运转。当不符合运行条件时，空调系统可先做不带冷（热）源的试运转。

18.6.7 无负荷联合试运转的时间，应符合下列规定：

1 隧道通风系统、局部通风系统、事故通风和排烟系统应连续、稳定运行6h以上；

2 空调系统、带制冷剂的制冷系统和采暖系统应连续、稳定运行8h以上；

3 带制冷剂的制冷系统如在最低负荷能力条件下，不能连续运行，可缩短试运转时间。

18.6.8 系统带负荷的综合效能试验应在地铁试运行期间接近设计负荷的条件下进行。

18.6.9 系统带负荷的综合效能试验其测定与调整项目应由建设单位根据工程设计的要求拟定。

18.7 工 程 验 收

18.7.1 通风与空调工程应在系统无负荷联合试运转合格后进行竣工验收。

18.7.2 工程竣工验收时的设备、风管及部件检验项目应符合现行国家标准《通风与空调工程施工及验收规范》GB 50243的规定。

18.7.3 通风与空调工程试运行后，应进行综合效能试验，其项目及指标应符合设计规定。

18.7.4 工程竣工验收应提供下列资料：

1 原材料、设备、配件及仪表的合格证及说明书；

2 图纸会审记录、变更设计或洽商记录；

3 隐蔽工程验收记录；

4 试运转及系统调试记录；

5 质量评定记录；

6 开竣工报告；

7 竣工图。

19 给 排 水

19.1 一 般 规 定

19.1.1 本章适用于隧道内给水干管及排水系统安装工程的施工及验收。

地面、高架线路及通风道、车站室内给排水以及隧道内引至地面的管道施工，应符合国家现行的有关强制性标准的规定。

19.1.2 给排水管道穿越隧道外墙结构时，必须设置防水套管。穿越内部结构时，可预留孔洞或预埋套管。

19.1.3 给排水管道及附件应按设计要求进行防腐、保温和防杂散电流的绝缘处理。

19.1.4 给排水管材、部件及设备安装前，应对其规格、型号和质量等进行检查并清理干净，合格后方可安装。

管道安装中，敞口处应临时封闭。

19.1.5 隧道内的给排水管道与地面市政管线连接时，必须经主管部门批准，并按相应标准要求施工。

19.1.6 消火栓安装位置应正确，启闭灵活，关闭严密，密封填料完好。

19.2 给水干管加工与安装

19.2.1 给水干管的加工与安装除符合本规范的规定外，尚应符合现行国家标准《采暖与卫生工程施工及验收规范》GBJ 242 的规定。

（Ⅰ） 钢管加工

19.2.2 钢管切口应垂直钢管中心线，允许偏差为管径的±1%，且不大于2mm。

19.2.3 钢管与法兰焊接时，法兰应垂直钢管中心线，允许偏差为0.5mm。法兰内侧焊缝不得凸出法兰密封面。

19.2.4 钢管套丝螺纹应完整。其断丝或缺丝数量不得大于螺纹全扣数的10%。

（Ⅱ） 管道安装

19.2.5 管道安装前应清扫管膛。采用承插口铸铁管时，其承口内侧及插口外侧应清理干净。

19.2.6 管道支座位置应正确，并与结构固定牢固。其位置允许偏差为：纵向±50mm；横向±10mm，高程±10mm。

19.2.7 管道采用法兰连接时应符合下列规定：

1 两法兰面应相互平行，允许偏差为1mm。

2 法兰橡胶垫圈质量合格，置放平整，其内径不得突入管口内沿并与外缘相齐。

3 法兰连接螺栓的螺帽应置于法兰同一侧，并对称、均匀紧固。螺栓露出螺帽不得少于2倍螺距，并不得大于螺栓直径的1/2。

19.2.8 钢管采用丝扣连接时应符合下列规定：

1 钢管丝扣无裂纹、重皮等缺陷。

2 钢管丝扣与套管丝扣相一致。安装后，外露丝扣为23扣，并清除麻头等杂物。

3 钢管与套管连接应同心，管道无弯曲。

19.2.9 铸铁管承插口连接的对口间隙为3～5mm，环向间隙应均匀一致，允许偏差为$^{+3}_{-2}$mm。其接缝填料应符合设计规定，并按国家现行的有关标准施工。

19.2.10 给水管道阀门安装应符合下列规定：

1 阀门安装前应做强度和严密性试验，其试验压力必须符合设计和产品技术文件的规定。

2 阀门安装位置应正确，其轴线与管线一致。

3 阀门安装完毕，应及时设置支座并固定牢固。

19.2.11 管道安装位置应正确，其允许偏差为：中心线±15mm，高程为±20mm。

（Ⅲ） 水压试验

19.2.12 管道支座混凝土达到设计强度后，方可进行水压试验。试压管段长度不宜大于1000m。

19.2.13 管道试压前应进行检查，并符合下列规定：

1 仪表应灵敏；

2 临时供水及排水管路畅通；

3 管道高点应设置排气孔；

4 支座、接口牢固，必要的管段应进行临时加固；

5 铸铁管在灌水后宜先加压到0.2～0.3MPa压力，并浸泡24h。

19.2.14 管道试验压力应符合表19.2.14规定。在试验压力下，稳压30min降压不应大于0.05MPa，且无渗漏水现象。

表 19.2.14 给水管道水压试验压力（MPa）

管材	工作压力 P	试验压力
钢管	P	$P+0.5$，且不应小于0.9
铸铁管	$P\leqslant 0.5$	$2P$
	$P>0.5$	$P+0.5$

19.2.15 给水系统试压合格后应进行冲洗，其水质应达到国家现行饮用水标准。

19.3 排水系统安装

19.3.1 排水管道安装应符合下列规定：

1 管道加工与安装应按本规范第19.2节有关规定执行；

2 立管垂直度允许偏差为2‰；

3 管道固定应牢固、无泄漏，并与水泵连接严密。

19.3.2 排水泵安装应符合下列规定：

1 水泵基座表面平整，强度符合设计要求；

2 基座地脚螺栓埋设位置正确、牢固；

3 水泵底座与基座接触严密；

4 水泵的管口与管道连接应严密，无渗漏水现象。

19.3.3 设备仪表安装应符合下列规定：

1 压力表位置、高程、表盘朝向应便于观察及维修；

2 液压指示计或液位控制装置应指示正确，动作可靠，显示清晰。

19.3.4 水泵试运转应符合下列规定：

1 电机转动方向正确；

2 水泵运转无卡阻现象和异常声响；

3 水泵带负荷连续运转不应少于2h；

4 仪表指示正确，水泵填料处滴水正常；

5 各密封部位无渗漏水现象；

6 滚动轴承温度不高于80℃，特殊轴承温度应符合设备技术文件的规定；

7 电动机电流不超过额定值；

8 安全保护装置灵敏、可靠。

19.4 工程验收

19.4.1 工程验收应检查下列项目，并符合本章有关规定：

1 给水干管的中心位置及高程；

2 管道连接点或接口的严密性及支座位置和牢固性；

3 管道及附件防腐、保温和防杂散电流措施；

4 管道阀门启闭和仪表的灵敏度；

5 消火栓阀门位置及启闭、密封；

6 排水系统水泵设备运转性能。

19.4.2 工程竣工验收应提供下列资料：

1 原材料、设备说明书、合格证；

2 图纸会审记录、变更设计或洽商记录；

3 隐蔽工程验收记录；

4 质量评定记录；

5 给水管道水压试验记录及冲水记录；

6 设备试运转记录；

7 开竣工报告；

8 竣工图。

附录 A 工程岩体基本质量分级标准表

岩体稳定分类	基本质量级别	岩体基本质量定性特征	岩体基本质量指标（BQ）
稳定岩体	Ⅰ	坚硬岩，岩体完整	>550
	Ⅱ	坚硬岩，岩体较完整 较坚硬岩，岩体完整	550～451
中等稳定岩体	Ⅲ	坚硬岩，岩体较破碎 较坚硬岩或软硬岩互层，岩体较完整 较软岩，岩体完整	450～351
	Ⅳ	坚硬岩，岩体破碎 较坚硬岩，岩体较破碎～破碎 较软岩或软硬岩互层，且以软岩为主，岩体较完整～较破碎 软岩，岩体完整～较完整	350～251
不稳定岩体	Ⅴ	较软岩，岩体破碎 软岩，岩体较破碎～破碎 全部极软岩及全部极破碎岩	<250

注：岩体基本质量定性特征和基本质量指标（BQ）的计算方法及参数选择，应按现行国家标准《工程岩体分级标准》GB 50218 第 4.2.1 条和第 4.2.2 条规定执行。

附录 B　隧道喷锚暗挖法施工方法图

开挖方法	图　例	适用范围	主要施工方法
全断面法	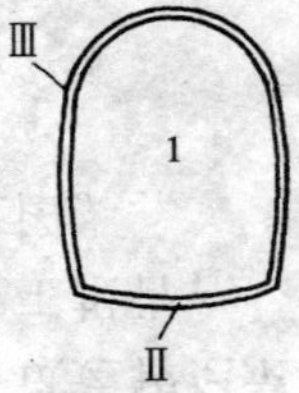	稳定岩体中的单拱单线区间隧道	1）采用光面或预裂爆破开挖 2）施工仰拱后根据设计做初期支护结构或直接进行二次衬砌施工
台阶法	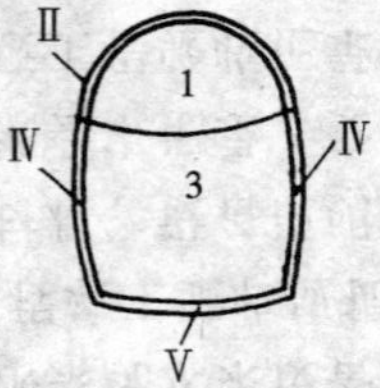	稳定岩体、土层及不稳定岩体	1）稳定岩体：上台阶采用光面爆破，下台阶采用预裂爆破，开挖后并分别施工初期支护结构。台阶留置长度不宜大于5B（B为隧道开挖跨度）或50m，下台阶开挖后适时施工仰拱 2）土层及不稳定岩体：拱部开挖后及时施工初期支护结构，台阶根据地质和隧道跨度采用短台阶（1～1.5B）或超短台阶（3～5m）开挖，下台阶开挖后，适时施工仰拱
中隔壁法	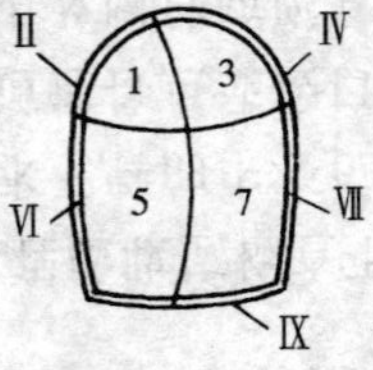	土层及不稳定岩体单拱隧道	1）以台阶法为基础，将上下台阶各分成左右两个单元洞体 2）分别开挖上台阶两个洞体，并施工初期支护结构 3）拱部初期支护结构稳定后，再分别进行下台阶左右两个洞体及仰拱施工

续表

开挖方法	图　例	适用范围	主要施工方法
单侧壁导洞法	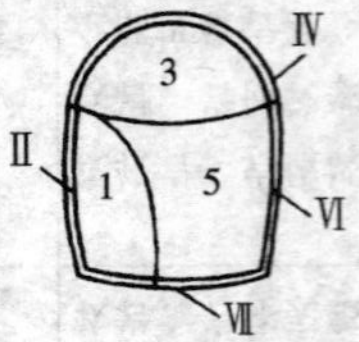	土层及不稳定岩体单拱隧道	1）以台阶法为基础，先开挖侧壁导洞并施工初期支护结构 2）开挖拱部并施工初期支护结构 3）开挖下台阶后并施工仰拱
双侧壁导洞法	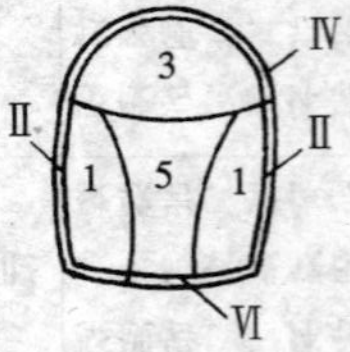	土层及不稳定岩体单拱隧道	1）以台阶法为基础，先开挖双侧壁导洞并施工初期支护结构 2）开挖拱部并施工初期支护结构 3）开挖下台阶，施工墙体初期支护结构后并做仰拱
双侧壁边桩导洞法	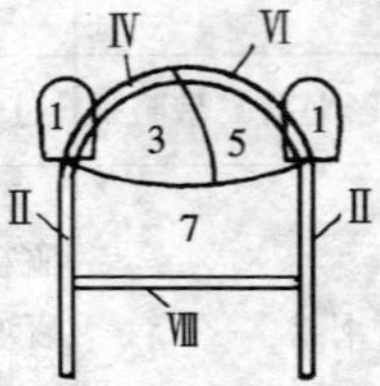	土层及不稳定岩体单拱隧道	1）以台阶法为基础，先开挖双侧壁导洞并施工初期支护结构 2）在双侧壁导洞内施工边墙支护桩 3）开挖拱部并施工初期支护结构 4）采用逆筑法开挖下台阶并施工楼、底板结构
环形留核心土法	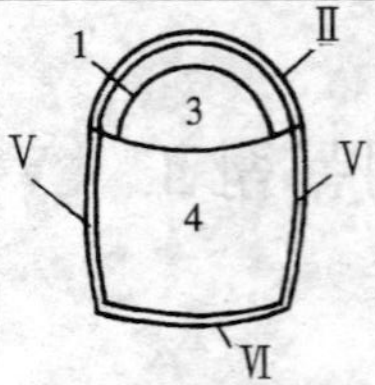	土层及不稳定岩体单拱隧道	1）以台阶法为基础，先分别开挖上台阶的环形拱部，并施工完初期支护结构后开挖核心土 2）开挖下台阶，施工墙体初期支护结构后并做仰拱

续表

开挖方法	图例	适用范围	主要施工方法
双侧壁及梁柱导洞法	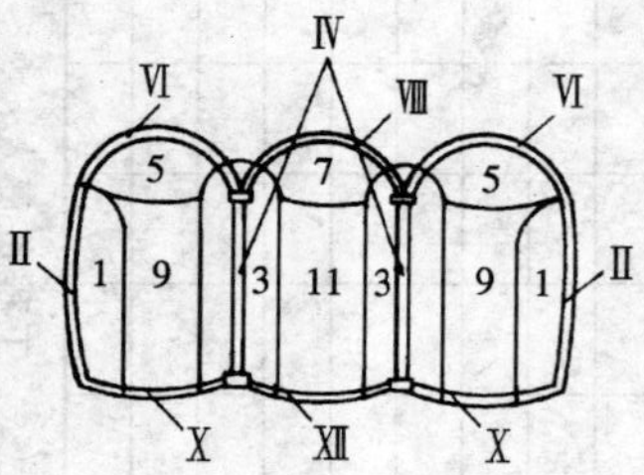	土层及不稳定岩体中多拱（双拱以上）隧道	1）以台阶法为基础，施工双侧壁及梁柱导洞，然后在梁柱导洞内施工梁柱结构 2）开挖拱部并施工初期支护结构 3）开挖下台阶，施工墙体初期结构后并做楼板和仰拱
双侧壁桩及梁柱导洞法	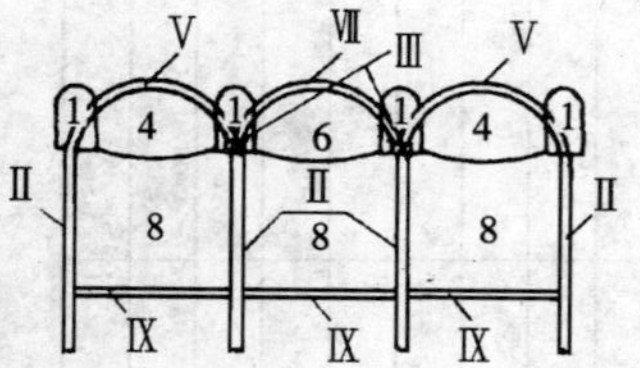	土层及不稳定岩体中多拱（双拱以上）隧道	1）以台阶法为基础，施工双侧壁及梁柱导洞，然后在双侧壁及梁柱导洞内分别施工边墙支护桩和梁柱结构 2）开挖拱部并施工初期支护结构 3）采用逆筑法开挖下台阶并施工楼、底板结构

注：1　图注阿拉伯数字为开挖顺序，罗马数字为初期支护结构或仰拱结构施工顺序；

2　土层及不稳定岩体开挖，必要时应采取预加固措施。

附录C　施工记录表

表 C-1　轻型井点降水记录表

表 C-2　喷射井点降水记录表

表 C-3　管井井点降水记录表

表 C-4　土层锚杆加荷试验记录表

表 C-5　地下连续墙泥浆护壁质量检验记录表

表 C-6　地下连续墙挖槽施工记录表

表 C-7　地下连续墙混凝土灌注记录表

表 C-8　盾构掘进施工记录表

表 C-9　盾构管片拼装记录表

表 C-2　喷射井点降水记录表

工程名称＿＿＿＿＿工程里程＿＿＿＿＿降水泵房编号＿＿＿机组编号　运转＿＿停运＿＿维修＿＿

井点开＿＿＿＿根停＿＿＿根　观测日期:始＿＿＿年＿＿＿月＿＿＿日至＿＿＿年＿＿＿月＿＿＿日

施工单位＿＿＿＿＿＿＿＿＿＿＿＿＿＿＿＿施工班组＿＿＿＿＿＿＿＿＿＿＿＿＿＿＿＿

观测时间		工作水压力 (kPa)	地下水流量 (m^3/h)	观测孔水位读数(m)						实际抽水井点编号	记事	观测记录者
时	分			1#	2#	3#	4#	5#	6#			

工程负责人:＿＿＿＿＿＿＿＿

注:1　记事包括换工作水时间、工作水含泥量、真空度、基坑边坡稳定及井点系统运转情况等。

2　观测孔水位读数一栏,如井孔多时可根据实际数量增列其序号。

表 C-1　轻型井点降水记录表

工程名称＿＿＿＿＿＿＿＿＿＿＿＿＿＿工程里程＿＿＿＿＿＿＿＿＿＿

降水泵房编号＿＿＿＿＿＿＿＿＿＿＿＿机组类别及编号＿＿＿＿＿＿＿＿＿＿

正式运转机组数＿＿＿＿＿＿＿＿＿＿＿井点数量　开＿＿＿＿＿＿＿根停＿＿＿＿＿＿＿根

观测时间			降水机组		地下水流量 (m^3/h)	观测孔水位读数(m)						记事	观测记录者
年月日	时	分	真空表读数(kPa)	压力表读数(kPa)		1#	2#	3#	4#	5#	6#		

施工单位:＿＿＿＿＿＿＿＿＿＿＿＿＿＿＿＿　工程负责人:＿＿＿＿＿＿＿＿

注:观测孔水位读数一栏,如井孔多时可根据实际数量增列其序号。

表 C-4　土层锚杆加荷试验记录表

锚杆编号	拉杆长度(m)			设计荷载T_W(kN)	施加荷载T及位移量(mm)														试验时间
	总长度	锚固体长度	非锚固体长度		$0.25T_W$		$0.50T_W$		$0.75T_W$		$1.00T_W$		抗拉强度试验$1.33T_W$		验收试验$1.20T_W$		张拉强度$0.75\sim0.80T_W$		年、月、日
					稳压时间(min)	位移量	稳压时间(min)	位移量	稳压时间(min)	位移量	稳压时间(min)	位移量	稳压时间(min)	位移量	稳压时间(min)	位移量	稳压时间(min)	位移量	

施工单位:＿＿＿＿＿＿＿年＿＿＿月＿＿＿日　施荷人:＿＿＿＿＿记录人:＿＿＿＿＿技术负责人:＿＿＿＿

注:T_W为锚杆的设计荷载。

表 C-3　管井井点降水记录表

工程名称＿＿＿＿＿＿＿＿＿＿工程里程＿＿＿＿＿＿＿＿＿＿

观测时间＿＿＿年＿＿＿月＿＿＿日＿＿＿时＿＿＿＿＿分

施工单位＿＿＿＿＿＿＿＿＿＿＿＿＿＿＿＿班组别＿＿＿＿＿＿＿＿＿＿

井点和观测孔编号	井点类别	功率(kW)	电流(A)	电压(V)	水位读数(孔口起算)(m)	流量(m^3/h)	含泥量	记事	观测记录者
1#									
2#									
3#									
4#									
5#									
……									
观 1	观测孔口高程(m)					孔深(m)			
观 2	观测孔口高程(m)					孔深(m)			
观 3	观测孔口高程(m)					孔深(m)			
观 4	观测孔口高程(m)					孔深(m)			
观 5	观测孔口高程(m)					孔深(m)			
……	观测孔口高程(m)					孔深(m)			

工程负责人:

注:记事内容包括水泵运转及边坡稳定等情况。

表 C-6 地下连续墙挖槽施工记录表

工程名称________________ 挖槽设备________________

施工单位________________ 设计深度及宽度 深______m 宽______m

日期班次	单元槽段里程及编号		单元槽段深度		本班挖槽深度(m)	本班挖土数量(m^3)	挖槽宽度(m)	槽壁垂直度(‰)	槽位偏差情况	说明
	里程	编号	本班开始时(m)	本班结束时(m)						

工程负责人:________________ 记录:________________

表 C-5 地下连续墙泥浆护壁质量检验记录表

工程名称________________ 泥浆搅拌机类型________________

施工单位________________ 膨润土种类和类型________________

泥浆配合比											说明
每立方米						每盘					
土(kg)						土(kg)					
水(kg)						水(kg)					
化学掺合剂(kg)						化学掺合剂(kg)					
日期班次	泥浆取样位置	泥浆质量指标									
		比重	粘度(秒)	含砂量(%)	胶体率(%)	失水量(mm/30min)	泥皮厚度(mm)	静切力(mm/cm^3)	稳定性(g/cm^3)	pH	

工程负责人: 记录:

表 C-8　盾构掘进施工记录表

工程名称________________　盾构机械类型________________

设计每环长度________________m　管片设计每环________________片

循环节序号	循环节起止里程	施工班组别	施工日期年月日时至年月日时	盾构掘进					管片拼装		压　浆					记事	记录者
				掘进速度	地质描述	千斤顶编组	千斤顶顶力(t)	出土量(m^3)	拼装时间年月日时至年月日时	拼装质量	时间年月日时至年月日时	材料及配比	压浆压力(Pa)	压浆数量(m^3)	压浆质量		

施工单位:________________　工班长:________________　技术负责人:________________

注:管片拼装栏除按此表填写外,并应填写表 C-9。

表 C-7　地下连续墙混凝土灌注记录表

工程名称________________　设计标号________________

施工单位________________　坍落度________________

导管直径________________　扩散度________________

日期班次	单元槽段里程及编号		单元槽段混凝土计算灌注数量(m^3)	单元槽段混凝土实际灌注数量(m^3)	混凝土灌注平均速度(m^3/h)	混凝土实测坍落度(cm)	导管埋入混凝土深度(m)	说明
	里程	编号						

工程负责人:________________　记录:________________

表 C-9　盾构管片拼装记录表

工程名称＿＿＿＿＿＿　　盾构机械类型＿＿＿＿＿＿

管片设计每环＿＿＿＿ m　　管片设计每环＿＿＿＿＿＿片

施工单位＿＿＿＿＿＿　　班组别＿＿＿＿＿＿＿＿

循环节序号	循环节起止里程	盾构掘进时间 年月日时 至 年月日时	循环节处地质描述	管理拼装时间 年月日时 至 年月日时	管片拼装								记事	记录者
					螺栓连接数量				高程（m）		平面	相邻管片		
					设计		实际		设计	实际	位置偏差（mm）	平整度最大偏差（mm）		
					纵	环	纵	环						

工程负责人：＿＿＿＿＿＿＿＿

注：记事内容包括管片拼装过程中出现的问题及精度偏差等。

本规范用词说明

1. 为便于在执行本规范条文时区别对待，对于要求严格程度不同的用词说明如下：

1）表示很严格，非这样做不可的用词：

正面词采用“必须”，反面词采用“严禁”；

2）表示严格，在正常情况下均应这样做的用词：

正面词采用“应”，反面词采用“不应”或“不得”；

3）表示允许稍有选择，在条件许可时首先应这样做的用词：

正面词采用“宜”，反面词采用“不宜”；

表示有选择，在一定条件下可以这样做的用词采用“可”。

2. 规范中指定应按其他有关标准、规范执行时，写法为：“应符合……的规定”或“应按……执行”。

中华人民共和国国家标准

地下铁道工程施工及验收规范

GB 50299—1999

条 文 说 明

目 次

1 总 则

1.0.3 施工组织设计是组织和指导施工的技术经济文件。地下铁道工程为国家特大型建设项目，为加强其施工的计划性和管理科学性，所以制定本条规定。

1.0.4 地下铁道工程线路长，施工影响范围大，所以必须加强现场管理，把对城市正常生活的干扰压缩到最低程度。

1.0.5 设计文件是指导施工的依据，未经同意，施工单位无权自行改变设计或设备技术文件。

1.0.6 我国是历史悠久的文明古国，基建过程中经常发现文物或古墓。为保护历史文化遗产和测量标桩等，所以制定本条规定。

1.0.7 地下铁道为大型公用设施，采用的材料和设备多，对产品质量要求高，因此规定了采用的材料和设备必须符合国家现行技术标准规定。同时，为对产品负责和便于施工，要求产品附合格证和技术说明书，设备应有铭牌。

1.0.9 为保证地下铁道车辆运行安全，设计对建筑限界、车辆和设备限界都做了具体规定。各专业必须以此为据，严格控制结构施工和设备安装精度。特别是在铺轨后，尚应进行贯通竣工测量，检测建筑和设备有无侵入限界情况，凡侵入限界的必须进行处理。

1.0.10 杂散电流是危害地下铁道结构和外部附近金属设备使用寿命的主要灾害之一。为保护好各种设施，设计对土建工程和安装的设备都采取了必要和相应的措施，所以，必须按设计图认真施工，保证质量，把杂散电流造成的电腐蚀现象减小到最低限度。

1.0.11 地下铁道工程专业多，施工相互干扰大，特别是主体结构和装修工程，制约着设备安装工程的施工，所以本条对设备安装条件做出了规定。

1 主体结构出现渗、漏水时，不但无法保证设备安装的正常进行，甚至还会出现安全事故；

2 地下铁道工程往往装修施工与设备安装同时进行，为协调相互间的干扰和矛盾，故对其做出了规定；

3 预埋件包括埋设在结构内的管道、支撑件及固定螺栓等；

4 施工现场清理干净，这是文明施工必须具备的条件。

1.0.12 由于结构施工完后比较潮湿，而有的设备，特别是计算机等对环境温度、湿度和空气含尘量等标准要求高，所以，设备安装之前，必须采取措施，以满足设备对环境条件的要求。

1.0.13 为保证设备安装质量，及时发现并处理设备制造及运输过程中存在的问题，故制定本条规定。

2 井点降水

2.1 一般规定

2.1.2 地质（工程地质和水文地质）和基坑及隧道平、纵断面图是确定水文地质参数和编制降水方案的主要依据。又因为隧道沿线地下构筑物、管线及临近建筑物多，所以在制定降水方案的同时尚应对其采取必要的保护措施，因此，制定本条规定。

2.1.3 在地下铁道隧道结构施工中，降低地下水位的方法主要有重力法、真空法、砂（砾）渗井法等，而各种施工方法各具特点，在选用时，需根据土层渗透系数、性能及工程具体情况等确定。

1 各种降水方法与渗透系数的关系。轻型井点和喷射井点是利用真空度产生的负压将地下水抽吸上来的，所以这两种降水方法适用于渗透系数小的土层降水；而管井采用的深井泵或潜水泵本身的扬程高，所以适用于渗透系数大的土层降水；砂（砾）渗井是疏通上、下含水层，将上层地下水疏向下层含水层，所以中间为隔水层。

2 各种降水方法适用降水深度。喷射井点和轻型井点，虽都是利用真空度产生的负压将地下水抽吸上来的，但由于喷射井点的真空度远大于轻型井点，所以喷射井点比轻型井点降水深度深。而管井采用的深井泵或潜水泵，本身的扬程高，抽吸水能力大，所以管井的降水深度深。

根据以上情况，所以降水施工可按本条文表 2.1.3 经过经济、技术综合比较后选择降水方法。

2.1.4 隧道结构线路长、面积大，无论是明暗挖隧道，特别是在土质地层中，如果不把地下水位控制在基底以下是无法保证安全和正常施工的。

采用降水法施工的隧道，地下水是依靠降水井点系统连续不断地工作将其周围的水封闭住的，由于地下水位高差大，如果停泵，周围的地下水很快涌入降水区，这样，不但影响施工，同时也危及安全。特别是明挖隧道，当隧道结构质量小于地下水的上浮力时，极易造成隧道结构上浮，在地下工程施工中已有先例，为此，制定本条规定。

2.1.5 本条说明如下：

1 降水井点所以要求距基坑边缘或暗挖隧道有一定的距离，其目的是为防止井点系统渗漏水而影响边坡稳定和隧道结构施工。

2 基坑或暗挖隧道端头降水井点布置不延长的话，则在两侧井点形成的降水影响曲线之间形成一条降水盲区，使地下水降不下去而影响施工。

3 暗挖隧道如遇地面交通繁忙或有建筑物等，无法进行垂直井点降水施工时，只能在隧道内设置水平集水井点管降水，但由于此种方法采用的较少，技术上还有待完善，积累的经验不多，故未列入本规范。

4 井点布置间距一般是根据计算确定的。但由于地质的差异，理论计算和实际情况出入很大，为防止影响降水效果，通常把计算出的井点数量再适当的予以增加 10% ~ 15%。

一般当基坑中心降深低于降落曲线时，应在基坑中间增加井点管。

2.1.7 轻型井点埋置浅，管距小，数量多，钻孔多采用射水、水冲和套管等冲孔施工。管井和喷射井点及砂（砾）渗井点等埋置深，孔径较大，钻孔多采用冲击钻或回转钻施工。

1 钻孔的孔口处为地表上，地质差并松软，为防止钻孔时坍塌，故需设置护筒护壁。

2 井点降水时，地下水是通过井点管周围的滤料进入滤管抽吸出来，而滤料厚度，实践证明一般为 100 ~ 150mm 较适宜，所以规定钻孔孔径比管径大 200 ~ 300mm。

3 为使井点管周围滤料厚度保持均匀，防止滤管直接埋入泥土中而影响降水效果。

4 为掌握土层实际情况，便于配管。

2.1.8 井点管由井壁管、滤管和沉砂管组成。目前，在地下铁道和其他地下工程降水施工中，井点管多采用钢管。但由于无砂混凝土管价格低廉，货源充足，并能起到与钢管井点管相同降水效果，所以在管井降水施工中也已广为采用。

井点管一般由多节钢管连接而成，特别是喷射井点由内外管组成，另外，由于构造上的需要，所以要求井点管直径应一致并连接直顺。

为防止降水中的砂粒进入滤管，要求滤管外壁应垫筋缠铅丝并包滤网。其中，棕皮滤网包裹的体积大，时间长了易于腐蚀，由于土工布的发展，目前已代替了棕皮，并且从材质、货源和效果等方面都优于棕皮。

为保证地下水流入滤管内，并最大可能地减少阻力，增加出水量，所以对滤管的孔隙率做出规定。其标准是参照供水管井制定的。

2.1.9 本条说明如下：

1 井点管是由多节钢管和滤管组装而成，为保证井点管的组装质量，为此，井点管沉设前应事先组装并配好。

2 井点管居中并垂直方能保证滤料厚度均匀一致。管井滤管置于含水层中可提高降水效果。

3 为减少抽水时的阻力，防止漏水和漏气，要求井点管组装时，管节应同心并严密。

4 井点管沉设就位后，管口尚未与集水总管接通，为防止杂物掉入井点管内和保证安全，故制定本规定。

2.1.10 滤料具有滤砂和透水的作用，所以应洁净。而其规格与含水层筛分粒径有关。供水管井一般在砂类含水层中，按含水层筛分粒径的6~8倍确定滤料规格；在砾、卵石含水层中，按含水层筛分粒径的6~10倍确定滤料规格。同时，在备料条件困难时，允许以上两种含水层都可按含水层标准粒径的5~10倍确定滤料规格。

由于降水井点为临时施工措施，所以对滤料规格的标准放宽了一些。

泥浆过稠时，会对填入井孔内滤料产生一定的浮力，为保证滤料填充量，投料前应清孔稀释泥浆。

为保证井点管的真空度，防止地表水流入，故要求井口处应填粘土并夯实。

2.1.12 基坑排水管路，一般均接入市政管道中，为防止排出的地下水内的泥砂淤积市政管道，本条文规定了排水管路内的水应进行沉淀处理。

2.1.13 为防止雨淋降水泵组，要求应搭设防雨棚，特别是冬季施工，为保证井点系统连续不间断地抽水，对管路、泵组、阀门等应采取防冻措施，防止结冰，影响降水和损坏设备。

2.1.14 降水井点长时间抽水，会引起降水范围内的土层结构变化，进而引起附近建筑物或构筑物下沉或水平位移，所以，必要时可采取回灌或修筑防渗、隔水墙等措施，以保持地面不下沉，保证建筑物或构筑物安全。

2.1.15 在土洞发育地区，由于降水的作用，易于引起地层变形而造成土层塌陷，所以制定本条规定。

2.1.16 降水井点停泵后，为防止其材料和设备损坏或锈蚀，因此提出及时拆除的要求。

井点管拔除后，为防止井孔坍塌，引起地面下沉，故要求用砂填实，必要时，可随填随冲水，保证回填密实。

2.2 轻型井点

2.2.2 轻型井点降水机组一般有干式真空泵、射流泵和隔膜泵三种。其中：干式真空泵排气量大，而射流泵和隔膜泵排气量小，真空度波动敏感，易于下降。在选择泵类时，可根据具体情况确定。每套井点系统所用功率、井点根数和集水总管长度，可参照表1选用。

表1 轻型井点配用功率、井点根数及集水总管长度参数

井点类型	配用功率（kW）	井点根数	集水总管长度（m）
干式真空泵井点	18.5~22	60~80	70~100
射流泵井点	7.5	25~40	30~50
隔膜泵井点	2.0	30~50	40~60

由于井点管施工期间有泥浆溢出，并有大型机械作业，为避免施工干扰，故提出敷设集水总管与机组安装应在井点管施工完后进行。

2.2.3 为减小轻型井点真空度的损失，充分发挥其抽吸作用，以取得较好的降水效果，故对泵组安装提出了要求。

2.2.4 为了验证轻型井点系统安装质量，保证降水效果，因此，要求每组井点安装完毕后进行试抽水，通过试抽水发现的问题应在基坑开挖前全部处理好。特别是井点系统，如有一处漏气，就会影响整个机组的降水效果；如出现“死井”不在试抽水过程中处理，基坑开挖后再补做井点，困难就更大。

2.2.5 拆除双层或多层井点，要求从最低层开始，逐层向上，是为防止上层井点拆除后，地下水位集中在最下层，停泵后水位上升，影响拆除工作的正常进行。

2.3 喷射井点

2.3.1 喷射井点的水泵、循环水箱及进出管路安装完后才能冲洗总管、检验喷嘴混合室、沉设井点管、单根或全面试抽水等工作。

单井试抽水时，不宜接通回水总管，以防止抽出的浑水进入循环水箱而造成循环工作水浑浊，增加水泵叶轮磨损和影响试抽水效果。

全面试抽水是全部降水系统运转和降水效果的检验，并可核实抽水机组实际抽水性能，所以要最后进行。

2.3.2 喷射井点管比较长，构造较繁杂，组装之前要求对各部件进行检查，以保证总体安装质量。

喷射井点工作循环水具有一定压力，如外管渗漏水，则井点管就会失效；如内管渗漏水，将使工作循环水循环不正常，影响抽水。因此，喷射井点管组装后应在地面进行泵水试验和真空度测试。

在地面进行真空度测试时，还未进行抽水，故真空度较高，在井孔内抽水时，抽水抽气同时进行，其真空度会下降，同时，喷嘴混合室在使用过程中磨损，使真空度下降很多。因此，在地面测试真空度时不宜小于93kPa。

2.3.3 喷射井点利用井点管水冲下沉时，它是采用高压水通过井点管边冲管底的泥土边下沉，但井点管内管底部设有抽水喷射器，其喷嘴断面小，易被泥浆或土粒堵塞，同时，经泥土磨擦也易损坏。另外如带着内管下沉，尚还有其他一些技术问题无法解决。鉴于以上情况，所以要求先沉设外管后再安装内管。

2.3.4 进水和回水总管的连接管安装阀门后，可以调节使用并防止不抽水时发生回水现象。

降水过程中的工作循环水，如压力过小则抽水能力不足，压力过大则喷嘴易磨损，影响降水效果，故要安装压力表和调压回水管路以控制水压。

2.3.6 喷射井点管沉设后，如果立即与回水管相连接，则混浊水将流入循环水池（箱）内，使工作循环水混浊，加剧喷嘴磨损。每根井点管试抽水时间，要根据抽水水质情况确定，直到变清为止。

2.3.7 为保持工作循环水清洁，防止水泵叶轮磨损，影响抽水效果，故制定本条规定。

2.4 管井井点

2.4.1 管井井点适用于渗透系数大的土层中降水，一般埋置深、井孔孔径大，钻设采用冲击钻或回转钻机钻进。同时井点管结构复杂并分节沉设，为了保证施工质量，特对施工程序做出规定。

2.4.2 潜水泵具有安装简单，使用方便，耗能低，效率高等特点，因此，在地下铁道管井井点降水施工中使用的比较多。为保证其安装质量和施工安全，故制定本条规定。

2.5 砂（砾）渗井点

2.5.1 砂（砾）渗井点是利用井点内的砂（砾）将上层含水层的水疏导至下层强导水层中。为疏干上层含水层，防止基底以下强导水层的水位上升而渗入基坑，特制定本条规定。

2.5.2 引渗自降井点，适用上层分布有滞水层，而下部含水层的地下水位低于基底4m以下，这样，采用砂（砾）渗井点，将上层滞水引入下层含水层，不用抽水达到降低地下水位的目的，其井点间距，根据地质情况，可在5~10m内选定。而引渗抽降井点适用于下部含水层位于基底以下不太深而导水性又远大于上部含水层，这样，采用砂（砾）渗井将上部含水层的水导入下层含水层，然后再通过管井抽降下层导水层的水，以达降水目的。其管井和砂（砾）渗井间距可根据地质情况分别在10~15m和2~6m内选定。

2.5.3 本条说明如下：

1 井点内的滤层，一般厚度100~150mm即可起到阻隔泥砂的作用，但为方便施工，防止泥砂淤积井孔，影响降水效果，所以规定井孔孔径不小于300mm；同时，为保证砂（砾）渗井疏水至基底以下强导水层后不致返回，要求砂（砾）渗井深入强导水层不小于3m。

2 砂（砾）渗井一般不需要井点管，但当采用引渗抽降井点降低地下水位时，其间隔布置的砂（砾）渗井也可采用无砂混凝土管。为阻隔泥砂，保证降水效果，因此，井壁与井点管间应投放滤料。同时为防止杂物掉入井点管内和保证安全，所以要求井口应封闭并加以保护。

2.6 降 水 管 理

2.6.1 井点降水期间，特别是在渗透系数比较大的地层中，如果停电，地下水位就会很快上升，不但影响施工，而且还会造成结构上浮等严重事故，因此，为了不间断降水，本条作出了采用双路电源供电的规定。

2.6.2 降水过程中，为了详细掌握和了解地下水位变化情况，以随时调整停开泵数量，保证施工顺利进行和节约台班，因此，在设计井点时应同时考虑观测孔的设置。

1 为保证基坑地下水位降至基底以下0.5m，经过降水井点连续抽水，已形成“降水漏斗”，但基坑中心是受“降水漏斗”影响最小的部位，为测得全面降水情况，故观测孔应从基坑中心向两侧成排布置。

2 为了解各含水层的降水情况，应分层布置观测点。

3 为查明地表水及地下给排水管道渗漏水对降水影响和保证建筑物安全，在这些区域内需增设观测点。

2.6.3 为及时分析、研究并发现问题及时处理，使降水工作保持正常，特制定本条规定。

2.6.4 降水期间的水位观测，是降水管理工作中的重要一环，为掌握降水效果，降水之前应观测一次初始自然水位高程，然后以此为准，定期观测水位变化情况。并根据观测记录绘制 Q-t（抽水量与时间）和 S-t（水位下降值与时间）关系曲线图，以便分析研究水位下降趋势和流量变化，预测水位下降达到设计要求的时间，查明抽水过程中出现的不正常情况和产生的原因，便于及时排除。

2.6.5 由于降低地下水位，地层结构会受到一定影响，如果降水期间有泥砂带出，更会引起地层下沉，影响建筑物安全。因此，降水期间应观测地下水含泥量情况。

2.6.6 地下水位变化与季节有很大关系，特别是雨季，地面水增多，不断渗入地下，促使地下水位回升，因此，除加强观测地下水位和流量外，尚应防止地面水流入基坑。同时，由于基坑面积比较大，对直接降到基坑内的雨水及时排除，可防止渗入基底，造成地下水位的回升。

3 基坑支护桩

3.1 一 般 规 定

3.1.2 本条规定了各种沉桩方法所适用的地质范围，特别是地下铁道工程在确定沉桩施工方法时，尚应考虑到噪声、振动、泥浆等对城市环境的污染和对城市居民正常生活的影响。而本条文表3.1.2仅列出了各种沉桩适用的地质范围，所以在确定施工时尚应考虑到城市中施工的特点。

3.1.3 为确保施工安全，基坑支护桩的结构尺寸、入土深度、支撑跨度和桩距等必须经过计算确定。

桩体支撑一般采用横撑、土层锚杆等形式。而各种支撑形式对隧道埋深和形状、地形及环境条件等要求不尽相同，所以施工时应根据具体情况，经过技术、经济和可行性等比较后确定。

3.1.4 地下铁道隧道工程施工中，不可预见的问题多，特别是地质情况，为保证支护桩工程施工顺利进行，而制定本条规定。

3.1.5 支护桩工程，桩孔位置和垂直度是很重要的。不然，侵入基坑特别是结构位置后很难处理。沉桩允许偏差，是按隧道结构边缘至桩边距离不小于 1.0m 制定的，如采用盖挖逆筑法施工时，尚应按本规范第 6.2 节有关规定执行。

3.1.7 本条是在基坑开挖后，为检查支护桩质量而制定的。

在沉桩过程中，特别是冲击沉桩，遇有孤石时，在打桩机锤冲击力作用下，钢桩（包括工字钢桩和钢板桩）易于扭曲、倾斜和劈裂。而混凝土灌注桩，由于钻孔和混凝土灌注质量等问题，也会出现露筋、露石、缩颈和断桩等现象。

出现以上情况，极易消弱桩体本身强度，为保证安全，特制定本条规定。

3.1.8 基坑开挖后，其围护墙（包括工字钢桩、钢板桩、钢筋混凝土灌注桩、地下连续墙等）承受了全部基坑背后的水土压力和地面的动荷载，同时，有的基坑紧靠建筑物或地下管线，为确保安全，应对基坑支护结构系统受力动态进行观测。

3.2 冲击沉桩

3.2.1 地下铁道隧道结构形状变化小而沉桩数量多时，多采用轨道式柴油打桩机。车站出入口、通风道以及竖井等，由于打桩数量少，结构形状变化大，多采用履带式打桩机较方便、灵活。所以，在施工时，应根据具体情况选择沉桩机械。

当采用轨道式打桩机时，其轨道应根据规定的技术标准铺设，以保证打桩质量和施工安全。

3.2.2 钢桩上端头焊补强板后设吊装孔，是为方便吊装。

为使钢板桩在沉桩过程中锁口能紧密连接并顺利通过，故要求锁口内应涂油，以增强其滑润性。同时，为防止其锁口下端在沉设中堵塞，应事先用麻丝之类易拆物塞紧，防止沉设时堵塞。

3.2.3 工字钢桩是单根沉入地下的，如地下无障碍物时，其垂直度和平面位置是易于控制的，但钢板桩由于其具有支护和隔水的作用，钢板桩彼此间是用锁口连接在一起的，为保证沉设垂直度，除吊装时必须将沉设桩插入已沉设桩的锁口之内，还要保证其垂直度，故用围檩导向，以保证各桩的紧密连接和垂直度。

3.2.4 采用钢板桩围檩支架是控制钢板桩位置和垂直度的重要措施，因此，本身精度必须保证。根据实践经验制定了本条规定。

3.2.5 钢板桩是以锁口彼此连成一体的，因此，每段先打入两端的桩，以控制该段的水平位置和垂直度，然后再分组，逐根逐步按台阶式沉入地下。

3.2.6 钢板桩除支护基坑外，尚有隔水作用，所以钢板桩围堰应合拢封闭。而合拢点一般设在转角处，合拢可采用延长线方法，但又要考虑到水平支撑施工的可能性，如果两者都不能达到时，尚以支撑为主，其接头两块钢板可搭接，而背后采用注浆等措施加以封闭。

3.2.7 为保证桩位正确和垂直度符合要求，在沉设过程中应随时进行检查。

钢桩沉设贯入度若击 20 次小于 10mm 时，根据实践经验，在打桩操作无误的情况下，一般是桩头处遇到障碍物，此时，如钢桩入土深度较浅，可拔出钢桩，适当移动位置，重新打入。或挖开地层排出障碍物后继续打入。如较深时，可改用重锤锤击，否则，可废弃此桩，在附近重新补桩。

3.3 振动沉桩

3.3.1 振动沉桩是靠振动锤的振动频率对桩产生振动压力，使桩沉入地下。在振动锤的振动过程中，只有当振动锤的振动频率大于钢桩自振频率时，方能使钢桩下沉，反之，则无法下沉。

3.5 拔　桩

3.5.4 在钢桩沉入地下后，特别是冲击锤沉桩时，如遇到大孤石，很易造成钢桩偏斜或劈裂，在这种情况下，桩是很难拔出来的。但为了尽量把钢桩收回，如有拔出的可能，可改用千斤顶或其他大功率拔桩机进行试拔，如仍无法拔出，要做好记录。

3.6 钻孔灌注桩

（Ⅰ） 螺旋钻机成孔

3.6.1 螺旋钻机主要适用于地下水位以上粘性土、砂土和粒径不大于50mm碎石类土施工，其螺旋钻机的钻头有尖底、平底、耙式和筒式四种，而各种钻头适用于不同的土层，施工时应根据具体情况选用。

为保证钻孔灌注桩位置正确、垂直，并防止塌孔，因此，根据机械性能和施工实践，制定了本条规定。

3.6.2 长螺旋钻机压浆成桩法在有水或无水的条件下都可钻孔，为保证不塌孔和工程质量，本条做出了具体规定。

（Ⅱ） 泥浆护壁成孔

3.6.3 泥浆护壁成孔，是在有水情况下，为防止坍孔而采用的一种钻孔方法，同时它比长螺旋钻机钻孔深而直径大，其使用的机械有冲击钻、冲抓钻和回转钻机等。

泥浆护壁孔口处的泥浆动荡大，而地表土多为松散渣土，自稳性差，为此，一般都设护筒保护孔口，其埋置深度，由于粘性土层比砂质或杂填土层稳定性强，所以在粘性土层中的护筒埋置可浅些。

3.6.4 冲击成孔时，为稳定孔壁均采用泥浆护壁，而泥浆比重的大小与土质的自稳性和本身固有特性有关。其中本条文表3.6.4所列的粘性土层，由于本身就具备造浆的功能，所以钻孔时，注入清水即可。砂土及砂卵石地层，由于胶结性差，易坍塌，所以要采用大比重低失水量的泥浆护壁。

冲击成孔的钻进速度，与钻具质量、冲程、冲击频率及钻具在孔内重力加速度等有关，但为保证钻进速度和质量，根据施工实践，本条文表3.6.4对钻具冲程也做了具体规定，而在施工时会遇到各种不同的地质，因此，应根据具体情况，采取不同的技术措施。

3.6.5 排渣是在钻孔过程中进行的一道工序，每钻进3～4m排渣一次，施工时可根据工程地质情况调整泥浆的比重，并按条文要求进行操作，以保证泥浆质量，防止塌孔。

3.6.6 清孔是在桩孔钻至设计高程后而进行的一道工序，其目的是为了把孔底浮渣清理干净，以保证钢筋混凝土灌注桩的质量。

清除孔底浮渣可采用循环浆法，即钻孔达到设计高程后，保持钻头在原位转动的同时，注入清水，以减少孔底浮浆。

（Ⅲ） 钢筋笼加工与吊装

3.6.8 钢筋笼骨架是在吊装之前预加工好的，为了保证工程质量，其钢筋焊接及绑扎必须按规定要求实施，钢筋之间的焊接或绑扎必须牢固。特别是由于钢筋笼骨架体长，分节加工时，绑扎或焊接要预留搭接长度，刚度差时可临时加固。为了吊装方便和施工安全，设计钢筋笼时应设置专门供吊装的耳环，并必须焊牢，避免吊装中脱焊发生事故。

3.6.9 允许偏差值是根据基础桩的标准，并结合支护桩的特点制定的。

3.6.10 为保证安全和工程质量，所以，对吊装作业做出了规定。

（Ⅳ） 混凝土灌注

3.6.11 干式螺旋钻机成孔，由于孔深而断面小，混凝土无法振捣。而泥浆护壁成孔的混凝土应按水下灌注混凝土要求施工，所以应采用导管灌注。在采用的混凝土中加入外加剂，可保证质量，增加其流动性，因此，对不同成孔方法灌注的混凝土塌落度作出了规定。

由于钢筋混凝土灌注桩断面小，又有钢筋，根据混凝土粗集料不大于钢筋间距1/4的要求，所以确定混凝土粗集料粒径采用不得大于40mm的卵石或碎石。

3.6.12 钢筋混凝土桩深而断面小，如分两次灌注，已灌注混凝土接茬处施工缝无法处理，所以要求一次灌注完毕。

3.6.13 干式螺旋钻孔深而断面小，为防止混凝土灌注时将孔壁损坏，造成缩颈或塌孔，影响混凝土质量，故要求沿钢筋笼内侧灌注混凝土。

3.6.14 泥浆护壁钻孔桩采用水下灌注混凝土，并自下而上逐渐灌完，为使混凝土通过泥浆而不被泥浆沾污，故要求采用导管直接将混凝土输送到孔底。其灌注方法和地下连续墙施工相同。

3.6.15 泥浆护壁钻孔灌注桩是按水下混凝土的灌注方法施工的，故应按照其技术要求施工。

1 隔水栓是起隔水作用的，所以要求灌注混凝土前，应将其置于地下水位以上，以便于灌注混凝土时，将桩孔内泥浆排出导管。

2 导管底端距孔底300～500mm的规定，主要是为进入导管的第一批混凝土至槽底将隔水栓排除后，尽快将导管底部埋入混凝土内，不使泥浆灌入导管，保证混凝土质量。

3 为防止断桩现象的发生而制定本规定。

4 钢筋笼无论是横向还是纵向位移，都会减少桩体的受力强度，所以制定本规定。

3.6.17 混凝土抗压强度试块的留置组数，是根据支护桩施工的具体情况，结合有关规范的规定而制定的。

3.7 基坑支护

（Ⅰ） 桩间土护壁

3.7.1 为防止工字钢桩之间土壁墙面坍塌，一般常规的做法是采用木背板封闭。因为桩位和垂直度在沉设过程中出现一定偏差，所以背板都在现场根据具体情况制作，这样即安装速度快，又容易保证质量。

木背板受力随着深度加深而增大，所以木板也需要加厚，但实践证明，一般桩间距在0.8～1.2m之间时，采用50mm厚的木板是可行的。

3.7.2 钻孔灌注桩由于桩体是圆形的，采用背板较困难，因此，桩间土壁可抹砂浆或喷射混凝土封闭，也可以加挂钢筋网后再抹砂浆或喷射混凝土封闭。

（Ⅱ） 横撑支护

3.7.3 地下铁道隧道结构基坑较宽，特别是车站，宽度已达25m以上，为吊运和施工方便，因此，横撑可制作成拼装式的。为保证横撑有良好的整体性，故安装之前要求先试拼。同时，为防止横撑偏心受压，本条对拼装偏心量做出了规定。

3.7.4 为保证施工安全，在基坑土方挖至设计位置后应及时安装横撑，尤其是在饱合的软弱地层中，必要时尚可采取掏槽先设横撑后再开挖土方的措施。横撑安装后，在施加预应力的过程中，应注意观察墙体变形、墙后的土体及上层横撑的状态，必要时应及时做适当调整。

地下连续墙一般整体性强，刚度大，可直接采用横撑支顶在墙壁上。而支护桩，为保持其整体性受力，一般均需设置腰梁。为使桩体、腰梁和横撑形成整体受力结构，要求其腰梁和桩体间必须连接牢固。

3.7.5 横撑安装的水平及高程位置，是根据墙体受力要求而确定的。如横撑支撑位置移动量偏大，很可能造成事故，因此，本条对安装位置偏差作了规定。

3.7.7 横撑是轴向受压构件，如果施工中在其上堆放材料或其他重物，则会增加横撑的弯度而影响其受力。

地下铁道工程隧道施工周期长，因此，本条规定施工过程中，要经常检查基坑支护结构后面的土体变化、横撑受力及腰梁、楔子松紧等情况，特别是春融和雨季更应加强观测，发现问题，及时处理，以保证基坑支护的安全。

3.7.8 基坑支护结构的横撑是随基坑土方开挖自上而下进行安装的，所以横撑是随基坑土方回填，自下而上逐层进行拆除。为保证安全，必须在土方填到每层横撑高程时方可拆除。特别在软弱土层的基坑中，由于基坑背后土压力很大，为保证安全，要求必要时应采取加固措施。

（Ⅲ） 土层锚杆支护

3.7.9 为防止锚杆注浆引起地面隆起和影响地下构筑物和管线安全，考虑到锚杆受力等原因，本条对土层锚杆覆土厚度作了规定。

锚杆水平和垂直间距，是根据支护墙体、腰梁和锚杆受力等条件确定的。

对于锚杆倾斜度问题，因为锚杆水平分力是有效的，垂直分力无效，从这点考虑，锚杆倾斜角越小越好。但又要考虑到注浆的可能性和使锚固体尽量置于较好的土层中，所以，本条规定倾角一般在13°～35°之间为宜。

基坑支护结构背后主动滑动土体本身是不稳定的，所以，锚杆的锚固体必须置于主动滑动土体面之外，依靠其与稳定土体的摩擦力方能保证支护结构的稳定和安全。

土层锚杆的非锚固段拉杆是传递拉力的，为使其能保持自由伸长，而不影响锚杆承载能力，因此，要求锚固段和非锚固段界限分明。为达到这一目的，可采取在非锚固段上涂油、装塑料套管或在分界线处安放堵浆器等措施。

3.7.10 作用在基坑支护结构上的荷载，是通过拉杆传给锚固体后，再传递给土层。因此，锚杆的拉杆和锚头受力大。用做拉杆材料的有钢筋或钢绞线。钢筋拉杆制作简单，易于安装。如果土层锚杆承载力大而又很长时，可采用钢绞线作拉杆。

3.7.11 锚杆的成孔工艺，直接影响锚杆的锚固力、施工效率及工程成本。其钻孔设备，按工作原理分旋转式、冲击式和旋转冲击式三种，各种钻机适用于不同的地质条件，因此，应因地制宜的选用钻孔设备。

由于钻孔孔位方向偏差和孔长直接影响锚杆的承载能力，因而对此做出了具体规定。

3.7.12 土层锚杆承载力随注浆压力提高而增大，因此，注浆应有一定压力。而接近地表或临近地下构筑物和管道时，要适当降压，防止地表隆起和影响地下构筑物或管道的使用和安全。

3.7.13 锚杆的锚固段浆液凝固后，才能承受拉力荷载，所以规定浆液达到设计强度后方可进行锚杆张拉。

3.7.14 土层锚杆承载力，一般均通过试验确定，除极限强度试验外，又分抗拉试验和验收试验两种。抗拉试验是在施工锚杆验收前，在工地同一条件下进行试验，以确定验收标准。而验收试验是为检验施工锚杆承载力，以确定在设计荷载作用下的安全度。

以上两种试验，均按设计荷载 0.25 倍的等级级数增加，其中，验收荷载加载到 1.20 倍设计荷载，抗拉荷载加载到 1.33 倍设计荷载。两种试验均绘制荷载—变位图，在加载到 1.20 倍设计荷载的同条件下，如果验收试验锚杆总变位量小于或等于抗拉试验锚杆的总变位量，则认为合格。

4 地下连续墙

4.1 一 般 规 定

4.1.2 地下连续墙的支撑，一般多采用型钢、钢管或钢桁架及土层锚杆的形式，其支撑间距和层数，根据地下连续墙受力和土方开挖及隧道结构的施工方法经计算确定，其施工在本规范第 3.7 节内均做了规定，因此，本条作了按其规定施工的要求。

4.1.3 地下连续墙施工前，应根据地质、隧道结构平、纵断面等进行预先设计。同时，为保证施工范围内的地下管线、构筑物和临近建筑物的安全，应制定相应的保护措施。

如果地下连续墙作为主体结构墙体及复合式衬砌结构时，虽地下连续墙由设计单位设计，但施工时放线及保护地下管线安全等仍应具备以上资料方可施工，因此制定了本条规定。

4.1.5 地下连续墙支护的基坑开挖后，作用在墙体上的水土压力、地面荷载产生的侧压力及垂直荷载等，对墙体应力会产生影响，特别是地下铁道隧道基坑周围建筑物多，为防止其地基位移，施工中除采取对地下连续墙施加相当于静止土压力的预加应力外，尚需做好监控量测工作，并及时反馈信息，以保证施工安全。

4.1.6 为充分利用地下连续墙结构，目前，在地下铁道车站设计中，已采用了复合式衬砌结构或把地下连续墙直接作为主体结构的墙体。以上两种形式，均需地下连续墙体做防水处理，并与二次衬砌结构的顶、楼、底板相连接，鉴于以上情况，本条做出了相应的规定。

4.1.7 支护基坑的地下连续墙，是靠埋入基底以下的结构作为支撑点承受土压力的，支撑点处地基如遇有软弱地层时，为增加其强度，有时需进行加固处理，为此，做出本条规定。

4.2 导 墙 施 工

4.2.1 导墙内墙面应平行地下连续墙轴线的走向构筑。考虑到超挖率，一般抓斗宽度比连续墙厚度小些，而抓斗插入导墙时又需导墙内侧有相应的净空余地，因此，为挖槽方便、安全施工，可根据不同挖槽设备和施工方法，将导墙净距比设计的地下连续墙厚度加大40~60mm。

导墙结构，有现浇钢筋混凝土、钢制及预制钢筋混凝土等，施工时可视具体情况选用。

4.2.2 导墙不仅对地下连续墙施工起导向作用，而且还承受土压、施工机械和车辆等荷载作用，同时还作为钢筋笼和导管、锁口管顶拔时的临时支座等，因此要求其坚固，具有一定强度和刚度并连成整体。修筑导墙时，应建在稳固的地基上，如果地基不稳定，当施工机械行走时，由于荷载和振动作用，易引起开挖壁面坍塌，使导墙向内侧挤拢。遇有软弱或不稳定地基时，可采取加大导墙深度、深层搅拌和注浆等措施对地基进行加固。

4.2.3 钢筋混凝土预制导墙一般每节5~6m长，多为L型，分节拼装。施工时，常因挖槽机、起重机、钢筋笼等作用在墙上的荷载很大，为防止导墙位移，甚至倾斜或落入槽孔内，因此，钢筋混凝土预制导墙相邻接头应用螺栓紧密相连或用钢插板螺丝连成整体。现浇钢筋混凝土导墙，其水平钢筋应连接起来，使导墙具有整体性。

4.2.4 导墙1.5~2m为常规高度，但在施工中常遇有地表层土质松软，地下管线或构筑物以及导墙底临近地下水水面等情况。为了保护地下管线或构筑物安全，防止导墙脱空、移动、下沉或倾斜，故遇有特殊情况时，导墙高度也可适当调整。

导墙顶面高出施工地面的规定，是为防止地表水流入沟槽而引起泥浆性能恶化。

4.2.5 导墙是控制挖槽精度的主要构筑物，为保证地下连续墙位置、垂直度、厚度、直顺等符合设计要求，制定本条规定。

4.3 泥浆制备与管理

4.3.1 膨润土的片状构造被水分子分解后，体积膨胀，水化性能强，泥浆粘度较好，所以制备泥浆时应优先选用。而粘土的片状构造水化性差，膨胀性小，粘度差，为了保证泥浆质量，对粘土质量指标做出规定。

4.3.2 泥浆具有防止槽壁坍塌的功能，并有悬浮土渣并把其夹带出槽外的作用，故泥浆对挖槽施工影响很大。为保证挖槽质量，制定了泥浆的主要性能技术指标，并在泥浆配制和挖槽施工中进行检验和控制。

1 泥浆比重。由于泥浆与地下水压力差的作用，所以泥浆可抵抗槽壁外的水土压力，以维护槽壁稳定。而新拌制泥浆比重以1.05为适宜，成槽后，由于泥砂污染而比重上升，所以一般为1.15，而底部一般不大于1.20。如果泥浆比重过大，不但影响混凝土灌注，同时，由于泥浆流动性差而泵送困难并且消耗输送设备的功率。

2 泥浆粘度。由于泥浆具有一定的粘度，所以泥浆可将土渣悬浮而不沉淀并阻止泥浆向地层中渗透，如果粘度偏小，就会使其功能降低，如果超过限度，则泵送困难，降低挖槽效率，增加泥浆处理难度，影响混凝土质量。

3 泥浆含砂率。含砂率过高，会使泥浆粘度降低，失去泥浆形成良好泥皮的作用，并易于与水分离而沉淀，所以应严格控制其指标。

4 泥浆 pH 值。pH 值是表示泥浆酸碱程度的。pH 值等于 7 时，泥浆为中性；pH 值小于 7 时，泥浆为酸性，pH 值越小，酸性越强；大于 7 时为碱性，当 pH 值大于 11 时，则泥浆产生分层而失去固定槽壁的作用。

以上性能指标，应通过实地测试确定并决定可否使用或废弃。

4.3.3 槽段中水泥内的 Ca 离子和地下水中的 Na 离子、Mg 离子混入泥浆后，易使泥浆比重、pH 值、粘度等增大，不但影响开挖，甚至导致槽壁坍塌，为中和混入的阳离子，因此需要加分散剂。并且为了使膨润土（或粘土）充分水化，使泥浆各项性能指标达到标准要求，故要求泥浆应贮存一定时间。

泥浆在成槽中的护壁作用，是由泥浆产生的压力作用在槽壁上产生的，它除平衡水土压力外，尚给槽壁以向外的反作用力，如地下水位高出泥浆面时，由于泥浆压力抵抗不住槽壁外水土压力，则槽壁就会坍塌，为平衡两者之间的压力，规定泥浆面应保持地下水位 0.5m 以上。

4.3.4 地下连续墙在泥浆护壁施工过程中，由于挖槽方式、地质条件和混凝土灌注等使泥浆中混入土渣，降低了泥浆护壁效能。为此，要求根据泥浆劣化程度，能利用的应进行再生处理，不能利用的应予废弃。

由于废弃的泥浆中 pH 值高，不符合环境保护规定，所以要求采取措施。

4.3.5 当泥浆受到地下水或海水中的盐分（Na^+）污染时，会使泥浆变质，影响护壁效果。为此，要求采取必要措施，如选用耐盐性较强的膨润土、粘土以及有耐盐性（CMC）和高浓度下抗盐分污染能力强的铁铬木质素磺酸盐（FCL）等材料制备泥浆。

对于成槽制备泥浆的设备，根据施工经验，考虑到回收泥浆沉淀会减小有效容积，为此，设备容积应大于单元槽段 2 倍以上的容积为好。这样，一旦泥浆在土层中流失而引起浆液面下降时，可根据具体情况，预先采取补浆措施，以保证槽段的安全与稳定。

4.4 挖 槽 施 工

4.4.1 根据开挖方法，常用的施工机械有导板抓斗式、导板旋转式、导板冲击式等，施工应根据不同情况和需要选用。

挖槽时，只有抓斗中心平面和导墙中轴平面重合，方可保证开挖槽壁面的垂直度和水平位置精度，所以规定抓斗中心面应与导墙中心面相吻合。

4.4.2 单元槽段长度，无论从使用还是从施工角度看，越长越好，但单元槽段的长度应与地质、地面荷载、钢筋笼起重设备的起重能力、混凝土及泥浆供应、施工现场条件以及隧道结构设计相适应，所以要求其施工应符合设计要求。但一般情况下 5～8m 较为合适。

通过量测表明，新槽段开挖时，对相邻已灌注混凝土的槽段会产生一定影响，所以单元槽段应采用间隔跳跃式施工。

4.4.4 挖槽未达到设计深度或槽底沉淀物过多，将使钢筋笼不能插至设计位置，造成预埋筋（件）和内衬结构接头位置错开。

当挖槽宽度小于设计槽宽时，将使钢筋笼保护层减小或出现露筋现象，而且还影响锁口管的插入，并碰撞槽壁，刮落泥渣。如挖槽宽度过大时，将增加混凝土浇灌量。故本条对槽段的检查项目做出了规定。

4.4.5 地下连续墙成槽过程中悬浮在泥浆中的土渣，在挖掘结束后很快沉淀，并和残留在槽底的淤泥土块，以及吊钢筋笼时槽壁上刮落的土块等堆积在槽底，影响墙的承载力，造成墙体不均匀下沉。若沉渣和沉渣悬浮物混入墙体内时，还将影响墙体混凝土结构质量。为此，成槽后要把槽底沉渣、淤泥、土块和被土粒污染的泥浆，从底部和槽内通过吸泥装置和再生装置清除出去，并补入新泥浆，使槽底附近的泥浆比重保持在1.1～1.15之间，最大不超过1.20，以减小槽底沉淀淤积物厚度和保持槽壁稳定。

4.5 钢筋笼制作与安装

4.5.1 钢筋笼在平台靠模上制作，可保证钢筋位置正确和焊接质量。

1 地下连续墙混凝土是采用导管法灌注的，并且导管长度伸入槽底，所以制作钢筋笼时应预留出导管位置，并上下贯通。

2 为方便钢筋笼吊放入槽和避免刮落槽壁的土体，所以在钢筋笼底端0.5m处的厚度方向应做收口处理。

3 钢筋笼高、宽及高、厚之比值较大，为保证其吊装有足够刚度，应在制作时采取措施，保证吊运中不变形或弯曲。

4 为保证地下连续墙混凝土保护层厚度，防止钢筋笼贴于槽壁上，钢筋笼制作完毕后，应在壁外侧钢筋上设置垫块。

5 地下连续墙作为主体结构或复合式结构时，在其墙体上设置的预埋件较多。同时，如果地下连续墙采用锚杆支护时，其墙体上尚还设置锚杆孔，为使预埋件固定牢固，并防止灌注混凝土时堵塞，故要求采取措施。

4.5.3 钢筋笼要在槽段泥浆清孔、换浆和刷壁合格后及时吊放入槽，一般至灌注混凝土时的总停置时间不超过6～8h。

钢筋笼吊放入槽时，要采用型钢作双索起吊梁，防止钢筋笼变形。入槽时，所以要求对准槽段中心缓慢沉入，是为了防止钢筋笼碰撞槽壁，造成坍塌，影响安全和地下连续墙的质量。

4.6 混凝土灌注

4.6.1 地下铁道隧道结构均有防水要求，所以地下连续墙作为隧道边墙一部分或直接作为边墙（即是作为临时支护结构，本身也有防水要求）时，均应采用防水混凝土。

地下连续墙结构由于是灌注水下混凝土，所以其水泥用量比一般防水混凝土用量多一些。同时，为保证混凝土灌注水平上升，必须具有一定的流动性，坍落度也相应的大一些。其他材料、配合比和搅拌与隧道防水混凝土相同，因此应按其规定执行。

4.6.2 导管根据地下连续墙的厚度和高度，一般都采用直径 200～250mm 多节钢管连接而成，为防止灌注混凝土时渗漏水，保证混凝土质量，施工前应对拼接好的导管接缝进行水密试验。

4.6.3 导管水平布置距离，是根据导管的通过能力、混凝土在槽内流动距离和混凝土要求的灌注速度等因素，并经过实践确定的。

导管灌注混凝土时，为使进入导管的第一批混凝土顺利灌注到槽底，并使导管底部埋入混凝土内一定深度，不使泥浆灌入导管，因此要求导管下端距槽底 300～500mm，在混凝土灌注前，应在导管临近泥浆面位置吊挂隔水栓。

4.6.4 本条说明如下：

泥浆中悬浮物易于沉淀并吸附于钢筋上，时间越长，吸附量越大，影响握裹力。所以钢筋笼入槽后，应及时灌注混凝土。

导管底面距槽底有一定距离（300～500mm），如果导管储料斗内混凝土储备量达不到要求，则在开始灌注混凝土时，泥浆会从导管底部进入导管，造成泥浆与混凝土混合，不但影响混凝土质量，还会影响其强度。

混凝土如不同时均匀、连续灌注，会使灌注的混凝土面形成波浪形，而槽段中泥浆沉淀物易于滞留于导管间低洼处和端部混凝土面上，被后灌混凝土覆盖后，影响结构质量。

导管埋入混凝土内太深时，则混凝土在管内流动不畅。混凝土灌注中，每次提升高度一般为 300mm 左右，并缓慢提升，避免混凝土留下空洞。

混凝土溢出流入槽内后，将污染泥浆，影响混凝土本身质量。

混凝土灌注速度不应低于 2m/h 的规定，主要为使每层混凝土能及时覆盖，防止泥浆粘附于混凝土面上而影响质量。

地下连续墙灌至顶面时，一般在其表面形成一层凝胶化泥浆和塑性固化物，其强度较低，为保证质量，所以制定本规定。

4.7 墙体接头处理

4.7.1 地下连续墙相邻墙段竖向接头的接续方式，应根据设计图选用，一般作临时支护结构时，多采用锁口管方式，作为永久或半永久结构时，需按设计组合成各种形状的接头方式，并使各单元槽尽量联成整体，确保其连续性和隔水性。

锁口管要有足够强度和刚度，防止变形，影响起拔。锁口管的宽度一般至少应取设计壁厚尺寸的 93% 以上。在施工过程中，为防止混凝土出现挠管现象，其空间应用干硬粘土充填密实。

对超深地下连续墙工程，为防止锁口管起拔困难，也可选用预制钢筋混凝土构件做接头，这样既安全可靠，防渗效果也好。

4.7.2 锁口管插入槽底的要求，是为防止混凝土由管底进入管内。锁口管如猛撞强行入槽，不但损伤钢筋笼，而且还会造成拔管困难。

4.7.3 混凝土灌注2～3h期间，其强度还比较低，拔除锁口管时，其管壁与混凝土易于脱离，以后每次提管的时间和高度的规定，主要是为防止混凝土受碰撞后损坏而提出来的。

4.7.4 地下连续墙后继槽段开挖后，会有许多细小泥粒粘附在已成槽段结构接头的表面上，这些物质不清除，则后浇混凝土灌注后，就被包裹封闭，不仅影响混凝土强度，而且还会造成渗漏水，所以应将其清除干净。

4.8 防水施工

4.8.1 地下连续墙无论是做临时支护、主体结构或是主体结构的一部分，需要做防水处理时均应按设计要求办理。目前采用的防水方法有喷涂防水剂、铺贴卷材防水层等，施工时应按相应的有关规定办理。

4.8.2 地下连续墙的防水措施之一，是在条件允许的情况下，尽量加长槽段的长度，减少接缝，提高防水效能。由于拐角处是施工的薄弱环节，施工中易出现质量问题，所以接头尽量少设在拐角处，防止渗漏水发生。采用复合式衬砌结构的接头缝和地下连续墙接头缝要错开设置，避免通缝，防止渗漏水。

4.9 工程验收

4.9.1 地下连续墙是以每一槽段为单元进行施工的，为了保证工程质量和各工序的顺利进行以及施工安全，因此，每一槽段从开挖、泥浆护壁、钢筋笼制作及吊放入槽、混凝土配合比及灌注等都要进行工序的中间检查。

4.9.2 为保证地下连续墙不影响隧道施工和防止其侵入二次结构净空，故对其施工精度制定了具体标准。其他质量标准，特别是结构混凝土抗压强度和抗渗压力也必须达到要求，以满足使用和安全需要。

5 隧道明挖法施工

5.1 一般规定

5.1.1 明挖法施工，在拆迁量小的情况下，造价低，速度快，但交通干扰大。所以，一般在城市郊区多采用明挖法，在市区内，区间采用暗挖，车站采用明挖法施工的较多。

明挖法在空旷区有条件时，基坑可采用敞口放坡开挖，如无条件，特别是城区，应根据具体情况，采用支护桩或地下连续墙支护，以减小基坑占地面积。

5.1.2 地下铁道明挖隧道结构，区间和车站埋深一般在8～15m之间，如遇有地下水，必须采取措施降排水，以保证基坑在无水的条件下施工。

5.1.4 修建地下铁道隧道，一般都对地面交通和城市正常生活带来一定的影响，由于地下铁道是线型建（构）筑物，所以施工时，应集中力量，完成一段，恢复一段，以把影响地面交通和城市正常生活压缩到最低限度。

5.2 管线拆迁、改移和悬吊

5.2.1 地下铁道工程施工时，常遇有电力、通讯、热力、煤气、给排水等地下管线，为保证各类管线正常运行，本条规定施工前，应进行现场勘测，并与有关单位研究确定拆迁、改移或悬吊等方案，以便为基坑开挖创造条件。

5.2.2 基坑管线悬吊形式基本分两种，一种是钢丝绳悬吊，主要用于通讯、电力直埋电缆悬吊；另一种是型钢或桁架钢梁悬吊，由于其刚度大，一般可悬吊质量重，刚度要求比较高的铸铁管、钢管、混凝土管或电缆管块等。但无论什么样的悬吊形式，都应经过验算，以确保管线安全。

5.2.3 城市内的地下管线，特别是上、下水管道，大部是铸铁或混凝土管，在多年运行中，有的已出现渗漏水现象；而通讯和电力电缆，有的采用管块包装，整体性差；热力、煤气等运行中，危险性很大。以上管线，悬吊前必须事先处理好，对于有断裂危险的管线，尚应更换，以保安全。

5.2.4 采用钢梁悬吊或架设的管道，除煤气、热力外，大部为刚性接口，极易松动，而热力和煤气管道，危险性很大，一但发生漏气、漏水现象，后果非常严重，为保证安全，防止出现事故，故制定本条规定。

5.2.5 为保持管线悬吊时原有坡度，方便操作，有利施工，因此要求在管线下原状土开挖前悬吊。同时，为保证悬吊工程质量，防止损坏管线，要求采用人工开挖管线下部和附近的土方。

5.2.7 跨越基坑的便桥，是为交通和施工运输而设置的，当大型机械和车辆通过时，会产生一定的振动，其振幅可直接传递给管线，引起接口松动。为了安全，除柔性较大的直埋通讯、电力电缆外，其他管线不能直接架设或悬吊在桥梁上。

5.2.8 利用支护桩或地下连续墙作为悬吊梁的支撑墩柱时，支撑必须牢固，不得松动和变形。如基坑敞口开挖，则钢梁支撑墩柱或钢丝绳悬吊的锚桩，必须经过计算，并应将锚固端埋设于基坑边坡滑动土体以外，以确保安全。

5.2.9 为保证各类管线在施工期间的安全，根据实践，悬吊管线一般需延伸基坑外1.5m以上并挖露出来。这样，一旦发现问题，除在基坑外的检查井处采取措施外，在挖露出来的部分也可采取应急措施，避免对基坑造成影响。

5.2.10 本条是针对隧道工程的基坑开挖、降排水、支护桩、隧道结构等施工时，为了确保管线安全而制定的。

5.2.11、**5.2.12** 是为确保管线安全和质量并防止管线下沉而制定的。

5.3 基坑便桥

5.3.1 跨越基坑的便桥，一般是为施工运输或城市交通而设置的，吨位比较重，基坑跨度比较大，为了安全，便桥设置前，均应经过计算，特别是为城市交通设置的便桥，应与交通及管理单位研究后，确定载重量、规模和路面形式及采用的材料等。

为了使便桥材料和设备能多次使用，要求便桥、特别是梁的部分，应做成拼装制式的。

5.3.2 跨越支护桩或地下连续墙及敞口开挖的基坑便桥，为保证安全，制定本条规定。

5.3.3 便桥的桥面系统，是根据施工运输和城市交通要求制定的。

5.3.4、**5.3.5** 为确保便桥开通后的安全和畅通而制定的。

5.4 基坑开挖与回填

（Ⅰ） 基坑开挖

5.4.1 明挖法施工的基坑，土方开挖量大，所以基坑开挖前，必须统一规划和安排，特别是土方调运计划，要计算出弃土和回填土的数量，其存土应尽量利用基坑倒段施工的条件进行存放，以少占用城市土地，同时离回填地点近，可节约运费。

另外，在土方运输过程中，运输车辆应采取防洒落措施。并在开工前，要察看好运输路线报交通管理部门，以配合施工做好交通组织疏导工作。

5.4.2 城市地下管线和架空电线多，因此，选择存土点时，不得选在其附近，更不得选在其位置上，以防损坏或发生伤亡事故。

在已回填的基坑上面存土时，由于堆土荷载的质量，很可能引起隧道结构下沉，造成事故。同时，基坑两侧，是施工的运输道路，另外，在基坑边坡上存土时，也会引起基坑边坡不稳定，所以制定本条规定。

5.4.3 隧道明挖法施工的基坑深，土方量大，需采用机械开挖。其开挖方法一般有机械和运输车辆停靠在基坑边缘或下至基坑内施工两种，在条件允许时，应尽量在基坑内开挖，但遇有软弱而饱合的土层，其承载力低，机械车辆不易下至基坑，所以施工时要因地制宜地确定开挖方法。

在机械车辆可下至基坑时，为节约土方量，一般可利用通风道或车站出入口作为运输马道，但马道底不能超过通风道及出入口基底高程，防止超挖或扰动影响其承载力。

5.4.4 本条是根据基坑开挖后，为便于隧道结构施工而制定的。

5.4.5 基坑的稳定与坡度大小、地质条件、基坑深度、坡顶有否附加荷载等因素有关。一般坡度越平缓越稳定，越陡越易坍塌；土的粘聚力大的比粘聚力小的稳定；基坑边有荷载特别是有动荷载时较不稳定。因此，基坑开挖边坡坡度应根据土力学的理论，结合基坑深度和土质稳定情况等确定。

5.4.6 明挖隧道的基坑土方量大，因此，全部采用机械开挖，为保证施工安全，需根据机械挖掘的额定高度和土质的具体情况，分段分层开挖。而对于支护桩或地下连续墙支护的基坑，为防止土方开挖时，由于其结构强度不够或悬臂超过规定而发生位移或倒塌现象，特制定本条规定。

5.4.7 机械开挖至基底时，不易控制其平整度，并有可能造成超挖或扰动基底，因此，为保证工程质量，减少地基处理而制定本条规定。

5.4.8 基坑开挖后，地基暴露在大气中，如为土质地基，经风化后易于产生干缩，影响其承载力。尤其是支护桩或是地下连续墙作为主体结构一部分时，土方挖至基底后，尚需靠主体结构增强其强度，所以土方挖至基底后，应尽快施工混凝土垫层。

基底高程和不平整度允许偏差，是为保证隧道主体结构位置正确和工程质量，并节约混凝土而制定的。

5.4.9 隧道基坑开挖长而面积大，有时会出现漏勘现象，同时，施工中也会出现工程质量问题，为处理好施工中出现和遇到的问题，特制定本条规定。

5.4.10 地下铁道工程周围建筑物和地下管线多，而基坑开挖后暴露时间较长，所以要经常进行检查。特别是在软弱地层中，为防止基坑开挖后对周围建筑物或地下管线产生影响，必要时尚需采取监测措施，对基坑实行信息化管理，以确保安全。

5.4.11 城市不但地下管线多，同时架空电线也多，为确保施工安全，制定本条规定。

5.4.12 为保证基坑雨期不被水淹和冬季基底不受冻，制定本条规定。

（Ⅱ） 基坑回填

5.4.13 基坑回填土后一般均需立即恢复道路或修筑建筑物

和构筑物，为保证工程质量和减小回填土的沉落量而制定本条规定。

5.4.14 进行取样测试和压实试验，是为取得参数，然后再依其为标准控制现场回填土的密实度，以保证工程质量。

5.4.15 为了使各类土能达到最佳含水量，保证压实质量，特制定本条规定。

5.4.16 基坑回填至地下管线底高程后，需要恢复管线工程，而管线工程有的是砌筑结构，有的是钢筋混凝土结构。为避免砌体或混凝土结构受损，提出了隧道结构和地下管线的结构达到设计强度后方可继续回填的要求。

基坑回填土属隐蔽工程检查项目，所以提出回填土前要清理基底的要求。

5.4.17 本条是为保证回填土压实质量和回填土时结构不致于产生位移而制定的。

5.4.18 基坑回填土，全部采用机械化施工，大型翻斗汽车运输，机械平整和压实，为防止其施工时碰撞结构和地下管线，制定本条规定。

5.4.20 基坑回填土质量是以密实度控制的，为在现场能控制碾压质量，因此，对回填土密实度检查面积和点数作了规定。

5.4.21 本条是根据城市市政道路工程的标准制定的。

5.4.23、**5.4.24** 是针对基坑回填土雨、冬季施工的特点，为保证工程质量而制定的。

5.5 钢筋加工及安装

（Ⅰ） 钢筋加工

5.5.1 隧道结构钢筋用量大，同时施工现场场地狭窄，所以钢筋一般在工厂集中加工后运至工地绑扎和安装。

运至工厂的钢筋质量及应附的技术文件是根据国家现行的有关规范制定的。

5.5.3 隧道结构采用的是热轧钢筋，由于施工现场竖向和水平钢筋焊接技术发展很快，并且已制定了相应的标准，根据这一趋势，所以制定本条规定。

5.5.4 钢筋加工允许偏差，是根据国家现行的有关规范并结合地下铁道明挖隧道结构的具体情况制定的。

5.5.5 明挖隧道结构，特别是区间结构，为节约材料，加快施工进度，钢筋骨架可采用在工厂预制，然后运至现场安装绑扎。为保证其钢筋焊接骨架的质量，本条文制定了允许偏差标准的要求。

（Ⅱ） 钢筋绑扎

5.5.6 本条是为保证钢筋绑扎质量，针对准备工作而提出的具体要求。

5.5.7 隧道结构，特别是车站出入口、通风道等附属建筑物斜坡道较多，为保证工程质量和安全并方便施工，制定本条规定。

5.5.8 钢筋保护层厚度，对保证钢筋与混凝土握裹力、防止钢筋锈蚀，以及结构耐久性是很重要的，因此，在绑扎钢筋时，应采用同标号砂浆垫块或塑料卡加以支垫，以保证钢筋混凝土保护层厚度。

5.5.9 本条为使箍筋、分布筋等与主筋以及主筋之间的接头固定牢固，保证钢筋连接质量而制定的。

5.5.10 本条为使箍筋正确受力并与主筋连接牢固而制定的。

5.5.11 本条是在钢筋安装并绑扎好后，为进行质量检查而提出来的要求，其允许偏差，是参照有关标准要求，并结合地下铁道隧道结构的具体情况而制定的。

5.6 模板支立

5.6.1 模板设计是保证安全和质量并指导备料、制作、安装和拆模的重要技术环节，隧道工程钢筋混凝土量大，车站、区间和附属建筑物等断面变化较多，所以要求开工前需进行模板设计，并就设计原则做出了规定。

5.6.2 模板是钢筋混凝土结构成型的重要环节，为保证混凝土质量，易于拆除模板，故模板支立前必须涂刷隔离剂，并支立牢固、平整、不漏浆。特别是支架部分，为安全计，支撑系统的水平和斜撑必须连接牢固，以形成稳定的整体。

5.6.3 为防止固定模板的螺栓拆除后，形成结构渗漏水通道和拆除螺栓拉杆时不损伤混凝土，隧道工程应采用拉杆螺栓加垫块的办法，其垫块拆模后宜于取出，而留下的孔洞可用膨胀水泥砂浆堵塞严密。

5.6.4 垫层混凝土是沿线路方向在垫层边缘采用与垫层同厚度的型钢或方木做模板，用振捣尺振捣，并以边模为准，控制垫层高程和平整度，此外，还用变形缝处的模板控制变形缝的直顺度和位置。

5.6.5 底板结构除端模外，一般有梗斜或底梁模板和底板先贴防水层保护墙，为了保证灌注混凝土时模板不位移，保护墙不倒塌，因此要求支撑牢固。

5.6.6 明挖隧道结构，一般是边中墙和顶板结构同时施工，为保证模板支立位置正确，支架调好高程和位置后铺设顶板模板，然后以顶板为准，再支立中边墙模板，以保证质量。

同时，考虑到模板在灌注混凝土时会产生一定的沉落量，根据施工实践，为保证顶板净空不侵入限界，本条文规定预留 10~30mm 高的沉落量。

5.6.7 结构中边墙模板，由于底板结构施工时，表面平整度会产生一定的误差，为防止混凝土“烂根”，一般在第一层模板下设垫木，并用水泥砂浆将底板与垫木间孔隙堵严。并以垫木为准，支立模板，以保证模板支立位置正确。

5.6.8 明挖车站大部为框架结构，并设计有柱子，而柱子有现浇钢筋混凝土或钢管柱两种，现浇钢筋混凝土柱子需要支立模板，而柱子还需装修，为保证质量而制定本条规定。

5.6.9 隧道结构变形缝处的端模，不但是灌注混凝土需要，同时，还需固定变形缝填缝板和止水带。为保证结构变形缝和止水带位置正确而制定本条规定。

5.6.10 隧道结构分段有的较长，其施工缝不能留置于变形缝处。为保证混凝土整体性和不渗漏水，故制定本条规定。

5.6.11 区间隧道结构线路长，除渡、岔线外，断面变化不大，适宜采用模板台车，采取整体运输和装拆，以加快施工进度，保证混凝土质量，减轻劳动强度，但其施工工艺有一定的规定要求，所以制定本条规定。

5.6.12 本条是根据国家现行的有关规范，并结合地下铁道明挖隧道具体情况而制定的。

5.6.13 隧道明挖结构模板需要量大，为提高模板周转率，节约材料，保证混凝土质量，制定本条规定。

5.7 混凝土灌注

5.7.2 新灌注的混凝土暴晒会产生失水现象，雨淋会冲走水泥浆，所以要求灌注地点应采取措施。

混凝土灌注前，为保证结构钢筋、模板、预埋件位置正确，质量符合要求，制定本条规定。

5.7.3 垫层混凝土，是以两侧模板高程和平整度为准，采用振捣尺振捣，所以垫层混凝土应沿线路方向灌注。

由于在垫层上需铺贴防水层，所以对垫层平整度、高程允许偏差做出规定。

5.7.4 结构底板一般都有梗斜和底梁，同时底板比较厚，为保证混凝土质量，方便施工而制定本条规定。

5.7.5 隧道结构墙体和顶板，为避免增加施工缝，给结构防水带来困难，故提出墙体和顶板混凝土连续灌注的要求。同时，为保证混凝土灌注密实，要求墙体灌注至与顶板交界处停留1~1.5h，让墙体混凝土有一个自然下沉时间，并在混凝土未初凝前再灌注顶板混凝土，以保证墙体与顶板混凝土连接的更好。

混凝土灌注至顶板后，为保证混凝土分层灌注时的覆盖时间不超过规定，根据隧道结构形式，故提出边、中墙处向中间水平、分台阶灌注的要求。

5.7.6 隧道结构车站都设有柱子，其混凝土标号比墙、顶板结构标号高，如与墙、顶板混凝土同时灌注时，为防止用错混凝土，要求必须采取措施。

5.7.7 隧道结构变形缝处钢筋比较密，同时又有止水带，为保证混凝土质量和止水带位置正确，本条对止水带和混凝土灌注做出了规定。

5.7.8 隧道结构混凝土灌注时，模板、预埋件、钢筋等，受灌注混凝土的冲击力后易于移位、变形，为保证施工安全和工程质量，灌注混凝土时，应派专人观测，发现问题及时处理。

5.7.9 垫层属普通混凝土，标号低，体积小，散热面积大，故规定养护期不得少于7d；隧道结构是防水混凝土，标号高，体积大，散热时间长，故规定养护期不得少于14d。

5.7.10 混凝土抗压和抗渗试件的留置组数，是根据本规范第9.2.17条的规定，并结合隧道结构的具体情况制定的。

5.8 结构外防水

5.8.1 地下铁道明挖隧道结构底板卷材防水层，一般先贴防水层后，再施工结构底板，故称“先贴法防水层”。本条是根据其施工特点而制定的。

5.8.2 地下铁道明挖隧道的边顶结构施工完后，再铺贴卷材防水层，故称“后贴法防水层”，本条是根据后贴防水层施工特点，为保证其质量制定的。

5.8.3 施工条件受到限制而需要后贴防水层采用先贴法铺贴时，一般将保护墙砌至与顶板同高后再铺贴防水层。但由于墙体高，铺贴防水层需要搭设脚手架，施工比较困难，所以这种施工方法很少采用，不过，地下连续墙作为复合结构而需要进行卷材防水施工时，可采用此种方法。

5.9 工 程 验 收

5.9.1~5.9.3 明挖法隧道工程施工，凡隐蔽工程必须按规定进行检查验收，但由于工序多，为保证工程质量，在原材料和主要工序施工过程中，尚应进行中间检查验收。

5.9.4 隧道为受力结构，混凝土强度必须满足设计要求，并且无露筋、露石等现象。

本条文表5.9.4是根据国家现行有关标准并结合地下铁道明挖法施工隧道的建筑限界要求而制定的。

6 隧道盖挖逆筑法施工

6.1 一 般 规 定

6.1.1 地下铁道隧道工程大部分位于城市市区，特别是车站，有的处于道路的交岔路口或商业集散点，所以修建地下铁道的同时，人行过街道、地下商业街、停车场等与地下铁道隧道融为一体同步建设。规模大，技术复杂，如采用明挖法施工，地面干扰大，而采用暗挖法施工，造价高、技术复杂、工期长。因此，可采用盖挖逆筑法施工，先修筑隧道围护墙和支承柱以及结构顶板，然后利用出入口、通风道或单独设置竖井，采用自上而下的逆筑法施工单层或多层地下隧道结构。这种施工方法介于明暗挖施工方法之间，除隧道结构顶板明挖施工外，其他都为暗挖施工，在地下铁道隧道工程，特别是结构复杂的车站施工中，更具有一定意义。

盖挖逆筑法施工时，除按照本身固有的施工工艺要求外，凡涉及到明挖法和暗挖法施工工艺的，尚应按照其相应的有关规定执行。

6.1.2 盖挖逆筑法施工，大部分土方在洞内开挖，特别是在软弱土质地层中，为保持土层的自稳性，必须保持其干燥，如土层含水，施工将非常困难，甚至无法施工，因此，本条对降低地下水位提出了要求。

6.1.3 盖挖逆筑法施工，基本分两个阶段，第一阶段为地面施工阶段，它包括围护墙、中间支承柱、顶板土方及结构施工，第二阶段为洞内施工阶段，包括土方开挖、结构、装修施工和设备安装。其土方开挖和所需要的材料、设备全靠设在隧道旁的竖井运输。为减少与地面交通干扰，并给隧道内各工序和专业施工创造条件，故在第一阶段施工中，除抓紧围护墙、中间支承柱、顶板土方及结构施工外，尚应抓紧竖井及横洞的施工。

6.1.4 盖挖逆筑法施工，在顶板结构施工阶段，还存在与地面交通干扰问题，因此，应加快顶板结构施工速度，迅速恢复地面的建筑物或市政道路、地下管线等，把与地面干扰时间压缩到最低限度。

6.1.5 围护墙和支承柱在施工期间直接承受着各层结构及地面传递下来的动荷载，为确保安全，特制定本条规定。

6.2 围护墙及支承柱

6.2.1 由于围护墙紧贴隧道结构边墙，或者地下连续墙直接作为隧道结构边墙，为保证结构墙体的垂直度和位置正确，不至于使围护墙体侵入隧道边墙内，为此，对地下连续墙或钢筋混凝土灌注桩位置和垂直度作了规定。

6.2.2 隧道结构，特别是车站，由于跨度大，两边墙之间设有支承柱，它和围护墙一起，不仅施工期间承受着各层结构及地面传递下来的动荷载，而且还是永久结构的一部分，由于受力和建筑装修的需要，所以对平面位置和垂直度作了规定。

6.2.3 为使地下连续墙及支承柱与二次结构连接紧密，保证工程质量，特制定本条规定。

6.3 土 方 开 挖

6.3.1 盖挖逆筑法土方开挖方法，除本节特殊要求外，其他与明挖法施工基本相同，故作本条规定。

6.3.2 盖挖逆筑法地面施工阶段，与道路、交通等有一定干扰，有时，施工不能断绝交通，在这种情况下只能倒段施工。先封闭一段（侧）施工隧道结构顶板，完工后及时回填土并恢复道路和交通，然后再做另一段（侧）。由于开挖是配合隧道顶板结构施工进行的，所以制定本条规定。

6.3.3 盖挖逆筑法的结构顶、楼板，其底模一般是利用地基支模板或灌注混凝土垫层作为模板，然后在其上绑扎钢筋并灌注混凝土。由于结构净空和平整度的标准要求高，所以对地基高程和平整度提出要求。为防止软弱或渣土层地基承重后下沉，故对其处理也作了规定。

6.3.4 隧道围护墙随着土方逐层开挖，其受力形式也发生变化，同时，为防止土方开挖时，由于开挖断面的边坡不稳定而造成土体坍塌，所以制定本条规定。

6.3.5 盖挖逆筑法是自上而下进行施工的，如果每层结构未形成整体时继续向下开挖，对边墙和支承柱受力不利，为保证安全，制定本条规定。

6.3.6 盖挖逆筑法隧道的边墙，有的设计成复合式结构，在土方开挖后及二次衬砌之前，围护墙承受不住墙后的土压力，在这种情况之下，要求开挖的同时，需采取临时支撑措施，并根据边墙二次衬砌结构施工情况按设计要求拆除，以保证隧道结构和施工安全。

6.3.7 盖挖逆筑法围护墙采用支护桩支护时，由于桩与桩之间尚有土层，为保持其稳定性，可采取边开挖边喷（抹）混凝土的措施，并提出其施工应按本规范第3.7.2条规定执行。

6.4 隧道结构

6.4.1 盖挖逆筑法施工的隧道多为框架结构，与明挖法施工的结构相似，所以其模板施工，除本身特殊要求外，尚应符合本规范第5.6节的有关规定。

6.4.2 本条说明如下：

1 柱子结构是在地面一次施工至基底的，墙体是在洞内逐层施工的，为使上、下层墙体以及墙体、柱子与楼、底板结合良好，先施工的结构预设了预埋件和搭接钢筋，为保证其质量，特制定本规定。

2 顶板结构施工时，为争取时间，缩短与地面交通的干扰，宜将结构钢筋预先加工成骨架。

6.4.3 本条说明如下：

1 洞内施工的墙体与楼、底板结构等的混凝土灌注量大，由于施工条件的限制，所以适宜采用泵送混凝土。而顶板结构是在地面施工，为缩短与地面交通的干扰，加快混凝土强度的增长，以采用早强混凝土较为适宜。

2 盖挖逆筑法的施工工艺，决定了结构墙体与楼、底板单独施工的必然性，为保证其混凝土灌注施工的整体性，应尽量做到以变形缝为界进行施工，如果受到条件的限制，施工缝的设置位置满足不了规范要求时，应与设计人员商定后确定。

3 施工缝是结构防水的薄弱环节，为保证质量制定本规定。

6.4.4 本条说明如下：

1 结构接茬处易出现渗、漏水的现象，为保证防水效果，要求按设计规定认真处理；

2 结构变形缝处完全依靠止水带防水，所以止水带应是全封闭型的，否则，易于形成渗、漏水通路，达不到防水的目的。

7 隧道喷锚暗挖法施工

7.1 一般规定

7.1.2 隧道喷锚暗挖法其主要特点是约束围岩变位，使围岩和支护结构共同形成支护环。因此，必须注重“空间”和“时间”两个效应。实践证明，如果忽视了这两个“效应”，不仅达不到预期效果，甚至会造成事故。特别是在土层和不稳定岩体中开挖隧道时，工作面前方已被扰动，为延长围岩的稳定时间，必要时，需采取预支护或加固措施，然后再进行开挖，以确保安全。本条是根据新奥法施工原理而制定的。

7.1.3 根据喷锚暗挖法施工的特点，地质勘察工作必须贯穿于施工的全过程，因此，施工前需要对地质资料进一步核对，以便为制定施工方案打好基础。另外，由于隧道开挖引起的围岩扰动，极易造成隧道上方岩层的沉降，特别是在土层和不稳定岩体中，如果不及时处理，会影响沿线地下管线、构筑物及地面建筑物的安全，因此，施工前必须调查清楚，必要时应采取措施进行加固，以避免造成事故。

7.1.4 地下水是地下铁道隧道施工的主要对策对象，如果有地下水存在，洞体开挖时，特别是在土层和不稳定岩体中，就不可能形成自然拱或造成失稳，不但无法施工，而且还影响安全。因此，遇有地下水时，必须采取措施加以防治，确保在无水条件下施工。

7.1.6 监控量测是喷锚暗挖法施工的重要组成部分之一，

其隧道的开挖方法和形式、支护的质量和施工时间等因素对围岩动态都有明显的影响，为此，采用监控量测的方法对围岩动态和支护结构状态作出正确的评价，并及时反馈信息，以给隧道设计和施工安全提供可靠的依据。

7.2 竖　井

7.2.1 地下铁道隧道的地面建筑物多，交通繁忙，同时，隧道埋置浅，所以施工时，为隧道内材料和土石方运输的出入口多采用竖井。其竖井位置，在交通繁忙地区，为不影响交通，多设于隧道线路的一侧或两侧，同时，从经济角度考虑，如与通风道或车站出入口永久建筑相结合，则更为合理，并可降低造价。在不影响交通的情况下，如将竖井直接设置于隧道顶部也是可行的。当竖井与横洞利用通风道或车站出入口设置时，应以不影响永久构筑物使用功能为原则。

7.2.2 竖井结构一般根据地质和地面环境等条件，多采用地下连续墙、钢筋混凝土灌注桩或逆筑法施工的结构形式。当采用钢筋混凝土灌注桩支撑结构时，为保持其整体性，其顶部多采用钢筋混凝土圈梁将桩连为一体。逆筑法施工时，一般其顶部的圈梁和底板多为现浇钢筋混凝土，其墙体多为喷射钢筋混凝土结构，必要时，也可做成复合式结构。

7.2.4 隧道结构施工竖井与横洞以及横洞与正线结构相连处，是结构受力薄弱环节，由于断面的变化，施工也比较困难，所以要采取措施，保证工程质量，防止出现安全事故。

7.2.5 为防止下雨时，雨水直接落入竖井，避免隧道被淹以及保证安全，故制定本条规定。

7.2.6 施工竖井提升设备是隧道内材料及土石方运输的主要运输提升系统，为安全计，设计时，受力部件必须进行检算，不能违章作业，防止发生事故。

7.3 地层超前支护及加固

（Ⅰ） 超前导管及管棚

7.3.1 超前导管和管棚是喷锚暗挖隧道超前预支护的一种措施，采用这两种支护方法的地层，一般都很软弱、破碎，如不采取措施，开挖时工作面极易坍塌，同时，导管和管棚是主要的受力杆件，因此，纵向两排导管或管棚应采取一定搭接长度。

本条文表 7.3.1 中所列参数，设计时应根据具体情况进行选用。

7.3.2 为施工安全，防止开挖工作面坍塌，并保证导管或管棚安装位置正确，故制定本条规定。

7.3.3 导管支护法的导管每节长度仅 3～5m，所以一般采用钻孔插入或锤击打入和钻机顶入的办法，为保证导管有效支护长度，应根据施工方法的不同对导管的插入长度提出要求。

7.3.4 管棚钢管在钻设过程中，由于钢管较长，如果偏差太大，很可能给拱架等施工带来一定困难，所以要求钻设时要严格掌握和控制钢管的钻设角度。

7.3.5 导管和管棚的钢管，隧道开挖时均承受地层的压力，特别是管棚的钢管，为增强其强度和刚度并加固周围的地层，一般都应灌浆。为保证灌浆质量防止漏浆，导管和管棚钢管的尾部需设置封堵孔。

（Ⅱ） 注浆加固

7.3.6 地层加固施工时的注浆工艺分四种，即：渗入性注浆、劈裂注浆、电动硅化注浆以及喷射注浆等，本条针对不同工程地质情况规定了应采用的注浆方法。

7.3.7 地下铁道喷锚暗挖隧道由于埋置浅，钻孔注浆在地面操作方便，所以在有条件的地方，尽量采用地面钻孔注浆的方法。如果地面建筑物多，交通繁忙，很可能环境条件不允许，在这种情况下，只能在洞内进行超前注浆。

洞内注浆，除沿隧道周边超前注浆外，还可以采用先导洞，然后对隧道周边围岩进行径向注浆，固结后再进行隧道开挖。

7.3.8 注浆材料系指注浆用的主剂，并分颗粒浆材和化学浆材两种，而颗粒浆材主要包括水泥浆、水泥砂浆、粘土浆，水泥粘土浆以及粉煤灰、石灰浆等。为适用不同注浆目的，还可在浆液中掺入各种外加剂。

化学浆液在注浆中常用的有聚氨脂、丙烯酰氨类、硅酸盐类、水玻璃等。

在施工中，应根据具体情况经比较后选用。

7.3.9 注浆根据注浆目的、地质等情况选用适当浆液，这不仅对取得满意的效果至关重要，而且还直接影响造价，因此，在隧道工程注浆中，常采用颗粒浆材先堵塞大的孔隙，再注入化学浆液，这样既经济，又起到注浆的满意效果。

壁后回填注浆因为是起填充作用的，所以尽量采用颗粒浆液，这样既经济，又起到填充的效果。

在水泥类浆液中，普通硅酸盐水泥使用的比较多，在特殊情况下，也可采用矿渣硅酸盐水泥、火山灰质硅酸盐水泥和抗硫酸盐水泥等。

由于各种浆液适用不同的地质情况，所以配合比必须根据地质经过现场试验后确定。

7.3.10 注浆孔距、排距根据注浆加固厚度和浆液扩散半径经计算初步确定，由于地质原因，还得通过实地实验后，方能提出较正确的数据。

壁后回填注浆，应在初期支护结构完成一定长度后，且不影响隧道开挖的情况下及时进行，以控制地层沉陷。其压浆管应根据设计预埋于初期支护结构内。

高压喷射注浆，一般分为定向喷射和旋转喷射两种注浆形式。定向喷射时，要一面喷射，一面提升，其方向不变，使固结体形成壁状；旋喷时，喷嘴一面喷射一面旋转和提升，固结体形成柱状。

注浆时应根据注浆目的采用不同的注浆方法。

7.3.11 注浆压力能克服浆液在注浆管内的阻力，把浆液压入隧道周边地层中，如有地下水时，其注浆压力尚应高于地层中的水压，但压力太高，因扰动围岩，浆液就会溢出地表或其有效范围之外，给周边结构带来不良影响，所以应严格控制注浆压力。

由定量上判断注浆效果在技术上是很困难的，所以可采用开挖取样和贯入试验等判断注浆效果。

7.3.12 注浆浆液，特别是化学浆液，有的有一定毒性，如丙烯酰氨类等。为防止污染地下水，施工期间应定期检查地下水的水质。

7.3.13 隧道地面建筑物多，交通繁忙，地下各种管线纵横交错，一旦浆液溢出地面和有效注浆范围，就会危及建筑物或地下管线的安全，因此，注浆过程中，应经常观测，出现异常情况，应采取措施。

在地面进行垂直注浆后，为防止年久塌孔，造成地面沉陷，故要求注浆后应用砂子将注浆孔封填密实。

7.4 光面与预裂爆破

7.4.1 采用光面爆破或预裂爆破，可使隧道开挖断面尽可能地接近设计轮廓线，减轻对围岩扰动，减少超挖量，所以钻爆法开挖隧道时，采用光面或预裂爆破是比较适宜的。

光面爆破的掏槽炮眼先爆，最后为周边炮眼，由于开挖轮廓线以外的围岩直接受到多次爆破震动，故适宜开挖硬岩。预裂爆破的周边炮眼先爆，然后是掏槽炮眼和辅助炮眼，由于开挖轮廓线以外的围岩预先与开挖断面分裂开，受震动较小，故适用于软岩。分部开挖时，有些部位已先开挖，只对周边有光面爆破要求，因此需要预留光面层。

7.4.2 地下铁道工程的喷锚暗挖隧道埋置较浅，为安全计，岩石隧道预先进行爆破设计是非常重要的，其内容包括：炮眼布置图，周边眼装药结构图，爆破参数表和必要的文字说明等。由于地质条件的变化，应根据具体情况进行试爆，并在施工中随时修正有关参数，以获取良好爆破效果。

7.4.3 光面或预裂爆破参数选择正确与否，直接影响爆破效果。本条文表 7.4.3 所列光面与预裂爆破参数以及预留光面层的光面爆破参数，可供试爆时选用。在选用时除应考虑岩石软硬及完整、破碎程度外，尚应考虑到隧道开挖断面的大小、形状等。经过试验，以取得合理的爆破参数。

7.4.4 喷锚暗挖隧道爆破有掏槽炮眼、辅助炮眼和周边炮眼三种。其中，掏槽炮眼应先掏出开挖面上一部分岩石，增加临空面，以改善其他炮眼的爆破条件，所以要先通过试验，合理布置，正确掌握。采用斜眼时，位置要正确，否则，将影响循环节掘进。直炮眼可多机作业，增减炮眼可变更循环进尺。斜掏槽深度受断面限制，且炮眼角度较难控制，水平楔形掏槽时钻眼困难。

周边炮眼的作用是用来崩落周边岩石，保证设计开挖轮廓线。

辅助炮眼用于扩大掏槽体积，为周边炮眼爆破创造有利条件，其布置根据岩层性质特点而定，整体性好的硬岩布置宜密，软岩宜疏，一般要避开节理和裂隙。

7.4.5 钻设炮眼要严格控制质量。钻眼前，要根据线路中线和开挖轮廓线标出炮眼位置，然后再进行钻眼，尤其在全断面开挖中更为重要。

掏槽炮眼位置正确与否，关系到开挖面爆破效果，所以要求眼口、眼底位置和间距要正确。

辅助炮眼排距和行距允许偏差均为 100mm，一般较好掌握，在破碎岩层中可适当调整，以避免在节理和裂缝上钻眼卡钻，影响爆破效果。

周边炮眼的眼口和眼底位置，关系到开挖质量最终效果，炮眼方向外斜率及眼底偏差，是根据凿岩机与风动支架打眼操作要求考虑的。

内圈炮眼至周边炮眼的排距以及炮眼方向，在预裂爆破时尤为重要。

7.4.6 地下铁道喷锚暗挖隧道由于处于城市施工，所以必须采取浅孔、弱爆、密布、循序渐进，充分发挥炸药的爆破作用并保持炮眼干净。同时，为使爆破后开挖断面能形成设计要求的轮廓线，并减少对围岩扰动，条文中规定的几种装药结构，就是为控制装药量并使爆破力分布均匀而制定的。由于喷锚暗挖隧道炮眼深度一般要求不超过 1.5m，所以可以采用空柱装药结构，硬岩炮眼需装加强药包时，可加装一节导爆索或一节小直径药卷。

采用毫秒雷管、导爆管或导爆索起爆时，可提高爆破效果，但起爆时间差很小，当分段起爆差小于 50～100ms 时，往往爆破振动波峰出现叠加现象，增加围岩扰动，所以周边眼起爆雷管应与内圈雷管跳段使用。

装药后所以要求堵塞炮眼（但掏槽预留空眼不得堵塞），是为保证光面和预裂爆破取得预期效果。

7.4.7 喷锚暗挖隧道的炮眼眼痕率是检验质量的一种直观标准，由于软岩中炮眼残痕保留时间短，所以以成型好坏作为判断的依据。

两茬炮眼衔接台阶最大尺寸，是凿岩机操作的需要，炮眼应有一定向外插斜率，方可满足钻设炮眼的要求。

7.5 隧道开挖

（Ⅰ）施工方法

7.5.1 喷锚暗挖法修建的地下铁道隧道埋置浅，地面建筑物多，交通繁忙，所以选择开挖施工方法时，必须以安全为主，根据地质、隧道断面、埋置深度、施工设备、工期、经济和地面对沉降要求等条件综合考虑后确定。

附录 B 是根据目前常采用的开挖方法编制的。

7.5.2 全断面开挖方法，适用于Ⅰ～Ⅲ类稳定岩体而跨度在 6～7m 隧道，采用光面或预裂爆破一次成型。并适宜采用机械化作业，以充分发挥其效率。

7.5.3 台阶法是全地质型的隧道开挖方法，目前地下铁道喷锚暗挖隧道中采用此种方法较多。台阶法根据台阶长度不同分为长台阶法、短台阶法和超短台阶法三种。其中，长台阶法上、下台阶之间的距离一般为 100～150m 或 5 倍隧道跨度；短台阶法上、下台阶之间的距离一般为 2 倍隧道跨度；超短台阶法上、下台阶之间的距离一般为 3～5m。

施工中采用以上三种台阶法的条件如下：

其一，对初期支护形成闭合的时间，围岩越差要求闭合的时间越短。

其二，上半台阶施工机械、设备需要场地大小的要求。

一般在土层和不稳定岩体中以第一条为主兼顾第二条，在稳定岩体中一般只考虑后一条。

台阶法施工中，开挖下部台阶时应注意以下几点：

1 下台阶开挖应在上台阶初期支护基本稳定后进行。下台阶墙体一般采用单侧落底或双侧交错落底，避免拱脚同时悬空。

2 下台阶边墙落底后及时施工初期支护结构。

3 做好监控量测工作，发现洞体位移速率增大时，应及时封闭仰拱。

7.5.4 中隔壁法适用于土层和不稳定岩体中施工。它是以台阶法为基础，将隧道断面从中间分成 4 部分，使上、下台阶左右各分成 2 部分，每一部分开挖并支护后形成独立的闭合单元。各部分开挖时，纵向间隔的距离根据具体情况，可按短台阶或超短台阶法确定。

7.5.5 单侧壁导洞法适用于土层和不稳定岩体中施工。它仍以台阶法为基础，将隧道断面分成三部分，即单侧壁导洞和上、下台阶。侧壁导洞尺寸，一般根据机械设备和施工条件确定，而侧壁导洞的高度，所以规定至起拱线的位置，主要是为施工方便而确定的。

单侧壁导洞法施工时，一般先施工侧壁导洞，然后施工上、下台阶，最后封底。上、下台阶的距离，一般可参照短台阶或超短台阶法确定。

7.5.6 双侧壁导洞法适用于土层和不稳定岩体中单侧壁导洞法不易控制围岩变形的隧道中施工。它仍以台阶法为基础，将隧道断面分成4部分，即双侧壁导洞和上、下台阶，其双侧壁导洞尺寸以满足机械设备和施工条件为主确定。施工时，左右侧壁导洞错开不小于15m距离的要求，主要以开挖过程中引起导洞周边围岩应力重新分布不影响已成导洞而确定的。上、下台阶之间的距离，根据具体情况，可按短台阶或超短台阶法确定。

7.5.7 双侧壁边桩导洞法适用于在土层和不稳定岩体中，断面宽度大、地基承载力差的隧道施工。它仍以台阶法为基础，将隧道断面分成4部分，即双侧壁导洞及上、下台阶。其双侧壁导洞尺寸以满足桩、机械设备和施工条件为主确定，桩位平面位置应与拱架相一致。施工时，应先开挖两侧的侧壁导洞，在导洞内施工完支护桩后再开挖上台阶，当隧道跨度大而地质较差时，上台阶也可采用中隔壁法或环形留核心土法开挖后并及时施工初期支护结构，在拱、墙的保护下，采用逆筑法逐层开挖下台阶至基底，并施工仰拱或底板。

7.5.8 环形留核心土法适用于土层和不稳定岩体中施工，它仍以台阶法为基础，将隧道断面分成环型拱部、上部核心土和下部台阶三部分。其环型拱部分，根据地质情况可分为一块或几块分别开挖后及时施工初期支护结构。在拱部初期支护结构保护下，开挖核心土和下部台阶。由于采用环型留核心土法施工的隧道地质较差，施工时，除严格控制循环节外，还必须注意核心土留置坡度问题，以避免开挖工作面坍塌。

7.5.9 多拱双侧壁及梁、柱导洞法适用于土层和不稳定岩层中两拱以上隧道施工。它以台阶法为基础，采用先施工双侧壁导洞和梁、柱导洞，并在梁、柱导洞内施工梁、柱结构，在下部结构形成后，再开挖上部台阶，并及时施工拱部初期支护结构，在拱、墙初期支护结构的保护下开挖下部台阶并封底。

这种施工方法，由于开挖洞体较多，避免开挖时因地层应力重分布而影响相邻洞体的稳定性，所以提出相邻洞体错开不小于15m的要求。另外，如果隧道断面跨度大，上台阶拱部一次开挖困难时，也可采用中隔壁法或环形留核心土法施工，以保证安全。

7.5.10 多拱侧壁桩、梁、柱导洞法适用于土层和不稳定岩体中施工，它以台阶法为基础，采用导洞先施工边墙桩和中间支撑柱、梁结构，在已形成并加强了拱脚基础的条件下，再开挖上部台阶并及时施工拱部初期支护结构，最后在拱、墙保护下，采用逆筑法逐层施工下台阶至基底，并做底板结构。

采用这种施工方法，如果上台阶拱部跨度大，一次开挖困难时，也可采用中隔壁法或环形留核心土法施工。另外，边桩和中间支撑柱均为永久性结构，所以在导洞桩、梁、柱施工中，必须严格控制其位置和桩柱的垂直度。

（Ⅱ） 开 挖

7.5.11 喷锚暗挖隧道，主要靠围岩自身承载力进行开挖，由于地面上交通繁忙，建筑物多，一旦发生塌方事故，直接危及地面安全，为能及时抢修，所以应根据具体情况制定方案，备好抢修物资，做到安全施工。

7.5.12 隧道先挖后护，即先开挖后再支护。条文中规定的在稳定岩体中，其支护结构距开挖面5～10m的要求，主要指的是在中等稳定岩体中，当稳定性较好时，可取大值，当稳定性差或跨度大时可取小值。在稳定岩体中的Ⅰ类岩体一般不需要支护，Ⅱ类岩体需要局部进行支护。

在土层和不稳定岩体中，为保护围岩自承能力，争取时间约束围岩变形，使围岩和初期支护结构尽快形成共同受力结构，保证安全，所以开挖、拱架支立和喷射混凝土三环节需要连续作业。当地质差开挖断面大，其开挖面稳定时间满足不了初期支护结构施工时，可采取超前支护或加固措施。目前，经常采用的超前支护有导管和管棚法，在特殊情况下也可采用冻结法；超前加固一般采用注浆的方法。

7.5.13 喷锚暗挖隧道，为保护围岩自身的承载能力，每次开挖循环进尺，应根据岩层条件和开挖方法确定其长度。本条文规定的每次开挖循环进尺长度，是根据施工实践确定的，在施工过程中，应严密注意开挖面的地质情况，当地质较好时，可采用规定的较大值，否则，应采用较小值。

7.5.14 喷锚暗挖隧道，开挖断面原则上不应欠挖，以保证初期支护结构厚度和有利于拱架支立位置的正确。但在硬岩和中硬岩地层中，由于爆破原因，会出现个别部位欠挖现象，如补炮，则会造成较大超挖，所以在硬岩和中硬岩地层中爆破时，需采取措施，防止欠挖和较大的超挖。

本条文表 7.5.14 规定的允许超挖值，由于拱部施工比边墙、仰拱较困难些，所以允许超挖值较大些。但由于围岩种类不同拱部允许超挖值规定也不同，如硬岩允许超挖值比中、软岩小些，这是因为硬岩完整性好，轮廓易于掌握，而土质岩层易于开挖，所以允许超挖值小。

7.5.15 在喷锚暗挖法施工的两条平行隧道中，当相距 1 倍隧道直径时（最大的隧道直径），则后施工隧道开挖时产生的应力重分布对先施工的隧道会产生一定的影响，所以，制定本条规定。

7.5.16 地下铁道喷锚暗挖法施工，往往车站与区间或区间与区间是分段进行开挖的，在开挖过程中，为保证线路中线准确，高程无误，应加强控制测量，但相对开挖时，不可避免的会出现贯通误差，所以在接近贯通时，两侧应加强联系，统一组织指挥，待近 20m 左右时，停挖一端，而由另一端挖通，以确保贯通偏差在允许范围内。

由于地下铁道隧道净空要求较严，为满足建筑限界要求，本条文规定了贯通允许偏差。

7.5.17 隧道采用喷锚暗挖法施工，其开挖方法，在稳定岩体中多采用台阶法，而在土层和不稳定岩体中，除采用台阶法外，尚还有中隔壁法，单、双侧壁导洞法，环形留核心土法及双侧壁及梁柱导洞法等。这一切开挖方法，都是以台阶法为基础，在完成拱部初期支护结构下再进行下台阶开挖及墙体初期支护施工，为使墙体施工时，不致于使拱部初期支护结构悬空而造成坍塌事故的发生，并保证拱部和整个隧道的稳定，制定本条规定。

7.5.18 通风道、出入口等横洞与正洞相连或渡线、岔线等与区间隧道相连处一般会出现变断面或交叉点等情况，这些地方是结构受力的薄弱环节，在施工过程中，如果处理不当，极易造成事故，为保证工程质量和施工安全，故制定本条规定。

7.5.19 喷锚暗挖法施工的隧道，除全断面法外，其他均为留台阶分布开挖的方法，由于在同一隧道断面内分成几块进行开挖，有的分块甚至形成独立的洞体，而在同一洞体中又分台阶进行开挖。围岩开挖时引起的应力重分布对上、下台阶和相邻洞体会产生一定影响，因此，施工中，上、下台阶及相邻洞体施工留置距离以及循环节开挖长度等，必须按规定实施，以保证施工安全。

7.5.20 详细地掌握地质勘察资料对采用喷锚暗挖法施工隧道是非常重要的，但由于地质勘察是采用钻探取得的地质资料，在钻探过程中，钻孔间隔有一定距离，特别是在冲积岩层中，不可能把地质情况全部反映出来，更由于地下铁道线路沿线的地下管线和构筑物多，所以在隧道开挖过程中，应随时探明开挖工作面前面的情况，发现问题，及时采取对策，以保证施工安全。

7.6 初期支护

（Ⅰ） 钢筋格栅、钢筋网加工及架设

7.6.1 地下铁道工程施工，现场场地狭窄，因此，钢筋格栅拱架一般在工厂加工好之后运至现场安装。同时，由于钢筋格栅拱架加工精度要求高，且制作的数量大，为防止拼装质量不合格，要求制作出第一榀钢筋格栅拱架进行试拼合格后再进行批量生产，避免制造出废品，造成浪费。

7.6.3、7.6.4 钢筋格栅及网片加工允许偏差是为保证安装质量而制定的。

7.6.5、7.6.6 钢筋网片本身，以及钢筋网片与钢筋格栅拱架和钢筋网片与锚杆连接并与喷射混凝土共同形成受力结构，特别是钢筋格栅拱架支立位置正确与否，直接影响到隧道净空或二次衬砌结构的尺寸，所以制定这两条规定。

（Ⅱ） 喷射混凝土

7.6.7 喷射混凝土质量与水泥品种和标号关系密切，而普通硅酸盐水泥与速凝剂有良好的相容性，所以优先选用它。矿渣硅酸盐水泥和火山灰质硅酸盐水泥抗渗性好，对硫酸盐类侵蚀抵抗能力较强，但初凝时间长，早期强度低，干缩性大，所以对早期强度要求较高的喷射混凝土不如普通硅酸盐水泥好。根据试验，325 号以上的水泥配制的喷射混凝土可达到 C_{20}以上，所以要求采用 325 号以上的水泥。

为减少混合料搅拌中产生粉尘和上料、拌合时水泥飞扬和损失，有利于喷射时水泥充分水化，故要求砂石宜有一定含水率，一般砂为 5% ~ 7%，石子 1% ~ 2%，但含水率不宜过大，以免凝结成团，发生堵管现象。

粗骨料粒径的大小主要与喷射机处理物料能力有关，目前采用的喷射机输料管直径多为 51mm，为避免堵管，所以最大粒径规定不应超过 15mm。这样也能减少石子喷射时的动能，降低回弹损失。

为使喷射混凝土速凝、避免喷射混凝土时由于自重而开裂、坠落，提高其在潮湿面施喷时的适应性，适当增加一次施喷厚度，缩短两次施喷间隔时间，故需在水泥中加入适量速凝剂。

喷射混凝土用水与普通混凝土对水质要求一样，因为地下铁道工程在城市施工，所以使用饮用水即可。

7.6.8 喷射机是喷射混凝土的主要设备，为保证喷射混凝土质量，减少回弹和粉尘，提高工效，要求喷射机的主要性能，应满足喷射混凝土施工要求。

7.6.9 配合比在满足强度的前提下，还应考虑施工工艺要求，并尽量少用水泥。喷射混凝土配合比，通常以经验方法试配，通过实测进行修正。速凝剂掺量多少，直接影响喷射混凝土凝结时间和强度。不掺速凝剂，凝结时间会延长，影响施喷效果，回弹量增加，喷层因自重还会坠落，因此，掺

速凝剂是必要的。但掺速凝剂后又会降低混凝土强度，所以要控制掺量，并通过试配确定。

由于砂率低于45%时，易堵管、回弹量高，当高于55%时，则会降低混凝土强度和增加收缩量，所以规定含砂率为45%～55%；当水灰比为0.4～0.5这一范围时，混凝土强度可满足要求，回弹和粉尘也小，因此，允许有一定波动范围。

水泥与骨料重量比为1∶4～4.5，一般掺水泥400kg，喷射混凝土强度可达C_{20}以上，这样即满足喷射混凝土强度要求，又减少回弹。如果水泥用量太高时，不但不经济，而且也会增加混凝土收缩量。

为了保证工程质量，节约材料并使混凝土搅拌均匀，对原材料称量和混合料搅拌时间做出了规定。

由于喷射混凝土采用的是干混合料，如遇水后，水泥提前产生水化作用，造成凝结时间延长，混凝土强度降低。当大块石混入混合料中后易堵管，所以针对这些问题，作了相应的规定。由于砂、石中有一定水分，水泥产生水化作用，会影响混凝土速凝效果，所以混合料尽量随拌随用，不要超过规定的停放时间。

7.6.10 喷射混凝土施工准备工作好坏，直接关系到施工安全和工程质量。清理喷射作业面时，在岩石隧道中，可清除岩面的岩块，防止落石伤人，清扫岩面，使喷层与岩面结合牢固；当喷层有渗、漏、淋水时，应先防治水再喷射混凝土；检查开挖断面的尺寸，埋设喷面标志，以保证喷层厚度。

7.6.11 喷锚暗挖隧道施工，一般都是以循环节进行开挖，为防止围岩应力变化引起塌方和地面下沉，故要求挖、支、喷三环节紧跟。

喷射混凝土作业，在正常情况下，喷射手不移动脚步，可对2m宽、2m高范围内进行施喷；不移动喷射机，可在6m长范围内作业，根据这一情况，提出了分片施喷的要求。为防止喷射混凝土回弹料落下沾污施喷处下方受喷面并保证工程质量，规定了要先自下而上的施喷。为保证钢筋格栅拱架处的喷射混凝土质量，故要求先喷拱架背后，然后再喷两拱架间混凝土。

每次喷射混凝土厚度是根据实践确定的，在喷射混凝土时，如果前层未终凝就喷射后层，有可能由于自重大而使喷层产生裂缝甚至脱落，如果终凝时间超过1h，为使前后层粘结牢固，特提出对前层清洗的要求。

影响喷层混凝土回弹率因素很多，但应尽量从材料、配合比、风压及喷射手的熟练程度和正确操作入手，尽量达到规定的指标，以避免浪费。回弹料也可回收使用，在保证质量前提下，达到节约材料的目的。

7.6.12 喷射混凝土的含砂率高，水泥用量也较多，并掺速凝剂，其收缩变形比灌注混凝土大，为保证其质量，故应保持较长时间的养护。并且尽量采用喷雾养护，防止洒水过多而积水，影响质量和施工。

7.6.13 本条规定的喷射混凝土的冬季施工要求与灌注混凝土相同，这样可防止喷射混凝土因冻胀而受到损坏。

7.6.14 抗压试件是反映喷射混凝土物理力学性能优劣、检验喷射混凝土强度的主要指标，所以，通常作抗压试件或采用回弹仪测试换算其抗压强度值时，也可用钻岩心的办法取试件，由于地下铁道隧道还有抗渗要求，因此还要做抗渗试件。

检查喷射混凝土的厚度时，可在混凝土喷射 8h 内采用钢钎凿眼检查，发现厚度不够时，应及时补喷。在岩石层中，由于围岩与混凝土粘结紧密，颜色相近而不易辨认喷层厚度时，可用酚酞试液涂抹孔壁，呈现红色的即为混凝土。

为控制喷层厚度，本章对隧道断面开挖都作了具体规定，施工中只要严格按规定要求操作，其喷层厚度是可以保证的。

（Ⅲ）岩体锚杆

7.6.15 锚杆是为加固岩体而设置的，所以需要采用锚杆加固的岩体隧道开挖后锚杆安设越早越能发挥锚杆的作用，为保证施工安全和提高支护效能，一般在初期喷射混凝土后应及时安装锚杆。

7.6.16 锚杆安装在岩体中，以本身承受荷载来阻止岩层相互错动和变形，起到支护和加固岩体的作用。但由于隧道开挖后，岩面凹凸不平且岩体又存在节理裂隙，因此，施工时不能完全按设计要求布置孔位和钻孔孔深等，为保证锚杆支护的组合效果，本条对锚杆孔位、孔深和孔径等的偏差作了相应的规定。

7.6.17 水泥砂浆锚杆为全长粘结式锚杆，如杆体油污或锈蚀物清除不净以及砂浆不饱满，都会降低其粘结强度，影响锚固效果。

楔缝式和胀壳式锚杆均属机械式锚杆，这两种锚杆都是通过其端部的锚头锚固在岩体中，杆体另一端则由垫板同岩面接触，拧紧螺母后使垫板紧压在岩面上，以对岩体产生预加压应力，以增强岩体稳定性和阻止其变形。

锚杆如做永久衬砌结构的支护时，应有安装记录。

为保证锚杆安装质量而制定本条规定。

7.6.18 锚杆的锚固力与安装施工工艺操作有关，为保证质量，因此，锚杆安装后应进行抗拔试验。

7.7 防水层铺贴及二次衬砌

（Ⅰ） 防水层铺贴

7.7.1 隧道开挖过程中，由于围岩扰动，引起周边围岩变化并有一过程，为防止由于围岩变化造成初期支护结构变形而损坏防水层，故要求结构防水层在初期支护趋于基本稳定，经检验合格后进行铺贴。

7.7.2 为保证防水层铺贴质量，防止二次衬砌混凝土施工时，由于基面不平而损坏防水层，所以对基面提出了要求和规定。

7.7.3 喷锚暗挖法施工的隧道防水层，为防止二次衬砌时损坏卷材防水层，一般先铺贴一层衬层，其材料多为 4～5mm 厚的聚乙烯泡沫塑料，为此，本条对其施工做出了具体规定。

7.7.4 塑料型防水卷材固定方式，目前有钢钉加胶垫与基面固定，还有与钢钉尾部采用塑料粘结的方法，但无论采用什么方法，都必须固定牢固，并不得渗漏水。为保证卷材搭接处的焊接质量，其焊缝焊接后都应进行充气试验，充气压力为 0.15MPa，经 3min 其下降值不大于 0.03MPa 则为合格。

（Ⅱ） 二次衬砌

7.7.6 喷锚暗挖法修建的地下铁道隧道，由于二次衬砌结构是在初期支护结构已完成而且其变位已基本稳定的情况下施工的，为保证二次衬砌混凝土灌注质量，防止二次衬砌结构侵入建筑限界以及由于结构不均匀沉降而引起二次衬砌受到应力集中而产生裂缝，本条对模板施工制定了具体规定。

7.7.7 本条是根据喷锚暗挖法二次衬砌结构混凝土施工特点制定的，其中：

1 由于隧道内施工场地狭窄，所以混凝土需要采用输送泵把混凝土输送到结构内。本款规定的坍落度是根据实践确定的。

2 混凝土灌注到墙拱结合部后间歇 1～1.5h，可使墙体内混凝土有一个下沉过程，保证混凝土密实，并可避免连接处产生裂缝。

3 喷锚暗挖隧道二次衬砌结构是在初期支护结构施工完并且其变位已基本稳定后施工的，不直接承受地层的压应力，只承受结构自重的应力，所以规定结构混凝土灌注后强度达到 2.5MPa 以上时即可拆模。

7.8 监 控 量 测

7.8.1 为保证施工安全和改进设计，根据隧道开挖过程中围岩和结构受力情况，制定了本条文表 7.8.1。其中，应测项目是指在一般情况下需量测项目，选测项目是指在必要时的量测项目。而量测项目的选择还要根据围岩类别，开挖断面所处地面环境条件等确定应测或选测，必要时可适当调整。

地下铁道由于区间结构断面较小，覆跨比较大些，一般量测项目可少些，而车站结构跨度大，分部开挖次数多，围岩应力多次重新分布，为安全计，相应的量测项目就要多些，甚至有些选测项目可纳入应测项目中去。喷锚暗挖法修建地下铁道隧道时，开工前应根据具体情况安排量测方法，制定量测方案。

7.8.2 为通过量测正确反映围岩的位移量，尽早地获得靠近开挖面围岩的动态数据，特制定本条规定。其中，关于开挖后 24h 内并在下一循环节开挖之前取得初读数，测点设置位置距开挖面 2m 等规定，是考虑到施工的可能性的前提下提出来的。

7.8.3 施工监控量测的各类数据，是指导施工的重要依据，所以量测资料必须准确、真实、可靠，并以此绘制位移-时间曲线来反应隧道开挖中围岩和初期支护结构变化情况。监控量测工作应和施工紧密配合，以取得可靠数据，确保施工安全。

7.8.4、7.8.5 地下铁道隧道的地面建筑物多，交通繁忙，为保证安全，防止出现事故，施工中，通过量测和观察及时掌握隧道洞体周边收敛速度和地层沉降情况是非常必要的。当隧道达到第7.8.4条规定的要求时，即表示围岩和初期支护结构已达到基本稳定状态，当出现第 7.8.5 条规定的其中任何一款情况时，则认为隧道已临近危险状态，应及时采取措施进行处理。

7.9 隧道内运输

7.9.1 隧道内土石方运输必须与开挖工作面相适应，保证土石方以最快速度运出洞外。

隧道内土石方开挖、水平运输、提升三环节应配套，一般地下铁道隧道车站长度为 250m 左右，区间段最长为 1500m 左右，一次开挖工作面较小，线路较短，一般多为台阶法开挖，而上台阶又多为人工开挖，下台阶可采用机械施工，在综合考虑这些情况后，确定运输设备和有轨或无轨运输方式。

7.9.2、7.9.3 有轨线路铺设标准及运输作业要求，是根据铁路隧道施工规范制定的。

7.9.4 由于地下铁道每座车站和区间隧道线路较短，隧道内也可采用无轨运输。

无轨运输车辆行驶方便，安全度大，故规定行车速度比有轨行车速度大一些。

7.9.5 为保证隧道洞内运输不受影响，加快施工进度，保证安全，而制定本条规定。

7.10 风、水、电临时设施及通风防尘

（Ⅰ） 供电和照明

7.10.1～7.10.4 该4条规定是为防止地面供电系统区域性或事故停电影响施工，保证供电和施工安全而制定的。

（Ⅱ） 供风和供水

7.10.5 隧道施工使用的风动机具，其需要的压缩空气，一般由空压机站通过管道供给，而空压机站输出的总风量，是根据同时工作的各种风动机具最大耗风量、管路漏风系数、摩阻损失等经过计算确定的。

为避免风量损失过多，减少隧道外管路长度，规定空压机站宜设在竖井附近。同时，为保证空压机站设备的正常运转，减小扰民，又制定空压机站应采取防水、降湿、保温和消音措施的规定。

7.10.6 为保证管路安装质量，本条文共制定了7款规定，其中：第1款为避免不合格产品安装到管路上；第2款使管路不漏风、不漏水；第3款为便于控制闸阀和管路维修；第4款为保证管路畅通；第5款为防止电缆漏电事故；第6款由于高压软管阻力大，为减少压力损失。

（Ⅲ） 通风防尘及防有害气体

7.10.7 隧道内施工作业环境的卫生标准，是根据铁路隧道施工规范制定的。

7.10.8 隧道机械通风，一般分压入式、吸出式和混合式三种。其中，单一压入式或吸出式通风，适用于100～400m长的独头隧道，但如果多机串联加长风管，送风距离可达800m；混合式通风，一般以吸出式管路作为主通风管路，压入式作为局部通风，这样，一抽一压，通风效果较好。

当管道采用无轨运输时，宜以压入式为主，或采用吹、吸两用式风机。以上几种通风方式，可根据施工具体情况选用。

7.10.9 隧道施工时，由于湿度大、粉尘多，所以需要采取通风措施，以保证施工人员的身体健康。

施工中，除保证施工人员需要的新鲜空气外，尚需要满足施工机械（特别是内燃机械），岩石爆破时产生的有害气体允许浓度以及允许通风的最小风速等需要。根据以上计算出的最大值作为确定通风设备的依据。

7.10.10 地下铁道隧道，一般一座车站长度为250m左右，区间段最长为1500m左右，并且喷锚暗挖施工，均由横洞开挖进入正洞，独头长度较短，因此通风管采用直径70～100mm管道即可。为满足施工通风需要，合理的选择管径，经过计算更为可靠些。

1 是为保证管路安装质量而制定的；

2 是为防止形成循环风流、降低通风效果而制定的；

3 主要是考虑为尽快将工作面污浊空气自管路内吸出，让新鲜空气尽快吸入。如果吸风口距工作面远，有可能将新鲜空气一并吸出，造成浪费，效果不好。

7.10.11 为防止机械运转产生噪声对周围环境产生影响，特别是在市区，居民居住稠密，减少影响居民的正常生活，

本条文规定“必要时应采取消音措施”。

同时，通风过程中，为保证正常供风，防止漏风、主回流回风和断路，提高通风效果，特制定本条规定。

7.10.12 为保证施工人员身体健康，尽量减少由于爆破和喷射混凝土作业产生的粉尘对人体的危害，根据实践，采取湿式凿岩、喷雾洒水、机械通风和个人防护等措施后，可使隧道内含尘浓度降低到规定的卫生标准值。

7.11 工程验收

7.11.1 喷锚暗挖隧道工程施工，凡隐蔽工程必须按规定进行检查验收，但为保证工程质量，在原材料和各重要工序施工过程中，尚应进行中间检查验收。

7.11.2 隧道衬砌混凝土为受力结构，包括初期支护的喷射混凝土，其强度必须满足设计要求，并且无露筋、露石等现象，除此之外，尚应满足本条文表 7.11.2 的要求。

8 隧道盾构掘进法施工

8.1 一般规定

8.1.2 盾构掘进机具有开挖、支护、排渣和拼装隧道衬砌管片等功能，其种类有敞口式、网格式、土压平衡式、泥水平衡式和气压式盾构等，而各种盾构都有一定适用范围，所以本条制定了盾构设备选用原则，以保证施工安全，提高工程质量和降低工程造价。

8.1.3 盾构机械设备的材质、加工、焊（铆）接、冷热处理等工艺和精度要求高，为使机体加工符合设计要求，保证使用，本条提出了整机制造完后，要在工厂内试组装，并在总装调试合格后出厂的要求。

盾构机械设备在工厂内总装调试后，仅能达到空载运转的程度，未经重载试验，为保证盾构整机性能，并达到设计各项技术指标，做出了经过实际掘进一定距离无问题后再验收的规定。

盾构机械设备吊运前，要根据运输途中具体情况，沿线道路和桥梁码头具体条件以及向井下吊装等确定整体还是解体运输，如解体运输，则在设计和加工时，事先明确具体分块部位。为避免在运输和吊装过程中变形或碰撞损坏，尚要注意做好加固及防护措施。

8.1.4 盾构机械设备体积大，机件多，由工厂向工地运输时，有的需要解体。因此，运到工地后，需要在盾构工作竖井内重新组装，为保证其质量，特制定本条规定。

盾构机械设备部件多，特别是液压和电气系统两大部分，更应定期维修保养，以保证设备的正常使用。

8.1.5 盾构掘进法施工，由于不同的盾构适应不同的地质，所以施工前，应对地质资料进一步核对，必要时，尚应采取地质补钻和物探工作，以给盾构安全、顺利施工和采取相应的技术措施提供可靠依据。

地下铁道位于城市，隧道埋置浅，地下管线和构筑物多，同时又紧临建筑物，所以施工前，必须调查清楚，以便制定相应的技术措施，保证施工期间各种设施的安全。

8.1.6 盾构掘进施工中，经常遇到地下水、构筑物或地下管线等，要处理好这些问题，井点降水和注浆加固地基是经常采用的辅助施工措施，因为以上两种施工方法，各适用于不同的地质和地面环境等条件，所以制定本条规定。

8.1.7 盾构掘进施工中，地层受到扰动后，土层应力发生变化，为保证施工安全，控制地表隆陷，确保隧道设计位置正确，必须建立完整的监控量测系统，加强对隧道的地面、结构及盾构动态、衬砌拼装位置、地表隆陷、地面建筑、地下管线、地层位移及应力变化等进行监控，并及时反馈，发现问题以便采取措施。

8.2 盾构工作竖井

8.2.1 盾构工作竖井，一般均建于隧道正线结构上，为方便施工，降低工程造价，又多在明挖车站端头修建，这样既满足了区间隧道盾构施工需要，又可做车站结构的一部分，以得到充分利用。而盾构工作竖井结构目前多采用地下连续墙、钻孔灌注桩、钢板桩及沉井等形式，据此，本条对其施工作了规定。

8.2.2 盾构工作竖井结构，除承受背后水土压力和地面动荷载外，还承受盾构向隧道内推进时的后座推力。

另外，盾构工作竖井尚还应满足盾构组装、拆卸及盾构进出隧道始发、接受和土方、材料、测量向洞内投点等要求，所以，设计盾构工作竖井时，必须满足上述要求。根据实践，一般盾构工作竖井宽度比盾构直径大 1.5～2.0m，长度比盾构结构总长大 3m 以上，深度比隧道底板低 0.7m。

8.2.3 本条是为保证施工安全和防汛要求而制定的。一般护栏高度 1.2m，防淹墙高 40～60cm。

8.2.4 本条是为保证提升运输系统的安全而制定的。

8.3 盾构进出工作竖井

8.3.1 基座为盾构装拆和导向设施，它由基座结构和导轨组成，所以盾构进出工作竖井前要预先安装好。

为防止隧道洞口土体坍塌，在盾构组装和进工作竖井之前，要预先进行加固和完成封门施工。

8.3.2 基座为盾构进出工作竖井时主要受力和导向结构，通常采用钢结构或钢筋混凝土结构，其导轨一般采用38kg/m 以上钢轨，安装夹角为 60°～90°，导轨在盾构进出工作竖井时，承受盾构纵向推力并起导向作用，所以本条文对其结构和安装提出了要求。

8.3.3 盾构进、出工作竖井之前，为保持隧道洞口范围内土体稳定，一般都应对其进行加固处理。其方法常采用的有：冻结法、注浆法、降水法、泥浆固结法、临时隔墙法、钢板桩支护法等。在选择其方法时，可单独采用一种方法或两种方法，并应因地制宜，在保证安全的前提下，根据经济、工程进度及地表沉降控制要求等条件选用。

8.3.4 盾构后座设于盾构与后井壁之间，盾构推进时的推力，通过后座传递给后井壁。后座一般采用临时衬砌、顶块或顶撑等。用做临时衬砌的后座管片，在井底垂直运输部位装成开口式的，其开口环通常为圆环的3/4，并支撑牢固，以使后座管片闭合环部分不产生变形。

盾构出工作竖井时，为防止隧道洞口封门在盾构推进时受损，当盾构距封门一定距离后应停止推进。其距离一般采用外封门桩时为15～20cm。当采用土压平衡盾构时，洞口封门拆除前先在正面土舱内加满粘土，并稍顶伸盾构千斤顶，以使土舱内粘土受到一定压力。其封门拆除一般采用静力方法，以防扰动洞口土体。

为保证洞口土体稳定，拆除封门后，盾构即刻将切口切入土层，防止土体坍塌。

8.3.5 盾构推进中，对正面土体产生挤压，为防止盾构推力过大而顶坏封门，一般在距封门10m左右就要控制出土量以减少其推力。同时，为保证盾构正确的进入工作竖井，一般在距工作竖井20～30m时，需加强测量密度，以使盾构掘进时的偏差控制在最小范围内。另外，当盾构掘进距封门500mm左右时，为拆除封门，应停止前进，采用静力法拆除封门后，盾构立即向前推进，并拼装管片，直至进入工作竖井，以防止洞口土体坍塌。

8.3.6 盾构进、出工作竖井时，其拼装成环的钢筋混凝土管片与隧道洞口之间的空隙，除需要填实外，一般尚需采用特制的密封胶圈进行防水处理，以防止泥水流入竖井内，所以制定本条规定。

8.4 盾 构 掘 进

8.4.2 盾构掘进速度主要受盾构设备进出土速度的限制，如果进出土速度不协调，极易出现正面土体失稳和地表隆陷等不良现象，所以制定本条规定。

盾构掘进一般应保持连续作业，以保证工程质量、减小地层扰动和沉降以及均衡组织施工。当确需停置时应采取防止盾构正面与盾尾土体流入，造成盾构和地面沉降以及盾构变位和其受到损坏。

8.4.3 盾构掘进中不良现象出现的原因，一般有以下几点：

1 对地层情况了解不详细，遇有桩、块石、砌体或其他构筑物；

2 对水文地质掌握不全，遇有流砂、暗浜、回填土、承压水等；

3 在线路曲线半径较小的区段施工；

4 地质情况不均匀，正面土体忽软忽硬；

5 盾构自重不对称，推进时千斤顶顶力大小与方向有偏移，仪表反映不正常以及进出土状况有变动等；

6 注浆部位不合理。

8.4.4 盾构在掘进施工中，由于盾壳和衬砌之间空隙较小，盾构如突然大幅度改变方向，则盾壳会将衬砌卡住甚至造成移动。同时，还会扰动土层而引起地层和隧道衬砌沉降量增大。故作本条规定。

8.4.5 敞口式盾构一般适用于在稳定性强而无水地层中掘进施工，其正面土体有手掘式和半机械化式开挖方式，在盾构切口环前檐加设刃口，使其切入土体，以保证正面土体在支撑系统支护下，自上而下分层进行开挖。

8.4.6 网格式盾构适用范围一般由含砂率与粘聚力、液性指数与粘聚力关系确定。其胸板上设有网格，当盾构掘进时，正面土体受挤压后通过网格挤入胸板内侧采用刮板运输机将土体运走。

当土体较硬，盾构掘进阻力过大时，为控制盾构掘进轴线、防止地表隆陷，可采用水枪冲刷网格外的土体，其冲刷范围不超过网格外边300mm，且冲刷采用间格法进行。

8.4.7 土压平衡式盾构适用于地表沉降量要求较小的地层，其刀盘后设有土腔，当刀盘切割下的土体进入土腔后，采用螺旋输送机将土排出土腔后运走。盾构推进时，土腔内需充满土砂，以保持工作面压力稳定，使盾构推进量和排土量平衡，这样，可减小地面沉降量。

8.4.8 泥水平衡式盾构与土压平衡式盾构相似，一般适用于地表沉降量要求较小的地层，其刀盘后设有泥水室，当刀盘切割下的土体，在泥水室由搅拌器充分搅拌后进行流体输送，其泥水分离后，泥水重新返回工作面，土体同时排出。盾构推进时，需保持泥水压力和开挖面水土压力的平衡，以减小地面沉降量。

8.4.9 挤压式盾构掘进时，正面土体呈挤压状态，被挤压的土体通过进土孔挤入盾构胸板内侧。

胸板上的开口率大小是否合适，主要取决于盾构推进时对土体挤压情况，开口率过大，进土量增加，但易于引起地面沉降。进土量过小，挤压力过大，则会引起地面隆起。为适应各种条件的需要，胸板上的进土孔一般均设计成可开闭的形式，以此调整开口率。

进土孔对称设置，有利于盾构掘进时保持方向正确。

8.4.10 盾构在含水砂土和软弱粘土地层及遇有地下障碍物时，采用气压法稳定地层后再进行开挖，由于需要维持开挖面的一定气压，所以对正面土体要封堵严密，防止漏气。一般在渗透系数大于1×10^{-2}cm/s，不适宜采用气压法。

8.5 气压盾构

8.5.1 气压盾构是利用输入工作面的气压压力来平衡土体和水压，从而达到安全施工的目的。因此，气压效果非常重要，而气压效果与工程地质关系密切，一般粘性土和粉砂地层透气性小，气压效果好，而砂性土和砂砾地层透气性强，故气压效果差。特别是地下铁道隧道埋置浅，土层互层性强，地面环境条件复杂，所以采用气压盾构施工时，必须慎重，措施可靠，以保证安全。

8.5.2 气压盾构，施工人员在超压环境下工作，因此，对施工人员体质条件要求较高，为保证施工人员健康与安全，要求在工地建医疗站，施工人员必须经专门体格检查，并在与气压最大工作压力相等的气压条件下试压合格后方可参加施工。

8.5.3 气压盾构一般需设置气压段和常压段，为保证气压段密闭，需设置闸墙，以将气压段与常压段隔开，并在闸墙上设置人行闸和材料闸，以便于材料运输和施工人员出入气压段。为满足施工需要，一般人行闸高度不低于1.8m，并能容纳每工班作业人员。材料闸直径一般为2～2.5m，长度8～12m。

气压盾构的气压值一般是经过计算确定的，为保证气压段密闭，要求按工作气压值的1.5倍进行检验。

8.5.4 气压盾构管路的控制阀、仪表等，为便于操作和管理，一般都集中布置在同一操作控制台上。

由于施工人员出入气压作业段，需要经过减、加压平衡，以适应不同的环境条件。

8.5.5 气压盾构施工人员直接在超压工作面上工作，为保证安全和身体健康，必须供给充足的新鲜空气。而压缩空气是由设在地面上的空压机站供给的，为使空气新鲜，空压机站供给的空气应经过冷却、过滤和抽水分离等处理。其供给气体的管路，并应采取防冻和保温措施。

8.6 钢筋混凝土管片拼装

8.6.1 本条是为保证管片顺利拼装和工程质量以及施工安全而制定的。

盾构设备施工前，主要检查举重臂动作是否正常，举重钳是否灵活，闭锁是否安全可靠，无问题后，再进行管片拼装，以确保施工安全。

8.6.2 管片在盾尾内拼装成环时，其中心偏离值在很大程度上受盾构现状位置的限制，因此，在拼装管片时，必须保持盾构位置的正确才能使管片成环后线路中线偏差值最小。

为保证管片拼装时安全，在拼装过程中，操作人员应退出管片拼装范围，在管片拼装基本稳定后，才允许进行穿螺栓等作业。同时对拼装影响范围内的电缆、液压管等在拼装过程中要有人专门管理，防止损坏。

8.6.3 管片拼装顺序，有先封顶或先封底两种，但目前绝大多数都采用底部为第一块，最后封顶的形式，其他为左右交叉进行，最后封顶成环。先拼装落底的第一块容易定位，同时对以后各片拼装也创造工作条件，因此，该拼装顺序采用的较多。

8.6.4 管片拼装的隧道结构是由螺栓连接成环的。在每环管片拼装过程中，由于管片是随定位随穿螺栓连接，同时，工作条件也受到一定限制，所以要求应初步拧紧。待盾构向下一环掘进后，即该环已脱出盾尾，这时已具有拧紧螺栓操作的工作面，故应再次拧紧。

为保证下一环管片拼装位置正确并便于纵向螺栓顺利地穿进连接孔，同时，为了保证隧道管片接缝位置正确，并有利于螺栓拧紧度的操作，要求在每环管片拼装之前，应对已拼装好的后三环管片螺栓进行全面检查并复紧。

8.7 壁后注浆

8.7.1 盾构掘进法施工的隧道，其管片与周围土层间留有一定空隙，为防水和防止地面变形和下沉的需要，盾构脱出盾尾后，应按一定顺序，通过预留在管片上的注浆孔对管片壁后进行注浆，也可在盾尾后部当盾构掘进出现空隙的同时，通过设置在盾构机上的喷嘴或注浆管同步进行注浆。

8.7.2 为保证注浆施工顺利实施，注浆设备必须完好，注浆孔及管路畅通，因此，施工前应进行检查。

注浆压力是注浆施工主要的控制指标，并根据地质和覆土厚度确定，当隧道覆土厚度为6～10m时，压力一般控制在0.5MPa。

为保证注浆设备多次使用，完工后应将管路、设备等清洗干净。

8.7.3 注浆的浆液一般有豆石混凝土、水泥浆、砂浆和聚氨脂等，在粉性土中多采用稀软材料，而在砂土或砾石地层中多采用硬稠材料。

为保证浆液质量，施工中应严格控制浆液配合比，特别是合易性适宜的浆液，易于压送，运输中不易离析，不沉淀，不堵管，能充分填实孔隙。在凝结时间上，需缓凝早强，缓凝可防止损坏盾尾密封装置，早强可使浆液不易流失。要达到以上质量标准，一般需要通过试验方能确定。

8.7.4 管片背后注浆的目的是为了使浆液充满管片背后的空隙，以达防水和防止隧道结构及地面沉降的目的。由于在盾构掘进中，对周围土体产生一定的扰动，因此，在注浆时，不仅考虑到浆液要充满管片背后的空隙，同时还要渗透至周边的土层中，所以要求注浆量比计算的空隙要大些，根据上海地下铁道隧道盾构掘进法施工的经验，一般为130%~180%较为适宜。

壁孔注浆一般是从管片预留孔洞进行的，由于操作技术条件的原因，所以要求可分部实施，而同步注浆的方法，多为设在盾尾部的设备直接实施，机械化程度较高，所以要求同步注浆时各注浆管应同时进行。

8.8 防　水

8.8.1 隧道结构管片接缝，主要是依靠嵌填防水胶条防水，本条文对其粘贴提出了具体要求。

8.8.2 隧道结构预制管片防水胶条为预先粘贴在接缝处的，为保证隧道防水效果，在管片吊运和拼装过程中要采取措施，防止损坏防水胶条。

预制管片接缝处防水除粘贴防水胶条外，尚还进行嵌缝防水处理，为防止嵌缝后产生错裂现象，要求嵌缝应在隧道结构基本稳定后进行。

8.8.3 隧道预制管片一般为肋形结构，其端部肋腔内设有管片螺栓连接孔，为防水需要，螺栓都设有防水垫圈，同时螺栓杆与螺孔间尚还需充填防水材料封闭其渗水通路，以达到防水的目的。

8.9 监控量测

8.9.1 施工监控量测是保证安全的重要环节，所以制定本条规定。

8.9.2 盾构掘进施工中，由于地层受到了扰动，因此，周围地层出现不同程度应力变动，特别是地质条件差时，更会引起地面甚至衬砌环结构本身的隆起或沉陷，不仅造成结构渗漏水，甚至危及地面建筑物安全，为此，制定了本条文表8.9.2。

8.9.3 为准确地获得土层和结构环的动态数据，需在盾构掘进前测得各监测点稳定的初始读数，以此为据，经过与掘进后的土层及结构环测得的数据比较后，方能反映出变化的情况。

监控量测取得的数据，一般在1~1.5个月后采用回归分析法进行处理。

8.10 隧道内运输、通风及临时设施

8.10.2 气压盾构材料闸是为保持工作面的超压而设置的，为不影响材料闸门的密闭，在材料闸门处需设置活动轨道，以便于运输材料时接通，运完材料后断开。为保证材料运输车辆的行车安全，在设置材料闸门时，其门框尺寸应满足车辆限界要求。

8.11 钢筋混凝土管片制作

8.11.1 钢筋混凝土管片制作精度要求高，其尺寸允许偏差均不应大于±1mm，同时由于管片养护的需要，脱模时间

快、模板倒用次数多，加工数量大。为此，本条规定了钢筋混凝土管片加工成型应采用钢模板，并且其精度要求也很高。

8.11.2 钢筋骨架采用焊接方法成型后，其钢筋连接牢固、骨架强度高、不变形。在靠模上制作成型，易于保证钢筋骨架的尺寸准确，所以制定本条规定。

8.11.3 钢筋混凝土管片为防水结构，所以规定其混凝土施工时应按本规范第9.2节有关规定执行。而本条文1～4款的规定是针对其施工特点，为保证管片制作质量和有利于对管片混凝土抗压强度和抗渗压力的检验而制定的。

8.11.4 钢筋混凝土管片是在工厂预制的，为满足隧道结构质量要求，本条文制定了管片制作的质量标准和允许偏差。

8.11.5 钢筋混凝土管片，制作数量大，精度要求高，并以管片本身防水为主。在加工制作过程中，由于模板倒用次数多，为防止出现废品，造成浪费，所以规定了制作一定数量后，应进行检漏测试和水平拼装检验，以保证批量生产的质量。

8.12 工 程 验 收

8.12.1、**8.12.2** 为保证隧道结构工程质量，从管片制作开始，就应精心施工，并对每一道工序进行检验，这样，才能最终保证隧道结构的工程质量。隧道结构不仅承受土压荷载，同时还要满足防水要求。因此，其抗压强度和抗渗压力必须符合设计要求，同时，管片接缝是防水薄弱环节，施工必须精心，保证质量，以防渗漏水。

9 隧道结构防水

9.1 一 般 规 定

9.1.2 防水材料发展快，品种多，为保证地下铁道防水工程质量，特制定本条规定。

9.1.3 防水混凝土配合比以及防水层的粘结料等均需要施工时配制，为保证工程质量，本条作出了通过试验确定的规定。

9.1.4 防水混凝土及防水材料，对施工环境温度都有要求，而雨、雪和大风天气施工不易保证工程质量，故制定本条规定。

9.1.5 卷材和涂膜防水层施工，对基层面要求很严格，如果基层面不平或处理不干净，则防水层与基层面粘结不牢，影响防水效果。同时，防水层铺贴前，对基层面和结构的检查属隐检范筹，如果隐蔽前未检查出问题，铺贴防水层后再处理，困难很大，所以制定本条规定。

9.1.6 隧道结构的施工缝、变形缝和结构外墙的穿墙管等部位是防水薄弱环节，如果施工质量不合格，极易造成渗漏水现象，故制定本条规定。

9.1.7 卷材或涂膜防水层铺贴完工后，为防止后续施工将其损坏，一般都需要做防护处理。

1 在底板保护层上需要继续绑扎钢筋并灌注混凝土，为保证钢筋保护层厚度，所以底板保护层平整度标准要求高一些。

2　在砌筑保护墙过程中，保护墙和隧道结构之间会出现一定的空隙，为防止回填土侧压力将保护墙折断而损坏防水层，所以要求在砌筑砌块过程中，应边砌边将空隙填实。

3　砂浆或细石混凝土保护层比较薄，为不使其产生裂缝，所以要求及时养护。

9.2　防水混凝土

9.2.1　地下铁道隧道结构一般都采用商品混凝土，为便于泵送混凝土，保证混凝土的灌注质量，所以要求混凝土加外加剂。

地下铁道车站钢管柱的混凝土灌注时，钢管柱本身即作为模板，混凝土灌注后易产生收缩，使混凝土与钢管柱之间出现缝隙，为避免这种现象的产生，所以要求采用微膨胀混凝土。

地下水如果受到污染，将对隧道结构混凝土产生侵蚀现象，所以提出抗侵蚀性要求。

9.2.2　为保证防水混凝土真正起到防水的作用，选择适宜其性能的原材料是非常必要的。

1　水泥：

1）水泥标号是由混凝土强度决定的，由于隧道结构混凝土强度都在 C_{30} 以上，所以采用的水泥标号不宜低于425号；

2）水泥含碱量较高时，则其中的碱类和骨料活性物质发生化学反应后会使混凝土发生不均匀膨胀，造成裂缝、强度和弹性模数降低而影响混凝土质量；

3）普通硅酸盐水泥早期强度高，泌水性小，干缩较小，但其抗水性和抗硫酸盐侵蚀能力不如火山灰质硅酸盐水泥。火山灰质硅酸盐水泥抗水性好，水化热低，抗硫酸盐侵蚀能力较好，但早期强度低，干缩性大，抗冻性较差。粉煤灰硅酸盐水泥和易性好，其他与火山灰质硅酸盐水泥相近。矿渣硅酸盐水泥，水化热较低，抗硫酸盐侵蚀能力好，但泌水性大，干缩大，抗渗性较差，所以，必须加外加剂后方可配制防水混凝土。

根据以上情况，配制防水混凝土应优先选用普通硅酸盐水泥，在有硫酸盐侵蚀时，可选用火山灰质硅酸盐水泥或其他两种水泥。

2　试验证明，砂石级配对混凝土抗渗性能影响不大，所以配制防水混凝土可按现行的国家标准选用。但如果粗骨料粒径过大，混凝土和易性差而灌注混凝土时易产生离析现象，同时考虑到混凝土采用泵送和隧道结构断面尺寸及钢筋间距，所以规定石子粒径不大于4cm；

3　外加剂。为改变混凝土的性能可在混凝土搅拌时加入适量的外加剂。其种类有减水剂、引气剂、缓凝剂、早强剂、速凝剂、防冻剂、阻锈剂、防水剂和膨胀剂等，应根据其适用效果和适用范围选用。但由于地下铁道车辆运行采用直流供电，泄漏时会对隧道结构钢筋混凝土产生一定的腐蚀，尤其是掺有氯盐的混凝土，更加加剧了混凝土和钢筋的腐蚀作用，所以地下铁道隧道结构不得加含有氯离子的外加剂。

9.2.3　防水混凝土同普通混凝土相比，在配合比的选择上要求水灰比小，水泥用量较高，砂率较大，灰砂比较高，并需掺外加剂，以增强混凝土可泵性及和易性。采取以上措施后，从混凝土的配合比上保证了工程质量。

9.2.4 为使混凝土搅拌的均匀，保证混凝土质量，防止外加剂或气泡集中，特制定本条规定。

9.2.5 地下铁道隧道结构混凝土灌注量大，为适应城市施工特点，满足混凝土运输和采用泵送混凝土的需要，根据输送混凝土和输送泵使用的技术要求，制定了本条规定。

9.2.6 混凝土倾落度，是指混凝土从料斗、溜槽、串桶等卸料口倾落入模高度。混凝土灌注时，由于结构配筋不同，应以混凝土不发生离析现象为原则，如结构边、中墙或柱子较高而造成混凝土离析时，应采取措施。

9.2.7 采用机械振捣混凝土，能产生振幅小而频率较高的振动，可使混凝土中的粗骨料被水泥砂浆包裹后共同流动，并使混凝土中的气泡上浮排出，保证了混凝土强度和抗渗性，所以要求必须采用机械振捣。

振捣器振捣时的移距和插入式振捣器插入混凝土下层深度要求，是根据设备振动影响半径范围和施工实践确定的。

由于振捣器振捣时，振动频率很大，特别是插入式振捣器，为防止振捣时触及模板、钢筋、预埋件、止水带等，造成移位、松动和损坏，故制定本条规定。

9.2.8 地下铁道隧道结构有的纵断面变化大，特别是附属建筑物，结构不在同一水平面上，为了使混凝土灌注符合规定，特提出混凝土应从低处向高处分层连续灌注的要求。

为保证混凝土覆盖时间，使上下层混凝土结合紧密，而要求连续灌注，其间歇时间不超过本条文表 9.2.8 的规定。

9.2.9 本条规定的混凝土灌注厚度，是指水平分层和按台阶分层两部分。

混凝土灌注时的每层厚度，一般根据振捣器振动时的影响范围确定。为保证上下层混凝土连接紧密和把混凝土振捣密实，特制定本条规定。

9.2.10 隧道结构施工缝留置位置，应在受剪力或弯矩较小处。本条文根据这一原则，结合地下铁道隧道结构的具体情况而制定。

关于墙体留置施工缝问题，传统的处理方法是将混凝土施工缝做成凹凸型接缝或在施工缝处加设止水钢板。但凹凸槽施工困难，止水钢板成本高且施工也较困难，实践证明这两种方法效果并不理想，而采用留平缝加设遇水膨胀胶条的方法，实践证明施工简单效果好，所以本条作了这一规定。

9.2.11 为防止前层混凝土被振裂或产生其他缺陷，保证新旧混凝土粘结牢固并尽量减少混凝土裂缝的出现，故制定本条规定。

9.2.12 为防止混凝土凝固时，由于收缩和温差效应而产生裂缝，所以在隧道结构长而体积大时，一般需设置后浇缝，其位置一般设于受力和变形较小而收缩应力最大的部位，其宽度一般为 0.8～1.0m，并可采用垂直平缝或阶梯缝。为使先灌注的混凝土得到充分收缩变形后再灌注缝内的混凝土，规定先灌注混凝土龄期为 42d，同时，为保证后浇混凝土具有补偿性，一般采用微膨胀混凝土为好。

9.2.13 为避免在混凝土结构内留下渗漏水通路而制定本条规定。

9.2.14 地下铁道隧道结构预埋件和预留孔洞多，特别是梁、柱、变形缝和不同断面结合等部位钢筋密集，为使混凝土振捣密实，保证混凝土质量，故制定本条规定。

9.2.15 防水混凝土在头 14d 内硬化速度快，如果这段时间养护不好，混凝土易于失水，抗渗性能下降，收缩率增大，致使混凝土易产生裂缝。另外，混凝土灌注后，产生大量的水化热，如果过早的拆模，使混凝土过早的暴露在大气层中，由于与周围环境温差过大，也会使混凝土产生裂缝。综合以上情况，制定本条规定。

9.2.16 蓄热法是混凝土冬季施工的主要保温措施之一，实践证明，地下铁道隧道结构混凝土冬季施工采用蓄热法是完全可行的。而蓄热法是通过热工计算来提高混凝土拌合物的温度和其水化热，并在加强保温的条件下，延长混凝土降到0℃的时间，以保证混凝土在养护期间不受冻。混凝土入模温度也是通过热工计算确定的，为保证混凝土质量而制定本条规定。

9.2.17 混凝土抗压强度和抗渗压力试件的留置组数，是根据国家有关标准并结合地下铁道隧道结构的具体情况制定的。

9.3 卷材防水层

9.3.1 防水层卷材之间的搭接、层与层之间及卷材与基层面之间，是靠粘贴剂将其粘贴在一起形成封闭整体式的结构而起到防水作用的，如果采用的粘贴剂性能与卷材材质不相适应，则粘贴强度就有可能达不到要求而影响防水质量。

地下工程防水卷材种类很多，其材质不同，粘贴料成分也不尽相同，所以要求其涂刷应符合产品技术文件的规定。

9.3.2 在卷材铺贴前，要求对基层面检查，一是只有基层面合格才能保证防水层铺贴质量，二是主体结构在防水层铺贴前属隐检项目，必须全面检查，以防留下隐患。

要求防水层铺贴完后及时施工保护层，是为了保护成品和后序施工进度的需要。

9.3.3 实践证明，只有基层面干燥、清洁、表面坚实平整，方能使卷材与基层面紧密粘贴形成整体，以起到防水作用，故制定本条规定。

9.3.4 本条是根据我国目前地下工程采用的作法及参考国外有关数据而制定的。

9.3.5 阴阳角、变形缝和穿墙管等是防水薄弱处，施工较困难，为保证防水的整体效果而制定本条规定。

9.3.6 卷材防水层的各种接缝是结构渗漏水的主要通道，其密封处理的好坏，直接影响到结构防水效果，因此，要求进行密封处理。

9.3.7 在基层面上涂刷处理剂，可使稀胶液渗入到基层面的细孔中，这样既可阻断卷材铺贴后从细孔中由于虹吸现象而渗透出的水分使卷材底结露，又可提高基层面与防水卷材之间的粘结力。

为了保证卷材铺贴搭接宽度、位置准确和长边平直，因此要求铺贴防水卷材之前测放基准线。

9.3.8 本条文说明如下：

1 本款是为保证卷材粘贴剂的粘贴效果，从施工角度而提出的要求。

2 卷材长度要求垂直隧道铺贴，是为便于施工，保证质量，防止卷材铺贴后滑动。而要求上、下两层卷材接缝错开，是为防止在同一处形成透水通路，导致防水层渗漏水。

3 由于底板防水层全部置于隧道结构下，负重大，所以根据设计要求卷材与基层面可采用点粘法、条粘法或满粘法粘贴，而其他部位必须采用满粘法粘贴。

4 卷材接缝留置在平面上（隧道的顶、底板上），易于操作和保证质量。

5 为防止粘结料随时间延长而凝固，并为保证卷材铺贴后的防水效果，故提出本款要求。

9.3.9 在明挖法施工的隧道中，用于支护基坑的地下连续墙作为主体结构一部分时，则防水层设置于地下连续墙与二次衬砌结构之间，卷材防水层保护墙即为地下连续墙，因此，卷材防水层只能采用外防内贴法施工。而在喷锚暗挖法施工的隧道中，卷材防水层设置于初期支护结构与二次衬砌之间，由于卷材防水层是沿隧道断面环向铺设并且初期支护结构为喷射混凝土，表面比较粗糙，所以采用空铺法施工。

9.4 涂膜防水层

9.4.1 涂膜防水层，在保证防水、防腐等条件下，选用污染小、无毒（或低毒）和刺激性小的防水材料，是为减少对环境和人体危害。

要求涂膜防水层施工前进行涂布试验，主要是为通过测试对其物理力学及抗渗等性能进行全面检验，以达到保证工程质量的目的。

9.4.2 本条文是为保证涂膜防水层与基层面粘贴牢固而制定的。

9.4.3 本条文说明如下：

1 涂料配合比一般设计或产品本身都作了具体规定，因此要求应按其配制。而涂料配制后，易随时间延长而固化，故提出了在规定的时间内用完的要求。

2 同本规范第 9.3.7 条的说明。

3 地下工程涂膜防水层厚度一般都不小于 2mm，如一次涂成，由于涂膜内外收缩和干燥时间不一致而开裂，特别在边墙涂布时，一次涂得太厚，或前层未干就涂后层，则高部位涂料就会下淌并且越淌越薄，则低处就会堆积起皱，质量难以保证。

4 每层顺向而前、后垂直涂布，可使涂层涂布均匀，厚薄一致。

5 接茬粘贴紧密、牢固并形成封闭的整体。

6 边墙由上向下涂布，施工方便，易于保证质量。为避免涂料流淌，可采用“薄涂多遍”等措施。

9.4.4 为增强涂膜防水层抗拉强度，提高其耐穿刺能力，并增加其厚度，需要铺聚酯无纺布、化学无纺布和玻纤布等骨架脂体材料时，由于其材料纵、横向力学性质要求与卷材防水层相似，铺贴时应按本规范第 9.3 节规定执行。规定的搭接宽度，是按常规做法确定的。

9.5 特殊部位防水

9.5.1 本条文说明如下：

1 为防止隧道结构不均匀沉降而拉裂止水带，止水带本身必须具有抗拉强度和延伸率等物理力学性能。同时，为防止地下水从止水带处渗入结构内，止水带本身必须质量合格并密封。而止水带如果叠接不易保证密封，所以要求应热接。

2 为保持止水带位置准确并固定牢固，以及在灌注混凝土时与结构紧密连为一体，本规范第 5.6.9 条和第 5.7.7 条都作了具体规定，因此要求按其执行。

3 变形缝处是结构防水的薄弱环节，因此，结构外贴防水层在此处采取加强措施，施工时必须保证质量。

9.5.2 本条文说明如下：

1 穿墙管止水环和翼环都是起止水作用的，因此必须满焊。为防止穿墙管锈蚀和电腐蚀，应进行防腐和绝缘处理。

2 为使穿墙管和翼环与防水层粘贴严密并牢固，铺贴防水层前应清理干净。

4 穿墙管是防水的薄弱处，而此处的防水层施工又较复杂，为保证防水铺贴质量，特提出此要求。

9.6 工程验收

9.6.1、9.6.2 隧道不仅是受力结构，同时还具有防水功能，为保证防水施工质量，特制定了中间检验项目和验收规定。

10 路 基

10.1 一般规定

10.1.1 地下铁道线路延伸到郊区后一般方可采用路基形式，同时，路堤较低，路堑断面较小，否则，需采用高架桥或隧道代替。同时，对特殊土质、特殊条件以及特殊防护一般采用的也较少，如局部遇到以上情况时，可按国家现行的有关标准执行。

10.1.2 路基工程施工时，很可能引起区域性的防洪和排水变化，为保证施工安全和城市防洪、排水需要，要求工程开工前先做好防、排水设施。

路堤和路堑线路长，精度要求高，所以施工前应先测放出路堤、路堑、涵洞位置和高程，施工过程中经常核对、检测，以保证工程质量。

10.1.3 路基在城市施工，不能任意取、弃土，这样就增加了运距和其他施工的困难，因此，提出应对土方运输进行综合平衡，合理调配，避免重复运输，并与城市建设相结合。

10.1.4 地下铁道路基工程除在设计时应考虑少占用土地外，施工也应尽量少占用场地，为把对城市正常生活秩序和交通的干扰压缩到最低限度，故要求应集中力量，分段施工，以加快施工进度。

路基工程虽处于郊区，但施工时仍会遇到地下管线和构筑物等，施工时应根据拆迁法等进行处理。对地下管线的处理，本规范第 5.2 节已做出规定，所以要求按其执行。

10.1.5 路基采用土工布可起到以下作用：采用土工布包裹盲沟的砂砾石，可起到排水作用；土工布铺设在路基和地基之间，以起到隔离作用，防止翻浆冒泥；根据设计位置，铺设土工布或土工格栅，可依靠其与土界面的相互作用，限制土体侧向位移，以提高土体强度和稳定性，可起到加固路堤的作用。

土工布材料不同其功能也不尽相同，并可一种材料兼起到几种作用，应根据设计规定选用材料。其铺设施工：

1 为防止地基不平和带有尖角的硬物损坏土工布。

2 土工布沿长度方向铺设可减少接缝。

3 土工布在坚实的地基上可采用搭接形式，为施工方便并保证质量，在平面上应采用后铺幅压前铺幅的方法铺设，而在斜坡和直墙面上，应采用上幅压下幅的方法铺设。其搭接宽度一般为 300mm，如遇到局部地基较软或搭接不能保证质量的部位，应适当加宽。如在铺设前，预计搭接困难或不易保证质量时，应采用接缝连接。

4 土工布长时间暴露和受阳光照射，易于引起老化变形，所以铺设后应及时摊铺填料。

填料一般为土质、砂砾石或碎石，为防止损坏土工布，故要求在 300mm 厚的填料范围内不得采用机械碾压。

10.2 路 堑

10.2.1

1 由于修筑路堑，很可能引起区域性流径变化，不但影响区域性防洪与排水，而且也危及路堑本身安全。因此，应根据修筑路堑而引起的变化，对防洪和排水重新进行规划与设计，使其与该区域内的排水设施相沟通，以形成完整的防洪、排水系统，确保路堑和附近建筑物、地下设施、道路和农田安全。

2 地下铁道延伸至城市郊区爬向地面时，为防止地面水流入隧道内，故要求洞口应安装好排水设施。

10.2.2 天沟是截流路堑顶部以上流水的，侧沟是排除路堑边坡和路基表面水的，为保证其流水畅通而不渗漏，制定本条规定。

10.2.3 路堑开挖时，由于地形所致，边坡线很可能不处于同一等高线上，为保证边坡线位置正确，特制定本条规定。

10.2.4 路堑开挖时，需根据开挖边坡线和机械设备额定开挖高度，自上而下分层开挖，以保持坡面土体稳定，防止坍塌，确保施工安全。

路堑边坡随挖、随修理，这样不但施工方便，而且也保证施工安全。

设有防护的路堑，一般地质都较差，所以要边挖边封闭边坡，如达不到这一要求时，必须采取稳定边坡的措施。

10.2.5 本条规定的顺层开挖及短开挖等，均是为稳定边坡、保证施工安全而采取的措施。

10.2.6 由于环境保护和景观的要求，弃土点需经有关部门批准后方可使用。如设计规定在路堑两侧存、弃土时，应按设计要求施工，并符合城市规划和环卫要求。

10.2.8 本条标准和偏差是参照地面铁路并结合地下铁道路基工程的具体特点而制定的。

10.3 路　堤

（Ⅰ）路堤填筑

10.3.1 为使路堤与地基结合牢固并保持稳定，特对各种不同情况的地基处理提出了要求。

10.3.2 路堤填料对路堤强度和稳定性影响很大，所以需采用透水性好的土质，如采用透水性差的填料时，必须在接近最佳含水量时进行压实。凡淤泥、过湿土、垃圾土以及直径大于150mm冻土在任何情况下都不得使用。

本条对路堤填筑密实度要求，主要是为保证运营后线路畅通无阻，避免路基因沉落量过大影响运营而制定的。

10.3.3 本条说明如下：

1 路堤填筑一般有横向和纵向碾压两种方式，而地下铁道多为双线路堤，所以应采用顺路堤碾压的方式。而要求碾轮外缘距边坡外缘500mm，主要是为保证碾压机械的安全并防止沉陷而提出的。

2 分段施工的连接处是路堤压实的薄弱点，为保证其碾压的密实度而制定本规定。

3 采用振动压路机，每层填筑较厚，而振动压路机振动频率大，冲击力强，如不先静压即进行振动碾压，不但影响机械操作，而且不易保证填筑的密实度。

4 为避免路堤产生水囊而减弱其承载力，特制定本规定。

10.3.4 桥头、涵洞（管）结构，一般为钢筋混凝土、混凝土或砌筑结构，为防止因回填土产生的侧压力影响结构安全或受损坏，因此，要求结构强度或砌筑砂浆达到设计强度后，方可回填。

为避免桥台及挡土墙和护坡背后回填土受冻膨胀对其产生附加推力和受水浸泡产生湿陷而影响路基承载力及稳定性，故对填筑施工提出了要求。

为防止涵洞（管）两侧受力不均匀而产生位移和开裂，因此，对涵洞（管）两侧路堤缺口的填筑做出了相应的规定。

10.3.5 软土、沼泽地和杂土地段，为使路堤填筑时产生的荷重与地基抗剪强度相适应，故要求应按设计对地基进行处理。由于地基处理增加了技术处理工作量，为保证与其他地段同时完工，应安排提前施工。

10.3.6 路堤的边坡坡度是根据土壤自稳性由设计经过计算确定的，如果边坡出现裂缝、坍滑等现象，就不能保证路基本身的稳定，所以路堤边坡要求夯实，坡度应符合设计要求。

为保证路堤在任何季节及自然因素作用下不受损坏，可按设计要求采用以下不同的防护措施：

1 易生长植物坡面，可植耐旱草皮或灌木；不易生长植物的坡面宜采用抹面、捶面、喷浆或喷射混凝土、干砌或浆砌石以及做护坡、护墙等进行防护。

2 易受地表水冲刷的护坡，除采用砌石或挡土墙外，尚可采用抛石、做石笼、筑坝或进行河道改移等措施。

10.3.7 水是影响路堤稳定性的主要因素，雨季施工中，应注意防洪、排水和保持土壤正常含水量，并从施工组织、材料选择到施工技术等，采取综合措施，以保证工程质量。

10.3.8 冬季施工，要密切注意天气预报，防止气温骤降造成填料和填筑面冻结。

路堤冬季填筑时，由于土中的水分冻结并形成一定强度，在压实过程中，虽然也可能达到密实度要求，但解冻之后，冻结的毛细水孔形成孔隙，随着时间推移，会产生较大沉落。

为了保证冬季路基工程施工质量，本条文做出了相应的规定。

10.3.9 土工试验是保证路堤填筑质量的重要措施之一，除应测试其最佳含水量之外，由于路堤是分层填筑的，所以要求在一般情况下应以每层的长度和面积控制取试样组数。

（Ⅱ） 涵 洞

10.3.10 涵管砌筑时，无论是混凝土基础还是天然地基，都应和涵管密贴，特别是天然地基要密实，以保证涵管各管节受力均匀，避免因沉降不均匀和基础施工质量不好产生不均匀下沉或应力集中，导致管节错位、沉降和开裂。

10.3.11 石料砌筑的涵洞一般以变形缝为界，采取先墙后拱分部砌筑。

变形缝设置的目的主要是为防止涵洞结构不均匀沉降和伸缩而产生裂缝甚至导致结构损坏，因此，要求涵洞变形缝从墙基、墙身和拱圈整体通长设置并直顺，这样可在相邻段发生不均匀沉降变形时保持结构均匀受力，防止出现挤裂、折断等现象。

10.3.12 涵洞拱圈是在墙体砌筑完之后施工的，为使砌筑拱圈时左右墙体和拱架受力均匀，特制定了每节涵洞对称、水平的由拱脚向拱顶方向砌筑的规定。

10.3.14 本条是根据地面铁路并结合地下铁道路基的特点而制定的。

10.4 工 程 验 收

10.4.1 路堑、路堤、涵洞工程施工，除隐蔽工程必须进行检查验收外，对主要工序也应进行检查，以保证工程质量。

11 钢筋混凝土高架桥

11.1 一 般 规 定

11.1.2 高架桥由于处于城市，地面施工场地狭小，预制构件在工厂制作后运至现场安装，这不仅可以保证质量，而且可加快现场施工进度，减少与城市交通干扰。

11.1.3 为保证高架桥各部位尺寸、位置、高程等正确，特制定本条规定。

11.2 桥 基 开 挖

11.2.2 放坡开挖的基坑，其开挖边坡，是根据各类土质的物理力学性质（内摩擦角、内聚力、湿度、容重等）和施工实践确定的。

本规范只列入 5m 内各类土在无水情况下的基坑边坡坡度，超过 5m 时，应按国家现行的有关标准执行。

11.2.3 基坑开挖后，如果边坡土体中的剪应力大于土的抗剪强度时，则边坡就会失稳。基坑上面堆土时，会使边坡土体自重加大，特别是下雨后土中的含水量增加，更易促成土体滑动，而影响边坡稳定，所以本条对基坑上边缘堆土作了规定。

11.2.4 桥基基坑采用机械开挖时，为保证基底高程和边坡坡度符合设计要求，故要求采用人工清底和刷坡。

为方便桥基结构模板支立，根据施工实践对桥基距基坑边的距离作了相应的规定。

11.2.5 为增强地基的承载力，并使桥基与地基结合牢固，本条文根据不同地质情况，提出了处理要求。

11.3 现浇钢筋混凝土结构

（Ⅰ） 钢筋绑扎

11.3.3 为保证钢筋网片位置正确，防止施工荷载造成其变位和变形，所以施工时应架设支撑点。而无筋基础与墩台连接处插设钢筋，是为了使墩、台上下连接紧密，整体性更好。

11.3.4 钢筋绑扎允许偏差是根据高架桥结构的具体特点而制定的。

（Ⅱ） 模板支立

11.3.5 模板是控制结构尺寸的重要工具，支立位置正确与否，直接影响高架桥各部位尺寸，所以应从测量放线到模板支立两方面进行质量控制，才能最终从整体上保证结构尺寸准确。

本条文表 11.3.5 制定的模板安装允许偏差，是为结构最终达到本规范第 11.7.2 条的标准而制定的。

12.3.6 梁结构由于灌注混凝土时，模板和支架会产生一定沉落量，同时，模板预留一定拱度，对梁的结构受力有利。鉴于以上原因，所以制定本条规定。

11.3.7 为保证钢筋混凝土结构拆除侧模板时的混凝土表面及棱角不致受损，必须使混凝土的抗剪、抗拉强度大于拆模时的粘着力。实践证明，混凝土抗压强度达到 2.5MPa 时，可以满足拆除侧模时需要的各项强度，所以提出这一规定。同时，为防止拆模时由于受力而使结构产生裂缝，规定以 3m 为界，其抗压强度分别达到 50% 和 70% 时方可拆除承重模板。

（Ⅲ） 混凝土灌注

11.3.8 为节约水泥，一般混凝土中掺入25%的石块，结构强度和弹性模量与同标号未掺石块的混凝土基本相同，故本条文对无筋桥基混凝土加入石块作了具体规定。对石块的强度要求，是为适应混凝土抗压强度的需要而提出来的。由于石块与混凝土粘结强度小于同标号混凝土强度，所以规定结构受拉区混凝土不准埋入石块，而冬季施工时需采取防冻措施，故也规定不得埋入石块。

11.3.9 高架桥作为地下铁道快速有轨交通的双线结构，一般采用双排墩柱，为减小其长细比，保持其整体性，从构造与受力要求，设计增设了横向连接杆，而墩柱和横向连接杆同时施工易于保证工程质量，故做此规定。

11.3.10 为保证混凝土灌注质量，防止连续梁和悬臂梁灌注混凝土时，由于模板支架不均匀沉降而导致梁体产生裂缝，并方便箱型梁支拆模板，特制定本条规定。

11.3.11 为防止模板支架由于地基不均匀下沉，而引起梁的混凝土产生裂缝，故提出三条措施，可根据具体情况采用其中之一措施施工，以确保工程质量。

11.3.12 梁板结合部是混凝土结合的薄弱部位，特别是采用预制梁的现浇板龄期相差过大时，则相互之间收缩偏差就大，使连接处的后浇混凝土内应力增大而产生裂缝。由于混凝土不受收缩影响的时间一般为3个月，所以做此规定。

11.3.13 为保证梁结构混凝土的密实度，规定了初凝之前用表面振捣器再振一遍，然后抹面。一般桥面尚应铺贴防水层，所以要求抹面平整。

11.3.14 混凝土结构在强度增长过程中，如果过早的承受荷载，不但对混凝土强度增长不利，同时会使结构受损或出现裂缝，所以制定本条规定。

11.3.15 混凝土灌注后，为防止水化热的作用而导致混凝土产生裂缝，规定混凝土灌注终凝后应及时养护。其养护期不少于7d的规定，是根据施工实践确定的。

11.3.16 混凝土抗压强度试件留置组数，是根据国家现行的有关规范规定并结合高架桥工程特点确定的。

11.4 装配式钢筋混凝土构件

（Ⅰ） 构件制作

11.4.1 高架桥预制构件一般在工厂制作。由于有的构件比较长，在制作过程中，为防止地面不均匀沉降使构件产生附加应力而出现裂缝，故制定本条规定。

11.4.2 为保证预制构件表面平整、美观，钢筋绑扎牢固，梁的支座预埋件等埋设位置正确，特制定本条规定。

11.4.3 为保证构件混凝土密实和质量，避免构件混凝土产生接茬而影响构件强度，故制定本条规定。

11.4.4 为方便现场安装，加快施工进度，防止出现错误，规定构件制作后要标注型号、尺寸和制作日期。

11.4.6 预制厂应对产品的质量负责，凡构件制造符合设计要求的，均应有说明书和构件产品上的合格印证。

本条文表11.4.6是根据高架桥的具体情况制定的。

（Ⅱ） 构件运输和存放

11.4.7 钢筋混凝土预制构件，在强度增长过程中，会出现一个脆性阶段，在这期间如果移动或吊运，会产生裂缝甚至脆断，所以要求其强度达到70%以上时才允许吊运。

11.4.8 为方便构件吊运，防止粘污和损坏，特制定本条规定。

（Ⅲ） 构件安装

11.4.9 高架桥预制梁、墩、柱等大型构件，一般墩、柱可采用汽车或履带吊机安装，而梁的结构除采用吊机吊装外，尚有悬索吊装法、龙门架桥机或龙门式吊车安装等方法。无论采用何种吊装方法，均需事先拟定方案，施工中精心操作，以确保安全。

11.4.10 预制梁的安装过程中，除承受本身自重外，尚还承受施工中不可预见的附加力，由于它是受弯构件，为防止构件受损，确保安全，因此，规定构件需达到设计强度100%。而对构件安装部位的承重结构，大部是承受压应力的，所以规定其混凝土应达到设计强度的70%。

预制梁逐块安装时，尚不能立即形成设计所要求达到的稳定状态，为保证安全，要求应及时固定。

11.4.11 预制墩柱安装就位后，由于和基础之间还有一定空隙，本身还不稳定，所以需采取临时支撑措施后及时用砂浆或混凝土将缝隙填实，待其强度达到70%时，再将临时支撑拆除，以保证安全。

11.4.12 为使预制梁和支座安装位置正确，保证施工安全，特制定本条规定。

11.5 预应力混凝土结构

11.5.1 混凝土掺入氯盐后，易使钢筋和预应力筋及金属孔道等受到腐蚀；混凝土内掺入引气剂后，虽可改善和易性、提高抗冻、抗渗和抗侵蚀性能，但强度下降；水泥用量越多，混凝土水化热越高，易于使混凝土产生裂缝。

11.5.2 锚夹具是预应力梁主要受力部件，为保证安全和工程质量，对使用的锚具提出了要求。

由于预应力筋的最大张拉应力要求为钢材抗拉强度的80%，而锚具组合试验的锚固力要求不低于抗拉强度的90%，这样就更安全可靠。

（Ⅰ） 预应力筋加工与编束

11.5.3 预应力筋在计算下料长度时，需要考虑到构件及台座长度、锚夹具及千斤顶长度、焊接接头或镦头预留量、冷拉伸长值、弹性回缩值、张拉伸长值和外露长度等因素。

预应力筋如采用电弧切断时，在高温下易于降低抗拉强度。

11.5.5 钢绞线是由钢丝经过捻绞机捻制而成，使用前经过预拉可消除其弹性变形并降低松弛率。这样，正式张拉时，能准确达到要求的张拉力。

11.5.6 预应力筋加工后，都做了一定的预处理，为保证张拉质量，故提出需妥善保管的要求。

（Ⅱ） 施加预应力

11.5.7 校验千斤顶使用的试验机和测力计的精度不得小于±2%的规定，是为了保持与我国现有设备条件并与国际有些国家的规定相一致。

千斤顶的工作状态与张拉时的实际工作状态相一致，可直接确定张拉力与压力表读数之间的关系，这样校验较准确。

11.5.8 张拉机具是测试预应力筋的主要设备，为保证正常使用并准确，提出应由专人保管、定期复验的要求。

11.5.9 为使张拉设备的拉力与预应力筋受力方向一致，使张拉筋受力正确，特制定本条规定。

11.5.10 为提高预应力结构在施工期间和使用中其受压区内预应力钢筋的抗拉性能，并为部分抵消由于应力松弛、摩擦、钢筋分批张拉以及预应力钢筋与张拉台座之间的温度差等因素产生的预应力损失，预应力筋张拉控制应力可比设计要求提高些，但不得超过本条文表 11.5.10 的规定。

11.5.11 伸长值校核可以综合反映张拉力是否足够，孔道摩阻力损失是否偏大，以及预应力筋是否有异常现象等。实践证明实际伸长值与理论伸长值之差控制在 6% 以内是适宜的。

11.5.13 对预应力筋的张拉，一般先预拉调整到初应力后再正式张拉和量取预应力筋的伸长值，由于量取伸长值未包括张拉到初应力时的伸长值，所以确定实际伸长值时，除量取的伸长值外，还需计入初应力时的伸长值，以便与理论伸长值相对应。由于初应力时的各根（束）预应力筋松紧、弯直程度不一，因此，宜采用推算方法。例如当初应力 σ_0 达到 10% σ_k 时，其伸长值可采用由 10% 张拉到 20% 的伸长值。

11.5.14 预应力筋张拉后，如锚固值与设计规定的检验值相差 ±5% 时，其预应力筋仍在弹性变形范围之内，因此，制定本条规定。

11.5.15 本条是根据国家现行有关标准并结合高架桥钢筋混凝土预应力结构的具体情况制定的。其内缩量包括锚具变形和接缝压密及预应力筋内缩，其数值可通过实测取得。

11.5.16 预应力筋张拉属隐检项目，应做好记录，并纳入竣工文件。

（Ⅲ） 先 张 法

11.5.17 先张法是将预应力筋用夹具临时固定在台座上，在未施工混凝土前施加预应力。为确保台座的安全而制定本条规定。

11.5.18 混凝土构件的预应力是由混凝土与预应力筋的粘结作用而获得的，如预应力筋污染，将影响与混凝土的握裹力，降低混凝土的预压应力。

11.5.19 多根预应力筋同时张拉时，在没有调到初应力之前，各根（束）预应力筋松紧、弯直程度不一，为保持其相互之间张拉之前应力一致，应先把各根（束）预应力筋调整至初应力值。

11.5.20 先张法张拉时，造成断丝的原因一般有：钢材质量不合格，钢丝束未理顺，张拉受力不均匀，钢丝被锚夹具卡断等。为保证质量，根据施工经验和质量评定标准，制定本条规定。

11.5.21 同一构件的多根钢丝同时张拉，应采用钢丝应力测定仪等仪器抽测其应力值。其检测的总预应力值，与该构件计算出的全部钢丝预应力总值相差 5% 以内时，则可认为预应力筋仍在弹性变形范围内，并可保持构件受力的整体性。否则，应检查原因进行处理。

11.5.22 预应力筋张拉后，由于持荷至混凝土灌注的时间差问题，易导致预应力筋松弛而使其应力受到一定影响，为弥补这一损失，所以采取超张拉程序进行张拉。同时，为调整每根预应力筋的应力使其一致和避免预应力筋超其屈服点或屈服强度张拉，本条对张拉时的初应力和超张拉值作了规定。

11.5.23 对于梁体构件，先张法一般多用于预应力板或预应力空心板梁结构，其预应力筋在张拉前，两端用夹具固定在横梁后面的定位板上，只要定位板位置正确，一般预应力筋不会发生较大的平面偏差，根据施工实践，制定了本条规定。

11.5.24 混凝土一般达到设计强度的 70% 时，方可获得所需抗压强度和预应力筋的粘结力，否则，放张时，混凝土构件端部可能沿预应力筋周围会出现裂纹，影响质量。

11.5.25 为防止预应力构件松张时发生裂纹及预应力筋断折等现象，因此，本条规定了预应力筋张拉后的切断顺序。

（Ⅳ） 后 张 法

11.5.26 随着大跨度预应力梁施工技术的发展，后张法大吨位曲线束和多跨连续曲线束增多，孔道密集，形状复杂，采用传统的钢管抽芯、胶管抽芯和预埋钢管等已不能适应，因此，目前多采用波纹管。它具有质量轻、刚度好、弯折方便，易于连接，与预应力筋摩阻系数小，与混凝土粘着力强等优点，所以推荐这种材料。

预应力筋孔道的波纹管安装，是保持预应力筋位置正确的关键工序，它的质量好坏，对预应力筋穿束和张拉关系极大，所以施工时必须保证质量。

为保证穿束顺利进行，根据施工实践，选择波纹管内径一般比预应力筋（束）的外径大10～15mm较为合适。

11.5.27 为防止后张法预留孔道堵塞和使其位置正确，要求孔道形成后应逐根检查。施工中，若电火花烧伤波纹管，会造成灌注混凝土时水泥浆灌入管内，影响预应力筋张拉质量。

11.5.28 混凝土强度未达到规定即行张拉时，则因混凝土收缩、徐变所引起的预应力损失值将大为增加，严重时尚可使锚垫板处的混凝土产生裂缝甚至破碎。

11.5.29 后张法多根（束）预应力筋张拉时，应使张拉合力作用线处在结构核心截面以内，以防止受压结构的截面产生过大偏心受压和边缘拉力并引起张力应力损失，因此，规定应分批、分阶段对称张拉。

11.5.30 同本规范第11.5.22条说明。

11.5.31 长度大于25m的预应力筋与孔道之间摩阻力较大，如一端固定，另一端张拉时，则摩阻力集中在一端锚具和张拉设备上，实际的预应力有可能达不到要求，故要求采取两端张拉的方法。

11.5.32 同本规范第11.5.20条说明。

（Ⅴ） 孔道压浆

11.5.33 预应力孔道压浆的目的，是通过凝结后的水泥浆将预应力传布至混凝土结构，并防止预应力筋锈蚀。因此，要求预应力筋张拉后，应及时进行孔道压浆。

1 由于普通硅酸盐水泥适用性强，而矿渣硅酸盐水泥早期强度低，泌水性大，抗冻性差，因此，一般应优先采用普通硅酸盐水泥，但矿渣硅酸盐水泥除冬季外也可采用。

2 为减少水泥浆凝结时的收缩，增加其密实度，本款对水灰比作了规定。

3 水泥中掺入适量膨胀剂后可增加密实度，但掺量过大时，将降低水泥浆强度，故规定膨胀率不应大于10%。

4 水泥浆调制稠度和流动度的要求，主要是考虑压浆的压力和便于灌注。

5 水泥浆调好后如延续时间太长，将降低其流动性，不但增加压浆的压力而且不宜密实，为防止水泥浆沉淀、泌水和过快地降低流动性，故制定本款规定。

11.5.34 本条说明如下：

1 孔道压浆前进行清理和湿润是为了保证压浆质量、增加水泥浆流动性和密实度。

2 压浆由最低处的压浆孔压入，可迫使孔道内空气聚集在水泥上面，并逐渐由最高点的泌水孔排出，以保证水泥浆的密实度。

3 压浆从两端压注，可使水泥浆充满孔道。

4 注浆机械一般有活塞式和风压式，而风压式可使空气窜入水泥浆中产生气孔，因此要求使用活塞泵或压浆泵压注水泥浆。

5 压浆泵需要的压力，以能将水泥浆压入并充满孔道的孔隙为原则。对气温的要求，是根据混凝土施工条件提出的。如气温在35℃以上压注混凝土时，由于气温高，对压注水泥浆不利，而夜间气温较低些，所以宜在夜间施工。

11.5.35 封锚混凝土主要是防止锚具锈蚀。

11.5.36 装配式预应力构件，考虑到在吊运时不可避免的将受到一些振动，为防止压注的水泥浆产生裂缝而制定本条规定。

11.6 桥 面 系

11.6.1 高架桥变形缝是为气温升高或降低而引起桥梁长度变化而设置的。为防止其变化引起应力集中而损坏梁结构或垫层以及保证变形缝填缝质量，同时为不影响防水层铺贴，故制定本条规定。

11.6.2～11.6.7 桥面系的栏杆、消音墙、人行步道、缘石和灯杆等，都是以线路为准测放其位置和高程的。这样不但避免累积偏差的出现，而且保证不侵入限界。

各条文规定的质量标准，是根据有关规范并结合高架桥的特点而制定的。

11.6.8 排水管伸出结构100～150mm，是为防止排出的水中含有有害物质，长期侵蚀混凝土结构而受到损坏。

11.7 工 程 验 收

11.7.1 本条列出了高架桥工程施工中间检查验收的具体规定。

11.7.2 高架桥工程，主要是钢筋混凝土结构，针对其特点，对竣工验收提出了要求，并对结构允许偏差做出了规定。

12 建筑装修

12.1 一般规定

12.1.2 本条是根据地下铁道工程特点和施工实践而制定的。

12.1.3 本条第1～4款为常规规定，而第5款由于地下铁道隧道内湿度比较大，为保证装修工程质量，故对施工环境湿度作了规定。

12.1.4 为保证施工质量和装修工程的尺寸正确，防止侵入建筑限界，本条做出这一规定。

12.2 吊　　顶

12.2.1 本条为避免施工相互干扰，保证施工安全，防止因设备管道等施工而损坏吊顶龙骨而制定的。

12.2.2 为保证吊顶和管道设备安全并便于维修，特提出吊挂系统需要独立设置的要求。

12.2.3 为防止吊顶的吊挂件与管道设备的吊挂件发生矛盾，并保证其位置正确而制定本条规定。

12.2.4 吊顶的吊挂点在结构顶板上的固定方法基本上有两种，一种是在结构顶板内预埋钢板或套管，然后与吊杆焊接或用螺杆连接；另一种是打胀管螺栓，然后与吊挂件连接。为保证安全，要求吊顶施工时吊挂件必须固定牢固，特别是站厅（台），吊顶面积大，吊杆负荷比较重，必要时尚需作荷载试验。

12.2.5 本条是根据施工实践制定的。

12.2.6 为防止吊顶下垂变形而影响吊顶宏观效果，故制定本条规定。

12.2.7 为使吊顶铁件延长使用寿命，防止铁件因氧化而锈蚀，特制定本条规定。

12.2.8 吊顶的大龙骨是主要受力构件，为防止吊顶变形，保证工程质量而制定本条规定。

12.2.9 在车站站厅（台）吊顶上，除安装一般筒灯照明外，有的尚安设组合灯具、通风口箅子、广播喇叭箅子等，为防止吊顶变形和以上设施坠落而制定本条规定。

12.2.11 由于近年来建筑装修材料的发展，结合地下铁道车站站厅（台）适用的吊顶材料和形式，所以本条对水泥加压板、金属板（条）、钢丝网片等吊顶材料的施工做出了规定。

12.2.12 本条是为吊顶花饰安装后达到应有的艺术效果而制定的。

12.2.13 为防止吊顶变形和损坏，避免已装修好的吊顶面层涂料变色、起皮现象发生，故制定本条规定。

12.3 站厅（台）地面

12.3.1 为保证车站大厅地面的施工质量而制定本条规定。在特殊情况下如先做地面时，则应采取保护措施，避免造成地面面层返工。

12.3.2 车站站台面高度是根据运行车辆的车厢门下槛的高度而确定的，而站台帽石边缘距轨道中线的距离，是根据建筑限界而确定的。为保证行车安全，特制定本条规定。

12.3.3 车站站台的边缘都设有与轨道平行的安全线标志，

以提醒乘客注意列车进出站时的安全。所以本条对其位置、颜色等作了规定。

12.3.4 为防止结构不均匀沉降，一般结构分段设变形缝，而站台地面也在与结构同部位处设变形缝，以保持与结构沉降变形的一致性。另外为检修站台下的管道、电缆等需要，在站台地面上设有检查人孔。变形缝及检查人孔板周边均设置角钢边框，为保证乘客行走安全和面层质量，因此本条作了规定。

12.3.5 地下铁道客流量大，车站站厅及站台厅地面多采用耐久、易清洗的板块材料铺砌而成，目前除常用的预制水磨石板、缸砖外，还大量采用陶瓷地砖，天然石等板块材料。当采用上述地面面层材料施工时，为保证工程质量，故制定本条规定。

12.4 站厅（台）钢管柱及钢筋混凝土柱饰面

12.4.1 地下铁道车站建成初期比较潮湿，钢管柱表面易于锈蚀，为延长钢管柱使用寿命，要求在柱面装修时，应先认真除锈，并及时进行下道工序施工。

12.4.2 本条是为保证饰面板施工质量而制定的。

12.4.3 本条说明如下：

1 由于钢筋混凝土柱面常因沾有模板脱模剂而很难清洗干净，为使抹灰层与柱面结合牢固，避免空鼓，要求在抹灰前应采取柱面凿毛及刷界面剂等措施予以处理。

2 明确施工程序和方法，以便保证工程质量。

12.5 站台电缆墙

12.5.1 地下铁道内的各种电缆均沿隧道结构墙壁悬挂敷设，当电缆通过车站时，由于建筑装修需要，采用电缆墙加以隐蔽，其电缆墙有的采用混凝土管块、金属活动板墙及水泥加压板墙等形式，由于电缆墙与行车安全和站台厅装修有关，所以制定本条规定。

12.5.2 本条是根据国家现行标准《通信管道工程施工及验收技术规范》YDJ 39 并结合已建成地下铁道车站混凝土管块电缆墙施工实践而制定的。

12.5.3 金属活动板及水泥加压板电缆墙墙面是靠型钢骨架与主体结构连接在一起的，为保证墙面稳固，表面平整、直顺和美观而制定本条规定。

12.5.4 金属活动板电缆墙的活动板块（扇）与型钢骨架的连接，当采用合页连接时，扇的开启方向应符合设计要求，并且关闭后的固定装置必须可靠，以保证行车安全。

12.5.5 为保证水泥加压板电缆墙的板面与型钢骨架固定牢固，防止板面松动和表面变形，特制定本条规定。

12.6 不锈钢栏杆及楼梯扶手

12.6.1、**12.6.2** 为保证不锈钢栏杆及楼梯扶手安装后达到设计要求和使用安全而制定的。

12.6.3、**12.6.4** 这是对不锈钢栏杆、楼梯扶手的加工质量提出的要求。

12.7 工 程 验 收

12.7.1 本条文第 1 款为施工保证项目，第 2 ~ 3 款为保证工程质量而必须检验的项目。

12.7.2 本条文表 12.7.2 中的各项为实测实量项目，所确定的允许偏差值是根据施工实践制定的。

12.7.3 本条文第1款为施工保证项目，第2~4款为保证工程质量而必须检验的项目。

12.7.4 本条文表12.7.4中的各项为实测实量项目，所确定的允许偏差值，其中第1~3项是参照国家现行标准《建筑地面工程施工及验收规范》GB 50209制定的，第4~7项是根据施工实践制定的。

12.7.5 本条文第1款为施工保证项目，第2~3款为保证工程质量而必须检验的项目。

12.7.6 本条文表12.7.6中的各项为实测实量项目。所确定的允许偏差值是参照北京市《高级建筑装饰工程质量检验评定标准》并根据实践制定的。

12.7.7 本条文第1款为施工保证项目，第2~3款为保证工程质量而必须检验的项目。

12.7.8 本条文表12.7.8中的各项为实测实量项目，所确定的允许偏差值，其中第1~5项是根据实践制定的，第6项系参照国家现行标准《通信管道工程施工及验收技术规范》YDJ 39制定的。

12.7.9 本条文第1款为保证项目，第2款为保证工程质量而必须检验的项目。

12.7.10 本条文表12.7.10中的各项为实测实量项目，所确定的允许偏差值系参照北京市《高级建筑装修工程质量检验评定标准》制定的。

13 整体道床轨道

13.1 一般规定

13.1.1 我国地面铁路标准轨距为1435mm，为使地下铁道轨道与地面铁路统一标准，便于维修和管理，地下铁道也采用了与地面铁路相同轨距。

目前，我国在地下铁道隧道内线路全部采用支撑式的整体道床，实践证明效果良好，并取得了施工经验。

在北京地下铁道一期工程中，曾铺设过连续梁式整体道岔，因先采用模具将扣件螺栓等固定，施工完道床后再换铺道岔，不但工序繁杂，而且把偏差都累计到轨面，线路精度不易保证，所以，本规范是以支撑式整体道床的形式制定的。地下铁道的地面线路碎石道床与地面铁路相同，因此，施工可按设计或地面铁路施工规范执行。

13.1.3 地下铁道整体道床铺轨方法有两种。一种是换铺法，其施工是先铺设工具轨，待轨枕或短轨枕与道床混凝土形成整体后，再拆除工具轨换铺永久轨。另一种为直接铺轨法，其施工是在隧道内直接将永久轨接头焊好，将轨枕或短轨枕连接好后灌注混凝土道床，一次完成铺轨和道床施工。

换铺法是采用工具轨做模具的，因此，工具轨采用与永久轨相同的型号。同时，为施工方便，便于控制焊接质量，本条文提出永久轨在隧道外焊好后再运至隧道内铺设。

13.1.4 目前，我国地下铁道铺轨采用的焊轨方法，直接铺轨法一般在隧道内采用移动式气压焊或铝热焊；换轨铺设法的永久轨，一般在隧道外铺轨基地采用固定式接触焊或气压焊。这几种焊轨方法，在操作工艺和质量要求方面都有相应的标准和规程，因此，本条文提出钢轨焊接接头应按其操作工艺规程施焊的规定。

13.1.5 地下铁道混凝土整体道床轨道工程，设计除采用标准定型图外，对轨道长度、轨缝位置、曲线超高及加宽、缓冲区、绝缘节、钢轨锁定等，在铺轨综合设计图内都作了具体规定。

13.1.6 地下铁道隧道内混凝土整体道床，设计规范规定采用 C_{30}混凝土，轨枕、轨枕块、短岔枕等采用 C_{50}混凝土。同时，预制构件精度要求高，加工数量比较大，为保证质量，本条文提出在工厂制作的要求。

另外，地下铁道车辆一般采用接触网和接触轨两种受电方式，如采用接触轨受电方式时，其接触轨支持底座为混凝土预制构件，应和其他构件同时预制并同时预埋在混凝土整体道床内。

13.1.8 为保持轨道稳定，减小钢轨温度应力，满足轨道强度要求，铺设轨道时，根据当地隧道内的最高和最低轨温代数平均值，确定设计锁定轨温。本条文要求轨道铺完后应按设计规定的锁定轨温对轨道重新调整，达到标准后再正式锁定。

13.1.9 线路竣工贯通测量，是对轨道的高程、水平、轨距以及建筑和设备限界的全面检查，以保证行车安全和工程质量。

13.2 器材整备、堆放和运输

13.2.1 地下铁道车辆段处于地面，便于与地面交通联系，同时，也是唯一的隧道出入口，为运输方便，本条文提出铺轨基地宜设于车辆段。

钢轨及配件等，需要的堆放场地比较大。同时，铺设前还需整备或组装，为保证材料质量和施工顺利进行，故要求场地平整、夯实并排水良好。

13.2.2 地下铁道隧道内都采用25m长钢轨，由于制造偏差所致，即是同一标定长度的钢轨，实际长度也不尽相同。地下铁道轨道为相对式接头，为防止铺轨形成的累积偏差超过相对接头偏差的规定，故要求钢轨标定公差在3mm以内的应同垛堆放，并标志清楚，以保证铺轨质量。

为保证钢轨堆放时不受损或变形并防止锈蚀，本条文提出钢轨分层并垫垫木与地面隔离的要求。

13.2.5 本条说明如下：

1 地下铁道隧道内整体道床轨道组装方法有两种：一种是将钢轨运至隧道内的铺设位置支架固定后架挂预制轨枕或短轨（岔）枕；另一种是在铺轨基地预先组装成整轨节后运至隧道内铺设。两种方法都可行。本规范第13.4节对预制轨枕或短轨（岔）枕安装都作了具体要求。

2 组装后的整轨节较长，刚度差，运输吊装较困难，而轨道铺设精度要求高，本款是为了方便施工，防止轨节铺错而制定的。

13.2.6 为施工方便，防止配件丢失，本条文提出钢轨应配对或整轨节、道岔应成组装车的要求。

由于地下铁道隧道内无法调整钢轨的方向，所以钢轨或轨节应在基地事先检查好，避免运进隧道内铺设过程中发现问题不好处理。

13.3 基标设置

13.3.1 地下铁道隧道结构的中线方向、里程、高程等均是地面引入的，由于隧道是以车站和区间分段施工，所以测量控制桩也是分段分批测放的。为保证隧道内的铺轨精度，要求铺轨前应全面的检测，通过贯通测量后，对中线点和水准点进行统一的调整和平差后，再设置基标，以保证基标的精度。

13.3.2 本条说明如下：

1 控制基标是根据线路中线设置的，用它控制铺轨里程、轨道中线和高程等，属永久性标桩；

2 加密基标是根据控制基标设置的，铺轨时用它控制轨道的轨距、高程和水平等，也属永久性标桩。

13.3.3 整体道床轨道铺设后，钢轨扣件调整量小，为保证线路的质量和精度，对基标设置允许偏差做出了规定。

13.3.4 基标桩不但是轨道铺设时控制精度的重要依据，也是地下铁道运营期间轨道线路维修、检测的重要标志，所以制定本条规定。

13.4 轨道架设与轨枕或短轨（岔）枕安装

13.4.1 钢轨架设后，即进行轨道位置的调整，如果在调轨过程中，再发现钢轨不直顺，则处理很因难。为防止混凝土渣沾污扣件，本条文提出涂油的规定。

13.4.2 目前我国地下铁道隧道内混凝土整体道床铺轨，都是采用支撑架将钢轨临时架立起来的施工方法，而且效果很好，并取得一定的经验。

支撑架摆放的间距是根据施工实践确定的。由于支撑架是支撑在隧道墙壁上而固定的，为使支撑牢固，受力合理，并保证支撑好的钢轨位置正确，故对支撑架的支立方向做出了规定。

13.4.3 钢轨和道岔的位置用支撑架固定并大致调整后，基本上形成了整体道床轨道的位置，为保证轨枕、短轨（岔）枕悬挂位置准确，本条文提出悬挂前要测放其位置的要求。

13.4.4 为使钢轨保持正确的方向、位置及轨距，保证轨枕或短轨（岔）枕本身受力正确，并将列车运行时产生的力传至整体道床，故制定本条规定。

13.4.5 轨枕或短轨（岔）枕布设在轨下后，为使钢轨受力均匀，对轨枕或短轨（岔）枕安装偏差作了规定。

如果轨枕或短轨（岔）枕布置在结构变形缝或钢轨普通（绝缘）接缝上时，由于结构的不均匀沉降和列车通过轨缝处产生的冲击力易于产生应力集中而使轨枕或短轨（岔）枕受到损坏，所以规定其不应摆放在结构变形缝或钢轨普通（绝缘）接缝处，并离开距离不应小于 70mm。

13.4.6 钢轨扣件所以要求先安装一侧再安装另一侧，主要是为了施工方便，如有条件时，也可以两侧同时安装。

13.5 轨道位置调整

13.5.1 调整钢轨和道岔位置要以基标为依据，并使用道尺进行具体的调整和检查，因此，本条文对道尺的精度作了规定。

13.5.2 钢轨采用相对式接头的形式，可减少列车轮对冲击次数，列车运行平稳，使乘客感觉舒适。

相对式接头的轨道两轨缝容许相错量，地面铁路规定，直线不大于 40mm，曲线不大于 40mm 加采用缩短轨缩短量的一半。而地下铁道隧道内铺设的整体道床轨道，考虑到换轨困难，为延长轨道寿命，使乘客感觉舒适，制定的轨道接头相错量的精度比地面铁路的标准高一些。

由于我国地下铁道采用的电动客车轴距为 2.5m，为减少列车的冲击次数，要求相错量不应小于 3m。

13.5.3 轨道钢轨接头里程，对于普通接头一般只要满足对接相错量的规定就可以了。但对于与道岔相连接的普通接头，为保持道岔里程位置的正确，其里程位置应满足本规范第 13.5.5 条的规定。而对于装有自动闭塞的区段，需要根据信号设备要求确定绝缘接头的里程。

13.5.4 本条是根据地面铁路技规并结合地下铁道隧道内整体道床轨道施工的具体情况而制定的。

1 为行车安全，防止建筑和设备限界超限；

2 直线上轨道的钢轨不直顺，曲线上的轨道钢轨不圆顺，极易引起列车运行时的蛇形运动而不平稳；

3 为防止列车运行时摇摆和避免两股钢轨由于高差过大而严重磨损以及出现超过规定的三角坑时可能引起列车脱轨事故的发生；

4 轨道前后高低不平处，列车通过时，增加了其冲击动力，加速钢轨变形并使乘客感觉不舒适；

5 为防止列车运行时车轮被轨道夹紧而产生行车阻力并加大对钢轨的磨损以及避免列车运行时产生强烈的摆动，制定适当的轨距偏差是非常重要的。地面铁路的碎石道床规定的铺轨偏差为 $^{+6}_{-2}$mm，由于地下铁道整体道床轨道钢轨扣件调整量小，整体道床施工完后无法起道，同时，钢轨就是调整好后，施工中很可能还会产生一定变化，所以规定的精度高一些。

6 车辆的车轮踏面制作坡度为 1:20，但经过一定时间的磨损后都接近于 1:40，为使铺设的钢轨适应这一坡度，钢轨也铺设成向内倾斜 1/40 的轨底坡。

7 为保证轨缝宽度在轨温升高时不顶严，降低温度时夹板螺栓不受横向拉应力，轨缝宽度应经过计算确定。而现场铺轨时，预留轨缝一般可比计算略大 1mm，所以对允许偏差值做出了只能出现正值而不能出现负值的规定。

8 为保证行车平稳，减少列车行驶时的冲击振动，延长钢轨和列车的使用寿命。

13.5.5 道岔是引导列车从一股轨道转入或越过另一股轨道的线路设施，它直接影响到列车运行效率和安全，因此，铺设精度要求比较高。

1 道岔区的隧道结构是根据道岔平面位置特殊设计的。本款为保证行车安全和隧道建筑限界符合规定而制定。

2 道岔的导曲线位置和圆顺度是采用支距法确定的，并采用支距尺检测，为保证列车行车安全、平稳地通过道岔，故对支距偏差做出了规定。

地下铁道线间距不足 5.2m，因此道岔后设有附带曲线，为保证附带曲线设置精度，对其检查方法和标准也做出了规定。

3 道岔一般都设于直线上，为保证车辆平稳行驶，使轨道的两股钢轨平均承重，因此轨道都应平顺。

4 道岔的两股尖轨是利用转辙杆连接在一起的，转辙器动作时，两尖轨应连动，使一侧尖轨密贴基本轨，另一侧尖轨离开基本轨，并保持一定距离，使车辆顺利进入直向或侧向轨道。如果两尖轨脱离，扳动时一根尖轨移动，另一根尖轨不动或移动距离达不到要求，就会使车辆脱轨，不能保证行车安全。

尖轨的动程为尖轨尖端非作用边与基本轨作用边拉开的距离，并保证尖轨拉开后，车辆对尖轨非作用边不发生侧压作用，这与车辆轮对的尺寸、构造有关。曲尖轨和第一连接杆动程不应小于152mm，这是地面铁路统一规定的，地下铁道是采用地面铁路的制式道岔，所以制定这一规定。

导轨是起导向作用的，其尖轨如果和基本轨不密贴，或使其轨距过宽或过窄，会由于列车通过时车轮的撞击而易损坏，特别是尖轨的尖端至20mm宽的一段是不受力部分，如果受力不当，更易损伤。

5 为使列车通过道岔时不撞击辙岔的翼轨和岔心，必须使车辆轮对的宽度大于辙岔护轨头部外侧到辙岔心作用边的距离。由于地下铁道车辆最大轮对宽为1391mm，所以只能有正偏差值，而不能有负偏差值。

为保证列车通过道岔时不被楔住，则翼轨作用边至护轨头部外侧作用边的距离，必须小于列车车轮的最小轮背的内距。由于列车轮背间最小内距为1348mm，所以只能有负偏差，而不能有正偏差值。

6 轨道前后高低不平时，车辆通过产生的冲击动力，使乘客感觉不舒适，同时也加速轨道变形，为此制定本规定。

13.5.6 混凝土整体道床轨道的钢轨和道岔是靠支撑架固定的，由于灌注和振捣混凝土时，会产生一定冲击力和振动力，为防止已调好的钢轨移动，影响其精度，支撑架必须支撑牢固。

整体道床是沿隧道方向逐段施工的，已架设好的钢轨或道岔施工段，如不及时施工，不但影响后序施工段施工，同时，在其他工序施工时，还会造成支撑架移动，影响其精度，因此提出及时灌注混凝土的要求。

13.6 整体道床

13.6.1 整体道床的变形缝和水沟需要支立模板灌注混凝土，水沟必须保证沟底平顺，排水畅通；而整体道床变形缝应与隧道结构变形缝在同一垂直面上，以防止隧道结构不均匀沉降而引起整体道床产生裂缝甚至开裂。

13.6.2 灌注混凝土施工时，为防止由于碰撞钢轨或支撑架而引起已支立好的钢轨位置产生移动，因此，要求施工脚手架应独立设置。

13.6.3 为保证整体道床混凝土振捣密实和不超过覆盖时间，故要求分层、水平、分台阶灌注。

钢轨是靠支撑架支撑的，而振捣器振动频率大，如触及钢轨和支撑架易使钢轨位移。

13.6.4 混凝土初凝阶段，虽已开始进行一定的水化作用，但还未形成一定强度，这时有利混凝土抹面。其抹面平整度和高程允许偏差是为保证整体道床面层和水沟不积水而制定的。

在混凝土抹面的同时，所以要求将洒落在钢轨、配件和支撑架以及预制混凝土块上的灰浆清理干净，主要考虑到这期间灰浆还未凝固，正处于脆性阶段而易于处理。

13.6.5 为保证混凝土整体道床质量，避免混凝土灌注后受到损坏，对支撑架拆除和载重提出了具体要求。

13.6.6 混凝土构件的留置组数，是根据整体道床施工的具体情况，结合现行的钢筋混凝土工程施工有关标准而确定的。

13.7 混凝土预制构件制作

13.7.1 整体道床内的轨枕或短轨（岔）枕等属三维受力构件，故必须有足够抗弯、抗压和抗剪强度。

13.7.2 混凝土轨枕及短轨（岔）枕，埋置于整体道床之后，用螺杆旋入套管通过扣件将钢轨压紧，它不仅承受钢轨传递的各向压力，并弹性的传递于整体道床上，同时还有效地保持轨道的方向、轨距和位置。因此，对承轨槽和螺栓套管以及外型尺寸在制作上作了具体规定。

13.7.3 接触轨混凝土预制底座，埋置于整体道床之后，需与接触轨支持绝缘子连为一体，以将接触轨固定，所以对其制作标准提出了具体规定。

13.7.4 整体道床混凝土预制构件，其试件的留置组数，是根据预制构件体积小，强度要求高、制作数量多的特点，结合现行的钢筋混凝土工程施工有关标准而确定的。

13.8 工 程 验 收

13.8.1 为保证混凝土整体道床轨道的总体质量，工程验收应从材料检验开始，并在开工前对各主要工序进行全面的中间检验，合格后再进行下道工序施工。本条规定的检查项目，是根据整体道床轨道施工时的主要工序制定的。

13.8.2 整体道床是受力的轨下基础，所以要求混凝土强度必须达到设计要求。而混凝土无蜂窝、麻面和漏振，这是对混凝土结构最基本的要求，本条文提出的精度标准，考虑到在施工过程中各种因素的影响，预留了一定的变化量，以保证竣工后符合标准规定。

13.8.3 轨道夹板和扣件是连接和扣紧钢轨的部件，因此，竣工前应进行一次全面的检查，并应进一步拧紧。

另外，隧道内潮湿，为保护好钢轨和部件，故要求应涂油。

13.8.4、**13.8.5** 这两条轨道的钢轨和道岔竣工精度标准的确定，是考虑到支撑架和钢轨在施工过程中，由于受到各种因素的影响，使支撑架和钢轨产生一定的位移和变形，因此，预留一定变化量，比施工中的精度标准规定的偏差值低了些，这样，以保证轨道竣工后达到标准要求。

13.8.6 整体道床轨道竣工验收合格后，为检验线路的质量，应进行通车试验。

对钢轨的冲击力，行车速度越高冲击力越大，为试通车的行车安全，本条规定了三级通车运行速度，并在每一运行速度过程中，全面检查轨道状况，并进行必要的维修，以达到按设计速度正常运行的目的。

14 自动扶梯

14.1 一般规定

14.1.1 为方便乘客出入地下铁道车站，一般在车站出入口、站台与站厅等处设置自动扶梯，特别是车站出入口隧道埋置较深，而现场又不具备整机安装条件，所以本规范是按自动扶梯的金属结构架、梯路系统、驱动主机、扶手装置等装配式进行安装而制定的。现场如具备条件时，应尽量采用整机安装，但安装和调试仍应按本章相应的规定执行。

14.1.2 本条文提出了自动扶梯施工应具备的基本条件。

14.1.3 扶梯安装过程中，常受现场条件限制，不得不利用结构作承力点进行吊装，为保证结构、设备及人身安全，特制定本条规定。

14.1.4 因安装现场条件与制造厂有较大差距，现场拆装难以保证原有精度及性能，故制定本条规定。

14.1.5 高程及中心线是确定扶梯安装位置及与相关建筑物之间距离的依据。为保障乘客的安全，本条文在考虑现场条件和施工累积偏差的基础上，制定了允许偏差值。

14.2 金属结构架

14.2.1 金属结构架是自动扶梯的主要受力结构，同时又是控制扶梯精度和确定扶梯安装位置的主要部件，为保证扶梯安装质量，根据金属结构架分段安装的特点制定本条规定。

14.2.2 强调施工中对防腐损坏部位的处理，主要是为防止该部位的锈蚀，影响设备使用寿命。

14.3 梯路系统

14.3.1 梯路的驱动端与张紧端固定的位置正确与否，是控制梯级横向中心线能否重合于扶梯纵向中心线的主要环节，因此，本条文参照设备技术文件的有关要求，并结合实践经验，对其安装允许偏差值作了规定。保证梯路系统总体安装质量。

14.3.2 驱动轴与张紧轴的安装质量是关系到梯级是否平稳或偏移的主要因素，因此，本条文对其各部位施工允许偏差值作了规定。

14.3.3 梯路导轨是确定梯级良好运行的关键部件，其安装质量将直接影响梯级的运行状态和乘客的舒适，因此，依据设备技术文件的有关要求和实际施工经验制定本条规定。

14.3.4 梯级安装直接关系到乘客的舒适和安全，因此，根据其特点并参照现行国家标准《自动扶梯和人行步道的制造与安装安全规范》GB 16899 对其安装精度和标准做出了规定。

14.3.5 前沿板和梳齿板不仅是扶梯出入口部位的装饰性部件，也是梯级安全运行的保护性设施。因此，本条文对前沿板和梳齿板的施工偏差分别作了规定。

14.4 驱动主机

14.4.1 根据扶梯驱动主机制造精度要求，结合扶梯实际安装、运行考查情况等制定本条规定。

14.4.2 制动器是确保乘客安全的关键部件，其动作必须准确可靠，否则，运行和制动时将造成梯路上的乘客前俯后仰，甚至摔伤。本条文是根据设备技术要求并进行调研后制定的。

14.5 扶 手 装 置

14.5.3 扶手带支架表面一般经过氧化处理，平滑而光泽。为保证安装质量，特作本条规定。

14.5.4 扶手带导轨易变形，与胶质扶手带相磨擦的曲线部分变形更甚。为减少损伤，保证扶手带均匀滑动制定本条规定。

14.5.5 为保证乘客安全，制定本条规定。

14.5.6、14.5.7 围裙板、内外盖板、外装饰板和护壁板等装饰性强，为保证扶梯的外观质量，对其材质及接头、接缝的镶配，做出了具体规定。

14.6 电 气 装 置

14.6.1～14.6.7 参照现行国家标准《电气装置安装工程 1kV及以下配线工程施工及验收规范》GB 50258 制定的技术要求。

14.7 安全保护装置

14.7.1、14.7.2 各种安全保护装置是确保自动扶梯安全运行的主要设施，为保证乘客的安全，故制定此两条规定。

14.7.3 本条系参照现行国家标准《自动扶梯和自动人行道的制造与安装安全规范》GB 16899 制定的。

14.8 调 整 试 验

14.8.1 为使扶梯试运转顺利进行并保证安全，故对检查内容作了具体规定。

14.8.2～14.8.4 为确保扶梯运行平稳和乘客的舒适安全，对扶梯试运转提出的综合考核指标。

14.9 工 程 验 收

14.9.1 本条规定了工程验收时检查的内容和要求。

15 通 信

15.1 一般规定

15.1.5 为光缆配盘、敷设、增设保护段及核算光缆总长度提供数据。

15.1.7 防止灌注混凝土时，盒、箱与管路脱离而被堵塞，特制定本条。

15.2 光、电缆线路

15.2.3 为保证通话质量、传输距离和复用更多的话路，必须测试电缆的各项性能，以便于配盘，抵消电磁耦合产生的影响。

15.2.4 近端串音衰减主要取决于增音段两端电磁耦合的大小，其耦合值距终端愈远，反映到终端的串音就愈小。故选择近端串音衰减数值较高的电缆置于增音区段的两端，以提高增音区段两端的近端串音衰减值。由于我国目前尚未制定电缆规定长度的 k_2、k_3、e_1、e_2 数值，所以本条依据目前电缆施工的统一施工法，特规定将 k_1、k_2、k_3、e_1、e_2 数值小的电缆置于增音区段的两端。相应考虑远端的影响，将 k_1、k_2、k_3、e_1、e_2 绝对值相近的电缆尽量放在一起，便于选择交叉将其抵消。

15.2.8 质量差的铅套管容易漏气，使电缆的绝缘性能下降，容易产生串音及杂音，降低通话质量。

15.2.11 充入电缆的气体含有杂质、不干燥或具有腐蚀性，将造成电缆芯线间及芯线对地的绝缘电阻、耐压强度的降低，电缆线路串音衰减减小，通信干扰增大。

本条是参照国家现行标准《铁路通信施工规范》TBJ 205 第6.10节制定。

15.2.17 调相接法：即两种不同类型的漏泄同轴电缆连接时，通过软同轴电缆调节其长度，使两种漏泄同轴电缆波面保持同相位。

不同规格的漏泄同轴电缆相接，由于电缆开槽大小和方向的差异，将引起相位突变，故采用调相接续，保持两电缆的波面为同一相位。其调相电缆长度 L_x 的计算公式为：

$$L_x = \lambda_s\left(M/2 - L/P_0\right) + \lambda_s/\lambda_L\left[L - \left(l_1 + l_2\right)\right] \quad (1)$$

式中 L——为两漏泄同轴电缆第一槽中心距离（cm）；

P_0——漏泄同轴电缆开槽距离的重复周期；

λ_L——漏泄同轴电缆电气波长（cm）；

λ_s——为调相软同轴电缆的电气波长（cm）；

l_1，l_2——分别为被调相电缆端头至第一槽中心的长度（cm）；

M——为两种漏泄同轴电缆第一槽方向平行时，为偶数；方向成八字时，为奇数。两者为整数，其值大小应使 $M > 2\{\{L - \lambda_s/\lambda_L[L - (l_1 + l_2)]\}/\lambda_s + L/P_0\}$，经计算必须是 $L_x > L$，满足接续长度。

15.2.20 光纤是按一定的几何形式固定，只有光缆 A 或 B 端朝一个方向，光纤接续才不会交叉，并保持光缆的特性。

光缆结构不同，其传输特性不同，为了保证光缆特性一致及传输质量，故本条要求在一个光缆中继段内应敷设同一厂家生产的结构、制式及维护方式相同的光缆。

因光纤由玻璃拉制，为防止光纤损伤，根据施工经验确定牵引最大速度为15m/min。同时为便于配盘核对，防止敷设失误损伤光缆，提出了先电缆后光缆的敷设规定。

15.2.21、**15.2.22** 为减小光损耗及接续损耗，保证通信质量及防止设备损坏而制定本条款。

15.2.23 计算值公式为：

$$\alpha = \alpha_0 l + \alpha_s n_1 + \alpha_p n_2 + \alpha_c m + C \quad (2)$$

式中 α_0——光缆线路每公里衰减（dB/km）；

l——中继段长度（km）；

α_s——接续损耗（dB）；

n_1——中继段内光缆直通接头数（个）；

α_p——配线箱内光纤与带有活动连接器尾纤的熔接衰减（dB/个）；

n_2——中继段内配线箱内接头数（个）；

α_c——活接头连接器损耗（dB/个）；

m——活动连接器数量（个）；

C——校表后的实际值。

15.3 设备安装

15.3.5 第1款是因设备安装地点距中心站的距离不同，其输入阻抗也不同，为保证阻抗匹配，故作本规定。

第3款是为了达到扬声器振动方向的一致性，取得较好的音响效果而制定的。

15.3.6 根据已建地下铁道实践，水平偏差超过本规定，钟摆左右摆动幅度不一致，走时精确度下降。

15.3.7 零线虚接处有一个大的接触电阻，交流在其上会产生一个交流电压降，该电压降对有的相是同相相加，有的是反相相减，造成某些相的电压偏高而超过允许范围，烧坏无输入过压保护的模块。

零线断开危害更大，电压将重新分配，若某相上带的整流模块少，它将因承受的电压高而被烧坏。

15.4 设备配线

15.4.1 本条第8款是为了防止广播线和交流电源线的电磁场在电话线上产生感应电势干扰通话质量而制定的；

第10款总机输出端混合线圈的平衡网络阻抗只有与外线阻抗相等时，才可保证送话端的信号只送入外线，而不进入受话端，从而防止振鸣；外线侧信号则只进入受话端，而不进入送话端。

混合线圈原理图及其简化图如图1、图2。

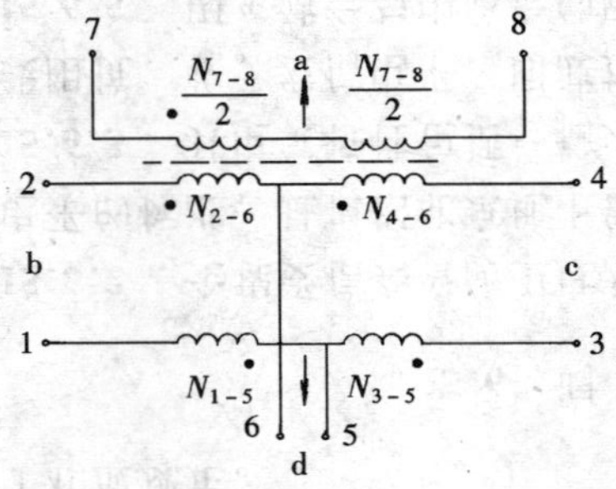

图1 混合线圈原理图

a—送话端；

b—二线侧；

c—平衡网络；

d—受话端；

N_{1-5}，N_{2-6}，N_{3-5}，N_{4-6}，N_{7-8}—为线圈匝数

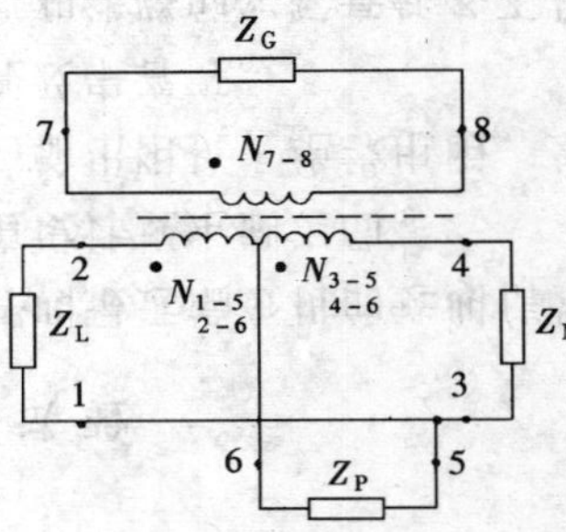

图2 混合线圈简化图

Z_G—送信阻抗；

Z_P—受信阻抗；

Z_L—外线阻抗；

Z_N—平衡网络阻抗；

当混合线圈为理想的变量器，且每个线圈的感抗比负载阻抗大得多，则：

受信阻抗：$Z_P = Z_L/2 = Z_N/2$

送信阻抗：$Z_G = Z_L/2n^2 = Z_N/2n^2$

受信衰耗：$b_{受} = b_{12-56} = b_{56-12} = 0.35N$

送信衰耗：$b_{送} = b_{12-78} = b_{78-12} = 0.35N$

式中　n——线圈匝数比，$n = (N_{1-5} + N_{2-6}) / N_{7-8}$；

b_{12-56}，b_{56-12}，b_{12-78}，b_{78-12}——邻端衰耗。

当电桥平衡时，对端衰耗等于无限大，而实际上对端衰耗并非无限大，这就可能使送话电流通过混合线圈进入受话电路而引起振鸣。为此提出了外线阻抗与平衡网络阻抗相匹配的要求。

根据平衡衰耗与对端衰耗的关系：

$$b_{78-56} = 0.7 + \ln|(Z_L + Z_N)/(Z_L - Z_N)| = 0.7 + b_e \quad (3)$$

式中　b_{78-56}——对端衰耗；

b_e——平衡衰耗。

当 Z_L 与 Z_N 愈接近，b_e 愈大，b_{78-56} 也愈大，混合线圈的平衡度愈高；反之，混合线圈的平衡度愈差。

上述式（3）中加入 0.7N 是考虑到反射电流从混合线圈 1-2 端发出，它的一半功率送至 7-8 端，一半功率送至 5-6 端，其邻端衰耗均为 0.35N。而 7-8 端所发送功率送至 1-2 端时，本身已衰耗了 0.35N，因此，从 7-8 端到 5-6 端的对端衰耗应由外线阻抗与平衡网络阻抗不平衡时，而引起的平衡衰耗再加入 0.7N，才是真正的对端衰耗值。

15.4.3　为符合电信、铁路系统的通用规则，并保持局间与电信或铁路系统连接时供电的一致性，而对弹簧排焊线做出的具体规定。

15.5　接 地 装 置

15.5.6　接地体的施工技术要求是根据北京地下铁道通信施工实践制定的。

为防止杂散电流腐蚀主体结构钢筋，本条对绝缘程度作了相应规定。

15.6　调 整 试 验

15.6.2　全程受信杂音防卫度与呼叫最远端分机的选叫信号电平的标准，是根据北京地下铁道设计规定制定的。

15.6.3　其电气特性包括：输入与输出阻抗，绝缘电阻，外线阻抗，收、发信电平，回波损耗及串音等。

15.6.5　因车站台与中心台的距离和线路的实际衰耗各不相同，为了保证足够的接收与发送电平值，本条提出各车站台调整阻抗匹配的要求。

15.6.9　局数据：局向、中继线数量、路由、信令、发号位数等；

用户数据：用户号码、设备号码、类别和性能等。

15.6.10　是参照国家现行标准《市内电话程控交换设备安装工程施工及验收暂行技术规定》YDJ 50 和《铁路数字程控交换通信工程质量评定验收标准》TB 10426 制定。

程控交换机系统测试与试运转是对交换设备性能和安装质量的检验。

“局”——为交换机；

“用户”——为电话单机。

15.6.11　因相邻车站电台工作于不同的高频载频频率，为了保证列车电台能与驶入的站区车站电台进行通信，故作本规定。

16 信　　号

16.1 一 般 规 定

16.1.1 本条规定了本章的适用范围。

16.1.2 信号电缆托架与通信电缆托架的安装方法和技术标准相同；通信管路敷设，管件预埋技术标准亦可满足信号安装工程的要求。本章均予以引用。

16.1.3 室内外设备配线是工程施工的重要组成部分，为保证配线正确、牢固，整齐美观，本条文对配线提出基本要求。

焊接配线一般均套塑料管保护焊线裸露部分，塑料管长度、规格本条文未作规定，可根据现场条件及要求确定。

腐蚀性的焊剂对施焊部位不仅增加接触电阻，而且将减少其使用寿命，故作出禁止使用的规定。

因室外箱、盒配线易老化，且维修时可能反复拆卸线环，造成线环根部断线，故对电缆芯线提出做头余量要求。

16.1.4 信号设备接地装置一般与通信工程共用或通用，故作引用规定。

16.1.5 为保证面漆施工质量和同类设备漆色的一致，特作本条规定。

16.2 电 缆 敷 设

16.2.1 本条说明如下：

电缆受机械损伤、水分或潮气侵入破损部位，电缆芯线间的绝缘程度将降低，严重时可能混线，造成设备错误动作。

第 3 款是参照国家现行标准《铁路信号施工规范》TBJ 206 第 7.1.1 条制定。

信号电缆一般为聚氯乙烯外护套，该材料特性随外界温度变化，温度降低则韧性变小。为防止电缆损伤，根据电缆外护套的不同结构对弯曲半径提出不同要求。

第 6 款是为防止列车运行时的剧烈振动造成电缆脱落，与运行车辆挂连，发生事故。

第 7 款是参照国家现行标准《铁路信号施工规范》TBJ 206 第 7.2.4 条制定。

16.2.2 本条文规定是为保证电缆施工尽可能经济合理的基本原则。

16.2.3 本条说明如下：

为防止运行列车的振动、冲击损伤电缆，对电缆埋设深度作了规定。另因寒冷地区温差较大，影响电缆使用寿命，所以第 1 款做出电缆埋设深度在冻土层以下的规定。

为防止车辆通过时的冲击压力损坏电缆，而采取的防护措施。为便于施工和维修中更换电缆，根据施工实践，对防护管的内径做出了规定。

第 4 款是参照国家现行标准《铁路信号施工规范》TBJ 206 第 7.2.2 条制定。

防止强电对信号设备信息传输的干扰和其他地下管线对信号电缆的妨害，制定相应的敷设间距及防护措施是必要的，但目前地铁工程施工制约因素很多，且难于与国家现行规范的有关规定统一，故暂作本规定。

电缆标志是反映电缆埋设径路的地面标志，既便于维修人员检修，又可提醒其他人员在施工时，注意保护电缆。本条对干线电缆标志作了规定。

16.2.4 通信电缆的施工技术标准在本规范第15章已有明确规定，应遵照执行。

16.3 室外设备

（Ⅰ） 固定信号机

16.3.1 固定信号机的纵横位置和高程尺寸等在设计文件中均作了规定，但安装施工中应按设备限界规定进行测量检查。设备限界图中标注的尺寸均为直线轨道的限界，不适用于线路曲线部分。在曲线部分，设备限界根据曲线半径大小和规定的速度极限相应予以加宽。设备安装必须符合限界加宽要求。

16.3.2 防止行车振动引起信号机构倾斜或脱落。

16.3.3 避免司机误认信号或辨认困难，本条文提出灯室不得窜光的要求。

16.3.4 根据北京、上海地下铁道施工经验和运营实践制定本条。

16.3.5 参照国家现行标准《铁路信号施工规范》TBJ 206第4.1.5条制定。基础埋深不足部分应培土夯实。

16.3.6 本条说明如下：

1 参照国家现行标准《铁路信号施工规范》TBJ 206第4.1.4条换算后确定的机柱倾斜限度。

2 便于司机观察信号显示状态。

3 防止雨水，杂物及老鼠等小动物进入机柱内，损伤信号机配线。

4 避免登高作业人员重心偏移造成人身事故，故对信号机梯子安装提出要求。信号机梯子中心与机柱中心一致，是站在信号机构正面观测时，对梯子安装位置的要求。

（Ⅱ） 电动转辙机

16.3.7 尖轨开程 S 是指道岔尖轨第一连接杆处的尖轨与基本轨之间的距离。由于目前广泛采用的ZD6型电动转辙机动作杆的动程 L 为156mm，在施工中道岔密贴调整杆的游间 D 不得小于5mm，所以尖轨的开程为：

$$S = L - D$$

即：$S = 156\text{mm} - 5\text{mm} = 151\text{mm}$

《铁路工务规则》规定：尖轨在第一连接杆处的最小动程，直尖轨为142mm，曲尖轨为152mm，以确保车轮对尖轨不发生横向挤压。所以规定了此开程范围。

16.3.8 电动转辙机是带动道岔变位和保证行车安全的关键设备，动作频繁，所以安装前要认真检查，保证质量。根据施工经验制定本条检查内容。

16.3.9 电动转辙机的动作包括解锁、转换、锁闭三个过程。道岔尖轨与基本轨不密贴或假密贴条件下可能发生挤岔或车辆脱轨事故。为保证道岔安装装置不松动，转辙机不位移，在锁闭状态时保证列车安全通过而制定本条规定。

（Ⅲ） 轨道电路

16.3.11 轨道电路区段内各种连接杆、件的绝缘程度，直接影响到区段漏泄电阻值。当其中任一杆、件绝缘不良时，都会造成道床漏泄电阻减小，漏泄电流增大，降低轨道电路的可靠性，甚至无法工作。故提出本条要求。

16.3.12 本条说明如下：

1 主要从两方面考虑：一方面为保证行车安全，安装高度不侵入设备限界；另一方面保证整体道床排水沟的畅通。

2 防止膨胀螺栓等固定、支持件松动造成扼流变压器倾斜或脱落。

16.3.13 为保证焊接质量，防止因施焊部位的附加电阻降低轨道电路的技术指标，本条文对焊接提出要求。

为防止工务部门整修道床或其他原因造成焊接线隆起，与运行中的列车挂连，危及行车安全或造成信号设备损坏，本条文规定了焊接线固定措施和距钢轨底面的距离。

16.3.14 为减少塞钉与钢轨的接触电阻，规定了塞钉打入深度和无锈蚀的要求。

钢轨引接线、道岔跳线与钢轨底面接触或彼此交叉接触，将造成轨道电路短路，所以对其固定措施和低于钢轨底面的距离做出了规定。

16.3.15 防止轨道电路出现死区段，致使小车跳动或停留在轨道绝缘节处，得不到分路状态检查。

16.3.16 地下铁道信号系统中采用的无绝缘轨道电路均为国外引进产品。由于设备型号不同，安装技术要求和安装标准也不相同，故仅作原则性规定。

（Ⅳ） 箱、盒安装

16.3.17 变压器箱箱盖向所属线路内侧开启，利于保障运营维修人员的人身安全。

规定箱、盒设置的基准方向，便于检查故障。

为防止雨水、地面积水或潮气进入箱、盒内部，造成锈蚀，规定了对空闲的引接线口及备用电缆引入孔的处理措施。

16.3.18 同本规范第16.3.16条的条文说明。

16.4 室内设备

16.4.1 设备在运输中的振动或其他原因，可能影响其性能。为保证安装质量，缩短开通调试时间，对设备规定了静态检查的要求。

16.4.2 室内设备数量多、规格各不相同，考虑设备安装的整齐、美观，根据施工经验制定了设备就位的偏差范围。

16.4.4 根据施工和运营维修的需要，对室内电缆提出加挂铭牌的要求。为便于处理电源故障，对电源环线和主要的电源端子的线位标注，分别做出规定。

16.5 车载设备

16.5.1 车载设备若由地铁客车生产厂家负责安装，应按本条要求逐车进行验收检查。为防止车载设备在列车运行剧烈振动中出现紧固件、插接件松动现象，导致设备错误动作，本条对车载设备的固定分别提出要求。

16.5.2 为保证供电电压稳定，确保设备可靠工作，特作本条规定。

16.6 调整试验

（Ⅰ） 单体调试

16.6.1 光通量由信号灯泡端电压决定，电压的高、低又直接影响到灯泡的寿命。为保证信号显示距离并延长灯泡的寿命，根据实践经验对电压调整范围作了规定。

16.6.2 电动转辙机的保护接点是为保护操作人员的人身安全而设置。当开启机盖或插入手摇把时，保护接点必须切断启动电路，方可保护操作人员的安全。故对遮断器做出了规定。

为使电动转辙机动作可靠，表示正确，动接点与定接点须有一定的接触面和适当的压力。根据施工实践，对动接点与定接点的接触深度作了规定。

当道岔因故受阻不能转动时，由于动作电源未被切断，而反电动势等于零，外加电压全部加在电枢和激磁绕组上。因电枢和激磁绕组的电阻很小，电流值将远远超过额定值，电动机可能被烧毁，为此对摩擦联结器的调整作了规定。

16.6.3 由于现运营和在建的地下铁道信号轨道电路设备多为国外引进产品，制式各异，技术标准不同，所以本条仅对轨道电路调试项目予以规定。

16.6.4 根据人的视觉，对于闪光频率每分钟 80～120 次易于识别的特点，本条对闪光信号频率作了相应规定，根据实践证明是适宜的。

16.6.5 信号设备的动作是由控制按钮操纵并由盘面上各种复示器反映，为准确检查信号设备的状态是否符合值班员的意图，本条对控制按钮、复示器及控制台端子对地绝缘电阻值等做出了规定。

16.6.6 北京、上海地下铁道信号自动控制系统采用的计算机均为国外引进产品，外部设备也各不相同，其性能指标不宜进行规定。计算机功能性测试应按计算机运行检查程序和设计要求逐项进行试验，为系统调试创造条件。

16.6.7 车载设备宜在专用试车线进行检验，以保证全部运营列车车载设备技术指标一致并缩短调试时间。

（Ⅱ） 系统调试

16.6.8 联锁试验首先使用模拟试验的方法达到检查进路联锁关系的目的。同时，对室内外各种设备进行单独操纵和连通试验。在上述试验完成后，根据联锁表进行行车（压轨道）试验。本条对 6502 电气集中和微机联锁系统一并做出规定。

为保证信号设备安全可靠，本条规定试验时间不得小于 72h，以便充分暴露工程隐患，发现问题，及时解决。

16.6.9 列车自动运行系统的调试与车辆特性密切相关，本条所列调试项目均需结合车辆特性逐车进行调试。由于现阶段设备多为国外引进产品，其制式、性能各不相同，不宜提出具体调试指标。速度控制精度、停车精度等指标尚需结合运营经验逐步确定。

16.6.11 为全面考核列车自动控制系统的综合技术指标，特提出本条要求。

16.6.12 本条是对系统稳定性的实际考核要求，根据设计和施工单位的建议，对试运行时间作了规定。

16.7 工程验收

16.7.1 明确竣工验收的基本要求。

17 供　电

17.1 一 般 规 定

17.1.1 地下铁道设置的变电所，分为主变电所、牵引降压变电所、牵引变电所和降压变电所。目前我国已建地下铁道的主变电所，一次电压最高为110kV。

直流牵引供电系统额定电压值750V、1500V是我国国家标准，据此制定本条规定。

17.1.2 电气设备及器材向地下铁道内运输有三种途径：第一种由地面车辆段通过轨道线路运入；第二种由车站出入口运入；第三种由明挖隧道区间暂留口或风亭运入。第一种运输途径是运输大型或大宗设备及器材；后两种途径是运输小型或少量就地安装的设备及器材。因此，第一种运输途径是设备、器材进入隧道的主要方式。

17.1.3 保证大型电气设备在隧道内运输安全。

17.1.4 地下铁道隧道内在设备安装阶段，相对湿度大，所以制定本条规定。

17.1.5 国家现行的电气装置安装工程施工及验收规范、标准主要有：

《电气装置安装工程电力变压器、油浸电抗器、互感器施工及验收规范》GBJ 148；

《电气装置安装工程高压电器施工及验收规范》GBJ 147；

《电气装置安装工程电力变流设备施工及验收规范》GB 50255；

《电气装置安装工程母线装置施工及验收规范》GBJ 149；

《电气装置安装工程蓄电池施工及验收规范》GB 50172；

《电气装置安装工程盘、柜及二次回路结线施工及验收规范》GB 50171；

《电气装置安装工程旋转电机施工及验收规范》GB 50170；

《电气装置安装工程1kV及以下配线工程施工及验收规范》GB 50258；

《电气装置安装工程电梯电气装置施工及验收规范》GB 50182；

《电气装置安装工程电缆线路施工及验收规范》GB 50168；

《电气装置安装工程35kV及以下架空电力线路施工及验收规范》GB 50173；

《电气装置安装工程接地装置施工及验收规范》GB 50169；

《电气装置安装工程电气设备交接试验标准》GB 50150；

《建设工程施工现场供用电安全规范》GB 50194；

《电气装置安装工程低压电器施工及验收规范》GB 50254；

《电气装置安装工程起重机电气装置施工及验收规范》GB 50256；

《电气装置安装工程爆炸和火灾危险环境电气装置施工及验收规范》GB 50257；

17.2 变 电 所

17.2.1、**17.2.2** 规定了直流快速自动开关安装前外观检查和安装的一般要求。

17.2.3 便于及时、准确区分不同电压、不同电流制及不同用途的母线。

17.2.4 本条是为保证人身安全及采用“排”、“堵”双重方法，限制直流系统运行中杂散电流对结构钢筋及金属管道产生腐蚀而制定的。

17.3 牵 引 电 网

17.3.1 牵引电网是以走行轨为基准进行安装的，故作本条规定。

（Ⅰ） 接 触 轨

17.3.3 对设备、器材安装前外观检查提出的一般要求。“锈蚀”是指轨条表面呈黄褐色起皮状态，起皮除净后，轨条表面有麻点。

17.3.4 变形或损伤的轨条，难以保证工程质量。

17.3.5 对底座安装提出的要求。

底座安装的水平距离及高程允许偏差±2mm，是考虑底座施工偏差和绝缘子、轨条安装后的积累偏差，不超过设计允许值（北京地铁为±6mm）而制定的。

17.3.6 绝缘子与底座出现间隙时，可用1～2mm厚的铁片垫平找正，但铁片最多不宜超过3片，以免增加绝缘子的不稳定性。

17.3.7 根据北京地下铁道一、二期工程实践经验制定。

保证电动车组受流器和接触轨相对运动中的可靠接触；允许偏差为：水平距离±6mm，高程±6mm实践证明是可行的。

轨条接续长度“允许偏差为±2%”是考虑施工配轨时尽量减少锯轨或短轨焊接而制定的。

第4、8款的允许偏差值是根据施工经验制定的。

端部弯头和侧面弯头安装如不符要求，则会出现受流器与接触轨初始接触不良，甚至碰坏受流器。

17.3.8 减少接触电阻，并保证取流良好。

17.3.11 突出接触轨限界将危及行车安全。

17.3.12 对接触轨设备安装做出的一般规定：

1 北京地下铁道曾发生过车辆通过时因振动或隧道风而使设备柜门开启影响行车、损坏设备的事故，故提出此要求；

2 接触轨用的直流柜体，按其安装位置及用途有：隧道开关柜、隧道联络柜（手动、电动）、检修线开关柜等。

17.3.13、**17.3.14** 供电点采用软连接是为缓冲列车通过时的振动对设备的影响，回流点采用过渡板连接是为检修方便。

（Ⅱ） 架空接触网

17.3.15 同本规范第17.3.3条说明。

17.3.16 跨距允许调整 $^{+1}_{-2}$m 是根据上海地铁施工经验并参考国家现行标准《铁路电力牵引供电施工规范》TBJ 208制定的。

17.3.17 本条是根据上海地下铁道施工经验，并参考国家现行标准《铁路电力牵引供电施工规范》TBJ 208的相应规定制定的，其中实际埋深允许偏差值±100mm为DIN标准。

17.3.18 本条是对隧道外接触网支持结构安装提出的要求。其中定位管在支持器外露长度，国家现行标准《铁路电力牵引供电施工规范》TBJ 208 规定为 50～100mm，DIN 标准规定为 20mm，根据上海地下铁道施工经验定为不大于 50mm。

17.3.19 跨距允许调整值 ±0.5mm，是根据上海地铁施工经验制定的。

17.3.20 底座定位允许偏差 ±100mm，弹性支撑下垂角度不得超过 35°为 DIN 标准。

17.3.22 新敷设的接触导线、承力索以锚段计，DIN 标准规定不准有接头，上海地铁在执行此标准时，根据具体情况做出了馈电线、接地线连续敷设时有关接头的具体规定。

17.3.23 制动块与棘轮齿间的距离 25±5mm 为 DIN 标准。

17.3.24 为保证接触网的滑行质量，对吊弦、中心锚结、"之"字值和拉出值、接触线高度等允许偏差值均根据 DIN 标准作了规定。

17.3.26 为保证交叉点处接触线随温度变化而自由纵向移动，制定本条规定。

17.3.27 电分段绝缘器安装中心线与轨道中心线允许偏差为 ±50mm为 DIN 标准。

17.3.28 安全距离为 IEC 标准。

17.3.30 接地系统是接触网重要的组成部分，本条重点强调了牢固、可靠，确保供电安全。

17.3.31 本条文是根据上海地铁施工经验制定的。

17.4 配线及动力电控设备

17.4.2 施工期间隧道内的湿度较大，其粘接质量不易控制，为保证供电和行车安全，本条做出了规定。

17.4.3 保证结构和配电线路不进水。

17.4.4 对隔断门两侧配线线路进行密闭处理，是为满足防火、防水淹等非常情况下的需要。

17.4.5 本条是对地下铁道隧道中动力箱、电控箱（柜）安装做出的规定。行车线路两侧设备的门扇要求配锁闭装置，是为保证行车和供电安全。

隧道要定期冲洗，故设备应有防水淋措施。

考虑到地下铁道的内部环境条件，对排水站、隔断门等处的箱、柜基础规定应高出地面 150～250mm，以防设备进水，危及供电安全。

17.4.6 同本规范第 17.2.4 条说明。

17.5 电缆线路与接地装置

（Ⅰ）电缆线路

17.5.1 地下铁道内的电缆，一般采用轨道车牵引平板车运输，如电缆盘捆绑不牢，容易发生电缆盘滑动、摆动，甚至倾倒酿成事故。

17.5.2 电缆施工期间有时需要在隧道内渡线、岔线或风道口等地点暂存少量的电缆，这些电缆应尽可能远离轨道存放，以免施工运输车辆通过时碰伤电缆或酿成事故。站台上暂存的电缆盘，其底部应以支垫，防止站台板受力集中，电缆盘两侧应打楔，防止电缆盘滑动。但在接触网试送电前，必须清至隧道外。

17.5.3 本条说明如下：

1 电缆管穿过结构外墙处设置防水套管是为保证结构不渗水；

2 电缆管管口露出地面 100～300mm，是防止地面积水进入电缆管。

17.5.5 电缆敷设前对经过的通道进行检查，特别是隧道内走行轨两侧有无影响牵引车辆通行的障碍物，照明是否满足要求等以免影响施工。

17.5.6 因为高压电缆头发生故障时产生大的声音并排出有害气体，并不便于抢修，为保证运营安全和维修方便做出了此规定。

固定电缆头的绝缘板伸出电缆头两侧不应小于200mm，是根据实践经验制定的。

17.5.7 北京地下铁道隧道内的电缆，是用轨道车牵引电缆平板车，在平板车上设置电缆导向架进行敷设的。实践证明牵引车的速度不应大于20m/min是可行的。

17.5.8 本条是根据现行国家标准《电气装置安装工程电缆线路施工及验收规范》GB 50168第5.1.20条与地下铁道实际情况而制定的。

17.5.9 为防止电缆金属外皮带电时，对人的危害，故要求电缆金属外皮需接地。另一端浮空是断开直流牵引系统的杂散电流沿电缆金属外皮的通路，防止电腐蚀。

（Ⅱ） 接地装置

17.5.10 北京地下铁道一、二期工程接地体（线）的材质为钢材，目前北京、上海等地下铁道的设计均采用铜材，故本条文提出当设计无规定时，应采用铜质材料。

17.5.11 间距规定主要考虑接地体互相的屏蔽影响。与接地体连接时，要求沿铜管的周边焊接，目的是为了增大接触面和提高连接处的强度。

17.5.13 确保接地可靠。

17.5.14 接地线引入隧道，不论何种方式，均应做防腐蚀、防水和绝缘处理，以保证隧道结构钢筋不锈蚀、不受杂散电流的腐蚀和不渗漏水。

17.5.15 隧道外接地线与隧道内接地干线，通过隧道内设置的接地箱连接，便于维护、检查。

17.5.16 本条系根据现行国家标准《电气装置安装工程接地装置施工及验收规范》GB 50169第2.3.7条并结合地下铁道特点制定的。

17.6 监控系统

17.6.2 监控系统控制中心与远动终端之间的通道，按现行国家标准《地下铁道设计规范》GB 50157的要求，宜统一通信电缆内。

如果监控系统数据通道区间光缆单独施工或车站内光缆的施工，应按本规范第15.2节有关规定执行。

17.6.3 强电设备的操作，将使强电回路及其操作回路的电流产生突变，与强电回路并排走线的弱电信号输入线上，将会感应出干扰脉冲，影响主机正常工作。

17.7 调整试验

（Ⅰ） 牵引供电系统

17.7.1 直流快速自动开关为地下铁道牵引供电系统重要设备，经常切断很大的负荷电流和故障电流，故对开关的主要参数提出了应符合产品技术条件的要求。

直流快速自动开关动作试验是检验开关机械和电气性能的必要手段，鉴于现场试验条件，故对115%和90%额定操作电压分、合闸试验不作严格规定。

直流牵引供电要求可靠性高，直流快速自动开关在系统故障时应及时动作，正常过负荷时不允许动作。鉴于目前产品刻度标志误差很大，所以规定直流快速自动开关应进行实际动作电流整定。

17.7.2 接触轨焊接接头不仅要求足够的机械强度，而且电气性能要求也很严格，故对焊接接头无损检测和电阻试验做出了规定。

为了反映实际安装情况和使用要求，规定绝缘电阻试验按供电分段进行。

绝缘电阻因受环境条件（气候、湿度、污染等）、线路条件（安装方式、长度等）及安装地点等诸多因素影响，数值变化很大，故具体数值不作规定。

17.7.3 冷滑行试验是在接触网不带电的情况下，利用电动车组的被动运行，通过电动车组的受流装置与接触网的滑行摩擦，来检查接触网的安装质量，为正式开通运行提供可靠依据。接触网开通前所有股道均应安排冷滑行试验。

由于冷滑行试验的车速是逐次提高的，如果低速试验中发现的问题未解决，则可能在高速试验中重复出现并扩大，甚至造成碰坏受流装置等事故。冷滑行试验不合格，则可能造成送电开通时停电、中断行车等事故，因此必须严格执行本规定。

17.7.5 接触网送电开通前的绝缘测试，是检查接触网绝缘状况的重要依据，根据实践经验，接触网绝缘电阻值随着气候、隧道内的湿度环境影响相差很大，特别是隧道内开通初期比较潮湿，绝缘子的绝缘电阻值接近于零，此时只要确认没有接地现象，即可考虑强行送电，实践证明，由于电晕作用，绝缘子表面将自行干燥，恢复绝缘强度。

17.7.6 变电所的直流快速开关合闸 3 次，是参照现行国家标准《电气装置安装工程电气设备交接试验标准》GB 50150 第 24.0.5 条的规定制定的。

17.7.7 空载运行 1h 及负载运行 24h 的规定，是参照国家现行标准《铁路电力牵引供电施工规范》TBJ 208 的有关规定制定的。

17.7.8 为保证牵引变电所安全、可靠的运行，故对牵引变电所控制、信号及保护功能试验规定了试验方式。

保护功能试验采用模拟形式，要求模拟信号尽可能接近真实情况；如电流、电压信号直接取自互感器二次侧，接点宜采用保护源的接点。

17.7.9 牵引变电所供电距离很长，供电电流很大，由于线路阻抗影响，供电距离末端单纯依靠电流值大小很难区别列车起动电流和直流短路电流，目前采用电流增量保护和双边联跳保护。鉴于地铁供电安全性要求高，电流增量保护应按实际情况检验其可靠性，同时为减少试验次数，只采用单边供电距离最远的地方短路。双边联跳保护，采用实际情况下的模拟试验。

17.7.10 牵引变电所直流短路在运行中经常会发生。该试验目的是为考核牵引变电所在正常运行情况下承受突发短路的能力，同时检验继电保护动作的可靠性、选择性。鉴于该项试验影响设备的正常寿命，故规定只选择一个双边供电区段和一个单边供电区段并按对开关分断能力最为苛刻的条件进行。

（Ⅱ） 监控系统

17.7.12～17.7.14 中央处理装置、辅助存贮装置和输入输出设备是计算机系统组成的三部分，本规范即按此划分来调试的。

17.7.15 不间断电源供电给计算机、调制调解器、打印机、图形发生器、模拟盘驱动器、显示器等，它能在交流电源断电的情况下，满载维持供电 20min，使电力监控系统能继续进行工作。为此，它的试验项目中“满负荷放电时间”试验非常重要，在试验时要认真、准确。通过试验能真正反映出不间断电源的负载能力，满足设计的要求。

17.7.16 模拟盘是控制中心的一部分，本条的检查是属于单机调试项目。

17.7.17 远动终端设备在进行单机调试前，应进行设备的保安试验，其项目包括绝缘电阻、绝缘强度试验和连续通电试验，试验合格后再进行单体装置调试，以保证装置在调试中的安全。

17.7.18 模拟量输入通道由采样器、数据放大器和模数转换器等组成，模拟量转换数字量时，将产生一个偏差，即模拟量输入精度。

模拟量输出通道由输出控制器、数模转换器和执行器等组成，数字量转换模拟量也将产生一个偏差，即模拟量输出精度。

关于模拟量输入输出精度第测试，可参照现行国家标准《远动终端通用技术条件》GB/T 13729 中第“4.4 功能试验”一节。

17.7.19 数据传输通道，在数据传输时有效信号衰减和抗噪音能力，是两个重要指标。有效信号的衰减测量方法，可采用在远动终端的调制调解器的线路内，接入衰减器，不断向通道传送信号，在通信失效前，测量衰减的量值。此值在规定范围内时视为合格。

抗噪音能力的测试方法，即在上边测试衰减的线路里连接一个噪音发生器，增加噪音频率输入，直到远动终端设备通信失效，在每个失效点记录下噪音频率值及电平值。后者在规定范围内时视为合格。

17.7.20 计算机软件分系统软件和应用软件。系统软件调试主要内容有：建立基本系统；建立空闲区和工作文件区；组成所需的用户系统；编制磁盘目录和用命令测试确认程序运行正常等。应用软件调试内容有：程序装入、排障、汇编等工作；原始数据管理程序调试；数据收集程序调试和设置计算程序调试等。

对数据收集程序的调试，应进行通道测试和信号模拟测试，打印出的报表，数据准确。对设定的计算程序，确认计算正确。

17.7.21 监控系统设备的系统功能测试前，应先作系统基本功能测试，符合要求后再作系统功能测试。

17.7.22 过程输入输出设备与被监控设备间的接口装置的试验，分静态接口试验和动态接口试验。

静态接口试验是不带动被监控设备的试验，只检查确认信息传输到继电器和电磁开关的动作或末级输出信号为止。

动态接口试验是带动被监控设备，作无负载的运行试验。

17.7.23 监控系统设备与被监控设备进行动态接口试验后，再考核监控系统设备带动被监控设备运行情况，其监控系统设备的功能和监控精度等指标，须达到设计规定。但能否完全达到使用要求，还需作其他项目的考核。

17.7.24 连续运行试验时，可能出现关连性故障或非关连性故障，有关故障定义及判别为：

关连性故障是受试样品预期会出现的故障，通常都是由产品本身条件引起的。它是在解释试验结果和计算可靠性特征值时，必须要计入的故障。属于关连性故障判断依据为：

1 必须经更换元器件、零部件或设备才能排除的故障。

2 损耗件（如电池等）在其寿命期内发生的故障。

3 需要对接插件、电缆等进行修整，以消除短路和接触不良，方可排除的故障。

4 在试验过程中，需要重新对硬磁盘进行格式化才能排除的故障。

5 出现造成测试和维护使用人员的不安全和危险或造成受试样品和设备严重损坏而必须立即中止试验的故障。

6 程序的偶然停运或运行失常，但无须做任何维修和调整，再经启动就能恢复正常，这种偶然的跳动故障，凡积累数达3次者（指同一受试样品）计为1次关连性故障，不足3次者均做非关连性故障处理；

7 不是同一因素引起而同时发生两个以上的关连性故障，则应加数计入。如果是同一因素引起的，则只计1次。

8 承担确认试验的检验单位，根据故障情况和分析结果，有资格认定某种故障为关连性故障。

非关连性故障则是受试样品出现非预期的故障，这类故障不是受试样品本身条件引起的，而是试验要求之外而引起的，非关连性故障在解释试验结果和计算可靠性特征值时不计入。但应在试验中做记录，以便分析和判断。属于非关连性故障判断依据为：

1 从属性故障。由于受试样品中某一元器件、零部件失效或出现设备故障而直接引起受试样品另一相关元器件或零部件的失效而造成的故障，或者由于试验条件变化已超出规定的范围（如突然断电，电网电压和频率的变化，湿度变化，严重的机械环境变化和干扰等）而造成的故障。

2 误用性故障。由于操作人员的过失而造成的故障，如安装不当，施加了超过规定的应力条件，或者按产品标准的规定允许调整的部件，没有得到正确的调整等而造成的故障。

3 诱发性故障。在检修期间，因为维修人员的过失而造成的故障。

4 承担确认试验的检验单位，根据故障情况和分析结果，有资格认定某种故障为非关连性故障。

关连性和非关连性故障的定义和判据，引自现行国家标准《微型数字电子计算机通用技术条件》GB 9813 的有关规定。在连续运行试验中，出现故障的性质，可参照上述判据进行判断。

17.7.25 试运行的时间规定，各使用单位均不一样。因此，可根据产品的定型与否、生产数量和产品的质量等情况，由订货的甲、乙双方商定。但是，一般情况下3个月即可。

有关故障分类情况，可按本规范第17.7.24条说明执行。

18 通风与空调

18.1 一 般 规 定

18.1.2 地下铁道的地下空间封闭，人员疏散困难。火灾的高温浓烟是危及人员生命的主要原因。使用不燃材料是必须的。另外根据地下铁道内湿度大的环境特点，对材料的性能要求作了相应规定。

18.1.3 地下铁道内由于活塞风的存在，局部与瞬时气流速度较大，加上列车振动幅射的能量，对人流和车流上部管道的固定产生影响，故支吊架紧固螺栓的防松动措施是必要的。

18.1.4 防止杂散电流腐蚀可参照国家现行标准《地铁杂散电流腐蚀防护技术规程》CJJ 49 第 5.2 节的内容执行。

18.1.6 穿越结构隔墙或楼板的金属管件与结构钢筋绝缘的目的是防止杂散电流馈入结构钢筋造成钢筋腐蚀，降低结构的承载能力。堵塞管道与防火墙间的空隙目的是完成有效的防火分隔。

18.1.7、**18.1.8** 因地下铁道从施工安装到运营使用的周期较长，隧道内的湿度又大，故制定本条措施。

18.2 风 管

18.2.2 由于考虑了地下铁道内钢板风管的尺寸一般较大，其承压也高。故对风管的耐压等级及对应的最小壁厚做出了规定。

18.2.3 镀锌钢板的镀层厚度在潮湿环境下应有所要求。镀层质量以工厂产品证明为准。

18.2.4 对排烟或排风兼排烟风管，当温度较高时，其承压能力下降；而且风管承受负压的能力较承受正压的能力一般情况下要低一些。因此可按高压风管壁厚选取。

18.2.5 本条文对风管管段间的连接形式及对应的风管压力级别与尺寸做出了具体的规定，目的是保证风管施工质量。管段间连接形式所对应的刚度等级在表中仅做了相对值的比较，这样便于使用者做出选择。

18.2.6 风管的环状加固是指矩形风管的两个长边和短边皆要加固，即类同矩形法兰状。圆形风管则是圆环状。由于是单根角钢或钢板折叠件，故加强筋虽然与法兰的刚度等级相同，但规格要大一级。在选用加强筋时，为不使风管外部尺寸加大，亦可采用与法兰相同规格的角钢。

18.2.7 本条文对矩形风管的结构及如何作环状加固做出了具体的尺寸规定。例如：长边 1600mm 的中压矩形风管，风管制作的单节长度可以是 800mm，此时两端各有∠40×4 角钢法兰，但制作长度也可以是 1600mm，此时两端仍为∠40×4 角钢法兰，但在中间位置宜设置∠50×5 的环状加强筋。如制作的长度为 1200mm，则中间也必须加固，显然这将造成材料的浪费。

18.2.8 本条文提出的板面加固方式并没有改变两个管段连接间的最大距离，而仅使风管的刚度获得加强，可以减少风机初启动时板面鼓胀的噪声。

1 此款的板面自身加固方式由于其对风管整体刚度的增强是有限的，即使对低压风管可适当增加两个管段连接间的距离，但在此未予考虑。

2 此款的板面加固是必须的。例如，对前例的风管就应该在1600mm的长边宽度中间，在两个法兰间顺气流方向每侧加一根∠40×4角钢，并用铆钉将角钢与板面紧固。板面加固也可以将角钢置于风管内部。

18.2.9 当法兰或环状加强筋的边长较大时，对法兰或加强筋做内部拉撑是必须的。当使用扁钢时，扁钢的长边应顺气流方向设置。

18.2.10 对耐受-1000Pa以上负压的钢板风管，将法兰或加强件焊在壁面上，而不用机械紧固方式传递静载荷给法兰或加强件，将提高风管的强度和刚度。

18.2.11 鉴于目前玻璃纤维氯氧镁水泥风管的制造厂大多规模小，生产历史短，装备与工艺水平不高，基本上是手工操作。为确保在地铁工程中使用这类风管的可靠性，特提出本条要求。

1 该产品的行业标准为：《玻璃纤维氯氧镁水泥通风管道》JC 646-1996。

2 法兰螺栓孔如排列不规则，会给现场安装带来困难，故提出此要求。

18.2.12 本条文要求与设备相连接的柔性短风管应采用非金属材料制作，其目的是为了隔绝杂散电流。

18.3 通风部件

18.3.2 由于地下铁道内通风系统的阀门关闭压差较大，故规定采用多叶阀。

18.4 风管及部件安装

18.4.1 本条文表18.4.1列出矩形风管水平吊架的横担规格、吊杆直径和吊架最大间距。该表综合考虑了横担与吊杆的承载能力和吊架间距对风管刚度的影响。不区分保温与不保温风管，二者皆可使用。

18.4.2 本条文表18.4.2列出直缝圆形风管水平吊架的吊箍形式、吊杆直径和吊架最大间距。该表同样考虑了本规范第18.4.1条条文说明中的各项因素。其中可剖分的环形箍在ϕ800直径及以下是垂直方向剖分的，因而只用一根吊杆，吊杆也可用ϕ8圆钢代替扁钢。用于ϕ1000及以上直径的圆形风管时，环形箍是水平方向剖分的，此时用两根吊杆。而U形半圆箍是托在风管下半圆下面，两侧皆有吊杆。

18.4.3 玻璃纤维氯氧镁水泥矩形风管的吊架基于其密度为2100kg/m^3，并兼顾了风管法兰的承载能力。

18.4.4 为防止因事故而造成风管位移出现严重泄漏，影响防灾通风而提出的要求。

18.4.5 地下铁道隧道内部断面尺寸比较严格，为避免风管与其他设施相互干扰出现事故而做出的规定。

18.4.6 参见本规范第18.1.3条条文说明。

18.4.7 风管末端悬臂过长，可能造成永久变形出现耷头。在金属风管中间连接柔性短管时，这一规定可防止软接头在非结构沉降状态下承受不应有的拉扯。

18.4.8 玻璃纤维氯氧镁水泥风管法兰在连接螺栓紧固时易被压裂，双侧使用大系列垫圈可增大受力面积，防止法兰损坏漏风。

18.4.9 在地下铁道中排烟风管的法兰垫片不宜采用石棉绳。因石棉制品在施工中污染环境，不易清除其微尘，会永久地留在隧道内。而采用石棉橡胶板，由于其硬度大，对大尺寸风管密封性无法保证。故应采用耐热橡胶板。

18.4.10 地下铁道内的通风系统在温带地区存在进、排风方向的季节性倒换，冬季进风温度较低。而在火灾排烟时，排风温度较高。因而要求密封胶的适用温度范围要达到本条要求。

18.4.11 金属风管通过沉降缝处断开，接入柔性短管。当结构出现不均匀沉降时，不致使风管发生断裂或屈折损坏。当使用售品柔性短管时，按产品的技术条件决定金属风管的断开间距。当使用无支撑环的柔性短管时，金属风管断开间距宜在 200～250mm。

18.4.12 为保证工程外观质量，整齐划一的风口会给人以美感。由于风口的中心线与吊顶的网格存在位置上的偏差，因此本条文内提到的轴线应是考虑了安装过程中各种因素造成的累积误差后而划定的一条最终安装的风口轴线。这条轴线可能与设计图上的轴线有所背离，但其只要合理而美观，就允许修正。根据施工经验，一般是风管先吊装后开口，并在吊顶装修时配作支风管，这样可保证风口与支风管的连接准确。

18.4.14 防火阀、排烟阀是通风系统中防火灾的重要装置，必须全部做动作试验。不合格的应修复或更换。

18.4.15 组合风阀在隧道通风中应用数量很大。为使其与结构墙体结合牢固，故应设置坚固的支承框架。

1 此款是针对组合风阀支承框架的基本质量要求而制定的。其填充的密封材料应耐老化、防火并能承受气体压力。

2 此款首先要求组合风阀中的阀门应与框架连接牢固。其次是风阀间如有连接处亦应固定牢固，并在风阀和框架间应垫上密封垫片，使其不漏风。

3 组合风阀的启闭或调节的执行机构及联动装置在安装结束后应做试验，以考核其动作的可靠性。组合风阀在系统里一般是具有三重控制功能的阀门。可手动、就地电动（或气动）、距离控制或远程控制电动（或气动）。无论哪一种动作皆应该与电气专业结合做好试验。观察阀板或叶片的开启角度是否一致，关闭是否严密。执行机构应接受电气控制讯号的指令动作，并输出准确的阀位讯号。直至调整合格。

18.4.16 风管系统的漏风量测试是对风管制作、安装质量的一项检验。除了保证系统风量分配要求的正确性和兼顾节能以外，漏风测试最主要的目的是为了保证防灾与事故通风功能的实现。

本条文表 18.4.16 根据风管的压力等级给定了漏风测试压力。每个压力级别允许在 2～3 个测试压力中选择一个做试验。但不允许比该测试压力更低。因为过低的测试压力可能反映不出在承受较高的压力时密封是否可靠，也许会有某处密封材料鼓胀破裂。其次，负压风管仍可在正压下试验。因为目前的密封部位都更加适应负压操作。

18.4.17 透光检漏对环境的要求较严，而且操作人员的经验也很重要。比如灯光在外侧，则在风管内侧作观察是困难的；灯光在内侧，其移动距离有限，外部又需要黑暗。所以这种方法并不是非常可靠，故仅限用于低压风管。

关于抽检风管段落的选择，原则上应由工程监理或业主指定，以避免人为预作合格的样板段专供测试而忽略其他部位的密封质量。

18.5 设 备 安 装

18.5.1 通风机底座设置限位装置的目的是防止地震灾害发生时，通风机出现水平位移而破坏通风系统的工作能力。地震灾害发生时，常合并出现列车脱轨及火灾，为保证人员疏散和抢修，通风系统的运行是至关重要的。故本着预防为主的方针，本条文提出了附加限位装置的要求。

18.5.2 本条文规定的采用双膨胀螺栓固定吊杆，其膨胀螺栓的规格仍按常规选用，数量增加一倍，以保证吊装设备的安全性。

18.5.3 隧道通风消声室使用的组合式消声器，目前我国以自联式使用较多。因无相应安装规范，故制定本条规定。

18.6 调 整 试 验

18.6.1 本条文规定通风与空调工程在交付使用前必须进行系统各项运行参数的测定和调整。在调试过程中除深入检验施工质量以外，也对系统采用的设备进行考核，这样才能保证将来系统具有正常的使用功能。

18.6.2 本条文规定调试的顺序。其中第2款系统无负荷联合试运转不仅含有本系统内部各设备间的联动试运转，也包括数个系统的联合试运转。例如制冷系统内部包括冷冻机、冷却水和冷冻水等循环（设备），其间需要联动运行；而空调系统又要与制冷系统联合运行。

18.6.3 本条文规定了所有含有动力输入的设备都应进行单机试运转。

通风机试运行前所以要求冲洗风亭、风道和区间隧道是根据地铁施工的特殊性提出的。

18.6.4 本条文规定了系统无负荷联合试运转测定和调试的项目内容。这些项目是基本要求，如设计单位提出其他必要的调试项目应予以满足。

1 对于动叶或静叶可调的以及可换向运转的轴流风机，当换季时工况要求改变的，其测试应按运行工况的要求进行。

典型测点可由施工单位与设计单位共同确定。

活塞风泄流风井或活塞风迂回风洞的风速测定，如调试中无列车运行的条件时，也可推迟至下一个顺序测定。

2 当地下铁道未设空气调节系统时，亦应在通风系统运行时测定温度及相对湿度参数。

3 即使在某些工程中，事故通风风机和排烟风机是与平时通风系统的通风机共用，也需按事故通风工况和排烟工况重新测定其参数，尤其是可逆转的轴流风机，更不能例外。

典型测点的分布应考虑事故通风的如下功能：

当列车阻塞在区间隧道时，应能向事故地点迎着乘客疏散方向送新风，背着乘客疏散方向排风；

当区间隧道发生火灾时，应能背着乘客疏散方向排烟，迎着乘客疏散方向送新风；

当车站站台发生火灾时，应能及时排烟，并防止烟气向站厅和区间隧道蔓延；

当车站站厅发生火灾时，应能及时排烟，并防止烟气向出入口和站台蔓延。

4 此款仅对北方采暖地区适用。

5 此款牵涉设备和电气专业共同测定和调整。

18.6.5 地下铁道的通风、空调系统在不同的地区、季节及设计程式上有特定的运行方式，故系统无负荷联合试运转时必须考虑这些因素。各系统间和单独一个系统内设备的联动可参照本规范第18.6.2条条文说明。

18.6.7 无负荷联合试运转的时间规定是参照我国现行各相关的施工验收规范，并考虑到通风系统在地下铁道运行中的重要性而做出的最低时间要求。

18.6.8 系统带负荷的综合效能试验的基本条件是地下铁道各项建设设施已投入使用、配套机电设备全面启动、列车已运行且接近设计的定员指标；试验季节又正值当地最热月或最冷月。这样的条件只在地下铁道试运行期间才存在。

18.6.9 综合效能试验是为了验证系统是否满足使用要求的最终手段，所以其测定与调整项目主要是在正常使用条件下对工程设计参数的再复核。建设单位在拟定调试大纲时，也可邀请设计单位做顾问。

18.7 工程验收

18.7.1 工程竣工验收是施工单位按本规范要求将质量合格的工程移交给建设单位的验收过程。

18.7.3 综合效能试验是对工程使用功能的检测和评估，是工程正式验收前的最后一项考核。

19 给排水

19.1 一般规定

19.1.2 地下铁道水源，一般由城市自来水管道直接供给。地下铁道隧道内排出的污水，需要接入地面市政管道内排走，因此，给排水管道均需穿越隧道结构，而地下铁道隧道为防水结构，为防止管道穿越隧道外墙结构处渗漏水，本条文规定必须设置防水套管并做防水处理。而穿越隧道内部结构的管道无特殊要求时，不需要做防水处理，所以设一般的套管即可。

19.1.3 给排水管道及附件，一般只进行防腐处理，而地下铁道内，由于直流供电系统杂散电流的泄漏，会对金属结构产生一定腐蚀作用，所以制定本规定。

19.1.4 给排水工程设计时，对使用的材料和设备规格、型号和材质作了具体规定，为保证工程质量，因此，在安装前应进行检查，避免造成返工和浪费。

同时，为防止管道安装时受到污染和掉进杂物，故要求管道安装过程中，敞口处要采取临时封闭措施。

19.1.5 地下铁道给排水系统，均与城市地面的市政给排水管道相接通，其接通施工时，涉及单位多，影响面广，因此，制定本条规定。

19.1.6 为保证消火栓安装质量，方便使用和管理，制定本规定。

19.2 给水干管加工与安装

（Ⅰ） 钢管加工

19.2.2 给排水管道采用钢管时，其连接有焊接、法兰和丝扣等形式，为保证钢管接口的连接质量，特制定本条规定。

19.2.3 钢管采用法兰连接时，除焊接质量必须保证外，为保证管道连接直顺和法兰之间连接严密，因此，本条提出了焊接要求。

19.2.4 为保证钢管螺纹连接严密而制定本条规定。

（Ⅱ） 管道安装

19.2.5 为保证工程质量并使给水管道输送的饮水符合卫生标准，制定本条规定。

19.2.6 地下铁道给水管道支座，多采用混凝土支墩、钢质支座和吊架等，为保证管道稳固，要求支座应与结构连接牢固。特别是设于区间隧道的干管，由于受到限界的严格控制，而支座又是固定管道的主要设施，为保证安全，并根据施工实践对安装位置制定了允许偏差要求。

19.2.7 管道采用法兰连接时，一般加设橡胶垫，当螺栓紧固后，法兰和橡胶垫形成刚柔结合的结构，不易松动，故地下铁道给水干管采用的较多。为保证连接质量，本条文做出相应的安装要求。

19.2.8 管道采用钢管时，可采用丝扣连接形式，但一般管径较大时，现场旋紧丝扣施工困难，如果采用此种形式时，应符合本条规定。

19.2.9 为保证铸铁管采用承插口形式时的连接质量，特制定本条规定。

19.2.10 管道阀门是隔断管道的主要设备，为保证其控制水流的可靠性，因此，本条文做出相应安装要求。

19.2.11 管道安装位置，特别是沿轨道敷设的干管，由于限界的要求，管道安装的中心位置和高程非常重要，为防止管道侵入设备限界，故制定本条规定。

（Ⅲ） 水压试验

19.2.12 由于水压试验时，对管道和支座都产生一定的推力，因此，要求支座混凝土达到设计强度时，方可进行水压试验。

为了加压试验时，保证管道压力和便于泄漏点检查，本条对试压管段长度规定不宜大于1000m。

19.2.13 本条文是为保证试压工作的顺利进行和安全而制定的。其中第5款，要求管道内先加压至0.2~0.3MPa并浸泡24h，是因为铸铁管内表面较粗糙，为保证管壁充分湿润，并将管内空气排除，以便于加压。

19.2.14 为保证管道运行的安全，根据给水管道采用的材质，本条文表19.2.14中的试验压力都采用了一定的安全系数，因此，试验压力都大于工作压力。

水压试验，一般都以测定渗水量为标准，为保证地下铁道给水管道质量，所以规定在试验压力下，稳压30min降压不超过0.05MPa，且无渗漏水现象，即为合格。

19.2.15 给水管道试压合格后，为使管道内洁净，一般需进一步灌水冲洗，并在冲洗过程中化验水质情况，达到饮用水标准后，方可停止灌水。

19.3 排水系统安装

19.3.1~19.3.3 是为保证排水管道、排水泵、设备仪表等安装质量而制定的。

19.4 工 程 验 收

19.4.1 地下铁道给排水工程安装完毕，其中，给水管道经过试压、冲水等检查，排水系统经过试运转合格后，并填写记录，以给工程验收创造条件。而在验收过程中，除具体进行项目检查外，施工单位还应提供技术资料。当工程质量合格、技术资料齐全，即可正式验收。

中华人民共和国行业标准

市政道路工程质量检验评定标准

CJJ 1—90

主编单位：北京市市政工程局
批准部门：中华人民共和国建设部
施行日期：1991年8月1日

关于发布行业标准《市政道路工程质量检验评定标准》的通知

建标［1991］3号

各省、自治区、直辖市建委（建设厅），计划单列市建委，国务院有关部、委：

根据原城乡建设环境保护部（87）城科字第276号文的要求，由北京市市政工程局主编的《市政道路工程质量检验评定标准》，业经审查，现批准为行业标准，编号CJJ1—90，自一九九一年八月一日起施行。原部标准《市政工程质量检验评定暂行标准（道路工程）》CJJ1—81同时废止。

本标准由城镇道路桥梁标准技术归口单位北京市市政设计研究院归口管理，其具体解释工作由北京市市政工程局负责。

本标准由建设部标准定额研究所组织出版。

中华人民共和国建设部
一九九一年一月四日

目　次

第一章 总 则

第 1.0.1 条 为适应市政工程建设发展的需要，统一市政道路工程质量检验办法和评定标准，以提高市政道路工程的施工质量，促进市政道路工程的质量管理工作，特制定本标准。

第 1.0.2 条 本标准适用于新建、扩建、改建的市政道路工程。有特殊要求的市政道路工程，除特殊要求部分外，应按本标准执行。

工业厂区内的市政道路工程，城市市区范围外的远郊区及县（旗）的市政道路工程，可参照本标准执行。

第 1.0.3 条 原材料、半成品或成品的质量标准，凡本标准有规定者，应按照执行，无规定者，应按现行有关的标准执行。

第 1.0.4 条 市政道路工程质量检验评定中其它有关的技术要求，尚应符合国家现行有关标准的规定。

第二章 检验评定方法和等级标准

第 2.0.1 条 市政道路工程的质量评定，分为“合格”与“优良”两个等级。

第 2.0.2 条 市政道路工程的工序、部位、单位工程应按以下要求划分：

一、工序：

工序划分为：路基、基层、面层、附属构筑物等。

二、部位：

市政道路工程不宜划分部位，但也可按长度划分为若干个部位。

三、单位工程：

市政道路工程中的独立核算项目，应是一个单位工程。采用分期单独核算的同一市政道路工程，应是若干个单位工程。

第 2.0.3 条 检验评定必须经外观项目检查合格后，才能进行允许偏差项目的检验。

第 2.0.4 条 进行抽样检验时，应使抽样取点能反映工程的实际情况（凡检验范围为长度者，应按规定间距抽样选取较大偏差点，其它则可在规定范围内选取较大偏差点）。

第 2.0.5 条 市政道路工程质量的检验及评定应按工序、部位及单位工程三级进行，当该工程不划分部位时，可按工序、单位工程两级进行。其评定标准的主要依据为合格率：

$$合格率=\frac{同一检查项目中的合格点(组)数}{同一检查项目中的应检点(组)数}\times 100\%$$

一、工序：

合格：符合下列要求者，应评为“合格”。

1.主要检查项目（在项目栏列有△者）的合格率应达到100%；

2.非主要检查项目的合格率均应达到70%，且不符合本标准要求的点，其最大偏差应在允许偏差的1.5倍之内。在特殊情况下如最大偏差超过允许偏差1.5倍，但不影响下道工序施工、工程结构和使用功能，仍可评为合格。

优良：符合下列要求者应评为“优良”。

1.符合合格标准的条件。

2.全部检查项目合格率的平均值，应达到85%。

二、部位：

合格：所有工序合格，则该部位应评为“合格”。

优良：在评定为合格的基础上，全部工序检查项目合格率的平均值达到85%，则该部位应评为“优良”（在评定部位时，模板工序不参加评定）。

三、单位工程：

合格：所有部位的工序均为合格，则该单位工程应评为“合格”。

优良：在评定合格的基础上，全部部位（工序）检验项目合格率的平均值达到85%，则该单位工程应评为“优良”。

第 2.0.6 条 工序的质量如不符合本标准规定，应及时进行处理。返工重做的工程，应重新评定其质量等级。加固补强后改变结构外形或造成永久缺陷（但不影响使用效果）的工程，一律不得评为优良。

第 2.0.7 条 市政道路工程质量检验及评定必须符合下列规定：

工序质量评定表 表 2.0.7-1

单位工程名称： 部位名称： 工序名称：

主要工程数量		
序号	检查项目	质量情况
1		
2		
3		

序号	实测项目	允许偏差（mm）	各实测点偏差（mm） 1	2	3	4	5	6	7	8	9	10	11	12	13	14	15	应检查点数	合格点数	合格率（%）
1																				
2																				
3																				
4																				
5																				
6																				
7																				
8																				

交方班组		接方班组		平均合格率（%）	
				评定等级	

工程技术负责人： 质检员： 施工员： 年 月 日

注：实检查点数必须等于、小于应检查点数，如超过应检查点数，其超过的点数应从合格点数中减去。

一、工序交接检验。在施工班组自检互检的基础上，由检验人员（专职或兼职）进行工序交接检验，评定工序质量等级，填写表2.0.7-1。

二、部位交接检验。检验人员在工序交接的基础上进行部位交接检验，评定部位质量等级，填写表2.0.7-2。

部位质量评定表 表 2.0.7-2

单位工程名称： 部位名称：

序 号	工序名称	合格率(%)	质量等级	备 注
平均合格率(%)				
评定意见		评定等级		

工程技术负责人： 质检员： 施工员： 年 月 日

三、单位工程交接检验。检验人员在部位或工序交接检验的基础上进行单位工程交接检验，评定单位工程质量等级，填写表2.0.7-3。

单位工程质量评定表 表 2.0.7-3

工程名称： 施工队：

序 号	部位(工序)名称	合格率(%)	质量等级	备 注
平均合格率(%)				
评定意见		评定等级		建设单位： 设计单位： 施工单位：

工程技术负责人： 质检员： 施工员： 年 月 日

第三章　路　　基

第一节　土　　方

第 3.1.1 条　填土经碾压夯实后不得有翻浆、"弹簧"现象。

第 3.1.2 条　填土中不得含有淤泥、腐殖土及有机物质等。

第 3.1.3 条　路基土方压实度标准应符合表3.1.3-1、3.1.3-2的规定。

路基土方压实度标准　　表 3.1.3-1

序号	项			目	压实度(%) 重型击实	检查频率 范围	检查频率 点数	检验方法
1	路床以下深度(cm)	填方	0～30	快速路和主干路	95	1000m²	每层一组(三点)	用环刀法检验
				次干路	93			
				支路	90			
2			80～150	快速路和主干路	93			
				次干路	90			
				支路	87			
3			>150	快速路和主干路	87			
				次干路	87			
				支路	87			
4		挖方	0～30	快速路和主干路	93			
				次干路	93			
				支路	90			

路基土方压实度标准　　表 3.1.3-2

序号	项			目	压实度(%) 轻型击实	检查频率 范围	检查频率 点数	检验方法
1	路床以下深度(cm)	填方	0～80	快速路和主干路	98	1000m²	每层一组(三点)	用环刀法检验
				次干路	95			
				支路	92			
2			80～150	快速路和主干路	95			
				次干路	92			
				支路	90			
3			>150	快速路和主干路	90			
				次干路	90			
				支路	90			
4		挖方	0～30	快速路和主干路	95			
				次干路	95			
				支路	92			
5	在不具备实行重型击实标准的条件下，允许采用轻型击实标准，代替重型击实标准。							

注：1.表中所列轻型击实标准和重型击实标准的压实度均以相应的标准击实试验法(见附录四)求得最大压实度为100%。

2.填方高度小于80cm及不填不挖路段，原地面以下0～30cm范围内土的压实度不低于表中所列挖方的要求。

3.道路的类型应根据设计要求来确定。分期扩建的道路需按永久规划的道路类型设计，下同。

第二节 石 方

第 3.2.1 条 上边坡必须稳定，严禁有松石、险石。

第 3.2.2 条 路基石方允许偏差应符合表3.2.2的规定。

路基石方允许偏差 **表 3.2.2**

序号	项目		允许偏差	检验频率 范围(m)	检验频率 点数	检验方法
1	高程		+50mm -200mm	20	3	用水准仪具沿横断面测量
2	路基宽(m)	路堑挖深≤3	+100mm 0mm	20	2	用尺量（沿横断面由路中心向两边各量1点）
		路堑挖深>3	+200mm -50mm			
		填方	不小于设计规定			
3	边坡		不陡于设计规定		2	用坡度尺量，每侧计1点

第三节 路 床

第 3.3.1 条 路床不得有翻浆、弹簧、起皮、波浪、积水等现象。

第 3.3.2 条 用12～15t压路机碾压后，轮迹深度不得大于5mm。

第 3.3.3 条 路床允许偏差应符合表3.3.3的规定。

路床允许偏差 **表 3.3.3**

序号	项目			压实度(%)及允许偏差 土路床		压实度(%)及允许偏差 石路床	检查频率 范围	检查频率 点数		检验方法
1	Δ压实度（深度0～30cm）	快速路和主干路	轻型击实	98			1000m²	3		用环刀法检验
			重型击实	95						
		次干路	轻型击实	95						
			重型击实	93						
		支路	轻型击实	92						
			重型击实	90						
2	中线高程			±20mm		±20mm	20m	1		用水准仪具测量
3	平整度			20mm		30mm	20m	路宽(m) <9	1	用3m直尺量取最大值
								9～15	2	
								>15	3	
4	宽度			+200mm 0		+100mm 0	40m	1		用尺量
5	横坡			±20mm 且不大于 ±0.3%		±0.5%	20m	路宽(m) <9	2	用水准仪具测量
								9～15	4	
								>15	6	

注：快速路和主干路挖方地段重型击实压实度为93%。

第四节 路 肩

第 3.4.1 条 肩线必须直顺，表面必须平整，不得有阻水现象。

第 3.4.2 条 路肩允许偏差应符合表3.4.2的规定。

路肩允许偏差 表 3.4.2

序号	项目	压实度(%)及允许偏差	检验频率 范围(m)	检验频率 点数	检验方法
1	压实度	≥90(轻型击实)	100	2	用环刀法检验，每侧计1点
2	宽度	不小于设计规定	40	2	用尺量，每侧计1点
3	横坡	±1%	40	2	用水准仪具测量，每侧计1点

注：硬质路肩应补充相应的检查项目。

第五节 边沟、边坡

第 3.5.1 条 边坡必须平整、坚实、稳定，严禁贴坡。

第 3.5.2 条 边沟上口线应整齐、直顺，沟底应平整，边沟排水应畅通。

第 3.5.3 条 土质、石质边沟、边坡允许偏差应符合表3.5.3的规定。

土质、石质边沟、边坡允许偏差 表 3.5.3

序号	项目	允许偏差	检验频率 范围(m)	检验频率 点数	检验方法
1	边坡坡度	不陡于设计规定	20	2	用坡度尺量，每侧计1点
2	沟底高程	0mm -30mm	20	2	用水准仪具测量，每侧计1点
3	沟底宽	不小于设计规定	20	2	用尺量，每侧计1点

第四章 基层

第一节 砂石基层

第 4.1.1 条 表面应坚实、平整，不得有浮石、粗细料集中等现象。

第 4.1.2 条 用12t以上压路机碾压后轮迹深度不得大于5mm。

第 4.1.3 条 砂石基层允许偏差应符合表4.1.3的规定。

砂石基层允许偏差 表 4.1.3

序号	项目	允许偏差(mm)	检验频率 范围	检验频率 点数			检验方法
1	厚度	+20 -10%	1000m²	1			用尺量
2	平整度	15	20m	路宽(m)	<9	1	用3m直尺量取最大值
					9～15	2	
					>15	3	
3	宽度	不小于设计规定	40m	1			用尺量
4	中线高程	±20	20m	1			用水准仪具测量
5	横坡	±20 且横坡差不大于±0.3%	20m	路宽(m)	<9	2	用水准仪具测量
					9～15	4	
					>15	6	
6	△压实密度	≥2.3t/m³	1000m²	1			灌砂法

第二节 碎 石 基 层

第 4.2.1 条 表面应坚实、平整，嵌缝料不得浮于表面或聚集形成一层。

第 4.2.2 条 用12t以上压路机碾压后，轮迹深度不得大于5mm。

第 4.2.3 条 碎石基层允许偏差应符合表4.2.3的规定。

碎石基层允许偏差 **表 4.2.3**

序号	项目		允许偏差	检验频率			检验方法
				范围	点数		
1	厚度		±10%	1000m²	1		用尺量
2	平整度		15mm	20m	路宽(m)	<9：1 9～15：2 >15：3	用3m直尺量取最大值
3	宽度		不小于设计规定	40m	1		用尺量
4	中线高程		±20mm	20m	1		用水准仪具测量
5	横坡		±20 且不大于 ±0.3%	20m	路宽(m)	<9：2 9～15：4 >1.5：6	用水准仪具测量
6	△压实密度	嵌缝	≥2.1t/m³	1000m²	1		灌砂法
		不嵌缝	≥2.0t/m³				

注：本表也适用于用工业废渣铺筑的基层。

第三节 沥青贯入式碎石基层

第 4.3.1 条 表面应坚实、平整，嵌缝料不得浮于表面或聚集形成一层。

第 4.3.2 条 表面无积油、漏浇现象，并不得污染其它构筑物。

第 4.3.3 条 用12t以上压路机碾压后，轮迹深度不得大于5mm。

第 4.3.4 条 沥青贯入式碎石基层允许偏差应符合表4.3.4的规定。

沥青贯入式碎石基层允许偏差 **表 4.3.4**

序号	项目	允许偏差(mm)	检验频率			检验方法
			范围	点数		
1	厚度	+20 -10%	1000m²	1		用尺量
2	平整度	10	20m	路宽(m)	<9：1 9～15：2 >15：3	用3m直尺量取最大值
3	宽度	不小于设计规定	40m	1		用尺量
4	中线高程	±20	20m	1		用水准仪具测量
5	横坡	±20 且不大于 ±0.3%	20m	路宽(m)	<9：2 9～15：4 >15：6	用水准仪具测量
6	压实密度	嵌缝2.1t/m³ 不嵌缝2t/m³	1000m²	1		灌砂法

第四节　石灰土类基层

第 4.4.1 条　灰土中粒径大于20mm的土块不得超过10%，但最大的土块粒径不得大于50mm。灰土应拌和均匀，色泽调和，石灰中严禁含有未消解颗粒。

第 4.4.2 条　有12t以上压路机碾压后，轮迹深度不得大于5mm，并不得有浮土、脱皮、松散现象。

第 4.4.3 条　石灰土类基层允许偏差应符合表4.4.3的规定。

石灰土类基层允许偏差　　表 4.4.3

序号	项目	压实度(%)及允许偏差(mm)	检验频率 范围	检验频率 点数		检验方法
1	△压实度	轻型击实98 重型击实95	1000 m^2	1		用环刀法测定
2	厚　度	+20 -10%	1000 m^2	1		用尺量
3	平整度	10	20m	1		用3m直尺量取最大值
4	宽　度	不小于设计规定	40m	1		用尺量
5	中线高程	±20	20m	1		用水准仪具测量
6	横　坡	±20 且不大于 ±0.3%	20m	路宽(m) <9	2	用水准仪具测量
				9～15	4	
				>15	6	

注：本节包括掺入一定比例的碎(砾)石、天然砂砾或工业废渣等材料铺筑的基层。

第五节　块 石 基 层

第 4.5.1 条　块石必须直立紧靠、大面朝下、嵌楔密实、不得有叠铺现象。

第 4.5.2 条　块石基层允许偏差应符合表4.5.2的规定。

块石基层允许偏差　　表 4.5.2

序号	项目	允许偏差	检验频率 范围	检验频率 点数		检验方法
1	厚　度	-10%	1000m^2	1		用尺量
2	宽　度	不小于设计规定	40m	1		用尺量
3	中线高程	±30mm	20m	1		用水准仪具测量
4	横　坡	±30 且不大于 ±1%	20m	路宽(m) <9	2	用水准仪具测量
				9～15	4	
				>15	6	

第六节　石灰、粉煤灰类混合料基层

第 4.6.1 条　石灰、粉煤灰类混合料应拌合均匀，色泽调和一致。砂砾（碎石）最大粒径不大于50mm，大于20mm的灰块不得超过10%，石灰中严禁含有未消解颗粒。

第 4.6.2 条　摊铺层无明显的粗细颗粒离析现象。

第 4.6.3 条　用12t以上压路机碾压后，轮迹深度不得大于5mm，并不得有浮料、脱皮、松散现象。

第 4.6.4 条　石灰、粉煤灰类混合料基层允许偏差应符合表4.6.4的规定。

石灰、粉煤灰类混合料基层允许偏差　　表 4.6.4

序号	项　目	压实度(%)及允许偏差(mm)	检验频率 范　围	点数	检　验　方　法
1	△压实度	重型击实95 轻型击实98	$1000m^2$	1	灌 砂 法
2	平整度	10	20m	1	用3m直尺量取最大值
3	厚　度	±10	50m	1	用 尺 量
4	宽　度	不小于设计规定	40m	1	用 尺 量
5	中线高程	±20	20m	1	用水准仪具测量
6	横　坡	±20且不大于±0.3%	20m	1	用水准仪具测量

第五章　面　层

第一节　水泥混凝土（包括预制混凝土）面层

第 5.1.1 条　模板必须支立牢固，不得倾斜、漏浆。

第 5.1.2 条　板面边角应整齐，不得有大于0.3mm的裂缝，并不得有石子外露和浮浆、脱皮、印痕、积水等现象。

第 5.1.3 条　伸缩缝必须垂直，缝内不得有杂物。伸缩缝必须全部贯通，传力杆必须与缝面垂直。

第 5.1.4 条　切缝直线段应线直，曲线段应弯顺，不得有夹缝，灌缝不得漏缝。

第 5.1.5 条　水泥混凝土（包括预制混凝土）面层允许偏差应符合表5.1.5的规定。

水泥混凝土(包括预制混凝土)面层允许偏差　　表 5.1.5

序号	项　目		允许偏差(mm)	检验频率 范围	点数	检　验　方　法
1	支模	直顺度	5	50m	1	拉20m小线量取最大值
2	支模	高　程	±5	20m	1	用水准仪具测量
3	水泥混凝土	△抗压强度	不低于设计规定	每台班	1组	见附录三
4	水泥混凝土	△抗折强度	试块强度平均值不低于设计规定	每台班	1组	见附录三
5	水泥混凝土	△厚度	+20 −5	每块	2	用 尺 量

续表

序号	项目		允许偏差(mm)	检验频率 范围	点数			检验方法
6	水泥混凝土	平整度	5	块	1			用3m直尺量取最大值
7		相邻板高差	3	缝	1			用尺量
8		宽度	-20	40m	1			用尺量
9		中线高程	±20	20m	1			用水准仪具测量
10		横坡	±10且不大于±0.3%	20m	路宽(m)	<9	2	用水准仪具测量
						9~15	4	
						>15	6	
11		纵缝直顺	10	100m缝长	1			拉20m小线量取最大值
12		横缝直顺	10	40m	1			沿路宽拉线量取最大值
13		蜂窝麻面面积	≤2%	每块每侧面	1			用尺量蜂窝总面积
14		井框与路面高差	3	每座	1			用尺量取最大值

第二节 沥青混凝土面层

第 5.2.1 条 表面应平整、坚实，不得有脱落、掉渣、裂缝、推挤、烂边、粗细料集中等现象。

第 5.2.2 条 用10t以上压路机碾压后，不得有明显轮迹。

第 5.2.3 条 接茬应紧密、平顺、烫缝不应枯焦。

第 5.2.4 条 面层与路缘石及其它构筑物应接顺，不得有积水现象。

第 5.2.5 条 沥青混凝土面层允许偏差应符合表5.2.5的规定。

沥青混凝土面层允许偏差　表 5.2.5

序号	项目	压实度(%)及允许偏差(mm)	检验频率 范围	点数			检验方法
1	△压实度	≥95	2000m²	1			称质量检验
2	△厚度	+20 -5	2000m²	1			用尺量
3	弯沉值	小于设计规定		路宽(m)	<9	2	用弯沉仪检测
					9~15	4	
					>15	6	
4	平整度	≤2.6	20m	路宽(m)	≤20	2	见注②
					>20	4	
		5	20m	路宽(m)	<9	1	见注②
					9~15	2	
					>15	3	
5	宽度	-20	40m	1			用尺量
6	中线高程	±20	20m	1			用水准仪具测量
7	横坡	±10且不大于±0.3%	20m	路宽(m)	<9	2	用水准仪具测量
					9~15	4	
					>15	6	
8	井框与路面的高差	5	每座	1			用尺量取最大值

注：1.标准质量密度采用马歇尔稳定仪或30MPa(30kg/cm²)成型法测定；
2.测平仪及3m直尺测平整度(任选一种)；
3.弯沉值单位：$\frac{mm}{100}$。

第三节 黑色碎(砾)石面层

第 5.3.1 条 表面应平整、坚实,不得有脱落、掉渣、裂缝、推挤、烂边、粗细料集中等现象。

第 5.3.2 条 用10t以上压路机碾压后，不得有明显轮迹。

第 5.3.3 条 接茬应紧密、平顺、烫缝不应枯焦。

第 5.3.4 条 面层与路缘石及其它构筑物应接顺,不得有积水现象。

第 5.3.5 条 黑色碎(砾)石面层允许偏差应符合表5.3.5的规定。

黑色碎(砾)石面层允许偏差 **表 5.3.5**

序号	项目	允许偏差(mm)	检验频率 范围	点数			检验方法
1	△压实度	≥93%	2000m²	1			用蜡封称质量法
2	△厚度	+20 -5	2000m²	1			用尺量
3	弯沉值	小于设计规定	20m	路宽(m)	<9	2	用弯沉仪具测
					9~15	4	
					>15	6	
4	平整度	5	20m	路宽(m)	<9	1	用3m直尺量取最大值
					9~15	2	
					>15	3	
5	宽度	-20	40m	1			用尺量
6	中线高程	±20	20m	1			用水准仪具测量
7	横坡	±10 且不大于 ±0.3%	20m	路宽(m)	<9	2	用水准仪具测量
					9~15	4	
					>15	6	
8	井框与路面的高差	5	每座	1			用尺量取最大值

注：1.标准质量密度可采用马歇尔稳定仪或30MPa(300kg/cm²)压力成型法测定；
2.黑色碎(砾)石作基层，其厚度、高程应按其基层要求取点评定；
3.弯沉值单位：$\frac{mm}{100}$。

第四节 沥青贯入式面层

第 5.4.1 条 表面应平整、密实,不得有松散、裂缝、油包、油丁、波浪、泛油等现象。

第 5.4.2 条 面层用12t以上压路机碾压后，不得有明显轮迹。

第 5.4.3 条 沥青贯入应深透，浇洒应均匀,不得污染其它构筑物。

第 5.4.4 条 嵌缝料必须扫墁均匀，不得有重叠现象。

第 5.4.5 条 面层与路缘石及其它构筑物应接顺,不得有积水现象。

第 5.4.6 条 沥青用量应满足有关规范要求。

沥青贯入式面层允许偏差 **表 5.4.7**

序号	项目	允许偏差(mm)	检验频率 范围	点数			检验方法
1	△压实密度	≥2.15t/m³	2000m²	1			灌砂法
2	△厚度	+20 -5	2000m²	1			用尺量
3	弯沉值	小于设计规定	20m	路宽(m)	<9	2	用弯沉仪具测量
					9~15	4	
					>15	6	
4	平整度	7	20m	路宽(m)	<9	1	用3m直尺量取最大值
					9~15	2	
					>15	3	

续表

序号	项目	允许偏差 (mm)	检验频率 范围	点数		检验方法
5	宽度	-20	40m	1		用尺量
6	中线高程	±20	20m	1		用水准仪具测量
7	横坡	±10 且不大于 ±0.3%	20m	路宽 (m) <9	2	用水准仪具测量
				9~15	4	
				>15	6	
8	井框与路面的高差	5	每座	1		用尺量取最大值

注：1.沥青贯入式作基层时，其厚度和中线高程的允许偏差按基层要求取值；

2.弯沉值单位：$\frac{mm}{100}$。

第 5.4.7 条 沥青贯入式面层允许偏差应符合表5.4.7的规定。

第五节 沥青表面处治面层

第 5.5.1 条 表面应平整、密实，不得有松散、裂缝、油包、油丁、波浪、泛油等现象。

第 5.5.2 条 沥青浇洒应均匀，不得污染其它构筑物。

第 5.5.3 条 嵌缝料必须扫墁均匀，不得有重叠现象。

第 5.5.4 条 沥青用量应满足有关规范要求。

第 5.5.5 条 沥青表面处治层允许偏差应符合表5.5.5的规定。

沥青表面处治面层允许偏差　　表 5.5.5

序号	项目	允许偏差 (mm)	检验频率 范围	点数		检验方法
1	平整度	10	20m	路宽 (m) <9	1	用3m直尺量取最大值
				9~15	2	
				>15	3	
2	宽度	-20	40m	1		用尺量
3	中线高程	±20	20m	1		用水准仪具测量
4	横坡	±20 且不大于 ±1%	20m	路宽 (m) <9	2	用水准仪具测量
				9~15	4	
				>15	6	

注：在旧路上进行表面处治，可不检查3、4项。

第六节 泥结碎石面层

第 5.6.1 条 泥浆必须浇灌均匀，表面应平整、坚实，不得有松散、弹簧等现象。

第 5.6.2 条 用10t以上压路机碾压后，不得有明显轮迹。

第 5.6.3 条 面层与其它构筑物接顺，不得有积水现象。

第 5.6.4 条 泥结碎石面层允许偏差应符合表5.6.4的规定。

泥结碎石面层允许偏差 表 5.6.4

序号	项目	允许偏差（mm）	检验频率 范围	检验频率 点数		检验方法
1	厚度	+20 -10	1000m²	1		用尺量
2	平整度	15	20m	1		用直尺量取最大值
3	宽度	-20	40m	1		用尺量
4	中线高程	±20	20m	1		用水准仪具测量
5	横坡	±20 且不大于 ±1%	20m	路宽（m） <9	2	用水准仪具测量
				9～15	4	
				>15	6	

第七节 级配砾石面层

第 5.7.1 条 混合料配比必须符合级配曲线范围，拌和应均匀。

第 5.7.2 条 表面应平整、坚实，不得有松散、粗细料集中、波浪等现象。

第 5.7.3 条 面层用10t以上压路机碾压后，不得有明显轮迹。

第 5.7.4 条 面层与其它构筑物应接顺，不得有积水现象。

第 5.7.5 条 级配砾石面层允许偏差应符合表5.7.5的规定。

级配砾石面层允许偏差 表 5.7.5

序号	项目	允许偏差（mm）	检验频率 范围	检验频率 点数		检验方法
1	厚度	+20 -10	1000m²	1		用尺量
2	平整度	15	20m	1		用3m直尺量取最大值
3	宽度	-20	40m	1		用尺量
4	中线高程	±20	20m	1		用水准仪具测量
5	横坡	±20 且不大于 ±1%	20m	路宽（m） <9	2	用水准仪具测量
				9～15	4	
				>15	6	

注：级配砾石如作为基层，1、4项允许偏差应按基层要求取值。

第六章　附属构筑物

第一节　侧石、缘石

第 6.1.1 条　侧石、缘石必须稳固，并应线直、弯顺、无折角，顶面应平整无错牙，侧石勾缝应严密，缘石不得阻水。

第 6.1.2 条　侧石背后回填必须密实。

第 6.1.3 条　侧石、缘石允许偏差应符合表6.1.3的规定。

侧石、缘石允许偏差　　**表 6.1.3**

序号	项　目	允许偏差（mm）	检验频率 范　围	检验频率 点数	检　验　方　法
1	直顺度	10	100m	1	拉20m小线量取最大值
2	相邻块高差	3	20m	1	用尺量
3	缝　宽	±3	20m	1	用尺量
4	侧石顶面高程	±10	20m	1	用水准仪具测量

注：1.粗料石缝宽的允许偏差为±5mm；
2.现场浇筑侧石、缘石的检验指标应按本标准第七章第一节的规定执行。

第二节　预制块人行道

第 6.2.1 条　铺砌必须平整稳定，灌缝应饱满，不得有翘动现象。

第 6.2.2 条　人行道面层与其它构筑物应接顺，不得有积水现象。

第 6.2.3 条　预制块人行道允许偏差应符合表6.2.3的规定。

预制块人行道允许偏差　　**表 6.2.3**

序号	项　目		允许偏差（mm）	检验频率 范　围	检验频率 点数	检　验　方　法
1	压实度	路　床	≥90%	100m	2	用环刀法或灌砂法检验
		基　层	≥95%			
2	平整度		5	20m	1	用3m直尺量取最大值
3	相邻块高差		3	20m	1	用尺量取最大值
4	横　坡		±0.3%	20m	1	用水准仪具测量
5	纵缝直顺		10	40m	1	拉20m小线量取最大值
6	横缝直顺		10	20m	1	沿路宽拉小线量取最大值
7	井框与路面高差		5	每　座	1	用尺量

注：1.本表压实度数值系采用轻型击实标准；
2.独立人行道工程，应增加检验高程指标，允许偏差应符合表6.1.3第4项。

第三节　现场浇筑水泥混凝土人行道

第 6.3.1 条　板面边角应整齐，不得有大于0.3mm的裂缝，并不得有石子外露、浮浆、脱皮、印痕等现象。

第 6.3.2 条　表面线格必须整齐、清晰。

第 6.3.3 条　面层与其它构筑物应接顺，不得有积水现象。

第 6.3.4 条　现场浇筑水泥混凝土人行道允许偏差应符合表6.3.4的规定。

现场浇筑水泥混凝土人行道允许偏差　　表 6.3.4

序号	项目		压实度(%)及允许偏差(mm)	检验频率		检验方法
				范围	点数	
1	压实度	路床	≥80	100m	2	用环刀法或灌砂法检验
		基层	≥95			
2	抗压强度		不低于设计规定	每台班	1组	见附录三
3	厚度		±5	20m	1	用尺量
4	平整度		5	20m	1	用3m直尺量取最大值
5	宽度		−20	40m	1	用尺量
6	横坡		±0.3%	40m	1	用水准仪具测量
7	井框与路面高差		5	每座	1	用尺量

注：本表压实度系采用轻型击实标准。

第四节　沥青类人行道

第 6.4.1 条　沥青人行道表面应平整、坚实，不得有脱落掉渣、裂缝、推挤、烂边、粗细料集中等现象。

第 6.4.2 条　接茬应紧密、平顺、烫边不应枯焦。

第 6.4.3 条　面层与其它构筑物应接顺，不得有积水现象。

第 6.4.4 条　沥青贯入应深透，浇洒应均匀，不得污染其它构筑物。

第 6.4.5 条　沥青类人行道允许偏差应符合表6.4.5的规定。

沥青类人行道允许偏差　　表 6.4.5

序号	项目		压实度(%)及允许偏差(mm)	检验频率		检验方法
				范围	点数	
1	压实度	路床	≥90	1000m	2	用环刀法或灌砂法检验
		基层	≥95			
2	厚度		±5	20m	1	用尺量
3	平整度	沥青混凝土	5	20m	1	用3m直尺量取最大值
		其它	7			
4	宽度		−20m	40m	1	用尺量
5	横坡		±0.3%	20m	1	用水准仪具测量
6	井面与路面高差		5	每座	1	用尺量

注：本表压实度数值系采用轻型击实标准。

第五节　涵洞、倒虹管

第 6.5.1 条　砌体必须咬扣紧密，砂浆饱满密实，灰缝整齐，不得有空鼓，墙面应平齐。

第 6.5.2 条　盖板、基底混凝土应浇捣密实，坐浆安装稳固。

第 6.5.3 条　流水道必须畅通，不得阻水。

第 6.5.4 条　涵洞、倒虹管允许偏差应符合表6.5.4的规定。

涵洞、倒虹管允许偏差　　　　表 6.5.4

序号	项　目	允许偏差 (mm)	检验频率 范围	检验频率 点数	检验方法
1	轴线位移	50	道	2	挂线用尺量
2	底面高程	±30	道	4	用水准仪具测量
3	泄水断面尺寸	不小于设计规定	道	2	用尺量
4	涵管长度	+100 -50	道	1	用尺量
5	倒虹管闭水试验	不大于表6.5.5允许渗水量	每井段	1	灌水井计算渗水量

注：回填土应符合现行的《市政排水管渠工程质量检验评定标准》(CJJ3)第三章第八节的规定。

第 6.5.5 条　倒虹管闭水试验允许渗水量应符合表6.5.5的规定。

倒虹管闭水试验允许渗水量　　　　表 6.5.5

管径 (mm)	允许渗水量 陶土管 (m^3/d·km)	陶土管 (L/h·m)	混凝土管、钢筋混凝土管和石棉水泥管 (m^3/d·km)	混凝土管、钢筋混凝土管和石棉水泥管 (L/h·m)
150以下	7	0.3	7	0.3
200	12	0.5	20	0.8
250	15	0.6	24	1.0
300	18	0.7	28	1.1
350	20	0.8	30	1.2
400	21	0.9	32	1.3
450	22	0.9	34	1.4
500	23	1.0	36	1.5

续表

管径 (mm)	允许渗水量 陶土管 (m^3/d·km)	陶土管 (L/h·m)	混凝土管、钢筋混凝土管和石棉水泥管 (m^3/d·km)	混凝土管、钢筋混凝土管和石棉水泥管 (L/h·m)
600	24	1.0	40	1.7
700	—	—	44	1.8
800	—	—	48	2.0
900	—	—	53	2.2
1000	—	—	58	2.4
1100	—	—	64	2.7
1200	—	—	70	2.9
1300	—	—	77	3.2
1400	—	—	85	3.5
1500	—	—	93	3.9
1600	—	—	102	4.3
1700	—	—	112	4.7
1800	—	—	123	5.1
1900	—	—	135	5.62
2000	—	—	148	6.2
2100	—	—	163	6.8
2200	—	—	179	7.5
2300	—	—	197	8.2
2400	—	—	217	9.0

注：1.闭水试验应在倒虹管填土前进行；
2.闭水试验应在管道灌满水经24h后再进行；
3.闭水试验的水位，应为试验段上游管道内顶面以上2m；如上游管内顶至井口的高度少于2m时，闭水试验的水位可至井口为止；
4.对渗水量的测定时间应不少于30min。

第六节　收水井、支管

第 6.6.1 条　收水井内壁抹面必须平整，不得起壳裂缝。

第 6.6.2 条 井框、井篦必须完整无损,安装应平稳。

第 6.6.3 条 井内严禁有垃圾等杂物,井周及支管回填必须满足路基要求。

第 6.6.4 条 支管必须直顺，不得有错口，管头应与井壁齐平。

第 6.6.5 条 收水井、支管允许偏差应符合表6.6.5的规定。

收水井、支管允许偏差 表 6.6.5

序号	项目	允许偏差(mm)	检验频率 范围	检验频率 点数	检验方法
1	井框与井壁吻合	10	座	1	用尺量
2	井口高程	+10 −30	座	1	与井周路面比
3	井位与路边线吻合	20	座	2	用尺量
4	井内尺寸	+20 0	座	1	用尺量

第七节 护底、护坡、挡土墙(重力式)

第 6.7.1 条 砌体砂浆必须嵌填饱满、密实。

第 6.7.2 条 灰缝应整齐均匀，缝宽符合要求，勾缝不得有空鼓、脱落。

第 6.7.3 条 砌体分层砌筑必须错缝，其相交处的咬扣必须紧密。

第 6.7.4 条 沉降缝必须直顺贯通。

第 6.7.5 条 预埋件、泄水孔、反滤层、防水设施等必须符合设计规范的要求。

第 6.7.6 条 干砌石不得有松动、叠砌和浮塞现象。

第 6.7.7 条 护底、护坡、挡土墙(重力式)允许偏差应符合表6.7.7的规定。

护底、护坡、挡土墙(重力式)允许偏差 表 6.7.7

序号	项目		允许偏差(mm) 浆砌料石、砖、砌块挡土墙	浆砌块石 挡土墙	浆砌块石 护底、护坡	干砌块石 护底、护坡	检验频率 范围(m)	检验频率 点数	检验方法
1	砂浆强度		平均值不低于设计规定						见注
2	断面尺寸		+10 0	不小于设计规定	不小于设计规定	不小于设计规定	20	2	用尺量宽度上下各一点
3	基底高程	土方	±30	±30			20	2	用水准仪具测量
		石方	±100	±100					
4	顶面高程		±10	±15			20	2	用水准仪具测量
5	轴线位移		10	15			20	2	用经纬仪测量
6	墙面垂直度		0.5%H且≤20	0.5%H且≤30			20	2	用垂直线检验
7	平整度	料石	20	30			20	2	用2m直尺检验
		砖砌块	10						
8	水平缝平直		10				20	2	拉20m小线检验
9	墙面坡度		不陡于设计规定				20	1	用坡度板检验

注：1.表中H为构筑物高度。单位：mm；

2.浆砌卵石的规格可参照浆砌块石的规定；

3.各个构筑物或每50m³砌体中制作试块一组(6块)。如砂浆配合比变更时，也应制作试块；

4.砂浆强度：砂浆试块的平均强度不低于设计规定，任意一组试块的强度最低值不低于设计规定的85%。

第七章　道路半成品

第一节　预制侧石、缘石

第 7.1.1 条　预制侧石、缘石表面不得有蜂窝、露石、脱皮、裂缝等现象。

第 7.1.2 条　预制侧石、缘石允许偏差应符合表7.1.2的规定。

预制侧石、缘石允许偏差　　表 7.1.2

序号	项目	允许偏差（mm）
1	混凝土抗压强度	平均值不低于设计规定
2	外形尺寸(长、宽、高)	±5
3	外露面缺边掉角长度	<20且不多于1处
4	外露面平整度	3

第二节　预制道板（大方砖、小方砖）

第 7.2.1 条　预制道板表面不得有蜂窝、露石、脱皮、裂缝等现象。

第 7.2.2 条　彩色道板必须表面平整，色彩均匀，线路清晰和棱角整齐。

第 7.2.3 条　预制道板（大方砖、小方砖）允许偏差应符合表7.2.3的规定。

预制道板(大方砖、小方砖)允许偏差　　表 7.2.3

序号	项目	允许偏差（mm）
1	混凝土抗压强度	平均值不小于设计规定
2	两对角线长度差	大方砖 5 小方砖 3
3	厚度	大方砖 ±5 小方砖 ±3
4	外露面缺边掉角	大方砖小于20 小方砖小于10 且不多于1处
5	边长	大方砖 ±5 小方砖 ±3
6	外露面平整度	2

注：小方砖指边长小于30cm×30cm者，超过此值的为大方砖。

第八章 测　量

第 8.0.1 条 水准点闭合差：$\pm 12\sqrt{L}$ mm，式中L为水准点之间的水平距离，单位为km。

第 8.0.2 条 导线方位角闭合差：$\pm 40\sqrt{n}$ 秒，式中n为测站数。

第 8.0.3 条 直接丈量测距的允许偏差应符合表8.0.3的规定。

直接丈量测距的允许偏差　　表 8.0.3

序号	固定测桩间距离(m)	允许偏差
1	<200	1/5000
2	200～500	1/10000
3	>500	1/20000

附录一　本标准采用的名词和各地习用名词对照

附表 1.1

本标准采用名词	各地习用名词
路床	路基、路床、路胎、道胎、路槽
基层	基层、基础、垫层、过渡层、隔离层、扎根层、主料层
面层	路面
平整度	平坦度
侧石	道牙、立道牙、路缘石、路边牙、路边石、路牙
缘石	平道牙、平石、路沿、卧石
收水井	茄利、雨水井、雨水口、进水口
人行道板（小方砖、大方砖）	九格砖、水泥砖、水泥花砖
支管	连管、连接管、过街管
石灰	白灰
砾石	卵石
井框	井座、井圈
井篦	进水口盖、茄利盖
伸缩缝	温度缝、伸涨缝
闭水	磅水
倒虹管	虹吸管
挡土墙	护墙
勾缝	嵌缝
砂浆	水泥浆、水泥灰浆、素灰
人行道	步道
沥青表面处治	沥青表面处理、泼油

附录二　质量评定统计计算举例

劳动路道路工程质量检验评定

一、工程概况

劳动路全长627m，修建7m宽路面，共计 4389m^2，两侧安装侧石。路面结构为15cm石灰土类（炉渣石灰土）基层，7cm沥青稳定碎石基层，5cm中粒式沥青混凝土面层。

二、工程工序、部位划分

1.工序划分：

工序划分为路床、炉渣石灰土基层、沥青稳定碎石基层、沥青混凝土面层、侧石五项。

2.由于本工程道路长度较短、不划分部位。

三、工序施工质量检验评定

1.路床工序：主要检查项目合格率：100%
非主要检查项目合格率：86.1%
评定：优良

2.炉渣石灰土基层：主要检查项目合格率：100%
非主要检查项目合格率：85.5%
评定：优良

3.沥青碎石稳定基层：主要检查项目合格率：100%
非主要检查项目合格率：86.8%
评定：优良

4.沥青混凝土面层：主要检查项目合格率：100%
非主要检查项目合格率：89.8%
评定：优良

工序施工质量检验评定表

附表 2.1

单位（部位）工程名称：劳动路道路工程　　　　工序名称：沥青混凝土面层

主要工程数量	627m×7m＝4389m²（路面）	627m×2＝1254m侧石

序号	检查项目	质量情况
1	第4.2.1条	没有脱落、掉渣、裂缝、推挤、烂边、粗细料集中等情况
2	第4.2.2条	碾压后无明显轮迹
3	第4.2.3条	接茬符合本条要求
4	第4.2.4条	面层无积水

序号	实测项目	允许偏差	各实测点偏差值 1	2	3	4	5	6	7	8	9	10	11	12	13	14	15	16	17	18	19	20	应检查点数	合格点数	合格率（%）
1	△压实度	≥95%	96	95.2	95.1																		3	3	100
2	△厚度	+20mm -5mm	+5	-2	+3																		3	3	100
3	平整度	5mm	4	6	7	3	2	0	4	2	1	0	3	6	5	0	2	1	6	4	3	2			
			2	1	3	5	0	7	0	1	2	3	5	1									32	27	84.4
4	宽度	-20mm	0	+20	-10	0	-35	+30	+50	+20	+40	0	+10	-20	+40	+20	+10	-10					16	16	100
5	中线高程	±20mm	-21	+6	-23	-9	-22	-15	+6	+21	0	+7	+10	+9	-1	-8	+24	-12	+7	+8	+8	0			
			+12	-13	-9	+6	-10	-13	-7	+10	-9	-23	-6	-9									32	26	81.3
6	横坡	±10mm且横坡差≤0.3%	-7	+14	0	-8	-6	+7	-9	-10	+10	-6	0	+14	+7	-9	-8	+6	-7	+11	+5	-3			
			-6	+8	-13	-7	0	-1	-1	+3	+12	-2	+6	-3	-1	+9	-11	+6	+8	-4	-2	-6			
			-8	-2	-4	+12	0	-8	+7	-1	-2	-12	+3	+5	+7	+9	-10	-6	-13	-8	+3	+7			
			+9	0	-3	-11																	64	54	84.4
7	井框与路面高差	5mm	4	3	2	4	3	4	2	4	3	3											10	10	100
8	弯沉	<设计值	（见另外附表“弯沉测定表”）																				64	54	84.4

交方班组		接方班组		平均合格率	91.81
				评定等级	优良

工程技术负责人：　　　　质检员：　　　　施工员：　　　　年　月　日

5.侧石

合格率：80.5%

评定：合格

6.单位工程质量评定（见附表2.2）

主要检查项目合格率（平均值）：100%

非主要检查项目合格率（平均值）：85.74%

评定：优良

单位（部位）工程质量评定表 **附表 2.2**

工程（部位）名称： 施工队：

序号	部位(工序)名称	合格率(%) 划△项	合格率(%) 其它项	质量等级	备注
1	路床	100	86.1	优良	
2	炉渣石灰土基层	100	85.5	优良	
3	沥青碎石稳定基层	100	86.8	优良	
4	沥青混凝土面层	100	89.8	优良	见附表2.1
5	侧石		80.5	合格	
	平均合格率		92.08	优良	

质量评定意见	主要检查项目均达到质量标准 主干道路面质量较好	建设单位： 设计单位： 施工单位：

工程技术负责人： 质检员： 施工员： 年 月 日

附录三 混凝土强度验收的评定标准

评定混凝土强度的试块，必须按《混凝土强度检验评定标准》GBJ107—87的规定取样、制作、养护和试验，其强度必须符合下列规定：

一、用统计方法评定混凝土强度时，其强度应同时符合下列两式的规定：

$$m_{f_{cu}} - \lambda_1 s_{f_{cu}} \geqslant 0.9 f_{cu,k}$$

$$f_{cu,min} \geqslant \lambda_2 f_{cu,k}$$

二、用非统计方法评定混凝土强度时，其强度应同时符合下列两式的规定：

$$m_{f_{cu}} \geqslant 1.15 f_{cu,k}$$

$$f_{cu,min} \geqslant 0.95 f_{cu,k}$$

式中 $m_{f_{cu}}$——同一验收批混凝土立方体抗压强度的平均值（N/mm^2）；

合格判定系数 **附表 3.1**

合格判定系数	试块组数 10～14	试块组数 15～24	试块组数 ≥25
λ_1	1.70	1.65	1.60
λ_2	0.90	0.85	0.85

注：①《混凝土强度检验评定标准》（GBJ107—87）中的混凝土强度等级与《钢筋混凝土结构设计规范》（TJ10—74）和《钢筋混凝土工程施工及验收规范》（GBJ204—83）等规范中的混凝土标号，按附表3.2进行换算。

附表 3.2

混凝土标号	100	150	200	250	300	400	500	600
相当混凝土强度等级	C_8	C_{13}	C_{18}	C_{23}	C_{28}	C_{38}	C_{48}	C_{58}

②按照《钢筋混凝土工程施工及验收规范》(GBJ204—83)评定混凝土强度时，其试块必须按其规定的组数留置，强度必须符合下列规定：

一、用统计方法评定混凝土强度时，按下述条件评定：

$$\overline{R_n}-KS_n \geqslant 0.85R_{标}$$
$$R_{小} \geqslant 0.85R_{标}$$

二、当同批试块少于10组时，应用非统计方法，按下述条件评定：

$$\overline{R_n} \geqslant 1.05R_{标}$$
$$R_{小} \geqslant 0.9R_{标}$$

式中 $\overline{R_n}$——n组试块强度的平均值；

K——合格判定系数；按附表3.3取用；

合格判定系数　　附表 3.3

n	10～14	15～24	≥25
K	1.70	1.65	1.60

S_n——n组试块强度的标准差；

$R_{标}$——混凝土设计标号；

$R_{小}$——n组试块强度中最小一组的值。

检验方法　检查标准养护龄期28d试块抗压强度的试验报告。

③混凝土强度按单位工程内强度等级，龄期相同及生产工艺条件、配合比基本相同的混凝土为同一验收批评定。但单位工程中仅有一组试块时，其强度不应低于$1.15f_{cu,k}$。

s_{fcu}——同一验收批混凝土强度的标准差(N/mm^2)，当s_{fcu}的计算值小于$0.06f_{cu,k}$时，取$s_{fcu}=0.06f_{cu,k}$；

$f_{cu,k}$——混凝土立方体抗压强度标准值(N/mm^2)；

$f_{cu,min}$——同一验收批混凝土立方体抗压强度的最小值(N/mm^2)；

λ_1、λ_2——合格判定系数，按附表3.1取用。

附录四　施工现场土工试验方法

一、路基土方最大干质量密度和最优含水量测定方法

本试验的目的是用规定的击实方法（轻型击实法和重型击实法），测定土的含水量与质量密度的关系，从而确定该土的最优含水量与相应的最大干密度。

击实仪的规格及主要技术性能　　附表 4.1

类别	击实仪名称	锤底直径 cm	锤质量 kg	落高 cm	试筒尺寸 内径 cm	试筒尺寸 高 cm	试筒尺寸 容积 cm^3	层数	每层锤击次数	击实方式	试料用量 kg	击实功 kJ/m^3
轻型	轻锤型	5.1	2.5	30.5	10.2	11.6	947	3	25	转圈	3	591.6
重型	重锤型	5.0	4.5	45	10.0	12.7	1000	5	27	转圈	3	2685.2

（一）轻型击实法

1.仪器设备

（1）轻型击实仪：（规格与技术性能见附表4.1）

（2）天平：称量200g，感量0.01g；称量2000g，感量1g。

（3）台称：称量10kg，感量5g。

（4）筛：孔径5mm。

（5）其它：铝盒、喷水设备、碾土器、盛土器、推土器、修土刀及保湿设备等。

2.试样准备

（1）将代表性的风干土或在低于60℃温度下烘烤干的土样放在橡皮板上，用木碾碾散，过5mm筛拌匀备用，土量为15～20kg。

（2）测定土样风干含水量，按土的塑限估计其最优含水量（一般较塑限约小3～6%，其中对砂性土约小3%，对粘性土约小6%）依次相差约2%，即其中有两个大于和两个小于最优含水量。准备五个不同含水量的土样，所需加水量可按下式计算：

$$M_w=\frac{M_0}{(1+w_1)}\times(w_1-w_0)$$

式中 M_w——土样所需的加水量（g）；

M_0——含水量w_0时土样的质量（g）；

w_0——土样已有的含水量（%）；

w_1——要求达到的含水量（%）。

（3）按预定含水量制备试样称取土样。每个约2.5kg，分别平铺于一不吸水的平板上，用喷水设备往土样上均匀喷洒预定的水量，拌和均匀后，密封的盛器内（或塑料袋内）浸润备用。浸润时间对高塑性粘土（CH）不得少于一昼夜，对低塑性土（CL）可酌情缩短，也不应少于12h。

3.操作步骤

（1）将击实仪放在坚实地面上，取制备好的试样600～800g倒入筒内，整平其表面，并用圆木板稍加压紧，然后按附表4.1规定的击实次数进行击实。击实时击锤应自由铅直落下，落高也按附表4.1调试正确，锤迹必须均匀分布于土面。然后安装套环，把土面刨成毛面，重复上述步骤进行第二层及第三层的击实，击实后超出击实筒的余土高度不得大于6mm。

（2）用修土刀沿套环内壁削挖后，扭动并取下套环，齐筒顶细心削平试样，拆除底板，如试样底面超出筒外亦应削平。擦净筒外壁，称质量，准确至1g。

（3）用推土器推出击实筒内试样，从试样中心处取2个各约15～20g土测定其含水量。计算至0.1%，其平行误差不得超过1%。

（4）按（1）～（3）步骤进行其它不同含水量试样的击实试验。

4.计算及制图

（1）按下式计算击实后各点的干质量密度：

$$\rho_d=\frac{\rho_0}{1+w_1} \quad （计算至0.01g/cm^3）$$

式中 ρ_d——干质量密度（g/cm^3）；

ρ_0——湿质量密度（g/cm^3）；

w_1——含水量（%）。

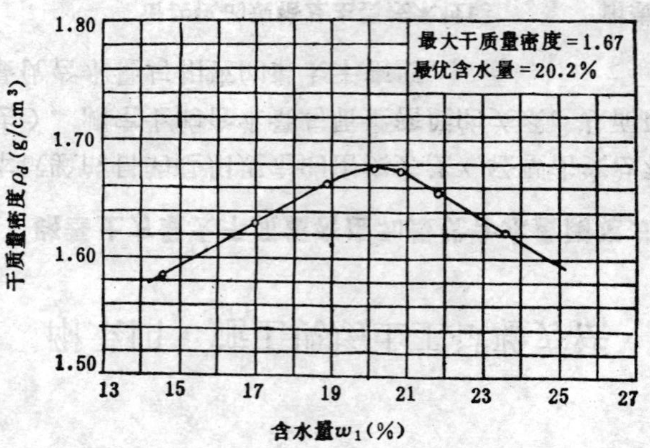

附图 4.1 ρ_d-w_1关系线

（2）以干质量密度为纵座标，含水量为横座标，绘制干质量密度与含水量的关系曲线，曲线上峰值点的纵、横座标分别表示土的最大质量干密度和最优含水量。

（二）重型击实法

1.仪器设备

（1）重锤型击实仪、规格与技术性能见附表4.1。

（2）天平：称量200g，感量0.01g；称量2000g，感量1g。

（3）台称：称量10kg，感量5g。

（4）筛：孔径5mm。

（5）其它：铝盒、喷水设备、碾土器、盛土器、推土器、修土刀及保湿设备。

2.试样准备

与轻型击实法相同。

3.操作步骤

击实仪的锤质量为4.5kg，落高45cm。分五层，每层27锤击次数（见附表4.1）。其它操作程序均与轻型击实法相同。

4.计算与制图

与轻型击实法相同。

二、路基土方含水量试验方法

土的含水量是土在100～105℃下烘到恒重时所失去的水分质量和达恒重后干土质量的比值，以百分数表示。

本试验以烘干法为室内试验的标准方法。在野外如无烘箱设备或要求快速测定含水量时，可依土的性质和工程情况采用下列方法：

酒精燃烧法

（1）仪器设备

本试验需用下列仪器设备：

1）称量盒（定期调整为恒重值）；

2）天平：称量500g，感量0.01g；

3）酒精：纯度96%以上；

4）滴管、火柴、调土刀等。

（2）操作步骤

1）取代表性试样（粘性土2～5g，砂性土20～30g）。放入称量盒内，立即盖好盒盖称量。称质量时，可在天平一端放上等质量的称量盒或盒等质量的砝码，称量结果即为湿土质量。

2）用滴管将酒精注入放有试样的称量盒中，直至盒中出现自由液面为止。为使酒精在试样中充分混合均匀，可将盒底在桌面上轻轻敲击。

3）点燃盒中酒精，烧至火焰熄灭。

4）将试样冷却数分钟，按以上2）、3）步骤方法再重复燃烧两次。当第三次火焰熄灭后，盖好盒盖立即称干土质量。

5）本试验称量应准确到0.01g。

6）按下式计算含水量：

$$w_0=\left(\frac{m_\omega}{m_d}-1\right)\times 100\%$$

式中 w_0——含水量（%）；

m_ω——湿土质量（g）；

m_d——干土质量（g）。

计算到0.1%。

7）本试验需进行二次平行测定，取其算术平均值。允许平行差值应符合附表4.2的规定。

含水量测定的平行差值　　附表 4.2

含　水　量　（%）	允许平行差值(%)
10以下	0.5
40以下	1
40以上	2

8）本试验记录格式见附表4.2

含　水　量　试　验　　附表 4.3

工程名称　　　　试验者
试验方法　　　　计算者
试验日期　　　　校核者

土样编号	土样说明	盒号	盒质量 (g)	盒+湿土质量 (g)	盒+干土质量 (g)	湿土质量 (g)	干土质量 (g)	含水量 (%)	平均值 (%)
12～6	粉质粘土（CI）	419				22.61	19.93	13.4	13.2
		518				22.10	19.57	12.9	
12～7	粘　土（CH）	091				20.77	16.24	27.9	28.2
		439				20.35	15.84	28.5	
12～8	粘　土（CH）	419				18.57	15.25	21.8	21.7
		133				20.44	16.82	21.5	

三、路基土方质量密度试验方法

土的质量密度是土的单位体积质量。

本试验对一般粘质土，都应采用环刀法。如果土样易碎裂，难以切削，可用蜡封法。在现场条件下，对粗粒土，可用灌砂法和灌水法。

（一）环刀法

（1）仪器设备

本试验需用下列仪器设备

1）环刀：内径6～8cm、高2～3cm、壁厚1.5～2mm；

2）天平：称量500g，感量0.01g；

3）其它：切土刀、钢丝锯、凡士林等。

（2）操作步骤

1）按工程需要取原状土或制备所需状态的扰动土样，整平其两端，将环刀内壁涂一薄层凡士林，刃口向下放在土样上。

2）用切土刀(或钢丝锯)将土样削成略大于环刀直径的土柱。然后将环刀垂直下压，边压边削，至土样伸出环刀为止。将两端余土削去修平，取剩余的代表性土样测定含水量。

3）擦净环刀外壁称质量。若在天平放砝码一端放一等质量环刀，可直接称出湿土质量。准确至0.1g。

4）按下式计算质量密度及干质量密度：

$$\rho_0 = \frac{m_\omega}{V} \qquad \rho_d = \frac{\rho_0}{1 + w_1}$$

式中　ρ_0——质量密度（g/cm^3）；

ρ_d——干质量密度（g/cm^3）；

m_ω——湿土质量（g）；

V——环刀容积（cm^3）；

w_1——含水量（%）。

计算至0.01（g/cm³）。

5）本试验需进行二次平行测定，其平行差值不得大于0.03g/cm³，取其算术平均值。

记录

本试验记录格式见附表4.4。

质量密度试验(环刀法) **附表 4.4**

工程名称　　　　　　　　　　　　　　　　
编　　号　　　　　　　　　　　　　　　　试验者
土样说明　　　　　　　　　　　　　　　　计算者
试验日期　　　　　　　　　　　　　　　　校核者

试样编号	土样类别	环刀号	湿土质量(g)	体积(cm³)	湿质量密度(g/cm³)	干质量(g)	干质量密度(g/cm³)	平均干质量密度(g/cm³)
12～6	粉质土	106	92.7	64.34	1.44	81.7	1.27	1.28
		33	93.2	64.34	1.49	82.2	1.28	
12～7	粘质土	186	126.8	64.34		98.9	1.54	1.54
		151	126.2	64.34		98.9	1.53	
12～8	粘质土	158	125.6	64.34		103.2	1.61	1.62
		85	126.7	64.34		104.0	1.62	

（二）灌砂法

（1）仪器设备

本试验需用下列仪器设备

1）灌砂法质量密度试验仪，见附图4.2。包括有：1.漏斗；2.漏斗架；3.防风筒；4.套环；附有三个固定器。

2）台称：称量10kg，感量5g，或称量50kg，感量10g；

3）量砂：粒径0.25～0.5mm干燥，清洁均匀砂10～40kg；

4）其他：量砂容器（有盖），直尺、铲土工具等。

（2）操作步骤（用套环）

1）在试验地点，将面积约40cm²×40cm²的一块地面铲平。如检查填土压实密度时应将表面未压实土层清除掉，并将压实土层铲去一部分（其深度视需要而定），使试坑底能达到规定的取土深度。

2）称盛量砂的容器加量砂的质量，按附图4.2；将仪器放在整平的地面上，用固定器将套环位置固定。开漏斗阀，将量砂经漏斗灌入套环内，待套环灌满后，拿掉漏斗，漏斗架及防风筒（无风可不用防风筒），用直尺刮平套环上砂面，使与套环边缘齐平。将刮下的量砂细心倒回量砂容器，不得丢失，称量砂容器加第一次剩余量砂质量。

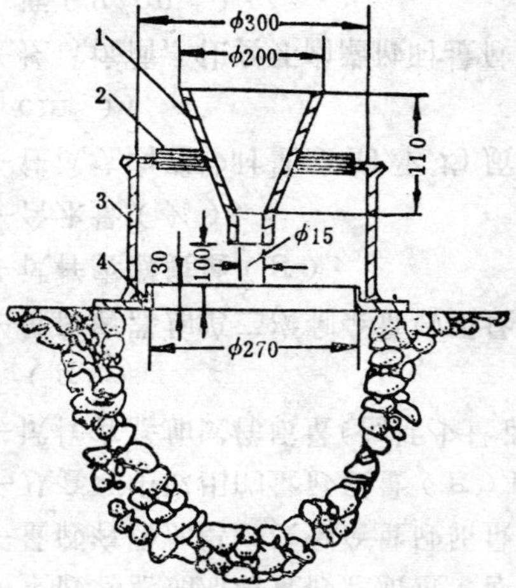

附图 4.2　灌砂法质量密度试验仪

3）将套环内的量砂取出，称其质量，倒回量砂容器内，环内量砂允许有少部分仍留在环内。

4）在套环内挖试坑。其尺寸大致如附表4.5。

试坑尺寸与相应的最大粒径 　　**附表 4.5**

试样最大粒径	试坑尺寸	
	直径（mm）	深度（mm）
5～25	150	200
25～60	200	250
80	250	300

挖坑时要特别小心，将已松动的试样全部取出。放入盛试样的容器内，将盖盖好，称容器加试样质量，并取代表性试样，测定其含水量。

5）在套环上重新装上防风筒、漏斗架及漏斗。将量砂经漏斗灌入试坑内。量砂下落速度应大致相等，直至灌满套环。

6）取掉漏斗、漏斗架及防风筒，用直尺刮平套环上的砂面，使与套环边缘齐平。刮下的量砂全部倒回量砂容器内，不得丢失。称量砂容器加第二次剩余量砂质量❶❷。

7）本试验称质量精度：称量小于10kg为5g；大于10kg时为10g。

8）按下式计算湿质量密度及干质量密度

$$\rho_0=\frac{(m_4-m_6)-[(m_1-m_2)-m_3]}{\dfrac{m_2+m_3-m_5}{\rho_n}-\dfrac{m_1-m_2}{\rho_s}}$$ ❸❹

$$\rho_d=\frac{\rho_0}{1+w_1}$$

式中 ρ_0——质量密度（g/cm³）；

ρ_d——干质量密度（g/cm³）；

m_1——量砂容器加原有量砂总质量（g）；

m_2——量砂容器加第一次剩余量砂质量（g）；

m_3——从套环中取出的量砂质量（g）；

m_4——试样容器加试样质量（包括少量遗留量砂质量）（g）；

m_5——量砂容器加第二次剩余量砂质量（g）；

m_6——试样容器质量（g）；

w_1——含水量（%）；

ρ_n——往试坑内灌砂时量砂的平均质量密度（g/cm³）；

ρ_s——挖试坑前，往套环内灌砂时量砂的平均质量密度（g/cm³）；

计算至0.01（g/cm³）。

（3）操作步骤（不用套环）

1）按用套环操作步骤——准备试验地点，在刮平的地面上按其操作步骤4）的规定挖坑。

2）称盛量砂容器加量砂总质量，在试坑上放置防风筒和漏斗，将量砂经漏斗灌入试坑内，量砂下落速度应大致相等，直至灌满套环。

3）试坑灌漏量砂后，去掉漏斗及防风筒，用直尺刮平量砂表面，使与原地面齐平，将多余的量砂倒回量砂容器，不足时可以补充。称量砂容器加剩余量砂质量。

4）按下式计算湿质量密度及干质量密度：

---

❶ 若量砂被浸湿或混有杂质时，应充分风干过筛后再行使用。

❷ 土中有很大孔隙，量砂可能进入其孔隙时，可按天然地面或试坑外形，松弛地放一层柔软纱布，再向套环或试坑中灌入量砂。

❸ 因量砂质量密度随灌砂时量砂的落距及试坑尺寸而不同，故式中的量砂质量密度ρ_s及ρ_n必须采用与灌砂条件相适应的质量密度。

❹ 若经量砂质量密度校验证明ρ_s与ρ_n相差很小时，式中ρ_s可用ρ_n代替。

$$\rho_0 = \frac{m_4 - m_6}{\dfrac{m_1 - m_7}{\rho_n}} \qquad \rho_d = \frac{\rho_0}{1 + w_1}$$

式中 m_7——量砂容器加剩余量砂质量（g）；

质量密度试验(灌砂法，用套环)　　附表 4.6

工程名称　　　　试验者
　　　　　　　　计算者
试验日期　　　　校核者

取样地点			
土样编号			
量砂容器质量＋原有量砂质量	g	(1)	
量砂容器质量＋第一次剩余量砂质量	g	(2)	
套环内耗砂量	g	(3)	(1)－(2)
量砂质量密度ρ_n	g/cm³	(4)	
套环体积	cm³	(5)	$\frac{(3)}{(4)}$
从套环内取出量砂质量	g	(6)	
套环内残留量砂质量	g	(7)	(3)－(6)
量砂容器质量＋第二次剩余量砂质量	g	(8)	
试坑内及套环内耗砂质量	g	(9)	(2)＋(6)－(8)
量砂质量密度ρ_n	g/cm³	(10)	
试坑及套环总体积	cm³	(11)	$\frac{(9)}{(10)}$
试坑体积	cm³	(12)	(11)－(5)
试样容器质量＋试样质量（内包括残留之量砂）	g	(13)	
试样容器质量	g	(14)	
试样质量	g	(15)	(13)－(14)－(7)
试样质量密度	g/cm³	(16)	$\frac{(15)}{(12)}$
试样含水量	(%)	(17)	
干质量密度	g/cm³	(18)	$\frac{(16)}{(1)+(17)}$
平均干质量密度	g/cm³	(19)	

计算至0.01（g/cm³）。

5）本试验需进行二次平行测定，取其算术平均值。

记录：

本试验记录格式见附表4.6及4.7

质量密度试验(灌砂法，不用套环)　　附表 4.7

工程名称　　　　试验者
　　　　　　　　计算者
试验日期　　　　校核者

取样地点			
土样编号			
量砂容器质量＋原有量砂质量	g	(1)	
量砂容器质量＋剩余量砂质量	g	(2)	
试坑耗砂量	g	(3)	(1)－(2)
量砂质量密度ρ_n	g/cm³	(4)	
试坑体积	cm³	(5)	$\frac{(3)}{(4)}$
试样质量＋试样容器质量	g	(6)	
试样容器质量	g	(7)	
试样质量	g	(8)	(6)－(7)
试样质量密度	g/cm³	(9)	$\frac{(8)}{(5)}$
试样含水量	%	(10)	
干质量密度	g/cm³	(11)	$\frac{(9)}{1+(10)}$
平均干质量密度	g/cm³	(12)	

四、石灰土及石灰类混合料最大干质量密度和最优成型试验方法

石灰稳定类材料压得愈密实其强度愈高，但要碾压到要求的压实度，除应具一定的碾压机械效能外，石灰类混合料

中需要有适当的含水量。过湿、过干均不能达到要求的压实度。本试验的目的是用规定的击实方法，测定石灰土及石灰类混合料的含水量与质量密度的关系，从而确定其最大干质量密度与相应的成型含水量。

本试验适用于石灰土及掺入一定比例的碎（砾）石，天然砂砾或工业废渣等石灰类混合料。并按其不同粒径选择击实仪具。

击实仪的规格及主要技术性能　　附表 4.8

击实仪名称	锤底直径 cm	锤质量 kg	落高 cm	试筒尺寸 内径 cm	试筒尺寸 高 cm	试筒尺寸 容积 cm^3	击实分层	每层击实次数	击实方法	试样用料 kg	最大粒径 mm	击实功 kJ/m^3
小型击实仪	7.0	2.5	30	5.0	5.0	100 (98.1)	1	砂性土 30次	定点击实	1	2	2205
								粉性土 35次				2512.5
								粘性土 40次				2940
重击锤实型仪	5.0	4.5	45	10	12.7	997	5	27	转圈	3	25	2685.2
	5.1	4.5	45.7	15.2	11.6	2104	5	56	转圈	5	38	2682.2

表中小型击实仪适用于试料最大粒径为2mm的石灰土。重锤型击实仪适用于石灰土及石灰类混合料。当试料中粒径大于5mm的颗粒含量不超过30%；且最大允许粒径为25mm时采用小击实筒（容积997cm^3）。当试料中粒径大于5mm的颗粒含量超过30%，且最大允许粒径为38mm时采用大击实筒（容积为2104cm^3）。

（一）小型击实仪击实法

1.仪器设备（见附图4.3）

（1）容积100cm^3击实仪一套（规格与技术性能见附表4.8）。

（2）天平：称量200g，感量0.01g；称量500g，感量0.1g。

（3）筛：筛孔2mm。

（4）其他：铝盒，喷水设备，碾土器，盛土器，推土器，修土刀及保湿设备。

2.试样准备

将土捣碎，通过2mm筛孔，选取1.5～2.0kg的土样，测其含水量，换算成干质量，按照设计的石灰剂量准确掺入熟石灰，并仔细拌匀。加入稍低于按经验估计的最优含水量（略比素土大1～3%），再充分拌匀备用。

3.试验步骤

将两半圆筒3（见附图4.3）用少许煤油涂抹后，合拢起来放入底座1内，继将垫板9放入，拧紧螺丝2，然后套上套筒4，将折合干质量约200g的混合料装入套筒内，盖上活塞5，插入：导杆7和夯锤6，将锤提高到手柄下，自30cm高度处落下，将试件夯实。夯实次数：（见附表4.8），夯实试验应在坚实的地面（水泥混凝土或块石）上进行，松软地面会影响测定结果。

试件按规定次数击实后，小心地将导杆、活塞及套筒取下，用修土刀仔细地沿圆筒边缘将试件多余部分削去，表面与圆筒齐平。拆开两半圆筒或用锤自下向上将试件轻轻顶出，称其湿质量准确至0.1g。同时取样少许，测定其含水量。求该试件的干质量密度。如此重复数次，每次增加含水量2～3%（一般为五次）一直做到水分增加而试件质量密度

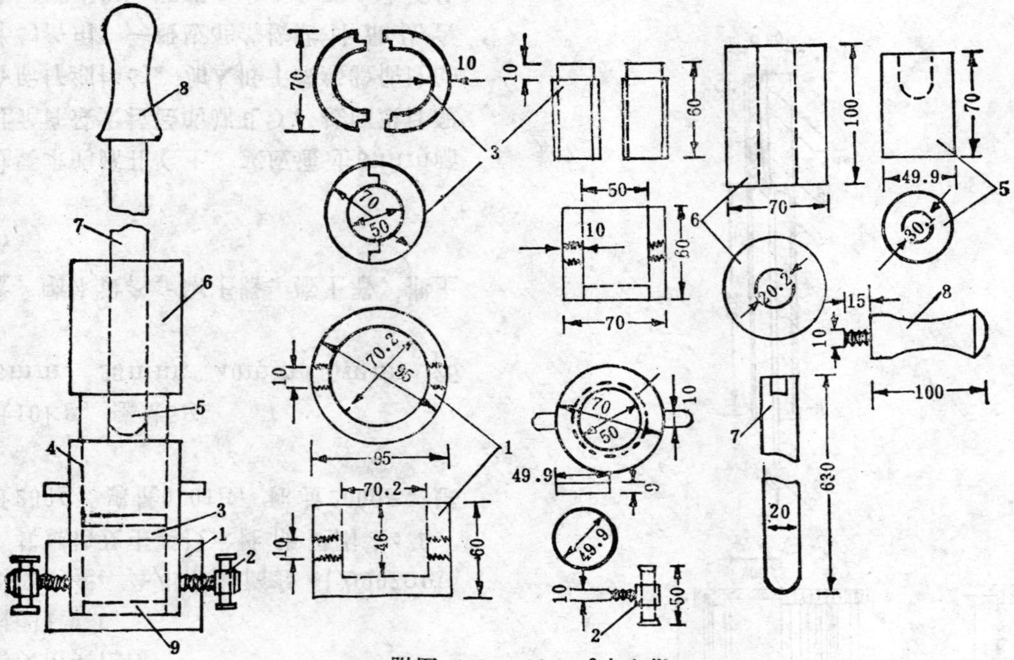

附图 4.3　100cm³击实仪

1—仪器底座；2—楔紧螺丝；3—半圆试筒；4—套筒；5—活塞；6—25kg夯锤；7—导杆；8—导杆柄；9—垫板

开始降低为止，此时得到的峰值换算为干质量密度。即为求得该灰土的最大干质量密度与其相应的最优成型含水量。

4.计算及制图

同路基土方最大干质量密度和最优含水量测定方法中（一）轻型击实法 4。

（二）重锤型击实仪击实法：

1.仪器设备（见附图4.4）

（1）重锤型击实仪一套：分小击实筒容积为997cm³及大击实筒2104cm³，其规格及主要技术性能见附表4.8。

（2）天平：称量200g，感量0.01g；称量2000g，感量1g。

（3）台称：称量10kg，感量5g。

（4）筛：孔径 5mm，25mm，40mm（5mm，25mm，38mm）。

（5）其他：铝盒、喷水设备、碾土器、盛土器、推土器、修土刀及保湿设备。

2.试样准备

将原材料分别通过要求的筛孔（土、灰应通过 5 mm筛孔，掺入的骨料应通过允许最大粒径的筛孔），按照设计配合比分别称质量，掺合后仔细拌匀。加入低于按经验估计的最优含水量，再充分拌匀备用。一般应准备按估计最优含水量，依次相差 2 %的试样 5 组，即两个大于和两个小于估计的最优含水量，备料：小击实筒为15～20kg 左右，大击实筒为30～35kg左右。

3.操作步骤

均与路基土方最大干质量密度和最优含水量测定方法中（一）轻型击实法中的 3 相同，应注意大击实筒的分层与击

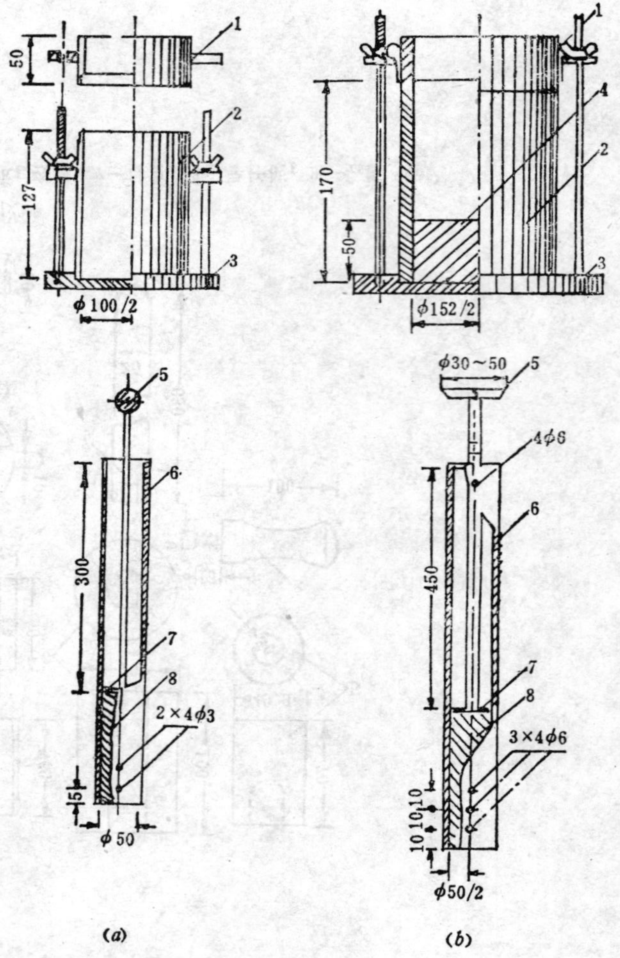

附图 4.4 重型击实仪（尺寸单位：mm）

（a）小击实筒、击锤和导杆；（b）大击实筒、击锤和导杆

1—套筒；2—击实筒；3—底板；4—垫板；5—提手；6—导筒；7—硬橡皮垫；8—击锤

实次数见附表4.8。

4.计算与制图：

同路基土方最大干质量密度和最优含水量测定方法中（一）轻型击实法4。

五、沥青混凝土标准密度测定方法

（300kg/cm²压力成型法与马歇尔稳定度仪击实成型法）

（一）沥青混合料拌制和试件制备

1.试验仪具

（1）试验室用小型沥青混合料拌和机，（或用小铁锅炒拌）；

（2）沥青混凝土试模，试模如附图4.5。它由一中空圆柱体，上下两压头所组成。试模尺寸，根据组成沥青混凝土混合料中骨料最大粒径尺寸规定见附表4.9。

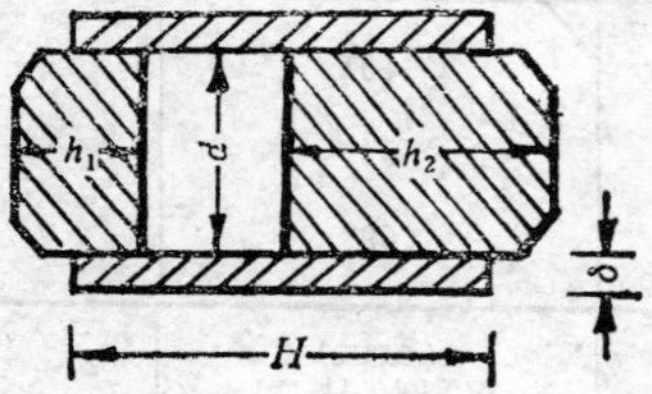

附图 4.5　沥青混凝土试模

（3）烘箱

（4）压力机（或万能试验机）。

2.试件制备方法

（1）按沥青混合料组成的设计方法所计算的配合比数据，称取各种矿质集料倾于拌和机（或金属拌和锅）内，加热至150～160℃（根据所用沥青稠度决定）。

同时，将已脱水的沥青加热至140～150℃（根据沥青稠度确定）。

（2）将加热好的沥青按配合比中需要的沥青用量，逐渐加入不断搅拌的集料中，待拌匀后最后洒入预先加热好的石粉。

继续拌和集料与沥青使其均匀为止(约拌10～15min)。

（3）自烘箱中取出预先擦干净、加热至140～150℃、与骨料最大尺寸相适应的试模，将其内部及两压头涂以润滑剂，将下承压轴置于模中。为保证当模子压实时，上下承压轴能对向自由移动，下承压轴应垫一垫圈，使承压头突出模底口2～3cm。

（4）称取已拌和好的沥青混合料，每个试件所需混合料重可按下式计算确定：

$$q=\frac{\rho\cdot\pi\cdot d^2\cdot h}{4}$$

式中　q——每个试件的混合料用量（g）；

d——模子内径（cm）；

附表 4.9

混合料名称	试模尺寸(mm)					试样面积 (cm²)
	d	H	h_1	h_2	δ	
砂质沥青混合料	50.5	130	40	80	10	20
细粒(或中粒)式沥青混合料	71.4	170	50	80	12	40
中粒和粗粒式沥青混合料	101.0	180	50	90	12	80

h——试件高度（cm）；

ρ——沥青混合料的质量密度（g/cm^3）。

通常沥青混合料按质量密度$\rho=2.25g/cm^3$。每个沥青混合料试件所需混合料，用量应符合附表4.10的规定。

沥青混合料试件所需混合料用量　　　附表 4.10

试模内径 (mm)	试件高度 (mm)	混合料质量 (g)
50.5	50	220
71.4	70	610
101.4	101	1760

（5）将称好的混合料均匀地装入试模中，用捣棒捣实，最后用上承压头轻轻挤入混合料。

（6）将装好混合料的试模装于压力机（或万能机）上，逐渐压实，在30MPa（按试样受压面积计）的压力下保持3min后卸荷，用脱模机将试件推出。

制成的试件高度误差不得大于±1mm。如混合料试件高度相差过大，可用下式重新计算用量：

$$q_0=q_0\cdot\frac{h}{h_0}$$

式中　q——混合料应有的用量（g）；

q_0——试制试件的混合料实际用量（g）；

h——试件的要求高度（mm）；

h_0——试制试件的实际高度（mm）。

凡试件上下两面不平行，或有缺角及其它缺陷者，均不得作为测定技术性质试验之用。

（二）沥青混凝土标准密度测定

1.试验仪具：

静水力学天平。

2.试验方法：

（1）将标准压实下制备的试样，在制成4h后，即当温度将等于室温（18～20℃）时，在静水天平上称量其在空气中的质量为m，（精确至0.01g）；

（2）同一试样在温度20℃±1℃的水中称量其质量为m_2（须于试样在盛有水的烧杯中，停止冒出气泡以后进行）。

3.试验结果计算和精确度：

沥青混凝土的标准密度按下式计算：

$$\rho_m=\frac{m_1}{m_1-m_2}$$

式中　ρ_m——沥青混合料标准密度；

m_1——沥青混合料试样在空气中的质量（g）；

m_2——沥青混合料试样在水中的质量（g）。

以两次平行试验测定值的平均数作为标准密度值。若两次平行试验测定值的差值，大于0.02g/cm^3，应重新试验。

（三）沥青混合料试件的制备，也可采用马歇尔稳定度仪，按照规定用击实锤击实制得。它测定沥青混合料的热稳性和抗塑性流动的性能——稳定度和流值。沥青混合料中矿料的最大粒径应不大于25mm。

1.试验仪具

（1）马歇尔试验仪见附图4.6

1）加荷设备：一台。最大荷载约为3000kg。加荷时，用马达或人工驱动，垂直变形速度为50±5mm/min（人工操作，每秒钟转动摇把二次）。

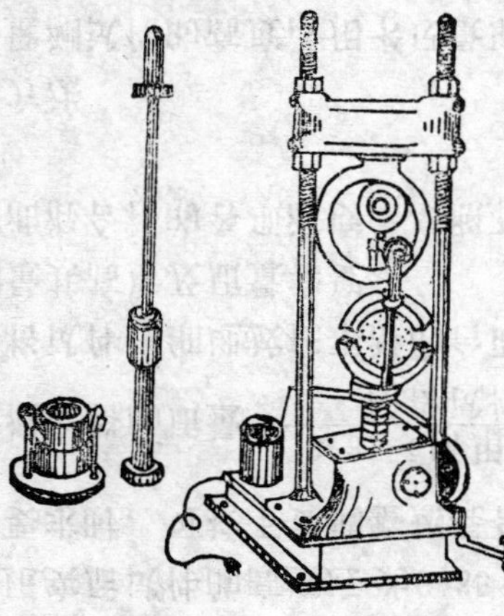

附图 4.6　马歇尔试验仪

2）应力环：一个，安装固定在加荷设备的框架与加荷压头之间，容量约3000kg，精确度为10kg，下部圆柱形头将荷载传递给加荷压头；中间装有百分表。

3）加荷压头：一副，由上下两个圆弧形压头组成，曲度半径为50.8mm。下弧形压头固定在一圆形钢板上，并附有二根导棒；上弧形压头附有球座和两个导孔。当两个压头扣在一起时，下压头导棒恰好穿入压头的导孔内，并能使上压头圆滑地上下移动。

4）钢球：一个，直径16mm，试验时放置在球座上。

5）流直计：一个，由导向套管和流值表组成，供测量试件在最大荷载时的变形。试验时导向套管安装在下压头的棒上。流值表的分度为0.01cm。

（2）试模：三组，每组包括内径101.6mm，高87mm的圆筒及套环和底板各一个。

（3）击实锤：1～2副，每副包括4.53kg锤，平圆形击实座，带扶手的导向棒各一个，金属锤须能从45.7cm的高度沿着导向棒自由落下。

（4）击实台：一架，一般用4根型钢把20cm×20cm×20cm的木墩固定在混凝土板上，木墩上面放置一块30cm×30cm×2.5cm的钢板，也可以用其它型式的击实台，但产生效果应一致。

（5）脱模器。

（6）电烘箱：二台，大中型各一台，附有温度调节器。

（7）拌和设备：人工拌和采用拌盘（锅或盆）和铁铲等，或采用能保温的试验室用小型拌和机。

（8）恒温水槽：一个，附有温度调节器，容积最少能同时放置一组（至少三个）试件。

（9）其它：电炉或煤气炉、沥青溶化锅，台秤（容量5kg以上）、筛子、温度计（200℃）、刀子、滤纸、手套、水桶、蜡笔、记录纸等。

2.试验准备

（1）将过筛、洗净的石料及砂和石粉等置于105～110℃的烘箱中干燥至恒重，并测定各种矿料和沥青材料的相对密度、矿料组成。

（2）将沥青材料脱水、加热至120～150℃（根据沥青的种类和标号选择），各种矿料置烘箱中加热至140～160℃后备用。

（3）将全套试模、击实座等置于烘箱中加热至130～150℃后备用。

3.试件制备

（1）按照各种矿料在混合料中所占的配合比例，称出一组（3～4个）或一个试件所需要的材料，置于拌盘（锅）或拌和机中。并继续加热、拌匀、摊开，然后加入需要数量的热沥青，迅速地拌和均匀，并使混合料保持在温度为130～140℃（石油沥青）或90～110℃（煤沥青）的范围内。

（2）称取拌好的混合料（以四分法取一份）约1200g，通过铁漏斗注入垫有一张滤纸的热试模中，并用热刀沿周边插捣15次，中间10次。

（3）将装好混合料的试模放在击实台上，再垫上一张滤纸，加盖预热(130～150℃)的击实座，再把装有击实锤的导向棒插入击实座内，然后将击实锤从45.7cm的高度自由落下（规定为50或75次）。混合料的击实温度不得低于110℃（石油沥青）或70℃（煤沥青）。在击实过程中，注意须使导向棒垂直于试模的底板。试件击实一面后，将试模倒置，再以同样的次数击完另一面。

（4）卸去套模和底板，将装有试件的试模放置在冷水中2min后，置脱模器上取出试件。

（5）压实后试件的高度应为6.35±0.13cm。如试件高度不符合要求时，可按下式调整热混合料的用量。

$$\text{调整后混合料的质量}=\frac{6.35\times\text{所用混合料质量}}{\text{所得试件的高度}}$$

（6）将试件仔细地放在平滑的台面上，在室温下静置过夜后，测量其高度及质量密度。

制备渣油混合料的各项温度，参照石油沥青的要求可酌情降低。

4.试验方法

（1）量测试件的高度：用卡尺量取试件的高度，至少要取圆周等分4个点的平均值为试件的高度值，准确至0.01cm。

（2）测定试件的质量密度：先在天秤上称量试件在空气中的质量，然后称其在水中的质量（如试件空隙率较大时应采用蜡封法），准确至0.1g，并按下列两式任选式计算试件的质量密度。

$$\rho_m=\frac{m}{m-m_1}\rho_w$$

或

$$\rho_m=\frac{m}{m_2-m_3-\left(\dfrac{m_2-m_3}{d_p}\right)}\rho_w$$

式中 ρ_m——试件实测质量密度（g/cm³）；

m——试件在空气中质量（g）；

m_1——试件在水中质量（g）；

m_2——封蜡后试件在空气中质量（g）；

m_3——封蜡后试件在水中质量（g）；

d_p——蜡的相对密度；

ρ_w——常温水的质量密度（1g/cm³）。

（3）测定试件的稳定度：

1）将测定密度后的试件置于60±1℃（石油沥青）或37.8±1℃（煤沥青）的恒温水槽保持最少30min。

2）将上下压头内面拭净，必要时在导棒上涂以少许机油，使上压头能自由滑动，从水槽中取出试件在下压头上，再盖上上压头，然后放到加荷设备上。

3）将流值计安装在外侧导棒上，使导向套管轻轻地压住上压头，同时调整流值表对准零。

4）在上压头的球座上放妥钢球，并对准应力环下的压头，然后调整应力环中的百分表对准零。

5）开动加荷设备，使试件承受荷载，加荷速度为50±

5mm/min。当达到最大荷载的瞬间，读取应力环中百分表的读数，并同时取下流值计，读记流值表的数值。

6 ）从恒温水槽中取试件，到测出最大荷载值，不应超过30s。

7 ）测定试件浸水后的稳定度。

将测定密度后的试件置60±1℃（石油沥青）或37.8±1℃（煤沥青）的恒温水中保持48h，然后测定其稳定度。

5.试验结果整理和计算

（ 1 ）试件的稳定度和流值

1 ）根据应力环标定曲线，将应力环中百分表的读数换算为荷载值，即试件的稳定度，以kg计。

2 ）流值计中的读数，即为试件的流值，以0.01cm 计。

3 ）如试件高度与要求高度出入较大，则稳定度须按附表4.11所列修正系数加以修正。

试件高度修正系数表 附表 4.11

试件体积 (cm^3)	试件高度范围 (cm)	修正系数
444～456	5.47～5.62	1.25
457～470	5.63～5.80	1.19
471～482	5.81～5.94	1.14
483～495	5.95～6.10	1.09
496～508	6.11～6.26	1.04
509～522	6.27～6.44	1.00
523～535	6.45～6.60	0.96
536～546	6.61～6.73	0.93
547～559	6.74～6.89	0.89
560～573	6.90～7.06	0.86
574～585	7.07～7.21	0.83
586～598	7.22～7.37	0.81

（ 2 ）试件理论质量密度

试件的理论质量密度按下式计算：

$$\rho_t = \frac{100 + W_a}{\frac{W_1}{d_1} + \frac{W_2}{d_2} + \cdots\cdots \frac{W_n}{d_n} + \frac{W_a}{d_a}} \cdot \rho_w$$

式中 ρ_t——试件理论质量密度（g/cm^3）；

$W_1 \cdots\cdots W_n$——各种矿料配合比（％）矿料总和为100％；

$d_1 \cdots\cdots d_n$——各种矿料相对密度；

ρ_w——常温水的密度（g/cm^3）；

W_a——沥青的用量，以干矿料的百分率计（％）；

d_a——沥青的相对密度。

（ 3 ）试件中沥青的体积百分率

试件的沥青体积百分率按下式计算：

$$V_a = \frac{W_a \times \rho_m}{d_a}$$

式中 V_a——沥青体积百分率（％）；

W_a——沥青用量（％）；

d_a——沥青相对密度；

ρ_m——试件实测质量密度（g/cm^3）。

（ 4 ）试件的空隙率

试件的空隙率按下式计算：

$$V_v = \left(1 - \frac{\rho_m}{\rho_t}\right) \times 100\%$$

式中 V_v——试件空隙率（％）；

ρ_m——实测质量密度（g/cm^3）；

ρ_t——理论质量密度（g/cm^3）。

（5）试件中矿料的空隙率

试件矿料空隙率按下式计算：

$$V_m = V_a + V_v$$

式中 V_m——试件中矿料空隙率（%）；

V_a——试件中沥青体积百分率（%）；

V_v——试件空隙率（%）。

（6）试件的饱和度

试件饱和度按下式计算：

$$V_{fa} = \frac{V_a}{V_a + V_v} \times 100\%$$

式中 V_{fa}——试件饱和度（%）；

V_a——试件中沥青体积百分率（%）；

V_v——试件中空隙率（%）。

（7）试件的马歇尔模数

试件的马歇尔模数计算

$$T = \frac{S}{P}$$

式中 T——试件的马歇尔模数$\left(N/\frac{1}{100}cm\right)$；

S——试件稳定度（N）；

P——试件流值，1/100cm。

（8）试件的残留稳定度

试件残留稳定度按下式计算：

$$S_0 = \frac{S_2}{S_1} \times 100\%$$

式中 S_0——试件残留稳定度（%）；

S_1——试件稳定度（N）；

S_2——试件浸水48h后稳定度（N）。

6.沥青混合料稳定度试验记录见附表4.12

沥青混合料稳定度试验记录

附表 4.12

混合料种类：　　　　　　　　　　　　　　　　　　试验日期：　　　年　　月　　日

沥青种类、标号：　　　　　　　　沥青相对密度

矿料用量、相对密度　　　　　　　　　　　　　　　　捣实温度：　　℃；锤击次数：两面各　次

试件编号	沥青用量(%)	试件厚度(cm)	空中质量(g)	水中质量(g)	饱和面干质量(g)	体积(cm³)		密度(g/cm³)				沥青体积百分率 ①×⑧ / $d_a\times\rho_w$ (%)	空隙率 $\left(1-\frac{⑧}{⑪}\right)\times100$ (%)	粒料间空隙率 ⑫+⑬ (%)	饱和度 ⑫/⑭ (%)	稳定度(N)				流值 (1/100)(cm)	马歇尔模数 $(N/\frac{1}{100}cm)$	备注
						③－④	⑤－④	实际密度 ③/⑥	饱和面干密度 ⑤/⑦	干体积密度 ③/⑦	理论密度					测力计读数 (1/100)(mm)	折算稳定度 (N)	修正系数	稳定度 (N)			
	①	②平均	③	④	⑤	⑥	⑦	⑧	⑨	⑩	⑪	⑫	⑬	⑭	⑮	⑯	⑰	⑱	⑲	⑳	㉑	㉒

六、沥青混合料压实质量密度现场测定方法

本试验方法为蜡封称重法（或直接称重法）适用于形体不规则的块状试件测定其单位密度，对沥青混合料面层测定其压实后的实际密度，以检验碾压密度达到的程度。

（一）蜡封法：

1.仪器设备：

（1）台秤：秤量10kg，感量5g。

（2）石蜡；

（3）细绳：（质轻、均匀、拉强）；

（4）其他：试验用的盘、刷、盛水桶、电炉等。

2.操作步骤：

（1）将路面上打下的试件（以15cm～20cm正方体为宜）清除底部与基层粘连的部分，修正试件体形，用刷子细心刷去试件上分散的颗粒及尘土；

（2）秤出试件质量为m；

（3）将石蜡加热至熔点呈液化状，用细线系住于试件浸入石蜡中，使试件表面覆盖一薄层严密的石蜡（以防止水浸入为度）如蜡模上有气泡，需用热针刺破，再用石蜡填充针孔。涂平孔口；

（4）待蜡试件冷却后，称质量为m_1；

（5）将蜡封试件的细绳系于台称一端，使其浸浮在盛水桶内，注意试件不要接触桶壁，称出蜡封试件在水中质量为m_2；

（6）同一试件进行2～3次平行试验，取其算术平均值。

3.计算公式：

$$\rho=\frac{m}{\dfrac{(m_1-m_2)}{\rho_w}-\dfrac{(m_1-m)}{\rho_n}}=(\mathrm{g/cm^3},\ \mathrm{kg/m^3})$$

式中 ρ_w——试验用水的质量密度，采用1g/cm³；

ρ_n——试验用的石蜡的质量密度，采用0.92g/cm³。

（二）直接称重法：

当试件表面较密实时，可用直接称重法，即不须涂覆石蜡但操作方法同上。

计算公式：

$$\rho=\frac{m}{m_1-m_2'}=(\mathrm{g/cm^3},\ \mathrm{kg/m^3})$$

式中 m_2'——不涂石蜡的试件在水中的质量。

附录五　本标准常用法定计量单位名称符号及换算系数

计量单位名称、符号及换算系数　　附表 5.1

量的名称	法定单位 名称	法定单位 符号	与公制单位近似换算关系	附注
长度	千米(公里)	km	与公制单位相同	
	米	m	与公制单位相同	
	厘米	cm	与公制单位相同	
	毫米	mm	与公制单位相同	
面积	平方米	m^2	与公制单位相同	
	平方厘米	cm^2	与公制单位相同	
	平方毫米	mm^2	与公制单位相同	
质量	克 千克(公斤)	g kg	与公制单位相同	
力	吨 千牛(顿)	t kN	$1kN=0.1tf=100kgf$	
重力	牛(顿)	N	$1N=0.1kgf$	
时间	秒	s		
	分	min		
	小时	h		
	密度	g/cm^3		
	击实功	kJ/m^3	$1kgfm=9.80665J$	
压力	兆帕斯卡	MPa	$1kgf/cm^2=0.098MPa$	

附录六　本标准用词说明

一、为便于在执行本标准条文时区别对待，对于要求严格程度不同的用词说明如下：

1.表示很严格，非这样作不可的：

正面词采用“必须”；

反面词采用“严禁”。

2.表示严格，在正常情况下均应这样作的：

正面词采用“应”；

反面词采用“不应”或“不得”。

3.表示允许稍有选择，在条件许可时，首先应这样作的：

正面词采用“宜”或“可”；

反面词采用“不宜”。

二、条文中指明必须按其他有关标准执行的写法为：“应按……执行”或“应符合……的要求（或规定）。”非必须按所指定的标准执行的写法为“可参照……的要求（或规定）”。

附加说明

本标准主编单位、参加单位和主要起草人名单

主编单位： 北京市市政工程局

参加单位： 北京市第一市政工程公司

天津市第五市政工程公司

西安市市政工程管理局

武汉市市政工程管理所

兰州市市政工程公司

成都市城建科研所

南京市市政工程公司

马鞍山市市政工程管理处

深圳市道路维修公司

主要起草人： 包致儒　聂庭友　焦永达　沈云霄

赵俊贤　张绪光　余宗贤　商宪章

李　剑

中华人民共和国行业标准

市政桥梁工程质量检验评定标准

CJJ 2—90

主编单位：北 京 市 市 政 工 程 局
批准部门：中华人民共和国建设部
施行日期：1 9 9 1 年 8 月 1 日

关于发布行业标准《市政桥梁工程质量检验评定标准》的通知

建标〔1991〕 4号

各省、自治区、直辖市建委(建设厅)，计划单列市建委，国务院有关部、委：

根据原城乡建设环境保护部（87)城科字第276号文的要求，由北京市市政工程局主编的《市政桥梁工程质量检验评定标准》，业经审查，现批准为行业标准，编号CJJ2—90，自1991年8月1日起施行。原部标准《市政工程质量检验评定暂行标准(桥梁工程)》CJJ 2—81同时废止。

本标准由城镇道路桥梁标准技术归口单位北京市市政设计研究院归口管理，其具体解释工作由北京市市政工程局负责。

本标准由建设部标准定额研究所组织出版。

中华人民共和国建设部

1991年1月4日

目　次

第一章　总　则

第 1.0.1 条　为适应市政工程建设发展的需要，统一市政桥梁工程质量检验办法和评定标准，以提高市政桥梁工程的施工质量，促进市政桥梁工程的质量管理，特制定本标准。

第 1.0.2 条　本标准适用于新建、扩建、改建的市政桥梁工程。有特殊要求的市政桥梁工程，除特殊要求部分外，应按本标准执行。

工业厂区内的市政桥梁工程，城市市区范围外的远郊区及县（旗）的市政桥梁工程，可参照本标准执行。

第 1.0.3 条　原材料、半成品或成品的质量标准，凡本标准有规定者，应按照执行；无规定者，应按现行有关标准执行。

第 1.0.4 条　市政桥梁工程质量检验评定中其它有关的技术要求，尚应符合现行有关标准的规定。

第二章　检验评定方法和等级标准

第 2.0.1 条　市政桥梁工程的质量评定，分为"合格"与"优良"两个等级。

第 2.0.2 条　市政桥梁工程的工序、部位、单位工程应按以下要求划分：

一、工序：

按工序划分为：土石方、模板、钢筋、预应力筋、水泥混凝土、桩基、沉井基础、钢结构、构件安装、砌体、装饰、其它工程等。

二、部位：

按主要部位划分为：基础、下部构造、上部构造、桥面及附属工程等四个部位。

三、单位工程：

市政桥梁工程中的独立核算项目，应是一个单位工程。

第 2.0.3 条　检验评定必须经外观项目检查合格后，才能进行允许偏差项目的检验。

第 2.0.4 条　进行抽样检验时，应使抽样取点能反映工程的实际情况。（凡检验项目为长度者，应指按规定间距抽样，选取较大偏差点，其它项目则可在规定范围内选取较大偏差点）。

第 2.0.5 条　市政桥梁工程质量的检验及评定应按工序、部位及单位工程三级进行，其评定标准的主要依据为合格率：

$$合格率=\frac{同一检查项目中的合格点（组）数}{同一检查项目中的应检点（组）数}\times 100\%$$

一、工序：

合格：符合下列要求者，应评为“合格”。

1．主要检查项目（在项目栏列有△者）的合格率应达到100%。

2．非主要检查项目的合格率均应达到70%，且不符合本标准要求的点其最大偏差应在允许偏差的1.5倍之内，在特殊情况下，如最大偏差超过允许偏差1.5倍，但不影响下道工序施工，工程结构和使用功能，仍可评为合格。

优良：符合下列要求者应评为“优良”。

1．符合合格标准的条件。

2．全部检查项目合格率的平均值，应达到85%。

二、部位：

合格：所有工序合格，则该部位应评为“合格”。

优良：在评定为合格的基础上（在评定部位时，模板工序不参加评定），全部工序检查项目合格率的平均值应达到85%，则该部位评为优良。

三、单位工程：

合格：所有部位的工序均为合格，则该单位工程应评为合格。

优良：在评定合格的基础上，全部部位（工序）检验项目合格率的平均值达到85%，则该单位工程应评为优良。

第 2.0.6 条 工序的质量如不符合本标准规定，应及时进行处理。返工重做的工程，应重新评定其质量等级。加固补强后改变结构外形或造成永久缺陷（但不影响使用效果）的工程，一律不得评为优良。

工序质量评定表 表 2.0.7-1

单位工程名称： 部位名称： 工序名称：

主要工程数量		
序号	检查项目	质量情况
1		
2		
3		

序号	实测项目	允许偏差 (mm)	各实测点偏差 (mm) 1	2	3	4	5	6	7	8	9	10	11	12	13	14	15	应检查点数	合格点数	合格率 (%)
1																				
2																				
3																				
4																				
5																				
6																				
7																				
8																				
交方班组							接方班组											平均合格率(%)		
																		评定等级		

工程技术负责人： 质检员： 施工员： 年 月 日

注：实检查点数不大于应检查点数，如超过应检查点数，其超过的点数应从合格点数中减去。

第 2.0.7 条 市政桥梁工程质量检验及评定必须符合下列规定：

一、工序交接检验。由检验人员（专职或兼职）进行工序交接检验，评定工序等级，填写表2.0.7-1（工序交接检验在施工班组自检、互检的基础上进行）；

二、部位交接检验。检验人员在工序交接检验的基础上进行部位交接检验，评定部位等级，填写表2.0.7-2；

三、单位工程交接检验。检验人员在部位或工序交接检验的基础上进行单位工程交接检验，评定单位工程质量等级，填写表2.0.7-3。

部位质量评定表 **表 2.0.7-2**

单位工程名称： 部位名称：

序号	工序名称	合格率（%）	质量等级	备注
平均合格率(%)				
评定意见		评定等级		

工程技术负责人： 质检员： 施工员： 年 月 日

单位工程质量评定表 **表2.0.7-3**

工程名称： 施工队：

序号	部位(工序)名称	合格率(%)	质量等级	备注
平均合格率(%)				
评定意见		评定等级		建设单位： 设计单位： 施工单位：

工程技术负责人： 质检员： 施工员： 年 月 日

第三章 土、石方

第一节 基坑开挖

第 3.1.1 条 基地开挖不得扰动基底土；如发生超挖，严禁用土回填。

第 3.1.2 条 施工时应保证边坡稳定，防止塌方。

第 3.1.3 条 基底不得受泡或受冻，基底上的淤泥必须清除干净，其他不符合设计要求的杂物与旧桩必须处理

第 3.1.4 条 桩基础的基底土处理可参照第3.1.3条执行。

第 3.1.5 条 基坑开挖允许偏差应符合表3.1.5的规定。

基坑开挖允许偏差 **表 3.1.5**

序号	项目		允许偏差 (mm)	检验频率		检验方法
				范围	点数	
1	坑底高程	土方	±30	每座	5	用水准仪测量
		石方	±100		5	
2	轴线位移		50		2	用经纬仪测量，纵横向各计1点
3	基坑尺寸		不小于规定		4	用尺量，每边各计1点

第二节 基坑填土

第 3.2.1 条 填土经碾压、夯实后不得有翻浆、“弹簧”现象。

第 3.2.2 条 填土中不得含有淤泥、腐殖土，有机物质不得超过5%

第 3.2.3 条 填土的压实度标准应符合表3.2.3的规定。

填土的压实度标准 **表 3.2.3**

序号	项目	压实度 (%) (轻型击实法)	检验频率		检验方法
			范围	点数	
1	压实度	≥90	每个构筑物	每层一组(三点)	用环刀法检验

第四章 基 础 工 程

第一节 沉 入 桩

第 4.1.1 条 桩沉入后，桩身不得有劈裂。

第 4.1.2 条 接桩必须牢固、直顺。

第 4.1.3 条 钢管桩现场接桩焊接的电焊质量应通过探伤检查，并应符合设计要求或本标准第十章第三节的有关规定。

沉 入 桩 允 许 偏 差　　表 4.1.5-1

序号	项目				允许偏差	检验频率 范围	检验频率 点数	检验方法
1	桩位	基础桩	中间桩		$d/2$	每根桩	1	用尺量
			外缘桩		$d/4$			
		排架桩	顺桥纵轴线方向	支架上	40mm		1	用尺量
				船上	50mm			
			垂直桥纵轴线方向	支架上	50mm			
				船上	100mm			
		板桩	桩间距		不脱榫		1	观察
			桩与基础边线或中线间距		<30mm			用尺量
2	△桩尖高程				±100mm		1	用水准仪测量桩顶高程后计算
3	△贯入度				不低于设计标准		1	查沉桩记录
4	斜桩倾斜度				±15%$\tan\theta$		1	用垂线测量计算
5	垂直桩垂直度				$L/100$		1	用垂线测量计算

注：① 承受轴向荷载的摩擦桩，其控制入土深度应以高程为主，而以贯入度作参考；端承桩的控制入土深度应以贯入度为主，而以高度为参考；

② 表中d为桩的直径或短边尺寸，(mm)；

③ 表中θ为斜桩设计纵轴线与铅垂线间的夹角，单位：度(°)；

④ 表中L为桩的长度，(mm)。

沉入桩（钢管桩）允许偏差　　表 4.1.5-2

序号	项目			允许偏差	检验频率 范围	检验频率 点数	检验方法
1	△停打标准			应符合设计规定	每根桩	1	查沉桩记录
2	桩位	顺桥纵轴线方向		$d/10$		1	用经纬仪测量
		垂直桥纵轴线方向		$d/5$		1	
		垂直桩垂直度		$L/100$		1	用垂线测量计算
		斜桩倾斜度		±15%$\tan\theta$		1	
		切割时桩顶高程		±50mm		1	用水准仪测量
		桩顶端面平整度		≤10mm		1	用水平尺测量
3	焊接	接头间隙		2mm		2	用塞尺量，纵横向各1点
		接头上、下管错口	$d<700$ (mm)	2mm		1	用尺量
			$d\geqslant700$ (mm)	3mm			
		咬肉深度		0.5mm		2	
		加强层高度		2mm		2	
		加强层厚度		盖过焊口每边不大于3mm		2	

注：① 表中d为桩的直径，(mm)；

② 表中L为桩的长度，(mm)；

③ 表中θ为斜桩设计纵轴线与铅垂线间的夹角，(°)。

第 4.1.4 条 沉入板桩时应接榫整齐，不得脱榫，排列直顺。

第 4.1.5 条 沉入桩允许偏差应符合表4.1.5-1和表4.1.5-2的规定。

第二节 灌 注 桩

第 4.2.1 条 水下混凝土严禁有夹层和松散层。

第 4.2.2 条 灌注桩允许偏差应符合表4.2.2的规定。

灌注桩允许偏差 表 4.2.2

序号	项目			允许偏差	检验频率 范围	检验频率 点数	检验方法
1	△混凝土抗压强度			必须符合附录三的规定	每根桩	1	必须符合附录三的规定
2	△孔径			不小于设计规定			用探孔器检验
3	△孔深			$+^{500}_{0}$mm		1	用测绳测量
4	桩位	基础桩		100mm		1	用尺量
		排架桩	顺桥纵轴线方向	50mm		1	
			垂直桥纵轴线方向	100mm		1	
5	斜桩倾斜度			±15%tanθ		1	用垂线测量计算
6	垂直桩垂直度			$L/100$		1	
7	沉淀厚度	摩擦桩		0.5d，且不大于500mm		1	开始灌注混凝土前用测绳测量
		端承桩		50mm			

注：① 表中θ为斜桩纵轴线与铅垂线间的夹角，单位：度(°)；
② 表中L为桩的长度，(mm)；
③ 表中d为桩的直径，(mm)。

第三节 沉 井 基 础

第 4.3.1 条 沉井下沉后，内壁不得有渗漏现象。

第 4.3.2 条 封底混凝土表面应平整，整个封底不允许有渗漏现象。

第 4.3.3 条 沉井下沉允许偏差应符合表4.3.3的规定。

沉井下沉允许偏差 表 4.3.3

序号	项目		允许偏差	检验频率 范围	检验频率 点数	检验方法
1	△混凝土抗压强度		必须符合附录三的规定	每根桩		必须符合附录三的规定
2	轴线位移	顺桥纵轴线方向	1%H（H<10000mm时，允许100mm）		2	用经纬仪测量
		垂直桥纵轴线方向	1.5%H（当H<10000mm时，允许150mm）		2	
3	沉井高程		±100mm		4	用水准仪测量
4	垂直度		2%H		2	用垂线或经纬仪检验，纵、横向各计1点

注：表中H为沉井下沉深度，(mm)。

第四节 垫 层

第 4.4.1 条 垫层必须铺筑均匀，整平拍实。

第 4.4.2 条 混凝土浇筑前，基底表面必须保持干净，无淤泥、杂物。

第 4.4.3 条 垫层允许偏差应符合表4.4.3的规定。

垫层允许偏差 **表 4.4.3**

序号	项目	允许偏差 (mm)	检验频率		检验方法
			范围	点数	
1	顶面高程	0 −20	每座	5	用水准仪测量
2	轴线位移	50		2	用经纬仪测量，纵、横向各计1点
3	平面尺寸	+100 0		4	用尺量，每边各计1点

第五章 砌　　体

第 5.0.1 条 砌体砂浆必须嵌填饱满密实。

第 5.0.2 条 灰缝整齐均匀，缝宽符合要求，勾缝不得空鼓、脱落。

第 5.0.3 条 砌体分层砌筑必须错缝，交接处咬扣应紧密。

第 5.0.4 条 预埋件、泄水孔、滤层、防水设施等必须符合设计或规范的要求。

第 5.0.5 条 干砌块石不得有松动、叠砌和浮塞。

第 5.0.6 条 砌体允许偏差应符合表5.0.6的规定。

砌体允许偏差　　**表 5.0.6**

序号	项目	允许偏差（mm）								检验频率		检验方法
		浆砌块石				浆砌料石、砖、砌体			干砌块石	范围	点数	
		基础	墩台、挡土墙	拱圈	护坡、护底	基础	墩台、挡土墙	拱圈	护坡、护底			
1	△砂浆强度	平均值不低于设计规定								每个构筑物		应符合注①的规定
2	断面尺寸	+40 0	+20 −10	+30 0	不小于设计规定	+15 0	+10 0	+20 0	不小于设计规定		3	用尺量，长、宽、高各计1点
3	墙面高程	±20	±15			±15	±10				4	用水准仪测量
4	轴线位移	20	15			15	10				2	用经纬仪测量，纵、横向各计1点
5	墙面垂直度		0.5%H，且不大于30				0.5%H，且不大于20				3	用垂线检验
6	平整度		30	20	30		砖，砌体 10 料石 20	8	30		3	用2m直尺或小线量取最大值
7	平缝平直						10				4	拉10m小线量取最大值
8	墙面坡度				不陡于设计规定				不陡于设计规定		2	用坡度板检验

注：① 砂浆强度必须符合下列规定：

1）每个构筑物或每50m³砌体中制作一组试块（6块），如砂浆配合比变更时，也应制作试块；

2）砂浆各组试块的平均强度不低于设计规定；

3）任意一组试块的强度最低值不低于设计规定的85%。

②表中H为构筑物高度，（mm）。

第六章 模　　板

第 6.0.1 条　模板及支撑不得有松动、跑模或下沉等现象。

第 6.0.2 条　模板必须拼缝严密，不得漏浆；模内必须洁净。

整体式模板允许偏差　　表 6.0.4

序号	项目		允许偏差 (mm)	检验频率 范围	检验频率 点数	检验方法
1	相邻两板表面高低差	刨光模板	2	每个构筑物或构件	4	用尺量
		不刨光模板	4			
		钢模板	2			
2	表面平整度	刨光模板	3		4	用2m直尺检验
		不刨光模板	5			
		钢模板	3			
3	垂直度	墙、柱	0.1%H，且不大于6		2	用垂线或经纬仪检验
		墩、台	0.2%H，且不大于20			
		塔柱	H/1500，且不大于40			
4	模内尺寸	基础	+10 −20		3	用尺量，长、宽、高各计1点
		墩、台	+5 −10			
		梁、板、墙、柱、拱、塔柱	+3 −8			
5	轴线位移	基础	15		2	用经纬仪测量，纵、横向各计1点
		墩、台、墙	10			
		梁、柱、拱、塔柱	8			
		悬浇各梁段	8			
6	支承面高程		+2 −5	每个支承面	1	用水准仪测量
7	悬浇各梁段底面高程		+10 0	每梁段	1	用水准仪测量

续表

序号	项目			允许偏差 (mm)	检验频率 范围	检验频率 点数	检验方法
8	预埋件	支座板、锚垫板、联结板等	位置	3	每个预埋件	1	用尺量
			平面高差	2		1	用水准仪测量
		螺栓、锚筋等	位置	10		1	用尺量
			外露长度	±10		1	
9	预留孔洞	预应力筋孔道位置		每端10	每个预留孔洞	1	用尺量
		其它	位置	15		1	
			高程	±10		1	用水准仪测量

注：表中H为构筑物高度，(mm)。

装配式构件模板允许偏差　　表 6.0.5

序号	项目			允许偏差 (mm)	检验频率 范围	检验频率 点数	检验方法
1	相邻两板表面高低差		刨光模板	2	每个构件	4	用尺量
			不刨光模板	4			
			钢模板	2			
2	表面平整度		刨光模板	3		4	用2m直尺检验
			不刨光模板	5			
			钢模板	3			
3	模内尺寸	宽	柱、桩	±5		1	用尺量
			梁、拱肋、桁架	0 −10			
			板、拱波	0 −10			
		高	柱、桩	0 −5		1	
			梁、拱肋、桁架	0 −5			
			板、拱波	0 −5			
		长	柱、桩	0 −5		1	
			梁、拱肋、桁架	0 −5			
			板、拱波	0 −5			

续表

序号	项目		允许偏差(mm)	检验频率		检验方法
				范围	点数	
4	侧向弯曲	板、拱肋、桁架	$L/1500$	每个构件	1	沿构件全长拉线量取最大矢高
		柱、桩	$L/1000$，且不大于10			
		梁	$L/2000$，且不大于10			
5	轴线位移	横隔梁	±5	每根梁	2	用经纬仪或样板测量
6	预留孔洞位置	预应力筋孔道	每端10	每个孔洞	1	用尺量
		其它	10			

注：① 表中L为构件长度，(mm)；
② 预埋件位置允许偏差应符合表6.0.4的规定；
③ 钢木混合模板的允许偏差可参照本表执行。

小型预制构件模板允许偏差　　表 6.0.6

序号	项目		允许偏差(mm)	检验频率		检验方法
				范围	点数	
1	断面尺寸		±5	每件，(每一类型构件抽查10%，且不少于5件)	2	用尺量，宽、高各计1点
2	长度		$^{0}_{-5}$		1	用尺量
3	榫头	断面尺寸	$^{0}_{-3}$		2	用尺量，宽、高各计1点
		长度	$^{0}_{-3}$		1	用尺量
4	榫槽	断面尺寸	$^{+3}_{0}$		2	用尺量，宽、高各计1点
		长度	$^{+3}_{0}$		1	用尺量

第 6.0.3 条　凡需起拱的构件模板，其预留拱度应符合规定。

第 6.0.4 条　整体式模板允许偏差应符合表6.0.4的规定。

第 6.0.5 条　装配式构件模板允许偏差应符合表6.0.5的规定。

第 6.0.6 条　小型构件模板允许偏差应符合表6.0.6的规定。

第七章 钢 筋

第一节 加 工

第 7.1.1 条 钢筋的技术条件必须符合设计要求及有关标准的规定，表面应洁净，不得有锈皮、油渍、油漆等污垢。

第 7.1.2 条 钢筋必须顺直，调直后表面伤痕及锈蚀不应使钢筋截面积减少。

第 7.1.3 条 钢筋弯曲成型后，表面不得有裂纹、鳞落或断裂等现象。

第 7.1.4 条 钢筋加工允许偏差应符合表7.1.4的规定。

钢筋加工允许偏差 表 7.1.4

序号	项目		允许偏差（mm）	检验频率 范围	检验频率 点数	检验方法
1	冷拉率		不大于设计规定	每根（每一类型抽查10%，且不少于5件）	1	用尺量
2	受力钢筋成型长度		+5 −10		1	
3	弯起钢筋	弯起点位置	±20		1	
		弯起高度	0 −10		1	
4	箍筋尺寸		0 −5		2	用尺量，宽、高各计1点

第二节 焊 接

第 7.2.1 条 焊接之前必须清除钢筋、钢丝或钢板焊接部位的铁锈、水锈和油污等；钢筋端部的扭曲、弯折应予以矫直或切除。

第 7.2.2 条 钢筋闪光对焊接头处不得有横向裂纹，与电极接触处的钢筋表面，对于Ⅰ、Ⅱ、Ⅲ级钢筋不得有明显的烧伤；对于Ⅳ级钢筋不得有烧伤。低温对焊时，对于Ⅱ Ⅲ Ⅳ级钢筋均不得有烧伤。闪光对焊接头机械性能与允许偏差应符合表7.2.2的规定。

闪光对焊接头机械性能与允许偏差 表 7.2.2

序号	项目	允许偏差	检验频率 范围	检验频率 点数	检验方法
1	抗拉强度	符合材料性能指标	每件（每批各轴3件）	1	应按《金属拉力试验法》GB228执行
2	冷弯			1	
3	接头弯折	不大于4°	每件（每批抽查10%且不少于10件）	1	用刻槽直尺和楔形塞尺量
4	接头处钢筋轴线的偏移	≤0.1d且不大于2.0mm			

注：①在同一班内，由同一焊工，按同一焊接参数完成的200个同类型接头作为一批。一周内连续焊接时，可以累计计算。一周内累计不足200个接头时，亦按一批计算；
②Ⅳ级钢筋目前暂不考核冷弯指标。

第 7.2.3 条 钢筋电弧焊接头焊缝表面应平整，不得有较大的凹陷、焊瘤；接头处不得有裂纹；接头处用小锤敲击时，应发出与原钢筋同样的清脆声。其机械性能、缺陷及尺寸允许偏差应符合表7.2.3的规定。

钢筋电弧焊接头的机械性能、缺陷和尺寸允许偏差　　表 7.2.3

序号	项目		允许偏差	检验频率 范围	检验频率 点数	检验方法
1	抗拉强度		符合材料性能指标	每个接头（每批抽查 3 件）	1	应按现行的《金属拉力试验法》(GB228)执行
2	帮条沿接头中心线的纵向偏移		0.5d	每个接头（每批抽查10%，且不少于10个）	1	用尺量
3	接头处钢筋轴线的弯折		4°		1	
4	接头处钢筋轴线的偏移		0.1d且不大于3.0mm		1	
5	焊缝厚度		−0.05d		2	用焊接工具尺和尺量
6	焊缝宽度		−0.1d		2	
7	焊缝长度		−0.5d		2	
8	横向咬边深度		0.05d，且不大于1.0mm		2	
9	焊缝表面上气孔及夹渣的数量和大小	在2d长度上	不多于2个		2	观察和用尺量
		直径	不大于3.0mm			

注：①表中d为钢筋直径，(mm)；

②以300个同类型接头(同钢筋级别、同接头型式)为一批。一周内连续焊接时，可以累计计算。一周内不足300个接头时，亦按一批计算。

第 7.2.4 条　电阻点焊焊接骨架和焊接网片的焊点处熔化金属应均匀，焊点无脱落、漏焊、裂纹、多孔性缺陷及明显的烧伤现象。压入深度应满足规定。钢筋点焊制品外观尺寸允许偏差应符合表7.2.4-1的规定。对承重的焊接骨架和焊接网片除进行外观检查外，还应作强度检验，焊点的抗剪力指标应符合表7.2.4 2的规定。

钢筋点焊制品外观尺寸允许偏差　　表 7.2.4-1

序号	项目		允许偏差(mm)	检验频率 范围	检验频率 点数	检验方法
1	焊接网片	长度	±10	每片网片或骨架（每一类型抽查10%，且不少于5件）	1	用尺量
		宽度	±10		1	
		网格尺寸	±10		3	
2	焊接骨架	长度	±10		1	
		宽度	±5		1	
		高度	±5		1	
3	骨架箍筋间距		±10		3	
4	网片对角线之差		10		1	
5	受力主筋	间距	±10		4	
		排距	±5		2	

钢筋焊点抗剪力指标(KN)　　表 7.2.4-2

序号	钢筋级别	较小一根钢筋直径(mm) 3	4	5	6	6.5	8	10	12	14
1	Ⅰ级				6.8	8.0	12.1	18.8	27.1	36.9
2	Ⅱ级						17.1	26.7	38.5	52.3
3	5号钢						14.1	22.0	31.7	43.1
4	冷拔低碳钢丝	2.5	4.5	7.0						

注：凡钢筋级别、直径及尺寸均相同的焊接制品，即为同一类型制品，每200件为一批，每批中抽查 3 件。一周内连续焊接时，可以累计计算。一周内累计不足200个接头时，亦按一批计算。

第 7.2.5 条　预埋件钢筋T形接头焊包应均匀，钢板无焊穿、凹陷现象。其缺陷和尺寸允许偏差应符合表7.2.5的规定。

T形接头强度缺陷和尺寸允许偏差　　表 7.2.5

序号	项目		允许偏差	检验频率		检验方法
				范围	点数	
1	抗拉强度	Ⅰ级钢筋	不大于36 kN/cm²	每个接头（每批抽查5件）	1	应按《金属拉力试验法》GB228执行
		Ⅱ级钢筋	不大于50 kN/cm²			
2	焊缝高度		≥0.6d	每个接头（每批抽查10%，且不少于5件）	1	用焊接工具尺和尺量
3	咬肉深度		不大于0.5mm		1	
4	T形轴线偏差		不大于4°		1	用尺量
5	焊缝表面上气孔及夹渣的数量和尺寸	数量	不多于3个		1	
		直径	不大于1.5mm		1	

注：①外观检查以同一台班内完成的同一类型成品为一批；
②强度检验以300件同类成品为一批。一周内连续焊接时，可以累计计算。一周内累计不足300件成品时，亦按一批计算。

第三节　成型与安装

第 7.3.1 条　成型前必须按设计要求配制钢筋的级别、钢种、根数、型状、直径等。

第 7.3.2 条　绑扎成型时，铁丝必须扎紧，不得有滑动、折断、移位等情况。

第 7.3.3 条　成型后的网片或骨架必须稳定牢固，在安装及浇筑混凝土时不得松动或变形。

第 7.3.4 条　受力钢筋同一截面内，同一根钢筋上，只准有一个接头。

注：同一截面是指30d（d为钢筋直径）区域内，且不得小于500mm（下同）。

第 7.3.5 条　钢筋接头与钢筋弯曲处相距不应小于10倍主筋直径，也不宜位于最大弯矩处。

第 7.3.6 条　钢筋网片和骨架成型允许偏差应符合表7.3.6的规定。

钢筋网片和骨架成型允许偏差　　表7.3.6

序号	项目		允许偏差（mm）	检验频率		检验方法
				范围	点数	
1	网片	长度	±10	每片网片或骨架	2	用尺量
		宽度	±10		2	
		网格尺寸	±10		4	用尺量，量取纵、横方向各3～5个网格
		网片两对角线之差	10		1	用尺量
2	骨架	长度	+5 −10		3	用尺量
		宽度	+5 −10		3	
		高度	+5 −10		3	

注：用直钢筋制成的网片和平面骨架其尺寸系指最外边两根钢筋中心线之间的距离；而钢筋末端有弯钩或弯曲时，系指弯钩或弯曲处切线间的距离。

第 7.3.7 条　钢筋成型与安装允许偏差应符合表7.3.7的规定。

钢筋成型与安装允许偏差 表 7.3.7

序号	项目			允许偏差(mm)	检验频率 范围	点数	检验方法
1	受力钢筋	间距	梁、柱、板、墙	±10	每个构筑物或构件	4	在任意一个断面连续量取钢筋间（排）距，取其平均值计1点
			基础、墩台	±20		4	
		顺高度方向配置两排以上的排距		±5		4	
2	箍筋及构造筋间距			±20		5	连续量取5档，其平均值计1点
3	同一截面内受拉钢筋接头截面积占钢筋总截面积		焊接	不大于50%			观察
			绑接	不大于25%			
4	保护层厚度		墩、台、基础	±10		6	用尺量
			梁、柱、桩	±5			
			板、墙	±3			

第四节 预应力筋制作

第 7.4.1 条 预应力筋和锚具的质量必须符合设计要求。

第 7.4.2 条 调直后的预应力筋不得有烧伤及发蓝现象。被筒模擦伤的表面伤痕不应使钢筋截面减小。预应力筋束必须确保直顺、不扭转、不松散。

第 7.4.3 条 预应力筋端部墩头与热处理工作必须在冷拉前进行。端部墩头（热处理）后外观应周正，端面应与预应力筋轴线垂直，不得有烧伤、裂纹及缺损。

第 7.4.4 条 当采用应力下料的预应力筋束，其同束下料长度的相对差值应不大于$L/1500$，且不得大于5mm。

注：L为预应力筋下料长度，(mm)。

第 7.4.5 条 钢丝墩头后，外形尺寸应符合设计规定；外观应周正；端面应与钢丝轴线垂直，容许有宽度为1.0mm。非贯通的裂纹。钢丝墩头强度不得低于钢丝标准抗拉强度的98%。

第 7.4.6 条 预应力筋冷拉后，其屈服强度必须达到设计要求，且表面不得有裂纹。

第 7.4.7 条 预应力筋当采用闪光对焊时，配置在同一截面的受拉区钢筋，其焊接接头的截面积不得超过该截面预应力钢筋总截面面积的25%。

第五节 张 拉

第 7.5.1 条 预应力筋张拉允许偏差应符合表7.5.1的规定。

第 7.5.2 条 斜拉索的张拉应符合设计要求。

预应力筋张拉允许偏差 表 7.5.1

序号	项目		允许偏差	检验频率 范围	点数	检验方法
1	△张拉应力值		±5%	每根（束）	1	用压力表测量或查张拉记录
2	△预应力筋断裂或滑脱数	先张法	5%总根数，且每束不大于2丝	每个构件	1	观察
		后张法	3%总根数，且每束不大于2丝			
3	△每端滑移量		符合设计规定	每束	1	用尺量
4	△每端滑丝量		符合设计规定	（根）	1	
5	先张法预应力筋中心位移		5mm	每个构件	1	

注：①预应力筋的滑移量系指预应力钢丝束张拉完毕，锚塞顶紧后，松张时锚塞向锚环内滑移的距离；
②预应力筋的滑丝量系指预应力钢丝束张拉完毕，锚塞顶紧后，固定张拉力时个别钢丝向孔道内滑移的距离。

第八章 水泥混凝土构筑物（构件）

第 8.0.1 条 水泥混凝土的原材料、配合比必须符合有关标准、规范的规定，强度必须符合设计要求。强度的检验应做抗压试验，设计有特殊要求时，还应做抗折、抗拉、弹性模量、抗冻、抗渗等试验。

第 8.0.2 条 水泥混凝土构筑物（构件）不得有蜂窝、露筋等现象；如有硬伤、掉角等缺陷均应修补完好。

第 8.0.3 条 预应力筋的孔道必须通顺、洁净。张拉后压浆必须密实。

第 8.0.4 条 预应力混凝土构筑物（构件）中非预应力部分（如隔板、堵头等）允许有宽度0.2mm以下的收缩裂纹，其余部分不应出现裂纹。

第 8.0.5 条 水泥混凝土构筑物（构件）允许偏差应符合表8.0.5的规定。

第 8.0.6 条 构筑物（构件）的预埋件、预留孔洞和预应力筋孔道的允许偏差应符合表8.0.6的规定。

水泥混凝土构筑物（构件）允许偏差

表 8.0.5

序号	项目		允许偏差（mm）								预制构件						检验频率		检验方法
			基础	墩、台	柱	梁、板	墙	塔柱	悬臂浇筑梁、板	扶手	拱肋、拱桁、梁	拱波、板	柱、桩	沉井	地道桥	栏杆、人行道板	范围	点数	
1	△混凝土抗压强度		必须符合附录三的规定														每个构筑物或构件（拱波、板、柱、桩等每一类型抽查10%，且不少于5件）		必须符合附录三的规定
2	孔道压浆的水泥净浆强度		必须符合附录三的规定																
3	断面尺寸	宽	±20	±10	+5	+5	+5	±10	+5	±5	0 −10	0 −10	±5	±50	±50	±5		5	用尺量，沿全长端部，L/4处和中间各计1点
		高			−8	−8	−8	±20	−8		+10 −5	±5						5	
		壁厚	±15	+10 −8	±5	±5			±5		±5		±5	±15	±15			5	
4	长度		±20	±20	+10 0	0 −10	±20	±10	±10	±10	0 −10	0 −10	±10	±50	±50	0 −5		4	用尺量，两侧上下各计1点
5	顶面高程		±10	±10	±10	±5	±5	±10	±20	3（相邻高差）								4	用水准仪测量

续表

序号	项目		允许偏差 (mm) 基础	墩、台	柱	梁、板	墙	塔柱	悬臂浇筑梁、板	扶手	预制构件 拱肋、拱桁、梁	拱波、板	柱、桩	沉井	地道桥	栏杆、人行道板	检验频率 范围	点数	检验方法
6	侧向弯曲					L/1000且不大于10				L/1500且不大于20	L/1000且不大于10	L/1000	L/750		L/1000		每个构筑物或构件(拱波、板、柱、桩等每一类型抽查10%，且不少于5件)	2	沿构件全长拉线量取最大矢高，左、右各计1点
7	位置	纵(横)轴线	15	10	8	8	±10	10	15		8							1	用经纬仪和尺量
		横隔梁轴线							8									1	
8	垂直度			0.25%H，且不大于25	0.15%H，且不大于10		0.15%H，且不大于10	0.15%H，且不大于40						0.25%H、且不大于25	0.15%H，且不大于10			2	用垂线或经纬仪测量
9	两对角线长度差											10		1%对角线长	75	10		1	用尺量
10	间距				±10	±10			±20									1	
11	麻面		每侧不得超过该侧面积的1%															1	用尺量麻面总面积
12	平整度	墩、台、沉井、地道桥、塔柱、墙	5（有铺装层及饰面者为8）															4	用2m直尺或小线量取最大值
		拱肋、拱桁、拱波、基础、梁、板、柱、桩																2	

注：①表中L为构筑物(构件)长度，(mm)；

②表中H为构筑物(构件)高度，(mm)。

③除桥面铺装及附属工程等部位作为一般结构外，其他部位则均作为重要结构。

预埋件、预留孔洞和预应力筋孔道允许偏差 表 8.0.6

序号	项目		允许偏差（mm） 预埋件 锚锭板、支座板、联结板等 位置	高程	平面高差	螺栓、锚筋等 位置	外露长度	预留孔洞 位置	孔径	孔深	高程	预应力筋孔道 位置	孔径	检验频率 范围	点数	检验方法
1	基础		10	±5	±5	10	±10	15	+20 0	+20 0	—	—	—	每个预埋件、预留孔洞、预应力筋孔道（每一类型抽查10%，且不少于5件）	1	用尺或水准仪测量
2	墩、台										—	—	—		1	
3	柱							—	—	—	—	—	—		1	
4	梁、板							15	+20 0	+20 0	—	梁端 10	+3 0		1	
5	墙										—	—	—		1	
6	塔柱										±10	—	—		1	
7	悬臂浇筑梁、板										—	梁端 10	+3 0		1	
8	扶手							—	—	—	—	—	—		1	
9	预制构件	梁						10	+20 0	+20 0	—	梁端 10	+3 0		1	
		板							—	—	—	—	—		1	
		桩、柱							±5	+30 0	—	—	—		1	
		沉井							—	—	—	—	—		1	
		地道桥							+20 0	+20 0	—	—	—		1	
		栏杆、人行道板							—	—	—	—	—		1	

第九章　水泥混凝土构件安装

第 9.0.1 条　水泥混凝土构件安装时，构件混凝土的强度不应低于设计对安装所要求的规定；若无设计要求时，则不应低于设计规定的70%。安装后构件不得有硬伤、掉角和裂纹等缺陷。

第 9.0.2 条　外露铁件必须作防锈处理。

第一节　梁、板

第 9.1.1 条　梁、板安装必须平稳，支点处必须接触严密、稳固。

第 9.1.2 条　相邻梁或板之间的缝隙必须用混凝土或砂浆嵌填密实。

梁、板安装允许偏差　　表 9.1.6

序号	项目		允许偏差(mm)	检验频率 范围	检验频率 点数	检验方法
1	平面位置	顺桥纵轴线方向	10	每个构件	1	用经纬仪测量
		垂直桥纵轴线方向	5		1	
2	焊接横隔梁相对位置		10	每处	1	用尺量
3	湿接横隔梁相对位置		20		1	
4	伸缩缝宽度		+10 −5	每个构件	1	用尺量
5	支座板	每块位置	5		2	用尺量，纵、横向各计1点
		每块边缘高差	1		2	用水准仪测量，纵、横向各计1点
6	焊缝长度		+10 0	每个构件（每孔抽查25%）	1	用尺量
7	梁间焊接板高差		10		1	
8	梁间焊接板离缝		20		2	

第 9.1.3 条　伸缩缝必须全部贯通，不得堵塞或变形

第 9.1.4 条　活动支座必须按设计要求上油润滑。

第 9.1.5 条　支座接触必须严密，不得有空隙。位置必须符合设计要求。

第 9.1.6 条　梁、板安装允许偏差应符合表9.1.6的规定。

第 9.1.7 条　悬臂拼装块体，若无设计规定时，其允许偏差应符合表9.1.7的规定。

悬臂拼装块体允许偏差　　表 9.1.7

序号	项目		允许偏差(mm)	检验频率 范围	检验频率 点数	检验方法
1	块件与桥纵轴线偏差	1号块件	不大于2，且与桥纵轴线平行	每块	2	用经纬仪测量
		其它块件	不大于5		2	
2	1号块件四角相对高差		不大于2		4	用水准仪测量，四角各计1点
3	块件间连接缝高差	0号块件与1号块件	不大于2		2	用尺量
		其它块件	不大于3		2	
4	块件拼装立缝宽度		+10 −5		2	
5	拼装完成后累计差	半跨端部块件高程差	$\pm L/2000$，且不小于−20和不大于+50	每端部	1	用水准仪测量
		上、下游块件相对高程差	不大于25		1	
		全跨端部块件相对高程差	不大于30		1	

注：表中L为悬臂拼装跨长度，(mm)。

第二节 拱肋、拱桁、拱波

第 9.2.1 条 拱肋（桁）的各段联接必须牢固，并符合设计要求。

第 9.2.2 条 拱肋（桁）的拱脚处必须与拱座接触严密、稳固，拱波的支点处必须用砂浆嵌填饱满密实。

第 9.2.3 条 拱肋、拱桁、拱波安装允许偏差应符合表9.2.3的规定。

拱肋、拱桁、拱波安装允许偏差 **表 9.2.3**

序号	项目			允许偏差(mm)	检验频率		检验方法
					范围	点数	
1	拱肋(桁)	△纵轴线平面位置		5	每根肋或每片拱桁	拱脚、拱顶接头处各计1点	用经纬仪测量
2	拱肋(桁)	△纵轴线高程	拱脚	+10 0	每根肋或每片拱桁	每接头处各计1点	用水准仪测量
			其它接头点	+20 0			
3	拱肋(桁)	同跨各肋(桁)间距		±5	每根肋或每片拱桁	3	用尺量
4	拱肋(桁)	同跨各肋(桁)高差		10	每根肋或每片拱桁	3	用水准仪测量
5	拱波	两波底面高差		5	每跨每肋间	3	用尺量

第三节 墩、柱

第 9.3.1 条 墩、柱与基础联接处必须接触严密、焊接牢固、混凝土灌筑密实、强度符合设计要求。

第 9.3.2 条 墩、柱安装允许偏差应符合表9.3.2的规定。

墩、柱安装允许偏差 **表 9.3.2**

序号	项目	允许偏差(mm)	检验频率		检验方法
			范围	点数	
1	△平面位置	10	每个构件	2	用经纬仪测量，纵、横向各计1点
2	埋入基础深度	不小于设计规定	每个构件	1	用尺量
3	相邻间距	±10	每个构件	1	用尺量
4	垂直度	0.5%H，且不大于20	每个构件	2	用垂线或经纬仪检验，纵、横向各计1点
5	墩、柱顶高程	±10	每个构件	1	用水准仪测量

注：表中H为墩、柱高度，（mm）。

第四节 栏杆、灯柱、人行道板

第 9.4.1 条 栏杆、灯柱、人行道板安装必须牢固、线条直顺不应歪斜、扭曲。

第 9.4.2 条 栏板与栏杆接缝处的填缝砂浆必须饱满，伸缩缝必须全部贯通。

第 9.4.3 条 预制人行道板安装必须平整稳定，不平处要用砂浆填平。水泥混凝土面层要平整，打格线条要顺直、无裂缝、纵、横坡度要符合设计要求。

第 9.4.4 条 栏杆、灯柱、人行道板安装允许偏差应符合表9.4.4的规定。

栏杆、灯柱、人行道板安装允许偏差　　表 9.4.4

序号	项目		允许偏差(mm)	检验频率 范围	点数	检验方法
1	直顺度	地梁	7	每跨侧	1	拉10m小线量取最大值
		扶手	5		1	
2	垂直度	灯柱	20		2	用经纬仪测量，纵、横向各计1点
	(全高)	栏杆柱	3		抽查20%，每处各计1点	用垂线检验
3	相邻栏杆扶手高差	有柱	5	每跨侧	抽查20%，每处各计1点	用尺量
		无柱	1			
4	灯柱平面位置	顺桥纵轴线方向	20		1	用尺量
		垂直桥纵轴线方向	10		1	
5	人行道板平面位置	顺桥纵轴线方向	10		1	
		垂直桥纵轴线方向	5		1	
6	人行道板顶面相邻高差		5		抽查20%，每处各计1点	用尺量

第五节　地道桥顶进

第 9.5.1 条　桥体顶进后，接缝处不应有渗漏现象。

第 9.5.2 条　桥体顶进允许偏差应符合表9.5.2的规定。

桥体顶进允许偏差　　表 9.5.2

序号	项目		允许偏差(mm)	检验频率 范围	点数	检验方法
1	轴线位移	$L<15m$	100	每座	2	用经纬仪测量，两端各计1点
		$15m\leq L<30m$	200			
		$L\geq30m$	300			
2	△高程	$L<15m$	+20 −100		2	用水准仪测量，两端各计1点
		$15m\leq L<30m$	+20 −150			
		$L\geq30m$	+20 −200			
3	相邻两段高差		50	每个接头处各计1点		用尺量

注：表中L为地道桥的长度，(m)。

第十章　钢　结　构

第一节　矫正、弯曲和边缘加工

第 10.1.1 条　钢材切割后应矫正，其质量标准应符合以下规定：

一、矫正后的钢板表面无明显的凹面和损伤，表面划痕深度不大于0.5mm；

二、型钢不直度，每米范围内不超过0.5mm，并无锐角；

三、冷压折弯的部件边缘无裂纹。

第 10.1.2 条　钢材矫正后的允许偏差应符合表10.1.2的规定。

第 10.1.3 条　铣平面的表面粗糙度不得大于0.03mm。

第 10.1.4 条　焊接坡口加工尺寸的允许偏差应符合现行的《手工电弧焊焊接接头的基本型式与尺寸》（GB985）和《焊剂层下自动与半自动焊焊接头的基本型式与尺寸》（GB986）中的有关规定。

第 10.1.5 条　边缘加工质量应符合下列规定：

一、刨（铣）加工的边缘，要求平直光洁；

二、除施工图另有规定者外，刨（铣）范围及允许偏差应符合表10.1.5的规定。

钢材矫正后允许偏差　　**表 10.1.2**

序号	项目		示意图	允许偏差（mm）	检验频率 范围	点数	检验方法
1	钢板、扁钢的局部挠曲矢高f（每1m范围内）	δ≤14mm	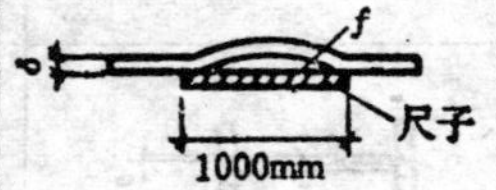	≤1.5	每件（每批抽查10%，且不少于2件）	2	用刀口尺或塞尺量
		δ>14mm		≤1.0			
2	角钢、槽钢、工字钢的挠曲矢高f			$L/1000$，且不大于5.0		2	拉小线或用尺量
3	角钢肢不垂直度(q)			≤$b/100$，但双肢铆、栓连接角钢不得大于90°		2	用角尺量
4	槽钢、工字钢翼缘的倾斜度(q)		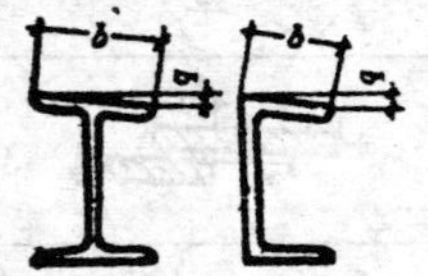	<$b/80$		2	用角尺量

注：表中L为角钢、槽钢、工字钢的长度，（mm）。

栓焊梁（板梁）刨（铣）范围及允许偏差　　**表10.1.5**

序号	项目		刨边范围	允许偏差（mm）	检验频率 范围	点数	检验方法
1	弦、斜、竖杆，纵、横梁，板梁，托架，平联杆件	盖板（I型）	两边	±2.0	每件（每批抽查10%，且不少于2件）	2	用尺量
		竖板（箱型）	两边	±1.0			
		腹板	两边	$^{+0.5}_{-0}$注①			
2	主桁节点板孔边距	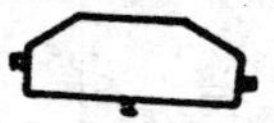	3边	±2.0			
3	底板宽度		4边	±1.0			

续表

序号	项目	刨边范围	允许偏差(mm)	检验频率 范围	检验频率 点数	检验方法
4	拼接板、鱼形板、桥门节点弯板的宽度	两边	±2.0	每件（每批抽查10%，且不少于2件）	2	用尺量
5	支承节点板、拼接板、支承角的孔边距	支承边端	+0.3 +0.5			
6	填板宽度	按工艺要求(两边)	±2.0			
7	焊接坡口 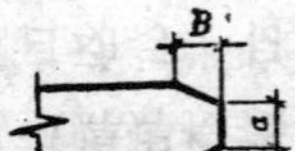	开口(B)	+1.0 0			
		钝边(a)	±0.5			
8	箱型杆件内隔板宽度	4边	+0.5 −0注②			
9	工型、槽型隔板的腹板宽度	两边	−0.5 −1.5			
10	加劲肋宽度	焊接边(端)及顶紧端	按工艺要求			

注：①腹板加工公差系按盖板厚度偏正公差不大于0.4mm而定的，如盖板厚度为负公差，则腹板加工公差必须随之相应改变；
②箱型杆件内隔板要求相互垂直；
③平联、横联结点板刨焊接边，公差±0.3mm；
④马刀形弯曲10m或10m以下允许偏差2mm；10m以上允许偏差3mm，但不得有锐弯。

第二节　组　　装

第 10.2.1 条　组装前，连接表面及沿焊缝每边30～50mm范围内的铁锈、毛刺和油污等必须清除干净。

第 10.2.2 条　用模架或按大样组装的构件，其轴线交点的允许偏差不得大于3mm。

第 10.2.3 条　焊接连接组装的允许偏差应符合表10.2.3的规定。

焊接连接组装允许偏差　　表 10.2.3

序号	项目		示意图	允许偏差(mm)	检验频率 范围	检验频率 点数	检验方法
1	间隙 d		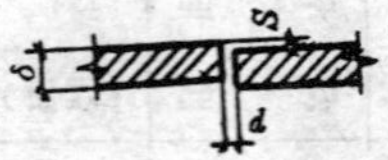	±1.0	每件（每批抽查10%，且不少于2件）	2	用尺量
2	边缘高度S	4mm<δ≤8mm		1.0			
		8mm<δ≤20mm		2.0			
		δ>20mm	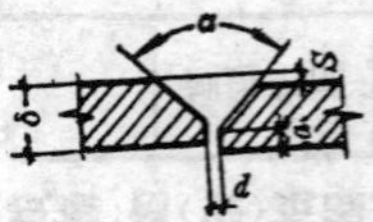	δ/10，但不大于3.0			
3	坡口	坡角度 a	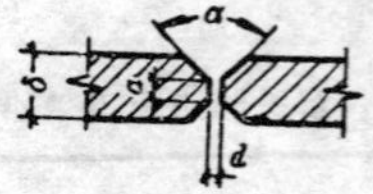	±5°			
		钝边 a		±1.0			
4	搭接	长度 L	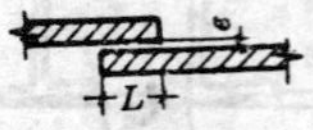	±5.0			
		间隙 e		1.0			
5	最大间隙e		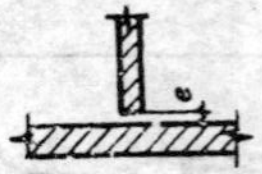	1.0			
6	宽(高)度	B	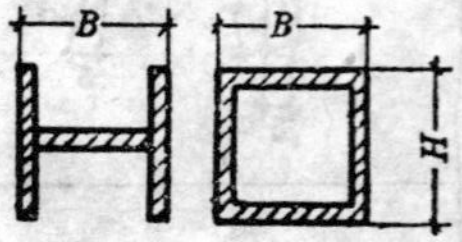	+1.0 −0			
		H		(有水平拼接时)±1.0			
7	竖板中线与水平板中线的偏移(s)			≤1.0			
8	两竖板中线偏移(s)			≤2.0			

续表

序号	项目		示意图	允许偏差（mm）	检验频率 范围	检验频率 点数	检验方法
9	盖板的倾斜(q)			<0.5	每件（每批抽查10%，且不少于2件）	2	用尺量
10	板梁，纵横梁加劲肋间距(L)	有横向连接关系者	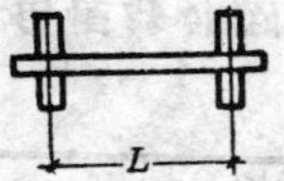	±1.0			
		无横向连接关系者		±3.0			
11	纵、横梁腹板的局部不平度(f)			<1.0			

第三节 焊 接

第 10.3.1 条 焊接质量应符合下列要求：

一、焊缝金属表面焊波均匀，无裂纹、沿边缘或角顶的未熔合、溢流、烧穿、未填满的火口和超出允许限度的气孔、夹渣、咬肉等缺陷；

二、对接焊缝要求熔透者，咬合部分不小于2mm，角焊缝（船型焊）正边尺寸允许偏差$^{+2.0}_{-1.0}$mm；

三、在双侧贴角焊缝时，焊缝不必将板全厚熔透，箱型组合构件用单侧焊缝连接时，其未熔透部分的厚度不大于0.25倍板厚，最大不大于4.0mm；

四、对所有焊缝都应进行外观检查，内部检查以超声波探伤为主。

第 10.3.2 条 钢结构的焊缝质量检验分三级，各级检验项目、检查数量和检验方法应符合表10.3.2的规定。

焊缝质量检验级别 表 10.3.2

级别	检验项目	检查数量	检查方法
1	外观检查	全部	检查外观缺陷及几何尺寸，有疑点时用磁粉复验
	超声波检验	全部	
	X射线检验	抽查焊缝长度的2%，至少应有一张底片	缺陷超出表10.3.7的规定时，应加倍透照，如不合格应100%的透照
2	外观检查	全部	检查外观缺陷及几何尺寸
	超声波检验	抽查焊缝长度的50%	有疑点时，用X射线透照复验，如发现有超标缺陷，应用超声波全部检验
3	外观检查	全部	检查外观缺陷及几何尺寸

第 10.3.3 条 焊缝外观检验质量标准应符合表10.3.3的规定。

焊缝外观检验质量标准 表 10.3.3

序号	项目		质量标准 一级	二级	三级
1	气孔		不允许	不允许	直径小于或等于1.0mm的气孔，在1000mm长度范围内不得超过5个
2	咬边	不要求修磨的焊缝	不允许	深度不超过0.5mm累计总长度不得超过焊缝长度的10%	深度不超过0.5mm累计总长度不得超过焊缝长度的20%
		要求修磨的焊缝	不允许	不允许	—

第 10.3.4 条 对接焊缝外形尺寸允许偏差应符合表10.3.4的规定。

对接焊缝外形尺寸允许偏差　　表 10.3.4

序号	项目			示意图	允许偏差(mm)	检验频率 范围	检验频率 点数	检验方法
1	焊缝余高c	b<20mm	一级	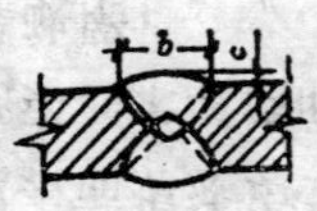	$1.5^{+0.5}_{-1.0}$	抽查累计焊缝长度的20%，且不少于2件	2	用焊缝卡尺量
			二级		1.5±1.0			
			三级		2.0±1.5			
		b≥20mm	一级		$2.0^{+1.0}_{-1.5}$			
			二级		2.0±1.5			
			三级		$2.5^{+1.5}_{-2.0}$			
2	焊缝凹面值e		一级	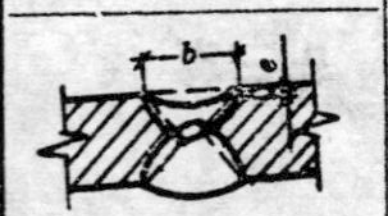	0			
			二级		0～0.5			
			三级		0～1.5			
3	焊缝错边d		一级	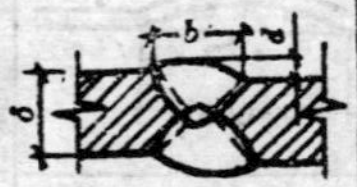				
			二级		$d<0.1\delta$，但不得大于2.0			
			二级		$d<0.1\delta$，但不得大于2.0			
			三级		$d<0.15\delta$，但不得大于3.0			

第 10.3.5 条 贴角焊缝外型尺寸允许偏差应符合表10.3.5的规定。

第 10.3.6 条 T型接头设计要求焊透的K型焊缝，外形尺寸的允许偏差应符合表10.3.6的规定。

第 10.3.7 条 X射线检验焊缝缺陷分两级，质量标准应符合表10.3.7-1的规定，检验方法应按现行的《钢焊缝射线照相及底片等级分类法》（GB3323）的规定执行。

第 10.3.8 条 超声波检验焊缝质量，应符合表10.3.7-1、表10.3.7-2和现行的《钢制压力容器对接焊缝超声波探伤》（JB1152）的规定。

第 10.3.9 条 焊接后的焊件应矫正，其允许偏差应符合表10.3.9的规定。

贴角焊缝外形尺寸允许偏差　　表 10.3.5

序号	项目		示意图	允许偏差(mm)	检验频率 范围	检验频率 点数	检验方法
1	焊脚宽B	B≤6	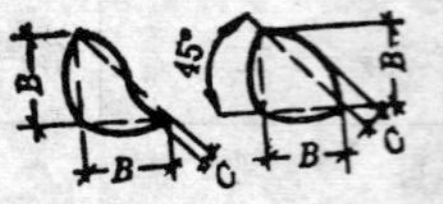	$^{+1.5}_{0}$	抽查累计焊缝长度的20%且不少于2m	2	用焊缝卡尺
		B>6		$^{+3.0}_{0}$			
2	焊缝余高C	B≤6	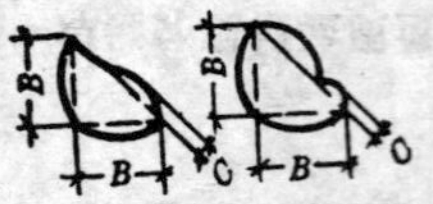	$^{+1.5}_{0}$			
		B>6		$^{+3.0}_{0}$			

注：①表中B为设计要求的焊脚尺寸，(mm)；

②B>8.0mm贴角焊缝的局部焊脚尺寸，允许低于设计要求值的1.0mm，但不得超过焊缝长度的10%；

②焊接梁的腹板与翼缘板间焊缝的两端，在其两倍翼缘板宽度范围内，焊缝的实际焊脚尺寸不允许低于设计要求值。

T型接头焊缝外形尺寸允许偏差　　表 10.3.6

序号	项目	示意图	允许偏差(mm)	检验频率 范围	检验频率 点数	检验方法
1	接头焊缝δ	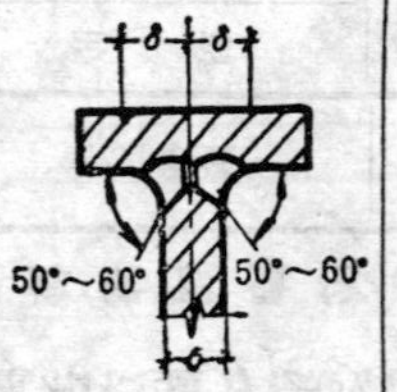	$^{+1.5}_{0}$	抽查累计焊缝长度的20%，且不少于2件	2	用焊缝卡尺量

X射线检验质量标准　　　　表 10.3.7-1

序号	项目		质量标准 一级	质量标准 二级
1	裂纹		不允许	不允许
2	未熔合		不允许	不允许
3	未焊缝	对接焊缝及要求焊透的K型焊缝	不允许	不允许
		管件单面焊	不允许	深度不大于10%δ，但不得大于1.5mm；长度不得大于条状夹渣总长度
4	气孔和点状夹渣	母材厚度(mm)	点数	点数
		5.0	4	6
		10.0	6	9
		20.0	8	12
		50.0	12	18
		120.0	18	24
5	条状夹渣	单个条状夹渣	1/3δ	2/3δ
		条状夹渣总长	在12δ的长度内，不得超过δ	在6δ的长度内，不得超过δ
		条状夹渣间距	6L	3L

注：①表中δ为母材厚度，(mm)；

②表中L为相邻两夹渣中较长者，(mm)；

③点数是一个计数指数，是指X射线底片上任何10×50mm²焊缝区域内(宽度小于10mm的焊缝，长度仍用50mm)允许的气孔点数。母材厚度在表中所列厚度之间时，其允许气孔点数可用插入法计算取整数。各种不同直径的气孔应按表10.3.7-2换算点数。

气孔点数换算　　　　表 10.3.7-2

气孔直径(mm)	<0.5	0.6～1.0	1.1～1.5	1.6～2.0	2.1～3.0
换算点数	0.5	1	2	3	5

气孔直径(mm)	3.1～4.0	4.1～5.0	5.1～6.0	6.1～7.0
换算点数	8	12	16	20

焊接后的杆件允许偏差　　　　表 10.3.9

序号	项目	示意图	允许偏差(mm)	检验频率 范围	检验频率 点数	检验方法
1	工地孔部分		$q \leq 0.5$	每件(每批抽查10%，且不少于2件)	2	用尺量
	其余部分		$q \leq 2.0$			
2	工地孔部分		$q \leq 0.5$			
	其余部分		$q \leq 2.0$			
3	工地孔部分		$q \leq 1.0$			
	其余部分		$q \leq 2.0$			
4	工型、箱型杆件的扭曲		≤ 3.0			
5	工地孔部分		$q \leq 0.7$			
	其余部分		$q \leq 1.5$			

续表

序号	项目	示意图	允许偏差 (mm)	检验频率 范围	检验频率 点数	检验方法
6	工地孔范围内		$f\leqslant0.3$			用尺量
	其余部分		$f\leqslant1.0$			
7	板梁腹板，纵、横梁腹板的不平度		$f<H/500$，且不大于50			
8	工型、箱型杆件全长内弯曲		$f\leqslant3.0$	每件（每批抽查10%，且不少于2件）	2	拉小线用尺量或水准仪测量
9	纵、横梁上拱		$f\leqslant2.0$，且不许下弯			
10	纵、横梁旁弯		$f\leqslant3.0$			

第四节 制　　孔

第 10.4.1 条 制成的孔应呈圆柱形并与料面垂直，孔壁光滑，孔缘无损伤不平。

第 10.4.2 条 工地孔（采用机器样板或精确划线法钻孔）孔距公差应符合下列要求：

一、两相邻孔距±0.35mm、个别相邻孔距±0.5mm；

二、板边孔距±0.5mm；

三、两组孔群中心距±0.5mm；

四、孔群中心线与杆件中心线的最大偏差1.5mm。

第 10.4.3 条 采用号孔钻孔（冲孔）孔距公差应符合下列要求：

一、两相邻孔距±0.5mm；

二、极边及对角线孔距±1.0mm；

三、孔中心与孔中心线的横向偏差不大于1.0mm。

第 10.4.4 条 有特殊要求的孔径及孔距（如拆装架）允许偏差应按工艺规定办理。

第 10.4.5 条 精制螺栓孔的直径应与螺栓公称直径相等，孔应具有H_{12}的精度，其允许偏差应符合表10.4.5的规定。

精制螺栓杆、螺栓孔径允许偏差 **表 10.4.5**

序号	项目		允许偏差 (mm)	检验频率 范围	检验频率 点数	检验方法
1	螺栓杆公称直径	10mm～18mm	0 −0.18	每件（每批抽查10%，且不少于2件）	2	用游标卡尺或量规量
	螺栓孔直径		+0.18 0			
2	螺栓杆公称直径	18mm～30mm	0 −0.21			
	螺栓孔直径		+0.21 0			
3	螺栓杆公称直径	30mm～50mm	0 −0.25			
	螺栓孔直径		+0.25 0			

第 10.4.6 条 高强度螺栓（六角螺栓、扭剪型螺栓等）孔的直径应比螺栓杆公称直径大 1～3 mm，螺栓孔应具有H_{14}（H_{15}）的精度，孔的允许偏差应符合表10.4.6的规定。

高强度螺栓制孔允许偏差 **表 10.4.6**

序号	项	目	公称直径及允许偏差（mm）							检验频率		检验方法
										范围	点数	
1	螺栓	公称直径	12	16	20	(22)	24	(27)	30	每件（每批抽查10%，且不少于2件）	2	用游标卡尺或量规量
		允许偏差	±0.43		±0.52			±0.84				
2	螺栓孔	直径	13.5	17.5	22	(24)	26	(30)	33			
		允许偏差	+0.43 0		+0.52 0			+0.84 0				
3	不圆度（最大和最小直径之差）		1.0		1.5							
4	中心线倾斜度		应不大于板厚的3%，且单层板不得大于2.0mm，多层板迭加组合不得大于3.0mm									用芯棒和框式水平尺检验

第 10.4.7 条 零件、部件上孔的位置度如设计无要求时，成孔后任意两孔间距离的允许偏差应符合表10.4.7的规定。

第 10.4.8 条 板迭上所有螺栓孔，均应采用量规检查，其通过率为：

一、用比孔的公称直径小1.0mm的量规检查，应通过每组孔数的85%；

二、用比螺栓公称直径大0.2～0.3mm的量规检查应全部通过。

孔距允许偏差 **表 10.4.7**

序号	项	目	允许偏差（mm）	检验频率 范围	检验频率 点数	检验方法
1	同一组内相邻两孔距（mm）	≤500	±0.7	每件（每批抽查10%，且不少于2件）	2	用游标卡尺或尺量
2	同一组内任意两孔距（mm）	≤500	±1.0			
		500～1200	±1.2			
3	相邻两组的端孔距（mm）	≤500	±1.2			
		500～1200	±1.5			
		1200～3000	±2.0			
		>3000	±3.0			

注：孔的分组规定：

①在节点中接板与一根杆件相连的所有连接孔划为一组；

②接头处的孔：通用接头——半个拼接板上的孔为一组；阶梯接头——两接头之间的孔为一组；

③在相邻节点或接头间的连接孔为一组，但不包括注①、注②所指的孔；

④受弯构件翼缘上，每1m长度内的孔为一组。

第五节 端部铣平

第 10.5.1 条 端部铣平允许偏差应符合表10.5.1的规定。

端部铣平允许偏差　　表 10.5.1

序号	项目	允许偏差(mm)	检验频率 范围	检验频率 点数	检验方法
1	两端铣平时构件长度	±2.0	每件(每批抽查10%，且不少于2件)	2	用尺量
2	铣平面的不平直度	0.3			用刀口尺、水准仪或平台千分表量
3	铣平面的倾斜度（正切值）	不大于1/1500			用框式水准仪或卡尺量
4	表面粗糙度	0.03			用光洁度样板比较

第六节　钢结构防护

第 10.6.1 条　钢构件表面应进行除锈，将表面氧化铁皮和铁锈等清除干净。

第 10.6.2 条　涂层的质量应符合下列要求：

一、涂层前钢材表面无锈，无氧化铁皮和无油污；

二、油漆表面均匀，不得有缺漏、皱纹、流滴等现象。两度漆漆膜厚度不小于50μm。

第七节　钢结构构件验收

第 10.7.1 条　构件制作完成后，检查部门应按照施工图的要求和规范的规定，对成品进行检查验收，钢柱、板梁、联结系统构件和钢平台、钢梯等允许偏差应分别符合表10.7.1-1、表10.7.1-2、表10. 7.1-3和表10.7.1-4的规定。

第 10.7.2 条 桁梁杆件基本尺寸允许偏差应符合表10.7.2的规定。

钢柱允许偏差　　表 10.7.1-1

序号	项目		示意图	允许偏差(mm)	检验频率 范围	检验频率 点数	检验方法
1	柱底面到柱端与桁架连接的最上一个安装孔的距离	$L\leqslant15$m	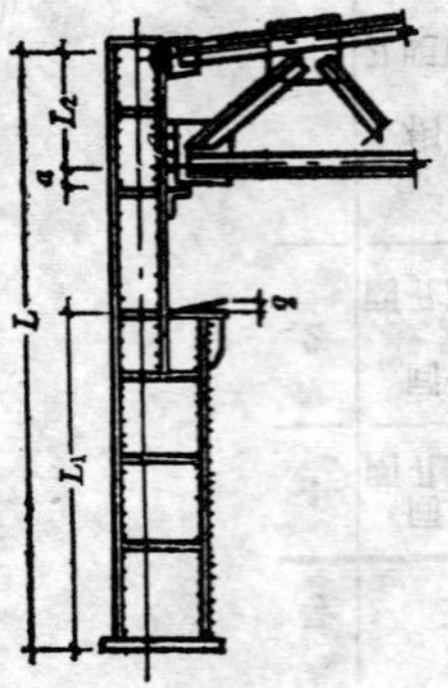	±10.0	每件	2	用尺量
		$L>15$m		±15.0			
2	柱底面到牛腿支承面的距离	$L_1\leqslant10$m		±5.0		2	
		$L_1>10$m		±8.0			
3	连接同一构件的安装孔，任意两组孔距(L_2)			±2.0		2	
4	受力支托板表面到第一个安装孔的距离(a)			±1.0		2	
5	牛腿面的翘曲(q)			2.0		2	用水平尺量
6	柱身挠曲矢高			L/1000 但不得大于12.0		2	拉小线或用尺量
7	柱身扭曲	牛腿处		3.0		2	棱角拉小线量
		其他处		8.0			
8	柱截面几何尺寸	连接处		±3.0		2	用尺量
		其他处		±5.0			

续表

序号	项目		示意图	允许偏差 (mm)	检验频率		检验方法
					范围	点数	
9	翼缘板倾斜度(q)	$b \leqslant 400$mm	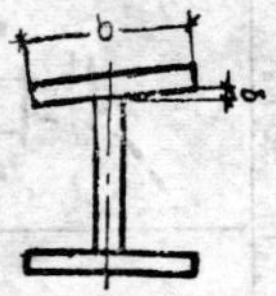	$\leqslant b/100$	每件	2	用尺量
		$b > 400$mm		$\leqslant 5.0$			
		接合部位		1.5			
10	柱脚底板翘曲			3.0		2	用水平尺量
11	柱脚螺栓孔对底板中心轴线的距离(d)		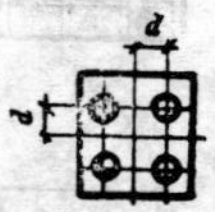	± 1.5		2	用尺量
12	腹板中心线(e)	接合部位		$\leqslant 2.0$		2	用尺量
		其他部位		$\leqslant 3.0$			

板梁允许偏差

表 10.7.1-2

序号	项目		示意图	允许偏差(mm)	检验频率 范围	检验频率 点数	检验方法
1	△梁长度		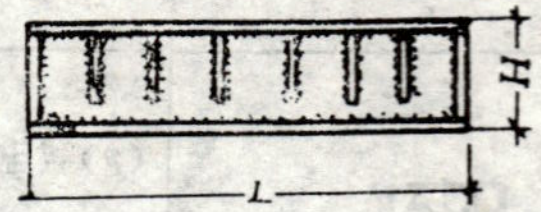 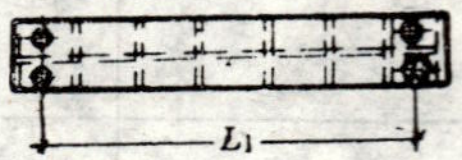	±L/2500，不得大于10.0	每件	2	用尺量
2	端部高度	$H\leqslant 2$m		±2.0		2	
		$H>2$m		±3.0			
3	两端最外侧安装孔距离(L_1)			±3.0		2	
4	起拱度	$L<24$m		+L/5000		2	沿全长拉线用尺量
		$L\geqslant 24$m		+L/1000			
5	侧弯矢高(f_1)		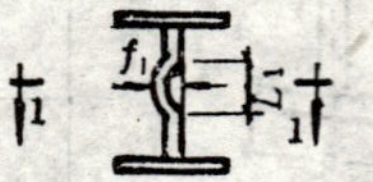	$\leqslant L_1$/2000，不得大于10.0		2	
6	扭曲 h.梁高			h/250		2	棱角吊小线用尺量
7	腹板局部不直度(f_2)	$\delta<14$mm	 1—1	$\leqslant 3L_2$/1000		2	用尺量
		$\delta\geqslant 14$mm		$\leqslant 2L_2$/1000			

续表

序号	项目	示意图	允许偏差(mm)	检验频率		检验方法
				范围	点数	
8	翼缘板倾斜度(q)	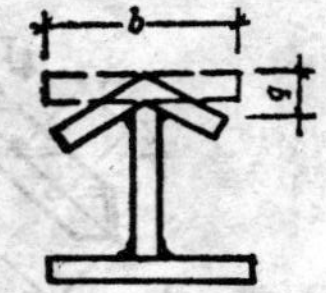	≤2.0	每件	2	用尺量

联结系构件允许偏差 表 10.7.1-3

序号	项目	示意图	允许偏差(mm)	检验频率		检验方法
				范围	点数	
1	构件两端最外侧安装孔		±3.0	每件	2	用尺量
2	构件两组安装孔距离		±3.0		2	
3	构件弯曲矢高		L/1000，不得大于10.0		2	

钢平台和钢梯允许偏差 表 10.7.1-4

序号	项目	示意图	允许偏差 (mm)	检验频率		检验方法
				范围	点数	
1	平台长度和宽度	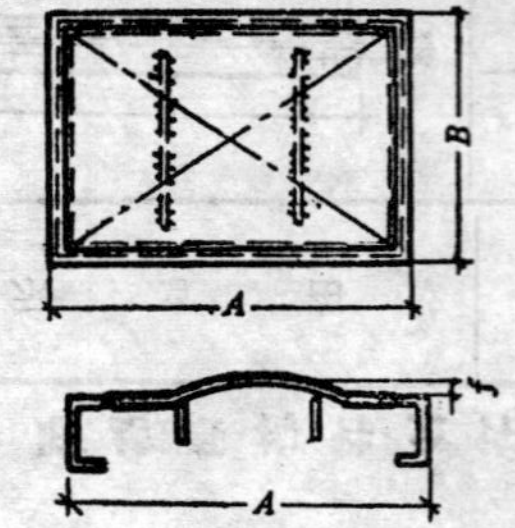	±4.0	每件	2	用尺量
2	平台两对角线		6.0		2	
3	平台表面不平直度在1 m范围内		3.0		2	
4	梯子长度	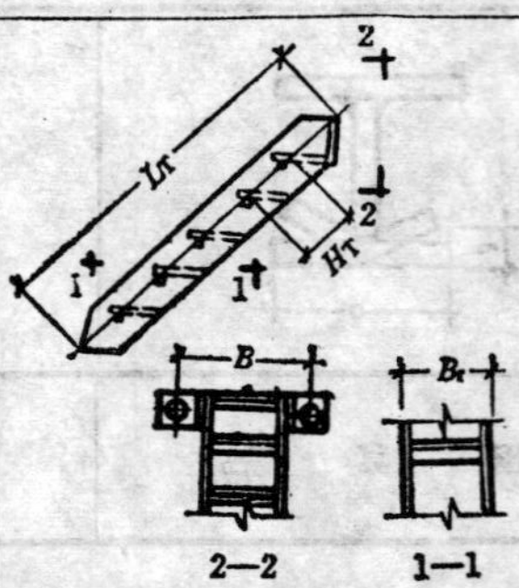	±5.0		2	
5	梯子宽度		±3.0		2	
6	梯子上安装孔距离		±3.0		2	
7	梯子纵向挠曲矢高		$\leqslant L_T/1000$		2	
8	梯子踏步间距		±5.0		2	
9	梯子踏步板不平直度		$\leqslant 1/100$		2	

桁梁标件基本尺寸允许偏差 　　　　表 10.7.2

序号	项	目	示意图	允许偏差 (mm)	检验频率 范围	检验频率 点数	检验方法
1	△主桁杆件	宽(*B*)、高(*H*)		±1.0	每件	2	用尺量
		长		±5.0			
2	纵、横梁	宽(*B*)、高(*H*)		±1.0		2	
		长(连接角背至背)		±1.0			
3	联接系	宽(*B*)、高(*H*)	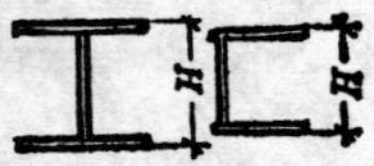	±1.0		2	
		长		±5.0			
4	隔板	宽(*B*)、高(*H*)	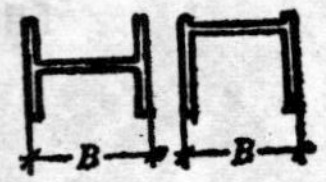	−1.0 −2.0		2	
		长		±5.0			

第八节 钢结构构件安装

第 10.8.1 条 安装前应对支承面、支座和地脚螺栓的位置标高等进行复核。支承面、支座和地脚螺栓允许偏差应符合表10.8.1的规定。

支承面、支座和地脚螺栓允许偏差　　表 10.8.1

序号	项目		允许偏差	检验频率		检验方法
				范围	点数	
1	支承面	标高	±2.0mm	每件	2	用水准仪测量
		不水平度	1/1000			
2	支座表面	标高	±1.5mm		2	
		不水平度	1/1500			
3	地脚螺栓位置	在支座范围内	±5.0mm		2	用尺量
		在支座范围外	±10.0mm			
4	地脚螺栓伸出支承面长度		±20.0mm		1	
5	地脚螺栓的螺纹长度		只许加长		1	

第 10.8.2 条 设计要求顶紧的节点，相接触的两个平面必须保证有70%的紧贴，用0.3mm的塞尺检查，插入深度的面积之和不得大于总面积的30%，边缘最大间隙不得大于0.8mm。

第 10.8.3 条 拧紧构件螺栓后，应按下列要求检验：

一、用小锤逐个敲击，判断拧紧程度，以防漏拧；

二、扭矩法施拧的螺栓，测量其扭矩，不得低于计算扭矩（或试验扭矩）的90%；

三、转角施拧的螺栓应检查终拧转动角度的数值，误差应符合设计要求或现行的《钢结构工程施工及验收规范》GBJ205的规定；

四、至少应抽查5%的螺栓。

钢 柱 安 装 允 许 偏 差　　　　**表 10.8.5**

序号	项目		示意图	允许偏差 (mm)	检验频率 范围	检验频率 点数	检验方法
1	轴线对行、列定位轴线(q)		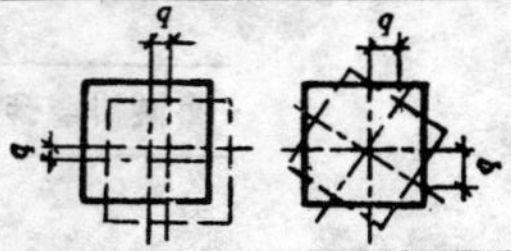	$\leqslant$5.0	每	2	用经纬仪测量，纵、横向各计1点
2	柱基标高	有行车梁的柱	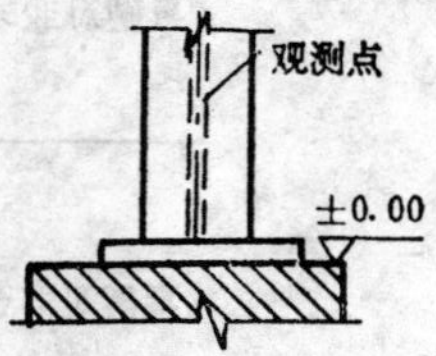	+3.0 −5.0		4	用水准仪测量，四周各计1点
		无行车梁的柱		+5.0 −8.0			
3	挠曲矢高			H/1000，但不大于15.0		4	拉小线和尺量，每侧面各计1点
4	钢柱轴线的不垂直度(q)	$H\leqslant$10m	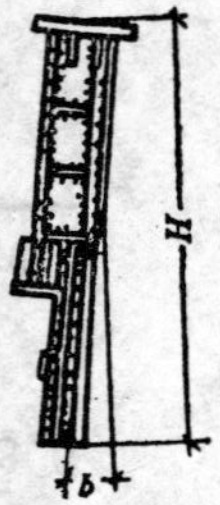	$\leqslant$10.0	件	2	用经纬仪或垂线测量，纵、横向各计1点
		$H>$10m		$\leqslant H$/100，但不大于25.0			

第 10.8.4 条 安装焊缝的质量标准应符合设计要求和第三节的有关规定。

第 10.8.5 条 钢柱安装后的允许偏差应符合表10.8.5的规定。

第 10.8.6 条 钢梁和支座的允许偏差应符合表10.8.6的规定。

钢梁和支座允许偏差 **表 10.8.6**

序号	项目			允许偏差(mm)	检验频率 范围	检验频率 点数	检验方法
1	钢梁	墩、台处拱梁中线位移		±10.0	每件	1	用经纬仪测量
1	钢梁	简支梁与连续梁间，两联(孔)间相邻横梁中线相对位移		±5.0	每件	1	用经纬仪测量
1	钢梁	墩、台处拱梁顶高程		±10.0	每件	1	用水准仪测量
1	钢梁	两联(孔)相邻横梁相对高差		±5.0	每件	1	用水准仪测量
2	支座	支座十字线扭转值		±1.0	每件	1	用经纬仪测量
2	支座	固定支座十字线里程位置	连续梁或60m以上简支梁	±20.0	每件	1	用尺量
2	支座	固定支座十字线里程位置	60m以下简支梁	±10.0	每件	1	用尺量
2	支座	辊轴位置纵向位移		按气温安装，灌注定位前±3.0	每件	1	用尺量
2	支座	支座底板四角相对高差		2	每件	4	用水准仪测量，四周各计1点

第十一章 装饰

第一节 抹灰

第 11.1.1 条 抹灰砂浆配比成份、稠度等必须符合设计或规范要求，使用外掺剂必须经试验室确定。

第 11.1.2 条 装饰抹灰层的颜色必须符合设计要求，色泽一致。

第 11.1.3 条 抹灰层面层不得有裂纹，各抹灰层之间及抹灰层与基层之间应粘结牢固，不得有脱层、空鼓现象。

第 11.1.4 条 抹灰分格条不得有错缝、掉棱或掉角，缝的宽度与深浅应一致。

第 11.1.5 条 水刷石必须石粒清晰、分布均匀、平整、密实，不得有掉粒和接茬痕迹。

第 11.1.6 条 水磨石必须表面平整、光滑、石子显露均匀，各格条位置应正确，全部磨出，不得有砂眼、磨纹和漏磨处。

第 11.1.7 条 剁斧石必须剁纹均匀、深浅一致。不得有漏剁处留出的边条，其宽窄应一致，棱角不得有损坏。

第 11.1.8 条 干粘石必须石粒分布均匀、粘结牢固，不漏浆，不漏粘。阳角处不得有明显的黑边。

第 11.1.9 条 拉毛灰必须花纹斑点分布均匀，同一平面上不显接茬。

第 11.1.10 条 普通抹灰允许偏差应符合表11.1.10的

规定。

第 11.1.11 条 装饰抹灰允许偏差应符合表11.1.11的规定。

普通抹灰允许偏差 **表 11.1.10**

序号	项目	允许偏差(mm)	检验频率		检验方法
			范围	点数	
1	平整度	4	每跨侧	4	用2m直尺或小线量取最大值
2	阴阳角方正	4		2	用20cm方尺检验
3	墙面垂直度	5		2	用垂线检验

装饰抹灰允许偏差 **表11.1.11**

序号	项目	允许偏差(mm)				检验频率		检验方法
		水磨石	水刷石	剁斧石	干粘石	范围	点数	
1	平整度	2	3	3	5	每跨侧	4	用2m直尺或小线量取最大值
2	阴阳角方正	2	3	3	3		2	用20cm方尺检验
3	墙面垂直度	3	5	4	5		2	用垂线检验
4	分格条平直	2	3	3	3		2	用2m直尺或小线量取最大值，横、竖各计1点

第二节 饰 面

第 11.2.1 条 饰面所用的材料其品种、规格、颜色、图案以及镶贴方法必须符合设计要求。

第 11.2.2 条 饰面板和饰面砖不得有歪斜、翘曲、空鼓等现象。

第 11.2.3 条 饰面板工程的表面不得有起碱、污点、砂浆、流痕和显著的光泽受损处。

第 11.2.4 条 饰面允许偏差应符合表11.2.4-1的规定。

饰面允许偏差 **表 11.2.4-1**

序号	项目	允许偏差(mm)						检验频率		检验方法
		天然石			人造石		饰面砖	范围	点数	
		镜面、光面	粗纹石麻面条纹石	天然石	水磨石	水刷石				
1	平整度	1	3		2	4	2	每跨侧	4	用2m直尺或小线量取最大值
2	垂直度	2	3		2	4	2		2	垂用线检验
3	接缝平直	2	4	5	3	4	3		2	沿接缝5m拉线，量取最大值，横、竖各计1点
4	相邻板高差	0.3	3		0.5	3	1		2	用尺量
5	接缝宽度	0.5	1	2	0.5	2			2	用尺量
6	阳角方正	2	4		2		2		2	用20cm方尺检验

注：饰面板、砖的接缝宽度，如设计无要求时应符合表11.2.4-2规定。

饰面板、砖接缝宽度表 **表 11.2.4-2**

序号	饰面板、砖种类		接缝宽度(mm)
1	天然石	镜面、光面	1
		粗磨面、麻面、条纹石	5
		天然石	10
2	人造石	水磨石	2
		水刷石	10
3	饰面砖	<20.0cm×20.0cm	1.5
		>20.0cm× 0.0cm	3

第三节 涂 层

第 11.3.1 条 涂刷工程的基体或基层应坚实牢固，不得有起皮、裂缝等缺陷。

第 11.3.2 条 涂层表面应符合下列要求：

一、无脱皮、漏刷、反锈、反碱等现象；

二、无透底、流坠、皱纹等现象；

三、平整光滑，颜色一致。

第 11.3.3 条 涂刷应整齐，不得污染相邻构件。

第十二章 其 他

第一节 测 量

第 12.1.1 条 水准点闭合差：$\pm 12\sqrt{L}$ (mm)。式中L为水准点之间的水平距离，单位为km。

第 12.1.2 条 三角网法测定桥位时，角度测量的最大闭合差应符合表12.1.2的规定。

测量三角网的仪器型号测回数及闭合差　　表 12.1.2

序 号	桥梁长度 (m)	测回数			允许最大闭合差
		DJ_6	DJ_2	DJ_1	
1	<200	3	1		30″
2	200～500	6	2		15″
3	>500		6	4	9″

注：①正倒镜各测一次为一个测回；

②DJ_6、DJ_2、DJ_1为国产或相同规格进口的经纬仪型号。

第 12.1.3 条 导线方位角闭合差：$\pm 40\sqrt{n}$ (″)（n为测站数）。

第 12.1.4 条 直接丈量测距的允许偏差应符合表12.1.4的规定。

直接丈量测距允许偏差 表 12.1.4

序号	固定测桩间或墩、台间距离(m)	允许偏差
1	<200	1/5000
2	200～500	1/10000
3	>500	1/20000

第 12.1.5 条 基线丈量的允许偏差应符合表12.1.5的规定。

基线丈量允许偏差 表 12.1.5

序号	桥梁长度(m)	允许偏差
1	<200	1/10000
2	200～500	1/25000
3	>500	1/50000

第二节 桥面、人行道面铺装

第 12.2.1 条 面层与基层必须结合牢固。

第 12.2.2 条 桥面泄水孔的进水口必须低于桥面、泄水不得流向墩台。

第 12.2.3 条 桥头排水沟必须畅通，不得冲刷路堤。

第 12.2.4 条 桥面防水层应符合设计要求。

第 12.2.5 条 桥面厚度应满足设计要求。

第 12.2.6 条 桥面铺装面层允许偏差应符合表12.2.6的规定。

桥面铺装面层允许偏差 表 12.2.6

序号	项目	允许偏差(mm)	检验频率		检验方法
			范围	点数	
1	平整度	5	每20延米	3	用3m直尺或小线量取最大值
2	中线高程	±10		1	用水准仪测量
3	横断高程	±10，且横坡差不得大于0.5%		4	用水准仪测量

注：① 跨度小于20m时，检验频率按20m计算；
② 钢筋的质量标准应按第七章有关规定执行。

第 12.2.7 条 桥面和人行道面铺装的其他项目可参照道路有关规定。

第三节 变形装置

第 12.3.1 条 变形装置其构造及宽度必须符合设计规定。

第 12.3.2 条 伸缩装置缝面应平整，伸缩性能必须有效。不得有堵塞、渗漏、变形和开裂等现象。

第 12.3.3 条 沉降装置必须垂直，接触面平整；混凝土基础、压顶与挡墙墙身的沉降装置须在同一垂直线上，并使其缝在基桩间隙中通过。

第 12.3.4 条 止水装置缝面应顺直、平整；填充料必须嵌填密实；不得有渗漏、变形和开裂等现象。

第四节 桥台或挡土墙泄水孔

第 12.4.1 条 泄水孔设置应符合设计规定。泄水孔进口的允许偏差：高程为±50mm；间距为±200mm，泄水孔必须畅通。

第 12.4.2 条 泄水断面及坡度不得小于设计规定。

第 12.4.3 条 反滤层的各种材料规格必须符合设计规定，各种材料不得混杂。

附录一 本标准采用名词对照表

附表 1.1

本标准采用名词	各地习用名称
刨光模板	清水模板
不刨光模板	混水模板
地梁	地袱、地龙
水磨石	磨石子
水刷石	汰石子、洗水石米
剁斧石	斩假石、人造假石
抹灰	抹面、粉刷、粉灰、批档
饰面	镶面
勾缝	嵌缝
砂浆	水泥砂浆、水泥灰浆、素灰、水泥浆
护底	海漫
沉入桩	打入桩
闪光对焊	闪光接触对焊、对焊、碰焊
压顶	帽石
地道桥	箱涵

附录二　质量检查评定统计计算举例

1．假设，某桥上部构造T梁四根。其工序水泥混凝土构件各序号实测项目的合格率（合格点数/应检查点数）如附表2.1，该分项工程的平均合格率为：

主要项目合格率：　$\frac{序号合格率①}{序号数1}=100\%$

其他项目合格率

$$\frac{序号合格率}{序号数}\frac{②+③+④+⑤+⑥+⑦}{6}=76.5\%$$

该评定等级为：合格。

如果，水泥混凝土抗压强度未达到附录三的规定，即为不合格产品。

如果，水泥混凝土抗压强度符合标准，而其他六个实测项目中的某一项合格率未达到70%，亦为不合格品；

如果，某一不合格点的实测偏差值超过允许偏差值的1.5倍，且影响下道工序施工，工程结构和使用功能，亦为不合格品；

如果，主要检查项目的合格率达到100%，其他检查项目的合格率达到70%，且不符合本标准要求的点的最大偏差在允许偏差的1.5倍之内，为合格；

如果，最大偏差超过允许偏差的1.5倍，但不影响下道工序施工、工程结构和使用功能，仍可评为合格。

2．假设，某桥上部构造各工序的合格率为：

①钢筋　　90%；

②　水泥混凝土构筑物（构件）　　86.2%；

工序质量评定表

附表 2.1

单位工程名称：某桥　　部位名称：上部结构1#～4#T型梁工序名称：水泥混凝土构件

序号	检查项目	质量情况
	主要工程数量	强度为C28的水泥混凝土39.2m³
1	第8.0.1条	配合比符合规定；强度符合设计要求
2	第8.0.2条	符合规定、无蜂窝、无露筋，有掉角已修补完好
3	第8.0.6条	支座板质量见实测点偏差值

序号	实测项目		允许偏差（mm）	1	2	3	4	5	6	7	8	9	10	11	12	13	14	15	应检查点数	合格点数	合格率（%）
				各实测点偏差（mm）																	
1	△混凝土抗压强度		必须符合附录三	见试验报告																	100
2	断面尺寸	宽	−0 10	−4	−5	−2	−4	−12	−7	−11	−11	−3	−7	−11	0	−6	−6	−2	30	22	73.3
		高	+10 −5	+10	−4	+11	+11	+3	−4	+1	+7	−4	+3	+11	+7	−6	−2	+10			
		壁厚	±5																		
3	长度		0 −10	−8	−11	−7	−11	−2	−1	−11	0	−2	−4	−5	−11	0	−4	−5	15	11	73.3
4	侧向弯曲		L/1000≯10	2	5	0	11	11	5	7	8								8	6	75.0
5	麻面		每侧不得超过该侧面积的1%	0.3	1.3	0 5	0												4	3	75.0
6	平整度		8	3	6	13	3	7	6	2	4								8	7	87.5
7	支座板	平面高差	±5	+3	+2	−4	−6												8	6	75.0
		位置	10	11	8	2	3														
交方班组							接方班组												平均合格率（%）		79.9
																			评定等级		合格

工程技术负责人：　　质检员：　　施工员：　　年　月　日

注：实际检查点数不大于应检查点数，如超过应检查点数，其超过的点数应从合格点数中减去。

③ 水泥混凝土构件安装　　86%。

则该部位平均合格率为: $\frac{①+②+③}{3}=87.4\%$

该评定等级为：优良。

附录三　混凝土强度验收的评定标准

评定混凝土强度的试块，必须按《混凝土强度检验评定标准》GBJ107—87的规定取样、制作、养护和试验，其强度必须符合下列现定：

一、用统计方法评定混凝土强度时，其强度应同时符合下列两式的规定：

$$m_{fcu}-\lambda_1 S_{fcu}\geq 0.9f_{cu,k}$$

$$f_{cu,min}\geq \lambda_2 f_{cu,k}$$

二、用非统计方法评定混凝土强度时，其强度应同时符合下列两式的规定：

$$m_{fcu}\geq 1.15f_{cu,k}$$

$$f_{cu,min}\geq 0.95f_{cu,k}$$

式中　m_{fcu}——同一验收批混凝土立方体抗压强度的平均值（N/mm^2）；

S_{fcu}——同一验收批混凝土强度的标准差（N/mm^2）。当S_{fcu}的计算值小于$0.06f_{cu,k}$时，取$S_{fcu}=0.06f_{cu,k}$；

$f_{cu,k}$——混凝土立方体抗压强度标准值（N/mm^2）；

$f_{cu,min}$——同一验收批混凝土立方体抗压强度的最小值（N/mm^2）；

λ_1、λ_2——合格判定系数，按附表3.1取用。

合格判定系数　　附表 3.1

合格判定系数	试块组数 10～14	15～24	≥25
λ_1	1.70	1.65	1.60
λ_2	0.90	0.85	0.85

注：①《混凝土强度检验评定标准》（GBJ107—87）中的混凝土强度等级与《钢筋混凝土结构设计规范》（TJ10—74）和《钢筋混凝土工程施工及验收规范》（GBJ204—83）等规范中的混凝土标号，按附表3.2进行换算：

附表 3.2

混凝土标号	100	150	200	250	300	400	500	600
相当混凝土强度等级	C8	C13	C18	C23	C28	C38	C48	C58

②按照《钢筋混凝土工程施工及验收规范》（GBJ204—83）评定混凝土强度时，其试块必须按其规定的组数留置，强度必须符合下列规定：

一、用统计方法评定混凝土强度时，按下述条件评定：

$$\overline{R_n}-KS_n\geq 0.85R_{标}$$

$$R_{标}\geq 0.85R_{标}$$

二、当同批试块少于10组时，应用非统计方法，按下述条件评定：

$$\overline{R_n}\geq 1.05R_{标}$$

$$R_{标}\geq 0.9R_{标}$$

式中　$\overline{R_n}$——n组试块强度的平均值；

K——合格判定系数；按附表3.3取值；

合格判定系数　　附表 3.3

n	10～14	15～24	≥25
K	1.70	1.65	1.60

S_n——n组试块强度的标准差；

$R_{小}$——混凝土设计标号；

$R_{小}$——n组试块强度中最小一组的值。

检验方法　检查标准养护龄期28d试块抗压强度的试验报告 。

③混凝土强度按单位工程内强度等级，龄期相同及生产工艺条件，配合比基本相同的混凝土为同一验收批评定。但单位工程中仅有一组试块时，其强度不应低于1.15 $f_{cu,k}$

附录四　本标准常用法定计量单位、名称、符号及换算系数

附表4.1

量的名称	法定单位 名称	法定单位 符号	与公制单位近似换算系数	附注
长度	千米(公里)	km	与公制单位相同	
	米	m	与公制单位相同	
	厘米	cm	与公制单位相同	
	毫米	mm	与公制单位相同	
面积	平方米	m^2	与公制单位相同	
	平方厘米	cm^2	与公制单位相同	
	平方毫米	mm^2	与公制单位相同	
质量	千克(公斤)	kg	与公制单位相同	
	吨	t	与公制单位相同	
力 重力	千牛(顿)	kN	1kN=0.1tf=100kgf	
	牛(顿)	N	1N=0.1kgf	
时间	秒	S	与公制单位相同	
	分	min	与公制单位相同	
	(小时)	h	与公制单位相同	
压力 压强 应力	帕(斯卡)	Pa	$1Pa=10.5kgf/cm^2$	
	兆帕(斯卡)	MPa	$1MPa=1N/mm^2=10kgf/cm^2$	

附录五　本标准用词说明

一、为便于在执行本标准条文时区别对待，对于要求严格程度不同的用词说明如下：

1．表示很严格，非这样作不可的：

正面词采用“必须”；

反面词采用“严禁”。

2．表示严格，在正常情况下均应这样作的：

正面词采用“应”；

反面词采用“不应”或“不得”。

3．表示允许稍有选择，在条件许可时，首先应这样作的：

正面词采用“宜”或“可”

反面词采用“不宜”。

二、条文中指明必须按其他有关标准执行的写法为：“应按……执行”或“应符合……的要求（或规定）”。非必须按所指定的标准执行的写法为“可参照……的要求（或规定）”。

附加说明

本标准主编单位、参加单位和主要起草人名单

主编单位：北京市市政工程局

参加单位：上海市第一市政工程公司
北京市第二市政工程公司
天津市第一市政工程公司

主要起草人：董允高　丁德中　焦永达　殷恒源　李剑

中华人民共和国行业标准

粉煤灰石灰类道路基层施工及验收规程

Specification for Construction and Acceptance of Flyash-Lime-Stabilized Materials for Road Base

CJJ 4—97

主编单位：天津市市政工程研究院
批准部门：中华人民共和国建设部
施行日期：1998年3月1日

关于发布行业标准《粉煤灰石灰类道路基层施工及验收规程》的通知

建标［1997］239号

根据建设部建标［1992］732号文的要求，由天津市市政工程研究院主编的《粉煤灰石灰类道路基层施工及验收规程》，业经审查，现批准为行业标准，编号CJJ 4—97，自1998年3月1日起施行。原城乡建设环境保护部部标准《粉煤灰石灰类道路基层施工暂行技术规定》（CJJ 4—83）同时废止。

本标准由建设部城镇道桥标准技术归口单位北京市市政设计研究院负责归口管理，具体解释等工作由主编单位负责，由建设部标准定额研究所组织出版。

中华人民共和国建设部
1997年9月23日

目　次

1 总 则

1.0.1 为贯彻执行国家有关技术经济政策，推广利用工业废料粉煤灰修筑道路基层，统一施工及验收标准，做到技术先进，经济合理，保证工程质量，制定本规程。

1.0.2 本规程适用于各等级道路沥青路面和水泥混凝土路面的粉煤灰石灰类混合料基层（含底基层和垫层）的施工及验收。

1.0.3 粉煤灰石灰类混合料道路基层宜选择有利季节施工。当日平均气温低于5℃时，不宜施工；遇有特殊情况，可采用低温施工措施或按低温条件下的规定施工。

1.0.4 粉煤灰石灰类混合料道路基层施工及验收除应符合本规程外，尚应符合国家现行有关标准的规定。

2 原 材 料

2.1 粉 煤 灰

2.1.1 修筑道路基层使用的粉煤灰（硅铝灰）化学成分中的$SiO_2+Al_2O_3$总量宜大于70%；在温度为700℃的烧失量宜小于或等于10%。当烧失量大于10%时，应做试验，当其混合料强度符合要求时方可采用。

2.1.2 $SiO_2+Al_2O_3$总量和烧失量符合要求的新排放或陈年堆积的粗颗粒和细颗粒粉煤灰，均可采用。

2.2 石 灰

2.2.1 钙石灰和镁石灰均可使用。在有条件时可优先采用磨细的生石灰。

2.2.2 生石灰的$CaO+MgO$含量宜大于60%，消石灰的$CaO+MaO$含量宜大于50%。当石灰的$CaO+MgO$含量在30%～50%时，应通过试验选用较高石灰剂量，但剂量不宜超过30%。石灰的$CaO+MgO$含量小于30%时，不得采用。

石灰的CaO含量或$CaO+MgO$含量的测定，应符合本规程附录A或附录B的规定。

2.2.3 消石灰应充分消解，不得含有未消解颗粒。磨细生石灰应完全粉磨，不得含有杂质。

2.2.4 当采用石灰类工业废料（如电石渣等）和石灰下脚料时，其适用条件可按本规程第2.2.2条执行。严禁采用含有有害物质的石灰类下脚料。

2.3 土

2.3.1 土的塑性指数（用100g 平衡锥测定）宜为11～25，并不得小于6 或大于30。当土的塑性指数小于6 或大于30 时，应采取压实混合料或粉碎土团粒的措施。

2.3.2 当温度为700℃时，土中有机质含量应小于8%。硫酸盐含量宜小于0.8%。

注：有机质和硫酸盐含量分别指其与土的重量比。

2.4 集　料

2.4.1 集料系指碎石、砾石、砂砾、高炉矿渣、碎砖和稳定的钢渣等材料。集料的压碎值、抗压强度与适用范围，应符合表2.4.1 的规定。

集料压碎值的试验方法应符合本规程附录C 的规定。

集料压碎值、抗压强度与其适用范围　　表2.4.1

压碎值（%）		抗压强度（MPa）	适用范围
悬浮密实型混合料	骨架密实型混合料	悬浮密实型混合料	
≤35	≤30	—	快速路和主干路的基层
≤40	≤35	—	次干路、支路的基层和快速路、主干路的底基层
—	—	≥7.5	

注：碎石、砾石、砂砾、高炉矿渣和钢渣用压碎值，碎砖用抗压强度。

2.4.2 悬浮密实型混合料中集料的最大粒径不应大于50mm，并应小于混合料每层压实厚度的1/3。骨架密实型混合料中集料的最大粒径不应大于40mm，并应小于混合料每层压实厚度的1/3，集料应有级配。

2.4.3 集料的表面应清洁，不得粘附泥土。

2.5 水

2.5.1 消解石灰、拌制混合料和混合料基层养生应采用清洁的地面水、地下水、自来水及pH 值大于6 的水。

3 混 合 料

3.1 组成类型与应用

3.1.1 粉煤灰石灰类混合料的组成设计应符合下列规定：

3.1.1.1 混合料的结构组成应具有良好压实性；

3.1.1.2 混合料的配合比组成应能使压实混合料的加固很快达到设计强度。

3.1.2 混合料的结构组成具有良好压实性的三种类型，应符合下列规定：

3.1.2.1 悬浮密实型混合料：混合料中细料的压实体积应大于集料在疏松状态时的空隙体积，即集料在压实混合料中处于“悬浮状态”。

3.1.2.2 骨架密实型混合料：混合料中细料的压实体积应“临界”于级配集料在压密状态下的空隙体积，集料在压实混合料中有一定“骨架作用”。

3.1.2.3 密实型混合料：由结合料与几种细料组成的任何配合比的混合料应具有良好压实性。

3.1.3 悬浮密实型混合料中的集料用量应控制在50%左右，最大粒径较大，颗粒强度可较低，不要求有级配，适用于各等级道路的基层和底基层。骨架密实型混合料中的集料用量应控制在75%以上，最大粒径较小，应有级配，宜用于铺筑快速路和主干路的基层。密实型混合料能获得较好的经济效益，可根据具体条件和要求选用。

3.2 “悬浮状态”检验公式

3.2.1 悬浮密实型混合料中的集料在压实混合料中的“悬浮状态”可采用下式检验。

$$\frac{m+n}{\rho} > k \cdot p \cdot \left(\frac{1}{W} - \frac{1}{G}\right) \qquad (3.2.1)$$

式中 W——集料干松密度（kg/m^3）；

G——集料毛体积密度（kg/m^3）；

m——粉煤灰在混合料中占总干重的百分数；

n——石灰在混合料中占总干重的百分数；

p——集料在混合料中占总干重的百分数；

ρ——混合料中粉煤灰石灰的最大干密度（kg/m^3）；

k——为“悬浮系数”，当 $p=30\%$ 时，$k=1$；当 $p=70\%$ 时，$k=2$；当 p 为其他值时，采用直线插入法取 k 值。

3.3 配 合 比

3.3.1 粉煤灰石灰集料混合料中粉煤灰与石灰的比例宜为 2∶1（当集料用量为70%以上时）至 5∶1（当集料用量为50%左右时）。当混合料中无集料时，粉煤灰（或粉煤灰土）与石灰的比例宜为 3∶1 至 10∶1。

3.3.2 粉煤灰石灰类混合料的最佳配合比应通过试验决定。当受条件限制做试验有困难时，可按表 3.3.2 选用。

粉煤灰石灰类混合料配合比 **表 3.3.2**

混合料		配合比 （质量比，总干重百分数，%）
类型	种 类	
密实型	粉煤灰石灰	75∶25～85∶15
	粉煤灰石灰土	35∶9∶56；40∶12∶48
	石灰土	10∶90～12∶88
悬浮密实型	粉煤灰石灰碎（砾）石	33∶7∶60；50∶10∶40
	粉煤灰石灰高炉矿渣	45∶10∶45
	粉煤灰石灰砂砾	38∶12∶50
	粉煤灰石灰钢渣	33∶7∶60；46∶9∶45
	粉煤灰石灰碎砖	50∶10∶40
骨架密实型	粉煤灰石灰集料 （集料含碎石、砾石、矿渣、砂砾和钢渣）	10∶5∶85；20∶7∶73

3.3.3 当混合料中集料用量在75%以上时，可用1%～3%水泥取代部分石灰，这种混合料宜用于铺筑快速路和主干路的基层。

3.4 最佳含水量和最大干密度

3.4.1 粉煤灰石灰类混合料的最佳含水量和最大干密度应用重型击实仪通过试验确定。并应采用本规程附录D的方法测定。

3.4.2 悬浮密实型粉煤灰石灰集料混合料的最大干密度和最佳含水量，当不便用现有的试验仪器和试验方法准确测定时，可按下列公式计算：

$$\rho_0 = \frac{G \cdot \rho}{(m+n) \cdot G + p \cdot \rho} \cdot \beta \qquad (3.4.2\text{-}1)$$

$$\omega_0 = \frac{W_1 + W_2}{W_c} \times 100(\%) \qquad (3.4.2\text{-}2)$$

式中 ρ_0——粉煤灰石灰集料混合料最大干密度（kg/m^3）；

β——折减系数，一般用0.98；

ω_0——粉煤灰石灰集料混合料最佳含水量（%）；

W_c——粉煤灰石灰集料混合料总干质量（g）；

W_1——粉煤灰石灰混合料最佳含水重（g）；

W_2——集料面干饱和含水重（g）。

3.5 抗压强度与应用

3.5.1 粉煤灰石灰类混合料7d龄期抗压强度应符合表3.5.1的规定。

抗压强度的试验方法应符合本规程附录E的规定。

混合料7d龄期抗压强度（MPa） **表3.5.1**

应用层位＼道路种类	快速路和主干路	次干路	支路
基层	≥0.70	≥0.55	≥0.50
底基层	≥0.50	≥0.45	—

注：试件在温度20±1℃和湿度大于90%条件下湿治养生后的饱水抗压强度。

3.5.2 粉煤灰石灰类混合料28d龄期抗压强度，要求快速路、主干路的基层抗压强度不得小于1.75MPa；次干路基层抗压强度不得小于1.38MPa。

3.6 抗压回弹模量设计参数与路面结构组合

3.6.1 粉煤灰石灰类混合料抗压回弹模量设计参数值应符合表3.6.1的规定。

抗压回弹模量设计参数值（E_c） **表3.6.1**

混合料	E_c（MPa）	使用要求
粉煤灰石灰集料	600～750	当集料为碎石、砾石、高炉矿渣或钢渣时，取高值；当集料为砂砾或碎砖时，取低值
集料石灰土	450～600	
粉煤灰石灰	400～600	当石灰和粉煤灰用量较大时，取高值；反之，取低值
粉煤灰石灰土	350～500	
石灰土	200～300	石灰剂量：12%时，取高值；8%时，取低值
配料条件	表中各种类混合料的配合比，应符合本规程第3.1.1条的混合料组成设计规定	
养生条件与龄期	在温度20±1℃和湿度大于90%下，养生90d龄期	

3.6.2 粉煤灰石灰类混合料基层的沥青路面结构组合典型模式及其适用范围可按表3.6.2选用。

沥青路面结构组合典型模式及其适用范围 **表3.6.2**

城市道路		沥青路面			
等级	种类	沥青面层厚度（cm）	石灰加固类基层厚度（cm）		
			基层	底基层	垫层
Ⅰ	快速路和主干路	12～15	15～20 (*A*)	15 (*B*、*C*、*D*)	*h* (*E*)
Ⅱ	次干路	8～11	15 (*A*、*B*、*C*)	15 (*D*、*E*)	*h* (*E*)
Ⅲ	支路	4～7	15 (*A*、*B*、*C*、*D*、*E*)	—	*h* (*E*)

注：1. 括号内代号为适用范围。
A—粉煤灰石灰集料；*B*—粉煤灰石灰；*C*—集料石灰土；*D*—粉煤灰石灰土；*E*—石灰土；*h*—厚度。
2. 凡能用于基层的混合料，均能用于底基层或垫层；凡能用于底基层的混合料，均能用于垫层。

3.6.3 粉煤灰石灰类混合料基层的沥青路面厚度应按现行行业标准《城市道路设计规范》（CJJ37）的有关规定进行计算。

3.6.4 粉煤灰石灰类混合料基层的水泥混凝土路面结构组合模式及其适用范围可按表3.6.4选用。

水泥混凝土路面结构组合模式及其适用范围　　表3.6.4

城市道路		水泥混凝土路面	
等级	种类	水泥混凝土面层厚度（cm）	石灰加固类基层厚度（cm）
Ⅰ	快速路 主干路	根据设计计算	15～20 （*A*、*C*、*D*）
Ⅱ	次干路	根据设计计算	10～15 （*B*、*D*、*E*）
Ⅲ	支路	根据设计计算	10～15 （*B*、*D*、*E*）

注：凡能用于快速路和主干路基层的混合料，均能用于次干路和支路的基层。

4 施　　工

4.1 准 备 工 作

4.1.1 新建道路路床质量应符合现行行业标准《市政道路工程质量检验评定标准》（CJJ1—90）的有关规定。

4.1.2 旧路加铺混合料时，旧路上泥土杂物和松散集料等应清理干净。干燥路段需用水润湿。局部坑槽应修补夯实。

4.1.3 备料可分路床备料和集中备料两种。在能封闭交通道路时，可采用路床备料；当施工场地狭小时，可采用集中备料或厂拌混合料。

4.1.4 各种原材料应根据工程进度所需数量预先准备好，并取样试验，其规格与品质应符合本规程规定。

4.1.5 钙质石灰应在用灰前7d、镁质石灰应在用灰前10d加水充分消解，严禁随消解随使用。消解石灰应掌握用水量，使石灰能充分消解，并保持含水量在25%～35%。消解生石灰用水量可为生石灰重的65%～80%。

4.1.6 湿排粉煤灰含水量大于40%时应堆高沥水，干排粉煤灰应加水润湿，其含水量均宜保持在25%～35%，并应防止雨淋或灰粉飞扬。

4.2 配　　料

4.2.1 配料可按下列三种方法进行：

4.2.1.1 质量法——根据混合料质量比、一次拌和混合料总干质量和各种原材料含水量，用本规程附录F中式（F.0.1.1）算出各种原材料湿质量，然后按各湿料质量称料掺配成混合料。快速路和主干路的基层混合料，应采用质量法配料施工。

4.2.1.2 体积法——根据混合料质量比、各种原材料湿松密度和含水量，用本规程附录F中式（F.0.1.2）换算为体积比，用容器按比例量取各种原材料掺配成混合料。体积法适用于拌和少量混合料。

4.2.1.3 层铺法——根据混合料质量比和最大干密度、各种原材料湿松密度和含水量，及混合料压实层厚和压实度等数据，用本规程附录F中式（F.0.1.3）计算各种原材料松铺厚度，以此控制各层原材料摊铺厚度。层铺法适用于机械路拌。

4.2.2 根据原材料含水量变化，应随时计算调整各种材料用量。

4.3 含水量要求

4.3.1 施工中，当混合料含水量小于最佳含水量时，应适量加水。加水量和加水次数应根据当时气候条件和原材料含水量而定，并使加水后混合料含水量略高于最佳含水量。

4.3.2 人工拌和或机械厂拌宜用压力喷头加水。机械路拌可用洒水车或其他洒水工具将水均匀喷洒。可随拌和随加水，也可一次加水后闷料8～12h，再进行拌和。

4.3.3 混合料中水分过多时应晾晒风干，使含水量接近最佳含水量。

4.3.4 混合料的加（或减）水量应根据混合料湿重、实际含水量和最佳含水量等数据采用本规程附录F中式（F.0.2）计算。

4.4 拌 和

4.4.1 粉煤灰石灰类混合料的拌和方式，应符合下列规定：

4.4.1.1 混合料量少时，可采用人工拌和；

4.4.1.2 对基层质量要求高、城市环境保护严和地下管线较多的快速路和主干路，应采取机械厂拌和法拌和混合料；

4.4.1.3 对施工场地开阔或需要利用现场土等原材料时，可用机械路拌和法拌和混合料；也可在路床外场地用机械集中拌和混合料。

4.4.2 机械厂拌和法是采用强制式拌和机、粉碎机、皮带运输机和装载机等设备拌和，拌和均匀的混合料应卸至储料场（或仓）待运。在装运混合料当粗、细料有离析现象时，应用装载机翻拌均匀后，再运至工地摊铺。

在干燥地区或遇干热天气，由于混合料在储存、运输和摊铺时蒸发失水，拌和含水量应高于最佳含水量的2%～5%。

混合料宜随拌和，随运输、随摊铺、随压实。

4.4.3 机械路拌和法是由下至上按顺序分层摊铺集料、细料、结合料等原材料，各层材料摊铺后应整平。宜采用专用稳定土拌和机拌和均匀，也可用拖拉机带多铧犁和旋转犁或圆盘耙相配合翻拌均匀。

用机械路拌和法拌和混合料，对机械不易拌到之处，应辅以人工拌和均匀。

在路外场地用机械拌和混合料的方法，与机械路拌和法类同。

4.4.4 人工路拌和宜采用条拌法。将各种原材料分铺成条形后，边翻拌边前进，翻拌数遍直至拌和均匀。

4.4.5 混合料从拌和均匀到压实时间应根据不同温度混合料水化结硬速度而定，当气温在20℃以上时，不宜超过2～1d；当气温在5～20℃时，不宜超过4～2d。用水泥取代部分石灰的混合料，从开始拌和至压实时间，应在5～8h内完成。

4.4.6 拌和均匀的粉煤灰石灰类混合料中，不应含有大于15mm的土团粒和大于10mm的石灰或粉煤灰团粒，以及大于本规程第2.4.2条中规定最大粒径的集料。拌和后的混合料应均匀，无夹心，集料无离析现象。

4.5 摊 铺 整 型

4.5.1 当拌和均匀的粉煤灰石灰类混合料摊铺整型时含水量允许偏差应符合表4.5.1的规定。

4.5.2 应将拌和均匀、含水量符合本规程表4.5.1规定的混合料按设计断面和松铺厚度均匀摊铺于路床内。松铺厚度应为压实厚度乘压实系数，并可用本规程附录F中式（F.0.3）计算。

混合料摊铺整型时含水量允许偏差　　表4.5.1

混合料种类	含水量允许偏差
粉煤灰石灰	$\omega_0{}^{+1\%}_{-5\%}$
粉煤灰石灰土	$\omega_0\pm2\%$
粉煤灰石灰集料 集料50%左右	$\omega_0{}^{+1\%}_{-3\%}$
集料70%以上	$\omega_0\pm1\%$

注：ω_0为混合料最佳含水量。

粉煤灰石灰类混合料压实系数宜由试铺决定，亦可采用表4.5.2中数值。

粉煤灰石灰类混合料压实系数　　表4.5.2

人工拌和人工摊铺		机械拌和机械摊铺	
不含集料	含集料	不含集料	含集料
1.6～1.9	1.4～1.6	1.3～1.5	1.2～1.4

4.5.3　粉煤灰石灰类混合料摊铺整型后应封锁交通，并应立即进行压实。

4.6　碾　　压

4.6.1　粉煤灰石灰类混合料每层压实厚度应根据压路机械的压实功能决定，并不得大于20cm，且不得小于10cm。若采用振动力大的重型振动压路机碾压时，每层压实厚度可增至25cm。

4.6.2　人工拌和人工摊铺整型的混合料应先用6～8t两轮压路机、轮胎压路机或履带拖拉机在基层全宽内进行碾压。直线段应由两侧路肩向路中心碾压；平曲线段应由内侧路肩向外侧路肩碾压。碾压1～2遍后，可再用12～15t三轮压路机或振动压路机压实。

4.6.3　机械拌和、机械摊铺整型的混合料可直接用12～15t三轮压路机、振动压路机或轮胎压路机压实。当用振动压路机时，应先静压后再振动碾压。

4.6.4　用两轮压路机碾压时，每次应重叠1/3轮宽；用三轮压路机碾压时，每次应重叠后轮宽的1/2。碾压速度：光轮压路机宜为30～40m/min；振动压路机宜为60～100m/min。

4.6.5　最后均应碾压至混合料基层表面无明显轮迹。基层压实度应达到设计要求，当设计无规定时，应符合下列规定：

4.6.5.1　快速路和主干路压实度：

基层　　不得小于97%；

底基层和垫层　　不得小于95%。

4.6.5.2　次干路和支路压实度：

基层　　不得小于95%；

底基层和垫层　　不得小于93%。

4.6.6　压实混合料基层的厚度、宽度、横坡、标高和平整度应符合设计要求和本规程质量及验收标准。

4.6.7　初压时应设人跟机，检查基层有无高低不平之处，高处铲除，低处填平，填补处应翻松洒水再铺混合料压实。当基层混合料压实后再找补时，应在找补处挖深8～10cm，并洒适量水分后及时压实成型。不得用贴补薄层混合料找平。

4.6.8　在碾压中出现“弹簧现象”时，应即停止碾压，将混合料翻松晾干或加集料或加石灰，重新翻拌均匀，再行压实。碾压时若出现松散堆移现象，应适量洒水，再翻拌、整平、压实。

4.6.9　当工作间断或分段施工时，衔接处可预留混合料不压实段，人工摊铺时，宜为2m，机械摊铺时，应为10m及以上。

4.6.10　混合料基层施工应避免纵向接缝。当分幅施工时，纵缝应垂直相接，不得斜接。

4.6.11　在有检查井、缘石等设施的城市道路上碾压混合料，应配备火力夯等小型夯、压机具；对大型碾压机械碾压不到或碾压不实之处，应进行人工补压或夯实。

4.6.12 压路机或汽车不得在刚压实或正在碾压的基层上,转弯、调头或刹车。

4.7 早期养护

4.7.1 压实成型并经检验符合标准的粉煤灰石灰类混合料基层,当经1～2d后,应保持潮湿状态下养生。养生期的长短应根据环境温度确定,当环境温度在20℃以上时,不得少于7d;当环境温度在5～20℃时,不得少于14d。

4.7.2 应浇洒乳化沥青养生,乳化沥青用量宜为0.6～1.0kg/m²。

4.7.3 也可洒水养生,水应分次均匀洒布,并应以在养生期内保持混合料基层表面湿润为度,不得有薄层积水。不得用水管直接对基层表面冲水养生。温度较低时,尚应在基层上适量喷洒盐水。

4.7.4 养生期间应封闭交通。对个别不能断绝交通的道路,可选用集料含量大的混合料基层,并用乳化沥青养生,再按0.3～0.5m³/100m²的用量撒布粗砂或按约0.5m³/100m²的用量撒布3～6mm石屑后,方可开放交通:并应限制车速和交通量。

4.7.5 在混合料基层上铺筑沥青面层或其他结构层时,应对基层表面进行一次检查和清扫。发现局部变形、松散和污染,应及时修补清理。并宜适量洒水,保持基层表面湿润。

4.7.6 粉煤灰石灰类基层应在达到设计规定的结硬强度后,方可在其上铺筑沥青面层或其他结构层。在规定养生期内(7～14d)基层提前达到设计强度时,可在基层上铺筑沥青面层或其他结构层;当超过规定养生期,基层仍未达到设计强度时,应延长养生期限。

4.7.7 石灰加固类混合料底基层和垫层的养生,可在下层混合料压实后,采取立即覆盖上层混合料或原材料的方式进行。

4.8 雨季施工措施

4.8.1 雨季施工应集中力量分段施工,各段土基应在下雨前碾压密实。对软土地段或低洼之处,应在下雨前先行施工。路床应开挖临时排水沟。

4.8.2 因下雨造成土基湿软地段,可采取晾晒、换土或掺加石灰、集料等措施处理。雨天及雨后应封闭交通。

4.8.3 粉煤灰、石灰、土等原材料一次备料不宜太多,并应大堆存放,材料堆周围应设排水沟。

4.8.4 粉煤灰石灰类混合料应边拌和,边摊铺,边压实。对已摊铺好的混合料,应在下雨前或冒雨进行初压,雨停后再碾压密实。对已摊铺尚未碾压的混合料遇雨时,雨后应封闭交通,晾晒至接近最佳含水量后,再进行拌和压实。基层分层施工时,应在下雨前铺压垫层,并应防止雨水浸入土基。

4.9 提高混合料早期强度措施

4.9.1 提高混合料早期强度可采用下列措施:

4.9.1.1 在混合料中掺入2%～5%水泥取代部分石灰;

4.9.1.2 掺加混合料总干重0.5%～1.5%的工业用液碱溶液或其他早强剂;

4.9.1.3 在符合混合料结构组成设计规定(本规程第3.1.1条)的前提下,可加大集料用量;

4.9.1.4 混合料应采用碾压成型的最低含水量的情况下压实,其最低含水量宜小于最佳含水量的1%(集料用量为85%时)至6%(集料用量为零时)。

4.10 低温施工措施和低温施工条件

4.10.1 混合料低温(0～5℃)施工措施应符合本规程第4.9.1条的规定,但外掺材料用量应取高限,并应增加石灰剂量2%～3%,或用生石灰粉代替消石灰,也可采用氯盐降低混合料冰点。

4.10.2 在非重冰冻地区,路段水文条件很好,压实混合料从结冻至解冻过程中,不因外力作用(如行车、冻胀等)而使结构受到破坏;低温时采用石灰加固类材料施工,应符合下列规定:

4.10.2.1 在次干路和支路上可铺筑混合料垫层、底基层和基层;

4.10.2.2 在快速路和主干路上可铺筑混合料垫层和底基层。

4.11 基、面层结合措施

4.11.1 粉煤灰石灰类混合料基层与其上铺筑的沥青面层应结合紧密稳定。首先，应养护好粉煤灰石灰类基层的表面层后，再采取下列措施：

4.11.1.1 快速路和主干路的基层上，当沥青面层较薄时，可铺筑层厚7cm及以上沥青碎石层；当沥青面层较厚时，可洒布一层结合沥青，其用量宜为0.6～0.8kg/m^2。

4.11.1.2 次干路的基层上，可洒布一层结合沥青，其用量宜为0.8kg/m^2。

4.11.1.3 支路的基层上，可洒布一层结合沥青，其用量宜为0.5kg/m^2，或直接在清扫洁净的基层上铺筑沥青面层。

4.12 改善基层缩裂性质措施

4.12.1 粉煤灰石灰类混合料基层在水、温变动下，发生有规律的收缩性裂缝。控制或减少以至消除这类裂缝，可采用下列措施：

4.12.1.1 不用或少用土尤其是粘土等收缩性大的原材料；

4.12.1.2 混合料结构组成在符合本规程第3.1.1条规定前提下，可加大集料用量；

4.12.1.3 控制混合料基层碾压含水量，使其小于最佳含水量；

4.12.1.4 重视混合料基层初期湿治养生；

4.12.1.5 混合料基层上预设缝距和设缝工艺都选用恰当的人工收缩缝。或在基层设缝后，宜在缝上再条铺土工织物，其宽度宜为1m。

5 质量标准与检查验收

5.0.1 施工中应建立健全材料试验，质量检查及工序间交接验收等项制度。每道工序完成后均应进行检验，合格后方可进行下一道工序。凡检验不合格的作业段，均应进行补救或整修。

5.0.2 粉煤灰石灰类混合料基层质量与检查验收应符合表5.0.2的规定，并应做到原始记录齐全。

粉煤灰石灰类混合料基层质量与检查验收要求　表5.0.2

项　目	质　量　标　准	检　查　要　求
石灰质量	充分消解、无杂质、CaO＋MgO大于50%消石灰，60%生石灰	每批质量相同的石灰视数量多少检查1～3次
石灰剂量	＋2%～－1%	每拌和作业段检验不得少于1次，并小于1000m^2；或在配料时精确控制石灰用量
粉煤灰	$SiO_2+Al_2O_3$宜大于70%，烧失量宜小于10%	每批质量相同的粉煤灰应检验1～3次
集料	符合本规程第2.4.1条、第2.4.2条和第2.4.3条	每批质量相同的集料应检验1～3次
土	塑性指数宜大于6，小于30，有机质应小于8%	每批质量相同的土应检验1～3次
水	pH值大于6	每个水源应检验1～3次
混合料拌和均匀度	颜色均匀、无夹心，无大于10mm石灰、粉煤灰和大于15mm土团粒，集料无离析现象	每拌和作业段检验不得少于1次，并小于1000m^2
混合料摊铺整型时含水量	符合本规程第4.5.1条	每拌和作业段不得少于1处，并小于1000m^2
混合料抗压强度	符合本规程第3.5.1条和第3.5.2条	取工地每作业段（小于2000m^2）拌和好的混合料，在试验室成型试件，每组不得少于6个

续表

项目	质量标准	检查要求
压实度	快速路和主干路不得小于：97%基层，95%底基层和垫层；次干路和支路不得小于：95%基层，93%底基层和垫层	每碾压作业段检验不得少于1处，并小于1000m²
厚度	无联结层时±10mm；有联结层时±15mm	每碾压作业段检验不得少于1处，并小于1000m²
宽度	大于设计宽度	每碾压作业段检验不得少于1处，并不得大于50m
横坡	±20mm，且不得大于±0.3%	每碾压作业段检验不得少于1处，并不得大于50m
平整度	不得大于10mm	用3m直尺靠量，着地间隙不得大于10mm，平顺无波浪，每20m检查1处
中线高程	无联结层时±10mm；有联结层时±20mm	用水准仪测量，每20m一个测点
养护检查	符合本规程第4.7.1条至第4.7.6条	对全路段混合料基层进行多次普遍检查

5.0.3 原材料和混合料的试验或检验项目应符合表5.0.3的规定。

原材料、混合料质量试验或检验项目　　表5.0.3

材料	试验或检验项目
石灰	活性 $CaO+MgO$ 含量测定。不消解颗粒测定。含水量和湿松密度试验
粉煤灰	烧失量试验。$SiO_2+Al_2O_3$ 测定。含水量和湿松密度试验
土	液塑限试验。有机质测定。含水量和湿松密度试验
集料	压碎值（或抗压强度）试验。大于50mm（或40mm）颗粒筛分和颗粒组成筛分析。含水量、湿松密度、毛体积密度和持水量试验。
混合料	最大干密度和最佳含水量试验（或计算）。现场拌和均匀度（目测）、含水量、湿松密度检验。工地取样成型试件，进行7d和28d龄期抗压强度试验

5.0.4 需快速（在1～2d内）决定混合料基层28d抗压强度时，可采用本规程附录E试验方法中"试件快速抗压强度测定方法"，测定试件相当于28d龄期抗压强度。

附录A　石灰活性氧化钙含量测定

A.0.1 适用范围

本试验法适用于测定粉煤灰石灰类混合料中使用石灰的活性氧化钙含量。

A.0.2 说明

（1）石灰中的活性氧化钙能与粉煤灰等火山灰质材料起缓慢的水硬作用。样品中实际物质可能是氧化钙，也可能是氢氧化钙，但统一计算到氧化钙的含量百分比。利用较稀的盐酸和较快的速度滴定，可排除与火山灰质材料很少起作用的钙盐如碳酸钙的干扰，其精度已能满足需要。

（2）蔗糖溶液能加速石灰在水中的溶解速度，结合滴定终点的控制从而减少氧化镁的干扰。其作用是蔗糖先与氧化钙和水化合成溶解度较大的蔗糖钙，然后再与盐酸作用，依旧析出蔗糖。反应式如下：

$$\underset{\text{氧化钙}}{CaO}+\underset{\text{蔗糖}}{C_{12}H_{22}O_{11}}+2H_2O\longrightarrow \underset{\text{蔗糖钙}}{C_{12}H_{22}O_{11}CaO\cdot 2H_2O}$$

$$\underset{\text{蔗糖钙}}{C_{12}H_{22}O_{11}CaO\cdot 2H_2O}+\underset{\text{盐酸}}{2HCl}\longrightarrow \underset{\text{蔗糖}}{C_{12}H_{22}O_{11}}+\underset{\text{氯化钙}}{CaCl_2}+3H_2O$$

A.0.3 试验仪具和试剂

（1）标准筛，筛孔1mm和0.15mm各1个；

（2）称量瓶，直径3cm，容积20mL；

（3）分析天平，称量100g，感量0.1mg；

（4）烘箱，能调节温度100～110℃；

（5）干燥器，直径25cm；

（6）锥形瓶，容积250mL；

（7）滴定管，50mL；

(8) 玻璃珠；研体；

(9) 盐酸，分析纯，配制为 0.5N 左右；

(10) 无水碳酸钠，保证试剂；

(11) 蔗糖，分析纯；

(12) 1%酚酞指示剂。

A.0.4 试验方法

(1)将石灰试样粉碎，通过1mm 筛孔，用四分法缩分为200g，再用研钵磨细通过 0.15mm 筛孔，用四分法缩分为 10g 左右；

(2) 将试样在 105～110℃的烘箱中烘干 1h，然后移于干燥器中冷却；

(3) 称锥形瓶重。用称量瓶按减量法称取试样约 0.2g（准确到毫克）置于锥形瓶中，迅即加入蔗糖 5g 盖于试样表面（以减少试样与空气接触)，同时加入玻璃珠约 10 粒。接着即加入新煮沸并已冷却的蒸馏水 50mL，立即加盖瓶塞，并强烈摇荡 15min（注意时间不宜过短)；

(4) 摇荡后开启瓶塞，加入酚酞指示剂 2～3 滴，溶液即呈现粉红色，然后用盐酸标准溶液滴定。在滴定时应读出滴定管初读数，然后以 2～3 滴/s 的速度滴定，直至粉红色消失，如在 30s 内仍出现红色，应再滴盐酸以中和，最后记录盐酸耗量（mL)。

A.0.5 计算

按式（A.0.5）计算石灰活性氧化钙含量，用百分数表示：

$$CaO\% = \frac{0.028N \cdot V}{G} \times 100\% \qquad (A.0.5)$$

式中 0.028——氧化钙毫升克当量（g/mL)；

N——盐酸标准溶液精确当量浓度；

V——滴定消耗盐酸标准溶液体积（mL)；

G——石灰试样重（g)。

A.0.6 记录

石灰活性氧化钙含量试验记录 表 A.0.6

序号	瓶号	空瓶重（g）	瓶＋石灰试样重（g）	石灰试样重（g）	滴定 CaO 消耗 HCl 数量（mL）	石灰活性 CaO 含量（%）
(1)	(2)	(3)	(4)	(5)＝(4)－(3)	(6)	(7)

A.0.7 盐酸浓度标定

(1) 取 41mL 浓盐酸用蒸馏水稀释至 1L；

(2) 在分析天平上用减量法取无水碳酸钠 W_g（约 0.2～0.3g)，在锥形瓶中用蒸馏水小心加热溶解，冷却后滴入甲基橙指示剂 2 滴，此时溶液呈黄色。用配制好的 HCl 溶液盛于滴定管中进行滴定，直至锥形瓶中溶液由黄色刚转变为橙色为止。记录盐酸耗量（mL)。按式（A.0.7）计算盐酸溶液的准确浓度：

$$N_{HCl} = \frac{W}{0.053 \cdot V_{HCl}} \qquad (A.0.7)$$

式中 W——无水碳酸钠质量（g)；

V_{HCl}——到达等当量点时 HCl 的耗量（mL)；

0.053——无水碳酸钠的毫升克当量（g/mL)。

附录B 石灰活性氧化钙和氧化镁含量测定

B.0.1 适用范围

本试验法适用于测定粉煤灰石灰类混合料中使用钙质石灰（其氧化镁含量在5%以下）的活性氧化钙和氧化镁含量。

B.0.2 说明

（1）拌制粉煤灰石灰类混合料用的石灰宜为钙质石灰（即低镁石灰），因为氧化钙能与火山灰质的粉煤灰起水硬作用，形成水化的硅酸钙、铝酸钙等；其次是钙质石灰消解反应较快，容易保证消解质量。但我国目前的石灰规格把氧化钙和氧化镁含量混合计算，所以在石灰材料验收试验时，宜采用本测定方法，以代替日常生产常用的本规程附录A测定方法。

（2）如果氧化镁含量较高，采用本测定方法滴定时终点的时间将会延长，从而增加了溶液与空气中二氧化碳接触的时间，对滴定精度有些影响。但由于石灰类混合料主要要求CaO的含量，因此，氧化镁含量稍高时，亦可参考采用本测定方法。

B.0.3 试验仪具和试剂

（1）一当量浓度（1*N*）盐酸标准液：取83mL浓盐酸以蒸馏水稀释至1L，溶液浓度标定法与试验方法A.0.7相同，但无水碳酸钠称量应改为2g；

（2）其他仪具与试剂（除蔗糖外）同测定方法A.0.3。

B.0.4 试验方法

（1）称锥形瓶质量。用减量法迅速称取石灰试样0.8～1.0g（准确至0.002g），放入500mL锥形瓶中；

（2）加入150mL新煮沸并已冷却的蒸馏水和10余颗玻璃珠，瓶口插一短颈玻璃漏头，加热5min，但勿使沸腾，迅速冷却；

（3）滴入酚酞指示剂2滴，在不断摇动下以盐酸标准液滴定，控制滴定速度为2～3滴/s，至30s内不再出现粉红色，记录此毫升数为滴定CaO所需量。稍停，又出现粉红色，继续滴入盐酸，如此重复几次，直至5min内不再出现粉红色为止。记录此毫升数减前数，即为滴定MgO所需量。

B.0.5 计算

按式（B.0.5-1）或式（B.0.5-2）和式（B.0.5-3）计算石灰的活性氧化钙和氧化镁含量，用百分数表示：

$$(CaO+MgO)\% = \frac{N\cdot[(6)+(8)]\cdot 0.028}{G}\times 100\% \quad (B.0.5\text{-}1)$$

$$CaO\% = \frac{N\cdot(6)\cdot 0.028}{G}\times 100\% \quad (B.0.5\text{-}2)$$

$$MgO\% = \frac{N\cdot(8)\cdot 0.020}{G}\times 100\% \quad (B.0.5\text{-}3)$$

式中 N——盐酸标准液精确当量浓度；

G——石灰试样重（g）；

(6)——为表B.0.6中所列滴定CaO消耗HCl标准溶液数量（mL）；

(8)——为表B.0.6中所列滴定MgO消耗HCl标准溶液数量（mL）；

0.028——为氧化钙毫升克当量（g/mL）；

0.020——为氧化镁毫升克当量（g/mL）；

混合计算时，因氧化钙当量值所占比例较大，多采用0.028。

B.0.6 记录

石灰活性氧化钙和氧化镁含量试验记录　　表B.0.6

试验序号	瓶号	瓶质量(g)	瓶+石灰试样质量(g)	石灰试样质量(g)	滴定CaO消耗HCl数量(mL)	石灰中活性CaO含量(%)	滴定MgO消耗HCl数量(mL)	石灰中活性MgO含量(%)	活性CaO+MgO含量(%)
(1)	(2)	(3)	(4)	(5)=(4)-(3)	(6)	(7)	(8)	(9)	(10)

附录C　集料压碎值试验方法

C.0.1　适用范围

本试验方法适用于测定粉煤灰石灰类混合料中使用集料（如碎石、高炉矿渣等）的压碎值。

C.0.2　说明

集料的压碎值用于表征集料在施工荷载的情况下，抵抗压碎的性能，也是衡量集料力学性质的指标之一。是用规定尺寸的集料，采用标准试筒，按规定的施荷方法，施加一定的压力，以压碎后损失的质量百分率来表示。

C.0.3　试验仪器

（1）一个内径150mm两端部开口的钢制圆形试筒，一个压柱和一块底板，其形状和尺寸见图C.0.3和表C.0.3。试筒的内壁，压柱的底面及底板上的表面，即凡与集料接触的表面都要进行热处理，使其表面硬化，达到维氏硬度650，并保持光滑状态；

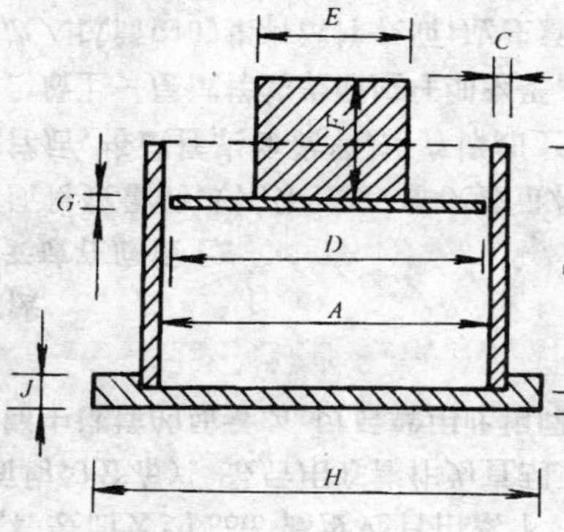

图C.0.3　集料压碎值试验仪

集料压碎值试筒、压柱和底板形状与尺寸　　表C.0.3

代号	部件名称	尺寸(mm)
A	试筒：内径	150±0.3
B	高度	125～128
C	壁厚	不小于12
D	压柱：压头直径	149±0.2
E	压杆直径	100～110
F	压柱总长	100～110
G	压头厚度	不小于25
H	底板：直径	200～220
I	厚度（中部）	6.4±0.2
J	厚度（边缘）	10±0.2

（2）一台500kN的压力试验机，压力机应能均匀增加荷载，并在10min内达到400kN；

（3）一根直的圆截面金属棒，直径为16mm，长45～65cm，一头加工成半球面；

（4）圆孔筛，筛孔尺寸16mm，12mm和3mm；

（5）一台称量为2～3kg，感量1g天平；

（6）一个圆柱形金属长筒（可用铁皮制作），直径为112.0mm，高179.4mm（容积为$1767cm^3$），用于量试样。

C.0.4　试样准备

（1）用于标准试验的集料应全部通过16mm的筛孔，并全部停留在12mm筛孔的筛上。所筛分的集料试样数量应足够做三个试验；

（2）试验时，试样应该是表面干燥的，可采用风干的试样。如果试样需要加热烘干，温度应该不超过110℃，烘干的时间不要超过4h。试验前试样应冷却到室温；

（3）每次试验的试样数量，按下述方法夯击后，试样在试筒中的深度恰为 10cm；

利用金属筒可以方便地找到所需试样的数量。将试样分三层倒入量筒中，每层的数量大致相同，每层都用夯棒（用具有半球面的一端）从距试样表面大约 5cm 高度处自由落下，夯击 25 次（击数需在试样表面均匀分布）。最后用夯棒作为直刮刀将表面刮平；

（4）称取量筒中试样的质量 A，以后就用此相同数量的试样进行压碎试验。

C.0.5 试验方法

（1）将试筒安放在底板上；

（2）将上面所得数量的试样分三次（每次数量相同）倒入试筒中，每次倒入试样后，将试样表面找平，用夯棒如上面所述那样对试样夯击 25 次。最上一层试样的表面应仔细整平；

（3）将压柱放入试筒内的集料试样表面，应注意使压柱水平地安放在试样表面上，不要楔挤筒壁；

（4）将装有试样的试筒连同压柱放到压力机上，以尽可能均匀的速度施加荷载，并在 10min 时达到总荷载 400kN；

（5）在达到总荷载 400kN 后，立即卸除荷载，将试筒等从压力机上取下；

（6）将试筒内试样倒出，注意不要进一步压碎试样；

（7）用 3mm 筛孔筛子筛分经过压碎的全部试样，应分几次筛分，每次筛分时，均需筛到 1min 内没有明显数量的细料通过筛孔为止；

（8）称量通过 3mm 筛孔的全部细料（质量为 B）；

（9）在筛分和称量过程中，都不要使细料损失。每一种试料应做三个平行试验。

C.0.6 计算

用式（C.0.6）计算集料压碎值，用百分数表示：

$$集料压碎值 = \frac{B}{A} \times 100\% \qquad (C.0.6)$$

式中 A——风（或烘）干试样质量（g）；

B——通过 3mm 筛孔的细料质量（g）。

将三次试验结果的平均值用整数表示，即集料的压碎值。

附录D　粉煤灰石灰类混合料最大干密度和最佳含水量测定方法

D.0.1　适用范围

本试验适用于测定粉煤灰石灰类混合料在一定压实(击实)功能下的最佳含水量和相应的最大干密度。

D.0.2　说明

粉煤灰石灰类混合料压实得愈密实,其强度愈大。但要压到需要的密度,混合料中就要有适当的含水量,过湿或过干均不能达到要求的最大干密度。此外,压实的功能不同,其最佳压实含水量值和能达到的最大干密度值也不同。用以修筑路面基层的粉煤灰石灰类混合料的最佳含水量和相应的最大干密度,应用重型击实试验法测定。

D.0.3　试验仪具

(1)重型击实仪,容积 $997cm^3$ 和 $2177cm^3$ 各一套(见表D.0.3);

重型击实仪主要技术参数　　表D.0.3

类别	锤的质量(kg)	锤面直径(mm)	落高(cm)	击实筒 试筒 内径(mm)	击实筒 试筒 高(mm)	击实筒 试筒 容积(cm^3)	击实筒 垫块 直径(mm)	击实筒 垫块 高(mm)	击实筒 套环 内径(mm)	击实筒 套环 高(mm)	锤击层数	每层锤击次数	平均单位击实功(MJ/m^3)	容许最大粒径(mm)
Ⅰ	4.5	50	45	100	127	997	—	—	100	50	5	27	2.687	25
Ⅱ	4.5	50	45	152	170	2177	151	50	152	50	3	98	2.677	40

(2)脱模机一台;

(3)天平,称量200g,感量0.01g;称量2000g,感量1g;各一台;

(4)台秤,称量5kg,感量5g一台;

(5)圆孔筛,孔径5mm,25mm和40mm各一个;

(6)量筒,50mL、100mL、500mL各一个;

(7)烘箱、拌和设备、喷水设备、铝盒、刮刀等。

D.0.4　材料准备

(1)当混合料为粉煤灰石灰或粉煤灰石灰土时,将粉煤灰、消石灰、土的团粒打碎,过5mm筛,取筛下材料测定含水量,并按设计配合比称取试验材料进行配料。如原材料中含有水分,称料时计入水分质量;

(2)当混合料为粉煤灰石灰集料时,粉煤灰、石灰的过筛方法同上。对于集料,先取有代表性样品,烘干后称其质量,然后过40mm筛[当集料规定最大粒径为40mm时。若集料规定最大粒径为50mm,则用本规程中式(3.4.2-1)和式(3.4.2-2)计算混合料的最大干密度和最佳含水量]或25mm筛(当集料规定最大粒径为25mm时),称量未通过部分的质量,计算超尺寸颗粒占集料的百分数(不得大于5%),再计算出其占混合料的百分率。在配料时,对超尺寸部分用代替法处理,即当规定最大粒径为40mm时,大于40mm部分用20～40mm集料代替,当规定最大粒径为25mm时,大于25mm部分用15～25mm集料代替,按设计配合比进行配料;

(3)将配好的混合料在拌盘中拌和均匀;

(4)预定5～10个不同含水量,依次相差约2%,其中至少有两个大于、两个小于最佳含水量。为便于选定试验含水量,表D.0.4中列出了部分混合料的最佳含水量,供参考;

粉煤灰石灰类混合料最佳含水量　　表D.0.4

混合料 类型	混合料 种类	配合比(质量比)	最佳含水量(%)
密实型	粉煤灰石灰	75:25～85:15	28～40
	粉煤灰石灰土	40:12:48～60:15:25	26～32
骨架密实型	粉煤灰石灰砂砾	15:5:80	约8
	粉煤灰石灰破碎砾石	15:5:80	约10

(5) 将干拌均匀的试样平铺于拌盘内，按预定含水量将应加的水（扣除原材料所含水分）均匀地喷洒在试料上，用拌和铲将混合料拌和均匀，然后将其装入密闭容器或塑料袋中浸润备用。浸润时间一般为2～4h。如混合料中含有土，其浸润时间可适当延长至6～10h；

(6) 如果用水泥（1%～3%）和石灰作结合料，应在试样浸润后再加入水泥拌和均匀，并在1～2h内完成击实试验。

D.0.5 试验步骤

(1) 根据混合料中集料的最大粒径，选取适宜规格的击实仪。试验时将击实仪底板安放在坚实的地面上，将试筒固定好。如为D15cm试筒，将垫块放入；

(2) 取制备好的试样（其量根据试筒直径而定，当试筒直径为10cm时，应使击实后试样高度约等于筒高的1/5；当试筒直径为15cm时，应使击实后试样高度约等于试筒净高的1/3）均匀地装入试筒内，整平其表面，并用圆木板稍加压紧，然后按每层击实27次（*D*10cm试筒）或98次（*D*15cm试筒）进行击实。击实时锤应自由垂直落下，锤迹应均匀分布于试样表面。击完后将表面拉毛，安装好套环，重复上述步骤，进行第二层、第三层……的击实。最后一层击实后，超过试筒的余料高度不得大于6mm；

(3) 用修料刀沿套环内壁削挖后，扭动并取下套环，齐筒顶细心削平试样，拆除底板；如试样底面超出筒外亦应削平。擦净筒外壁称重，*D*10cm试筒准确至1g，*D*15cm试筒准确至5g；

(4) 用脱膜机推出筒内击实试样，从试样中心处取两个有代表性试样，测定其含水量，计算至0.1%，其平行误差不得超过1%，然后计算试样的干密度；

(5) 按上述步骤对其他含水量的试样进行试验（应不少于5次），至峰值两侧各有不少两个测点时为止。注意每次装筒的混合料质量要大致相等，过多或过少都会影响试验结果；

(6) 试验时已用过的试样不得重复使用。

D.0.6 计算及制图

(1) 计算：按式（D.0.6）计算每次击实后试件的干密度：

$$\rho_c = \frac{\rho_\omega}{1+\omega} \tag{D.0.6}$$

式中 ρ_c——试件干密度；

ρ_ω——试件湿密度；

ω——试件含水量（%）。

(2) 制图：以干密度为纵坐标，含水量为横坐标，绘制干密度与含水量的关系曲线，曲线上峰值点的纵、横坐标分别表示混合料的最大干密度和最佳含水量。如图D.0.6

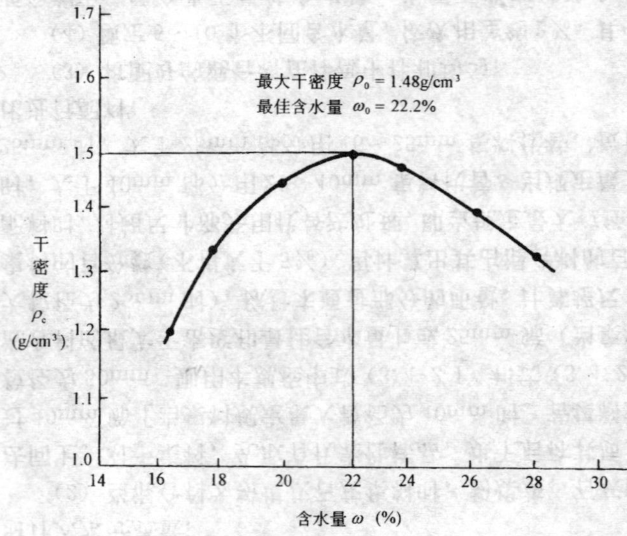

图D.0.6 混合料 $\rho_c-\omega$ 关系曲线

附录E　粉煤灰石灰类混合料抗压强度试验方法

E.0.1　试验目的

本试验用于测定粉煤灰石灰类混合料的抗压强度，其目的是：

（1）对工地混合料基层施工质量或拌和厂混合料生产质量进行检验；

（2）在试验室对混合料的配合比进行选择或核验试验。

E.0.2　试验仪具

（1）圆柱形试模三套，其组成部件和具体尺寸，见图E.0.2和表E.0.2；

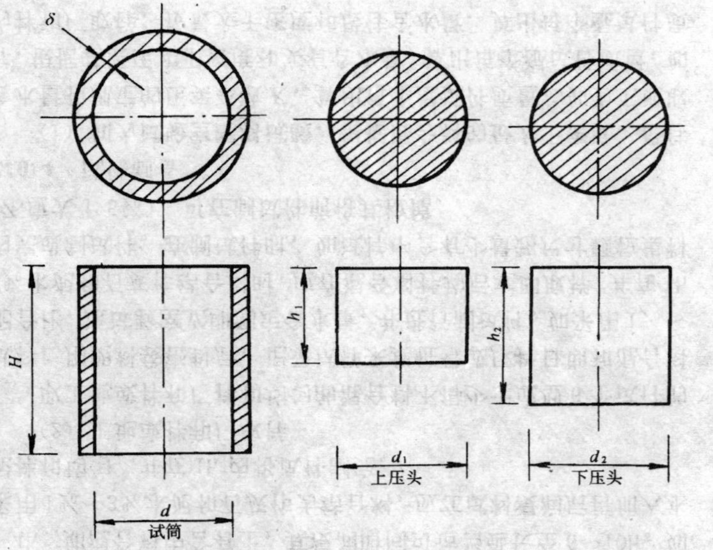

图E.0.2　试模

圆柱形试模尺寸（mm）　表E.0.2

公称试件尺寸（直径×高）（cm×cm）	适用混合料	d	d_1	d_2	H	h_1	h_2	δ	试件截面积（cm^2）
5×5	粉煤灰石灰 粉煤灰石灰土	50.4	50.0	50.0	130.0	40.0	80.0	10.0	20
10×10	粉煤灰石灰集料（最大粒径≤25mm）	100.8	100.4	100.4	180.0	50.0	90.0	11.0	80
15×15	粉煤灰石灰集料（最大粒径≤50mm）	151.4	151.0	151.0	270.0	60.0	100.0	14.0	180

（2）压制试件用500kN压力机一台，也可用成型架和200～400kN千斤顶一台代替；

（3）测定试件抗压强度用100～200kN压力试验机一台；

（4）脱模机一台；

（5）天平，称量1000g，感量1g；称量200g，感量0.01g各一台；

（6）台秤，称量10kg，感量5g一台；

（7）圆孔筛，孔径5mm、10mm、15mm、20mm、25mm、40mm、50mm各一个；

（8）水浴，深度大于试件高度50mm以上一个；

（9）恒温恒湿箱一台或养生室一间；

（10）烘箱、拌和设备、捣棒（弹形头圆棒）、量筒、铝盒、塑料袋等。

E.0.3　试样准备

（1）试验室配料

先将粉煤灰、石灰、土的团粒打碎，石灰、粉煤灰过5mm筛，土过10mm筛，集料过25mm、40mm或50mm筛（当集料规定最大粒径为25mm、40mm或50mm时）。按照设计配合比进行配料，配料时如原材料中含有水分，称料时计入水的质量。将材料在拌盘内拌和均匀，再将其摊平，按最佳含水量将应加的水（扣除原材料所含水分）均匀喷洒在试料上，用拌和铲将混合料拌和均匀；

然后将其装入密闭容器或塑料袋中浸润备用。浸润时间一般为2～4h。如混合料中含有土，其浸润时间可适当延长至6～10h。如采用1%～3%水泥和石灰作为结合料，应在试料浸润后再加入水泥拌和均匀，并在1h内将试件制完。

（2）工地或拌和厂取样

取工地或拌和厂拌和均匀的混合料不得少于成型6个试件的试料，用塑料袋密封后，记录试样采集桩号或厂拌日期和混合料配合比，送试验室立即测定含水量，并进行制试件。如采用1%～3%水泥和石灰作结合料时，应在混合料拌均后立即取样，并在1h内完成制试件。在制试件时，如试样中含有少量超尺寸颗粒集料（不应大于5%），可在制试件前将其检掉。

E.0.4 试件制备

（1）如为试验室配料试验，根据混合料的最大干密度，最佳含水量和规定的压实系数 K，算出每个湿试件质量；如为工地取样，根据基层压实干密度和实有含水量，算出每个湿试件质量；如为拌和厂取样，按最大干密度和最佳含水量，算出每个湿试件质量；5cm试件按100cm^{3}计算、10cm试件按800cm^{3}计算、15cm试件按2700cm^{3}计算试件湿重，然后分盘称取试样；

（2）按照表E.0.2选取与试料最大粒径尺寸相适应的试模，将其擦净涂油，制试件时，先将下压头放于制试件用的垫板上，压头两边垫以2～3cm高的金属垫块，再放试筒。将湿混合料一次（5cm试件）、分两次（10cm试件）或分三次（15cm试件）均匀地装入试模，并将其整平。每次装料后用捣棒均匀捣实一遍，并将表面整平，然后再装下一层试料。全部混合料装完后，将试模连同垫板放于压力机上，再放上压头。先以约1MPa的压强对混合料进行初压，卸载后撤去试筒底部的垫块，然后慢速、均匀地施加压力，至达到规定的试件高度为止，记录成型压力，稳定3min后卸载，将试模移于脱模机上，将试件推出；

（3）在试件端部的十字交叉位置，用卡尺测量试件高度、精确至0.1mm，取四处高度的平均值作为试件高度，它与试件规定高度的容许偏差，5cm试件为±0.5mm，10cm试件为±1.0mm，15cm试件为±1.3mm；以上相当干密度容许偏差为±1%；

（4）称量试件质量，15cm、10cm或5cm试件，精确至5g、1g或0.2g；

（5）试件一组共6个或9个、分成 A、B 两组或 A、B、C 三组，予以编号并有制试件日期。

E.0.5 养生

A、B组试件从试模脱出并称量质量后，以塑料薄膜裹覆，立即放到恒温恒湿箱或养生室内养生7d和28d，养生温度为20±2℃，相对湿度大于90%。

E.0.6 试验步骤

（1）将到达养生龄期的试件于试验前一天取出，将其置于水浴中浸水24h，在浸水过程中应保持水面在试件顶面以上2.5cm；

（2）到达浸水时间后，将试件从水浴中取出，用湿布吸去周边水分，再将试件放置在压力试验机承压平台的球座上，启动压力机使压力机头与试件顶面均匀接触，然后以1mm/min的变形速度加压，直至试件破坏，记录破坏荷载。

E.0.7 试件快速抗压强度测定

这种强度测定是供拌和厂控制日常产品质量或工地及时了解混合料基层施工质量时用，可与28d强度建立相关关系。

（1）将C组试件放在65±1℃的恒温箱内保温20～24h后，取出冷却到室温。

（2）按第E.0.6条试验步骤，对试件进行加压试验，直至试件破坏，记录破坏荷载。

E.0.8 计算

按式（E.0.8）计算混合料试件的抗压强度：

$$R_7、R_{28} 或 R_{快} = \frac{P}{A} \tag{E.0.8}$$

式中 R_7、R_{28}、$R_{快}$—— 试件7d、28d、快速养生抗压强度（MPa）；

A——试件受压面积（mm^2）；

P——试件破坏荷载（N）。

附录 F　几种常用计算公式

F.0.1　配料时各种原材料用量计算公式

F.0.1.1　质量法计算公式

$$A = Q \cdot p \cdot (1+\omega) \tag{F.0.1.1}$$

式中　A——原材料湿重（kg）；

Q——一次拌和混合料计算干重（kg）；

p——原材料干重与混合料总干重之比（%）；

ω——原材料含水量（%）。

F.0.1.2　体积法计算公式

$$\frac{P_1 \cdot (1+\omega_1)}{\rho_1} : \frac{P_2 \cdot (1+\omega_2)}{\rho_2} : \frac{P_3 \cdot (1+\omega_3)}{\rho_3} \tag{F.0.1.2}$$

式中　P_1、P_2、P_3——各种原材料干质量与混合料总干质量之比（%）；

ω_1、ω_2、ω_3——各种原材料含水量（%）；

ρ_1、ρ_2、ρ_3——各种原材料湿松密度（kg/m^3）。

F.0.1.3　层铺法计算公式

$$H = \frac{\rho_0 \cdot P \cdot h \cdot (1+\omega)}{\rho} \cdot K \tag{F.0.1.3}$$

式中　H——原材料松铺厚度（cm）；

ρ_0——混合料最大干密度（kg/m^3）；

P——原材料干质量与混合料总干质量之比（%）；

ω——原材料含水量（%）；

ρ——原材料湿松密度（kg/m^3）；

h——混合料基层每层压实厚度（cm）；

K——混合料基层压实度（%）。

F.0.2　加（或减）水量计算公式

$$B=\frac{Q}{1+\omega}(\omega_0-\omega) \qquad (F.0.2)$$

式中 B——加（或减）水量，“+”号为加水质量，“-”号为减水质量（t）；

Q——混合料湿重（t）；

ω_0——混合料最佳含水量（%）；

ω——混合料实际含水量（%）；

$$Q=q_1+q_2+\cdots\cdots$$

$$\omega=\frac{Q}{\left(\frac{q_1}{1+\omega_1}+\frac{q_2}{1+\omega_2}+\cdots\cdots\right)}-1$$

式中 q_1、q_2……——各种原材料湿质量（t）；

ω_1、ω_2……——各种原材料含水量（%）。

F.0.3 混合料松铺厚度计算公式

$$H=h\cdot K \qquad (F.0.3)$$

式中 H——混合料松铺厚度（cm）；

h——混合料基层每层压实厚度（cm）；

K——压实系数，$K=\rho_c/\rho_d$；

ρ_c——混合料压实干密度（t/m^3）；

ρ_d——某种方式摊铺下，混合料干松密度（t/m^3）。

附录G 本规程用词说明

G.0.1 为便于在执行本规程条文时分别对待，对要求严格程度不同的用词说明如下：

（1）表示很严格，非这样做不可的

正面词采用“必须”；

反面词采用“严禁”。

（2）表示严格，在正常情况下，均应这样做的

正面词采用“应”；

反面词采用“不应”或“不得”。

（3）表示允许稍有选择，在条件许可时，首先应这样做的

正面词采用“宜”或“可”；

反面词采用“不宜”。

G.0.2 条文中指明应按其他有关标准执行的写法为“应按……执行”或“应符合……要求（或规定）”。

附加说明

本规程主编单位、参加单位及主要起草人名单

主 编 单 位：天津市市政工程研究院
参 加 单 位：北京市市政工程研究院
上海市市政工程研究院
主要起草人：王立柱　刘士元　李元干
李耀宗　陈泽欣

中华人民共和国行业标准

粉煤灰石灰类道路基层施工及验收规程

Specification for Construction and Acceptance of Flyash-Lime-Stabilized Materials for Road Base

CJJ 4—97

条 文 说 明

前　言

根据建设部建标［1992］732号文要求，由天津市市政工程研究院主编，北京市市政工程研究院和上海市市政工程研究院参加，共同编制的《粉煤灰石灰类道路基层施工及验收规程》CJJ4—97，经建设部1997年9月23日以建标［1997］239号文批准发布，取代原城乡建设环境保护部标准《粉煤灰石灰类道路基层施工暂行技术规定》CJJ4—83。

为便于广大设计、施工、科研、学校等单位的有关人员在使用规程时能正确理解和执行条文规定，按章、节、条顺序对某些条文写了必要说明，供国内使用者参考。在使用中如发现条文有不妥之处，请将意见函告天津市市政工程研究院。

本《条文说明》由建设部标准定额研究所组织出版。

目　次

1 总 则

1.0.1 阐明了修订的目的是为了贯彻执行国家的技术经济政策，更好地推广利用粉煤灰修筑道路基层，统一施工、验收标准和保证工程质量。

1.0.2 将一定数量粉煤灰和石灰在最佳含水量下拌和均匀，称粉煤灰石灰混合料；其中若掺有土或碎石等材料，则称粉煤灰石灰土或粉煤灰石灰碎石等混合料；统称为粉煤灰石灰类混合料。用这类混合料修筑的基层，称粉煤灰石灰类混合料道路基层。

粉煤灰石灰类混合料基层在一定温度、湿度下，强度随龄期增长，后期强度高；有较好的板体性、水稳定性和一定冰冻稳定性；其不足之处是早期强度较低和在水、温度变动时，将发生一定程度的缩裂。但是这类基层具有的多种优良路用性质，能够满足用做各等级道路的沥青路面和水泥混凝土路面基层的要求；但其施工及验收应按本规程执行。

1.0.3 修订时增加了“遇有特殊情况，可采用低温施工措施或按低温条件下的规定施工”。室内、外大量试验研究表明：粉煤灰石灰类混合料在低温下拌和、压实、成型，经短期低温养护后冻结或即受冻结，其加固强度不能形成；迨温度回升时，如粉煤灰石灰类混合料未因受冻与解冻而结构受到破坏（主要是水分进入和行车作用），则其加固强度仍能随温度升高而逐渐形成，与未受冻结者并无什么差别。利用这一特性（“强度冬眠性质”）可以在特定条件下，冻前铺筑粉煤灰石灰类混合料基层，也能达到使用要求。但应指出，粉煤灰石灰类混合料除了有缓凝的一面外，还应考虑在冰冻潮湿条件下微观结构破坏与强度衰减的一面；因此，在利用它的“强度冬眠性质”为生产建设服务时，要遵守本规程第4.10.2条提出的规定和限制。

1.0.4 条文中的尚应符合国家现行有关标准，是指现行《城市道路设计规范》（CJJ37—90）和《市政道路工程质量检验评定标准》（CJJ1—90）。

2 原 材 料

修订本章的指导思想是：要适当放宽各种原材料（石灰除外）技术指标要求，使粉煤灰石灰类混合料在技术上最为合理，在经济上最为节省，在备料上最为方便，使各种原材料能“物尽其用”地为道路建设服务。

2.1.1 和 2.1.2 这次修订主要目的是适当放宽粉煤灰技术指标。

粉煤灰是组成混合料最基本的一种原材料，对其技术指标应有合理的规定。

（1）化学成分

根据国内六个城市和国外资料，粉煤灰各种化学成分相差并不悬殊。室内试验表明：化学成分对混合料性质虽然有所影响，但不是太大。因此，本规程要求的技术指标只规定 $SiO_2+Al_2O_3$ 总量宜大于 70%和 700℃烧失量宜小于 10%。实际上国内以至国外的试验结果均表明，各发电厂的粉煤灰几乎均能满足这两个技术指标要求。

（2）细度

粉煤灰细度对混合料施工工艺和混合料路用性质有一定影响。国内有些单位认为以颗粒偏粗为宜，而另一些单位则以采用颗粒较细为佳，国外有的资料也有较粗较佳说法。诚然细颗粒粉煤灰活性较好，对混合料加固略为有利，但对水的敏感性较强，在粉煤灰用量较多时，会增加施工困难。因此，提出粗颗粒粉煤灰利于施工，细颗粒粉煤灰活性较好，均可使用的规定。

（3）新出和陈积的粉煤灰

新出粉煤灰和陈积粉煤灰的化学成分变化很小，拌制混合料强度无显著差别，故规定新出和陈积的粉煤灰均可采用。

2.2.1、2.2.2 和 2.2.3 由于石灰不仅是组成混合料又一最基本的原材料，而且它还是对粉煤灰的活性有激发作用的结合料，在修订时其技术指标适当提高了。比如由原规定“石灰应充分消解”，改为“消石灰必须充分消解，不得含有未消解颗粒”。并规定“当石灰 CaO＋MgO 含量在 30%～50%时，应通过试验选用较高石灰剂量，但剂量不宜超过 30%”，这是因为石灰过多，一部分石灰就自行结晶，而结晶石灰的强度是很低的缘故。又规定“当石灰 CaO＋MgO 含量小于 30%时，不得采用”，因为用这种质量次的石灰，其剂量就会超过 30%以上。修订时还明确写入了“钙石灰和镁石灰均可使用”一语，因为天津等地的试验结果表明，钙石灰虽比镁石灰加固的初期效果较好，特别是在石灰剂量不大的情况下为然；但镁石灰加固的后期效果并不比钙石灰差，尤其是在石灰剂量较大时，还优于钙石灰的缘故。

2.2.4 根据上海、天津等市室内试验和实用经验，石灰类工业废料和石灰下脚料能够获得较好加固效果。故规定当其活性氧化物含量在 50%以上时，可以用代石灰，若小于 30%，则不宜使用，因为不能无限制增大其剂量。条文中还特别强调了严禁采用含有有害物质的石灰类下脚料。

2.3.1 和 2.3.2 土虽然不是粉煤灰石灰类混合料必不可少的组成部分，但是由于料源、造价、施工……等原因，在混合料中常常掺入土，通常在 20%～60%。土除影响混合料强度等性能外，还对混合料压实产生一定影响，掺土混合料比不掺土混合料容易压实成型；对土的技术指标应做出合理而又可行的规定。

（1）土的种类

土的塑性指数愈大，混合料强度也愈高，这是短龄期（28d）试验结果，若龄期加长（如 90d），则强度相差幅度就会缩小。用土愈粘混合料愈易压实，但粉碎土团粒困难；而砂性土虽无粉碎问题，但较难压实。因此，将土的塑性指数技术指标进行了修订。

（2）有机质含量

土中有机质含量多少会影响混合料性质，上海、北京、武汉、哈尔滨、天津都对土中有机质含量规定应小于 8%～10%；因此，提出“各种土有机质含量在700℃时应小于8%”的规定。

总之，掺入粉煤灰石灰混合料中的土的技术指标，可以不必也不需要象石灰土中用土一样，规定得太严格，认为各类土只要有机质含量小于8%，施工时土团粒粉碎或混合料压实无问题，均可考虑采用。

2.4.1、**2.4.2** 和 **2.4.3** 集料也不是粉煤灰石灰类混合料必不可少的组成部分，但为了提高混合料早期机械强度、改善缩裂性质、解决施工碾压和混合料基层养护以及早日开放交通等问题，常常在混合料中掺入集料，一般为40%～60%（悬浮密实型混合料），也可高达80%以上（骨架密实型混合料）。

（1）集料颗粒强度

集料系指碎石、砾石、砂砾、碎砖、矿渣和钢渣等材料，其颗粒强度远高于混合料的加固强度，达到几倍以至十倍以上，只要这些集料是稳定的，即使质量较次一些，也可采用。但是集料也应要求有一定强度指标，根据不同类型混合料应用于不同等级道路和不同结构层位，规定了集料不同强度指标，如本规程中表2.4.1规定。集料压碎值规定小于35%或40%（悬浮密实型混合料中集料）和小于30%和35%（骨架密实型混合料中集料），是认为用做粉煤灰石灰类混合料中的集料强度不必要求太高，是能够满足使用要求的。用压碎值指标取代原规定的抗压强度指标，是因为压碎值试验需要的仪器很少，操作简便，而试验精度也较高。关于集料含碎砖，这是要照顾一些中、小城市还有大量碎砖旧、废料可利用做为混合料中的集料。碎砖强度指标采用抗压强度，是因为缺乏碎砖压碎值试验数据，不能定出其压碎值指标是多少。碎砖抗压强度指标规定大于7.5MPa，是根据天津市曾大量利用抗压强度在10MPa左右的碎砖，做为混合料中集料铺筑的基层长期使用效果较好的缘故。

（2）集料的最大粒径与颗粒级配

集料最大粒径应在小于混合料每层压实厚度1/3的前提下，再根据具体情况定出。一般是：集料含量少的悬浮密实型混合料，集料最大粒径较大，由于集料在压实混合料中必须处于“悬浮状态”，可不要求集料具有级配。集料含量多的骨架密实型混合料，集料最大粒径较小，集料在压实混合料中有一定“骨架作用”，集料宜具有一定级配。

（3）集料表面粘附泥土

原规定没有这项限制，修订时增加了“集料的表面应清洁，不得粘附泥土”。认为这种粘附泥土会降低压实后的细料混合料与集料表面粘结力，应加以限制。至于不与集料表面粘附的“自由泥土”，即是有一些，但它对混合料性质影响是很小的，故未提出限制。

（4）集料实用技术指标

掺入粉煤灰石灰混合料中的集料技术指标，是不必要求太高太多的，质量较次集料也可采用。本规程对其技术指标要求，实际上是放宽为：

1）集料必须稳定（尤其是钢渣），并具有一定强度；

2）集料最大粒径和颗粒级配应符合本规程第2.4.2条规定；

3）集料表面不得粘附泥土。

3 混 合 料

本章新增和修订条文的主要内容是：提出了粉煤灰石灰类混合料组成设计（含结构组成设计和配合比组成设计）应遵循的规定：阐明了悬浮密实型、骨架密实型和密实型混合料的定义、优缺点和应用；演证出悬浮密实型混合料的“悬浮状态”检验公式和最大干密度计算公式；修改了粉煤灰石灰类混合料配合比；增加和修改了混合料基层 7d 龄期和 28d 龄期抗压强度指标及抗压回弹模量设计参数和路面结构组合。

3.1.1 关于粉煤灰石灰类（可扩大为石灰加固类）混合料的组成设计问题，在有关研究报告上，虽然还没有明确提出来，但天津分析研究了大量试验研究资料和生产实用经验后，认为这类混合料的组成设计是有原则的。如不符合原则，则混合料的加固强度就不能很好或较好地形成，只有在符合原则前提下，再经试验求出的最佳配合比或选定的实用配合比，才有实用价值。

粉煤灰石灰类混合料的组成设计应包括两个部分，即混合料的结构组成设计与配合比组成设计。所谓结构组成设计，就是混合料必须具有良好压实性，因为这是混合料加固强度形成的前提条件。所谓配合比组成设计，就是混合料在能被压实的前提下，其加固强度要具有很好或较好地形成的必须条件。因此，本规程提出粉煤灰石灰类混合料组成设计的两条规定是：

（1）混合料的结构组成必须具有良好压实性；

（2）混合料的配合比组成应能使压实混合料的加固很快达到设计强度。

3.1.2 符合组成设计规定的粉煤灰石灰类混合料，有三种类型：

（1）悬浮密实型混合料：混合料中细料的压实体积，应大于集料在疏松状态时的空隙体积，即集料在压实混合料中处于“悬浮状态”。这种类型混合料的强度，系由集料颗粒强度、结合料与细料混合压实后的加固强度和前述加固强度与集料表面的粘结强度所组成。混合料中集料用量在 50%左右，最大粒径较大，颗粒强度可较低，不要求有级配，备料和保证施工质量较易，压实混合料的后期加固强度较高，抗弯拉性能较好，粉煤灰利用量较大和基层造价较低；适用于各等级道路的基层和底基层。

（2）骨架密实型混合料：混合料中细料的压实体积，“临界”于级配集料在压实状态下的空隙体积，集料在压实混合料中有一定“骨架作用”。这种类型混合料的强度，系由集料颗粒强度、结合料与细料混合压实后的加固强度、前述加固强度与集料表面粘结强度及级配集料骨架作用强度所组成。混合料中集料用量在 75%以上，最大粒径较小，应有一定级配，须有较好的拌和设备和摊铺机械，压实混合料的早期机械强度较高，抗缩裂性能较好，抗冲刷性能较优；宜用于铺筑快速路和主干路的基层。

（3）密实型混合料：由几种细料（含结合料）组成的任何配合比的混合料，都具有良好压实性。这种类型混合料的强度，系由结合料和细料混合压实后的加固强度所形成。其路用性质比其他两种类型混合料的路用性能较差，但能获得较好的经济效益，可根据具体条件和要求选用。

3.2.1 是为执行本规程第 3.1.2 条编写的。悬浮密实型混合料中集料在压实混合料中是否处于“悬浮状态”，即是否符合混合料结构组成设计规定？可用下列公式来检验。

$$\frac{m+n}{\rho} > k \cdot p \cdot \left(\frac{1}{W} - \frac{1}{G}\right)$$

式中 W——集料干松密度（kg/m^3）；

G——集料毛体积密度，即整块集料干密度（kg/m^3）；

m、n、p——粉煤灰、石灰、集料在混合料中各占百分比（%）；

ρ——混合料中粉煤灰石灰$\left(粉煤灰比石灰=\frac{m}{m+n}：\frac{n}{m+n}\right)$的最大干密度（$kg/m^3$）；

k——为“悬浮系数”。当 $p=30\%$时，$k=1$；当 $p=70\%$时，$k=2$；其他 p 值时，用直线插入法求 k 值。

演证：$1m^3$ 集料的孔隙率 B，应为：

$$B = 1 - W/G$$

$1m^3$ 以 $m:n:p$ 为配合比的混合料中集料的孔隙率 B_0 应为：

$$W:B = p \cdot \rho_0 : B_0$$

$$B_0 = \frac{p \cdot \rho_0 \cdot B}{W}$$

式中 ρ_0——$m:n:p$ 粉煤灰石灰集料混合料的最大干密度（kg/m^3）。

遵循本规程第 3.1.2 条粉煤灰石灰类混合料结构组成设计规定。应使

$$\frac{(m+n) \cdot \rho_0}{\rho} > B_0$$

即：

$$\frac{(m+n)}{\rho} > p \cdot \left(\frac{1}{W} - \frac{1}{G}\right)$$

公式右边乘以 k，是为了便利施工和保证质量，k 值在 1～2。

3.3.2 粉煤灰石灰类混合料最佳配合比，应通过试验决定。也可根据不同情况和条件，选定一经济实用配合比，即本规程中表 3.3.2 提出的配合比。推荐这些配合比的根据是：

（1）粉煤灰石灰混合料

上海、北京、武汉、哈尔滨、长春和天津的试验结果均表明，粉煤灰石灰最佳配合比约在 75：25～85：15，国外试验也有相似结果。因此，用这个最佳配合比范围，作为实用配合比范围。

（2）粉煤灰石灰土混合料

天津的大量试验结果表明，若粉煤灰石灰土中石灰剂量为一定时，粉煤灰有一最佳用量，亦即有一最佳配合比。综合归纳试验资料，提出粉煤灰石灰土实用配合比是：

40：12：48 和 35：9：56

（3）粉煤灰石灰集料混合料

1）石灰剂量的“新涵义”

某几种原材料组成的粉煤灰石灰类混合料，其石灰剂量为 $A\%$，而另几种原材料组成的混合料，其石灰剂量也为 $A\%$，尽管这两种混合料石灰剂量都是 $A\%$，但是两个 $A\%$ 石灰剂量在各自混合料中所起加固作用是不相同的。例如粉煤灰石灰配合比为 90%：10%和粉煤灰石灰集料配合比为 40%：10%：50%，在粉煤灰石灰混合料中，是用 10%石灰剂量来加固 90%粉煤灰，而在粉煤灰石灰集料混合料中，则是用 10%石灰和 40%粉煤灰混合组成一种“新结合料”，即 80%：20%粉煤灰石灰（占 50%）来加固 50%的集料。所以含集料混合料的石灰剂量（对细颗粒材料而言），应比不含集料混合料的石灰剂量大；这就是我们提出混合料配合比组成设计规定由来的一个主要因素。

2）混合料实用配合比

根据室内试验结果和生产应用经验，并为了能大量利用粉煤灰、方便集料备料、容易保证施工质量、提高混合料抗弯拉强度和降低工程造价等原因，提出粉煤灰石灰集料混合料的实用配合比，如本规程中表 3.3.2。

表中各个配合比均符合混合料配合比组成设计规定。这些集料在 40%～60%的悬浮密实型混合料，在实际应用时，还应用本规程中式（3.2.1）来检验一下，看是否符合混合料结构组成设计规定。

3.3.2 和 **3.3.3** 在考虑并权衡了各种因素和条件后，本规程推荐粉煤灰石灰集料混合料配合比中集料虽然多数在 40%～60%，这并不是认为高集料含量的混合料就不能应用。

（1）对高集料含量混合料的阐述

目前国内很多省、市采用的粉煤灰石灰类混合料的配合比，例如粉煤灰石灰集料是 12：3：85 或 15：5：80，从表面上看石灰剂量很小，其实由石灰和粉煤灰组成的“新结合料”中的石灰剂量却达到 20%或 25%，这也符合混合料配合比组成设计规定。认

为这类混合料中的石灰用量虽然很少（对全部混合料而言），但石灰剂量却是很大的（对“新结合料”而言），再加上集料有一定级配，并使混合料中细料的压实体积“临界”于压密后级配集料的空隙，就符合了混合料结构组成设计规定。所以，本规程也采用集料含量多的骨架密实型混合料。

（2）用水泥取代部分石灰的原因

混合料中含集料多，宜使用粘结力强的结合料，石灰和粉煤灰组成的结合料，在这方面稍嫌不足，而石灰、水泥和粉煤灰组成的结合料，不但具有较强粘结力，而且使混合料早期的加固强度较高，能使多集料混合料较好地发挥其优越性。石灰和粉煤灰组成的结合料粘结力较低，使多集料混合料的优点不能充分地得到发挥，这就是用1%～3%水泥取代部分石灰的原因。

3.4.2 悬浮密实型粉煤灰石灰集料混合料的最大干密度和最佳含水量，当不便用现有击实仪器准确测出时，天津经试验研究后，提出可根据集料在压实混合料中应“悬浮”与混合料能压实的原则，导演出的下列公式来确定其最大干密度。

$$\rho_0 = \frac{G \cdot \rho}{(m+n) \cdot G + p \cdot \rho} \cdot \beta$$

式中 ρ_0、G、m、n、p 和 ρ 的释义，同本规程第 3.2.1 条；

β——折减系数，用 0.97～0.99。

演证：在 $1m^3$ 混合料中：

$$1 = \frac{(m+n) \cdot \rho_0}{\rho} + \frac{p \cdot \rho_0}{G}$$

$$\rho_0 = \frac{G \cdot \rho}{(m+n) \cdot G + p \cdot \rho}$$

检验表明 计算值略大于试验值，可乘以 0.97～0.99 的折减系数 β，从而得：

$$\rho_0 = \frac{G \cdot \rho}{(m+n) \cdot G + p \cdot \rho} \cdot \beta$$

3.5.1 和 3.5.2 粉煤灰石灰类混合料抗压强度高低，基本上可以代表混合料基层的施工质量好坏（7d 龄期）和路用性能优劣（28d 龄期）。为了在生产上应用混合料简便起见，根据室内有代表性试验结果和野外实践经验，对混合料抗压强度提出了下列规定：

（1）根据粉煤灰石灰类混合料 7d 龄期抗压强度的试验结果和鉴于国内同类性质规范规定这类混合料 7d 龄期抗压强度指标在 0.5～0.8MPa 范围内，并考虑了本规程多采用悬浮密实型混合料基层；因此，提出不同等级道路和不同结构层位的粉煤灰石灰类混合料 7d 龄期抗压强度指标列于本规程中表 3.5.1，以适应施工质量检测的需要。

（2）粉煤灰石灰类混合料的加固强度是早期较低，后期较高，采用 28d 龄期抗压强度作为指标，是用以衡量混合料有无加固强度和加固强度形成的发展趋势；可按本规程表 3.5.1 中抗压强度乘以 2.5 倍，作为 28d 龄期的抗压强度要求。

3.6.1 北京、上海、天津等城市对粉煤灰石灰类混合料的抗压回弹模量试验值，在室内、外进行了长期的、大量的测试，获得了很多数据，同时又参考了国内某些大、中城市在生产中的实用经验，加以综合分析研究后，提出了石灰加固类混合料抗压回弹模量设计参数值，列于本规程表 3.6.1 中供应用。

表 3.6.1 中列出的集料石灰土和石灰土是属于石灰加固类混合料。所谓石灰加固类混合料，是指用石灰为结合料来加固一种或一种以上的其他材料，它的种类较多，本规程采用的有两种类型：

（1）粉煤灰石灰类混合料 例如粉煤灰石灰、粉煤灰石灰矿渣……等；

（2）石灰土类混合料 例如石灰土、碎石石灰土……等。

3.6.2 本规程中表 3.6.2 列出的粉煤灰石灰类基层沥青路面结构组合典型模式，其根据是：

（1）首先是根据现行行业标准《城市道路设计规范》第 2.1.1 条规定，将城市道路分为四类，即快速路、主干路、次干路和支路。认为前两类路行车功能基本是相同的，故将其合并为一级；因此，将城市道路列为Ⅰ、Ⅱ、Ⅲ三个等级，以简化路面结构组合典型模式的数量。

（2）Ⅰ、Ⅱ、Ⅲ三个等级道路的沥青面层厚度分别定为12～15cm、8～11cm和4～7cm。这是因为：

1）国内一些大、中城市如天津市半刚性基层沥青路面采用的沥青面层厚度，大都在这一范围之内，而且使用效果也很好。

2）粉煤灰石灰类基层具有很高的加固强度，一般是能满足各等级城市道路使用要求的，不需要在其上铺筑过厚沥青面层；其厚度主要是要能满足车辆磨耗和大气等因素影响。

3）由于我国各种路用材料尤其是沥青材料大都是难以完全符合路用质量标准的，沥青面层越厚越容易发生问题，也以采用较薄沥青面层为“权宜之上策”。

（3）石灰加固类混合料可用以铺筑沥青路面的基层、底基层和垫层，国内很多城市长期使用的经验表明：

1）Ⅰ级道路基层应用混合料 A 铺筑，其底基层可用 B、C、D 铺筑。

2）Ⅱ级道路基层应用 A、B、C 铺筑，其底基层可用 D、E 铺筑。

3）Ⅲ级道路基层可用 A、B、C、D、E 铺筑。

4）各等级道路的垫层，均可用 E 混合料铺筑。

（4）沥青路面的基层和底基层的层厚，除Ⅰ级道路基层层厚可为15～20cm外，其余一律为15cm，太薄或太厚均是不甚适宜的。垫层厚度根据设计计算确定，如不足10cm，加厚用10cm；如超过20cm，则要分层压实，每层厚度不得大于20cm或小于10cm。

3.6.4 水泥混凝土路面的水泥混凝土面层厚度，须遵照现行行业标准《城市道路设计规范》计算确定。

4 施　工

修订本章时，对粉煤灰石灰类混合料的配料方法和拌和方式及碾压工艺流程，作了适当补充和修改。对混合料基层压实度指标，根据不同等级道路和不同结构层位提出了新的规定。着重提出混合料基层早期养护重要性，目的是要提起人们重视这一常常被忽视的早期养护工序，实践表明，某些石灰加固类基层沥青路面（尤其是较薄沥青面层）的破坏，往往是由于忽视这一工序所致。另外，提出了提高混合料早期强度措施及低温施工措施和低温施工条件。对面、基层结合和改善混合料基层缩裂性质，均提出了措施。

4.1.5 要求“钙质石灰应在用灰前7d、镁质石灰应在用灰前10d加水充分消解”来取代原规定“石灰应在用灰前5～7d消解完毕”。还建议“消解石灰的用水量一般可为生石灰重65%～80%”，这是因为：（1）生石灰消解为消石灰理论用水量为32%；（2）石灰消解时产生热量使水分蒸发10%左右；（3）消解后消石灰含水量宜保持在25%～35%。

4.4.2～4.4.4 对混合料的人工拌和、机械路拌和机械厂拌的工艺流程作了较详叙述，对混合料拌和质量和应注意事项提出了要求。在三种拌和方式中，认为人工拌和效率太低，劳动强度又大，除拌和少量混合料外，一般不宜采用。机械路拌效率虽高，但污染环境甚为严重，尽管如此，但目前在市郊道路上仍然不失为可以采用的一种拌和混合料的主要方式。机械厂拌有配比准确、不产生污染、拌和均匀、效率较高和所需设备简单、设厂易于“上马”等优点，应在城市内道路和快速路、主干路中广泛采用。粉煤灰石灰类混合料能否在城市内推广应用，在很大程度上取决于能否采用机械厂拌。因此，上海和北京已建立了多个拌和厂

（场）进行机械厂拌混合料，效果很好。在城市里用这类混合料筑路，机械厂拌将是发展的必然趋向。

4.4.6 为了提高混合料拌和质量，规定“拌和均匀的混合料中不得含有大于15mm土团粒和大于10mm石灰或粉煤灰团粒以及大于2.4.2条中规定最大粒径的集料”，来取代原规定“拌和均匀的混合料中不得含有大于25mm的土、粉煤灰及石灰团粒”。

4.5.1 原规定要求“拌和均匀的混合料在摊铺整型前其含水量为最佳含水量±2%”。这次修订成“拌和均匀的粉煤灰石灰类混合料在摊铺整型时，其含水量允许偏差应符合表4.5.1中规定”。这是因为原规定要求压实含水量为最佳含水量±2%，是借用土壤压实含水量定出的。而粉煤灰石灰类混合料的压实对水不太敏感，压实含水量（或称工地碾压合宜含水量）范围较大，这对施工时碾压甚为有利。为了利用这一有利特性，规定了不同种类混合料碾压含水量的允许偏差范围。

4.5.2 粉煤灰石灰类混合料压实系数因混合料种类和摊铺方式不同而不同。在对北京、上海、武汉、长春和天津采用的压实系数经分析研究后，提出了表4.5.2中的压实系数范围。

4.6.5 将原规定混合料基层压实度为98%（基层）和96%（底基层）的技术指标，修改为（按重型击实标准）：

（1）快速路和主干路

基层　　不小于97%

底基层和垫层　　不小于95%

（2）次干路和支路

基层　　不小于95%

底基层和垫层　　不小于93%

应着重指出：压实度是混合料基层压实质量的一个重要技术指标，但是应在原材料质量、混合料配合比、拌和均匀性和压实含水量都符合本规程质量标准的前提下，测试和计算的压实度才具有真实意义。

4.7.6 条文中规定“粉煤灰石灰类基层应具有设计要求结硬强度后，才允许在其上铺筑沥青面层或其他结构层”。但是没有给出这个强度的最小值，是因为这个值与基层的混合料类型、种类和压实情况有关，也与基层上铺筑的沥青面层或其他结构层的种类、厚度有关，还与碾压机械的吨位、型号甚至碾压方式有关，施工规程难以提出这方面的有关规定；但认为基层应达到设计要求结硬强度后，才可在其上铺筑沥青面层或其他结构层。

4.9.1 粉煤灰石灰类混合料的一个不足之处是早期强度较低，限制了它的应用范围。为了解决这个问题，有些单位如上海市市政工程研究院等在室内、外进行了试验研究，提出了提高混合料早期强度的一些措施；上海院研制的工业用液碱溶液，有提高混合料早期强度的较好效果。本规程选择各研究中有早强效果而又简易可行的四种措施，来提高混合料早期强度。

4.10.1 和 **4.10.2** 粉煤灰石灰类混合料早期强度是较低的，更不利于在低温（0～5℃）下施工。但是由于某些原因需要在低温下铺筑时，就要采取相应措施，即第4.9.1条中措施加上第4.10.1条措施。所谓低温施工条件就是在低温时，不采取任何措施，只要符合低温施工条件，就是第4.10.2条中所谓的“在非重冰冻地区，路段水文条件很好，压实混合料从冻结至解冻过程中，不因外力（如行车、冻胀等）而结构受到破坏时，运用石灰加固类混合料具有“强度冬眠性质”的特性，允许低温时：

（1）在次干路和支路上铺筑混合料垫层、底基层和基层；

（2）在快速路和主干路上铺筑混合料垫层和底基层。

4.11.1 沥青面层（尤其是较薄时）与石灰加固类基层间的结合是一个很重要问题。天津和国内一些城市的实践经验表明，某些路面破坏就是由于处理这个问题失当所致。天津的研究总结指出，要解决好这个问题的前提条件是：首先应养护好石灰加固类基层的表面层，并使其具有一定加固强度后，再在面、基层间采用条文中提出的措施。

4.12.1 粉煤灰石灰类混合料基层与石灰土基层一样要产生温缩和干缩裂缝，常使其上铺筑的较薄沥青面层发生相应的收缩性反射裂缝，影响路容观瞻，以至路面使用年限，成为在城市尤其是大城市里采用粉煤灰石灰类混合料基层的一个很大问题。天津、北京市市政工程研究院对这个问题进行了长期试验研究，经分析总结得出，可以采用三方面措施来解决问题：

（1）改善粉煤灰石灰类混合料的缩裂性质；

（2）使混合料基层缩裂不反射到沥青面层上来；

(3)控制混合料基层上沥青面层收缩性反射裂缝有规律发生。

根据采用13种措施的试验研究成果和生产上实用经验，并参考了国内一些省、市有关资料，加以综合分析研究后，在条文中提出了改善粉煤灰石灰类混合料基层缩裂性质的五种措施，供生产中选用。

5 质量标准与检查验收

5.0.2 粉煤灰石灰类混合料基层质量标准与检查验收要求，由原规定的9个项目增加到16个项目，即增加了粉煤灰、集料、土、水、混合料压实前含水量、基层横坡和基层养护检查7个项目。各个项目质量标准与检查验收都要严格执行。

表5.0.2中规定粉煤灰石灰类混合料基层应进行7d和28d龄期抗压强度检验。7d龄期强度是作为施工质量检验用的，28d龄期强度是用来衡量混合料加固强度形成的发展趋势的。这是因为：

（1）这类混合料7d龄期强度，主要是压实强度而不是加固强度，加固强度在实际应用中才具有重要意义；

（2）混合料7d龄期的抗压强度虽可评定施工质量，但不能用来衡量混合料加固强度形成的发展趋势。

所以本规程对粉煤灰石灰类混合料基层抗压强度要求，规定为7d和28d两个龄期。

如混合料基层施工完毕后，在很短龄期内（1～2d）就需检定其抗压强度，则可按本规程附录E试验方法中“试件快速抗压强度测定方法”，来测定试件相当于28d龄期抗压强度。

煤渣石灰类道路基层施工暂行技术规定

CJJ 5—83

主编单位：沈阳市市政工程设计研究所
批准单位：中华人民共和国城乡建设环境保护部
施行日期：1983年8月1日

关于颁发《粉煤灰石灰类道路基层施工暂行技术规定》和《煤渣石灰类道路基层施工暂行技术规定》的通知

（83）城公字第109号

各省、自治区城建局，湖南、江西、四川、青海省和西藏自治区建委，北京、天津、上海市市政工程局：

为了推广利用工业废料筑路，提高道路工程质量，我们组织力量编制了《粉煤灰石灰类道路基层施工暂行技术规定》和《煤渣石灰类道路基层施工暂行技术规定》。经过审议修改，现批准为部标暂行规定，自一九八三年八月一日施行。在执行中有何意见，请告部市政公用事业局。

城乡建设环境保护部

一九八三年二月二十三日

编 制 说 明

利用煤渣修筑道路基层，既可就地取材变废为宝，防治污染，又能提高道路质量，具有一定的技术经济价值，在一些城市已使用多年。但是，由于没有一个统一的标准规定，影响施工质量。为了进一步推动粉煤灰的利用，保证工程质量，从1979年开始我们组织力量进行“利用工业废料筑路”研究试验工作，经过三年多的努力，完成了这项研究课题，编制出《煤渣石灰类道路基层施工暂行技术规定》。

本规定的主编单位是天津市市政工程研究所，参加单位有北京、上海、沈阳、武汉、哈尔滨、长沙、长春、湘潭和鞍山等九个城市的市政工程研究所，由上海市市政工程研究所校核。

目 次

第一章　总　　则

第 1.0.1 条　定义

将煤渣、石灰及其它掺入材料，按合适的比例、最佳的含水量、合理的工艺过程拌和均匀而成的混合料，称为煤渣石灰类混合料。

在该类混合料中掺入其他材料，则称为含有该种材料的煤渣石灰类混合料。例如掺入料为土、碎石、砾石或稳定的钢渣、铁渣等材料时，则该混合料分别称为煤渣石灰土，煤渣石灰碎石，煤渣石灰砾石，煤渣石灰钢渣，煤渣石灰铁渣等。如掺入料既有土又有其他粒料，则将土列在最后，如煤渣石灰碎石土。

凡用上述混合料修筑的道路基层，本规范称为煤渣石灰类混合料道路基层。

第 1.0.2 条　特性

煤渣石灰类混合料，是一种缓凝性的硅酸盐材料，用它铺筑的道路基层将会结成整体层。在一定温度、湿度下，其强度随着龄期增长而增加。结硬后，具有较好的板体性、水稳定性和一定的冰冻稳定性与隔温性能。但早期强度较低，耐磨性差，并且会发生一定程度的收缩裂缝。

第 1.0.3 条　适用范围

煤渣石灰类混合料，适用于修筑道路基层、底基层。不同等级的道路，一般可根据交通情况、材料来源、施工季节、筑路机具、设计要求和技术经济原则等因素选用不同种类的煤渣石灰类混合料。

第 1.0.4 条 适宜施工温度

煤渣石灰类混合料基层的强度增长速度，受气温的影响较大。为保证道路基层施工质量，应尽量选择有利的施工季节。当日平均气温低于 5℃ 时，或混合料易冻结时，一般不宜施工。

在冰冻地区，则需在冰冻前 1 至 1 个半月施工完毕，保证冻前龄期。

第二章 原 材 料

第一节 煤 渣

第 2.1.1 条 煤渣系煤经燃烧后的残渣，是低活性的火山灰质材料。颗粒疏松多孔，一般松干容重在0.7～1.1吨/米^3，比重为1.7～2.4，主要化学成份为SiO_2和Al_2O_3。其一般化学成份和物理性质见附录二。

第 2.1.2 条 路用煤渣宜选用不含杂质，兼有粗细颗粒的统货煤渣。其最大粒径不得大于30毫米；SiO_2与Al_2O_3总量应大于70%；烧失量不大于20%；有机物质含量应小于1%。

第二节 石 灰

第 2.2.1 条 路用石灰须经充分消解，且不混有杂质。熟石灰的$CaO+MgO$含量宜大于50%；生石灰的$CaO+MgO$含量宜大于60%；它们未通过10毫米筛孔的未消解颗粒含量，应小于20%。当石灰的$CaO+MgO$含量在30～50%之间时，应通过试验适当增加石灰用量；当$CaO+MgO$含量低于30%时，不宜采用。

第 2.2.2 条 生石灰比重约为3.2，干容重在800～1200公斤/米^3。熟石灰比重约为2.2，含水量宜保持在25～35%之间，则既松散不飞扬，又不成团，便于运输和施工。这时的湿容重一般为600～620公斤/米^3，相应的干松容重一般为465～490公斤/米^3。

第 2.2.3 条 石灰类工业废料（如电石渣）和石灰下脚料，其适用范围可按2.2.1条执行。化工类石灰下脚应检验其有否有害物质，以免危害人畜或污染环境。

第三节 土

第 2.3.1 条 掺入煤渣石灰类混合料中的土，其塑性指数应大于 4。以采用塑性指数为7～17的土为宜。各种用土的有机物含量，应小于8%；硫酸盐含量应小于0.8%。

第四节 粒 料

第 2.4.1 条 根据当地料源，可采取碎石、砾石、碎砖及稳定的钢铁渣等。其粒径可根据当地使用特点选用，或为同粒径集料，或为级配集料。粒料的最大粒径宜小于50毫米或压实厚度的1/3。山皮石及风化石不得使用。

第 2.4.2 条 粒料强度在 4 级以上，各种粒料干容重以实测为宜。也可参照下列范围：碎石1.35～1.45；砾石1.7～1.75；碎砖0.8～0.95（单位均为吨/米^3）。粒料的一般物理性质见附录二。

第五节 水

第 2.5.1 条 不含油质和非酸性的水，均可用于消解石灰、拌制混合料和养生。

第三章 混 合 料

第一节 配 合 比

第 3.1.1 条 煤渣石灰类混合料的配合比分两种：以原材料占混合料总干重百分数计者，称为重量比；在混合料中，以原材料松体积的份数计者，称为体积比。

第 3.1.2 条 煤渣石灰类混合料的最佳配合比应通过试验决定。在生产实践中，则需根据料源和设备情况，加固效果，应用层位和水文条件等选用经济实用的配合比。表3.1.2所列配合比范围可供参考选用。

煤渣石灰混合料常用配合比范围　　表 3.1.2

编号	混合料种类	配合方法	选用材料	常用配合比范围
1	煤渣石灰	重量比	煤渣：石灰	80～85:20～15
2	煤渣石灰土	重量比	煤渣：石灰：土	65～70:9～15:15～25或48:12:40
3	煤渣石灰粒料	重量比	煤渣：石灰：粒料	26～33:7～9:58～67
4	煤渣石灰粒料土	重量比	煤渣：石灰：粒料：土	31～49:6～7:30～54:9～28

注：①含灰量可根据材料粗细确定。细者采用上限，粗者可采用下限。
②级配粒料的含量可选用较大者。

第 3.1.3 条 掺粒料的煤渣石灰类混合料，其配合比宜满足下列条件：压实的煤渣石灰（土）的体积，应大于所掺入的松散粗粒料的孔隙，以保证压实紧密。

第二节 最佳含水量和最大干容重

第 3.2.1 条 煤渣石灰类混合料其含水量应接近最佳压实含水量。最大干容重和最佳含水量可按附录所附试验法，用压力机或标准击实仪通过试验确定。表 3.2.1 所列范围可供参考选用。

最大干容重、最佳含水量参考表　　表 3.2.1

编号	种　类	干容重(克/厘米^3)	最佳含水量(%)
1	煤渣石灰	1.20～1.35	23～32
2	煤渣石灰土	1.34～1.40	18～26
3	煤渣石灰粒料	1.65～1.80	9～15

第 3.2.2 条 掺粒料的煤渣石灰混合料，其最大干容重可按下式计算：

$$\gamma_0=\frac{G\cdot S_0}{(m+n+\mu)G+PS}\cdot\beta$$

式中 γ_0——掺粒料的煤渣石灰类混合料的最大干容重（公斤/米^3）；

G——掺入粒料的假比重（即整块粗骨料的干容重，公斤/米^3）；

S_0——按重量比$\left(\text{即煤渣:石灰:土}=\frac{m}{m+n+\mu}:\frac{n}{m+n+\mu}:\frac{\mu}{m+n+\mu}\right)$的煤渣石灰土的最大干容重（公斤/米^3）；

$p、m、n、\mu$——分别为粒料、煤渣、石灰、土的重量占总干重量的百分数(%)；

β——折减系数。一般取0.9～0.98。

第 3.2.3 条 混合料施工时的含水量，可根据当地经验视季节情况稍作增减。对于掺粗粒料的煤渣石灰混合料，其施工时的适宜含水量（Wg），应包括混合料中煤渣石灰在最佳含水量状态下的水分和粗粒料在持水状态下的水分，计算公式如下：（但粗粒料吸水量很小时，亦可忽略不计）。

$$W_g(\%)=\frac{P\cdot W_p+QW_Q}{G},$$

式中 $W_g(\%)$——掺入粗粒料时煤渣石灰类混合料压实时的适宜含水量；

P、Q——分别为粗粒料及煤渣石灰（土）的重量百分比；

W_p——粗粒料的持水量；

W_Q——煤渣石灰（土）的最佳含水量；

G——混合料的总干重。

第三节 抗 压 强 度

第 3.3.1 条 强度要求应以适合当地交通情况及层位强度要求为原则。无地区特定指标的，可参考下列规定：

主要干道基层抗压强度应大于20公斤力/厘米^2；主要干道底基层或次要干道基层，其抗压强度宜大于15～20公斤力/厘米^2；次要干道底基层或一般道路基层，其抗压强度宜大于10～15公斤力/厘米^2（以上均为28天湿治后饱水强度）。

混合料的一般强度范围见附录二。

第四章 施　工

第一节 准 备 工 作

第4.1.1条 一、属于新建道路的，其路槽工程质量应符合国家城市建设总局一九八一年颁发的《市政工程质量检验评定暂行标准—道路工程》CJJ1—81有关标准。不符之处应予处理。在多雨季节施工时，应预挖临时排水沟，以利排水。

二、属于旧路加铺的，旧路上的泥土杂物和松散粒料等，应予清理干净；干燥地区需水润湿；局部坑槽应先修补夯实。

第4.1.2条 一、施工前，应根据选用的煤渣石灰类混合料种类，按照材料规格和质量要求，进行充足的备料。备料时，须对原材料抽样试验，确保备用材料符合本规范规定。

二、可采用路槽备料或路外集中备料。路槽备料主要用于能封锁交通的道路或次要道路；主要干道或施工场地狭小地段，宜采用路外集中备料，其地点应选择在近水源，便于运输的拌和场所。

第4.1.3条 石灰应在使用前5～7天消解完毕。消解石灰时应严格掌握用水量，其用水量以消解后的熟石灰既符合本规范的有关规定，又不过湿成团为宜。（参考用水量：消解每吨生石灰用水一般在600～800公斤）。对消解人员，应备有劳动安全防护设备。

第二节 配　料

第4.2.1条 配料方法一般可分三种：

一、重量法——根据一次拌和的混合料总干重和各种材料的含水量，算出各种材料的湿重，然后按各湿重称料掺配成混合料。重量法适合厂拌。

二、体积法——根据混合料的重量比换算为体积比，用容器量测各种材料所占体积掺配成混合料。体积法适合厂拌、人工路拌。

三、层铺法——根据混合料最大干容重，各种材料松容重和含水量，以及混合料基层的压实厚度等数据，计算各种材料的松铺厚度，以此控制摊铺层厚。层铺法适合机械路拌。

三种配料方法的各种材料用量计算公式，参见附录三。并要根据材料含水量变化，随时调整材料用量。

第三节 加 水 或 去 水

第4.3.1条 施工中的加水量和加水次数，视施工时当地气温和材料的含水量而定，应使加水后的混合料含水量接近最佳含水量。

第4.3.2条 水宜加在煤渣中。人工拌和或机械厂拌宜用压力喷头。机械路拌可用洒水车或其他洒水工具将水洒匀。

第4.3.3条 如混合料中水分过多，须晾晒风干。加（或去）水量的计算公式，参见附录三。

第四节 拌　和

第4.4.1条 人工拌和宜采用条拌法，即将混合料铺成条形后，边翻拌、边前进，翻拌2～3遍后，按接近混合料最佳含水量所需加水量，顺条均匀地洒入混合料，然后拌和至混合料均匀为止。

第4.4.2条 路槽拌和应在层铺法铺料后进行。宜采用拖拉机带多铧犁和拖拉机带旋转犁或缺口园盘耙，两台机具配合交叉翻拌。拌煤渣石灰土时，先用拖拉机带多铧犁翻拌一遍，随即用旋转犁或圆盘耙打碎一遍，如此翻拌达到拌和均匀为止。拌掺粗粒料的煤渣石灰类混合料时，宜先把细料拌匀后再铺粗粒料，然后用多铧犁单独拌匀。如有局部拌和不均匀或拌不到之处，可由人工辅助拌和。

第4.4.3条 机械厂拌是采用强制式拌和机、粉碎机、皮带运输机和铲车等设备进行。操作时，先将石灰和土按一定比例由皮带运输机送入粉碎机使之粉碎并拌匀后，再与一定比例的煤渣和粒料，同时分别用皮带运输机送进强制式拌和机中，在略大于最佳含水量下拌和均匀，然后将拌和均匀的混合料卸至储料场（或仓）待运。在装运混合料时，如粗、细料有离析现象，应用铲车翻堆拌匀后方能运至工地摊铺。在干燥地区或干热天气，拌和含水量宜比最佳含水量大2～5%。混合料宜随拌、随运、随摊、随辗压，不宜堆置时间过长；一般不超过7天，遇有特殊情况时也不宜超过15天。

第4.4.4条 拌和均匀的煤渣石灰类混合料中，不应有大于25毫米的土及石灰团块。

第五节 摊铺和辗压

第4.5.1条 拌和均匀的混合料，在摊铺前的含水量，一般为最佳含水量±2%。

第4.5.2条 将拌好的混合料按设计断面和松铺厚度，均匀摊铺于路槽内。其松铺厚度为压实厚度乘以压实系数。压实系数数值宜按试铺决定。一般可参考如下范围：人工拌和、人工摊铺煤渣石灰和煤渣石灰土，其压实系数为1.5～1.8；煤渣石灰粒料类压实系数为1.35～1.5；用犁拌和机械整型的混合料，其压实系数为1.2～1.3。

第4.5.3条 多层摊铺时，应在下层压实后即摊铺上层混合料。在摊铺上层混合料前，可将下层表面洒水润湿。

第4.5.4条 煤渣石灰类混合料的压实厚度，最大为20厘米，最小为10厘米。

一、辗压人工拌和、人工摊铺的混合料，应先用6～8吨（或8～10吨）两轮压路机、轮胎压路机或履带拖拉机，自两侧压向路中。稳压两遍后用12～15吨三轮压路机压实。两轮压路机每次重叠1/3轮宽，三轮压路机每次重叠后轮宽的1/2。

二、辗压机械拌和、机械摊铺的掺粒料混合料，可迳用12～15吨三轮压路机压实。

最后，应辗压至表面平整无明显轮迹，压实度大于最佳密实度的0.98（基层）或0.96（底基层），标高等其它指标均需符合质量验收标准。

第4.5.5条 两轮压路机或履带拖拉机辗压1～2遍

后，应及时检查基层有否高低不平之处，高处铲除，低处填平补齐。填补处应翻松洒水再加铺混合料；若基层压实后再找补，则须将找补处挖松8～10厘米洒适量水后再加铺混合料，并及时压实成型，不得贴薄层找平。

第4.5.6条 在辗压中，若发现局部“弹软”时，应立即停止辗压，待翻松晾干或处理后再压；若出现松散推移应洒适量水后再翻拌、整平、压实。

第4.5.7条 由于工作间断或分段施工时，衔接处可留出一定长度不辗压；人工摊铺时，宜予留2米左右；机械拌和与摊铺时，宜予留10米左右，供下一段施工回转机械之用。也可先把接头处压实，待摊铺下一段时再挖松、洒水、整平、重压。

第六节 早期养护

第4.6.1条 辗压成型后，当结构层表面过于干燥时，应洒水养生（禁止用水管直接冲水），以避免干燥而起灰松散。也可一次浇布透层沥青养生。养生龄期视季节而定，一般不应少于3天。

第4.6.2条 养生期间以封交通为宜，严禁履带车辆通行及机动车辆在基层上调头或刹车。对于个别不能中断交通的道路必须采取如下措施：采用含粗粒料的混合料基层，或用沥青层养生；限制车速和交通量，以不破坏基层表面。发现局部变形时，应及时修补。

第七节 雨季施工措施

第4.7.1条 煤渣石灰类混合料基层在雨季施工应采取必要措施：

一、土基雨前预防

要集中力量分段施工。各段土基在雨前作到辗压密实。选择软土地区或低洼之处，在雨前先行施工。路槽应开挖临时排水沟，以利排泄雨水。

二、土基雨后处理

排水沟要及时疏通，防止积水倒流或满溢。因雨造成土基湿软地段，应即开挖换土或用石灰土处理。雨中及雨后土基禁止车辆通行。

第4.7.2条 原材料防雨措施

煤渣、石灰和土一次备料不宜太多，并要集中分堆堆放，周围应设置排水沟，以利排水。

第4.7.3条 混合料防雨措施

混合料要边拌和、边摊铺；边辗压。对已摊铺好的混合料，要在雨前或冒雨进行初压，雨停后再辗压密实。对已摊铺尚未辗压的混合料遇雨时，雨后应封闭交通，晾晒至适当含水量后再进行翻拌和压实。分层施工时，应在雨前铺好下层，以避免雨水侵入土基。如遇连绵阴雨，宜暂停施工。

第五章　质量标准与检查验收

第5.0.1条　煤渣石灰类混合料基层施工，应建立健全的工地试验、质量检验及工序间的交接验收等项制度。每道工序结束后，均应进行检验，经检验合格后方可进行下道工序。凡检查不合格的作业段，均应进行补救或整修。

第5.0.2条　煤渣石灰类混合料道路基层质量标准及允许误差，应符合表5.0.2-1的规定。试验和验收项目，可遵照表5.0.2-2进行，并做到原始记录齐全。

煤渣石灰类混合料基层质量标准及允许误差　　表5.0.2-1

编号	项目		质量标准及允许误差		检查要求
1	石灰		要符合第2.0.2条质量要求		每批石灰视其量的多少检查1～3次
2	石灰剂量		+2% -1%		每拌和作业段检查不少于一处，并不大于1000米^2；或通过配料，控制用量
3	拌和均匀数		颜色均匀一致无夹心；土、石灰无大于25毫米团粒		每拌和作业段、不少于一处，并不大于1000米^2
4	混合料抗压强度		应符合3.3.1条		取工地拌和好的混合料，在室内成型试件，每组不少于3个
5	压实度	基层	>98%	均须无明显轮迹	每辗压作业段检验不少于一处；并不大于1000米^2
		底基层	>96%		
6	厚度	无联结层时	±1厘米		每辗压作业段不少于一处，并大于1000米^2
		有联结层时	±2厘米		
7	宽度		不少于设计		每作业段检验不少于一处，并不大于40米
8	平整度		不大于1厘米		用3米直尺靠量，着地间隙不大于1厘米；平顺无波浪；每20米检验一处
9	纵断高程	无联结层时	±1厘米		用水准仪测量，每20米一个测点
		有联结层时	±2厘米		

原材料、混合料试验与检验项目　　表5.0.2-2

材料及检验部位	试验与检验项目	备注
熟石灰	活性CaO+MgO含量测定*，直径小于1厘米未消解含量测定*。含水量及湿容重试验	各检验项目的试验方法，除本规范附录有规定外，采用通用方法
煤渣	烧失量、含水量及湿松容重试验，最大粒径测定	
土	液塑限*和有机质。硫酸盐含量试验，含水量及湿松容重试验	
粒料	含水量、湿松容重、假比重和持水量试验，筛分析试验*	
混合料	最大干容重和最佳含水量试验（或计算）*，现场拌和的均匀度（目测）*、含水量、湿松容重检验*，成型试件的28天龄期抗压强度测定*	
混合料基层	压实度检验*，厚度*、宽度*、平整度和纵向高程的检验*	

说明：有*符号者为必须进行的试验和检验项目。

附录一　厚度设计及结构组合

一、在部规定设计方法尚未颁布以前，煤渣石灰类混合料设计方法可采用各地区现有方法或经验进行，也可参照交通部《公路柔性路面设计规范》有关章节，结合本地区参数进行设计。但需注意材料的半刚性特性，无论新建或补强道路，该基层的结构厚度，均应大于15厘米。

二、煤渣石灰类混合料道路基层表面的耐磨性较差，其上必须加铺面层或磨耗层。对于路况要求较高的路段，宜在面层和基层间加铺6厘米联结层（又称隔裂层）或适当加厚面层，以减少或避免基层结构收缩裂缝反映到沥青面层上来。在基层上也可预先设置类似水泥混凝土路面的人工收缩缝，使沥青路面的反射缝整齐。

三、以煤渣石灰类混合料为道路基层的常用路面结构图式和适用范围列于附表1.1，可参照选用。

常用路面结构组合图式和使用范围　　附表 1.1

编号	结构组合图式		适用范围	混合交通量（辆/昼夜）
1	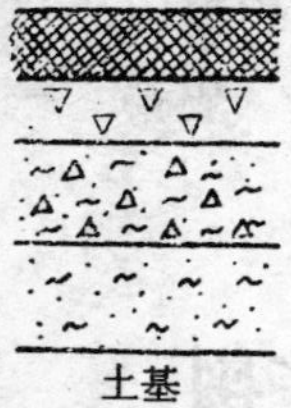	沥青混凝土 沥青处治碎石或黑色碎石 煤渣石灰类混合料 级配砂砾石或石灰土	主干道	5000以上

续表

编号	结构组合图式		适用范围	混合交通量（辆/昼夜）
2		水泥混凝土 煤渣石灰类混合料	主干道	5000以上
3	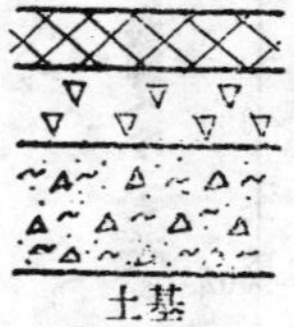	沥青混合料或贯入式 沥青稳定碎石或碎石 煤渣石灰类混合料	次干道	2000～5000
4	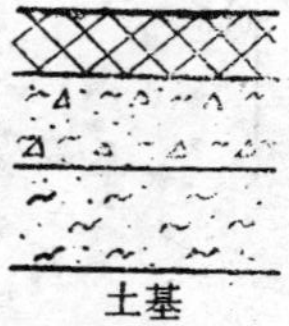	沥青混合料或贯入式或表面处治 煤渣石灰类混合料 石　灰　土	一般道路	500～2000
5		沥青混合料或贯入式或表面处治 煤渣石灰类混合料	一般道路	500以下
6		表面处治 煤渣石灰类混合料	人行道	

附录二　原材料和混合料的一些性质

一、煤渣

1.常用煤渣的化学成分（%）

附表 2.1

SiO_2	Al_2O_3	Fe_2O_3	CaO	MgO	含煤量	石灰吸收值（毫克/克）
40～60	25～35	5～10	1～10	0.5～1	2～18.5	3～11

2.常用煤渣的粒径分析（保留%）

附表 2.2

筛孔	编号							
	甲	乙	丙	丁	戊	己	庚	建议范围
40	1.1				5.3	6.3		<15
25	4.2	3.1	1.5	3.6	22.3	14.1	1.6	
15	12.2	18.8	7.1	18.1	51.5	21.8	28.1	
5	42.7	73.3	45.8	51.1	80.5	50.0	87.3	
2.5	71.9	86.6	70.5	68.0	92.5	65.6	93.9	
通过5	(57.3)	(26.7)	(54.2)	(48.9)	(19.5)	(50.0)	(12.7)	<60
通过2.5	(28.1)	(13.4)	(29.5)	(32.0)	(7.5)	(34.4)	(6.1)	

二、石灰

1.石灰渣陈置期的氧化钙含量变化

附表 2.3

堆置时间	渣堆里面	渣堆表面
原来	60.1%	60.1%
7天	58.1%	55.5%
14天	58.3%	55.3%
28天	50.4%	39.5%

2.熟石灰含水量与松容重关系

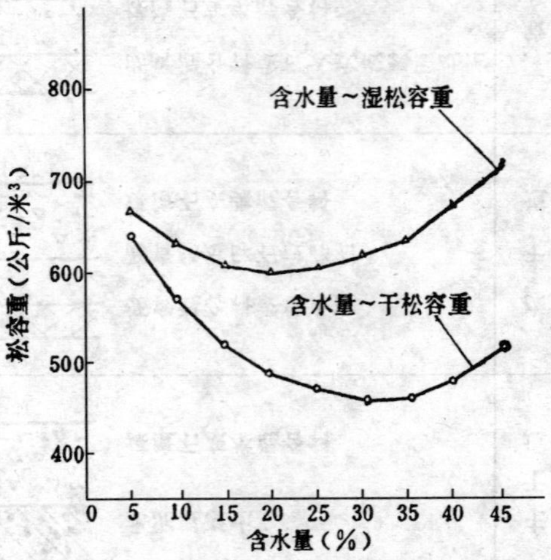

石灰含水量与松容重关系图

三、粗粒料

粗粒料的一般物理性质 **附表 2.4**

种类	规格（毫米）	干松容重（吨/米^3）	假比重（单块砖、石干容重）（吨/米^3）	比重	持水率（%）	空隙率（%）
碎石	20～50	1.35～1.40	2.75	2.75	2.0左右	51～49
	50	1.40～1.45				49～47
砂砾	5～50	1.70～1.75	2.60～2.75	2.77	1.0～1.5	37～35
碎砖	20～50	0.80～0.90	1.74	2.50～2.70	13.5左右	54～48
	5～50	0.85～0.95				51～45
钢渣	50	1.50～1.60	2.70～3.20	3.3～3.6	2 左右	49～46
	25～75	1.70～1.80			2 左右	42～39
	<5	1.45～1.65			7 左右	51～47
高炉重矿渣	<50	1.10～1.30	2.30～2.40		2～4	52～44

注：假比重即整块粗粒料的干容重。
持水量即吸水率。

渣类粗粒料的化学成分(%) **附表 2.5**

种类	SiO_2	Al_2O_3	CaO	MgO	Fe_2O_3	FeO	MnO
钢渣	10～30	2～10	25～60	2～15	1～7	5～30	1～7
铁渣	25～40	5～20	30～60	0.5～4	0～2	—	0～5
高炉重矿渣	35～40	9～13	35～42	8～13	0.3～0.7	—	0.3～0.7

四、混合料

1.煤渣石灰类混合料基层，受水分的变化和温度变化的影响，使混合料产生缩裂形成横向裂缝（也有部分纵向裂缝）。据部分测定，不同配合比的干缩系数（含水量减小1%时，单位长度的收缩量），和温缩系数（温度每降低1℃时，单位长度的收缩量）如下表：

煤渣石灰土干缩系数、温缩系数表 **附表 2.6**

混合料名称	配合比	干缩系数	温缩系数 >0℃	温缩系数 (0～-2)℃	温缩系数 (-2～-20)℃
煤渣石灰土	煤渣:石灰:土 70:10:20		0.00004～0.0001	0.00013～0.00033	0.00008～0.00021
	50:10:40	0.00005	0.00001～0.000014	0.000033～0.00046	0.00021～0.00028

2.由干缩和温缩致成的横向裂缝，一般只是影响外观，对沥青面层的使用质量没有很大影响。故宜在冬季油面充分开裂时，及时灌砂、灌油处理。

3.混合料一般强度

煤渣石灰类混合料抗压强度 **附表 2.7**

混合料名称	28天无侧限饱水抗压强度(公斤力/厘米^2)
煤渣石灰	15～30
煤渣石灰土	10～25

注：养生温度20℃±2℃，潮湿养生。

煤渣石灰类混合料基层的抗压强度随龄期而增长，在20℃潮湿养生时，其7天强度为28天强度的0.5～0.7倍；60天强度为28天强度的1.1～1.4倍。其初期强度接近柔性路面，后期强度则接近刚性路面，故称为半刚性基层。

附录三　各种计算公式

一、煤渣石灰类混合料的配合比换算、材料用量计算、加水量计算

（一）重量比与体积比换算

设计所给定的混合料配合比多数为重量比，而施工现场均采用体积比控制配料，因此必须将重量比换算成体积比。换算公式如下。

以煤渣石灰土为例，由重量比换算成体积比计算公式：

$$石灰体积:土体积:煤渣体积=\frac{P_1}{\gamma_1}:\frac{P_2}{\gamma_2}:\frac{P_3}{\gamma_3}=1:\frac{P_2\gamma_1}{P_1\gamma_2}:\frac{P_3\gamma_1}{P_1\gamma_3}$$

式中　$P_1P_2P_3$——分别为熟石灰、土及煤渣占混合料干重的百分比；

$\gamma_1\gamma_2\gamma_3$——分别为熟石灰、土及煤渣的天然松方干容重，公斤/米^3。

（二）三种配料法的各种材料用量计算公式：

1.重量法计算公式

$$g=G\cdot P\cdot(1+W)$$

式中　g——所需某材料的湿重，公斤；

G——一次拌和混合料的干重量，公斤；

P——某种材料占混合料重量的百分比；

W——某材料的含水量，%。

2.体积法计算公式：

$$\frac{P_1(1+W_1)}{\gamma_1}:\frac{P_2(1+W_2)}{\gamma_2}:\frac{P_3(1+W_3)}{\gamma_3}$$

式中　$P_1P_2P_3$——各材料占混合料干重百分比。

$W_1W_2W_3$——各种材料的含水量。

$\gamma_1\gamma_2\gamma_3$——各种材料的湿松容重，公斤/米^3。

3.层铺法计算公式：

$$H=\frac{\gamma_0\cdot P\cdot h(1+W)}{\gamma}$$

式中　H——某种材料虚铺厚度（厘米）；

γ_0——混合料的最大干容重（公斤/米^3）；

h——混合料基层的压实厚度，厘米；

P——某种材料占混合料的百分比，%；

W——某种材料的含水量，%；

γ——某种材料的湿松容重，公斤/米^3。

（三）加（或去）水计算公式：

$$g=\frac{Q}{1+W}(W_0-W)$$

式中　g——加(或去)水重，“＋”号为加水重量，“－”号为去水重量，吨；

W_0——混合料最佳含水量，%；

Q——混合料湿重，吨；

W——混合料实际含水量，%；

$$Q=q_1+q_2=\cdots\cdots$$

$$W=\frac{Q}{\left(\frac{q_1}{1+W_1}+\frac{q_2}{1+W_2}+\cdots\cdots\right)}$$

$q_1q_2\cdots\cdots$——系各种原材料湿重，吨；

$W_1W_2\cdots\cdots$——系各种原材料的含水量，%。

（四）混合料虚铺厚度计算公式：

$$H=hK$$

式中 H——混合料需虚铺厚度，厘米；

h——混合料基层压实厚度，厘米；

K——压实系数，$K=\frac{\gamma}{\gamma_1}$；

γ——混合料压实干容重，吨/米³；

γ_1——某种方式摊铺下，混合料的松干容重，吨/米³。

二、煤渣石灰粗粒料混合料最大干容重计算公式的演证及其应用

1.公式演证

设：

$m:n:P$——为煤渣、石灰、粗粒料的重量比，以总干重%计；

γ_0——为煤渣、石灰、粗粒料的最大干容重，公斤/米³；

G——为粗粒料的假比重（即整块粗粒料的干容重），公斤/立方米；

W——为粗粒料干松容重，公斤/米³；

S_0——为煤渣石灰$\left(煤渣:石灰=\frac{m}{m+n}:\frac{n}{m+n}\right)$混合料的最大干容重，公斤/米³。

则在1米³混合料中：

	煤渣	石灰	粗粒料
重量(公斤)	$m\gamma_0$	$n\gamma_0$	$P\gamma_0$
占体积(米³)	$\frac{(m+n)\gamma_0}{S_0}$		$\frac{P\gamma_0}{G}$

$$\because\quad 1=\frac{(m+n)\gamma_0}{S_0}+\frac{P\gamma_0}{G}$$

$$\therefore\quad \gamma_0=\frac{GS_0}{(m+n)G+PS_0}$$

检验表明，计算值略大于试验值，可乘以0.96～0.98的折减系数β，从而得：

$$\gamma_0=\frac{GS_0}{(m+n)\cdot G+PS_0}\beta$$

2.公式使用条件

上式必须在$\frac{m+n}{S_0}>K\cdot P\left(\frac{1}{W}-\frac{1}{G}\right)$的条件（亦即粗粒料在压实的混合料中，能满足“悬浮原则”）下，$m:n$：P的配合比才允许在生产中应用。

K定名为“悬浮系数”，当$P=20\%$时，$K=1$；$P=80\%$时，$K=2$；在其他P值时，用插入法求K值。

关于$\frac{m+n}{S_0}>P\cdot\left(\frac{1}{W}-\frac{1}{G}\right)$的演证：

一米^{3}粗粒料孔隙率：$B=1-\frac{W}{G}$

一米^{3}以$m:n:P$为配合比的混合料中粗粒料的孔隙率B_0为：

$$\because\quad W:B=P\cdot\gamma_0:B_0$$

$$\therefore\quad B_0=\frac{P\cdot\gamma_0\cdot B}{W}$$

遵循"悬浮原则"，应使

$$\frac{(m+n)\cdot\gamma_0}{S_0}>B_0$$

即：$\frac{m+n}{S_0}>P\cdot\left(\frac{1}{W}-\frac{1}{G}\right)$

上式右边乘以K，是为了便利施工和保证质量，取值应根据P不同而异。

3.计算举例

煤渣石灰钢渣混合料的重量比 $m:n:P=46\%:9\%:45\%$，求最大干容重γ_0及施工合宜含水量W_g。

解：由试验测得重量比为$\frac{m}{m+m}$ $\frac{n}{m+n}=83.6\%$：16.4%的煤渣石灰混合料的最大干容重$S_0=1050$公斤/米^{3}和最佳含水量$W_0=40\%$及钢渣的假比重$G=3000$公斤/米^3，干松容重$W=1500$公斤/米^3，持水量$W_p=5\%$。

（1）"悬浮原则"的检验：

用插入法求得"悬浮系数"$K=1.42$

则 $\frac{m+n}{S_0}=\frac{46+9}{1050}=0.0524$

$$K\cdot P\cdot\left(\frac{1}{W}-\frac{1}{G}\right)=1.42\times45\times\left(\frac{1}{1500}-\frac{1}{3000}\right)=0.0213$$

$$\because\quad \frac{m+n}{S_0}>K\cdot P\cdot\left(\frac{1}{W}-\frac{1}{G}\right)$$

$\therefore m:n:P$配合比符合"悬浮原则"，可以在生产中应用。

（2）求最大干容重γ_0：

$$r_0=\frac{G\cdot S_0}{(m+n)\cdot G+P\cdot S_0}\cdot\beta$$

$$=\frac{3000\times1050}{(0.46+0.09)\times3000+0.45\times1050}\times0.97$$

$$=1435\text{kg/m}^3$$

（3）求施工适宜含水量：

$$W_g=\frac{\text{粗粒料持水重+煤渣石灰最佳含水重}}{\text{混合料总干重}}\times100\%=\frac{45\times5\%+(46+9)\times40\%}{100}\times100\%=24.2\%$$

附录四　各种试验法

试验法4-1　石灰的活性氧化钙含量测定

一、适用范围

本方法适用于测定拌制煤渣、煤灰等石灰稳定类混合料用的石灰。

二、说明

石灰中的活性氧化钙亦称游离氧化钙，它能与煤渣、粉煤灰等火山灰质材料起缓慢的水硬作用。样品中实际物质可能是氧化钙，也可能是氢氧化钙，但统一计算到氧化钙的含量百分比。利用较稀的盐酸和较快的速度滴定，可排除与火山灰质材料很少起作用的钙盐如碳酸钙的干扰，其精度已能满足上述适用范围的需要。

蔗糖溶液能加速石灰在水中的溶解速度，结合滴定终点的控制从而减少氧化镁的干扰。其作用是蔗糖先与氧化钙和水化合成溶解度较大的蔗糖钙，然后再与盐酸作用，依旧析出蔗糖。反应式如下：

$$\underset{\text{氧化钙}}{CaO}+\underset{\text{蔗糖}}{C_{12}H_{22}O_{11}}+2H_2O\longrightarrow \underset{\text{蔗糖钙}}{C_{12}H_{22}O_{11}CaO\cdot 2H_2O}$$

$$\underset{\text{蔗糖钙}}{C_{12}H_{22}O_{11}\cdot CaO\cdot 2H_2O}+2HCl\longrightarrow \underset{\text{蔗糖}}{C_{12}H_{12}O_{11}}$$

$$+\underset{\text{氯化钙}}{CaCl}+3H_2O$$

三、试验仪具和试剂

1.标准筛，筛孔1毫米和0.15毫米各1个。

2.称量瓶，直径3厘米，容积20毫升。

3.分析天平，称量100克，感量0.1毫克。

4.烘箱，温度范围为能调温100～110℃。

5.干燥器，直径25厘米。

6.锥形瓶，容积250毫升。

7.滴定管，50毫升。

8.玻璃珠。

9.盐酸，分析纯，配制为0.5*N*左右。

10.无水碳酸钠，保证试剂。

11.蔗糖，分析纯。

12.1%酚酞指示剂。

四、试验方法

1.将石灰试样粉碎，通过1毫米筛孔，用四分法缩分为200克，再用研钵磨细通过0.15毫米筛孔，用四分法缩分为10克左右。

2.将试样在105～110℃的烘箱中烘干1小时然后移于干燥器中冷却。

3.用称量瓶按减量法称取试样约0.2克（准确至1毫克）置于锥形瓶中，迅即加入蔗糖约5克盖于试样表面（以减少试样与空气接触）同时加入玻璃珠约10粒。接着即加入新煮沸并已冷却的蒸馏水50毫升，立即加盖瓶塞，并强烈摇荡15分钟（注意时间不宜过短）。

4.摇荡后开启瓶塞，加入酚酞指示剂2～3滴，溶液即呈现粉红色，然后用盐酸标准溶液滴定。在滴定时应读出滴定管初读数，然后以2～3滴/秒的速度滴定，直至粉红色消失。如在30秒钟内仍出现红色，应再滴盐酸以中和最后记录盐酸耗量（毫升）。

五、计算

按下式计算石灰活性氧化钙含量：

$$CaO=\frac{0.028NV}{G}\cdot 100\%$$

式中 0.028——氧化钙毫克当量，克；

N——盐酸标准溶液精确当量浓度；

V——滴定消耗盐酸标准溶液体积，毫升；

G——石灰试样重量，克。

六、记录

石灰活性氧化钙含量试验记录表

试样编号				试样来源		
试样名称				拟作用途		
试验次数	称量瓶号	空瓶重（克）	瓶与石灰试样的合重（克）	石灰试样的重量（克）	滴定CaO所消耗HCl的数量（毫升）	石灰中CaO的含量（%）
①	②	③	④	⑤=④-③	⑥	⑦

试验者：______日期：______；复核者：______日期：______

七、[附]盐酸浓度标定

1.取41毫升浓盐酸用蒸馏水稀释至1升。

2.在分析天平上用减量法称取无水碳酸钠W克（约0.2～0.3克），在锥形瓶中用蒸馏水小心加热溶解，冷却后滴入甲基橙指示剂2滴，此时溶液呈黄色。用配制好的HCl溶液盛于滴定管中，进行滴定直至锥形瓶中溶液由黄色刚转变为橙色为止。记录盐酸耗量（毫升）。按下式计算HCl溶液的准确浓度：

$$N_{HCl}=\frac{W}{0.053\cdot V_{HCl}}$$

式中 W——无水碳酸钠的重量，克；

V_{HCl}——到达等当点时HCl的耗量；毫升；

0.053——无水碳酸钠的毫克当量。

试验法4-2 活性氧化钙和氧化镁含量测定

一、适用范围

本方法适用于测定拌制煤渣、粉煤灰等石灰稳定类混合料用的低镁石灰，其氧化镁含量一般宜在5%以下。

二、说明

拌制煤渣石灰、粉煤灰石灰等石灰类混合料用的石灰，宜为低镁石灰，因为氧化钙能与火山灰质的煤渣、粉煤灰等起水硬作用，形成水化的硅酸钙、铝酸钙等。其次，低镁石灰消化反应较快，容易保证消化的质量。但我国目前的石灰规格把CaO及MgO含量混合计算，所以在石灰材料验收试验时，宜采用本方法，以代替日常生产常用的试验法4-1。如果氧化镁含量较高，采用本法滴定时终点的时间将会延长，从而增加了溶液与空气中二氧化碳接触的时间，从而对滴定精度有些影响。但由于石灰类混合料主要要求CaO的含量，因此氧化镁含量稍高时亦可参考采用。

三、试验仪具和试剂

1.一当量浓度（1*N*）盐酸标准液：取83毫升浓盐酸以蒸馏水稀释至1升，溶液浓度标定法与试验法4-1同，但无水碳酸钠称量应改为2克。

2.其他仪具与试剂（除蔗糖外）同试验法4-1

四、试验方法

1.用减量法迅速称取石灰试样0.8～1.0克（准确至0.002克）放入500毫升锥形瓶中。

2.加入150毫升新煮沸并已冷却的蒸馏水和10余颗玻璃珠，瓶口插一短颈玻璃漏斗，加热5分钟，但勿使沸腾，迅速冷却。

3.滴入酚酞指示剂2滴，在不断摇动下以盐酸标准液滴定，控制滴定速度为每秒2～3滴，至30秒钟内不再出现粉红色，记录此毫升数为滴定CaO所需量。稍停，又出现粉红色，继续滴入盐酸，如此重复几次，直至5分钟内不再出现粉红色为止。记录此毫升数减前数即为滴定MgO所需量。

五、计算

$$(CaO+MgO)\% = \frac{N\times(⑥+⑧)\times0.028}{\text{样品重1克}}\times100\%$$

$$CaO\% = \frac{N\times⑥\times0.028}{\text{样品重1克}}\times100\%$$

$$MgO\% = \frac{N\times⑧\times0.020}{\text{样品重1克}}\times100\%$$

式中　N——盐酸标准液精确当量浓度；

⑥、⑧——下表所列滴定CaO及MgO消耗HCl标准液数量毫升；

0.028，0.020——分别为氧化钙及氧化镁毫升克当量，克/毫升。混合计算时采用氧化钙当量值，因它所占比例较大，而两值相差不多。

活性氧化钙和氧化镁含量试验记录表

试验编号					试样来源				
试样名称					拟作用途				
试验次数	称量瓶号	空瓶重量（克）	瓶与石灰试样的合重（克）	石灰试样的重量（克）	滴定CaO所消耗HCl的数量（毫升）	石灰中CaO含量（%）	滴定MgO所消耗的HCl的数量（毫升）	石灰中活性MgO的含量（%）	活性CaO+MgO含量（%）
①	②	③	④	⑤=④-③	⑥	⑦	⑧	⑨	⑩

试验者：________日期：________；复核者：________日期：________

试验法4-3　材料含水量测定方法

一、常规测定

1.适用范围

本方法适用在拌和厂及工地现场测定石灰稳定类基层用砂石材料，粉煤灰、土、煤渣、水淬渣及煤渣石灰类混合料、粉煤灰石灰类混合料等材料含水量。

2.主要仪具

（1）称量设备，细粒材料用托盘天平，称量2公斤，感量0.2克；40毫米以上粗粒材料用台磅，称量50公斤，感量0.05公斤。

（2）加热设备（炉子、电炉等）或烘干设备（电烘箱、红外线干燥箱、烘箱等）。

（3）铁炒锅及炒铲。

（4）盛样品容器，如搪瓷盘、金属盘、锅等。

3.试样重量：按表1.1规定数量称取试样：

含水量试验用矿质试样重　　表 1.1

矿料最大颗粒直径(毫米)	试样重量（公斤）
20	1.0
40	1.5
80	3.0
80以上	10.0

4.试验步骤

（1）按四分法及表 1-1 规定称取湿试样，并记录准确重量为A，如果取的试样不能立即称样，须放在有盖的容器中密封以防其中水分蒸发。

（2）将称过的湿试样炒干或烘干至恒重为止。（烘箱烘干一般需过夜）。

（3）炒干或烘干的试样冷却后，再称其重量为B。

（4）计算公式：

$$材料含水量\% = \frac{A-B}{B} \times 100\%$$

（5）试验结果以两次重复试验的平均值为准。

二、细料快速测定（红外线灯法）

1.适用范围

本方法适用于快速测定石灰、粉煤灰、土及其混合料等细颗粒矿质材料的含水量。一般用于拌和厂及工地现场。

2.试验仪具

（1）天平，称量100克，感量0.01克。

（2）红外线灯具电源，包括石棉垫板。

（3）铝盒。

（4）搪瓷盘（或铝盘等）和干燥箱。

（5）取样用铲等。

3.试验方法

（1）取样：从料堆（刮去表面）的底部和 1 米、2 米高处层内，各取约 200 克代表性湿试样，将其放在搪瓷盘内拌匀。

（2）从搪瓷盘中按四分法各称取重约 20 克的湿试样，分别装入已知重量的A_1和A_2的干铝盒中，加盖后分别称出湿试样和铝盒的合重为B_1和B_2，准确至0.01克。

（3）铝盒取盖后放在石棉垫上，调节灯具使红外线灯泡表面距试样5～10厘米左右（但不得与铝盒相碰）。

（4）开启电源，烘烤10～15分钟后将铝盒移动换位一下，再烘烤10～15分钟，然后将铝盒移入干燥器。冷却后称重（准确到0.01克），并予以记录。再取出烘10～20分钟，然后移入干燥器内冷却。冷却后再称取试样和铝盒的合重，并予以记录。如此反复，直到一次与前一次秤重比较，接近恒重，取其值相应为C_1及C_2。

4.计算

（1）含水量计算公式：

$$材料含水量\% = \frac{B-C}{C-A} \times 100\%$$

（2）试验结果应为两次重复试验的平均值，两次试验结果的差值应不超过2%。

5.酒精法代红外线

在无电源时，也可用酒精燃烧法来测定。即按“红外线灯法”取样，并称重约20克，分别装入已知重量的干铝盒中。然后用滴管将酒精滴入试样中，至试样表面可以看见酒精为止。点燃酒精，一直烧到火焰熄灭。如此燃烧2~4次，盖好盒盖，放入干燥器中冷却，称其干重，求得含水量，计算公式同4。

试验法4-4　粒料筛析试验

一、适用范围

本试验法适用于筛析拌制煤渣石灰、粉煤灰石灰等类混合料用的煤渣、碎石、砾石、稳定的冶金矿渣等材料。土的颗粒分析应按常规土工试验法测定，不包括在本试验法之内。

二、说明

粒料的筛析试验目的是测定各种尺寸颗粒的含量，便于了解粒料各级尺寸颗粒的搭配情况，即所谓级配。通过筛析试验可计算出各级粒料的分计筛余百分率和累计筛百分率。以颗粒尺寸为横坐标（对数），累计筛百分率为纵坐标，绘制出筛分曲线。

三、试验仪具

1.烘箱，最高温度为200℃，并有自动调温设备。

2.台称或天平，称量与感量根据粒料的粒径决定。

3.标准筛。

（1）大于5毫米的粗粒料用圆孔筛，各级筛孔尺寸及分挡可按当地习用标准。筛子的筛框内径为250毫米。下表各级筛孔尺寸可作参考，但不一定限用此孔径值，例如净孔尺寸亦可采用65、35、12.5毫米等。

筛孔径(净孔)(毫米)	100	80	70	60	50	40	30	25	20	15	10	5	2.5
筛孔数(个)	3	4	5	7	7	19	37	61	73	121	301	931	
孔距(中—中)(毫米)				80	66	50	35	30	25	18	13	7.5	5.0
金属板厚度(毫米)	2.0	2.0	2.0	2.0	2.0	2.0	2.0	2.0	2.0	2.0	2.0	2.0	2.0

（2）小于5毫米的细粒料，可采用各级黄砂筛子，孔径的分挡及尺寸可按当地习用标准。

四、试验方法

1.用四分法取样，试样经烘干（或风干）后备用。

2.按下表规定取试样：

粒料最大粒径(标准尺寸)	工地取样至少(公斤)	试验用大约数量(公斤)
75~50	40	20
50~35	30	15
35~25	25	12
25~15	20	10
15~5	15~10	2~4
5~2	4	0.5
2毫米以下	2	0.2~0.1

3.准确称取试样重量g_0，按筛孔大小的顺序过筛，直到每分钟的通过量不超过筛余量的1%为止。但每号筛上筛余层的厚度应不大于最大粒径，如超过，应将该号筛上的筛余试样分成两份，再次进行筛分。过筛细粒料时，亦

可采用摇筛机，振荡摇筛15分钟。

4.称取各筛筛余的重量为g_1。注意不得用于挤压筛料通过筛子。

5.计算分计筛余百分率和累计筛余百分率，并绘制级配曲线。

（1）分计筛余百分率，各筛号上的筛余量除以试样重量，以%表示，计算至0.1%。

（2）累计筛余百分率，该号筛上分计筛余百分率与大于该号筛的各号筛上分计筛余百分率之和，计算至0.1%。

（3）根据累计筛余百分率的计算结果，绘制级配曲线；有时采用通过百分率来绘制级配曲线，其换算关系式如下：

通过百分率＝100－累计筛余百分率。

五、试验记录

粒料筛分析试验记录表

试样编号	字第　号				试样来源			
集料名称					初拟用途			
试样重量	筛孔直径 d_i（毫米）	各筛存留重量 g_1（克）				各筛累计存单重量 a_i（克）	累计筛余（%） A_i	通过（%） B_i
		Ⅰ	Ⅱ	Ⅲ	平均			
①	②	③	④	⑤	⑥	⑦	⑧	⑨

试验者：________日期：________，复核者：________日期：________

试验法4-5　煤渣和粉煤灰的烧失量试验

一、适用范围

本方法适用于测定拌制煤渣石灰、粉煤灰石灰混合料用的煤渣和粉煤灰烧失量，以测定其未燃尽煤及其他有机物含量。

二、试验仪具

1.高温炉，温度范围300～1000℃。

2.分析天平，秤量100克，精度0.1毫克。

3.筛，筛孔1.2毫米，0.3毫米。

4.研钵。

5.干燥箱：温度范围100～110℃。

三、试样制备

取有代表性煤渣约2公斤，将大块打碎，用四分法分至500克，放入干燥箱内在105℃温度下烘2小时，冷却后将煤渣粉碎，通过1.2毫米筛孔，继用四分法缩分为20～30克放入干燥器内备用。粉煤灰样品取样及分样方法同上，但可省略研钵磨细的步骤。

四、试验方法

秤取5克试样放入已恒重的坩埚中，盖上坩埚盖并略留缝隙放入高温炉中，从低温升至900℃，并保持半小时，取出，放入干燥器中冷却至室温，秤重，然后继续放入900℃高温炉中灼烧，冷却，秤重。如此反复，直至恒重为止。每组试样不少于三个。

五、计算

烧失量按下式计算：

$$S\%=\frac{G_1-G_2}{G_1}\times 100$$

式中　S——煤渣或粉煤灰的烧失量，%；

G_1——灼烧前试样重，克；

G_2——灼烧后试样重，克。

六、试验记录

烧失量试验记录表

试样编号：　　　　试样来源：

试样名称：　　　　拟作用途：

编号	坩埚重 g（克）	灼烧前试样重 G_1（克）	灼烧后坩埚与试样重 G（克）	灼烧后试样重 G_2（克）	烧失量 $S\%=\frac{G_1-G_2}{G_1}\times 100\%$	烧失量平均值

试验法4-6　石灰类混合料最大干容重和最佳成型含水量试验

一、适用范围

本方法适用于测定煤渣石灰、粉煤灰石灰等石灰稳定类混合料的用压路机压实成型时的最佳含水量和相应的最大干容重。

二、说明

石灰稳定类材料压得愈密实，一般其强度愈大。但要压到需要的密实度，在混合料中需要有适当的含水量，过湿过干均不能达到要求的密实度。此外，压实的机械效能不同，其最佳压实含水量值和能够达到的最大干容重值也不同。各地可根据实际情况，选用下列试验方法。

三、标准试验法

按一般常规方法进行（可参照国家城建总局CJJ1-81《市政工程质量检验评定暂行标准》）。

四、重锤试验法

1.试验仪具

（1）标准击实仪（容积997厘米^3）一套。

（2）天平，称量200克，感量0.01克；称量2000克，感量1克。

（3）台称，称量10公斤，感量5克。

（4）筛，孔径5毫米。

（5）其它，喷水设备、烘箱及盛试样铝盒等。

2.材料准备

将原材料分别通过5毫米筛孔、按照设计的配合比分别称重，掺合后仔细拌匀。加入低于按经验估计的最佳含水量，再充分拌匀备用。

3.试验步骤

（1）将击实仪放在坚实地面上，取制备好的试样（其量应使击实后试样略大于筒高的1/5为度）倒入筒内，整平其表面，并用圆木板稍加压紧，然后按每层击实27次进行击实，击实时击锤应自由垂直落下，落高为45厘米，锤重4.5公斤锤迹必须均匀分布于试样表面。然后安装套环，把表面拉毛，重复上述步骤进行第二层、第三层及第四、五层的击实，击实后超过击实筒的余料高度不得大于6毫米。

（2）用修料刀沿套环内壁削挖后，扭动并取下套环，齐筒顶细心削平试样，拆除底板，如试样底面超出筒外亦应削平。擦净筒外壁称重，准确至1克。

（3）用推料器推出击实筒内试样，从试样中心处取2个各约20克的试样进行含水量测定。计算至0.1%，其平行误差不得超过1%。求试件的干容重。

（4）如此重作数次（一般不少于5次），每次增加含水量约2%，一直做到水分增加而试件容重开始降低为止。注意每次装筒的混合料重量要大致相当，过多或过少都会影响试验结果。

（5）计算及制图

按下式计算每次击实后的干容重：

$$\gamma_d=\frac{\gamma}{1+W}$$

式中 γ_d——干容重（克/厘米^3）；

γ——湿容重（克/厘米^3）；

W——含水量（%）。

以干容重为纵座标，含水量为横座标，绘制干容重与含水量的关系曲线，曲线上峰值点的纵、横座标分别表示混合料的最大干容重和最佳含水量，如 γ_d～W 关系曲线图。

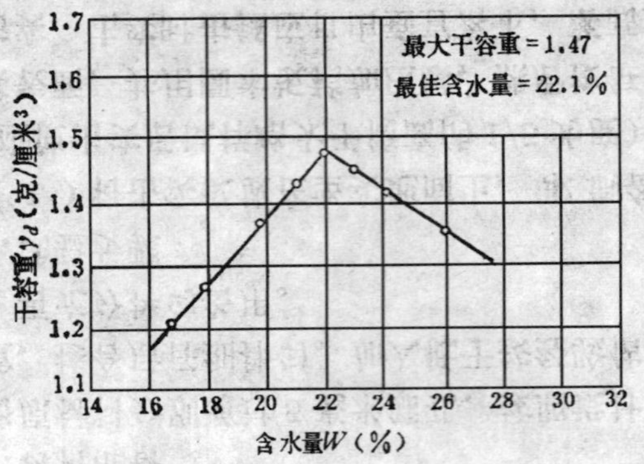

γ_d-W关系曲线图

试验法4-7 粉煤灰石灰、煤渣石灰类混合料抗压强度试验

一、试验目的

利用室内试验方法，在相当于工地压路机压实功能的条件下，取工地已拌好的材料制成试件，作抗压强度试验，作为评定基层质量的依据。

二、试验仪具

1.油压机20吨左右一台，压制试件用。如无，可用成型架一架和15～20吨千斤顶一台代替。

2.压力试验机2～5吨一台准确到10公斤，测定抗压强度用（如拌和厂配备此项设备有困难，可将恒温处理后试件，送专业试验部门进行饱水和加压）。

3.成型试模，为圆柱状试模（需要淬火），至少三套（见下图），尺寸要求如下表。

成型试模尺寸表(毫米)

标准尺寸	适用材料	d'	d	H_1	h_1	h_2	δ	试样截面积
7厘米试模	煤渣或粉煤灰石灰混合料	71.4	71.0	170	50	80	12	42厘米^2
10厘米试模	煤渣或掺粒料粉煤灰、石灰混合料	101.0	100.5	180	50	90	12	80厘米^2
5厘米试模	粉煤灰石灰(土)混合料	50.5	50.0	130	40	80	10	20厘米^2

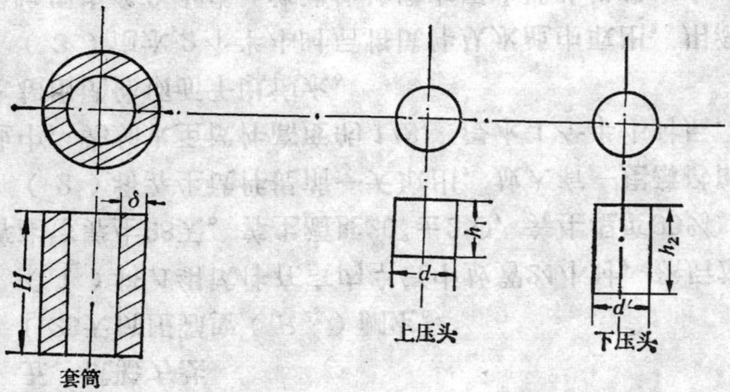

4.试件脱模机一台。

5.托盘天平一架，2000克，精度0.2克。

6.恒温烘箱一台，恒温范围50～150°C，精度±1°C。

7.称料用搪瓷盘、拌料用盘或锅、铲子、捣棒（弹形头圆棒或凿子）塑料布、量筒等。

8.定体积量器量各种原材料用。

三、试样采集

取工地已拌和完毕有代表性的混合料，每 1000 米^{2}路段取样不少于成型 6 个试件的重量，用塑料袋密封后，记录试样采集桩号送试验室。

四、试件制备

1.将自然含水量的土，煤渣或粉煤灰及消解石灰各通过 5 毫米筛。

2.按规定的体积配合比，量入各种原材料到拌和盘或锅，其数量以能至少制备三只试件为度。

3.先把各材料拌和数遍，然后在混合料中加入适宜水分使其含水量稍超过最佳成型含水量。拌和时可以根据手测（手捏能成，落地略有破碎）初步掌握，然后在压实成型时当试件有微量余水流出即可。

4.根据混合料的大约干容重和实有含水量，估算出每只湿试样重（5 厘米试件以 100 米^{3}计；7 厘米试件以280 厘米^{3}计；10厘米试件以800厘米^{3}计），然后分盘称重。

5.将湿混合料分两次装入涂油的试模中，试模的选择见上表，每次装料后用捣棒捣实若干次。混合料装定后放上压头。

6.把试件在 1 分钟内均匀地加载到 120 公斤力/厘米^{2}的成型压力（5 厘米的试件为 2.4 吨； 7 厘米试件为 4.8 吨；10厘米试件为 9.6 吨）稳定 3 分钟后卸载、脱模（将试件推出）并编号。

7.将从试模中推出的成型试件用尺量测试件高度，精确到 0.1 厘米。（若成型试件过高或过低，则可根据公式计算：$\frac{\text{试样重}}{\text{压实高度}}=\frac{\text{调整用料重}}{\text{标准高度}}$；例：煤渣石灰的计算试样重为500克，成型后煤渣石灰试件高度6.5厘米，而标准高度为7厘米，应如何调整用料？

解：设调整用料重为x，则$\frac{500}{6.5}=\frac{x}{7}$；

$$x=\frac{500\times7}{6.5}=538\text{ 克}$$

答：调整用料重应为538克

8.称试件重W_1，精确到0.2克。

9.试件一组共6只，分成A、B组予以编号并标上制模日期。

五、试验方法

1.28天抗压强度（R_{28}）测定。

（1）将A组试件在室内空气中放置24小时，然后放入养生室养生28天。养生温度20°±2°C，养生湿度90%。

（2）将养生试件提前一天取出，放入有一层薄砂的水池中，先加水至试件高度的1/3，浸水1个半小时后，加水超出试件顶面予以饱水。

（3）饱水2个半小时后将试件从水池中取出，用湿布吸吮周边多余水分。将试件放置在压力试验机球座上，压头与试件应均匀接触，以6毫米/分左右的加载速度加压，直至破坏。记录最大破坏荷载。

2.快速抗压强度（$R_{快}$）测定供拌和厂控制日常产品质量，及工地及时了解混合料质量时用，可与28天强度建立对比关系。

（1）将B组试件放在65°C±1°C的恒温烘箱内保温20～24小时后，取出冷却。

（2）把冷却后试件放入有一层薄砂的水池中，先加水至试件高度的1/3，浸水1个半小时后，加水超出试件顶面予以饱水。

（3）饱水2个半小时后将试件从水池中取出，用湿布吸吮周边多余水分。将试件放置在压力试验机球座上，压头与试件应均匀接触，以6毫米/分左右的加载速度加压，直至破坏。记录最大破坏荷载。

六、计算

$$\text{抗压强度}R_{快}=\frac{\text{最大荷载}}{\text{浸压面积}}；\ （\text{公斤力/厘米}^2）$$

$$\text{抗压强度}R_{28}=\frac{\text{最大荷载}}{\text{浸压面积}}；$$

试验法4-8 石灰类混合料压实密实度测定（灌砂法）

一、适用范围

本方法适用于现场测定石灰稳定类基层压实后密实度（即容重）。

二、仪器

1.磅称或天平，称量需与试样重相适应。

2.砂，测量试样体积用，要求颗粒接近均匀，清洁干净。

3.量筒1000毫升或2000毫升一只。

4.薄绸布一大块。

三、试验步骤及计算

1.在压实的路面结构层上挖一试坑，试坑的大小根据被测定材料的均匀性和颗粒大小而异，一般约为10厘米～

40厘米直径圆坑，试坑要挖到结构层全深度。将挖出的材料称得重量A。材料挖出后，应即取样测含水量（湿试样要立即称取）。

2.在用砂测量体积前用薄绸布先松驰地放入试坑，将干砂用量筒一筒一筒量体积后倒入试坑，直到与表面相平，记下试坑体积B。（干砂倒入量筒及倒入试坑的落距，必须相同）。

3.用下式计算湿容重：

$$湿容重=\frac{A}{B}$$

式中 A——掘出试样的材料重（克或公斤）；

B——试样体积（厘米^{3}或升）。

干容重按下式计算：

$$干容重=\frac{湿容重}{1+含水量}$$

中华人民共和国行业标准

钢渣石灰类道路基层施工及验收规范

CJJ 35—90

主编单位：武汉市市政工程设计研究院
批准部门：中华人民共和国建设部
实施日期：1990年10月1日

关于发布行业标准《钢渣石灰类道路基层施工及验收规范》的通知

(90)建标字第178号

各省、自治区、直辖市建委（建设厅），各计划单列市建委：

根据原城乡建设环境保护部（84）城科字第153号文的要求，由武汉市市政工程设计研究院负责主编的《钢渣石灰类道路基层施工及验收规范》，经审查，现批准为行业标准，编号CJJ35—90，自1990年10月1日起实施。在实施过程中如有问题和意见，请函告武汉市市政工程设计研究院。

中华人民共和国建设部

1990年4月21日

目　次

第一章　总　　则

第 1.0.1 条　为保证钢渣石灰类道路基层施工质量，加速钢渣的合理利用，统一标准，特制定本规范。

第 1.0.2 条　钢渣石灰类混合料适用于修筑各种道路的基层、底基层。

本规范中的钢渣系指平炉和转炉法炼钢产生的熔渣，在自然分解或加工分解后，达到稳定的块、粒、粉状的混合钢渣。高炉矿渣亦可参照使用。

第 1.0.3 条　钢渣石灰类混合料道路基层的施工，应尽量选择有利的季节。日平均气温低于 5 ℃时，不宜施工。在冰冻地区须在结冻前15～30d施工完毕。

第 1.0.4 条　钢渣石灰类道路基层施工，除按本规范的规定执行外，还应符合国家现行的有关标准、规范的规定。

第二章　原　材　料

第一节　钢　　渣

第 2.1.1 条　钢渣必须分解稳定，粒径符合规格要求，具有规定的强度。其游离氧化钙含量应小于 3 %；最大粒径不大于50mm；压碎值应小于30%。前期渣不得单独使用。应采用堆存一年以上的陈渣。

第 2.1.2 条　钢渣质量密度较碎石为大，计算用量时要加以注意。各地使用时，应以实际测试为准。附录二为钢渣的物理力学性能，可供参考。

第二节　石　　灰

第 2.2.1 条　石灰宜用低镁石灰，应充分消解，不得含有未消解的颗粒，且不含有杂质。熟石灰中的氧化钙和氧化镁的含量宜大于50%；生石灰中的氧化钙和氧化镁的含量宜大于60%。不能消解的颗粒含量大于20%时，应相应增加石灰剂量。当石灰中氧化钙和氧化镁的含量在30～50%之间时，应通过试验适当增加石灰剂量。当石头中氧化钙和氧化镁的含量小于30%时，不得采用。

第 2.2.2 条　石灰类工业废料（如电石渣等）和石灰下脚料，其适用范围可按第2.2.1条执行。对化工类石灰下脚料应检验其是否含有害物质，以免危害人畜和污染环境，具体处理方法可参照国家现行的有关标准、规范的规定。

第三节 粉 煤 灰

第 2.3 1 条 从煤粉炉排出的烟气中收集到的细颗粒粉末称为粉煤灰。按排放方式粉煤灰分为干排灰和湿排灰。它的化学成分和物理性能见附录二。

第 2.3.2 条 粉煤灰的二氧化硅与三氧化铝的含量之和宜大于70%，在700℃时的烧失量应小于10%。过湿的粉煤灰应堆高滤干；过干的粉煤灰应洒水以防飞扬。粉煤灰的干密度应根据当地材料实测，可为500～800kg/m³。

第 2.3.3 条 属于粉煤灰类的工业废渣，经过试验，数据符合JGJ 28—85《粉煤灰在混凝土和砂浆中应用技术规程》中表2.1.1的规定后，亦可使用。

第四节 土

第 2.4.1 条 掺入钢渣石灰类混合料中的土，其塑性指数以7～17为宜。土内有机物质含量宜小于8%；总可溶盐含量不得超过5%，其中硫酸盐含量应小于0.8%。

第五节 水

第 2.5.1 条 不含油质和pH值大于6的水，均可用于消解石灰、拌制混合料和养生。

第三章 混 合 料

第一节 配 合 比

第 3.1.1 条 钢渣石灰类混合料的配合比分两种：以原材料占混合料总干重的百分数计，称为质量比；以原材料松体积的份数计，称为体积比。试验室应采用质量比。施工时就地拌合可采用体积比控制；厂拌采用质量比控制。

第 3.1.2 条 钢渣石灰类混合料的配合比，应通过试验决定。在生产实践中，须根据原材料性质和设备情况、加固效果、应用的层位和水文条件等，选用经济实用的配合比，表3.1.2所列配合比可供试配时参考选用。

钢渣石灰类混合料常用配比 表 3.1.2

混合料种类	钢 渣	石 灰	粉 煤 灰	土
钢渣石灰粉煤灰	60～70	10～7	30～23	
钢渣石灰土	50～60	10～8		40～32
钢渣石灰	90～95	10～5		

第 3.1.3 条 各类钢渣混合料，其配合比必须满足下列条件：结合料的压实体积应大于钢渣的孔隙体积，以保证压实紧密表面密实。

第二节 最佳含水量和最大干密度

第 3.2.1 条 钢渣石灰类混合料的含水量应接近最佳压实含水量。最大干密度和最佳含水量可按附录四试验方法，用重锤法或压力机成型法（12MPa），通过试验确定。表3.2.1所列范围可供选用。

混合料最大干密度与最佳含水量　　表 3 2.1

混合料种类	质　量　比	最大干密度 (kg/m³)	最佳含水量 (%)
钢渣石灰粉煤灰	60～70；10～7；30～23	1600～2000	20～10
钢渣石灰土	50～60；10～8；40～32	1800～2200	13～7
钢渣石灰	90～95；10～5	1900～2215	11～9

第 3.2.2 条 钢渣石灰粉煤灰（土）混合料的最大干密度和最佳含水量由试验确定。亦可用公式计算。（见附录三）。

第三节 抗　压　强　度

第 3.3.1 条 强度要求应以当地交通情况及层位强度要求为原则。无地区特定指标的，可参照下述规定和表3.3.1。

混合料强度等级及适用范围　　表 3.3.1

项　　目	强度等级		
	Ⅰ	Ⅱ	Ⅲ
28d20℃湿治后无侧限饱水抗压强度(MPa)	≥2.0	1.5～2.0	1.0～1.5
标准轴次/d	≥625	250～625	60～250

主干路基层抗压强度应大于2.0MPa；主干路底基层或次干路基层，其抗压强度采用1.5～2.0MPa；次干路底基层或一般道路基层，其抗压强度采用1.0～1.5MPa。以上均为28d20℃湿治饱水强度。

第四章 施　工

第一节 准 备 工 作

第 4.1.1 条 新建道路的路床质量应符合现行《道路工程质量检验评定标准》CJJ1等有关标准，不符之处应予处理。

旧路加铺时，旧路上的泥土杂物和松散粒料等，应先清扫干净。干燥地区需用水湿润。局部坑槽应先修补夯实。

第 4.1.2 条 钢渣应提前做好品质和规格检验，待路基检验合格后直接运至路床摊铺，亦可提前运至沿线堆放。

第 4.1.3 条 钢渣石灰类混合料中的各种原材料，要根据工程进度和所需数量预先准备好，并取样试验，其规格与品质应符合本规定的有关要求。

可采用路床备料或路外集中备料两种方法，前者用于能封锁交通的道路；后者用于施工场地狭小的路段。

第 4.1.4 条 湿排的粉煤灰应在使用前几天运到现场，以便滤水，并要防止雨淋或灰粉飞扬。干排的粉煤灰应在装运前适量加水运送或用封闭车运输，以免扬灰。

第 4.1.5 条 石灰应在使用前5～7d消解完毕。严禁随消解随使用。消解石灰要注意掌握用水量，使石灰能充分消解，并保持一定含水量（可为20～35%），以免过干飞扬或过湿成团（参考用水量：消解每吨生石灰用水可为600～800kg）。对消解石灰人员，应备有劳动安全防护设备。

第二节 配　料

第 4.2.1 条 配料方法可分三种：

a.质量法——根据一次拌合的混合料总干质量和各种材料的含水量，算出各种材料的湿重，然后按各种湿重称料掺配成混合料。

b.体积法——根据混合料的质量比换算成体积比，用容器量测各种材料所占体积掺配成混合料。

c.层铺法——根据混合料的最大干密度，各种材料疏松密度和含水量，以及混合料的压实厚度等数据，计算各种材料的松铺厚度，以此控制摊铺厚度。层铺法适合机械路拌。

三种配料方法的各种材料用量计算公式，见附录三。根据含水量的变化，应随时调整材料用量。

第三节 加 水 或 去 水

第 4.3.1 条 施工中的加水量和加水次数，视施工时当地气温和材料的含水量而定。应使加水后的混合料含水量接近最佳含水量。

第 4.3.2 条 人工路拌或机械厂拌宜用压力喷头，机械路拌可用洒水车或其他洒水工具将水均匀喷洒，可随拌随加水，也可一次加水闷料8～12h后再进行拌和。

第 4.3.3 条 如混合料中水分过多，须晾晒风干。加（或去）水量的计算公式见附录三。

第四节 拌　和

第 4.4.1 条 人工路拌宜用条拌法，即将各种材料分层铺成条形后，边翻拌边前进，翻拌2～3遍后，按接近混合料最佳含水量所需的加水量，顺条均匀地洒入混合料中，然后拌合至混合料均匀为止。

第 4.4.2 条 机械路拌应按钢渣、其他材料、石灰由下至上顺序摊铺。宜用拖拉机带多铧犁和拖拉机带旋犁或圆盘耙，两台机具配合交叉翻拌。如有局部拌和不均匀或拌不到之处，应由人工补拌。

第 4.4.3 条 机械厂拌是采用适用的拌和机、粉碎机、皮带运输机和铲车等设备进行。操作时，先将石灰和粉煤灰（土）按一定比例由皮带运输机送入粉碎机，使之粉碎并拌匀后，再与一定比例的钢渣由皮带运输机分别同时送进拌和机中进行拌和。干燥地区或干热天气，拌合时含水量略大于最佳含水量的情况下拌和均匀，然后将拌合均匀的混合料卸至储料场（或仓）待运。在装运混合料时，如发现粗、细料有离析现象，应用铲车翻拌均匀后方能运至工地摊铺。混合料宜随拌和随运送、随摊铺、随碾压。为防止混合料硬结，要求从生产到碾压的时间，不宜超过7d。

第 4.4.4 条 拌和均匀的钢渣石灰粉煤灰（土）混合料中，不应有大于25mm的土、石灰及粉煤灰团粒。

第五节 摊铺和碾压

第 4.5.1 条 混合料在碾压时的含水量应为最佳含水量。允许误差为±2%。

第 4.5.2 条 将拌和好的混合料按设计断面和松铺厚度，均匀摊铺于路床内，其松铺厚度为压实厚度乘以压实系数。压实系数值宜按试铺决定，亦可参照如下范围：人工拌和、人工摊铺为1.4～1.6；机械拌和、机械摊铺为1.2～1.5。

第 4.5.3 条 分层摊铺时，应在下层压实后立即摊铺上层混合料。在摊铺上层混合料前，宜将下层表面洒水湿润。

第 4.5.4 条 钢渣石灰类混合料的压实厚度，应视压路机械的压实功能决定。最大为20cm，最小为10cm，其最上层至少为15cm。

a.机械拌和、机械摊铺的混合料，可直接用12～15t三轮压路机、轮胎压路机或振动压路机压实。

b.人工拌和、人工摊铺的混合料，应先用6～8t（或8～10t）两轮压路机，自两侧向路中，稳压两遍，然后用12～15t三轮压路机压实。两轮压路机每次重叠1/3轮宽，三轮压路机每次重叠后轮宽的1/2。

最后，应碾压至表面平整无明显轮迹。压实密度大于最佳密实度的0.95（基层）或0.93（底基层）。标高及其它指标均需符合质量验收标准。

第 4.5.5 条 初碾时应设人跟机，检查基层有无高低不平之处。对不符合断面处要及时处理，高处铲除，低处填平补齐。填补处应翻松洒水再加铺混合料。若基层压实后再找补，则须将找补处挖松8～12cm，洒适量的水后再加铺混合料，及时压实成型，不得贴薄层找平。在混合料整型压实前，要完全中断交通。

第 4.5.6 条 在碾压中若发现局部“弹软”时，应立即停止碾压，待翻松晾干或处理后再压，若出现松散推移应洒适量的水后再翻拌、整平、压实。

第 4.5.7 条 由于工作间断或分段施工，衔接处可留出一定长度不压实；人工摊铺时可留2m，机械拌和与摊铺时应留10m左右，供下一段施工回转机械之用。也可先把接头压实，待铺下段时，再挖松、洒水、整平、重压。

第 4.5.8 条 在温度较低季节施工，混合料含水量过大，碾压时粘轮严重，不易压实，在这种情况下，可采用间断式碾压方法：即先让表面晾干后进行初压，压至出水粘轮时立即停止碾压，待表面晾干后再加压，如此反复直至碾压密实为止。

第六节 早 期 养 护

第 4.6.1 条 压实成型并经检验符合标准的钢渣石灰类混合料道路基层，必须在潮湿状态下养生，可采用洒水养生（禁止用水管直接冲水），也可一次浇布透层沥青养生。养生龄期视季节而定，可为3～5d。

第 4.6.2 条 养生期间以封闭交通为宜。如不能中断交通，则要限制车速和交通量。严禁履带车辆通行及机动车辆在基层上调头或刹车，以保证基层表面不被破坏。发生局部变形时，应及时修补。

第七节 雨 季 施 工 措 施

第 4.7.1 条 要集中力量分段施工，各段土基在雨前做到碾压密实。对软土地段或低洼之处应安排在雨前施工。路床应开挖临时排水沟，以利排泄雨水。

排水沟要及时流通，因雨造成土基湿软路段，可采取晾晒、换土、用外掺料等措施。雨中及雨后土基严禁车辆通行。

第 4.7.2 条 粉煤灰、石灰、土，一次备料应适量，宜大堆存放，材料堆周围应设排水沟。

第 4.7.3 条 混合料要边拌和、边摊铺、边碾压。对已摊铺好的混合料，要在雨前或冒雨进行初压，雨停后再加压密实。对已铺好而尚未碾压的混合料，雨后应封闭交通，晾晒至适当含水量后再进行碾压。分层施工时，应在雨前铺好下层，以防止雨水润入土基。

第五章　质量标准与检查验收

第 5.0.1 条　施工中应建立健全试验、质量检查及工序间交接验收等项制度。每道工序结束后均应进行检验，合格后方可进行下一道工序。凡检验不合格的作业段，均应进行补救或整修。

第 5.0.2 条　钢渣石灰类混合料道路基层质量标准及验收要求，应符合表5.0.2-1的规定。试验和验收项目，可遵照表5.0.2-2进行，并做到原始记录齐全。

钢渣石灰类混合料基层质量标准与允许误差

表 5.0.2-1

序号	项　目	质量标准与允许误差	检　查　要　求
1	钢　渣	应符合2.1.1和2.1.3条	每批检验1～3次
2	钢渣用量	±5%	每作业段(台班)检验不少于1处
3	石　灰	应符合2.2.1和2.2.2条	每批石灰视其量的多少检查1～3次
4	石灰剂量	+2% −1%	每作业段(台班)检验不少于1次，并不大于$1000m^2$，或在配料时，控制石灰用量
5	粉煤灰	应符合2.3.2条	每批检验1～3次
6	粉煤灰用量	±3%	每作业段(台班)检验不少于1处
7	拌和均匀度	应符合4.4.4条并颜色均匀一致	每作业段(台班)检验不少于1处，并不大于$1000m^2$
8	混合料抗压强度	应符合表3.3.1	取工地拌和好的混合料，在室内成型，每组不少于3个
9	压实度	基层大于95%，底基层大于93%，并均须无明显轮迹	每碾压作业段检验不少于1次，并不大于$1000m^2$
10	厚　度	±10mm	每碾压作业段检验不少于1处，并不大于$1000m^2$
11	宽　度	不小于设计宽度	每碾压作业段检验不少于1处，并不大于40m
12	平整度	3m直尺不大于10mm；平整度仪标准偏差不大于4.5	用3m直尺靠量，平顺无波浪，每20m检验1次
13	纵向高程	±10mm	用水准仪测量，每20m 1个测点

原材料、混合料试验或检验项目　　表 5.0.2-2

序号	材　料	试验或检验项目
1	钢　渣	筛分；检验大于50mm颗粒含量；游离氧化钙含量；压碎值；松密度；视比重；持水重
2	熟石灰	有效氧化钙和氧化镁含量测定；不消解和未消解颗粒测定；含水量及湿松密度试验

续表

序号	材料	试验或检验项目
3	粉煤灰	烧失量；含水量及湿松密度试验；二氧化硅、三氧化二铝含量测定
4	混合料	最大干密度和最佳含水量试验(或计算)；现场的拌和均匀度(目测)；含水量；湿松密度；成型28d 龄期的抗压强度
5	混合料基层	压实度的检验和计算；厚度、宽度、平整度和纵向高程检验
6	土	塑性指数；含水量；有机质含量

附录一　设计厚度及结构组合

一、钢渣石灰类混合料道路基层设计方法，可采用各地区已有方法和经验，结合本地区参数进行设计，但需注意混合料的半刚性特性。无论新建或补强，该结构层厚度均应大于15cm。

二、钢渣石灰类混合料的耐磨性较差，其上必须加铺面层或磨耗层。对路况要求较高的路段，宜在面层与基层之间加铺联结层，或适当加厚面层以减少甚至避免基层结构收缩裂缝反映到沥青面层上来。

三、钢渣石灰类混合料的路面结构层的常用结构组合图式和其适用范围，可参照附表1.1选用。

常用路面结构组合及适用范围　　附表 1.1

序号	路面结构组合图式	适用于	标准轴次/d
1	 沥青混凝土 沥青碎石 钢渣石灰粉煤灰混合料 石灰土，级配碎(砾)石等 土基	主干路	＞625

续表

序号	路面结构组合图式		适用于	标准轴次/d
2	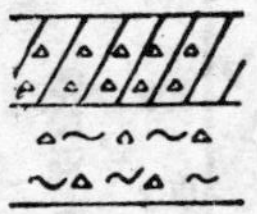 土基	水泥混凝土 钢渣石灰粉煤灰(土)混合料	主干路	＞625
3	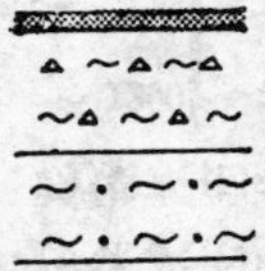 土基	沥青混凝土，沥青碎石，贯入式 钢渣石灰粉煤灰混合料 石灰土，级配砂石，混合钢渣	次干路	250～625
4	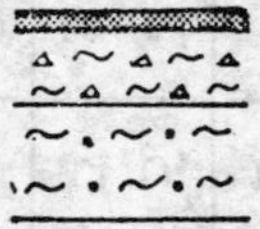 土基	沥青混凝土，沥青碎石，贯入式， 表处钢渣石灰类混合料 石灰土，级配砂(砾)石等	一般道路	60～250
5	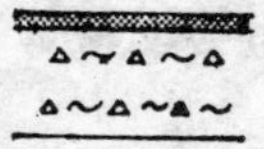 土基	沥青混凝土，沥青碎石，贯入式， 表处钢渣石灰类混合料	一般道路	＜60

附录二　原材料及混合料的一些性质

一、钢　渣

1.化学成分见附表2.1。

钢渣的化学成分　　**附表 2.1**

渣期	成分(%)									备注
	SiO_2	CaO	MgO	Al_2O_3	MnO	FeO	Fe_2O_3	P_2O_5	S	
前期渣	25～30	35～45	5～15	2～6	0～7	5～15		1～2	～0.5	转炉
	20～30	20～33	4～10	1～12	2～10	15～35	1～5	0.5～5	～0.1	平炉
后期渣	10～30	25～60	2～15	2～10	0～15	5～40	1～7	1～5	～0.2	转炉
	13～34	21～50	7～20	4～10	0.5～10	8～15	1～7	0.5～4	～0.2	平炉

2.力学性质见附表2.2。

钢渣的物理力学性质　　**附表 2.2**

类别	性能			
	松密度(kg/m³)	质量密度(kg/m³)	吸水率(%)	压碎值(%)
平炉混合钢渣	1500～1800	3.3～3.5	1.28～3.42	＜28
转炉混合钢渣	1500～1800	3.3～3.6	0.54～3.16	＜26

3.渣块的冻融性能见附表2.3。

渣块的冻融性能 **附表 2.3**

渣类组数	每组试件数	冻融次数	融化温度	冻结温度	质量损失率(%) 平均值	其中最大	其中最小	崩裂情况
陈渣3组	5	15	20℃	-20℃	0.71	1.26	0.00	无异常变化

二、粉 煤 灰

1. 粉煤灰的化学成分见附表2.4。

粉煤灰的化学成分（%） **附表 2.4**

SiO_2	Al_2O_3	Fe_2O_3	CaO	MgO	SO_3	烧失量
45～60	20～38	3～15	2～8	1～2	0.2～3.0	2～10

2. 粉煤灰的物理性质见附表2.5。

3. 粉煤灰的松密度与含水量的关系见附图2.1。

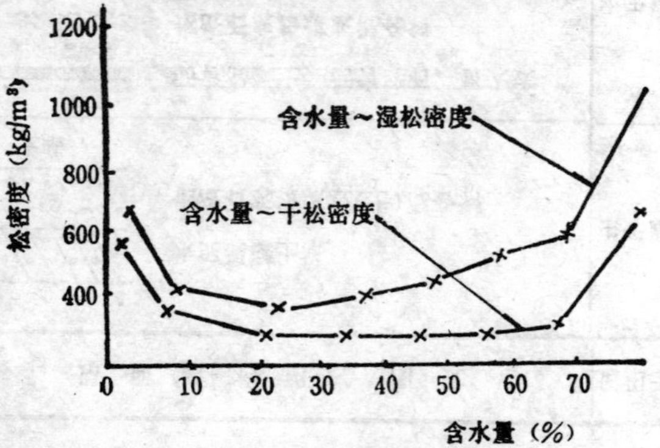

附图 2.1 粉煤灰的松密度与含水量的关系

粉煤灰的物理性质 **附表 2.5**

细度(0.080mm方孔筛的筛余量%)不大于		50～80
质量密度		2.0～2.3
自然状态（排灰坑）	含水量(%)	40～60
	干密度(kg/m³)	500～700
最大干密度(kg/m³)		900～1000
最佳含水量(%)		45～50
液限含水量(%)		55～60
比表面积：透气法(cm²/g)		2000～3500
颜色	干燥	灰白、浅灰
	潮湿	灰、灰褐

三、石 灰

熟石灰的含水量与松密度关系见附图2.2。

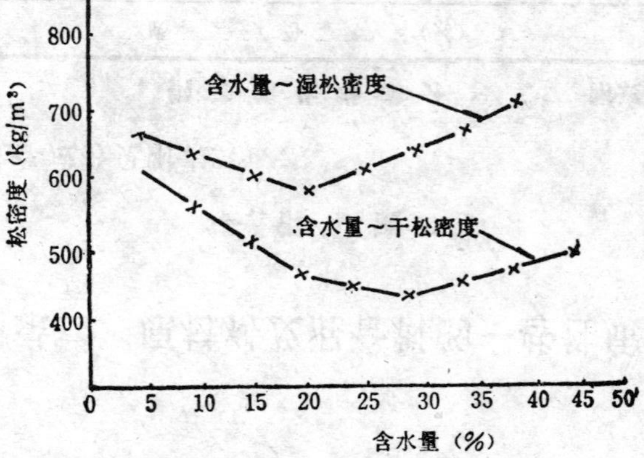

附图 2.2 熟石灰的含水量与松密度的关系

四、混 合 料

混合料的回弹模量值（MPa）见附表2.6和附表2.7。

混合料的回弹模量试验值（MPa）　　附表 2.6

类别	龄期（月）			
	1	2	3	4
钢渣石灰粉煤灰	2000～3000	2500～4000	3000～4000	4000～4800
钢渣石灰土	1000～2000	1200～2200	1500～2500	3000～3500
钢渣石灰	400～800	600～2000	800～2500	1000～3000

混合料回弹模量建议值（MPa）　　附表 2.7

类别	龄期
	28d（20℃湿治）
钢渣石灰粉煤灰	500～600
钢渣石灰土	350～450
钢渣石灰	250～350

附录三　几种计算公式

一、钢渣石灰类混合料最大干密度计算公式

（一）最大干密度计算公式：

$$\gamma_0=\frac{G\cdot s_0}{(m+n)\cdot G+R\cdot s_0}\cdot\beta \qquad (附3.1)$$

式中 R、n、m——分别为钢渣、石灰、粉煤灰的质量百分比，以占总干重百分数计；

G——钢渣的视质量密度（即整块钢渣的干密度），kg/m³；

γ_0——钢渣石灰粉煤灰的最大干密度，kg/m³；

s_0——粉煤灰、石灰混合料的最大干密度，kg/m³；

β——折减系数，可采用0.96～0.98。

（二）公式使用条件：

上式必须在 $\frac{m+n}{s_0}>K\cdot R\left(\frac{1}{\gamma_{\text{n}}}-\frac{1}{G}\right)$ 的条件下 $m:n:R$ 的配合比才允许在生产中使用。

K 定名为“悬浮系数”。当 $R=20\%$ 时，$K=1.00$；$R=80\%$ 时，$K=2.00$；在其他 R 值时，用插入法求 K 值。式中的 γ_{n} 为钢渣的干密度，kg/m³。

二、配合比换算、材料用量计算、加水量计算和层铺厚度计算公式

（一）质量比与体积比换算公式：

$$V_{钢}:V_{灰}:V_{粉}=\frac{G_{钢}}{\gamma_{钢}}:\frac{G_{灰}}{\gamma_{灰}}:\frac{G_{粉}}{\gamma_{粉}}$$

$$=\frac{G_{钢}\cdot\gamma_{灰}}{G_{灰}\cdot\gamma_{钢}}:1:\frac{G_{粉}\cdot\gamma_{灰}}{G_{灰}\cdot\gamma_{粉}} \quad （附3.2）$$

式中 $V_{钢}$、$V_{灰}$、$V_{粉}$——分别为钢渣、石灰、粉煤灰的松体积；

$G_{钢}$、$G_{灰}$、$G_{粉}$——分别为钢渣、石灰、粉煤灰占混合料干重的百分比（%）；

$\gamma_{钢}$、$\gamma_{灰}$、$\gamma_{粉}$——分别为钢渣、石灰、粉煤灰的干松密度。

（二）三种配料法的各种材料用量计算公式

1.质量法计算公式

$$g=Q\cdot P(1+w) \quad （附3.3）$$

式中 g——所需某种材料的湿重(kg)；

Q——一次拌和混合料的计算干重(kg)；

P——某种材料占混合料的百分比；

w——某种材料的含水量(%)。

2.体积法计算公式

$$\frac{P_1\cdot(1+w_1)}{\gamma_1}:\frac{P_2\cdot(1+w_2)}{\gamma_2}:\frac{P_3\cdot(1+w_3)}{\gamma_3} \quad （附3.4）$$

式中 P_1、P_2、P_3——分别为各种材料占混合料干重百分比；

w_1、w_2、w_3——分别为各种材料的含水量（%）；

γ_1、γ_2、γ_3——分别为各种材料的湿松密度（kg/m³）。

3.层铺法计算公式：

$$H=\frac{\gamma_0\cdot P\cdot h(1+w)}{\gamma} \quad （附3.5）$$

式中 H——某种材料松铺厚度（cm）；

γ_0——混合料的最大干密度（kg/m³）；

h——混合料基层的压实厚度（cm）；

P——某种材料占混合料的百分比；

γ——某种材料的湿松密度（kg/m³）。

（三）加（或去）水计算公式：

$$g_1=\frac{Q}{(1+w_1)}\cdot(w_0-w_1) \quad （附3.6）$$

式中 g_1——加（或去）水重，“+”为加水重，“-”为去水重（t）；

w_0——混合料的最佳含水量（%）；

w_1——混合料实际含水量（%）；

Q——混合料的湿重（t）。

（四）混合料虚铺厚度计算公式

$$H=h\cdot K \quad （附3.7）$$

式中 H——混合料虚铺厚度（cm）；

h——混合料压实厚度（cm）；

K——压实系数。

附录四　几种试验方法

一、钢渣压碎值试验方法

（一）适用范围

本方法适用于测定拌制钢渣石灰类混合料中的稳定钢渣的压碎值。

（二）说明

钢渣的压碎值，用于表征钢渣集料在施工荷载的情况下抵抗压碎的性能，也是衡量其力学性质的指标之一。是用规定尺寸的钢渣粒料，采用标准试筒，按规定的施荷方法，施加一定的压力，以压碎后损失的重量百分率来表示。

（三）试验仪器

1.一个内径150mm两端部开口的钢制圆形试筒，一个压柱和一块底板，其形状和尺寸见附图4.1和附表4.1。试筒的内壁，压柱的底面及底板上的表面，即凡与粒料接触的表面都要进行热处理，使其表面硬化，达到维氏硬度650,并保持光滑状态。

2.一根直的圆截面金属棒，其直径为16mm，长45～65cm，一头加工成圆形（半球面）。

3.一台称量为2～3kg，感量1g的天平。

4.圆孔筛：筛孔尺寸16mm，12mm及3mm。

5.一台500kN的压力试验机，压力机为能均匀增加荷载，并在10min内达到400kN。

6.一个圆柱形的金属长筒（可以用铁皮制作），其内径为112.0mm，高179.4mm（容积为1767cm³），用于量试样。

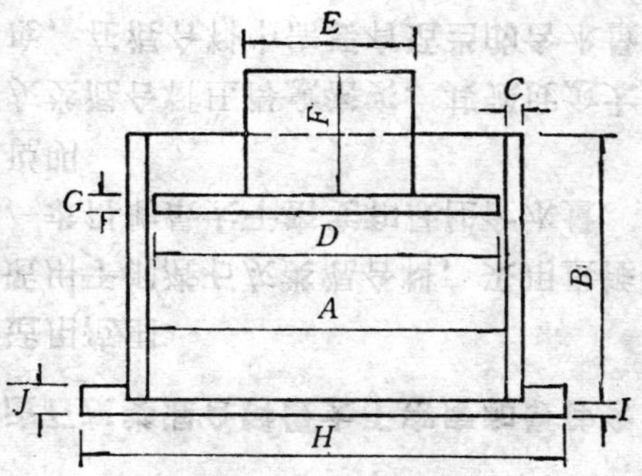

附图 4.1　钢渣压碎值试筒

（四）试样准备

用于标准试验的钢渣应该完全通过16mm的筛孔并全部停留在12mm筛孔的筛上。所筛分的钢渣试样数量应该足够做三个试验。

试验时，试样应该是表面干燥的。可以采用风干的试样。如果试样需要加热烘干，温度应该不超过110℃，烘干的时间不要超过4h。试验前，试样应冷却到室温。

每次试验的试样数量，按下节所述方法夯击后，试样在试筒中的深度恰为10cm。

钢渣压碎值试筒、压柱和底板的形状和主要尺寸。

利用金属量筒可以方便地找到所需试样的数量。将试样分三层倒入量筒中，每层的数量大致相同，每层都用夯棒（用具有半球面的一端）从距试样表面大约5cm的高度处自由落下夯击25次（击数需在试样表面均匀分布），最后用夯棒作

附表 4.1

符号	名称 试筒	内径150mm的试筒 (mm)
A	内径	150±0.3
B	高度	125～128
C	壁厚	不小于12
D	压柱	
	压头的直径	149±0.2
E	压杆的直径	100～149
F	压柱总长	100～110
G	压头的厚度	不小于25
	底板	
H	直径	200～220
I	厚度(中间部分)	6.4±0.2
J	边缘厚度	10±0.2

为直刮刀将表面刮平。

称取量筒中试样的质量（质量A），以后就用此相同数量的试样进行压碎试验。

（五）试验方法

1.将试筒安放在底板上。

2.将上面所得数量的试样分三次（每次的数量相同）倒入试筒中，每次倒入试样后，将试样表面整平，用夯棒如上节所述那样对试样夯击25次。最上一层试样的表面应该仔细整平。

3.将压柱放入试筒内的钢渣试样表面，应该注意使压柱水平地安放在试样表面上，而不要楔挤筒壁。

4.将装有试样的试筒连同压柱放到压力机上，以尽可能均匀的速度施加荷载，并在10min时达到总荷载400kN。

5.在达到总荷载400kN后，立即卸除荷载，将试筒等从压力机上取下。

6.将试筒内试样倒出，注意不要进一步压碎试样。

7.用3mm筛孔的筛子筛分经过压碎的全部试样，应分几次筛分，每次筛分时，均需筛到一分钟内没有明显数量的细料通过筛孔为止。

8.称量通过3mm筛孔的全部细料（质量B）。

在筛分和称量过程中，都要注意不使细料损失，一种试料应该做三个平行试验。

每次试验后，计算所得细料质量与试样总量的比值，即钢渣压碎值，并用百分数表示，结果只需取一位小数。

$$钢渣压碎值=\frac{B}{A}\times100\% \qquad (附4.1)$$

式中 A——风干试样的质量（g）；

B——通过3mm筛孔的细料质量（g）。

将三次试验结果的平均值用整数表示为钢渣的压碎值。

二、钢渣石灰类混合料最大干密度和最佳含水量试验

（一）适用范围

本方法适用于钢渣石灰类混合料，采用重锤法或压力机加压试验法，求得的最大干密度和最佳含水量。

（二）说明

钢渣石灰类混合料压得愈密实，其强度愈大，但要压到需要的密实度，在混合料中需要有适当的含水量，过湿或过干均不能达到要求最大的密实度。此外，压实的机械效能不同，其最佳压实含水量和能够达到的最大干密度值也不同。各地可根据实际情况，选用下述方法。

（三）重锤试验法

1.试验仪器

（1）重型击实仪一套；

（2）天平：称量200g，感量0.01g；称量2000g，感量1g；

（3）台秤：称量10kg，感量5g；

（4）筛子：孔径40mm和5mm；

（5）喷水设备、烘箱及盛样铝盒等。

2.材料准备

将原材料钢渣分别通过40mm筛孔，其它掺合细料通过5mm筛孔，按照设计的配合比分别称量，掺合后仔细拌匀，加入低于按经验估计的最佳含水量，再充分拌匀备用。

3.试验方法

（1）将击实仪放在坚实地面上，取制备好的试样（其量在使击实后试样略大于筒高的1/3为度）倒入筒内，整平其表面，并稍加压紧，然后按每层91次进行击实。击实时，击锤应自由垂直落下，落高为45cm，锤重4.5kg，锤迹必须均匀分布于试样表面。然后安装套环，把表面拉毛，重复上述步骤进行第二层、第三层的击实，击实后超过击筒的余料高度不得大于6mm。

（2）用修料刀沿套环内壁削挖后，扭动并取下套环，齐筒顶细心削平试样，拆除底板。如试样底面超出筒外亦应削平。擦净筒外壁，称重，准确至1g。

（3）用推料器推出击实筒内试样，从试样中心处取2个各500g的试样进行含水量测定。计算至0.1%其平行误差不超过1%，求试件的干密度。

（4）如此重做数次（不少于五次）。每次增加含水量约2%，一直做到水分增加而试样密度开始降低为止。注意每次装筒的混合料重量要大致相同，过多或过少都会影响试验结果。

（5）计算及制图

按下列计算每次击实后的干密度：

$$\gamma_d=\frac{\gamma}{1+w} \tag{附4.2}$$

式中 γ_d——干密度（g/cm³）；

γ——湿密度（g/cm³）；

w——含水量（%）。

以干密度为纵座标，含水量为横座标，绘制干密度与含水量的关系曲线，曲线上峰值点的纵、横座标分别表示混合料的最大干密度和相应的最佳含水量。如γ_d-w关系曲线图。

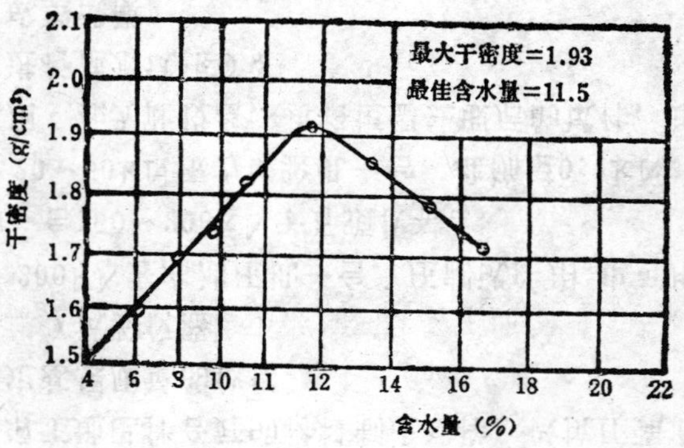

附图 4.2 γ_d-w关系曲线

（四）压力机加压试验法

1.试验仪器

（1）200kN油压试验机一台；

（2）加压试模（同抗压试件成型的 10cm 圆柱状试模）；

（3）天平：称量200g，感量0.01g及称量2000g，感量1g；

（4）台秤：称量10kg，感量5g；

（5）筛：孔径30mm及5mm；

（6）其它：喷水设备、烘箱、盛样铝盒及拌料盒、三角铲刀等。

2.材料准备

将原材料钢渣通过30mm筛孔，其它掺合细料分别通过5mm筛孔，按照设计的配合比分别称重，掺合后仔细拌匀。加入低于按经验估计的最佳含水量，再充分拌匀备用。

3.试验方法

（1）取制备好的均匀试料2kg，一次均匀倒入涂油的加压试模中，不加捣实用三角铲刀将试料表面整平，装上压头，将加压试模连同试料置于压力机的承压板中央。

（2）把试料在1min内均匀地加载到12MPa的压力（10cm圆柱形试模为96kN）稳定3min后卸载，脱模（将试样推出）。

（3）将从加压试模中推出的试样用卡尺精确量测试样的直径和高度，精确至0.5mm。

（4）把从加压试模中推出的经量测体积的试样称重，准确至1g，并从试样中心处取 2 个各约 200g的试样进行含水量测定。计算至0.1%，其平行误差不得超过1%，求试样的干密度。

（5）如此重复数次（不少于五次），每次增加含水量约2%，一直做到试样开始溢出水分和密度下降为止。

（6）计算及制图与重锤试验法相同。

三、钢渣石灰类混合料抗压强度试验

（一）试验目的

利用室内试验方法，在相当于工地压路机压实功能的条件下，取工地已拌合好的材料制成试样，做抗压强度试验，作为评定基层质量的依据。

（二）试验仪器

1. 200kN左右油压机一台，压制试件用。也可用一架成型架和一台150～200kN千斤顶代替。

2. 20～50kN压力试验机一台，准确至0.1kN，测定抗压强度用（如无此设备，可将恒温处理后的试件，送专门试验部门进行饱水试压）。

3.成型试模

成型试模尺寸(mm)　　**附表 4.2**

尺　寸	适用材料	d'	d	H	h_1	h_2	δ	试样截面积
10cm试模	钢渣石灰类混合料	99.5	99.5	180	50	90	12	80cm²

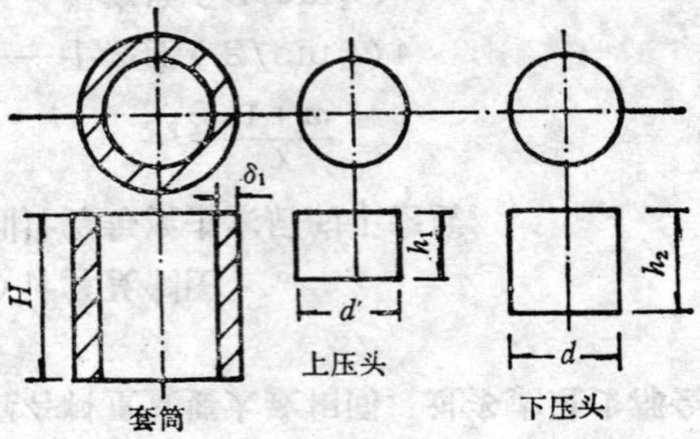

附图 4.3　试模尺寸

4.试件脱模机一台（亦可在压力机上脱模）。

5.托盘天平：2000g，精度0.2g，一架。

6.恒温烘箱：恒温范围50～150℃，精度±1℃，一台。

7.称料用搪瓷盘、拌料用盘或锅、铲子、捣棒（弹头形圆棒或凿子）、塑料布、量筒等。

（三）试样采集

取工地已拌和完毕有代表性的混合料或原材料，每1000 m^2路段取样不少于成型六个试件的重量，用塑料袋密封后记录试样采集桩号送试验室。

（四）试样制备

1.将已测含水量粉煤灰和消解石灰（或用烘干材料）各通过5mm筛孔。

2.将已测含水量的钢渣（或用烘干材料）通过40mm筛孔。

3.按规定的重量比称料，其数量以能至少制备三只试件为度。

4.先把三种材料拌和数遍，然后在混合料中加入适宜水分。使其含水量稍超过最佳成型含水量，拌和时可以根据手测（手捏能成团，落地略有破碎）初步掌握。然后在压实成型时，当试件有微量余水流出即可。

5.根据混合料的大约干密度和实有含水量，估算出每只湿试样重，然后分盘称量。

6.先把下压头放入试模中，将湿混合料分两次装入涂油的试模中，每次装料后用捣棒捣实若干次，混合料装好后放上压头。

7.把试件在1min内均匀地加载到12MPa的成型压力，稳定3min后卸载，脱模（将试件推出）并编号。

8.将试件用尺量测高度，精确至0.1cm（若成型的试件过高或过低，则可根据公式计算）。

试样质量/压实高度＝调整用质量/标准高度　（附4.3）

（五）试验方法

28d饱水抗压强度（f_{28}）测定。

1.试件成型后置于室内空气中放置24h，然后放入养生室养生28d，养生温度20±2℃，湿度90%。

2.将养生试件提前一天取出，放入有一层薄砂的水池中，先加水至试件高度的1/3，浸泡1.5h后，加水超出试件顶面予以饱水。

3.饱水2.5h后将试件从水池中取出，用湿布吸吮周边多余水分。将试件放在压力试验机承压板的中央，压头与试件均匀接触，以每分钟6mm左右的速度加压，直至破坏。记录最大破坏荷载。

4.计算：

饱水抗压强度（f_{28}）＝破坏荷载/受压面积　（附4.4）

四、钢渣石灰类混合料压实密度测定（灌砂法）

（一）适用范围

本方法适用于现场测定钢渣石灰类混合料道路基层压实后的密实度（干密度）。

（二）仪器

1.磅秤或天平，称量需与试样重相适应；

2.砂：测量试样体积用，要求颗粒接近均匀，清洁干净；

3.量筒：1000ml或2000ml一只；

4.薄绸布一大块。

（三）试验步骤及计算：

1.在已压实好的基层上挖一试坑，其大小根据被测定材料的均匀性和颗粒大小而定，可为20～40cm直径圆坑，试坑需挖到结构层全深度，将挖出的材料称得重量A。材料挖出后，应立即取样测含水量（湿试样要立即称重）。

2.在用砂测量体积前用薄绸布先松弛地放入试坑，将干砂用量一筒一筒地量测体积后倒入试坑，直到与表面相平，记下试坑体积B（干砂倒入量筒及倒入试坑的落距，必须相同）。

3.用下式计算湿密度：

$$湿密度 = A/B \qquad （附4.5）$$

式中 A——挖出试样的材料湿重（g或kg）；

B——试坑体积（cm^3）。

4.按下式计算干密度：

$$干密度 = 湿密度/(1 + 含水量) \qquad （附4.6）$$

附录五 本规范用词说明

一、为便于在执行本规范条文时区别对待，对要求严格程度不同的用词说明如下

1.表示严格，在正常情况下均应这样作的用词：

正面词采用“应”；

反面词采用“不应”或“不得”。

2.表示允许稍有选择，在条件许可时首先应这样作的用词：

正面词采用“宜”或“可”；

反面词采用“不宜”。

二、条文中指明应按其他有关标准、规范执行的写法为：

“应该……执行”或“应符合……要求或规定”。非必须按所指定的标准和规范执行的写法为：“可参照”。

附加说明

本规范主编单位，参加单位及主要起草人名单

主编单位： 武汉市市政工程设计研究院

参加单位： 北京市市政工程设计研究所、天津市市政工程研究所、沈阳市市政工程设计研究院、成都市城市建设研究所、长沙市城市建设研究所、鞍山市城建局、湘潭市城市建设研究所

主要起草人： 沈敦义、林仕如、周世才、王立柱、罗伟宝、陈茂明、肖雨蓉、刘贵芳、何振林、董林春、李克元

中华人民共和国行业标准

城市道路养护技术规范

CJJ 36-90

主编单位：北京市市政工程管理处
批准部门：中华人民共和国建设部
施行日期：1990 年 12 月 1 日

关于发布行业标准《城市道路养护技术规范》的通知

（90）建标字第237号

根据原城乡建设环境保护部（86)城科字第263号文的要求，由北京市市政工程管理处主编的《城市道路养护技术规范》，经我部审查，现批准为行业标准，编号CJJ36-90，自1990年12月1日起实施。在实施过程中如有问题和意见，请函告北京市市政工程管理处。

中华人民共和国建设部

1990年5月15日

目　次

第一章 总 则

第1.0.1条 城市道路是城市的基础设施。为加强城市道路的养护，维护道路设施的功能，统一技术标准，提高城市道路的养护管理水平，特制定本规范。

第1.0.2条 本规范适用于全国城市道路的养护。自然地理有差异的城市可制定补充细则。道路设施管理体制不同的市或县镇，可参照执行。

本规范不包括大型桥梁、排水管道及泵站的养护。

第1.0.3条 城市道路翻修和加固工程，应执行国家颁发的有关城市建设工程设计、施工及验收规范。

第二章 一般规定

第一节 城市道路的范围及等级划分

第2.1.1条 城市道路是指城市规划范围内的市区道路设施。尚未规划和尚未实现规划的城市，以及县、镇的道路，可参照本规范执行。

第2.1.2条 城市道路是城市的基础设施，具有交通功能和对沿线建筑物的服务功能，也是改善市容的重要方面。

城市道路的养护包括车行道、人行道、地下排水设施、桥隧、人行地道、平立交路口设施、道路标志、交通标志、市政服务设施、广场、护栏、道路绿地以及相应的配套设施的养护等。

第2.1.3条 城市道路应分类、分等养护。

一、按照道路在道路系统中的地位、交通功能与对沿线建筑的服务功能等，将道路分为以下四类：

1 类：主干路。是城市道路网的骨架，为连接城市各区和与国道、省道相通的交通干路，以交通功能为主。一般应分幅行驶。

2 类：次干路。是城市的交通干路，以区域性交通功能为主，兼有服务功能。与主干路组成道路网，广泛连接城市各区与集散主干道交通。

3 类：支路。是居民区及工业区或其他类地区的交通路线，为连接次干路与街坊路的道路，以服务功能为主。

4 类：街坊路。

二、按照各类道路在城市中的重要性，本着保证重点，养好一般的原则，将道路分为三等养护：

1 等：市内主要干路、集会中心、省或市领导机关所在地、商业繁华街道、重要生产区、外事活动及游览路线；

2 等：市内次干路、区域集会点、商业街道、市或区领导机关所在地、外事活动及旅游路线或市区之间联络线、重点地区或重点企事业所在地；

3 等：道路的支路、规划区内居民区及工业区的主要道路、街巷同主次干路的联接线、重点地区及重点企事业所在地的街坊路。

第二节 城市道路养护的经济技术项目规定

第2.2.1条 应结合城市的养护技术水平，确定合理的养护周期。

第2.2.2条 要经常保持道路各部位技术状况良好，加强小修保养，及时处理破损，提高道路设施的完好率。

第2.2.3条 道路养护作业应采用定型的维修机械，提高技术装备率和动力装备率。

第2.2.4条 城市道路养护修理要做到快速优质。

第2.2.5条 城市道路养护作业应适合城市的特点，做到：

一、道路补修的形状应规则、美观；

二、养护作业场所必须设置安全标志；

三、养护应文明施工，即做到工完、料净、场地清。

第三节 城市道路养护工程分类

第2.3.1条 城市道路养护工程依其工程性质、工程规模、工程量、工作量等内容，分为小修保养、中修和大修三类。

以上三类工程的划分，均以在检查单元内（200～500m）所进行的养护工作为基本条件。

一、小修保养：

1.为保持道路功能和设施完整所进行的日常保养。

2.对路面零星挖补，其工作量不超过$200m^2$；路面加铺磨耗层，或道路附属构造物以及桥涵等的小型修理，工作量小于1万元。

3.应按管辖的道路范围（km^2或km）和年度扩大（综合）养护单价计算小修保养费。年度扩大养护单价由各城市自行确定。

二、中修工程：

1.以恢复道路原有功能或以综合性修理为主的修理工程；

2.对路面零星挖补，数量大于或等于$200m^2$，或其他小型修理项目的工作量大于或等于1万元。

三、大修工程：

1.以改善道路通行状况为主的局部工程或道路翻修加固工程；

2.挖补路面数量大于或等于$4000m^2$，或路面的综合修理工程及桥梁的修理加固工程的工作量大于或等于20万元。

具体应符合表2.3.1的规定。

养护工程分类 表2.3.1

工程分类	小修保养		中型修理	大型修理
工程量（m^2）	零星	<200	≥200，<4000	≥4000
工作量（万元）		<1	≥1，<20	≥20

第三章　城市道路路面技术状况的鉴定

第一节　一般规定

第3.1.1条　路面技术状况鉴定范围为水泥混凝土路面与沥青路面的机动车道，但也可用于非机动车道。

第3.1.2条　城市主、次干路路面技术状况的鉴定，可每年进行一次，其余道路可根据需要进行。

第3.1.3条　进行路面技术状况鉴定，每条道路应至少选择一个单元，以其单元鉴定值或平均值表示该路路面技术状况。若一条道路路面损毁状况的差异较大，应分段进行鉴定。

第3.1.4条　鉴定单元应符合下列规定：

一、道路长度在200～500m之间，并依路面宽度确定；

二、水泥混凝土路面面积不超过5000m²。

为便于系统掌握路面状况的变化规律，历次鉴定的单元应相对固定。

第二节　城市道路路面技术状况鉴定内容

第3.2.1条　路面技术状况鉴定的内容如下：

一、路面结构的整体强度和现况交通量；

二、车行道的平整度；

三、车行道路面的粗糙度；

四、沥青路面和水泥混凝土路面的各种破损类型及数量。

第3.2.2条　表示柔性路面结构整体强度性能的指标为相对强度系数Y。

$$Y=\frac{L_r}{L_s} \qquad (3.2.2)$$

式中　L_r——现况交通量的计算容许弯沉值（mm）；

L_s——实际测定的弯沉值（mm）

第3.2.3条　路面车行道平整度的指标，以3m直尺实测（直尺底面至路面间隙量），每个单元测点不少于50个的算术平均值，并加实测值的标准差表示。

$$S_0=\overline{S}+\sigma \qquad (3.2.3)$$

式中　S_0——测定路面的平整度代表值（mm）；

$\overline{S}$——平整度实测值的算术平均值（mm）

σ——实测值的标准差（mm）。

第3.2.4条　道路路面破损状况的定量以路面破损率为指标。路面破损率是指测定单元内各种破损的面积总和占测定单元面积的百分数。

$$路面破损率=\frac{\sum 各种类型破损面积}{测定单元面积}\times 100\% \qquad (3.2.4)$$

第3.2.5条　城市道路路面的粗糙度是指在潮湿状态下路面与车轮间的滑动磨阻系数，以摆式仪测定值为准。

第3.2.6条　综合评定路面的使用品质优劣，采用路面使用状态指数（LSZZ）值表示路面综合使用性能。前述第3.2.2条，第3.2.3条，第3.2.4条和第3.2.5条中的单项指标表明了路面在单一性能方面的技术状况。

$$LSZZ=100-\sum P_i \qquad (3.2.6)$$

式中P_i为各种破损密度和平整度对路面状况表现的影响值。其中，水泥混凝土路面按表3.2.6查得，沥青路面按图3.2.6—1和图3.2.6—2查得。

第3.2.7条　道路路面技术鉴定测定方法，路面各种破损类型的判定及数量计算见附录一。

水泥混凝土路面破损量影响值 表3.2.6

破损类型	标准及范围	影响值
平整度（包括露骨）	3m直尺实测50次的平整度	>10mm扣2个单位 >11mm扣4个单位 >13mm扣6个单位
错台	相邻两块版高差>15mm	每处扣一个单位
破碎	版边、版角等碎裂，累积破损面积	每3m²扣一个单位
填缝料散失	伸缝内填料不饱满	每条缝扣一个单位
唧泥	唧泥的缝长×0.2m	每处扣2个单位

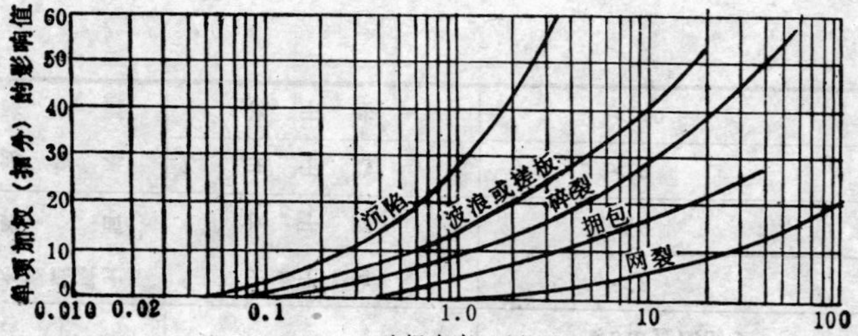

图3.2.6—1 破损密度影响值曲线图

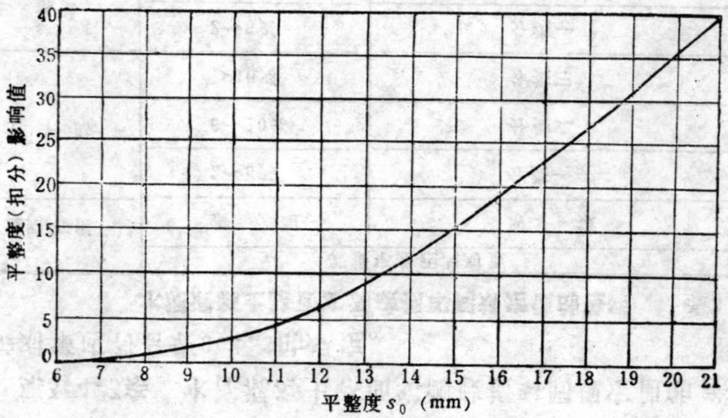

图3.2.6—2 平整度影响值曲线图

注：图中系3m直尺平整度曲线。

第三节 城市道路路面技术状况指标的规定值

第3.3.1条 路面技术状况指标必须符合本节以下各条规定。

第3.3.2条 城市道路路面的破损率应符合表3.3.2的规定。

破损率规定值 表3.3.2

路面种类		破损率规定值
水泥混凝土路面	主干路	<2%
	次干路	<2%
沥青类路面	主干路	<2%
	次干路	<3%

第3.3.3条 路面平整度指标应符合表3.3.3的规定。

第3.3.4条 城市道路路面粗糙度指标应符合表3.3.4的规定。

平整度规定值 表3.3.3

路面种类	道路等别	平整度规定值（mm）（3m直尺法）
水泥混凝土路面	主干路	<8
	次干路	<9
沥青类路面	主干路	<9
	次干路	<10

粗糙度规定值 表3.3.4

路面种类	道路等别	粗糙度规定值		
		直线段	平曲线	纵坡加平曲线
水泥混凝土路面	主干路	0.48	0.50	0.55
	次干路	0.40	0.50	0.54
沥青混凝土或沥青碎石	主干路	0.48	0.50	0.55
	次干路	0.38	0.50	0.54
沥青贯入式	主干路	0.45	0.46	0.54
	次干路	0.38	0.46	0.54

第3.3.5条 柔性路面整体强度系数均应大于1；刚性路面的强度应符合相应交通等级的设计强度要求。

第3.3.6条 路面使用状态指数应符合表3.3.6的规定。

路面使用状态指数规定值 表3.3.6

路面种类	路面使用状态指数（LSZZ）规定值	
水泥混凝土	主干路	≥95
	次干路	≥95
沥青类路面	主干路	≥90
	次干路	≥85

第四节 技术鉴定与措施

第3.4.1条 城市道路路面的养护应根据各项技术标准指标的测定值同第三节中所列规定值的差距确定，以破损率和平整度指标为主。在比较各单项指标与规定值的差距时，应同时参考路面使用状态指数同规定值的差距，综合考察决定养护对策。

第3.4.2条 路面养护工作的工程分类因路面技术状况指标实测值同规定值的差距大小而异，宜分为：

一、一般养护、零星修理、补修；

二、局部修理恢复、罩面、补修、少量翻修；

三、预防修理、加铺面层、补修修复、翻修。

第3.4.3条 水泥混凝土路面实测破损率同规定值的差距及养护对策应符合表3.4.3的规定。

水泥混凝土路面实测破损率同规定值的差距 表3.4.3

道路等别	破损率差距与对策	
	差距	对策
主干路	2～5%	分类一
	6～10%	分类二
	>10%	分类三
次干路	2～6%	分类一
	6～12%	分类二
	>12%	分类三

第3.4.4条 沥青类路面实测破损率同规定值的差距及养护对策应符合表3.4.4的规定。

沥青类路面实测破损率同规定值的差距及养护对策 表3.4.4

道路等别	破损率差距与对策	
	差距	对策
主干路	3～7%	分类一
	7～15%	分类二
	＞15%	分类三
次干路	3～8%	分类二
	8～15%	分类二
	＞15%	分类三

第3.4.5条 路面实测平整度同规定值的差距及养护对策应符合表3.4.5的规定。

路面实测平整度同规定值的差距及养护对策 表3.4.5

路面种类	道路等别	平整度差距与对策		路面种类	道路等别	平整度差距与对策	
		差距(mm)	对策			差距(mm)	对策
水泥混凝土	主干路	＜2	分类一、二	沥青类路面	主干路	＜3	分类一、二
	次干路	＜3	分类一、二		次干路	＜4	分类一、二
	主干路	≥2	分类二、三		主干路	≥3	分类二、三
	次干路	≥3	分类二、三		次干路	≥4	分类二、三

第3.4.6条 在决定养护对策时，除应符合前述第3.4.3条、第3.4.4条和第3.4.5条规定外，还应参考表3.4.6所列路面使用状态指数（LSZZ）实测值同规定值的差距及养护对策的规定，进行综合考虑。

路面使用状态指数实测值与规定值差距及养护对策 表3.4.6

道路等别	路面使用状态指数实测值与规定值差距		养护对策
	沥青路面	水泥混凝土路面	
主干路	＜1	＜1	
	2～5	2～5	分类一
	6～15	6～15	分类二
	16～35	16～35	分类二、三
	＞35	＞35	分类三
次干路	＜1	＜1	
	2～5	2～5	分类一
	6～15	6～15	分类二
	16～40	16～35	分类二、三
	＞40	＞35	分类三

第3.4.7条 路面粗糙度实测值同规定值的差距及养护对策，应符合下列规定：

一、当实测值小于规定值且差距在0.05范围内，采取对策分类一；

二、当实测值小于规定值且差距在0.05～0.10范围内，采取对策分类二或三。

因粗糙度影响车辆通行时，应采取修理恢复性的措施。

第3.4.8条 路面出现整体强度不足，不宜通过养护方法解决时，应分别按刚性路面与柔性路面的补强设计和加铺层设计加以解决。

第四章 路基养护

第一节 一般规定

第4.1.1条 路基必须加强日常保养，以保持路基密实及排水性能良好。

第4.1.2条 城市道路路基面层多为全部覆盖，包括人行道面绿带、分车带和排水暗沟。未全部覆盖的路基由路肩、边坡、护坡、挡土墙、排水明沟、截水沟等部位组成。

第4.1.3条 路基养护应符合下列规定：

一、路肩密实，横坡适度，无积水、沉陷和堆积物，边缘顺直平整；

二、土质边坡平整、坚实稳定；

三、挡土墙及护坡完好，泄水孔通畅；

四、排水明沟、截水沟等排水设施通畅，沟内无杂草且坡度适宜；

五、对翻浆路段应及时处理或抢修，减少对行车的影响。

第二节 路 肩

第4.2.1条 路肩应保护路基稳定和路面完整。

第4.2.2条 路肩出现车辙、坑槽，路肩边缘积土，应及时进行平整。

第4.2.3条 对土质松散的路肩，可采取以下稳定措施：

一、采用石灰土或砾料石灰土稳定路肩；

二、撒铺石屑或其他粒料进行养护；

三、在路肩外侧，用块石或混凝土预制块铺砌护肩带，其最小宽度不小于200mm；

四、为保护路面边缘，可在路肩上沿路面边缘安置路缘石。

第4.2.4条 对于城郊繁华及混合交通量大的地段，可改建成为硬路肩。

第三节 边 坡

第4.3.1条 对路肩边缘与路堤坡脚高差大于2m并且易受雨水冲刷或土质松散的地段应设置护坡道。

第4.3.2条 边坡保养应符合下列规定：

一、边坡出现冲沟、缺口及塌落时应进行整修；

二、路堑边坡出现裂缝可用粘性土填实，以防止地表水渗入路基。如出现潜流涌水应采取开沟隔断水源，或其他导流措施。

第4.3.3条 边坡防护与加固措施应符合下列规定：

一、植被防护分为铺条形草皮和全铺方块草皮两类。前者用于填方边坡地段，后者用于坡度陡于1:1.5的挖方边坡上或坡长8m以上的填方边坡。

二、块石、卵石及预制块的铺砌方式分为干砌和浆砌两种。在地面径流流速小于1.5m/s的地段应采用干砌，其厚度不宜小于200mm；地面径流流速大于1.5m/s或有风浪地段应用浆砌。

三、岩石开裂并有岸塌危险的边坡，或大于1:1.5的边坡，可采用混凝土或钢筋混凝土铺筑。

四、岩石挖方受雨水浸蚀出现剥落或崩塌不稳定的地方，可用锚喷法加固。在加固范围内应设置泄水孔，对涌水地段，应挖水平泄水沟避免喷射面内侧水回流。

五、路堑或路堤边坡高差大，且受条件限制，坡度达不到土壤稳定要求时，应修筑挡土墙。

第4.3.4条 对滑坡地段应加强观测，作好观测记录，分析可能出现的异常情况，及时采取措施。

一、在滑坡体上方设置截水沟，滑塌范围内修建竖向（主沟）及斜向（支沟）排水沟，汇集地表水并引出滑坡体外；

二、若滑坡体位于地下水充沛的地段内，则应设置盲沟或截断水源，以防止对坡体的浸湿和渗透；

三、修建挡土墙等抗衡坡体滑动坍塌的构筑物。

第四节　挡土墙、护坡

第4.4.1条　挡土墙及护坡是稳定和保护路基的构筑物，应定期检查，发现异常现象，应及时采取措施。

第4.4.2条　城市道路的挡土墙及护坡应达到坚固、耐用、整齐和美观的要求。

第4.4.3条　应及时清除挡土墙及护坡上滋生的杂草和树丛以防止损毁构筑物。

第4.4.4条　墙体及坡面出现裂缝或断缝，应先做稳定处理，再进行补缝。

第4.4.5条　圬工和混凝土类挡土墙，表层出现风化剥落时，应修复原有保护层。若表层剥落严重影响砌体安全，可用钢丝网混凝土补强。

第4.4.6条　挡土墙出现严重渗水，应及时疏通堵塞的泄水孔，并可增设泄水孔或加做墙后排水设施。

第4.4.7条　挡土墙出现倾斜、鼓肚、滑动及下沉，应先消除侧压因素，然后进行加固。

第五节　边沟、排水沟、截水沟

第4.5.1条　边沟、排水沟和截水沟是排除城郊道路地表水的主要设施，必须满足使用要求，并经常保持完好。

第4.5.2条　土质边沟的纵坡坡度应不小于0.5%，平原地区排水困难的地段也不宜小于0.2%。若土质为细砂质土及粉砂土且纵坡在1～2%时，或者是粉沙质粘土及沙质粘土且纵坡为3～4%，或流量大时，必须加固边沟。排水沟和截水沟可参照本条的规定执行。

第4.5.3条　边沟、排水沟和截水沟的淤积物应随时清除疏通，保持沟内流水畅通，断面完好。对沟型断面破损应及时保养或整修恢复。为了便于经常养护维修，应每隔一定距离或在变坡点及出口处用浆砌块料做成标准沟型断面，以控制沟底高程和断面尺寸。

第六节　土基的修复

第4.6.1条　修建城市各类地下设施，应避免或减少挖掘道路。

第4.6.2条　土基和挖掘沟槽的土基回填，应符合以下规定：

一、沟槽内不得有积水、木料、支撑、工具、草帘等杂物，并应当日回填，当日夯实；

二、禁止使用腐植土及淤泥，含草根、树皮、垃圾、杂物等土壤，硬土块（冻土块）、碎石等材料的含量超过30%，或其中最大颗粒超过100mm的土壤；

三、土基和沟槽分段填土时，交接处应做成阶梯形，阶梯长度应大于层厚的两倍；

四、用人工回填土时，槽底至管道顶以上500mm的范围内，应从管道两侧对称进行，水平分层回填，宜用人工夯实；

五、控制分层填土（虚厚）的厚度应根据采用的夯实机具而定。应符合表4.6.2的规定。

第4.6.3条　沟槽回填土的压实度，按回填深度及图4.6.3标明的部位以及路面等级（表4.6.3—1）应分别符合下列规定：

一、胸腔填土部位Ⅰ（轻型击实法）大于90%；

二、管顶以上500mm范围内填土部位Ⅱ（轻型击实法）大于85%；

三、管顶500mm以上至路床以下（部位Ⅲ）的填土压实度应符合表4.6.3—2规定。

填土虚铺厚度 表4.6.2

机具名称		每层虚厚（mm）
人工夯	木夯	100
	石夯	200
动力夯	蛙式夯	250
	冲击夯	250
压路机	2t压路机	250
	压路机	200～350
	轮胎压路机	200～400

路面等级表 表4.6.3—1

路面类别	路面种类
高级路面	水泥混凝土、沥青混凝土（含黑色碎石）、水泥混凝土预制块、沥青深贯入式等
次高级路面	沥青表面处理、沥青浅贯入式等
过渡式路面	泥结碎石、级配砾石、水结碎石

管顶500mm以上至路床以下填土压实度 表4.6.3—2

路床以下深度（mm）	路面类别	压实度（%） 轻型击实法	压实度（%） 重型击实法
0～600	高级路面	≥98	≥95
	次高级路面	≥98	≥95
	过渡式路面	≥90	≥87
600～1500	高级路面	≥95	≥93
	次高级路面	≥95	≥93
	过渡式路面	≥90	≥87
>1500	高级路面	≥95	≥93
	次高级路面	≥95	≥93
	过渡式路面	≥85	≥83

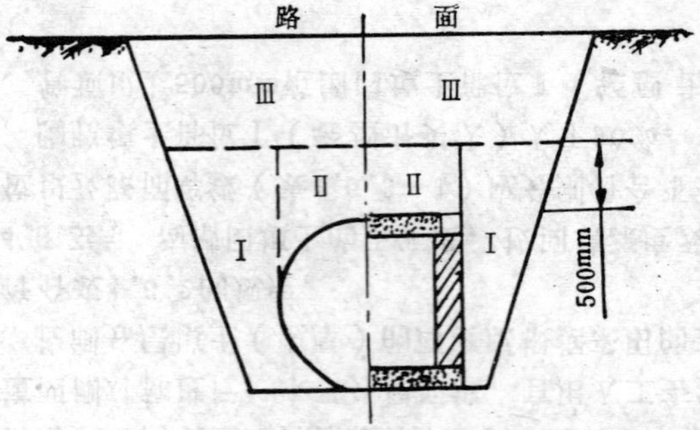

图4.6.3 回填土部位

Ⅰ、Ⅱ、Ⅲ——填土部位

第4.6.4条 在路床以下600mm的深度内，宜采用砂砾、砂及石灰土类材料回填，防止路面下沉。

第4.6.5条 “回填沟槽”遇有特殊情况，应采取下列措施：

一、用土回填不能保证质量时，可用砂、天然级配砂砾等材料回填；

二、沟槽发生塌方时，宜加大沟槽断面后，再回填；

三、沟槽内管顶上回填厚度小于设计规定时，应对管道上半部进行加固。

第七节 路基翻浆

第4.7.1条 路基含水量超过塑限，加上行车作用，使路面出现弹簧、裂缝、冒浆等破损时，应及时进行养护处理。

第4.7.2条 当路基含水过多，并受正负气温反复影响，使路基强度降低，路面冒浆破损时，应彻底处理，保持路基稳定。

第4.7.3条 处理翻浆应符合以下规定：

一、做好路面日常养护和路基疏干工作。雨季前，应消除路肩积水，补修路面碎裂和坑槽，填灌补修裂缝，以减少地表水渗入。雨季后，应疏掏排水设施，使排水顺畅。冬季应清除翻浆路段上的积雪。

二、交通量小的路段或支路，可采取挖掘土基晾土回填或换土回填的措施。

三、钻孔灌注生石灰桩，加固土基。

四、路面出现鼓包、车辙以及大片裂缝、洇水、颤软等病害时，应采取以下措施：

1.必须临时平整损坏的路面，以维持通车；

2.在路肩上，每隔5m开挖宽约300mm的横沟，沟深随解冻情况逐渐加深，至路面底层以下止，以利水分的排除和蒸发；

3.路面坑洼严重的路段，应设横纵向相连的盲沟并与边沟相通，若受边沟高程等条件所限，不能利用边沟排水时，可设置渗水井；

4.如条件许可，可使车辆绕道行驶或限制重车通过，以减轻路面损坏程度。

五、待翻浆停止后，进行下列工作：

1.拆除一切临时设施，以利行车；

2.挖补翻浆，可换填400～600mm厚的砂性土、石灰土、石料及炉渣，压实后重铺路面。

第八节　特殊地区的路基

第4.8.1条　特殊地区的路基养护方法与一般地区不同，应因地制宜，做好小修保养。

第4.8.2条　盐渍土路基受到雨水或雪水浸湿后，会出现坍塌、溶陷、路基发软、强度降低等病害，因此必须使路基的排水系统经常保持良好状态。

第4.8.3条　黄土地区的路基常出现裂缝、剥落、沟槽、坍方、陷穴等病害，应使用减缓坡面，种草（铺草皮），抹“草泥”，并每隔300～400mm打入木楔，用四合土（石灰、黄土、细砂、炉渣）或石料加固等方法进行治理。

第4.8.4条　泥沼地带的路基常出现沉降、冻胀、弹软、沉陷、滑动等病害，应使用挑挖排水沟降低水位、提高路基、加固路基（如灌注生石灰桩）等方法进行治理。

第五章 路面养护

第一节 一般规定

第5.1.1条 对路面应有计划地进行恢复补强，改善翻修，提高其技术状况。

第5.1.2条 路面养护维修应保证原路面的结构标准，不降低原结构强度。

第二节 水泥混凝土路面

（Ⅰ） 基本要求

第5.2.1条 水泥混凝土路面（以下简称水泥路面），系指素混凝土或钢筋混凝土板路面。

第5.2.2条 水泥路面应具有较高的强度、耐磨、抗冻等特性。

第5.2.3条 土基和基层应具有设计要求的承载强度和稳定性。

第5.2.4条 填缝材料应选用与混凝土粘结力强，回弹性能好，抗嵌入能力强，耐用，且施工方便，价格低廉的材料。常用的有灌入类及预制嵌缝条类。其配方可参照附录二。

第5.2.5条 水泥路面局部翻修施工时，应遵照水泥混凝土路面工程施工及验收规范的要求。

（Ⅱ） 水泥路面的保养

第5.2.6条 水泥路面必须经常清除泥土、石块、砂砾等杂物，严禁在路面上进行拌合砂浆或混凝土等作业。平交道口以及与其他不同种类路面连接的地方应加强清扫。

第5.2.7条 水泥路面的接缝是保养工作的重点，应及时排除嵌入缝内的杂物，填充或更换填缝材料，以保持伸缩缝的功能。

第5.2.8条 水泥路面的填缝料应在雨季到来前（及冬季降雪前）更新完毕，防止雨（雪）水下渗。

（Ⅲ） 水泥路面的补修

第5.2.9条 水泥路面出现裂缝、坑槽、错台、破碎等破损应及时补修。

第5.2.10条 补修路面裂缝应符合下列规定：

一、水泥路面产生纵向或横向裂缝，可把裂缝切成V形槽，清除灰尘及油迹，在槽壁涂上粘结剂，然后用水泥砂浆补修。粘结剂配方参照附录三。

二、水泥路面的板角部分容易发生裂缝。在裂缝的早期可用乳剂和嵌缝料填充；晚期（角隅部分已完全活动）应凿成方形槽（钢筋混凝土板，要注意保留钢筋），清槽后涂环氧粘结剂，重新浇筑同等强度的混凝土或嵌入同尺寸的预制混凝土块，接缝处用填缝料嵌缝。若角隅部分的基础薄弱，应先处理基础后补修面层。

三、因强度不足出现网状裂缝时，可用环氧粘合剂或乳剂等填充，如裂缝集中而密集，宜翻修处理。

四、处理水泥路面与检查井、花坛、隔离带等设施相接部位，或者在交叉路口分块中存在锐角角隅部位的裂缝，必须针对裂缝原因采取相应的处理措施。

五、对于支路和街坊路也可用沥青混合料补修。

第5.2.11条 补修路面坑槽应符合下列规定：

一、深度等于及大于30mm的坑槽，须先作局部凿除，再补修面层；

二、深度小于30mm的浅坑，可用环氧粘结剂粘接，水泥砂浆或混凝土补修表层；

三、对于支路和街坊路可用沥青混合料补修。

第5.2.12条 在完整板块之间的错台处理，可用细粒式水泥混凝土或水泥砂浆修补。板块高差超过10mm时，接顺的坡度不得大于1%。补修路面，可用具有亲水性能的环氧粘结剂。

第5.2.13条 因水泥路面发生空隙而产生错台时，可向板体下注入乳化沥青或水泥浆固定混凝土板；或采用顶升施工法及灌浆施工法将板块恢复到原来位置。

第5.2.14条 补修接缝破损应符合下列规定：

一、因胀缝机能失效，或缩缝失养被硬物堵塞，受温度、应力的作用板体发生拱起及破损时，应做如下处理：

1.板端拱起但路面板块完好，应迅速修理接缝，将板块恢复原位；

2.板端发生断裂及破损时，应按本章第5.2.10条第二款的方法进行补修。

二、接缝处因传力杆设置不当所引起的损坏，应将原传力杆纠正到正确位置。

三、因板端接缝处基层强度降低，在接缝临近处产生破损或断裂，应将破损部分（距板端大于1m处）切除，并浇筑钢筋混凝土。若原路面系钢筋混凝土路面，则应尽量保留原有钢筋并加固板端钢筋。

第5.2.15条 修复道路沟槽应符合下列规定：

一、应按原结构恢复基层及面层；

二、可采用沥青材料或预制混凝土块临时修复，待恢复基层后再铺设水泥路面。

第5.2.16条 装配式水泥路面板的补修，应预制同等级、同尺寸的板块，将损坏的板块吊起更换。一般以砂作整平层，为了提高基础强度，亦可在基层上铺设水泥砂浆整平层。

第5.2.17条 水泥路面补修质量标准应符合表5.2.17的规定。

水泥路面补修质量标准 表5.2.17

序号	项目	允许偏差	检验范围	说明
1	平整度	≤5mm	修补的板块	用3m直尺
2	相邻板高差	≤3mm	缝	用尺量
3	横断高程	±10mm且横坡差不大于±1%		用水准仪测量
4	纵缝直顺	≤10mm	与相邻板块	用尺量（20m小线法）
5	横缝直顺	≤10mm		用尺量
6	蜂窝面积	≤2%	每块板	用尺量
7	厚度	±10mm	两伸缝之间	
8	抗折强度	不低于设计的等级强度	补修水泥混凝土的数量≥20m³时，应做一组试块	

（Ⅳ）水泥路面的加铺面层

第5.2.18条 水泥路面大面积的表面剥落及水泥路面面层磨光，可做双层沥青表面处理。粘层油应按沥青路面规范选用，用量应均匀，以免再度剥落。对已磨光的路面，也可用割槽机或人工将路面切割成小横槽，以恢复抗滑力。

第5.2.19条 用沥青混合料进行罩面，其厚度不得小于20mm，以防剥落。

第5.2.20条 为减少水泥混凝土板缝的反射，宜铺筑有沥青碎石联结层的沥青混凝土路面（总厚度不宜小于150mm）。如果条件允许，可铺筑贯入式沥青碎石路面。

（Ⅴ）水泥路面翻修

第5.2.21条 翻修水泥路面不得小于一块板。

第5.2.22条 水泥路面的翻修，应按照原有路面结构修复。必要时，在统一规划的条件下，可提高原有路面标准，逐步翻修改造，达到新的标准。

第三节　沥青路面

（Ⅰ）基本要求

第5.3.1条　必须随时掌握沥青路面的使用状况，及时进行小修保养，以保持路面经常处于完好状态。补修项目应符合槽形规则的要求（见棱见方），密实平整，接茬平顺。

第5.3.2条　所用各种沥青质量应符合《各种沥青面层选用的沥青标号》GBJ92及《重交通量道路石油沥青技术指标》GBJ92的规定。

第5.3.3条　应根据《沥青路面气候分区表》JTJ037，按路面类型、施工方法、矿料情况、地区条件、施工经验等决定沥青标号。

（Ⅱ）路面常见破损的处理

第5.3.4条　处理路面裂缝应符合下列规定：

一、因石灰土基层干缩和冻缩引起的裂缝，缝宽在10mm以内，可用热沥青灌缝，缝宽大于10mm，可用沥青砂或细粒式沥青混凝土补缝；

二、因基层及土基强度不足引起的裂缝，应先处理基层和土基，后修复面层；

三、裂纹和轻微的碎裂，可采用刷油处理、喷油封面及局部表面处理，防止渗水扩大破损；

四、碎裂应采用挖补方法维修，若基层和土基破坏，必须一并处理。

第5.3.5条　处理路面松散（脱皮）应符合下列规定：

一、因操作不当造成沥青面层的松散，应采取挖补的方法修复；

二、因基层或土基松软变形而引起的面层松散，应先处理基层和土基，后补修面层；

三、因面层与基层之间粘结不良造成的松散或脱皮，应在清除损坏的面层后，洒粘层油，重新铺筑面层；

四、属于面层本身油料不均匀、骨料重叠而引起的脱皮，应翻修面层。

第5.3.6条　路面麻面的处理应符合下列规定：

一、麻面严重且数量较大的路段，可采用沥青罩面（其中石油沥青用量为0.8～1.0kg/m²）或铺10～15mm厚的沥青砂封面处理；

二、麻面轻微且数量较小的路段，可薄刷一层沥青，撒砂压实。

第5.3.7条　路面坑槽（沉陷）的处理应符合下列规定：

一、基层完好，仅面层有坑槽或沉陷时，采取挖补面层的方法；

二、因基层的原因路面出现坑槽或沉陷，应先处理好基层，再补修面层；

三、在寒冷地区，冬期路面出现坑槽，可临时处理，保证路面平整，待气温回升后，再做挖补处理。

第5.3.8条　路面拥包（油包、油垄）的处理应符合下列规定：

一、油包、油垄及轻微的拥包，可用加热器烘烤铲除法或铣刨机削平法处理；

二、因基层原因引起严重拥包，应先处理基层，再补修面层。

第5.3.9条　路面泛油的处理应符合下列规定：

一、泛油轻微的路段，可薄撒一层石屑或粗砂，并碾压稳定；

二、泛油严重的路段，按其程度选用不同规格的石料，并用“撒料碾压、强加骨材”的方法处理。

第5.3.10条　路面翻浆的处理应符合下列规定：

一、因面层成型不好或裂缝，受雨雪水浸入引起的轻微翻浆，可待路基水份蒸发且路基稳定后，修理裂缝或挖补更换面层；

二、因基层质量不好或土基原因产生的翻浆，应按本规范第四章第七节的规定处理土基后，再进行基层和面层的补修。

第5.3.11条 处理路面啃边应符合下列规定：

一、因路面边缘强度不足发生的啃边，应按挖补方法处理；

二、由于通行车辆增多引起的啃边，除修复路边破损外，还应改善路肩及路缘石。

第5.3.12条 加铺磨耗层（保护层）应符合下列规定：

一、路面出现沥青老化或脱皮、轻微裂缝等破损，可通过洒油（石油沥青或阳离子乳化石油沥青）养护、表面处治、加铺沥青混合料等，恢复其耐磨表层。

二、如路面主层的大粒径石料外露，则必须加铺沥青混合料面层。禁止在拌合式磨耗层上再叠加同类的表层，或者在沥青含量过大的油层上加铺磨耗层；

第5.3.13条 应利用再生沥青混合料更新路面。

第5.3.14条 沥青混凝土路面低温施工应符合下列规定：

一、当日平均气温低于5℃时，应按冬期施工各项规定办理。

二、冬期施工应提高沥青混合料拌合温度：石油沥青混合料为160～170℃，煤沥青混合料为120～130℃。

运送沥青混合料应采取保温措施，到达工地温度：石油沥青混合料不低于140℃，煤沥青混合料不低于110℃。工地应备有加热工具以及挡风和保温设备。

三、铺料时间应在气温最高阶段内进行，并应作到三快（卸料快、摊铺快、整平快）、二及时（及时找平、及时碾压）。

四、新旧沥青混合料相接处，应将旧沥青混合料加热，铺料后迅速夯实、烙平，并用压路机顺接缝方向加强碾压，以达到良好效果。

五、冬期施工应备足碾压设备进行碾压。初碾温度，石油沥青混合料不低于100℃，煤沥青混合料不低于30℃。宜“先重后轻”，以保持混合料温度。终碾温度石油沥青混合料不低于50℃，煤沥青混合料不低于40℃。

第5.3.15条 沥青路面补修质量标准应符合表5.3.15的规定。

沥青路面补修质量标准 表5.3.15

序号	项目	允许偏差	检验范围	检验方法
1	平整度	≤7mm	20m检一点	用3m直尺
2	密实度	>95%	500m²检一点	灌沙法
3	厚度	±10%	500m²检一点	用直尺量
4	接茬	<5mm		用3m直尺

第四节 块料铺砌路面

（Ⅰ） 块石路面的基本要求

第5.4.1条 块石路面按块石的质量，所采用的基础、整平层和填缝料的不同，分为整齐块石、半整齐块石及不整齐块石路面。

第5.4.2条 块石路面必须设置整平层，石块之间用填缝料嵌填，以保证路面的平整及稳定。

第5.4.3条 整齐块石路面的石料应采用Ⅰ级石料，半整齐块石路面及不整齐块石路面的石料，应符合Ⅱ级标准。

第5.4.4条 块石路面补修质量标准应符合表5.4.4的规定。

块石路面补修质量标准　　表5.4.4

序号	项　目	允许偏差（mm）			检验范围	检验方法
		整齐块石	半整齐块石	不整齐块石		
1	平整度	±10	±15	±20	20m检一点	用3m直尺
2	中线高程	±10	±20	±20	20m检一点	用水准仪测量
3	横断高程	±5	±5	±5	20m检一点	用水准仪测量
4	最大缝宽	10	10	15	20m检一点	用尺量

第5.4.5条　不整齐块石和半整齐块石可以直接铺砌在厚100～200mm的砂或炉渣层上，也可用碎砖、碎石和级配砾石作基层。整齐块石根据需要可铺设在低等级强度的水泥混凝土或稳定土基层上。

第5.4.6条　整齐块石路面，要求有质量较高的基层和整平层，基层采用抗压强度大于15MPa的水泥混凝土，整平层为10MPa的水泥砂浆。

（Ⅱ）块石路面的保养

第5.4.7条　块石路面的日常保养，主要是排除积水、污泥、杂物，保持路面清洁。养护重点是缝隙。

一、水泥砂浆填缝料发生破碎，应及时铲除重新灌缝，凝固前禁止行车；

二、用砂，砂砾、煤渣、石屑等材料填缝，易被轮胎吸附作用吸出，因此必须做到及时填缝；

三、用大卵石铺砌的圆石路面，要加强检查，勤加填缝，保持密实。

第5.4.8条　春季及雨季期间应加强检查，保持排水通畅，对翻浆和松软处，应及时处理。

（Ⅲ）块料路面的修理

第5.4.9条　路面边缘发生破损应进行修理。在整平压实路槽的同时，应整理好路肩，一并压实；在路槽内撒铺相当于原厚度的整平层，撒铺范围应比修补面宽200m以上；调整边石，加培路肩，再铺块石。在修复后的2～3周内要经常扫匀补充填缝料，并使其保持湿润状态。

第5.4.10条　因整平层不稳定或车辆和自然因素的作用，路面产生沉陷、隆起等破损时，应针对产生的原因采取相应的措施后，再重建整平层和面层。若属于路面石质变弱形成的破损，应更换破损的块石并修平路面。若整平层受到污染，应先重建整平层并添建滤水层，再铺砌石块。

第5.4.11条　路面产生坑槽及错台时，应更换破损的块石并修平路面。若整平层受到污染，应先重建整平层并添建滤水层，再铺砌石块。

第5.4.12条　当条石路面粗糙条纹的深度小于2mm时，应进行凿毛处理，以增加路面的粗糙度。条纹应顺路面的横向或带有10°以上的倾斜度，间距10～30mm，深度5mm以上。

（Ⅳ）块石路面的翻修

第5.4.13条　翻修路面的施工要求与新铺块石路面相同，但翻修时，必须针对损坏原因，采取相应措施后，再铺块石面层。

第5.4.14条　块石参考尺寸及类别，参照附录四。

第5.4.15条　其他块料类路面可参照本节各条规定执行。

第五节　过渡式路面

第5.5.1条　过渡式路面应经常保持路面坚实平整，磨耗层、保护层经常保持完好。发现路面破损，应及时维修，防止破损面积扩大。

第5.5.2条　路面的养护维修，应保持原路面材料的要求。补强路面材料应与原路面材料相同，从旧路面挖出的材料，应经筛分，与新料拌合使用。

第5.5.3条 过渡式路面应加强雨后保养，及时消除路面车辙、松散、坑槽等。

第5.5.4条 磨耗层的修理应符合下列规定：

一、磨耗层发生高低不平和局部磨损，应予补修；

二、磨耗层经行车磨损过甚，尚未达到重铺周期，可加铺磨耗层，加铺前应洒粘土浆，以利粘结。加铺材料应与原料相同，磨耗层的压实系数应达到1.3～1.4。

第5.5.5条 路面坑槽和车辙的补修应符合下列规定：

一、面积较小且深度小于30mm的坑槽和车辙，可“刨边”补修。

二、面积较大且深度大于30mm的坑槽和车辙，应挖槽补修：

1.挖槽要求与沥青路面相同。挖槽深度应不小于原坑槽的最大深度，最浅不得小于修理时所用最大石料的1.5倍；

2.挖槽时尽量避免扰动下层旧石料，挖出的碎石、砂、土等宜筛分后重新利用；

3.如路面坑槽较多，且坑槽之间距离又近，可将邻近坑槽连片补修。

三、在坑槽和车辙深至路基时，应先处理好路基，再作面层。

第5.5.6条 路面松散及搓板（波浪）的处理应符合下列规定：

一、路面出现厚度小于30mm的松散层，应利用筛分后的旧料并补充新料，予以恢复。如松散厚度较大时，应挖槽补修。

二、路面出现轻微（即波峰与波谷高差小于50mm）的搓板（波浪），而且已经稳定，应“铲凸补凹”使其平整。

三、如搓板（波浪）严重（即波峰与波谷高差大于50mm）时，可作局部翻修，必要时还应处理路基。

第5.5.7条 路面弹簧和翻浆的处理应符合下列规定：

一、如条件允许时可挖横沟排水或降低地下水位；

二、挖出翻浆部分，处理好基础，再重新铺筑面层。

第5.5.8条 如路面强度不能满足交通量的需要时，应予补强，提高其承载能力。

第六章 中小型桥梁、隧道、涵洞的养护

第一节 一般规定

第6.1.1条 城市道路的中小型桥梁、隧道、涵洞，人行桥及桥梁附属构筑物在使用过程中，要进行经常性的巡查。发现有破损，应及时进行养护、修理、恢复或更换。若在桥梁的主要结构上进行有损伤原结构的操作（钻孔等），必须编制设计文件，经本系统局级总工程师批准后实施。

第6.1.2条 做好养护维修及技术改造，必须系统地掌握桥梁隧道的技术状况。通常采用以下三种方法进行检查：以目测为主的经常检查；用仪器和量具对各部位缺损、裂缝、位移、变形等定期检查和量测；发生自然灾害（地震、洪水、流冰、风灾等），超限载车过桥，桥梁被撞坏，隧道内撞车或起火爆炸后，应及时进行特殊检查。检查周期应针对不同对象和不同部位确定。汛前应加强检查。

第6.1.3条 检查发现问题时，应做好原始记录，并附缺损部位示意图。属于一般和零星的破损，要及时进行养护；工程量较大的项目要列入大、中修工程计划，安排实施。

第6.1.4条 重要的桥梁、隧道，应设立固定标志观测其沉降和变形。

第6.1.5条 车辆通过时应有限载、限速和限高的要求。批准限超重车辆过桥，必要时应采取防护加固和观测措施。

第6.1.6条 桥梁的照明设备及线路如有缺损或异常，应及时修理或更换。各种指令标志必须齐全、鲜明、清晰。

第6.1.7条 文物性桥梁，应按照文物保护原则和文物管的要求进行养护维修，以保持原桥风貌。

第6.1.8条 应特别重视隧道的排水系统、通风、照明、防冻、消音、通讯和防火设施的检查和养护，以保证车辆行人安全。

第6.1.9条 人行桥必须保证行人安全（尤其是节假日），应防止人群荷载超过设计标准，以防桥梁倒塌。

第二节 桥面及栏杆

第6.2.1条 桥面铺装破损且防水层漏水，应先修理防水层，再修复桥面。若损坏面积较大，经核定桥梁负荷能力，可加铺一层沥青混合料或水泥混凝土结构层。

第6.2.2条 人行道路面及侧石要经常保持完好，对缺损应及时修整或更换。

第6.2.3条 桥面的排水管和排水槽要及时清理疏通。若管的长度不足，应予以接长，避免桥面水沿侧墙和腹板流淌。

第6.2.4条 桥面伸缩缝要经常养护，使其发挥正常作用。

一、U形槽伸缩缝内的填料（沥青）被挤出，要及时铲除，并剔除嵌入的硬块杂物；在冬末春初时，应清缝并灌注伸缩缝填料。若槽体腐蚀破坏，应按原样更换恢复或改进；

二、梳形缝（齿形缝）内塞进硬块或金属物要及时清除。搭板伸缩缝覆板被震裂、震断或脱落，要补焊、修理或补换新板。水泥混凝土体松动，板体脱落，要进行翻修；

三、橡胶伸缩缝损坏、老化，要及时修理更换。

第6.2.5条 栏杆要经常保持完好，水平杆件伸缩要自如；遇有缺损，应及时修理补齐。钢筋混凝土栏杆发生裂缝或剥落，较轻时可灌注环氧树脂或密封胶，严重时要凿除损坏部分，重新修补完整。钢质栏杆的油漆脱落，平时要及时补涂，每年应全面涂刷油漆一次。

第6.2.6条 桥头路基出现沉陷、坑槽或桥头跳车，应及时

修理，避免破损扩大。

第6.2.7条 桥面车行道与人行道铺砌层和侧石的养护修理，可参照本规范第五章及第七章有关条文执行。

第三节 上部结构

（Ⅰ） 钢筋混凝土结构

第6.3.1条 钢筋混凝土构件应经常观察受拉区、剪切面等区域内的裂缝，裂缝宽度在允许范围以内（小于0.2mm）时，对裂缝进行封闭处理。一般涂刷水玻璃或环氧树脂，当裂缝宽度大于允许值时，可采用压力灌注环氧树脂填缝。当裂缝大于0.4～0.5mm时，应使裂缝见新茬并将其清刷后，再用环氧砂浆或高标号水泥砂浆补修。如体积较大，可用小粒径骨料水泥混凝土予以补修。

第6.3.2条 钢筋混凝土构件发生剥落、露筋等现象，应及时清除钢筋的锈迹，并凿去松动的保护层后，再予补修。若损坏面积不大，可用环氧砂浆或水泥砂浆补修；损坏面积过大，应支模重新浇灌混凝土或喷注高强度水泥砂浆，使新老混凝土粘结牢固。

第6.3.3条 空腹结构内有渗水，应钻孔排出积水后，再修补漏处。

（Ⅱ） 圬 工 拱

第6.3.4条 砖石拱桥要注意灰缝和外露砌体表层的保养，灰缝脱落应及时修补。砖石表面风化剥落，可喷洒一层10～30mm厚（抗压强度大于10MPa）的水泥砂浆。喷浆应分2～3层喷注，每隔1～2天喷一层，必要时可加敷一层钢丝网。

第6.3.5条 圬工拱桥发生裂缝、孔洞、剥落和缺角，应及时修复。拱圈或侧墙有变形及错位，应查明原因，采取措施及时修复。

第6.3.6条 圬工拱桥的防水层失效，应重做或修理。

第6.3.7条 圬工拱桥产生较深裂缝时，要压注水泥砂浆进行修补。若裂缝严重，应针对裂缝原因确定修复方案，予以修复。

（Ⅲ） 钢 结 构

第6.3.8条 应做好钢桥的保洁、防水、除锈涂漆，以及保持排水设施完好，铆钉（螺栓）牢固，接点完好和杆件完整等养护工作。

第6.3.9条 支座部位、钢桁架桥的上弦杆顶面、下弦杆、节点和横梁等部位的污物要及时清除干净。

第6.3.10条 应确保泄水孔通畅，桥面铺装应无坑洼积水现象，纵横向坡度应符合要求，渗漏部位应及时修好。

第6.3.11条 对钢结构桥及其检修设备除经常检查保养外，还必须每两年全面检查一次。检查发现节点上的铆钉或螺栓松动或损坏脱落，应用油漆标记并作记录。在同一节点，缺少、损坏、松动和歪斜的铆钉超过1/10时，应进行调换。当焊接节点有脱缝，焊缝处有裂纹，应及时修补完好。对有裂纹及表面剥落的杆件，应仔细观察其发展，做出明显标记，注明日期，以备考察；必要时予以补焊或更换，并应特别注意受压杆件（上弦杆及部分腹杆）的弯曲。要求杆件弯曲率不超过下列规定：压杆为其长度的1/500；拉杆为其长度的1/300。对于超标弯曲杆件，必须及时校直。

第6.3.12条 由于局部缺少油漆所发生的锈蚀，应及时除锈补刷油漆。每3年，应对钢结构桥全面除锈刷油漆一次。在桥面铺装层下面的钢构件受到河水蒸发产生的锈蚀，应除锈并补刷防水性能好的涂料。

（Ⅳ） 木 结 构

第6.3.13条 木桥容易腐朽，防火性能差，各部分易松动损坏，应加强养护工作。

第6.3.14条 木桥保养应符合下列规定：

一、应经常保持全桥的清洁、干燥，无杂草、垃圾，以及泄水孔和泄水槽的通畅。

二、桥面各部分使用的钢件、螺栓、铁箍和扒钉，如有松动、脱落，应随时紧固或补齐。人行道板、护轮木、栏杆木、扶手和托梁有松动，应随时钉牢或紧固。

三、桥面板与木梁的接合处要紧密贴实，有空隙要用垫木垫平钉牢，必须达到行车不颠跳的要求。

四、托梁应坚固，如发现松动或损坏，应及时校正位置，恢复其正常状态。

五、木桥各部位有腐朽或损坏时，应用同样规格的材料进行更换。

六、木栏杆应每年整修涂刷油漆两次。

七、做好防火工作，设置必要的消防器材和设备。

第6.3.15条 木桥防腐应符合下列规定：

一、应根据木结构的不同部位和具体情况采用不同的防腐方法。主要使用的防腐剂有氟化钠浆膏、氟化钠水溶性防腐剂和油质防腐剂（蒽油等）。

二 旧木桥防腐，可用3%氟化钠水溶液喷洒处理，不宜使用浆膏法。对各部木构件断面腐朽程度未超过15%者，可削除表层腐朽部分经防腐处理后使用；大于15%应予更换。

三、经防腐处理后的杆件裂缝和节点以及杆件间的空隙处，均应填防腐浆膏封闭，防止雨水浸入。

四、为保护横梁端部和边梁不受雨淋，可在横梁端部加设遮护板。

五、新建木结构桥的防腐，可采用蒽油涂抹法。

六、木桥的中型及小型杆件（桥面板、栏杆柱）防腐量较多时，也可以采用蒽油热浸法进行防腐处理。

（V） 桥 梁 支 座

第6.3.16条 各种支座必须经常保养。其主要内容为：

一、支座各部位应保持完整、清洁、不积水，要扫除杂物，冬期清除冰块和积雪，保证梁体伸缩自如；

二、在滚动支座的滚动面上要定期（每季一次）涂一层润滑油；

三、除钢辊和滚动面外，支座其余各部分都应涂刷防锈漆保护；

四、固定支座的锚拴应坚固，支承垫板要平整和紧密，接合螺栓要紧密牢固。

第6.3.17条 支座有缺陷或产生故障时，应设法修理或更换。

一、钢支座类：

1.滚动面不平整，轴承有裂纹和切口以及个别辊轴大小不合适，必须更换；

2.梁的支点承压不均匀，应进行调整；

3.支座座板翘起、扭曲及断裂时，应更换或补充，焊缝开裂应修复。

二、其他材料支座：

1.油毡支座老化失效应改换成其他类型支座；

2.橡胶支座老化变质应予更换。

第四节 桥梁下部结构

第6.4.1条 在桥梁上下游各1.5倍桥长（但不小于50m）的范围内，应按如下要求进行管理和养护：

一、每次洪水过后，应及时清理河床上的漂浮物和沉积物，使水流顺利渲泄。若河面有结冰且发生冰害时，应采取清除积冰、破冰疏流等养护措施。

二、不得任意修建对桥梁有害的水工构筑物，必须修建时，应采取防护措施。

三、不得在以上规定范围内（尤其桥梁下）挖砂采石，防止该段河床水文情况改变，水流掏空桥基，危及桥梁安全。

第6.4.2条 墩台表面必须保持清洁。要及时清除青苔、杂草、荆棘和污秽物。

第6.4.3条 圬工砌体灰缝脱落，应重新勾缝。

第6.4.4条 水泥混凝土表面发生侵蚀剥落及峰窝、麻面等病害，应及时将周围凿毛洗净，用水泥砂浆抹平。

第6.4.5条 圬工砌体镶面部分严重风化和损坏时，应予更换或用预制块补砌。要求结合牢固，色泽和质地与原砌体基本一致。

第6.4.6条 梁式桥墩台顶面坑洼不平，有裂缝或未设流水坡时，应及时用水泥混合料补修成横向坡以利排水。若有扩展性裂缝，应针对产生的原因采取相应的措施。

第6.4.7条 为防止流水或漂浮物撞击桥墩，可视河流情况，在桥墩上游适当位置，设置菱形破冰体，以保护桥墩。

第6.4.8条 木桥的排桩、排架、框架及立桩式墩台，必须保持竖立垂直。其连接点和支撑间的螺栓及其他铁件，应保持齐全和牢固。

第6.4.9条 当桥梁基础局部冲空，护底、护坡等构筑物冲毁，要分别情况及时进行修补；河床冲刷危及基础时，应针对具体情况采取相应的防护措施。

第6.4.10条 严寒冰冻地区，应采取防护措施防止浅桩冻拔和深桩环状冻裂。

第6.4.11条 地基承载力不够时，应采取措施提高地基承载力。应用刚性实体式基础扩大承压面积或加固地基土等方法，控制墩台基础沉降。

第6.4.12条 重要桥梁应设置观测点，定期观测墩台基础的沉降和倾斜等情况，做好记录，适时采取防治措施。

第五节 人 行 桥

第6.5.1条 人行桥的检查与养护，可按照本规范相同或相近似结构形式的桥梁有关规定执行。

第6.5.2条 人行桥的阶梯踏步，在积雪或结冰地区，应采取防滑措施，及时清除积水（积雪）。如阶梯构件松动或短缺，踏步缺损，应及时修理或更换。

第6.5.3条 栏杆应保持完好、美观、直顺，防止人为破坏和自然损蚀，应定期检查，随时修理，保证行人安全。

第六节 桥梁防震措施

第6.6.1条 在地震烈度八度以上（含八度）地区的桥梁，应按照抗震能力不低于八度的标准设防。

第6.6.2条 桥梁上部结构的防震措施应符合下列规定：

一、设置纵横向钢筋混凝土挡块；

二、设联结系把构件联成整体；

三、将上部结构固定在墩台上；

四、加长盖梁，以防落梁；

五、在纵梁与胸墙间加设缓冲层，以减缓地震力的冲击。

第6.6.3条 桥梁的下部结构可采用加设抗震墩台、联结排桩、加大墩台断面及加强墩台同上部盖梁和下部基础的联结等方法进行抗震加固。

第6.6.4条 桥梁的防震设施，如挡块、钢板、拉杆、销钉等，应加强检查和养护。如有缺损，应按原样及时恢复。

第七节 中、小型隧道

第6.7.1条 隧道的养护应符合下列规定：

一、隧道的拱圈变形，衬砌破损，侧壁和洞顶裂缝，洞内漏水，应采取相应的养护措施予以修复；

二、车行道及人行道面层破损应进行维修；

三、保持洞内排水系统完好和通畅；

四、洞口的标号志有油漆污秽或严重脱落，应及时刷新或补修；

五、洞口的构件有缺损及失落，应及时维修、添补；

六、保持洞内照明设施处于完好状态；

七、维持洞口外绿化树木的完好，并保持其外形的美观；

八、洞内应经常打扫，以保持各部位清洁美观。

第6.7.2条 隧道内消音器材的消音层破损，应用同样建筑材料修补。

第八节 涵 洞

第6.8.1条 本节所列涵洞系指横穿道路底部的小型人工构筑物，不包括平行道路的各种类型的涵洞。

第6.8.2条 应保证涵洞及其构筑物的完好，涵洞周围填土应密实，洞内排水应通畅。汛期必须保证洞孔顺利排洪。

第6.8.3条 每年洪水和冰雪季节前后，应由有经验的养护工作人员进行检查。检查重点是：

一、涵洞的位置与孔径大小应与水流方向及流量相适应；

二、洞内的淤泥程度；

三、涵洞主体结构的开裂、漏水、变形、移位、下沉及冻胀；

四、涵顶及涵背填土沉陷的程度。

第6.8.4条 涵洞的经常保养应符合下列规定：

一、大雨、雪后，应及时清除洞口及洞内的积雪和其他淤积物。

二、经常保持洞口铺砌的平顺，使洞口铺砌与上下游渠道坡度平整顺适，以保持洞底有适当的纵向流水坡度。

三、暴雨后，应及时清除和修复引水沟、涵洞及其排水构筑的淤积和水毁，并应注意涵洞同泄水槽或跌水连接部位的养护。发现开裂应立即用水泥砂浆填塞，以防渗水冲毁结构。

四、涵洞结构的局部开裂，应根据不同的结构类型进行补修。砖石结构的灰缝脱落，应用相同标号的砂浆补修；砌体风化剥落，可喷洒一层20mm厚（抗压强度10MPa）的水泥砂浆保护层。水泥混凝土结构，可用环氧树脂进行涂刷封闭。若钢筋混凝土盖板底部露筋、剥落，应将钢筋的锈迹清除，并把松动的保护层凿掉，再用环氧砂浆修补。

五、混凝土墙身的腐蚀、脱落、麻面及缺损，应及时用环氧砂浆修补。

六、水泥混凝土管涵的接头，砖石拱涵或混凝土箱涵沉降缝的填缝料脱落，应用干燥麻絮浸透沥青后填实，严禁用灰浆抹缝，也不得用泡沫材料填塞，以免再次碎裂脱落。

七、涵顶及涵背的填土下沉，应及时补填夯实，如因填土的质量不合格引起下沉，则应换用水稳性好的土壤并加夯实。

八、及时清除涵台及其护坡锥体上的杂草、树根及其他杂物，以保持结构物的洁净与完整。

第6.8.5条 涵洞的修复应符合下列规定：

一、涵洞洞口冲刷严重，应及时予以加固，提高其防冲刷的能力。加固洞口，可用浆砌块石铺底并以水泥砂浆勾缝，铺砌末端应设置抑水墙。对于流速特别大的涵洞应在出水口做缓和流速设施，如消力槛、消力池。

二、涵洞基础下沉、端翼墙鼓肚或倾斜且管节严重错裂，应在挖开填土，加固基础后再进行墙身及管节的修理。基础的加固视基底土壤性质而定，墙身的加固处理可在墙外再作挡墙或用高强钢丝束锚固。

三、因涵台台背填土压力过大而引起墙身位移时，可挖去部分填土，加固墙身。

第6.8.6条 旧涵洞荷载等级低于实际需要，可根据设计计算，按不同的结构形式采用相应的加固方法。

一、砖石拱涵的加固，可采取拱圈上加拱的方法；

二、钢筋混凝土盖板涵应加固涵台和盖板，加固盖板可将原盖板凿毛及洗刷干净后再浇筑混凝土或钢筋混凝土；

三、石盖板涵宜更换车行道部分的盖板；

四、混凝土管涵可在管外加筑一层混凝土套壳，并加宽基础。

第6.8.7条 因加宽或提高路基需接长涵洞时，除充分利用原有涵洞的结构外，还必须在“新旧”结构间做沉降缝，以防砌体发生不均匀沉陷。

第九节 人行地道

第6.9.1条 人行地道是专供行人和自行车横跨城市主干路的下穿式构筑物，应保持地道内铺砌和装饰的洁净和美观，以及地道内排水、照明等附属设施的完好和整齐。

第6.9.2条 人行地道应每季度定期检查主体结构的完好程度。若发现破损，应及时维修，其方法可参照本章第6.3.1条至第6.8.7条的有关内容执行。

第6.9.3条 对无装饰的墙身应每年粉饰一遍，以增强地道内的明亮与整洁。

第6.9.4条 地道内排水管道应经常检查，如有阻塞及破损，应及时清理疏通和修复。

第6.9.5条 抽水泵站的电机、水泵等机械设备，应参照有关机械保修规范进行保养。

第6.9.6条 地道内的照明设备应经常巡检，发现损坏应及时更换。

第6.9.7条 对地道出入口的门扇或折叠门以及地道内的警报器等防范设施实行定期例行保养。

第七章 人行道、附属设施及其他设施的养护

第一节 一般规定

第7.1.1条 人行道是专指市区内道路的人行道(包括侧石、树穴牙等部份)。附属设施包括：道路标牌；疏导车流和人流的设施(如隔离带、防护栏等)；道路排水设施(如检查井、雨水井等)。其他设施则指公用的广场和停车场。

第7.1.2条 必须保持人行道、附属设施及其他设施经常处于完好状态。

第7.1.3条 对人行道、附属设施及其他设施应经常巡查，发现占压和破损应及时处理。

第7.1.4条 人行道应符合下列规定：

一、道面及侧石顶面平整，道面无积水；

二、道面砌块及侧石应牢固稳定，砌块间缝宽及相邻砌块间高差应符合要求；

三、道面纵横坡应符合原设计要求，侧石外边线直顺；

四、道面铺砌块及侧石完整.

五、树穴位置正确；

六、道面洁净无堆放物。

第7.1.5条 附属设施应符合下列规定：

一、附属设施的位置正确，没有被路树遮蔽的现象；

二、附属设施的表面清洁、齐整；

三、各种立柱竖直并稳定；

四、金属构件表面的油漆完好；

五、绿带式隔离带的侧石稳固、直顺、完整，绿带内整洁，

树枝不得影响行车或遮挡交通标志；

六、墙式及垛式防护栏的结构稳固、有效；

七、标牌字迹清晰、完整。

第7.1.6条 道路排水设施应符合下列规定：

一、检查井的井盖及雨水井的井篦安放平稳，与井框吻合；

二、检查井井框与周围路面齐平，雨水井井口标高比周围路面低20mm；

三、结构物及其附件完好；

四、井内清洁，支管通畅。

第7.1.7条 其他设施应符合下列规定：

一、场内各种设备及设施齐全完好，性能合乎要求；

二、场内道面坚固平整；

三、场内排水通畅、地面无积水；

四、场内绿地、绿树和花坛的布置合适，美观大方。

第二节 人 行 道

（Ⅰ） 基本要求

第7.2.1条 人行道面层分块料铺装及整体铺筑两类，又有彩色及单色之分。道面如有破损，应用同种同色的材料修复。

第7.2.2条 人行道通车的出入口，应按道路结构标准铺设。

第7.2.3条 规划在人行道下的地下管线尚未铺设齐全者，宜采用块料铺装面层。

第7.2.4条 道路车行道、人行道和绿化带的侧石应保证车流和人流的通行，其外露尺寸应符合设计要求，直线部位最少不应小于100mm。

第7.2.5条 平石应保护路面的完整，并应与侧石组合成偏沟，使雨水流入雨水井。

第7.2.6条 侧石及平石所用水泥混凝土或花岗石等材料，要考虑耐磨损抗撞击的性能。水泥混凝土的抗压强度应采用25～30MPa，花岗岩石不低于2级。砖及大卵石，均不宜用于城市街道。

第7.2.7条 树穴（或称树池）位置适当，方便人行，其最小尺寸为1.00m×1.00m，可采用1.25m×1.25m或1.75m×1.75m。

第7.2.8条 预制块人行道的质量应符合表7.2.8的规定。

预制块人行道质量标准 表7.2.8

项　目		允　许　偏　差
抗折强度	（MPa）	不低于设计要求
对角线长度	（mm）	大方砖±5，小方砖±2
厚　度	（mm）	同　上
边　长	（mm）	大方砖±3，小方砖±2
缺边掉角长度	（mm）	大方砖不大于10，小方砖不大于5
其　他		颜色一致，无蜂窝、露石、脱皮、裂缝等现象

第7.2.9条 预制侧石及平石的质量应符合表7.2.9的规定。

预制侧石及平石质量标准 表7.2.9

项　目		允　许　偏　差
抗折强度	（MPa）	不低于设计要求
长　度	（mm）	±5
宽度及厚度	（mm）	±2
掉角塌边	（mm）	不大于20，外露面边棱完整
其　他		颜色一致，无蜂窝、露石、脱皮、裂缝等现象

（Ⅱ） 人行道的保养

第7.2.10条 应经常保持人行道的平整，及时清除人行道上的尘土及杂物。两侧建筑物的管道排水，不得漫流于地面。

第7.2.11条 禁止机动车上人行道。

第7.2.12条 经常保持块料铺装人行道块体的稳定，发现松动及时补充嵌缝材料，充填稳固。若垫层不平，应重新铺砌。

第7.2.13条 应保养好整体铺装人行道的伸缩缝和施工缝以及人行道同检查井口的接缝。局部损坏，要及时修补。

第7.2.14条 侧石及平石的接缝，要定期清缝及勾缝。

第7.2.15条 对损坏或歪斜的侧石及平石，应及时调整或更换。

第7.2.16条 因树根挤坏人行道及侧石而影响行人及排水时，应同园林部门联系解决。

第7.2.17条 人行道、侧石和平石的补修质量标准应符合表7.2.17的规定。

人行道、侧石和平石的补修质量标准 表7.2.17

类别	内容	养护标准		附注
		主次干道	其他道路	
块料铺砌	平整度	±10mm	±15mm	3m直尺检查
	道板高差	小于10mm	小于15mm	
	道板平稳度	不活动	不活动	
	完整	无缺块	无缺块	
	井框与面层高差	±10mm	±15mm	
整体铺筑	平整度	±7mm	±15mm	3m直尺检查
	宽度	不小于设计规定	不小于设计规定	
	横坡	±0.3%	±0.3%	
	边沿	不露土基	不露土基	
侧石、平石	线形顺直	小于20mm	小于30mm	20m直线检查
	相邻高差	小于5mm	小于5mm	
	完整	无缺损	无缺损	

（Ⅲ） 人行道的修理

第7.2.18条 修复挖掘的人行道，应按本规范第四章第六节的规定进行，并应执行下列规定：

一、整体铺筑的人行道，要采用机械切缝或人工凿缝，按线形开挖。铺砌式的人行道，应按线形，结合预制块料接缝开挖。

二、现场要保持整洁，方便行人，便利交通。

第7.2.19条 人行道的修理，应符合下列规定：

一、如因排水不良，路树根部的发育，集中堆放重型物资，或机动车辆驶入等而使人行道产生破损时，应针对破损原因，采取相应措施后，再进行人行道的修理。

二、修复人行道应符合下列规定：

1.处理部位要比损坏边缘扩大100mm以上，开挖前应清除尘土杂物。

2.修复砌块面层，应按砌块接缝线留100mm进行开挖。

3.道面损坏须要修整并更换侧石和平石时，必须在更换侧石和平石后再修整道面。

4.结构组合应按原人行道结构恢复。回填土及基层压实度，应符合本规范第四章第六节的规定。

5.修理部位的新旧接茬，应密实平整，检查井口的周围要细致地修复。

6.为增加人行道的有效宽度，可设活动树穴盖。

7.侧石和平石变位，应刨起重新卧浆铺设。侧石和平石表面风化剥落，或有少量破损，可用水泥砂浆修补。

8.人行道口一般采取下列形式：

（1）甲型道口：顺通道两侧设置等高侧石，适用于较大道口，转弯半径1～5m，见图7.2.19—1。

（2）乙型道口：顺通道两侧设置不等高侧石，适用于一般道口，转弯半径为0.7～2.0m，见图7.2.19—2。

（3）丙型道口：路边的侧石降平，人行道面成斜坡式，适用于较小道口或无障碍路口，见图7.2.19—3。

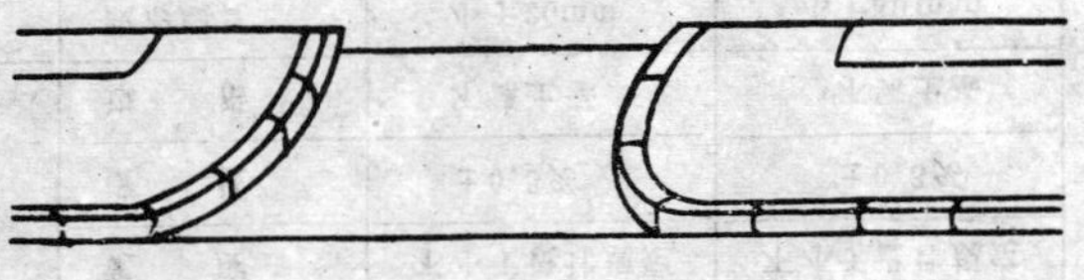

图7.2.19—1　甲型通道式道口轴侧示意图

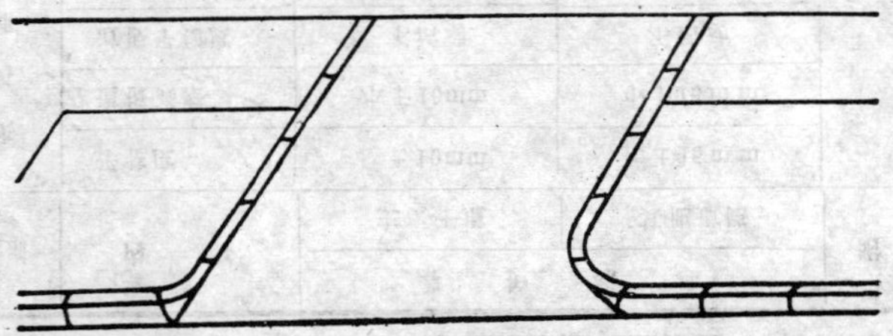

图7.2.19—2乙型过渡式道口轴侧示意图

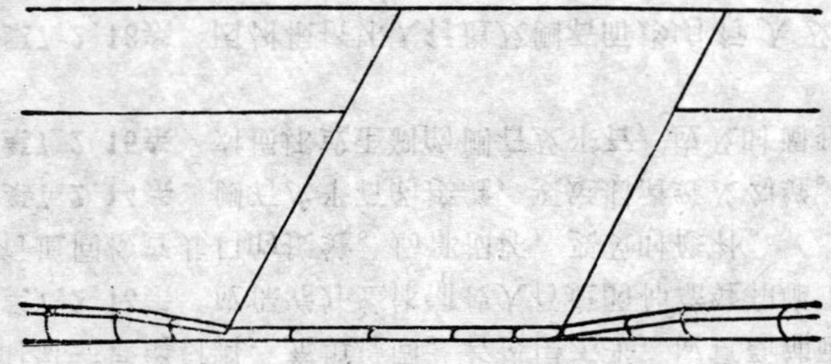

图7.2.19—3　丙型敞开式道口轴侧示意图

第三节　附属设施

（Ⅰ）隔离带

第7.3.1条　隔离带应鲜明醒目，线形直顺，以利车辆运行的安全。直顺度可用20m长线检测，平面偏差之最大值不得超过10mm。

第7.3.2条　隔离带分绿带式和栅栏式两种。其选用形式应根据道路断面形式和使用需要来决定。

第7.3.3条　道路绿带内的树木，规定栽种在绿带横断面中间，距侧石内侧不应小于750mm的位置，应定期修剪整形。

第7.3.4条　隔离带为栅栏式的，可用型钢焊制或预制混凝土构件组装而成。为易于分辨，需涂刷色彩相间的油漆。

第7.3.5条　因车辆碰撞或自然灾害造成隔离栅栏的变形或损坏，应及时按原样修复或更换。

第7.3.6条　若路面标高与护栏标高不相适应时，应及时予以调整。

第7.3.7条　隔离栅栏应定期重新油漆，周期可根据当地的气候特点、空气污染情况及油漆的质量而定，宜每年一次。平时应进行局部油饰。

（Ⅱ）护栏栅

第7.3.8条　为防止行人在人行横道以外横穿道路，应设置护栏栅。一般由金属管材或方扁钢焊制而成，其高度不应小于1m。

第7.3.9条　为便于辨认及协调环境，护栏栅应涂色彩醒目清晰的油漆，并保持颜色鲜艳。

第7.3.10条　应及时清洗护栏栅的污秽，经常清除护栏栅周围的杂草及其他堆积物。

第7.3.11条　护栏栅的变形、破损，油漆擦痕、脱落等的修复，应按本规范第7.3.5条～第7.3.7条执行。

（Ⅲ） 防 护 栏

第7.3.12条 在高路堤、桥头、临河路堤、陡坡等地段，为了保证行车安全，必须设置防护栏。

第7.3.13条 防护栏包括用钢管或钢梁做成的梁式防护栏，以及用水泥混凝土或浆砌块石做成的墙式和垛式防护栏。

第7.3.14条 梁式防护栏的养护，应按本规范第7.3.5条～第7.3.7条执行。

第7.3.15条 墙式或垛式防护栏发生倾斜或移位，应检查原因。并针对原因处理后，再修正防护栏结构物。

第7.3.16条 若路面标高与防护栏标高不相适应时，应及时予以调整。

（Ⅳ） 路 名 牌

第7.3.17条 路名牌是一种道路标志，标明所在道路的名称。它应设置在道路起止点的通视的路口斑马线前，若路线较长可在中间干道路口增设。

第7.3.18条 路名牌的色泽和字迹应鲜明和清晰。

第7.3.19条 应经常清除路名牌立柱周围的杂草，阻障视线的枝杈、树叶及其他堆积什物，以及清洗立柱污秽部分。

第7.3.20条 路名牌发生折弯或变形，倾斜或损伤应尽快修复，损坏或丢失应更换或补齐。若路名有变更，应及时更换路名牌。

（Ⅴ） 检查井、雨水井与支管

第7.3.21条 检查井是为检查、清理和疏通排水管网系统而设置在道面内的附属设施，圈盖安设应平稳，其顶面与周围路面要齐平，相对高差不得超过15mm。

第7.3.22条 雨水井的井口标高应比周围路面低20mm；雨水井与路边线应平行，最大相对误差为20mm。

第7.3.23条 检查井的井盖与井框，雨水井的井篦与井框应吻合。

第7.3.24条 经常清除井顶面的杂物，防止砂石、渣土、生活垃圾及泥浆落入井内。

第7.3.25条 井圈和井盖开裂以及井墙塌帮应及时修补；井圈和井盖断裂或损伤严重应及时更换；井盖和井篦丢失应立即补装完整。

第7.3.26条 检查井或雨水井的结构物沉陷或崩坏，应按原设计修复。

第7.3.27条 定期清除井底浮泥、积砂、碎砖石及其他杂物，以防井底淤积。

第7.3.28条 雨水井的支管应保持排水畅通，若管体损坏应予翻修。

第7.3.29条 在路面上设置其他种类的检查井，均应执行本节第7.3.21条的规定。

第四节 其他设施

第7.4.1条 必须保持广场和停车场各项设施的完整。

第7.4.2条 场地应保持清洁、平整、不积水。

第7.4.3条 道面应完整无缺，发现路面破损应及时处理。其养护方法与标准可按第五章及本章第二节的有关规定执行。

第7.4.4条 排水设施应齐全完好，养护办法与要求可按第四章第五节及本章第三节第（Ⅴ）项的规定执行。

第7.4.5条 场地标牌的养护，应符合下列规定：

一、场内及进出口的标牌应齐备醒目，养护办法与要求可参照本章第三节第（Ⅳ）项的有关规定执行；

二、进出口交通条件发生变化时，应更正标牌的位置，指示的内容、符号和图示；

三、标牌被树木枝叶等物遮蔽时，必须及时清除阻碍视线的物体，或在规定的范围内变更标牌的设置地点；

四、设置的标志有重复或有碍交通以及地点和指示内容不适应时，经批准后应进行变更。

第7.4.6条 车行道路面标线的养护，应符合下列规定：

一、车行道路面标线应结合日常养护进行冲洗，以保持其清晰完整；

二、路面标线缺损或被覆盖，应进行修补或喷刷。

第7.4.7条 公共汽车上下站的养护可按本规范第五章及本章的第二节和第三节的有关条款执行。

第八章 城市道路养护水平的评定

第一节 一般规定

第8.1.1条 大中修工程项目质量检验评定应按有关规定执行；小修保养工程项目质量检验评定应符合本规范的规定。

第8.1.2条 养护水平评定以合格率为评价指标。检查分阶段（季或月）检查和年度检查。阶段检查由养护基层组织自检，上级管理部门进行抽检；年度检查由城市主管部门主持，提出检查分析报告。

城市道路设施的车行道、人行道、路基及排水设施的检查单元划分，在同一条道路上以200至500m为一个单元。桥涵和附属设施以座（或处）为一个检查单元。在单元内对城市道路设施养护水平进行评级。

第二节 检查指标与方法

（Ⅰ） 年度检查

第8.2.1条 养护水平评定指标应符合下列规定：

一、城市道路的养护水平，以道路综合完好率 λ_z 来表示：

$$\lambda_z = A'\cdot\mu_1 + B'\cdot\mu_2 + C'\cdot\mu_3 + D'\cdot\mu_4 + E'\cdot\mu_5 + F'\cdot\mu_6 \quad (8.2.1\text{—}1)$$

式中 λ_z——道路综合设施完好率（%）；

A'、B'、C'、D'、E'、F'——分别表示车行道、人行道、路基、排水、桥梁和涵洞，以及其他设施的合格率(%)；

μ_1、μ_2、μ_3、μ_4、μ_5、μ_6——分别表示车行道、人行道、

路基、排水、桥梁和涵洞，以及其他设施的综合比例系数。综合比例系数的数值：μ_1取0.35，μ_2取0.25，μ_3、μ_4、μ_5及μ_6由各城市根据具体情况确定。

二、城市道路部位的养护水平，以道路部位设施合格率 λ_b表示：

$$\lambda_b=\frac{\text{部位的优、良、合格单元数}}{\text{总单元数}}\times100\% \qquad (8.2.1—2)$$

第8.2.2条 车行道养护水平的检查应符合下列规定：

一、车行道检查内容包括道面结构完好程度和使用性能，以车行道完好率C_l表示；

二、车行道道面养护水平的调查评定见附录一（四）；

三、车行道完好率C_l按下式计算：

$$C_l=\frac{F-A\sum FiKi}{F}\times100\% \qquad (8.2.2)$$

式中 C_l——车行道完好率（%）；

F——检查单元车行道总面积（m^2）；

Fi——各种破损的实际面积（m^2），同一地点有两种以上病害时，只计一次严重者（指换算系数大者）；

K_i——路面破损换算系数应符合表8.2.2—1的规定；

A——路龄系数应符合表8.2.2—2的规定。

车行道路面破损换算系数K_i值 表8.2.2—1

序号	破损名称	沥青路面	水泥混凝土路面
1	裂缝	0.5	10.0
2	碎裂	1.0	3.0
3	松散	1.0	
4	脱皮	1.0	1.0
5	坑槽、啃边、井框高差	3.0	3.0
6	车辙	0.5	

续表8.2.2—1

序号	破损名称	沥青路面	水泥混凝土路面
7	沉陷	3.0	3.0
8	拥包	2.0	
9	搓板或波浪	2.0	
10	翻浆	6.0	
11	唧泥		6.0
12	缝料散失		2.0
13	错台	10.0	10.0

注：系数Ki是考虑各种破损对行车、处理工作量及病害发展的影响而规定的，以便迭加总换算破损面积。

路龄系数A值 表8.2.2—2

路龄		A
设计年限内		1.0
超过设计年限	1～5年	0.9
	6～10年	0.8
	11～15年	0.7

注：① 表中设计年限指路面结构达到临界状态的设计年限；

② 路龄从新建或大修后投产开始计。

第8.2.3条 人行道养护水平的检查应符合下列规定：

一、人行道检查内容包括人行道面层，侧石和平石或路缘石和路肩的平整度及完好程度，以人行道完好率P_l表示；

二、在检查单元内，检查人行道道面（含缘石或路肩）的坑洞破损（深度大于20mm）、错台（高差大于10mm）、拱起（低点与高点之差大于30mm）、沉陷（在1m范围内深度大于20mm）及预制块（大方砖、小方砖、路缘石等）缺失，并按下式计算人行道完好率P_l：

$$P_l=\frac{F_o-F}{F_o}\times 100\% \qquad (8.2.3)$$

式中 P_l——人行道完好率（%）；

F_o——人行道检查面积（m^2）；

F——人行道缺损面积（m^2）。

第8.2.4条 路基及排水设施养护水平的检查应符合下列规定：

一、路基检查内容包括边坡、护坡和挡墙的技术状况完好程度，以路基完好程度表示：

路基完好程度＝100分－累计扣分 （8.2.4—1）

式中，累计扣分应按表8.2.4—1的规定执行。

二、排水设施检查内容包括明沟、暗管、检查井和雨水井的技术状况完好程度，以排水设施完好程度表示：

排水设施完好程度＝100分－累计扣分 （8.2.4—2）

式中，累计扣分应按表8.2.4—2的规定执行。

路基检查项目和评定 表8.2.4—1

名称	项目	技术状况完好	检查内容	扣分标准	频率
路基	边坡、护坡、挡墙	稳定完整、砌体坚固（100分）	冲沟、破损	一处 5分	不少于10处或10段，每段长20m
			溜坡	一处 5分	
			坍塌、开裂	一处10分	

注：冲沟，宽度大于200mm。溜坡，体积大于5m³。砌体坍塌，体积大于1m³。破损，长度大于20m或砌体面积破损3m²以上。开裂，砌体裂缝宽大于10mm。

排水设施检查项目和评定 表8.2.4—2

名称	项目	技术状况完好	检查内容	扣分标准	频率
排水设施	明沟、暗管检查井、雨水井	明沟沟型规矩、暗管纵坡适度、结构物完整（100分）	破损、腐蚀、坍塌、断裂	每处 5分	不少于10处或10段，每段长20m
			淤塞深度（明渠1/10，暗管1/5）	每处10分	

注：破损，明沟长度大于20m，暗管大于2m。腐蚀，深度大于5mm。坍塌，坍方大于5m³。断裂，缝宽大于10mm。

第8.2.5条 桥涵设施检查内容包括桥涵结构完好和满足行车安全要求以及附属构筑物完整程度，以桥涵设施完好程度表示：

桥涵设施完好程度＝100分－累计扣分 （8.2.5）

式中，累计扣分应按表8.2.5的规定执行。

第8.2.6条 其他设施的养护水平检查内容包括人行天桥、人行地道、路名牌、防护栏和护栏栅的结构完好程度和使用性能，以其他设施完好程度表示：

其他设施完好程度＝100分－累计扣分 （8.2.6）

式中，累计扣分应按表8.2.6的规定执行。

桥梁检查项目和评定 表8.2.5

部位	项目	技术状况完好（分）	检查内容	扣分标准 单位	扣分标准 分	频率
下部结构（20）	墩、台、墙、柱、基础	外型齐整、保护层完好、构造完好（10）	剥落、锈蚀	根（个）	1	全部
			破损		1	
			开裂、变形		5	

续表8.2.5

部位	项目	技术状况完好（分）	检查内容	扣分标准		频率
				单位	分	
下部结构(20)	墩、台、墙、柱、基础	牢固、完整、安全可靠（10）	冲毁、冻胀	个	1	全部
			下沉		3	
			位移、开裂		5	
栏杆（15）	钢筋混凝土或钢质栏杆	结构牢固、外型直顺、鲜明美观（15）	剥落、松动	根	1	全部
			破损		3	
			开裂、变形		5	
排水设施（10）	排水管、泄水孔	排水通畅、设施齐全、整洁（10）	堵塞、溢水	个	3	全部
			破损、污秽		1	
附属构筑物（15）	档墙、翼墙、护墙、基础	外形整洁、牢固完整、性能完好（15）	污秽、沉陷、破损	个	1	全部
			开裂、变形		3	
上部结构（40分）	钢筋混凝土梁、板	外型整洁、保护层完好、安全可靠（20）	麻面、剥落	根（块）	1	全部
			锈蚀		5	
			开裂、变形		0.5	
	钢梁	外形整洁、牢固完整、安全可靠	斑剥、锈蚀	根	1	全部
			松动		3	
			开裂、变形		5	

续表8.2.5

部位	项目	技术状况完好（分）	检查内容	扣分标准		频率
				单位	分	
上部结构（40分）	砖、石、混凝土拱	外形整齐、稳定完整、安全可靠	剥落、腐蚀	个	1	全部
			破损		3	
			开裂、变形		0.5	
	伸缩缝	外形整齐、平整顺适、牢固完整（10）	破损、漏水	条	1	全部
			颠跳		3	
			变形不稳定		5	
	支座	安全有效、整洁（10）	破损、失效	个	5	全部
			锈蚀、积水		1	
			污秽		1	

注：①扣分以桥梁某一部位中的某个为单位（如在一块钢筋混凝土板上有一处或多处开裂，都扣除0.5分）；

②以上各项扣分最多不超过本项总分，扣完为止；

③一处有多种破损，只按最严重的一种扣分；

④检查内容有缺项时，按下式计分：$\frac{检查项目得分}{检查项目应得总分}\times 100$；

⑤涵洞和其他类型桥可参照本表执行；

⑥桥梁的车行道和人行道路面按第8.2.2条和8.2.3条执行；

⑦表中"检查内容"栏内的具体标准，按本规范有关章节要求或规定执行。

其他设施检查项目及评定 表8.2.6

名称	项目	技术状况完好（分）	检查内容	扣分标准 单位	扣分标准 分	频率
钢质人行天桥（100）	梁体、栏杆	外形整洁、牢固完整、安全可靠（40）	剥落、锈蚀	根	1	全部
			松　动		3	
			变形、开裂		5	
	桥面、踏步	外形整洁、踏步完整、桥面平整（20）	积水、溢水	处	5	全部
			破损、磨损		1	
			滑　溜		5	
	基础、柱、砌体	外形整齐、保护层完好、结构完好（30）	剥落、破损	根（个）	1	全部
			变　形		3	
			下沉、位移		5	
	桥下净空	符合设计（10）	小于标准	孔	10	全部
地下人行道（100）	结构部分	外形整洁、饰面完整、安全可靠（40）	剥落、破损	处	1	全部
			漏　水		3	
			沉降、变形		5	
	排水设施	整　洁、设施齐全、功能完好（20）	破　损	一个地下道	1	全部
			积水、堵塞		3	
			失　效		10	

续表8.2.6

名称	项目	技术状况完好（分）	检查内容	扣分标准 单位	扣分标准 分	频率
地下人行道（100）	防护墙、栅、台	外型整洁、稳定完整、安全可靠（30）	污秽、剥落破　损	个	1	全部
			开裂、变形		5	
	通风、卫生、照明、警备	整洁完整、齐全有效（10）	污　秽	一个地下道	1	全部
			破　损		5	
			失　效		10	
其他设施（100）	路名牌、防护栏、防栏栅	外形整齐、稳定有效、鲜明整洁（100）	锈蚀污秽	个	5	全部
			破损位移		10	
			倾斜变形		20	

注：①本表各检查项目扣分最多不超过项目总分，扣完为止；

②一处有多种缺损，只按最严重的一种扣分；

③检查内容如缺项时，按下式计分：$\frac{\text{检　项目实得分}}{\text{检查项目应得总分}}\times 100$；

④表中“检查内容栏内的具体标准”，按本规范有关章节要求或规定执行；

⑤广场和停车场的铺装与排水设施检查评定可参照第8.2.2条、第8.2.3条和第8.2.4条有关规定执行。

（Ⅱ）　阶段检查

第8.2.7条　阶段检查按年度检查的有关规定进行抽样检查，或按城市道路养护水平阶段评定法的规定执行（见附录五）。

第三节　评定标准

第8.3.1条　年度检查评定标准：

一、车行道养护水平评定按车行道养护水平等级和完好率对照表8.3.1—1评定等级。

车行道养护水平等级和完好率评定对照 表8.3.1—1

养护水平等级	完好率（%）		
	主干路	次干路	支路及街巷路
优	≥98.5	≥98.0	≥95.0
良	≥97.0，<98.5	≥96.0，<98.0	≥90.0，<95.0
合格	≥93.0，<97.0	≥91.0，<96.0	≥85.0，<90.0
不合格	<93.0	<91.0	<85.0

二、人行道养护水平按人行道路面养护水平等级和完好率对照表8.3.1—2评定等级。

人行道养护水平等级和完好率对照 表8.3.1—2

养护水平等级	完好率（%）
优	≥98
良	≥96，<98
合格	≥91，<96
不合格	<91

三、路基及排水设施养护水平按路基及排水设施养护水平等级和检查得分对照表8.3.1—3评定等级。

路基及排水设施养护水平等级和检查得分对照 表8.3.1—3

养护水平等级	检查得分	备注
优	≥90	影响结构安全者不得评为优级和良级
良	≥75，<90	
合格	≥60，<75	
不合格	<60	

注：检查得分=1/2（路基得分+排水得分）。

四、桥涵设施养护水平按桥涵设施养护水平等级和检查得分对照表8.3.1—4评定等级。

桥涵设施养护水平等级和检查得分对照 表8.3.1—4

养护水平等级	检查得分	备注
优	≥90	影响结构安全者，不得评为优级和良级。
良	≥75，<90	
合格	≥60，<75	
不合格	<60	

五、其他设施养护水平按其他设施养护水平等级和检查得分对照表8.3.1—5评定等级。

其他设施养护水平等级和检查得分对照 表8.3.1—5

养护水平等级	检查得分	备注
优	≥90	影响结构安全者，不得评为优级和良级
良	≥75，<90	
合格	≥60，<75	
不合格	<60	

第8.3.2条 阶段检查的养护水平评级按第8.3.1条执行。

第四节 登记和整理资料

第8.4.1条 养护工程项目质量检查资料与年检评定结果应随同其他施工和竣工资料整理造册，收入养护工程技术资料档案。

第8.4.2条 养护水平调查资料与评定结果应存入城市道路养护管理系统数据库，作为档案资料。

第九章　道路设施技术资料

第9.0.1条　为探索养护规律，研究延长修理周期，便于信息反馈，应建立系统的技术资料。

第9.0.2条　系统的技术资料，应包括基本技术数据、养护技术状况、各类施工技术文件、技术普查和观测图片等。

第9.0.3条　应以一条路、一座桥为单位进行管理。

附录一　道路路面技术鉴定测定方法

（一）路面平整度的测定

1.沥青路面平整度用3m直尺测定，今后应逐渐过渡到使用多轮仪等设备测定。

测点沿道路横断方向的位置为距分车线500mm。当路面无分车线时，其位置在机动车道内机动车右轮迹处。在所调查的单元内沿道路纵向（遇搓板和沉陷时跳过）测定，每3m记取最大偏离值，以毫米记。每个单元测点不少于50个。实测时，如有量尺翘起，应量距尺端300mm处的间隙量。

平整度值按3.2.3式计算，式中的标准差（σ）按下式计算：

$$\sigma=\sqrt{\frac{\sum(S_i-\overline{S})^2}{n-1}} \qquad \text{（附1.1）}$$

式中　δ——标准差（mm）；

$\overline{S}$——所有各点测值的算术平均值（mm）；

S_i——每3m的测值（$i=1, 2, \cdots\cdots, n$）（mm）；

n——测点数。

2.用多轮仪测定，测点位置及测点长度同3m直尺法。式中的标准差用下式计算：

$$\sigma=\sqrt{\frac{\sum(X_i-\overline{X})^2}{n-1}} \qquad \text{（附1.2）}$$

式中　σ——标准差（mm）；

$\overline{X}$——测定值的算术平均值（mm）；

X_i——测定值（每1.5m取一点）；

（$i=1, 2, \cdots\cdots, n$）（mm）；

n——测点数。

对于刚性路面测点波长小于板长（缩缝间距）时，检测值的取得与计算可参考上述方法。目前，不论何种检测仪器都无法测得相当于缩缝间距或更长波长的平整度。

（二）路面整体强度的测定

柔性路面的整体强度以其路表回弹弯沉值表示（在该路面的设计轮载作用下），其测定方法与数据整理如下：

1.测定季节：应在各地区的最不利季节内进行。

2.测定用的标准车型：城市道路弯沉测定一般应利用JN—150黄河牌汽车，在使用CA—10解放牌汽车时，则其相应的允许弯沉值的计算中，N值就为调查交通量换算的BZZ—60的轴次。测定车的后轴重必须进行检定，黄河车后轴重100KN，解放车后轴重60KN。

3.测定点选择：在调查单元内的每条行车道上，纵向每20m测一点。

4.测量方法：采用前进卸荷法一次测出回弹弯沉值。为了保证测出该点最大弯沉，放置弯沉仪时，应将测头稍往前置于车轮触地点前方，指挥汽车前进即可测读。记下车轮前进经过测头位置时百分表的读值L_1'，再记下车轮驶出影响范围外后百分表的读值L_2'，则测点弯沉值为：

$$L_i=\alpha(L_2'-L_1')\times\frac{1}{100}\text{mm}(\text{mm}) \qquad (附1.3)$$

记下各点测值：L_i……（$i=1, 2, ……, n$）（mm）。

注：测定前，应对比值α做校正。

5.测定单元的实际弯沉值L_s按下式计算：

$$L_s=\overline{L}_i+2\sigma$$

式中 $\overline{L}_i=\dfrac{\sum L_i}{n}$；

$$\sigma=\sqrt{\frac{\sum(\overline{L}_i-L_i)^2}{n-1}};$$

n=测点数。

6.弯沉值的测定季节及温度修正：路面回弹弯沉值的测定应在不利季节内及沥青路面温度为20℃左右时。否则，记下测定时沥青路面温度，按下式对L_s进行修正：

$$L_s=(\overline{L}_i+2\sigma)\cdot K_1\cdot K_2\cdot K_t \qquad (附1.5)$$

式中 K_1——季节影响系数；

K_2——湿度影响系数；

K_t——沥青路面温度影响系数，其值可分别按柔性路面设计规范JTJ014取用。

（三）路面粗糙度的测定

摆式仪测定路面粗糙度方便易行，数据整理也较为简单。为了克服该方法只表示测点本处的抗滑性能的缺陷，可在调查单元内沿纵向分别测若干点，然后求其平均值。

1.测点选择：车行道纵向每50m一点。

2.测定方法：按摆式仪仪器使用说明进行仪器调整。用水浇洒路面，洗净摆式仪橡皮刷后即可放松开关，使摆滑过路面，同时读下指针示出的摩擦系数F_i。每一点重复测3～5次，取其平均值作为该处粗糙度。

3.单元粗糙度的表示：将单元内各测点的摩阻系数值相加再除以测点数，即取单元内平均值$\overline{F}_i=\sum F_i/n$。在重要道路上可考虑求代表值（$F_d$）的方法，即：

$$F_d=\overline{F}_i-\sigma \qquad (附1.6)$$

式中 $\sigma=\sqrt{\dfrac{\sum(\overline{F}_i-F_i)^2}{n-1}}$

（四）路面破损类型及检查范围

1.路面检查或鉴定按照附表1.1使用。

路面破损类型及检查标准范围　　附表1.1

序号	项目名称	标准范围及计量单位
1	裂缝	裂缝宽度大于10mm且未予处理，按裂缝长(m)×0.2(m)计量。单位：m^2
2	碎裂	开裂成网格状，碎块直径小于300mm，按其外边界长(m)×宽(m)计量。单位：m^2
3	网裂	裂缝联结成网，网块直径小于300mm，按其外界边长(m)×宽(m)计量。单位：m^2
4	松散	路面材料呈松散状，按长(m)×宽(m)计量。单位：m^2
5	脱皮	路面保护层或封层脱落且深度小于25mm，按长(m)×宽(m)计量。单位：m^2
6	坑槽	路面材料松散脱落成洞，深度大于25mm，面积大于$0.02m^2$。按长(m)×宽(m)计量。单位：m^2
7	车辙	面层磨损过度及结构层积累变形而形成的辙槽。以3m直尺横向量测，凹深大于30mm时，按车辙长度(m)×车道(轮迹)全宽(m)计量。单位：m^2
8	沉陷	路面局部下沉，包括掘路未补及补后下沉，在3m直尺范围内沉陷深度大于30mm。按长(m)×宽(m)计量。单位：m^2
9	拥包	路面局部隆起，在1m范围内隆起高度大于20mm。按长(m)×宽(m)计量。单位：m^2

续附表1.1

序号	项目名称	标准范围及计量单位
10	搓板或波浪	车行道上有规则的波浪起伏，波峰垂直于行车方向，峰谷高差大于10mm。按长(m)×宽(m)计量。单位：m^2
11	翻浆	土基或路面基层，由于湿软形成弹簧状甚至从裂缝处冒出泥浆。按长(m)×宽(m)计量。单位：m^2
12	唧泥	路面接缝处和裂缝处挤出泥浆，按冒浆的缝长(m)×0.2(m)计量。单位：m^2
13	缝料散失	水泥混凝土路面版伸缩缝填料散失，散失深度大于20mm按散失填料的缝长(m)×0.2(m)计量。单位：m^2
14	错台	水泥混凝土路面版在纵横缝处或与沥青路面接茬处的竖向高差大于15mm。按错台长(m)×0.2(m)计量。单位：m^2
15	井框高差	路面与井框高差大于15mm，按周长(m)×宽0.2(m)计量。单位：m^2
16	啃边	路面边缘材料剥落破损或形成坑洞，宽度大于4[illegible]mm，长度大于0.1m。按宽度(m)×长度(m)计量。单位：m^2
17	泛油	沥青路面的沥青用量过大，高温季节被挤出表面形成油层。按长(m)×宽(m)计量。单位：m^2
18	拱胀	水泥混凝土路面版的热膨胀受到约束时，出现向上拱起的屈曲失稳现象。按长(m)×宽(m)计量。单位：m^2

2.破损数量确定。在调查确定路面破损类型的同时，即可按附表1.2“沥青路面行车道破损数量调查记录表”和附表1.4“水泥混凝土路面行车道破损数量调查记录表”进行记录，以及附表1.3和1.5“路面破损调查结果汇总表”进行汇总并计算各类路面的破损数量及破损率等。路面（车行道）养护水平调查评定汇总见附表1.6。

附表1.2

沥青路面车行道损坏数量调查记录

路段名称：______ 起止点：______ 调查部位：______

机动车道宽度：______ m 非机动车道宽度：______ m 面积：______ m² 年 月 日

项目	损坏面积（m×m） 桩号（m） 解释及测定																	合计
沉陷	用3m直尺量测，最大沉陷量大于30mm；量测下沉的面积																	
碎裂	开裂成网格，碎块直径小于300mm；																	
搓板或波浪	路面的波浪形变形，峰谷高差大于10mm；量测实际面积																	
拥包	路面材料向行车道外侧推移并隆起，最大隆起高度大于20mm；量测实际面积																	
网裂	开裂成网；量测实际的面积																	
松散或脱皮	面层材料呈松散状或沥青面层脱落，且深度小于25mm；量测实际面积																	
坑槽	路面材料松散脱落成洞，深度大于25mm；量测实际的面积																	

沥青路面车行道破损调查结果汇总 附表 1.3

调查时间：年 月 日

编号	路段名称（起止点）	数量／项目／调查面积（m^2）	沉陷 %	碎裂 %	搓板或波浪 %	拥包 %	网裂 %	松散或脱皮 %	坑槽 %	平整度 mm	弯沉 mm	容许弯沉 mm	路面使用状态指数

水泥混凝土路面车行道破损数量调查记录

附表1.4

路段单元名称：______起止点：______调查部位：______

机动车道宽度：______m　非机动车道宽度：______m　面积：______m^2　年　月　日

项目	损坏面积（m×m）/ 距离（m）/ 解释及测定																合计
唧泥	唧泥缝长×0.2m＝面积																
缝料散失	长×0.2m＝面积																
错台	长×0.2m＝面积																
板角或板边断裂	实测断裂范围面积																

附表1.6

路面（车行道）养护水平调查评定汇总

序号	项目	破损面积Fi（实测/换算）m²													换算破损面积			检查面积	完好率（%）	评定等级
		裂缝 沥青 $K=0.5$ 水泥 $K=10.0$	碎裂 沥青 $K=1.0$ 水泥 $K=3.0$	松散 $K=1.0$	脱皮 $K=1.0$	坑槽 啃边或井框高差 $K=3.0$	车辙 $K=0.5$	沉陷 $K=3.0$	拥包 $K=2.0$	搓板或波浪 $K=2.0$	翻浆 $K=6.0$	唧泥 $K=6.0$	缝料散失 $K=2.0$	错台 $K=10.0$	合计 ΣF_iK_i （m²）	路龄系数 A	$A\Sigma F_iK_i$ （m²）	F（m²）	$\frac{F-A\Sigma F_iK_i}{0.01F}$	

水泥混凝土路面车行道破损调查结果汇总

调查时间： 年 月 附表1.5

编号	路段单元名称起止点	数值 项目 / 调查面积	唧泥 %	缝料散失 %	错台 %	板角断板边或裂板 %	平整度 mm				

（五）交通量调查

城市道路路面交通量调查目的是为了解在设计年限内路面上通行的各种级别的轴载。通过调查可确定在今后使用年限内路面所承受的轴载作用次数，并换算为该路面的设计轴载次数，从而确定路面的整体强度要求——相应于今后交通情况的容许弯沉值。

由于路面设计中最小的轴载为 20KN，所以在交通量调查中只记录后轴重大于或等于40KN者。

1.观测时间：早6:00至晚22:00。

2.车型记录：考虑到我国目前的交通量观测手段还不先进，车型种类又比较多，按轴重划分尚有一定困难，可暂按下表方法进行记录。

载重吨位（>4t）	代表车型	数量

各城市可根据具体车型组成情况自定代表车型。有条件的城市应详细划分车型，以便使轴载换算结果更精确。

3.轴载换算与使用年限内单车道总轴次的确定：为了求出相应于今后交通量的容许弯沉值，应计算出下式的N值。

$$Lr=\frac{11.0}{N^{0.2}}AA_1 \quad \text{（附1.7）}$$

式中 Lr——容许弯沉值（mm）；

N——单车道使用年限内总设计轴次；

A——道路等别系数，主干道取1.0，次干道取1.1；

A_1——路面面层类型系数，沥青混凝土或沥青碎石取1.0，沥青贯入式取1.1。

为此必须：

（1）确定设计标准轴载；

（2）轴载换算；

（3）总轴次计算；

（4）单车道总轴次计算。

所有以上各项计算与确定，均按相应的《柔性路面设计规范》JTJ014、《水泥混凝土路面设计规范》JTJ012进行。

4.按（附1.7）式计算相应于今后交通量的容许弯沉值，以便确定路面整体强度系数Y。

（六）路面使用状态指数LSZZ计算举例

例：南京市韶山路林业大学门前段的路面实测数据：

破损率（%）：碎裂0.09，网裂0.16，沉陷0.37；路面平整度S_0=（$\bar{S}+\sigma=10+8.43=$）18.43（mm）。求LSZZ及对策。

解：查曲线图3.2.6-1得到破损的影响值为，碎裂扣0，网裂扣0，沉陷扣13。

查曲线图3.2.6-2，平整度S_0值应扣30个影响值，所以，路面使用状态指数为：

$$LSZZ=100-(13+30)=57$$

（本路段工程师评分为53分）

鉴定结果与对策：

按单项指标：虽然破损率总和在规定值范围内，但平整度值与规定值之差达9mm以上，因此应加铺或修复。

按综合指标LSZZ：LSZZ=57，与路面使用状态指数规定值之差为33，按规定应加铺或修复。

以上两项指标的计算结果相符。

附录二　水泥混凝土板接缝填缝料

聚氯乙烯胶泥（现场调制）配合比（质量比）　附表2.1

材料名称	脱水煤焦油	聚氯乙烯树脂	增塑剂	粉煤灰	二盐或三盐（稳定剂）
配合比	100	9～11	15～25	30～50	0.5

沥青橡胶配合比（质量比）　附表2.2

材料名称	配合比	性能及适用部位
油—10石油沥青	55～60	粘结强度较好，回弹率和低温延伸率较差，适用于温热带地区的缩缝
重柴油或轻柴油	10～20	
橡胶粉	10～15	
石棉粉或石棉短绒	4～6	
石粉	10～15	

注：以重柴油较好，胀缝宜用石棉短绒。

沥青橡胶嵌缝条配合比（质量比）　附表2.3

沥青掺配成份	掺配后沥青（%）	废橡胶粉（%）	石粉（%）	石棉粉短绒（%）	适用范围
油—10石油沥青（80%）+重（轻）柴油（20%）	50	25	20	石棉粉 5	缩缝 纵缝
油—10石油沥青（80%）+重（轻）柴油（20%）	50	20	20	石棉短绒 10	胀缝上半部

附录三　水泥混凝土路面补修材料

8310环氧粘结剂配合比（质量比）　　附表3.1

编号	粘结剂配比（质量比%）				抗折强度（MPa）			抗拉强度（MPa）			抗剪强度（MPa）		
	环氧树脂	8310	水泥	水	7d	14d	28d	7d	14d	28d	7d	14d	28d
1	100	50			6	6.2	7.0	2.2	2.2	2.5	3.6	3.1	3.1
2	100	50	50	适量	5.3	7.4	8.1	2.6	3.0	3.3	3.6	3.5	4.4
3	100	50	100	50		5.3	6.1		3.0	3.3		2.9	3.7

注：①水泥为42.5MPa普通硅酸盐水泥；

②表中强度指标系粘结性能指标；

③2号配方用水量按气温、操作条件掺配。

早强混凝土 附表3.2

配比＼材料	水泥	水灰比	硅粉（%）	早强减水剂 SN—Ⅱ型
质量比	100	0.5	10	2.5

注：①砂、石料用量按普通路面水泥混凝土混合料级配配合。一天龄期可达到（35℃）28天抗压强度。

②表列硅粉SN—Ⅱ型减水剂均按水泥用量的百分比。

快凝高强混凝土 附表3.3

配比＼材料	水泥	SH外掺剂（%）	缓凝剂	活化剂
质量比	100	15～25	1.0～3.0	0.10～0.3

注：①表列SH外掺剂、缓凝剂（碳酸钾、碳酸钠或烧碱）、活化剂均按水泥用量的百分比，SH外掺剂冬季用上限；

②砂、石料用量按普通路面水泥混合料级配配合；

③1小时龄期的抗压强度可达10MPa。

附录四　各类块石参考尺寸

各类块石参考尺寸 附表4.1

类别	名称	高度（mm）	长度（mm）	宽度（mm）
整齐块石	大型花岗岩块石	250	1000	500
	大方块石	120～150	300	300
	小方（条）石	250(120)	120(250)	120
半整齐块石	矮条石	90～100	150～300	120～150
	中条石	110～130	150～300	120～150
	高条石	140～160	150～300	120～150
	矮方石	80～90	70～100	70～100
	高方石	90～100	80～110	80～110
	方头弹街石	100～130 或 110～130	80～100 或 95～105	60～80 或 95～105
不整齐块石	矮的	120～140		顶部直径100～160
	中的	150～160		顶部直径120～180
	高的	200～220		顶部直径120～200
	特高的	220～250		150～250
	弹街石	100～130	80	50

附录五　城市道路养护水平阶段（月或季）评定方法

（Ⅰ）方法一

（一）城市道路阶段养护水平评定等级

将城市道路阶段养护水平分为优（90分以上）、良（76至90分）、合格（60至75分）和不合格（60分以下）四个等级，以检查评定的优、良、合格单元数占总单元数的百分比即合格率，来衡量城市道路设施的阶段养护水平。

$$道路设施阶段合格率=\frac{优、良、合格单元数}{总单元数}\times100\% \quad (附5.1)$$

（二）城市道路养护水平的阶段检查和评定

1.检查标准：

部　　位	检　查　标　准
车　行　道	见本规范附录一
人　行　道	见本规范第八章第二节
路基和排水设施	同　上
桥梁和涵洞	同　上
其他设施	同　上

2.规定：

（1）车行道和人行道按附表5.1和附表5.2的规定扣分。路基和排水设施，桥梁和涵洞以及其他设施分别按本规范第八章第8.2.4条、第8.2.5条和第8.2.6条的规定扣分。

（2）每个部位满分为100。

3.部位得分计算式：

$$部位得分=100-扣除分数 \quad (附5.2)$$

车行道检查项目和评定

附表5.1

规定分	沥青类路面（100分）						水泥混凝土路面（100分）					
项　目	碎裂	松散脱皮	坑槽沉陷	拥包波浪	翻浆	井框高差	唧泥	缝料散失	错台	碎裂	脱皮	井框高差
破损检查标准	见本规范附录一						见本规范附录一					
扣分标准	1.5分/处	1.5分/处	3分/处	1.5分/处	3分/处	1.5分/处	3分/处	1.5分/处	3分/处	3分/处	1.5分/处	1.5分/处

注：以上各项扣分最多不超过规定分，扣完为止。

人行道检查项目和评定

附表5.2

规定分	沥青类人行道（65分）	水泥混凝土人行道（65分）		石渣或土人行道（含路肩）（65分）	侧平石（35分）
项　目	坑洞沉陷	坑洞沉陷	错台拱起	坑洞沉陷	缺　失
破损检查标准	见本规范第八章第8.2.3条				
扣分标准	3分/处	3分/处	3分/处	3分/处	3分/处

注：同附表5.1。

（Ⅰ） 方 法 二

（一）城市道路阶段养护水平评定等级

将城市道路阶段养护水平分为合格（60分）和不合格两等，以检查评定的合格单元数占总单元数的百分比即合格率，衡量城市道路设施的阶段养护水平。

$$道路设施阶段合格率=\frac{合格单元数}{总单元数}\times 100\% \qquad （附5.3）$$

（二）城市道路养护水平的阶段检查和评定

1.检查标准和记录格式：

部　　位	检 查 标 准	记录格式
沥青路面	见本规范附录一	附表5.3
桥梁及其他构筑物	见本规范第八章第二节	附表5.4
路基及排水设施	见本规范第八章第二节	附表5.5
人行道及其附属设施	见本规范第八章第二节	附表5.6

沥青路面破损状况检查记录　　附表5.3

项目／单元	裂缝	碎裂	松散	脱皮	坑槽	车辙	沉陷	拥包	搓板或波浪	唧泥	小计
合计											

桥梁及其他构筑物破损检查记录　　附表5.4

分部位／部分	桥面	梁板	拱圈	支座	拱脚	墩、柱、台	挡墙、护坡	伸缩缝、缝	海墁	栏杆	合计
桥　梁											
人行桥											
隧　道											
涵　桥											
地下道											
小　计											

路基和排水设施破损状况检查记录　　附表5.5

项目／部位	车辙	坑槽	积水	反坡	裂缝	变形	剥落	下沉	冲沟	淤塞	合　计
路　肩											
边　坡											
挡　墙											
排水沟及涵洞											
支　管											
检查井及雨水井											
小　计											

人行道及其附属设施破损状况检查记录 附表5.6

部位＼项目	倾斜	占压	损坏	松动	弯曲	沉陷	错台	锈蚀	变形	坑槽（缺块）				合计
人行道														
防护栏														
防护栅														
路名牌														
其他设施														
小计														

2.规定：沥青路面、路基及排水设施，人行道及其附属设施的每个项目或桥梁及其他构筑物的每个分部位有缺点扣10分；每个部位满分为100。

3.部位得分计算式：

部位得分＝100－扣除分数 （附5.4）

附录六 本规范用词说明

（一）本规范条文中执行严格程度的用词，采用以下写法：

1.表示很严格，非这样作不可的用词：

正面词采用“必须”；

反面词采用“严禁”。

2.表示严格，在正常情况下均应这样作的用词：

正面词采用“应”；

反面词采用“不应”或“不得”。

3.表示允许稍有选择，在条件许可时首先应这样作的用词：

正面词采用“宜”或“可”；

反面词采用“不宜”。

（二）条文中必须按指定的标准、规范或其他有关规定执行的写法为“应按……执行”或“应符合……要求或规定”。非必须按所指定的标准、规范执行的写法为“可参照……执行”。

附加说明

本规范主编单位、参加单位和主要起草人名单

主编单位： 北京市市政工程管理处

参加单位： 天津市道桥管理处
北京建筑工程学院
哈尔滨建筑工程学院
上海市市政工程管理处
武汉市市政建设管理局
沈阳市市政工程管理处
西安市市政工程管理处
成都市市政设施管理处
广州市市政工程维修管理处
南京市市政工程管理处
太原市市政工程管理处

主要起草人：

姚瑞成　刘　让　郭祖辛　曲天培
赵有庆　李智轶　英增荫　潘天锡
甄仕湛　林人主　吴长林　尚景文
唐衍美　王筱盈　黄柱槐

中华人民共和国行业标准

乳化沥青路面施工及验收规程

CJJ 42—91

主编单位：大连市城市建设管理局
批准部门：中华人民共和国建设部
施行日期：1992年2月1日

关于发布行业标准《乳化沥青路面施工及验收规程》的通知

建标〔1991〕428号

各省、自治区、直辖市建委（建设厅），计划单列市建委，国务院有关部、委：

根据原城乡建设环境保护部（84）城科字第153号文的要求，由大连市城市建设管理局负责主编的《乳化沥青路面施工及验收规程》，业经审查，现批准为行业标准，编号CJJ 42—91，自1992年2月1日起施行。

本标准由建设部城镇道路桥梁标准技术归口单位北京市市政设计研究院归口管理，其具体解释等工作由大连市城市建设管理局负责。

本标准由建设部标准定额研究所组织出版。

中华人民共和国建设部
1991年6月27日

目　次

第一章 总 则

第 1.0.1 条 为统一乳化沥青路面的施工及验收，特制定本规程。

第 1.0.2 条 本规程适用于城镇道路的乳化沥青路面施工。乳化沥青是指以石油沥青为原材料的阳离子和阴离子乳化沥青。

第 1.0.3 条 乳化沥青路面的设计，必须符合现行的《城市道路设计规范》(CJJ 37)。本规程未明确规定的施工方法和技术要求，应符合现行的《沥青路面施工及验收规范》(GBJ 92)及其他有关标准、规范的规定。

第 1.0.4 条 乳化沥青路面采用冷法施工。其成型期间，必须加强养护。

第二章 乳 化 沥 青

第一节 一 般 规 定

第 2.1.1 条 乳化沥青必须与矿料有良好的胶结能力。

乳化石油沥青技术性能 表 2.1.2

项目 \ 类别		单位	阳离子型			阴离子型		
			CR	CM	CS	AR	AM	AS
粘度	恩氏粘度E_{25}		3～15	3～40		3～15	3～40	
	标准粘度C^{3}_{25}	s	12～40	12～100		12～40	12～100	
筛上余量	过1.2mm筛，小于	%	0.3			0.3		
粘附	附着度，大于		2/3			—		
	被膜度40°C,5min，大于		—			2/3		
拌和稳定度			快裂	中裂	慢裂	快裂	中裂	慢裂
水泥拌和试验残留物含量，小于		%	—	—	5	—	—	2
电荷			(+)			(−)		
沥青含量		%	55～60			55～60		
蒸发残留物	针入度，25°C，5s，100g	1/10 mm	80～200	60～200		80～200	60～200	
	延度，25°C，大于	cm	40			40		
	溶解度，(三氯乙烯)大于	%	98	97		98	97	

续表

项目 \ 类别	单位	阳离子型			阴离子型		
		CR	CM	CS	AR	AM	AS
贮存稳定度（5d），小于	%	5			5		
冰冻稳定度（−5°C）		无粗粒、无结块			无粗粒、无结块		
pH 值		≤7			≥7		

注：①表中C、A、R、M和S分别为阳离子、阴离子、快裂型、中裂型和慢裂型乳化沥青的代表字母；
②CR和AR用于表面处治和贯入式路面。如果作为粘层使用时，表中粘度值应乘以0.4系数，沥青含量为50%；
③如果生产后五日内使用完毕，可不做贮存稳定度试验；如果作为商品生产，应保证出厂后有三个月稳定期；
④表中两种粘度标准达到其中一种即可。

第 2.1.2 条 乳化沥青的技术性能应符合表2.1.2的规定。

第二节 原 材 料

第 2.2.1 条 根据施工季节、所在地区的气候和交通状况，选用合适的道路石油沥青。

第 2.2.2 条 选择乳化剂时，应遵守下列规定：

一、抽样复验所选择的乳化剂的浓度和离子类型。复验结果必须符合生产厂的产品标准。

二、选定的乳化剂试制乳化沥青样品，用显微镜观测，直径5μm以下的沥青微粒应大于微粒总数的80%。

第 2.2.3 条 制备阴、阳离子乳化沥青用水，应符合现行的《生活饮用水卫生标准》(TJ 20)的规定。

第三节 乳化沥青的制备

第 2.3.1 条 制作乳化沥青时的乳化温度应通过试验确定。乳化剂水溶液的温度宜为40～70°C；石油沥青的温度宜为120～160°C；乳化机械的温度宜在60°C以上。低温季节制备乳化沥青时，应预热乳化机械、油泵及管线。

第 2.3.2 条 乳化机械可根据实际情况选用胶体磨、均油机或其它类型的乳化器。

第 2.3.3 条 乳化沥青的制备工艺应符合下列要求：

一、按配比将乳化剂（需要时掺入稳定剂）充分溶解于水中，制成乳化剂水溶液。乳化剂用量宜为乳化沥青质量的0.3%～0.8%（按有效含量为100%计算）；

二、石油沥青不应含杂质和块状物，必须经过脱水、过滤；

三、将乳化剂水溶液和石油沥青均匀加热到第2.3.1条规定的温度，按配比匀速注入乳化机械。加温时，应防止温度过高形成大量泡沫溢出，造成事故。

四、乳化沥青制成后，应先送入贮存池，抽样检验合格后，再泵入贮存容器。

第 2.3.4 条 寒冷地区乳化沥青的生产设备，应采取保温防冻措施。

第四节 贮 存 与 运 输

第 2.4.1 条 不同离子型的乳化沥青容器严禁混用。

第 2.4.2 条 乳化沥青的贮存设备，应备有搅拌装置，以保证上下层浓度均匀。

第 2.4.3 条 乳化沥青贮运温度宜在20°C以上。

第 2.4.4 条 乳化沥青应采用油罐装运。

第三章 对基层的要求

第 3.0.1 条 凡适用于沥青路面的基层，均可作为乳化沥青路面的基层。

第 3.0.2 条 基层必须符合下列要求：

一、具有足够的强度和刚度；

二、具有良好的稳定性；

三、拱度与面层一致，表面必须平整、密实；

四、与面层结合良好。

第 3.0.3 条 各种基层的材料要求和施工工艺，应符合现行的设计和施工规范的规定。

第 3.0.4 条 必须对基层（含旧路面做基层）的厚度、密实度、平整度、拱度、强度进行检验，确认质量合格后方可铺筑乳化沥青面层。

第四章 乳化沥青表面处治与贯入式路面

第一节 一般规定

第 4.1.1 条 乳化沥青表面处治与贯入式路面施工，工序必须衔接紧密。乳化沥青喷洒完毕待其表面破乳时，立即撒铺集料并及时碾压。

第 4.1.2 条 用于表面处治与贯入式的乳化沥青，可根据集料的材质选择快裂阴、阳离子乳化沥青。

第 4.1.3 条 集料宜采用碎石或轧制砾石，各项技术指标应符合现行的《沥青路面施工及验收规范》(GBJ92)的规定。

第 4.1.4 条 乳化沥青矿料温度应高于10℃，当日平均温度低于5°C时，不应进行施工。

第二节 乳化沥青粘层

第 4.2.1 条 乳化沥青粘层，可用于乳化沥青路面，亦可用于热拌热铺沥青路面。

第 4.2.2 条 可选用CR或AR型乳化沥青作为粘层材料。

第 4.2.3 条 应严格按设计要求控制粘层的乳化沥青用量。

第 4.2.4 条 粘层施工前，必须将基面清扫干净。夏季气温高时，可在基面上适当洒水湿润。

第 4.2.5 条 粘层用的乳化沥青必须喷洒均匀，不应露白和流淌，必要时可用扫帚或刮板抹匀。

第三节 乳化沥青表面处治路面

第 4.3.1 条 乳化沥青表面处治可采用层铺法。分为单层式、双层式和三层式，压实厚度分别为0.5、2.0和3.0cm。

在旧路面上做表面处治时，第一遍乳化沥青用量应根据旧路的结构及材料等因素降低用量。表面处治材料用量按表4.3.1选用。

第 4.3.2 条 三层式表面处治路面施工工序及工艺要求如下：

乳化沥青表面处治面层材料用量表　　表 4.3.1

类		别	单层(厚0.5cm)	双层(厚2.0cm)	三层(厚3.0cm)
集料	第一层	尺寸(mm)	3~5	5~15	15~25
		用量(m³/100m²)	0.6~0.8	1.3~1.5	1.8~2.0
	第二层	尺寸(mm)	—	3~5	5~15
		用量(m³/100m²)	—	0.4~0.6	0.9~1.1
	第三层	尺寸(mm)	—	—	3~5
		用量(m³/100m²)	—	—	0.3~0.5
	成型养护	尺寸(mm)	3~5	3~5	3~5
		用量(m³/100m²)	0.3~0.5	0.3~0.5	0.3~0.5
乳化沥青	第一遍	规格	CR AR	CR AR CM	CR AR CM
		用量(kg/m²)	0.90~1.10	0.80~1.00	1.90~2.10
	第二遍	规格	—	CR AR	CR AR CM
		用量(kg/m²)	—	1.20~1.40	1.80~2.00
	第三遍	规格	—	—	CR AR
		用量(kg/m²)	—	—	1.00~1.20
	成型养护	规格	CR AR	CR AR	CR AR
		用量(kg/m²)	0.80~1.00	0.80~1.00	0.80~1.00
	合计用量(kg/m²)	乳化沥青	1.70~2.10	2.80~3.40	5.50~6.30
		折成沥青	1.02~1.26	1.68~2.04	3.30~3.78

注：①表中数值不包括施工损耗量，也不包括透层和粘层用量；
②各地应根据试验路面数据确定材料用量；
③表中乳化沥青的沥青含量均按60%计算，不足或超过时应换算后增减用量。

一、放样和安装路缘石；

二、清扫基层；

三、按规定用量均匀喷洒第一遍乳化沥青，不应露白和流淌；

四、乳化沥青由棕褐色开始变黑时，应及时撒铺第一层集料，撒铺后应严格找平；

五、用6～8t两轮压路机重叠1/2轮宽碾压2～4遍；

六、喷洒第二遍乳化沥青，要求同本条第四款；

七、按本条第四、五款规定撒铺第二层集料并及时碾压；

八、均匀喷洒第三遍乳化沥青，要求同本条第三款；

九、撒铺第三层集料并及时碾压，要求同本条第四、五款。

第4.3.3条 单、双层表面处治路面的施工工序与工艺要求，同第4.3.2条一～五款和一～七款。

第4.3.4条 碾压完毕后养生4～8h内，限速开放交通，车速不应超过20km/h。通车初期设专人和路障控制行车，使路面全宽得到均匀压实。

第4.3.5条 放行后15～30d应进行成型养护：清扫浮碴，喷洒乳化沥青，撒铺集料，找平碾压。要求同第4.3.2条三～五款。

第四节 乳化沥青贯入式路面

第4.4.1条 乳化沥青贯入式路面可作为面层的上层，亦可作为面层下层、联接层或基层。其厚度应符合设计要求，宜为4～8cm。

第4.4.2条 乳化沥青贯入式路面材料用量按表4.4.2选用。

第4.4.3条 乳化沥青贯入式路面施工工序及工艺要求如下：

一、放样和安装路缘石；

乳化沥青贯入式路面材料用量表 **表4.4.2**

厚度		(cm)	4	5	6	7	8
集料	主层	尺寸(mm)	20～40	30～50	30～60	30～60	40～70
		用量($m^3/100m^2$)	4.4	5.5	6.6	8.0	9.6
	第一次嵌缝料	尺寸(mm)	10～20	15～25	15～25	15～25	15～25
		用量($m^3/100m^2$)	1.2～1.4	1.6～1.8	1.6～1.8	1.8～2.0	2.0～2.2
	第二次嵌缝料	尺寸(mm)	5～10	5～15	5～15	5～15	5～15
		用量($m^3/100m^2$)	0.7～0.8	1.0～1.2	1.0～1.2	1.1～1.3	1.1～1.3
	第三次嵌缝料	尺寸(mm)	3～5	3～5	3～5	3～5	3～5
		用量($m^3/100m^2$)	0.3～0.5	0.3～0.5	0.4～0.6	0.4～0.6	0.4～0.6
	成型养护	尺寸(mm)	3～5	3～5	3～5	3～5	3～5
		用量($m^3/100m^2$)	0.3～0.5	0.3～0.5	0.3～0.5	0.3～0.5	0.3～0.5

续表

厚度 (cm)			4	5	6	7	8
乳化沥青用量	第一遍	规格	CR、AR CM、AM	CR、AR CM、AM	CR、AR CM、AM	CR、AR CM、AM	CR、AR CM、AM
		用量 (kg/m²)	3.0～3.2	3.4～3.6	4.0～4.2	4.4～4.6	4.6～4.8
	第二遍	规格	CR、AR CM、AM	CR、AR CM、AM	CR、AR CM、AM	CR、AR CM、AM	CR、AR CM、AM
		用量 (kg/m²)	1.9～2.1	2.2～2.4	2.4～2.6	2.6～2.8	3.0～3.2
	第三遍	规格	CR AR	CR AR	CR AR	CR AR	CR AR
		用量 (kg/m²)	1.0～1.2	1.0～1.2	1.0～1.2	1.0～1.2	1.0～1.2
	成型养护	规格	CR AR	CR AR	CR AR	CR AR	CR AR
		用量 (kg/m²)	0.8～1.0	0.8～1.0	0.8～1.0	0.8～1.0	0.8～1.0
	合计用量 (kg/m²)	乳化沥青	6.7～7.5	7.4～8.2	8.2～9.0	8.8～9.6	9.4～10.2
		折合沥青	4.0～4.5	4.4～4.9	4.9～5.4	5.3～5.8	5.6～6.1

注：①表中数值不包括施工损耗量，也不包括透层或粘层用量；
②施工时应做试验路面，以实际数据为准；
③表中乳化沥青的沥青含量均按60%计算，不足或超过时，应换算后增减用量。

二、清扫基层；

三、厚度为4～5cm的乳化沥青贯入式路面应喷洒粘层沥青材料；

四、用撒料车或人工撒铺主层集料。撒铺时应避免大、小颗粒集中，并控制松铺厚度。铺好的集料层上严禁车辆通行；

五、碾压主层集料的方法可根据当地施工机械的条件灵活掌握。宜用6～8t双轮压路机重叠1/2轮宽碾压2～4遍，使集料稳定。必须注意边碾压边找平。然后再用10～12t三轮压路机以2km/h的速度碾压4～6遍，碾压到集料嵌紧、无明显轮迹为止；

六、均匀喷洒第一次乳化沥青；

七、待乳化沥青由棕褐色开始变黑，撒铺第一次嵌缝料，要求撒铺均匀，不得有空白或重叠过厚之处；

八、第一次嵌缝料扫匀后，用10～12t压路机碾压2～4遍，碾压应适度；

九、喷洒第二次乳化沥青和撒铺、碾压第二次嵌缝料的要求与第一次相同；

十、喷洒第三次（即封层）乳化沥青和撒铺、碾压第三次嵌缝料的要求同本规定第4.3.2条八、九款。

第4.4.4条 乳化沥青贯入式路面最上一层，起封层作用。如果不作为面层使用时，可以不做。

第五章 乳化沥青混凝土和乳化沥青碎石路面

第一节 一般规定

第5.1.1条 乳化沥青混凝土和乳化沥青碎石路面，应使用阳离子乳化沥青，且乳化沥青矿料温度应高于10°C。

第5.1.2条 阳离子乳化沥青应符合以下基本要求：

一、必须采用中、慢裂阳离子乳化沥青；

二、制作阳离子乳化沥青时，必须加稳定剂。

第5.1.3条 集料应符合下列要求：

一、含泥量不应大于1%，并不得含其它有害杂质；

二、质量标准应符合第4.1.3条的要求；

三、作为面层上层时，最大粒径应为压实厚度的0.6倍；用作其它层时，可放宽到0.7倍。

第5.1.4条 砂、石屑和矿粉应符合下列要求：

一、砂应由坚硬、清洁、未风化、有棱角的颗粒组成，具有适当级配，无杂质，含泥量不应大于3%；

二、石屑中粒径小于0.074mm的颗粒应少于15%；

三、矿粉中粒径小于0.074mm的颗粒应多于80%，并应干燥、疏松，不含水溶性物质，没有聚团现象，含水量小于0.1%。宜使用石灰岩矿碎，其它如白云岩矿粉也可采用，但要通过亲水性试验，亲水系数宜小于或等于1。

第5.1.5条 拌和阳离子乳化沥青混合料时，宜加适量的缓破剂水溶液，其浓度宜为1%～2%。缓破剂一般采用氯化钙、氯化铵等。

第二节　乳化沥青混凝土路面

第5.2.1条　阳离子乳化沥青混凝土路面标准应符合下列规定：

一、阳离子乳化沥青混凝土混合料分粗粒式、中粒式和细粒式三种。粗、中粒式作为面层下层使用，厚度宜为4cm；细粒式用在面层上层，厚度宜为3cm。单层式面层，可采用细粒式或中粒式，其厚度分别为3cm和5cm。

阳离子乳化沥青混凝土混合料级配表　表5.2.1-1

类型	通过下列筛孔（mm）的质量百分率（%）						
	30	25	20	15	10	5	2.5
粗粒式（RLH-30）	95～100	75～95	—	55～80	40～60	23～46	15～32
中粒式（RLH-20）			95～100	—	50～70	35～55	20～35
细粒式（RLH-15）				95～100	—	50～70	35～50

类型	通过下列筛孔(mm)的质量百分率（%）					乳化沥青用量
	1.2	0.6	0.3	0.15	0.074	（%）
粗粒式（RLH-30）	—	5～18	4～13	2～10	2～4	6.5～8.0
中粒式（RLH-20）	13～25	8～20	5～12	2～10	2～5	7.5～9.0
细粒式（RLH-15）	25～40	19～30	13～21	8～15	4～8	8.5～10.0

注：①字母RLH代表乳化沥青混凝土混合料，后面的数字代表矿料的最大粒径（mm）；
②表中乳化沥青的沥青含量是按60%计算的，不足或超过时应换算后增减用量。

阳离子乳化沥青混凝土混合料级配按表5.2.1-1选用。

二、阳离子乳化沥青混凝土混合料应符合表5.2.1-2的规定。其各项指标的测定方法见附录三。

乳化沥青混凝土混合料技术指标　表5.2.1-2

序号	项目	单位	类别		备注
			粗、中粒式	细粒式	
1	稳定度	N	4500	5000	
2	流值	1/100cm	10～40	20～40	
3	饱和度	%	50～70	70～85	
4	空隙率	%	7～12	3～7	

第5.2.2条　乳化沥青混凝土混合料的拌和，应符合下列要求：

一、宜采用机械拌和，亦可采用人工拌和。拌制乳化沥青混凝土混合料宜加入一定量的缓破剂水溶液，水石比宜为2%～5%；

二、机械拌和的投料顺序是：先投入矿料，边拌和边注入缓破剂水溶液或水，矿料湿润后再加入阳离子乳化沥青。从阳离子乳化沥青的投入到开始出混合料的时间宜小于20s，以免油膜脱落。拌制阳离子乳化沥青混凝土应采用强制式混凝土搅拌机或间歇式沥青混凝土搅拌机。

三、人工拌和的顺序是：将矿料摊开，注入缓破剂水溶液，采用对锹方法拌和均匀，立即加入阳离子乳化沥青，拌和约30s，达到裹覆均匀。

第5.2.3条　乳化沥青混凝土路面的施工工序及工艺要求应符合以下规定：

一、放线和安装路缘石；

二、清理基层；

三、喷洒粘层乳化沥青；

四、运送混合料：

1. 运输工具应先用水湿润；

2. 运送混合料时，应注意车厢清洁。

五、摊铺：

1. 清理好接茬处并涂刷乳化沥青；

2. 宜用摊铺机摊铺，亦可用人工摊铺；

3. 摊铺工具应先用水湿润。

六、碾压：

1. 一般情况下采用钢轮压路机碾压。如有条件，应采用轮胎压路机或振动碾；

2. 混合料开始破乳（即颜色由棕褐色变为黑色）时进行碾压；

3. 压路机自路边压向路中，每次重叠二分之一轮宽。不得在新铺混合料上转向、调头、左右移动位置或突然刹车；

4. 初压用6～8t双轮压路机碾压两遍，初压后检查平整度、路拱，必要时予以修整；

5. 复压用10～12t三轮压路机碾压4～6遍，也可用相应吨位的轮胎压路机碾压4～6遍或用6t振动碾碾压3～5遍，碾至稳定无显著轮迹为止；

6. 终压用6～8t双轮压路机碾压2～4遍；

7. 压实系数：机械摊铺为1.3～1.4，人工摊铺为1.4～1.6；

8. 碾压速度应符合表5.2.3的要求；

9 压路机碾压前应往碾轮上洒水，防止粘轮，但不得用油类刷轮；

各种压路机碾压速度 **表 5.2.3**

压路机种类	碾压阶段		
	初压	复压	终压
	碾压速度（km/h）		
钢轮压路机	1.5～2.0	2.5～3.5	2.5～3.5
轮胎压路机	2.5～3.5	4.5～5.5	4.5～5.5

10. 碾压过程中，如出现推移、网裂，应查明原因，采取措施保证正常后继续碾压。波浪形推移严重的路段，应予挖除并另铺新料碾压。

第 5.2.4 条 乳化沥青混凝土路面有一定的成型期。终压完毕后4～8h可限速（低于20km/h）放行直行车辆，并设专人管理，严禁刹车、转弯。1～3d后正式开放交通。

第 5.2.5 条 中粒式乳化沥青混凝土混合料用于面层上层时，必须按第4.3.5条规定做成型养护。

第三节 乳化沥青碎石路面

第 5.3.1 条 乳化沥青碎石路面必须有表面处治层或其它封层。

第 5.3.2 条 乳化沥青碎石混合料级配按表5.3.2选用。

第 5.3.3 条 乳化沥青碎石混合料的拌和，应符合第5.2.2条的规定。

第 5.3.4 条 乳化沥青碎石混合料的施工要求，应符合第5.2.3条的规定。

乳化沥青碎石混合料级配表 **表 5.3.2**

类型	通过下列筛孔（mm）的质量百分率（%）									乳化沥青用量（%）
	30	25	15	10	5	2.5	0.6	0.3	0.074	
粗粒式（RLS-30）	95～100		40～60	25～45	10～30	5～20	0～10	0～6	0～4	6～8
中粒式（RLS-25）		95～100		35～55	15～35	5～25	0～11	0～7	0～5	7～9

注：①字母RLS代表乳化沥青碎石混合料，后面的数字表示矿料的最大粒径（mm）

②表中乳化沥青的沥青含量按60%计算，不足或超过时应换算后增减用量。

第六章　质量标准与检查验收

第6.0.1条　乳化沥青的质量标准应符合本规程表2.1.2的规定，其检查验收应符合下列要求：

一、对乳化剂、乳化沥青的用水、稳定剂、缓破剂及石油沥青的质量和技术要求，均应按本规程有关规定进行检验；

二、进行品种鉴别或某项指标检验时，取1～2kg样品；如检查全部项目时，取样总量为5～10kg。每批产品至少取一组试样，产量多于10t时，每10t取一组；

三、主检项目有：粘度、筛上余量，粘附、拌和稳定度，水泥拌和试验、电荷、沥青含量、pH值和蒸发残留物的针入度、延度、溶解度等三项物理性能指标。贮存时间超过五日和冬期施工时，必须做贮存稳定度和冰冻稳定度检验。

第6.0.2条　乳化沥青路面基层的质量检验标准应按现行的《市政道路工程质量检验评定标准》（CJJ_1）执行。

第6.0.3条　乳化沥青表面处治面层的质量应符合表6.0.3的规定，并应符合下列要求：

一、表面应平整、密实，不得有松散、裂缝和波浪；

二、乳化沥青喷洒均匀，不应污染路缘石及其它构筑物；

三、嵌缝料分布均匀，不互相重叠。

第6.0.4条　乳化沥青贯入式面层的质量标准除应符合第6.0.3条的规定外，并应符合下列要求：

乳化沥青面层质量标准

表 6.0.3

类型		乳化沥青表面处治						乳化沥青贯入式					
序号	项目	允许误差	检验频率				检验方法	允许误差	检验频率				检验方法
			范围	点数					范围	点数			
1	平整度	不大于10mm	100m	路宽（m）	<9	5	用三米直尺	不大于8 mm	100m	路宽（m）	<9	5	用三米直尺
					9～15	10					9～15	10	
					>15	15					>15	15	
2	宽度	−50mm内	100m	3			用尺量	−50mm内	100m	3			用尺量
3	中线高程	±10mm	100m	5			用水准测	±10mm	100m	5			用水准测
4	横坡度	±0.5%	100m	5			用水准仪测	±0.5%	100m	5			用水准仪测
5	厚度	—						±10mm	1000m²	路中及路两侧各测1处			用尺量
6	沥青用量	总用量±5%	1天施工段或1000m²	1			称量	总用量±5%	1天施工段或1000m²	1			称量
7	相对密实度	—						≥93	1000m²	1			
8	矿料级配	—						—					

续表

类型		乳化沥青混凝土				乳化沥青碎石			
序号	项目	允许误差	检验频率 范围	检验频率 点数	检验方法	允许误差	检验频率 范围	检验频率 点数	检验方法
1	平整度	不大于5mm	100m	路宽(m) >9: 5; 9～15: 10; >15: 15	用三米直尺	不大于5mm	100m	路宽(m) <9: 5; 9～15: 10; >15: 15	用三米直尺
2	宽度	−50mm内	100m	3	用尺量	−50mm内	100m	3	用尺量
3	中线高程	±10mm	100m	5	用水准测	±10mm	100m	5	用水准测
4	横坡度	±0.5%	100m	5	用水准仪测	±0.5%	100m	5	用水准仪测
5	厚度	±5mm	1000m²	路中及路两侧各测1处	用尺量	±5mm	1000m²	路中及路两侧各测1处	用尺量
6	沥青用量	油石比±0.5%	1天施工段或1000m²	1	抽提法	油石比±0.5%	1天施工段或1000m²	1	抽提法
7	相对密实度	>96	1000m²	1	蜡封法	>93	1000m²	1	蜡封法
8	矿料级配	规定级配范围内	1天施工段或1000m²	1	抽提法	规定级配范围内	1天施工段或1000m²	1	抽提法

注：①乳化沥青混凝土标准密实度通过马歇尔稳定度试验确定；乳化沥青碎石、乳化沥青贯入式路面标准密实度通过试铺路面用灌砂法确定；

②乳化沥青人行道、路缘石和雨水井的施工质量标准与国家标准沥青路面施工及验收规范GBJ92-86表11.0.7—1～3规定相同；

③乳化沥青面层外形尺寸的验收标准和乳化沥青面层工程质量的验收标准与国家标准GBJ92-86表11.0.8—1～2规定相同。

一、10t以上压路机碾压后，不得有明显轮迹；

二、面层与其它构筑物应顺接，不得有积水现象；

三、各种检查井的井框与路面的高差不得大于5mm，并在1.5m范围内予以顺接。

第6.0.5条 乳化沥青混凝土面层和乳化沥青碎石面层的质量标准应符合表6.0.3的规定，并应符合下列要求：

一、表层应平整、坚实，不得有脱落、掉碴、裂缝、推挤、烂边及粗细集料离析等现象；

二、用10t以上压路机碾压，不得有明显轮迹；

三、接茬应紧密、平顺；

四、面层与其它构筑物应顺接，不得有积水现象；

五、各种检查井的井框与路面的高差不得大于5mm，并在1.5m范围内予以顺接。

附录一　本规程术语解释

（一）乳化沥青

乳化沥青是沥青和乳化剂水溶液（有时加稳定剂）在一定的温度下，经机械力的作用使沥青微粒均匀而稳定地分散于水中的乳状液。

（二）沥青乳化剂

沥青乳化剂是一种表面活性剂，其化学结构由亲油基和亲水基组成。它能使沥青微粒在水中形成均匀而稳定的分散系。沥青乳化剂有阳离子型、阴离子型、两性离子型和非离子型。

（三）乳化沥青稳定剂

乳化沥青稳定剂是使乳化沥青中沥青微粒的聚结时间减慢、延长乳化沥青破乳时间的化学物质。

（四）破乳

乳化沥青中的沥青微粒由分散到聚结的不可逆变化，称为破乳。

（五）缓破剂

在乳化沥青混合料拌和及运输过程中，能防止矿料与乳化沥青接触面过早破乳的化学物质。

（六）快裂、中裂、慢裂

为判断乳化沥青的稳定度，用以指导选择合适的乳化沥青的指标。具体划分方法见附录二附表2.2。

（七）单层式乳化沥青表面处治路面

采用层铺法，喷洒一遍乳化沥青，撒铺一层集料，经碾压形成的表面层，起封闭表面空隙、防止水分渗入，延缓路面老化、改善路面外观等作用。厚度一般为0.5cm，亦称罩面或封层。

（八）双层式乳化沥青表面处治路面

喷洒两遍乳化沥青，撒铺两层集料，按层铺法修筑的面层。总厚度一般为2.0cm。

（九）三层式乳化沥青表面处治路面

喷洒三遍乳化沥青，撒铺三层集料，按层铺法修筑的面层。总厚度一般为3.0cm。

（十）乳化沥青粘层

为使新铺结构层与其下层粘结良好，在旧路面或基层上洒布乳化沥青薄层。

（十一）乳化沥青贯入式路面

在压实的集料上分层喷洒乳化沥青，分层撒铺嵌缝料，分层碾压成型的路面。可用于面层上层、面层下层、联接层和基层。厚度为4～8cm。

（十二）乳化沥青路面成型

乳化沥青路面成型是指从破乳碾压到路面密实的过程。它包括两个阶段：

（1）乳化沥青破乳水分析出，通过碾压使沥青与矿料粘结牢固；

（2）通过行车碾压使路面达到密实度要求。成型期随路面类型、施工季节与交通量的不同而异。

（十三）成型养护

开放交通后15～30d再做一次乳化沥青单层表面处治，使乳化沥青路面达到平整、密实的要求。

（十四）乳化沥青混合料

乳化沥青混凝土或乳化沥青碎石拌和后，尚未碾压成型的混合料统称为乳化沥青混合料。

（十五）乳化沥青混凝土路面

由符合级配标准的各种矿料与乳化沥青和水（或缓破剂水溶液），按规定配比均匀拌和，摊铺压实而成的路面。

（十六）乳化沥青碎石路面

由粗颗粒较多并具有一定级配的矿料，用乳化沥青做结合料，按配比均匀拌和，摊铺压实而成。以石料嵌锁为主的路面，其空隙率一般大于10%。

（十七）油石比

乳化沥青混合料中沥青与矿料的质量比，以百分率表示。

（十八）水石比

拌和乳化沥青混合料时，为湿润矿料或延缓破乳时间所加的水或缓破剂水溶液与矿料的质量比，以百分率表示。

（十九）矿料

碎石、轧制砾石、筛选砾石、石屑、砂以及矿粉的总称。

附录二 乳化沥青试验方法

（一）乳化沥青的取样

1. 取样目的

从乳化沥青成品中用规定的方法取一定数量的样品，检验其性能，以判断乳化沥青的质量。

2. 取样方法

取样时，应在容器的上、中、下部且与材料界面距离大于5cm的位置均匀取样。如容器中乳化沥青经充分搅拌时，也可在排放管口取样。

3. 取样数量

进行品种鉴别或某项指标的检验时，取样数量为1～2kg。对批量产品，每10t为一取样组，不足10t亦为一取样组，每组取样数量为5～10kg。

4. 取样要求

取样用具及容器应洁净干燥。取样后，应将盛试样的容器加盖。

（二）试验方法

1. 恩氏粘度试验

（1）概述

200mL乳化沥青试样，在25°C温度下从恩格拉粘度计流出的时间与同量的蒸馏水从恩格拉粘度计流出的时间之比，称恩氏粘度。

（2）试验仪器

1）恩格拉粘度计：包括能保持试样温度25±0.5°C的试样容器在内；

2）秒表：最小读数为0.1s，15min的误差为±0.05%；

3）滤筛：筛孔孔径1.2mm；

4）其它。

（3）试样准备

1）试样在密闭条件下于室内存放24h，基本上消除泡沫；

2）将试样装入500mL的深容器，在不产生气泡的条件下搅拌均匀；

3）用孔径1.2mm的滤筛过滤；

4）将试样容器置放在25±0.5°C的水浴槽中30min。

（4）试验方法

1）试验前要先用汽油，然后用蒸馏水洗净试样容器；

2）蒸馏水从恩格拉粘度计流出时间，要做三次试验，取其平均值作为蒸馏水流出时间t_w，三次平行试验误差不得大于0.5s；

3）测乳化沥青试样从恩格拉粘度计流出时间，平行试验不少于两次，时间间隔不大于15min，取其平均值作为试样流出时间t_s，二次平行试验误差不得大于0.2s。

（5）试验结果

1）按下式计算恩氏粘度E_{25}

$$E_{25}=\frac{t_s}{t_w} \quad \text{（附2.1）}$$

式中 t_s——试样流出时间（s）；

t_w——蒸馏水流出时间（s）。

2）计算结果取整数。

2. 标准粘度试验

（1）概述

50mL的乳化沥青试样，在25°C时，从标准粘度计（直径3mm）流孔中流出的时间（s），称标准粘度，以C^{3}_{25}表示。

（2）试验仪器

1）标准粘度计：配有直径3mm的流孔，包括保温槽、试样铜管、金属球塞棒和保温槽盖；

2）量筒：100mL，在25mL处作出明显标记，二个；

3）温度计：0～100°C，最小刻度0.5°C，二支；

4）秒表：最小读数为0.1s，15min的误差±0.05%；

5）蒸发皿：容量约120mL；

6）加热器；

7）电热器或煤气炉；

8）滤筛：筛孔孔径1.2mm；

9）其它。

（3）试样准备

1）试样在密封条件下于室内存放24h，基本上消除泡沫；

2）将试样装入500mL的深容器，在不产生气泡的条件下搅拌均匀；

3）用孔径为1.2mm的滤筛过滤。

（4）试验方法

1）用球塞棒堵住流孔，在流孔下放置蒸发皿，以接收不慎流出的试样；

2）向保温槽内注入温水，转动搅拌叶片，调匀水温使其温度比试验温度约高1～2°C（如试验温度低于室温时应用冷水，水温应比试验温度低1～2°C）；

3）将试样加热至高于试验温度2～3°C（如试验温度低于室温时，试样加热温度应低于试验温度2～3°C），慢慢注入试样铜管内，使试样液面达到垂直的球塞棒上的标记；

4）用温度计慢慢搅动试样铜管内的乳化沥青试样，当试样在25±0.5°C时，移去流孔下的蒸发皿，对准流孔中心放置的100mL量筒；

5）保持试样25±0.5°C恒温1～3min后取出温度计，提起球塞棒，借球塞棒上的标记悬挂在试样铜管壁上。试样流入量筒25mL时开动秒表，待流至75mL时停表，记下流出的秒数；

6）同一试验至少重复两次，两次平行试验结果与平均值的误差不得超过±5%。

（5）试验结果

两次平行试验的平均值即为C^{3}_{25}。

3. 筛上余量试验

（1）概述

将500g试样通过孔径为1.2mm的滤筛，烘干后称量筛上残留的沥青，其质量占试样质量的百分率（%），称筛上余量。

（2）试验仪器

1）圆筛：直径75mm、高25mm、筛孔孔径1.2mm；

2）试皿：直径100mm、高10mm的器皿，若有筛底亦可用筛底代替；

3）烧杯：750～1000mL二只；

4）电热干燥箱：200°C，可调温±1°C；

5）温度计：200°C，最小刻度1°C，一支；

6）天平：称量2000g、感量2g一台；称量100g、感量0.1g一台；

7）调温电炉或煤气炉；

8）搅拌用玻璃棒；

9）其它。

（3）试样准备

1）试样在密封条件下于室内存放24h，基本上消除泡沫；

2）称取试样500±5g放入烧杯中，在不产生气泡的条件下搅拌均匀。

（4）试验方法

1）将圆筛、筛底、烧杯等用汽油擦洗再用蒸馏水洗净，烘干后分别称量，准确到0.1g；

2）用蒸馏水湿润筛网；

3）用玻璃棒搅匀试样，徐徐注入圆筛，并用蒸馏水将烧杯内残留试样充分冲洗过筛；

4）用蒸馏水将筛上残留物充分冲洗，直至冲洗水不呈现乳化沥青颜色为止；

5）将冲洗后的圆筛置于筛底上，放入105～110°C电热干燥箱中烘2～4h，再冷却30min，用100g天平称量圆筛、筛底和筛上残留物的总量m，准确到0.1g。

（5）试验结果

按下式计算筛上余量，计算结果取一位小数。

$$P_r=\frac{m-m_1-m_2}{m_3}\times 100\% \quad (附2.2)$$

式中 P_r——筛上余量（%）；

m——圆筛、筛底和残留物总量（g）；

m_1——圆筛质量（g）；

m_2——筛底质量（g）；

m_3——试样质量（g）。

4. 附着度试验

（1）概述

取粒径为20～30mm的碎石一颗在水中浸泡1min，然后在阳离子乳化沥青试样中浸泡1min，在室温下放置20min后用水清洗，检验沥青膜的残存情况，以沥青膜附着面积的比例表示。

（2）试验仪器

1）烧杯：750～1000mL，二只；

2）电热干燥箱：200°C，可调温±1°C；

3）秒表；

4）干湿温度计；

5）玻璃棒；

6）其它。

（3）试样准备

1）试样在密封条件下于室内存放24h，基本上消除泡沫，用孔径为1.2mm的滤筛过滤；

2）取试样500±5mL放入烧杯中，在不产生气泡的条件下搅拌均匀；

3)准备工程上拟使用粒径为20～30mm的碎石约100g。将碎石洗净，在105～110°C电热干燥箱中烘干。

（4）试验方法

1）取粒径为20～30mm比较方正的碎石一颗，在室温下冷却，用细铅丝系好；

2）用两个烧杯分别装400mL左右的蒸馏水和300mL左右的试样。

3）将用铅丝系好的碎石先在水中浸泡1min，再放入试样中浸泡1min，浸泡位置应是水和试样的几何中心；

4）提出碎石，在室温为20～30℃、湿度为50%～80%的条件下，悬挂20min；

5）然后用手提着铅丝在装水的烧杯中上下移动3min，移动速度为每分钟30次，移动高度差为50mm，观察碎石表面沥青膜的残存面积，以附着面积的比例表示；

6）当室内气温低于20℃或湿度大于80%时，可将浸泡过乳化沥青试样的碎石在室温下悬挂24h，再于60℃水中浸泡5min，然后观察表面情况。

5．被膜度试验

（1）概述

取粒径为15～25mm的碎石约50g，在阴离子乳化沥青试样中浸泡1min，于室内放置24h，然后在40℃水中浸泡5min后，检验沥青膜的残存情况，以沥青膜附着面积的比例表示。

（2）试验仪器

1）圆筛：筛孔孔径2.5mm，内径75mm和100mm各一只；1.2、15、25mm标准筛各一只；

2）烧杯：750～1000mL，二只；

3）容器：内径150mm、高75mm的金属或玻璃容器；

4）温度计：100℃，一支；

5）电热干燥箱：200℃，可调温±1℃；

6）电热器或煤气炉。

（3）试样准备

1）试样在密封条件下于室内存放24h，基本上消除泡沫，用孔径为1.2mm的滤筛过滤；

2）取试样300±5ml放入烧杯中，在不产生气泡的条件下搅拌均匀；

3）准备粒径为15～25mm的石灰岩碎石约100g，其中粒径为15～25mm的碎石应占85%以上。

（4）试验方法

1）将碎石洗净，在105～110℃电热干燥箱中烘干，取约50g，在室温下摊开冷却；

2）然后将这些碎石放在直径75mm的圆筛上，连同圆筛一起，在阴离子乳化沥青试样中浸泡1min，取出后将碎石互不接触地平放在100mm的圆筛上，于室内放置24h；

3）把1000mL的水注入内径150mm、高75mm的金属或玻璃容器中，加热使水温保持在40±1℃，把直径100mm圆筛和筛上的碎石同时浸入水中5min，检验沥青膜残存面积的比例。

（5）试验结果

用肉眼判断沥青膜残存面积占石料总面积的比例。

6．拌和稳定度试验

（1）概述

取两组不同粒径范围的碎石各200g，分别注入5mL和30mL蒸馏水，拌匀后再依次加入乳化沥青试样20g和50g，以每秒一次的速度拌和30s和60s，判断乳化沥青的破乳速度。

（2）试验仪器

1）拌和锅：容积1000mL左右的球形底铁锅；

2）拌铲：长约200mm；

3）天平：称量100g、感量0.1g一台；称量500g、感量0.2g一台；

4）秒表：一只；

5）标准筛：筛孔为5、2、0.6、0.2、0.074mm各一只；

6）量筒：50mL，二个；

7）烧杯：200mL，二只；

8）其他。

（3）试样准备

1）按附表2.1的规定，准备两组石灰岩标准碎石各200g，要求表面洁净，无杂物、尘土；

拌和稳定度标准碎石规格　　附表 2.1

组别		粒径范围（mm）					
		<0.074	0.074～0.2	0.2～0.6	0.6～2.0	2.0～5.0	合计
Ⅰ组	%	3		5	7	85	100
	质量(g)	6		10	14	170	200
Ⅱ组	%	10	30	30	30		100
	质量(g)	20	60	60	60		200

2）乳化沥青试样应在密封下于室内存放24h，基本消除泡沫，用孔径为1.2mm滤筛过滤；

3）将试样在不产生气泡的条件下搅拌均匀后，用量筒分别取试样20和50g。

（4）试验方法

1）将标准碎石Ⅰ组和Ⅱ组各200g在干燥箱（105～110℃）中烘干，取出后在室温下冷却；

2）将Ⅰ组标准碎石200g，注入5mL蒸馏水，在拌锅中拌匀，再注入20g乳化沥青试样，用拌铲以每秒一次的速度拌和30s，肉眼观察混合料的状况；

3）将Ⅱ组标准碎石200g，注入30mL蒸馏水在拌锅中拌匀，再注入50g乳化沥青试样，用拌铲以每秒一次的速度拌和60s，肉眼观察混合料的状况。

（5）试验结果

1）根据附表2.2判别乳化沥青试样的拌和稳定度；

拌和稳定度判断表　　附表 2.2

混合料状态	拌和稳定度
混合料松散，乳化沥青分布不均匀，全部破乳，有些石料没有乳化沥青裹覆，有些凝聚成团块	快裂
混合料松散，乳化沥青分布比较均匀，拌和完时已经开始破乳	中裂
混合料呈糊状物，乳化沥青分布均匀	慢裂

2）如果两组标准碎石所得结果不一样时，以Ⅰ组结果为准；

3）现场施工做拌和试验时，应取工程实际用的矿料1000g，按设计配比规定的加水量、乳化沥青用量，用工地人工拌和方法进行拌和，根据附表2.2判别拌和稳定度。

7. 水泥拌和试验

（1）概述

硅酸盐水泥和乳化沥青在规定条件下拌和所得混合物经水洗、过筛后，残留物的质量占水泥和沥青总量的百分率。

（2）试验仪器

1）标准筛：孔径0.15mm；

2）圆筛：内径75mm、高20mm、孔径1.2mm；

3）拌和容器：容量500mL的金属锅；

4）搅棒：直径10mm左右的玻璃棒或金属棒；

5）量筒：容量200mL；

6）秒表；

7）电热干燥箱：200℃，可调温±1℃；

8）天平：称量500g、感量0.2g一台；称量100g、感量0.1g一台；

9）烧杯：容量500mL；

10）金属盘：方形、边长100mm、高10mm；

11）其他。

（3）试验方法

1）将烧杯、金属盘与孔径为1.2mm的圆筛用汽油及蒸馏水冲洗干净，烘干后分别称量，准确至0.1g；

2）称取通过0.15mm筛的硅酸盐水泥50g，置于拌和容器内；

3）制备沥青含量为55%的乳化沥青作为试样；

4）称取试样100g，加入到拌和容器内的水泥中，以每秒一次的速度，用搅棒作圆周运动搅拌1min；

5）1min后迅速加入150mL蒸馏水，继续搅拌3min；

6）迅速用蒸馏水润湿孔径为1.2mm的圆筛，立即倒入搅拌过的混合料，并用蒸馏水仔细冲洗筛内混合料，同时用蒸馏水洗净拌和容器内和搅棒上粘附的混合料，一并过筛。

7）冲洗圆筛至洗液清洁时，将圆筛置于金属盘中，放在105～110℃干燥箱中1h后，于室温下冷却；

8）称量圆筛、金属盘及筛上残留物，准确至0.1g；

9）试验要求在25±5℃条件下进行。

（4）试验结果

试验结果按下式计算：

$$P_r'=\frac{M-M_1-M_2}{M_3+M_4}\times 100\% \qquad (附2.3)$$

式中 P_r'——水泥拌和试验筛上残留物质量百分率(%)；

M——孔径1.2mm的圆筛、金属盘及筛上残留物质量（g）；

M_1——孔径1.2mm的圆筛质量（g）；

M_2——金属盘质量（g）；

M_3——水泥用量（g）；

M_4——100g试样中的沥青质量（g）。

每个试样应作两次平行试验，取其平均值作为试验结果，两次平行试验结果与平均值的误差不得超过±10%。

8．电荷试验

（1）概述

用6V直流电源，观察乳化沥青试样中距离25～30mm两个铜片上沥青微粒聚集的情况，以判断沥青微粒电荷的性质。

（2）试验仪器

1）烧杯：500mL，一只；

2）电极板：长10cm、宽1cm、厚0.1cm的铜片，二块；

3）直流电源：6V（可用干电池）；

4）固定框架。

（3）试样准备

1）乳化沥青试样在密封条件下于室内存放24h，基本上消除泡沫，并用孔径为1.2mm的滤筛过滤；

2）在不产生气泡的条件下将试样搅拌均匀；

3）取250mL乳化沥青试样放入烧杯中。

（4）试验方法

1）将两个电极接通6V直流电源；

2）将带有电极板并接通电源的电极架放入乳化沥青试样中，浸入液面深度为50～70mm，3min后取出；

3）观察电极板上沥青微粒的聚集情况。

（5）试验结果

1）只有阴极板上有沥青微粒聚集的，为阳离子型乳化沥青；

2）只有阳极板上有沥青微粒聚集的，为阴离子型乳化沥青。

9. 沥青含量试验

（1）概述

把300g乳化沥青试样加热脱水，测定试样中沥青质量的百分率（%）。

（2）试验仪器

1）球底铁锅：容量1500mL；

2）温度计：200℃，一支；

3）天平：称量1000g和500g各一台；

4）电热器或煤气炉；

5）搅拌用玻璃棒。

（3）试样准备

1）乳化沥青试样在密封条件下于室内存放24h；

2）在不产生泡沫的条件下将试样搅拌均匀。

（4）试验方法

1）称量铁锅和玻璃棒的质量，往铁锅里加300g乳化沥青试样；

2）在100～105℃的温度下加热进行脱水，同时用玻璃棒不停地搅拌，待试样无水分蒸发时再加热到150～160℃，保持1min，然后于室温下冷却；

3）称量铁锅、玻璃棒和脱水后沥青的总质量。

（5）试验结果

用下式计算沥青含量：

$$P_a = \frac{m' - m_{1c}}{m_3} \times 100\% \qquad (附2.4)$$

式中 P_a——沥青含量（%）；

m'——铁锅、玻璃棒和蒸发残留物的总质量（g）；

m_{1c}——铁锅和玻璃棒的质量之和（g）；

m_3——试样质量（g）。

10. 贮存稳定度试验

（1）概述

往有A、B两个开口的专用玻璃管中装入250mL乳化沥青试样，到B开口底的容量为50mL，到A开口底的容量为200ml。静置5d，取A口底以上50mL试样和到B口以下50mL试样的沥青含量之差，代表该试样的贮存稳定度。

（2）试验仪器

1）专用玻璃管：距底部约4/5和1/5高度处有A、B两个开口，见附图2.1；

2）烧杯：200～300mL，二只；

3）量筒：300mL，一个；

4）温度计：200℃，一支；

5）电热器或煤气炉；

6）搅拌玻璃棒；

7）天平；称量100g、感量0.1g一台；

8）胶塞：A、B开口和顶口各一个。

（3）试样准备

1）将乳化沥青试样在密封条件下于室内放置24h，基本消除泡沫；

2）在不产生泡沫的条件下将试样搅拌均匀；

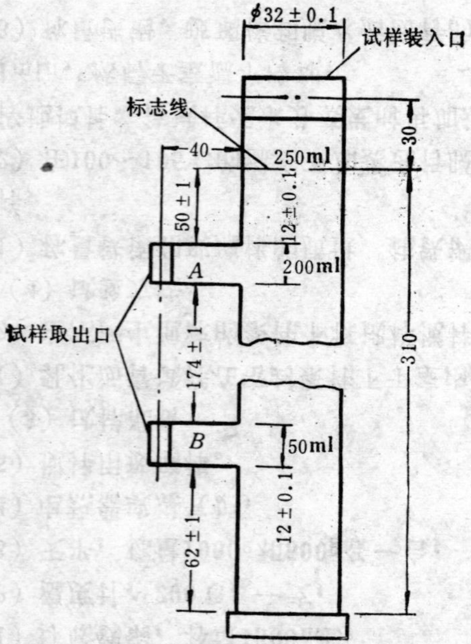

附图 2.1 乳化沥青稳定度管

（单位：mm）

3）用量筒取通过孔径为1.2mm筛孔的试样约 270mL。

（4）试验方法

1）将专用玻璃管的A、B开口用胶塞塞紧；

2）将试样用玻璃棒搅拌均匀后慢慢注入专用玻璃管，到250mL刻度处，注完试样后顶口也用胶塞塞紧；

3）在室温为20～25℃条件下静置5d，随时观察试样外观情况，如有分层、絮凝现象，应及时记录分层开始时间、分离程度等。

4）5d后从A口取出A开口以上50mL试样作为A样；

5）从B开口放出AB之间的试样，不取样；

6）取出B开口以下50mL试样，做为B样；

7）做A样和B样的沥青含量试验。

（5）试验结果

按下式计算贮存稳定度：

$$C=|P_a^A-P_a^B| \qquad (附2.5)$$

式中 P_a^A——A样的沥青含量（%）；

P_a^B——B样的沥青含量（%）；

C——贮存稳定度（%）。

11．冰冻稳定度试验

（1）概述

将100g乳化沥青试样装入容器，在 −5℃ 条件下冰冻30min后，放入25℃水中10min，反复循环两次，检验试样中有无粗粒和冻块。

（2）试验仪器

1）三角烧瓶：容量250mL二个或容量为 100mL 的金属密封盒（内径45mm、高70mm、壁厚0.5～1mm）二个；

2）电冰箱。可调温±0.5℃；

3）玻璃棒；

4）筛：孔径为1.2mm；

5）天平：称量500g、感量0.2g和称量 100g 、感量0.1g各一台；

6）温度计；

7）恒温水槽。

（3）试样准备

1）乳化沥青试样在密封条件下于室温下放置24h，基本消除泡沫；

2）在不产生泡沫条件下搅拌均匀；

3）过1.2mm筛后称取试样100g。

（4）试验方法

1）将三角烧瓶或金属盒洗净、擦干、称重（准确至0.1g）；

2）将试样倒入三角烧瓶或金属盒中，三角烧瓶软木塞上应留有温度计插孔；

3）将三角烧瓶或金属盒置于－5±0.5℃的电冰箱中，存放30min；

4）取出三角烧瓶或金属盒后，迅速放入25±0.5℃恒温水槽中10min；

5）从恒温水槽中取出装有试样的三角烧瓶或金属盒，再放入电冰箱中重复试验；

6）两次循环后，搅拌试样并观察试样能否恢复原来状态。

（5）试验结果

1）冻融两次循环并经搅拌后，无粗粒、结块现象即为冰冻稳定度合格；

2）如果不容易判断时，可过筛（筛孔直径1.2mm）冲洗，经冲洗后筛上没有残留物，即可认为冰冻稳定度合格。

12．pH值测定试验

（1）概述

取50～100g乳化沥青试样用酸度计或试纸进行酸、碱度检验。

（2）试验仪器

1）烧杯：100mL，二个；

2）玻璃棒；

3）酸度计或试纸；

4）筛：孔径1.2mm；

5）其它。

（3）试样准备

1）乳化沥青试样应在密封条件下于室内放置24h，基本消除泡沫；

2）将试样过筛；

3）用烧杯取试样50～100g；

（4）试验方法

1）用玻璃棒搅拌试样；

2）用不同型号的酸度计测定试样的pH值；亦可用试纸检验。

（5）试验结果

按酸度计读数或试纸的指示范围，得出pH值。

13．蒸发残留物试验

（1）概述

按沥青含量试验方法得到的加热脱水后的物质，称蒸发残留物。对其针入度、延度和溶解度按规定进行检验，以了解沥青乳化后的性质变化。

（2）试验仪器、试样准备、试验方法和试验结果等均按石油沥青试验方法进行。

（三）记录

按附表2.3和附表2.4的规定项目进行记录。

沥青乳化条件试验记录　　附表 2.3

试验编号　　　　　　　　　　试验日期

	原材料		类型	配合比	用量(g)
浮化沥青原材料性质与配比	沥青				
	乳化剂	A			
		B			
	水				
	稳定剂				
	外掺剂				
乳化剂性质	浓度		A		B
	颜色		A		B
	溶解情况		A		B
	溶液pH值				
	溶液状况				
乳化条件	气温(°C)				
	沥青温度(°C)				
	水温(°C)				
	调整后水溶液pH值				
	乳化时间(s)				
	乳化设备				
乳化沥青状况	乳化沥青出料温度(°C)				
	颗粒均匀情况				
	颜色				
	乳化情况				
	乳化沥青状态				
备注					

试验　　　　　计算　　　　　校核

乳化沥青检验记录　　附表 2.4

试验日期

试验项目		试验编号			
电荷					
pH值					
颗粒直径	<5μm占(%)				
	5～10μm占(%)				
	10～20μm占(%)				
沥青含量(%)					
筛上余量(%)(1.2mm筛)					
粘度 C_{25}^{3} (s)					
贮存稳定度(5d)(%)		A样沥青含量(%)	B样沥青含量(%)	贮存稳定度(%)	
		P_a^A =	P_a^B =	$\|P_a^A - P_a^B\|$ =	
拌和稳定度		破乳速度	拌和状况、裹覆情况		
水泥拌和试验残留物含量(1.2mm筛)		筛上残留物(g)	水泥用量(g)	100g试样中的沥青含量(g)	水泥拌和试验残留物含量(%)
冰冻稳定度		试样外观			
		1.2mm筛上有无余量			

续表

试验项目		试验编号
蒸发残留物试验	针入度(1/100mm) (25°C, 100g, 5s)	
	延　度(cm) (25°C)	
	溶解度(%) (三氯乙烯)	
备注		

试验　　　计算　　　校核

附录三　乳化沥青混合料试验方法

（一）概述

用马歇尔稳定度仪测定乳化沥青混合料的热稳性、抗塑性、流动性能。

（二）试验仪器

1. 加荷设备

最大加荷30kN，垂直变形速度50±5mm/min。

（1）应力环

安装在加荷设备的框架与加荷压头之间，承载量30kN，精确到0.1kN，中间装有百分表。

（2）加荷压头

由上、下两个圆弧形压头组成，压头内侧需精细加工，并淬火硬化，曲率半径50.8mm。下弧形压头固定在一圆形钢板上，并附有两根导棒；上弧形压头附有球座和两个导轨。当两个压头扣在一起时，下压头导棒恰好穿入上压头的导孔内，并能使上压头上下自由滑动。

（3）钢球：一个，直径16mm，试验时放置在球座上。

（4）流值计：一个，由导向管和流值表组成，测量试件在最大荷载时的变形。试验时，导向套管安装在下压头的导棒上，流值表的分度为0.01cm。

2. 试模：内径101.6mm、高87mm的圆钢筒6个为一组，共三组，另备套环和底板各一个。

3. 击实锤：锤的质量为4.53kg，平的圆形击实底座、导向棒各一个，锤沿导棒落下高度为45.7cm。

4．击实台：用四根型钢把20×20×20cm的木墩固定在混凝土板上。木墩上面放置30×30×2.5cm的钢板。

5．脱模器。

6．电热干燥箱：大、中型各一台，附有温度调节器。

7．拌和设备：拌盘。

8．恒温水槽：至少可同时放置一组试件。

9．其它：电炉或煤气炉、称量5kg的台秤、筛子、量筒、温度计（200℃）、滤纸等。

（三）试验方法

1．制作试件

（1）将矿粉和筛过并洗净的各级集料置于105～110℃干燥箱中烘干。

（2）按照矿料的配合比称出一个试件所需要的材料[1]置于拌盘中摊开，加入矿料质量3～5%的水(粗粒式3%、中粒式4%、细粒式5%）与矿料拌和均匀，立即加入需要的乳化沥青，迅速拌和。

（3）将拌好的混合料倒入垫有滤纸的试模中，用铁刀沿周边捣15次，中间10次。

（4）将试模放在击实台上，在上面垫上一张滤纸，盖上击实板，将导向棒插入击实底板内，击实锤从45.7cm的高度自由落下，击实25次，注意导棒要垂直于底板。试件击实一面后，将试模倒置，再以同样次数击实另一面。

（5）将装有试件的试模放置在恒温110±5℃的干燥箱中24h。

（6）24h后，取出装有试件的试模，两面各击实50或75次[2]。

（7）将再次击实的试件脱模后，于室温下放置24h。

（8）试件高度应为6.35±0.13cm，若高度不符合要求，可按下式进行调整：

$$调整后混合料质量=\frac{6.35\times 所用混合料质量}{试件高度} \quad (附3.1)$$

2．试验

（1）测量试件高度：用卡尺量取试件高度，至少测量四点（沿试件圆周四等分），取其平均值，准确至0.01cm。

（2）测定试件质量密度：称量试件在空气中的质量，然后称量试件在水中的质量（可采用蜡封法），准确至0.1g。按下式计算试件实测质量密度：

$$\rho_m=\frac{m_a}{m_1-m_w}\cdot\rho_w \quad (附3.2)$$

或：

$$\rho_m=\frac{m_a}{m'_a-m'_w-\dfrac{m'_a-m_a}{d_p}}\cdot\rho_w \quad (附3.3)$$

式中 ρ_m——试件实测质量密度（g/cm^3）；

m_a——试件在空气中质量（g）；

m_w——试件在水中质量（g）；

m'_a——蜡封后试件在空气中质量（g）；

m'_w——蜡封后试件在水中质量（g）；

d_p——蜡的相对密度；

ρ_w——常温水的质量密度（≈$1g/cm^3$）。

[1] 矿料最大粒径小于25mm时，一组试件3～4个；矿料最大粒径大于25mm时，一组试件至少6个。

[2] 75次用于交通量大于500Veh/d（轴载100kN）的道路。

（3）测定试件的稳定度

1）将测定密度后的试件置于60±1℃的恒温水槽中浸泡30min；

2）擦净上、下压头内面，可在导棒上涂少许机油，使上压头能自由滑动。从水槽中取出试件立即置于下压头上，盖上上压头，安装在加荷设备上。但应注意使上、下压头与试件保持相同温度；

3）将流值计安装在外侧导棒上，使导向套管轻轻压住上压头，将流值表调零；

4）在上压头球座上放妥钢球，对准应力环下的压头，将应力环中的百分表调零；

5）开始加荷，变形速度50±5mm/min，当达到最大荷载时，立即读取应力环中百分表数值，同时取下流值计，读记流值表的数值；

6）从水槽中取出试件至测定完毕的时间不能超过30s；

7）测定试件浸水后的稳定度

将测定密度后的试件置于60± 1℃ 的恒温水槽中浸泡48h，然后按上述2～6项操作测定该试件浸水后的稳定度。

3．计算

（1）试件稳定度和流值

1）根据应力环标定曲线，将应力环中百分表读数换算为荷载值，即为试件的稳定度，以N计；

2）流值计中的读数，即为试件的流值，以0.01cm 计；

3）若试件高度与规定高度有出入，则稳定度可按附表3.1进行修正。

（2）试件理论密度，按下式计算：

稳定度修正系数表　　　　附表 3.1

试件高度范围（cm）	修正系数	试件高度范围（cm）	修正系数
5.47～5.62	1.25	6.45～6.60	0.96
5.63～5.30	1.19	6.61～6.73	0.93
5.81～5.94	1.14	6.74～6.89	0.89
5.95～6.10	1.09	6.90～7.06	0.86
6.11～6.26	1.04	7.07～7.21	0.83
6.27～6.44	1.00	7.22～7.37	0.81

$$\rho_t=\frac{100+P_a}{\frac{W_1}{\rho_1}+\frac{W_2}{\rho_2}+\cdots\frac{W_n}{\rho_n}+\frac{P_a}{d}}\cdot\rho_w \qquad (附3.4)$$

式中　ρ_t——理论密度；

$W_1\cdots\cdots W_n$——各种矿料的配合比（%），$\sum_{i=1}^{n}W_1=100$；

$\rho_1\cdots\cdots\rho_n$——各种矿料的相对密度；

P_a——沥青用量（%）；

d_a——沥青的相对密度；

ρ_w——常温水的密度（≈1g/cm³）。

（3）试件中沥青的体积百分率，按下式计算：

$$V_a=\frac{P_a\cdot\rho_m}{d_a}\times100\% \qquad (附3.5)$$

式中　V_a——沥青体积百分率（%）；

P_a——沥青用量（%）；

d_a——沥青的相对密度；

$\bar{\rho}_m$——试件实测质量密度（g/cm³）。

（4）试件空隙率，按下式计算：

$$V_v=\left(1-\frac{\rho_m}{\rho_t}\right)\times 100\% \qquad (附3.6)$$

式中 V_v——试件空隙率（%）；

ρ_m——试件实测质量密度（g/cm^3）；

ρ_t——试件理论密度（g/cm^3）。

（5）试件中矿料的空隙率，按下式计算：

$$V_m=V_a+V_v \qquad (附3.7)$$

式中 V_m——试件中矿料的空隙率（%）；

V_a——试件中沥青体积的百分率（%）；

V_v——试件空隙率（%）。

（6）试件饱和度，按下式计算：

$$V_{fa}=\frac{V_a}{V_a+V_v}\times 100\% \qquad (附3.8)$$

式中 V_{fa}——试件饱和度（%）；

V_a——试件中沥青体积的百分率（%）；

V_v——试件空隙率（%）。

（7）试件的马歇尔模数，按下式计算：

$$T=\frac{S}{P} \qquad (附3.9)$$

式中 T——试件的马歇尔模数$\left(\mathrm{N}\Big/\frac{1}{100}\mathrm{cm}\right)$；

S——试件稳定度（N）；

P——试件流值（1/100cm）。

（8）试件残留稳定度，按下式计算：

$$S_0=\frac{S_2}{S_1}\times 100\% \qquad (附3.10)$$

乳化沥青混合料稳定度试验记录 **附表 3.2**

混合料种类： 沥青种类、标号： 试验日期：年 月 日 试验人员：

矿料用量： 沥青相对密度d_a： 常温水的密度$\rho_w=1g/cm^3$ 记录：

矿料相对密度： 乳化剂种类、剂量： 锤击次数：两面各 次 计算：

试验编号	乳化沥青用量	沥青用量 (%)	试件厚度 (cm)	空气中质量 (g)	水中质量 (g)	饱和面干质量 (g)	体积 (cm^3) $\frac{(3)-(4)}{\rho_w}$	体积 (cm^3) $\frac{(5)-(4)}{\rho_w}$	密度 (g/cm^3) 实际 $\frac{(3)}{(6)}$	密度 (g/cm^3) 饱和面干 $\frac{(5)}{(7)}$	密度 (g/cm^3) 干体积 $\frac{(3)}{(7)}$	密度 (g/cm^3) 理论	沥青体积百分率 $\frac{(1)\times(8)}{d_a}$ (%)
		(1)	(2) 平均	(3)	(4)	(5)	(6)	(7)	(8)	(9)	(10)	(11)	(12)

续表

试验编号	空隙率 $\left(1-\frac{(8)}{(11)}\right)\times100$ (%)	粒料间空隙率 (12)+(13) (%)	饱和度 $\frac{(12)}{(14)}\times100$ (%)	稳定度 (N)				流值 (1/100cm)	马歇尔模数 $\frac{(19)}{(20)}$ (N/cm)	备注
				测力计读数 (1/100mm)	折算稳定度	修正系数	稳定度			
	(13)	(14)	(15)	(16)	(17)	(18)	(19)	(20)	(21)	

式中 S_0——试件残留稳定度（%）；

S_1——试件稳定度（N）；

S_2——试件浸水48h后的稳定度（N）。

（四）记录

按附表3.2规定的项目进行记录。

附录四 本规程用词说明

一、为便于在执行本标准条文时区别对待，对于要求严格程度不同的用词说明如下：

1．表示很严格，非这样作不可的：

正面词采用“必须”；

反面词采用“严禁”。

2．表示严格，在正常情况下均应这样作的：

正面词采用“应”；

反面词采用“不应”或“不得”。

3．表示允许稍有选择，在条件许可时，首先应这样作的：

正面词采用“宜”或“可”；

反面词采用“不宜”。

二、条文中指明必须按其他有关标准执行的写法为：“应按……执行”或“应符合……的要求（或规定）”。非必须按所指定的标准执行的写法为“可参照……的要求（或规定）”。

附加说明

本规程主编单位、参加单位和主要起草人名单

主编单位： 大连市城市建设管理局

参加单位： 南京市市政设计院

大连市政设施管修处

天津市政工程研究所

重庆市政养护管理处

西安市市政工程研究所

湘潭市城建局科研所

武汉市政设计研究院

主要起草人： 姜作贤　姜兴国　王自成　王美珠　窦佳音

中华人民共和国行业标准

热拌再生沥青混合料路面施工及验收规程

CJJ 43—91

主编单位：上海市市政工程研究所
批准部门：中华人民共和国建设部
施行日期：1992年2月1日

关于发布行业标准《热拌再生沥青混合料路面施工及验收规程》的通知

建标〔1991〕431号

各省、自治区、直辖市建委（建设厅），计划单列市建委，国务院有关部、委：

根据原城乡建设环境保护部（84）城科字第153号文的要求，由上海市市政工程研究所负责主编的《热拌再生沥青混合料路面施工及验收规程》，业经审查，现批准为行业标准，编号CJJ43—91，自1992年2月1日起施行。

本标准由建设部城镇道路桥梁标准技术归口单位北京市市政设计研究院归口管理，其具体解释等工作由上海市市政工程研究所负责。

本标准由建设部标准定额研究所组织出版。

中华人民共和国建设部

1991年6月27日

目　次

第一章 总　　则

第 1.0.1 条　为推广利用再生沥青混合料，节约原材料和能源，保证再生沥青路面工程质量，特制定本规程。

第 1.0.2 条　本规程适用于热拌粗粒式、中粒式再生石油沥青混合料（以下简称再生沥青混合料）的制备与路面施工。再生沥青混合料的路用性能与普通热拌石油沥青混合料（以下简称普通沥青混合料）相同，在路面结构中可同等使用。

质量低于普通沥青混合料的旧沥青再生成品，不属于本规程的适用范围。

第 1.0.3 条　再生沥青混合料所用的矿料和沥青的品质及其混合料的技术要求，应符合现行的《沥青路面施工及验收规范》（GBJ92—86）的规定。

第二章 对基层的要求

第 2.0.1 条　再生沥青混合料路面对基层的质量要求应与普通沥青混合料路面相同。

第 2.0.2 条　基层必须符合下列要求：

一、有满足设计要求的强度和刚度；

二、有良好的稳定性；

三、平整、密实，拱度与面层一致；

四、与面层结合良好。

第 2.0.3 条　沥青路面基层的类型（见表2.0.3）可根据地区特点、交通要求及材料供应情况由设计确定。各种基层材料的要求和施工工艺必须符合有关设计和施工规范的规定。旧沥青路面也可用作基层。

沥青路面基层类型　　表 2.0.3

整体型	嵌锁型	级配型
石灰稳定土（砂砾）	泥灰结碎石	级配碎石（掺灰）
水泥稳定土（砂砾）	沥青贯入式	级配砾石（掺灰）
石灰稳定工业废渣		沥青碎石
碎（砾）石灰土		沥青混凝土

第 2.0.4 条　沥青面层施工前必须按表2-0-4的规定，对基层的质量进行检查，基层如有高低不平、松散、凹坑、局部龟裂和软弱等病害，应在铺筑面层前整修完毕。符合要求

后方可修筑面层。

基层质量标准 表 2.0.4

检查项目	允许偏差		检查单元	检查方法及频度要求
厚度	±10%且小于±20mm		1000m²	挖坑或测标高，路中及路边两侧各一处
宽度	−5cm以内		1000m²	尺量，三处
压实度	根据设计要求		1000m²	灌砂法或环刀法，测二处
平整度	3m直尺：≤10mm	平整度仪：≤4.5mm（标准偏差）	100m	平整度仪：路面宽度小于或等于9m测一条轨迹；路面宽度大于9m测二条轨迹 3m直尺：每100m随机靠量，5次
中线高程	±20mm		100m	水准仪测五处
横坡度	±0.5%		100m	水准仪测五处
弯沉值	根据设计要求			
外观	平整、密实、无坑洞、不松散、无显著起伏、无粗细材料集中现象			

第三章 原 材 料

第一节 沥青旧料

第3.1.1条 沥青旧料来自旧沥青路面翻挖或刨削，可为块状或粒状。沥青旧料中混入煤沥青旧料的数量不得大于20%，混入无沥青粘结的砂石料不得大于10%，其它杂质不得大于1%。

第3.1.2条 沥青旧料在掺拌再生剂前应先轧碎。沥青旧料块较大时宜作二级轧碎。第一级用颚式破碎机，块料轧碎至200mm以下，第二级用锤式粉碎机。当仅用颚式破碎机来轧碎时，可在牙板下加垫钢板，以提高轧碎颗粒的细度。破碎亦可用人工方法。轧碎的沥青旧料最大粒径应符合表3.1.2规定。刨削的沥青旧料可省去破碎工序。

轧碎沥青旧料粒径要求 表 3.1.2

最大粒径（mm）	20 (25)	30 (35)
适用范围	中粒式再生沥青混合料，粗粒式再生沥青混合料	粗粒式再生沥青混合料

第3.1.3条 沥青旧料堆放场地应平整、坚实、排水良好，确保铲运工具在进行作业时不致混入杂质。多雨地区宜有防雨设施。堆放高度以不结块为准，一般小于1.5m。

第二节 再 生 剂

第 3.2.1 条 为保证再生沥青混合料的使用质量，在沥青旧料中应掺拌再生剂。再生剂的品种及用量应由实验确定。

第 3.2.2 条 再生剂性能应符合以下规定：

一、较强的渗透和软化能力；

二、与旧沥青材料互溶；

三、改善旧沥青路用性质；

四、不含石蜡和地蜡；

五、适当的粘度，老化缓慢；

六、有较好的粘附力。再生剂必须符合表 3.2.2 所列物理性质的规定。

再生剂物理性质指标 **表 3.2.2**

项目	再生剂型号	
	A 型	A_w 型
质量密度	0.83～0.86	0.83～0.87
赛氏粘度，25℃,s	10～35	10～35
凝点，℃，<	−5	−5
闪点，℃，>	100	100
水分	痕迹	痕迹
掺入沥青后与碱性石料粘附力	大于3级	大于3级
掺入沥青后与酸性及中性石料粘附力	—	大于3级

注：① A_w型再生剂用于沥青旧料中的集料与沥青粘附力较差的旧料。
② 粘附力是指再生剂掺入旧沥青后做剥落试验的结果。

第 3.2.3 条 再生剂应贮藏在有盖的容器中，防止水和灰尘等混入。其运输、贮存、使用的安全防火要求同重质油类的要求。

第三节 沥 青

第 3.3.1 条 制备再生沥青混合料用的新沥青，应符合普通热拌沥青混合料的技术要求。

第 3.3.2 条 再生沥青混合料用于中、轻交通量的道路工程时，采用的新沥青质量应符合表3.3.2的规定。

道路石油沥青技术要求
（交通量500辆/昼夜以下，后轴，10t） **表 3.3.2**

项目	质量指标				
	140号	100号甲	100号乙	60号甲	60号乙
针入度，(25℃,5s,100g)，1/10mm	121～160	91～120	81～120	51～80	41～80
延度，(15℃)，cm，>	—	80	—	—	—
(25℃)，cm，>	100	90	60	70	40
软化点，(环球法)，℃	35⁺	42～50	42⁺	45～55	45⁺
溶解度，%，>	99	99	99	99	99
蒸发后针入度比，%，>	60	65	65	70	70
闪点，(开口)℃，>	230	230	230	230	230
蒸发损失，(160℃,5h)，%，<	1	1	1	1	1
水分，%，<	0.2	0.2	0.2	痕迹	痕迹

注：如用于交通量大于500辆/昼夜（后轴10t）时须经过省、市、自治区主管部门批准方能使用。

第 3.3.3 条 再生沥青混合料用于重交通量的道路工程时，采用的新沥青质量应符合表3.3.3的规定。

重交通道路石油沥青技术要求　　　表 3.3.3

项　　目	AH-120	AH-90	AH-70	AH-50
针入度,(25°C,100g,5s),1/10mm	101～140	81～100	61～80	41～60
延度，cm，＞				
(25°C)	100	100	100	100
(15°C)	100	100	100	80
软化点，(环球法)，°C	40～50	42～52	44～54	46～55
溶解度，%，＞	99	99	99	99
加热损失,(163°C,5h),%,＜	0.8	0.6	0.6	0.6
加热后针入度比，%，＞	45	50	55	58
加热后延度，(25°C),cm.＞	75	75	50	40
闪点，(开口式)，°C,＞	230	230	230	230
含蜡量，(蒸馏法)，%,＜	3	3	3	3
质量密度，(25°C/25°C),＞	1.0	1.0	1.01	1.01

第四节　矿　　料

第 3.4.1 条　制备再生沥青混合料的矿料，应符合普通热拌沥青混合料用的各种矿料要求。

第 3.4.2 条　粗矿料宜为碎石。在碎石供料有困难地区可用轧碎砾石。碎石应由技术等级不低于三级的块石轧制而成。强度等级标准应符合表3.4.2的规定。

第 3.4.3 条　碎石与沥青的粘附力，用水煮法测定时，不得小于三级，否则必须掺入活化剂提高粘附力。碎石颗粒形状宜近似于立方体。扁平、细长颗粒（长边与短边之比大于3）的含量应小于15%；软弱颗粒含量应小于4%；含泥量应小于1%。碎石必须干燥，含水量宜小于3%。超过最大标称尺寸的颗粒含量不宜大于5%；小于最小标称尺寸的

道路建筑用石料强度等级技术标准　　　表 3.4.2

岩石类别	主要岩石名称	石料等级	技术等级标准：饱水极限抗压强度(MPa)	碎石磨耗率(单筒，洛杉矶，%)	块石磨耗率(双筒，狄弗尔，%)
岩浆岩类	花岗岩	1	＞120	＜25	＜4
	玄武岩				
	安山岩	2	100～120	25～30	4～5
	辉绿岩	3	80～100	30～45	5～7
石灰岩类	石灰岩	1	＞100	＜30	＜5
		2	80～100	30～35	5～6
	白云岩	3	60～80	35～50	6～12
砂岩与片麻岩类	石英岩	1	＞100	＜30	＜5
	砂岩				
	片麻岩	2	80～100	30～35	5～7
	石英片麻岩	3	50～80	35～45	7～10
砾石		1		＜20	＜5
		2		20～30	5～7
		3		30～50	7～12

颗粒含量不宜大于15%。

第 3.4.4 条　石屑是由轧碎石料所得到的细屑，最大粒径小于5mm。

砂可为山砂、河砂、海砂，其质量应坚硬，级配良好，表面多棱角，洁净和无杂质，含泥量不得大于5%。

第 3.4.5 条　矿粉采用石灰岩类磨细的粉末，必须干燥、无杂质，含水量不应大于1%，矿粉中小于0.074mm的颗粒含量宜大于80%，亲水系数宜小于1.0。

第四章　沥青旧路翻挖

第4.0.1条　沥青旧路面应分层翻挖，以确保石油沥青类旧料、煤沥青类旧料和非沥青类旧料能分别收集和运贮。

第4.0.2条　翻挖沥青旧路面可采用机械或人工。在只翻挖沥青面层时，不得扰动基层。

第4.0.3条　机械翻挖可采用风镐、液压钳或刨消机；亦可采用装有液压松土器T-100推土机，或C-100铆耕机。翻挖前，宜每隔30m先在路面横向挖一道贯通沥青面层的窄槽，以便放入齿耙。在采用三齿松土器翻挖沥青旧路面时，只能利用一个耙齿。

第五章　再生沥青混合料配比设计

第一节　再生剂用量的确定

第5.1.1条　破碎后的沥青旧料可按附录二方法作抽提分析，计算旧沥青含量及旧矿料颗粒组成。

第5.1.2条　将抽提出来的旧沥青溶液按附录三方法回收旧沥青，并测定旧沥青的针入度、延度和软化点。

第5.1.3条　在旧沥青中加入不同比例的再生剂，并进行针入度试验。求出使旧沥青的针入度符合当地要求的再生剂掺配比例范围。

第5.1.4条　将拌有再生剂的旧沥青1份，掺入符合当地技术要求的新沥青1～4份，分别测定针入度、延度、软化点。按表3.3.2或表3.3.3的技术要求，选定新旧沥青掺配比例范围。当上述掺配比例的混合沥青试验不符合要求时，可调整掺配比例，如仍不符合要求，则这种沥青旧料不适合本规程的适用范围。

第5.1.5条　如旧沥青针入度符合当地路用沥青稠度等级，配入适量新沥青后，它的针入度、延度和软化点符合表3.3.2或表3.3.3的技术要求时，则可不掺再生剂。

第二节　再生沥青混合料的配比设计

第5.2.1条　根据第5.1.4条选定的新、旧沥青掺配比例范围，确定新矿料与旧料的配合比例，旧料与新矿料的比

再生沥青混合料级配组成　　表 5.2.2

类别			通过下列筛孔（mm）重量% 35	30	25	20	15	10	5	2.5	1.2	0.5	0.3	0.15	0.074	沥青用量（%）
粗粒式	LH-35		25～100	—	75～95	—	55～75	40～60	25～45	15～35		5～18	4～14	3～8	2～5	3.5～5.5
粗粒式	LH-30			95～100	75～95	—	55～75	40～60	25～45	15～35	—	5～18	4～14	3～8	2～5	3.5～5.5
中粒式	LH-25	Ⅰ			95～100	—	—	70～80	50～65	35～50	25～40	18～30	13～21	8～15	4～9	4.5～6.5
中粒式	LH-25	Ⅱ			95～100	—	—	50～70	30～50	20～35	13～25	9～18	6～13	4～8	3～7	4.0～6.0
中粒式	LH-20	Ⅰ				95～100	—	70～80	50～65	35～50	25～40	18～30	13～21	8～15	4～9	4.5～6.5
中粒式	LH-20	Ⅱ				95～100	—	50～70	30～50	20～35	13～25	9～18	6～13	4～8	3～7	4.0～6.0
粗粒式	LS-35		95～100				40～60	25～45	10～30	5～20		0～10	0～6		0～4	3.0～5.0
粗粒式	LS-30			95～100			40～60	25～45	10～30	5～20		0～10	0～6		0～4	3.0～5.0
中粒式	LS-25				95～100			35～55	15～35	5～25		0～11	0～7		0～5	3.5～5.5
中粒式	LS-20					95～100		35～55	15～35	5～25		0～11	0～7		0～5	3.5～5.5

注：①再生沥青路面一般做双层式，表中级配系作下层用，上层采用普通沥青混合料。

②LH——沥青混凝土，LS——沥青碎石。

③沥青用量是内加，仅作为混合料配比设计时参考使用，精确用量由试验确定。

例宜为1：2～1：4。

第5.2.2条 按5.2.1条所选定的新矿料与旧料配比及表5.2.2再生沥青混合料级配组成要求，根据旧矿料颗粒组成计算新矿料的规格数量。

第5.2.3条 按第5.2.2条所得到的配比，计算出配料试验需要的初定新沥青用量，该值是再生沥青需要的总沥青用量扣除沥青旧料中的沥青含量。

第5.2.4条 在轧碎过筛的沥青旧料中按第5.1.3条确定的用量拌入再生剂，制成再生沥青旧料。按第5.2.2条的计算用量配入新矿料。以第5.2.3条计算的初定新沥青需要量为中值，每次增减0.5%（占新矿料）的沥青用量，分为五档，每档制备平行试件九个，其中三个作饱水率试验，六个作马歇尔试验。

第5.2.5条 按照附录四、附录五的试验方法测定再生沥青混凝土的物理力学性能，并根据表5.2.5的技术指标选用合适的新沥青用量。对于再生沥青碎石可按本地区的经验确定新沥青用量。

再生沥青混凝土技术指标 表5.2.5

交通量类型		≥500辆/日（后轴10t）	＜500辆/日（后轴10t）
试件击实次数		75	50
稳定度，N，＞		粗粒式4500 中粒式5000	粗粒式4000 中粒式4500
流值，1/100cm		20～40(45)*	20～45(50)*
饱水率，%	Ⅰ型	1.5～5	1.5～5
	Ⅱ型	5～9	5～9

*括号内数值是指在保证路面热稳定性良好的前提下，流值可放宽的数值。

再生沥青混合料配比设计实例见附录六。

第5.2.6条 再生沥青混凝土的质量指标应符合表5.2.5的规定，如不符合要求时，应改变再生剂用量、沥青和矿料的比例或降低沥青旧料用量，重新进行配比设计。

作为质量复核，亦可对选定的再生沥青混合料进行抽提分析，并把回收所得到的再生沥青进行针入度、延度、软化点试验。

第六章　再生沥青混合料的制备

第一节　再生沥青旧料的制备

第 6.1.1 条　破碎过筛后的沥青旧料，与再生剂拌和后一般堆放1～3d，使再生剂充分渗入旧料。在低温季节堆放时间可适当延长。为缩短堆放软化期，提早使用，可将已拌入再生剂的沥青旧料预热，预热温度不得超过80°C

第 6.1.2 条　由于再生剂用量很少，掺入再生剂时，必须采用喷洒装置，使其在沥青旧料中均匀分布。宜采用机械进行拌和，尤以强制式拌和机为好。拌和时间以均匀混合为准。

第 6.1.3 条　再生沥青旧料的堆置高度以不结块为限，不宜超过1.5m。堆置时间较长，气温又较高时，堆置高度应适当降低。潮湿多雨地区应设防雨设施。

第二节　分拌式拌和工艺

第 6.2.1 条　用于普通沥青混合料的分拌式拌和机作适当改装即可用于拌制再生沥青混合料，再生沥青旧料经计量后直接送入拌缸（不通过热烘干筒），与过热新矿料相混，通过热交换使再生沥青旧料升温、融化。拌和后的再生沥青混合料应达到色泽均一、新旧料混合均匀、温度符合施工要求。

第 6.2.2 条　拌和工艺流程可按下图布置

第 6.2.3 条　新矿料加热温度应高于普通沥青混合料的矿料加热温度，但不宜超过230℃，以防旧沥青变质。矿料加热温度可按式（6.2.3）预估，经试拌后再作调整。

$$T_1=(150-T_2P_1)/P_2 \qquad (6.2.3)$$

式中　T_1——新矿料加热温度（℃）；

T_2——再生沥青旧料温度（℃）；

P_1——再生沥青旧料用量（%）；

P_2——新矿料用量（%）。

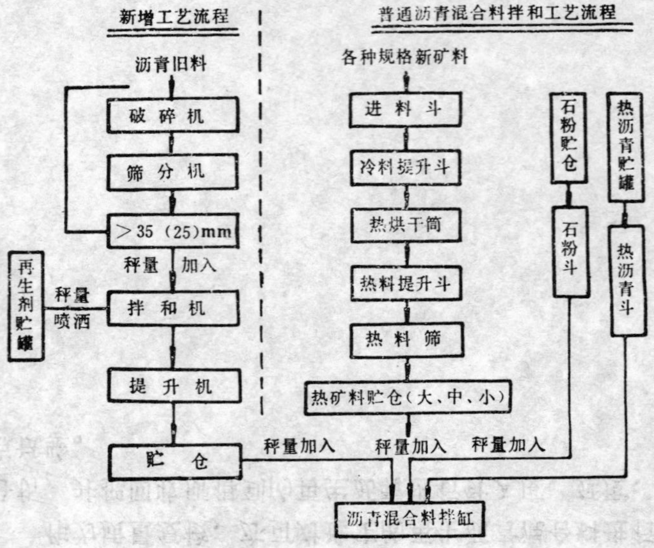

图 6.2.2　再生沥青混合料拌和工艺流程

第 6.2.4 条　再生沥青旧料进入拌缸后，先与热新矿料拌15s左右；然后加入新沥青，拌30～45s。拌和时间以混合料颜色均匀，无花白现象为准。

第6.2.5条 再生沥青混合料出厂温度应为140～160℃，否则可调整新矿料的加热温度。在低温季节施工时，宜将再生沥青旧料预热，预热温度为70～80℃。

第三节 连续式拌和工艺

第6.3.1条 用于拌和再生沥青混合料连续式拌和机的特性应符合下列规定：

一、能连续均匀进料、计量，新矿料与再生沥青旧料宜分别从不同料口进入筒体；

二、具有能较精确地调整进料数量的装置；

三、具有适宜的筒体长度，能使制备的再生沥青混合料拌和均匀，并达到出厂温度的要求。

第6.3.2条 为避免再生沥青旧料中的沥青被烧焦变质，再生沥青旧料进口设在筒体中部，并应有遮挡板。如果再生沥青旧料与新矿料均在筒体始端同一料口进入筒体时，为避免旧沥青被明火烧焦，必须符合下列措施之一的规定：

一、把燃烧器移到筒体外；

二、在燃烧嘴前加扩散器扩散火焰；

三、加入过量空气降低进料口温度；

四、在再生沥青旧料中加入适量水分降低进料口温度。但加水量不得过多，再生沥青旧料总含水量不宜超过3%。

第6.3.3条 拌和后的再生沥青混合料颜色应均匀一致，出厂温度应为140～160℃。

第四节 运 输

第6.4.1条 再生沥青混合料的运输与普通沥青混合料相同，运送宜用自卸车。装料后应尽快送到工地，避免在运输过程中混合料降温过多。

卡车的底板与侧壁应喷油水混合液（水：柴油＝1：1），喷洒时应均匀、适量。在冬季施工时，必须采用保温措施。送料车应用封闭式车厢或用油布覆盖。

第6.4.2条 运送到工地的再生沥青混合料温度应为120～150℃。当到达工地温度过低而有结块现象时，应查明原因，采取措施。结块的再生沥青混合料应另行处理。焦枯混合料应弃之不用。

第七章 路 面 施 工

第 7.0.1 条 再生沥青混合料路面施工与普通沥青混合料路面相同。铺筑混合料前应符合下列规定：

一、基层质量应符合本规程第二章的要求。基层表面应清扫干净；

二、雨水口、检查井及平石等的标高应符合设计要求；

三、需要时，浇洒粘层沥青或透层沥青。粘层沥青用量宜为0.4～0.6kg/m²，标号采用油（快）－1～2；透层沥青用量为0.8～1.0kg/m²，标号采用油（中）—1～2或油(慢)—1～2。

四、与再生沥青混合料接触的平石、雨水口、检查井等的侧面应涂一薄层粘层沥青。

第 7.0.2 条 再生沥青混合料宜采用机械摊铺，当缺乏摊铺机械时，亦可用人工摊铺。

一、机械摊铺

1. 宜采用全路幅施工，以避免纵向施工缝；

2. 摊铺时，左右摊铺带的搭接宽度不少于10cm，并由专人及时修补，使接缝饱满；

3. 松铺系数由试验确定，可取1.15～1.20。

二、人工摊铺

1. 由路边向路中摊铺，宜采用全路幅施工，以避免纵向施工缝；

2. 再生沥青混合料运到工地应卸到铁板上；

3. 放料应扣锹，避免粗细料分离；

4. 松铺系数由试铺确定，可取1.20～1.25。

第 7.0.3 条 碾压应符合下列规定：

一、当再生沥青混合料摊铺一定长度后，必须及时进行碾压，开始碾压温度不应大于110℃，终结碾压温度不应低于70℃；

二、碾压时应自路边至路中。

采用钢轮压路机时，应先轻后重。先用6～8t压路机作初压，每次重叠宜为30cm，碾压速度宜为1.5～2km/h。压至稳定后用10～12t压路机复压，每次重叠轮宽1/3，碾压速度宜为2～3km/h。最后用6～8t压路机终压，碾压速度宜为2～3km/h。

采用振动式压路机作业时，先以无振动状态初压，碾压速度宜为1.5～2km/h。后以振动状态复压，碾压速度宜为5～6km/h。最后以无振动状态终压，碾压速度为2～3km/h。每次重叠宜为30cm。

采用轮胎压路机时，碾压速度宜为5～6km/h，碾压稳定后，以6～8t钢轮压路机终压，以消除轮迹。碾压速度宜为2～3km/h。

三、采用钢轮压路机碾压时，在钢轮表面应喷洒（或涂刷）油水混合液，喷量以不粘轮和不滴淌为准。

第 7.0.4 条 施工缝应结合紧密，表面平整，并符合下列规定：

一、纵向、横向接缝应分别与路中心线平行或垂直；

二、在摊铺前，将前期摊铺层边缘的塌料、松动、裂缝与压实不足等部分切除，切线挺直，切面垂直；

三. 清除切面碎料，并涂一薄层粘层沥青；

四、铺筑新料前，将前期摊铺层边缘用热料闷热，接缝处的新料抛高要适当，压实要充分，避免在接缝处出现不平整或有凹陷积水现象。

第 7.0.5 条 双层式面层施工时，在粗粒式(或中粒式)再生沥青混合料摊铺压实后，应紧接着铺筑普通砂粒式（或细粒式）沥青混凝土混合料。如果条件所限，面层的上层料未能及时铺筑而再生沥青层表面被污染时，应清除干净，并喷洒（或涂刷）油（快）1号或2号粘层沥青，用量宜为0.4～$0.6kg/m^2$。

双层式面层上下层的接缝位置应至少错开30cm，以防接缝开裂。

上层摊铺后，接缝处应先用热夯初步夯实，再以压路机碾压密实，最后在表面涂一薄层粘层沥青，并以热烙铁烫密封边，以防渗水和开裂。

第八章 质量标准和检查验收

第 8.0.1 条 当送至拌和厂的沥青旧料有变化时，应进行抽样检查，做抽提分析，确定沥青旧料的矿料颗粒组成和旧沥青含量，并对回收旧沥青做针入度、软化点、延伸度试验。根据试验结果决定是否需要调整混合料的配比。

再生沥青路面施工质量标准 **表 8.0.3**

<table>
<tr><th>检查项目</th><th colspan="2">允许偏差</th><th>检查单元</th><th colspan="5">检查方法及频度要求</th></tr>
<tr><td>厚度</td><td colspan="2">±5mm</td><td>1000m²</td><td colspan="5">挖坑或测标高，路中及路两侧各一处</td></tr>
<tr><td>宽度</td><td colspan="2">≥设计宽度</td><td>1000m²</td><td colspan="5">用尺量，三处</td></tr>
<tr><td>压实度</td><td colspan="2">≥95%</td><td>1000m²</td><td colspan="5">现场取样，在室内用蜡封法测定，二处</td></tr>
<tr><td rowspan="2">平整度</td><td rowspan="2">平整度仪（标准偏差，mm）
≤2.5</td><td rowspan="2">3m直尺（mm）
≤5</td><td rowspan="2">100m</td><td rowspan="2">平整度仪
1.≤9m测一条轨迹
2.>9m测二条轨迹</td><td colspan="4">3m直尺随机靠量</td></tr>
<tr><td colspan="2">路宽（m）</td><td><9
9～15
>15</td><td>5次
10次
15次</td></tr>
<tr><td>中线高程</td><td colspan="2">±10mm</td><td>100m</td><td colspan="5">用水准仪测五处</td></tr>
<tr><td>横坡度</td><td colspan="2">±0.5%</td><td>100m</td><td>用水准仪测五处</td><td>路宽（m）</td><td colspan="2"><9
9～15
>9</td><td>每处二点
每处四点
每处六点</td></tr>
<tr><td>外观要求</td><td colspan="8">1.表面平整密实，粗细料无集中现象，不得有轮迹、松散、裂缝
2.接缝紧密、平顺
3.无凹陷积水现象</td></tr>
</table>

注：沥青混凝土标准密实度采用马歇尔法测定；沥青碎石的标准密实度可通过试铺确定。

第8.0.2条 拌和厂试验室应每台班取样一次，做混合料稳定度、流值和饱水率试验。

每三天应做一次抽提试验。检验混合料级配、沥青含量；对回收沥青应做针入度、延伸度、软化点试验。

再生沥青混合料的物理力学性能应符合配比设计要求，再生沥青应符合当地常用沥青的技术标准。

第8.0.3条 路面竣工后应检查验收。验收内容和质量标准应符合表8.0.3的规定。

附录一 本规程术语解释

1. 再生：沥青路面经多年使用后，沥青老化，性能变差，经掺入适量再生剂及新的路用沥青，使混合后的沥青性能达到路用品质要求。这种方法称为再生。

2. 再生剂：为使旧沥青软化，并改善其路用性能，在旧沥青中掺入的一种改性物质。

3. 旧沥青混合料：翻挖旧沥青路面得到的材料，由沥青与砂石组成的混合料。简称沥青旧料。

4. 再生沥青旧料：破碎后的沥青旧料，掺入适量再生剂，经拌匀后得到的混合料。

5. 再生沥青：旧沥青中掺入适量再生剂，再根据路用要求加入一定比例的新沥青，经混合后所得到的沥青。

6. 再生沥青混合料：再生沥青旧料按配比设计加入新矿料和新沥青，经热拌而成的混合料。它是再生沥青混凝土混合料和再生沥青碎石混合料的总称。

7. 热拌再生沥青混合料路面：采用热拌再生沥青混合料铺筑的路面。

附录二　沥青混合料抽提试验方法
——回流加热法

该法适用于各种粒径的沥青混合料。

一、试验仪具和试剂

1. 沥青混合料抽提仪：构造和主要尺寸如附图2.1。

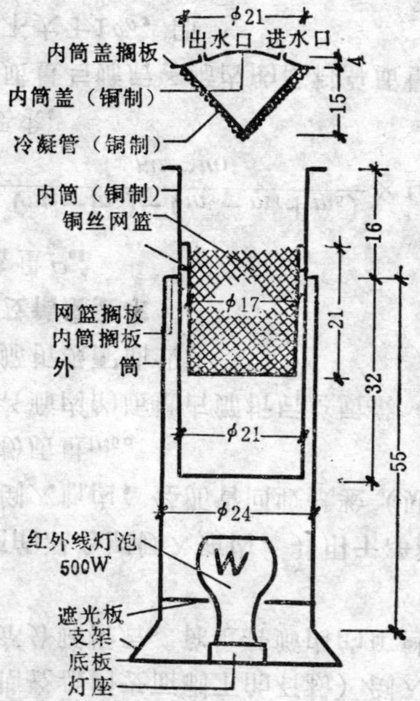

附图 2.1　抽提仪装配图

说明：1. 冷凝管直径1cm左右；2. 装配后红外线灯泡离内筒底8cm；3. 内筒盖搁板上有8个对称的螺丝孔，试验时用螺丝将其内筒旋紧，以防漏气；4. 铜丝网篮上要装有提手；5. 图中尺寸以cm为单位

2. 天平：称量5000g，感量1g，一台；称量 1000g，感量0.1g，一台。

3. 恒温烘箱：温度范围可控制在105℃～110℃。

4. 搪瓷盘：约30×20cm（盛矿料用）。

5. 定性滤纸，整张滤纸尺寸60×60cm。

6. 有机溶剂：工业苯。

二、试验方法

1. 将预先做成筒状（其直径和高度稍小于铜丝网篮）的滤纸，烘干并称其质量m_1，精确至0.1g。

滤纸筒至少是双层滤纸卷成，底部封闭，并在内加垫滤纸，外面再用滤纸包底，用线扎牢，尽量减少漏入混合液的石粉数量。

2. 将干样品放入滤纸筒中，称取试样的质量 m_2。粗粒式约2000g，中粒式约1000g。

3. 将滤纸筒（内盛试样）放入铜丝网篮中，把铜丝网篮放入抽提仪的内筒中，然后量取 1000mL 工业苯，缓缓倒入滤纸筒内。

4. 盖上连有冷凝器的内筒盖，用螺栓将其与内筒固紧，以免漏气。

5. 接上水源，使冷却水流过冷凝管（注意水流的进、出口不要搞错）。

6. 接通电源，用红外线灯泡加热工业苯，使其蒸发对沥青混合料进行抽提，直到混合料内不含沥青为止。一般需累计抽提24h左右。苯易燃，应有人照看。如仪器过烫，仪器附近有溶剂气味时，是由于蒸发过快，应加大冷却水流量或关闭电源。

7. 关闭电源，待仪器冷却再切断水源，取出铜丝网篮，放入搪瓷盘，在通风处自然挥发，至无溶剂气味后，再放入烘箱内烘干，取出后将滤纸筒、样品连同搪瓷盘一起称其质量m_3。

8. 拆开滤纸筒，把粘附在滤纸表面的石粉和搪瓷盘内的石粉刷下，并将滤纸和搪瓷盘一起称其质量m_4。将矿料（连同滤纸和搪瓷盘内表面刷下的石粉）倒入相应的筛子内进行筛分，经充分筛析后，称量各筛内的矿料质量（精确至0.1g）。

9. 将内筒的混合液倾入瓶内，并用干净溶剂将内筒冲洗干净，一并倒入瓶内，经沥青回收试验（见附录三）后求得混合液内石粉质量m_5。

10. 计算各筛内的质量占筛析后总质量（包括m_5）m_6的百分比，绘出筛析级配曲线。

三、计算及精度要求

1. 沥青含量P_a：

$$P_a=\frac{(m_2-m_1)-(m_3-m_4+m_5)}{m_2-m_1}\times 100\% \quad (附2.1)$$

2. 精度要求：

筛前石料质量与筛后各筛内的矿料总质量之差与筛前矿料质量的比值不大于1%，即

$$\frac{(m_3-m_4+m_5)-m_6}{m_3-m_4+m_5}\leqslant 1\% \quad (附2.2)$$

附录三　沥青回收试验方法

（改良阿伯逊法）

该法适用于回收石油沥青。

（一）蒸馏设备、仪器具和材料

1. 天平：称量1000g，感量0.1g。

2. 离心沉淀机：可采用上海医用分析仪器厂生产的LXJ-Ⅱ型离心沉淀机。

3. 二氧化碳钢瓶：容量10L，二只。

4. 滤纸若干。

5. 漏斗。

6. 1000mL量筒或量杯。

7. 1000mL三颈蒸馏烧瓶。

8. 长475～500mm冷凝管。

9. 温度计：0～200℃，精度1℃。

10. 用于蒸馏的油浴锅：可采用1000mL电热套。

11. 气流计：能指示气流量，用1000mL/min左右的气流计。

12. 进气管。

13. 广口瓶：1000mL，若干。

14. 二氧化碳气体，用于去除沥青苯溶液中的苯。

（二）试验步骤

1. 将抽提后的沥青溶液倒入1000mL的广口瓶中，并将抽提仪中的沉淀物用苯洗净一起倒入广口瓶中。

2. 将广口瓶中的苯溶液分别倒入四只不锈钢离心杯中，并使四只杯中的质量一样，误差不超过1g，以免离心时失去平衡。

3. 然后将溶液放入离心沉淀机中，在室温下以1900r/min的转速离心30min，（注：在达到规定转速前须逐步调节变速挡，每调节一次变速挡，须待转速稳定后再进行调节，直至达到规定转速为止）。

4. 离心后将溶液倒入1000mL三颈蒸馏烧瓶中，注意不要使沉淀物带入烧瓶中，另外在溶液倒入三颈蒸馏烧瓶时，溶液不得超过三颈蒸馏瓶颈口，否则在蒸馏时溶液有可能从三颈烧瓶瓶口冲出。所以最好采用一只样品分两次蒸馏，第一次先蒸馏3/4的样品，当样品蒸馏1h后，停止蒸馏，待其冷却至室温后再将另1/4的样品倒入蒸馏瓶中继续蒸馏，蒸馏速度一般控制在50～70滴/min。

5. 把离心杯中的沉淀物用苯洗净，倒入滤纸中放在漏斗架上过滤，并计算沉淀物的质量，作为石粉计入矿料质量中。

6. 当蒸馏的样品流量开始减少，溶液温度升高至120℃左右时就插入CO_2进气管（管子要插到瓶底），慢慢通入CO_2气体，并使其保持在800～900mL/min的气流量（气流计必须在使用前进行标定或根据说明书上的公式进行换算），同时使溶液温度保持在146～152℃，吹气30min。

7. 关闭电源，把蒸馏瓶中的沥青倒入蒸发皿中，待进行针入度、延度和软化点试验。

附录四 沥青混合料物理、力学指标测定方法

该法适于采用马歇尔稳定度仪测定沥青混合料的抗塑性流动性能——稳定度和流值。

一、试验仪具

1. 马歇尔稳定度仪：

（1）加荷设备：一台，最大荷载约30kN，加荷时用人工操作或马达驱动，垂直变形速度为50±5mm/min（如为人工操作每秒钟转动摇把二次）。

（2）应力环：一个，安装在加荷设备的框架与加荷压头之间，是测量荷载的力计，最大荷载约30kN，精确度为0.1kN。应力环上部固定在加荷设备的框架上，下部安装在圆柱形压头上，将荷载传递给加荷压头，中间装有百分表。

（3）加荷压头：一副，由上下两个圆弧形压头组成，压头的内侧须经过精细的加工，曲率半径为50.8mm，并淬火硬化。下弧形压头固定在一圆形钢板上，并附有二根导棒；上弧形压头附有球座和二个导孔。当两个压头扣在一起时，下压头导棒恰好穿入上压头的导孔内，并能使上压头自由地上下滑动。

（4）流值计：由导向套管和流值表组成，用于测量试件在破坏荷载时的变形。试验时导向套管安装在下压头的导棒上。流值表的分度为0.01cm。

(5) 试模：三组，每组包括内径101.8mm，高76.2mm的圆钢筒、套环和底板各一个。

(6) 击实锤：一或二副，每副包括4.53kg锤，平圆形击实座，带扶手的导向棒各一个。金属锤须能从45.7cm的高度沿着导向棒自由落下。

(7) 击实台：一架，用4根型钢把20×20×20cm的木柱固定在混凝土板上，木柱上面放置一块30×30×2.5cm的钢板，也可以用其它型式的击实台，但击实效果须与上述装置相同。

2. 电烘箱：二台。大、中型各一台，附有温度调节器。

3. 拌和设备：宜采用能保温的试验室用小型拌和机。采用人工拌和时，配有拌盘，锅和铁铲等。

4. 恒温水槽：一个，附有温度调节器。容积最少能同时放置一组（至少六个）试件。

5. 其他：脱模机、煤气炉、沥青熔化锅、台秤（秤量5kg以上）、筛子、温度计（200℃）、刀子、滤纸、手套、水桶、蜡笔、记录纸等。

二、准备工作

1. 试验前1～3d把轧碎的沥青旧料掺入再生剂拌匀后堆存，在试验的当天，预热70～80℃。

2. 将过筛、洗净的新石料及砂、石粉等置于105～110℃的烘箱中干燥至恒重，并测定矿料的质量密度和级配组成。

3. 测定沥青材料质量密度。

4. 将沥青脱水加热至100～150℃（根据沥青的种类和标号选择），并将各种矿料置于烘箱中加热至140～160℃备用。

5. 将全套试模、击实座等置于烘箱中加热至130～150℃备用。

三、试件制备

1. 按照各种新矿料和再生沥青旧料在混合料中所占的配合比例，秤出一组或一个试件所需要的材料，置于拌盘（锅）或拌和机中拌匀，然后加入需要数量的热沥青，迅速地拌和均匀，并使混合料温度保持在130～150℃范围内。

2. 秤取拌好的混合料（以四分法取样）约1200g，通过铁漏斗放入垫有一张滤纸的试模中，并用热刀沿周边插捣15次，中间10次。

3. 如果人工击实，将装好混合料的试模放在击实台上，再垫上一张滤纸，加盖预热（130～150℃）的击实座，再把装有击实锤的导向棒插入试模内，然后将击实锤从45.7cm的高度自由落下，击实次数为50或75次。混合料的击实温度在110℃左右。在击实过程中，注意须使导向棒垂直于试模的底板。试件击实一面后，将试模倒置，再以同样的次数击实另一面。

如有改装的水泥硬练机击实仪，则将装好混合料的试模中垫上一张滤纸，加盖预热（130～150℃）的垫板，然后移至击实台，并对中。启动马达，提升击实锤从45.7cm的高度沿导向杆自由落下。其它规定同前述。

4. 卸去上套模和底板，将装有试件的试模放入冷水中，2～3min后置于脱模机上取出试件。

5. 击实后试件的高度宜为6.35±0.3cm。如试件高度不符合要求时，可按式（附4.1）调整热混合料的用量。

$$\text{调整后混合料的质量}=\frac{6.35\times\text{所用混合料质量}}{\text{所得试件的高度}} \quad (\text{附}4.1)$$

6. 将试件仔细地放在平滑的台面上，在室温下静置过夜后，测量其高度及质量密度。

四、试验方法

1. 量测试件的高度

用卡尺量取试件的高度，至少取圆周等分 4 个点的平均值作为试件的高度值，准确至0.01cm。

2. 测定试件的质量密度

先在天平上称量试件在空气中的质量，然后秤其在水中的质量（如试件空隙率较大时应采用蜡封法），准确至0.1g，并按式（附4.2）或式（附4.3）计算试件的质量密度。

$$\rho_m=\frac{m}{m-m_1}\cdot\rho_w \qquad (附4.2)$$

或

$$\rho_m=\frac{m}{m_2-m_3-\left(\frac{m_2-m_3}{d_p}\right)}\cdot\rho_w \qquad (附4.3)$$

式中 ρ_m——试件实测质量密度（g/cm³）；

m——试件在空气中质量（g）；

m_1——试件在水中质量（g）；

m_2——封蜡后试件在空气中质量（g）；

m_3——封蜡后试件在水中质量（g）；

d_p——蜡的相对密度；

ρ_w——常温水的密度（≅1g/cm³）。

3. 测定试件的稳定度

（1）将测定密度后的试件置于60±1℃的恒温水槽中保持最少30min。

（2）将上下压头内面揩净，必要时在导棒上涂以少许机油，使上压头能自由地上下滑动。从水槽中取出试件放在下压头上，并使之对中，再盖上上压头，然后移到加荷设备上。

（3）将流值计安装在外侧导棒上，使导向套管轻轻地压住上压头，同时调整流值表对准零。

（4）在上压头的球座上放妥钢球，并对准应力环下的压头，然后调整应力环中的百分表对准零。

稳定度修正系数表 附表 4-1

试件高度范围（cm）	修正系数
5.47～5.62	1.25
5.63～5.80	1.19
5.81～5.94	1.14
5.95～6.10	1.09
6.11～6.26	1.04
6.27～6.44	1.00
6.45～6.60	0.96
6.61～6.73	0.93
6.74～6.89	0.89
6.90～7.06	0.86
7.07～7.21	0.83
7.22～7.37	0.81

（5）开动加荷设备，使试件承受荷载，加荷速度为50±5mm/min。当试件达到破坏时，荷载开始减小的瞬间，立即取下流值计，并同时读取应力环中百分表的读数，试件破坏时的荷载即稳定度，相应于此时的流值计读数即为流值。

（6）从恒温水槽中取出试件，到测出稳定度和流值的时间，不应超过30s。

五、试验结果整理和计算

1. 根据应力环标定曲线，将应力环中百分表读数换算为荷载值，即试件的稳定度，以N计。

2. 流值计中流值表读数，即为试件的流值，以0.01cm计。

3. 如试件高度与要求高度出入较大，则稳定度须按附表4.1所列修正系数加以修正。

附录五　饱水率测定方法

一、试验仪具

1. 真空抽气设备。

2. 天平：秤量2000g，感量2g。

二、试验方法

1. 以马歇尔成型机击实成型试件，试件置于平台上静放24h后在天平上秤量其在空气中的质量m。

2. 以细线缚住试块，挂在天平臂钩上，浸入一个盛有净水的烧杯或水桶内（烧杯或水桶不能与天平接触），秤量试件在水中质量m_1。

3. 除去试块，秤量细线在水中的质量m_r。

4. 将试块放在一个盛水（水温20±2℃）的真空干燥器中抽真空，抽气至剩余压力为1.3～2.0kPa，并在此状态下维持1.5h。然后放进空气，使压力恢复正常，继续使试件留于盛有20±2℃水的原容器中1h。

5. 取出试件擦干表面，秤其在空气中质量m'。

6. 计算饱水率P_w

$$P_w=\frac{m'-m}{m-(m_1-m_r)}\times 100\% \qquad (附5\text{-}1)$$

式中　m——抽真空前试件在空气中质量（g）；

m_1——抽真空前，缚有细线的试件在水中质量（g）；

m_r——细线在水中质量（g）；

m'——抽真空后试件在空气中质量（g）。

附录六　再生沥青混合料配比设计实例

1. 从路上挖出沥青旧料，轧碎至规定尺寸后用四分法取样，按附录二进行抽提筛分，测得其沥青含量及旧矿料级配（见附表6-1）。

2. 按附录三进行沥青回收试验。对回收的旧沥青进行三大指标试验（见附表6-3），然后按一定的比例分档掺入再生剂，求出旧沥青的针入度接近作当地普通沥青混合料用的要求时再生剂与旧沥青的掺配比例范围。由附表6-2试验结果，选定掺入A型再生剂15%，其针入度达到60号沥青的针入度。

3. 经试验，拌有再生剂的旧沥青与掺入新沥青为1：2.8时，测得混合沥青的针入度、延度、软化点符合当地路用沥青要求（见附表6-3）。

4. 根据选定的旧沥青：新沥青＝1：2.8（质量比），按下述方法计算沥青旧料与新矿料的配合比。

旧料中含旧沥青4.6%（见附表6-1），根据本规程表5-2-2及当地路用经验，暂定再生沥青混合料中沥青用量为4.4%。现假定沥青旧料用量为1份，掺入的新矿料用量为x份，混合后得到的再生沥青混合料为$1+x$份。

则：$$\frac{(1+2.8)\times 4.6\%}{1+x}=4.4\%$$

求得：$x=3$

即：沥青旧料：新矿料＝1：3

粗粒式再生沥青混凝土混合料矿料级配　　附表 6-1

项目		筛孔（mm,保留重量%）												
		35	30	25	20	15	10	5	2.5	1.2	0.6	0.3	0.15	0.075
矿料标准级配		0～5	—	5～25	—	25～45	40～60	55～75	65～85	—	82～95	86～96	92～97	95～98
原材料	旧料（甲）（沥青含量4.6%）			1.6	2.7	9.1	18.6	31.5	47.2	65.6	76.9	84.3	88.0	91.0
	10～35mm碎石（乙）	1.6	16.9	50.5	78.5	99.8	100							
	3～10mm石屑（丙）						24.6	52.9	77.9	81.4	91.4	96.1	97.5	98.1
级配（旧料：新矿料＝1：3）旧料25%＋碎石35%＋石屑40%		0.6	5.9	18.1	28.2	37.2	49.5	64.1	78.0	84.0	90.8	94.5	96.0	97.0

5. 矿料配比的确定。

（1）确定采用粗粒式再生沥青混合料，其标准级配见附表6.1。

再生剂掺量试验结果 **附表 6-2**

再生剂掺量（%）	8	12	15
针入度$\left(25°C, \frac{1}{10}mm\right)$	46	64	73.5

试配用的沥青性质 **附表 6-3**

	针入度 $\left(25°C, \frac{1}{10}mm\right)$	延度 (25°C,cm)	软化点 (°C)
回收旧沥青	23	4	76.7
回收旧沥青+15%A型再生剂	73.5	5.5	60.8
旧沥青:新沥青(胜利100号)=1:2.8	108	>100	45.0

（2）根据旧料中矿料筛分结果，确定需要加入新矿料的品种。为减少加入新矿料的品种，在本实例中，只选用了粒径10～35mm及3～10mm二种，其颗粒组成见附表 6-1。

（3）求出各种矿料配比

由于旧沥青混合料：新矿料=1：3；故沥青旧料占25%，又由试算法求得10～35mm碎石应占35%，3～10mm 石屑应占40%。然后根据求得的新矿料配比计算再生沥青混合料的级配组成（见附表6-1）。

（4）将计算得到的混合料级配及标准级配范围画成级配曲线图（见附图6-1）。验证再生沥青混合料的矿料配比是否符合要求，如有某个筛孔的保留百分率落入标准曲线之外，可调整个别矿料的用量比例，以满足级配设计要求。由附图6-1知，本例的各种矿料百分比均符合要求。

6. 新沥青用量的确定。

（1）新沥青在再生沥青混合料中的用量为：

$$4.4\% - \frac{4.6\%}{1+3} = 3.25\%$$

（2）新沥青在新矿料中的用量为：

$$3.25\% \div 75\% = 4.3\%$$

（3）以上述计算出的新沥青需要量4.3%为中值，每次增减0.5%（该0.5%值仍以占新矿料的百分比来计算），分为五档，每档制备试件九个（其中三个作饱水率试验）。按本规程附录四及附录五，测定再生沥青混合料的物理力学性能及饱水率。从所得结果中选出最佳沥青用量的再生沥青混合料性能列于附表6-4。

试配的再生沥青混合料的物理性能 **附表 6-4**

混合料配比（旧料：新矿料）	击实次数	配合比：轧碎旧料（掺有再生剂）	配合比：15～35mm碎石	配合比：3～10mm石屑	新矿料中100号沥青含量（%）	稳定度（N）	流值$\left(\frac{1}{100}cm\right)$	饱水率（%）
1：3	75	25	35	40	4.0	8428	30	5.8
标准值	75	—	—	—	—	4500	20～40 (45)	1.5～9

（4）由附表6-4可知，再生沥青混合料中新沥青的用量（占新矿料）为4.0%，与初定新沥青用量4.3%相差0.3%，须根据沥青用量4.0%，重新计算新旧沥青的比例。

7. 旧料：新矿料=1：3

$$故旧沥青：新沥青=\frac{4.6\%\times1}{4.0\%\times3}=1：2.6$$

8　以掺有A型再生剂的旧沥青1份与新沥青 2.6份掺配，测定其混合沥青的三大指标，由附表6-5的试验结果可知，其针入度、延伸度、软化点，均达到当地路用 100 号沥青的要求。

混合沥青的沥青性质　　**附表 6-5**

旧沥青：新沥青	针入度(25°C,1/10mm)	延度(25°C, cm)	软化点(°C)
1∶2.6	100	>100	46.8

9. 由上述计算及试验结果得出再生沥青混合料配比为：

沥青旧料：新矿料＝1∶3

新沥青用量（占新矿料）＝4.0%

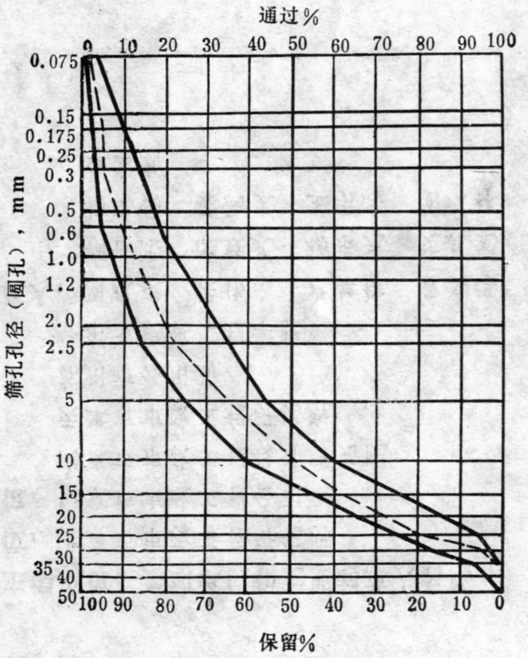

附图 6-1　级配曲线图

附录七　本规程用词说明

一、为便于在执行本标准条文时区别对待，对于要求严格程度不同的用词说明如下：

1. 表示很严格，非这样作不可的：

正面词采用“必须”；

反面词采用“严禁”。

2. 表示严格，在正常情况下均应这样作的：

正面词采用“应”；

反面词采用“不应”或“不得”。

3. 表示允许稍有选择，在条件许可时，首先应这样作的：

正面词采用“宜”或“可”；

反面词采用“不宜”。

二、条文中指明必须按其他有关标准执行的写法为：“应按……执行”或“应符合……的要求（或规定）”。非必须按所指定的标准执行的写法为：“可参照……的要求（或规定）”。

附加说明

本规程主编单位、参加单位和主要起草人名单

主编单位： 上海市市政工程研究所

参加单位： 南京市市政工程公司
武汉市市政工程设计研究院
天津市市政工程研究所
苏州市公用局
哈尔滨建筑工程学院

主要起草人： 周凤瑛 梁伟光 卢铭伊 曹吴淳 甘以惠
顾世忠 沈敦义 杨东先 艾政宽 王立柱
杨鸿钧 吴炳生 王子忠 范以林 王哲人
白宝勤

中华人民共和国行业标准

城市道路路基工程施工及验收规范

CJJ 44—91

主编单位：西安市市政工程设计研究所
批准部门：中华人民共和国建设部
施行日期：1992 年 2 月 1 日

关于发布行业标准《城市道路路基工程施工及验收规范》的通知

建标[1991]430 号

各省、自治区、直辖市建委（建设厅），计划单列市建委，国务院有关部、委：

根据原城乡建设环境保护部（83）城科字第224号文的要求，由西安市市政工程设计研究所主编的《城市道路路基工程施工及验收规范》，业经审查，现批准为行业标准，编号CJJ44—91，自1992年2月1日起施行。

本标准由建设部城镇道路桥梁标准技术归口单位北京市市政设计研究院归口管理，其具体解释工作由西安市市政工程设计研究所负责。

本标准由建设部标准定额研究所组织出版。

中华人民共和国建设部
1991年6月27日

目　次

第一章 总 则

第 1.0.1 条 为了统一全国城市道路路基工程施工技术标准，保证道路路基工程的质量，提高工程经济效益，特制定本规范。

第 1.0.2 条 本规范适用于城市道路（含郊区道路）和广场、停车场路基工程的施工及验收。厂矿、机场、码头等专用道路可参照使用。

第 1.0.3 条 城市道路路基工程与铁路、公路、地铁、管线、人防等工程共同或交叉施工时，除按本规范规定执行外，尚应参照有关的工程技术标准。路基施工的安全措施，应按有关规定执行。

第 1.0.4 条 路基施工在确保设计要求的前提下，可因地制宜，合理利用当地材料和工业废料，同时，应防止有害物质的污染。

路基用地范围内的各种管线工程及附属结构物，应按“先地下，后地上”、“先深后浅”的原则，避免道路反复开挖。必须重视管线沟槽回填土的质量，使其达到与路基相同的设计强度。

第二章 施工准备与施工测量

第一节 施 工 准 备

第 2.1.1 条 施工人员必须认真熟悉设计文件和图纸。对设计中不明了的问题与修改意见，可在设计交底时提请设计部门解决。

第 2.1.2 条 施工人员必须查勘施工现场，确定施工部署，进行恢复定线测量工作。

第 2.1.3 条 施工有关人员应听取设计人员的设计交底。

第 2.1.4 条 施工单位进行施工准备工作时应符合下列规定：

一、复核地下隐蔽设施的位置和标高，并在图纸上注明，以备施工交底。

二、对外露的检查井、消防栓、人防通气孔等应在图纸上标明，以备核对，避免埋没或堵塞。

三、文物古迹、测量标志必须加以保护；园林绿地和公用设施等应避免污染损坏。

四、应加强交通管理，如需封闭交通时宜缩短断行时间，早日恢复交通。

五、注意施工时的环境保护。

第 2.1.5 条 施工前应逐级进行技术交底。主要工序和关键部位的施工技术要求、地下隐蔽工程的位置与标高均应交底至直接操作人员。各种施工交底均应记录备查。

第二节 施 工 测 量

第 2.2.1 条 施工负责人应会同设计或勘测部门现场交接

中线控制桩和设计水准点，并设置护桩。

临设水准点应与设计水准点复测闭合，允许闭合差：快速路、主、次干路为$\pm 12\sqrt{L}$ mm；支路为$\pm 20\sqrt{L}$ mm（L为水准线长度公里数）。

第 2.2.2 条 恢复道路中心桩，桩距在直线地段宜为15～20m；曲线地段为10m。平、竖曲线起止点和地形变化点必须加桩。量距允许误差：小于200m为$\pm\frac{1}{5000}$；200～500m为$\pm\frac{1}{10000}$；大于500m为$\frac{1}{20000}$。

在不受施工影响的位置引测辅助基线，设平面控制桩，以备施工过程中及时补桩。

定出路边线及上下边坡线桩，核对占地和拆迁是否满足施工需要，施工范围内尚存的障碍应作明显标志。

第 2.2.3 条 临时设置的水准点距离应以测高不加转点为原则，平原不得大于200m，山区或丘陵宜为100m。

临时设置的水准点必须坚固稳定。对跨年度工程或怀疑被移动的水准点应复测校核后方可使用。

在中心桩两侧不受施工影响的位置设桩，定出路中心（或路肩边缘）标高。

第 2.2.4 条 工地测量人员应按中心桩位置复测原横断面，加桩处应补测横断面，并计算土石方量。

第 2.2.5 条 工地测量人员应复核原有桥涵和地下管线的位置和标高以及其他要求的有关测量。

第 2.2.6 条 施工过程中工地测量人员对平面和水准测量应准确及时，并应及时向施工人员提供测量数据并进行现场交桩。测量标志应坚固稳定，施工人员对测量标志应认真保护。

第 2.2.7 条 路基工程基本完工后，工地测量人员必须进行全线的竣工测量。竣工测量包括：中心线的位置、标高、横断面图式、附属结构和地下管线的实际位置和标高。测量成果应在竣工图中标明。

第三章　路基施工排水

第一节　一般规定

第 3.1.1 条 路基施工排水应符合下列规定：

一、有效地排除施工期间由于降水或附近地带流入路基的地面水及施工用水。

二、疏导、堵截、隔离对路基有害的地下水。

第 3.1.2 条 路基施工排水必须合理安排排水路线，充分利用沿线已建和新建的永久性排水设施。所有施工临时排水管、排水沟和盲沟的水流，均应引至管道或沟渠中。

郊区道路应结合当地地形，采取排、截、堵等措施，把水排至河沟或低洼地带。

所有施工排水出路，应与有关部门协商解决。

第二节　排除地面水

第 3.2.1 条 路基分层挖、填时应根据土的透水性能将表面筑成2～4%的横坡度，并注意纵向排水，经常平整现场，清理散落的土，以利地面排水。

第 3.2.2 条 应先修筑路基范围内的排水结构物，无条件时可与路基同步施工，利用其进行排水，并使其随施工进程逐步成型。

第 3.2.3 条 路基施工中，地面水排除困难而又无永久性管渠可利用时，应设置临时排水设施。临时排水设施可采取移动式或固定式管道、边沟、截水沟、排水沟、跌水、急流槽等。当排水流量较大时，应进行水力计算，选择合适的泄水断面和纵坡。边沟、截水沟和排水沟的开挖应由下游挖向上游；要求沟底平顺，边坡修理整齐，夯拍坚实。

第 3.2.4 条 挡土墙基坑、道路凹点、借土区及运输通道等，当无法采用自流式排水时，应将水引至集水井中，用水泵抽排。

第 3.2.5 条 敷设各种地下管线时，严禁将管坑积水抽排至路基范围内。

第 3.2.6 条 施工期长或跨越雨季的路基工程，如排水设施位于透水性土层上或有裂缝的岩层上，以及流速较大，水量集中的地段，均应采取防止渗漏、冲刷的加固措施。

第三节 排除地下水

第 3.3.1 条 路基施工中，若地下水严重影响路基稳定时，应立即要求设计部门提供地下排水设计。如地下水影响较小，施工单位可根据情况采取适当措施进行处理。

第 3.3.2 条 盲沟沟槽不宜采用大放坡，宜挖直立沟加支撑支承。支撑形式可根据土质、地下水情况、槽深、开挖方法及地面荷载等因素而定。

一、水平式支撑即横式支撑——适用于土质较好、地下水量较小的沟槽。

二、垂直式支撑即竖板支撑——适用于挖沟较深，土质较差，地下水量较多的沟槽。

三、板桩式支撑——适用于地下水位很高，且有流沙的深沟槽。

拆除支撑可从底部开始，边安装盲沟边拆除支撑，也可待安装回填后拔除。沟壁所留空隙应用砂砾填充捣实。

第 3.3.3 条 盲沟沟槽排水可分为：明沟集水井排水和深水泵排水。盲沟沟槽开挖应由下游向上游施工，并应随挖随支撑，随抽水。盲沟基础应平整，并应分段开挖，分段安装、回填。

第 3.3.4 条 新建道路处于地下水位高的路段，水面距土基碾压面小于0.6m时，施工前可沿路基两侧先开挖边沟，以降低地下水位。边沟的开挖应深入到含水层下0.3m。

第四章 路基的防护与加固

第一节 一般规定

第 4.1.1 条 路基的防护与加固工程可分为：边坡坡面防护，沿河、滨海路堤防护与加固，路基支挡工程三类。

第 4.1.2 条 路基防护是以原边坡坡面和有关防护结构体的稳定为前提，施工前必须检查验收，严禁对失稳的土体进行防护。

路基加固或支挡工程除要求自身坚固稳定外，施工前必须查明和核实前期工程的条件和质量。

第 4.1.3 条 路基防护与加固工程施工应符合下列规定：

一、严格执行砌筑砌体的有关规定和质量标准；材料必须符合设计规定的强度、规格和其他品质要求。

二、回填土宜选用砂性土，严格控制含水量，分层填筑，充分压（夯）实。

三、泄水孔、伸缩缝的位置要准确，孔正缝直，尺寸符合设计要求。

第二节 坡面防护

第 4.2.1 条 坡面防护应根据路基土质选用，可分为植物防护和坡面处治两类，亦可混合使用。

第 4.2.2 条 植物防护属简易防护措施。对于植物易生长的边坡，可采用种草、铺草皮及灌木丛防护。

第 4.2.3 条 种草防护适用于边坡低，坡面冲刷较轻微有利于草类生长的土质边坡。经常浸水或长期浸水的路堤边坡，不宜采用。

第 4.2.4 条 铺草皮可用于边坡较陡，冲刷较严重，坡面仅有季节性浸水的土质边坡。铺砌方法有平铺、平铺叠置、方格式等。草皮应由下向上错缝铺砌，并用竹、木尖桩固定。

第 4.2.5 条 采用植树防护边坡时，应按防护目的与采用树种确定树的平面布置形式。树成活前应防止流速大于 3 m/s的流水浸害，必要时可增设防护障加以保护。

第 4.2.6 条 坡面处治可用于陡边坡和风化严重的岩石边坡。处治方法有：抹面、喷浆、勾缝、灌浆、石砌边坡或护面墙等。坡面处治要求原边坡稳定，无地下水外露。处治前应清理危石，剥去风化表层，嵌补坑槽，清洗污物杂质。

第 4.2.7 条 抹面可用水泥砂浆，水泥石灰砂浆或石灰煤渣混合砂浆等材料，要求均匀紧贴坡面；抹灰面积大时，应预留伸缩缝。

第 4.2.8 条 喷浆可用于易风化而较完整的石质，其厚度为1～2cm。岩石节理裂隙窄而浅的石质边坡可以勾缝，节理裂隙宽而深的予以灌浆。材料可用水泥砂浆或水泥石灰砂浆，宽深较大缝隙可用细粒混凝土灌注。

第 4.2.9 条 护坡和护面墙可用片（块）石、混凝土等材料铺砌。局部铺砌时应使砌筑体深入软岩层或凹陷处，砌体表面应与坡面平顺相接。砌筑砌体选料与施工要求，按本章第四节规定执行。

第三节 堤岸防护与加固

第 4.3.1 条 沿河、滨海路堤的防护与加固，可采用抛石、干砌或浆砌片（块）石、石笼和设置导流结构物等方法。

第 4.3.2 条 抛石可用于防护路基或河岸水下部分的边坡和坡脚。抛石大致成梯形石垛，石料尺寸宜为30～50 cm，总厚度约为石块尺寸的3～4倍，且不得小于 2 倍。抛石宜在低水位时进行。

第 4.3.3 条 干砌片（块）石护坡，可用于水流方向较平顺的河岸或一般路堤边坡。护坡可分单层或双层铺砌，厚度不宜小于20cm，边坡不宜陡于1:2。选用的石料应符合质量标准。砌筑应垫层平整、嵌挤紧密、大面平顺、上下错缝。

第 4.3.4 条 浆砌片（块）石护坡，可用于主流冲刷的路堤边坡。砌石厚度宜为30～60cm。石料应符合质量标准。砌筑应垫层平整、砂浆饱满、无干靠、空洞和蚯蚓缝等现象。

第 4.3.5 条 当水流湍急且当地缺乏较大石料时，可制作框笼，内部填石滚入水中，加固堤岸石笼的制作方法和规格，各地可根据条件确定。

第四节 支 挡 工 程

第 4.4.1 条 路基的支挡工程，主要指各类挡土墙。施工前，应做好场地临时排水，土质基坑应保持干燥。墙后填料应适时分层回填压实。浆砌或混凝土墙体，待水泥混凝土强度达设计强度的70%以上时方可回填。填料宜优先选用砂砾或砂性土，严禁用有机质土、杂填土、冻土或过湿土；并应土质均匀，含水量适中。墙趾部分的基坑，应及时回填压实，并做成向外倾斜横坡。填土过程中，应防止水的浸害。回填结束后，顶部应及时封闭。

第 4.4.2 条 砌石工程的材料质量，应符合下列规定：

一、砌体用的水泥、石灰、砂、石及水等，要求质地均匀，水泥不失效，砂石洁净，石灰充分消解，水中不得含有对水泥、石灰有害的物质。

二、石料强度不得低于设计要求，不应小于30MPa，无裂缝，不易风化。河卵石无脱层、蜂窝，表面无青苔、泥土，厚度与大小相称。

三、片石最小边长及中间厚度，不小于15cm，宽度不超过厚度的二倍。块石形状大致正方，厚度不宜小于20cm，长、宽均不小于厚度，顶面与底面应平整。用于镶面时，应打去锋棱凸角，表面凹陷部分不得超过 2 cm。

四、砂浆强度不低于设计标号，拌和均匀，色泽一致，稠度适当，和易性适中。

第 4.4.3 条 混凝土挡土墙，包括各种轻型结构和加筋土挡土墙以及护墙、护肩、护脚等支挡工程，应按设计要求及有关的规定施工。

第五章 土质路基施工

第一节 一 般 规 定

第 5.1.1 条 土质路基施工中应做好排水、基底处理、边坡防护和土的压实工作。

第 5.1.2 条 机动车车行道土质路基的压实度应达到压实标准规定的压实度，以确保路基的强度和稳定性。人行道、非机动车车行道可执行支路的压实度标准。

第 5.1.3 条 挖方、不填不挖、填方高度小于80cm的原地面，如一层压实达不到规定的压实度要求，必须分层压实。挖方、不填不挖路基，其压实宽度每侧应宽出路床20cm。

第 5.1.4 条 土质路基原地面以下的墓穴、井洞、树根必须清理，并分层回填压实。

第 5.1.5 条 路基土按颗粒组成和物理性质分类见附录一。

第 5.1.6 条 路基土按施工开挖难易程度分类见附录二。

第二节 路 基 挖 土

第 5.2.1 条 路基挖土必须按设计断面自上而下开挖，不得乱挖、超挖、严禁掏洞取土。

第 5.2.2 条 弃土应及时清运，不得乱堆乱放。

第 5.2.3 条 冰冻地区处理局部翻浆时，不得乱填石块或碎砖等骨料，应将翻浆的土挖出，使用与原来土质相同、含水量适中的土或砂、砂砾、石灰土回填。

第 5.2.4 条 地下水位较高或土质湿软地段的路基的压实度达不到规定时，可采用晾晒、换土、石灰处理、设置砂垫层、砂桩等措施。

第 5.2.5 条 开挖至路基顶面时应注意预留碾压沉降高度。其数值可通过试验确定。

第三节 路 基 填 土

（Ⅰ）填土用土的要求

第 5.3.1 条 路基填土不得使用腐植土、生活垃圾土、淤泥、冻土块和盐渍土。土的可溶性盐含量不得大于5%；550°C的有机质烧失量不得大于5%，特殊情况不得大于7%。土的含水量与有机质烧失量试验方法见附录三。

第 5.3.2 条 路基填土不得含草、树根等杂物，粒径超过10cm的土块应打碎。

（Ⅱ）基底处理的要求

第 5.3.3 条 原地面横坡度不陡于1:5时，基底应清除草皮；横坡度陡于1:5时，原地面应挖成台阶。台阶宽度不应小于1m，每级台阶高度不宜大于30cm。

第 5.3.4 条 路堤基底为耕地或松土，填土高度小于1.5m时，必须清除树根、杂草。应先压实再填筑。

第 5.3.5 条 路基穿过水网和水稻田地段时，应抽干积水，清除淤泥和腐植土，压实基底后方可填筑。

（Ⅲ）填筑施工的要求

第 5.3.6 条 填土路基必须根据设计断面分层填筑压实。其分层最大厚度必须与压实机具功能相适应。

第 5.3.7 条 路堤填土宽度每侧应宽于填层设计宽度，压实宽度不得小于设计宽度，最后削坡。

第 5.3.8 条 填筑路堤宜采用水平分层填筑法施工。即按照横断面全宽分成水平层次，逐层填压密实。填筑时应先填路中，逐渐填至路边。原地面不平时，应从低处开始填筑。

第 5.3.9 条 不同种类的土必须分段分层填筑，不应混杂。用不同土填筑的层数宜少。不因潮湿及冻融而变更体积的优良土应填在上层。如用透水性较差的土填筑路基下层，其工作面宜作成2～4%的双向横坡，以利排水。填筑上层时，不应包复在透水性较好的下层填土的边坡上。

第 5.3.10 条 原地面纵坡大于12%的地段，可采用纵向分层填筑法施工，沿纵坡分层，逐层填压密实。

第 5.3.11 条 若填方分几个作业段施工，两段交接处不在同一时间填筑时，则先填地段应按1:1坡度分层留台阶；若两个地段同时填筑，则应分层相互交叠衔接。其搭接长度不得小于1m。

第 5.3.12 条 旧路基加宽须先清除旧路边坡表面松土草皮，再顺旧路边坡做成台阶。台阶高度宜为一层填土的压实厚度，其高宽比宜为1:1.5。台阶底面应稍向内倾斜。

第 5.3.13 条 土质变化较大地区，应分层取土，防止混杂；地下水位较高地区，取土坑应设集水井，随时抽干井中地下水，以降低土的含水量。

第 5.3.14 条 路基处于地下水位较高与湿软地区，应设隔离层。

透水隔离层有粒料、土工织物等；

不透水隔离层有沥青类材料和各种类型的土工膜等。

（Ⅳ）桥涵、管道沟槽回填土

第 5.3.15 条 管、涵顶面填土厚度，必须大于30cm方能上压路机。

第 5.3.16 条 桥涵、管道沟槽、检查井、雨水口周围的回填土应在对称的两侧或四周同时均匀分层回填压（夯）实。填土材料宜采用砂砾等透水性材料或石灰土。

第 5.3.17 条 桥台和路基接合部填土应分层仔细压实，层铺虚厚不得大于20cm。路床顶以下2.5m以内应采用砂砾等透水性材料或石灰土，压实度不得低于填土规定的数值。

第 5.3.18 条 若机动车车行道下的管、涵、雨水支管等结构物的埋深较浅，回填土压实度达不到规定的数值时，可按表5.3.18的要求处理。

管、涵沟槽及检查井、雨水口周围回填土的填料和压实度要求　　表 5.3.18

部	位		填　料	最低压实度（%）
胸　腔	填料距路床顶<80cm		石 灰 土	90/95
			砂、砂砾	93/95
	>80cm		素　土	90/95
管顶以上至路床顶	管顶距路床顶小于80cm	管顶 上 30 cm以内	石 灰 土	85/88
			砂、砂砾	88/90
		管 顶 30 cm 以上	石 灰 土	92/95
			砂、砂砾	95/98
检查井及雨水口周围	路床顶以下0～80cm		石 灰 土	92/95
			砂	95/98
	80cm以下		石 灰 土	90/92
			砂	93/95

注：①表中数字，最低压实度分子为重型击实标准的压实度，分母为轻型击实标准的压实度。两者均以相应的击实试验法求得的最大干密度为100%。
②管顶距路床顶小于30cm的雨水支管可采用水泥混凝土包封。
③各地可根据具体情况选用与路基压实相同的击实标准。

第四节　土质路基压实

（Ⅰ）土质路基压实标准

第 5.4.1 条　土质路基的压实标准见表5.4.1。表中给出轻、重两种击实标准的压实度，一般情况下应采用重型击实标准，特殊情况下，可采用轻型击实标准。

第 5.4.2 条　路基土的最佳含水量及最大干密度应由击实试验确定。击实试验的操作方法见附录四。

土质路基最低压实度表　　表 5.4.1

填挖类型	深度范围（cm）	最低压实度（%）快速路及主干路	次干路	支路
填　方	0～80	95/98	93/95	90/92
	80～150	93/95	90/92	87/90
	>150	87/90	87/90	87/90
挖　方	0～30	93/95	93/95	90/92

注：①表中数字，最低压实度分子为重型击实标准的压实度，分母为轻型击实标准的压实度，两者均以相应的标准击实试验法求得最大干密度为100%。
②表列深度均由路床顶算起。
③填方高度小于80cm及不填不挖路段原地面以下0～30cm范围内，土的压实度应不低于表列挖方的要求。

第 5.4.3 条　土基含水量较大，又不具备采取其它技术处理的条件时，取得设计部门的同意其压实度可比表5.4.1规定的数值适当降低，并在设计上采取补救措施。

（Ⅱ）土质路基压实方法

第 5.4.4 条　采用压路机碾压时，应遵循先轻后重，先稳后振，先低后高，先慢后快以及轮迹重叠等原则。

第 5.4.5 条　道路边缘、检查井、雨水口周围以及沟槽回填土不能使用压路机碾压的部位，应采用机夯或人力夯夯实。必须防止漏夯，并要求夯击面积重叠1/4～1/3。

第 5.4.6 条　土基压实的分层厚度，压实机具类型，以及碾压（夯击）遍数，均应依土类、湿度、设备及场地条件等情况而异，以达到规定的压实度为准。施工时可根据碾压（夯击）试验而定。

（Ⅲ）土质路基压实质量的控制与检查

第 5.4.7 条　路基修筑前应在取土地点取样进行击实试验，确定其最佳含水量和最大干密度。

第 5.4.8 条 摊铺碾压以前，应测定土的实际含水量，过湿应予以晾晒，过干应加水润湿，控制其含水量在最佳含水量±2%的范围以内。

第 5.4.9 条 在压实过程中应随时检查有无软弹、起皮、推挤、波浪及裂纹等现象，如发现上述情况，应及时采取处治措施。

第 5.4.10 条 碾压（夯击）完成以后，立即测定其含水量和湿密度，计算干密度和压实度，并按表5.4.1规定，判断是否达到压实度标准。当验收测点大于或等于20时，应满足下式要求，且任一点不得小于规定绝对值的0.05为合格。

$$\overline{X}-1.0S\geqslant\text{本规范规定值} \qquad (5.4.10)$$

式中：$\overline{X}$——测定平均值；

S——标准差。

工地现场路基土压实度试验及计算见附录五。

第五节 路基整修

（Ⅰ）路床

第 5.5.1 条 路基填挖土方接近路床标高时，应按设计要求检测路床宽度，标高和平整度，并进行整修。重要桩号的标高及坡度变换处应用仪器复核，路基压实不合格处应处理至合格。

第 5.5.2 条 根据设计要求，机动车车行道路拱横坡度应准确；非机动车车行道及人行道多为单向坡，要平整直顺，整修时应注意校正。

（Ⅱ）边坡、边沟

第 5.5.3 条 整修边坡时应挂线，削平凸出部分，凹洼部分应挖成台阶培土击实，严禁贴皮。

第 5.5.4 条 路基边缘线直线段应齐直，曲线段应圆顺。

第 5.5.5 条 整修后的边沟要求边直坡顺，沟底平整无杂物，排水通畅。

第六章 石质路基施工

第一节 一般规定

第 6.1.1 条 市区石方爆破应以小型爆破、控制爆破或静态破碎为主。郊区及有条件的市区可采用中型爆破。应制定爆破设计文件和安全技术措施，经公安部门批准后实施。

第 6.1.2 条 路基岩石按施工开挖难易程度分类见附录六。

第二节 石质路基开挖

第 6.2.1 条 石方开挖方式，通常有以下几种：

一、纵向开挖法适用于路堑拉槽、旧路降坡地段。根据不同的开挖深度和爆破条件，可采用台阶形分层爆破或全面爆破。

二、横向开挖法适用于半挖半填路基和旧路拓宽。可沿路基横断方向，从挖填交界处，向高边坡一侧开挖。

三、综合开挖法适用于深长路堑。采用纵向开挖法的同时，可在横断方向开挖一个或数个横向通道，再转向两端纵向开挖。

第 6.2.2 条 接近设计坡面部分的开挖，采用爆破施工时，应采用预裂光面爆破，以保护边坡稳定和整齐。爆破后的悬凸危石、碎裂块体，应及时清除整修。

第 6.2.3 条 沟槽、附属结构物基坑的开挖，宜采用控制爆破，以保持岩石的整体性；在风化岩层上，应作防护处理。

第 6.2.4 条 路基和基坑完工后，应按设计要求，对标高、纵横坡度和边坡进行检查，做好边坡基底的整修工作，碎裂块体应全部清除。超挖回填部分，应严格控制填料的质量，以防渗水软化。

第三节　石质路基填筑

第 6.3.1 条　填筑路段石料不足时，可在路基外部填石、内部填土，或下部填石，上部填土。土、石上下结合面应设置反滤层。

第 6.3.2 条　边坡应选用坚硬而不易风化的石料填筑。外层应叠砌，叠砌宽度不宜小于1.0m。

第 6.3.3 条　山坡填筑路堤，当地面横坡陡于1:2时，可采用石砌护肩、护脚、护墙或设置挡土墙加固边坡，其施工要求按第四章有关规定执行。

第 6.3.4 条　基底处理同土质路基，见第五章有关条文。

第 6.3.5 条　石质路堤的填筑应先做好支挡结构；叠砌边坡应与填筑交错进行。

一、石块应分层找平，不得任意抛填。每层铺填厚度宜为30～40cm，大石块间空隙应用小石块填满铺平。

二、路床顶以下1.5m的路堤必须分层填筑，并配合人工整理，将石块大面向下安放稳固，挤靠紧密，再用小石块回填缝隙。

每层铺填厚度不宜大于30cm，填石最大粒径不得大于层厚的0.7倍。

三、石质路堤的压实宜选用重型振动式压路机。路床顶的压实标准是，12～15t压路机的碾压轮迹不应大于5mm。

第 6.3.6 条　管线沟槽的胸腔和管顶上30cm范围内，用5cm以下的土夹石料回填压实，路床顶以下30cm内的沟槽顶部可采用片石铺砌，并以细料嵌缝，整平压实。

第四节　石质路基爆破

第 6.4.1 条　路基岩石爆破，应根据爆破工点周围的环境及施工机具，结合地形、地质条件，选择合理的爆破方案，制订爆破施工设计文件。爆破参数应通过现场试验，确认无误后，方能在施工中正式采用。

第 6.4.2 条　爆破施工设计应包括下列基本文件：

一、爆破工点的地质图、地形图；

二、采用爆破方法的依据和相应的炮眼布置图，爆破规模较小时，可只提出钻孔、装药和起爆的说明或规定；

三、主要爆破参数和控制装药量的设计计算书；

四、爆破安全距离计算及其安全防护措施；

五、起爆网路的说明或设计计算书；

六、设计文件批准书。

第 6.4.3 条　在市区及交通要道，应采用电力起爆和导爆管起爆。起爆炮孔装药，必须制作起爆药包，严禁将雷管直接投入炮孔装填。

第 6.4.4 条　控制爆破适用于城市道路中各种建筑物及其设备和文物古迹近距离内的岩石爆破，并可用以拆除各种砖石、混凝土结构。

第 6.4.5 条　控制爆破施工设计的基本原则如下：

一、应减少一次同时起爆的炸药量；

二、宜采用间隔装药和微差爆破；

三、爆破的飞石安全距离，仍需估算，为防止飞石带来破坏，应采用高强度填孔材料和安全防护措施；

四、计算参数必须通过试验验证并达到预期效果时，方可采用。

第 6.4.6 条　静态破碎法适用于切割或破碎混凝土和岩石，设计的一般原则如下：

一、破碎混凝土时，对被破碎体的结构和强度，应先进行分析，然后选择设计参数；

二、切割（破碎）岩石时，应对地质构造、岩石坚硬程度、层理、节理以及地下水状况进行调查了解，综合实际情况，然后选择设计参数；

三、各种不同型号的破碎剂应通过有关部门鉴定后方可使用。

第 6.4.7 条 爆破作业必须执行现行的《爆破作业统一安全规程》（GBJ201）的有关各项规定。

第 6.4.8 条 一次起爆的用药量，对结构物地基产生的振动速度及其相应的危害程度，应通过试验确定。一次起爆的用药量对结构物地基引起的振动速度严禁超出其允许值。

第七章 特殊土路基施工

第一节 一般规定

第 7.1.1 条 特殊土的种类及其定义规定如下：

一、杂填土：房渣土（建筑垃圾）、工业废渣、生活垃圾等杂物堆积而成的土。

二、盐渍土：地表下1m深的土层内易溶盐平均含量大于0.3%的土。

三、膨胀土：吸水后显著膨胀，失水后显著收缩的高液限粘质土。

四、湿陷性黄土：受水浸湿后会产生较大的沉陷的黄土。

其他未列入本规范的土类，应遵照有关规定进行施工。

第 7.1.2 条 本章着重于特殊土路基施工的特殊要求和处理方法，对于一般的施工要求，如排水、压实、加固等可按本规范的有关章节规定执行。

第二节 杂填土

第 7.2.1 条 房渣土用于填土时，不应含有腐木之类不稳定物质，其烧失量不应大于5%，最大粒径不应大于10cm。

第 7.2.2 条 道路穿越房渣土地段时，要查明堆积年代、物质成分、均匀性、密实程度、压缩性和分化程度等。需要处理时，可采取第7.2.5条规定的处理措施。

第 7.2.3 条 利用工业废渣填筑路基，应对废渣的稳定性、适用粒径和对地下水质污染影响通过试验研究，经技术鉴定后方可使用。

第 7.2.4 条 生活垃圾不得用作路基填料。若道路穿越生活垃圾堆积年数长久的地段时，经过试验分析，证实其确已充分分解而稳定时，方可不换土。

第 7.2.5 条 道路穿越杂填土地段，可选用以下几种方法处理，使其达到设计强度要求。

一、片石表面挤实法：适用于非冰冻地区，地下水位较低（地面1.0m以下），含软土较少和厚度不大的房渣土。可用20～30cm长的片石，尖端向下，密排夯入土中（从疏到密），以提高表层土的密实程度，减少土基的变形。

二、重锤夯实法：适用于处理地下水位在0.8m以上的稍湿的各种粘性土、砂土、湿陷性黄土和房渣土，以及工作面受限制及结构物接头处的填土。含水多的软弱土层不宜采用。大块钢渣因难以击碎，也不宜采用。

三、振动压实法：适用于处理地下水位离振实面不小于0.6m，含少量粘性土的房渣土、工业废渣。

第 7.2.6 条 新填房渣土、炉渣及有级配的稳定冶炼渣应用机械碾压数遍后，再用重型压路机碾压至要求的压实度。

第三节 盐 渍 土

第 7.3.1 条 盐渍土的分类见附录七。盐渍土用作路基填料时，土中易溶盐容许含量：总含盐量不得大于 5 %，其中氯盐含量不得大于 5 %；硫酸盐含量不得大于 2 %；碳酸盐含量不得大于0.5%。施工时应注意含盐量的均匀性。

第 7.3.2 条 内陆干旱地区如当地无其他适宜的填料时，应根据当地的气候、水文、地质等情况，通过试验决定采用的技术措施。用石膏土作填料时，石膏含量不予限制，但应严格控制压实度。

第 7.3.3 条 盐渍土路基宜采用路堤形式，路床顶面至地下水位最小高度见附录八。若达不到表中规定时，应设置隔离层，防止含盐的毛细水上升。

第 7.3.4 条 盐渍土路基应从基底处理开始连续施工，一次做到设计标高。在采用隔离层的地段，至少要做到隔离层的顶部，避免路基再度盐渍化。

第 7.3.5 条 盐渍土路基的地下排水管与地面排水沟渠，必须采取防渗措施。

第 7.3.6 条 为截断路基下部的含盐毛细水而设置的隔离层，宜设在路床顶以下80cm深度处。若有盐胀的问题存在，隔离层应设在产生盐胀的深度以下。透水性隔离层及其上下的反滤层的含泥量不得超过 5 %。其总厚度可采用0.3～0.5m。

第 7.3.7 条 路基全宽内应采用同样的压实标准，人行道应铺设面层，并应注意车行道、人行道与绿化带的结合部分，防止地面水浸入路基，必要时，可用不透水性材料封闭。

第 7.3.8 条 盐渍土原土基为软弱土体，含水量超过液限，厚度在 1 m以内必须全部清除，换填砂、砂砾、炉渣等透水性材料。

第 7.3.9 条 软弱土基已清除至地下水位以下时，应换填透水性材料。其高度至少超过地下水位以上30cm，方可填土。

第 7.3.10 条 缺乏透水性材料的地区，可在路基下部设置不透水性隔离层，以阻止毛细水上升。

第 7.3.11 条 路基应分层铺填，每层填土厚度，粘性土不得大于20cm，砂性土不得大于30cm。

第 7.3.12 条 路基的压实宜采用重型压实标准，碾压时应严格控制含水量，使土的含水量接近最佳含水量。

第 7.3.13 条 在地下水位高的地区，粘性盐渍土宜在夏季施工，砂性盐渍土宜在春季和夏初施工，强盐渍土地区，应在表层含盐量较低的春季施工。

第四节 膨 胀 土

第 7.4.1 条 膨胀土地区的路基应避免在雨季施工，土方工程及防护加固工程应连续施工，避免边坡长期暴露。

第 7.4.2 条 挖方路段应先做好路堑堑顶排水工程，施工期内不得沿坡面排水。

第 7.4.3 条 膨胀土地区的路基可采取换填好土，设置隔离层以及改良土质等措施。

第 7.4.4 条 换填普通土时，可按路基土的施工要求进行压实，挖出的土不应堆积在路基两侧，以免积水。

第 7.4.5 条 良好排水条件下的路基可用原土填筑，施工中应符合下列规定：

一、洒水均匀，大于2.5cm的土块应小于40%。

二、宜采用平衡含水量（在一定的土基部位，土的含水量呈稳定不变状态）的土作为填筑用土。

三、人行道（路肩）应加固，以防止地面水浸入和冲刷，路肩横坡不得小于4%。

第 7.4.6 条 人行道或路肩的加固应采用良好级配的碎石土铺筑，经压实后形成密实结构层，其厚度宜为15～30cm。

采用砂砾料铺筑时，应掺入少量水泥予以加固。

第 7.4.7 条 填方路段边坡的加固，可按以下方法施工：

一、采用碎石土加固边坡，厚度应大于15cm。

二、用非膨胀土将路堤包裹一层，厚度可为30cm。

三、路肩宽度不应小于2 m。

第 7.4.8 条 土工膜封闭法适用于膨胀性大而又缺乏非膨胀土的路堤。封闭形式有三种：

一、路基底部封闭，以防止毛细水上升而影响路基稳定。

二、路基全封闭，以保持路基土含水量不变。

三、路基顶面封闭，以防降水渗入路基。

第 7.4.9 条 膨胀土路基可采用水泥、石灰处治方法增加其稳定性。

一、石灰处治适用于塑性指数大于7的土，石灰用量不宜低于8%。

二、水泥处治的水泥用量宜为4～8%。

三、石灰—水泥处治适用于塑性指数大于30的土。拌和分两步，石灰与土拌合均匀后，再加水泥拌匀。

第 7.4.10 条 膨胀土压实宜采用重型压路机在最佳含水量条件下碾压，要求压实度达到轻型击实标准的100%。

第五节 湿陷性黄土

第 7.5.1 条 湿陷性黄土路基应重视排水。无论在路基施工期间或道路竣工后，都应防止地面水浸入路基。

第 7.5.2 条 黄土路基基底处理，应按土的湿陷类型和设计要求进行施工。对墓穴、坑井等路基隐患，应作彻底处理。

第 7.5.3 条 湿陷性黄土路基的地下排水管道与地面排水沟渠，必须采取防渗措施。

第 7.5.4 条 排水沟渠的纵坡大于3%时，沟渠与出水口均应加固，以防冲刷。

第 7.5.5 条 湿陷性黄土的路基基底，若无不良地质或地下水影响，设计无特殊要求时，只按一般土施工技术要求，可不作特殊处理。自重湿陷性黄土的路基基底处理方法有：重机碾压、浸水湿陷、重锤夯实、石灰桩挤密加固、换填土等。

第 7.5.6 条 黄土用作路基填料时，其压实要求与一般粘性土相同。为保证填土质量，填筑用土要求使用充分扰动的土，大于10cm的土块必须打碎，并应注意掌握黄土的压实含水量。

第 7.5.7 条 车行道、人行道路床的碾压宽度两侧应各超出设计宽度30cm。路缘石背后填土应夯实，以防地面水浸入。

第 7.5.8 条 黄土路堤的边坡应整平拍实，并应予以防护，防止地面水冲刷。

第八章　湿软土基的处理与雨季、冬期施工

第一节　湿软土基的处理

第 8.1.1 条　土基受地下水或地面水的影响，呈潮湿或过湿状态难以压实时，必须进行处理。

第 8.1.2 条　潮湿或过湿状态的湿软土基或翻浆路段，除应加强路基排水措施外，还应根据地区特点和条件，按第8.1.3条～第8.1.7条选用一种或几种方法综合处理。

第 8.1.3 条　原地翻晒宜用于干燥少雨日照较充分的季节。采用机械或人工挖出湿软土翻晒，待土的湿度接近最佳含水量时，再整平压实。

第 8.1.4 条　换填土宜用于附近有优质土或含水量适宜的多余土地段。可以全部换填或部分换填。换填厚度宜为40～80cm；严重地段可适当增加深度。

第 8.1.5 条　结合料处理宜用于春融期、多雨季节、地下水位高、工期紧迫地段。结合料有消石灰、生石灰粉或水泥，用量视软土层含水量大小或由试验确定，不宜少于４％。处理深度应按软土层厚度确定，不宜小于30cm。

路基软弹面积较大，厚度较深时，可按石灰土底基层的要求处理。灰土中亦可掺入适量的炉渣、矿渣，粉煤灰等工业废渣，其配比可由试验确定。

第 8.1.6 条　地下水位或地表水位高的地段，可铺设排水隔离层。

第 8.1.7 条　道路穿越大面积泥沼地区，并只修低、中级路面时，可采用填石或冲砂挤淤方法处理。修筑高级路面时，应全部挖除淤泥，或由设计提出处理措施。

一、填石或冲砂挤淤：适用于常年积水的洼地，泥沼及厚度小于４m，表层无硬壳，呈流动状态的软土地段。填石宜采用不易风化的大石块，尺寸不宜小于30cm。石块抛投顺序应从路堤中部开始，渐次向两侧扩展，石块露头30cm时可用重型压路机碾压。填石稳定后方可填土。

二、当软土或泥沼底面有较大横坡时，填石应从高的一侧向低的一侧适当增加投石量。

三、使用砂、砂砾时，可用水冲洗将淤泥侧向排出。

第二节　雨季施工

第 8.2.1 条　凡进入雨季施工的路基工程，应根据工程特点合理安排机具和劳力，组织快速施工。

第 8.2.2 条　雨季期间安排施工计划，应集中人力，分段突击。本着完成一段再开一段的原则，当日进度当日完成，做到随挖、随填、随压。

第 8.2.3 条　凡属路基填土施工，应按2～4％以上的横坡整平压实，以防积水。对当日不能填筑的土，应大堆存放，以防雨水浸泡。

第 8.2.4 条　开挖路堑，应开挖纵向或横向排水沟，使雨水及时排出。

第 8.2.5 条　低于附近地面的施工地段，应在路基外设排水设施及时排出积水。

第 8.2.6 条　取土坑或集中取土地段，应按原地面排水系统，做好临时排水设施，避免取土范围内积水。

第三节　冬期施工

第 8.3.1 条　昼夜平均气温连续10天以上低于－3℃时为冬期。

路基冬期施工，应制定冬期施工技术措施。

第 8.3.2 条 开挖冻土，可采用机械或人工刨除表面冻层，挖到设计标高立即碾压成型。如当日达不到设计标高，下班前应将操作面刨松或覆盖，防止冻结。

第 8.3.3 条 每日开工时，应先开挖向阳处，气温回升后再开挖背阴处。开挖遇水应做临时排水沟及时排水。

第 8.3.4 条 开挖冻土应根据冻土深度、机械设备情况，可采用人工破碎或冲击机械、正铲挖掘机等。冻土层较厚时可用爆破法破碎。

第 8.3.5 条 室外平均气温高于－5℃时，填土高度不受限制；低于－5℃时，则不得超过下列数值。

温度范围（℃）	填土高度(m)
(－5)～(－10)	4.5
(－11)～(－15)	3.5
(－16)～(－20)	2.5

第 8.3.6 条 用砂、砂砾、石块填筑路基时，填土高度不受气温条件限制。

第 8.3.7 条 填土前应先清除地面积雪、冰块，并根据工程需要及设计要求，决定是否刨出冻层，再水平分层填土压实。

第 8.3.8 条 填土后立即铺筑高级路面或次高级路面的路基，严禁用冻土填筑。填筑冻土的路段，当年不得铺筑高级路面或次高级路面，铺筑前应检验填土密实度，符合第5.4.1条规定后才能铺筑。

第 8.3.9 条 路床顶以下1m范围内，不得用冻土填筑。

填筑路基的冻土含量不得超过30%。冻土块粒径不得大于5cm。冻土必须与好土掺匀，严禁集中使用。

第 8.3.10 条 季节性冰冻地区春融期施工的冻土，除按上述有关规定外，应根据地区特点，做好冻融土的开挖、风干及碾压工作，并注意防止受到雨水浸泡，加强路基排水。

第九章 路基工程质量验收标准

第一节 一般规定

第 9.1.1 条 本验收标准适用于路基主体工程与护坡、护面墙、挡土墙等附属结构物。在正式交验之前，必须先经外观检查合格，方能检验。发现不符合标准规定时，应及时处理，经重验合格并办好验收手续后，方可进行下道工序。

第 9.1.2 条 交验工程必须具备施工单位的自检、互检、专检手续，完整的施工交接记录，标高、坡度复核记录及其他各种测试记录等。

第 9.1.3 条 路基工程如作为独立项目验收时必须具备完整的竣工详图，路基压实度测试记录表，换土位置图（特别是湿软土，膨胀土，杂填土等土类）。施工中临时处理隐蔽工程的典型结构图或典型断面图，必须标明其深度、数量，以及所换入土质或材料的名称，以备抽查。

第 9.1.4 条 如发现受检资料不符合要求，必须补全改正，否则不予验收。

第二节 土质路基

第 9.2.1 条 填土经压实后，不得有松散、软弹、翻浆及表面不平整现象。

第 9.2.2 条 凡有影响路基质量及设计要求换土的路段，必须选点抽查，挖坑检验。坑深至0.8m，如发现不合格，必须重新处理。

第 9.2.3 条 各类沟槽的回填土不得含污泥、腐植土及其他有害物质。

第 9.2.4 条 土质路基的压实度必须满足第5.4.1条规定。检验频率：每摊铺层每$1000m^2$为一组，每组至少为三点，必要时可根据需要加密。检验方法可用环刀法或灌砂法。

第三节 石质路基

第 9.3.1 条 边坡必须稳定，严禁有松石、危石。

第 9.3.2 条 填石要严格遵守本规范第六章有关规定，经重型压路机或振动压路机分层碾压，表面不得有波浪、松动等现象。

第 9.3.3 条 石质路基允许偏差见表9.3.3。

石质路基允许偏差 表 9.3.3

序号	项目		允许偏差（mm）	检验频率 范围（m）	检验频率 点数	检验方法
1	路中线标高※		+50 -200	20	3	用水准仪沿横断面测量左、中、右各一点
2	路基宽	路堑挖深≤3 m	+100 -0	20	2	用尺量(沿横断面由路中心向两边各量1点)
		路堑挖深＞3 m	+200 -50	20	2	
		填方	不小于设计规定			
3	边坡		不陡于设计规定	20	2	用坡度尺量每侧量1点

注：在项目栏列有※者的合格率必须达到100%，以下同。

第四节 路 床

第 9.4.1 条 土、石路床必须用12～15t压路机碾压检验，其轮迹不得大于5mm。

第 9.4.2 条 石质路床必须嵌缝紧密，不得有坑槽和松石。

第 9.4.3 条 土质路床不得有翻浆、软弹、起皮、波浪、积水等现象。压实度不得小于表5.4.1的规定。每$1000m^2$至少测3点。

第 9.4.4 条 路床允许偏差应符合表9.4.4的规定。

路床允许偏差 表 9.4.4

序号	项目	允许偏差 石路床（mm）	允许偏差 土路床（mm）	检验频率 范围（m）	检验频率 点数			检验方法
1	路中线标高※	±20	±20	20	1			用水准仪测量
2	平整度	30	20	20	路宽（m）	＜9	1	3 m直尺法，量取最大间隙值
						9～15	2	
						＞15	3	
3	宽度	+100 0	+200 0	40	1			用尺量
4	横坡	+0.5%	±20且不大于±0.3%	20	路宽（m）	＜9	2	用水准仪测量
						9～15	4	
						＞15	6	

第五节 边坡和边沟

第 9.5.1 条 土质边坡必须平整、坚实、稳定，严禁贴坡。

第 9.5.2 条 边沟上口线应整齐直顺，沟底平整，排水畅通。

第 9.5.3 条 边沟、边坡允许偏差应符合表9.5.3的规定。

第六节 附属结构物

第 9.6.1 条 砌体的砂浆必须配比准确，填筑饱满密实。

边沟、边坡允许偏差　　表 9.5.3

序号	项目	允许偏差（mm）	检验频率 范围（m）	检验频率 点数	检验方法
1	边坡坡度	不陡于设计规定	20	2	用坡度尺量每侧边坡各1点
2	沟底标高	+0 −30	20	2	用水准仪测量每侧边沟各1点
3	沟底宽	±10	20	2	用尺量每侧边沟各1点

第 9.6.2 条　灰缝整齐均匀，缝宽符合要求，勾缝不得空鼓、脱落。

第 9.6.3 条　应分层砌筑，层间咬合紧密，必须错缝。

第 9.6.4 条　沉降缝必须直顺，上下贯通。

第 9.6.5 条　预埋构件、泄水孔、反滤层、防水设施等必须符合设计要求。

第 9.6.6 条　干砌石块不得松动、叠砌和浮塞。

第 9.6.7 条　护坡、护脚、护面墙、挡土墙允许偏差应符合表9.6.7的规定。

护坡、护脚、护面墙、挡土墙允许偏差表　　表 9.6.7

序号	项目		允许偏差（mm） 浆砌料石、砖、砌块、挡土墙	浆砌片（块）石 挡土墙	浆砌片（块）石 护底护坡	干砌片（块）石 护底护坡	检验频率 范围（m）	检验频率 点数	检验方法
1	※砂浆强度等级		平均值不低于设计强度等级						见注
2	断面尺寸		+10 0	不小于设计规定	不小于设计规定	不小于设计规定	20	2	用尺量宽度上下各1点
3	顶面高程		±10	±15			20	2	用水准仪测量
4	轴线位移		10	15			20	2	用经纬仪测量，纵横向各一点
5	墙面垂直度		0.5%H 且≤20	0.5%H 且≤30			20	2	用垂线检验
6	平整度※	料石	20	30			20	2	用2m直尺靠量
		砖砌块	10	30					
7	水平缝平直度		10				20	2	拉20m小线检验
8	墙面坡度		不陡于设计规定				20	1	用坡度尺检验
9	基底高程	土方	±30	±30			20	2	用水准仪测量
		石方	±100	±100					

注：①表中H为构筑物高度，单位：mm；

②浆砌卵石的规格可参照浆砌块石的规定；

③各个构筑物或每50m³砌体制作一组（6块）砂浆试块，配合比变更时，也应制作试块；

④砂浆强度：砂浆试块的平均强度不低于设计规定，任意一组试块的强度最低值不低于设计规定的85%；

⑤表中项目栏列有※者的合格率必须达到100%。

附录一　土的统一分类法与原路基土分类法对应关系

土的统一分类法与原路基土分类法对应关系表　　附表1.1

统一分类法 符号		统一分类法 土名		原路基土分类法 土组	土名	颗粒组成(%) 砂粒(0.074～2mm)		粘粒(<0.002mm)	塑性指数 I_p (I_p)	液限 W_l (W_L)
G(包括G、G-F、GF)GS(G-S)		砾(包括不含、微含或含细粒土的砾)砂质砾(微含砂质砾)		(Ⅰ)砾石质土	1.××土质砾石(>2mm)颗粒含量>50%					
S(包括S, S-F, SF)SG(S-G)等		砂(包括不含、微含或含细粒土的砂)砾质砂(微含砾质砂)等			2.砾石质××土(>2mm)颗粒含量占10～50%					
S	S	砂	粗砂土(0.5～2mm)颗粒含量>50%	(Ⅱ)砂土	3.粗砂土(>0.5mm)颗粒含量>50%	>80	>95			
			中砂土(0.25～0.5mm)颗粒含量>50%		4.中砂土(>0.25mm)颗粒含量>50%		80～95	0～3	<1 (<1)	<16 (<16)
	S-F	微含细粒土的砂	细砂土(0.075～0.25mm)颗粒含量≥50%		5.细砂土(>0.1mm)颗粒含量>75%					
					6.极细砂土(>0.1mm)颗粒含量<75%					

续表

统一分类法 符号	统一分类法 土名		原路基土分类法 土组	土名	颗粒组成(%) 砂粒(0.074~2mm)	颗粒组成(%) 粘粒(<0.002mm)	塑性指数 $\overline{I}_p(I_p)$	液限 $W_y(W_L)$
SFL	含低液限细粒土的砂		(Ⅲ)砂性土	7.粉质砂土	50~80	0~3	<7(<10)	<27(<30)
SFL	含低液限细粒土的砂		(Ⅲ)砂性土	8.粗亚砂土	>50，粗砂多于细砂	3~10	1~7(1~10)	16~27(16~30)
SFL	含低液限细粒土的砂		(Ⅲ)砂性土	9.细亚砂土	>50，细砂多于粗砂	3~10	1~7(1~10)	16~27(16~30)
FL	低液限细粒土		(Ⅳ)粉性土	10.粉质亚砂土	20~50	0~10	<7(<10)	<27(<30)
FL	低液限细粒土		(Ⅳ)粉性土	11.粉　土	<20	0~10	<7(<10)	<27(<30)
FL CI	中液限细粒土	中液限粘质土	(Ⅳ)粉性土	12.粉质轻亚粘土	<45	10~20	7~12(10~18)	27~33(30~40)
FL MI	中液限细粒土	中液限粉质土	(Ⅳ)粉性土	13.粉质重亚粘土	<40	20~30	12~17(18~27)	33~40(40~50)
FI CI	中液限细粒土	中液限粘质土	(Ⅴ)粘性土	14.轻亚粘土	>45　45~50	10~20	7~12(10~18)	27~33(30~40)
FI MI	中液限细粒土	中液限粉质土	(Ⅴ)粘性土	14.轻亚粘土	>45　40~45	10~20	7~12(10~18)	27~33(30~40)

续表

统一分类法				原路基土分类法						
符号		土名		土组	土名	颗粒组成(%)			塑性指数	液限
						砂粒(0.074~2mm)		粘粒(<0.002mm)	$\bar{I}_p(I_p)$	$W_v(W_L)$
SFI	SCI	含中液限细粒土的砂	含中液限粘质土的砂		15.重亚粘土	>40	>50	20~30	12~17(18~27)	33~40(40~50)
	SMI		含中液限粉质土的砂							
FH	CH	高液限细粒土	高液限粘质土	(V)粘性土	16.轻粘土		<50			
	MH		高液限粉质土							
SFH	SCH	含高液限细粒土的砂	含高液限粘质土的砂			<70		30~50	17~27(27~43)	40~54(50~70)
	SMH		含高液限粉质土的砂				50~70			
FV	CV	很高液限细粒土	很高液限粘质土	(VI)重粘土	17.重粘土		<45	>50	>27(>43)	>54(>70)
	MV		很高液限粉质土							

注：①表中W_L，I_p分别为用液塑限联合测定仪测得的液限及相应的塑性指数。
②W_v为以76g锥沉入深度10mm测得的液限。
③$\bar{I}_p$为用搓条法测定塑限后，并利用W_v求得的塑性指数。

附录二 路基土按施工开挖难易程度分类

路基土按施工开挖难易程度分类表　　附表 2.1

分级	分类	土质名称	开挖方法
Ⅰ	松土	砂类土、种植土、中密的砂性土及粘性土、松散的粘性土、含有直径30mm以下的树根或灌木根的泥炭土	用脚蹬锹，一下到底
Ⅱ	普通土	水分较大的粘土、密实的砂性土及粘性土、半干硬的黄土、含有直径30mm以上的树根及灌木根的泥炭土石质土(不包括碎石土及漂石土)	部分须用镐刨松，再用锹挖或连蹬数次方能挖动
Ⅲ	硬土	硬粘土、密实的硬黄土、含土较多的碎石土及漂石土、风化成块的岩石	必须全部用镐刨松后才能用锹挖

附录三 土的含水量及烧失量测定

一、适用范围

本法适用于测定土的含水量及烧失量。

二、方法概述

1.用土试样在105±5°C时烘干测定含水量。以占干土试样的质量百分比表示。

2.土的烧失量是把测过含水量的干土样在550°C的高温炉中灼烧后，测定其质量损失量，并以占干土样质量百分比表示。

三、仪器设备

1.烘箱——能控制恒温在105±5°C。

2.高温炉——能控制恒温在550°C。

3.容器——耐热的盛土样容器。可为有盖的瓷蒸发皿或其他高硅容器，容积适当，亦可采用耐高温的铝盒。

4.天平——感量至少为0.01g，称量应与样品加容器总量相适应。

5.干燥器——供冷却试样用。

6.盛样盒、胶布、匙等。

四、试样准备

细粒土应先粉碎到小于5mm的团粒，用四分法减少试样到所需数量，并迅速放在有盖的容器中以防水分损失。

五、含水量测定

1.操作步骤

先称经焙烧（或烘干）过的容器量（连盖）；然后迅速称入土样（连盖称）。粘性及粉性土称样15～20g，砂土称样20～30g。打开盖子在105°C烘干至恒量。从烘箱中取出盛土样容器，在干燥器中冷却后，称至恒量。称量精度至少为0.01g。

2.计算

用下式计算土的含水量

$$含水量(\%)=\frac{湿土样质量(g)-干土样质量(g)}{干土样质量(g)}\times 100\% \qquad (附3\text{-}1)$$

六、烧失量测定

1.操作步骤

将已测过含水量（或在105°C烘干冷却）的干土样连去盖的蒸发皿放在高温炉中，逐渐加温至550°C，保持到完全灰化为止。盖上盖子，在干燥器中冷却后，称至恒量。称量精度至少为0.01g。

2.计算

用下式计算土的烧失量

$$烧失量(550°C,\%)=\frac{烘干土样质量(g)-550°C烧灼后土样质量(g)}{烘干土样质量}\times 100\% \qquad (附3\text{-}2)$$

七、报告

1.试验结果应为二次平行测定的平均值。

2.试验结果精确到0.1%。

注：测定石质土时，样品数量应根据实际需要增加，并按比例修正称量精度。

附录四 土的击实试验

一、适用范围

适用于测定各种细粒土、含砾土等的含水量与干密度的关系，从而确定土的最佳含水量与相应的最大干密度

二、方法概述

击实试验分轻型、重型击实试验方法。采用哪种方法，应根据本规范的规定或工程、科学试验的实际需要选定。土样不重复使用。

击实试验方法种类和试料用量　　附表 4.1

试验方法	类别	锤底直径(cm)	锤重(kg)	落高(cm)	试筒尺寸 内径(cm)	试筒尺寸 高(cm)	试筒尺寸 容积(cm³)	层数	每层锤击次数	试料用量(kg)
轻型（Ⅰ法）	Ⅰ.1	5	2.5	30	10	12.7	997	3	27	3.0
	Ⅰ.2	5	2.5	30	15.2	12.0	2177	3	59	6.5
重型（Ⅱ法）	Ⅱ.1	5	4.5	45	10	12.7	997	5	27	3.0
	Ⅱ.2	5	4.5	45	15.2	12.0	2177	5	59	6.5

三、本试验既适用于粒径小于5 mm的土料，也适用于含5 mm以上颗粒的含砾土。当粒径大于5 mm的土重小于总土重的30%时，用小试筒击实，大于30%时，用大试筒击实。

四、仪器设备

1.标准击实仪（附图4.1）；

2.烘干箱及干燥器；

3.天平：感量0.01g；

4.台秤：称量10kg，感量5g；

5.圆孔筛：孔径5 mm；

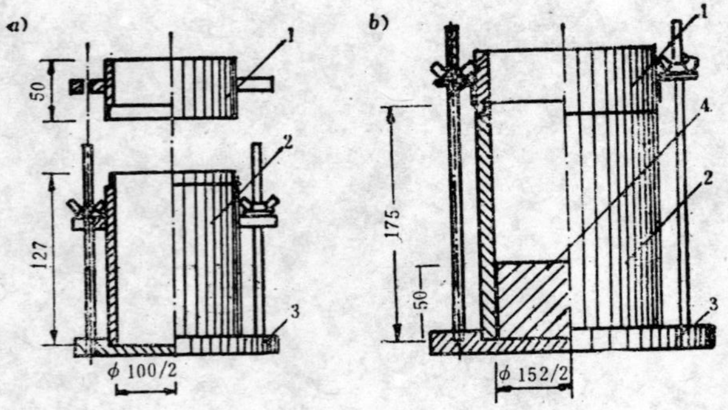

(一)击实筒
a)小击实筒(直径10cm)；b)大击实筒(直径15.2cm)
1—套筒；2—击实筒；3—底板；4—垫块
(单位：mm)

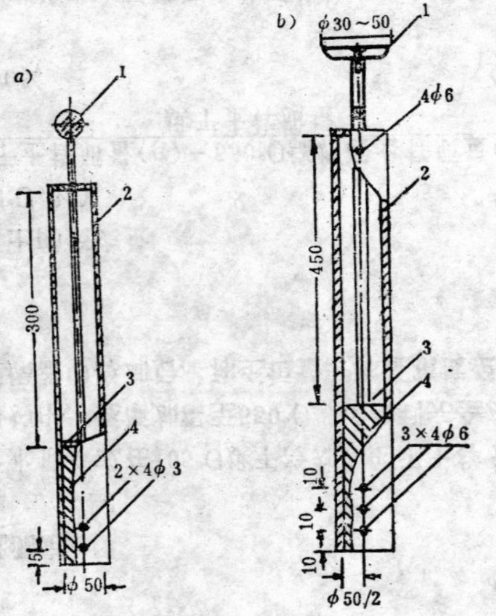

(二)击锤和导杆
a)2.5kg击锤(落高30cm)；b)4.5kg击锤(落高45cm)
1—提手；2—导筒；3—硬橡皮垫；4—击锤
(单位：mm)

附图 4.1 标准击实仪

6.拌和工具：400×600mm、深70mm的金属盘，土铲；

7.其他：喷水设备、碾土器、盛土器、量筒、推土器、铝盒、修土刀、平直尺等。

五、操作步骤

1.将具有代表性的风干（或在低于50°C温度下烘干）土样，放在橡皮板上，用圆木棍碾散，或用碾土机碾散，然后过5mm筛。对于小试筒按四分法取筛下的土为$N\times3$kg；对于大试筒不必过5mm筛，用手将大于40mm的碎（砾）石拣除即可，同样按四分法取样约$N\times6$kg。（N为预估测点数，至少为4个）。

2.按初步估计的最佳含水量低3～4%左右，洒水拌匀风干土。土样应放在不吸水的盘上，盖上润湿布或塑料布，闷料一段时间，最好能过夜。

3.根据工程要求，选择附表4.1中规定的轻型或重型试验方法，并视大于5mm颗粒的百分率大小，选用小试筒或大试筒进行击实试验。

4.将击实筒放在坚硬的地面上，取制备好的土样分3或5次倒入筒内。小筒按三层法时，每次约800～900g（其量应使击实后的试样等于或略高于筒高的三分之一）；按五层法时，每次约400～500g（其量应使击实后的试样等于或略高于筒高的五分之一）。对于大试筒，先将垫块放入筒内底板上，按五层法时，每层需试样约900g（细粒土）～1100g（中粒土）；按三层法时，每层需试样1700g左右。整平表面，并稍加压紧，然后按规定的击数进行第一层土的击实，击实时击锤应自由垂直落下，锤迹必须均匀分布于试样面。第一层击实完后，将试样层面“拉毛”，然后再装上套筒，重复上述方法进行其余各层土的击实。小试筒击实后试样稍高出筒但不大于5mm，大试筒击实后试样稍高出筒但不大于10～40mm。

5.用修土刀沿套筒内壁削刮，使试样与套筒脱离后，扭动并取下套筒，齐筒顶细心削平试样，拆除底板，擦净筒外壁，称量准确至1g。

6.用推土器推出筒内试样，从试样中心处取样测其含水量，计算至0.1%。测定含水量用试样的数量按下表规定取出有代表性的土样。

7.另取准备好的土样，按第2条方法进行洒水、拌和，每次约增加1.5～2%的含水量。拌匀后按上述步骤进行其他含水量试样的击实试验，直至试件湿质量密度不再增加为止。

测定含水量用试样的数量 附表 4.2

最大粒径(mm)	试样质量(g)	个数
<5	15～20	2
约5	约50	1
约20	约250	1
约40	约500	1

六、计算及报告

1.按下式计算各次击实后的干质量密度：

$$\rho_d=\frac{\rho_0}{1+0.01\omega} \quad （附4.1）$$

式中 ρ_d——干质量密度，g/cm³；

ρ_0——湿质量密度，g/cm³；

ω——含水量，%。

2.以干质量密度为纵座标，含水量为横座标，绘制干质量密度与含水量的关系曲线（附图4.2），曲线上峰值点的纵、横座标分别为最大干质量密度和最佳含水量。如曲线不能绘出明显的峰值点，应进行补点或重做。

3.若需要，可按下式计算空气体积等于零的等值线，并将这根线绘在含水量与干质量密度的关系图上，以资比较（附图4.2）。

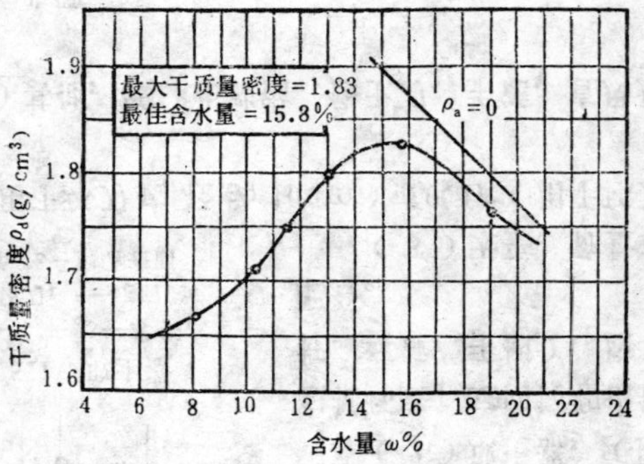

附图 4.2 含水量与干质量密度的关系曲线

$$\rho_d=\frac{1-0.01V}{\frac{1}{\rho_s}+\frac{\omega}{100}} \quad （附4.2）$$

式中 ρ_d——试样的干质量密度，g/cm³；

V——空气体积，%；

ρ_s——土粒的质量密度，对于中颗粒土和细颗粒土，则为土中粗细颗粒的混合质量密度，g/cm³；

ω——试样的含水量，%。

4.试验结果，含水量精确到0.1%，质量密度取两位小数（g/cm³）。

5.报告应注明采用何种击实法。

七、说明

1.击实筒一般放在水泥混凝土地面上试验，如没有这种地面，也可以放在坚硬平稳较厚的石头上作试验。

2.对于细粒土可参照其塑限估计最佳含水量。一般较塑限约小3～6%，对于砂性土接近3%，对于粘性土约为6%。天然砂砾土，级配集料的最佳含水量与集料中的细土含量和塑性指数有关，一般变化在5～12%之间，对于细土偏少，塑性指数为0的级配碎石，其最佳含水量接近5%。对于细土偏多，塑性指数较大的砂砾土，其最佳含水量约在10%左右。

3.当试料中大于5mm颗料的含量为5～30%并用小试筒试验时，按下面经验公式分别对试验所得的最大干质量密度和最佳含水量进行校正（大于5mm颗粒的含量小于5%时，可以不进行校正）。

最大干质量密度按下式校正：

$$\rho'_{d\,max}=\rho_{d\,max}(1-0.01P)+0.9\times0.01P\rho'_{s}\quad（附4.3）$$

式中 $\rho'_{d\,max}$——校正后的最大质量干密度，g/cm^3；

$\rho_{d\,max}$——用粒径小于5mm的土样试验所得的最大干质量密度，g/cm^3；

P——试料中粒径大于5mm颗粒的百分数，%；

ρ'_{s}——粒径大于5mm颗粒的毛体积重力密度，计算至$0.01g/cm^3$。

最佳含水量按下式校正：

$$\omega'_{opt}=\omega_{opt}(1-0.01P)+0.01P\omega_{s}$$

式中 ω'_{opt}——校正后的最佳含水量，%；

ω_{opt}——用粒径小于5mm的土样试验所得的最佳含水量，%；

P——试料中粒径大于5mm颗粒的百分数，%；

ω_{s}——粒径大于5mm颗粒的吸水量，%。

附录五 路基土压实度试验

一、适用范围

适用于工地现场测定土的干质量密度、含水量，从而计算压实度。

二、方法概述

干质量密度及含水量试验对一般粘性土采用环刀法。对环刀不易切入仍呈整体性的土样可采用蜡封法，对砂质土及粗粒的石质土，采用灌砂法。

三、环刀法测定干质量密度及含水量

1.仪器设备

本试验需用下列仪器设备：

（1）环刀：内侧体积为200 cm^3的钢质环刀，其一端有刃口，以利贯入。

（2）取土器：（附图5.1）包括环盖、定向筒和击锤系统（导杆、落锤、手柄），应与环刀尺寸配合。

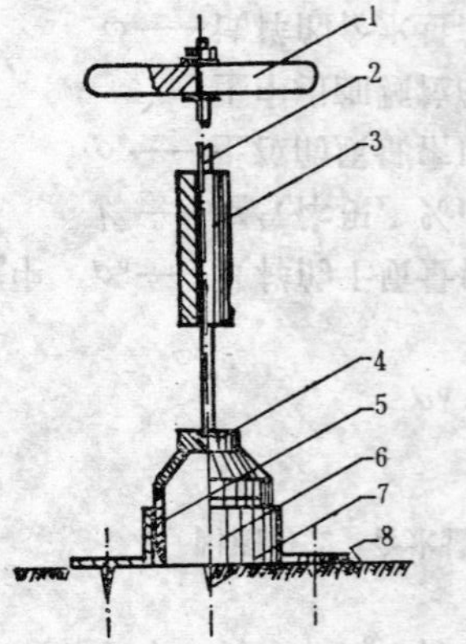

附图 5.1 取土器

1—手柄；2—导杆；3—落锤；4—环刀盖；5—环刀；6—定向筒；7—齿钉；8—试验表面

（3）天平：称量1000g，感量1.0g（用于环刀内径为10cm）或0.1g（用于环刀内径小于8cm）；

（4）其他：镐、小铁锹、修土刀、手锤、直尺及测定含水量设备等。

2.操作步骤

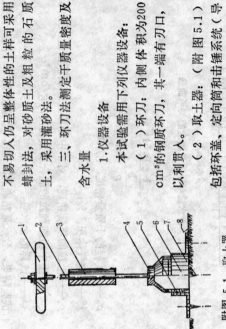

（1）在试验地点将面积约30×30cm²的一块地面铲平。如检查填土压实密度时，应将表面未压实土层清除干净，并将压实土层铲去一部分（其深度视需要而定），使环刀打下后，能达到规定的取土深度。

（2）利用齿钉将定向筒固定于铲平的地面上，顺次将环刀、环盖放入定向筒内。

（3）用落锤将环刀打入土中，至环盖顶面与定向筒上口齐平为止。若用落锤打入仍有困难时，宜另换地方再行锤击。

（4）去掉击锤（或手锤）和定向筒，用镐将环刀及试样挖出。

（5）轻轻取下环盖，用修土刀削去环刀两端余土，并将其修平。

（6）擦净环刀外壁，在天平放砝码一端放土与环刀等量的砝码，直接称出湿土质量，准确至1.0g。

（7）自环刀中取出具有代表性的试样测定含水量。

3.计算及报告

以下式计算含水量及干密度

$$含水量(\%)=\frac{土样湿质量(g)-土样干质量(g)}{土样干质量(g)}\times 100\% \tag{附5.1}$$

$$干密度=\frac{土样干质量(g)}{土样体积(cm^3)} \tag{附5.2}$$

四、蜡封法测定干质量密度及含水量

1.仪器设备

（1）天平：感量0.01g；

（2）烧杯、细线、石蜡、针、削土刀等。

2.操作步骤

（1）用削土刀切取体积大于20cm³的试件，削除试件表面的松、浮土以及尖锐棱角，在天平上称量，准确至0.01g。

（2）将削剩余试件土样进行含水量测定。

（3）将石蜡加热至刚过熔点，用细线系住试件浸入石蜡中，使试件表面覆盖一薄层严密的石蜡，若试件蜡膜上有气泡，需用热针刺破气泡再用石蜡填充针孔，涂平孔口。

（4）待冷却后将蜡封试件在天平上称量，准确至0.01g。

（5）用细线将蜡封试件置于天平一端，使其浸浮在盛有蒸馏水的烧杯中，注意试件不要触烧杯壁，称蜡封试件的水中质量，准确至0.01g；并测量纯水的温度。

（6）将蜡封试件从水中取出，擦干石蜡表面水分，在空气中称量。

3.计算及报告

（1）按下式计算湿质量密度及干质量密度

$$\rho_0=\frac{m_0}{\dfrac{m_w-m'}{\rho_{wt}}-\dfrac{m_w-m_0}{\rho_w}} \tag{附5.3}$$

$$\rho_d=\frac{\rho_0}{1+\omega} \tag{附5.4}$$

式中 m_0——试件质量，g；

m_w——蜡封试件质量，g；

m'——蜡封试件水中质量，g；

ρ_{wt}——纯水在T℃时的密度，g/cm^3，准确至0.001 g/cm^3；

ρ_w——石蜡密度，g/cm^3，可采用0.92g/cm^3；

ω——含水量，%；

ρ_0——土的湿质量密度，g/cm^3；

ρ_d——土的干质量密度，g/cm^3。

（2）同一试件进行平行试验，取其算术平均值，取两位小数，其平行误差不得超过0.03g/cm^3。

五、灌砂法测定干质量密度和含水量

1.仪器设备

本试验需要下列仪器设备：

（1）灌砂法密度试验仪（附图5.2）：包括漏斗、漏斗架、防风筒和套环（附三个固定器）。

（2）台秤：称量10kg，感量5g；称量50kg，感量10g。

（3）量砂：粒径0.25～0.5mm干燥清洁的均匀砂10～40kg。

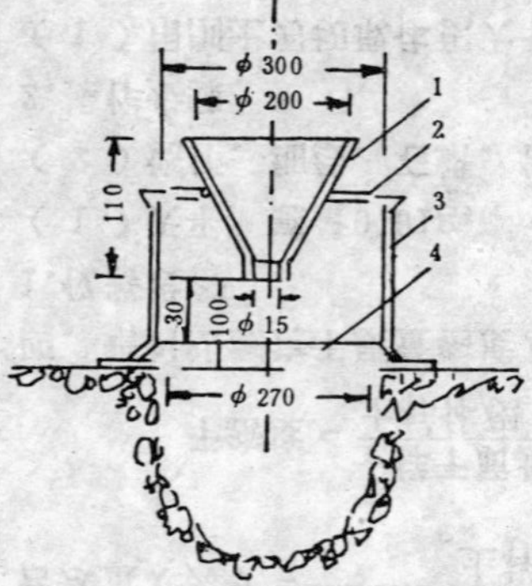

附图 5.2　灌砂法密度试验仪

1—漏斗；2—漏斗架；3—防风筒；4—套环(单位：mm)

（4）其他：量砂容器（有盖），小铁铲，直尺等。

2.操作步骤

A.土面不易刮平时

（1）在试验地点，铲平面积约$40\times40cm^2$的一块地面。如检查填土压实密度时，应将压实土层铲去一部分，其深度视需要而定，使试坑底能达到规定的取土深度。

（2）称盛量砂的容器加原有量砂质量。将仪器放在铲平的地面上，用固定器将套环位置固定。将量砂经漏斗填入套环，待环填满后，拿掉漏斗、漏斗架及防风筒(无风时可不用防风筒)，一手将半圆形铁铲套在套环外面，一手用直尺刮平套环上砂面，使砂面与套环边缘齐平。将刮下的量砂接入半圆形的铁铲内倒回量砂容器，不得丢失。称量砂容器加第一次剩余砂量。

（3）将套环内的量砂取出，称量后倒回量砂容器内，环内量砂允许有少部分仍留在环内。

（4）在环内挖试坑，其尺寸大致如附表5.1。

挖坑时应特别小心，将已松动的试样全部取出。挖出的试样全部收入盛试样的容器加试样称量（其中包括套环内残留的少量量砂）。并取具有代表性的试样，测定其含水量。

（5）在套环上重新装上防风筒、漏斗架及漏斗。将量砂经漏斗填入试坑内。填砂时当漏斗砂面降至与漏斗上缘齐平时，即补充一铁铲量砂（约$300cm^3$），以控制量砂下落速度大致相等。

试坑尺寸　　附表 5.1

试样最大粒径 (mm)	试坑尺寸 直径（mm）	试坑尺寸 深度（mm）
5	150	200
40	200	250
80	250	300

仅当套环快填满时，最后漏斗中量砂全部放空。

（6）套环被量砂填满后取掉漏斗、漏斗架及防风筒，一手将半圆形铁铲套在套环外面，一手用直尺刮平套环上的砂面，使砂面与套环边缘齐平。刮下的量砂，用半圆形铁铲接取后，全部倒回量砂容器内。称量砂容器加第二次剩余量砂重。

（7）取出试坑内量砂，以备下次试验时应用。若量砂已被浸湿或混有杂质时，应重新充分风干过筛后，再行使用。

（8）土中若有很大孔隙，量砂可能进入其孔隙时，可按天然地面或试坑外形，松弛地放入一层柔软纱布，再向套环或试坑中填入量砂。

（9）本试验称量精度：称量小于10kg时为5g；大于10kg时为10g。

（10）按下式计算湿质量密度及干质量密度（计算至$0.01g/cm^3$）：

$$\rho_0=\frac{(m_4-m_6)-[(m_1-m_2)-m_3]}{\frac{m_2+m_3-m_5}{\rho_n}-\frac{m_1-m_2}{\rho_s}}\qquad(附5.5)$$

$$\rho_d=\frac{\rho_0}{1+\omega}\qquad(附5.6)$$

式中　ρ_0——湿质量密度g/cm^3；

ρ_d——干质量密度，g/cm^3；

m_1——量砂容器加原有量砂质量，g；

m_2——量砂容器加第一次剩余量砂质量，g；

m_3——从套环中取出的量砂质量，g；

m_4——试样容器加试样质量，g；

m_5——量砂容器加第二次剩余量砂质量，g；

m_6——试样容器质量，g；

ω——含水量，%；

ρ_n——往试坑内填砂时量砂的平均质量密度，g/cm³；

ρ_s——挖试坑前，往套环内填砂时量砂的平均质量密度，g/cm³。

B.地面易刮平时

允许不用套环，按照下述步骤进行操作：

（1）准备试验地点，但地面必须仔细刮平，然后按步骤2.*A*.(4)挖试坑，称盛试样容器加试样质量，并取具有代表性试样，测定含水量。

（2）称盛量砂容器加原有量砂，在试坑上放置防风筒和漏斗，按步骤2.*A*.(5)向试坑中填注量砂。

（3）试坑填满量砂后，取掉漏斗及防风筒，用直尺刮平量砂表面，使与原地面齐平。将多余的量砂倒回量砂容器，称量砂容器，不足时可以补充，称量砂容器加剩余砂量。

（4）试坑内量砂按步骤2.*A*.(7)及2.*A*.(8)处理。

（5）按下式计算湿质量密度及干质量密度（计算至0.01g/cm³）。

$$\rho_0=\frac{m_4-m_6}{\dfrac{m_1-m_7}{\rho_n}} \qquad （附5.7）$$

$$\rho_d=\frac{\rho_0}{1+\omega} \qquad （附5.8）$$

式中　m_7——量砂容器加剩余量砂质量，g；

其余符号同前。

3.本试验须进行二次平行测定，取其算术平均值。

六、压实度计算

1.压实度（K）计算公式

$$K=\frac{\rho_d}{\rho_{d\max}}\times 100\% \qquad （附5.9）$$

式中　ρ_d——干质量密度，g/cm³；

$\rho_{d\max}$——最大干质量密度，g/cm³。

2.计算结果精确到0.1%。

附录六　岩石按开挖难易程度分类

岩石按开挖难易程度分类表　　附表 6.1

分类	岩石名称	钻1m所需时间(min)			爆破1m³所需炮眼深度(m)		开挖方法
		1	2	双人打眼(工日)	路堑	隧道导坑	
软石	多种松软岩石，胶结不紧的砾岩，泥质页岩，砂岩，较坚硬的泥灰岩，块石土及漂石土，软而节理较多的石灰岩		<7	<0.2	<0.2	<2.0	部分用撬棍或十字镐及大锤开挖，部分用爆破法开挖
次坚石	硅质页岩，钙质砂岩，白云岩、石灰岩，坚实的泥灰岩，软玄武岩，片麻岩，正长岩，花岗岩	≤15	7~20	0.2~1.0	0.2~0.4	2~3.5	用爆破法开挖
坚石	硬玄武岩，坚实的石灰岩，大理岩，石英岩，闪长岩，细粒花岗岩，正长岩	>15	>20	>1	>0.4	>3.5	用爆破法开挖

注：1——湿式凿岩一字合金钻头净钻分钟；
　　2——湿式钻岩普通淬火钻头净钻分钟。

附录七　盐渍土的分类

盐渍土的分类如下：

(一)盐渍土按含盐性质分类表　　附表 7.1

盐渍土名称	$Cl^-/SO_4^=$	$(CO_3^= + HCO_3^-)/(Cl^- + SO_4^=)$
氯盐盐渍土	>2	—
亚氯盐盐渍土	2~1	—
亚硫酸盐盐渍土	1~0.3	—
硫酸盐盐渍土	<0.3	—
碳酸盐盐渍土	—	>0.3

注：离子的含量以100g干土内的g/1000当量计。

(二)盐渍土按含盐量分类表　　附表 7.2

盐渍土名称	土层的平均含盐量(以质量的百分数计)	
	氯盐盐渍土与亚氯盐盐渍土	硫酸盐盐渍土与亚硫酸盐盐渍土
弱盐渍土	0.5~1	0.3~0.5
中盐渍土	1~5	0.5~2.0
强盐渍土	5~8	2~5
过盐渍土	>8	>5

附录八　盐渍土路基高出长期地下水位最小高度

盐渍土路基高出长期地下水位最小高度表　　附表 8.1

路基土名称	最小高度（m）	
	弱盐渍土和中盐渍土	强盐渍土
中砂、细砂	1.0～1.2	1.1～1.3
砂性土	1.3～1.7	1.4～1.8
粘性土	1.8～2.3	2.0～2.5
粉性土	2.1～2.6	2.3～2.8

附录九　本规范用词说明

一、为便于在执行本标准条文时区别对待，对于要求严格程度不同的用词说明如下：

1.表示很严格，非这样作不可的：

正面词采用“必须”；

反面词采用“严禁：。

2.表示严格，在正常情况下均应这样作的：

正面词采用“应”；

反面词采用“不应”或“不得”。

3.表示允许稍有选择，在条件许可时，首先应这样作的：

正面词采用“宜”或“可”；

反面词采用“不宜”。

二、条文中指明必须按其他有关标准执行的写法为，“应按……执行”或“应符合……的要求（或规定）”。非必须按所指定的标准执行的写法为，“可参照……的要求（或规定）”。

附加说明

本规范主编单位、参加单位和主要起草人名单

主编单位：西安市市政工程设计研究所

参加单位：东南大学、天津市政工程局、天津市政一公司、广州市政工程公司、北京市市政工程研究所、北京市政四公司、重庆市隧道工程公司、重庆市城建局、上海市政工程研究所、哈尔滨市政设计研究所、沈阳市政工程设计研究所

主要起草人：黄浙、周宪华

中华人民共和国行业标准

路面稀浆封层施工规程

CJJ 66—95

主编单位：中国建筑技术研究院
批准部门：中华人民共和国建设部
施行日期：1996年5月1日

关于发布行业标准《路面稀浆封层施工规程》的通知

建标〔1995〕596号

各省、自治区、直辖市建委（建设厅），计划单列市建委，国务院有关部门：

根据建设部建标〔1993〕699号文的要求，由中国建筑技术研究院主编的《路面稀浆封层施工规程》，业经审查，现批准为行业标准，编号CJJ 66—95，自1996年5月1日起施行。

本标准由建设部城镇道路桥梁标准技术归口单位北京市市政设计研究院负责归口管理，具体解释等工作由主编单位负责。建设部标准定额研究所组织该标准出版。

中华人民共和国建设部
1995年10月16日

目次

1 总则

1.0.1 为统一路面稀浆封层施工方法，保证稀浆封层施工质量，制定本规程。

1.0.2 本规程适用于新建、改建和养护的城镇道路及广场、机场、桥面、隧道路面等的沥青、水泥及砂石面层的稀浆封层工程。

1.0.3 本规程所指稀浆封层的粘结料为乳化沥青，采用常温施工，施工时应保证各种材料配合比正确，成型期间，应加强初期养护。

1.0.4 稀浆封层施工除应符合本规程外，尚应符合国家现行有关标准、规范的规定。

2 术 语

2.0.1 稀浆封层 slurry seal

在常温条件下，将乳化沥青、级配良好的矿料、填料、水和添加剂等按一定的配合比拌和成稀浆混合料，及时均匀地摊铺在路面上，养护后形成的薄层。

2.0.2 原路面 original road surface

稀浆封层下的原有路面的总称，包括旧有路面、新建路面的面层和基层等。

2.0.3 矿料 aggregate

碎石、轧制砾石、石屑、砂等的总称。

2.0.4 填料 filler

水泥、熟石灰、粉煤灰及矿粉等的总称。

2.0.5 砂当量 sand equivalent

细矿料中絮凝的泥土体积与矿料体积的比。

2.0.6 稀浆混合料 slurry mixture

乳化沥青、矿料、填料、水和添加剂等按一定配合比拌和成的混合物。

2.0.7 细封层（Ⅰ型） type Ⅰ slurry seal

级配矿料最大标称粒径为2.36mm，经养护成型后最大厚度为3.2mm，干矿料摊铺量为3.2～5.4kg/m² 的稀浆封层。

2.0.8 中封层（Ⅱ型） type Ⅱ slurry seal

级配矿料最大标称粒径为4.75mm，经养护成型后最大厚度为6.4～8.0mm，干矿料摊铺量为5.4～8.1kg/m² 的稀浆封层。

2.0.9 粗封层（Ⅲ型） type Ⅲ slurry seal

级配矿料最大标称粒径为9.5mm，经养护成型后最大厚度为9.5～11.0mm，干矿料摊铺量为8.1～13.6kg/m² 的稀浆封层。

2.0.10 慢凝慢开放交通型稀浆封层（SS/ST 型） slow set－slow traffic slurry seal

稀浆混合料30min时的粘结力小于120N·cm，60min时的粘结力小于200N·cm，开放交通时间为大于4h的稀浆封层。

2.0.11 快凝慢开放交通型稀浆封层（QS/ST 型） quick set－slow traffic slurry seal

稀浆混合料30min时的粘结力大于120N·cm，60min时的粘结力小于200N·cm，开放交通时间为1～4h的稀浆封层。

2.0.12 快凝快开放交通型稀浆封层（QS/QT 型） quick set－quick traffic slurry seal

稀浆混合料30min时的粘结力大于120N·cm，60min时的粘结力大于200N·cm，开放交通时间小于60min的稀浆封层。

2.0.13 可拌和时间（T_m） mixing time

按一定配合比进行室内拌和试验，从掺入乳化沥青开始搅拌至手感有力，明显感到搅拌困难时的时间。

2.0.14 初凝时间（T_s） set time

稀浆混合料从掺入乳化沥青开始拌和至混合料粘结力达到120N·cm时的时间，通过粘结力试验测定。

2.0.15 开放交通时间（T_t） traffic time

稀浆混合料从掺入乳化沥青开始拌和至混合料粘结力达到200N·cm时的时间，通过粘结力试验测定。

2.0.16 稠度值（CV） consistency value

表示稀浆混合料和易性与含水量的指标，通过稠度试验测定。

2.0.17 磨耗量（WTAT） abrasion loss

用湿轮磨耗仪，模拟车轮在稀浆封层上行驶，通过测定一定力和一定作用次数后标准试件磨耗前后单位磨耗面积的质量差，用以确定稀浆混合料的最小沥青用量。

2.0.18 粘附砂量（LWT） sand adhesion

用负荷轮仪，模拟车轮在稀浆封层上行驶，通过测定一定力和一定作用次数后，标准试件单位负荷面积撒砂前后的质量差，用以确定稀浆混合料的最大沥青用量。

2.0.19 粘结力（CT） cohesion torque

用粘结力仪，模拟车辆行驶时产生的水平力对稀浆封层的影响，其施力手柄上试验后扭力表所指示的数值，用以确定稀浆封层的初凝和开放交通的时间。

2.0.20 固化成型 solidification

稀浆混合料摊铺后，粘结力随时间逐渐增大，当粘结力达到足以承担车辆行驶的负荷时，称稀浆混合料已固化成型。

2.0.21 养生 cure

稀浆混合料摊铺后，粘结力从 0 发展到 200N・cm 的过程。

3 材料的选择和技术要求

3.1 乳化沥青

3.1.1 乳化沥青应符合国家现行标准《乳化沥青路面施工及验收规程》的有关规定。

3.1.2 宜选用阳离子慢裂型乳化沥青。

3.1.3 乳化沥青的标准粘度 C_{25}^{3} 宜为 12～40s，恩氏粘度 E_{25} 宜为 3～15。

3.1.4 乳化沥青中的沥青含量不应小于 55%。

3.2 矿料

3.2.1 矿料应采用碎石、轧制砾石、石屑、砂等。矿料的质量应符合现行国家标准《沥青路面施工及验收规范》的有关规定。

3.2.2 矿料混合料在添加填料之前，其砂当量不得小于 45。

3.2.3 矿料的级配应符合表 3.2.3 的规定。

矿料的级配 表 3.2.3

筛孔（mm）		质量通过百分率（%）		
方孔筛	圆孔筛	细封层	中封层	粗封层
9.5	10	100	100	100
4.75	5	100	90～100	70～90
2.36	2.5	90～100	65～90	45～70
1.18	1.2	65～90	45～70	28～50
0.6		40～60	30～50	19～34
0.3		25～42	18～30	12～25
0.15		15～30	10～21	7～18
0.075		10～20	5～15	5～15

3.3 填　　料

3.3.1　水泥、熟石灰、硫酸铵、粉煤灰均不得含泥土杂质，并应干燥、疏松，没有聚团和结块，且小于 0.075mm 的颗粒含量不应小于 80%。矿粉的质量应符合现行国家标准《沥青路面施工及验收规范》的有关规定。

3.3.2　在选择水泥、熟石灰和硫酸铵等具有化学活性的填料时，应便于稀浆混合料的拌和、摊铺和成型，保证封层的整体强度。

3.4　水

3.4.1　稀浆封层用水可采用饮用水。

3.5　添 加 剂

3.5.1　添加剂可采用液体或固体的材料，并应与矿料等拌和均匀。

3.5.2　采用添加剂不得损失沥青和混合料的整体强度。

4　稀浆混合料的配合比设计

4.1　一 般 规 定

4.1.1　稀浆封层的种类按矿料最大标称粒径的不同，可分为细封层（Ⅰ型）、中封层（Ⅱ型）和粗封层（Ⅲ型）。

稀浆封层按初凝和开放交通时间的不同，还可分为：慢凝慢开放交通型（SS/ST 型）、快凝慢开放交通型（QS/ST 型）和快凝快开放交通型（QS/QT 型）。

4.1.2　细封层，宜用于填封裂缝、填充空隙和轻交通量道路的表面封层；

中封层，宜用于预防性的养护，以修补沥青面层的松散、开裂和老化，改善中等交通量道路和重交通量道路的抗滑能力，并可用于沥青路面或水泥混凝土路面的磨耗层或者稳定类基层的封层；

粗封层，宜用于多层式封层的底层，并可用于面层，提高重交通量道路抗滑能力。

4.1.3　细封层、中封层和粗封层，可进行单层铺筑和组合多层铺筑。

4.1.4　不同封层固化成型后最大厚度和材料用量可按表 4.1.4 选用。

最大厚度和材料用量　　**表 4.1.4**

项　　目	细封层	中封层	粗封层
固化成型后封层最大厚度（mm）	3.2	6.4～8	9.5～11
干矿料用量（kg/m²）	3.2～5.4	5.4～8.1	8.1～13.6
沥青用量（干矿料质量百分比）（%）	10～16	7.5～13.5	6.5～12

续表

项　　目	
填料用量（干矿料质量百分比）(%)	0～3
总含水量（干矿料质量百分比）(%)	12～20
加水量（干矿料质量百分比）(%)	6～11

4.1.5 稀浆混合料的室内试验技术指标应符合表 4.1.5 的规定。

稀浆混合料技术指标　　表 4.1.5

项　目	单位	类　别	指标
可拌和时间 T_m	s	高性能稀浆封层摊铺机	＞60
		人工拌和或普通稀浆封层摊铺机	＞120
稠度值 CV	cm	机械拌和摊铺	2～3
		人工拌和摊铺	3～5
磨耗量 WTAT	g/m²		＜800
粘附砂量 LWT	g/m²		＜600
粘结力 CT	N·cm	初凝	120
		开放交通	200

注：高性能稀浆封层摊铺机是指具有自动计量并带双轴搅拌器和双向布料器的稀浆封层摊铺机。

4.2 配合比设计程序和要求

4.2.1 矿料配合比设计程度应按下列步骤和要求进行：

（1）根据选择的封层类型，确定矿料的级配曲线；

（2）选择符合规定质量要求的各种矿料；

（3）对各种矿料分别进行筛分试验；

（4）测定各种矿料的相对密度；

（5）根据各种矿料颗粒组成，确定符合级配曲线要求的各种矿料的配合比例。

4.2.2 混合料的稠度及加水量的确定应按下列步骤和要求进行：

（1）选取级配合格的矿料并测定其含水量；

（2）按一定比例称取级配矿料、乳化沥青、填料、水和添加剂，进行拌和，其稠度试验应符合本规程附录 A.1 的规定；

（3）当混合料的稠度值符合本规程表 4.1.5 的要求时，其稠度和加水量应为适宜。

4.2.3 混合料的破乳时间的确定应按下列步骤和要求进行：

（1）按符合稠度要求的混合料配比备料；

（2）进行混合料拌和；

（3）按本规程附录 A.2 试验方法进行破乳时间测定，测定的破乳时间不得小于 15min，并不得大于 12h；

（4）破乳时间可通过添加水泥、熟石灰和硫酸铵等具有化学活性的填料或其它化学试剂进行调整。

4.2.4 混合料的初凝时间和开放交通时间的确定应按下列步骤和要求进行：

（1）按符合稠度和破乳时间要求的混合料配合比备料，进行拌和；

（2）按本规程附录 A.3 试验方法进行粘结力测定；

（3）当粘结力达到 120N·cm 的时间应确定为混合料的初凝时间；

(4)当粘结力达到 200N·cm 的时间，应确定为混合料的开放交通时间。

4.2.5 最佳沥青含量的确定应按下列步骤和要求进行：

（1）当选取稠度、破乳时间、初凝时间和开放交通时间均符合要求的混合料配合比时，应取不同的沥青含量进行拌和；

（2）按本规程附录 A.4 试验方法进行湿轮磨耗试验，根据试验结果绘出沥青用量与磨耗量关系曲线，并根据表 4.1.5 中的磨耗量的要求，确定沥青用量最小值；

（3）按本规程附录 A.5 试验方法进行负荷轮试验，根据试验结果绘出沥青用量与粘附砂量关系曲线，并根据表 4.1.5 中的粘附砂量的要求，确定沥青用量最大值；

（4）根据（2）、（3）款的最小值和最大值，确定沥青用量范围，并以最大值为准，以三个百分点的范围定为容许范围；

(5) 可按图 4.2.5 所示的图解法确定沥青用量范围、容许范围和容许范围中值。

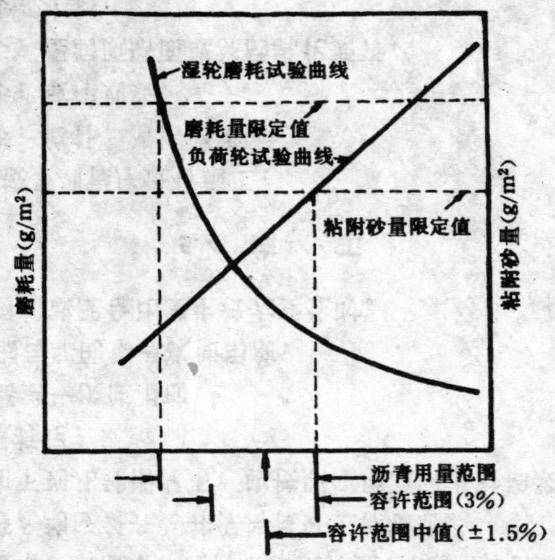

图 4.2.5 图解法确定最佳沥青用量

5 施工及技术要求

5.1 一 般 规 定

5.1.1 稀浆混合料应通过配合比设计，符合技术要求后方可施工。

5.1.2 稀浆封层严禁作为路面补强层使用。

5.1.3 稀浆封层可采用机械施工和人工施工。对于高等级路面，应采用机械施工。

5.1.4 当采用人工施工时，应选用慢凝慢开放交通型稀浆封层。

5.1.5 稀浆封层施工时，其施工、养生期内的气温应大于7℃；并不得在雨天施工。

5.2 对原路面的技术要求

5.2.1 稀浆封层施工前，应对原路面进行质量检查。原路面应符合强度、刚度和整体稳定性的要求，并表面平整、密实、清洁。

5.3 施 工 准 备

5.3.1 原路面的修补、清洁、洒水和喷洒乳化沥青应符合下列要求：

(1) 当原路面不符合质量要求时，应对原路面进行修补，拥包应铲平，坑槽应填补，保持路面完整；

(2) 清扫或清除原路面上的所有杂物、尘土及松散粒料，对大块油污，应采用去污剂清除干净；

(3) 原路面为沥青路面时，稀浆混合料摊铺前，应对原路面预先洒水，洒水量以路面湿润为准，不得有积水现象，湿润后应立即施工；

(4) 原路面为非沥青路面或严重少油的沥青路面时，稀浆混合料摊铺前，宜预先浇洒乳化沥青。浇洒的乳化沥青应采用与将使用的稀浆乳液同离子型的乳化沥青，其沥青用量为 0.15～0.30kg/m^2。稀浆混合料摊铺前，浇洒的乳化沥青应完全破乳，破乳后应立即施工。

5.3.2 材料的检查应符合下列要求：

(1) 施工用的乳化沥青、矿料、水、填料等应进行质量检查，符合要求后方可采用；

(2) 取矿料堆中间部分的矿料，进行含水量现场测定；

(3) 所有材料应根据工程量一次备齐，并分批备料和堆放，且每批料不得混杂堆放。

5.3.3 施工机具应符合下列要求

(1) 各种施工机械和辅助工具，如稀浆封层摊铺机、装载机、乳化沥青罐车、水槽车、运料车以及拌盘、铁铲、刮耙、计量秤、盛料容器等，均应备齐，并保持良好工作状态。

(2) 在下列几种情况下，应按照使用说明书对稀浆封层摊铺机进行计量标定：

a. 机器第一次使用前；

b. 机器每年的第一次使用前；

c. 原材料或配合比发生较大变化时。

5.4 施　　工

5.4.1 应按下列程序进行施工：

第一步：修补、清洁原路面；

第二步：放样划线；

第三步：湿润原路面或浇洒乳化沥青；

第四步：上料；

第五步：拌和、摊铺稀浆混合料；

第六步：初期养护；

第七步：开放交通。

5.4.2 机械拌和摊铺稀浆混合料应按下列程序和要求进行施工：

(1) 根据封层路幅全宽，调整摊铺箱宽度，使摊铺次数为整数。按此宽度，划出走向控制线；

(2) 将符合要求的各种材料分别装入摊铺机内，矿料的湿度应均匀一致；

(3) 将装好料的摊铺机开至施工起点，对准走向控制线，并调整摊铺箱，使摊铺箱周边与原路面贴紧；

(4) 开动发动机，使摊铺机上各部位进入正常工作状态；

(5) 按现场矿料含水量测定的结果，调整室内设计配合比，依次按调整后的配合比输出矿料、填料、水、添加剂和乳化沥青，进行拌和；

(6) 拌好的稀浆混合料流入摊铺箱，当混合料体积达到摊铺箱容积的 2/3 左右时，开动摊铺机以 1.5～3.0km/h 的速度前进。摊铺时应保持稀浆摊铺量与搅拌量的基本一致，保持摊铺箱中稀浆混合料的体积为摊铺箱容积的 1/2 左右；

(7) 稀浆混合料摊铺后，应立即使用橡胶耙进行人工找平。找平的重点是：横、纵向接缝，过厚、过薄或不平处，对超大粒径矿料产生的纵向刮痕，应尽快清除并填平路面；

(8) 当摊铺机内任何一种材料用完时，应立即关闭所有材料输送的控制开关，让搅拌筒中的混合料搅拌完，并送入摊铺箱摊铺完后，摊铺机停止前进。提起摊铺箱，将摊铺机移出摊铺现场，查对剩余量并立即清洁搅拌筒和摊铺箱；

(9) 接缝处理：对于纵向接缝，如铺好的混合料出现部分凝固状态时，应对其预湿后进行下一车程的施工。对于横向接缝，宜从上一车程封层终端，倒回 3～5m 的距离开始下一车程的施工。纵、横接缝都应进行人工找平。

5.4.3 人工拌和摊铺稀浆混合料应按下列程序和要求进行施工：

(1) 每盘拌量以 100kg 矿料为宜；

(2) 施工前应作小样的试拌试铺，在满足厚度要求的前提下，确定每公斤矿料铺筑的面积，并折算出每盘混合料的铺筑面积；

（3）放样划线。根据每盘混合料的铺筑面积，将施工路段划分为若干个方块，要求方块面积与每盘混合料的铺筑面积一致，方块之间的纵横连接线应顺直；

（4）拌制工序是：先将矿料和填料置于拌盘或路面上拌匀，加水或添加剂水溶液再拌匀，再加乳化沥青，迅速拌和，拌至无花白料为止。所有材料均应按设计试验要求准确称量；

（5）稀浆拌匀后应立即摊铺，并刮平；

（6）施工完毕，所有工具必须立即用清水冲洗干净。

5.4.4 初期养护应符合下列要求：

（1）严禁一切车辆和行人通行；

（2）对漏铺的部位，应及时用同种稀浆混合料修补；

（3）稀浆封层不用压实机械碾压，通车后交通车辆自然压实即可。特殊情况，可采用轮重4.5t以下胶轮压路机压实，压实应在混合料初凝后进行；

（4）混合料粘结力达到200N·cm时，初期养护结束。

5.5 施工质量控制

5.5.1 施工前必须提供材料的试验报告，在确认符合要求后，方可使用。

5.5.2 施工前必须提供混合料的试验报告，在确认材料没有发生变化和符合要求后，方可施工。当乳化沥青的蒸发残留物含量和矿料含水量发生变化时，应调整配合比使之符合要求，并按调整后的配合比施工。

5.5.3 施工中应对稀浆混合料性能进行抽样检测，并符合表5.5.3的要求。

5.5.4 稀浆封层施工外观质量应符合下列要求：

（1）表面平整，密实，无松散，无轮迹；

（2）纵、横缝衔接平顺，外观色泽均匀一致；

（3）与其它构造物衔接平顺，无污染；

（4）摊铺范围以外无流出的稀浆混合料；

（5）表面粗糙，无光滑现象。

稀浆混合料性能检测要求　　表5.5.3

序号	项　目	要求或允许误差	检验频率		检验方法
			范　围	点数	
1	矿料裹覆性	>2/3	每车料或1000m²	1	目　测
2	稠度值	机械施工2～3cm 人工施工3～5cm	一天施工段	2	稠度试验
3	油石比	±0.5%	一天施工段	1	抽提法
4	矿料级配	规定范围	一天施工段	1	抽提法

附录A　稀浆混合料试验方法

A.1　稠度试验

A.1.1　本试验适用于检验稀浆施工时的和易性，用以确定混合料中的含水量。

A.1.2　试验设备应符合下列规定：

（1）圆台形试模（金属或塑料制），上部内径38mm，下部内径89mm，高76mm，内部光滑，无凸凹（图A.1.2-1）。

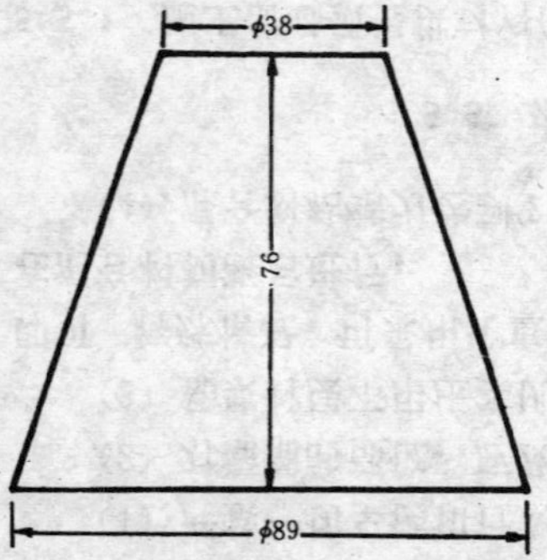

图A.1.2-1　圆台形试模

（2）500mL量筒一支。

（3）容量为1000mL的金属球底拌和容器一只。

（4）秒表一只。

（5）天平一台，称量1000g，感量1g。

（6）刮刀一把。

（7）228mm×228mm×3mm（长×宽×厚）金属薄板一块。正中刻有7个同心圆圈，直径分别为89mm、109mm、129mm、149mm、169mm、189mm、209mm（图A.1.2-2）。

（8）50mm×50mm×3mm（长×宽×厚）金属薄板一块。

A.1.3　试验步骤应符合下列规定：

（1）根据当地经验，按本规程第4.1.4条的规定，选择配合比。并应称取400g符合要求的干矿料，将矿料与填料先倒入拌和容器中，用拌匙拌匀。

（2）加水或添加剂水溶液适量，将其均匀拌湿。

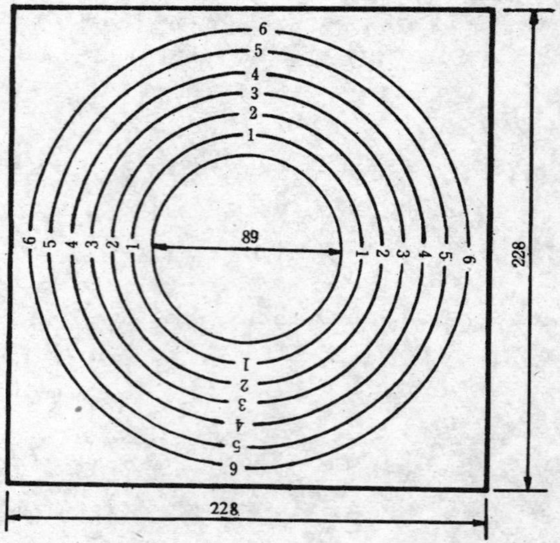

图A.1.2-2　稠度刻度板

（3）加乳化沥青，迅速拌和，拌和时间30s。

（4）将拌和好的稀浆混合料迅速倒入预湿过的圆台试模中，并将表面刮平。圆台试模小端在下，用50mm×50mm×3mm金属板垫在下面。

（5）用228mm×228mm×3mm的金属板盖在试模大端，注意板上内圆圈与模子对齐，然后迅速翻转试模。

（6）迅速、平稳、竖直地提起圆台试模，观察稀浆坍落情况。

（7）稀浆的稠度值以其向外坍落的程度表示。观察金属板上的圆圈，选取4个点（两相垂直的直径），则可读出稀浆的稠度值。

A.1.4　试验记录格式应符合表A.1.4的规定。

稠度试验记录　　表A.1.4

序号	矿料（g）	填料（g）	水（g）	添加剂（g）	乳化沥青（g）	CV（cm）
1						
2						

A.2 破乳时间测定试验

A.2.1 本试验适用于测定稀浆乳液的可拌和时间和破乳时间。

A.2.2 试验设备应符合下列规定：

（1）容积为300～500mL的硬质纸杯或塑料杯数只，拌匙一把。

（2）152mm×152mm方形油毡若干块。

（3）吸水白纸巾若干。

（4）刮刀一把。

（5）6mm（高）×60mm（内径）或10mm（高）×60mm（内径）圆形试模一只。

（6）4.75mm（用于6×60模）或8mm（用于10×60模）筛一只。

（7）天平一台，称量500g，感量0.1g。

（8）量筒一支，容量500mL。

（9）秒表一只。

A.2.3 试验步骤应符合下列规定：

（1）按稠度试验确定的配合比称取矿料、水、填料、乳化沥青和添加剂。通常以干矿料100g为准。

（2）将矿料、填料倒入杯中，拌匀，再将水或添加剂水溶液倒入杯中，拌匀，然后倒入乳化沥青，并开始记时。

（3）在乳化沥青倒入后的5s内，用力快速拌和；5s后，用拌匙沿杯壁整齐均匀地拌，一般每分钟拌60～70转。

（4）当手感有力时，表明已经开始破乳，此时的时间为可拌和时间。当混合料在120s后尚未变化时，则进行下面的实验。

（5）取试模一只（细封层、中封层选6mm高的试模，粗封层选10mm高的试模），并润湿，用油毡垫在下面，将稀浆混合料倒入试模中，并用刮刀将表面刮平。

（6）将试件连同试模一同置于温度25±1℃，相对湿度50±5%的环境中，时间为15min。

（7）将吸水纸湿润，然后轻轻地压在稀浆表面上，如果在湿润的纸上见不到褐色斑点，表明稀浆已经破乳，则破乳时间为15min。

（8）如果发现有褐色斑点，则每隔15min测定一次，并记下每次测定的情况，直到没有褐色斑点出现，最后一次测定的时间即为破乳时间。

A.2.4 试验记录格式应符合表A.2.4的规定。

破乳时间测定记录　　表A.2.4

序号	矿料(g)	填料(g)	水(g)	添加剂(g)	乳化沥青(g)	T_m(s)	破乳时间(min)
1							
2							

A.3 粘结力测定试验

A.3.1 本试验适用于确定稀浆混合料的初凝时间和开放交通时间。

A.3.2 试验设备应符合下列规定：

（1）粘结力测定仪一台，见图A.3.2。

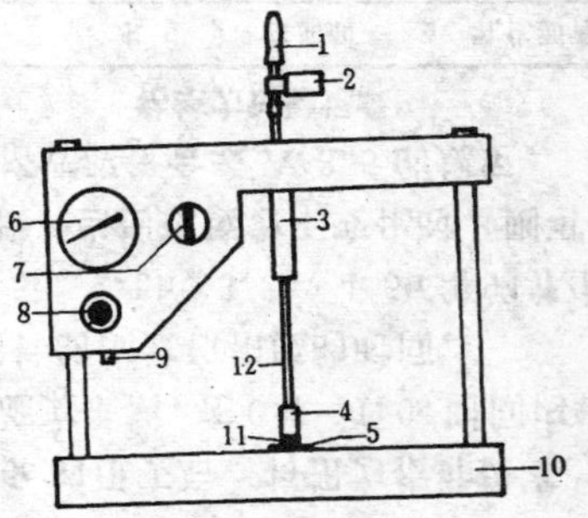

图A.3.2　粘结力仪

1—施力手柄；2—扭力表；3—气缸；4—压头；5—试件；6—气压表；7—释放钮；8—气压调节阀；9—气管接头；10—底座；11—橡胶垫；12—传力杆

a. 施力手柄。套在传力杆上，柄上装有扭力表，其最大扭矩不小于 350N·cm，传力杆直径 8mm。

b. 压头。装在传力杆下部；与试件接触部装有橡胶垫，橡胶垫直径为 28.6mm，高度 6.4mm，硬度 60。

c. 气压结构。气泵，其最大气压可达 700kPa；气压表，其最大量程不小于 700kPa，可通过气压调节阀调整所需气压大小并保持恒定；通过气压释放钮和气缸将气压传给传力杆，并作用于试件上。气缸高度 76.2mm。

(2) 试模，6mm（高）×60mm（内径）或 10mm（高）×60mm（内径）圆形试模一只。

(3) 4.75mm（用于 6mm×60mm 试模）或 8mm（用于 10mm×10mm 试模）筛一只。

(4) 152mm×152mm 方形油毡若干块。

(5) 天平一台，称量 500g，感量 0.1g。

(6) 秒表一只。

(7) 量筒，拌和容器，拌匙，刮刀等。

A.3.3 试件准备应符合下列规定：

(1) 按稠度试验和破乳时间测定试验确定的混合料配合比备料，通常以干矿料 300g 为准。

(2) 将定量的矿料、填料拌匀，加水或添加剂水溶液拌匀，加入乳化沥青并迅速拌匀，时间不超过 30s。

(3) 将稀浆混合料倒入相应厚度预湿过的试模中（细封层、中封层选 6mm 高的试模，粗封层选 10mm 高的试模），用油毡垫底，刮平，记时开始。每次做 6 个试件。

(4) 进行破乳时间测定，待破乳后，立即脱模。

(5) 将脱模后的试件，置于 25±6℃的环境中养生。

(6) 当 30min 时（若 30min 时，试件仍未破乳，则等破乳后），开始进行如下试验。

A.3.4 试验步骤应符合下列规定：

(1) 将脱模的试件，置于粘结力测定仪的平台上。

(2) 调整粘结力测定仪的传力杆，使橡胶垫以 8～10cm/s 的速度与试件中心接触。

(3) 通过气压调整，使橡胶垫与试件之间产生 200kPa 的压力。

(4) 经过 5～6s 的压实后，将扭力指针拨零。

(5) 水平扭动施力手柄，在 0.7～1.0s 时间内转动 90°～120°，并记下扭力表上指针的读数和相应的时间。

(6) 按 1h、1.5h、2.5h、3.5h、4.5h 等的养生时间分别重复上述的 1～5 的步骤，当出现读数不变化时，则可停止试验。

A.3.5 试验记录格式应符合表 A.3.5 的规定。

粘结力试验记录 表 A.3.5

矿料 g，填料 g，水 g，添加剂 g，乳化沥青 g								
养生时间 (h)	0.5	1	1.5	2.5	3.5	4.5		
CT (N·cm)								

A.4 湿轮磨耗试验

A.4.1 本试验适用于模拟车轮在封层上行驶，通过测定一定力和一定作用次数后的稀浆封层的磨耗程度，用以确定混合料中的沥青用量是否足够。

A.4.2 试验设备应符合下列规定：

(1) 湿轮磨耗仪一台（图 A.4.2）

a. 磨耗头，总重 2.27kg（包括橡胶磨耗管），其固定装置可在轴套内垂直 12.7mm 内自由活动。

b. 平底金属圆盆，内径 330mm，深 51mm。

c. 试件夹具，可将直径为 286mm 的试件固定在圆盆内。

d. 橡胶磨耗管，为内径 19mm、壁厚 6.4mm、长 127mm 的橡胶软管，里层为丁苯橡胶，中间为加筋条，外层为聚氯丁橡胶。

(2) 秒表一只。

(3) 球底拌锅一只，容积约 1000mL。

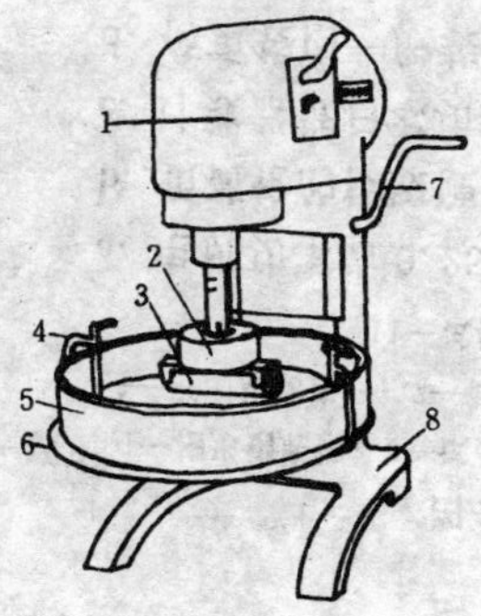

图 A.4.2 湿轮磨耗试验仪

1—电机；2—磨耗头；3—橡胶磨耗管；4—试件夹具；5—圆盆；6—平台；7—提升手柄；8—底座

(4) 金属拌匙一把。

(5) 500mL 量筒一支。

(6) 天平一台，称量 5000g，感量 1g。

(7) 恒温箱一台。

(8) 恒温水浴设备一套。

(9) 试模，内径 279mm，外部尺寸 360mm×360mm（长×宽），深度分别为 3.2mm、4.8mm、6.4mm 和 9.5mm。

(10) 直径为 286mm 的圆形油毡若干块。

(11) 宽 305～355mm 短柄橡胶刮板一把。

A.4.3 试件准备应符合下列规定：

(1) 以稠度试验、破乳时间测定试验所确定的矿料、填料、添加剂、乳化沥青和水的比例为基准，将此沥青用量作为中值，每间隔 1%（质量计）上下变化沥青用量，至少作五组，决定湿轮磨耗试验所用的矿料、填料、添加剂、乳化沥青和水的配合比。

(2) 将烘干的矿料用 4.75mm 筛过筛，每组至少筛出 800g 矿料。

(3) 用天平称取 800g 矿料。

(4) 将矿料倒入拌和锅中，并掺入填料，干拌 1min 或直至完全拌匀。加入水或添加剂水溶液后拌和 1min，直至矿料均匀拌湿。最后加入乳化沥青，拌和，时间不少于 1min，不超过 3min。

(5) 将拌好的稀浆立即倒入内径为 279mm 的试模中，试模下用油毡垫，并用刮刀刮平表面。

(6) 脱模后将试件置于 60±3℃的烘箱中烘至恒重，至少 15h。

A.4.4 试验步骤应符合下列规定：

(1) 从烘箱中取出试件，冷却至室温，称重 G_1。

(2) 称重后置于 25±1℃的水浴中 60～70min。

(3) 从水浴中取出试件，置于磨耗仪上直径为 330mm 的圆盆中，并将圆盆固定在磨耗仪的平台上。

(4) 将磨耗头固定在轴上，提升平台，使橡胶磨耗管接触试件的表面，保证磨耗头自重作用于试件，并使平台固定。每次磨耗均应使用新的橡胶磨耗面。

(5) 将试件浸水，使水深至少超过试件 6mm，水温保持 25±1℃。

(6) 启动磨耗仪，低速转动，使磨耗头公转 144r/min，自转 61r/min，磨耗时间 5min±2s。

(7) 将试件从圆盆中取出，冲洗，再放入 60±3℃的烘箱中烘至恒重。

(8) 取出冷却至室温，并称重 G_2。

A.4.5 试验记录格式应符合表 A.4.5 的规定。

湿轮磨耗试验记录 **表 A.4.5**

序号	矿料(g)	填料(g)	水(g)	添加剂(g)	乳化沥青(g)	G_1(g)	G_2(g)	A(m²)	WTAT (g/m²)
1									
2									
3									
4									
5									

A.4.6 结果计算应符合下列规定：

试件磨耗前后质量的损失与磨耗面的比值即为磨耗值，公式为：

$$\mathrm{WTAT}=\frac{G_1-G_2}{A} \tag{A.4.6}$$

式中 WTAT——磨耗值，g/m²；

G_1、G_2——分别为试件磨耗前后的称重，g；

A——磨耗面积，m^2。

A.5 负荷轮试验

A.5.1 本试验适用于模拟车轮在封层上行驶，用以控制混合料中沥青用量的上限。

A.5.2 试验设备应符合下列规定：

（1）负荷轮试验仪一台，见图A.5.2。

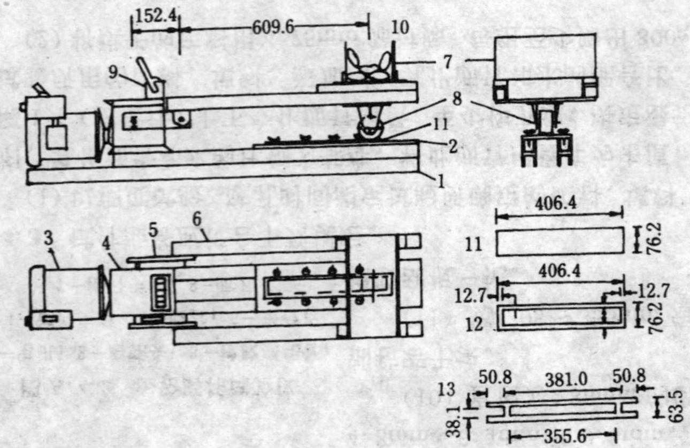

图A.5.2 负荷轮试验仪

1—槽形钢底架；2—试件承板；3—电机；4—齿轮减速器；5—曲柄；6—可调从动连杆；7—荷重箱；8—负荷轮；9—计数器；10—荷重袋；11—试模底板；12—试模；13—砂框

a. 电机功率为0.25kW，1750r/min；

b. 负荷轮的橡胶硬度为60～70；

c. 计数器带归零功能；

d. 荷重袋内一般装小颗粒铅丸；

e. 试模底板为镀锌薄板；

f. 砂框厚度为4.8mm。

（2）天平一台，称量2000g，感量1g。

（3）烘箱一台。

（4）600～1000mL拌锅或烧杯。

（5）拌匙一把。

（6）试模，如图A.5.2-12，厚度分别为3.2mm，4.8mm，6.4mm，8.0mm和9.5mm，外部尺寸（长×宽）406.4mm×76.2mm，内部尺寸（长×宽）381.0mm×50.8mm的长方形槽形试模。

（7）标准砂若干。

（8）1000～5000mL的金属锅一只。

（9）其他同稠度试验设备。

A.5.3 试件准备应符合下列规定：

（1）以稠度试验、破乳时间测定试验所确定的配合比为基准，将此沥青用量作为中值，上下变化1%（质量计）的沥青用量，共作5组，决定相应的矿料、填料、添加剂、乳化沥青和水的配合比。每组所需的干矿料准备量按表A.5.3称取。

干矿料用量表 表A.5.3

试模深度（mm）	3.2	4.8	6.4	8.0	9.5
干矿料准备量（g）	190～200	280～300	375～400	470～500	560～600

（2）选定相应厚度的试模，试模厚度比最粗的矿料粒径大25%左右。

（3）先将准确称量的矿料、填料倒入拌和容器中拌匀，再加水或添加剂水溶液拌匀，在乳化沥青倒入后迅速拌和，时间不要超过30s。

（4）将拌匀的混合料倒入选定的试模中，再将表面刮平。当混合料不能发生位移时，撤去试模。然后放入60±3℃的烘箱中烘干至恒重，至少12h。

（5）取出试件，冷却至室温。

A.5.4 试验步骤应符合下列规定：

(1) 将负荷轮试验仪调整好，使负荷为56.7kg。

(2) 将试件正确地安装在试模底板上。

(3) 将橡胶轮用溶剂或水冲洗干净，然后与试件接触。

(4) 保持试验温度在25±6℃。

(5) 计数器复位到零，调整碾压频率为44次/min。

(6) 开机循环1000次以后，停机、卸载、冲洗、烘干，并称重G_1。

(7) 将砂框放在试件上方中央，并用橡胶带垫好，防止砂流失。

(8) 将300g82±1℃的标准砂均匀地撒在砂框内，并立即把负荷轮加于试件之上，用相同荷载和频率做100次循环。

(9) 停机，卸载，取出试件，拍掉松散的砂，并使用真空吸尘器将没有拍掉的松散砂吸走。

(10) 称重G_2。

A.5.5 试验记录格式应符合表A.5.5的规定。

负荷轮试验记录 **表A.5.5**

序号	矿料(g)	填料(g)	水(g)	添加剂(g)	乳化沥青(g)	G_1(g)	G_2(g)	A(m^2)	LWT (g/m^2)
1									
2									
3									
4									
5									

A.5.6 结果计算应符合下列规定：

负荷轮试验结果用单位面积粘附砂量来表示，公式为：

$$\mathrm{LWT}=\frac{G_2-G_1}{A} \qquad (\mathrm{A}.5.6)$$

式中 LWT——负荷轮试验的粘附砂量，g/m^2；

G_1——第一次循环负荷后试件称重，g；

G_2——第二次循环负荷后试件称重，g；

A——试件负荷面积，m^2。

附录B　本规程用词说明

B.0.1 为便于在执行本标准条文时区别对待，对于要求严格程度不同的用词说明如下：

(1) 表示很严格，非这样做不可的用词

正面词采用“必须”，反面词采用“严禁”；

(2) 表示严格，在正常情况下均应这样做的用词

正面词采用“应”，反面词采用“不应”或“不得”；

(3) 表示允许稍有选择，在条件许可时首先应这样做的用词

正面词采用“宜”或“可”，反面词采用“不宜”。

B.0.2 条文中指明必须按其他有关标准执行的写法为“应按……执行”或“应符合……的要求（或规定）”。

附加说明

本规程主编单位、参加单位和主要起草人名单

主编单位：中国建筑技术研究院

参加单位：同济大学道路与交通工程研究所

重庆市市政养护管理处

西安市市政工程管理处

主要起草人：曾　赟　窦佳音　吴允惠　王荆香　王佳良

刘扬洲　贺晋荣　王仁宗　姚祖康

中华人民共和国行业标准

路面稀浆封层施工规程

CJJ 66—95

条 文 说 明

前 言

根据建设部建标（93）699 号文的要求，由中国建筑技术研究院主编，同济大学道路与交通工程研究所、重庆市市政养护管理处、西安市市政工程管理处参加共同编制的《路面稀浆封层施工规程》CJJ 66—95，经建设部 1995 年 10 月 16 日以建标〔1995〕596 号文批准，业已发布。

为便于广大设计、施工、科研、学校等单位的有关人员在使用本规程时能正确理解和执行条文规定，《路面稀浆封层施工规程》编制组按章、节、条顺序编制了本规程的条文说明，供国内使用者参考。在使用中如发现本条文说明有欠妥处，请将意见函寄中国建筑技术研究院。

本《条文说明》由建设部标准定额研究所组织出版，仅供国内使用，不得外传和翻印。

目　次

1　总　则

1.0.1　稀浆封层是近年来发展很快的一种路面施工方法，为指导稀浆封层施工，保证稀浆封层施工质量，避免失误，而制订本规程。

1.0.2　稀浆封层是一种3～11mm厚的级配沥青混合料，具有防水、防滑、耐磨、平整及恢复路面使用功能的作用，因此既可作为新建改建路面的表面磨耗层，又可作为维修养护旧路面病害的加铺层，如表面坑槽、网裂、光滑等。由于稀浆封层厚度很薄，因此对桥面、机场道面等具有特殊的意义。稀浆封层不仅可以用在沥青路面上，而且还可用在水泥混凝土路面、砂石路面上。

1.0.3　稀浆封层是在常温条件下用乳化沥青、矿料、水、填料和添加剂等按一定的配合比拌制成稀浆混合料，并立即摊铺在路面上，经养护成型，形成一层沥青混凝土式表面处治层。因此混合料中的粘结料仍是沥青，是通过乳化方式使高温才能流动的沥青在常温下就可拌和施工。由于乳化过程及拌和成型过程中，存在物理化学变化，因此合格的材料和正确的配合比是保证施工成败的关键因素。稀浆混合料摊铺后，由于乳化沥青存在一个破乳成型固化的过程，因此在成型期间，混合料的强度不足以承担任何外界荷载的作用，为保证施工的质量，必须加强初期养护。

1.0.4　稀浆封层施工仍是沥青路面施工的一种特殊形式，因此除一些特殊性在本规程中有所规定外，还有一些与沥青路面施工相类似的内容，因此稀浆封层施工除应符合本规程标准外，还应符合《沥青路面施工及验收规范》(GBJ 92—86)、《乳化沥青路面施工及验收规程》(CJJ 42—91) 等有关标准、规范的规定。

3 材料的选择和技术要求

3.1 乳化沥青

3.1.2 稀浆封层由于必须有充足的时间拌和和摊铺，因此宜用慢裂型乳化沥青。若使用快、中裂型乳化沥青，在拌和前必须使用缓破剂。

阳离子乳化沥青由于离子电荷的吸附作用，与矿料拌和后能较快破乳，用于稀浆封层成型比较快，因此在条件许可的地区应优先选用阳离子乳化沥青。阴离子乳化沥青与矿料的结合，主要靠水分的自然蒸发，而蒸发速度与外界温度成正比，故可在气温较高的季节和地区使用。

3.1.3 在《乳化沥青路面施工及验收规程》(CJJ 42—91）中，规定慢裂型乳液的粘度指标为：标准粘度 $C_{25}^{2}=12\sim100s$（相当于恩氏粘度 $E_{25}=3\sim40$）。本规程中推荐为：$C_{25}^{3}=12\sim40s$（$E_{25}=3\sim15$），其依据为：

(1)制定 CJJ 42—91 时还未考虑稀浆封层，因此其范围更宽；

(2) ASTM D88 和 AASHO T59 以及 ISSA 的有关标准均为：$E_{25}=4\sim14$（$C_{25}^{3}=16\sim40s$），并强调最大粘度不得超过 $E_{25}=14$。

(3) 我国已成功施工的部分地区所用的标准粘度情况如下：

辽宁省公路局：12～40s

吉林省公路局：25.5s

沧州公路处：18.5s、15s

益阳公路局：18s

吉林市政处：12.6s

宿州市市政公司：16s

(4) 乳化沥青粘度过大，对施工机械的泵送性、计量精度和拌和的均匀性等都有不利影响。

因此本规程中规定乳化沥青标准粘度的低值采用 CJJ 42—91 的 12s，高值采用 ASTM 等的 40s。

3.1.4 乳化沥青中的沥青含量指标，CJJ 42—91 中规定为 55%～60%，在 ASTM 和 ISSA 等有关规范中都规定为大于 60%。考虑到我国乳化剂和乳化机的实际情况，以及实际施工的可行性与质量要求，在本规程中将沥青含量指标规定为不小于 55%。

3.2 矿　　料

3.2.2 在 GBJ 92—86 规范中规定矿料的“泥土含量应小于 5%”，这是一个质量的比值。影响稀浆封层质量的一个重要因素是矿料中泥土体积的大小，因此 ISSA A105 第 4.2.2 条规定“砂当量不得低于 45”。本规程采用 ISSA 的规定。砂当量试验方法参照有关试验标准执行。

3.2.3 级配范围采用 ISSA 的规定。为了方便使用部门，本规程将新、旧筛对应列出，以利于应用和过渡。

3.3 填　　料

3.3.2 填料的技术要求除细度、含水量等指标外，还有一个重要的内容是所选择的填料与矿料、乳化沥青等的相容性如何，选择时应充分考虑。填料的作用主要包括：

(1) 改善级配；

(2) 提高稀浆混合料的稳定性；

(3) 加快或减缓破乳速度。大量经验显示，最常用的填料是水泥和熟石灰。

3.4 水

3.4.1 稀浆封层用水主要指沥青乳化时用水、稀浆混合料拌和时加水和路面预湿水等。

3.5 添加剂

3.5.1 不论添加剂是液体的还是固体的，添加时都应能均匀地分散在混合料中。分布不均将产生不利影响。

3.5.2 添加剂的主要用途是用于控制稀浆混合料的破乳和凝固时间，但不能因为控制破乳和凝固时间而损失材料的质量和封层的整体强度。

4 稀浆混合料的配合比设计

4.1 一般规定

4.1.2 轻、中等和重交通量道路分别指单车道交通量（后轴重为10t的标准车）为小于200辆/d、200～500辆/d和大于500辆/d的道路。

4.1.3 通常使用较普遍的是单层铺筑，但由于原路面情况或根据需要，也可以进行多层铺筑。多层铺筑既可是同类型封层的多层叠加，也可以是不同类型封层的组合多层铺筑。如下层为细封层，用以填充原路面的老化裂缝，上层为中封层，产生一个供车辆行驶的较粗糙的磨耗层。

4.1.4 材料用量范围来源于美国稀浆封层施工手册和ISSA的有关标准。其数据可作试验时设计参考用。

4.1.5 可拌和时间标准来源于ISSA TB140，TB116和TB117；稠度标准来源于ISSA TB106；湿轮磨耗值标准来源于ISSA TB100、ISSA TB111和ASTM D3910，原值为英制单位，折合公制为807.44g/m^2，为了方便，在不影响结果的情况下，将其定为800g/m^2；

负荷轮试验的粘附砂量标准ISSA TB111规定为：＜750g/m^2（0～500ADT）、＜645g/m^2（250～1500ADT）、＜590g/m^2（1500～3000ADT）、＜540g/m^2（3000ADT），ADT中文意思为平均日交通量，由于美国的交通量与我国的交通量换算较困难，而且试验时粘附砂量的偏差较难掌握。为了便于操作，统一规定为小于600g/m^2。

粘结力标准来源于ISSA TB139和ASTM D3910。

4.2 配合比设计程序和要求

4.2.2 （2）“一定比例”指按当地的经验数据或根据表 4.1.5 推荐范围的中值。

4.2.5 稀浆混合料应有足够的沥青含量，以抵御年辆的磨耗作用。混合料的抗磨耗能力可采用湿轮磨耗试验进行测定，从而确定沥青的最低含量。

稀浆混合料的沥青含量也不宜过多，以免引起泛油，沥青的最高含量可通过负荷轮试验按粘附砂量的大小来确定。

图解法求最佳沥青含量的方法，来源于 ISSA TB-111。

5 施工及技术要求

5.1 一 般 规 定

5.1.1 由于原材料的千变万化，稀浆混合料的组成不可能是一个固定的配合比。因此，就一项工程而言，必须根据选定的各种原材料，进行稀浆混合料的配合比设计，符合要求后方可施工。

5.1.2 稀浆封层由于厚度薄，不具备结构补强能力，若用作补强层，则必然失败，因此严禁作为补强层使用。

5.1.3 稀浆封层施工要求混合料配合比、拌和时间、拌和强度、摊铺时间和摊铺均匀性都较高，采用机械施工能较好地保证施工质量和施工速度，所以规程中规定宜用机械施工。尤其在高等级路面施工时，必须用机械施工。同时有些小修小补、较低等级的巷道等，用人工施工也有其灵活、经济等优点。

5.1.4 人工施工由于拌和摊铺所需的时间较长，为了保证施工质量，所以应选用慢凝慢开放交通型（SS/ST）稀浆封层。

5.1.5 规程中规定的施工最低温度的根据是：

a. 德国的稀浆封层施工指南规定：原路面温度低于 5℃时，不得施工；

b. 美国的稀浆封层施工指南规定：①气温或原路面温度大于 7℃，并继续上升，可以施工，②气温或原路面温度小于 13℃，并继续下降，不可施工；

因此本规程规定：施工、养生期内的气温应大于 7℃。

由于乳液为油水混合状，在未破乳前，与矿料的粘结力非常微弱，因此在未成型前下雨，将造成沥青流失，封层松散。因此规定：不得在雨天施工。

5.2 对原路面的技术要求

5.2.1 稀浆封层由于厚度薄，主要起防水、防滑、耐磨和改善路表外观的作用，在路面结构体系中，只能作为表面保护层和磨耗层，而不起承重性的结构作用。因此为了确保施工后路面的质量，原路面必须满足：

(1) 具有足够的强度和刚度

原路面及其基层是承重层，应能承受荷载的作用。在重复荷载作用下，不会产生残余变形，也不允许产生剪切和弯拉破坏。其要求可参照城市道路设计规范和城市道路养护技术规范等。

(2) 具有良好的整体稳定性

原路面的整体的水稳性和热稳性是否良好，是保证施工后路面稳定性的基本因素，因为稀浆封层施工后，对路面的稳定性改善很小，且稀浆封层几乎不具有结构抗应变能力，因此为了保证路面质量，对原路面提出稳定性要求。

(3) 表面平整、密实、清洁

稀浆封层只起调整表面平整度的作用，当原路面表面的不平整度太大时，稀浆封层由于它本身的厚度和施工方法所限，希望仅通过它就能达到相当高的要求是不现实的。尤其是一些大的拥包、坑槽等，应根据《城市道路养护技术规范》的要求进行修补，达到平整。如德国要求为：超过10mm的不平整地面应先行平整。

同样，原路表面必须密实。

原路表面是否清洁，是关系稀浆封层与原路面粘接在一起的重要因素，因此必须保证原路面清洁。

5.3 施工准备

5.3.1 在5.2.1中已对原路面的整体性技术要求作了规定，这里是在5.2.1条要求的基础上，对原路面在施工前应做的准备工作和要求作具体的规定。

(1) 修补

如果原路面的整体强度、刚度和稳定性符合要求，只需对小规模的病害进行修补，成型后即可进行下一程序的作业。

(2) 清洁

路面必须清洁，否则新铺封层将起皮剥落。

(3) 洒水或浇洒乳化沥青

湿润的原路面有利于与稀浆混合料的粘接，但不得有积水，积水将影响混合料的成型和沥青的分布。

在水泥混凝土、砂石等非沥青路面以及严重少油的沥青路面上进行稀浆封层时，浇洒乳化沥青将有利于新旧路面的粘接，且不至于稀浆混合料中的沥青被原路面吸收，而影响稀浆混合料的油石比。采用同型的乳液，主要是为了消除不同型乳液接触后引起反应而带来的不良影响。

5.3.2 (2) 矿料的含水量对矿料单位体积的质量影响很大，如某一矿料，含水量为0时，每立方米的质量为1545kg，当加入6%的水后，则每立方米的质量仅为1175kg，而且室内配合比设计结果均为质量之比，而摊铺机采用的是体积配合比，因此含水量的大小对混合料的配合比影响很大，而且含水量和加水量的多少，是确定稀浆混合料稠度的关键因素，所以施工前应对矿料的含水量进行现场测定。取样时应取料堆中间部位的，因表面的矿料已被风干或晒干，若取表面矿料测定，其结果与实际相差较大。

5.3.3 (2) 计量标定是保证配合比准确与否的最关键程序。计量标定的目的是求出单位时间或单位转数某材料的输出量。

5.4 施　工

5.4.2 (2) 装料时宜把矿料堆翻拌一下，以消除表面含水量少的矿料集中而影响配合比。

(4) 此项专指摊铺机工作装置的发动机，而非底盘发动机。

(5) 在设计稀浆封层摊铺机的搅拌筒时，必须达到：矿料、填料、水几乎同时进入搅拌筒拌和，当拌和基本均匀时，乳化沥青进入搅拌筒继续拌和。

（6）摊铺时应保证摊铺量与搅拌量的一致，摊铺机保持匀速行驶，否则可能出现表面不平。

（9）根据美国稀浆封层施工指南，倒回 3～5m 进行横向接缝，有利于路面的平顺和连接。

5.4.3 （1）根据施工经验，每盘拌量为 100kg 矿料，能保证人工拌和的均匀性和摊铺的时间性要求。

5.4.4 （3）这里所指特殊情况，主要指：交通量不足的道路、广场、停车场，或者封层总厚度超过 25mm 的场合等。压实可采用轮重 4.5t 的胶轮压路机，轮胎压力约 3atm，碾压速度 5～8km/h。若采用钢轮压路机，则多用于多层封层的底层上，轮重 3～4.5t。但在水泥混凝土路面上的稀浆封层，严禁使用钢轮压实。

（4）混合料粘结力随时间的变化应由室内试验求出。现场判断初期养护结束的方法可采用：路面颜色变黑、脚踏不软且不粘鞋。

5.5 施工质量控制

5.5.2 调整配合比的原则是保证干矿料量、沥青量和总含水量的比例不发生变化。

5.5.3 混合料的试验方法及具体步骤参照有关标准规范进行。

中华人民共和国行业标准

城市人行天桥与人行地道技术规范

Technical Specifications of Urban Pedestrian Overcrossing and Underpass

CJJ 69—95

主编单位：北京市市政工程研究院
批准部门：中华人民共和国建设部
施行日期：1996年9月1日

关于发布行业标准《城市人行天桥与人行地道技术规范》的通知

建标［1996］144号

根据建设部建标［1990］407号文的要求，由北京市市政工程研究院主编的《城市人行天桥与人行地道技术规范》，业经审查，现批准为行业标准，编号CJJ69—95，自1996年9月1日起施行。

本规范由建设部城镇道路桥梁标准技术归口单位北京市市政设计研究院负责归口管理，具体解释等工作由主编单位负责，由建设部标准定额研究所组织出版。

中华人民共和国建设部

1996年3月14日

目　次

1 总 则

1.0.1 为了统一城市人行天桥与人行地道标准（以下简称“天桥”与“地道”），使工程达到适用、安全、经济、美观，制定本规范。

1.0.2 本规范适用于城市中跨越或下穿道路的天桥或地道的设计与施工。郊区公路、厂矿及居住区的天桥与地道可参照使用。

1.0.3 天桥与地道的设计与施工应符合下列要求：

1.0.3.1 天桥与地道设计应符合城市规划布局的要求，应从工程环境出发，根据总体交通功能进行选型。

1.0.3.2 从实际出发，因地制宜，应积极采用新结构、新工艺、新技术。

1.0.3.3 结构应满足运输、安装和使用过程中强度、刚度和稳定性要求。

1.0.3.4 结构设计应与施工工艺统筹考虑，宜采用工厂预制的装配式结构。

1.0.3.5 应按适用、经济、美观相结合的原则确定装饰标准。

1.0.3.6 应符合防火、防电、防腐蚀、抗震等安全要求。

1.0.3.7 应限制结构振动对行人舒适感、安全感的不利影响。

1.0.3.8 选择施工工艺、制定施工组织方案时，应以少扰民、少影响正常交通为原则，做到安全、文明、快速施工。

1.0.4 天桥与地道的设计与施工，除应符合本规范外，在防火、防爆、防电、防腐蚀等方面尚应符合国家现行有关标准、规范的规定。

2 一般规定

2.1 设计通行能力

2.1.1 天桥与地道的设计通行能力应符合表2.1.1的规定：

天桥、地道设计通行能力 **表2.1.1**

类 别	天桥、地道 [P/(h·m)]	车站、码头的前的天桥、地道 [P/(h·m)]
设计通行能力	2400	1850

注：P/(h·m) 为人/（小时·米），以下同。

2.1.2 天桥与地道设计通行能力的折减系数应符合下列规定：

2.1.2.1 全市性的车站、码头、商场、剧院、影院、体育馆（场）、公园、展览馆及市中心区行人集中的天桥（地道）计算设计通行能力的折减系数为0.75。

2.1.2.2 大商场、商店、公共文化中心及区中心等行人较多的天桥（地道）计算设计通行能力的折减系数为0.8。

2.1.2.3 区域性文化中心地带行人多的天桥（地道）计算设计通行能力折减系数为0.85。

2.2 净 宽

2.2.1 天桥与地道的通道净宽应符合下列规定：

2.2.1.1 天桥与地道的通道净宽，应根据设计年限内高峰小时人流量及设计通行能力计算。

2.2.1.2 天桥桥面净宽不宜小于3m，地道通道净宽不宜小于3.75m。

2.2.2　天桥与地道每端梯道或坡道的净宽之和应大于桥面（地道）的净宽1.2倍以上。梯（坡）道的最小净宽为1.8m。

2.2.3　考虑兼顾自行车推车通过时，一条推车带宽按1m计，天桥或地道净宽按自行车流量计算增加通道净宽，梯（坡）道的最小净宽为2m。

2.2.4　考虑推自行车的梯道，应采用梯道带坡道的布置方式，一条坡道宽度不宜小于0.4m，坡道位置视方便推车流向设置。

2.3　净　高

2.3.1　天桥桥下净高应符合下列规定：

2.3.1.1　天桥桥下为机动车道时，最小净高为4.5m，行驶电车时，最小净高为5.0m。

2.3.1.2　跨铁路的天桥，其桥下净高应符合现行国标《标准轨距铁路建筑限界》的规定。

2.3.1.3　天桥桥下为非机动车道时，最小净高为3.5m，如有从道路两侧的建筑物内驶出的普通汽车需经桥下非机动车道通行时，其最小净高为4.0m。

2.3.1.4　天桥、梯道或坡道下面为人行道时，净高为2.5m，最小净高为2.3m。

2.3.1.5　考虑维修或改建道路可能提高路面标高时，其净高应适当提高。

2.3.2　地道的最小净高应符合下列规定：

2.3.2.1　地道通道的最小净高为2.5m。

2.3.2.2　地道梯道踏步中间位置的最小垂直净高为2.4m，坡道的最小垂直净高为2.5m，极限为2.2m。

2.3.3　天桥桥面净高应符合下列规定：

2.3.3.1　最小净高为2.5m。

2.3.3.2　各级架空电缆与天桥、梯（坡）道面最小垂直距离应符合表2.3.3规定。

天桥、梯道、坡道与各级电压电力线间最小垂直距离表

表2.3.3

线路电压(kV) / 最小垂直距离(m) / 地区	配电线			送电线		
	1以下	1～10	35	60～110	154～220	330
居民区	6.0	6.5	7.0	7.0	7.5	8.5
非居民区	5.0	5.5	6.0	6.0	6.5	7.5

2.4　设计原则

2.4.1　天桥与地道设计布局应结合城市道路网规划，适应交通的需要，并应考虑由此引起附近范围内人行交通所发生的变化，且对此种变化后的步行交通进行全面规划设计。属于下列情况之一时，可设置天桥或地道。其中机动车交通量应按每小时当量小汽车交通量（辆/时，即pcu/h）计。

2.4.1.1　进入交叉口总人流量达到18000P/h，或交叉口的一个进口横过马路的人流量超过5000P/h，且同时在交叉口一个进口或路段上双向当量小汽车交通量超过1200pcu/h。

2.4.1.2　进入环形交叉口总人流量达18000P/h时，且同时进入环形交叉口的当量小汽车交通量达2000pcu/h时。

2.4.1.3　行人横过市区封闭式道路或快速干道或机动车道宽度大于25m时，可每隔300～400m应设一座。

2.4.1.4　铁路与城市道路相交道口，因列车通过一次阻塞人流超过1000人次或道口关闭时间超过15min时。

2.4.1.5　路段上双向当量小汽车交通量达1200pcu/h，或过街行人超过5000P/h。

2.4.1.6　有特殊需要可设专用过街设施。

2.4.1.7　复杂交叉路口，机动车行车方向复杂，对行人有明显危险处。

2.4.2　天桥或地道的选择应根据城市道路规划，结合地上地下管线、市政公用设施现状、周围环境、工程投资以及建成后的维护条件等因素做方案比较。地震多发地区宜考虑地道方案。

2.4.3 规划天桥与地道应以规划人流量及其主要流向为依据，在考虑自行车过天桥地道时，还应依据自行车流量和流向，因地制宜采取交通管理措施，保障行人交通安全和交通连续性。并做出有利于逐步形成步行系统的总体布局。

2.4.4 天桥与地道在路口的布局应从路口总体交通和建筑艺术等角度统一考虑，以求最大综合效益。

2.4.5 天桥与地道的设置应与公共车辆站点结合，还应有相应的交通管理措施。在天桥和地道附近布置交通护栏、交通岛、各种交通标志、标线、交通信号灯及其他设施。

2.4.6 天桥与地道的布局既要利于提高行人过街安全度，又要提高机动车道的通行能力。地面梯口不应占人行步道的空间，特殊困难处，人行步道至少应保留1.5m宽，应与附近大型公共建筑出入口结合，并在出入口留有人流集散用地。

2.4.7 天桥与地道设计要为文明快速施工创造条件，宜采用预制装配结构，在需要维持地面正常交通时地道应避免大开挖的施工方法。

2.4.8 天桥的建筑艺术应与周围建筑景观协调，主体结构的造型要简洁明快通透，除特殊需要处不宜过多装修。

2.4.9 天桥与地道可与商场、文体场（馆）、地铁车站等大型人流集散点直接连通以发挥疏导人流的功能。

2.5 构造要求

2.5.1 天桥与地道的结构应符合以下要求：

2.5.1.1 结构在制造、运输、安装和使用过程中，应具有规定的强度、刚度、稳定性和耐久性。

2.5.1.2 应从设计和施工工艺上减小结构的附加应力和局部应力。

2.5.1.3 结构形式应便于制造、运输、安装、施工和养护。

2.5.2 天桥上部结构，由人群荷载计算的最大竖向挠度，不应超过下列允许值：

梁板式主梁跨中	$L/600$
梁板式主梁悬臂端	$L_1/300$
桁架、拱	$L/800$

注：L 为计算跨径；L_1 为悬臂长度。

2.5.3 天桥主梁结构应设置预拱度，其值采用结构重力和人群荷载所产生的竖向挠度，并应做成圆滑曲线。当结构重力和人群荷载产生的向下挠度不超过跨径的1/1600时，可不设预拱度。

2.5.4 为避免共振，减少行人不安全感，天桥上部结构竖向自振频率不应小于3Hz。

2.5.5 天桥、地道及梯（坡）面的铺装应符合平整、防滑、排水、无噪音、便于养护的要求。

2.5.6 天桥结构应视需要设置伸缩装置以适应结构端部线位移和角位移需要。伸缩装置应选用止水型的。

2.5.7 地道结构，以汽车荷载（不计冲击力）计算的最大挠度不应超过$L/600$。

注：用平板挂车或履带车荷载验算时，上述允许挠度可增加20%。

2.5.8 地道结构应视地质情况及结构受力需要设置沉降缝和变形缝。对沉降缝、变形缝和施工缝应做止水设计。采取设止水带等防水措施。

2.5.9 封闭式天桥与地道根据需要应有通风、排水和防护措施。

2.6 附属设施

2.6.1 天桥必须设桥下限高的交通标志，并应符合下列要求：

2.6.1.1 限高标志应放置在驾驶人员和行人最容易看到，并能准确判读的醒目位置。

2.6.1.2 限高标志的限高高度，应根据桥下净高、当地通行的车辆种类和交叉情况等因素而定。天桥桥下限高标志数应比设计净高小0.5m。

2.6.1.3 限高标志牌应由交通管理部门统一规定。

2.6.1.4 限高标志牌的构造及设置应符合下列要求：

（1）限高标志可直接安装在天桥桥孔正中央或前进方向的右侧；

（2）标志牌所用的材料及构造由交通管理部门统一规定。

2.6.2 天桥与地道的导向标志，应设置在天桥、地道入口处及分叉口处。

2.6.3 在天桥与地道的地面梯道（坡道）口附近一定范围内，为引导行人经由天桥与地道过街，应设置地面导向护栏，护栏断口宜与天桥或地道两侧附近交叉路口的地形相结合，护栏连续长度不宜太短，每侧长度一般为50～100m，护栏除要求坚固外，其形式、颜色还应与周围环境相协调。

2.6.4 当天桥上方的架空线距桥面不足安全距离时，为确保安全，桥上应设置安全防护罩，安全防护罩距桥面的距离不宜小于2.5m。

2.6.5 天桥桥面或梯面必须有平整、粗糙、耐磨的防滑措施。多雨雪地区，天桥可加顶棚。

2.6.6 在地道两端，应设置消火栓，配备消防器材。在长地道内，应按有关消防规范，设置消防措施和急救通讯装置。

2.6.7 在设计人流量大或较长的重要地道时，应设置管理和维护专用设施。

2.6.8 天桥或地道结构不得敷设高压电缆、煤气管和其他可燃、易爆、有毒或有腐蚀性液（气）体管道过街。

3 天 桥 设 计

3.1 荷　载

3.1.1 天桥设计荷载分类应符合表3.1.1的规定。

3.1.2 天桥设计，应根据可能同时出现的作用荷载，选择下列荷载组合：

组合Ⅰ：基本可变荷载与永久荷载的一种或几种相组合。

组合Ⅱ：基本可变荷载与永久荷载的一种或几种与其他可变荷载的一种或几种相组合。

组合Ⅲ：基本可变荷载与永久荷载的一种或几种与偶然荷载中的汽车撞击力相组合。

组合Ⅳ：天桥施工阶段的验算，应根据可能出现的施工荷载（如结构重力、脚手架、材料机具、人群、风力等）进行组合。

构件在吊装时，构件重力应乘以动力系数1.2或0.85，并可视构件具体情况做适当增减。

组合Ⅴ：结构重力、1kN/m² 人群荷载、预应力中的一种或几种与地震力相组合。

荷载分类表　　表3.1.1

编号	荷载分类	荷 载 名 称
1	永久荷载（恒载）	结构重力
2		预加应力
3		混凝土收缩及徐变影响力
4		基础变位影响力
5		水的浮力

续表

编号	荷载分类		荷载名称
6	可变荷载	基本可变荷载（活载）	人群
7			
		其他可变荷载	风力
8			雪重力
			温度影响力
9	偶然荷载		地震力
10			汽车撞击力

注：如构件主要为承受某种其他可变荷载而设置，则计算该构件时，所承荷载作为基本可变荷载。

3.1.3 人群设计荷载值及计算式应符合下列规定：

3.1.3.1 人行桥面板及梯（坡）道面板的人群荷载按 5kPa 或 1.5kN 竖向集中力作用在一块构件上计算。

3.1.3.2 梁、桁、拱及其他大跨结构，采用下列公式计算：

当加载长度为 20m 以下（包括 20m）时

$$W = 5 \cdot \frac{20 - B}{20} (\mathrm{kPa}) \tag{3.1.3-1}$$

当加载长度为 21～100m（100m 以上同 100m）时

$$W = \left(5 - 2 \cdot \frac{L - 20}{80}\right)\left(\frac{20 - B}{20}\right) (\mathrm{kPa}) \tag{3.1.3-2}$$

式中 W——单位面积的人群荷载，kPa；

L——加载长度，m；

B——半桥宽度，m。大于 4m 时仍按 4m 计。

3.1.4 结构物重力及桥面铺装、附属设备等外加重力均属结构重力，可按表 3.1.4 所列常用材料密度计算。

常用材料密度表 表 3.1.4

材料种类			密度（$10^2 kg/m^3$）
钢、铸钢			78.5
铸铁			72.5

续表

材料种类			密度（$10^2 kg/m^3$）
锌			70.5
铅			114.0
黄铜			81.1
青铜			87.4
钢筋混凝土			25.0～26.0
混凝土或片石混凝土			24
砖石砌体桥面	浆砌块石或料石		24.0～25.0
	浆砌片石		23.0
	干砌块石或片石		21.0
	砖砌体		18.0
	沥青混凝土		23.0
	沥青碎石		22.0
填土			17.0～18.0
填石			19.0～20.0
石灰三合土			17.5
石灰土			17.5
木材	松木	未防腐	6.0
		防腐	7.5
	橡木	未防腐	7.5
	落叶松	防腐	9.0
	杉木	未防腐	5.0
	枞木	防腐	7.0

注：1. 含筋量（以体积计）小于等于 2% 的钢筋混凝土，其密度采用 $2500kg/m^3$。大于 2% 的采用 $2600kg/m^3$；

2. 石灰三合土指石灰、砂、砾石；

3. 石灰土采用石灰 30%，土 70%。

3.1.5 预加应力在结构使用极限状态设计时，应作为永久荷载计算其效应，并考虑相应阶段的预应力损失，但不计由于偏心距增大引起的附加内力；在结构按承载能力极限状态设计时，预加应力不作为荷载，而将预应力钢筋作为结构抗力的一部分。

3.1.6 外部超静定的混凝土结构应考虑混凝土的收缩及徐变影响。混凝土收缩影响可作为相应于温度的降低考虑。

3.1.6.1 整体浇筑的混凝土结构的收缩影响力，对于一般地区相当于降温20℃，干燥地区为30℃；整体浇筑的钢筋混凝土结构的收缩影响力，相当于降低温度15～20℃。

3.1.6.2 分段浇筑的混凝土或钢筋混凝土结构的收缩影响力，相当于降温10～15℃。

3.1.6.3 装配式钢筋混凝土结构的收缩影响力，相当于降温5～10℃。

混凝土徐变影响的计算，可采用混凝土应力与徐变变形为直线关系的假定。混凝土徐变系数可参照现行的《公路钢筋混凝土及预应力混凝土桥涵设计规范》(JTJ023) 采用。

3.1.7 超静定结构当考虑由于地基压密等引起的支座长期变位影响时，应根据最终位移量按弹性理论计算构件截面的附加内力。

3.1.8 水浮力的计算应符合下列要求：

3.1.8.1 位于透水性地基上的天桥墩台基础，当验算稳定时，应采用设计水位的浮力；当验算地基应力时，仅考虑低水位的浮力，或不考虑水的浮力。

3.1.8.2 基础嵌入不透水性地基的基础时，可不考虑水的浮力。

3.1.8.3 当不能肯定地基是否透水时，应以透水或不透水两种情况与其他荷载组合，取其最不利者。

3.1.8.4 作用在桩基承台底面的浮力，应考虑全部底面积，但桩嵌入岩层并灌注混凝土者，在计算承台底面浮力时应扣除桩的截面积。

注：低水位系指枯水季节经常保持的水位。

3.1.9 计算天桥的强度和稳定时，风力计算应符合下列规定：

3.1.9.1 横向风力（横桥方向）

（1）横向风力为横向风压乘以迎风面积，横向风压按式(3.1.9)计算：

$$W = K_1 \cdot K_2 \cdot K_3 \cdot K_4 \cdot W_0 (\mathrm{Pa}) \tag{3.1.9}$$

式中 W_0——基本风压值，Pa。当有可靠风速记录时，按 $W_0 = \frac{1}{1.6}v^2$ 计算；若无风速记录时，可参照《全国基本风压分布图》，并通过实地调查核实后采用；v 为设计风速 (m/s)，按平坦空旷地面离地面20m高，频率1/100的10min，平均最大风速确定；

K_1——设计风速频率换算系数，采用0.85；

K_2——风载体型系数，桥墩见表3.1.9，其他构件为1.3；

K_3——风压高度变化系数，采用1.00；

K_4——地形、地理条件系数，采用0.80。

桥墩风载体型系数 K_2 表3.1.9

截面形状		长宽比值	体型系数 K_2
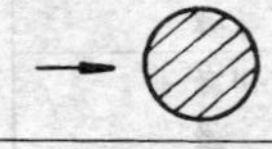	圆形截面	—	0.8
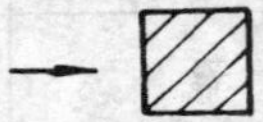	与风向平行的正方形截面	—	1.4
	短边迎风的矩形截面	l/b≤1.5	1.4
		l/b>1.5	0.9
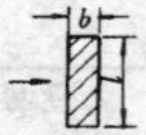	长边迎风的矩形截面	l/b≤1.5	1.4
		l/b>1.5	1.3
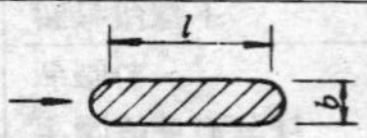	短边迎风的圆端形截面	l/b≤1.5	0.3
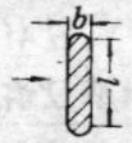	长边迎风的圆端形截面	l/b≤1.5	0.8
		l/b>1.5	1.1

（2）设计桥墩时，风力在上部构造的着力点假定在迎风面积的形心上。

（3）天桥上部构件有可能被风力掀离支座时，应计算支座锚固的反力。

（4）桥台的纵、横向风力不计算。

（5）迎风面积可按结构物外轮廓线面积乘以下列折减系数计算：

两片钢桁架或钢拱架	0.4
三片及三片以上钢桁架以及桁拱两舷间的面积	0.5

桁拱下弦与系杆间的面积、上弦与桥面间的面积、空腹式拱上构造的面积以及斜拉桥的加劲桁架（或梁）与斜索间：

面积	0.2
栏杆	0.2
实体式桥梁结构	1.0

3.1.9.2 纵向风力（顺桥方向）

（1）桥墩上的纵向风力，可按横向风压的70%乘以桥墩迎风面积计算。

（2）桁架式上部构造的纵向风力，可按横向风压的40%乘以桁架的迎风面积计算。

（3）斜拉桥塔架上的纵向风力，可按横向风压乘以塔架的迎风面积计算。

（4）由上部构造传至墩柱的纵向风力，在计算墩柱时，着力点在支座中心（或滚轴中心）或滑动支座、橡胶支座、摆动支座的底面上；计算刚构式天桥、拱式天桥时，则在桥面上，但不计因此而产生的竖向力和力矩。

（5）由上部构造传至下部结构的纵向风力，在墩台上的分配，可根据上部构造支座条件进行。设有油毡支座或钢板支座的钢筋混凝土墩柱，其所受的纵向风力应按墩柱的刚度分配；设有板式橡胶支座墩柱，当符合下列条件时可按其联合作用计算：

$$\phi=\frac{K_n}{\bar{K}_n}\geqslant 1/10 \qquad (3.1.9\text{-}1)$$

$$K_n=\frac{K'K''}{K'+K''} \qquad (3.1.9\text{-}2)$$

式中 ϕ——支座与桥墩抗推刚度比；

K_n——支座抗推刚度；

K'、K''——分别为一孔桥两端支座的抗推刚度，当支座抗推刚度相等时，K_n 等于桥孔一端支座抗推刚度的1/2；

$\bar{K}_n$——桥墩抗推刚度。

3.1.10 温度影响力的计算应符合下列规定：

3.1.10.1 天桥各部构件受温度变化影响产生的变化值或由此引起的影响力，应根据当地具体情况、结构物使用的材料和施工条件等因素计算确定。

温度变化范围，应根据建桥地区的气温条件而定。钢结构可按当地最高和最低气温确定；钢筋混凝土及预应力混凝土结构，按当地月平均最高和最低气温确定；联合梁的钢梁与钢筋混凝土板的温度差，可参照现行的《公路桥涵钢结构及木结构设计规范》（JTJ025）的有关规定。

钢筋混凝土及预应力混凝土天桥，必要时尚需考虑日照所引起的温度影响力。

3.1.10.2 气温变化值应自结构合拢时的温度起算。

3.1.11 栏杆水平推力

水平荷载为2.5kN/m，竖向荷载为1.2kN/m，不与其他活载迭加。

3.1.12 地震力的计算应符合下列规定：

3.1.12.1 天桥的抗震设防，不应低于下线工程的设计烈度，对于跨越特别重要的道路工程，经报请批准后，其设计烈度可比基本烈度提高一度使用。地震力的计算可参照现行的《公路工程抗震设计规范》进行。

3.1.12.2 计算地震力时同时考虑静载与1.0kN/m^{2}人群荷载组合。

3.1.13 汽车撞击力的计算应符合下列规定：

天桥墩柱在有可能被汽车撞击之处，应设置刚性防撞墩，防撞墩宜与天桥墩柱之间保留一定空隙，条件不具备时也可与墩柱浇注为一体。钢筋混凝土防撞墩可参照《高速公路交通安全设施设计及施工技术规范》（JTJ074）设计。

汽车撞击力可按下式估算：

$$P=\frac{W\cdot v}{g\cdot T}(\mathrm{kN}) \tag{3.1.13}$$

式中 W——汽车重力，建议值150kN；

v——车速，建议值22.2m/s；

g——重力加速度，9.18m/s^2；

T——撞击时间，建议值1.0s。

墩柱体上撞击力作用点位于路面以上1.8m处。

在快速路、主干道及次干道顺行车方向上，估算撞击力不足350kN，按350kN计；垂直行车方向则按175kN计。

3.1.14 有积雪地区须考虑雪荷载，结构顶面承受雪荷载按现行国家标准《建筑结构荷载规范》(GBJ9)“全国基本雪压分布图”进行。

3.2 建筑设计

3.2.1 总平面设计应符合规划要求，结合当地环境特征、交通状况、人流集散方向等因素进行。

3.2.2 天桥建筑应注意艺术性，在造型与色彩上应同环境形态和传统文化协调。

3.2.3 天桥建筑应按不同地域气候特点，采用防风雪、遮阳等造型构造设计。

3.2.4 建筑装修标准应以节约与效果相统一为原则。

3.2.5 天桥建筑设计应着重于主体结构的线型，体现工程结构的力度与材料的粗犷质感，体现桥、梯关系在总体环境中的空间形象。

3.2.6 梯道踏步规格应符合下列规定：

3.2.6.1 梯道踏步最小步宽以0.30m为宜，最大步高以0.15m为宜，螺旋梯内侧步宽可适当减小。

3.2.6.2 踏步的高宽关系按 $2R+T=0.6\mathrm{m}$ 的关系式计算，其中 R 为踏步高度，T 为踏步宽度。

3.2.7 考虑残疾人使用要求的建筑标准应符合现行《方便残疾人使用的城市道路和建筑物设计规范》(JGJ50)规定。

3.3 结构选型

3.3.1 结构体系选择应对工程性质、环境特征、结构功能、造型需要、施工条件、技术力量、投资可能等因素进行综合分析，采用适合当时当地的新材料、新工艺和新技术，保证结构体系实施的可行性；

3.3.2 天桥结构造型应符合下列要求：

3.3.2.1 主体结构形式应服从于结构受力合理。

3.3.2.2 结构的高度、宽度、跨度有良好的三维比例，使天桥造型轻巧美观。

3.3.2.3 主桥墩柱布置应根据道路性质和断面形式、结构合理、造型艺术、行车通畅和施工条件等因素综合处理。

3.3.3 天桥结构应优先选用钢筋混凝土或预应力混凝土结构。

3.3.4 天桥需加设顶棚时，宜采用下承式钢桁架结构，但应符合下列要求：

3.3.4.1 应把杆件限制在最小的空间方向上，并使其布置有节奏，避免杂乱感。

3.3.4.2 各杆件截面高度力求一致，厚度和长度比要适当，以求轻巧纤细。

下承式桁架顶部横向风构也要布置得简单有序，使结构稳定，造型美观。

3.3.5 悬索结构作为天桥的方案时，应注意这种结构的振动特性给行人造成不舒适感的影响，并与斜拉桥做方案比较。

3.4 梯（坡）道、平台

3.4.1 梯道坡度不得大于1：2。

3.4.2 手推自行车及童车的坡道坡度不宜大于1：4。

3.4.3 残疾人坡道设置应符合下列要求：

3.4.3.1 残疾人坡道的设置应以手摇三轮车为主要出行工具，

并考虑坐轮椅者、拐杖者、视力残疾者的使用和通行。

3.4.3.2 坡道不宜大于1：12，有特殊困难时不应大于1：10。

3.4.4 梯道宜设休息平台，每个梯段踏步不应超过18级，否则必须加设缓步平台，改向平台深度不应小于桥梯宽度，直梯（坡）平台，其深度不应小于1.5m；考虑自行车推行时，不应小于2m。自行车转向平台宜设不小于1.5m的转弯半径。

3.4.5 栏杆扶手应符合下列规定：

3.4.5.1 栏杆高度不应小于1.05m。

3.4.5.2 栏杆应以坚固、耐久的材料制作，并能承受3.1.11条规定的水平荷载。

3.4.5.3 栏杆构件间的最大净间距不得大于14cm，且不宜采用横线条栏杆。

3.4.5.4 考虑残疾人通行时，应在0.65m高度处另设扶手，在儿童通行较多处，应在0.8m高度处另设扶手。

3.4.5.5 梯宽大于6m，或冬季有积雪的地方，梯（坡）面有滑跌危险时，梯、坡道中间宜增设栏杆扶手。

3.5 照　明

3.5.1 天桥桥面、桥梯最低设计平均亮度（照度）应符合下列要求：非繁华地区敞开的天桥不低于0.3nt（≈5LX）；繁华地区敞开的天桥不低于0.7nt（≈10LX）；封闭式的天桥不低于2.2nt（≈30LX）。应合理选择和布设灯具，使照度均匀。

3.5.2 天桥的主梁和道路隔离带上的中墩立面的最低设计平均照度，应与所处道路路面的照度一致。

3.5.3 天桥照明灯具应与所处道路的路灯照明统筹安排。路段上的天桥可用调近路灯间距加高灯杆的办法解决天桥照明。路口的天桥照明应专门设置。天桥的照明不应对桥下车辆驾驶员的视觉造成不良影响。

3.6 结构设计

3.6.1 天桥采用钢筋混凝土、预应力混凝土结构时，应符合现行《公路钢筋混凝土及预应力混凝土桥涵设计规范》（JTJ025）的规定。

3.6.2 天桥采用钢结构及联合梁结构时，除本规范有特殊规定外，尚应符合现行《公路桥涵钢结构及木结构设计规范》（JTJ025）的有关规定。

3.6.3 天桥主体钢结构的钢材宜采用符合现行国标《普通碳素结构钢技术条件》要求的3号（A3）钢。在冬季气温低于−20℃的地区的焊接钢结构宜采用3号镇静钢。

3.6.4 天桥的钢结构应进行各种荷载组合下的强度、稳定、刚度和施工应力验算。同时，应满足构造规定和工艺要求。

3.6.5 天桥的钢结构各部分截面最小厚度（mm）应符合JTJ025规范规定。

3.6.6 天桥主体钢结构的型钢梁、板梁、联合梁等的设计计算、结构与细部构造按第3.6.2条执行。

3.6.7 天桥钢结构的主体结构允许采用箱梁、正交异性板梁、桁架、刚架以及预应力钢结构。这类结构，应在满足3.6.4条规定的条件下参照国家批准的专门规范或有关的规定进行设计，并应注意所选结构有利于养护维修。

3.6.8 天桥为梁式体系时宜采用联合梁结构。

3.7 地基与基础

3.7.1 天桥的地基与基础设计，除本规范有特别规定外，可采用现行的《公路桥涵地基与基础设计规范》（JTJ024）等规范。

3.7.2 天桥的地基与基础，应保证具有足够的强度、稳定性及耐久性。应验算基底压应力、地基下软弱土层的压应力、基底的倾覆稳定和滑动稳定等。有关地基的计算值均不得超过规范的限值。

对基础自身的结构强度、刚度、稳定性计算，视所用材料的不同，应符合本规范3.6和3.7节的规定。

3.7.3 天桥的基础应避开地下管线，其间距必须满足有关管线安全距离的规定；当基础无法避开地下管线时，经与有关单位协商，可采用移管线或骑跨管线的方法。修建天桥后，基础附近不再敷设管线时，可采用明挖浅基础；建桥后，基础附近有敷设管线可能时，宜采用桩基础，并适当加大桩长。

3.7.4 天桥允许采用柔性基础、条形基础、装配式墩的杯口基础等基础结构，并可参照国家有关规范进行设计。

3.8 防水与排水

3.8.1 桥面最小坡度应符合下列要求：

3.8.1.1 天桥桥面应设置纵坡与横坡。

3.8.1.2 天桥桥面最小纵坡不宜小于0.5%，必要时可设置桥面竖曲线。

3.8.1.3 天桥桥面应根据不同类型铺装设置横坡。横坡可采用双向坡，也可采用单向坡，最小横坡值可采用1%。

3.8.2 桥面及梯道（或坡道）排水应符合下列要求：

3.8.2.1 桥面排水可设置地漏，导入落水管；落水管可采用隐蔽布置方式。

3.8.2.2 梯道（或坡道）可采用自然排水方式；为防止行人滑跌，踏步面可做1%～2%的横坡。

3.8.3 桥面防水层应符合下列要求：

天桥桥面铺装层下应设防水层，视当地的气温、雨量、桥梁结构和桥面铺装的形式等具体情况确定防水层做法；采用装配式预制梁板结构时，对结构拼接缝应采取止水措施。

3.9 其他

3.9.1 天桥的墩、柱应在墩边设防撞护栏。

3.9.2 天桥桥墩按汽车撞击力核算桥墩的整体强度和局部应力时撞击力只与永久荷载进行组合。

3.9.3 天桥应按现行《公路工程抗震设计规范》(JTJ004)的要求以及《中国地震烈度区划图》所规定的基本烈度进行设计。天桥的抗震强度和稳定性的安全度应满足本规范组合V的要求。

3.9.4 设在非全封闭路段上的天桥应设交通护栏阻隔行人横穿机动车道。当桥梯口附近有公共交通停靠站时，宜在路中设交通护栏。当桥梯口附近无公共交通停靠站时宜在道路两侧设交通护栏。交通护栏设置范围应与交通管理部门商定。

3.9.5 挂有无轨电车馈电线的天桥，馈电线与天桥间应有双重绝缘设施，天桥应有接地设施。

3.9.6 天桥基础与各地下管线最小水平净距应满足施工、维修和安全的要求，遇特殊困难时需与有关部门协商解决。

3.9.7 天桥上可设交通标志牌或其他宣传牌。任何标志牌或宣传牌均不得侵入桥下道路净空界限，不得侵入桥上行人净空。所设标志牌或宣传牌应安装牢固，不得危及行人和交通安全。

3.9.8 天桥上任何标志牌或宣传牌应与天桥立面相协调，不损害景观。标志牌总长度不得大于1/2跨径。

3.9.9 所有标饰的设置在视觉方面应突出交通标志；严禁设置闪烁型灯光广告。

3.9.10 天桥桥面及梯（坡）道两侧原则上应设置10cm高的地袱或挡檐构造物；快速路机动车道范围，天桥两侧应设防护网罩。

3.9.11 天桥距房屋较近时，应根据需要设置视线遮板，并照顾到该房屋的日照问题。

3.9.12 天桥所用钢结构应慎重选择优质、耐老化的防腐涂料或油漆。

4 地道设计

4.1 荷　载

4.1.1 地道设计荷载分类应符合表 4.1.1 的规定。

荷载分类表　　表 4.1.1

编号	荷载分类	荷　载　名　称
1	永久荷载（恒载）	结构重力
2		预加应力
3		土的重力及土侧压力
4		混凝土收缩及徐变影响力
5		基础变位影响力
6		水的浮力
7	可变荷载	汽　车
8		汽车引起的土侧压力
9		人　群
10		平板挂车或履带车
11		平板挂车或履带车引起的土侧压力
12	偶然荷载	地震力

注：如构件主要为承受某种其他可变荷载而设置，则计算该构件时，所承荷载作为基本可变荷载。

4.1.2 设计地道时，应根据可能同时出现的作用荷载，选择下列荷载组合：

组合Ⅰ：可变荷载（平板挂车除外）的一种或几种与永久荷载的一种或几种相组合；

组合Ⅱ：平板挂车与结构重力、预应力、土的重力及土侧压力中的一种或几种相组合；

组合Ⅲ：在进行施工阶段的验算时，根据可能出现的施工荷载（如结构重力、材料机具等）进行组合；

构件在吊装时，构件重力应乘以动力系数 1.2 或 0.85，并可视构件具体情况作适当增减。

组合Ⅳ：结构重力、预应力、土重及土侧压力中的一种或几种与地震力相组合。

4.1.3 结构物重力及附属设备等外加重力均属结构重力，可按表 3.1.4 常用材料密度表计算。

4.1.4 预加应力可参照第 3.1.5 条进行计算

4.1.5 土的重力对地道的竖向和水平压力强度，可按下式计算：

竖向压力强度　$q_v = \gamma h$　(4.1.5-1)

水平压力强度　$q_H = \lambda \gamma h$　(4.1.5-2)

式中 γ——土的重力密度，kN/m³；

h——计算截面至路面顶的高度；

λ——侧压系数，按下式计算：

$$\lambda = tg^2(45° - \phi/2)$$

ϕ——土的内摩擦角。

4.1.6 混凝土收缩及徐变影响力可参照第 3.1.6 条进行计算。

4.1.7 基础变位影响力可参照第 3.1.7 条进行计算。

4.1.8 水浮力可参照第 3.1.8 条进行计算。

4.1.9 车辆荷载的计算应符合下列要求：

4.1.9.1 车辆荷载引起的竖直土压力

计算地道顶上车辆荷载引起的竖向压力时，车轮或履带按着地面积的边缘向下做 30°角分布。当几个车轮或两履带的压力扩散线相重叠时，则扩散面积以最外边线为准。

4.1.9.2 车辆荷载引起的土侧压力

车辆荷载引起的土侧压力可换算成等代均布土层厚度按第 4.1.5 条土的水平压力强度公式来计算。

4.1.9.3 车辆荷载等级应根据在地道上面的道路使用任务、性质和将来的发展情况参照表 4.1.9 确定。

汽车、平板挂车、履带车的主要技术指标，参照现行的《公路桥涵设计通用规范》（JTJ021）第 2.3.1 条及其表 2.3.1 及第 2.3.5 条及其表 2.3.5 的有关规定。

4.1.10 人群荷载可按 $4kN/m^2$ 计算。

4.1.11 栏杆扶手上的竖向荷载 1.2kN/m；水平荷载 2.5kN/m。两者应分别考虑，且不与其他活载叠加。

城市桥梁设计车辆荷载等级选用表 **表 4.1.9**

城市道路等级 / 荷载类别	快速路	主干路	次干路	支　路
计算荷载和验算荷载	汽车-超 20 级 挂车-120	汽车-20 级 挂车-100 或 汽车-超 20 级 挂车-120	汽车-15 级 挂车-80 或 汽车-20 级 挂车-100	汽车-15 级 挂车-80

注：表列城市道路等级系按“城市道路设计规范的分类划分”执行。小城市中支路根据具体情况也可考虑采用汽车-10 级、履带-50。

4.1.12 地震力可参照现行的有关抗震规范的规定计算。

4.2 建 筑 设 计

4.2.1 总平面设计应符合规划要求，结合当地环境特征、交通状况、人流集散方向等因素进行。地道布局应结合特定的行政文化、体育娱乐、现有人防工程、商业活动地域等因素综合考虑，为远期逐步形成地下步行体系留有余地。

4.2.2 地道进出口是否设顶盖以及顶盖的建筑艺术，应遵循与环境协调的原则。

4.2.3 地道内可按其重要性和功能需要考虑设备、治安、卫生等工作用房。

4.2.4 建筑装修标准应以节约与效果相统一为原则。

4.2.4.1 合理选用装修材料，力求美观与耐久、维护与清洁相统一；宜选用表面光洁、不易沾染油污、耐酸碱、耐洗刷、易修复的材料；不得采用水泥拉毛墙面。

4.2.4.2 地道内的装修材料应采用阻燃材料。

4.2.5 梯道踏步规格同 3.2.6 条。

4.2.6 地道内长度、净宽与净高的比例应符合下列规定：

4.2.6.1 地道长度原则上按规划道路宽度确定，对较长通道或较宽通道应适当加大净高。

4.2.6.2 地道设计宽度应根据设计通行量及地道性质确定。

4.2.7 考虑残疾人使用的建筑标准应按现行《方便残疾人使用的城市道路和建筑物设计规范》（JGJ50）执行。

4.3 结 构 选 型

4.3.1 地道结构体系选择应符合下列原则：

4.3.1.1 应满足使用要求和交通发展的需要，根据施工环境、交通条件、施工期限、施工条件和投资可能，结合施工工艺进行综合技术经济比较，选择结构体系。

在交通繁忙地区宜选择影响交通较少的暗挖工法及相应结构。

4.3.1.2 应根据水文、地质条件，按有利于结构安全和结构防水的原则进行选择。

4.4 梯（坡）道、平台与进出口

4.4.1 梯道、手推自行车及童车坡道的坡度应符合下列要求：

4.4.1.1 梯道坡度不应大于 1∶2。

4.4.1.2 手推自行车及童车的坡道坡度不应大于 1∶4。

4.4.2 残疾人坡道设置条件同 3.4.3 条。

4.4.3 雨水较多地区和有需要时，可设顶盖。

4.4.4 梯道休息平台的规定同 3.4.4 条。

4.4.5 扶手高度应符合下列要求：

4.4.5.1 扶手高度自踏步前缘线量起不宜小于 0.80m。

4.4.5.2 供轮椅使用的坡道两侧应设高度为 0.65m 的扶手。

4.4.5.3 增设中间扶手规定同 3.4.5.5 条。

4.5 照 明 通 风

4.5.1 地道通道及梯道地面设计平均亮度（照度）不得小于 2.2nt（≈30LX），应合理布设灯具，使照度均匀；地道进出口设计亮度（照度）不宜小于 2.2nt（≈30LX）。

4.5.2 灯具距地面的高度不宜小于 2.2m。当灯具低布时，必须采取防护措施。

4.5.3 地道照明电线的布设和配电箱宜考虑全部灯具照明、部分灯具照明、少量灯具深夜长明等不同要求，以节约用电。

4.5.4 地道主通道长度小于等于 50m 时，采用自然通风。

4.5.5 地道内应根据需要设置应急电源及应急照明装置。重要地道可考虑双路电源。

4.6 钢筋混凝土及预应力混凝土结构

4.6.1 地道的钢筋混凝土、预应力混凝土结构除应符合本规范规定外，尚应符合现行的《公路钢筋混凝土及预应力混凝土桥涵设计规范》（JTJ—023）的规定。

4.6.2 为行车平稳，地道上机动车行驶部分的覆盖层厚度宜大于 30cm。覆盖厚度大于或等于 50cm 的地道不计汽车荷载的冲击力。

4.6.3 地道可沿纵向取一单位宽度作平面结构（刚架、部分铰接的刚架、拱等）计算，计算中应考虑车辆在地道上和在地道一侧填土上使平面结构控制截面产生不利效应的各种工况。

4.6.4 地道应根据其纵向的刚度和地基土的情况进行分段。每段长度不宜大于 20m。地道各段间以及地道与门厅间应设置止水型沉降缝。

4.6.5 地道采用暗挖法、盖挖法、管棚法等工法施工时，应考虑所有施工阶段和体系转换过程的施工验算，确保施工和使用阶段的结构安全，并应满足有关地下工程规范的规定。

4.7 地 基 与 基 础

4.7.1 地道的地基与基础，可采用现行的《公路桥涵地基与基础设计规范》（JTJ024）

4.7.2 地道的基础应置于原状土层上。地基差时可采用置换地基土或进行地基加固。

4.8 防水与给排水

4.8.1 地道防水应符合下列要求：

4.8.1.1 地道防水按一级防水标准设计，即不应有渗水，围护结构无湿渍。

4.8.1.2 地道防水宜采用防水混凝土自防水结构，并根据结构与施工需要设置附加防水层或采用其他防水措施。

4.8.1.3 当地道设置变形缝、施工缝时，应采取加强措施，以满足防水、防漏要求。

4.8.1.4 地道的其他防水要求应符合现行《地下工程防水技术规范》（GBJ108）的规定。

4.8.2 地道排水及泵房设置应符合下列规定：

4.8.2.1 地道内排水应设置独立的排水系统。凡能采用自流方式排入地道外的城市排水管道的，应采用自流排水；否则需设置泵房，排水设计应符合现行的《给水排水工程结构设计规范》（GBJ69）和《室外排水设计规范》（GBJ14）的规定，也可采取其他排水措施。

4.8.2.2 地道内地面铺装层应设置横坡，必要时也可同时设置纵坡与横坡，以利排水。最小横坡值宜采用 1%。

4.8.2.3 对于进出口未设置雨棚建筑的地道，除地道内铺装层设置纵横坡外，地面铺装两侧应设置排水边沟，并盖以格栅。

4.8.2.4 梯道踏步排水方式同 3.8.2.2 条。

4.8.3 进出口应有比原地面高出 0.15m 以上的阻水措施，视当地地面积水情况定。

4.8.4 地道内应设置给水，供地道冲洗用。

4.9 其　他

4.9.1 地道应按现行《公路工程抗震设计规范》(JTJ004) 进行设计并设防。

4.9.2 地道附近交通护栏的设置原则、位置、范围，与天桥的第3.9.4条相同。

4.9.3 人行地道的主通道宜采用埋深浅的结构，也可将进出口设在分隔带内，以便在非机动车道敷设管线。地道与各地下管线的最小水平净距与第3.9.6条同。

4.9.4 地道出入口以及地道内应根据需要设置导向牌；所有宣传性标志牌的设置不得妨碍地道通行能力。

5 施　工

5.1 一 般 规 定

5.1.1 天桥与地道施工应注重安全、优质、快速、文明，做到不影响或少影响当地交通。精心施工，保证质量。

5.1.2 施工前应对地下管线及地下设施做充分调查核实，确认其种类、埋深、位置、尺寸，并同这些管线、设施的主管部门现场核对，协商施工前、后的处理方法。

5.1.3 施工前应对施工地点现有交通做调查统计，与交通管理部门共同商定施工期间交通管理的方式和措施；商议时需与施工方法、施工机械的配置方案一并研究。

5.1.4 施工前应对施工地点的环境做细致调查，在决定施工方案时应减少对当地环境的尘土、噪音、振动等污染。

5.1.5 施工现场应有必要的围挡，确保行人、车辆通行安全，且有利于工地维持整洁。

5.1.6 施工挖掘过程要注意土体稳定和地面沉降问题，应有量测监控，随时监视可能危及施工安全和周围建筑安全的动态，并有应急措施。

5.1.7 天桥与地道的施工除本规范规定的外，尚应符合现行《公路桥涵施工技术规范》(JTJ041)、《市政桥梁工程质量检验评定标准》(CJJ2) 和《混凝土强度检验评定标准》(GBJ107) 的有关规定。

5.1.8 所用主要材料应符合现行国标、行标和本规范的规定。

5.2 基 础 工 程

5.2.1 开工前应做好给水、排水、电力、电讯、煤气、热力等管线的拆迁或加固。

5.2.1.1 天桥或地道开工前应再次核实工程范围内各种管线和结构物的资料。

5.2.1.2 天桥或地道基础开槽施工遇有地下管线时，应根据管线的重要性，考虑迁改或加固过程中管线所受影响以及技术经济因素，做全面衡量后确定处理措施。

（1）仅在天桥、地道基础施工期间有矛盾、竣工后并无矛盾的情况下可按如下加固措施进行处理：

1）采用临时支架的办法，等工程完工后，管线仍可保持原有位置；

2）采用钢筋混凝土包封加固，混凝土强度不应低于C20级，包封的结构尺寸及配筋应根据结构计算确定；

3)采用做盖板沟保护的办法，在管缆两侧砌沟墙上面加盖板。

（2）在条件许可时，可采用局部改线的办法。

5.2.2 开挖基坑前应详细调查基坑开挖对附近建筑物安全的影响，并应采用相应预防措施。基坑顶有动载时，坑顶与动载间至少应留有1m宽的护道，若工程地质和水文地质不良或动载过大，应加宽护道或采取加固措施。

当坑壁不能保证适当稳定坡角时，基坑壁应采用支撑护壁或其他加固措施。

5.2.3 做好征地、拆迁树木移植、砍伐等的申报及协商工作。

5.2.4 做好交通临时管理措施（包括改道或建临时便线）的申报协商安排。

5.2.5 基坑顶面应设置防止地面水流入基坑的措施。

5.3 构件制作

5.3.1 钢筋、混凝土材料的加工、制作、质量标准及验收等应符合现行的《市政桥梁工程质量检验评定标准》（CJJ2）和《公路桥涵施工技术规范》（JTJ041）的有关规定。

5.3.2 天桥主梁构件浇筑或预制时，应确保设计规定的预留拱度。

5.3.3 分段预制时，应考虑构件分段长度、宽度、重量、现场临时支架位置、拼接难度及工期等因素。

5.4 运输吊装

5.4.1 天桥和地道预制构件的运输与吊装应按现行的《公路桥涵施工技术规范》（JTJ041）的有关规定执行。

5.4.2 运输吊装前应制定技术方案，对构件吊装方法、沿途道路障碍处理措施、交通疏导、现场的杆线和电车馈线停运与恢复时间及协作配合的指挥方式、安全措施等都应有安排。

5.4.3 安装分段预制的梁、组合梁、分段预制经体系转换而成的连续体系或空间结构，应制定技术方案和相应的施工验算，使最后形成的结构的内力、高程、线型与设计相符。

5.5 附属工程

5.5.1 天桥与地道各梯（坡）道口地面铺装工程应与附近原步道铺装相协调，尤其在高程和坡度方面应方便行人。

5.5.2 天桥与地道竣工时应同时完成各种交通标志的施工安装以及全部配套交通护栏工程。

5.5.3 天桥与地道主体结构施工部门应与有关部门做好照明、通讯、电力、煤热、上下水、绿化及其他附属工程的施工配合。

5.5.4 天桥施工与电车架空线有配合关系时，施工部门应与公交部门密切合作，确保双方的工程安全和人身安全。架空电线需悬挂在桥体上时必须设置绝缘装置。

附录A 本规范用词说明

A.0.1 对执行条文严格程度的用词采用以下写法：

（1）表示很严格，非这样做不可的用词：

正面词采用“必须”；

反面词采用“严禁”。

（2）表示严格，在正常情况下均应这样做的用词：

正面词采用“应”；

反面词采用“不应”或“不得”。

（3）表示允许稍有选择，在条件许可时首先应这样做的用词：

正面词采用“宜”或“可”；

反面词采用“不宜”。

A.0.2 条文中应按指定的其他有关标准、规范的规定执行，其写法为“应按……执行”或“应符合……要求（或规定）”。

如非必须按指定的其他有关标准、规范的规定执行，其写法为“可参照……”。

附加说明

本规范主编单位、参加单位和主要起草人名单

主编单位： 北京市市政工程研究院

参加单位： 上海市城市建设设计院

广州市市政工程设计研究院

北京市市政专业设计院

主要起草人： 石中柱 李坚 张靖 方志禾

欧阳立 许平 罗景茂 史翠娣 范良

中华人民共和国行业标准

城市人行天桥与人行地道技术规范

CJJ 69—95

条 文 说 明

前 言

根据建设部建标［1990］407号文的要求，由北京市市政工程研究院主编，上海市城市建设设计院、广州市市政工程设计研究院、北京市市政专业设计院等单位参加共同编制的《城市人行天桥与人行地道技术规范》(CJJ69-95)，经建设部1996年3月14日建标［1996］144号文批准，业已发布。

为便于有关人员使用本规范时能正确理解和执行条文规定，《城市人行天桥与人行地道技术规范》编制组按章、节、条顺序，编制了本《条文说明》，供国内使用者参考。在使用中如发现本《条文说明》有欠妥之处，请将意见直接函寄北京市百万庄大街3号，北京市市政工程研究院《城市人行天桥与人行地道技术规范》管理组（邮编100037）。

本《条文说明》由建设部标准定额研究所组织出版，仅供国内使用，不得外传和翻印。

目　　次

1　总　　则

1.0.1　随着经济建设的发展，我国城市交通日趋发达，为提高城市路网的通行能力，确保行人过街安全、方便，城市人行天桥与地道的建设日益增多。已有经验表明，这种人行过街设施对提高车辆运行速度、实现人车争流、改善交通拥挤状况、提高城市居民步行质量等有良好交通和社会效益，因而越来越受到城市建设部门的重视。为使人行过街设施建设有章可循，避免盲目性，并能以最低的投入取得最佳效果，特制定本规范，以统一标准。

1.0.2　本规范适用于城市道路的人行过街设施，原则上也可供修建郊区公路上的人行天桥、地道时参考，厂矿及居住区的天桥与地道建设可参照使用。

但因车站、码头、航空港以及大型公共场所的内部人行天桥或地道设施在人流、荷载、建筑等方面有特殊性，故不在本规范适用范围之内。

1.0.3　由于天桥、地道一般都在市区，人流与交通繁忙，设计与施工时应该注意满足一些基本要求，使这类工程能在各个方面满足功能需要，方便行人和当地居民，为城市建设带来最大限度的社会和经济效益。

人行过街设施在城市建设项目中是小项目，但因为它直接为万千群众所使用，因而最易对群众产生影响，并受到评论。为此，天桥地道的设计与施工必须认真对待。

2 一般规定

2.1 设计通行能力

2.1.1 人行天桥与地道的设计通行能力，80年代北京采用3000P/（h·m），上海、广州采用2500P/（h·m）。为了与现行的《城市道路设计规范》（CJJ37-90）一致，所以天桥与地道采用2400P/（h·m）；车站、码头前的天桥、地道为1850P/（h·m）。

2.2 净 宽

2.2.1 根据现行的《城市桥梁设计准则》、现行的《城市道路交通规划设计规范》和有关资料，一条人行带的标准宽度为0.75m，而车站、码头区域内，因人力运输较多，故其人行带宽度取0.9m。

2.2.2 因行人在通道上的步速大于梯道上攀登的步速，天桥与地道的梯（坡）道净宽应与通道相适应，且不应少于通道的人行带数。梯（坡）道净宽应大于通道净宽，与《城市道路设计规范》（CJJ37）相一致。

2.3 净 高

2.3.1.2 跨铁路天桥桥下净高按现行的《标准轨距铁路建筑限界》（GB146.2）规定与现行的《城市道路设计规范》一致。

2.3.1.3 桥下为非机动车道，一般桥下最小净高取3.5m，与现行的《城市道路设计规范》（CJJ37）相一致。但当两侧建筑物内驶出的普通汽车需经天桥下非机动车道进出机动车道时，桥下净空取4.0m，不考虑电车和集装箱车，只考虑普通汽车，是从实际出发。

2.3.2.1 地道通道的最小净空为2.5m，与现行的《城市道路设计规范》（CJJ37）一致。

2.3.2.2 最小垂直净高为2.4m，是按地道通道最小净高为2.5m和梯道坡度为1：2～1：2.5，与现行的《城市道路设计规范》（CJJ37）一致。极限净高2.2m与现行的《建筑楼梯模数协调标准》（GBJ162）规定一致。

2.4 设计原则

2.4.1 天桥与地道工程一般属永久建筑，建成后一般不轻易改建，因此在规划布局时，必须与城市道路网规划相一致，而且要适应交通需要才能较好起到应有作用。故应遵照本规范并参照有关道路交通规划设计规范的具体规定来规划天桥与地道。

2.4.1.6 在人流集散时间集中，对顽童、学生等需要倍加保护的地方，例如小学、中学校门口等，可设专用过街设施。

2.4.2 天桥和地道各具优缺点。天桥具有建筑结构简单、工期短、投资较少、施工较易、施工期基本不影响交通和附近建筑安全、与地下管线的矛盾较易解决、维护方便等优点，但是在与周围环境协调问题上要求较高，特别是附近有文物、重要建筑时更不易处理；其次是过街者一般不愿意走天桥，建天桥也常给道路改造带来困难，并且可能与将来修建立交桥和高架桥发生矛盾。地道的优点是与附近景观没有矛盾，净高比天桥要少些，一般与道路改造矛盾较少。但地道一般须设泵站排水，结构比较复杂，施工较难，影响交通，工期长，造价高，与地下管线矛盾较难处理，建成后还要专人管理，管理和维护费用大。因此在总体设计时，应对天桥与地道做详细全面的比较。

2.4.3 掌握使用者的动态是进行人行天桥或地道规划设计时的重要依据，应进行交通量调查、行人交通流动线规划等工作，然后具体确定天桥或地道的方案，平面布局合理组织人流，疏导交通。

2.4.4 城市道路两侧建筑比较复杂，要与周围环境协调，要不因建造天桥而破坏附近建筑，特别是文物和重要建筑的景观。而地道最易遇到与地下管线、地下构筑物的矛盾，要不因为建造地道而使地下管线或构筑物拆迁太多，造成工程造价过大。

在路上交通复杂，人与车、车与车、人与人都产生交织矛盾，要找出交通矛盾的主要方面，比较选择出效益好的交通设施（天桥、地道或立交桥），同时还要考虑建筑艺术，以求最大综合效益。

2.4.5 天桥与地道虽然是过街行人的安全设施，但是走天桥与穿地道，一般都较费力，行人不太乐意，因此要采取必要的方便行人、诱导行人以及带一定强制性的措施，如将公交车站与天桥或地道出入口相结合，在出入口各端道路的人行道边缘，用一段相当长的栏杆与车行道隔离，强制过街行人走天桥或穿地道等。

2.4.6 建造天桥或地道工程，主要是消除人流对交通干扰，以利机动车在车行道上连续通行，并使过街者得以安全过街。但是建造天桥或地道中须占用地面，尤其是升降设施占地面积较多，主要是占用人行道和妨碍附近建筑及出入口的交通，故应尽量减少占地，有条件的应充分利用邻近公共建筑设置升降设施。

2.4.7 天桥或地道工程一般都建立在交通繁忙、人流密集的地区，在施工期间一般都不能中断交通。因此天桥地道必须采用有利于快速施工的结构和施工工艺。

2.4.8 人行天桥不同于一般桥梁，它是当地行人和附近居民接触最频繁的建筑物，人们在近距离内看到它的机会很多，故应使人行天桥具有远观和近视美，把人行天桥的建筑造型与周围环境相协调，溶于周围环境之中。其次还要考虑天桥的色彩和铺装，不使天桥在现代化建筑或其他优美典雅建筑的对比之下，相形见绌。

2.4.9 商场、文体场（馆）、地铁站等大型人流集散点的行人很多都需要横过道路到其他地方去进行购物文娱等活动。因此，如在这些地方规划人行天桥，并与各场馆出入口联结，就能有效地将行人迅速集散到各目的地，减少行人上下桥梯的次数。

2.5 构 造 要 求

2.5.3 桥梁上部结构设置预拱度是为了补偿结构重力挠度，同时要求在无荷载时有拱度，以增加舒适感和美观，所以预拱度采用结构重力挠度加静活载挠度。对于连续梁的预拱度，应在结构重力作用下足以抵消结构重力产生的挠度，使桥面保持平顺。

当由静载和静活载产生的挠度不超过跨径的1/1600时，因天桥变形很小，可不设预拱度。

对于预应力混凝土桥梁，设置预拱度时要考虑预加应力引起的反拱值。反拱值的计算应用材料力学公式，刚度采用未开裂截面的$0.85E_nI_0$。此外，I_0为换算截面惯性矩，即把配筋的因素考虑在内。

2.6 附 属 设 施

2.6.1.2 该条是根据交通管理部门的有关车辆载物规定而定的。其规定如下：

（1）大型货车载物高度从地面起不准超过4m。

（2）小型货车载物高度从地面起不准超过1.5m。

（3）后三轮摩托车、电瓶车和三轮车载物高度从地面起不准超过2m。

（4）机动车的挂车载物高度不准超过机动车载物高度规定（大型拖拉机的挂车不准超过3m，小型拖拉机的挂车不准超过2m）。

（5）人力货车载物高度从地面起不准超过2.5m。

（6）自行车载物高度从地面起不准超过1.5m。

2.6.4 条文中所说的“架空线距桥面不足安全距离”是指最低线条（最大弧垂时）至桥面的最小垂直空距或最小间距。

3 天桥设计

3.1 荷　　载

3.1.1 关于荷载的分类，本规范仍按《公路桥涵设计通用规范》(JTJ021)，将恒载、人群荷载及其影响力、其他荷载和外力，按荷载的性质和可能发生的机率，划分为永久荷载、可变荷载（基本可变荷载和其他荷载）和偶然荷载3类。永久荷载是经常作用的数值不随时间变化或变化很微小的荷载（相当于以往习惯称呼的恒载）；可变荷载的数值是随时间变化的，按其对天桥结构的影响，又分为基本可变荷载（相当于以往惯称的活载）和其他可变荷载两类；偶然荷载作用的时间是短暂的，或者是属于灾害性的，发生的机率很小。

混凝土的收缩和徐变影响力在混凝土结构中是必然产生的，而且是长期作用的；水的浮力对结构也是长期作用的，只要地基透水，必然产生浮力。因此，本规范也仍按《公路桥涵设计通用规范》(JTJ021) 将此两项作用力列为永久荷载。

根据设计实际需要和工程实际出现的情况，将基础的变位影响力也列入永久荷载中。因为基础一旦发生变位后再回不到原来位置，它的作用力也是永久的。

地震力和汽车撞击力发生的机率小，故列为偶然荷载。

对于超静定结构，必须考虑温度变化产生的变形和由此引起的内力，它的大小应根据当地具体情况、结构物使用材料和施工条件等因素而定，本规范将它列为其他可变荷载。

3.1.2 荷载组合是关系到人行天桥经济与安全的重要问题，它涉及到多种因素，主要有：(1) 荷载的性质及其出现的机率；(2) 建桥地点的地质、水文、气候等条件；(3) 结构特性。因此在设计过程中，应加强调查研究工作，根据实际情况进行综合分析，把可能同时出现的各种荷载合理地加以组合。根据各种荷载同时发生的可能，本节对荷载组合做了5种规定。这几种规定，只指出了荷载组合要考虑的范围，其具体组合内容，尚需由设计者根据实际情况确定，规范不宜规定过死。

3.1.3 我国在设计公路桥涵时，人群荷载一般规定为3kPa，城、近郊区行人密集地区一般为3.5kPa，日本《立体过街设施技术规范》规定设计桥面板时为5kPa。考虑到我国人口特点以及桥面人群分布的不均匀性，本规范规定桥面板的人群荷载按5kPa取用。

设计公路桥涵时，当行人道板为钢筋混凝土板时，应以1.2kN集中竖向力作用在一块板上进行验算。而城市人行天桥常常地处人流密集的商业繁华地区，因此本规范规定取1.5kN集中竖向力作用在一块板上进行验算。

3.1.4 结构物重力可按照结构物实际体积或设计时所假设的体积及其材料的密度进行计算。

3.1.6 混凝土收缩的原因主要是水泥浆的凝缩和因环境干燥所产生的干缩。混凝土收缩有下列规律：

1. 随水灰比增长而增加；
2. 高标号水泥的收缩较大，采用某些外掺剂时也会加大收缩；
3. 增加填充集料可减少收缩，并随集料的种类、形状及颗粒组成的不同而异；
4. 收缩在凝结初期比较快，以后逐渐缓慢，但仍继续很长时间；
5. 环境湿度大的收缩小，干燥地区收缩大。

对于静不定结构（如拱式结构、框架等）和联合梁等，必须考虑由于混凝土收缩变形所引起赘余力的变化和截面内力的变化。但对于地道，此项影响力不大，一般可略去不计。

分段浇注的混凝土结构和钢筋混凝土结构，因收缩已在合拢前部分完成，故对混凝土收缩的影响可予酌减，拼装式结构也因同样理由予以酌减。

混凝土的收缩应变值，根据建筑科学研究院 1963 年试验资料，50 号水泥拌制的 30 号混凝土，水灰比 0.4，空气相对湿度 93%～32%，210d 的收缩系数为 0.000308（混凝土温度每变化 1℃的胀缩系数为 0.00001），故相当于降温 30.8℃。当采用高标号水泥，且水灰比大或养生条件差时，可根据实测或经验确定，取用较上述收缩系数更大些的值。

3.1.7 在连续梁或刚架结构等超静定结构桥梁上，由于地基沉降等引起结构物基础下沉、水平位移或转动而使构件应力增大，故做了此条规定。

对于混凝土和钢筋混凝土桥，如果不考虑徐变影响进行计算时，可将变位内力计算值的 50%作为设计截面力。但对于最初就考虑徐变影响的精确计算，则不受此规定限制。

钢桥按弹性理论所求得的截面力就是设计截面力。

墩高与梁跨长比很小的刚架结构，由于支点位移和转动在一些部位要引起大的应力，因而要特别注意。计算支点位移影响的内力时，容许力不能提高（即安全系数不能降低）。

3.1.8 水浮力为作用于建筑物基底面的由下向上的水压力，等于建筑物排开同体积的水重力。水浮力与地基的透水性、地基与基础的接触状态及水压大小（水头高低）和漫水时间等因素有关。

对于透水性土，如砂类土、碎石类土、粘砂土等，因其孔隙存在自由水，均应计算水浮力。粘土属非透水性土，可不考虑水浮力。由于水浮力对桥墩的稳定性不利，故在验算桥墩稳定时，应按设计频率水位计算；计算基底应力及基底偏心时，按常水位计算或不计浮力，这样考虑比较安全、合理。

完整岩石上的基础，当基础与基底岩石之间灌注混凝土且接触良好时，水浮力可以不计。但遇破碎的或裂隙严重的岩石，则应计入水浮力。作用在桩基承台座板底面的水浮力应予考虑，但管桩下沉嵌入岩层并灌注混凝土者，须扣除管柱截面。管柱亦不计水浮力。

计算水浮力时，基础襟边上的重力应采用浮容重力，且不计襟边上水柱重力。浮容重 r' 按下式计算：

$$r' = \frac{1}{1+e}(r_0 - 1)$$

式中 e——土的孔隙比；

r_0——土的固体颗粒密度，一般采用 $27kN/m^3$。

3.1.9 风力对天桥的稳定和强度有一定的影响，特别在我国东南沿海地区，因受台风袭击，容易造成结构破坏，故在设计天桥时必须考虑这一因素。

作用于天桥上的风力，可能来自各个方向，而以横桥轴方向最为危险，故通常按横桥向的不平风力计算。上部构造，除桁架式上部构造应计算纵向风力外，一般不计纵向风力。桥墩应计算纵向风力。风对于桥面的向上掀起力，也应予以考虑。

纵向风力的计算方法：对梁式桥上部构造，由于纵向迎风面积很小，一般不计算。桁架式上部构造的纵向风压按横向风压的 0.4 倍计算。斜拉桥塔架上的纵向风压取值与横向风压相同。桥墩纵向风压强度为横向风压强度的 0.7 倍。

3.1.10 用各种材料修建的天桥，在温度变化影响下，都要产生变形。对于简支梁、连续梁等桥墩结构，因为有活动支座和伸缩缝准其自由伸缩，因而温度变化在结构内部不产生应力。对于拱、刚构等，因温度变化产生的变形受到约束，结构内部要产生附加应力，设计时必须考虑。

温度每升高或降低 1℃，单位长度构件的伸长或缩短量称为材料的膨胀系数。本规范列出了几种主要材料的线胀系数。

钢材由于具有较好的导热性能，对温度变化敏感，所以本规范按建桥地区的最高、最低气温采用。砖、石、混凝土和钢筋混凝土，对温度变化的敏感性较差，导热慢，故按建桥地区的最高、最低月平均气温采用。我国多数地区最高月平均气温是 7 月，最低月平均气温是 1 月，所以可按 7 月和 1 月的平均温度采用。

结构的温度变化，应从结构物合拢时起算，设计时应按当地实际情况确定合拢温度。

3.1.11 一般公路桥梁人群作用于栏杆上的水平推力规定为0.75kN/m，日本《立体过街设施技术规范》规定，作用于高栏顶部的水平力定为2.5kN/m，不增加允许应力。根据日本经验和我国的经验教训，本规范规定人群作用于栏杆上的水平推力为2.5kN/m，施力点在栏杆柱顶高度。

3.1.13 天桥墩柱时常有设置在道路分隔带上或离路缘较近的情况，因而有被汽车撞击之虞。为确保天桥不致因汽车撞击其墩柱而导致桥毁人亡、阻塞交通的事故，在上述墩柱周围有必要设置刚性防撞墩，以减轻被撞的损坏程度及汽车的毁坏程度。

根据交通部颁布的《高速公路交通安全设施及施工技术规范》(JTJ074—94）及条文说明，我国公路上10t以下中、小型汽车约占总数的80％，10t以上大型汽车占20％，主流车型是解放、东风等货运汽车。因此，计算撞击力的撞击车重力取100kN。又据统计，国产车平均最高车速为80km/h，一般撞击车速取其80％，即按64km/h计。由于本条文主要针对天桥安全，因此在建议值中汽车重力按150kN计，撞击速度按22.2m/s计。在没有试验资料时，撞击时间按《公路桥涵设计通用规范》的建议值1s计。

3.2 建筑设计

3.2.1 说明了天桥设计图纸表达要求，提出了天桥设计的建筑设计质量，进一步重视了天桥的总体线型设计及天桥的造型设计。

主要说明了有关天桥建筑设计的总体构思要素、天桥桥体的设计依据、设计深度。

3.2.2 人行天桥可用于旧城道路改造，提高道路通行能力，同时也可用于新建交通设施的跨线交通。条文中说明天桥设计的原则，既要注重传统历史文化的保存与改造，又要在设计中不拘泥传统，创出时代风貌，同时也说明天桥建筑造型与周围环境的关系，与不同地域的气候条件有关。

3.2.3 广告牌是环境艺术的重要部分，但必须统一规划设计，统一管理，否则会造成对环境的污染，造成城市环境景观的混乱。

3.2.4 说明建筑装修与周围环境的关系，装修在市政设施中不是主要手段，装修应该注重与环境的关系，应该与节约投资相统一。

3.2.5 提出的数据均为实践运用的经验数据，行车舒适的梯道应具有良好的攀登效率，并不是越平缓越好，条文规定几种不同使用功能坡度的控制值及踏步高宽比关系式，应用较普遍，且为一些国家的建筑规范所采用。目前国内有些梯道带坡道的人行天桥，因高宽比不符合人的跨步距离，行走不舒服，应引起注意。

3.3 结构选型

3.3.1 条文中有关意图简述如下：

工程性质：天桥工程具有很强的目的和功能特性，它的作用应该表现在能改善人车混杂交通的混乱状态，解决机动车得以继续通行和提高机动车的车速，消灭交通事故，保障行人过街的安全。所建天桥不致引起交通矛盾的转化，不因建桥而破坏周围环境或妨碍新建筑物的立面和今后建立交桥及道路改造的总体布局等。

环境特征：要使天桥结构体系与周围环境相协调，则要研究该地区的总体规划环境特征和现状条件。

不同地区城市建筑均有不同的特征和风格，人行天桥总体布置（包括平面、立面、横断面的布置）及结构体系的选择的关键问题是与城市环境的关系问题，城市环境的形成是一个长期积累和发展的过程，其风格和特征常常表现了一个城市的文化背景和传统习俗，城市环境所有的建筑和色彩是由该地区的风土人情所决定的，因此人行天桥不仅要改善城市交通问题和步行质量，而且还要与城市环境特征和人们的生活习俗相结合，才会被人们所接受和喜欢，并真正成为城市环境中不可缺少的因素。

道路平面：可分为直线形、三叉路口、十字交叉路口、复合（畸形）交叉口等，故天桥的平面布置大致有如下几种：①处在非交叉口的直线形道路一般采用一字形；②三叉路口有一字形、L

形、∩形、Y形、△形、圆形等；③十字交叉口有一字形，L形、□形、X形、I形、正方形、菱形、圆形等；④复合（畸形）交叉口有一字形、圆形、S形、梯形、弧线形等。

道路横截面组成部分有车行道和人行道、绿化隔离带及道路周围的公用设施和空地等。

道路竖向则有平坦地形及起伏地形等。

根据道路性质应区别对待，如在主干道、快速干道和繁华商业街上建天桥，则应采用简洁的结构形体，明快的建筑处理，使天桥轻盈而挺拔，并与现代化的交通设施在风格上相统一，商业街的天桥结构形式必须充分考虑并把握建筑环境的风格、形象特征、空间形态、色彩轮廓及细部处理等因素。

要考虑交通状况和行人状况，不仅要与目前交通相一致，同时还应注意规划和发展的趋势。

3.3.2 我国目前已建的天桥结构造型设计基本遵循本条所述原则进行。

3.3.2.2 如广东省中山市中山路、孙文路交叉口天桥位于中山市进出口主要干道，天桥的规模较大，采用矩形空间刚架结构，造型美观、轻巧、通透，桥孔布置及主桥上下结构三维比例适宜，（跨径为4m×40m，跨中高跨比为1/44），结构均衡稳定，线条圆顺而有力，桥下净空开阔，与周围环境协调，为当地街景增添景色，达到建筑结构功能完善，结构受力合理，造型美观轻巧，结构精炼富有创新精神，进入桥区给人以美的享受。

3.3.2.3（1） 如上海市南京路石门路人行天桥设计是一个使用功能与环境形态结合考虑得很好的例子，该天桥所处的交叉口是由K字形组成的复合形状，在转角处都以弧形形态转折，天桥整体设计考虑了环境和建筑形态的特征，以S形的弧形曲线使原来并无联系的多个交叉口组成了一个完整的整体。

3.3.2.3（2） 交叉口空间：即道路交叉口由建筑物所围合的空间，其空间特征是由交叉口建筑界面的形式及道路散口的大小来决定的。

当交叉口空间较小时，不宜采用扩展性的天桥形式，如十字形，应采用方形或圆形等闭合型较合适。如上海南京路西藏路人行天桥，采用椭圆形的形式达到较好的效果，同时将楼梯与周围建筑综合考虑，使通过天桥与购物观赏活动及休息结合起来，深得行人的好评，同时也增加了商场的营业额。

当交叉口空间较大时，空间显示了一种明朗和自由的开放感，人行天桥采用十字形，其四翼向开敞空间充分伸展和扩张，并同其造型结构所具有轻盈通透交织在一起，使其和环境相协调。

当交叉口开阔空间四周的建筑具有较为一致的风格特征，整个环境具有一种整体感时，此时采用闭合型天桥形式比较合适。

3.3.3 在条件许可时，天桥结构可尽量选用钢筋混凝土或预应力混凝土结构。

普通钢筋混凝土结构易于就地取材，耐久性好，刚度大，具有可模性等优点，适用范围非常广泛，当采用标准化、装配化的预制构件时更能保证工程质量和加快施工进度。预应力混凝土结构可使高强钢材和高标号混凝土的高强性能在结构中得到充分利用，降低结构自重，增大跨越能力。从我国广州、上海已建的天桥情况调查资料可以看出，天桥跨径在25m以上基本采用钢结构，20m以下有采用钢筋混凝土简支梁结构，20～25m（个别到29m）采用钢筋混凝土连续梁及双悬臂梁结构。1988年7月广州解放北路中国大酒店门口的天桥采用Y形钢筋混凝土空间刚架结构，广州的人行天桥从1985年后钢筋混凝土结构越来越广泛地被采用。

预应力混凝土结构与钢结构相比，要求施工场地开阔，施工队伍技术力量强，施工张拉设备、吊装设备要齐全，施工期限长。但预应力混凝土结构能适应大跨度的要求，维修工作量小，因此条件许可时仍应尽量选用，并做技术经济比较。

3.3.4 桁架结构天桥外形比较庞大，必须对其做建筑处理，使之与周围环境相协调，桁架结构的天桥在国外采用较多，在国内目前仅北京崇文门天桥和上海共和新路天桥等少数地方采用。这种结构跨越能力大，便于加顶棚。

3.3.5 作为人行天桥，悬索结构的振动特性常会给行人造成不舒适感，因而在做方案比较时应与具有相似跨越能力和立面效果的斜拉桥方案进行对比分析。近代在桥梁工程中斜拉桥得到了很大发展，在结构稳定性方面比悬索桥更具有优越性。斜拉桥斜张结构构思合理，轮廓悦目，结构简洁，结构组合变化多样，跨越能力大。对于人行天桥这种特殊桥梁来说，在条件许可和有此必要时可考虑选用此种结构形式。

目前国内在重庆市建造了第一座人行斜拉桥，在国外第一座人行斜拉桥建在德国跨越斯图加特的席勒力街上，近年来在日本建造了多座人行斜拉桥。

3.6 结构设计

3.6.1 人行天桥的工作条件介于建筑与公路桥之间，在《城市桥梁设计规范》公布之前，本规范应以现行《公路钢筋混凝土及预应力混凝土桥涵设计规范》(JTJ023) 为标准。

承载能力极限状态设计法是以塑性理论为基础的，是指天桥结构达到极限承载能力，结构整体地或部分地丧失稳定性，在重复荷载作用下结构达到疲劳极限。避免出现这种极限状态是天桥结构安全可靠的前提，所以对天桥结构应进行承载能力极限状态计算。具体地说就是要进行结构强度、稳定性和疲劳计算。但公路上钢筋混凝土及预应力混凝土梁，不考虑重复荷载的疲劳影响，这是因为公路上的钢筋混凝土桥梁，尤其是预应力混凝土桥梁，其结构重力所占荷载比例很大，活载引起的疲劳影响较小，公路桥梁上通过的荷载不如铁路桥梁列车那样具有规律性振动。同样，钢筋混凝土和预应力混凝土人行天桥也不考虑重复荷载作用下的疲劳影响。

所谓正常使用极限状态是指结构在使用期内产生过大的变形或裂缝出现过早、开展过宽，从而使桥梁不能正常使用。因此，应根据桥梁结构的具体使用要求对其变形、抗裂性及裂缝宽度进行验算，以控制天桥在使用期间能正常工作。对于天桥设计，具体地说要进行以下内容验算：

(1) 全预应力混凝土构件和部分预应力混凝土 A 类构件，要进行抗裂性验算，即限制混凝土的拉应力。在一般情况下，钢筋混凝土构件允许开裂，所以不要求进行抗裂性验算。

(2) 钢筋混凝土构件和部分预应力混凝土 B 类构件（使用荷载弯矩 M>开裂弯矩 M_r）要求进行裂缝宽度验算，后者采用混凝土拉应力来控制。

(3) 所有构件要进行短期荷载作用下的变形计算。

3.6.2 人行天桥之钢结构工作条件介于建筑与公路桥之间，在《城市桥梁设计规范》公布之前，应以《公路桥梁钢结构及木结构设计规范》(JTJ025) 为标准。

3.6.3 天桥主体钢结构的钢材宜采用3号镇静钢，因为镇静钢脱氧完全，性能较半镇静钢和沸腾钢优良。沸腾钢脱氧不完全，内部杂质较多，成分偏析较大，冲击韧性低，冷脆倾向及时效敏感性较大，焊接性能较差，所以不适宜在低温条件下施工和使用。

3.6.4 钢结构天桥必进行疲劳计算是因为结构重力所占总荷载比例很大，而人群活载所引起的疲劳影响较小；另外，人行天桥上通过的人群活载不如铁路桥梁裂车通过时那样具有规律性振动。

3.7 地基与基础

3.7.2 地基与基础要有足够的强度、稳定性及耐久性。因此在设计天桥建筑物之前，必须进行建筑场地的工程地质勘测，充分研究地基土（岩）层的成因及构造、物理力学性质、地下水情况以及是否存在或可能产生影响地基稳定性的不良地质现象，从而对场地的工程地质作出正确的评价。最后根据上部结构的使用要求，提出经济、合理的基本方案。

天桥基础的建造使地基中原有的应力状态发生变化。这就必须应力力学方法来研究荷载作用下地基基础。设计满足以下两主要条件。

（1）要求作用于地基的荷载不超过地基土的容许承载力；

（2）控制基础沉降使之不超过地基的容许变形值，保证天桥不国地基变形而损坏或影响其正常使用。

3.8 防水与排水

3.8.1 人行天桥桥面设置纵、横坡，以利迅速排除雨水，方便行人行走，减少雨水对桥面铺装层的渗透，延长桥梁的使用寿命。所以，最小纵坡不能小于0.5%，最小横坡值宜采用1%。

3.8.2 当天桥比较长时，为防止雨水积滞桥面，可在桥面设置地漏，导入落水管，经路面直接排入雨水系统。

4 地道设计

4.1 荷载

4.1.1 关于荷载的分类，本规范仍按《公路桥涵设计通用规范》（JTJ021）将恒载、车辆荷载及其影响力、其他荷载和外力，按荷载的性质和可能发生的机率，划分为永久荷载、可变荷载和偶然荷载3类。永久荷载是经常作用的数值不随时间变化或变化很微小的荷载（相当于以往习惯称呼的恒载）；可变荷载的数值是随时间变化的；偶然荷载作用的时间是短暂的，或者是属于灾害性的，发生的机率很小。

混凝土的收缩、徐变影响力在混凝土结构中是必然产生的，而且是长期作用的；水的浮力对结构物也是长期作用的，只要地基透水，必然产生浮力。因此，本规范仍按照《公路桥涵设计通用规范》（JTJ021）将此两项作用力列为永久荷载。

根据设计实际需要和工程实际出现的情况，将基础的变位影响力也列入永久荷载中。因为基础一旦发生变位后，再回不到原来位置，它的作用力也是永久的。

地震力发生的机率小，故列为偶然荷载。

4.1.2 荷载组合是关系到人行地道经济与安全的重要问题，它涉及到多种因素，主要有：（1）荷载的性质及其出现的机率；（2）建设现场的地质、水文、气候条件；（3）结构特性。因此，在测试过程中，应加强调查研究工作，根据实际情况进行综合分析，把可能同时出现的各种荷载合理地加以组合。根据各种荷载同时发生的可能，本条款对荷载组合做了4种规定，这几种规定只指出了荷载组合要考虑的范围，其具体组合内容，尚需由设计人根据实际情况确定，规范不宜规定过死。

4.1.3 可参照第3.1.4条条文说明。

4.1.5 填土对地道桥的土压力，分为竖向土压力和水平土压力两种。竖向压力的计算，目前有3种计算方法：(1) 用“等沉面”理论计算；(2) 用“卸荷拱”法计算；(3) 用“土柱”法计算。“等沉面”理论现在用得比较广泛，计算结果与实测结果比较接近；“卸荷拱”理论，由于其形成条件不易满足，在多数情况下用不上，只有沟埋式或顶管法施工的地道可以考虑采用；“土柱”法计算比较简便，计算结果在上述两法之间，与实测结果比较，一般偏小，但对高填土地道还是比较接近的。一般情况下都按“土柱”法计算。只要填土夯实了，还是可以用的，所以至今仍采用“土柱”法计算地道竖向土压力。

地道水平压力，一直采用主动土压力计算，现在仍不变。

4.1.6 可参照第3.1.6条条文说明。

4.1.7 可参照第3.1.7条条文说明。

4.1.8 可参照第3.1.8条条文说明。

4.1.9.1 车辆荷载作用在地道顶上所引起的竖向土压力，考虑到在高填土情况下，车辆荷载的影响不大，故规范规定不再考虑填土高度，一律采用车轮着地面积和向下30°角扩散范围内的总荷载作为均布荷载。

4.2 建 筑 设 计

4.2.1 条文扼要说明了地道图纸表达要求，提出了为确保设计质量而应考虑的因素，强调总体布局时的综合性分析。

4.2.3 所谓地道的重要性与功能要求主要指主要路口、重要地区、与车站、码头、体育娱乐及经贸商业活动中心相关的地下交通网络、地下商场步行体系。不规定通告时间的地道，必须设置治安值班室，其他服务性的或功能性的设备用房按实际需要确定。

4.2.5 条文说明参照第3.2.5条。

4.2.6 根据地道实际情况，条文规定了最小净宽与净高，市政设施不宜规定高宽比，宽度由设计通行量技术条件确定，高度主要由功能要求、人的心理因素及技术条件决定，高度的心理因素不是主要的，建筑上可以进行处理以产生空间的扩大感。另外人应该适应市政设施的特定尺度，在高度、尺寸上条文给予的是受长度与宽度影响的变数。

地道长度较难规定，只能从通风、安全、疏散及心理因素等角度进行考虑，根据实际使用情况和参照现行的《建筑设计防火规范》(GBJ16) 安全疏散距离，按净宽通行能力2400P/(h·m)考虑，一般疏散没有问题，因此条文中的距离主要从通风的心理因素上进行考虑。

条文提出设置采光井、下沉式庭园等是可行的，国内也有实例。

4.8 防水与给排水

4.8.1.1 (1) 防水混凝土可采用普遍防水混凝土或外加剂防水混凝土，配合成分应通过试验确定；试验时应考虑实际施工条件与试验室条件的差别。将抗渗压力值比设计规定的抗渗标号提高0.2～0.4MPa。抗渗标号如设计无规定时，可按表4.8.1.1选用。

防水混凝土抗渗标号的选用 **表4.8.1.1**

最大水头与防水混凝土厚度之比	<15	15～25	>25
设计抗渗标号 (MPa)	0.8	1.2	1.6

(2) 防水混凝土结构如处于侵蚀性环境，其耐蚀系数不应小于0.8；

(3) 防水混凝土壁厚不得小于20cm，近水面钢筋保护层不应小于3.0cm；

(4) 防水混凝土结构应坐落在混凝土垫层上，垫层强度不应小于10MPa，厚度应不小于10cm；

(5) 所谓其他防水措施：即水泥砂浆防水层、卷材防水层、涂料防水层等，防水标高应高出最高地下水位50～100cm，防水层顶面以上部位的防潮，可按一般桥涵的规定办理。

4.8.1.3 （1）变形缝发生变形时将影响结构的防水能力，因此必须进行防水处理。当不受水压时，其变形缝应用氟化钠等防腐掺料的沥青浸过的麻丝或纤维板等填塞严密，并用有纤维掺料的沥青嵌缝膏或其他填缝材料封缝。不受水压部位的卷材防水层，应在变形缝处加铺两层抗拉强度较高的卷材，如沥青玻璃布、油毡或再生胶油毡。

当受水压时，其变形缝除填缝外，还应用塑料或橡胶止水带封缝。止水带可采用埋入法安装或在预埋螺栓上安装。

（2）地道的通道所设变形缝宽一般为 2～3cm。

（3）所谓防漏：即防水工程在设计、防水材料以及施工中，稍有不慎，就可能造成渗漏。渗漏后的补救措施，就是补漏。补漏之前，要查清原因以及所在部位，然后根据工程特点、漏水情况、工地条件，选择适当的工艺、材料和机具进行修补堵漏。

目前补漏方法和修补材料，有促凝灰浆、压力注浆和卷材贴面等。所使用材料有：快凝水泥、水玻璃、环氧树脂、丙凝及氧凝等。

5 施 工

5.1 一 般 规 定

5.1.1 文明施工是相对于野蛮施工、混乱施工而言的。文明施工的表征是施工现场清洁，井然有序，没有随地乱扔的废旧材料、工具等杂物。使用过程中多余的材料，短期内不再使用的及时归库，不随地乱搁。工人调度、安排随工程需要而定。没有因窝工而到处闲逛或聚坐长时间闲谈的情况。施工中的废水、废渣不随地乱排。能否做到文明施工，是施工单位施工管理水平的问题。

所谓快速，不影响或减少影响当地交通是指：凡是设人行天桥或人行地道的地方，都是交通要道、商业繁华地区、高速或快速路段，过往人流、车流相当集中。因此，一般都采用装配式钢筋混凝土桥、预应力混凝土桥和钢桥。天桥与地道的构件需尽量做到标准化、预制工厂化，利用夜间施工，快速拼装就位，力争做到不中断交通或减少中断交通。

所谓精心施工保证质量，是指除应满足本规范规定的条文要求外，还应满足现行的《市政桥梁工程质量检验评定标准》(CJJ2）的规定。工程质量监理问题，按照“市政工程质量监理办法”的规定办理。

5.1.8 本条所述主要材料应符合设计规定是指钢材、混凝土材料、焊接材料的种类、强度等级、牌号、规格和各项力学性能等均应符合设计文件的规定。

5.2 基 础 工 程

5.2.2 基坑顶的动荷载是指从基坑中挖出的弃土排水设备以及各种车辆或机械产生的附加荷载。这些动荷载离基坑顶边缘越近，则影响基坑边坡的稳定性越大，故应慎重对待。

5.2.3 当基础工程与树木发生矛盾时，若遇到古树，特别是具有文物价值的古树，需与设计单位交涉提出修改设计的建议。对于一般树木，在具有移植的条件下，尽可能移植，尽量保存树木。若在必须砍伐的情况下，则需申报园林、绿化、市容、拆迁等有关单位批准。

5.2.4 指当天桥、地道的基础工程在施工期间与交通发生矛盾时，须采用临时交通管理措施，如圈地、改道、修建临时便线等，并需申报市容、交通主管部门等有关单位批准。

5.2.5 基坑顶面设置防止地面水流入基坑的措施，以防止地面水集中冲刷基坑边坡，影响基坑边坡的稳定，并减少基坑内需要排出的水量。

5.3 构件制作

5.3.2 天桥主梁设置预拱度是为了补偿结构重力挠度，同时要求在无荷载时仍略有拱度，以增加舒适感和美观。所以，预拱度值采用结构重力挠度加人群荷载挠度。对于连续梁的预拱度，应在结构重力作用下足以抵消结构重力产生的挠度，使桥面保持平顺。

5.3.3 构件预制是装配式桥梁的主要工序之一，对质量要求很高，不仅强度应符合设计要求，同时，对构件的外形尺寸也应严格要求，否则就会给安装带来困难。因此，在选择装配式桥梁的合理形式时，既要考虑到构件尺寸、重量、现场吊装时临时支架位置以及拼装的难易程度、接头数目、运输方便、工期因素等等，还要做到少影响或不影响现况交通等一系列的问题。例如，要减少构件重量，就会使拼装接头数目增加；要采用构造简单的拼装接头，则在营运过程中容易遭到损坏；要使运输方便，拼装构件的分块就要小一些，则又往往会增加材料用量和施工工作量等等。因此，我们在选择装配式桥的合理形式，对预制构件进行分段时，要根据具体情况，因地制宜加以处理。

附录 标准目录

项目	标准号	标准名称
1	GB146.2	标准轨距铁路建筑限界
2	JTJ023	公路钢筋混凝土及预应力混凝土桥涵设计规范
3	JTJ025	公路桥涵钢结构及木结构设计规范
4	JTJ004	公路工程抗震设计规范
5	JGJ50	方便残疾人使用的城市道路和建筑物设计规范
6	GB700	普通碳素结构钢技术条件
7	JTJ024	公路桥涵地基与基础设计规范
8	JTJ021	公路桥涵设计通用规范
9	GBJ108	地下工程防水技术规范
10	GBJ69	给水排水工程结构设计规范
11	TJ14	室外排水设计规范
12	JTJ041	公路桥涵施工技术规范
13	GBJ107	混凝土强度检验评定标准
14	CJJ2	市政桥梁工程质量检验评定标准；

注：表中GB、GBJ代表工程建设国家标准；

JTJ代表交通部标准；

JGJ、CJJ代表建设部标准。

中华人民共和国行业标准

无轨电车供电线网工程施工及验收规范

Code for Installation and Acceptance of Trolleybus Network

CJJ 72—97

主编单位：北京市公共交通总公司电车公司供电所
批准部门：中华人民共和国建设部
施行日期：1998年4月1日

关于发布行业标准《无轨电车供电线网工程施工及验收规范》的通知

建标［1997］230号

各省、自治区、直辖市建委（建设厅），计划单列市建委，国务院有关部门：

根据建设部建标［1991］413号文的要求，由北京市公共交通总公司电车公司供电所主编的《无轨电车供电线网工程施工及验收规范》，业经审查，现批准为行业标准，编号CJJ 72—97，自1998年4月1日起施行。

本标准由建设部城镇建设标准技术归口单位建设部城市建设研究院归口管理，其具体解释工作由北京市电车公司供电所负责。

本标准由建设部标准定额研究所组织出版。

中华人民共和国建设部
1997年9月12日

目　次

1 总　　则

1.0.1 为提高无轨电车供电线网工程施工技术水平和企业管理水平，保证施工质量和安全施工，节约投资，提高经济效益，制定本规范。

1.0.2 本规范适用于直流系统额定电压750V及以下城市市区和市郊新建无轨电车供电线网工程和已建线网大修工程的施工及验收。

1.0.3 无轨电车供电线网工程应按已批准的设计进行施工。变更设计时，应按规定的程序办理变更手续。

1.0.4 供电线网工程中使用的黑色金属零件和组合件均应镀锌或进行其他防腐处理。

1.0.5 供电线网工程中使用的线材、器材和设备均应符合国家现行有关产品标准的规定，并应有合格证明。

1.0.6 无轨电车供电线网工程施工及验收，除应符合本规范外，尚应符合国家现行有关标准的规定。

2 术　　语

2.0.1 接触网

经过集电装置，向电车供给电能的导电线网。

2.0.2 馈线

从电车整流站向接触网输送电能的导线。

2.0.3 馈入点

采用馈线夹向接触网输送电能的部位。

2.0.4 均压线

在接触网上进行同极性导线的连接，使其区段电压均衡的导线。

2.0.5 链线

纵向悬吊接触网的绞索。

2.0.6 横绷线

横向悬吊链线或接触网的绞索。

2.0.7 Y型横绷线

通过分力圈悬吊链线或接触网的横绷线。

2.0.8 软档线

横绷线一侧无支撑的悬吊接触网的绞索。

2.0.9 斜摆式悬吊

采用平行四边形斜摆悬吊器，使接触线吊成“之”字形的悬吊形式。

2.0.10 链线悬吊

接触线通过吊弦器而悬吊在链线上的悬吊形式。

2.0.11 线位

链线、横绷线、接触线在道路平面上的投影位置。

2.0.12 复磨体

在接触线下方与集电装置接触，传送电能的异形导体。

2.0.13 锚线

用以锚定接触网和平衡接触网张力的拉线。

2.0.14 垂度

馈线、链线、触线由于自重和附加荷载引起下垂，下垂最低点与其两悬吊点连线间在铅垂方向上的距离。

2.0.15 档距

相邻两电杆中心之间的距离。

2.0.16 当量区段

选择的接触线的锚定长度。

2.0.17 蝙蝠铁

在弯道触线曲折角处悬挂触线的组件。

2.0.18 圈链线

链线在始端、终端锚线以外延续的半档链线，用圈连线做成的线。

3 施工准备

3.0.1 施工前应按设计要求拟定施工组织设计及技术措施。

3.0.2 应进行施工调查，调查项目应包括下列内容：

3.0.2.1 施工器材的运输、装卸、存放条件和施工时的道路状况；

3.0.2.2 供电线网沿线的桥梁、隧道、铁路及有关设施状况；

3.0.2.3 供电线网工程与地下管网等市政设施施工配合条件和协作要求；

3.0.2.4 土建工程或前期工程符合线网施工要求的情况。

3.0.3 施工技术准备应包括下列内容：

3.0.3.1 供电线网各种安装图及有关施工技术资料；

3.0.3.2 施工安全措施和施工组织计划。

3.0.4 根据施工进度和设计文件的工程预算，应编制供电线网器材供应计划。

3.0.5 施工机具应包括下列内容：

3.0.5.1 测量用仪器、仪表和量具；

3.0.5.2 供电线网工程通用和专用机械、机具设备。

4 线网器材检验

4.0.1 无轨电车供电线网工程中采用的器材，应符合现行产品标准要求并有合格证明。

4.0.2 采用新材料、新工艺、新产品，均应按现行的技术标准进行检验；经检验不符合标准的产品严禁采用。

4.0.3 无轨电车供电线网工程采用的器材、设备、有下列情况之一者，应重新检验：

4.0.3.1 超过规定保管期限的；

4.0.3.2 因保管、运输不善等原因造成变质损坏的；

4.0.3.3 对原检验结果有怀疑的。

4.0.4 普通钢筋混凝土电杆应有合格证。在施工前应进行外观检查，并应符合下列规定：

4.0.4.1 表面应光洁平整，壁厚均匀，不应有露筋和漏浆造成的卸陷；

4.0.4.2 顶端混凝土应封堵严密；

4.0.4.3 外表面不得有纵向裂缝；环向裂缝宽度不得大于0.2mm，其长度不得大于周长的1/3。

4.0.5 金属焊接电杆应有合格证。在施工前应进行外观检查，并应符合下列规定：

4.0.5.1 焊缝应平缓连接，不得有夹渣、漏焊、弧坑、气孔、裂纹等缺陷，咬边深度不应大于0.5mm；

4.0.5.2 应进行防腐处理，全身表面的镀层或防腐漆应均匀，不应有锈蚀点、气泡、漆皮脱落等缺陷。

4.0.6 混凝土预制构件表面不应有蜂窝、露筋、裂缝等缺陷，其强度应满足设计要求。

4.0.7 线材在施工前应进行外观检查，并应符合下列规定：

4.0.7.1 不应有松股、交叉、折叠、断裂及损伤等缺陷；

4.0.7.2 裸铝铰线不应有腐蚀现象；

4.0.7.3 镀锌钢铰线、镀锌铁线表面镀锌层应均匀，不应有斑点和锈蚀。

4.0.8 金具、配件在施工前应进行外观检查，并应符合下列规定：

4.0.8.1 型号、规格、结构尺寸应符合设计规定；

4.0.8.2 表面应光洁，无裂纹、毛刺、飞边、砂眼、气泡等缺陷；

4.0.8.3 触线夹和导线并钩线夹的主体、付夹和压板，接触的槽面应光滑平整；

4.0.8.4 铜和铝的过渡接口不应有气孔、夹渣、裂纹等缺陷；

4.0.8.5 紧固用的对丝、螺栓等连接件，其表面不应有损伤、裂纹、锌皮剥落和锈蚀斑点等现象。

4.0.9 绝缘子、绝缘件在施工前应进行外观检查，并应符合下列规定：

4.0.9.1 瓷件与铁件应结合紧密，浇铸水泥部分不得有松动和辐射性裂纹；

4.0.9.2 瓷件的瓷釉应光滑，无裂纹、缺釉、斑点、烧痕和气泡等缺陷；

4.0.9.3 非瓷质绝缘件表面应平滑，无缺损、裂纹；被加工的表面应浸、刷绝缘漆。

4.0.10 复磨体异形件在施工前应进行外观检查，并应符合下列规定：

4.0.10.1 结构尺寸和连接孔的位置应符合设计规定；

4.0.10.2 型材的使用立面不应出现扭斜、拧槽和硬弯。

4.0.11 分线器主体在施工前应进行组装调试和外观检查，并应符合下列规定：

4.0.11.1 主体组装后，各部的连接件不应松动；其导舌的固定应稳定，分动位应活动灵活，固定位滑道与分动位滑道连接不应错位，连接间隙的允许偏差为+2mm；

4.0.11.2 继电器与框架传动机构装配调整后，应通电试验并调整启动电流，电流强度宜为23～30A；传动机构应灵敏、准确、稳定和可靠。

4.0.12 馈电刀开关在施工前应进行外观检查，并应符合下列规定：

4.0.12.1 刀开关接触面应平整、清洁，无氧化膜；其载流部分的表面应无凹陷和锈蚀；

4.0.12.2 触头之间接触应紧密；其两侧的接触压力应均匀。接触压力值应符合产品标准的规定；

4.0.12.3 支柱绝缘连接应牢固可靠，表面应清洁，无裂纹、破损和残留斑点等缺陷。

5 电杆基础与拉线

5.1 挖 杆 坑

5.1.1 电杆的定位应符合下列规定：

5.1.1.1 测量杆位时，应在设计图确定的当量区段内，并以沿线内固定物位置为基准进行测量；

5.1.1.2 直道杆杆位沿线路方向的位移，其允许偏差为设计档距的7%；弯道杆杆位沿线路方向的位移，其允许偏差为设计档距的5%；

5.1.1.3 电杆中心线与道路侧石边的间距，当设计未规定时，应为500～800mm。在同一街道中的间距应一致；

5.1.1.4 杆位确定后，在有道路侧石的地方应采用油漆画出标记；在无侧石的地段应打桩作标记。

5.1.2 电杆基础槽坑应符合下列规定：

5.1.2.1 槽坑的长、宽、深尺寸应符合设计规定，其允许偏差均为±50mm；

5.1.2.2 直道杆槽坑的长度方向应与道路侧石平行；弯道杆槽坑的长度方向应与受力的合力方向垂直。

5.1.3 电杆现浇基础或卡盘基础的外缘与其他设施最小间距应符合表5.1.3的规定。

5.1.4 槽坑开挖前，应经杆坑附近市政设施的管理单位核准。开挖过程中，遇有不明地下设施时，应及时与设计人员联系在现场解决。

5.1.5 遇有瓦砾、淤泥、树根等应全部清除，直到出现原土、硬底，然后再回填细土至设计深度；当瓦砾、淤泥、流砂面广和过深时，应及时与设计人员联系并解决。

电杆基础外缘与其他设施最小间距　　表 5.1.3

序号	设 施 名 称	最小间距 (m)
1	房屋基础外缘	0.5
2	围墙基础外缘	
3	上水管道外缘	
4	下水管道外缘	
5	树	2.0
6	地下消火栓外缘	
7	各种管道检查井外缘	
8	上水闸井外缘	
9	电力直埋电缆外缘	0.5
10	通讯直埋电缆外缘	
11	通讯管道外缘	
12	燃气、热力管道外缘	
13	雨水口及其支管外缘	0.3

5.1.6 电杆槽坑挖好后，当时不立杆的，应将槽坑和预制杆坑用安全盖盖上。

5.1.7 电杆基础采用预制圆套管和现浇钢筋混凝土杯型孔时，应符合下列规定：

5.1.7.1 预制圆套管和现浇杯型孔的结构尺寸应符合设计规定；

5.1.7.2 套管和杯孔底面应平铺 50～100mm 的混凝土层。现浇杯孔上孔壁每边尺寸可加大 50mm；

5.1.7.3 预制圆套管和现浇杯型孔壁外的回填土，均应分层捣固夯实。

5.2 装运电杆

5.2.1 装卸电杆时，均应采用两个吊点，轻起轻落，严禁碰撞。

5.2.2 在运输车内堆放电杆时，应采用支垫物将电杆隔开。

5.2.3 沿线路散放电杆时，电杆应放置在杆坑附近的地面坚实平坦处，并应支垫防止滚动的楔垫物。电杆不得放置在土堆上。

5.3 立　杆

5.3.1 立杆时的槽坑应符合下列规定：

5.3.1.1 槽坑内不得有积水、杂物和浮土，底面应平整、坚实；

5.3.1.2 槽坑布置及尺寸应符合本规范第 5.1.2 条的规定。

5.3.2 电车电杆与路灯电线杆合杆时，对有路灯线孔的电杆，宜将路灯线孔与道路侧石平行放置，或经协商确定。

5.3.3 现浇基础及回填土应符合下列规定：

5.3.3.1 基础结构尺寸和混凝土强度等级应符合设计规定，当设计未规定时，混凝土强度等级不得低于 C20。基础结构尺寸施工允许偏差为±50mm；

5.3.3.2 人工或机械浇捣混凝土时，应分层捣固；基础面应水平；

5.3.3.3 回填土时，应填细土，不得有碎石砖块；每回填 300mm 应夯实一次，并应在电杆周围均匀夯实；

5.3.3.4 在回填土后的电杆位置处，应恢复路面原状。

5.3.4 杯型孔基础应符合下列规定：

5.3.4.1 电杆入杯型孔并校正后，应在杯孔内回填粗砂，每次回填厚度宜为 400mm，并用钢钎捣实；

5.3.4.2 在杯型孔的上口处，应采用混凝土封口，其厚度宜为 50～100mm，混凝土封面应与人行道面持平。并应恢复人行道面原状。

5.3.5 在建筑物上制作的承力孔，其孔眼位置、尺寸及工艺要求应符合设计规定，其允许偏差均为±30mm。

5.3.6 立电杆应符合下列规定：

5.3.6.1 直道电杆横向位移的允许偏差为±50mm；

5.3.6.2 仅用于馈线的直道电杆，应正直；

5.3.6.3 用于短单臂的直道电杆和道路宽 18.00m 以内的直道横棚线电杆在立杆时，可向受力反方向倾斜，倾斜率不宜大于 8‰；在紧线后，不应向受力侧倾斜；

5.3.6.4 用于长单臂和弯道线的电杆，可向受力的反方向倾斜，倾斜率不宜大于 15‰；紧线后不应向受力侧倾斜；

5.3.6.5 终端、转角处以及使用拉线的电杆，可向受力的反方向倾斜，倾斜率不宜大于 18‰；承载后，不应向受力侧倾斜。

5.3.7 立门型电杆应符合下列规定：

5.3.7.1 门型电杆应正直；

5.3.7.2 门型电杆横向位移允许偏差为 50mm；

5.3.7.3 门型电杆中心距允许偏差为±30mm；

5.3.7.4 门型电杆顶端允许高差为 100mm。

5.4 拉　线

5.4.1 拉线地锚的埋设应符合下列规定：

5.4.1.1 拉线地锚的规格和埋设深度应符合设计规定；

5.4.1.2 地锚板的埋设应与拉线垂直，地锚拉线棍与拉线应成直线；

5.4.1.3 地锚拉线棍应做防腐处理；其引出地面的长度不得小于 300mm；

5.4.1.4 回填土应符合本规范第 5.3.3 条的规定。

5.4.2 拉线桩杆的埋设应符合下列规定：

5.4.2.1 拉线桩杆埋设深度不应小于杆长的 1/6，且最小埋深不应小于 1.0m；

5.4.2.2 拉线桩坑的坑底应铺混凝土垫层，其厚度应为 50mm；当拉线桩杆不设坠线时，应增设混凝土基础；

5.4.2.3 拉线桩杆应向受力的反方向倾斜，倾斜角度宜为 20°～25°；

5.4.2.4 拉线桩杆与坠线之间的夹角宜为 30°；

5.4.2.5 拉线桩坠线的上端固定点与拉线桩杆顶端的距离不应小于 250mm；其距地面高度不应小于 4.5m。

5.4.3 落地拉线应符合下列规定：

5.4.3.1 拉线与电杆之间的夹角应为 30°～45°；

5.4.3.2 拉线的方向应与受力方向成直线；

5.4.3.3 拉线与电杆的固定点与受力点的距离不应大于 300mm。拉线两端连接点应装置索具套环。

5.4.4 拉线端部的固定应符合下列规定：

5.4.4.1 采用UT型线夹固定时，使用的拉线规格应与UT型线夹的型号配套，并应符合设计规定；

5.4.4.2 采用绑扎法固定时，绑线应采用镀锌铁线，其直经不应小于 3.2mm；绑扎应整齐紧密，缠绕的长度第一段不应小于 300mm，而后加过渡长 100mm 后再缠第二段，其长度不应小于 150mm（图 5.4.4）。

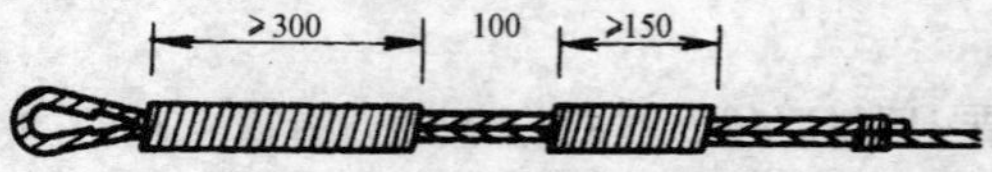

图 5.4.4　绑扎法（单位：mm）

5.4.4.3 采用UT型线夹和楔形线夹固定时：

(1) 安装前，螺纹上应涂润滑剂；

(2) 线夹的舌板与拉线接触应紧密，受力后应无滑动现象，线夹的凸肚应在尾线侧。安装时不得损伤拉线；

(3) 拉线弯曲部分不应有明显松股；拉线断头处与拉线主线应可靠固定，露出的尾线长度不宜大于 400mm；

(4) UT型线夹的螺杆应露扣，露扣长度应为螺杆长度的1/2，UT型线夹的螺母应并紧。

5.4.5 拉线的上段应装设拉紧绝缘子；绝缘子应置于导线的外侧。拉线穿越导线时，两侧均应装设绝缘子。绝缘子距地面的高度不应小于 2.50m。

5.4.6 在同根电杆上装设多条拉线时，其各条拉线的受力应均匀。

5.4.7 拉线和坠线露出地面的部分，应安装长度不宜小于2.00m的护管，并涂红白相间颜色。

5.4.8 终端杆、折角杆的拉线应在线路受力前装好。

5.4.9 在通行无轨电车的街道上过街拉线的高度不应低于9.00m；非无轨电车的街道上，不应低于6.00m。

6 接触网支撑结构安装

6.1 一般规定

6.1.1 接触网支撑结构采用的线材、配件、绝缘件应符合设计规定。

6.1.2 接触网系统内拉线的箍高，在施工测量和安装时，应符合下列规定：

6.1.2.1 根据设计给定的线位和拉线箍的高度，应用水平仪测得线位在地面投影处的相对高程，并转移到电杆上，画出测量拉线箍高的基准线，施工时量取拉线箍的高度；

6.1.2.2 在同根电杆上，拉线箍的高差在150mm以内时，可并箍。合并时，应为分力绷线向主横绷线箍合并；

6.1.2.3 绷线箍与电杆顶端的距离不得小于300mm；

6.1.2.4 箍高的安装允许偏差为±30mm。

6.1.3 绷线、链线、索线、锚线端头的固定应符合下列规定：

6.1.3.1 采用钢绞线自身缠绕固定时，其编花先后顺序应为11-10-9-8-7-6圈，然后用后两根单股线拧成一个小辫。全长宜为150mm，缠绕应紧密，环内应装索具套环（图6.1.3-1）。

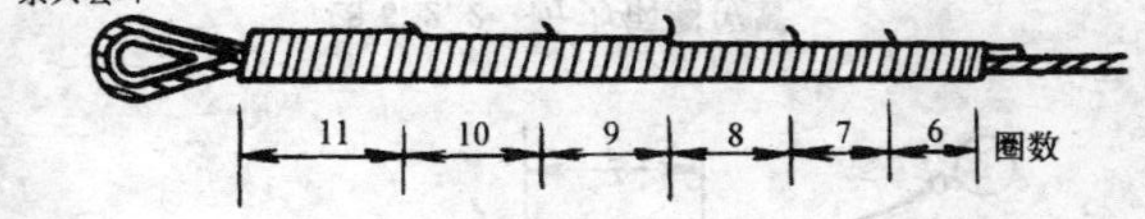

图6.1.3-1 绞线自身缠绕

6.1.3.2 采用钢绞线卡子固定时，每处不应少于两个，其间距不应小于120mm，且正反交错安装紧固。线卡外侧的绞线长度宜为100～200mm。尾部应采用直径为1.6mm的镀锌铁线与主绞线绑扎 10～20 圈（图 6.1.3-2）。

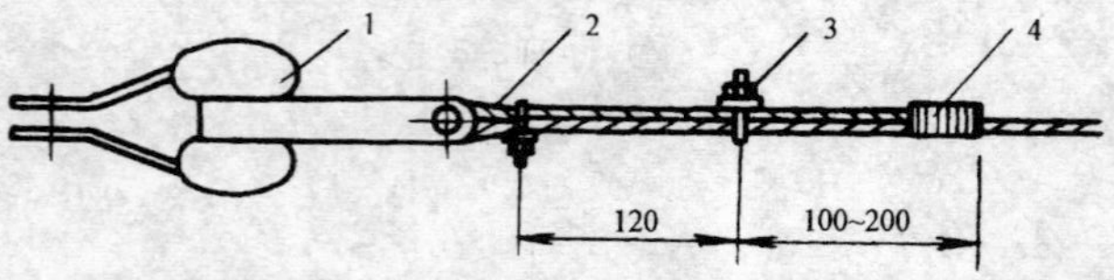

图 6.1.3-2　线卡子安装位置（单位：mm）

1—拉紧绝缘子；2—索具套环；3—线卡子；4—镀锌铁线

6.1.4　接触网横绷线和链线的端头与电杆或支撑结构连接时，应安装拉紧绝缘子。

6.1.5　接触网横绷线和链线的拉紧张力应符合设计规定。施工允许偏差为设计张力的±5%。

6.1.6　接触网的横绷线和分力绷线跨越触线的高度不应小于 300mm；当遇有特殊情况，确达不到此要求时，应将跨越触线处的横绷线作绝缘处理。

6.2　横绷线安装

6.2.1　Y 型、双 Y 型横绷线安装应符合下列规定：

6.2.1.1　绷线和触线的位置，在现场测量实际放样落实在地面上，并经综合校对符合设计规定后，应用油漆或桩钉作出标记，并用铅垂线测定空间线位；

6.2.1.2　直道触线的中心线与侧石边或道路边的距离及其允许偏差均为±100mm；

6.2.1.3　弯道触线的中心折点位置与侧石边或道路边的距离及其允许偏差均为±200mm。

6.2.2　分力钢圈与正、负触线中心的距离 L 宜为 2.00～2.50m；在同一弯道内采用的距离应一致（图 6.2.2）。

6.2.3　分力绷线不宜作为悬挂触线的横绷线使用。

6.2.4　软档横绷线仅应用于弯道触线的外侧（图 6.2.4-1 和图 6.2.4-2）。

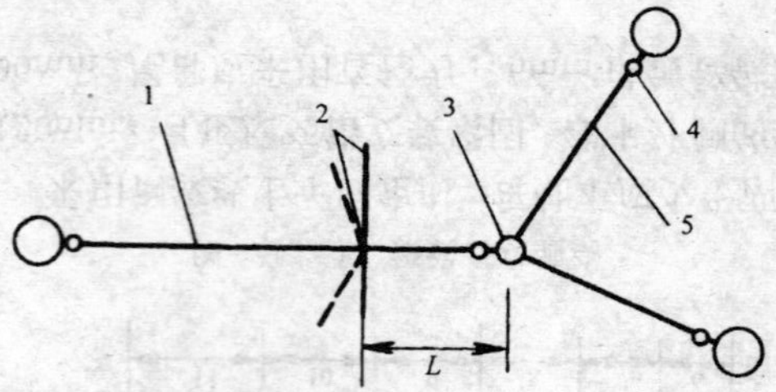

图 6.2.2　分力钢圈位置

1—主横绷线；2—正、负触线中心线；3—分力钢圈；4—拉紧绝缘子；5—分力绷线

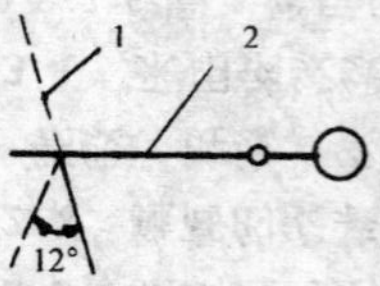

图 6.2.4-1　软档横绷线

1—触线；2—软档横绷线

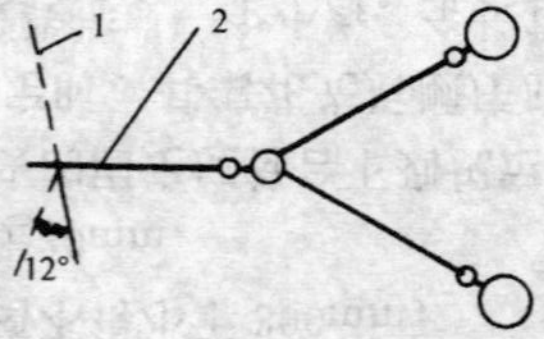

图 6.2.4-2　Y 型软档横绷线

1—触线；2—Y 型软档横绷线

6.2.5　软档横绷线的安装应符合下列规定：

6.2.5.1　软档横绷线的折反角补角不宜小于 12°；

6.2.5.2　软档横绷线不宜连续使用；

6.2.5.3　软档横绷线的安装应与施放触线、拉紧作业同时进行。

6.3　单臂梁安装

6.3.1　在电杆上和单臂系统紧固用的螺栓、销钉的安装方位应符合下列规定：

6.3.1.1　双侧单臂，应以各侧电车前进方向为基准确定方位；单侧长单臂挂上下行触线，应以电杆所在侧电车前进方向为基准确定方位；

6.3.1.2 平行于电车前进方向的被紧固面，螺栓应由左向右穿；

6.3.1.3 垂直于电车前进方向的被紧固面，螺栓应向前进方向穿；

6.3.1.4 被紧固面为水平面时，螺栓应由下向上穿；

6.3.1.5 水平面上的销钉应一律由上向下穿，底侧应有配套的平垫圈和开口销；

6.3.1.6 其他位置使用的销钉所穿的方向应一律与所在位置螺栓穿的方向相同，并装置配套的垫圈和开口销。

6.3.2 悬挂单臂的拉条在穿越其他低压电力线时，其间距不宜小于150mm；当小于150mm时，应在两端装置绝缘子，或在接近处绑扎绝缘套管。

6.3.3 单臂的端部应封焊，或装设堵头，其安装应牢固。

6.3.4 安装单臂应有其长度1.5%～2.0%的翘起，并应用水平尺测量。

6.3.5 单臂的长度应根据设计确定的触线位置、立杆位置和采用的线网形式、以及配件尺寸来确定，允许偏差为±50mm。

6.3.6 单臂的安装方位应与道路侧石垂直，其允许偏差角为±1°。

6.4 链线安装

6.4.1 施放链线应符合下列规定：

6.4.1.1 放线前，应根据道路、交通状况选择放线过程中的临时锚线处和中途紧线点，并装置临时锚线；

6.4.1.2 放线时，应有专人监护；

6.4.1.3 架线车工作人员应及时将链线临时悬挂在单臂或横绷线上；

6.4.1.4 放线时在长度方向每500m宜收线一次；当遇繁华的交通路口时，应在路口前后做临时拉紧，并作临时锚线。

6.4.2 施放链线遇有下列情况之一时，应更换链线：

6.4.2.1 镀锌钢绞线表面镀锌局部有严重斑点或锈蚀；

6.4.2.2 有松股、交叉、折叠、断裂及损伤等缺陷。

6.4.3 直道链线的开档应与触线开档一致，链线卡箍应安装在拉条卡箍两侧，其与拉条卡箍的距离应符合设计规定，允许偏差为±25mm。

6.4.4 链线的锚线安装应符合下列规定：

6.4.4.1 链线始端、终端和中间锚固的位置应符合设计规定；

6.4.4.2 锚线的斜率宜为8‰～12‰；

6.4.4.3 被锚的链线始端、终端在单臂或横绷线的两侧均应装置螺旋索扣；

6.4.4.4 两根锚线的松紧应一致。

6.4.5 链线的安装与拉紧应符合下列规定：

6.4.5.1 链线的断开处和连续处的位置应符合设计规定；

6.4.5.2 链线的断开处和连续处与单臂或横绷线之间的连接应安装拉紧绝缘子；

6.4.5.3 链线系统拉紧时，应按设计规定的平均悬挂、集中悬挂、菱形悬挂时的无荷载安装曲线施工，其拉紧张力的允许偏差应符合本规范第6.1.5条的规定；

6.4.5.4 正、负链线的松紧应一致，其允许高差为20mm；

6.4.5.5 直道链线应成直线，当出现折角时应调直。当道路出现折角时，链线应断开；

6.4.5.6 弯道处，链线应逐档断开，并应将螺旋索扣装在行车方向所遇单臂梁或横绷线的背侧。

6.4.6 圈链线安装应符合下列规定：

6.4.6.1 分力钢圈的位置和圈线箍的高度应符合设计规定；

6.4.6.2 正、负圈链线的间距与正常链线间距应相同；

6.4.6.3 圈链线不应代替单臂的锚线和链线的锚线。

7 接触网悬吊结构安装

7.1 一般规定

7.1.1 直线正、负触线悬吊点之间应采用双重绝缘。

7.1.2 触线和导电组件与电杆或其他支撑结构之间应采用双重绝缘。

7.1.3 触线间距应符合下列规定：

7.1.3.1 直线正、负触线悬吊点的间距应符合设计规定，允许偏差为±20mm；

7.1.3.2 弯线正、负触线悬吊点的间距应符合设计规定，允许偏差为±50mm；

7.1.3.3 直、弯线过渡段触线间距可在设计规定范围内逐步调整；

7.1.3.4 直线相邻两对触线悬吊处中心线的间距应为1.30m，施工允许偏差为±20mm；

7.1.3.5 弯线相邻两对触线悬吊点处中心线的间距应为1.40m，施工允许偏差为±50mm。

7.1.4 触线悬吊点处，触线和复磨体底面距地面的高度应符合下列规定：

7.1.4.1 直线地段，距地面高度应符合设计规定，允许偏差为$^{+50}_{-200}$mm；

7.1.4.2 直线地段前后悬吊点的坡度应小于5‰；

7.1.4.3 直线、弯线的正、负触线悬吊点的高差应小于30mm；

7.1.4.4 路口、弯线及分线器、交叉器的悬吊点，距地面高度应符合设计规定，允许偏差为$^{+50}_{-200}$mm；

7.1.4.5 路口、弯线地段，前后悬吊点的坡度应小于8‰；

7.1.4.6 保养场内，接触网的距地面高度应符合设计规定，允许偏差为$^{+50}_{-250}$mm；

7.1.5 悬吊结构紧固件的安装方位应以行车方向为基准，并应符合下列规定：

7.1.5.1 在正链线、正触线上的螺栓、销钉应由右向左穿；平帽螺丝应由左向右穿；

7.1.5.2 在负链线、负触线上的螺栓、销钉应由左向右穿；平帽螺丝应由右向左穿；

7.1.5.3 销钉均应装置配套的垫圈和开口销。

7.1.6 接触线、线槽夹板的安装应符合下列规定：

7.1.6.1 与接触线槽接触的任何夹板，包括馈线夹、护线夹和接线梗，均应垂直地面；

7.1.6.2 夹板的立面不应有倾斜；

7.1.6.3 正、负触线上的夹板、紧固件安装的方位应符合本规范第7.1.5条的规定。

7.2 悬吊安装

7.2.1 装甲绝缘子的安装应符合下列规定：

7.2.1.1 装甲绝缘子的安装位置应符合设计规定；

7.2.1.2 装甲绝缘子在横绷线或单臂支撑上安装时，其紧固件安装的方位应符合本规范第6.3.1条的规定。

7.2.2 蝙蝠铁、桥形铁、直拉板的安装应符合下列规定：

7.2.2.1 测定位置的方法应符合本规范第6.2.1.1条的规定；

7.2.2.2 根据蝙蝠铁、桥形铁、直拉板组件的尺寸，在横绷线上，触线的中心位置断开安装，允许偏差为±50mm；

7.2.2.3 各连接处的紧固件安装方位应符合本规范第6.3.1条的规定。

7.2.3 链线绝缘悬吊安装应符合下列规定：

7.2.3.1 链线绝缘悬吊的位置应分别符合设计采用的平均悬吊、集中悬吊、菱形悬吊的规定，其允许偏差为±1.0m。不得用平均悬吊与集中悬吊插档互调；

7.2.3.2 当链线绝缘悬吊采用滑杆时，应悬吊在滑杆中间；

7.2.3.3 当触线发生位移时，绝缘悬吊可在滑杆上移动，但在当量区段内移动的方向应一致，最大移动量应为滑杆长度的1/2；

7.2.3.4 滑杆与触线在水平面的投影应是同一直线；绝缘悬吊不得倾斜。

7.2.4 斜摆式悬吊安装应符合下列规定：

7.2.4.1 斜摆触线安装应按设计规定的张力、温度曲线进行；

7.2.4.2 四边形镀锌铁线使用前应进行拉伸；

7.2.4.3 为防止四边形铁线断开和正、负触线短路，应在四边形下端安置2号蛋型绝缘球，其与下悬臂的距离不应大于150mm。端头固定可采用锁头铁管，也可采用自缠$3\frac{1}{2}$圈固定；

7.2.4.4 四边形上下悬臂应在同一投影面上，并应垂直触线、允许偏差角为±5°；

7.2.4.5 严禁采用扭曲四边形边长线的方法调整触线夹板。

7.3 触线架设

7.3.1 施放触线应符合下列规定：

7.3.1.1 放线前，应根据道路、交通状况选择放线过程中的临时锚线处和中途紧线点，并装置临时锚线；

7.3.1.2 放线时，应有专人监护，防止触线在地面上摩擦被刮伤或轧伤；

7.3.1.3 架线车上工作人员应及时将触线临时悬挂在横绷线上或单臂、链线上；

7.3.1.4 放线长度宜为400m，当遇有繁华的交通路口时，应在路口前后做临时拉紧，并做临时锚线。

7.3.2 触线遇有下列情况之一的应剪掉：

7.3.2.1 局部有严重扭伤、刮伤和折叠痕迹；

7.3.2.2 有明显的搭接痕迹、裂纹，或其他断裂现象。

7.3.3 触线拉紧应符合下列规定：

7.3.3.1 触线拉紧时的张力应符合设计规定，其偏差不应大于5%；

7.3.3.2 正、负触线的松紧应一致；

7.3.3.3 触线应正、平直，不得有硬弯、扭槽、转花等缺陷。

7.3.4 接线梗的安装应符合下列规定：

7.3.4.1 两侧触线对接位置应在接线梗的中间，其允许偏差为±3mm；

7.3.4.2 接线梗承载后，触线对口处应平滑，其允许最大间隙为3mm；

7.3.4.3 接线梗整体应与地面垂直。

7.4 复磨体安装

7.4.1 复磨体连接时，其间隙不应大于3mm。

7.4.2 引线夹板安装应符合下列规定：

7.4.2.1 引线夹板，与悬吊点的距离不宜小于1.50m；

7.4.2.2 触线进入引线夹板处的顶丝应牢固，不得松动退扣；

7.4.2.3 引线夹板应正、直并应垂直地面；正、负引线夹板应对齐。

7.4.3 椭圆管安装应符合下列规定：

7.4.3.1 椭圆管在触线上悬吊点的间距应为0.60～1.00m；

7.4.3.2 椭圆管在弯道上的圆弧半径不得小于1.60m；圆弧不应出现硬弯；

7.4.3.3 在弯道上的圆弧与触线的切点处应设悬吊点。当偏离触线时，应分别采用不同长度的直角板悬吊固定；

7.4.3.4 椭圆管接头应置于直线段上；

7.4.3.5 当正、负触线悬吊椭圆管时，紧固件安装的方位，应符合本规范第7.1.5条的规定；

7.4.3.6 椭圆管调整后，应垂直地面，不得左右倾斜。

7.4.4 钢排安装应符合下列规定：

7.4.4.1 钢排在触线上悬吊点的间距应为0.50～1.00m；

7.4.4.2 钢排在弯道上的圆弧半径不得小于1.60m，圆弧不应出现硬弯；

7.4.4.3 钢排在弯道上的圆弧与触线的切点处应设悬吊点。当偏离触线时，应采用蝙蝠支撑；

7.4.4.4 钢排的接头应置于直线段上；

7.4.4.5 钢排安装的其他要求与安装椭圆管的规定相同。

7.4.5 弹簧钢及其他复磨体的安装要求应符合本规范第7.4.3条和第7.4.4条的规定。

7.5 触线锚线安装

7.5.1 触线锚线安装的位置应符合设计规定。

7.5.2 在单臂上或链线上，触线锚线安装应符合下列规定：

7.5.2.1 承担触线锚线的单臂或链线均应有牢固的锚定装置；

7.5.2.2 触线锚线在单臂上或链线上安装时采用的组件、线材应符合设计规定；

7.5.2.3 锚线夹板与触线的接触应紧密、牢固；其安装应平顺并应垂直地面；

7.5.2.4 正、负触线锚线的夹板高差不应大于50mm。

7.5.3 在横绷线上，触线锚线安装应符合下列规定：

7.5.3.1 承担触线锚线的横绷线，应有牢固的锚定装置；

7.5.3.2 触线锚线在横绷线上安装时采用的组件、线材应符合设计规定；

7.5.3.3 锚线夹板与触线的接触应紧密、牢固；其安装应平顺并应垂直地面；

7.5.3.4 正、负触线锚线的夹板高差不应大于50mm；

7.5.3.5 斜摆式触线锚线，宜安装在触线无曲折角的位置。

8 枢组设备安装

8.1 一般规定

8.1.1 分线器、并线器、交叉器组及相应的复磨体距地面高度应符合本规范第7.1.4条第4款的规定；当在保养场内安装时，距地面高度应符合本规范第7.1.4条第6款的规定。

8.1.2 分线器、并线器在横绷线上悬吊时，横绷线应垂直分线器、并线器的直行线。当横绷线是Y型线时，分线器或并线器应装在主横绷线侧（图8.1.2）。

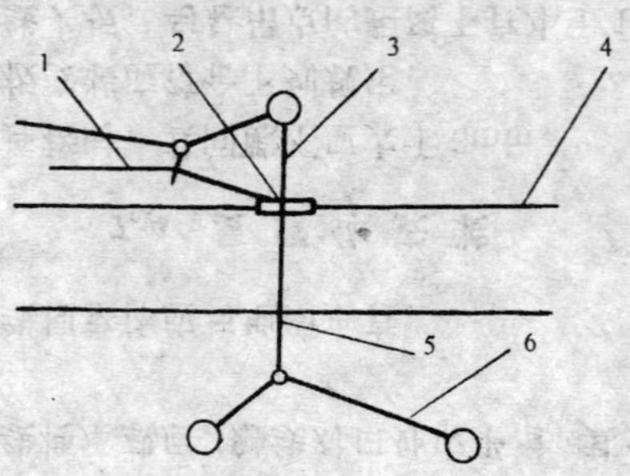

图8.1.2 Y型线上装分线（并线）器位置

1—分线触线；2—分线器；3—主横绷线侧；4—直行触线；5—分力横绷线侧；6—分力横绷线

8.1.3 分线器、并线器分线触线的甩头锚线应锚在分线触线的延长线方向。当延长线方向不正对电杆时，分线触线甩头锚线可有曲折角，但其角度不宜大于15°。

8.1.4 分线器、并线器、交叉器的位置，应根据接触网平面设计和安装图尺寸，在现场实际放样、定位，并应按本规范第6.2.1条第1款的规定测定空间位置。

8.1.5 分线器、并线器、交叉器的正、负触线交叉部位应进行包扎绝缘，其包扎绝缘的电阻值应为晴天时不应小于 1MΩ；阴雨天时不应小于 0.2MΩ 的规定（图 8.1.5）。

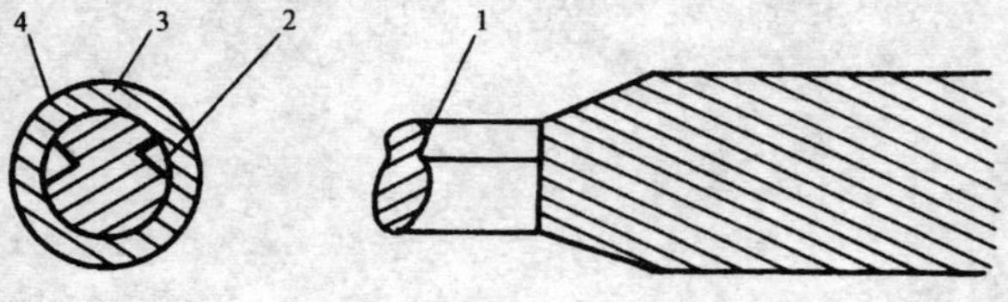

图 8.1.5　触线包扎绝缘

1—触线；2—绝缘带；3—绝缘管；4—绝缘带

8.1.6 分线器、并线器、交叉器组、分段绝缘器和复磨体配件的安装应无硬弯、歪扭和倾斜。

8.1.7 正、负分线器、正、负并线器和交叉器复磨体的底面应在同一平面上，其高差不应大于 50mm。

8.2 分 线 器 安 装

8.2.1 分线器组整体安装应符合下列规定：

8.2.1.1 分线器小电门的位置在正、负触线上应对称；

8.2.1.2 分线器传动机构应动作灵活，准确可靠，安装牢固；

8.2.1.3 继电器应采取防雨和雪措施。

8.2.2 单继电器双导向机构分线器组整体安装应符合本规范第 8.2.1.1 款，第 8.2.1.2 款、第 8.2.1.3 款的规定。

8.2.3 手动分线器组整体安装，其传动机构应动作灵活，准确可靠，安装牢固。

8.3 并 线 器 安 装

8.3.1 并线器组在运营线路上安装时，弯道线交叉器滑道宜带电；在保养场内连续安装并线器组时，其直道线交叉器滑道宜带电。

8.3.2 Y 型并线器组安装时，由于全是弯道线交叉器滑道，应将通过车数多、且路面条件差的滑道确定为带电。

8.4 交叉器安装

8.4.1 交叉器组四个方向上的交叉器角度定位线，与交叉器的距离不宜大于 5.0m，定位线宜采用硬性悬吊。

8.4.2 交叉器组宜装配成一个行车方向带电，另一个行车方向无电并滑行通过的线网方式。

8.4.3 当交叉器组触线交叉时，带电交叉器和复磨体方向的触线应在下层；滑行方向的触线应在上层，并应进行绝缘处理，其长度应超出交叉器两端，与绝缘滑行木外端对齐，包扎要求应符合本规范第 8.1.5 条的规定。

8.4.4 当交叉器组触线交叉时，带电交叉器方向的触线与交叉器的支撑连接应采用导电连接；滑行方向的触线与交叉器的支撑连接应采用绝缘连接。

8.4.5 交叉器组的悬吊装置应符合下列规定：

8.4.5.1 悬吊装置的横绷线与交叉器的垂直距离不应小于 500mm；

8.4.5.2 悬吊装置的绝缘应采用双重绝缘；

8.4.5.3 悬吊装置在交叉器组的吊点应对称，上下对正，长度一致，不得倾斜。

8.4.6 不同角度的交叉器组应根据不同角度交叉器的配件尺寸进行安装，配套组件不得代用。

8.4.7 相邻两交叉器组的高差应小于两交叉器组中心距离的 10‰。

8.5 分段绝缘器安装

8.5.1 分段绝缘器应安装在接触线位于直线的地段内，或两悬吊点间直线的范围内。

8.5.2 分段绝缘器的悬吊装置应采用双重绝缘。

8.5.3 分段绝缘器的正、负悬吊点的间距应符合本规范第 7.1.3

条的规定。复磨体底面距地面的高度，应符合本规范第 7.1.4 条的规定。

8.5.4 分段绝缘器整体安装应符合下列规定：

8.5.4.1 分段绝缘器整体复磨体配件的安装应符合本规范第 8.1.6 条的规定。

8.5.4.2 正、负触线分段绝缘器安装在同一位置时，两个绝缘滑行木应对齐；两个分段绝缘器的高差应小于 30mm；

8.5.4.3 上、下行触线在同一区段的分段绝缘器，其错开的距离不宜大于 70.0m。

9 保养场、回车场和桥梁涵洞接触网架设

9.1 保养场和保养车间内的接触网

9.1.1 场内触线悬吊点间距和触线与复磨体距地面的高度应符合本规范第 7.1.3 条和第 7.1.4 条的规定。

9.1.2 场内接触网架设应符合本规范第 7 章和第 8 章的规定。

9.1.3 车间内触线悬吊点，距地面的高度不应小于 4.90m。

9.1.4 车间内的触线应采用硬性悬吊，档距不宜大于 25.00m；正、负触线悬吊点间的绝缘不应小于双重绝缘。

9.1.5 车间内悬吊触线的支撑物应使用车间内的建筑结构预留构件。

9.1.6 车间内地沟上方的触线中心位，应偏离地沟中心 1.40m。

9.2 回车场接触网

9.2.1 回车场触线的悬吊宜采用硬性悬吊。

9.2.2 回车场的触线高度应根据回车场的位置确定，当回车场处于运营线网末端，成为独立的回车场时，触线及复磨体悬吊点底面距地面的高度应符合本规范第 7.1.4.6 款的规定；当回车场处在运营线网上时，其高度应符合本规范第 7.1.4.4 款的规定。

9.3 桥梁涵洞接触网

9.3.1 无轨电车线与铁路线平交对（不包括电气铁路），触线的最低点与轨道顶面的垂直距离不应小于 5.50m。

9.3.2 跨越铁路线路口的触线悬吊，其档距不宜大于 25.00m；跨越铁路线路口两端的链线和触线均应安装锚线。

9.3.3 触线网通过桥梁下（包括人行过街桥）和涵洞时，触线及

复磨体悬吊处底面距地面的高度不应小于 5.15m。允许偏差为 $^{+50}_{-150}$ mm。

9.3.4 桥梁下面和涵洞内的触线宜采用硬性悬吊，悬吊档距不宜大于 25.00m。

9.3.5 在道路引坡和涵洞的两端安装的链线和触线，均应安装锚线。

10 架空馈线

10.1 架空馈线走向与位置

10.1.1 架空馈线之间的间距不应小于 400mm。

10.1.2 架空馈线支撑点距地面的高度不得小于 7.00m。

10.1.3 架空馈线与其他设施的最小间距应符合表 10.1.3 的规定：

架空馈线与其他设施的最小间距 **表 10.1.3**

序号	项目	最小间距（m）
1	距地面的高度	6.00
2	距房屋建筑最凸部分净距	1.00
3	房屋屋顶的垂直距离	2.50
4	公路、铁路轨道顶面的垂直距离	7.00（电气化铁路除外）
5	与通信线的垂直距离	1.20
6	与电力低压线的垂直距离	1.00
7	与1～10kV 高压线的垂直距离	2.00
8	与树枝的净距	1.00

10.1.4 当馈线过街时，其与主干街道的交叉角度不得小于 45°。

10.1.5 馈线的正、负线在横担上的排列位置应符合下列规定：

10.1.5.1 正线应在车道侧；当无车道和人行道时，应在送电方向的左侧；

10.1.5.2 负线应在人行道侧；当无车道和人行道时，应在送电方向的右侧。

10.1.6 短距离的分区馈线应安装在横担的外侧；中长距离的馈

线应安装在横担的中间；长距离的馈线应安装在横担的内侧（图10.1.6）。

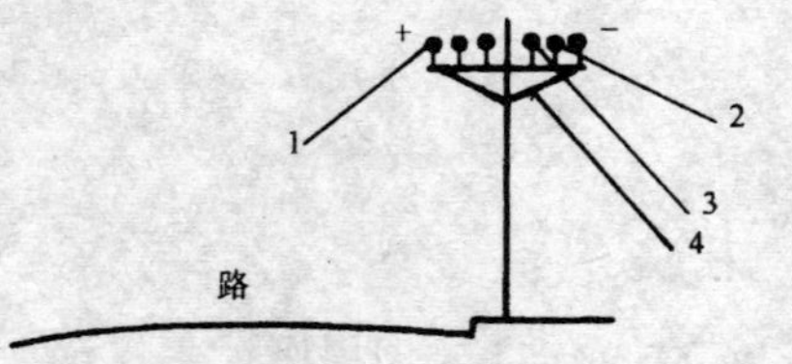

图 10.1.6　分区馈线排列位置

1—短距离馈线；2—中长距离馈线；3—长距离馈线；4—支梁

10.2　馈线支撑结构安装

10.2.1　电杆上的横担应安装在受电侧；转角杆、终端杆的横担均应安装在受力的反方向侧（图10.2.1）。

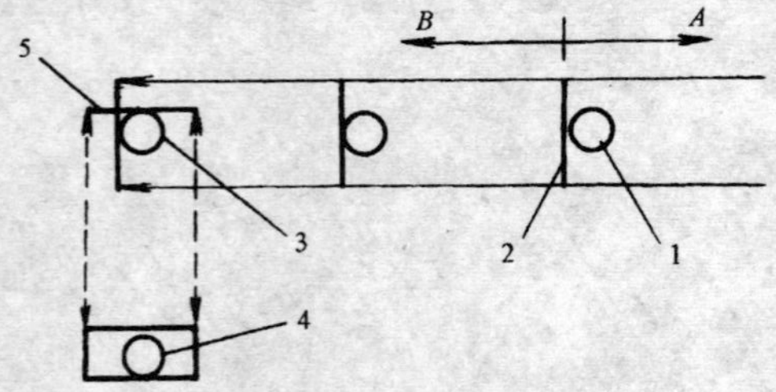

图 10.2.1　横担的安装方位

A—供电侧；B—受电侧

1—直线杆；2—横担位置；3—转角杆；4—终端杆；5—转角横担位置

10.2.2　跨越触线的横担距地面高度不应小于9.00m，横担梁与杆顶的距离不得小于300mm。

10.2.3　四条及以上馈线用的横担应安装支梁。

10.2.4　终端横担应使用双横担，或加强横担。

10.2.5　同杆架设其他交叉线路的横担时，横担间的最小距离，应符合表10.2.5的规定。

横担间的最小距离　　表 10.2.5

序号	项　　目	直线杆（m）	转角杆（m）
1	馈线与10kV线	1.20	1.00
2	馈线与电力低压380V线	1.00	0.80
3	馈线与通讯线	0.80	0.60

10.2.6　螺栓连接应符合下列规定：

10.2.6.1　螺栓应与构件面垂直，螺头平面与构件间不应有间隙；

10.2.6.2　有椭圆孔的地方，应装置垫圈，每端垫圈不应超过两个；

10.2.6.3　螺母紧好后，螺杆丝扣露出的长度，单螺母时，不应小于一个螺母的厚度；双螺母时，不应小于半个螺母厚度。

10.2.7　螺栓的穿入方向应符合下列规定：

10.2.7.1　对于立体结构的水平方向，应由内向外穿；垂直方向，应由下向上穿；

10.2.7.2　对于平面结构顺线路方向，双面构件应由内向外穿；单面构件应由送电侧向受电侧穿。过街线路方向，应由道路侧向人行道侧穿；垂直方向，应由下向上穿。

10.2.8　横担的安装应符合下列规定：

10.2.8.1　横担应与馈线垂直；

10.2.8.2　折角杆处的横担应与分角线方向相同；

10.2.8.3　横担应平、正，端部上下倾斜不应大于30mm，前后倾斜不应大于30mm。

10.2.9　馈线绝缘子的安装应符合下列规定：

10.2.9.1　馈线对地可为单级绝缘；

10.2.9.2　采用针式绝缘子时，上口应与馈线方向平行，装好后，应垂直横担；

10.2.9.3　采用蝶式绝缘子（茶台）时，瓷瓶孔内应装置绝缘套管，装好后，穿钉应垂直上下横担；

10.2.9.4 导线终端应采用悬式绝缘子。

10.3 施放馈线

10.3.1 同金属同截面绞向不同的导线和同金属不同截面同绞向的导线严禁在档距内连接；需要连接时，应通过耐张电杆进行。

10.3.2 在同一档距内，同一根导线上仅可有一个接头，而接头的端部与导线在横担上固定点的距离不得小于1.00m。

10.3.3 放线前的准备及放线应符合下列规定：

10.3.3.1 根据馈线走向，应选择适当长度的线盘，进行优选组合，减少中间接头；

10.3.3.2 电杆上应装置放线滑车；

10.3.3.3 放线时应派有经验的人员看守线盘，检查导线；

10.3.3.4 应设置专人监护导线，严禁在路面上摩擦，被刮伤、断股或扭弯轧伤。

10.3.4 馈线遇有下列损伤情况之一者应剪掉：

10.3.4.1 同一根导线的截面内出现断股，损伤面积超过导电部分截面积的10%；

10.3.4.2 导线出现松股、拧花、灯笼，其直径超过原导线直径的1.5倍，并且无法修复。

10.3.5 馈线截面损坏不超过导电部分截面积的10%时，可用同种金属敷线补修，敷线的长度应超出损伤部分，两端各缠绕的长度不应小于100mm。当截面损伤在导电部分截面积的5%以内时，可不作敷线处理。

10.3.6 馈线连接前，应清除表面污垢，清除的长度应为连接部分的二倍。连接部分的馈线不应有松股、断股和缠绕不良现象。

10.3.7 截面面积300mm² 及以下铝绞线的中间接头采用搭接钳压连接时，应符合下列规定：

10.3.7.1 采用的接续管型号、压模型号应与导线的规格配套；

10.3.7.2 接续管的主要尺寸与钳压尺寸应符合现行国家标准《接续管》(GB2331.1) 表2的规定；

10.3.7.3 钳压后的接续管，弯曲度大于管长的2%时，应进行矫正；

10.3.7.4 钳压后或矫正后的接续管不应有裂纹，两端的导线不应有松股、灯笼、抽筋等现象；

10.3.7.5 钳压后的接续管两端及合缝处应涂凡士林并把管口涂严。

10.3.8 铝绞线的中间接头采用对接压接时，应符合下列规定：

10.3.8.1 接续管的主要尺寸应符合现行国家标准《铝绞线用接续管》(GB2331.3) 的规定；

10.3.8.2 压接后的接续管应符合本规范第10.3.7条中3、4、5款的规定。

10.3.9 钢芯铝绞线的中间接头采用对接压接时，应符合下列规定：

10.3.9.1 采用的接续管型号、压模型号应与导线的规格配套；

10.3.9.2 接续管的主要尺寸应符合现行国家标准《钢芯铝绞线用接续管》(GB2331.4) 的规定；

10.3.9.3 压接后的接续管应符合本规范第10.3.7条中3、4、5款的规定。

10.3.10 截面大于185mm² 铜绞线的中间接头采用搭接钳压或对接压接时，应符合下列规定：

10.3.10.1 采用的接续管材质应与导线同金属，截面不小于被接导线截面，电阻不大于被接导线电阻，抗张拉力不小于被接导线最大使用张力；

10.3.10.2 接续管尺寸、压模尺寸应与导线的规格配套；

10.3.10.3 压接后的接续管应符合本规范第10.3.7条中3、4、5款的规定。

10.3.11 馈线通过45m长及以上的路口时，应采用双针式绝缘子或悬式绝缘子，过街的馈线不得有中间接头。

10.3.12 馈线拉紧应符合下列规定：

10.3.12.1 馈线的拉紧应按施工曲线进行，允许偏差为设计张力的±5%；

10.3.12.2 同档内馈线的垂度应一致，允许最大高差为50mm；

10.3.12.3 在同一横担上，悬挂同金属不同截面的馈线时，所有导线的垂度应与大截面导线的垂度一致；当小截面馈线垂度较大时，应安装防晃圈。

10.4 馈线过引线与固定绑扎

10.4.1 裸铜、铝馈线在绝缘瓷瓶上或线夹上固定时，应缠绕与导线同金属的包带，缠绕长度应超出接触部分30mm，缠绕的方向应与导线外层线股缠绕的方向一致。

10.4.2 裸铜、铝馈线在绝缘瓷瓶上绑扎用的绑线，应采用与导线同金属的单股线，其直径不应小于2mm。

10.4.3 馈线的固定绑扎应牢固可靠，并应符合下列规定：

10.4.3.1 馈线在针式绝缘瓷瓶上的固定与绑扎应符合现行行业标准《10kV针式绝缘子绑扎》（JD4—113）顶扎法和颈扎法的规定；

10.4.3.2 馈线在蝶式绝缘瓷瓶上的固定与绑扎应符合现行行业标准《10kV针式绝缘子绑扎》（JD4—113）颈扎法的规定；

10.4.3.3 馈线折角处使用针式或蝶式绝缘瓷瓶时，导线应固定在瓷瓶的外侧颈上（导线受力的反方向侧）。

10.4.4 过引线（跨接线或弓子线）之间、过引线与主干线间的连接，应符合下列规定：

10.4.4.1 过引线的截面应与主干线截面相等；

10.4.4.2 铜、铝导线连接时，应采用截面相同的铜、铝过渡线夹连接；

10.4.4.3 导线互相连接和与并钩线夹连接前，应清除接触面部位的锈蚀和污垢；

10.4.4.4 采用并钩线夹连接时，每处的线夹不得少于2个。线夹的规格应与导线配套；

10.4.4.5 采用绑扎连接时，绑线的直径不应小于导线的单股直径，绑扎的长度应分为二段，每段不小于200mm。绑扎应接触紧密、均匀、无松圈、硬弯；

10.4.4.6 过引线长度大于1.0m时，应在横担上安装针式绝缘子固定。过引线与其他导电体及接地物间的距离不应小于150mm；

10.4.4.7 过引线应顺直，弧度均匀，不得有不正规的交叉。

10.5 馈电箱和馈入线安装

10.5.1 不同金属导线的引下线连接时，应有可靠的过渡设备。

10.5.2 引下线应用针式绝缘子固定，其固定间距不应大于1.20m。

10.5.3 杆上馈线刀开关的安装方位应与架空馈线走向垂直，并装在车道侧，其高度应符合设计规定。正、负极位置应以送电方向为基准，先遇见的刀开关为正级，后遇见的刀开关为负级（图10.5.3）。

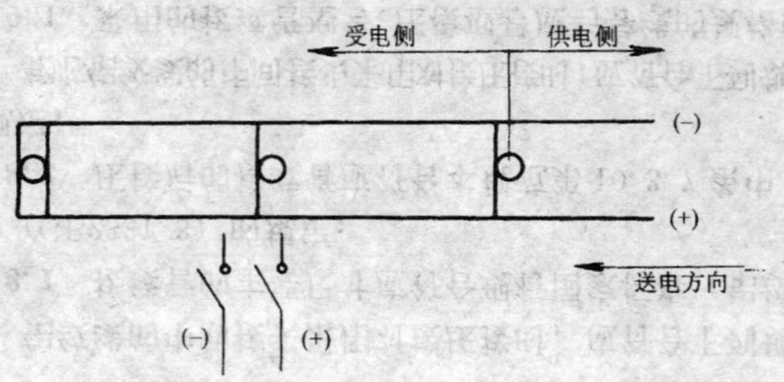

图10.5.3 馈线刀开关正、负极位置

10.5.4 杆上馈电箱和刀开关安装应符合下列规定：

10.5.4.1 馈电箱和刀开关的托架，在电杆上的安装应牢固可靠，横梁平正，端部高差不应大于5mm；

10.5.4.2 刀开关组装应牢固，绝缘瓷件清洁，无裂纹损伤；

10.5.4.3 刀刃合闸时应接触紧密，分闸时不应小于150mm

的间隙；

10.5.4.4 开关装好后，机构动作应稳定，并应进行调试且符合产品使用规定；

10.5.4.5 刀刃分闸时应静触头带电；

10.5.4.6 开关两端与引线鼻子的连接应紧密、稳定、可靠。

10.5.5 落地馈电箱安装应符合下列规定：

10.5.5.1 馈电箱底座与馈电箱的安装尺寸应配套，安装应紧固可靠；

10.5.5.2 地极埋入深度不应小于2.00m，接地电阻不应大于10Ω；

10.5.5.3 应安装压敏电阻及保护熔丝。压敏电阻应用2500V摇表测量其绝缘电阻，其值应大于2MΩ。安装时，与箱体应有间距，正线接在1～4刀闸下桩头铜排上；

10.5.5.4 馈电箱与电杆之间应装防护罩；

10.5.5.5 刀开关的组装应符合本规范第10.5.4条的规定。

10.5.6 馈引线及其悬吊安装应符合下列规定：

10.5.6.1 馈引线宜采用120～185mm² 的橡皮铜绞线；

10.5.6.2 悬吊馈引线的横绷线，正、负线垂度高差不应大于50mm，跨越单臂或吊链线的高度不应小于500mm；

10.5.6.3 悬吊馈引线的正、负横绷线的绝缘位置应对齐，与负线馈入线水平距离不应小于500mm（图10.5.6）；

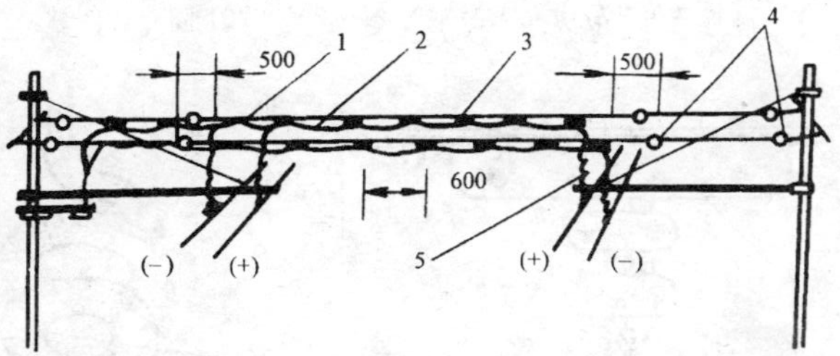

图10.5.6 馈引线悬吊安装 单位：mm

1—横绷线；2—馈引线；3—线夹；4—拉紧绝缘；5—馈入线

10.5.6.4 引线在横绷线上的悬吊宜采用线夹安装，或用橡皮线绑扎；绑扎时，不应少于10圈，悬吊点间的距离宜为600mm。

10.5.7 馈入线安装应符合下列规定：

10.5.7.1 馈入线宜采用95mm² 的橡皮铜绞线；

10.5.7.2 馈入线与引线的连接宜采用并钩线夹连接，每处不应少于2个。采用绑扎连接时，应符合表10.5.7的规定（图10.5.7-1）；

表10.5.7

铜线截面	L（mm）	b（mm）	绑线直径（mm）
95mm²	80.00	50.00	2.49
120mm²	100.00	50.00	2.49

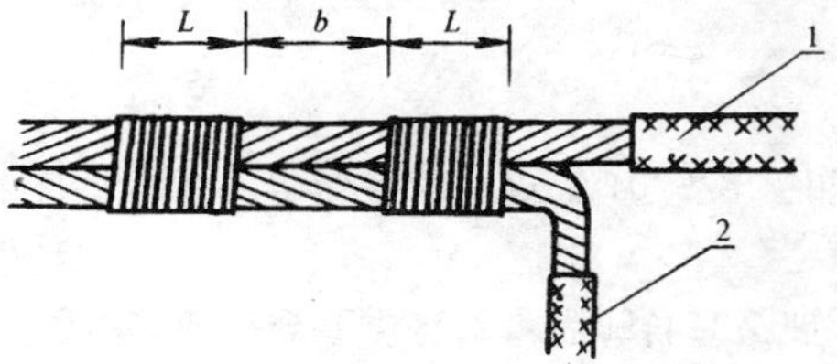

图10.5.7-1 引线与馈入线绑扎

1—馈引线；2—馈入线

10.5.7.3 馈入线应绕成ϕ80～ϕ100mm的弹性圈2～4圈，底圈与触线的距离应为250～300mm（图10.5.7-2）。

10.5.7.4 馈入线应使用馈线夹板与触线连接，连接不得有松动。

10.5.8 馈入线与链线在同一立面上时，两者之间应加绝缘胶管。

10.5.9 长单臂悬挂上下行触线时，馈引线安装应符合下列规定：

10.5.9.1 馈引线应安装在单臂支撑架的针式瓷瓶上，支架间距宜为600mm（图10.5.9）；

10.5.9.2 馈入线安装应符合本规范第10.5.7条的规定。

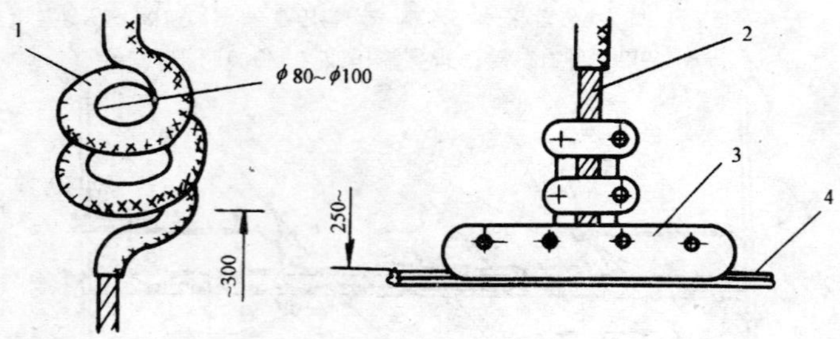

图 10.5.7-2　馈入线安装　单位：mm

1—馈入线弹性圈；2—馈入线；3—馈线夹板；4—触线

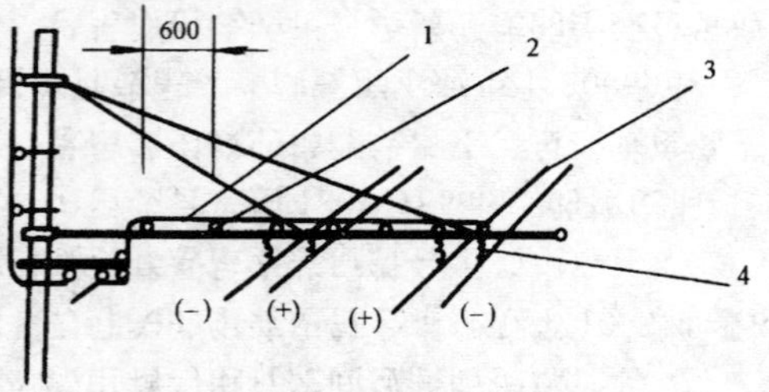

图 10.5.9　长单臂上下行触线馈引线安装　单位：mm

1—馈引线；2—针式瓷瓶支架；3—触线；4—馈入线

10.6　均压线安装

10.6.1　双侧单臂和横绷线悬吊接触网的均压线安装应符合下列规定：

10.6.1.1　均压线宜采用 $95mm^2$ 的橡皮铜绞线，也可采用 $85mm^2$ 的铜触线；

10.6.1.2　采用橡皮铜绞线为均压线时，应有横绷线悬吊；

10.6.1.3　悬吊均压线的横绷线，正、负线垂度高差不应大于50mm，跨越单臂或吊链线的高度不应小于 500mm（图 10.6.1）；

10.6.1.4　馈入线安装应符合本规范第 10.5.7 条的规定。

10.6.2　长单臂上下行接触网均压线的安装应符合下列规定：

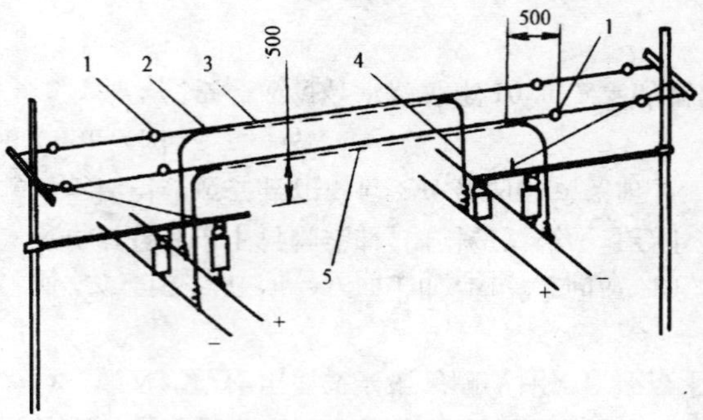

图 10.6.1　均压线安装　单位：mm

1—拉紧绝缘子；2—并钩线夹（铜绑扎线）；

3—铜触线；4—馈入线；5—橡皮铜绞线

10.6.2.1　均压线应采用 $95mm^2$ 的橡皮铜绞线；

10.6.2.2　均压线应安装在单臂支撑架的针式瓷瓶上，支架间距宜为 600mm；

10.6.2.3　馈入线安装应符合本规范第 10.5.7 条的规定。

11 避雷器安装

11.0.1 采用羊角双间隙避雷器时，安装后的主间隙应为 3mm，辅助间隙应为 2mm（图 11.0.1）。

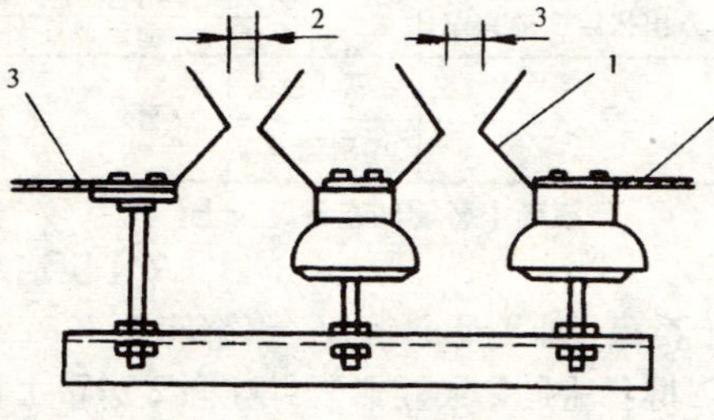

图 11.0.1 双间隙羊角避雷器 单位：mm

1—避雷器羊角；2—避雷器上引线；3—避雷器下引线

11.0.2 采用金属氧化物避雷器（无间隙避雷器）时，安装前应根据产品使用规定进行复验，不符合规定的产品不得使用。

11.0.3 避雷器上引线(带电侧引线)，不宜采用小于 $16mm^2$ 的铜芯皮线；下引线（地线侧引线）距地面 2.00m 及其以上区段，不宜采用小于 $25mm^2$ 的铜芯皮线，距地面 2.00m 以下不宜采用直径小于 $\phi 8mm$ 的镀锌圆钢。

11.0.4 地线极宜采用直径 $\phi 18mm$，长 2.50m 的圆钢制成，而且应与直径 $\phi 8mm$，长 2.5m 的圆钢焊接连接，并进行镀锌或其他防腐处理。

11.0.5 地线极的安装应符合下列规定：

11.0.5.1 地线极的埋设位置应顺道路方向，两根地线钎的间距应为 1.20～1.50m；

11.0.5.2 安装后的地线应进行测试，并有记录，接地电阻不得大于 10Ω。达不到标准时，可增加接地极。

11.0.6 出地面的地线引线应有护线槽板，或其他非金属护管，长度宜为 2.00mm，并应与电杆固定。

11.0.7 出地面的地线引线与杆上的下引线应在距地面 2.20m 处用并钩线夹或钢绞线卡子连接，连接应牢固可靠。

11.0.8 避雷器的安装应符合下列规定：

11.0.8.1 避雷器的瓷件应清洁、完整、无裂纹；

11.0.8.2 避雷器支架梁应平正，无倾斜；

11.0.8.3 避雷器与上、下引线的连接应牢固可靠。

11.0.9 避雷器引线安装应符合下列规定：

11.0.9.1 上引线与馈线、均压线连接时，应牢固可靠；

11.0.9.2 上引线在支撑物或横绷线上安装时，应装在绝缘瓷瓶上或绝缘支架上（图 11.0.9）；

11.0.9.3 下引线在电杆上的固定间距不应大于 1.50m（图 11.0.9）。

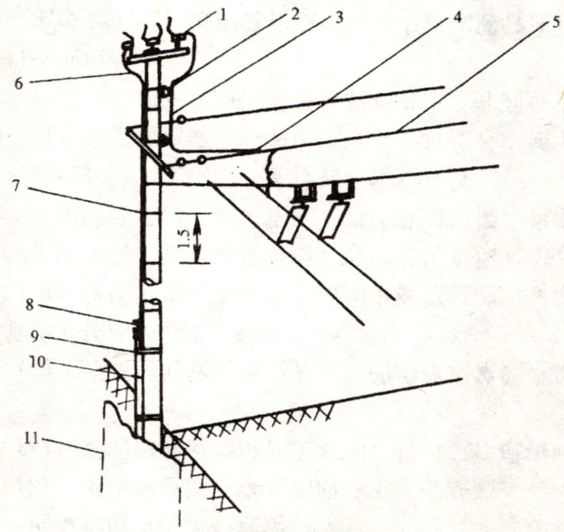

图 11.0.9 避雷器引线安装 单位：m

1—避雷器；2—针式瓷瓶；3—上引线；4—引线卡子；5—均压线；6—下引线；7—下引线固定；8—地线并钩线夹；9—槽板固定；10—护线槽板；11—地线极

12 电缆线路安装

12.1 一 般 规 定

12.1.1 安装电缆使用的配件和紧固件均应镀锌或做其他防腐处理。

12.1.2 电缆运输、装卸时，不应使电缆及电缆盘受到损伤，电缆盘不应平放运输，严禁由车上向下推滚电缆盘。

12.1.3 作馈线用的大截面单芯电缆的弯曲半径，不应小于电缆直径的 25 倍。

12.1.4 当电缆存放地点在敷设前 24h 内的平均温度及现场温度低于 0℃时，不应敷设电缆。

12.1.5 敷设电缆时，电缆应从盘的上方引出，电缆不应在地面上或支架上拖拉摩擦。

12.1.6 电车电缆之间及与其他设施之间平行和交叉时的最小距离应符合表 12.1.6 的规定。严禁将电缆平行敷设于其他管线、管道的正上方或正下方。

平行和交叉时的最小距离　　表 12.1.6

序号	项　目	最小距离(m)		备　注
		平行	立交	
1	电车直流电缆	0.10	—	序号 2、3 当采用穿管或用隔板隔开时平行和交叉距离可为 0.2m
2	10kV 及以下电缆	0.50	0.50	
3	电信电缆	0.50	0.50	
4	建筑基础	0.60	—	
5	其他管道	0.50	0.50	(1)序号 5、7、8 采取穿管时距离可为 0.25 (2)序号 6 应采取隔热措施，使电缆周围土壤温升不超过 10℃
6	热力管道、热力设备	2.00	0.50	
7	燃气管道	1.00	0.50	
8	排水管	1.00	0.50	
9	城市街道路面	1.00	0.70	
10	铁路路轨	3.00	1.00	

12.2 电 缆 管 敷 设

12.2.1 电缆管应符合下列规定：

12.2.1.1 不应有裂缝、穿孔和凹凸不平等缺陷；

12.2.1.2 管的内壁应光滑、无毛刺，管口应作成喇叭形并应磨光；

12.2.1.3 弯制后的管子不应有显著的塌瘪现象，弯扁程度不宜大于管子外径的 10%；

12.2.1.4 电缆管内径不应小于使用电缆直径的 2.5 倍；采用混凝土管、陶土管、石棉水泥管时，其内径应再加大 15mm。

12.2.2 电缆管连接时，宜采用大一级的管口套接，连接处应密封；采用有丝扣管头连接时，连接处应密封良好。

12.2.3 引至设备和电缆出线的电缆管，管口位置应便于敷设电缆及与设备连接，并不应妨碍设备拆装和进出。并列敷设的电缆管，管口排列应整齐。

12.2.4 电缆交叉时，保护管宜采用两半卡接式圆管或角钢卡接式方管。

12.2.5 电缆管敷设应符合下列规定：

12.2.5.1 电缆管的埋设深度，在机动车道下面时，不应小于 700mm；在人行步道下面时，不应小于 500m；

12.2.5.2 通过机动车道的电缆管，应长出道路宽两侧各 1.00m；

12.2.5.3 进出建筑物和电缆隧道的电缆管应长出散水坡 500mm；

12.2.5.4 电缆管的地基应夯实，并应平整。管口连接应对准，平滑密封。

12.3 电缆支架安装

12.3.1 电缆支架的横向间距宜为 0.75～1.00m，层间垂直净距不应小于两倍电缆外径再加 50mm。

12.3.2 电缆支架应安装牢固，保持横平竖直，同层支架应在同一水平面上，允许高低偏差±5mm。在有坡度的隧道和电缆沟内安装支架时，应保持与隧道、电缆沟相同的坡度。

12.3.3 电缆上杆时的支架间距不应大于1.50m。

12.4 隧道和沟道内电缆敷设

12.4.1 电缆敷设前，应进行下列准备工作，并应符合下列规定：

12.4.1.1 电缆沟道内应无水，杂物和淤泥，电缆支架应齐全、牢固；

12.4.1.2 电缆管孔应进行试通；

12.4.1.3 校核电缆型号、规格及敷设长度；

12.4.1.4 测量电缆绝缘电阻，晴天时绝缘电阻不应小于50MΩ，阴雨天时不应小于0.5MΩ（1000V摇表），并应有记录。合格的方可施工。

12.4.2 敷设电缆时，不应损坏隧道和沟道内的防水层。

12.4.3 电缆的排列当设计无要求时，应符合下列规定：

12.4.3.1 电力电缆和控制电缆应分开排列；

12.4.3.2 电力电缆和控制电缆设在同一侧支架上时，控制电缆应放在电力电缆的下面，1kV以下的电缆应放在1kV及其以上电力电缆的下面；

12.4.3.3 不同电压的电缆因特殊情况交叉时，在交叉处应设置绝缘隔板。

12.4.4 室内明敷的电缆距终端头1.00m以内的一段，应将麻护层剥去，并对电缆外皮加以防腐保护。

12.4.5 在站内、井口内、管道进出口以及终端头、中间接头处敷设电缆，应留有备用余量。

12.4.6 电缆的固定应符合下列规定：

12.4.6.1 固定电缆的夹具，形式结构应统一；

12.4.6.2 裸铅套和全塑的电缆在固定处应加软衬保护；

12.4.6.3 电缆在下列地段应有固定：

（1）垂直敷设或超过45°倾斜的电缆，在每处支架上固定；

（2）水平敷设的电缆，在电缆首末两端及转弯和电缆接头的两端处固定。

12.4.7 电缆标志牌的设置应符合下列规定：

12.4.7.1 标志牌的规格应统一，并应进行防腐，装挂应牢固；

12.4.7.2 标志牌上应注明线路编号、电缆规格、起止地点长度，字迹应清晰、不易脱落，并应及时安装；

12.4.7.3 在下列地段应装置标志牌：电缆的终始端、电缆接头和隧道、沟道、管道、竖井的两端。

12.4.8 电缆出入隧道、沟道、竖井、建筑物时，出入口应封闭，管口应密封。

12.4.9 电缆敷设完毕后，应及时清除杂物，盖好盖板。

12.5 管道内电缆敷设

12.5.1 电缆穿管前的准备工作应符合本规范第12.4.1条的规定。

12.5.2 穿电缆时，电缆头端应装有一定机械强度的保护罩；为避免电缆保护层损伤，可采用无腐蚀性的润滑剂；严禁强力猛拉。

12.5.3 电缆穿管敷设应符合下列规定：

12.5.3.1 每根馈线电缆应单独穿入一根管内；

12.5.3.2 控制电缆不得与其他电缆同穿一根管；

12.5.3.3 在混凝土管、石棉水泥管内敷设的电缆，宜采用塑料护套电缆；

12.5.3.4 穿入管内的电缆经调整测试合格后，应及时将管口密封。

12.6 桥梁上电缆敷设

12.6.1 在进出桥梁的两端，电缆应套有足够机械强度的保护管或保护罩。

12.6.2 在桥梁上，电缆应敷设在人行道下的电缆沟中或穿在管内。

12.6.3 敷设在桥墩和伸缩缝处的电缆应留有松弛部分。

12.6.4 在经常受到震动的桥梁上敷设电缆时，应有防震措施。

12.6.5 在桥梁上悬吊电缆时，应符合下列规定：

12.6.5.1 钢索和托架与桥梁构架的净距，不应小于 300mm；特殊情况，应与有关单位协商；

12.6.5.2 钢索上的悬吊点间距不宜大于 750mm，每个吊点均应有电缆托；

12.6.5.3 在有坡度的地段，悬吊点应有固定。

12.7 直埋电缆敷设

12.7.1 电缆埋设深度应符合下列规定：

12.7.1.1 电缆表面距地面的距离不应小于 700mm；穿越农田时不应小于 1.00m；

12.7.1.2 寒带区的电缆应埋设在冻土层以下；当无法深埋时，应采取措施；

12.7.1.3 当与地下设施交叉或接近建筑物而不能深埋时，可浅埋，但应采取保护措施。

12.7.2 电缆沟槽的坡度应视土质而定，宜为沟深的 13%。

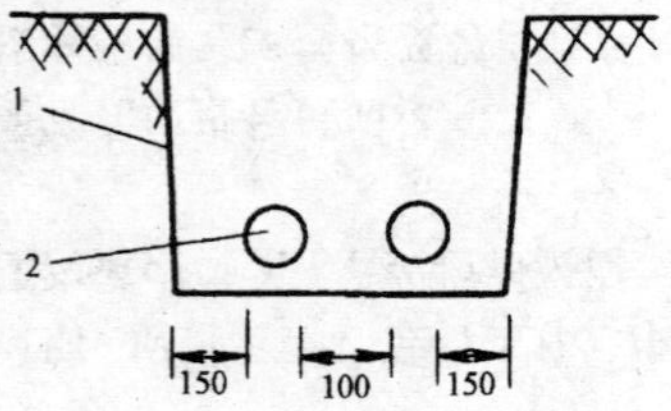

图 12.7.3 电缆沟槽 单位：mm

1—电缆沟槽断面；2—电缆

12.7.3 电缆沟槽的宽度应按两根电缆间净距 100mm，与槽边 150mm 为基数（图 12.7.3）。每增加一根电缆其沟底宽应增加 170mm。

12.7.4 在电缆直埋路径上，遇有腐蚀性的有机物质、矿渣、石灰、瓦砾等时，应换土或采取保护措施。

12.7.5 在明沟、河边容易遭到冲刷的地段，不宜敷设电缆；必须敷设时，应采取保护措施。

12.7.6 直埋电缆的上下均应铺以不小于 100mm 厚的软土或细砂层，软土和细砂层中不得有石块或其他硬质杂物。

12.7.7 使用落地滑车敷设电缆时，滑车间距的确定应以电缆不在地面上发生摩擦为准。

12.7.8 电缆应弯曲敷设，并应留有少量裕度。

12.7.9 直埋电缆与其他电缆交叉时，高压电缆宜在下层，低压电缆宜在上层。电缆交叉时，交叉角度不宜小于 60°，交叉处应套保护管，其长度应长出被交叉电缆的两侧各 500mm。

12.7.10 电缆敷设后，应加盖混凝土保护板，也可用砖块代替，其覆盖宽度应超过电缆两侧各 50mm。

12.7.11 直埋电缆覆盖前，必须由专人检验，并经设备管理人员测绘记录核实后，方可回填。回填土应夯实。

12.7.12 直埋电缆沿线的拐弯、交叉接头处及特殊区段，应有明显的方位标志和牢固的标桩。

12.7.13 填好的电缆沟槽地面，可比原地面稍高，并应将所余渣土清除运走。对沥青、花砖路面应恢复原状。

12.7.14 电缆上杆的终端，在地下附近应留有 1.00～1.50m 余量，地上应有一段 2.00m 长的保护管，电缆上杆高度不宜小于 6.00m。

12.8 电缆接头和终端头

12.8.1 电缆接头和终端头的制作，应由经过培训、熟悉工艺的人员进行，或在前述人员的指导下进行。

12.8.2 室外制作电缆接头和终端头，应在气候干燥的情况下进行，并应有防尘土和污物的措施。

12.8.3 多条电缆并列敷设时，接头盒应前后错开安置。接头盒不应安装在倾斜、弯曲和深槽地段内。

12.8.4 切断电缆后，均应将端头立即封好，并采取可靠的防潮措施。

12.8.5 制作电缆接头和终端头时，从开始剥切到制作完毕，必须连续进行，一次完成。制作前和完成后，均应测量电缆绝缘，并应符合本规范第12.4.1.4款的规定。

12.8.6 剥切电缆时，不得损伤线芯绝缘、包缠绝缘和绝缘套。并应注意清洁，防止污秽与潮气侵入绝缘层。

12.8.7 电缆接头、终端头的外壳和该处的电缆金属护套及铠装层均应接地良好；接地线应采用编织软网铜线，其截面不应小于$10mm^2$。

13 供电线网工程验收

13.1 一般规定

13.1.1 供电线网工程竣工后，施工单位应及时做好工程验收前的工作。并备齐施工文件、工程竣工图、施工纪要和工程测试记录。

13.1.2 对接触网、馈线网的整体检查，地上部分可用目检和简单的仪表、量具进行；对隐蔽部分，应查阅施工过程的检测记录和有关标志，并对避雷器的接地电阻、馈线网接触网的整体绝缘等进行抽查。

13.1.3 对于在施工过程中由于地形地物不符，导致悬吊结构及材料设备的变动，应按修改后的设计进行检查。

13.2 接触网工程验收检查

13.2.1 电杆、基础、拉线系统应检查下列项目：

13.2.1.1 电杆型号、规格、杆位、拉线位，施工偏差和承载后的杆梢偏移量；

13.2.1.2 混凝土电杆表面质量；

13.2.1.3 金属结构电杆表面质量；

13.2.1.4 拉线安装制作。

13.2.2 支撑系统应检查下列项目：

13.2.2.1 支撑形式、结构、型材、线材、配件的规格；

13.2.2.2 支撑系统安装的位置；

13.2.2.3 支撑系统紧固件安装的方位。

13.2.3 触线悬吊系统应检查下列项目：

13.2.3.1 触线的线位；

13.2.3.2 触线夹板与线槽的连接；

13.2.3.3 正、负触线悬吊点处的间距；

13.2.3.4 触线和复磨体在悬吊点处距地面的高度；

13.2.3.5 悬吊系统紧固件安装的方位；

13.2.3.6 触线之间和带电体与电杆和其他支撑结构之间的绝缘；

13.2.3.7 触线锚线的位置与安装。

13.2.4 枢纽设备应检查下列项目：

13.2.4.1 设备位置与安装；

13.2.4.2 分线器、并线器、交叉器、正负触线交叉部位的绝缘和包扎绝缘；

13.2.4.3 分线器、并线器、交叉器组、分段绝缘器和整体复磨体安装；

13.2.4.4 分线器传动机构。

13.2.5 对接触网之间及与外界设施的安全距离必须检查下列项目；

13.2.5.1 悬挂触线的支撑物跨越触线的距离；

13.2.5.2 外界电力、照明、通讯等线路跨越触线的距离；

13.2.5.3 树木和其他设施与触线的距离。

13.3 馈线网工程验收检查

13.3.1 架空馈线应检查下列项目：

13.3.1.1 横担安装的位置、方位；

13.3.1.2 馈线型号、垂度、安装的走向及排列；

13.3.1.3 馈线接头、馈线在绝缘瓷瓶上的固定与绑扎。

13.3.2 电缆线路应检查下列项目：

13.3.2.1 电缆走向敷设途径，标牌标桩应齐全；

13.3.2.2 电缆交叉处与薄弱地段的保护设备应齐全；

13.3.2.3 电缆敷设前后和中间接头、终端头制作前后的电缆绝缘性能检查记录应齐全；

13.3.2.4 隧道和电缆沟内的明敷电缆及进入设备的电缆排列。

13.3.3 馈线过引线及馈入线应检查下列项目：

13.3.3.1 过引线、馈引线、均压线的安装；

13.3.3.2 不同金属导线的连接；

13.3.3.3 馈入线与触线的连接和安装。

13.3.4 避雷器应检查下列项目：

13.3.4.1 上下引线的安装；

13.3.4.2 避雷器的调试、安装；

13.3.4.3 地线极的制作、安装并查阅测试记录，对可疑情况再进行抽测。

13.3.5 馈线网与外界的安全距离必须进行检查，并应符合规定。

13.3.6 必须测试供电区段总体绝缘电阻，并应符合规定。

13.4 送电通车试运行

13.4.1 工程竣工后，在送电前必须对馈线网、接触网进行全面检查，符合规定后，方可送电试车运行。

13.4.2 电车试运行时，应由架线工程车护送。应先低速，然后再中速行驶。

13.4.3 通过中速运行检验后，接触网悬吊系统不适应电车运行的悬吊部分应进行全面调整。

13.4.4 试运行调整后的接触网应满足电车运营速度的运行。

14 竣工交接

14.0.1 无轨电车供电线网工程应与电车线路有关工程同步建成，并及时组织竣工交接。

14.0.2 施工单位应编好竣工文件，绘制好全部竣工图，并将资料移交接管单位。

14.0.3 交接文件应包括下列内容：

14.0.3.1 施工竣工图：

（1）馈线网平面布置施工竣工图；

（2）触线网平面布置施工竣工图；

（3）馈线网安装图；

（4）触线网安装图；

14.0.3.2 变更设计文件：

（1）变更设计文件和说明；

（2）施工处理意见和协商纪要；

14.0.3.3 工程施工记录：

（1）电车供电架空线网与外界线路、建筑的距离较近地段的有关协商纪要；

（2）电杆基础、电缆敷设等隐蔽工程情况记录和与其他市政设施交叉配合纪要；

（3）电缆接头、终端头、敷设、制作前后的电缆绝缘测试记录；

（4）避雷器和接地装置测试记录；

（5）供电区段总体绝缘测试记录。

附录A 本规范用词说明

A.0.1 为便于在执行本规范条文时区别对待，对于要求严格程度不同的用词说明如下：

（1）表示很严格，非这样做不可的正面词采用“必须”；反面词采用“严禁”。

（2）表示严格，在正常情况下均应这样做的正面词采用“应”；反面词采用“不应”或“不得”。

（3）表示允许稍有选择，在条件许可时，首先这样做的正面词采用“宜”或“可”；反面词采用“不宜”。

A.0.2 条文中指明必须按其他有关标准执行的写法为“应按……执行”或“应符合……的规定”。

附加说明

本规范主编单位、参加单位和主要起草人名单

主 编 单 位：北京市公交总公司电车公司供电所
参 加 单 位：上海公交总公司
重庆公交总公司
沈阳公交总公司
西安公交总公司
广州市电车公司
主要起草人：石露志　孙宝海　陈述忠　王大春　吴尚金
张中天　杨　斌　郑建城

中华人民共和国行业标准

无轨电车供电线网工程施工及验收规范

CJJ 72—97

条 文 说 明

前　言

根据建设部建标［1991］413号文的要求，由北京市公交总公司电车公司供电所主编，上海公交总公司、重庆公交总公司、沈阳公交总公司、西安公交总公司等单位参加共同编制的《无轨电车供电线网工程施工及验收规范》(CJJ72—97)，经建设部1997年9月12日以建标［1997］230号文批准，业已发布。

为便于设计、施工、科研、学校等单位的有关人员在使用本规范时能正确理解和执行条文规定，《无轨电车供电线网工程施工及验收规范》编制组按章、节、条顺序编制了本规范的条文说明，供国内使用者参考。

在使用中如发现本条文说明有欠妥之处，请将意见函寄北京市公交总公司电车公司供电所（邮政编码：100037）。地址：北京阜外大街32号院内。

本《条文说明》由建设部标准定额研究所组织出版。

目　次

1 总 则

1.0.1 制定本规范的目的：

（1）我国是有轨电车、无轨电车历史悠久的国家，具有相当丰富的建设、运行及管理经验。由于历史上的种种原因，我国尚没有本专业系统的全国统一的施工标准，致使各地区的电车供电线网的建设处于地区性习惯作法，使用的规范、标准也参差不一。为了无轨电车交通事业的发展，提高触线网的供电质量，有必要制定本规范，以便于科学管理。

(2)为了研究我国各地区电车供电线网的建设成果和经验，共同总结，相互学习，统一认识，推动技术进步，提出适应现代科学技术发展，适合我国国情的城市电车供电线网工程统一的施工及验收依据。

（3）1986 年我国实施的《城市无轨电车和有轨电车供电系统》，它仅是电车供电建设的宏观系统的国家标准，由于电车供电线网是一项综合性的系统工程，如果具体的付诸实施，仍须有许多与它相配合的规范、规程，以组成完整的体系，配合使用。本规范就是与该体系配套的主要标准之一。

（4）为了便于国际间的科技交流，应尽快制定具有国内先进水平或具有国际性的我国自己的施工及验收规范。

（5）制定本规范对今后本专业配套的标准、预算编制以及对管理人员、专业人员的培训，也可做到有据可依、有章可循。

1.0.2 本条规定的使用范围是指新建工程和大修工程。有轨电车供电线网和轻轨架空触线网工程，可参照本规范的有关规定。至于线网改建工程、市政配合工程中的临时线网工程，只可参照本规范，原因是城市无轨电车的运营路线在改建和配合工程中，不能停驶，只能临时改线通行。对于电车停驶，线网停用的改建工程，当属新建之列。

1.0.3 本条规定，已批准的设计文件是进行施工的依据。它说明了制定本规范的程序，体现工程的严肃性，施工单位不得随意变更。需要变更原设计时，应由施工、设计、建设单位共同协商解决，并按有关规定办理变更手续或洽谈纪要，避免设计与施工脱节，保证工程总体的完整性。

1.0.4 供电线网工程中零件的防腐、防锈是线网延长寿命不可缺少的重要措施。它不仅可减少线网维修、延长使用寿命，而且与城市容貌、线网美观直接有关。

1.0.5 无轨电车供电线网工程的质量和使用期限与所采用的线材、器材、设备的质量直接有关。良好的产品质量可保证工程的可靠性，使工程投入运营后，经常处于良好的技术状态，做到少维修，延长大修期限。

1.0.6 无轨电车线网工程是属系统工程，其中包含着其他专业内容。本规范只对接触网专业本身的作业内容提出具体规定。

2 术　　语

2.0.1 术语的制定原则

（1）一些虽然在其他国标中出现，但在本系统中经常使用并且较重要的术语；

（2）一些在其他国标中出现，而在本系统中给其不同含义的术语；

（3）一些本系统通常使用的术语。

3 施 工 准 备

3.0.1 设计文件是施工的依据，设计文件的优劣直接关系到工程质量的好坏，也直接影响工程的成本，工期等，因此对设计文件进行认真、细致的熟悉工作，是拟定施工措施的重要环节，是施工单位进行施工准备不可少的工作。

3.0.2 施工调查是施工单位的又一项重要准备工作，它是制定实施性施工计划的重要依据之一，是科学组织施工的先决条件。

由于城市电车供电线网工程与市政设施有着密切的联系，线网设计又没有固定的模式，确实给设计、施工带来了一定困难。实践也证实了尽管设计文件经过严格的审查，仍出现不符合现场的实际情况，甚至出现遗漏和不完整的地方，由此可见施工调查的重要性。根据多年来的施工经验，列出了开工前应重点调查的项目，施工单位还可以根据线网工程的具体特点，提出相应的补充调查项目。

3.0.3 技术准备是落实设计文件、保证施工质量的基础。本条规定的是技术准备的基本要求，其目的是：一方面核对施工设计文件和施工技术资料是否齐全；另一方面是根据设计要求，落实施工技术方案。

3.0.4 由于我国区域辽阔，城市地区气候、地质条件不同，除主要仪器、仪表、量具和架线、放线专用工程车外，其他工具各地区均有所异，因此只做概括要求。

4 线网器材检验

4.0.1 无轨电车供电线网所使用的线材、器材大部分是我国大中型企业按国家标准，或行业标准生产的固定产品，而且具有正规的检测手续和产品出厂合格证明。这样的产品经过多年使用，证明性能可靠，可以不再进行物理、化学性能的检测和试验，只作外观检查。

4.0.2 对原产品更换厂家和非标产品，均应按标准进行验收检测，同时，考虑科学技术不断发展，提倡开发新材料、新工艺、新产品，但必须经过试验，在符合以往使用产品的性能标准条件下，方可采用。

4.0.3 本条是依据多年来施工和维修中发生的问题，在总结经验的基础上提出的。关于超过保管期限、因保管运输不良而有变质损坏可能的，均属可直观判断；对原试验结果有怀疑的是指那些易受气候变化影响和不稳定的化学绝缘件及避雷器、电缆等，用外观难以估测的，一般在使用前应进行测试的物件。

4.0.4 本条规定是参考《城市无轨电车和有轨电车供电线网电杆》第5.3条规定，并依据无轨电车单位对普通钢筋混凝土电杆进行外观检查的基本要求确定的。关于国标中第5.3.4条的规定“外表面的环向裂缝，其宽度不得超过0.05mm”，是属制造厂出厂外观要求，通过吊装运输到城市具体施工位置该值已失效。根据多年的使用要求确定为“表面环向裂缝宽度不得超过0.2mm，长度不超过1/3周长。

4.0.7 线网工程中对采用的线材在施工前进行外观检查，是许多无轨电车单位多年来行之有效的规定，是防止次劣线材进入工程的主要措施。如果不检查，既浪费人力、物力，又影响线网质量。

4.0.8 线网工程中对采用的金具、配件，在施工前进行检查为无轨电车单位多年的规定，是从施工、维修和处理架空、抢修事故中总结经验得出的。特别是触线网的悬吊配件是与触线槽接触，当电车受流器采用集电靴时，悬吊结构的配合关系显得更为重要。

4.0.9 本条是对绝缘子、绝缘件的外观检查要求，是参考国家现行标准《电气装置安装工程施工及验收规范》（GBJ 232—82）架空线路篇第 2.0.8 条和第 2.0.9 条的规定而制定。考虑到架空配电线路是属静态状况，只受自然气候影响，而接触网是属动态状况，不仅受自然气候影响，还受触线张力变化，触线被接触摩擦撞击的影响，因此对绝缘子的检查要求应更加严格。关于使用绝缘件的用语是由于近年来各大城市陆续出现非瓷质绝缘物，如玻璃钢、尼龙、三聚氢氨、酚醛等，形成两者并用的状况，为了将非瓷件绝缘物包括其中，统称绝缘件。

4.0.11 分线器主体进行组装调试和外观检查：分线器的结构和形式，目前还没有统一，该产品的标准也未制定，但要求功能是一致的。本条的规定是根据各城市无轨电车企业内部的施工规范和使用要求共同的部分集中起来确定的。关于继电器启动电流的调试工作，国内也不统一，技术管理较强的单位有试验台，也有用电瓶，还有不调试的，本条规定启动值的范围是引用上海和沈阳的用值。

4.0.12 条文的规定是参考《电气装置安装工程施工及验收规范》（GBJ232—82）隔离开关第 4.2.1 条和第 4.2.10 条的有关规定，并结合各电车单位对馈电开关的使用要求而提出的。第 4.0.12.2 款“触头之间接触紧密，两侧的接触压力均匀，其值应符合产品使用规定”只是原则要求。由于各单位使用的型号规格不一，有的属线接触，有的属面接触，开合的拉力不等，很难规定具体数值。

5 电杆基础与拉线

5.1 挖 杆 坑

5.1.1 本条是定杆位的规定：第 5.1.1.1 款规定的方法，是多年来施工经验的总结，是防止积累误差，落实设计，保证施工质量的有效步骤。第 5.1.1.2 款、第 5.1.1.3 款的规定是参考《电气装置安装工程施工及验收规范》电杆位第 3.0.1 条“直线杆顺线路方向位移不应超过设计档距的 5%”和《电气化铁道接触网》第 4.2.1.3 条文“电杆跨距允许偏差为+1m，−2m”的规定，并结合城市无轨电车杆位多年使用的经验确定的。第 5.1.1.4 款电杆距侧石的距离，引用了 GB5951—86 第 5.7.2 条的规定“杆中心距侧石边为 0.50～0.8m”，同时做了补充规定：不允许电杆中心距侧石的距离在 0.50～0.80m 之间变化，而是在同一线路上选用其固定距离。

5.1.2 本条规定是根据无轨电车触线网电杆受力特点和施工、维修经验制定的。

5.1.3 电杆现浇基础或卡盘基础外缘距其他设施的最小间距，是参考《电气装置安装工程施工及验收规范》第十一篇，第 5.4.3 条和《无轨电车供电网规划和设计标准》第 6.12.3 条的有关规定，以及北京地区多年来立杆施工中与其他市政单位实际配合共认的情况而确定的。

5.1.4、5.1.5、5.1.6 这三条的规定是根据多年来施工中遇到的实际问题及取得的经验而制定的，主要目的是防止窝工，延误工期，避免设备、人身事故的发生。

5.1.7 本条是对采用预制圆套管和现浇钢筋混凝土杯形孔的规定第 5.1.7.1 款、第 5.1.7.3 款是属通常要求，第 5.1.7.2 款规定杯孔底面作混凝土层是为防止流砂；现浇杯孔允许上口孔壁加大50mm，使其向外倾斜是考虑内孔壁模板出模，和立杆时的倾斜要求而确定的。

5.2 装运电杆

5.2.1、5.2.2、5.2.3 这三条分别是对装卸、运输、堆放电杆、散放电杆时的规定。多年来的施工、验收情况也证实了竣工后的电杆有不符合本规范第4.0.4.3款的规定，个别线路的区段甚至出现1%的损坏率。无轨电车供电网施工定额规定“电杆损坏率为1%”，因此，装运问题应该引起重视。关于损坏原因：(1) 由于违反上述三条之一而形成，(2) 由于违反施工程序或野蛮操作使施工荷载过大而造成。而前者情况又高于后者一倍。

5.3 立 杆

5.3.1 本条是立杆前验槽的规定。第5.3.1.1款要求属电车企业共同的规定；第5.3.1.2款是由于城市道路工程还未规范化，实际存在许多无侧石的道路，为了施工的统一，确定此条。

5.3.2 目前，我国城市规划要求还未统一，有的城市规划要求无轨、电力、电信用的电杆，在同一道路侧面时，必须合杆；有的城市规划部门并无此要求。从城市现代化考虑还是应该按合杆考虑。

5.3.6 本条规定了立杆的要求

第5.3.6.2款是指专为馈线用的支撑电杆，如馈线走向与触线同向，借用触线网张力电杆时，不在其列。

第5.3.6.3款、第5.3.6.4款、第5.3.6.5款要求是针对触线网电杆受力不同的三种情况确定的，其值确定是根据：(1) 多年来行之有效规定（企业规范）；(2) 参考《电气化铁道接触网施工规范》(82) 铁机字881号文件第76条规定“直道混凝土电杆向受力反方向斜率不大于5‰，弯道杆不大于10‰，12.5m以上电杆不大于20‰；(3) 参考《电气装置安装工程施工及验收规范》第12篇第4.0.4条规定，“直线杆杆稍倾斜不大于半个杆稍；弯道杆倾斜不大于一个杆稍”。综合上述情况本条规定的倾斜率是可行的。

5.4 拉 线

5.4.1 本条是对地锚埋设的要求。第5.4.1.2款的规定是埋设地锚的常规，主要目的是防止拉线承载后逐渐松弛。第5.4.1.3款规定了施工操作条件，便于保证施工质量。

5.4.2 本条是对拉桩埋设的要求。第5.4.2.1款规定“拉桩杆埋设深度不小于杆长的1/6，最浅不小于1.00m”，这是电车企业施工规范行之有效的规定，《电气装置安装工程施工及验收规范》第5.0.2条规定与本条要求也基本一致。第5.4.2.2款规定“拉桩坑底应铺混凝土垫层，其厚度应为50mm”是施工经验确定的，以防止桩杆折反压力过大而下沉。

5.4.4 拉线端部的固定的要求，是按目前两种通用的方法制定的。一种是第5.4.4.2款规定的，绑扎法，它是电车企业多年来的施工作法。另一种是第5.4.4.3款采用UT型线夹及楔形线夹的固定，是电力系统近几年来使用的方法。条文中的具体要求是引用《电气装置安装工程施工及验收规范》拉线安装第5.0.1（五）款的规定。

5.4.5 “拉线应装绝缘子，而且绝缘子距地面的高度不应小于2.5m”，这是吸取教训，总结经验制定的规定。在没有电力和照明裸线电杆的拉线上本是可以不加绝缘子的，问题是以后该杆又架设了电力裸线，但拉线没有改装增加绝缘子，而发生漏电事故。因此在城市无轨电车的电杆拉线上，不论该杆有无电力裸线均应安装绝缘子。而拉线穿裸导线时，其两端均应装置绝缘。

5.4.9 本条是对过街拉线高度的规定。在通行无轨电车的街道上不低于9.0m，是城市无轨电车和有轨电车供电系统GB5951—86的规定；非无轨电车车道上不低于6.0m的规定是根据《电气装置安装工程施工及验收规范》第十二篇第8.0.1条规定“1kV以下电力导线在城区距地不小于 6.0m”，采用此值便于城市内过街线的统一管理。

6　接触网支撑结构安装

6.1　一 般 规 定

6.1.2　本条是对无轨电车供电线网系统测量安装箍高的规定。

第 6.1.2.1 款规定是从多年来施工经验中取得的。特别是在杆位与触线位高差较大时，用目测难以估量，用本条规定作法效果更为显著，既保证施工质量，又减少返工调试工作。

6.1.2.2 款是两箍高差在 150mm 内时，可以并箍的规定。要求并箍时应是分力绷线箍向主绷线箍合并。通过计算和实践中证明，可上、下移。

6.1.3　本条是对无轨电车供电线网中使用的不同规格镀锌钢绞线端头固定的规定。目前采用两种方法，一种是第 6.1.3.1 款用钢绞线自身缠绕的方法。这种方法比较老式，目前电力系统、电车系统仍在使用；另一种是第 6.1.3.2 款用钢绞线卡子回头固定的方法也是目前通用的作法，其具体尺寸规定是根据同行多数单位执行规定确定的。

6.1.5　本条是对悬吊触线用的横绷线 Y 型双 Y 型绷线、锚线、链线等打紧时施工偏差的规定，要求是设计张力的±5%。本规定是参考《电气装置安装工程施工及验收规范》第十二篇第 8.0.10 条“观察弛度的误差不应超过设计弛度的±5%”和《铁路电力牵引供电施工规范》第 4.4.7 条“简单悬挂接触线的张力差不大于额定值的±15%；全补偿链形悬挂承力索的张力差不大于额定值的±10%。以及电车单位多年施工使用经验确定的。

6.1.6　高度不应小于 0.3m 的规定，是根据国内电车企业的施工、保养规范中的统一要求确定的。在特殊地段情况下，如直道线加双弯道线，此要求很难达到，此时规定将跨越触线的横绷线绑扎绝缘。

6.2 横绷线安装

6.2.1 本条是对Y型、双Y型横绷线（包括单横绷线）的安装规定。第6.2.1.1款规定了横绷线和触线放位的要求，它是根据多数电车企业多年来行之有效的作法确定的。第6.2.1.2款、第6.2.1.3款是放位，施工时的施工偏差是从实际工作中取得的数值，实践证明是可行的。

6.2.2 本条规定了分力钢圈距相邻触线中心的距离，是从国内各城市中实际执行情况集中起来的距离范围，同时本条规定在同一弯道上的距离应一致。

6.2.5 不符合本条要求时，该弯道的软档线很难达到线网的质量要求，触线不可能在同一水平面上，或在允许的高差范围内，因为软档线只承受水平荷载，不承担重量；从施工要求考虑，由于允许弯道电杆位置偏差5%，允许横绷线偏移±0.1m，允许触线偏差±0.2m，再由于设计平面布置图与实际地形的偏差，很难将原设计图样落实，同样也达不到线网的质量要求。

6.3 单臂梁安装

6.3.1 本条对单臂在电杆上和单臂系统上安装紧固件方位的规定，是国内电车单位多年来行之有效的规定。

6.3.2 本条是对悬挂单臂的拉条（该件有的地方用钢绞线，有的地方用圆钢，统称为拉条）穿越低压电力线的规定“拉条距电力线的最近距离不小于150mm。满足不了此要求时，可采用以下两种方法处理：(1) 断铰线两端安装绝缘子；(2) 将穿越电力线较近的拉条用套管进行绝缘绑扎，这是多年来的施工经验与实际作法。

6.3.4 单臂的翘起度为长度的1.5%～2.0%是根据目前多数电车单位执行中的企业规定；《无轨电车供电网规划和设计标准》第6.6.2.2款也规定“单臂翘起一般以1/75为宜”。

6.3.5 本条根据施工经验确定。如果只按设计根据平面布置图确定的单臂长度进行安装，往往出现不符合实际甚至出现偏差过大，影响线网质量，本条规定将单臂长度的尺寸确定在立杆和放线位以后，从现场实际测得，避免由于立杆、放线位及地形不符带来的综合误差过大和返工，这样的程序有利于保证线网质量。

6.4 链线安装

6.4.1 本条规定是对放链线的要求，与本规范第7.3.1条放触线的要求基本一致，而放触线的要求更加严格。

制定本条的前题是，考虑在城市主要交通要道，而且不中断交通。工序安排与要求均是从实践中遇到的问题，并吸取教训而确定的。

6.4.3 本条是对直道链线开档的要求。当道路为直道但个别区段有折角时，其链线卡箍距拉条卡箍的安装偏差±25mm，不在其列，但可参考使用，因为出现折角处，链线必须断开，由于折反角的大小不同，使链线卡箍的偏移量不同有时会大于±25mm的规定。

6.4.4 本条是对链线锚线安装的规定，包括单臂单链线、双链线；横线单链线，双链线锚线的安装，第6.4.4.1款是重申锚线位置的重要性，不要轻易变动以免影响当量区段内触线悬点的高度。

6.4.5 本条是对链线安装的要求，其规定的内容是依据国内电车单位，哈尔滨、沈阳、北京、上海、广州、重庆、西安、武汉等线网施工中有关该项的要求而确定的。关于第6.4.5.3款规定，目前国内无轨电车链线悬挂触线的形式有：平均悬挂、集中悬挂。还未有菱形悬挂，但电气化接触网已采用，国外无轨电车及轻轨快速车接触线网也已采用，故本规范考虑了发展需要，规定了菱形悬挂的形式。

6.4.6 本条是对圈链线安装的规定。圈链线多数用在单臂链线系统中弯道进出口，或横绷线与直道链线的过渡处。

7　接触网悬吊结构安装

7.1　一 般 规 定

7.1.1　本条是对直道正负触线悬吊用同一支撑物时（绝缘体除外），必须采用双重绝缘的规定。在弯道处正负触线悬吊点之间的绝缘未作明确规定，原因是在60年代以前，国际上和国内无轨电车线网在弯道处正负触线之间的绝缘，均使用绝缘棒、绝缘板等单级绝缘；60年代以后，出现双重绝缘，目前大多数城市已采用双重绝缘。但仍有少数单位继续使用单级绝缘，国际上也仍有使用的情况，同时还存在着正负交叉器之间仍使用的是“单级绝缘”。因此本规范对弯道正负触线悬吊点之间的绝缘未作具体规定。

7.1.3　本条是对触线间距的规定。根据《城市无轨电车和有轨电车供电系统》(GB5951）第5.2.2条规定：第7.1.3.1款实际就是在0.55～0.60m之间。因为国内各城市触线间距不等，有的地区为0.55m；有的地区为0.60m，因此具体施工时，应按设计规定。第7.1.3.2款，因各地区使用值不等，有的为0.60m，有的为0.70m，因此具体施工时也应按设计规定。第7.1.3.3款规定直、弯道过渡段触线间距允许在采用值范围内逐步过渡，是指当采用直道0.55m，弯道0.60m时应按此系统调整；当采用另一系统时应按0.60～0.70m调整。关于第7.1.3.4款、第7.1.3.5款，根据多年施工经验，这个偏差是可行的。

7.1.4　本条规定是对接触线悬点处触线及复磨体底面距地面高度的要求。依据《城市无轨电车和有轨电车供电系统》的宏观要求以及施工经验，从原则上进行考虑，确定施工允许偏差：

（1）根据GB5951—86，第5.3.2条规定，“悬吊点处触线或其他滑磨体的离地高度应为5.00～5.50m”。这个规定是根据我国无轨触线网高度实际情况确定的，有的地区为5.0m，5.5m，5.7m，而《IEC》第2.1.7条规定，“接触导线距轨道平面最小高度为：专用道时为4.40m，非专用道时为4.80m”，但未作最高限制，因而我国的无轨触线目前实际情况均符合《IEC》规定。

（2）根据GB5951—86，第5.3.2条规定，“悬吊点处或其他滑磨体的离地高度应为5.00～5.50m”，这个宏观要求有两个含义：1）悬吊点处的高度允许为5.00～5.50m，根据各地区的具体情况，选择最宜高度，可定为5.0m、5.2m、5.4m等等；2）悬吊点处的最低高度为5.0m，最高悬点高度为5.50m，两个极值是各地区根据各地区的具体参数进行计算，确定悬吊处的高度，既满足GB5951—86第5.3.2条规定，又符合《IEC》的规定。本规范的规定是按此原则考虑的。

（3）无轨接触线悬点高为5.00～5.50m，公差带为0.50m，作为国标进行宏观控制或具体设计是可行的，留的裕度较宽；而施工要求则较松，造成线网既不美观又不能适应车辆速度的要求。为了解决这方面的不足，采用两相邻悬吊点的坡度（或称高差率）来控制。

（4）本条各款规定的高度允许偏差值，是指施工作业偏差，不包括悬吊点使用的镀锌钢绞线和接触线由于气候、温度变化而引起悬吊点位置的移动量。位移量由具体设计确定，施工单位应注意此值，以便施工时科学合理地使用施工偏差值。

关于前后相邻两悬吊点高差允许的坡度，与车辆的行驶速度直接有关。为了保证施工质量，结合施工允许偏差和多年的施工经验，本规范提出“直道地段前后相邻档距悬吊点的坡度应小于5‰；路口，弯道地段前后档距悬吊点的坡度应小于8‰”的规定。该值的确定曾参考《IEC》第2.1.9条规定“当车速60km/h时，最大坡度值为10‰”，《铁路电力牵引供电设计规范》第4.1.3条规定“接触线高度发生变化，其坡度不宜大于3‰，确实有困难时，允许采用5‰。”

7.1.5、7.1.6 这两条是电车企业执行了几十年的规定。

7.2 悬 吊 安 装

7.2.3 本条是对链线绝缘悬吊安装的规定，各款的要求是从多年的施工、运营、维修经验中取得的。

第 7.2.3.1 款不得用平均悬吊与集中悬吊插档互调，是指当设计规定按平均悬吊时，而施工中个别档距内悬吊点高度不符规定而改用集中悬吊；或当设计规定按集中悬吊时，而施工中个别档距内悬吊高度不符，又改用平均悬吊。第 7.2.3.2 款、第 7.2.3.3 款规定是原则要求：原因是各地区使用的滑杆长度不同，具体设计当量区段长度不同，触线垂度施工温度不同，很难确定其他变量。关于绝缘悬吊在滑杆上最大移动量为 1/2 滑杆长与第 7.2.3.4 款直接有关，当大于 1/2 滑杆长度时，易出现倾斜。

7.2.4 本条是斜摆式悬吊安装的要求（包括横绷线斜摆和单臂斜摆）。各款的规定是取自电车单位施工、维修规范并行之有效。

各地区的斜摆长度不同，控制的摆角不同和触线的曲折角不同，因此施工单位应按具体设计进行。当使用间距小，摆边长时，为防止触线短路，必须增加绝缘球。在四边形斜摆形式上也有地区不使用上悬臂，只能要求上下悬臂应在同一投影面上。

7.3 触 线 架 设

7.3.1 本条是对放触线的规定，与本规范第 6.4.1 条放链线的要求基本一致。因为铜触线有线槽，单位重量比链线重，放线时要求监护人多，放线的长度也较短。这些规定是从施工经验中确定的。

7.3.3 本条是对触线打紧的要求。接触线是供电线网中的重要部位，使用要求比较严格。特别是对触线使用张力的范围及施工时的张力，本条做了规定。关于第 7.3.3.2 款、第 7.3.3.3 款规定，均是电车单位使用多年的规定。

7.3.4 本条是对触线接线梗安装的要求，它是根据多年来施工维修经验制定的。关于第 7.3.4.1 款、第 7.3.4.2 款，指的是同一位置，两个不同性质的编差，第 7.3.4.1 款是要求两侧触线在接线梗中心对接位置的偏差含视差和作业误差；第 7.3.4.2 款是要求接线梗承载以后两侧触线在接线梗内最大蠕动的间隙。

7.4 复 磨 体 安 装

7.4.1 本条是触线下复磨体连接时的要求，由于各地区复磨体形式及连接方式不同，统一要求也较困难。采用钢排及弹簧钢连接是用机加工的四孔连接板，它的加工偏差和安装偏差较小，要求间隙不大于 2mm；而采用椭圆管的地区，仅用椭圆管接芯，无固定装置，安装后的复磨体在集电靴运动下易出现蠕动，因此要求间隙不大于 3mm，本规定不会扩大机加工四孔连板的安装间隙。

7.4.3 本条是对椭圆管安装的要求，是根据使用椭圆管单位施工和维修规范确定的。第 7.4.3.2 款要求椭圆管在弯道上的圆弧半径不得小于 1.60m，是由于目前使用的集电器（受流器）结构尺寸直接有关。第 7.4.3.3 款要求椭圆管圆弧区段在偏离触线时，应分别采用不同长度的直角板悬吊固定。第 7.4.3.4 款要求椭圆管接头应落在直线段上，是指弯道线两悬吊点之间的直线段。

7.5 触线锚线安装

在 60 年代以前，我国的有轨、无轨供电接触网均装置触线锚线；到 60 年代中期，除东北三省以外，城市无轨供电接触网陆续不再装置触线锚线（分线器、并线器的甩头锚线除外）。造成这种状况的原因仍有争论。但北欧和苏联的无轨供电接触网、触线仍装置锚线，我国的铁路牵引供电接触网也要安装锚线，将来出现快速轻轨接触网时，由于车速较快，也需装置触线锚线。

7.5.2、7.5.3 这两条是对单臂链线系统和横绷线系统安装触线锚线的要求，是根据过去施工情况和目前东北地区的使用经验，并参考了《无轨电车供电网规划和设计标准》第 6.10 条而确定的。

8 枢纽设备安装

8.1 一 般 规 定

8.1.2 “分线器或并线器应装在主横绷线侧”，这是根据多年来运营维修经验确定的，因为放置在分力横绷线侧，当集电靴通过时，颤动较大，影响靴头的顺利滑行。

8.1.5 本条是对分线器、并线器、交叉器、正负触线交叉部位进行包扎绝缘的要求。目前各地区具体包扎工艺不同，但形式基本一致。

8.2 分 线 器 安 装

8.2.1 本条是对分线器组整体安装的要求，由于各地区分线器的结构不同，暂时又难统一，但功能一致，因此将各地区对分线器组施工保养中要求的共同部分进行集中，做为统一的规定。

8.3 并 线 器 安 装

8.3.1 本条是依据国内各地区对并线器安装方式的使用情况和国外对并线器安装方式的使用情况确定的。一般原则是那一个方向的车辆密度大那个方向带电；那一个方向的交通状况复杂，滑行条件较差，那个方向带电。本规范就是按上述原则考虑。在运营线路上，以弯道线交叉器带电为宜；在保养场内连续安装并线器组时，也可以直道线交叉器区带电。

8.4 交 叉 器 安 装

8.4.1 本条是对交叉器角度定位线的要求，是根据多年来维修、抢修经验确定的。角度定位线距交叉器的距离越远，定位线的颤动就越大，影响集电靴在交叉器中的滑行。因此按正常情况以不大于 5.0m 为宜。

8.4.3 本条是对交叉器组触线交叉时，触线位置及包扎绝缘的要求，是根据电车单位施工及维修规范确定的。

8.4.5 本条是对悬吊交叉器装置的安装要求，是根据多年来实践证明行之有效的规定确定的。关于第 8.4.5.3 款要求指的是两对正负触线相交四个交叉器为一组的情况，在四边上任意相对的两边上悬吊。

8.4.6 本条是对交叉器组整体安装的要求，是根据施工维修经验确定的。本条是针对目前各地区使用的触线间距不同，交叉器的结构不同而提出的原则要求。但共性部分是不同角度的交叉器有不同组装的结构尺寸，往往在施工中出现代用配件，为了避免这种现象的发生，要求不得出现代用件。

8.5 分段绝缘器安装

8.5.1 本条规定分段绝缘器不应装在触线的折点处(弓型受流器除外)。因为无轨电车的受流器是靴型，当触线有折角时，分段绝缘器容易发生倾斜，靴型受流器通过时易发生冲撞造成脱线事故。

9 保养场、回车场和桥梁涵洞接触网架设

9.1 保养场和保养车间内的接触网

9.1.6 本条是对车间内地沟上方触线安装的要求，是依据实践经验和参考未颁布的《无轨电车供电网规划和设计标准》第8.9条“保养车间内的架空触线不应架设在地沟的正上方”的规定而制定的。

9.3 桥梁涵洞接触网

9.3.3 本条是触线通过桥梁下和涵洞时，对触线及复磨高度的要求。(1) 根据目前我国无轨电车使用的集电靴结构和集电杆压力特性以及多年来的运行经验，触线悬吊点处的最低高度不宜低于5.0m，触线最低点不宜低于4.8m；(2)《无轨电车供电网规划和设计标准》第5.1.5.2条规定“桥梁涵洞净空高度不低于5.40m”是符合实际的，因为在这以下需要用0.25～0.30m的空间作绝缘和防腐处理，以及带电作业时的安全距离，余下的空间高度即触线悬吊点的高度为5.10m；(3)《IEC》第2.1.7条规定“接触导线在非专业用道上的距地最小高度值为4.8m”，因此本条规定与《IEC》也是相符合的。

10 架 空 馈 线

10.1 架空馈线走向与位置

10.1.1 本条是对馈线间距的要求。GB5951—86第5.2.1条规定“架空馈线间距应不小于0.30m”，该值要求偏小，实际使用值为0.40m；又参考《无轨电车供电网规划和设计标准》第6.4.1条规定“架空馈线间距应不小于0.40m，以0.45m为宜”。根据实际情况，本规范要求馈线间距不应小于0.40m，即横担间距0.45m当馈线有近30°角时，线间距接近0.40m。

10.1.3 本条是对架空馈线与外界设施之间安全距离的要求，是参考《无轨电车供电网规划和设计标准》第6.12.1条规定“架空馈线与其他线路和非带电体之间的距离”，并结合多年来与外界配合执行的实际情况而确定的。

10.1.5 本条是对架空馈线在横担上排列位置的要求，是根据电车单位多年来执行的企业规范，并参考《无轨电车供电网规划和设计标准》第6.3.1条规定“馈线排列顺序应按靠人行道侧为负线，靠道路中心为正线”而制定的。

关于“无车道时”，是指没有正规道路，如胡同或田间地头路等。

10.1.6 本条是对分区馈线在横担上排列位置的要求，是依据电车企业施工维修经验确定的，是行之有效的。

10.2 馈线支撑结构安装

10.2.1 本条是对横担在电杆上安装方位的要求，是电车企业多年来使用的有效规定。

10.2.2 跨越触线的馈线横担距地高度不低于9.0m，是《无轨电

车供电系统》GB5951—86 第 5.3.1 条的规定，横担距杆顶的要求不得小于 0.3m，是电车企业施工安装的规定。由于电车馈线单位重量较大，从安全作业考虑安装时比《电气装置安装工程施工及验收规范》第 4.0.9 条“横担距杆顶距离不宜小于 0.2m”的值大。

10.2.5 本条是对同一电杆上交叉线路横担间最小距离的要求，是参考《电气装置安装工程施工及验收规范》第 4.0.13 条“同杆架设线路横担间最小垂直距离”和《电气安装图集》JD4—101 规定“高低压同杆横担层距”及工程安装实际而确定的。

10.2.6、10.2.7 是对螺栓连接构件和螺栓穿入方向的要求，是根据无轨电车馈线网多年来的施工经验，并参考 GB232—82，第十二篇第 4.0.10 条和第 4.0.11 条有关规定制定的。

10.2.9 本条是对馈线绝缘瓷瓶安装的要求，是根据施工维修经验确定的，可保证安全作业。

10.3 施放馈线

10.3.1 本条是对不同金属，不同绞向的导线在档距内连接的要求，是根据电车企业施工规定，并参考《电气安装工程施工及验收规范》第 6.0.9 条而确定的。

10.3.2 本条是对导线接头距横担固定点距离的要求，是根据多年来施工经验和参考《电气装置安装工程施工及验收规范》第 6.0.8 条“导线接头位置与固定处的距离应大于 0.5m”的规定而制定的。

10.3.3 本条是根据多年来放线经验确定的。第 10.3.3.1 款要求，即可节约材料又节约工时；第 10.3.3.2 款要求强调放线前必须装置滑车，不装滑车导线磨损严重，还会给施工带来困难。

10.3.4、10.3.5 这两条分别对馈线局部有损伤、严重松股的导线应剪断去掉重接的要求，及有损伤、缺陷等情况，但可以修补和不作修补处理的规定，是根据多年来施工和使用经验并参考《电气装置安装工程施工及验收规范》第 6.0.2 条，第 6.0.4 条，第 6.0.5 条规定而制定的。

10.3.7 本条是对铝绞线中间接头采用搭接钳压连接时的要求。

由于无轨电车馈线导线截面积较大，使用的接续管，是符合已颁布的国家标准“电力金具”(GB2331.1—85) 规定的椭圆形接续管，它适应最大铝绞线为 300mm² 的搭接钳压。其他要求是根据各地区的共性规定并参考《电气装置安装工程施工及验收规范》第 6.0.7 条有关规定确定的。

10.3.8 本条是对铝绞线中间接头采用对接压接时的要求，主要是针对导线截面较大的铝绞线而制定的，采用的接续管是国家定型产品。

10.3.9 本条是对钢芯铝绞线中间接头采用对接压接时的要求。由于城市内无轨电车杆距不大，可以不使用钢芯铝绞线，但考虑到东北和沿海城市温度较低和风载较大以及大档距的情况，本条直接引用了“电力金具”GB2331.4 的规定。

10.3.12 本条是对馈线打紧时的要求，与第 6.1.5 条有关说明相同，关于第 10.3.12.2 款规定“在同一横担上，悬挂同金属不同截面的导线时，导线垂度应与大截面导线的垂度一致；小截面导线垂度较大时，应安装防晃圈”，是根据导线机械性能和使用经验确定的。

10.4 馈线过引线与固定绑扎

10.4.1、10.4.2 这两条分别对裸导线在固定时应缠与导线同金属的包带和绑扎用的绑线应采用与导线同金属的单股，直径不小于 2mm 的要求。它是根据多年来的企业规定和使用经验制定的。

10.4.3 馈线在瓷瓶上的固定绑扎，本条仅做了原则规定，关于顶扎法、颈扎法、偏口扎法虽有不同，但效果一样，都是多年来行之有效作法。

10.4.4 本条是对过引线（弓子线）之间，过引线与主干线间连接的要求。其中的各款规定均是各电车企业的实际情况。关于第 10.4.4.4 款和第 10.4.4.5 款是同项内容，但作法不同，故并存。

10.5 馈电箱和馈入线安装

10.5.1 本条是对馈线系统中不同金属导线之间连接时的要求，提出应有可靠的过渡设备，防止电化腐蚀。目前通用的是铜铝过渡线夹。

10.5.4 本条是对杆上馈电箱及刀开关安装的规定，是根据电车供电单位安装使用的规定确定的。第10.5.4.4款是原则规定，待刀开关统一后再明确开合拉力。

10.5.5 落地馈电箱安装要求是参考上海电车供电所馈电箱安装规定确定的。

10.5.6 本条是对馈引线及悬吊安装的要求，均是电车供电单位多年来行之有效的规定。馈引线在横绷线上的悬吊采用线夹安装，既节省工时又美观，用橡皮线绑扎的悬吊可逐步取消。

10.5.7 本条是对馈入线的要求。第10.5.7.2款要求馈入线与引线连接采用二种方法，是符合目前国内电车供电单位实际使用情况。本条推荐使用并钩线夹。第10.5.7.3款要求馈入线应绕成$\phi 80 \sim \phi 100$mm的弹性圈2～4圈的规定，是多年使用已证实的有效作法，其他作法不再保留。

10.5.9 本条是对长单臂挂上下行触线时，馈引线安装的要求。第10.5.9.1款要求馈引线应装在支撑架的针式磁瓶上（均压线也是同样要求），在针式瓷瓶上用的馈引线、均压线均应是橡皮绝缘线，防止无轨电车集电杆脱线出现短路事故。

10.6 均压线安装

10.6.1、10.6.2 这两条分别是双侧单臂及横绷线悬挂触线和长单臂挂上下行触线时，安装均压线的要求，即第10.5.6条，第10.5.7条安装要求相同，只是将馈引线部分换成均压线的作业内容。

在图10.6.1均压线安装形式中，有的地区不使用铜触线，而使用95mm^{2}的橡皮铜绞线，这两种形式选用哪种均可。

11 避雷器安装

11.0.3、11.0.4 这两条分别是对避雷器带电侧引线、地线侧引线和地线极规格的要求，是参考《电气装置安装工程施工验收规范》、《建筑电气安装工程图集》和无轨电车供电单位使用经验而确定的。

11.0.5 本条是对地线极安装的要求“地线极埋设位置顺道路方向，地线钎间距为1.2～1.5m”。是多年来的实际作法。安装后的地线极应进行测试并有记录，接地电阻不得大于10Ω的要求是无轨电车供电单位多年来执行的规定。

11.0.8 本条是对避雷器安装的要求，包括羊角避雷器和金属氧化物避雷器，各款要求内容均属直观安装检查要求。

11.0.9 避雷器引线安装要求是参考《电气装置安装工程施工及验收规范》第7.0.5条（避雷器安装规定）和无轨电车供电线网施工和维修经验制定的。

12 电缆线路安装

12.1 一 般 规 定

12.1.3 由于电车供电用的电缆截面较大，对敷设电缆时的弯曲半径要求比较严格。多年的施工和维修经验证明，电缆直径较大时弯曲半径不得小于直径的25倍。

12.1.4 电缆在无外界环境影响的条件下，自然使用寿命（保证绝缘良好条件）与当时的敷设温度直接有关。在0℃左右敷设的电缆比10℃以上敷设电缆，使用寿命短。

12.1.6 电缆之间、电缆与其他设施之间，平行和交叉时的最小距离的规定，是依据国家现行《电气装置安装工程施工及验收规范》第11篇第5.4.3条有关规定和施工中与市政单位实际配合情况而确定的。

12.2 电 缆 管 敷 设

12.2.1 本条是对电缆管的要求，是从施工中总结的经验，在执行中，行之有效。放松对电缆管质量的要求，将给电缆敷设带来许多困难。

12.2.3 本条是对引至设备和电缆出线管口位置的原则要求，提示施工时密切配合，避免返工。

12.2.5 本条是根据电车供电单位已使用的规定并参考《电气装置安装工程施工及验收规范》第3.0.10条而制定的。第12.2.5.4款的规定非常重要，在施工时应由有经验的人员进行检查，避免电缆管敷设不规范给敷设电缆造成困难。

12.3 电缆支架安装

关于“在有坡道的隧道和电缆沟内安装支架时，应与隧道、电缆沟保持相同的坡度”是从电缆进出和施工操作方便考虑的。

12.4 隧道和沟道内电缆敷设

12.4.1 本条是电车供电单位多年来行之有效的规定。关于对电缆绝缘检查应有记录，不仅是为了检查电缆是否合格，同时也为下步工序作准备及建立履历卡。

直流电缆投入运行前的耐压试验，在20年前一般要求进行，但经过多年的运行经验证实，出厂合格的电缆在投入使用前不必再进行耐压试验。仅遥测绝缘即可，待使用几年后再进行耐压试验。

12.4.3 电缆排列的要求是根据《电气装置安装工程施工及验收规范》第5.2.1条的有关要求确定的。第12.4.3.3款要求“不同电压的电缆因特殊情况交叉时，在交叉处应设绝缘隔板”是多年的维修经验。

12.4.7 电车供电单位在使用电缆的地段均有标志牌，但在安装的地段，标志牌的注明内容还较粗略，为了统一要求，参考《电气装置安装工程施工及验收规范》第5.1.16条的有关规定，制定本条。

12.5 管道内电缆敷设

12.5.3 第12.5.3.1款、第12.5.3.2两款比较重要，施工中应严格按此规定执行。第12.5.3.3款、第12.5.3.4两款为原则要求，是根据施工经验确定的。

12.6 桥梁上电缆敷设

12.6.5 本条是对桥梁上采用悬吊电缆时的要求，是根据施工经验确定的。第12.6.5.1款规定“在桥梁上悬吊钢索的托架与桥梁的净距不小于 0.30m”是参考（GBJ232—82）确定的。

12.7 直埋电缆敷设

12.7.1 本条是对电缆埋置深度的要求。由于我国地区的气候条件不同，所以正文第 12.7.1.2 款原则要求电缆应埋设在冻土层以下，当无法深埋时，应采取措施。

12.7.2、12.7.3 这两条分别对电缆槽的坡度和宽度的要求，是参考《电力内外工程电缆敷设》2—13—2；《电力工程安装图集》JD5—105 和无轨电车供电网工程施工定额有关规定确定的。

12.7.4 本条规定直埋电缆遇到有腐蚀性土壤的环境应进行换土，或采取保护措施，它是根据实际经验确定的。

12.7.11 地下电缆覆盖前，必须有专人检验测绘，目的是及时汇集城市地下管网档案，同时还应经过设备管理人员的测绘记实后，再进行回填。这是根据施工、维修经验制定的。

12.8 电缆接头和终端头

12.8.1 制作电缆接头和终端头的人员应是经过专业培训，熟悉工艺的人员进行。这是从实践中确定的。

12.8.2 本条是对电缆接头、终端头的制作要求。由于电缆种类较多，各地区的制作工艺也存有差异，各有自己的工艺规程，因此暂不作统一规定。同时，新技术新工艺又不断发展，所以本条仅规定了制造电缆头和终端头的环境要求。

13 供电线网工程验收

13.2 二节是根据下列原则确定的：

（1）根据接触网、馈线网的结构特点，对各组成部分的关键部位和对供电质量、使用性能直接有影响的项目进行检查；

（2）按国家现行的有关标准与供电线网工程实际相对应的部位进行检查；

（3）供电线网工程的绝缘系统；

（4）为保证电车的正常运行，受流器与触线网接触的悬吊系统；

（5）供电线网内部之间和供电线网与外界市政设施之间的安全距离；

（6）供电线网的保护系统；

（7）隐蔽工程和与建立技术档案直接有关的项目；

（8）对供电质量、使用性能无直接影响的规定在验收检查时可作一般要求。

13.4 本节是对送电通车试运行的程序要求，是根据多年试运行经验确定的。

14 竣工交接

14.0.1 基本建设工程的竣工交接是全面考核建设成果，检验设计和施工质量的主要环节。做好竣工交接可促进建设工程及时投产，发挥社会效益和经济效益。

14.0.2 本条是对施工单位编好竣工文件的要求。我国目前阶段还没有专为接触网施工的独立企业，现有的仅是电车客运企业下属的单位承接基建工程，在竣工交接的程序上要求不严，规范化很差，很难保证施工质量。

14.0.3 本条是对交接文件内容的要求，是参考《电气化接触网施工手册》应交接文件的内容和无轨供电单位根据设备档案管理的要求确定的。

附录 本规范引用标准和有关标准

1《城市无轨电车和有轨电车供电系统》GB5951—86
2《城市无轨电车和有轨电车供电线网电杆》GB12178—90
3《无轨电车供电网规划和设计》CJ/T3011—93
4《电气装置安装工程施工及验收规范》GBJ232—82
5《铝绞线椭圆形接续管》GB2331.1—85
6《铝绞线圆形接续管》GB2331.3—85
7《钢芯铝绞线圆形接续管》GB2331.4—85

中华人民共和国行业标准

城镇地道桥顶进施工及验收规程

Specification for construction and acceptance of underpass bridges in town by jacking method

CJJ 74—99

主编单位：河北省石家庄市市政建设总公司
批准部门：中华人民共和国建设部
施行日期：1999年7月1日

关于发布行业标准《城镇地道桥顶进施工及验收规程》的通知

建标［1999］19号

根据建设部《关于印发一九九三年工程建设行业标准制、修订项目计划（建设部部分第二批）的通知》（建标［1993］699号）要求，由石家庄市市政建设总公司主编的《城镇地道桥顶进施工及验收规程》，经审查，批准为强制性行业标准，编号CJJ74—99，自1999年7月1日起施行。

本标准由建设部城镇道路桥梁标准技术归口单位北京市市政工程设计研究总院归口管理，由石家庄市市政建设总公司负责具体解释。

本标准由建设部标准定额研究所组织中国建筑工业出版社出版。

中华人民共和国建设部

1999年1月25日

目　次

1 总　则

1.0.1 为了统一全国城镇地道桥顶进施工技术要求，做到技术先进，经济合理，安全可靠，确保施工质量，使工程施工规范化，制定本规程。

1.0.2 本规程适用于在铁路运营条件下，道路穿越铁路而修建的地道桥工程。

1.0.3 地道桥顶进施工，应进行工艺设计和施工组织设计。

1.0.4 城镇地道桥顶进施工及验收，除应符合本规程外，尚应符合国家现行有关强制性标准的规定。

2 术　语

2.0.1 地道桥　underpass bridge

道路从铁路下穿过的立体交叉。

2.0.2 顶入法　jacking method

利用顶进设备将预制的箱形构筑物逐渐顶入路基，以构成立体交叉通道的施工方法。

2.0.3 箱形桥　box-bridge

采用顶进施工的地道桥，其桥体结构采用框架形式而成为箱形桥。

2.0.4 工作坑　working pit

预制和顶进桥体的工作场地。

2.0.5 滑板　bed-way

工作坑底板，又是顶进中的滑道。

2.0.6 后背　reaction pedestal

承受桥体结构顶进反力的临时构筑物。

2.0.7 吊轨　hanging bridge of track

在铁路线路加固范围内，行车钢轨的两侧，用3根或5根钢轨叠束后，藉U型卡子和扣板与枕木紧固联成一体，组成悬吊式轨束梁，使加固线路具有一定的整体刚度。

2.0.8 顶铁（顶柱）　jack blick

用型钢制成的传力设备。

2.0.9 顶力　jacking force

桥体顶进时，为克服桥体与土之间的土抗力、摩阻力和铁路线路及加固材料的摩阻力所施加的力。

2.0.10 顶力系数 jacking force factor

桥体顶力与桥体自重之比。

2.0.11 中继间 intermediate jack station

多节桥体在节间设置的用于布置顶进设备的工作间。(见图 4.2.1)

2.0.12 顶拉法 pull and push method

三节或三节以上桥体顶进，将后节与前节以钢拉杆相连，使前后节桥体互为后背，交替顶进的施工方法。(见图 4.3.1)

2.0.13 半顶拉法 semi-pull and push method

顶拉法施工，由于前后节静摩阻力不足，顶进仍需设置后背时，称为半顶拉法。

2.0.14 扎头 downward heading

当桥体顶进时的重心移向滑板前方边缘附近时，桥体前部进入未经压实的土基，并在铁路活荷载作用下产生变形下沉。

3 一 般 规 定

3.0.1 城镇地道桥孔数和跨径、净高应符合城市规划及国家现行的《城市道路设计规范》(CJJ37)、《铁路桥涵设计规范》(TBJ2) 等有关规范的规定。

3.0.2 应根据土质情况组织施工组织设计或制定有针对性的施工技术方案。当有地下水时，地下水位应降至基底以下 0.5 ~ 1.0m 后，方可施工。雨季不得顶进地道桥。

3.0.3 应与铁路有关部门签订施工配合协议。在顶进作业前，并应依据设计图纸及施工组织设计由铁路部门对施工范围内的铁路线路进行加固。

3.0.4 地道桥采用整体顶进时，其长度不宜大于或等于 30m；当大于 30m 时，宜在纵向分节。第一节长度宜为桥高的 1.5 ~ 2.0 倍。纵向分节的接缝宜设在铁路线间。

3.0.5 多孔地道桥的宽度超过 45m 时，宜横向分解为多个单体桥，根据工期和顶进设备情况采用分开顶进或同步顶进。

3.0.6 桥体顶力作用面应垂直于道路中心线，并应设置钢垫板，当斜桥顶进时，在受力部位应设置桥体底板顶进三角块（见图 5.6.3)，并应采取纠偏的技术措施。

3.0.7 桥体尾墙长度不宜小于桥高的 0.4 倍。

3.0.8 在地道桥顶进过程中，应对线路加固系统、桥体各部位、顶力体系和后背进行测量监控。测量监控方案应纳入施工组织设计或施工技术方案中。

3.0.9 地道桥体结构可采用箱形框架结构，亦可采用拱形结构或分解式结构。

4 顶进施工方法

4.1 一 次 顶 入 法

4.1.1 采用一次顶入法（图 4.1.1）施工，桥体应整体预制，桥尾部设置千斤顶，借助后背反力，将单孔或多孔桥体一次顶入铁路路基。

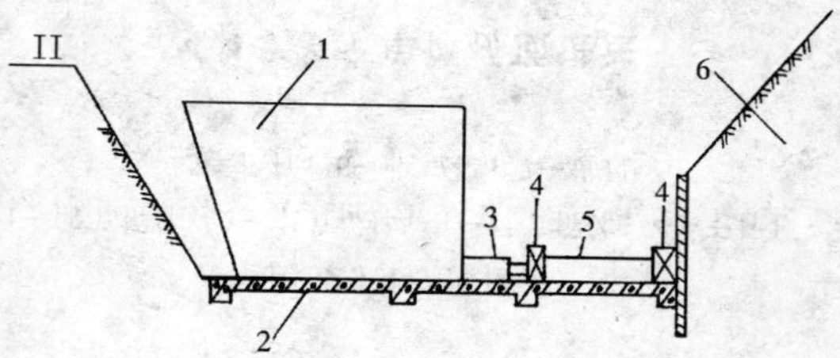

图 4.1.1 一次顶入法

1—桥体；2—滑板；3—千斤顶；4—横梁；5—顶柱；6—后背

4.2 中 继 间 法

4.2.1 多节桥体采用中继间法（图 4.2.1）顶进时，应在多节桥体分节处的中继间内和桥体尾部设置千斤顶，按顺序各节依次逐节顶进。顶进前节的顶力应依靠以后各节的静摩阻力和后背反力提供。当后背综合抗力的条件允许时，可采用组合顶进。

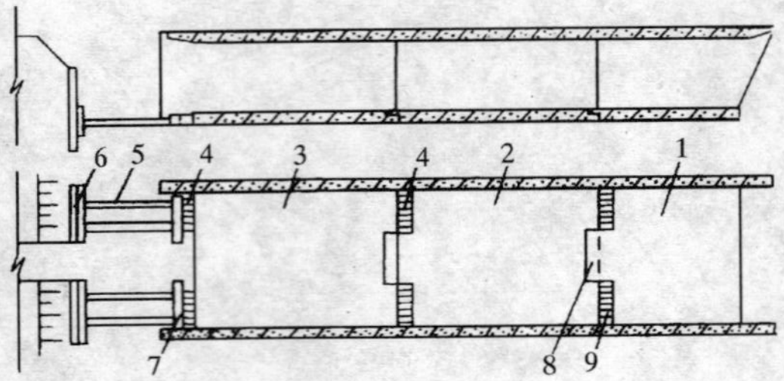

图 4.2.1 中继间法

1、2、3—桥体；4—千斤顶；5—顶柱；6—后背；7—钢横梁；8—剪刀铰；9—中继间

4.2.2 中继间的位置和尺寸，应根据采用的千斤顶的外形及其数量确定。

4.2.3 在场地预制桥体时，各节桥体可采用串联预制或并联预制。

4.3 顶拉法和半顶拉法

4.3.1 采用顶拉法（图 4.3.1）施工时，桥体不应少于三节。在常用几种润滑隔离层中宜选用摩阻系数偏大的材料，其节间应设传力支墩、拉杆、拉梁等作为传力设备。千斤顶应设在中继间、桥体尾部及传力墩处。

4.3.2 设计顶力应根据桥体分节、各节的长度和各节静摩阻力，按最不利情况进行计算。

4.3.3 采用半顶拉法施工时，桥体不应少于两节，常用几种润滑隔离层宜选用低摩阻材料，并应充分利用各节静摩阻力，并应通过传力墩和拉杆等转变为顶进节所需的反力，其不足部分应由后背提供。

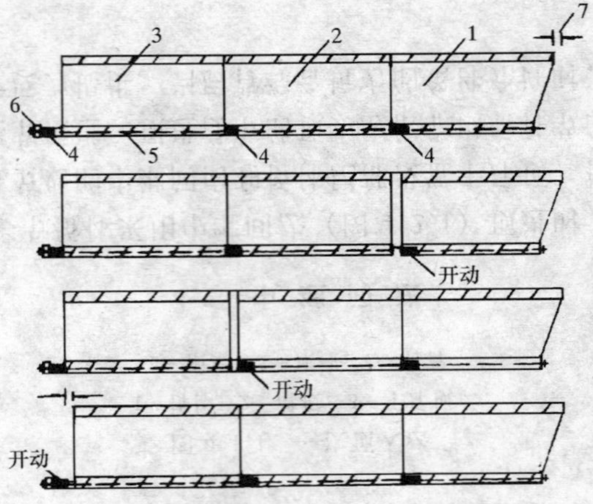

图 4.3.1 顶拉法

1—前节桥体；2—中节桥体；3—后节桥体；4—千斤顶；5—拉杆；6—钢拉梁；7—进尺

4.4 多个单体桥顶进法

4.4.1 多个单体采用分次顶进，桥体间净距不宜小于 0.2m。顶进时应计入一侧土压对桥体偏移受力的影响。

4.4.2 多个单体桥采用同步顶进应视同多孔桥整体顶进，并应随时调整顶进中的相关位置。

5 顶进工艺设计

5.1 现 场 调 查

5.1.1 地道桥顶进地点的调查应包括：地形、地貌，地基土种类及其物理力学性质、地下水位、含水层的渗透系数、流量，周围地区地面排水情况，当地气象资料，以及影响地道桥稳定和施工中可能发生的地质不良现象等。

5.1.2 施工范围内的调查应包括：地上、地下各种设施及管线的种类、结构、位置、用途、产权单位的拆迁方案，以及要采取的施工防护或施工过渡措施等。

5.1.3 调查附近道路和铁路交通的情况应包括：铁路容许的限速条件，列车通过次数及间隔时间；既有铁路股道数、道岔及每股道的使用情况；股道间距及标高；现有平交道口的交通状况及临时改移道路的可能性。

5.1.4 现场调查应包括：水源、电源、料源、施工运输道路及施工场地。

5.2 降 水

5.2.1 地道桥顶进施工范围内，应保持干槽施工。工作坑底四周应设排水沟和集水井，坑顶周围应有防、排地表水的措施。

5.2.2 根据水文地质情况，进行降水设计，通常可采用排水沟、集水井或井点降水等；降水除满足顶进施工要求外，对降水后出现路基和周围建筑物下沉，应有预防措施。各类井点降水的适用范围应符合表5.2.2的要求；工作坑渗水量计算应符合本规程附录A的规定。

表 5.2.2　各类井点降水的适用范围

井点类别	土层渗透系数（m/d）	降低水位深度（m）
一级轻型井点	0.1～80	3～6
二级轻型井点	0.1～80	6～9
管井井点	20～200	3～5
电渗井点	<0.1	5～6
喷射井点	0.1～50	8～20
深井井点	10～80	>15

5.3 工 作 坑

5.3.1 预制和顶进地道桥的工作坑，应根据线路情况，现场地形、地物及施工需要，在保证排水和安全的前提下，选择在施工场地宽敞、供料方便和顶进距离短的铁路一侧。

5.3.2 靠铁路一侧的工作坑边坡坡顶与最外侧铁路中心线的距离不得小于3.2m，边坡的坡度应小于1:1，其余边坡坡度宜为1:0.50～1:1.25。对不稳定土层或雨季施工的工作坑边坡应进行抗滑稳定性验算，边坡不稳定时应先加固，后开挖。当坑边的建筑物基底压力线进入工作坑内，或工作坑的边坡不能按规定开挖时，应采取加固措施。

5.3.3 工作坑的尺寸应根据地道桥的长度、宽度、后背尺寸和操作空间确定。并应在桥体底板前留出承重支架位置或空顶长度，在底板和后背间宜留出2～3m布置顶进设备的位置。桥体两侧可视结构高度模板支设方法、混凝土浇筑方案、排水情况等预留 2m 及以上的工作宽度。并应绘制出工作坑平面图及剖面图。

5.3.4 工作坑基底的承载力应满足顶进地道桥的要求；当土质松软时，应对基底进行加固处理。

5.3.5 工作坑运土的坡道位置，宜避开后背路基土的顶进受力范围，当受条件限制、不能避开时，坡道边坡应进行支护。

5.4 滑　板

5.4.1 滑板应满足预制桥体所需的强度、刚度和顶进时稳定性要求。可根据地基承载力、桥体重量和顶进方法选用钢筋混凝土滑板、混凝土滑板、砌筑片石滑板和灰土滑板等。混凝土滑板厚度宜为 0.2m；根据土质情况，滑板底部可设碎石和灰土垫层。

5.4.2 滑板中心线应与地道桥设计中心线一致。根据土质及线路使用情况，滑板宜做成前高后低的仰坡。仰坡的坡度应根据设计确定，可取 1‰～5‰。

5.4.3 滑板顶面应平整光滑，可用水泥砂浆抹面。滑板底面与土基接触部分应有防滑锚固措施，亦可在滑板下设锚梁，并应验算地道桥在顶进起动时的滑板抗滑移稳定性，滑板抗滑移稳定性验算应符合本规程附录 B 的规定。

5.4.4 当控制地道桥顶进入土方向时，在滑道两侧应设置钢筋混凝土或钢制方向墩，其间距宜为3～4m，并应深入滑板以下0.6～0.8m，且在滑板以上外露 0.2m，与桥体间预留出导梁垫片位置。方向墩和滑板应浇筑成一体，并应满足强度和稳定性的要求。

5.4.5 当后背反力不能满足地道桥顶进要求时，可将混凝土滑板和后背梁用受力钢筋连成一体。

5.4.6 地道桥采用气垫起动时应在桥体底板或滑板中预留输气管道并设置充气空气压缩机。

5.5 润滑隔离层

5.5.1 润滑隔离层由润滑剂和隔离层两部分组成。润滑剂可采用石蜡、滑石粉、机油和黄油等；隔离层可采用塑料薄膜、油毡纸、油毡布和水泥砂浆抹面等。在桥体底板施工过程中，应采取使润滑隔离层不被损坏的措施。

5.5.2 润滑隔离层可根据顶进方法选用。当采用顶入法施工时，润滑隔离层宜选用摩擦系数低的材料；当采用顶拉法施工时，润滑隔离层宜选用油毡纸等摩擦系数偏大的隔离材料。常用润滑剂摩擦系数可按表 5.5.2 采用。

表 5.5.2　常用润滑剂摩擦系数

介质名称	规　格	摩擦系数 μ
无介质	—	0.52～0.69
石　蜡	厚度 2～4mm	0.17～0.34
滑石粉	厚度 3mm	0.30
机油滑石粉浆	厚度 1～2mm	0.20

注：无介质指混凝土与混凝土之间。

5.6 顶力计算

5.6.1 地道桥顶进起动时，应克服桥体自重产生于滑板上的粘结力、真空吸附力及静摩阻力。起动顶力系数可取 0.6

~1.0；对顶拉法，顶力系数宜大于1.0。在滑板上空顶顶力系数宜为0.2~0.6。

5.6.2 地道桥全部入土后的最大顶力可按下式计算：

$$N = K[q_1\mu_1 + (q_1 + q_2)\mu_2 + 2F\mu_3 + RA] \quad (5.6.2)$$

式中 N——最大顶力（kN）；

q_1——地道桥顶上荷载（包括线路加固材料荷载）（kN）；

μ_1——地道桥顶面与其上荷载的摩擦系数，应视顶上润滑处理情况经试验确定，当无试验资料时宜采用下列数值：涂石蜡为0.17~0.34；涂机油滑石粉浆为0.20；无润滑处理为0.52~0.69；覆土为0.60~0.80；

q_2——地道桥自重（kN）；

μ_2——地道桥底板与基底土的摩擦系数，应视基底土的性质经试验确定，当无试验资料时可采用0.6~0.8；

F——地道桥两侧土压力（kN）；

μ_3——侧面摩擦系数，应视土的性质经试验确定，当无试验资料时可用0.6~0.8；

R——刃角正面阻力，应视刃角构造、挖土方法、土的性质经试验确定，当无试验资料时，可采用：砂质粘土为500~550kPa；卵石土为1500~1700kPa；

A——刃角正面积（m^2）；

K——系数，宜采用1.2。

5.6.3 当斜桥顶入路基后产生水平偏转时，应调整中轴线两侧顶力（图5.6.3）。并可按入土深度分阶段计算防止偏转的顶力，且编制纠偏程序。最大纠偏顶力可按下式计算：

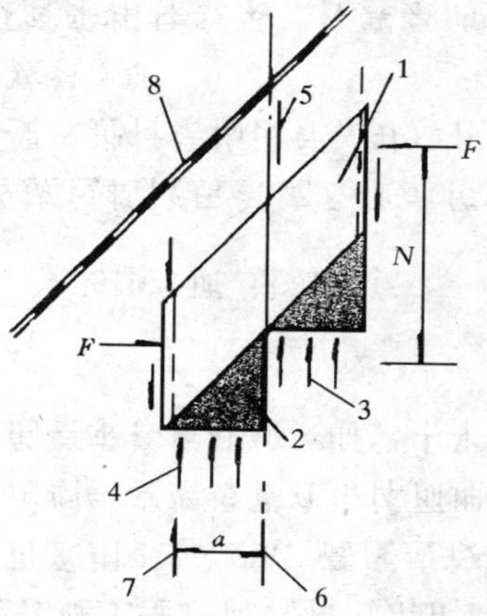

图 5.6.3 斜桥顶进顶力布置

1—桥体；2—顶进三角块；
3—千斤顶；4—纠偏千斤顶；
5—顶进方向；6—最大顶力；
7—纠偏顶力；8—铁路

$$N_0 = FZ/a \quad (5.6.3)$$

式中 N_0——最大纠偏顶力(kN)；

F——侧向土压力(kN)；

Z——两侧土压合力的中心距离（m）；

a——纠偏顶力合力中心距桥体轴线距离（m）。

5.6.4 当采用气垫减阻或触变泥浆减阻时，应根据有无气垫裙及化学成分等情况，其顶力需另行计算。气垫摩阻系数宜取0.1~0.2，钠钙膨润土触变泥浆摩阻系数宜取0.1~0.3。

5.7 后　　背

5.7.1 顶进地道桥的后背应包括后背梁、后背墙和后背填土。后背应满足强度和稳定性的要求，并应按最大顶力进行后背设计，和按一次性使用验算各种受力状态下的稳定性。

5.7.2 后背型式可根据设计顶力、现场条件、地质、地形及材料设备的情况选择板桩式、埋桩式或重力式。

5.7.3 后背的设计抗压强度应符合下列规定：

5.7.3.1 顶进前，后背应能承受背后填土的水平推力。

5.7.3.2 顶进时，后背应能承受传递到后背梁的最大顶力。

5.7.4 重力式后背墙可按浆砌片石挡土墙或混凝土挡土墙进行设计，土体的被动土压力线应与顶力作用线一致。

5.7.5 板桩式后背可按顶端锚固板桩进行设计，最大顶力发生时应保持板桩墙稳定。后背墙的稳定性验算应符合本规程附录C的规定。

5.7.6 后背的设置应留有补强余地。当后背的水平反力不足时，可将后背梁和滑板联成整体，其设计顶力应从地道桥的最大顶力减去滑板的抗拉力；亦可采用串联式后背，其整体反力应满足最大顶力要求。

5.7.7 后背的布置宽度应根据其单位宽度提供的土抗力和设计顶力确定（包括斜桥纠偏顶力），其位置应与千斤顶的布置相对应。

5.8 钢刃脚及中平台

5.8.1 桥体前端周边应设置钢刃脚。桥体高度大于4.5m且砂土路基高度超过6m，挖方坡度大于1∶0.75时，宜设置中间钢刃脚和中平台。

5.8.2 钢刃脚宜划分为侧刃脚、底刃脚、中刃脚和顶刃脚。侧刃脚应设置在钢筋混凝土刃角墙前端，刃角墙端线与水平线的夹角应视土质确定，宜取60°。底刃脚应设置在底板前端，并可采用垫板调整坡度。中刃脚应设置在中平台前；当土质较好时，可不设中刃脚和底刃脚。顶刃脚应设置在前悬臂端部；当桥体顶面覆土小于1m或无覆土时，可不设顶刃脚。

5.8.3 钢刃脚应按位置的不同分别进行设计，并应按施工荷载进行结构计算，和验算预埋螺栓的强度以及端部混凝土的局部承压力。

5.8.4 钢刃脚可采用厚10～20mm的钢板焊成块体，挑出长度宜为0.5～0.8m，并应与桥体前端预埋螺栓进行拼装固定，顶进就位后拆除。

5.8.5 中平台应按施工垂直荷载和刃角正面阻力进行设计。顶进方向的宽度可采用1.5～2m，高度应按装土机械作业确定。中平台可采用型钢支架设置在桥体预埋螺栓上，并应满足强度和稳定性的要求；桥孔较大时，中平台应设置中柱或支架。

5.9 顶 进 设 备

5.9.1 顶进设备应包括液压系统及顶力传递部分。顶力传递设备应按传力要求进行结构设计，并应按最大顶力和顶程确定所需规格及数量。

5.9.2 高压油泵宜采用柱塞泵。柱塞泵的工作压力可选择在额定压力的60%～70%。高压油泵输出流量应符合顶进速度的要求，并可根据供油量计算，确定高压油泵台数。泵房宜设置在桥体中间，使桥体中线两侧负荷均衡。

5.9.3 千斤顶的工作顶力可按额定顶力的70%进行计算，并应按最大顶力和纠偏顶力综合确定配备数量。正向顶进的千斤顶应按桥体中轴线对称布置，当型号不同时，应对称组合；纠偏千斤顶应布置在斜桥锐角一侧三角顶块的边部，并可加大纠偏顶力的力臂，减少千斤顶用量。

5.9.4 液压系统油管内径应按流量确定；回油管路主油管的内径不得小于10mm，分油管的内径不得小于6mm。油路应按工艺要求进行布置（图5.9.4），并应安全稳固、密封良好、便于操作。液压油介质宜采用稠化液压油或合面锭子油。

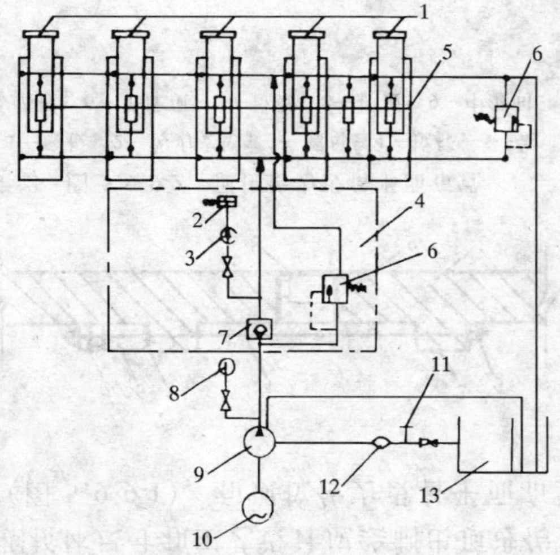

图 5.9.4 液压系统布置

1—千斤顶；2—压力继电器；3—远传压力表；4—集油板；5—电磁换向阀；6—电磁溢流阀；7—单向阀；8—电接点压力表；9—高压油泵；10—交流电动机；11—放气孔；12—网式滤油器；13—油箱

5.9.5 地道桥分节顶进时，油路宜采用电液和电磁换向联动控制系统。

5.9.6 顶入法传力设备中的顶柱和顶铁可采用型钢组焊，按长度6、4、2、1（m）和0.6、0.3、0.2、0.1（m）等几种规格，并根据其传递能力，按千斤顶和后背位置进行布置。顶柱和顶铁可每4~8m长设置一道钢横梁，其间距离应便于操作。当顶程较长时，顶柱与横梁应用螺栓联结成受力框架，并可根据需要，在其顶上压重或填土，填土高度宜为1.0~1.5m，并碾压密实；在滑板中部可设置地锚梁。

5.9.7 顶拉法传力设备可采用明拉杆和暗拉杆两种，拉杆可采用钢筋、钢绞线或型钢等制成。暗拉杆应设置在桥体底板的预留孔道内，拉杆前端应用螺母（锚具）紧固在前节底板端部的锚块上，尾端通过千斤顶和拉梁后用螺母（锚具）与拉梁紧固。明拉杆应设置在桥体底板顶面，穿过前后节传力支墩预留孔和拉梁后，两端用螺母（锚具）紧固。两种拉杆亦可结合使用；桥体顶进就位后根据标高要求应将传力支

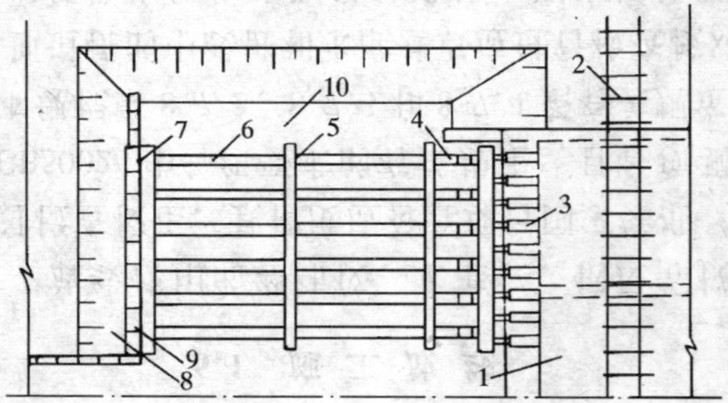

图 5.9.9-1 顶进传力设备平面布置

1—桥体；2—铁路；3—千斤顶；4—顶铁；5—横梁；6—顶柱；7—后背梁；8—后背填土；9—后背墙；10—滑板

墩凿除。

5.9.8 当地道桥顶进时，在滑板分段处可设置地锚梁；当桥尾顶过时，在其预埋钢板上设置钢支墩和钢横梁，并与顶柱楔紧。

5.9.9 根据桥体尺寸和工艺设计应绘制出顶进传力设备平面布置图（图 5.9.9-1），和顶拉传力设备平面布置图（图 5.9.9-2）。

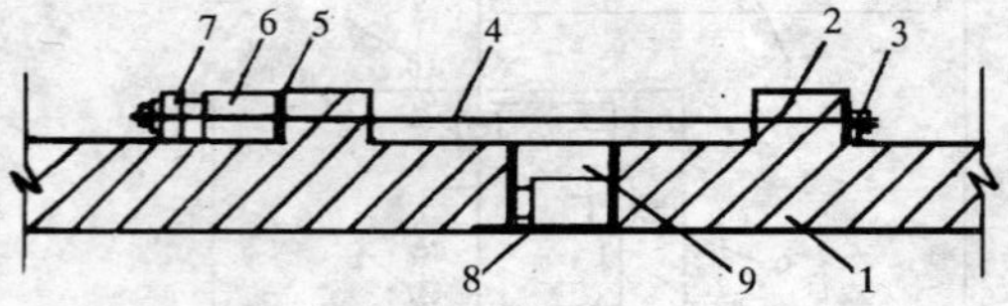

图 5.9.9-2 顶拉传力设备平面布置

1—底板；2—传力支墩；3—螺母；4—拉杆；5—钢垫板；6—千斤顶；7—拉梁；8—护板；9—中继间

6 顶 进 施 工

6.1 施 工 放 线

6.1.1 施工放线使用的经纬仪、水准仪、钢尺等仪器，施工前应经过检查校正，其精度应符合现行国家标准《工程测量规范》GB50026 中等级要求的有关规定。且各项测量精度尚应符合本规程第 8.7.2、8.7.3 和 8.7.4 条有关规定。

6.1.2 对地道桥的中线桩和水准基点应进行检查核对。

6.1.3 应以桥体中线作为测量基准线，测出桥体预制端线和墙身位置线，并分别用控制桩固定在工作坑施工范围以外的可靠位置。

6.1.4 施放工作坑开挖边线，可撒石灰线示出。

6.1.5 施放桥体顶进就位线，可在路基开挖线以外的可靠位置设定控制桩。

6.1.6 在工作坑开挖线以外的可靠位置宜设置临时水准点。工作坑开挖后，在坑底前后端也宜设置临时水准点。

6.1.7 各道工序施工放线都应建立复核制度。

6.2 施工排水与降水

6.2.1 施工降水应在工作坑开挖前进行；同时应采取工作坑周围积水的排除和防涝措施。

6.2.2 当工作坑浅，土质为粘性土，四周渗水量小，且具备自流排水条件时，可挖排水沟以自流方式排除地下水和雨水。

6.2.3 当工作坑浅，土质较好，地下水流量小，不能自流排水时，可在工作坑周边设置排水沟和集水井，采用水泵抽提排水。集水井可采用直径为1.0~1.5m的钢筋混凝土管，并可采用下沉法施工。

6.2.4 当含水层为砂、砂砾和卵石层，渗水量较大时，可采用井点降水，并在工作坑中线位置设观测井。

6.2.5 各类井点的技术要求应按现行的国家标准《地基与基础工程施工及验收规范》（GBJ202）中的有关规定进行施工。

6.3 工 作 坑 开 挖

6.3.1 工作坑应采用机械分层开挖，挖到边坡及底部土方时应预留0.3m，并应采用人工跟随机械削坡、清底、整平，但不得超挖。当采用人工开挖时，宜用阶梯分段倒土，台阶宽度不得小于0.8m。

6.3.2 滑板设有锚梁时可与工作坑一次挖成。当选定钢板桩后背时，可先打桩，后挖工作坑。

6.3.3 当工作坑底土质较弱，需进行加固时，宜采用夯填砂砾石或石灰（水泥）稳定土进行坑底处理。

6.3.4 当工作坑坡顶需堆置土方料具，或有机械运行时，应有安全距离。

6.4 滑 板 施 工

6.4.1 混凝土滑板宜沿顶进方向支立模板进行浇筑，并应在平整的粒料垫层上支立模板、绑扎钢筋、浇筑混凝土，且采用振捣器振实，振动梁整平、压光、养护。当混凝土强度达到2.5MPa及以上时，方可放线，将施工缝凿毛并冲洗干净，支立模板，浇筑方向墩外露部分。其水平施工缝宜设置连接短钢筋。

6.4.2 滑板应采取防滑锚固措施，当一次浇筑顶面不易整平时，其顶部可采用厚度为30mm的1:3水泥砂浆抹面，并沿顶进方向用冲筋法抹平、压光、养护。

6.4.3 灰土滑板可采用12%灰土分层压实，密实度应达到95%及以上。在浇筑锚梁和方向墩混凝土之后，应将灰土顶面划毛，并可采用厚度为30mm的1:3水泥砂浆抹面。

6.5 润滑隔离层施工

6.5.1 当滑板混凝土强度达到1.2MPa以上时，应将板面清扫干净，并将桥体预制位置线标定后，方可进行润滑隔离层施工。

6.5.2 润滑隔离层施工应符合下列规定：

6.5.2.1 当采用石蜡和滑石粉润滑剂时：石蜡宜加热到150℃，熔化后用扁嘴壶倒至度板上的两道10号铅丝之间，用刮板刮平后拆除钢丝；亦可用毛刷纵横均匀涂刷熔化后的石蜡。石蜡凝固后，用刮板均匀摊铺滑石粉。

6.5.2.2 当采用石蜡机油润滑剂时：将石蜡加热熔化后掺入10%~25%废机油，按上述方法均匀摊铺在底板上。

6.5.2.3 当采用机油滑石粉润滑剂时：将废机油与滑石粉按体积比1:1.5加热拌匀后，按上述方法均匀摊铺在底板上。

6.5.3 润滑剂摊铺后可在其上平行顶进方向覆盖一层塑料薄膜做为隔离层，薄膜间应相互搭接0.2m并粘结成一体，两边应宽出桥体0.15m及以上。

6.5.4 焊接桥体钢筋时，应在焊接地点铺一块石棉布或石棉板，并随焊接位置移动。

6.6 后 背 施 工

6.6.1 预制钢筋混凝土拼装式后背，当混凝土强度达到设计强度的75%及以上时，方可吊运；在挖好的基槽内，应垂直轴线方向挂线拼装。两侧支撑牢固后，宜采用砂砾石或石灰（水泥）土前后对称分层夯填至要求高度。内侧板缝可设置油毡挡土，距顶端0.2m处应采用拉杆锚固。后背填土密实度应达到95%及以上。

6.6.2 钢板桩后背可采用钢轨、工字钢、槽钢和钢板桩等。打桩后桩顶端应拉锚，然后开挖工作坑，亦可在工作坑形成后埋桩。钢板桩的技术要求，应按现行的《公路桥涵施工技术规范》（JTJ 041）中有关规定施工。浇筑后背梁混凝土时应采用油毡与板桩隔离。后背梁受力面应垂直平整，并与桥体轴线垂直。

6.6.3 重力式后背可采用浆砌片石结构，并应在工作坑形成后，放线、挖槽和采用挤浆法砌筑。墙背填土应按本节第6.6.1条的方法分层夯填密实，顶进完毕后拆除。

6.6.4 采用钢后背梁时，与后背墙接触面应保持平直，并可采用塑料薄膜隔开；应采用高强度等级早强细石混凝土将空隙填实，并垂直于桥体轴线。

6.7 桥 体 预 制

6.7.1 桥体预制可采取先底板，后墙身及顶板两阶段施工。当浇筑的混凝土量较大，两阶段施工有困难时，亦可分三阶段施工，但应缩短分段的间隔时间。

6.7.2 钢筋作业应符合下列规定：

6.7.2.1 钢筋应根据设计要求进行检验和配料，并严格按配料单下料、焊接、弯制成型，分类挂牌，堆放整齐。

6.7.2.2 按照滑板顶面放出的桥体底板及墙身位置线，在控制位置应设置定位钢筋；在定位筋上应按设计尺寸依次标出下层钢筋位置，由端部按顺序绑扎。下层钢筋绑扎完后，可安装上层定位架立钢筋，在其下部设置砂浆垫块，其纵横间距不宜大于1m，并采用同样方法绑扎上层钢筋。最后绑扎上下层拉结钢筋，位置应准确，绑扎应牢固，浇筑混凝土时不应变形。

6.7.2.3 墙体竖筋可采用定位支架由端部依次安装，随后绑扎水平及中间拉结钢筋。用斜撑或拉线将竖筋稳固后，方可绑扎上部水平钢筋。最后应绑扎加腋钢筋。墙体钢筋与模板之间应设置砂浆垫块，其间距宜为1m×1m呈格网状。

6.7.2.4 顶模板安装后，顶板钢筋应采用本条第6.7.2.2款的方法绑扎。

6.7.2.5 接缝护板、导向及传力设施和各种预埋件等，应按设计要求安装牢固。

6.7.3 模板支架应根据结构形式、荷载大小、地基承载力、施工设备、浇筑方法和材料等情况进行设计，绘出施工图，并应符合下列规定：

6.7.3.1 模板宜采用钢模或木模包铁皮或木模包薄塑料板，并应使焊缝平整、严密、当浇筑混凝土时不应漏浆。

6.7.3.2 支模时，在箱体两侧前端2m范围的外模，可向外放宽10mm或使前端保持正误差，尾部为负误差，形成楔形，不得出现前窄后宽现象。

6.7.3.3 底板前端下部（图6.7.3）宜设置坡度为5%的船头坡，其长度宜为1~1.2m；当在软弱地基中顶进时，船头坡坡度可为10%。

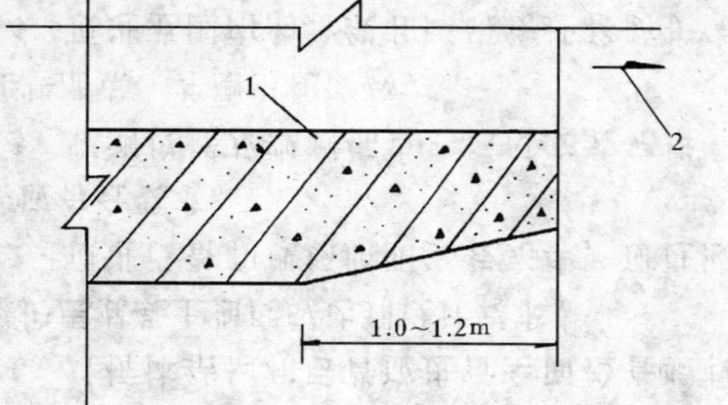

图 6.7.3　船头坡

1—底板；2—顶进方向

6.7.4　混凝土浇筑应进行施工组织设计，并应符合下列规定：

6.7.4.1　桥体预制分阶段施工时，施工缝的位置宜留在墙体下加腋的上部或上加腋的下部。各边墙施工缝不得在同一平面上，并宜增加连接短钢筋。

6.7.4.2　桥体混凝土分阶段施工时，其底板或顶板混凝土应一次浇筑，顶面应整平并按施工要求选用外加剂。浇筑底板混凝土时，应严格控制振捣深度，防止振坏隔离层。

6.7.4.3　高温季节浇筑混凝土应在室外气温较低时进行，并应采取降温措施，或采用低水化热水泥，混凝土入模温度不宜超过28℃。

6.7.4.4　混凝土浇筑完毕，应覆盖洒水，养护时间不得少于14d。

6.7.5　桥体防水应按设计要求进行施工，且应符合下列规定：

6.7.5.1　桥体达到要求的强度后，应拆除承重支架，顶面作防水层，桥顶面应平整、干燥、洁净。防水层完工后，应随即浇筑混凝土保护层，其顶面应按设计流水坡度整平压光。防水涂料应涂刷均匀，厚度应符合设计要求。防水卷材应粘贴紧密、牢固、平整，其搭接长度不得小于100mm。

6.7.5.2　桥体分节接缝防水应按图6.7.5要求施工。止水带可结合桥体预制和顶进施工进行安装，其位置应准确、安装应牢固。桥体顶进就位后接缝应采用弹性防水材料密封抹平，接缝不应渗水。

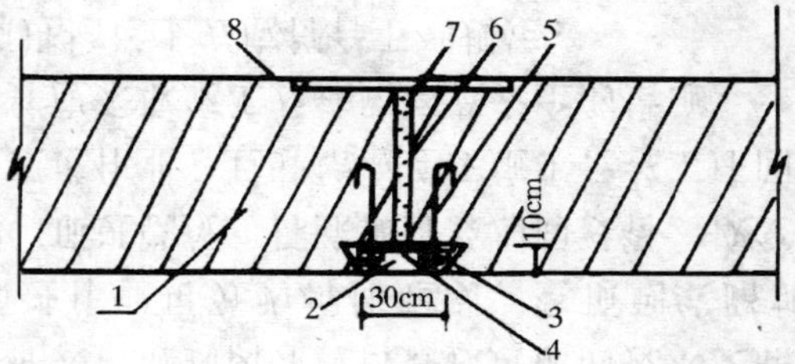

图 6.7.5　桥体接缝防水构造

1—边墙；2—防水；3—扁钢；4—橡胶止水带；5—预埋螺栓；6—弹性防水材料；7—钢护板；8—防水层

6.7.6　顶进前，桥体顶面及外墙应涂润滑剂，减小桥体顶进摩阻力。

6.7.7　桥体拆模后应安装钢刃脚，侧刃脚应向外保持5mm正误差；并应安装中平台和运土便桥等。桥体混凝土强度达到设计要求后方可进行顶进施工。

6.8　顶进设备安装

6.8.1　千斤顶用的钢垫板、钢托盘和油路等，应按工艺设计安装。安装前，管路应清洗干净，安装后应采取防护措施。使用的液压油应过滤。

6.8.2 液压系统的千斤顶、高压油泵、电液控制阀、电控箱、各种仪表等各部件，经检修后应进行单体试验，合格后方可安装。全部安装完毕应接通线路进行试运转，油路、控制阀门、千斤顶、油泵、电路及操纵箱等应符合技术要求。

6.8.3 传力用的顶柱、顶铁、垫板、横梁、拉杆等应按设计规格及数量备齐，经检修后安装。同一节桥体用的拉杆安装应松紧一致；顶柱位置应与顶力线一致，并应与横梁和后背垂直；接缝处应采用钢板楔紧，各行顶铁的松紧度应保持一致。

6.8.4 方向墩和桥体间宜设置导梁或垫板，并应楔紧，前后各墩与导梁垫板间的松紧度应保持一致。

6.8.5 安装桥体顶进测量用的观测尺、水准仪和经纬仪，定位后应对准零点。

6.9 顶 进 作 业

6.9.1 桥体顶进前的准备工作应符合下列规定：

6.9.1.1 对桥体结构和后背应进行全面检查验收，桥体和顶面保护层混凝土强度应达到设计要求。

6.9.1.2 顶进设备和现场照明安装完毕，顶进液压系统经试运转应符合要求。

6.9.1.3 观测仪器及观测标点、标尺安装完毕，经校正后应对准基准点，并测出初读数。

6.9.1.4 顶进范围内的管线和障碍物迁移防护完毕。线路加固应经有关单位检查验收。

6.9.1.5 顶进施工涉及的铁路各有关业务部门应按协议作施工配合准备，派驻现场的值勤人员应上岗。

6.9.1.6 挖土顶进和线路加固应签订施工配合协议，明确各自的工作范围和职责，确定双方联络人员；并应规定挖土方法、每次挖掘进尺、作业联系信号；备用的抢险物资等应落实；应接通与就近车站联系专用电话，安排值班人员。

6.9.1.7 应建立现场指挥机构，编制跟班作业人员表，且应明确其分工和职责，责任落实到人。

6.9.1.8 申报的铁路慢行应办理批准手续，并应确定线路加固、桥体顶进和线路恢复作业时间，防护人员及防护设施等措施应落实到位。

6.9.1.9 顶进作业需用的机械设备、劳力和物资应进入现场，各种人员应到岗并应做好顶进前的技术交底工作。

6.9.2 顶进作业可分为桥体起动、空顶到线路加固梁下、挖土顶进、顶进就位、拆除顶进及加固设备、恢复线路等几个阶段。顶进作业一旦开始应连续施工，各工序间应密切协调配合，并应采取施工及铁路运营安全的措施。

6.9.3 顶进挖运土方应符合下列规定：

6.9.3.1 挖土应在列车运行的间隙时间内进行，每米工作面上宜布置1～2人；按照侧刃脚坡度及规定的进尺应由上往下开挖，侧刃脚进土应在0.1m以上。开挖面的坡度不得大于1:0.75，并严禁逆坡挖土，不得超前挖土，应设专人监护。严禁扰动基底土壤。挖土的进尺可根据土质确定，宜为0.5m；当土质较差时，可按千斤顶的有效行程掘进，并随挖随顶防止路基塌方。

6.9.3.2 装运土方可视作业面配备施工机械，应将土运至工作坑以外妥善位置。装土机械作业时，不得扰动路基下坡脚土层以免造成塌方。顶进时底板前端不得存土或停放机械。

6.9.3.3 设有中刃脚时，上下两层，不得挖通；平台上不应存土，并宜设置扶手和上下扶梯。

6.9.3.4 列车通过时，挖土人员和施工机械应避至安全地带。

6.9.3.5 挖上方土时，工具不得接触钢轨，防止联电干扰铁路信号。

6.9.3.6 当发生路基塌方影响行车安全时，应立即与有关单位联系迅速组织抢修加固。必要时，应提前对列车发出停车信号。

6.9.4 地道桥顶进应符合下列规定：

6.9.4.1 桥体起动时，各部位及观测点应设有专人观察情况。开泵后，每当油压升高 5～10MPa 时，应停泵检查一次，发现异常应及时处理。

6.9.4.2 桥体在滑板上空顶时，应根据偏差及时调整轴线两侧顶力，使桥体沿设计轴线方向入土。

6.9.4.3 桥体吃土顶进和挖运土方应循环交替进行，并应按联系信号在列车运行的间隙时间内完成。列车通过时应停止顶进。

6.9.4.4 在每次顶进前应检查液压系统、传力设备、刃脚、后背与滑板等变化情况，发现问题应及时处理。顶进时，作业人员应站在安全地带，顶进设备严禁在受力情况下进行维修和调整，严禁在顶铁上站人，以防高压油喷出或顶铁崩起伤人。

6.9.4.5 每次顶进后接换顶铁和顶柱时，应按轴线方向调直，并应与横梁及后背垂直，其接触面应用钢板楔紧。顶柱上方应及时压土，确保传力设备的稳定性。

6.9.4.6 顶进中，观测人员应对每一顶程的进尺、轴线和高程偏差、千斤顶开启数量、油泵压力、即时顶力等进行记录，并应将顶进偏差用报表及时通知现场指挥人员采取措施矫正。顶进过程中停顶时间不宜超过 24h，以免增大阻力。顶进施工记录表的格式应符合本规程附录 D 的规定。

6.9.4.7 地道桥顶进前，应将线路加固梁下的木楔松动，或采取钢柱滚动等措施以减小桥体顶面阻力，防止线路横移，并在列车通过前楔紧；应及时将路基开挖断面前已进入破坏棱体内的横梁支承垫木前移，以免塌方。

6.9.4.8 在顶进过程中，每顶一次或列车通过一次都应及时检查和校正铁路线路的水平位置、轨距、轨顶标高和行车动态下的挠度变化，并应在下一次列车到达前调整好。应有专人经常检查吊轨与枕木、吊轨与横梁、横梁与纵梁的连接螺栓和支承垫的稳固程度，发现松动应立即紧固。所有加固部件和料具不得侵限，确保行车安全。

6.9.4.9 桥体分节顶进时，应经常检查布镐槽、顶拉传力设备、钢护板、钢搭榫、剪力铰和导向设施等的工作状况，发现问题应及时处理。在桥体入土前应利用方向墩严格控制多节桥体轴线一致；入土后应及时调整桥体四周接缝的宽度，使其保持一致；运土车道处的接缝应采用钢板遮盖，防止桥体偏转或接缝进土增大阻力。桥洞长度超过 60m，采用机械挖运土时，宜安装排烟通风设备。

6.9.5 地道桥顶进纠偏应符合下列规定：

6.9.5.1 顶进轴线偏差的调整：

（1）正桥顶进产生偏差时，可调整轴线两侧顶力或两侧刃脚切土量进行矫正；

（2）斜桥顶进可采用调整轴线两侧顶力纠偏，按照纠偏操作程序和千斤顶的即时工作顶力，结合实测偏差进行矫正。当超过允许偏差时，应在顶进中跟踪监测，并试调两侧顶力逐渐矫正归位；

(3) 当桥体斜度较小时，可采用动态自动纠偏，按监测的偏差自动调整轴线两侧油压矫正。

6.9.5.2 顶进高程偏差的调整：

(1) 偏高的调整

1) 偏高时应向下调整底刃脚的角度或将前端超挖略低于底板，应逐渐调整归位；

2) 当因挖土宽度不够，或侧刃脚切落土方多而造成底部切土量过大而抬高桥体时，应按断面挖土到位，减小侧刃脚切土量，及时清除塌落土方。

(2) 偏低的调整

1) 在土质中顶进地道桥产生扎头现象时，宜增加底刃脚向上翘的角度；增大侧刃脚的上部切土量；加大墙体附近船头坡的吃土量；在挖土坡面上支顶；

2) 在软弱土质中顶进地道桥产生扎头现象时，除可采用取上述 *a* 项措施外，还可设置中刃脚切土；应将施工机械停在桥体后端临时配重；在底板前换铺片石、砂砾石或浇筑升坡的速凝混凝土；亦可在底板前打桩。

6.9.6 地道桥顶进中的结构变形控制应符合下列规定：

6.9.6.1 对宽度大于 45m，顶程大于 40m 的桥体，在设计和施工中应有变形和裂缝的控制要求，必要时宜作顶进受力变形模拟试验。

6.9.6.2 施工单位应按设计部门对墙体、底板和顶板等提出的变形要求，经常观测桥体变形和开裂情况，并作出记录。当观测变形值发展较快时，应停止顶进，并与设计部门研究制订出制控措施后方可继续顶进。桥体就位后的最终变形，不应超过设计允许值。

6.9.6.3 纠偏应小纠、勤纠，防止大偏大纠，减少因纠偏而引起的非正常变形。

6.9.6.4 宽大箱形桥底板在坚硬的地基中顶进时不宜设置船头坡。顶进时，可在底板跨中临时配重，以减小挠曲变形。当地基土壤较弱时，为了防止桥体顶进中的扎头现象，可在跨度1/4处到墙边的底板前端设置船头坡。

6.9.6.5 挖土应严格控制高程，底部应清理平整；当发现底板隆起变形时，应采取措施，减小隆起变形。

6.9.7 地道桥顶进就位后，应由有关单位组织检验，经测量复核，确认地道桥位置符合设计要求后终止顶进。就位后应及时进行刃脚补墙、四角翼墙和桥上栏杆等项施工。

6.10 测 量 监 控

6.10.1 地道桥顶进施工时应对桥体各部位、顶力体系和后背不断地进行观测、记录、分析和控制。

6.10.2 发现变形和位移时，应立即调整，以确保顶进施工安全。

6.10.3 应测量监控桥体轴线、高程和桥体结构变形。桥体轴线和高程观测点宜设在边墙内侧前后端的上方；结构变形观测点除应按设计要求布置外，尚应观测桥体底板 1/4 跨和跨中的竖向变形和诸墙的变形。观测仪器应设在后背受力影响区以外，并应设置防雨照明设施。

6.10.4 在顶进过程中应观测顶柱轴线方向的变形和横向稳定情况。对联系横梁应观测着力点附近的变形，确保传力结构体系工作正常。

6.10.5 在顶进过程中，应观测后背变形和受力影响区内土体的裂缝。

6.11 恢复线路

6.11.1 地道桥顶进就位后，应及时拆除加固设备，立即恢复线路，桥体与路基之间的空隙应及时回填密实。

6.11.2 桥顶上枕木间的空隙，宜采用道碴全部填实后拆除线路加固设备，并恢复原有轨枕。

6.11.3 撤出横梁时，每撤一根工字钢，应随即穿入轨枕，填满捣实道碴。横梁拆完后，应全面整修线路，补充捣实道碴，最后拆除吊轨，并加设护轨。在整修线路达到标准并经验收后，方可恢复正常运行。

7 铁路线路加固

7.0.1 在地道桥顶进施工中，必须对铁路线路进行加固。应根据铁路线路、桥体尺寸、材料设备、施工季节等因素确定加固形式。列车通过时，行速应小于45km/h。

7.0.2 根据铁路运输和施工条件，宜采用吊轨横梁和吊轨纵横梁加固方式。横梁宜采用工字钢，纵梁宜采用工字钢束梁，其轨底至桥体顶面净高宜为0.65～0.85m。拆装式桁梁或特殊设计的便梁也可做为纵梁或横梁，其轨底至桥顶面净高可视加固便梁高度确定。

7.0.3 跨度小于3m，桥位处路基密实，覆盖厚度大于4.5m，可采用单一的吊轨加固方式，并在限速条件下进行施工。

7.0.4 吊轨应将43kg/m或50kg/m钢轨组合成3—5—5—3或3—7—7—3轨束梁后进行线路加固。吊轨应与枕木用ϕ22U型螺栓和用宽度为80mm、厚度为16mm的扣板连成一体，轨束本身应每隔1.5m用L63×63×6角钢和ϕ22U型螺栓固定。吊轨组数、纵横梁设置、以及U型螺栓、扣板多少等均应进行强度、刚度、稳定性计算后确定，或在施工前进行验算。吊轨长度应伸出桥体每侧5m及以上。

7.0.5 在道岔区加固时，应采取使尖轨不跳动；并应采取防止整个道岔下沉和防止电器设备发生故障的措施。岔区的线路加固方法应符合道岔的整体刚度和稳定性的要求。

7.0.6 横梁工字钢可选用Ⅰ50～Ⅰ56，其间距不得大于

1.5m，并与枕木间距相匹配，桥体边墙外侧应加铺 3～5 根。工字钢的连接可采用搭接或焊接，接缝强度应进行强度计算并满足受力要求。横梁工字钢与吊轨应用 U 型螺栓和扣板连成一体；行车轨与工字钢之间应加设绝缘胶垫，防止干扰铁路信号。桥顶上横梁支点宜采取减阻措施。

7.0.7 吊轨加纵横梁（图 7.0.7），应在吊轨横梁的基础上，在横梁两端的上面各加一组与铁路方向一致的工字钢纵梁（Ⅰ50～Ⅰ56），并应用 U 型螺栓和扣板与横梁连成一体。

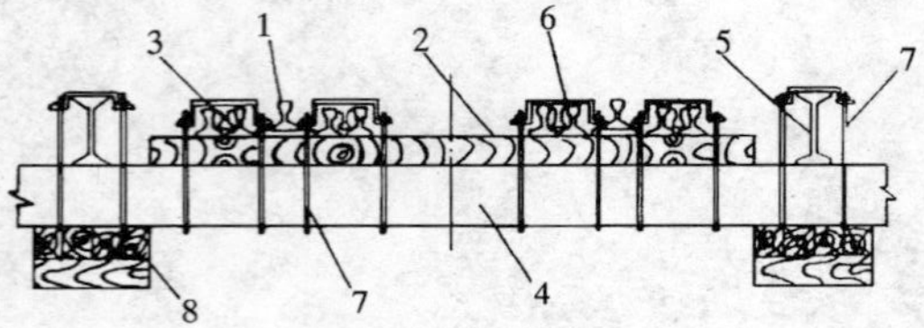

图 7.0.7 吊轨加纵横梁

1—路轨；2—木枕；3—吊轨；4—工字钢横梁；5—工字钢纵梁；6—扣板；7—U 型螺栓；8—枕木垛

7.0.8 当加固材料符合要求，且铁路限速为 45km/h 时，可采用支墩加便梁临时承载，但桥体设计应与加固方式相适应。

7.0.9 地道桥顶进时，应防止铁路线路横向位移，可采取以下措施：

（1）在顶进方向的背后埋设地锚、锚桩，用卷扬机、绞磨或倒链等机具通过 U 型卡、钢丝绳等牵拉固定和调整吊轨及横梁位置；

（2）在顶进方向的前方，桥体就位线在 3m 以外，垂直埋设桩柱（钢轨或枕木）通过平卧枕木、方木排架支顶横梁；

（3）覆土大于 1m 时，可采用桥顶拖带钢板顶进；当钢板进入预定位置后应与桥体脱离并留在覆土下，或在桥体顶面顶入小直径钢管排束以支撑和稳定覆土。

7.0.10 无缝线路加固，应先对线路进行锁定或改造，并应设置锚固支挡设施。

7.0.11 线路加固时，应先将加固地段的钢筋混凝土轨枕换成木枕，并在轨底增设垫木或胶垫板。

7.0.12 安装横梁时，相邻横梁的接头应错开 1.5m 及以上。扣板螺栓不得高出行车轨面。两轨间的吊梁、螺栓和扣板等不得侵占护轮轨轮缘槽位置。

7.0.13 桥体顶进时，施工单位应配合铁路有关部门，采取铁路行车安全的措施。当遇有铁路险情时，应在铁路部门统一部署下进行抢险。

8 工程质量检查与验收

8.1 工 作 坑

8.1.1 工作坑开挖不得扰动基底土；当发生超挖，严禁用土回填。

8.1.2 施工时应采取使边坡稳定，防止塌方的措施。

8.1.3 基底不得被水浸泡或结冻，其承载力应符合设计要求。

8.1.4 工作坑开挖允许偏差应符合表 8.1.4 的规定。

表 8.1.4 工作坑开挖允许偏差

项目	允许偏差（mm）	检验频率		检验方法
		范围	点数	
坑底高程	±30	每座	5	用水准仪测量
轴线位移	50	每座	2	用经纬仪测量
工作坑尺寸	不得小于设计要求	每座	4	用尺量
边坡坡度	不得大于设计要求	每座	4	用尺量

8.2 滑板及润滑隔离层

8.2.1 滑板及润滑隔离层使用的原材料、配合比、强度或密实度应符合设计要求。

8.2.2 方向墩的位置、尺寸应符合设计要求。

8.2.3 润滑隔离层应摊铺均匀、平顺，厚度应符合设计要求。

8.2.4 滑板允许偏差应符合表 8.2.4 的规定。

表 8.2.4 滑板允许偏差

项目	允许偏差（mm）	检验频率		检验方法
		范围	点数	
平面尺寸	不得小于设计要求	每座	4	用尺量
平整度	±3	每座	6	用 3m 直尺测量
厚度	不得小于设计要求	每座	4	用尺量
顶面高程	+5 0	每座	6	用水准仪测量
中心线	30	每座	2	用经纬仪测量

8.3 后 背

8.3.1 后背使用的原材料、配合比、强度应符合设计要求。

8.3.2 后背墙后回填土的土质和密实度应符合设计要求和本规程第 6.6.1 条的要求。

8.3.3 后背梁的顶力作用面应平直，并应垂直于桥体中心线。

8.3.4 各种形式后背墙允许偏差应符合表 8.3.4-1、表 8.3.4-2 和表 8.3.4-3 的规定。

表 8.3.4-1 钢筋混凝土后背墙允许偏差

项目	允许偏差（mm）	检验频率		检验方法
		范围	点数	
混凝土抗压强度	符合设计要求			压试块
断面尺寸	+5	每构件	2	用尺量
长度	±20	每构件	1	用尺量
顶面高程	±20	每座	4	用水准仪测量
墙面垂直度	不得大于 0.5% H	每座	4	用垂线或经纬仪测量

续表

项　目	允许偏差（mm）	检验频率		检验方法
		范围	点数	
麻　面	每侧不得超过该侧面积 1%	每构件	1	用尺量麻面总面积
墙面平整度	±5	每构件	1	用 2m 直尺或小线量最大值
桥面水平线与桥中心线垂直度	不得大于 0.3% L	每座	2	用尺量
缝　宽	不得大于 20	每座	4	用尺量

注：表中 H 为构筑物高度（mm），L 为构筑物长度（mm）。

表 8.3.4-2　钢板桩后背墙允许偏差

项　目	允许偏差（mm）	检验频率		检验方法
		范围	点数	
桩垂直度	不得大于 1% H	每根桩	1	用垂线量
墙面水平线与桥中心线垂直度	不得大于0.3L	每根桩	1	用尺量

注：表中 H 为构筑物高度（mm），L 为构筑物长度（mm）。

表 8.3.4-3　砌筑后背墙允许偏差

项　目	允许偏差（mm）	检验频率		检验方法
		范围	点数	
砂浆强度	符合设计要求			压试块
断面尺寸	不得小于设计要求	每座	6	用尺量，长、宽高各量 1 点
顶面高程	±20	每座	4	用水准仪测量

续表

项　目	允许偏差（mm）	检验频率		检验方法
		范围	点数	
墙面垂直度	不得大于 0.5% H	每座	4	用垂线量
墙面平整度	20	每座	4	用 2m 直尺或小线量最大值
桥面水平线与桥中心线垂直度	不得大于 0.3% L	每座	2	用尺量

注：表中 H 为构筑物高度（mm），L 为构筑物长度（mm）。

8.4　桥体预制

8.4.1　模板及支撑不应有松动、跑模、漏浆或下沉等现象；模内必须洁净；预留拱度应符合设计要求。模板安装允许偏差应符合表 8.4.1 规定。

表 8.4.1　模板安装允许偏差

项　目		允许偏差（mm）	检验频率		检验方法
			范围	点数	
表面平整度	刨光模板	3	每节每孔或每墙	4	用 2m 直尺检验
	不刨光模板	5			
	钢模板	3			
垂直度		0.1% H 且不得大于 6		2	用垂线或经纬仪检验
模内尺寸		+3～−8		3	用尺量长、宽、高各计 1 点
轴线位置		10		2	用经纬仪测量纵、横各计 1 点
支撑面高程		+2～−5	每个支承面	1	用水准仪测量
底面高程		+10	每孔	1	用水准仪测量

续表

项目		允许偏差(mm)	检验频率		检验方法
			范围	点数	
螺栓、锚筋等预埋件	位置	10	每个预埋件	1	用尺量
	外露长度	±10		1	
预留孔洞	位置	15	每个预留孔洞	1	用尺量
	高程	±10		1	用水准仪测量

注：表中 H 为构筑物高度（mm）。

8.4.2 钢筋、焊条和预埋件，其品种、规格和质量应符合设计要求；钢筋的各种焊接接头，应按规定取样试验，其机械性能应符合设计要求；骨架同一截面受力钢筋的接头数量与搭接长度应符合现行行业标准《钢筋焊接及验收规程》JGJ18 的要求。钢筋加工及安装允许偏差应符合表 8.4.2 的规定。

表 8.4.2　钢筋加工及安装允许偏差

项目	允许偏差(mm)	检验频率		检验方法
		范围	点数	
受力钢筋顺长度方向的全长净尺寸	±10	每孔底、顶板、墙	4	用尺量
弯起钢筋的位置	±20	每孔底、顶板、墙	4	用尺量
箍筋内边距离尺寸	±3	每孔底、顶板、墙	5	用尺量
主筋横向位置	±7.5	每孔底、顶板、墙	4	用尺量
箍筋位置	±15	每孔底、顶板、墙	5	用尺量
箍筋的不垂直度（偏离垂直位置）	15	每孔底、顶板、墙	5	用吊线和尺量
钢筋保护层	±5	每孔底、顶板、墙	6	用尺量
其它钢筋位置	±10	每孔底、顶板、墙	4	用尺量

8.4.3 水泥混凝土的原材、配合比、强度和抗渗应符合设计要求。桥体预制允许偏差应符合表 8.4.3 的规定。

表 8.4.3　桥体预制允许偏差

项目	允许偏差(mm)	检验频率		检验方法
		范围	点数	
混凝土抗压强度	符合现行《铁路桥涵工程质量评定验收标准》(TBJ415)			按《普通混凝土力学性能试验方法》(GBJ81) 要求检验
宽度	±50	每节	5	用尺量，沿全长端部，$L/4$ 处和中间各计 1 点
高度	±50	每节	5	用尺量，沿全长端部、$L/4$ 处和中间各计 1 点
轴向长度	±50	每节	4	用尺量，两侧上、下各计 1 点
顶、底板厚度	+20 −5	每节	8	用尺量，端部顶、底板各计 2 点
中、边墙厚度	+20 −5	每节 每墙	2	用尺量，端部各计 1 点
梗胁	±3%	每节 每孔	2	用尺量
侧向弯曲	$L/1000$	每节 每孔	2	沿构件全长拉线，量最大矢高，左右各 1 点
墙面垂直度	不得大于 0.15% H 且不得大于 10	每节 每孔	4	用垂线或经纬仪测量，前后各计 1 点
麻面	每侧不得超过该面积 1%	每节		用尺量麻面总面积
墙面平整度	5	每节 每孔	4	用 2m 直尺或小线量取最大值，每侧前后各计 1 点
桥面平整度	5	每 $50m^2$	1	用 2m 直尺量取最大值

注：表中 H 为构筑物高度（mm），L 为构筑物长度（mm）。

8.5 桥 体 防 水

8.5.1 防水层应坚固、耐久、弹韧性强、防水性能好，并应符合与桥面粘结性的要求。

8.5.2 防水涂料应涂刷均匀，厚度一致。防水层应平整，粘贴牢固，不应有皱折、破损、鼓疤、翘边、脱层、滑动和封口不严等缺陷。

8.5.3 保护层应符合设计要求和本规程第6.7.5.1款的规定。

8.5.4 接缝防水应符合设计要求和本规程第6.7.5.2款的规定。

8.5.5 桥面防水层允许偏差应符合表8.5.5的规定。

表 8.5.5　桥面防水层允许偏差

项　　目	允许偏差（mm）	检验频率 范　围	检验频率 点数	检 验 方 法
搭接宽度	不小于100	每20延米	1	用尺量
保护层平整度	5	每$50m^2$	1	用2m直尺量取最大值

8.6 桥 体 顶 进

8.6.1 桥体顶进中应及时检查顶力系统和桥体各部位的受力状态，确保安全顶进就位。

8.6.2 桥体顶进就位线应符合设计要求。

8.6.3 桥体顶进就位允许偏差应符合表8.6.3的规定。

表 8.6.3　桥体顶进就位允许偏差

项　　目		允许偏差（mm）	检验频率 范围	检验频率 点数	检 验 方 法
中线	一端顶进	200	每座或每节	2	测量检查
	两端顶进	100	每座或每节	2	测量检查

续表

项　　目	允许偏差（mm）	检验频率 范围	检验频率 点数	检 验 方 法
高　　程	1%顶程并偏高≤150 偏低≤200	每座或每节	2	测量检查
相邻两节高差	50	每孔	1	用尺量每个接头计1点

8.7 施 工 测 量

8.7.1 地道桥施工前，应对设计单位所交付的有关测量基线与水准基点进行核对。

8.7.2 导线方位角闭合差应符合$\pm 40\sqrt{n}$（″）的要求（式中n为测站数）。

8.7.3 水准点闭合差应符合$\pm 12\sqrt{L}$（mm）的要求（式中L为水准点之间的水平距离，单位km）。

8.7.4 直接丈量测距允许偏差应符合表8.7.4的规定。

表 8.7.4　直接丈量测距允许偏差

项　　目		精　度
固定桩间距和桥各部位间距离	<200m	1/5000
	200～500m	1/10000
	>500m	1/20000

附录 A 工作坑渗水量计算

A.0.1 用排水沟自流降水，当工作坑基底为不透水层时，工作坑渗水量应按下列公式计算。

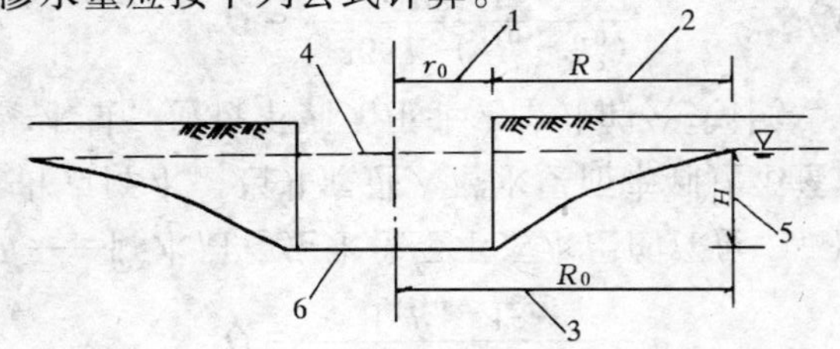

图 A.0.1 自流降水

1—引用基坑半径；2—影响半径；3—从基坑中心算起的影响半径；4—地下水位；5—含水层厚度；6—不透水层

$$Q = \frac{1.366KH^2}{\lg R_0 - \lg r_0} \quad (A.0.1\text{-}1)$$

$$r_0 = n(L + B)/4 \quad (A.0.1\text{-}2)$$

$$r_0 = \sqrt{A}/\pi \quad (A.0.1\text{-}3)$$

式中 Q——工作坑渗水量（m^3/d）；

K——渗透系数，应经抽水试验确定。当无试验资料时，可按表 A.0.1-1，表A.0.1-2数值选用；

H——含水层厚度（m）；

R——影响半径（m），应经抽水试验确定。当无试验资料时，可按表 A.0.1-3 的数值选用；

R_0——从基坑算起的影响半径（m）；

r_0——引用基坑半径（m），对于矩形基坑按公式（A.0.1-2)进行计算。对不规则基坑可按公式（A.0.1-3）进行计算；

L——基坑（或井点群）长度（m）；

B——基坑（或井点群）宽度（m）；

n——系数，可按表 A.0.1-4 数值选用；

A——基坑面积（m^2）。

表 A.0.1-1 **土层渗透系数**

土层名称	K（m/d）	土层名称	K（m/d）
粘土	<0.001	细砂	1~5
重砂粘土	0.001~0.050	中砂	5~20
轻砂粘土	0.05~0.10	粗砂	20~50
砂粘土	0.10~0.50	砾石	50~150
黄土	0.25~0.50	卵石	100~500
粉砂	0.50~1.00	漂石	500~1000

表 A.0.1-2 **土层渗透系数实验数值**

土层名称	土层颗粒		K（m/d）
	粒径(mm)	所占重量（%）	
粉砂	0.05~0.10	<70	1~5
细砂	0.10~0.25	>70	5~10
中砂	0.25~0.50	>50	10~25
粗砂	0.50~1.00	>50	25~50
极粗砂	1.00~2.00	>50	50~100
砾石夹砂			75~150
带粗砂的砾石			100~200
清洁的砾石			>200

注：当含水层夹泥量多时取小值。

表 A.0.1-3　　影响半径 R 值

土层种类	粒　径（mm）	所占重量（%）	R（m）
极细砂	0.05～0.10	<70	25～50
细　砂	0.10～0.25	>70	50～100
中　砂	0.25～0.50	>50	100～200
粗　砂	0.50～1.00	>50	200～400
极粗砂	1.0～2.0	>50	400～500
小砾石	2.0～3.0	—	500～600
中砾石	3.0～5.0	—	600～1500
大砾石	5.0～10.0	—	1500～3000

表 A.0.1-4　　系数 n 取值

B/L	0	0.2	0.4	0.6	0.8	1.0
n	1.00	1.12	1.14	1.16	1.18	1.18

A.0.2　井点降水，当井底穿过潜水层到达不透水层时，工作渗水量，应按下列无压完整井的公式计算。

$$Q=\frac{1.366K\ (H^2-h^2)}{\lg R_0-\lg r_0} \tag{A.0.2}$$

式中　h——降水后稳定水位至不透水层的深度（m）。

A.0.3　井点降水，当井底进入潜水层而未到达不透水层时，工作坑渗水量，应按下列无压非完整井的公式计算。

$$Q=\frac{1.366K\ (H_0^2-h_0^2)}{\lg R_0-\lg r_0} \tag{A.0.3-1}$$

式中　h_0——降水后稳定水位至有效带深度（m）；

H_0——计算有效带厚度（m），宜由图 A.0.3-2 查取。

查图步骤：先求，$S=D+I\dfrac{B}{2}$算出 n，再在图上查得相应的 n'，即 H_0 可按公式（A.0.3-2）进行计算。

$$H_0=n'(S+L) \tag{A.0.3-2}$$

式中　S——地下水位的降深（m）；

L——滤管长度（m）；

D——要求工作坑中心的降水深度（m）；

B——井点群宽度（m）；

I——渗流平均水力坡度，宜按表 A.0.3 查取。

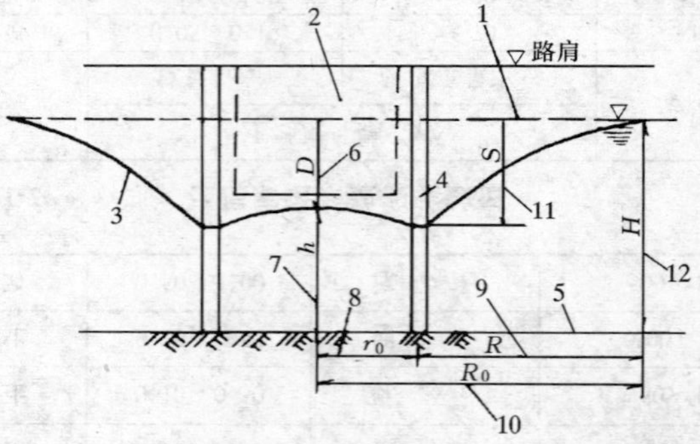

图 A.0.2　无压完整井

1—原地下水位线；2—工作坑；3—降水后稳定水位线；4—井点；5—不透水层；6—工作坑降水深度；7—稳定水位至不透水层深度；8—引用基坑半径；9—影响半径；10—从基坑中心算起的影响半径；11—地下水位深；12—含水层厚度

表 A.0.3　　不同含水层中渗透系数及渗流平均水力坡度值

含水层土壤	渗透系数（m/d）	渗流平均水力坡 I
粗　砂	10～100	0.003～0.006
砂类土	0.1～10.0	0.006～0.020
泥　炭	0.1～1.0	0.020～0.120
粘砂土	0.01～1.00	0.020～0.050
砂粘土	0.001～0.01	0.050～0.100
粘　土	0.0001～0.001	0.100～0.150
重粘土	<0.0001	0.150～0.200

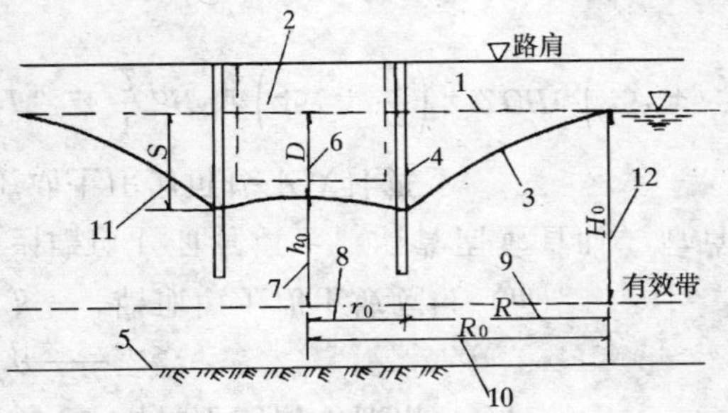

图 A.0.3-1　无压非完整井

1—原地下水位线；2—工作坑；3—降水后稳定水位线；4—井点；5—不透水层；6—工作坑降水深度；7—稳定水位至有效带深度；8—引用基坑半径；9—影响半径；10—从基坑中心算起的影响半径；11—地下水位降深；12—计算有效带厚度

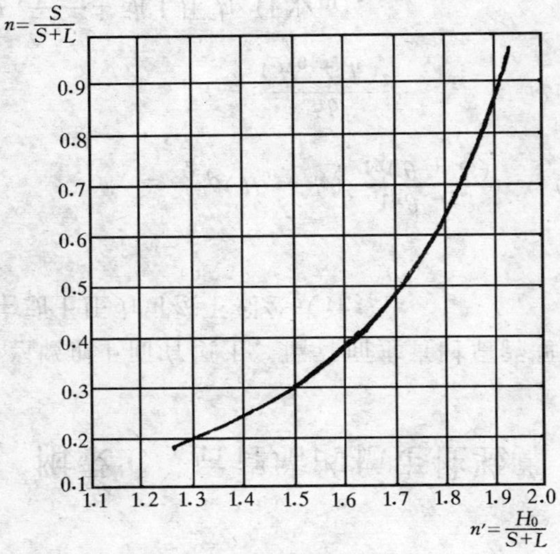

图 A.0.3-2

附录 B　滑板抗滑移稳定性验算

B.0.1 混凝土滑板在桥体起动时的抗滑移稳定性可按式（B.0.1）进行验算。

$$\frac{G\mu + nAR}{N} \geqslant 1.3 \qquad (B.0.1)$$

式中　N——桥体启动顶力（kN），宜取桥体自重的 0.6～1.0 倍；

G——滑板自重及其顶面上荷载（kN）；

μ——滑板底面与土基间的摩擦系数，应视基底土的性质经验确定，当无试验资料时，可采用下列数值：粘性土宜为 0.25～0.30；亚粘土宜为 0.30～0.40；砂类土宜为 0.40；砾石类土宜为 0.50；

R——锚梁正面土基抗力（kN），可采用土壤的允许承载力；

A——锚梁正面受力面积（m^2）；

n——锚梁数量。

附录C　后背墙的稳定性验算

C.0.1　当墙顶上面有填土，墙背面垂直时后背每米宽度上土壤的主动土压力可按下列公式计算。

$$F_A = \frac{1}{2}\rho(H_0 + h)^2 \frac{tg\theta - \beta}{tg(\theta + \varphi)} \quad (C.0.1\text{-}1)$$

$$\beta = \frac{hb}{(H_0 + h)^2} \quad (C.0.1\text{-}2)$$

式中　F_A——主动土压力（kN/m）；

ρ——土的密度（kN/m^3）；

H_0——基底以上墙的外露垂直高度（m）；

h——墙顶上填土高度（m），切土坡度宜为1:1～1:1.5；

θ——墙后土壤的破裂角（°）；

φ——墙背土的内摩擦角（°）；

β——系数；

b——墙顶填土切土坡宽度（m）。

C.0.2　当墙顶上面有填土，墙背面垂直时，后背每米宽上土壤的被动土压力可按下式计算。

$$F_B = \frac{1}{2}\rho H^2 tg^2\left(45° + \frac{\varphi}{2}\right) + 2CHtg\left(45° + \frac{\varphi}{2}\right) \quad (C.0.2)$$

式中　F_B——被动土压力（kN/m）；

H——天然土壁后背的高度（m）；

C——后背土壤的粘结力（kN/m^2）。

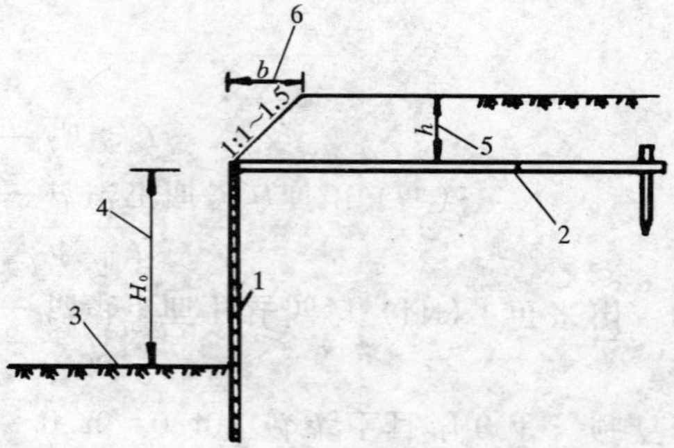

图 C.0.1　主动土压力

1—板桩墙；2—拉杆拉锚；3—工作坑基底；4—墙外露高度；5—墙顶上填土高度；6—填土坡宽度

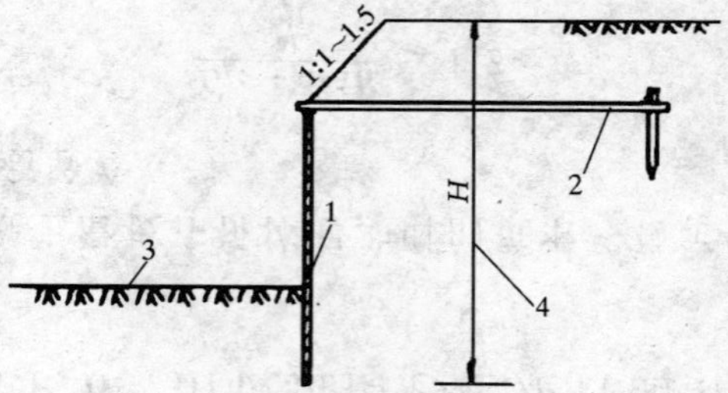

图 C.0.2　被动土压力

1—板桩墙；2—拉杆拉锚；3—工作坑基底；4—后背高度

C.0.3 抗倾覆稳定系数应按下式计算：

$$K_t = \frac{M_s}{M_t} \geqslant 1.5 \qquad (C.0.3)$$

式中 K_t——抗倾覆稳定系数；

M_s——稳定力矩之和（kN·m/m）；

M_t——倾覆力矩之和（kN·m/m）。

C.0.4 抗压稳定系数应按下式计算：

$$K_J = \frac{N_r}{N_J} \geqslant 1.1 \sim 1.3 \qquad (C.0.4)$$

式中 K_J——抗压稳定系数；

N_r——后背墙的极限抗力（kN）；

N_J——设计最大顶力（kN）。

附录 D 地道桥顶进施工记录表

工程名称： 年 月 日 第 页

顶进顺次	时间（h、min）	本次进尺（m）	累计进尺（m）	油泵压力（MPa）	千斤顶台数	顶力（kN）	轴线偏差（mm）				高程偏差（mm）				结构变形（mm）	
							左边孔		右边孔		左边孔		右边孔		底板竖向位移（位置数值）	墙体横向位移（位置数值）
							前	后	前	后	前	后	前	后		

注：中线偏差填“左”、“右”；高程偏差，抬头填“+”，扎头填“-”；
底板位移向上填“+”，向下填“-”；墙体位移沿顶进方向顺时针为“+”，
逆时针为“-”。注明具体位置。

附录E 本规程用词说明

E.0.1 为便于在执行本规程条文时区别对待，对要求严格程度不同的用词说明如下：

（1）表示很严格，非这样做不可的用词

正面词采用“必须”；

反面词采用“严禁”。

（2）表示严格，在正常情况下均应这样做的

正面词采用“应”；

反面词采用“不应”或“不得”。

（3）表示允许稍有选择，在条件许可时，首先应这样做的

正面词采用“宜”或“可”；

反面词采用“不宜”。

E.0.2 条文中指明应按其他有关标准执行的写法为：“应按……执行”或“应符合…要求或规定”。

附加说明

本规程主编单位、参加单位和主要起草人名单

主 编 单 位： 石家庄市市政建设总公司

参 加 单 位： 石家庄市市政公用事业管理局

石家庄市市政设计研究院

北京市市政工程局

天津市市政工程设计研究院

主要起草人： 张吕钟 吕书臣 张长生 毕科富

曹淑芬 孙尚田 冯生华 魏亚辉

刘玉中 封建存 张志清 张绪恩

中华人民共和国行业标准

城镇地道桥顶进施工及验收规程

CJJ 74—99

条 文 说 明

前　言

根据建设部建标［1993］699号文的要求，由石家庄市市政建设总公司主编，石家庄市市政公用事业管理局、石家庄市市政设计研究院、北京市市政工程局、天津市市政工程设计研究院等单位共同编制的《城镇地道桥顶进施工及验收规程》(CJJ 74—99)，经建设部1999年1月25日以19号文批准发布。

为便于广大设计、施工、科研、学校等单位的有关人员在使用本规程时能正确理解和执行条文规定，《城镇地道桥顶进施工及验收规程》编制组按章、节、条顺序编制了本规程的条文说明，供国内使用者参考。在使用中如发现本条文说明有欠妥之处。请将意见函寄石家庄市市政建设总公司。

本《城镇地道桥顶进施工及验收规程》（条文说明）由建设部标准定额研究所组织出版，仅供国内使用，不得外传和翻印。

目 次

1 总 则

1.0.1 随着科学技术的进步和发展，三十多年来，城镇地道桥顶进施工已被城建（市政）、铁路、公路、厂矿等部门广泛采用。我国箱形框架结构顶进起自1964年哈尔滨市下水道穿越铁路，1965年北京永定门外、石家庄正定路同时顶进用于道路交通的箱形桥，开创了城市地道桥顶进施工的先例。天津也于1996年和1968年建成了多孔径地道桥，不久，唐山、石家庄、天津、北京、郑州、兰州先后施工了多座大跨度箱形铁路地道桥，遂使该项施工技术如雨后春笋般迅速在全国各地发展起来。经过三十多年的不断改进、完善、丰富，已形成了具有特性的独立体系的施工技术。编制一部全国统一适用的规程是十分必要的，这对确保施工质量、安全可靠提供了依据。

1.0.2 本条规定了本规程的适用条件。对穿越城市道路或公路的不停交顶进施工，其施工工艺和质量要求等许多与本规程要求相同或相似，也可参照本规程执行。

1.0.3 目前我国一些城市地道桥顶进施工程序不尽规范，施工前无施工组织设计和工艺设计，施工后无总结报告。为保证地道桥顶进施工质量和竣工资料的完整性，对此作了具体规定。为确保铁路运营安全，减少路基塌方、施工应避开雨季，同时要有降、排水措施。

1.0.4 考虑到城市地道桥顶进施工涉及土建结构、铁路、公路、水力、水文、地质等多专业多学科，同时考虑到冬、雨季施工，因此本条写出应遵守相关标准和规范。

3 一般规定

3.0.1 城镇地道桥孔数和跨径、净高等横向布置要根据所在道路的规划断面确定。铁路加固费用占地道桥施工总费用的比例很大，地道桥预制和顶进过程中对城市交通和铁路交通都有一定的影响。为此，建议在经济力允许的条件下，尽量超前考虑到规划长远的要求。

3.0.2 对城镇地道桥顶进施工影响最大的因素除铁路荷载外，就是桥体周围的土壤。土壤过硬、过软和不均匀土层对桥体是否能顺利顶进和就位偏差影响很大，所以应有针对性技术方案和对策。

3.0.3 对铁路线路进行加固是地道桥顶进施工的重要组成部分。铁路工务部门对铁路线路加固有标准做法，并有丰富的施工经验。一般情况下，铁路加固方案和施工都由铁路内部提出和实施。

3.0.4～3.0.5 城镇地道桥应优先考虑整体顶进。限于各方面条件下不能整体顶进时，才考虑分节、分体顶进。对地道桥分节、分体是地道桥整体顶进施工的一个发展。有了分节、分体顶进的方法，才有可能顶进长、宽、大型地道桥。分节、分体的方法是因地、因条件而异。一般情况下，先是纵向分节顶进，地道桥顶进时扎头的情况比较多，纵向分节由于第一节重心前移，如果其长度过短会加大扎头，所以规定了第一节长度和高度的比值。地道桥也可横向分体，把一个多孔地道桥横向分解成几个小地道桥分别顶进就位。有时也可将闭合截面的整体框架分解成桥墩、台和桥面单体分别顶进，最后联成整体形成一个完整地道桥。

3.0.6 本规程所称桥体长度是指桥体沿道路中心线方向尺寸，宽度是指桥体沿道路横断面尺寸。根据力学原理，地道桥顶进时力和线与桥体运动的方向保持一致，顶进效率最高。对于斜地道桥力线平行于道路中线称为正顶法。为此，斜地道桥顶进部位需设置三角形钢筋混凝土底板块。

正顶斜地道桥由于土壤侧压力将使桥体有转动的趋势。因此，在施工方案中必须有切实可靠的措施，防止桥体转动并在动态施工中不断地调整，以确保桥体正确就位。

3.0.8 测量是动态施工的耳目，通过测量为设计、施工人员不断地提供技术信息。设计、施工人员掌握了这些技术信息，经过整理、分析并适时提出对策，才能控制桥体本身的安全和它的运动轨迹，最后达到安全正确地就位。

3.0.9 国内已建成的地道桥中在兰州、北京、天津、石家庄、承德等地有拱形或分解式门架，墩台顶进施工的。

4 顶进施工方法

4.1 一次顶入法

4.1.1 一次顶入法是指桥体整体预制，纵向不分节，横向不分体，由桥体起动到桥体就位为一个施工过程。又称整体顶入法，它是地道桥顶进常用的方法。一次顶入法与其它顶进方法相比，具有工期短、工序简单等优点。缺点是顶进传力设备用量多，后背规模大。

4.2 中继间法

4.2.1 采用中继间法顶进地道桥桥体各节的长度，除第一节应符合本规程第3.0.4条规定外，其余各节长度宜控制在15m左右。中继间法较一次顶入法能有效地减少工程量，减少顶进传力设备。但接缝多易产生错位，接缝防水施工和维护有些困难。

4.2.3 并联预制是指当时的场地不具备串联预制条件，而有条件横向预制诸节桥体，顶进时，按顺序横向移动到桥体中线位置，按中继间法顶进施工。已有些工程做了实践。

4.3 顶拉法和半顶拉法

4.3.1 顶拉法施工，润滑隔离层阻力大，起动困难，对滑板结构强度和稳定性要求高；没有后背，定向约束差，顶进中桥体易摆动，节间易错位，顶进方向和高程不易控制，斜桥更为严重。作为后背的诸节当静摩阻力比设计偏低时，在顶拉过程中易发生顶进节不动和后退现象，有时将前节拉回，降低顶进速度，此时应增加临时后背。由于顶拉法稳定性差，对大型桥不宜采用。

顶拉法的最大优点是不设后背，传力设备少，顶进费用较低，适用于正桥顶进，也适用于铁路路基较高不易做后背的情况。

4.3.2 在桥体顶进中，应分别计算各节全部入土后出现最大顶力时的受力组合。要在采用摩阻系数时应留有余地。

4.3.3 半顶拉法由于设有固定的后背，能克服顶拉施工中桥体的摆动和倒退现象，顶进方向和高程较容易控制。

多节桥体采用半顶拉法和中继间法施工，一般顶距较长，顶柱弹性压缩变形大，降低了顶进速度。如在滑板中分段设置钢筋混凝土地锚梁，既可稳定顶柱，减少弹性压缩，还可作为辅助后背，将后段顶柱前移，减少顶柱用量。

半顶拉法比顶拉法虽增加了小型后背，但提高了顶进质量和稳定性，当多节桥体顶进采用顶拉法施工无十分把握的情况下，采用半顶拉法是适宜的。

4.4 多个单体桥顶进法

4.4.1 多孔地道桥横向分体后可采取分次或同步顶进，分次顶进，所用顶进设备少，但工期较长。同步顶进，所用顶进设备较多，顶进工期短，可据实选用。分次顶进，考虑到只有一侧土压时将对桥体顶进产生横向位移且很难矫正，应先顶入边孔，预留出水平偏差位置，尔后顶入中间孔。分次顶进可解决多孔大跨度桥体顶进中的结构变形，但对各单体桥的就位偏差提出了更高的要求，应不影响桥上栏杆成直线连续布置。旧桥扩孔，也可参照执行。

分体预制桥体间净距不宜小于0.2m是根据桥体顶进允许偏差和工程实践制定。

4.4.2 多孔地道桥横向分体后的顶进次序应慎重考虑。分体后同步顶进应严格保持其平行运行就位。

5 顶进工艺设计

5.1 现 场 调 查

5.1.1 桥址处顶进施工范围内应按有关规定进行地质勘测，获得地道桥顶进工艺设计和施工所需的工程地质和水文地质资料。钻井间隔 15～20m，深度可根据水文地质情况而定（一般为 10～16m）。

5.1.2 对施工范围内的各种设施，在调查清楚之后，应与产权单位按有关规定，结合地道桥顶进施工要求进行协商，拿出拆迁方案。签订协议后相互监督执行。

5.1.3 该条主要为地道桥顶进工艺设计和施工提供必要的依据。

5.2 降 水

5.2.1 地道桥从工作坑开挖、桥体预制、顶进就位到引道施工，一般施工周期需八个月至一年，如进入雨季施工，工作坑四周顶面必须要有地表水的防排措施；地下水位应降至基底以下0.5～1.0m,不能带水作业。

5.2.2 常用的井点降水有轻型井点、喷射井点、电渗井点、管井井点和深井井点等。轻型井点按抽水机组类型分为干式真空泵井点、射流泵井点和隔膜泵井点。以上可根据水文地质，施工需要和设备等情况选用。抽水期间，应对铁路路基和周围建筑物设置观测点并定时监测有无下沉影响。

表 5.2.2 引用《北京市市政工程施工手册》施工技术（一)。

5.3 工 作 坑

5.3.2 工作坑的顶进边缘距最外侧铁路中心线不得小于3.2m和作坑边坡度是引用《铁路桥涵施工规范》有关规定，其中工作坑两侧边坡铁路规定一般土质宜为1:0.75～1:1.5,根据各地经验，宜改为 1:0.50～1:1.25。工作坑需在雨季使用时，对边坡应防护加固或放缓边坡。

5.3.3 工作坑的尺寸，其中操作空间的长度，因目前国内生产的千斤顶长度不尽相同，所以未做具体规定。

5.3.4 地道桥对地基的平均压强在55～80kPa,一般地基的承载力能够满足。而地道桥顶进对高程变化控制较严，特别是桥体在预制中不能产生明显的沉降，所以，地基承载力应有安全储备，对软弱地基应进行加固处理。

5.3.5 工作坑运土坡道位置一般很难避开后背受力区，对后背路基土壤破裂面以内的坡道边坡应进行加固，确保后背在顶进受力下的稳定性。

5.4 滑 板

5.4.1 钢筋混凝土滑板一般在地基较弱或滑板作为后背的一部分时采用，根据受力情况配置钢筋。灰土滑板一般用于小型地道桥顶进，顶面须设置水泥砂浆抹面。对常用的混凝土滑板提出了经验厚度。根据滑板设计，应绘制平面及纵、横剖面图。

5.4.2 地道桥顶进轨迹是指桥体在顶进全过程中的高程变化线。桥体起动后沿滑板的坡度上升，当桥体被顶出滑板 1/3 后，滑板前端土基由于桥体自重而产生压缩。当桥体前端进入线路加固梁下后，由于列车活载作用，使滑板端部下沉而出现断裂，桥体开始扎头。当桥体重心移出滑板后，扎头更为明显。

当桥体脱离滑板后，尾部下沉，桥体在路基内顶进就位。影响桥体在顶进中高程变化的因素很多，但主要取决于土基在顶进过程中的压缩变形大小，应根据土质情况，底板长度，顶进距离等进行地道桥顶进轨迹设计，结合顶进允许偏差拟定滑板仰坡。并应注意遇到软地基采用过大仰坡时，当桥体重心移出滑板后，由于轨迹线竖向变化过大而造成顶柱失稳，应慎重选用。

5.4.3 可采用在灰土或土基上设梅花桩型小坑或表面凿毛以增加滑板抗滑能力，当采用滑板下设锚梁时其数量和位置为：一般宜和方向墩的数量和位置相吻合，锚梁可取上宽 0.5m，下宽 0.3m，滑板以下深 0.5m 的梯形断面，与滑板和方向墩浇筑成一体。滑板抗滑移稳定性验算是参照桥台抗滑移稳定性验算，稳定系数取 1.3。

5.4.4 斜桥顶进为提高方向墩的横向稳定性，外侧可设置纵向混凝土地梁，方向墩和滑板之间可设置水平拉结钢筋。

5.4.5 滑板和后背梁之间设置的连结受力钢筋，可根据受力计算布置。

5.4.6 气垫分为供气和密封两个系统，供气系统包括风源，输气管及阀门等。密封系统包括气垫裙等。以上应根据顶进需要进行设计。输气管的出风口一般采用喇叭口形式，间距 4～5m；支气管内径 6mm；主气管直径可根据送风量经计算确定，风源采用空压机。气垫裙一般可采用尼纶氯丁橡胶或其他塑料软管制成。

5.5 润滑隔离层

5.5.1 润滑剂和隔离层系由北京、石家庄 1965 年首次箱形桥顶进时所采用的，实践证明是可靠的，行之有效的。

5.5.2 地道桥分节顶进，选用的润滑剂性能既要考虑到桥体本身所需提供的抗力大小，还要考虑顶进起动时的难易，防止顶拉法只追求高摩阻材料时而出现难于起动的情况。表 5.5.2 引自《公路施工手册》。

5.6 顶力计算

5.6.1 地道桥起动顶力的大小与桥体重量、润滑隔离层的力学性能、施工质量等有关，起动顶力系数可根据经验取值，作为后背和滑板稳定性验算的依据，并应考虑一定的安全储备。

5.6.2 顶力计算公式摘自《铁路桥涵设计规范》。地道桥全部入土后的顶力主要是克服桥体自重和桥顶荷载产生于基底土上的摩阻力、桥体周围的摩阻力、前端刃角切土阻力和桥顶面荷载阻力等。其中地道桥底板与基底土的摩擦系数原采用 0.7～0.8，根据多年验证在粘土中偏大，故修改为 0.6～0.8。

5.6.3 纠偏顶力是在斜桥顶进施工实践中提出来的。斜桥顶入路基后的偏转力矩，随着边墙外土压的增大而增加；为使顶力中心和变化的阻力中心相对应而阻止桥体偏转，对于大斜度桥不可能只靠不断调整千斤顶位置进行矫正，所以，将斜桥顶进所需要的顶力分成正向顶力和纠偏顶力分开布置。为增大纠偏顶力的力臂，将其所需用的纠偏千斤顶布在顶进三角块的外侧，内侧按中轴线对称布置正向顶进所需用的千斤顶。须对地道桥顶进入土后分阶段计算出纠偏顶力，按即时千斤顶工作顶力确定开启纠偏千斤顶的台数及位置，作为理论纠偏操作程序。因影响顶进偏差的因素很多，应结合实测偏差进行矫正，阻止桥体偏转。

5.6.4 触变泥浆减阻，在顶管施工中有所应用，并延伸至桥梁顶进施工。它是将膨润土按一定配合比制成的泥浆压入已顶进路基的桥体外壁，填满土壤间的空隙而形成泥浆环，使桥体受到润滑和浮力而减阻，可将表面摩擦力减小一半以上。摩阻系数均根据国内工程实例总结得出。

5.7 后　　背

5.7.1 最大顶力应包括斜桥顶进的纠偏顶力。

5.7.5 板桩式后背设计的一般顺序是：计算土压力、桩的入土深度、最大弯矩、锚拉力、桩和锚杆尺寸，验算其稳定性。实践证明，在按理论计算的被动土压力作用点1/3桩高处设置千斤顶，当顶力较大时，将出现桩的底部向后一侧倾斜，说明千斤顶的作用点偏低了，宜设在由桩底算起的2/5桩高处。

5.7.6 桥体顶进中，当后背产生较大位移不能满足顶进要求时，应对后背进行补强加固。

5.7.7 斜桥顶进，桥尾锐角一侧设置纠偏千斤顶，后背布置宽度也相应加大。

5.8 钢刃脚及中平台

5.8.1 为使地道桥能沿着设计的开挖断面顶入路基，减小顶进阻力，避免超挖，在桥体前端周边设置钢刃脚。一般砂土路基高度超过6m；挖方边坡陡于1:0.75，宜设置中刃脚及中平台，防止路基塌方而影响铁路安全。

5.8.4 钢刃脚的外部尺寸，当土质为砂粘土时，一般取水平方向长0.5m，底座宽0.3m，中间三角形肋板间距0.5m，焊制成1.5cm长块体，安装在桥体 $\phi16$ 预埋螺栓上。在砂砾石及卵石路基中顶进的钢刃脚应另行设计。

5.8.5 中平台一般采用型钢制成。当土质较好不设中刃脚时，挖土平台可采用木制。

5.9 顶 进 设 备

5.9.1 顶进液压系统包括高压油泵、控制阀、调节阀、电气集中控制台、油路、压力表、油箱、千斤顶等。顶力传递设备按顶进方法分别由顶铁、顶柱、横梁组成；或由传力支墩、拉杆和拉梁组成。

5.9.2 地道桥最好在铁路加固及施工荷载均布下进行顶进，避免桥体两侧产生不均衡下沉，所以提出将顶进设备设置在桥体中部。

5.9.3 斜桥顶进，为增大纠偏顶力的力臂，减少千斤顶用量，提出将纠偏千斤顶布置在三角顶块的边部。千斤顶分单作用油缸千斤顶和双作用油缸千斤顶两种。其中单作用油缸千斤顶靠配置拉镐复原，而近期多采用双作用油缸千斤顶，能自动回镐复原。

5.9.4 液压油一般采用稠化液压油或合成锭子油。油管直径可通过计算或根据经验选用。

5.9.5 地道桥分节顶进时，为避免液压系统采用人工手动控制进行多条油路切换产生的误操作，宜采用电液和电磁换向联动控制系统。电液、电磁阀的动作由电控箱集中控制，达到操作、准确、省力，还可提高顶进质量和速度。

5.9.6 地道桥采用中继间法顶进，当顶程较长时，为提高顶柱传力的稳定性，除将顶柱和横梁用螺栓联结，顶上压土外，还可在滑板中分段设地锚梁，用钢支墩提高顶柱传力的稳定性。

5.9.7 采用顶拉法施工，桥体底板中的预留孔道，可采用预应力混凝土的成孔方法。

5.9.8 在滑板上分段设置地锚梁，不仅能提高顶柱的抗压能力和稳定性，而且能提供一部分抗力作为辅助后背。

5.9.9 可将此图绘入施工组织设计文件中。

6 顶进施工

6.1 施工放线

6.1.3 地道桥施工，必须建立测量复核制度。各种控制线，是以地道桥的中线作为测量基准轴线测出，应在工作坑开挖前完成，这样可提高直接丈量的精度。

6.1.5 在地道桥顶进就位时，可在两固定控制桩间拉线用垂球核准桥体轴线前端就位位置，也可用经纬仪控制就位。

6.1.6 施工放线，应注意后视点的通视，包括水准点，应经常进行检查复核，避免桩位移动出现大的测量偏差。

6.2 施工排水与降水

6.2.1 地表水排放应有排水方向，如排水沟底为透水性土壤，应有防渗措施。

6.2.2～6.2.3 采用排水沟排除地下水时，如土质较差，沟槽应进行加固。

6.3 工作坑开挖

6.3.2 基底土壤为砂砾石打桩有困难时，可先挖工作坑，后埋桩，桩后回填土应分层夯填密实。

6.3.3 工作坑基底土壤软弱需进行加固时，应由设计部门提出加固方案，使桥体在预制中不产生明显的沉降。

6.3.4 工作坑坡顶外有静载或动载时，应留出安全距离，压力线不能进入工作坑内。

6.4 滑板施工

6.4.1 混凝土滑板施工可采用混凝土路面施工工艺。

6.4.2 滑板设有锚梁，当与滑板一并浇筑，而因厚度不同使顶面整平有困难时，最好采用水泥砂浆抹面。

6.4.3 灰土滑板厚度应根据土基承载力和桥体对基底的压强而定。为使滑板顶面平整、光滑和在桥体顶进时不被剪切破坏，故设置了水泥砂浆抹面，并将灰土表面划毛增加抗滑力。

6.5 润滑隔离层施工

6.5.1 施放桥体预制位置线应在润滑隔离层施工之前完成。控制点设钉，控制位置弹墨线。

6.5.2 润滑层的摊铺厚度一般可根据经验确定，但必须均匀。松散的滑石粉吸附力小，箱体易起动。

6.5.3 油毡做为隔离层材料，由于其吸附粘结力较大，使桥体起动困难，应慎重选用。

6.5.4 该法简单可行，防止隔离层破损及箱桥与滑板粘连。

6.6 后背施工

6.6.1 钢筋混凝土板块后背顶端拉锚，应在工作坑底以下回填土完成后进行，防止前后倾斜。

6.6.2 钢板桩采用打桩施工，应将地面挖到桩顶设计标高，然后立架打桩。

6.6.3 后背梁与后背墙之间的空隙填筑的小石子混凝土强度达到后背设计强度后，才允许顶进。

6.7 桥体预制

6.7.1 桥体预制施工顺序是，先底板，后墙身，最后顶板。但墙身混凝土浇筑应在其钢筋绑扎完毕后进行。

6.7.2.1 弯起钢筋应用1:1大样进行校验。

6.7.2.2 定位钢筋应采取措施进行固定，保证在绑扎钢筋过程中不移位。

6.7.2.3 绑扎墙体立筋可采用钢管支架定位，绑扎完毕后拆除。

6.7.2.5 接缝钢护板可采用8～10mm厚钢板，当千斤顶的顶程为0.2m时，护板宽度为0.55m,其中固定端为0.25m，活动端为0.3m。固定端在前节利用ϕ19mm勾螺栓锚固，保证与主筋联结牢固，顶进中不损坏。当千斤顶的顶程较长时，钢护板相应加宽、加厚。

6.7.3 承重支架按类别分为木支架、钢木混合支架或钢支架。近期多采用轻型钢支架，支架的梁和柱多采用工字钢，槽钢或钢管；斜撑、联结系可采用角钢等。为便于支架和模板的拆卸，支点处应设置木楔或升降螺栓。

6.7.3.3 顶进时设置船头坡，防止箱体标高扎头的措施之一。

6.7.4.1 施工缝的位置宜留在结构内力较小且便于施工的位置。

6.7.4.2 为避免桥体混凝土在浇筑中出现施工缝，一般应根据单位时间内混凝土的生产量、浇筑方法、工作面长度、混凝土接缝循环时间，选择适宜的缓凝型减水剂。若采用泵送混凝土时，应选用增塑缓凝型减水剂，以获得满意的施工效果。

6.7.5.1 桥体顶面防水层种类较多，常用的防水层有热沥青防水层，冷作防水层和新型防水材料等。

6.7.5.2 桥体分节接缝一般采用内贴式橡胶止水带，可在后节桥体顶进就位前按设计要求安装，随后施顶后节挤紧；在顶进就位后用螺栓和夹板坚固，然后进行接缝防水处理。

6.7.7 为减小桥体顶面及外墙摩阻力，一般在顶面涂石蜡，在外墙涂沥青，并起到防水作用。

6.8 顶进设备安装

6.8.1 设置千斤顶用的钢尾板厚度一般为20mm,钢板托盘厚度一般为10mm，按工艺设计加工完后安装。常用的液压油为10号或20号机油，或合成锭子油。

6.8.4 方向墩和桥体间可设置路轨作为导梁，导梁必须具有一定的刚度，顶进中不变形。间隙小亦可用钢垫板楔紧。

6.8.5 观测尺包括水平及高程两种，必须安装在边墙内侧上方的预埋件上，保证顶进中不被碰撞。将观测仪器定位后对准观测尺零点，然后将观测尺和仪器稳固，顶进施工中不能扰动。

6.9 顶进作业

6.9.1.1 施工排降水必须保证挖土顶进时不带水作业。

6.9.1.6 挖土顶进和线路加固作业联系信号，一般采用红绿灯或电铃，设专人值班。

6.9.3.2 装运场可视作业面配备施工机械,装土机械作业严禁扰动路基下坡脚,特别是砂土路基扰动后,很容易造成塌方。

6.9.4.6 地道桥在顶进过程中如停放时间过长，会增加与地基接触面的压实吸附力，加大顶进阻力。

6.9.4.9 桥体分节顶进时，严格控制各节轴线应保持一致，防止节间错位或扭转而增大阻力。

6.9.5.1 斜桥顶进，必须分阶段计算出入土后的纠偏顶力，编制出纠偏千斤顶的启用操作程序，作为理论纠偏依据。因影响地道桥顶进偏差的因素很多，应结合实测偏差进行矫正。当偏差值较小时，可采取调整千斤顶的力臂（距轴线距离）进行矫正。

6.9.5.2 地道桥顶进高程偏差较难控制，特别是在软地基中顶进，须由设计和施工单位共同商研解决顶进中的扎头。应先从设计桥体本身开始解决好前后悬臂的重量平衡，只靠顶进中采取的措施是远远不够的。桥后端尾墙，即能平衡桥体前端重量，又能解决桥体就位后修筑挡墙挖基的困难，尾墙长度在设计阶段就应予以充分考虑。当路基土质较好时，尾墙长宜为桥高的 0.35 ~ 0.40倍，砂土路基应在桥高的 0.40 倍以上。

6.9.6 对于宽大、超长的箱桥，北京、石家庄都做过，有过一些经验和感受，当地基过软（地下水加流砂）特别是过硬（砂砾石、姜石粘土）都会给箱形桥体本身带来变形影响，其影响往往产生预料不到的后果，因此顶进这类地道桥应对变形提出要求。

6.9.6.1 顶进中的箱桥受力是复杂的，它不同于常规预制安装或就地浇筑的桥梁，它是一个运动中的桥体，受到设计荷载和施工荷载的同时作用，受力大小和受力位置在桥体运动中也是不断变化的，它是一个受力复杂的空间结构，因此对设计和施工都应提出更高的要求。几个工程实践表明对变形和裂缝提出要求是必要的。

箱桥顶进是由市政排水大型管道顶进发展演变过来的，原来铁路封闭式框架涵桥是按静态施工荷载分布计算的，只考虑了火车活荷载、线路静载、侧向土压力、地基反力、自重等外力。对千斤顶的顶力，最大纠偏顶力以及各种阻抗力引起的扭矩、偏转而造成的内力变化，再加顶进高程纠偏引起的地基反力变化，有时会产生累加变形，这对于跨度小的箱桥不会产生危害，但对宽大、超长箱桥由于其结构钢度相对较弱，可能产生超规范的变形和裂缝。过去对宽大、超长箱桥，通过长距离顶进，取得了不少经验，使设计和施工都经受了实践的考验，丰富了地道桥顶进施工技术。为减少隔墙柱脚固端因内力引起的变形可适当采用铰接式隔墙或临时加固支撑等形式。应特别指出：特大型箱桥必要时应做结构顶进受力、变形模拟试验，这如同大跨度斜拉桥要做整桥风动试验和拉索试验一样，为今后更加丰富完善这项施工技术提出要求。

6.9.6.2 施工中应根据设计要求观测变形和裂缝，过去常规顶桥只观测中心偏差和高程变化，而对宽大、超长箱桥应增加此项观测，当变形值发展较快或超过容许时应及时与设计部门商定补救措施，否则当积累变形过大时才发现，将使箱桥结构受损，必须采取补强措施。本规程明确提出了对施工单位的观测要求。

6.9.6.3 本条款对中线和高程的纠偏提出了要求，特别提出纠偏应与观测变形相联系，不得强行盲目纠偏，这是实践的总结。

（1）主要强调箱桥两侧保持均衡顶进，正确切土，以斜桥尤其应该强调小纠、勤纠，防止因大偏大纠而引起的附加内力变形。

（2）对于坚硬地基因地基承载力较高，地基不易变形，无需设置船头坡，同时对挖土提出较严格的要求，防止因挖土不当造成箱桥变形加剧，对于变形控制措施都是经过实践总结出来的。

6.9.7 地道桥顶进就位后，应立即拆除顶进设备，尽快进行刃角补墙及四角翼墙施工，防止因施工延误造成路基塌方，影响铁路行车安全。

6.10 测量监控

6.10.3 对箱体轴线和高程的观测一般情况下，每顶进一镐就观测一次；对结构变形的观测一般情况下，桥体每顶进 2m 观测一次。

6.10.4～6.10.5 这是对顶力系统的观测。一般情况下，桥体吃土顶进就开始观测直至最大顶力出现以后。根据地道桥顶进施工记录表，可绘制出全程顶力变化曲线。可积累工程资料，作为施工参考。

6.11 恢复线路

6.11.1 地道桥在顶进中和就位后，若中线偏差较小时，应及时用砂土填实桥体与路基之间出现的空隙，防止路基在行车振动下产生塌方而加大侧向压力。

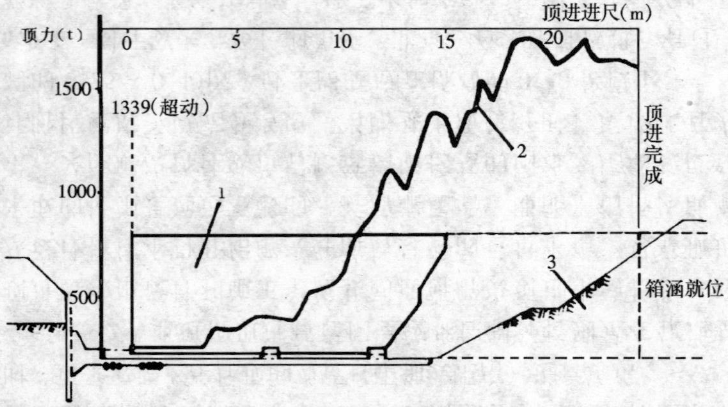

顶力变化曲线

1—桥体浇筑位置；2—顶力曲线；3—路基

7 铁路线路加固

7.0.1 根据实践，为了确保铁路运输安全，一般均应进行铁路线路加固和限速慢行，慢行速度一般控制在 45km/h 以下，采用钢便梁加固时行车速度可达 45km/h，一般吊轨加纵横梁，可限速 25km/h。

7.0.2 根据施工经验，采用吊轨加纵横梁时轨底至箱桥顶面均在 0.65～0.85m 范围内，石家庄最低做到 0.58m。采用钢便梁加固一般轨底至箱桥顶面均在 0.85～1.05m 范围内。

7.0.3 石家庄铁路部门在多座小跨径（<3m）箱涵顶进施工中，只用吊轨加固。对于一些专用线或行车次数少的直线线路，可酌情采纳，但需有人看守和整修。

7.0.4～7.0.8 此五条系节录铁道部《铁路既有线下桥涵顶进施工工艺》第十三章部分内容并加以补充。

7.0.9 总结了华北地区常用的防止铁路线路横向位移的三种方法，其中（3）是在唐山、天津、北京顶进时采用过的深覆土拖带钢板的“金蝉脱壳”法和钢管排束法，本规程予以推荐。

7.0.10～7.0.12 此三条系节录铁道部《铁路既有线下桥涵顶进施工工艺》第十三章部分内容并加以补充。

将钢筋混凝土轨枕换成木枕，应每隔 5 根钢筋混凝土轨枕，开挖一根轨枕底的道床至要求深度，并不扰动相邻轨枕下的道碴，抽出钢筋混凝土轨枕，换入木枕，并安装双肩垫板，每块垫板上钉紧 3 个道钉，随即回填道碴，并捣实。依此方法逐步完成加固范围内所有轨枕的更换工作。

安装横梁，将横梁位置枕木间道碴扒掉，抽出枕木或在枕木间插入工字钢和槽钢，槽口向上，随后将工字钢拉入槽内就位。

8 工程质量检查与验收

8.1 工 作 坑

8.1.1 扰动基底土容易造成承载力不均，影响滑板的稳定性，应严格控制开挖深度。

8.1.2 地道桥（包括引道）施工一般要跨过雨季，应有保证边坡稳定的技术措施。

8.1.3 工作坑内排、降水措施应保证干槽施工和顶进要求。地基承载力不能满足要求时，应与设计部门研究，制定出加固方案抓紧施工，缩短工作坑暴露时间。

8.1.4 此表引自《市政桥梁工程质量检验评定标准》（CJJ2—90）中表3.1.5。

8.2 滑板及润滑隔离层

8.2.1 混凝土滑板需检验其强度，灰土滑板需检验其密度。

8.2.3 润滑隔离层的施工质量直接影响桥体起动顶力大小，也可能造成桥体不能起动甚至带走滑板的事故发生，所以对润滑隔离施工一定要认真、仔细。

8.2.4 表8.2.4参照《市政道路工程质量检验评定标准》（CJJ1—90），并考虑顶进高程须严格控制而制定。

8.3 后 背

8.3.2 桥体顶进时的顶力是由后背墙后土的水平抗力承受，所以对墙后回填土的土质和密实度提出了较高的要求，它直接关系到后背在顶进中的稳定性，必须认真检验。

8.3.3 后背梁顶力作用面的位置直接关系到顶力线的方向和顶进偏差。所以后背梁顶力作用面必须平直，并垂直于桥体中心线。

8.3.4 表8.3.4～1～表8.3.4～3引用《市政桥梁工程质量检验评定标准》(CJJ2—90)。

8.4 桥 体 预 制

8.4.1 箱形桥的墙体较高，顶板较厚，竣工后外露面积较大，所以对承重支架的稳定性和模板的安装质量提出了较高的要求，应认真检验。

8.4.2 铁路地道桥是按铁路的和公路桥涵设计规范进行设计验收，产权一般归铁路部门。所以钢筋的技术条件和施工应符合设计和现行的国家标准《铁路桥涵施工规范》(TBJ203) 中有关规定。

8.4.3 表8.4.3引用铁路现行规范。表8.4.3引用《市政桥梁工程质量检验评定标准》(CJJ2—90)和铁路现行规范。

8.5 桥 体 防 水

8.5.1 桥面防水通常用热沥青防水层和冷作防水层。应选择防水性能良好并符合设计要求的防水层。

8.5.2 各类防水层都应严格按其工艺流程进行施工，施工质量应达到质量标准。

8.5.3 保护层是保证防水层在桥体顶进和今后使用中不被损坏，应检验表面是否光滑、平整，以利于减小顶进阻力。

8.5.4 桥体分节接缝应采取橡胶止水带防水，顶进就位后按工艺流程检验弹性防水材料密封和橡胶止水带安装的牢固程度。

8.5.5 表8.5.5防水层允许偏差系华北地区经常使用的标准。

8.6 桥 体 顶 进

8.6.2 桥体顶进就位位置应按控制桩用经纬仪或拉线检验。

8.6.3 表8.6.3引用现行的《铁路桥涵工程质量评定验收标准》(TBJ415—87)。

8.7 施 工 测 量

8.7.2 导线方位角闭合差引用《市政桥梁工程质量检验评定标准》(CJJ2—90) 中第12.1.3条。

8.7.3 水准点闭合差引用《市政桥梁工程质量检验评定标准》(CJJ2—90)中表12.1.1条。

8.7.4 表8.7.4引用《市政桥梁工程质量检验评定标准》(CJJ2—90)中表12.1.4条。

中华人民共和国行业标准

联锁型路面砖路面施工及验收规程

CJJ 79—98

主编单位：中国建筑科学研究院
批准部门：中华人民共和国建设部
施行日期：1998年7月1日

关于发布行业标准《联锁型路面砖路面施工及验收规程》的通知

建标［1998］9号

根据建设部建标［1993］建标第285号文的要求，由中国建筑科学研究院主编的《联锁型路面砖路面施工及验收规程》，业经审查，现批准为行业标准，编号CJJ79—98，自1998年7月1日起施行。

本规程由建设部城镇道桥标准技术归口单位北京市市政设计研究院负责归口管理，具体解释等工作由主编单位负责，由建设部标准定额研究所组织出版。

中华人民共和国建设部
1998年1月6日

目　次

1　总　则

1.0.1　为了统一市政工程联锁型路面砖路面的施工,保证联锁型路面砖路面的施工质量，提高工程经济效益，制定本规程。

1.0.2　本规程适用于新建和改建的城市道路、人行道、步行街与广场、庭院、停车场等联锁型路面砖路面的施工及验收。

1.0.3　联锁型路面砖路面的施工及验收,除应符合本规程的规定外，尚应符合国家现行有关标准的规定。

2 术　语

2.0.1 联锁型路面砖　interlocking block

路面砖的边呈齿形或曲线形，在铺筑后能相互咬合的路面砖。

2.0.2 双向联锁型路面砖　double side interlocking block

路面砖的四周都呈齿形或曲线形，铺筑后在两个方向上都能起联锁作用的路面砖。

2.0.3 单向联锁型路面砖　single side interlocking block

路面砖有一对边呈齿形或曲线形，铺筑后只有在一个方向上能起联锁作用的路面砖。

2.0.4 联锁型路面砖路面　interlocking block pavement

采用特定铺筑方法铺筑的联锁型路面砖，在受力的状态下能相互联锁成整体并有一定拱壳作用的路面。

2.0.5 垫砂层　sand mat

在路面基层与路面砖之间，能吸收和缓冲路面冲击荷载并将荷载传递给基层的厚度为25～35mm的砂层。

2.0.6 刮板法　darby method

用固定架、导杆、刮板组成的用来摊铺垫砂层的施工方法。

2.0.7 切断块　cut-off block

用切割机切割路面砖所得到的符合一定形状的砖块。

3 一般规定

3.0.1 路面结构及构造应符合下列要求：

3.0.1.1 联锁型路面砖路面结构由面层、基层、垫层组成，其面层在边缘应有约束（图3.0.1）。

3.0.1.2 面层应由联锁型路面砖、接缝砂和垫砂层组成的结构层。面层中，两块相邻路面砖间的接缝宽度应为3±1mm；垫砂层厚度应为30±5mm。

3.0.1.3 路面砖的强度、最小厚度、块形及铺筑形式应符合表3.0.1-1的规定。抗压强度试验方法应符合本规程附录A的规定。

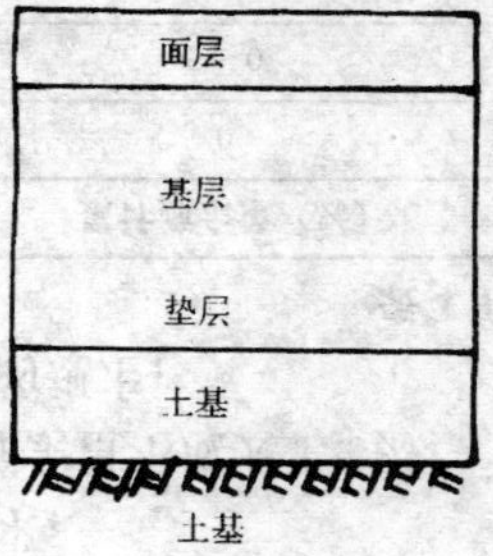

图3.0.1　路面结构

路面砖强度、最小厚度、块形及铺筑形式　表3.0.1-1

道路分类	抗压强度（MPa）		最小厚度（mm）	块　形	铺筑形式
	平均	单块			
主干路	60	50	100	双向联锁	人字
次干路	60	50	80	双向联锁	人字
支路	50	42	80	双向联锁	—
街道	35	30	80	—	—
居住区道路	30	25	60	—	—

注：重型停车场、重型堆场可按次干路考虑；中型停车场、中型堆场可按支路考虑；一般停车场、一般堆场可按街道考虑；人行道、自行车道可按居住区道路考虑。

3.0.1.4 基层可分上基层和底基层。在交通量较小的情况下，基层可采用一层。

3.0.1.5 在路基水温状态较差的情况下，宜采用垫层，并应符合现行行业标准《城市道路设计规范》CJJ37 中第 9.3.4 条的规定。

3.0.1.6 联锁型路面砖路面的横截面排水坡度宜按表 3.0.1-2 选用。

横截面排水坡度 **表 3.0.3-2**

类别	坡度（%）
车行道	1.5～3.0
公园道路、人行道	1.5～2.0
自行车道	0.5～1.0
停车场	0.5～1.0
堆放场	0.5～1.0

注：车行道、停车场、堆放场应有排水设施，其他无特殊要求。

3.0.2 可选择不同色彩、不同块形、不同功能的路面砖，其花纹图案宜与周围环境相协调。路面砖块形尺寸宜按本规程附录 B 采用。

4 面层材料的质量要求与检查验收

4.1 面层材料的质量要求

4.1.1 路面砖的质量应符合下列要求：

4.1.1.1 路面砖的抗压强度、块形应符合本规程表 3.0.1-2 中的要求。其尺寸允许偏差、外观质量、耐磨性、吸水率、抗冻性除应符合现行行业标准《混凝土路面砖》JC446 中的要求外，每批路面砖的尺寸偏差不应大于 2mm；

4.1.1.2 路面砖顶面四周应有 5×45°的倒角；

4.1.1.3 路面砖表面宜有一定粗糙度；

4.1.1.4 路面砖的彩色面层厚度不宜小于 8mm，且宜采用耐候性好、不易退色的颜料。

4.1.2 接缝用砂的质量应符合下列要求：

4.1.2.1 通过 2.5mm 筛孔的累计筛余量不应大于 5%；

4.1.2.2 砂的级配应符合表 4.1.2 的规定；

接缝用砂级配 **表 4.1.2**

筛孔尺寸（mm）	累计筛余量（%）
5.0	0
2.50	5～0
1.25	20～0
0.630	75～15
0.315	90～60
0.160	100～90

4.1.2.3 含泥量应小于 3%；泥块含量应小于 1%；

4.1.2.4 含水率宜小于 3%。

4.1.3 垫砂层用砂的质量应符合下列要求：

4.1.3.1 通过 5mm 筛孔的累计筛余量不应大于 5%；

4.1.3.2 砂的级配应符合表 4.1.3 的规定；

垫砂层用砂级配 **表 4.1.3**

筛孔尺寸（mm）	累计筛余量（%）
10.0	0
5.0	5～0
2.50	15～0
1.25	50～15
0.630	75～40
0.315	90～70
0.160	100～90

4.1.3.3 含泥量应小于 5%；泥块含量应小于 2%；

4.1.3.4 含水率宜小于 3%。

4.2 面层材料的检查验收

4.2.1 联锁型路面砖的检查验收应符合下列要求：

4.2.1.1 路面砖块形，颜色、厚度、强度应符合设计要求；

4.2.1.2 应以同一块形，同一颜色，同一强度且以 20 000 块为一验收批；不足 20 000 块按一批计。每一批中应随机抽取 50 块试件；

4.2.1.3 每验收批试件的主检项目应包括尺寸允许偏差、外观质量和抗压强度，并应符合现行行业标准《混凝土路面砖》JC446 的要求。抗压强度的试验方法应符合本规程附录 A 的要求。

4.2.2 接缝用砂、垫砂层用砂的质量标准应符合本规程 4.1.2 与 4.1.3 的规定，其检查验收应符合下列要求：

4.2.2.1 垫砂层用砂及接缝用砂应分别以 200m³ 或 300t 为一验收批，中足 200m³ 或 300t 按一批计；

4.2.2.2 每验收批试样的主检项目应包括颗粒级配、含泥量和泥块含量，其试验方法应符合现行行业标准《普通混凝土用砂质量标准及检验方法》JGJ52 的要求；

4.2.2.3 在每批中应进行随机抽样，每组样品的取样数量，对每一单项试验，不应小于表 4.2.2 的规定。

每一试验项目所需砂的最小取样数量 **表 4.2.2**

试验项目	最小取样数量（g）
颗粒级配	4400
含泥量	4400
泥块含量	10000

5 基 层

5.0.1 基层应符合下列要求：

5.0.1.1 强度和刚度符合设计要求；

5.0.1.2 稳定性符合设计要求；

5.0.1.3 基层拱度与面层一致，表面平整、密实。

5.0.2 根据道路的不同类型，可选用下列基层：

（1）整体型：无机结合料稳定粒料、工业废渣混合料、石灰土、水泥稳定土等；

（2）嵌锁型和级配型：泥结（泥灰结）碎（砾）石、水结碎石、级配碎（砾）石等。

5.0.3 各种基层材料要求和施工工艺，应符合现行行业标准《城市道路设计规范》CJJ37 中柔性路面设计的规定。

5.0.4 检查验收应对基层（含旧路面做基层）的厚度、高程、密实度、平整度、路拱度、强度进行检验，确认质量达到设计要求后方可铺筑面层。

6 施 工

6.1 施 工 准 备

6.1.1 施工组织设计应符合下列要求：

6.1.1.1 现场状况应进行调查，根据施工要求及调查情况，编制施工组织设计；

6.1.1.2 施工地段应设置行人及车辆的通行与绕行路线的标志；

6.1.1.3 制定安全措施。

6.1.2 材料准备应符合下列要求：

6.1.2.1 根据设计要求及本规程第 4 章的规定，对所用材料应进行质量检验，合格后方可进场；

6.1.2.2 路面砖码放时应轻拿轻放，码放整齐，并按批量、颜色、块形、厚度、抗压强度分别堆放；

6.1.2.3 垫砂层及接缝用砂应分别堆放，并应采取防止雨淋的措施。

6.2 定位、标定高程及基层复查

6.2.1 根据设计图纸应进行路面的定位及标定高程。

6.2.2 应对基层表面进行复查；不符合要求，应进行修整。

6.3 路缘石的铺筑

6.3.1 路缘石基准点和基准线的设定应符合下列要求：

6.3.1.1 根据铺筑平面设计图，应设定路缘石基准点；

6.3.1.2 根据铺筑平面设计图，通过路缘石基准点，应设置一条路缘石基准线（图 6.3.1）。

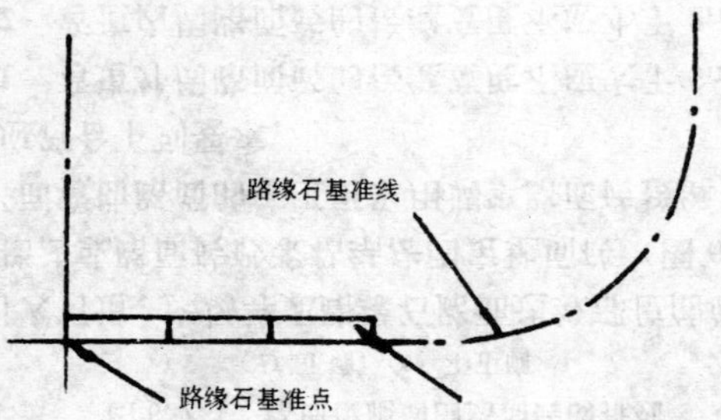

图 6.3.1　路缘石基准点和基准线

6.3.2　根据设计图纸的要求，应沿路缘石基准线砌筑路缘石，其基础应与路缘石内平面平齐。

6.4　路面砖基准点和基准线的设定

6.4.1　根据铺筑平面设计图，在路缘石边应设定路面砖基准点。

6.4.2　通过路面砖基准点，应设置两条相互垂直的路面砖基准线，其中一条基准线与路缘石基准线的夹角宜为 0°或 45°（图 6.4.2）。

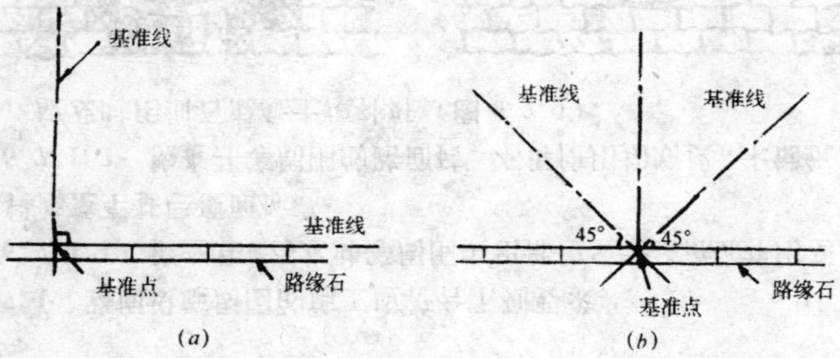

图 6.4.2　路面砖基准点和基准线的设置

6.4.3　设置两个及以上路面砖基准点同时铺筑路面砖时，根据工程规模及路面砖块形尺寸，宜设间距为 5～10m 的纵横平行路面砖基准线。

6.5　垫砂层的摊铺

6.5.1　应根据本规程第 4.1.3 条确认垫砂层用砂的质量。

6.5.2　垫砂层的虚铺厚度应由试验确定。

6.5.3　根据工程量的大小，摊铺垫砂层的方法可采用刮板法、耙平法、摊铺机摊铺法等方法。

6.5.4　在已摊铺好的垫砂层上，不得有任何扰动。

6.6　路面砖的铺筑

6.6.1　根据设计图纸，路面砖的铺筑应从路面砖基准点开始，并应以路面砖基准线为基准，按设计规定的图案铺筑路面砖。

6.6.2　铺筑路面砖时，不得站在垫砂层上作业，可在刚铺筑的路面砖上，垫上一块大于 $0.3m^2$ 的木板，站在木板上铺筑。

6.6.3　路面砖的接缝宽度应符合本规程第 3.0.1.2 条的要求。铺筑到路边产生不大于 20mm 的缝隙时，可适当调整路面砖之间的接缝宽度来弥补，不宜使用水泥砂浆填补。

6.6.4　需用细石混凝土填补的地方，应在当日用规定强度等级的细石混凝土填补。

6.6.5　无路缘石路面其侧向定位的施工应符合本规程第 6.7.2 条的规定。

6.6.6　接缝应按本规程第 6.4.2 条确定两条相互垂直的路面砖基准线为基准拉线进行调整。

6.6.7　铺完路面砖后，应采用小型振动碾压机由路边缘向中间路面碾压 2～3 次。一字型铺筑时，振动碾压机前进方向应与路面砖的长度方向垂直，前进速度应与步行速度相当，并不宜使路面砖受到扰动。

6.6.8　路面砖之间的接缝中应采用砂灌满填实，接缝灌砂的方法应符合下列要求：

（1）在路表面均匀撒薄薄一层接缝用砂；

（2）用苕帚或板刷等工具将路面上的砂子扫入接缝中；

（3）用振动碾压机按本规程第 6.6.7 条中所示的方法碾压使砂灌入接缝；

（4）接缝灌砂与振压要反复进行，直至接缝灌满填实为止。

6.6.9 路面砖路面施工完后，路面上砂子应清扫干净。

6.7 特殊部位的施工

6.7.1 路面设施周围的施工应符合下列要求：

6.7.1.1 检查井、污水井等周围突出部位应予清除，并用基层材料修整至基层顶面标高；

6.7.1.2 检查井等周围的路面砖，不得使用切断块；未铺筑部分，应及时用细石混凝土填补好（图 6.7.1）。

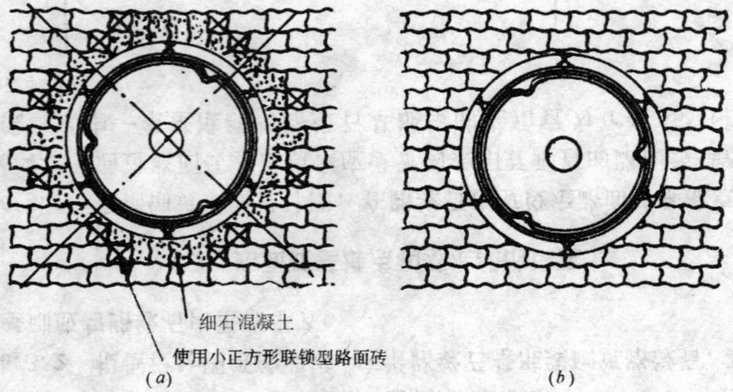

图 6.7.1 路面设施周围路面砖的排列

（*a*）正确；（*b*）不正确

6.7.2 对人行道、广场等无路缘石路面边缘部位的施工，应采用混凝土止挡法或路面砖砂浆粘结法固定地面砖（图 6.7.2）。

6.7.3 平面弯曲路面的施工可采用调整路面砖接缝宽度进行，其接缝宽度应符合下列要求：

6.7.3.1 弯道外周路面砖的接缝宽度不应大于 6mm；

6.7.3.2 弯道内周路面砖的接缝宽度不应小于 2mm。

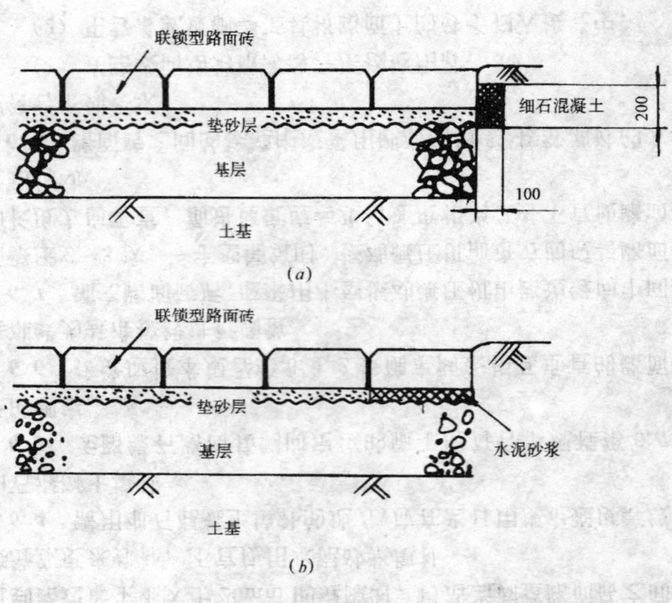

图 6.7.2 混凝土止挡法和砂浆粘结法

（*a*）混凝土止挡法；（*b*）砂浆粘结法

6.7.4 竖向弯曲路面的施工（图 6.7.4），应将路面基层及垫砂层采用竖向曲线过度，其接缝宽度宜为 2～6mm。

6.7.5 一字形铺筑的路面，转角处路面砖的铺筑方法可采用一字形或人字形的形式（图 6.7.5）。

6.7.6 人字形铺筑的路面，转角处路面砖可采用端部专用路面砖切断块或细石混凝土铺筑。

6.7.7 各种路面连接处的施工节点可按图 6.7.7 采用。

6.7.8 在路面的边界或交界处不能使用端部专用路面砖时，可将路面砖切断后使用。路面砖的切断可采用切割机切割。切断块的最小尺寸应大于等于 20mm（图 6.7.8）。

6.7.9 在振动较激烈部位铺筑路面砖时，垫砂层宜用 1∶3 干拌水泥砂浆。

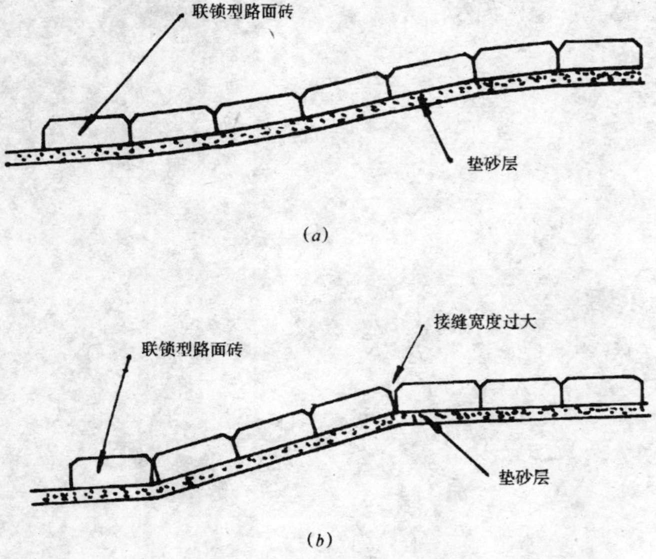

图 6.7.4　竖向弯曲路面的施工
(a) 正确；(b) 不正确

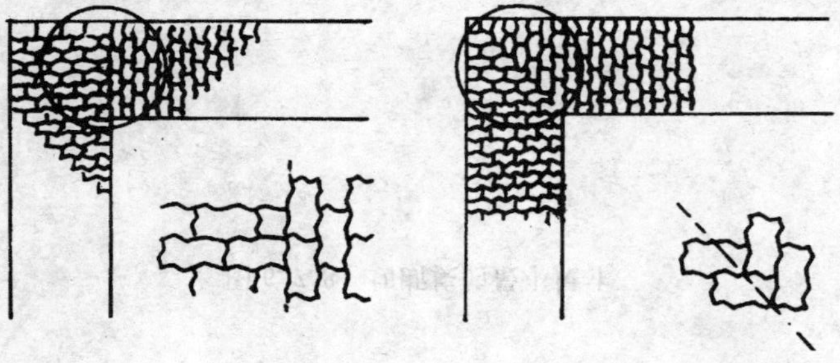

图 6.7.5　拐角处路面砖的铺筑方法

6.7.10　当在有防水要求的基层上铺筑路面砖时应采取防水处理措施，并应排水。

6.7.11　在有侵蚀部位铺筑路面砖时，宜采用1∶3的干拌水泥砂浆按本规程第6.6.8条的规定，将缝灌满填实，再用水灌入缝中，将干拌水泥砂浆浸湿。

6.7.12　填补的细石混凝土的强度等级不宜小于C20；水泥砂浆的强度等级不宜小于M20；其色彩应与路面一致。

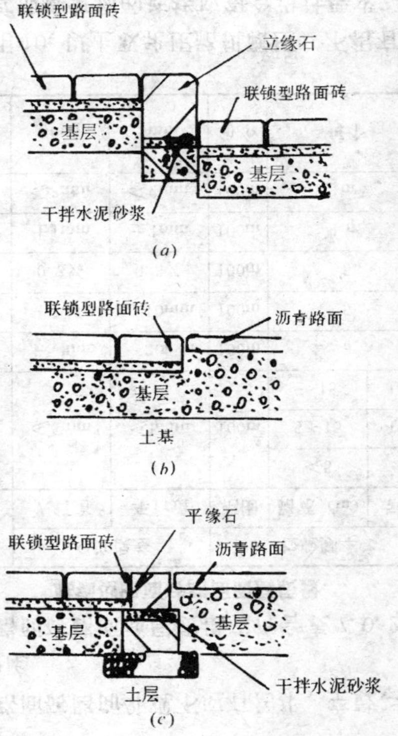

图 6.7.7　施工节点详图
(a) 人行道与车行道连接处的施工节点；
(b) 与沥青路面交接处的施工节点；
(c) 使用边界石的施工节点

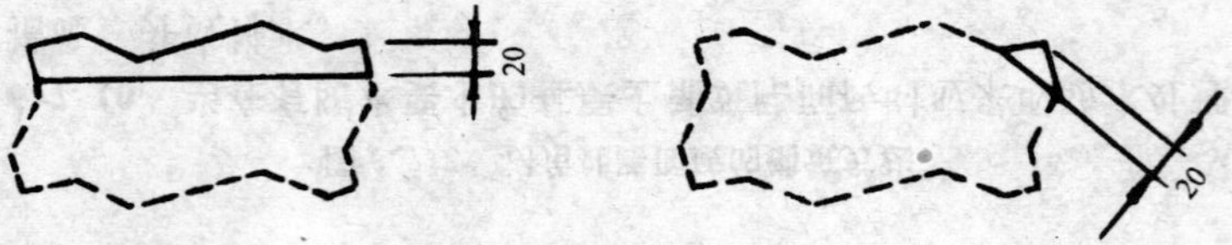

图 6.7.8 切断块的最小尺寸

7 质量要求与检查验收

7.0.1 联锁型路面砖路面外观不应有污染、空鼓、翘动、掉角及路面砖断裂等缺陷。

7.0.2 联锁型路面砖路面面层质量应符合表 7.0.2 的规定。

联锁型路面砖路面面层质量 **表 7.0.2**

序号	项目	允许误差		检验频率			检验方法
		人行道	车行道	范围	路宽（m）	点数	
1	平整度	≤5mm	≤5mm	100m	<5	5	3m 直尺
					5～15	10	
					>15	15	
2	宽度	+50mm	−20mm	100m	3		用尺量
3	中线高程	±6mm	±10mm	100m	5		用水准测
4	横坡度	0.3%	0.3%	100m	5		用水准测
5	接缝宽度	±1mm	±1mm	100m	$1m^2$		用尺量
6	邻块高差	≤3mm	≤2mm	100m	$1m^2$		用尺量
7	井框与路面的高差	5mm	5mm	每个	每个		用尺量

7.0.3 车行道用 10t 以上双轮压路机碾压，不得有明显轮迹。

7.0.4 面层与其他构筑物的连接应符合设计要求，不得有积水现象。

附录A　混凝土路面砖抗压强度试验方法

A.1　试验设备

A.1.1　试验机可采用压力试验机或万能试验机。试验机的精度（示值相对误差）不应大于±2%，其量程应使试件的预期破坏荷载不小于满量程的20%，也不应大于满量程的80%。

A.1.2　垫压板应采用厚度不小于30mm的钢质垫压板，硬度应大于HB200。垫压板的长度和宽度与路面砖的厚度的对应尺寸应按表A.1.2中选取。

垫压板的长度和宽度与路面砖厚度的对应尺寸（mm）

表A.1.2

试件厚度	垫压板	
	长度	宽度
55～65	120	60
66～75	140	70
76～85	160	80
86～95	180	90
96～105	200	100
106～115	220	110
≥116	240	120

注：对正方形路面砖，当厚度不小于有效使用面边长的0.9倍时，可以不用垫压板；对矩形路面砖，其试件厚度不小于有效使用面积最小边长的0.9倍且边长比不大于1∶2时，也可不用垫压板。

A.2　试　件

A.2.1　试件数量应为五块。

A.2.2　试件的两个受压面应平行平整。否则应对受压面做磨平处理。

A.3　试验步骤

A.3.1　应清除试件表面的粘渣、毛刺，并放入常温水中浸泡48h。

A.3.2　应将试件从水中取出放置在试验机下压板中心位置，然后将垫压板放在试件上表面的中心位置（图A.3.2）。

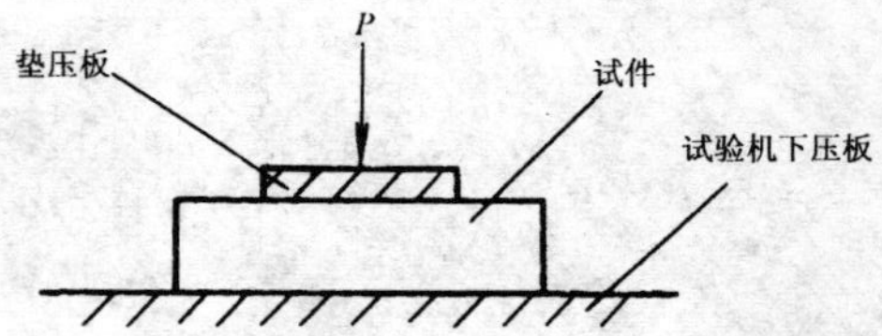

图A.3.2　抗压试验

A.3.3　启动试验机宜以3MPa/s的速度缓慢、连续、均匀地加荷，直至试件破坏。并应记录破坏荷载（P）。

A.4　结果计算与评定

A.4.1　试件的抗压强度应按下式（A.4.1）计算：

$$f=\frac{P}{A} \tag{A.4.1}$$

式中　f——抗压强度，MPa；

P——破坏荷载，N；

A——试件上垫压板面积，mm^2。

A.4.2　结果应以5块试件抗压强度的平均值和最小值表示，计算值应精确至0.1MPa。

附录B　联锁型路面砖常用块形

联锁型路面砖块形尺寸　　**表 B**

块形尺寸 (mm)	每平方米内的数量(块)	块形尺寸 (mm)	每平方米内的数量(块)
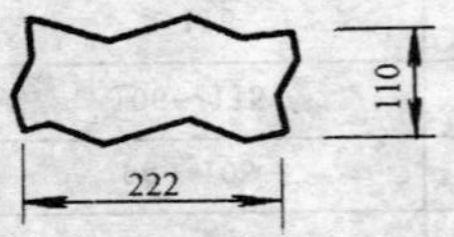	39.6	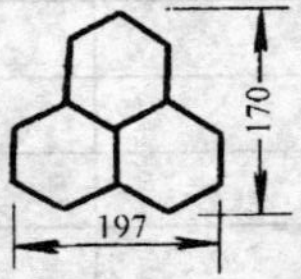	38.0
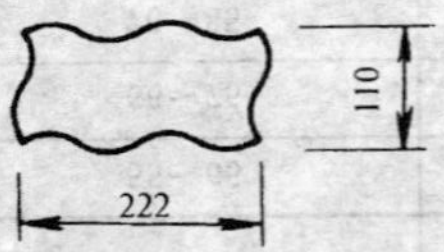	39.6	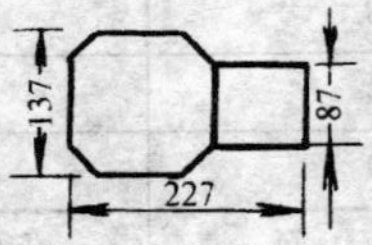	37.8
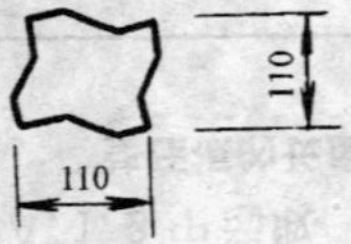	79.0	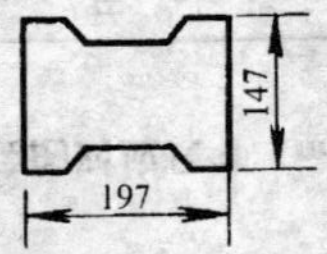	40.0
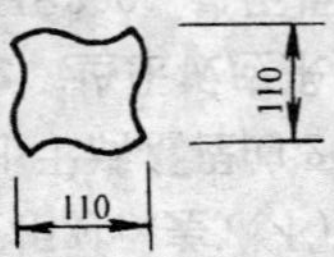	79.0	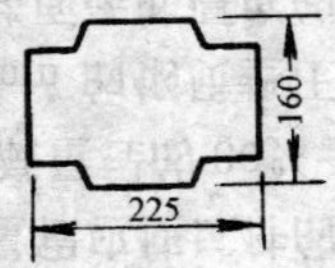	31.7
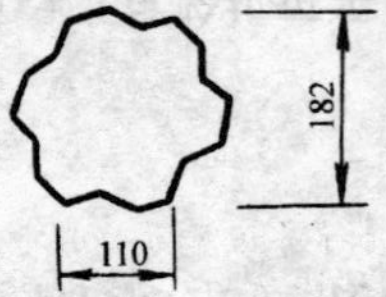	30.5	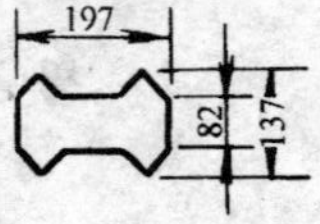	44.4

续表

块形尺寸 (mm)	每平方米内的数量(块)	块形尺寸 (mm)	每平方米内的数量(块)
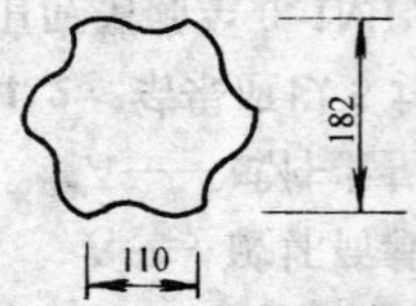	30.5	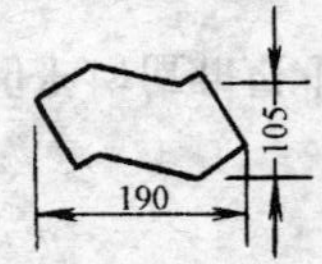	33.6
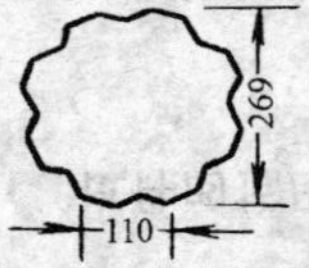	17.1		25.5
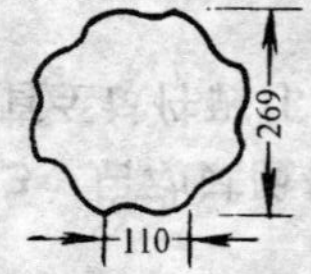	17.1	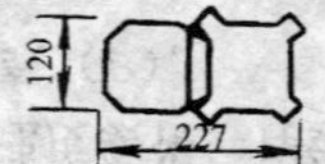	35.6

附录C 本规程用词说明

C.0.1 为便于在执行本规程条文时区别对待，对于要求严格程度不同的用词说明如下：

（1）表示很严格，非这样做不可的用词：
正面词采用“必须”，反面词采用“严禁”。

（2）表示严格，在正常情况下均应这样做的用词：
正面词采用“应”，反面词采用“不应”或“不得”。

（3）表示允许稍有选择，在条件许可时首先应这样做的用词：
正面词采用“宜”或“可”，反面词采用“不宜”。

C.0.2 条文中指明必须按其他有关标准执行的写法为，“应按……执行”或“应符合……要求（或规定）”。

附加说明

本规程主编单位、参编单位和主要起草人

主编单位： 中国建筑科学研究院

参编单位： 同济大学
天津市职工建材学院
交通部一航局
常熟市长江新型混凝土制品厂
常熟市冶金矿山机械厂

主要起草人： 戎君明 黄晓萍 孙立军 刘巽伯
薛国威 蔡祖云 谈育新 吴兴间

中华人民共和国行业标准

联锁型路面砖路面施工及验收规程

CJJ 79—98

条 文 说 明

前 言

根据建设部［1993］建标第285号文的要求，由中国建筑科学研究院主编，同济大学、天津市职工建材学院、交通部一航局、常熟市长江新型混凝土制品厂、常熟市冶金矿山机械厂等单位参加共同编制的《联锁型路面砖路面施工及验收规程》(CJJ79—98)，经建设部1998年1月6日以建标［1998］9号文批准，业以发布。

为便于广大设计、施工、科研、学校等单位的有关人员在使用本标准时能正确理解和执行条文规定，《联锁型路面砖路面施工及验收规程》按章、节、条的顺序编制了本标准的条文说明，供使用者参考。

在使用中如发现本条文说明有欠妥之处，请将意见函寄中国建筑科学研究院建筑工程材料研究及制品所《联锁型路面砖路面施工及验收规程》编制组。

目　次

1　总　　则

1.0.1　联锁型路面砖路面，不但具有价格低廉、铺筑方便、施工速度快、抗滑和抗温度变形性能好，维修量少等特点，而且可灵活地进行景观设计、维修地下埋设设施后地面砖可重复使用。所以联锁型路面砖路面已风靡许多发达国家，广泛应用于人行道、车行道、公园小道、停车场以及地面受力较大的场合如港口集装箱码头，飞机停机场等场所。

联锁型路面砖路面的应用在我国尚处于起步阶段，有些单位对路面砖与柔性基层共同作用的机理缺乏认识，还是沿用传统的块料铺筑方法，这样不但不能发挥联锁型路面砖路面的优越性，而且还提高了路面的造价。

为及时纠正某些单位与地区在施工中盲目提高施工标准；统一和规范联锁型路面砖路面施工，使其有章可循，以保证联锁型路面砖的施工质量，提高工程经济效益，特制定本规程。

1.0.2　本条说明了联锁型路面砖路面的适用范围，对于其他类型的路面，如无专用施工规程，可参照本规程使用。联锁型路面砖路面行车噪声较大，为降低城市道路的行车噪声，借鉴国外的使用经验，在联锁型路面砖路面上行车速度宜小于 60km/h。对于无噪声限制的路面，如郊区道路，其行车速度可适当放宽。

2 术 语

本标准的有关术语统一在本章中予以解释。术语包括联锁型路面砖、联锁型路面砖路面、双向联锁型路面砖、单向联锁型路面砖、垫砂层、刮板法、切断块。

3 一 般 规 定

3.0.1 说明路面结构及构造应符下列要求：

3.0.1.1 规定了联锁型路面砖路面的结构，是由面层、基层、垫层组成，与其他路面不同，联锁型路面砖路面应有有效的边缘约束，否则联锁型路面砖路面结构会被破坏。

3.0.1.2 面层是直接承受车轮作用和自然因素影响的结构层，是由联锁型路面砖、接缝砂和垫砂层组成。这三者缺一不可。只有在三者并存的条件下，按正确方法施工，达到规定的要求，路面才能联锁而成拱壳，起到很好的分散荷载的作用。

规定了面层的构造要求，两块相邻路面砖间的接缝宽度及垫砂层厚度。

3.0.1.3 规定了各种路面的路面砖的强度、最小厚度、块形及铺筑形式。

3.0.1.4 规定了基层的结构，是由上基层、下基层及垫层组成。基层是路面主要承重部分，和面层一起把荷载作用分散至土基。所以在路面的使用过程中，确保基层达到与保持设计强度是非常重要的。由于面层是由路面砖、接缝砂和垫砂层组成，所以在阴雨连绵的多雨地区，雨水可能从砖缝渗入和车碾联合作用下，基层可能成饱和态而软化，以致破坏路面结构。所以在多雨地区，基层抗水性不强的宜增加防渗层，以确保基层不受雨水浸泡而软化。

3.0.1.5 垫层为介于基层与土基之间的结构层。在土基的水温状况不良的情况下，用以改善土基的水温状况，提高路面结构的水稳定性和抗冻胀能力，并可扩散荷载，减小土基变形。垫层的设计应符合现行行业标准《城市道路设计规范》CJJ37 中柔性路面设计的规定。

3.0.1.6 规定了联锁型路面砖路面的横截面排水坡度。考虑到联锁型路面砖路面接缝可能渗入雨水，故其横截面排水坡度可适当加大，但不宜大于3%。

用表3.0.1-3选择横截面排水坡度时，有地下排水设施可取最小值；否则取偏大值。

3.0.2 运用丰富多彩的联锁型路面砖的块形及色彩，可做如下设计：

（1）永久性交通标线。用长方形白色或黄色路面砖，可铺筑车行道中心线，车行道边缘线、车道分界线、停止线、人行横道线、减速让行线、导流标线、平面交叉口中心圈、停车位线、导向箭头以及路面文字或图形标记等；

（2）采用不同块形及色彩，设计与周围建筑物相协调的各式花纹图案；

（3）用"种草块"铺筑停车场，能减低太阳的辐射热，改善微气候，美化城市环境。

各地区宜用统一块形，各种块形尺寸，宜按本规程附录B采用。

4 面层材料的质量要求与检查验收

4.1 面层材料的质量要求

4.1.1 规定了路面砖的质量应符合以下规定：

4.1.1.1 规定了各种路的路面砖的抗压强度、块形要求及其尺寸允许偏差、外观质量、耐磨性、吸水率、抗冻性的要求，相应的行业标准《混凝土路面砖》JC446—91中的各项指标见表1：

路面砖质量 **表1**

抗压强度		尺寸允许偏差		外观质量	
平均值不小于	单块最小值不小于	厚度 (mm)	边长 (mm)	垂直度差 (mm)	裂纹 (mm)
60.0	50.0	±2	±2	1	不允许
50.0	42.0	±3	±3	2	不允许
35.0	30.0	±5	±4	3	小于20非贯穿
30.0	25.0	±2	±2	1	不允许
外观质量			耐磨性	吸水率	抗冻性
分层	表面粘皮 (cm^2)	掉角 (mm)	磨坑长度 (mm)	(%)	强度损失不大于25%外观质量符合要求
不允许	不允许	不允许	28	5.0	
不允许	不允许	小于5	32	7.0	
不允许	不大于5	小于10	35	8.0	
不允许	不允许	不允许	32	8.0	

注：相应的试验方法按《混凝土路面砖》JC446中有关规定进行。

4.1.1.2 路面砖顶面四周应有5×45°的倒角。这样有利于接缝灌砂。

4.1.1.3 为达到道路的防滑要求，路面砖宜采用较粗糙表面。

4.1.1.4 为防止彩色面层剥落、退色或过早磨损，彩色面层的厚度不宜小于 8mm，且应采用不易退色的无机颜料。

4.1.2 规定了接缝用砂的质量应符合以下规定：

4.1.2.1 接缝用砂主要应控制通过 2.5mm 筛孔的累计筛余量不应大于 5%，大于 2.5mm 的砂粒难以灌进接缝中；

4.1.2.2 规定了接缝用砂的标准级配，其相应的细度模数为 1.65～2.90。

计算砂的细度模楼的公式为：

$$\mu_f = \frac{(\beta_2 + \beta_3 + \beta_4 + \beta_5 + \beta_6) - 5\beta_1}{100 - \beta_1}$$

μ_f—— 细度模数

式中 β_1、β_2、β_3、β_4、β_5、β_6——分别为 5.00、2.50、0.630、0.315、0.160mm 各筛上的累计筛余百分率。

试验方法按《普通混凝土用砂质量标准及检验方法》JGJ52 中有关规定进行；

4.1.2.3 规定了接缝用砂的含泥量及泥块含量。因砂中含泥量过大，不但会污染路面砖，而且会影响路面砖的咬合；

4.1.2.4 规定了接缝用砂的最大含水率。含水率过大，砂子会聚团而难以灌进路面砖的接缝中。

4.1.3 规定了垫砂层用砂的质量应符合以下规定：

4.1.3.1 垫砂层用砂主要应控制通过 5mm 筛孔的累计筛余量不应大于 5%，因为垫砂层对于联锁型路面砖所受的冲击荷载起到吸收和缓冲作用，并有利于有拱壳作用的路面荷载较均匀地传递给基层。有较大的砂粒对上述作用显然是非常不利的；

4.1.3.2 规定了垫砂层用砂的标准级配，其相应的细度模数为 2.15～3.20。细度模数的计算公式与本规程第 4.1.2.2 款中的公式相同；

4.1.3.3 规定了垫砂层用砂的含泥量应小于 5%；泥块含量应小于 2%；过大含泥量会导致路面的不均匀下沉；

4.1.3.4 规定了垫砂层的含水率宜小于 3%，因过大的含水率砂子会结团，会影响垫砂层用砂摊铺的均匀性。

4.2 面层材料的检查验收

4.2.1 规定了路面砖的质量标准、抽样规则及主检项目。其抽样规则与检验方法按照现行行业标准《混凝土路面砖》JC446 中有关规定执行。

4.2.2 规定了接缝用砂、垫砂层质量标准、抽样规则及主检项目。其抽样规则与检验方法按照现行行业标准《普通混凝土用砂质量标准及检验方法》JGJ52 中有关规定执行。

5 基　　层

5.0.1　对基层提出基本要求。

5.0.2　提出可供不同类型路面选用的道路基层。

5.0.3　各种基层材料及其施工，应符合《城市道路设计规范》CJJ37 中柔性路面的设计的要求。

5.0.4　在面层施工前必须对基层进行全面检查，各项指标合格后方可施工。

对旧路进行补强设计时，应按《城市道路设计规范》CJJ37 中第九章第五节“旧路面的补强厚度设计”进行设计计算。

6 施　　工

6.1 施工准备

6.1.1　强调施工组织设计中应考虑以下工作：

6.1.1.1　施工前对现场状况进行详细的调查是十分必要的，调查应注意以下各项：

（1）有关噪声、振动、交通及道路占用的法规；

（2）施工必需的水、电、光、热等来源与解决办法；

（3）路面砖运输对所牵涉的问题如：大型车辆通行规则；某些街道对运输时间的限制等；

（4）施工现场的堆场与施工机具放置位置的调查等。

根据以上调查，编制施工组织设计。

6.1.1.2　施工前应与交通管理部门确定行人及车辆的运行与绕行路线；

6.1.1.3　应制定必需的安全措施如禁止车辆通行的标志，行人通道、防护栏等。

6.1.2　材料准备

6.1.2.1　所用材料应按本规程 4 中的要求，送法定质量检验部门进行检验，合格后方可进场；

6.1.2.2　路面砖的堆放必须轻拿轻放，码放整齐，是为避免路面砖受损伤；按颜色、块形、厚度、强度分垛堆放，是为了便于施工管理；

6.1.2.3　垫砂层及接缝用砂，因其最大粒径与级配都不同，应分垛堆放，并用苫布或其他物品盖好，以防雨淋，是为了防止砂子含水率过大而影响施工。

6.2 定位、标定高程及基层复查

6.2.1 对所需施工的全部路面，根据设计图纸进行路面的定位及标定高程。

6.2.2 根据6.2.1对路面的定位及标定高程，对基层表面进行复查，这是很有必要的，这是确保路面施工质量必不可少的一步。

6.3 路缘石的铺筑

路缘石在联锁路面砖路面中非常重要，起到路面边缘的约束作用，所以与其他类型的路面不同，路缘石应首先铺筑，这样能防止垫砂层砂的流失以及更有效地起到路面边缘的约束作用，从而保证联锁型路面砖的咬合和拱壳作用。以下是铺筑路缘石的步骤与方法。

6.3.1 说明路缘石基准点与基准线的设定方法。

6.3.1.1 说明路缘石基准点的设定方法；

6.3.2.2 说明路缘石基准线的设定方法。

6.3.2 说明铺筑路缘石需注意的问题。

路缘石铺筑后应要把基础突出部位清除至路面基层，以保证路面的砖的正确铺筑。

6.4 路面砖基准点和基准线的设定

6.4.1 说明路面砖基准点的设定方法

在铺筑路面砖前，根据铺筑平面图，首先在路缘石边设定路面的起始铺筑点即路面砖基准点。

6.4.2 说明路面砖基准线的设定方法。

基准线是铺筑路面砖的依据，设置路面砖基准线的方法是：

（1）应首先确定垫砂层的虚铺厚度，然后通过路面砖基准点设置两条相互垂直路面砖基准线；

（2）路面砖基准线到路面基层的距离应等于垫砂层虚铺厚度与路面砖厚度之和。路面砖基准线适用于任何块形，这点将在本规程第6.6.1条中说明。

6.4.3 规模较大或施工期较紧的情况下，可设置两个或两个以上路面砖基准点同时铺筑路面砖。但应根据块形尺寸精确计算好两个基准点之间的距离。以免因铺筑误差而造成面砖在交接处尺寸发生较大的误差。

两基准点之间的距离不宜过大，一般不宜超过10m。如两基准点之间距离较大时，宜设置5～10m间距的纵横平行的路面砖基准线，以控制铺筑精度。

6.5 垫砂层的摊铺

6.5.1 在摊铺垫砂层前应首先确认垫砂层用砂的质量，应符合本规程第4.1.3条的要求。砂中过高的含泥量会导致路面凹凸不平，故应控制砂中的含泥量。

6.5.2 本条规定垫砂层的虚铺厚度用试验确定。应该指出，不同产地、不同含水率的砂子，其虚铺厚度也不同。因垫砂层用砂的产地、颗粒级配、含水率的差异，会引起路面砖的不均匀下沉，造成路面的坑洼不平。所以同一施工现场应使用同一产地、质量均匀、含水率小于3%的砂子。

6.5.3 说明摊铺垫砂层的方法

（1）清除路面基层上的浮石、杂物等；

（2）根据地面砖基准线张拉水准线；

（3）根据张拉的水准线，摊铺垫砂层，水准线为垫砂层虚铺厚度的顶面。

根据工作量大小，确定摊铺垫砂层的方法。在工作量较小的情况下，可采用刮板法和耙平法，在工作量较大的情况下可采用摊铺机摊铺法。

（1）刮板法（见图1）

1）工具：3m长平直刮板一块；两根直径为50mm铁管为导杆；四个固定架；

2）步骤：①先将砂均匀地摊铺在路面基层上，其厚度略高于

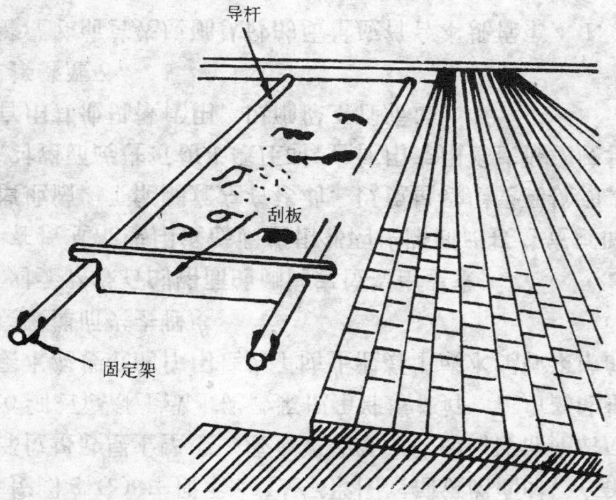

图1　刮板法

虚铺高度。②将四个固定架插入基层中固定，并把两根直径为50mm 铁管放在固定架上作为导杆，把刮板放在导杆上，使刮板底与虚铺厚度水准线同高。③用 3m 刮板沿导杆刮平垫砂层，取出刮板、管及固定架。④重复①～③步。

（2）耙平法

张拉 3～4m 间距的纵横交错的虚铺厚度水准线，用耙子耙平砂子，使砂子的顶面与水准线同高。

（3）摊铺机摊铺法

摊铺机适用于较宽路面的垫砂层的摊铺，其施工效率高，且具有一定的压实效果。

6.5.4　在已摊铺好的垫砂层上，不应有任何扰动，以防止虚铺垫砂层密度不均匀而影响路面施工质量。

6.6　路面砖的铺筑

6.6.1　路面砖的铺筑应从路面砖基准点开始，并以路面砖基准线为基准铺筑路面砖。路面砖基准线可视为路面砖接缝边线；也可视为路面砖中相互垂直的三个最远的顶角的连线（见图 2），这样两条垂直的路面砖基准线适合于任何一种块形的路面砖的铺筑。

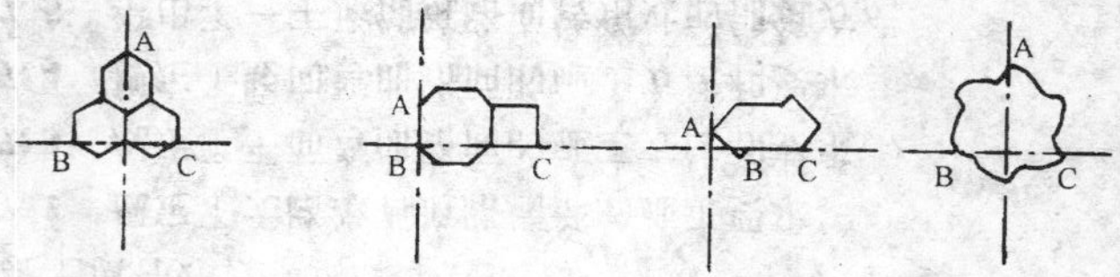

图 2　三个最远顶角取法

铺筑路面砖的顺序，其原则是一切按路面砖基准线为准进行铺筑（见图 3）。

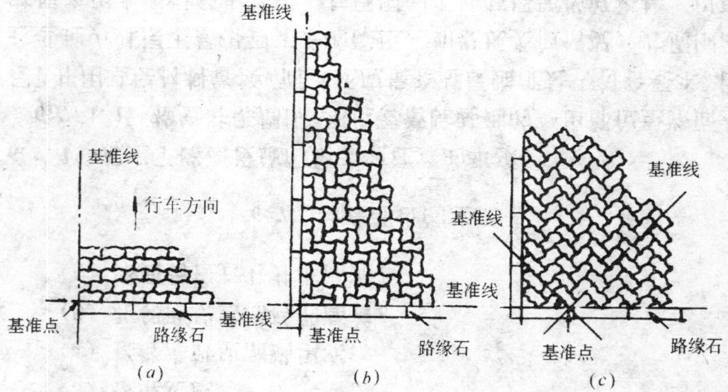

图 3　联锁型路面砖铺设顺序

联锁型路面砖的铺筑方法与其他路面材料不同，铺筑时只要一块一块准确地放在砂垫层上即可，在路面砖接触到砂垫层后不宜有横向移动，更不应作任何敲打和挤压动作。

多个基准点同时铺筑路面砖时，尚应很好地把握各基准点向外延伸的路面砖的组合形式，避免产生面砖不能交汇问题。其组合形式共有四种（见图 4）。

6.6.2　规定了在铺筑路面砖时，不得站在已摊铺好的垫砂层上或

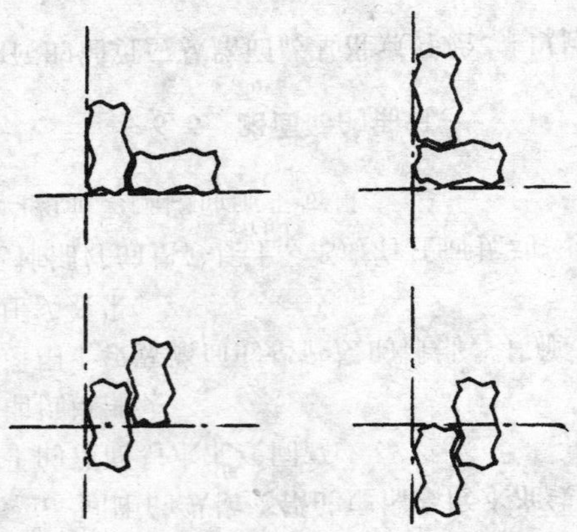

图 4　向外延伸路面砖的组合形式

站在刚铺筑的路面砖上作业，如在垫砂层上作业，会严重影响路面的质量。

6.6.3　路面砖铺筑到路边产生不大于 20mm 的缝隙时，如用水泥砂浆填补，水泥砂浆会因受路面砖的挤压而破坏，路面边缘失去约束作用，导致路面破坏。

6.6.4　按图 3（*c*）中所示 45°人字形图案铺筑路面时，在铺筑前应在各部位垫砂层上垫上一层水泥袋纸，待地面砖铺完后应在当日用 C20 细石混凝土或水泥砂浆把角部填补好。在角部的垫砂层上垫一层水泥袋纸的作用是为了防止混凝土或水泥砂浆中的水分给垫砂层吸掉而失去强度。

6.6.5　对无路缘石的路面的侧向定位提出要求。

6.6.6　在按基准线用钢筋调整相邻两块路面砖接缝宽度时也应小心谨慎地做，不能随意左右移动，以免垫砂层受到扰动。

6.6.7　对路面砖进行初步碾压时，宜使用专用手扶振动胶轮碾压机，不宜用其他机械代用，以确保工程质量。

6.6.8　接缝灌砂

接缝灌砂前首先应确认砂的质量应符合本规程第 4.1.2 条的规定，然后再按本规程第 6.6.8 条中（1）～（4）项步骤进行操作。

特别要注意的是振动碾压机行走的方向与路面砖长度方向垂直；接缝灌砂与振压要反复进行，直至接缝灌满填实为止。

6.6.9　路面施工完后，除应把路面上的砂子清扫干净外，还应对路面以下各项作一次全面检查，不符合要求的应做修整。

（1）路面面层外观质量；

（2）路面平整度；

（3）接缝宽度；

（4）接缝灌砂应灌满填实；

（5）相邻两块路面砖的高差；

（6）路面与检查井井框高差。

6.7　特殊部位的施工

6.7.1　规定了路面设施的施工应注意的事项。

6.7.1.1　检查井等周围，不但要清除基础的突出部位至路面基层，并用基层材料置换，而且还应检查基层强度是否符合要求。因这些地方基层不易得到充分的碾压，如发现类似情况，井周围的基层应用水泥混凝土基层，与周围的柔性基层要做好搭接，以确保路面平整。

6.7.1.2　在铺筑检查井等周围的路面砖时，应在检查井等周围的垫砂层上铺上水泥袋纸，路面砖铺筑好后，应及时用 C20 细石混凝土填补好。

6.7.2　规定了无路缘石道路端部的施工要求。

6.7.3　规定了平面弯曲路面的施工方法和要求。

6.7.4　规定了竖向弯曲路面的施工方法和要求。

6.7.5　给出了一字形铺筑路面转角处的铺筑方法。

6.7.6　人字形铺筑的路面，转角处路面砖可按以下四种方法铺筑：

（1）一侧使用端部专用路面砖及细石混凝土（见图 5）；

图 5　路面砖切断块的铺设

（2）一侧使用端部专用路面砖，另一侧使用大正方形路面砖切断块（见图 6）；

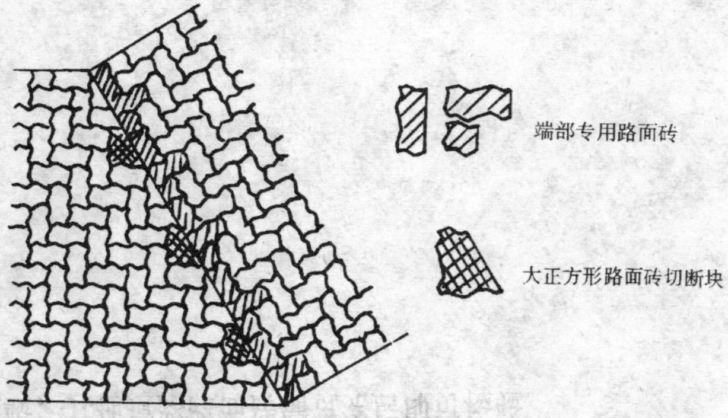

图 6　大正方形小路面砖切断块的铺设

（3）一侧使用端部专用路面砖，另一侧使用小正方形及长方形路面砖切断块（见图 7）；

（4）一侧使用端部专用路面砖及直边路面砖（见图 8）。

6.7.7　给出了各种路面连接处施工节点图。

6.7.8　规定了联锁型路面砖切断块的最小尺寸应大于 20mm。

6.7.9　振动较激烈的部位路面砖垫砂层应用 1∶3 干拌水泥砂浆代用外，其他铺筑方法不变。

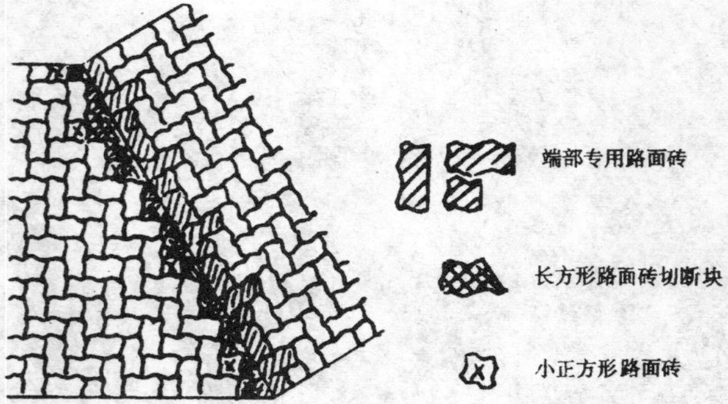

图 7　小正方形及长方形路面砖切断块的铺设

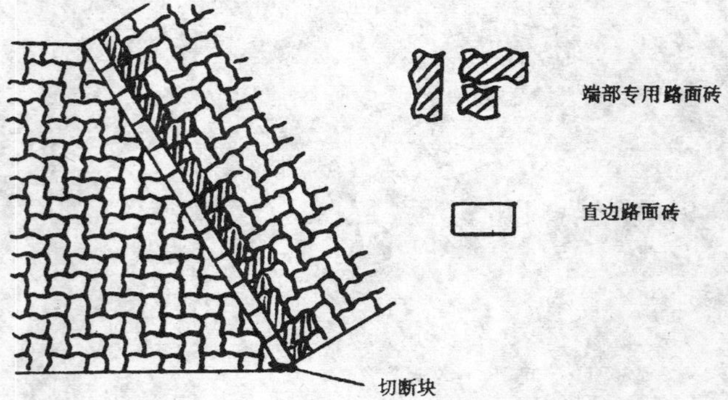

图 8　直边路面砖的铺设

6.7.10　有防水要求的基层如桥梁，应作好防水处理和排水处理。

6.7.11　在受强烈侵蚀的地面，如水（如汽车冲洗场）、燃料、染料、油等，应用干拌水泥砂浆灌缝，再用水将干拌水泥砂浆浸湿，还应养护 28d，待水泥砂浆有足够强度后才能使用，以免接缝砂被水冲掉或具有强烈腐蚀性液体由接缝渗入路面，使路面遭受破坏。

6.7.12　规定了填补路面的细石混凝土的强度等级不宜小于 C20，其色彩应与地面一致。

7 质量要求与检查验收

7.0.1 规定路面外观质量要求。

7.0.2 规定了路面面层质量标准。由于城市道路的修筑路段一般不长，所以采用100m长度作为检查单元。

7.0.3 规定了路面检验方法，车行道用10t以上双轮压路机碾压后检验，其他道路路面砖铺筑完后即可检验。

中华人民共和国行业标准

固化类路面基层和底基层技术规程

Technical Specification of Roadbases and Subbases with Chemical Stabilization

CJJ/T 80—98

主编单位：北京市市政工程设计研究总院
批准单位：中华人民共和国建设部
施行日期：1998年12月1日

关于发布行业标准《固化类路面基层和底基层技术规程》的通知

建标［1998］135号

各省、自治区、直辖市建委（建设厅），计划单列市建委，新疆生产建设兵团，国务院有关部门：

根据建设部《关于印发一九九五年城建、建工工程建设行业标准制订、修订项目计划（第一批）的通知》（建标［1995］175号）的要求，由北京市市政工程设计研究总院主编的《固化类路面基层和底基层技术规程》，经审查，批准为推荐性行业标准，编号CJJ/T80—98，自1998年12月1日起施行。

本标准由建设部城镇道路桥梁标准技术归口单位北京市市政工程设计研究总院负责管理和具体解释工作。

本标准由建设部标准定额研究所组织中国建筑工业出版社出版。

中华人民共和国建设部
1998年6月23日

前　言

根据建设部建标［1995］175号文的要求，标准编制组在广泛调查研究，认真总结实践经验，参考有关国际标准和国外先进标准，并在广泛征求意见的基础上，制定了本规程。

本规程的主要技术内容是：总则；固化类混合料原材料的选择与技术要求；固化类混合料的组成与配合比设计；固化类路面基层和底基层结构设计；固化类路面基层和底基层施工；质量要求与检查验收。

本规程由建设部城镇道路桥梁标准技术归口单位北京市市政工程设计研究总院管理，并负责具体解释工作。

本规程主编单位是：北京市市政工程设计研究总院
（地址：北京市西城区月坛南街乙2号；邮政编码：100045）
本规程参加编写单位是：大连麦克文道路工程有限公司、大连理工大学、江苏省星星工程建设监理公司、西安市市政工程管理处。
本规程主要起草人员是：刘向荣　杨树祺　丁从易
曹永民　王儒贤　李　巍
薛　谦　王自成　吴允惠

目　次

1 总 则

1.0.1 为统一固化类路面基层和底基层的设计与施工，保证固化类路面基层和底基层的工程质量，制定本规程。

1.0.2 本规程适用于新建和改建各级城市道路的固化类路面基层和底基层的设计、施工及验收。

1.0.3 固化类路面基层和底基层的设计与施工除应符合本规程外，尚应符合现行国家有关标准、规范的规定。

2 固化类混合料原材料的选择与技术要求

2.1 土壤固化剂

2.1.1 土壤固化剂可分为液粉土壤固化剂和粉状土壤固化剂两类。

2.1.2 土壤固化剂的技术性能指标应符合现行行业标准《土壤固化剂》CJ/T 3073 的规定。

2.1.3 液粉土壤固化剂中溶液的固体含量不得大于3%，不得有沉淀或絮状现象，粉状土壤固化剂的细度在0.074mm标准筛上筛余量不得超过15%。

2.2 水泥、石灰

2.2.1 普通硅酸盐水泥、矿渣硅酸盐水泥、火山灰质硅酸盐水泥，均可用于固化路面基层和底基层。但水泥标号不得低于325号，且应选用终凝时间等于或大于6h的水泥。

2.2.2 固化路面基层和底基层，不得使用快硬水泥、早强水泥及受潮变质过期的水泥。

2.2.3 石灰应采用消石灰或生石灰粉；消石灰中不得含有未消解的生石灰颗粒。

2.2.4 石灰等级应符合现行行业标准《建筑生石灰》JC479 的规定。

2.3 土

2.3.1 凡能被粉碎的或原来松散的土，都可用作固化类混合料的基料。

2.3.2 土中石料的最大粒径：基层，不应大于30mm；底基层，不应大于 40mm。

2.3.3 基层和底基层用土，土中石料的压碎值不得大于 40%。

2.3.4 土中有机质含量（重量比）不宜超过 10%。

2.3.5 土的检测方法应符合现行国家标准《土工试验方法标准》GBJ 123 的规定。

2.4 水

2.4.1 凡人或牲畜的饮用水均可使用。基层和底基层用水应采用 pH 值大于或等于 6 的水。

3 固化类混合料的组成与配合比设计

3.1 一 般 规 定

3.1.1 应根据土的种类和性质，确定所选用的土壤固化剂的类型，再通过配合比设计试验，选用最适宜的胶结材料和用量。

3.1.2 固化类混合料的配合比应采用重量比。

3.1.3 固化类混合料配合比设计，应根据固化类混合料强度标准确定。

3.1.4 固化类混合料中的各集料的试验方法可按现行行业标准《公路工程无机结合料稳定材料试验规程》JTJ057 进行。

3.2 原材料的试验

3.2.1 对于固化类混合料用土，应取代表性的试样，进行下列试验：

1 颗粒分析；

2 液限和塑性指数；

3 有机质含量；

4 含水率；

5 pH 值；

6 压碎值试验。

3.2.2 对于水泥，应测定其标号、初、终凝时间和安定性。

3.2.3 对于石灰，宜测定有效钙和氧化镁的含量。

3.3 固化类混合料的配合比设计

3.3.1 固化类混合料宜按下列比例进行配制。

1 路面基层

1）使用液粉土壤固化剂时

a. 当混合料为水泥混合时，水泥占干土重量为3%～6%；液粉土壤固化剂水溶液占干土重量为0.3%～1.0%；

b. 当混合料为石灰混合时，石灰占干土重量为6%～10%；液粉土壤固化剂水溶液占干土重量为0.3%～1.0%；

c. 当混合料为水泥和石灰混合时，水泥占干土重量为2%～4%；石灰占干土重量为4%～6%；液粉土壤固化剂水溶液占干土重量为0.3%～1.0%；

2）使用粉状土壤固化剂时

粉状土壤固化剂占干土重量为5%～10%。

2 路面底基层

1）使用液粉土壤固化剂时

a. 当混合料为水泥混合时，水泥占干土重量为2%～3%；液粉土壤固化剂水溶液占干土重量为0.3%～0.5%；

b. 当混合料为石灰混合时，石灰占干土重量为4%～5%；液粉土壤固化剂水溶液占干土重量为0.3%～0.5%；

c. 当混合料为水泥和石灰混合时，水泥占干土重量为1%～3%，石灰占干土重量为3%～5%，液粉土壤固化剂水溶液占干土重量为0.3%～0.5%。

2）采用粉状土壤固化剂时

粉状土壤固化剂占干土重量为5%～8%。

3.3.2 确定固化类混合料的最佳含水量和最大干密度，应通过击实实验。

3.3.3 不同交通类别的道路，固化类混合材料7d的抗压强度应符合表3.3.3的规定。

3.3.4 抗压强度的测试试件应在20±2℃的条件下保湿养护6d，再浸水1d，取出进行无侧限抗压强度试验，并取不少于6个试件的平均值。固化类混合料的无侧限抗压强度试验方法应符合本规程附录A的规定。

固化类混合料的强度标准（MPa）　表3.3.3

层位	固化剂类别		道路等级	
			城市快速路和城市主干路	城市次干路和支路
基层	液粉	水泥类	3～4	2～3
		石灰类	—	≥0.8
		水泥石灰类	3～4	2～3
		石灰粉煤灰类	≥0.8	≥0.6
	粉状固化剂		3～4	2～3
底基层	液粉	水泥类	≥1.5	≥1.5
		石灰类	≥0.8	0.5～0.7
		水泥石灰类	≥1.5	≥1.5
		石灰粉煤灰类	≥0.5	≥0.5
	粉状固化剂		≥1.5	≥1.5

注：对于水泥石灰类混合料的强度标准，当以水泥为主时，其强度标准与水泥类混合料的强度标准相同；当以石灰为主时，其强度标准与石灰类混合料的强度标准相同；当石灰与水泥用量相近时，取水泥类和石灰类的平均值。

3.3.5 施工现场实际采用的水泥用量、石灰用量或土壤固化剂用量应高于室内试验确定用量：使用液粉土壤固化剂时，水泥应增加干土重量的0.5%～1%；石灰应增加干土重量的1%～2%，液粉土壤固化剂水溶液应增加干土重量的0.1%～0.2%；使用粉状土壤固化剂时，粉状土壤固化剂应增加干土重量的1%～2%，其中厂拌法采用低值，路拌法采用高值。

4 固化类路面基层和底基层结构设计

4.0.1 固化类路面基层和底基层结构的设计应符合现行行业标准《城市道路设计规范》CJJ 37 的有关规定。

4.0.2 采用固化类路面基层和底基层时，应进行技术经济比较，以确定选用的路面结构方案。

4.0.3 固化类路面基层和底基层应符合下列要求：

1 应满足强度和稳定性的要求；

2 固化类混合料强度应均匀一致；

3 固化类混合料的配合比设计，应符合表 3.3.3 的强度要求。

4.0.4 固化类路面基层和底基层材料的回弹模量、弯拉强度等设计参数应结合各地实际情况进行测定。柔性路面测试方法可按现行行业标准《柔性路面设计参数测定方法标准》CJJ/T59 进行；刚性路面测试方法可按柔性路面测试方法进行。

4.0.5 固化类路面基层和底基层结构具有半刚性的特性，其厚度不宜小于 15cm。

4.0.6 各结构层的材料回弹模量宜自上而下递减。

4.0.7 沥青面层与固化类路面基层和底基层层间结合应紧密牢固，并应喷撒透层沥青，其用量宜为 0.8～1.0kg/m^2。

4.0.8 城市快速路、主干路的基层应采用砂砾或碎石类粗粒土，不应采用水泥、石灰类土壤固化剂稳定细粒土混合料，但可用于底基层。

4.0.9 对交通量较大的道路，应在面层与固化类混合料基层之间加铺连接层。

4.0.10 常用固化类路面基层和底基层结构组合宜符合附录 B 的规定，并应经论证后使用。

5 固化类路面基层和底基层施工

5.1 路 拌 法 施 工

5.1.1 固化类路面基层和底基层采用路拌法进行施工时，其工艺流程应符合下列规定：

1 施工放样；

2 当采用干拌法施工时，应翻松土壤、粉碎土块；当采用湿拌法施工时，可省去该步骤；

3 应整平基土；

4 摆放、摊铺水泥或石灰，当为粉状土壤固化剂时，应摊铺粉状土壤固化剂；

5 应进行拌和；

6 喷洒液粉土壤固化剂中的水溶液，当为粉状土壤固化剂时，可省去该步骤，直接洒水；

7 应进行湿拌；

8 基层和底基层应整型；

9 应碾压；

10 应喷洒液粉土壤固化剂水溶液封层，当为粉状土壤固化剂时，可省去该步骤。

5.1.2 施工前的准备工作应符合下列要求：

1 在路面底基层或旧路面层或土基上应重新布设中线。直线段每 15～20m 的长度内宜设标桩，平曲线段每 10～15m 宜设标桩，并在两侧路肩边缘外每 0.3～0.5m 的长度内宜设标桩。

2 在两侧标桩上应设标记，并应进行高程测量，标出固化层边缘的设计高度。

3 当利用旧路面或土基时，其上的乱石杂物应清除；利用取土场的土时，不应含草根、树根、乱石等杂物。

4 检测土中的含水量，宜符合固化类混合料的最佳含水量的要求，当不能满足要求时，应对土采取处理措施。湿拌法宜大于最佳含水量的1%～2%。

5 应根据道路的长度、宽度、基层厚度、预定的干密度及水泥、石灰和土壤固化剂的配合比，计算水泥、石灰与土壤固化剂的用量。

6 根据固化类路面基层或底基层的厚度和预定的干密度及水泥、石灰或粉状土壤固化剂的用量，计算每包水泥、石灰或粉状土壤固化剂的摊铺面积。再根据固化类路面基层或底基层的宽度应确定摆放水泥、石灰或粉状土壤固化剂的行数、间距和用量。

5.1.3 路拌法固化类路面基层和底基层施工应符合下列要求：

1 松土摊铺

1）应事先通过试验确定土的松铺厚度。松铺厚度应等于压实厚度乘以松铺系数，每层不得大于30cm。

2）松土摊铺应在使用土壤固化剂的前一天进行。摊铺长度应根据从路面基层混合料拌和开始至碾压成型在一个工作日内完成确定。当使用水泥或粉状土壤固化剂时，其摊铺、拌和及碾压成型每道工序应在水泥初凝时间之前完成；

3）在摊铺过程中，应将草根、树根清除，并将超粒径的土块颗粒粉碎或清除，且应摊铺整平。

2 水泥或石灰或粉状土壤固化剂的摆放和摊铺

1）在摆放水泥或石灰或粉状土壤固化剂之前，应检测土的含水量；

2）按本规程第5.1.2条第6款的要求，计算摆放水泥或石灰或粉状土壤固化剂的间距；

3）摊铺水泥或石灰或粉状土壤固化剂时，每袋摊铺面积应相等，其厚度应均匀。

3 混合料的拌和

1）当采用拌和机时，根据施工基层或底基层厚度的要求，应确定拌和深度，由两侧拌向中心，并达到固化底层。每次拌和应有重叠和翻透，并不得漏拌，不切割下层，且固化类混合料拌和颜色应一致；

2）当采用旋耕犁，多铧犁和缺口圆盘耙或轻耙，施工时可采用一种或两种机械相结合的方法，应将混合料拌和均匀、翻透。其拌和不宜少于三遍，且达到拌和颜色一致；

3）当基层和底基层施工时，基层拌和时应略破坏底基层的表面，其深度宜为1cm。基层和底基层之间不得留有未搀拌的"素土"夹层。

4 当采用液粉土壤固化剂时，直接喷洒液粉土壤固化剂水溶液，并进行拌和；当采用粉状土壤固化剂时，可省去该步骤。

1）喷洒液粉土壤固化剂水溶液之前，应测定混合料的含水量，并应按比最佳含水量大1%～2%的水量，配制液粉土壤固化剂水溶液；

2）应用液粉土壤固化剂水溶液的80%直接掺入混合料中拌和，其余20%的水溶液应在碾压成型后喷洒封层；

3）直接掺入混合料中的水溶液分两次喷洒，首次先喷洒40%，用机械拌和不得少于两遍，再喷洒40%拌和两遍，达到拌和颜色一致为止；

4）喷洒液粉土壤固化剂水溶液，宜采用压力式洒水车或喷管式洒水车；

5）喷洒液粉土壤固化剂水溶液时，喷洒应均匀、不遗漏、中途不得停车，应防止喷洒量过大；

6）在上述工序完成后，应进行湿拌使液粉土壤固化剂水溶液在混合料中分布均匀。拌和机械应紧跟在洒水车后进行拌和，当在纵坡大于2%的路段上拌和时，应配合紧密，以减少水分流失。

5 整型

1）混合料拌和均匀后，立即用平地机整型。在直线段，平地机应由两侧向路中心进行刮平；在平曲线段，平地机应由内侧向外侧进行刮平；

2）应采用履带拖拉机或轮胎压路机初压一遍，再用平地机进行整型；

3）当采用人工整型时，应采用锹与耙，并应先将混合料铺平，用路拱板进行初步整型，再用履带拖拉机初压1～2遍后进行第二次整型；

4）在整型过程中，严禁通行任何车辆，并应由人工配合消除粗、细料的离析。

6 碾压、成型

1）整型后的固化类混合料基层应在最佳含水量时压实；当表层含水量不足时，应洒水再进行碾压；

2）应根据路宽、压路机的轮距的不同，制定碾压方案；

3）应先用120kN及以上的三轮压路机碾压一遍，再用重型轮胎压路机或振动压路机进行碾压。直线段应由两侧路边缘向路中心进行碾压；平曲线段应由内侧路肩向外侧路边缘进行碾压。碾压时重叠部分应为1/2轮宽，后轮应超过两段的接缝处，并重复碾压不得少于4遍。碾压成型的固化类结构层表面应无明显轮迹，其压实度应符合下列要求：

a. 城市快速路及城市主干路：基层为97%；底基层为95%；

b. 城市次干路及支路：基层为95%；底基层为93%；

4）压路机的碾压速度，第1遍和第2遍的碾压速度应为1.5～1.7km/h，以后碾压速度宜为2.0～2.5km/h；

5）碾压过程中，当出现“弹簧”、松散、起皮等现象，应及时采取处理措施；

6）在碾压结束之前，应采用平地机最后一次整型，路拱和超高应符合设计要求。终平应仔细进行，并应将局部高出部分刮除并扫出路外；对局部低洼之处，不应进行找补；

7）碾压完成后，应立即喷洒液粉土壤固化剂水溶液封层，喷洒应均匀，不得漏洒，当采用粉状土壤固化剂时，可不进行喷洒。

7 在碾压过程中应对施工接缝处进行处理。施工接缝处，应搭接拌和。第一段拌和后，留出5～8m不进行碾压，在第二段施工时再将前段余留的未碾压段添加水泥或石灰、土壤固化剂重新拌和，与第二段相连一起碾压。

8 末端缝（即工作缝）和“调头”处的处理可按现行行业标准《公路路面基层施工技术规范》JTJ034第2.4.13条执行。

5.1.4 养护与交通管制应符合下列要求：

1 固化类路面基层碾压成型后，不应过湿或忽干忽湿。养护期不宜少于7d。

2 固化类路面基层和底基层施工时，底基层碾压完后，应当保持湿润状态，再摊铺基层进行碾压。

3 固化类路面基层成型后，其未达到强度要求之前，应限制各类车辆通行。

5.2 厂拌法施工

5.2.1 厂拌法施工应符合下列要求：

1 固化类混合料应在中心站用强制式拌和机等厂拌设备进行集中拌和。拌和应均匀。塑性指数小、含土少的砂砾土、级配碎石、砂、石屑等集料也可用自落式拌和机拌和。

2 土应粉碎。

3 应严格按所选定的固化类混合料配比进行配料。

4 出厂时，混合料的含水量应略大于最佳含水量。

5.2.2 固化类混合料的运输与存放应符合下列要求：

1 经拌和好的固化类混合料应立即运输到铺筑现场。且将车上的固化类混合料进行覆盖。

2 对于只加石灰的固化类混合料，宜在当天将拌成的混合料运送到铺筑现场，在现场堆放的时间不宜超过24h。

3 对于加水泥或粉状土壤固化剂的固化类混合料，经拌和后应立即运送到铺筑现场进行施工。

5.2.3 固化类混合料的摊铺、整型与碾压应符合下列要求：

1 摊铺固化类混合料应采用沥青混凝土摊铺机、水泥混凝土摊铺机或稳定土摊铺机。当底基层是稳定细粒土，应将底基层顶面拉毛，洒水湿润，再摊铺固化类混合料。

2 在摊铺机后面应设专人消除细集料离析现象，局部粗集料窝应铲除，并用新拌固化类混合料填补。

3 在城市次干路和支路上，也可采用摊铺箱、自动平地机来摊铺固化类混合料。

4 固化类混合料摊铺完毕后，整型、碾压、成型等应符合本规程第5.1.3第5款和第6款的规定。

5.2.4 养护与交通管制应符合本规程第5.1.4条的规定。

5.3 施工组织与作业段划分

5.3.1 固化类路面基层施工时，应采用流水作业法，使每道工序紧密衔接。应缩短从拌和到碾压成型的时间。

5.3.2 固化类路面基层施工时，每一流水作业段的长度宜为50～250m。应经技术经济比较，合理确定每一作业段的长度。并综合考虑下列因素：

1 水泥的终凝时间或粉状土壤固化剂的终凝时间；

2 施工机械和运输车辆的效率和数量；

3 操作的熟练程度；

4 施工季节和气候条件；

5 作业段的宽度。

6 质量要求与检查验收

6.1 一 般 规 定

6.1.1 施工中，应建立健全工地试验、质量检查以及工序间的交接验收等规章制度。试验、检测、验收，应做到原始记录齐全、数据准确和资料完整。

6.1.2 施工单位应设有对所用材料进行压实度、平整度等各项室内试验的试验室和工地检测的设备和仪器。

6.1.3 每道工序完成后，均应进行检查验收，合格后方可进行下道工序。经检测不合格的，应进行翻修，达到合格要求。

6.2 材 料 试 验

6.2.1 固化类基层和底基层使用的原材料，其试验项目和方法应符合表6.2.1的规定。

固化类基层和底基层原材料的试验项目和方法　　表6.2.1

试验项目	材料名称	取　　样	仪器和试验方法
含水率	土、砂砾、碎石等集料	每天使用前测2个样品	烘干法或含水量快速测定仪、酒精法
液限、塑限	土、级配砾石或级配碎石中0.5mm以下的细粒土	每种土使用前测2个样品，使用过程中每2000m³测2个样品	100g平衡锥测液限搓条法塑限
压碎值	砂砾、碎石等	使用前测2个样品，砂砾使用过程中每2000m³测2个样品	压碎值仪
pH值	土	—	—

续表

试验项目	材料名称	取样	仪器和试验方法
有效钙、氧化镁的测定	石灰	做材料组成设计和生产使用时，分别测 2 个样品，以后每月测 2 个样品	—
水泥标号和终凝时间	水泥	做材料组成设计时测一个样品，料源或标号变化时重测	—
颗粒分析	砂砾、碎石等集料	每种土使用前测 2 个样品，使用过程中每 $2000m^3$ 测 2 个样品	筛分法（含土材料用湿筛分法）
有机质含量	土	对土有怀疑时做此试验	—

6.2.2 对初步确定使用的固化类基层和底基层混合料应按表 6.2.2 所列项目进行试验。

固化类基层混合料的试验项目　　表 6.2.2

试验项目	仪器和试验方法
重型击实试验	重型击实试验仪（手动或电动）
抗压强度	路面材料测试仪或其他合适的压力仪

6.3 质量要求

6.3.1 施工过程中的质量要求应包括外形尺寸的控制和检查以及质量的控制和检查。

6.3.2 外形尺寸的测量频率和质量标准应符合表 6.3.2 的规定。

6.3.3 施工单位应进行质量控制。质量控制的项目、频率和标准应符合表 6.3.3 的规定。

外形管理的测量频率和质量标准　　表 6.3.2

工程种类	项目		频度	质量标准：城市快速路和城市主干路	质量标准：城市次干路和支路
底基层	纵断高程（mm）		城市次干路，每 20 延米 1 点，城市快速路和城市主干路每 20 延米一个断面，每个断面 3～5 个点	+5～−15	+5～−20
	厚度（mm）	均值 单个值	每 1500～2000m² 6 个点	−10 −25	−12 −30
	宽度（mm）		每 40 延米 1 处	0 以上	0 以上
	横坡度（%）		每 100 延米 3 处	±0.3	±0.5
	平整度（mm）		每 200 延米 2 处，每处连续 10 尺（3m 直尺）	15	20
基层	纵断高程（mm）		城市次干路，每 20 延米 1 点，城市快速路和城市主干路每 20 延米一个断面，每个断面 3～5 个点	+5～−10	+5～−15
	厚度（mm）	均值 单个值	每 1500～2000m² 6 个点	−8 −10	−10 −25
	宽度（mm）		每 40 延米 1 处	0 以上	0 以上
	横坡度（%）		每 100 延米 3 处	±0.3	±0.5
	平整度（mm）		每 200 延米 2 处，每处连续 10 尺（3m 直尺）	10	15

质量控制的项目、频率和标准　　表 6.3.3

工程类别	项目	频度	标准	达不到要求时的处理措施
固化类基层与底基层	含水量	据观察，异常时随时试验	最佳含水量 −1%～+2%	含水量多时晾晒，过干时补充洒水
	级配	据观察，异常时随时试验	在规定范围内	调查原材料，按需要修正现场配合比
	均匀性	随时观察	整体颜色均匀，无粗细集料离析现象	局部添加所缺集料，补充拌和或换填新料
	压实度	每一作业段或不大于 2000m，检查 6 次以上	30%以上填隙碎石以固体体积率表示不小于 83%	继续碾压，局部含水量过大或材料不良地点，挖除并换填固化类混合料
	抗压强度	固化土每天两组，每组 6 个试件	符合规定要求	调查原材料配合比，按需要增加水泥或石灰用量及固化剂掺量，调整配合比，提高压实度或采用其他措施

注：含水量应在开始碾压时及碾压过程中进行。在料场和施工现场，含土集料应用湿筛分法测定级配。在摊铺、拌和和整平过程中观察均匀性。压实度以灌砂法为准，每个点受压路机的作用次数力求相等。测定抗压强度时，试件密度与现场达到的密实度应相同。

6.4 检 查 验 收

6.4.1 检查内容应包括竣工后的现场取样质量和路基外形质量。

6.4.2 固化类路面基层质量检查应以 1km 长的路段为检验单位或以每天完成的段落为检验单位。

6.4.3 检查时施工原始记录应齐全完整。

6.4.4 应随机进行抽样检查。

6.4.5 竣工后外形的检查数量与允许误差应符合下列规定：

1 竣工后外形的检查数量与允许误差应符合表 6.4.5 的规定。但其中厚度算术平均值的下置信限 $\bar{x}_1$ 不应小于设计厚度减均值的允许误差（如城市快速路及城市主干路路面基层为设计厚度减 8mm）；其中宽度算术平均值的下置信限 $\bar{x}_1$ 不应小于设计宽度。

2 算术平均值的下置信限 $\bar{x}_1$ 应按下式计算：

$$\bar{x}_1 = \bar{x} - \frac{s}{\sqrt{n}} \cdot t_a \qquad (6.4.5\text{-}1)$$

式中 $\bar{x}$——为算术平均值；

s——为标准差；

n——检查样本的数量；

t_a——t 分布表中随自由度和保证率（或置信度 a）而变的系数。对城市快速路及城市主干路应取保证率 99%。对城市次干路及支路可取保证率 95%。

3 厚度和宽度检查后，应按下式计算其平均值 $\bar{x}$ 和标准差 s：

$$\bar{x} = \frac{x_1 + x_2 + \cdots\cdots + x_n}{n} \qquad (6.4.5\text{-}2)$$

$$s = \sqrt{\frac{(x_1 - x)^2 + (x_2 - x)^2 + \cdots\cdots (x_n - x)^2}{n - 1}} \qquad (6.4.5\text{-}3)$$

式中 x_1，$x_2 \cdots\cdots x_n$——每次检查所得的值；

n——检查样本的数量。

竣工后外形的检查数量与允许误差　　表 6.4.5

工程种类	项目		检查取样	合格允许误差：城市快速路和城市主干路的允许误差	合格允许误差：城市次干路和支路的允许误差
底基层	高程（mm）		每 200m 取 4 点	+5～−15	+5～−20
底基层	厚度（mm）	均值 单个值	每 200m 每车道取 1 点	−10 −25	−12 −30
底基层	宽度（mm）		每 400m 取 4 处	0 以上	0 以上
底基层	横坡度（%）		每 200m 取 4 个断面	±0.3	±0.5
底基层	平整度（mm）		每 200m² 设一处，每处连续丈	15	20
基层	高程（mm）		每 200m 取 4 点	+5～−10	+5～−15
基层	厚度（mm）	均值 单个值	每 200m 每车道取 1 点	−8 −15	−10 −20
基层	宽度（mm）		每 200m 取 4 点	0 以上	0 以上
基层	横坡度（%）		每 200m 取 4 个断面	±0.3	±0.5
基层	平整度（mm）		每 200m² 设一处，每处连续丈	10	15

附录A　固化类混合料的无侧限抗压强度试验方法

A.0.1　本试验适应于测定固化类混合料试件的无侧限抗压强度。试件按照预定的干密度用静力压实法制备。试件应为圆柱体，其高度与直径之比应为1：1。

A.0.2　仪器设备

1　圆孔筛：孔径40mm、25mm（或20mm）及5mm的筛各一个。

2　试模尺寸：

土的最大粒径不超过10mm，试模的直径×高度应为50mm×50mm；

土的最大粒径不超过25mm，试模的直径×高度应为100mm×100mm；

土的最大粒径不超过40mm，试模的直径×高度应为150mm×150mm；

3　脱模器。

4　反力框架：规格应为400kN。

5　液压千斤顶宜为200～500kN。

6　恒温恒湿箱。

7　水槽：深度应比试件高度长50mm。

8　路面材料强度试验仪或压力机：不应大于200kN。

9　天平：感量0.01g。

10　台秤：称量10kg，感量5g。

11　量筒、拌和工具、漏斗、大小铝盆、烘箱等。

A.0.3　试验准备

将具有代表性的试样风干（或在50℃烘箱内烘干），用木锤和木碾捣碎，在预定做试验的前一天，取有代表性的试料测定其含水量。

A.0.4　确定固化类混合料的最大含水量和最大干密度。

A.0.5　试件制备

1　对同一配比的固化类混合料，需要平行试验，其试件数量应为6个。

2　称取一定数量的风干土，其数量随试件大小确定。对于50mm×50mm的试件，一个试件的干土宜为180～210g；

对于100mm×100mm的试件，一个试件的干土宜为1700～1900g；

对于150mm×150mm的试件，一个试件的干土宜为5700～6000g；

3　应将风干的土与水泥或石灰或土壤固化剂混合，再加水（以固化类混合料最佳含水量为准）湿拌均匀，使固化类混合料拌和颜色一致方可。

4　根据预定的干密度应称取每个试件所需的固化类混合料用量。

5　装模，应先将下压头放入试模中，然后将称取的固化类混合料分两次装入试模，整平后再放入上压头。

6　应将整个试模（连同上下压柱）放到反力框架的千斤顶上（千斤顶下应放一扁球座），加压直到上下压柱都压入试模为止。并维持压力1min。

A.0.6　养生

试件从试模内脱出后，应立即放到密封湿气箱和恒温室内进行保温保湿养生。养生时间应视需要确定，作为工地控制，宜取7d。整个养生期间的温度，应控制在20～25℃。

养生期的最后一天，应该将试件浸泡在水中，水的深度应使水面在试件顶上高出2.5cm。

A.0.7　抗压强度测试

1　应将已浸水一昼夜的试件从水中取出，将表面水擦干。

2　应将试件放到路面材料强度试验仪的升降台上（台上先放一扁球座），进行抗压试验。试验过程中，应使试件的变形等速增加，并应保持速率为1mm/min。记录试件破坏时的最大压力 P (N)。

A.0.8　抗压强度 F 应按下式计算：

$$F=\frac{P}{A}(\text{MPa}) \tag{A.0.8}$$

式中　F——试件7d的抗压强度（MPa）；

P——试件的破坏荷载（N）；

A——试件受力面积（mm^2）。

附录B　常用固化类路面基层和底基层结构组合

固化类路面基层和底基层结构组合　　附表B

	路面结构组合		
城市快速路	面层 土壤固化剂稳定粒料基层 级配碎石（或砂砾）底基层 土基	面层 土壤固化剂稳定粒料基层 水泥土壤固化剂土底基层 土基	面层 二灰稳定粒料基层 石灰土壤固化剂土底基层 土基
城市主干路	面层 土壤固化剂稳定粒料基层 石灰土壤固化剂土底基层 土基	面层 二灰稳定集料基层 水泥土壤固化剂土底基层 土基	面层 土壤固化剂稳定粒料基层 石灰粉煤灰固化剂土底基层 土基
城市次干路	面层 土壤固化剂稳定粒料基层 集料底基层 土基	面层 水泥石灰土壤固化剂土基层 土基	面层 土壤固化剂稳定粒料基层 水泥石灰土壤固化剂土底基层 土基
支路	面层 水泥土壤固化剂土基层 土基	面层 石灰粉煤灰土壤固化剂土基层 土基	面层 土壤固化剂稳定粒料基层 土基

本规程用词说明

1.0.1 为便于在执行本规程条文时区别对待，对于要求严格程度不同的用词说明如下。

1 表示很严格，非这样做不可的：

正面词采用“必须”，

反面词采用“严禁”。

2 表示严格，在正常情况下均应这样做的：

正面词采用“应”，

反面词采用“不应”或“不得”。

3 表示允许稍有选择，在条件许可时，首先应这样做的：

正面词采用“宜”，

反面词采用“不宜”。

表示有选择，在一定条件下可以这样做的，采用“可”。

1.0.2 条文中指定按其他有关标准执行的写法为“应按……执行”或“应符合……的规定”。

中华人民共和国行业标准

固化类路面基层和底基层技术规程

CJJ/T80—98

条 文 说 明

前　言

《固化类路面基层和底基层技术规程》(CJJ/T80—98)，经建设部1998年6月23日以建标［1998］135号文批准，业已发布。

为便于广大设计、施工、科研、学校等单位的有关人员在使用本规程时能正确理解和执行条文规定,《固化类路面基层和底基层技术规程》编制组按章、节、条顺序编制了本规程的条文说明，供国内使用者参考。在使用中如发现本条文说明有不妥之处，请将意见函寄北京市市政工程设计研究总院。

目　次

1 总　　则

1.0.1 土壤固化剂是现代路面基层和底基层固化的新型化学材料，它适用于不同类型的土质。在应用时，应根据土质情况选用土壤固化剂类型。胶结材料选用可参考土的性质、当地气温条件、地下水位和道路等级。

1.0.2 直接位于沥青面层或水泥混凝土面板下主要承重层称做基层，在该基层下铺筑的次要承重层称做底基层。

固化类路面基层和底基层均可应用于新建和改建各级城市道路柔性路面和刚性路面。

1.0.3 当前国内各地使用的土壤固化剂种类很多，如美国、日本、澳大利亚等国家就有许多推销商来我国宣传其土壤固化剂产品。据我们了解，这些土壤固化剂从外观上来分，基本上都可分为液体和粉状两大类，而且每一种土壤固化剂都有其相应的产品说明和使用性能介绍。

不论是何种类型的土壤固化剂产品，在用其固化路面基层或底基层时，都应该进行相应的测试。只有当固化类混合料的路用性能指标满足现行国家规范的要求时方可使用。

2 固化类混合料原材料的选择与技术要求

2.1.1 凡能改善和提高土壤技术性能的材料，称为土壤固化剂。土壤固化剂可分为下列两种：

1 液粉土壤固化剂

由无机盐配制的溶液，在现场将适量的水泥、石灰、粉煤灰等不同材料掺入土壤中，能改善和提高土壤技术性能的液体和粉状材料称为液粉土壤固化剂。

2 粉状土壤固化剂

由粉状无机盐、水泥、石灰、粉煤灰等不同材料混合均匀掺入土壤中，能改善和提高土壤技术性能的混合材料称为粉状土壤固化剂。

2.1.3 应用液粉土壤固化剂进行路面基层和底基层施工时，土的含水量宜小于最佳含水量2%～3%，以利于稀释液粉土壤固化剂浓缩液。含水量过少，则增加洒水量，影响施工进度；含水量过大，则固化剂水溶液浓度偏大，不利于液粉土壤固化剂稀释，液粉土壤固化剂不易洒匀，影响施工质量。

2.3.2 粗集料的含量和最大粒径必须有限制。粗集料过多和粒径偏大，混合料容易产生粗细集料的离析现象，使铺筑层的平整度更难达到设计要求，碾压后的密实度也难均匀。此外粒径愈大，拌和机、平地机和摊铺机等施工机械更容易损坏。对于城市快速路和城市主干路应采用最大粒径较小的集料，以便于用机械施工。

3 固化类混合料的组成与配合比设计

3.1.1 由土壤固化剂（液粉土壤固化剂或粉状土壤固化剂）与土拌和而成的混合料称为固化类混合料。

3.1.3 通过试验选用最适宜的胶结材料，系指在相同条件下，成型试件，并保证湿度相同，在养护6d后再浸水一天，通过比较无侧限抗压强度的高低来确定合适的胶结材料。

3.1.4 固化类路面基层和底基层施工采用路拌法施工时，用重量比计算材料用量方便、准确。测出干土样压实密度和松铺系数及修筑路面基层的长、宽、厚后即能算出土样的重量，再依据试验所选用各项材料的掺量，即能算出所用材料重量。

3.1.5 固化类混合料配合比设计，主要依据无侧限抗压强度确定。试件的尺寸依据集料的粒径大小来确定。

1 粒径小于10mm小试件 $\phi \times h = 50mm \times 50mm$；

2 粒径小于25mm中试件 $\phi \times h = 100mm \times 100mm$；

3 粒径不小于40mm大试件 $\phi \times h = 150mm \times 150mm$。

无侧限抗压强度用下列相应的公式计算：

对于小试件 $F = P/A = 0.00051P$（MPa）；

对于中试件 $F = P/A = 0.0001273P$（MPa）；

对于大试件 $F = P/A = 0.0000566P$（MPa）。

3.2.1 土中石料的最大粒径：基层，不大于30mm；底基层，不大于40mm时可不做压碎值实验。

3.3.2 通过5个不同含水量的混合料击实试验所测得的干密度，用含水量为横坐标，干密度为纵坐标，通过5个点，即得出一条曲线，曲线的最高点即为最大干密度（纵坐标），最高点对应的横坐标（垂直线交点）即为最佳含水量。在现场施工时应考虑各方面的因素，含水量应略高于最佳含水量2%左右。

3.3.4 固化类基层的抗压强度标准中1～2MPa，2～3MPa，3～4MPa，前面的数为低限值，后面的数为高限值，根据当前道路上的交通状况，一般情况下没有必要再提高强度标准。但是对主要通行重型卡车和设计交通量很大的城市快速路和城市主干路，宜采用强度更高的固化类路面基层和底基层级配集料。对于底基层其强度只规定了低限，冻稳系数也规定了低限。

3.3.5 施工现场与室内试验无论在配料的精度和拌和的均匀性上，均存在一定的差异，为尽量减小这种差异，要求施工现场的水泥掺量或石灰掺量或土壤固化剂掺量应略高于室内试验掺量。水泥增量低限为0.5%，高限为1%，石灰增加量低限为1%，高限为2%。

4 固化类路面基层和底基层结构设计

4.0.1 固化类混合料经拌匀压实成型，具有一定厚度的路面基层结构称为固化类路面基层和底基层。

4.0.4 刚性固化类路面基层和底基层材料的设计参数可按《城市道路柔性路面参数测定方法》CJJ/T 59 进行测定。

4.0.5 路面结构层考虑抗弯拉能力，所以各结构层的材料回弹模量自上而下递减。

4.0.8 水泥、石灰类土壤固化剂稳定细粒土具有一些不利的特征，如：(1) 干缩系数和温缩系数较大，容易产生收缩裂缝，影响沥青面层，使沥青路面增加不少裂缝；(2) 水泥、石灰类土壤固化剂稳定细粒土的强度没有充分形成时，表面水会由沥青面层渗入，使水泥、石灰类土壤固化剂稳定细粒土基层的表层发生软化，从而导致沥青面层龟裂、破坏；(3) 容易产生冲刷现象。因此，本规程规定水泥、石灰类土壤固化剂稳定细粒土不应用作城市快速路、城市主干路的基层，只可用于底基层。

但是，某些土壤固化剂用于稳定细粒土时，能显著克服上述三个不利特征，具有良好的路用性能，对于这样一些土壤固化剂稳定细粒土用于城市快速路、主干路的基层时，应密切结合当地条件，通过室内实验和实验路段的修筑，积极、慎重地加以运用推广。

5 固化类路面基层和底基层的施工

5.1.2

4 固化类路面基层和底基层施工时，土的含水量宜小于最佳含水量的 2%～3% 以利于稀释土壤固化剂。原土含水量过大加入到土中的土壤固化剂水溶液少，土壤固化剂易洒不匀；原土含水量过小，增加洒水工作量，影响施工速度。

5.1.3

3 固化类路面基层和底基层采用路拌法施工时，施工关键是拌合层底部不能留有素土夹层，特别在两层固化层之间不能有素土夹层。素土夹层不仅使上下层之间没有粘结性，而且明显地减弱路面整体抵抗行车荷载的能力。在固化细粒土的情况下，素土夹层还会由于含水量增大而变成软夹层，导致其上沥青面层过早破坏，素土夹层中因无水泥或石灰，则土壤固化剂的效果会随之降低。

实践证明，即使使用进口的宝马拌和机，也难于避免在拌和层底部出现素土夹层，为消除素土夹层，某些工地在宝马拌和机后面跟着用多铧犁翻拌一遍，然后再用宝马拌和机拌和一遍。

5.1.3

4 在喷洒液粉土壤固化剂水溶液前，应严格掌握固化类混合料的含水量，喷洒固化剂水溶液后，拌和均匀的固化类混合料的含水量可以略大于最佳含水量 1%～2%，这是为弥补在碾压过程中水分的损失。含水量过大，既会影响固化类混合料压实后达到要求的密实度和强度，又会粘在压路机轮上；含水量过少，也会影响固化混合料达到要求的密实度和强度，而且表面容易产生裂缝。

在配制固化剂水溶液时，应充分搅拌均匀。

固化剂水溶液应分两次喷洒，实践证明，分两次喷洒，中间翻拌两遍，再喷洒，再翻拌，整体性好，强度高。但采用水泥时要注意水泥的初凝时间。

5.1.3

5 固化类混合料中含有粗集料，用平地机整型时容易将粗骨料刮到表面，造成离析或粗细集料窝或条带槽，平地机来回刮平次数愈多，离析现象可能愈严重。形成的粗骨料窝或带槽，不能粘结成一整体，开放交通后容易引起沥青面层产生局部破坏，其危害较细集料窝更严重。因此在平地机整型后，要用人工的办法来消除粗细集料窝或带槽现象。

在整型过程中，严禁形成薄层贴补现象。薄层贴补容易脱落和被推移，因而导致其上层破坏。因此，不能在表面光滑的低洼处填补新料。

5.1.3

6 碾压成型后，喷洒固化剂水溶液封层，能增加基层的板体性和强度，同时还可增加防水性和基层的保水性，使固化层保持一定的湿度，促使水泥充分水化，起到一定养生作用。

5.1.3

7 路面固化剂基层在施工中，重要的一环是处理好分段施工的接缝。接缝一定要垂直对接，不能斜接。如果不按照规定做到垂直相接，接缝处就会形成一条薄弱带，该薄弱带外沥青面层会很快产生龟裂破坏，这现象常见于分段施工的半刚性路面沥青面层的纵向接缝处和某些横向接缝处。

5.1.4

2 固化类路面基层和底基层碾压结束后通常应养护2d，再做上层结构。但在基层分层施工时，在上下层都采用相同压路机碾压的情况下，下层碾压完工后即可铺筑上一层，利用上层对下层固化层进行养护。

5.1.4

3 固化类路面基层和底基层在养护期间，重型车辆应控制通行，养生期由于强度未全部形成，重型车辆容易在基层顶面形成辙槽形变，影响沥青面层的平整度。

6 质量要求与检查验收

6.1.1 做好施工质量要求工作是确保工程施工质量，防止固化类路面基层和底基层出现缺陷，减少返工和材料浪费的重要措施。它包括材料的质量检验，铺筑试验路段（必要时做），施工过程中的质量控制和工序的验收。

6.4 质量要求和 6.5 检查验收与《公路路面基层施工技术规范》JTJ 034（条文说明）7.4 与 7.5 相同。

中华人民共和国行业标准

城市道路照明工程施工及验收规程

Specification for Construction and Inspection
of Urban Road Lighting Engineering

CJJ 89—2001

主编单位：北京市路灯管理处
批准部门：中华人民共和国建设部
实施日期：2001年11月01日

关于发布行业标准《城市道路照明工程施工及验收规程》的通知

建标［2001］165号

根据建设部《关于印发〈一九九九年工程建设城建、建工行业标准制订、修订计划〉的通知》（建标［1999］309号）的要求，由北京市路灯管理处主编的《城市道路照明工程施工及验收规程》，经审查，批准为行业标准，其中2.2.6、2.2.10、2.3.8、2.3.17、2.3.18、3.1.2、3.2.3、3.2.13、5.3.5、6.1.2、6.1.3、6.2.3、6.3.5、7.4.6为强制性条文，必须严格执行。该标准编号为CJJ 89—2001，自2001年11月1日起施行。

本标准由建设部城镇道路桥梁标准技术归口单位北京市市政工程设计研究总院负责管理，北京市路灯管理处负责具体解释，建设部标准定额研究所组织中国建筑工业出版社出版。

中华人民共和国建设部
2001年7月30日

前　言

根据建设部建标［1999］309号文件的要求，规程编制组经广泛调研，认真总结实践经验，参考有关国际标准和国外先进标准，并在广泛征求意见的基础上，制定了本规程。

本规程的主要技术内容是：1. 总则；2. 架空线路；3. 低压电缆线路；4. 变压器、箱式变电站；5. 配电装置与控制；6. 安全保护；7. 路灯安装等。

本规程由建设部城镇道路桥梁标准技术归口单位北京市市政工程设计研究总院归口管理，授权由主编单位负责具体解释。

本规程主编单位是：北京市路灯管理处
（地址：北京市丰台区方庄路2号；
邮政编码：100078）。

本规程参加单位是：武汉供电局路灯分局
深圳市路灯管理处
沈阳市路灯管理处
常州市路灯管理处

本规程主要起草人员是：孙怡璞　冀中义　曾祥礼
李炯照　鲍凯弘　张　华

目　次

1 总 则

1.0.1 为适应城市道路照明工程建设的发展，保证路灯工程的施工质量，促进技术进步，确保照明设施安全、经济的运行，制定本规程。

1.0.2 本规程适用于10kV及以下城市道路照明设施安装、架空线路及低压电缆配线工程的施工及验收。

1.0.3 城市道路照明所采用的器材、运输及保管，应符合现行国家标准《电气装置安装工程 35kV 及以下架空电力线路施工及验收规范》（GB 50173）的有关规定；当产品有特殊要求时，尚应符合产品技术文件的规定。

1.0.4 器材和设备应按下列要求进行检查：

1 技术文件应齐全。

2 型号、规格及外观质量应符合设计要求和本规程的规定。

1.0.5 城市道路照明工程的施工和验收，除应符合本规程外，尚应符合国家现行有关强制性标准的规定。

2 架 空 线 路

2.1 电 杆 与 横 担

2.1.1 基坑施工前的定位应符合下列规定：

1 直线杆顺线路方向位移不应超过设计档距的 3%；直线杆横线路方向位移不应超过 50mm；

2 转角杆、分支杆的横线路、顺线路方向的位移均不应超过 50mm。

2.1.2 电杆基坑深度应符合设计规定。对一般土质，电杆埋深宜为杆长的 1/6，并应符合表 2.1.2 的规定。对特殊土质或无法保证电杆的稳固时，应采取加卡盘、围桩、打入字拉线等加固措施。基坑回填土应分层夯实，地面宜设防沉土台。

表 2.1.2 电杆埋设深度（m）

杆 长	8	9	10	11	12	13	15
埋 深	1.5	1.6	1.7	1.8	1.9	2.0	2.5

2.1.3 当电杆采用普通环形钢筋混凝土定型产品时，应符合下列规定：

1 表面应光洁平整，壁厚均匀，无露筋、跑浆现象；

2 电杆应无纵向裂缝，横向裂缝的宽度不应超过 0.1mm，长度不应超过电杆周长的 1/3；

3 杆身弯曲不应超过杆长的 1/1000。

2.1.4 电杆立好后应正直，直线杆的倾斜不应大于杆梢直径的 1/2；转角杆应向外角预偏，紧线后不应向内角倾斜，其杆梢向外角偏移不应大于杆梢直径；终端杆应向拉线侧预偏，其预偏值不应大于杆梢直径，紧线后不应向受力侧倾斜。

2.1.5 横担应为热镀锌角钢，高压横担的角钢不应小于 L63×6；低压横担的角钢不应小于 L50×5。

2.1.6 线路单横担的安装：直线杆应装于受电侧；分支杆、转角杆（十字担）及终端杆应装于拉线侧；偏支担应上翘 30mm。

2.1.7 各部位的螺母应拧紧。螺栓外露部分不宜少于两个螺距。螺母受力的螺栓应加弹簧垫或加双母，长孔必须加垫圈。

2.1.8 横担安装应平正，安装偏差应符合下列规定：

1 横担端部上下偏差不应大于 20mm；

2 横担端部左右偏差不应大于 20mm；

3 最上层横担距杆顶不应小于 200mm。

2.1.9 15°以下的转角杆和导线截面在 $50mm^2$ 及以下的终端杆、断连杆可采用单横担；15°～45°的转角杆和导线截面在 $70mm^2$ 及以上终端杆、断连杆应采用双横担；45°以上的转角杆应采用十字横担。

2.1.10 同杆架设的线路横担之间的垂直距离不得小于表 2.1.10的规定。

表 2.1.10 横担之间的垂直距离（mm）

导线排列方式	直线杆	耐张杆	绝缘线杆
高压与高压	800	600	500
高压与低压	1200	1000	1000
低压与低压	600	300	—

2.2 绝缘子与拉线

2.2.1 绝缘子及瓷横担安装前应进行外观检查，且应符合下列规定：

1 瓷件与铁件组合无歪斜现象，组合紧密，铁件镀锌良好；

2 瓷釉光滑，无裂痕、缺釉、斑点、烧痕、气泡或瓷釉烧坏等缺陷；

3 弹簧销、弹簧垫的弹力适宜。

2.2.2 绝缘子安装应符合下列规定：

1 安装应牢固，连接可靠，不得积水；

2 安装时应清除表面污垢、附着物及不应有的涂料；

3 绝缘子裙边与带电部位的间隙不应小于 50mm。

2.2.3 绝缘子的使用宜符合表2.2.3的规定。

表 2.2.3　绝缘子的使用规定

电压等级	裸线		绝缘线
	直　线	耐　张	
高　压	P-15 针式瓷横担	双 X-4.5C 悬式 X-4.5 悬式和 E-10 蝶式	P-10 针式 P-15 针式
低　压	PD-3 针式 P-6 针式 P-10 针式 瓷横担	X-3 悬式和低压蝶式	—

2.2.4 瓷横担安装应符合下列规定：

1 当直立安装时，顶端顺线路歪斜不应大于 10mm；

2 当水平安装时，顶端宜向上翘起 5°～10°；顶端顺线路歪斜不应大于 20mm；

3 当安装于转角杆时，顶端竖直安置的瓷横担支架应安装在转角的内角侧；

4 全瓷横担绝缘子的固定处应加软垫。

2.2.5 拉线盘的埋深和方向应符合设计要求。拉线棍与拉线盘应垂直，连接处应加专用垫和双螺母，拉线棍露出地面部分长度宜为 500～700mm。拉线与地面的夹角宜为 45°，且不得大于 60°。拉线的规格与埋深应符合表 2.2.5 的规定。

表 2.2.5　拉线规格与埋深（mm）

拉线棍规格	拉线盘（长×宽）	埋　深
ϕ16×（2000～2500）	500×300	1300
ϕ19×（2500～3000）	600×400	1600
ϕ19×（3000～3500）	800×600	2100

2.2.6 承力拉线应与线路方向的中心线对正；分角拉线应与线路分角线方向对正；防风拉线应与线路方向垂直。

2.2.7 拉线应采用镀锌钢绞线，截面不宜小于 25mm^2，拉线应有防撞措施。跨越道路的横向拉线，应符合设计要求，且对通车路面中心的垂直距离不应小于 6m，对路面边缘的垂直距离不应小于 5m。拉线杆应向张力的反向倾斜 10°～20°。

2.2.8 采用 UT 型线夹及楔型线夹固定安装拉线应符合下列规定：

1 安装前丝扣上应涂润滑剂；

2 线夹舌板与拉线接触应紧密，受力后应无滑动，线夹凸肚在尾线侧，安装时不应损伤线股；

3 拉线弯曲部分不应有明显松股，拉线断头处与拉线主线应固定可靠，线夹处露出的尾线长度宜为 300～500mm，尾线回头后应与本线扎牢；

4　当同一组拉线使用双线夹并采用连板时，其尾线端的方向应一致；

5　UT 型线夹或花篮螺栓应露扣，其长度不应小于螺杆丝扣长度的 1/2，可供调紧。调整后 UT 型线夹的双母应并紧，花篮螺栓应封固。

2.2.9　采用绑扎固定拉线应符合下列规定：

1　拉线两端应设置心型环；

2　拉线绑扎应采用直径 2.0mm 或 2.6mm 的镀锌铁线。绑扎应整齐、紧密，拉线最小绑扎长度应符合表 2.2.9 的规定。

表 2.2.9　拉线最小绑扎长度

钢绞线截面 (mm^2)	上　段 (mm)	下　段 (mm)		
		下　端	花　缠	上　端
25	200	150	250	80
35	250	200	250	80
50	300	250	250	80

2.2.10　拉线穿越带电线路时，应在拉线上下加装绝缘子，拉线绝缘子自然悬垂时距地面不应小于 2.5m。

2.2.11　没有条件做拉线，可做戗杆。戗杆应符合下列规定：

1　戗杆底部埋深不宜小于 0.5m，且应设有防沉措施；

2　与主杆之间夹角应满足设计要求，允许偏差为 ±5°；

3　与主杆连接应紧密、牢固。

2.3　导 线 架 设

2.3.1　导线在展放过程中，应进行导线外观检查，不应发生磨伤、断股、扭曲、金钩、断头等现象。

2.3.2　导线在同一处损伤，有下列情况之一时，可不做修补，但应将损伤处的棱角与毛刺用 0 号砂纸磨光。

1　单股损伤深度小于直径的 1/2；

2　钢芯铝绞线、钢芯铝合金绞线损伤截面积小于导电部分截面积的 5%，且强度损失小于 4%；

3　单金属绞线损伤截面积小于 4%。

2.3.3　当导线在同一处损伤需进行修补时，导线损伤修补应符合表 2.3.3 的规定。

表 2.3.3　导线损伤修补方法

导线类别	损　伤　情　况	处理方法
铝绞线	导线在同一处损伤程度已超过第 2.3.2 条的规定，但因损伤导致强度损失不超过总拉断力的 5%	用缠绕或修补预绞丝修补
铝合金绞线	导线在同一处损伤导致强度损失超过总拉断力的 5%，但不超过 17%	用修补管修补
钢芯铝绞线	导线在同一处损伤程度已超过第 2.3.2 条的规定，但因损伤导致强度损失不超过总拉断力的 5%，且截面积损伤又不超过导电部分总截面积的 7%	用缠绕或修补预绞丝修补
钢芯铝合金绞线	导线在同一处损伤的强度损失已超过总拉断力的 5% 但不超过 17%，且截面积损伤也不超过导电部分总截面积的 25%	用修补管修补

2.3.4　受损导线采用缠绕处理应符合下列规定：

1　受损伤处的线股应处理平整；

2　应选用与导线同金属的单股线为缠绕材料，其直径不应小于 2mm；

3 缠绕中心应位于损伤最严重处，缠绕应紧密，受损伤部分应全部覆盖，其长度不应小于100mm。

2.3.5 受损导线采用修补预绞丝修补应符合下列规定：

1 受损伤处的线股应处理平整；

2 修补预绞丝长度不应小于3个节距；

3 修补预绞丝的中心应位于损伤最严重处，且应与导线接触紧密，损伤处应全部覆盖。

2.3.6 受损导线采用修补管修补应符合下列规定：

1 损伤处的铝（铝合金）股线应先恢复其原绞制状态；

2 修补管的中心应位于损伤最严重处，需修补导线的范围应距管两端各不小于20mm处。

2.3.7 导线在同一处损伤，有下列情况之一者，应将损伤部分全部割去，重新以直线接续管连接：

1 强度损失或损伤截面积超过本规程第2.3.3条以修补管修补的规定；

2 连续损伤其强度、截面积虽未超过本规程第2.3.3条以修补管修补的规定，但损伤长度已超过修补管能修补的范围；

3 钢芯铝绞线的钢芯断一股；

4 导线出现灯笼的直径超过导线直径的1.5倍而又无法修复；

5 金钩、破股已形成无法修复的永久变形。

2.3.8 不同金属、不同规格、不同绞制方向的导线严禁在档距内连接。

2.3.9 导线与接续管应采用钳压连接，并应符合下列规定：

1 导线的连接部分及钳压管内应先用汽油清洗干净，涂上一层电力复合脂；

2 钳压钢芯铝绞线时，应在两线之间加垫片；

3 钳压时铝绞线应从接续管的一端开始，上下交错地压向另一端；钢芯铝绞线应从管的中间开始，依次上下交错地压向一端，然后再压向另一端。压口位置、操作顺序应按图2.3.9进行；

4 钳压压口数及压后尺寸应符合表2.3.9的规定；

表 2.3.9 **钳压压口数及压后尺寸**

导线型号		压口数	压后尺寸（mm）	钳压部位尺寸（mm）		
				a_1	a_2	a_3
铝绞线	LJ-16	6	10.5	28.0	20.0	34.0
	LJ-25	6	12.5	32.0	20.0	36.0
	LJ-35	6	14.0	36.0	25.0	43.0
	LJ-50	8	16.5	40.0	25.0	45.0
	LJ-70	8	19.5	44.0	28.0	50.0
	LJ-95	10	23.0	48.0	32.0	56.0
钢芯铝绞线	LGJ-35	14	17.5	34.0	42.5	93.5
	LGJ-50	16	20.5	38.0	48.5	105.5
	LGJ-70	16	25.0	46.0	54.5	123.5
	LGJ-95	20	29.0	54.0	61.5	142.5

5 钳压后导线端头露出长度，不应小于20mm；

6 压接后接续管两端出口处、合缝处及外露部分应涂刷电力复合脂。

2.3.10 架空线宜采用绝缘线，展放时不应损伤导线的绝缘层和出现扭弯等现象，接头应符合有关规定，破口处应进行绝缘处理。

2.3.11 架空线路在同一档内，同一根导线上的接头不应超过一个。导线接头位置与导线固定处的距离应大于 0.5m。

2.3.12 架空线路导线间的最小水平距离应符合表2.3.12的规定，靠近电杆的两条导线间的水平距离不得小于 0.5m。

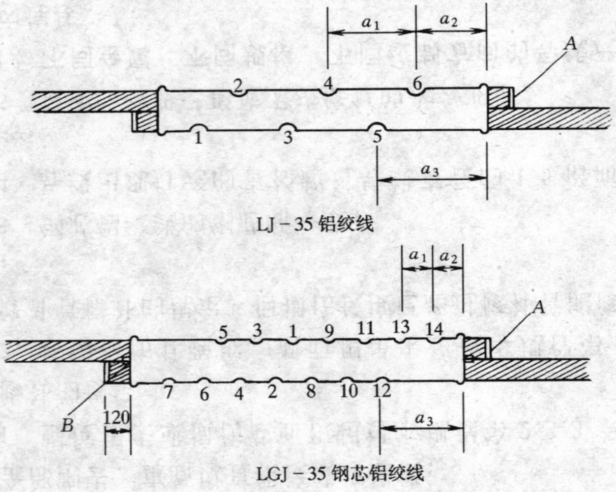

图 2.3.9 钳压管连接图

A—绑线；B—垫片；a_1—同侧压口与压口之间的距离；a_2—钳压管端部至其最近的压口中心的距离；a_3—在与 a_2 所在侧相反的一侧，钳压管端部至其最近的压口中心的距离；1、2、3……表示压接操作顺序。

表 2.3.12 架空线路导线间的最小水平距离（mm）

电压 \ 档距		40m 以下	50m	60m	70m	80m	90m	100m
高压	裸 线	600	650	700	750	850	900	1000
	绝缘线	500	500	500	—	—	—	—
低 压		300	400	450	500	—	—	—

2.3.13 导线的固定应牢固，并应符合下列规定：

1 对直线转角杆，当使用针式绝缘子时，导线应固定在转角外侧的槽内；当使用瓷横担绝缘子时，导线应固定在第一裙内；

2 对直线跨越杆，导线应双固定，导线本体不应在固定处出现角度；

3 裸铝导线在绝缘子或线夹上固定应缠绕铝带，缠绕长度应超出接触部分 30mm。铝带的缠绕方向应与外层线股的绞制方向一致。

2.3.14 裸铝导线在蝶式绝缘子上作耐张且采用绑扎方式固定时，绑扎长度应符合表 2.3.14 的规定。

表 2.3.14 裸铝导线绑扎长度

导线截面（mm^2）	绑扎长度（mm）
LJ-50、LGJ-50 以下	≥150
LJ-70	≥200

2.3.15 架空线路的引流线（跨接线或弓子线）之间、引流线与主干线之间的连接应符合下列规定：

1 不同金属导线的连接应有可靠的过渡金属；

2 同金属导线，当采用绑扎连接时，绑扎长度应符合表 2.3.15 的规定。

3 绑扎连接应接触紧密、均匀、无硬弯，引流线应呈均匀弧度；

4 当不同截面导线连接时，其绑扎长度应以小截面导线为准。

表 2.3.15　　同金属导线绑扎长度

导线截面（mm^2）	绑扎长度（mm）
35 及以下	≥150
50	≥200
70	≥250

2.3.16　绑扎用的绑线应选用与导线相同金属的单股线，其直径不应小于 2.0mm。

2.3.17　引流线、引下线与相邻的引流线、引下线或导线之间的距离，高压不应小于 300mm；低压不应小于 150mm。

2.3.18　线路的导线与拉线、电杆或架构之间的距离，高压不应小于 200mm；低压不应小于 100mm。

2.3.19　架空线路的导线紧好后，弧垂的误差不应超过设计弧垂的 ±5%。同档内各相导线弧垂应一致，水平排列的导线弧垂相差不得大于 50mm。

2.3.20　沿墙架设的低压线路，当采用绝缘线时，除应符合设计要求外，尚应符合下列规定：

1　支持物牢固可靠，破口处缠绕绝缘带；

2　设计无要求时，中性线在支架上的位置应安装在靠墙侧。

2.3.21　导线架设后，导线对地、建筑物、构筑物及交叉跨越距离应符合设计要求。

2.3.22　导线与树木的最小距离应符合表2.3.22的规定。

表 2.3.22　　导线与树木的最小距离（m）

类　别	高　压	低　压	绝缘线
垂　直	1.5	1.0	0.8
水　平	2.0	1.0	1.0

2.3.23　线路导线截面应符合设计规定，低压末端电压不应低于额定电压的 90%，线路导线允许的最小截面应符合表 2.3.23 的规定。

表 2.3.23　　线路导线允许的最小截面（mm^2）

导线类别	高　压	低　压
铝及钢芯铝绞线	50	35
铜　线	25	25
绝缘铝绞线	70	35

2.4　工程交接验收

2.4.1　架空线路工程交接验收应按下列要求进行检查：

1　电杆、线材、金具、绝缘子等器材的质量应符合技术标准的规定；

2　电杆组立的埋深、位移和倾斜等应合格；

3　金具安装的位置、方式和固定等应符合规定；

4　绝缘子的规格、型号及安装方式方法应符合规定；

5　拉线的截面、角度、制做和标志应符合规定；

6　导线的规格、截面应符合设计规定；

7　导线架设的固定、连接、档距、弧垂以及导线的相间、跨越、对地、对树的距离应符合规定。

2.4.2　架空线路工程交接验收应提交下列资料和文件：

1　线路路径批准文件；

2　工程竣工资料；

3　工程竣工图；

4　设计变更文件；

5　测试记录和协议文件。

3 低压电缆线路

3.1 一 般 规 定

3.1.1 电缆在任何敷设方式及其全部路径条件的上、下、左、右改变部位，其弯曲半径应符合下列规定：

1 聚氯乙烯绝缘电缆为电缆外径的10倍；

2 聚氯乙烯铠装电缆为电缆外径的20倍。

3.1.2 **电缆直埋或在保护管中不得有接头。**

3.1.3 电缆敷设时，应从盘的上端引出，不应使电缆在支架上及地面摩擦拖拉。电缆外观应无损伤，绝缘良好，不得有铠装压扁、电缆绞拧、护层折裂等机械损伤。电缆在敷设前应用500V兆欧表进行绝缘电阻测量，阻值不得小于10MΩ。

3.1.4 电缆在灯杆两侧预留量不应小于0.5m。

3.1.5 三相四线制应采用四芯等截面电力电缆，不应采用三芯电缆，另用电缆金属护套作中性线。三相五线制应采用五芯电力电缆。PE线芯截面可小一等级，但不应小于$16mm^2$。

3.1.6 电缆在直线段，每隔50~100m、转弯处、进入建筑物等处应设置固定明显的标志。

3.1.7 电缆埋设深度应符合下列规定：

1 绿地、车行道下不应小于0.7m；

2 人行道下不应小于0.5m；

3 在不能满足上述要求的地段应按设计要求敷设。

3.1.8 机械敷设电缆时，电力电缆最大允许牵引强度：铜芯电缆不宜大于$70N/mm^2$；铝芯电缆不宜大于$40N/mm^2$。严禁用汽车牵引。

3.1.9 电缆接头和终端头整个绕包过程应保持清洁和干燥。绕包绝缘前，应用汽油浸过的白布将线芯及绝缘表面擦干净，塑料电缆宜采用自粘带、粘胶带、胶粘剂、收缩管等材料密封，塑料护套表面应打毛，粘接表面应用溶剂除去油污，粘接应良好。

3.1.10 电缆芯线的连接宜采用压接方式，压接面应满足电气和机械强度要求。

3.1.11 在有多路电缆通过的地段及电缆井内应有明显的标示牌。

3.1.12 采用架空的电缆应符合下列规定：

1 架空电缆承力钢绞线截面不宜小于$35mm^2$，线路两端应有良好接地和重复接地，接地电阻不得大于4Ω；

2 电缆在承力钢绞线上固定应自然松弛，在每一电杆处应留一定的余量，长度不应小于0.5m；

3 承力钢绞线上电缆固定点的间距应小于0.75m，电缆固定件应进行热镀锌处理，并应加软垫保护。

3.1.13 电缆从地下或电缆沟引出地面时应加保护管，保护管的长度不得小于2.5m，并应采用抱箍固定，固定点不得小于2处；电缆上杆应加固定支架，支架间距不得大于2m。

3.2 电 缆 敷 设

3.2.1 电缆直埋敷设时，沿电缆全长上下应铺厚度不小于100mm的细土或砂层，沿电缆全长应覆盖宽度不小于电缆两侧各50mm的保护板，保护板宜用混凝土制作，保护板上宜铺以醒目的标志。

3.2.2 直埋电缆宜采用聚氯乙烯护套铠装电缆。

3.2.3 **直埋敷设的电缆穿越铁路、道路、道口等机动车通行的地段时应穿管敷设。**

3.2.4 在含有酸、碱强腐蚀或杂散电流电化学腐蚀严重影响的地段，电缆不宜采取直埋敷设。

3.2.5 电缆之间、电缆与管道之间平行和交叉时的最小净距应符合表 3.2.5 的规定。

表 3.2.5 电缆之间、电缆与管道之间平行和交叉的最小净距

项目	最小净距（m）	
	平行	交叉
不同使用部门的电缆间	0.5	0.5
电缆与地下管道间	0.5	0.5
电缆与油管道、可燃气体管道间	1.0	0.5
电缆与热管道及热力设备间	2.0	0.5

3.2.6 直埋电缆沟回填土应分层夯实。

3.2.7 电缆保护管不应有孔洞、裂缝和明显的凹凸不平，内壁应光滑无毛刺。金属电缆管应采用热镀锌管或铸铁管，其内径不宜小于电缆外径的 1.5 倍；混凝土管、陶土管、石棉水泥管其内径不宜小于 100mm。

3.2.8 电缆管在弯制后不应有裂缝和明显的凹凸现象，其弯扁程度不宜大于管子外径的 10%。

3.2.9 硬质塑料管连接应采用插接，其插入深度宜为管子内径的 1.1～1.8 倍，在插接面上应涂以胶合剂粘牢密封。

3.2.10 金属电缆管连接应牢固，密封良好；当采用套接时，套接的短套管或带螺纹的管接头长度不应小于外径的 2.2 倍，金属电缆管不宜直接对焊。

3.2.11 电缆管连接时，管孔应对准，接缝应严密，不得有地下水和泥浆渗入。

3.2.12 敷设混凝土管、陶土管时，地基应坚实、平整，不应有沉降。

3.2.13 **交流单相电缆单根穿管时，不得用钢管或铁管。**

3.2.14 电缆管的弯曲半径不应小于所穿入电缆的最小允许弯曲半径。

3.2.15 横穿道路及有机动车辆通行地段的管道应满足所需的承压强度。

3.2.16 桥梁上敷设电缆应采取防振措施，伸缩缝处的电缆应留有松弛部分。

3.2.17 电缆管应安装牢固；当设计无规定时，支持点间距不宜大于 3m。

3.2.18 所有支持夹具的铁制零部件除预埋螺栓外均应采用热镀锌处理。

3.2.19 过街管道、绿地与绿地间管道应在两端设置工作井，超过 50m 时应增设工作井，灯杆处宜设置工作井。工作井应符合下列规定：

1 井盖应有防盗措施；

2 井深不得小于 1m，并应有渗水孔；

3 井宽不应小于 700mm。

3.3 工程交接验收

3.3.1 低压电缆线路工程交接验收应按下列要求进行检查：

1 电缆型号应符合设计要求，排列整齐，无机械损伤，标志牌齐全、正确、清晰；

2 电缆的固定、间距、弯曲半径应符合规定；
3 电缆接头良好，绝缘应符合规定；
4 电缆沟应符合要求，沟内无杂物；
5 保护管的连接、防腐应符合规定；
6 工作井设置安装应正确。

3.3.2 隐蔽工程应在施工过程中进行中间验收，并做好记录。

3.3.3 低压电缆线路工程交接验收应提交下列资料和文件：
1 电缆路径的批准文件；
2 工程竣工资料；
3 工程竣工图；
4 设计变更文件；
5 各种试验和检查记录。

4 变压器、箱式变电站

4.1 一 般 规 定

4.1.1 本章适用于电压为10kV及以下，容量500kVA及以下的电力变压器、箱式变电站安装工程。

4.1.2 变压器、箱式变电站设置地点宜符合下列条件：
1 环境温度：最高气温+40℃，最高日平均气温+30℃，最高年平均气温+20℃，最低气温-30℃；
2 当空气温度为+25℃时，相对湿度不应超过90%；
3 海拔高度1000m及以下；
4 周围应无火灾、爆炸、化学腐蚀及剧烈振动的危险，通风良好、不易积水；
5 四周宜有足够的安全空间，便于高压电缆、低压电缆及线路的进出，并应避让地下设施。

4.1.3 设备到达现场后，应及时进行外观检查，并应符合下列规定：
1 不得有机械损伤，附件齐全，各组合部件无松动和脱落。箱式变电站内部电器部件及连接无损坏；
2 油浸式变压器，密封处应良好，无渗漏油现象。

4.1.4 在运输过程中无异常情况，且制造厂未规定必须进行器身检查的，可不进行器身检查。

4.1.5 当需要进行器身检查时，应符合下列规定：
1 周围空气温度不宜低于0℃，器身温度不应低于环境温度，当器身温度低于环境温度时，应将器身加热，宜使其温度高于环境温度10℃；

2　当空气相对湿度小于75%时，器身暴露在空气中的时间不得超过16h；

3　空气相对湿度或露空时间超过规定时，必须采取相应的可靠措施；

4　器身检查时，场地四周应保持清洁并有防尘措施；雨雪天或雾天不应在室外进行。

4.1.6　器身检查的主要项目和要求应符合下列规定：

1　所有螺栓应紧固，并有防松措施，绝缘螺栓应无损坏，防松绑扎完好；

2　铁芯应无变形，无多点接地；

3　绕组绝缘层应完整，无缺损、变位现象；

4　引出线绝缘包扎牢固，无破损、拧弯现象；引出线绝缘距离应合格，引出线与套管的连接应牢靠，接线正确。

4.1.7　干式变压器在运输途中应有防雨和防潮措施。存放时，应置于干燥的室内。

4.1.8　变压器到达现场后，当超出三个月未安装时应加装吸湿器，并应进行下列检测工作：

1　检查油箱密封情况；

2　测量变压器内油的绝缘强度；

3　测量绕组的绝缘电阻。

4.2　变压器、箱式变电站安装

4.2.1　与变压器、箱式变电站安装有关的建筑物、构筑物的工程质量，应符合国家现行的建筑工程施工及验收规范中的有关规定，并应符合下列要求：

1　建筑物、构筑物应具备设备进场安装条件。基础、构架、预埋件、预留孔应符合设计要求，达到设备安装的强度要求；

2　设备安装完毕，投入运行前，建筑工程应符合下列要求：

1）门窗安装完毕；

2）地坪抹光工作结束，室外场地平整；

3）保护性网门、栏杆等安全设施齐全；

4）油浸式变压器蓄油坑清理干净，排油水管通畅，卵石铺设完毕；

5）通风及消防装置安装完毕；

6）受电后无法进行的装饰工作以及影响运行安全的工作施工完毕。

4.2.2　室外变压器安装方式宜采用杆上台架式安装。室外变压器宜使用油浸式变压器，并应符合下列规定：

1　柱上台架所用铁件应热镀锌；

2　变压器在台架平稳就位后，应采用直径4mm镀锌铁丝在变压器油箱上法兰下面部位将变压器与两杆捆扎固定；

3　柱上变压器应在明显位置悬挂警告牌；

4　柱上变压器台距地面宜为3m，不得小于2.5m；

5　跌落式熔断器的安装位置距地面应为5m，相间距离不应小于0.7m。在有机动车行驶的道路上，跌落式熔断器应安装在非机动车道侧；

6　熔丝的规格应符合设计要求，无弯曲、压扁或损伤，熔体与尾线应压接牢固；

7　变压器高压引下线、母线应采用多股绝缘线，中间不得有接头。其导线截面应按变压器额定电流选择，但铜线不应小于16mm^2，铝线不应小于25mm^2；

8　变压器高压引下线、母线之间的距离不应小于0.3m。

4.2.3　室内变压器安装距墙不应小于800mm，距门不应小于1000mm，中心宜在屋顶吊环垂线位置。

4.2.4　吊装油浸式变压器应利用油箱体吊钩，不得用变压器顶盖上盘的吊环吊装整台变压器；吊装干式变压器，可利用变压器上部钢横梁主吊环吊装。

4.2.5　变压器本体就位应符合下列规定：

1　变压器基础的轨道应水平，轮距与轨距应适合；

2　当使用封闭母线连接时，应使其套管中心线与封闭母线安装中心线相符；

3　装有滚轮的变压器就位后应将滚轮用能拆卸的制动装置加以固定；

4　柱上变压器不宜装滚轮或将滚轮拆卸掉。

4.2.6　变压器附件安装应符合下列规定：

1　油枕：

1）油枕安装前应用合格的变压器油冲洗干净，除去污物；

2）油枕安装前应先安装油位表，放气孔和导油孔应畅通；油标玻璃管应完好；

3）油枕应利用支架安装在油箱顶盖上，用螺栓将油枕、支架和油箱紧固。

2　干燥器：

1）检查硅胶是否失效（对浅蓝色硅胶，变为浅红色即已失效；对白色硅胶一律烘烤）。失效时，应在115～120℃温度下烘烤8h，使其复原或换新的；

2）安装时，应将干燥器盖子处的橡皮垫取掉，并在盖子上装适量的变压器油；

3）干燥器与油枕间管路的连接应密封，管道应通畅。

3　温度计：

1）温度计安装前均应进行校验，信号接点应动作正确，导通良好；

2）油浸式变压器顶盖上的温度计座内应注进适量的变压器油，且密封应良好，无渗漏现象。闲置的温度计座应密封，不得进水；

3）膨胀式信号温度计的细金属软管其弯曲半径不得小于50mm，且不得有压扁或急剧的扭曲。

4.2.7　变压器绝缘油应按现行国家标准《电气装置安装工程电气设备交接试验标准》（GB 50150）的规定试验合格后，方可注入使用；不同牌号的变压器油或同牌号的新油与运行过的油不宜混合使用。需要混合时，必须做混油试验，其质量必须合格。

4.2.8　变压器应按设计要求进行高压侧、低压侧电气连接；当采用硬母线连接时，应按硬母线制作技术要求安装；当采用电缆连接时，应按电缆终端头制作技术要求制作安装。

4.2.9　箱式变电站基础的安装应符合设计要求，基础结构宜采用带电缆室的混凝土结构；电缆室应有通风口，并应采取防止小动物进入箱内及良好的排水措施。

4.2.10　箱式变电站安装完毕送电投运前应进行检查，并应符合下列规定：

1　箱内及各元件表面应清洁、干燥、无异物；

2　操作机构、开关等可动元器件应灵活、可靠、准确。对装有温度显示、温度控制、风机、凝露控制等装置的设备，应根据电气性能要求和安装使用说明书进行检查；

3　所有主回路、接地回路及辅助回路接点应牢固，并应符合电气原理图的要求；

4　变压器、高（低）压开关柜及所有的电器元件设备安装螺栓应紧固；

5　辅助回路的电器整定值应准确，仪表与互感器的变比及接线极性应正确，所有电器元件应无异常。

4.3　试 验 和 检 查

4.3.1　箱式变电站运行前应做下列试验：

1　变压器运行前应作下列试验：

1）绕组直流电阻的测试；

2）铁芯接地检查，穿心螺杆的绝缘检查；

3）绝缘电阻测试：干燥环境条件下，高压对低压及对地绝缘电阻不应小于300MΩ，低压对地绝缘电阻不应小于100MΩ；潮湿环境条件下，绝缘电阻不应小于20MΩ；

4）工频耐压试验：试验电压为变压器出厂试验电压的85%，试验时间可按出厂试验报告值确定。

2　高压开关设备运行前应进行工频耐压试验，试验电压应为高压开关设备出厂试验电压的80%，试验时间应为1min；

3　低压开关设备运行前应采用500V兆欧表测量绝缘电阻，阻值不应低于0.5MΩ；

4　低压开关设备运行前应进行通电试验。

4.3.2　柱上变压器试运行前应进行全面的检查，确认其符合运行条件时，方可投入试运行。检查项目应符合下列规定：

1　本体及所有附件应无缺陷，油浸变压器不渗油；

2　轮子的制动装置应牢固；

3　油漆应完整，相色标志正确清晰；

4　变压器顶部上应无遗留杂物；

5　消防设施齐全，事故排油设施应完好；

6　油枕管的油门应打开，且指示正确，油位正常；

7　防雷保护齐全，外壳接地良好，接地引下线及其与主接地网的连接应满足设计要求；

8　分接头的位置应符合运行电压额定值要求；

9　变压器的相位及绕组的接线组别应符合并网运行要求；

10　测温装置指示应正确，整定值应符合要求；

11　变压器的全部电气试验应合格，保护装置整定值符合规定，操作及联动试验正确。

4.3.3　变压器应进行5次空载额定电压冲击合闸，应无异常情况；第一次受电后持续时间不应小于10min；每次间隔时间宜为5min。冲击合闸宜在变压器高压侧进行。对中性点接地的电力系统试验时变压器中性点必须接地。

4.3.4　变压器投入运行后连续运行24h无异常即可视为合格。

4.4　工程交接验收

4.4.1　变压器、箱式变电站安装工程交接验收应按下列要求进行检查：

1　变压器、箱式变电站等设备、器材应符合规定，无机械损伤；

2　变压器、箱式变电站应安装牢固、正确，防雷、接地等安全保护合格、可靠；

3 变压器各项试验合格，油漆完整，无渗漏油现象，分接头位置符合运行要求，器身无遗留物；

4 各部接线正确、整齐，安全距离和导线截面应符合设计规定；

5 熔断器的熔断体及自动开关的整定值应符合运行要求。

4.4.2 变压器、箱式变电站安装工程交接验收应提交下列资料和文件：

1 工程竣工资料；

2 变更设计的文件；

3 制造厂提供的产品说明书、试验记录、合格证件及安装图纸等技术文件；

4 安装技术记录、器身检查记录、干燥记录等；

5 试验报告；

6 备品备件移交清单。

5 配电装置与控制

5.1 低压配电室一般规定

5.1.1 配电室的位置应接近负荷中心及电源侧，并宜设在导电灰尘少、腐蚀介质少、干燥、无振动、进出线方便的地方。架空出线不应交叉。导线穿墙时，应采用穿墙绝缘套管。

5.1.2 配电装置室内通道的宽度，应符合下列规定：

1 当配电柜为单列布置时，柜前通道不应小于1.5m；

2 当配电柜为双列布置时，柜前通道不应小于2m；

3 配电柜后通道不宜小于1m。

4 配电柜左右两侧不宜小于0.8m。

5.1.3 低压配电装置室的耐火等级不应低于三级。

5.1.4 配电室门应向外开启，门锁应牢固可靠。相邻配电室之间有门时，应采用双向开启门。

5.1.5 高、低压配电装置室宜设不能开启的采光窗。设可开启的窗时，应有防止雨、雪和小动物进入的措施。窗户下檐距室外地面的高度应为1m以上。

5.1.6 配电室室内电缆沟深度宜为600mm，电缆沟盖板宜采用花纹钢板盖板或钢筋混凝土盖板。电缆沟应有防水、排水措施。

5.1.7 低压配电室内不应通过与配电装置无关的管道。室内有采暖时，暖气管道上不应有阀门和中间接头，管道与散热器的连接应采用焊接。

5.1.8 配电室内的电器设备应避免强烈日照。

5.1.9 配电室的接地线应编号，各类标识应齐全，遮拦应符合规定。

5.2 配电柜（箱、盘）安装

5.2.1 基础型钢安装的允许偏差应符合表5.2.1的规定。基础型钢安装后，其顶部宜高出抹平地面 10mm；手车式成套柜应按产品技术要求执行。基础型钢应有明显可靠的接地。

表 5.2.1　基础型钢安装的允许偏差

项目	允许偏差	
	mm/m	mm/全长
直线度	<1	<5
水平度	<1	<5
位置误差及不平行度	—	<5

5.2.2 配电柜（箱、盘）安装在振动场所，应按设计要求采取防振措施。

5.2.3 配电柜（箱、盘）及其设备与各构件间连接应牢固。主控制盘、分路控制盘、自动装置盘等不宜与基础型钢焊死。

5.2.4 配电柜（箱、盘）单独或成列安装的允许偏差应符合表 5.2.4 的规定。模拟母线应对齐，其误差不应超过视差范围，并应完整，安装牢固。

表 5.2.4　配电柜（箱、盘）安装的允许偏差

项目		允许偏差（mm）
垂直度（m）		<1.5
水平偏差	相邻两盘顶部	<2
	成列盘顶部	<5
盘面偏差	相邻两盘边	<1
	成列盘面	<5
盘间接缝		<2

5.2.5 端子箱安装应牢固，密封良好，并应能防潮、防尘。安装的位置应便于检查。成列安装应排列整齐。

5.2.6 配电柜（盘、箱）的接地应牢固良好。装有电器的可开启的门应以裸铜软线与接地的金属构架可靠连接。成套柜（箱）应装有供检修用的接地连接。

5.2.7 成套柜（箱）的安装应符合下列规定：

1 机械闭锁、电气闭锁动作应准确、可靠；

2 动触头与静触头的中心线应一致，触头应接触紧密；

3 二次回路辅助开关的切换接点应动作准确，接触可靠；

4 箱内照明应齐全。

5.2.8 配电柜（箱、盘）的漆层（镀层）应完整无损伤。固定电器的支架应刷漆。安装在同一室内且经常监视的配电柜（箱、盘）其盘面颜色宜和谐一致。

5.2.9 柱上的配电箱箱底距地面不得小于2m，所用金具应进行热镀锌处理。进出线孔应采取保护措施。

5.3 配电柜（箱、盘）电器安装

5.3.1 电器安装应符合下列规定：

1 电器元件的型号、规格应符合设计要求，外观应完好，且附件齐全，排列整齐，固定牢固，密封良好；

2 各电器应能单独拆装更换；

3 发热元件宜安装在散热良好的地方；两个发热元件之间的连线应采用耐热导线或裸铜线套瓷管；

4 信号灯、光字牌、电铃、故障电钟等信号装置应显示准确，工作可靠；

5 盘上装有装置性设备或其它有接地要求的电器其外壳应可靠接地；

6　带有照明的封闭式柜（箱、盘）应保证照明设施完好。

5.3.2　端子排的安装应符合下列规定：

1　端子排应无损坏，固定牢固，绝缘良好；

2　端子应有序号，并应便于更换且接线方便；离地高度宜大于350mm；

3　强、弱电端子宜分开布置；当有困难时，应有明显标志并设空端子隔开或加设绝缘隔板；

4　潮湿环境宜采用防潮端子；

5　接线端子应与导线截面匹配，不应使用小端子配大截面导线。

5.3.3　二次回路的连接件均应采用铜质制品，绝缘件应采用阻燃材料。

5.3.4　配电柜（箱、盘）的正面及背面各电器、端子排等应标明编号、名称、用途及操作位置，其标明的字迹应清晰、工整，不宜脱色。

5.3.5　配电柜（箱、盘）内两导体间、导电体与裸露的不带电的导体间允许最小电气间隙及爬电距离应符合表5.3.5的规定。屏顶上小母线不同相或不同极的裸露载流部分之间、裸露载流部分与未经绝缘的金属体之间电气间隙不得小于12mm，爬电距离不得小于20mm。

表5.3.5　允许最小电气间隙及爬电距离（mm）

额定电压（V）	带电间隙		爬电距离	
	额定工作电流		额定工作电流	
	≤63A	>63A	≤63A	>63A
U≤60	3.0	5.0	3.0	5.0
60<U≤300	5.0	6.0	6.0	8.0
300<U≤500	8.0	10.0	10.0	12.0

5.4　二次回路结线

5.4.1　二次回路结线应符合下列规定：

1　应按图施工，接线正确；

2　导线与电气元件间采用的螺栓连接、插接、焊接或压接等均应牢固可靠；

3　柜（箱、盘）内的导线不应有接头，导线芯线应无损伤；

4　电缆芯线和所配导线的端部均应标明其回路编号，编号应正确，字迹清晰且不宜脱色；

5　配线应整齐、清晰、美观，导线绝缘应良好，无损伤；

6　每个接线端子的每侧接线宜为1根，不得超过2根。对插接式端子，不同截面的两根导线不得接在同一端子上；对螺栓连接端子，当接两根导线时，中间应加平垫片；

7　二次回路接地应设专用螺栓。

5.4.2　配电柜（箱、盘）内的配线电流回路应采用铜芯绝缘导线，其电压不应低于500V，其截面不应小于$2.5mm^2$，其它回路截面不应小于$1.5mm^2$；当电子元件回路、弱电回路采取锡焊连接时，在满足载流量和电压降及有足够机械强度的情况下，可采用不小于$0.5mm^2$截面的绝缘导线。

5.4.3　对连接门上的电器、控制台板等可动部位的导线应符合下列规定：

1　应采取多股软导线，敷设长度应有适当余量；

2　线束应有外套塑料管等加强绝缘层；

3　与电器连接时，端部应加终端紧固附件绞紧，不得松散、断股；

4　在可动部位两端应用卡子固定。

5.4.4　引入柜（箱、盘）内的电缆及其芯线应符合下列规定：

1　引入柜（箱、盘）内的电缆应排列整齐，编号清晰，避免交叉，固定牢固，不得使所接的端子排受机械应力；

2　铠装电缆在进入柜（箱、盘）后，应将钢带切断，切断处的端部应扎紧，并应将钢带接地；

3　橡胶绝缘的芯线应采用外套绝缘管保护；

4　柜（箱、盘）内的电缆芯线应按垂直或水平有规律地配置，不得任意歪斜交叉连接。备用芯线长度应有余量；

5　强、弱电回路不应使用同一根电缆，应分别成束分开排列。

5.5　路灯控制系统

5.5.1　路灯运行控制宜采用光控开关、定时钟、路灯控制仪（路灯经纬仪开关）和遥控系统等。

5.5.2　路灯的开、关灯动作，宜设在自然光的照度值 2～10 lx之内。

5.5.3　路灯控制电器应符合下列规定：

1　工作电压范围宜为 180～250V；

2　照度调试范围应为 0～50 lx，在调试范围内应无死区；

3　产品出厂调试照度与环境照度应一致；

4　时间精度应小于 ±1s/d；定时时间误差不应累计；

5　应具有多种定时开、关方式；

6　应性能可靠，操作简单，并具有较强的抗干扰能力，存储数据不丢失；

7　适用环境温度范围宜在 －35～45℃。

5.5.4　路灯控制电器的安装应符合本规程第5.3.1、5.3.2 条及第 5.4.2、5.4.3、5.4.4 条的规定，并应符合下列规定：

1　单板（片）机和微机等控制设备应与其它电器隔离安装，并应设有屏蔽装置；

2　光控开关的光电探头应安装在避免有光干扰的位置；

3　装有电子控制设备的柜（箱、盘）应有防尘、防潮、防水等措施，避免太阳照射，必要时可加设通风装置。

5.5.5　微机无线摇控发射塔的安装应符合下列规定：

1　杆塔组立应有完整的施工设计，并应采取避免部件变形或损坏的措施；

2　杆塔各构件的组装应牢固，交叉处的空隙应装设相应厚度的垫圈或垫板，每端不宜超过两个垫片；

3　当采用螺栓构件时，应符合下列规定：

1）螺杆应与构件面垂直，螺栓头平面与构件间不得有空隙；

2）螺母拧紧后，螺杆露出螺母不得小于两个螺距；使用双母时，螺杆可与螺母相平；

3）螺栓水平穿入时应由内向外；垂直穿入时应由下而上。

4　杆塔部件组装有困难时应查明原因，严禁强行组装。螺孔需扩孔时，改孔部分不应超过 3mm，当超过 3mm 时，应先堵焊再重新打孔，并应进行防腐处理，严禁用气割进行扩孔或烧孔；

5　杆塔连接螺栓应逐个紧固。当螺杆与螺母的螺纹滑牙或螺母的棱角磨损时，必须更换螺栓。

5.5.6　路灯遥控系统应符合下列规定：

1　采集模块所用的元器件应保证其可靠性和精确度，

采集到的电参数宜满足系统对电流、电压、功率、电量、亮灯率的需要。还宜采集前端控制箱内温度、门状等环境参数；

2 所采取的通讯方式应具备经济性、可靠性和范围覆盖能力，能快速传送准确的数据；

3 数据应进行处理，通过分析判断，将运行故障显示或报警；

4 应用模块应功能齐全、实用，并宜具备权限认证，远程控制，设备故障报警，设备和地理信息查询、维护，数据统计、归档和打印等功能；

5 系统误报率应小于1%。

5.6 工程交接验收

5.6.1 配电装置与控制工程交接验收应按下列要求进行检查：

1 配电柜（箱、盘）的固定及接地应可靠，漆层完好，清洁整齐；

2 配电柜（箱、盘）内所装电器元件应齐全完好，安装位置正确、牢固；

3 所有二次回路接线应准确，连接可靠，标志齐全、清晰，绝缘合格；

4 操作及联动实验应正确，符合设计要求。

5.6.2 配电装置与控制工程交接验收应提交下列资料和文件：

1 工程竣工资料；

2 设计变更文件；

3 产品说明书、试验记录、合格证及安装图纸等技术文件；

4 备品备件清单；

5 调试试验记录。

6 安 全 保 护

6.1 一 般 规 定

6.1.1 电气设备的带电部分应有防直接触摸保护装置，当设屏护时可采用绝缘措施。

6.1.2 电气装置的下列金属部分，均应接零或接地：

1 变压器、配电柜（箱、盘）等的金属底座或外壳；

2 室内外配电装置的金属构架及靠近带电部位的金属遮拦和金属门；

3 电力电缆的金属护套、接线盒和保护管；

4 配电和路灯的金属杆塔；

5 其它因绝缘破坏可能使其带电的外露导体。

6.1.3 不得利用蛇皮管、裸铝导线以及电缆金属护套层做接地线。接地线不得兼做他用。

6.2 接零和接地保护

6.2.1 在中性点直接接地的路灯低压网中，金属灯杆、配电箱等电气设备的外壳宜采用低压接零保护。

6.2.2 在保护接零系统中，用熔断器作保护装置时，单相短路电流不应小于熔断片额定熔断电流的4倍；用自动开关作保护装置时，单相短路电流不应小于自动开关瞬时或延时动作电流的1.5倍。

6.2.3 采用接零保护时，单相开关应装在相线上，保护零线上严禁装设开关或熔断器。

6.2.4 保护零线和相线的材质应相同，当相线的截面在 $35mm^2$ 及以下时，保护零线的最小截面应为 $16mm^2$；当相线的截面在 $35mm^2$ 以上时，保护零线的最小截面不得小于相线截面的50%。

6.2.5 保护接零时，在线路分支、首端及末端应安装重复接地装置，接地装置的接地电阻不应大于10Ω。

6.2.6 在用电设备较少且分散、采用接零保护确有困难且土壤电阻率较低时，可采用低压接地保护。

6.2.7 灯杆、配电箱等金属电力设备采用接地保护时，其接地电阻不应大于4Ω。

6.3 接 地 装 置

6.3.1 接地装置可利用下列接地体接地：

1 建筑物的金属结构（梁、柱）及设计规定的混凝土结构内部的钢筋；

2 配电装置的金属外壳；

3 保护配电线路的金属管。

6.3.2 接地体埋深应符合设计规定；当设计无规定时，埋深不宜小于0.6m。

6.3.3 垂直接地体的间距不宜小于其长度的2倍；水平接地体的间距在设计无规定时不宜小于5m。

6.3.4 明敷接地线安装应符合下列规定：

1 敷设位置不应妨碍设备的拆卸和检修；

2 接地线宜水平或垂直敷设，结构平行敷设直线段上不应起伏或弯曲；

3 支架的距离：水平直线部分宜为0.5～1.5m，垂直部分宜为1.5～3.0m，转弯部分宜为0.3～0.5m；

4 沿建筑物墙壁水平敷设时，距地面宜为0.25～0.3m，与墙壁间的距离宜为0.1～0.15m；

5 跨越建筑物伸缩缝、沉降缝时，应将接地线弯成弧状。

6.3.5 接地装置的导体截面应符合热稳定和机械强度要求；当使用圆钢时，直径不得小于10mm，扁钢不得小于4×25mm，角钢厚度不得小于4mm。

6.3.6 接地体的连接应采用焊接，焊接应牢固并应进行防腐处理，接至电气设备上的接地线应采用镀锌螺栓连接，对有色金属接地线不能采用焊接时，可用螺栓连接。

6.3.7 接地体的焊接应采用搭接焊，其搭接长度应符合下列规定：

1 扁钢为其宽度的2倍；

2 圆钢为其直径的6倍；

3 圆钢与扁钢连接时，其长度为圆钢直径的6倍；

4 扁钢与角钢连接时，应在其接触部位两侧进行焊接。

6.4 工程交接验收

6.4.1 安全保护工程交接验收应按下列要求进行检查：

1 接地线规格正确，连接可靠，防腐层完好；

2 工频接地电阻值及设计的其他测试参数符合设计规定，雨后不应立即测量接地电阻。

6.4.2 安全保护工程交接验收应提交下列文件资料：

1 工程竣工资料；

2 设计变更文件；

3 测试记录。

7 路灯安装

7.1 一般规定

7.1.1 同一街道、公路、广场、桥梁的路灯安装高度（从光源到地面）、仰角、装灯方向宜保持一致。

7.1.2 灯杆位置应合理选择，灯杆不得设在易被车辆碰撞地点，且与供电线路等空中障碍物的安全距离应符合供电有关规定。

7.1.3 基础坑开挖尺寸应符合设计规定，基础混凝土强度等级不应低于C20，基础内电缆护管从基础中心穿出并应超出基础平面30～50mm。浇制钢筋混凝土基础前必须排除坑内积水。

7.1.4 灯具安装纵向中心线和灯臂纵向中心线应一致，灯具横向水平线应与地面平行，紧固后目测应无歪斜。

7.1.5 常规照明灯具的效率不应低于60%，且应符合下列规定：

1 灯具配件应齐全，无机械损伤、变形、油漆剥落、灯罩破裂等现象。灯具的防护等级、密封性能必须在IP55以上；

2 反光器应干净整洁，并应进行抛光氧化或镀膜处理，反光器表面应无明显划痕；

3 透明罩的透光率应达到90%以上，并应无气泡、明显的划痕和裂纹；

4 封闭灯具的灯头引线应采用耐热绝缘管保护，灯罩与尾座的连接配合应无间隙；

5 灯具应抽样进行温升和光学性能等测试，测试结果应符合现行国家标准《灯具安全要求与试验》（GB 7000.1～7000.6）的规定，测试单位应具备资质证书。

7.1.6 灯头应固定牢靠，可调灯头应按设计调整至正确位置，灯头接线应符合下列规定：

1 相线应接在中心触点端子上，零线应接螺纹口端子；

2 灯头绝缘外壳应无损伤、开裂；

3 高压汞灯、高压钠灯宜采用中心触点伸缩式灯口。

7.1.7 灯头线应使用额定电压不低于500V的铜芯绝缘线。功率小于400W的最小允许线芯截面应为$1.5mm^2$，功率在400W至1000W的最小允许线芯截面应为$2.5mm^2$。

7.1.8 在灯臂、灯盘、灯杆内穿线不得有接头，穿线孔口或管口应光滑、无毛刺，并应采用绝缘套管或包带包扎，包扎长度不得小于200mm。

7.1.9 每盏灯的相线宜装设熔断器，熔断器应固定牢靠，接线端子上线头弯曲方向应为顺时针方向并用垫圈压紧，熔断器上端应接电源进线，下端应接电源出线。

7.1.10 气体放电灯应将熔断器安装在镇流器的进电侧，熔丝应符合下列规定：

1 250W及以下汞灯、150W及以下钠灯和白炽灯可采用4A熔丝；

2 250W钠灯和400W汞灯可采用6A熔丝；

3 400W钠灯可采用10A熔丝；

4 1000W钠灯和汞灯可采用15A熔丝。

7.1.11 高压汞灯、高压钠灯等气体放电灯的灯泡、镇流器、触发器等应配套使用，严禁混用。镇流器、电容器的接线端子不得超过两个线头，线头弯曲方向，应按顺时针方向并压在两垫片之间，接线端子瓷头不得破裂，外壳应无渗水和锈蚀现象，当钠灯镇流器采用多股导线接线时，多股导线不能散股。

7.1.12 路灯安装使用的灯杆、灯臂、抱箍、螺栓、压板等金属构件应进行热镀锌处理，防腐质量应符合现行国家标准《金属覆盖及其他有关覆盖层维氏和努氏显微硬度试验》（GB/T 9790）、《热喷涂金属件表面预处理通则》（GB/T 11373）、现行行业标准《钢铁热浸铝工艺及质量检验》（ZBJ 36011）的有关规定。

7.1.13 灯杆、灯臂等热镀锌后应进行油漆涂层处理，其外观、附着力、耐湿热性应符合现行行业标准《灯具油漆涂层》（QB 1551—92）的有关规定；进行喷塑处理后覆盖层应无鼓包、针孔、粗糙、裂纹或漏喷区缺陷，覆盖层与基体应有牢固的结合强度。

7.1.14 各种螺母紧固，宜加垫片和弹簧垫。紧固后螺丝露出螺母不得少于两个螺距。

7.2 中杆灯和高杆灯

7.2.1 中杆灯和高杆灯的灯杆、灯盘、配线、升降电动机构等应符合现行行业标准《高杆照明设施技术条件》（CJ/T 3076）的规定。

7.2.2 中杆灯和高杆灯宜采用三相供电，且三相负荷应均匀分配，每一回路必须装设保护装置。

7.2.3 基础顶面标高应提供标桩。

7.2.4 基础坑的开挖深度和大小应符合设计规定。基础坑深度的允许偏差应为+100mm、－50mm。当土质原因等造成基础坑深与设计坑深偏差 + 100mm 以上时，应按以下规定处理：

1　偏差在 + 100 ~ + 300mm 时，应采用铺石灌浆处理；

2　偏差超过规定值的 + 300mm 以上时，超过的 + 300mm部分可采用填土或砂、石夯实处理，分层夯实厚度不宜大于 100mm，夯实后的密实度不应低于原状土，然后再采用铺石灌浆处理。

7.2.5　地脚螺栓埋入混凝土的长度应大于其直径的 20 倍，并应与主筋焊接牢固，地脚螺栓应去除铁锈，螺纹部分应加以保护，基础法兰螺栓中心分布直径应与灯杆底座法兰孔中心分布直径一致，偏差应小于 ± 1mm，螺栓应采用双螺母和弹簧垫。

7.2.6　浇筑混凝土的模板宜采用钢模板，其表面应平整且接缝严密，支模时应符合基础设计尺寸的规定，混凝土浇筑前，模板表面应涂脱模剂。

7.2.7　浇筑基础时，应符合现行国家标准《混凝土结构设计规范》（GBJ 10）的有关规定。

7.2.8　基坑回填应符合下列规定：

1　对适于夯实的土质，每回填 300mm 厚度应夯实一次，夯实程度应达到原状土密实度的 80%及以上；

2　对不宜夯实的水饱和粘性土，应分层填实，其回填土的密实度应达到原状土的 80%及以上。

7.3　单挑灯、双挑灯和庭院灯

7.3.1　单挑灯、双挑灯的安装高度宜为 6 ~ 12m。

7.3.2　路灯钢杆应进行热镀锌处理，镀锌层厚度不应小于 65μm，表面涂漆、喷塑处理应在钢杆热镀锌后进行，因校直等因素作修改的部位不得超过 2 处，且修整面积不得超过杆身表面积的 5%。

7.3.3　路灯钢杆必须焊接良好，长度 8m 及以下的锥形杆应无横向焊缝，纵向焊缝应匀称、无虚焊。在水平放置且无负荷的条件下，杆身直线度误差应小于 3‰。

7.3.4　路灯钢杆的允许偏差应符合下列规定：

1　直埋式钢杆，其长度（包括埋入地下部分）允许偏差宜为杆长的 ± 0.5%；

2　法兰式钢杆，其长度允许偏差宜为杆长的 ± 0.5%；

3　杆身横截面尺寸允许偏差宜为 ± 0.5%；

4　接线手孔尺寸允许偏差宜为 ± 5mm；

5　一次成形悬臂灯杆仰角允许偏差宜为 ± 1°。

7.3.5　直线路段安装单、双挑灯时，在无障碍等特殊情况下，灯间距与设计间距的偏差应小于 2%。

7.3.6　灯杆垂直偏差应小于半个杆梢，直线路段单、双挑灯排列成一直线时，灯杆横向位置偏移应小于半个杆根。

7.3.7　钢灯杆吊装时应采取防止钢缆擦伤灯杆表面油漆或喷塑防腐装饰层的措施。

7.3.8　钢灯杆安装时接线手孔朝向应一致，宜朝向人行道或慢车道侧。

7.3.9　灯臂应固定牢靠，与道路纵向垂直偏差不应大于 3°。

7.3.10　当整个灯杆投影面上承受 35m/s 及以下的风速时，目测灯杆不应弯曲、结构构件不应转动。

7.3.11　庭院灯宜采用不碎灯罩，灯罩托盘应采用铸铝材质；若采用玻璃灯罩，紧固时螺栓应受力均匀，并应采用不锈钢螺栓，玻璃灯罩卡口应采用橡胶圈衬垫。

7.3.12　庭院灯具铸件表面不得有影响结构性能与外观的裂

纹、砂眼、疏松气孔和夹杂物等缺陷。

7.3.13 庭院灯具铸件油漆涂层和喷塑后的外观应符合本规程第7.1.13条的规定。

7.3.14 铝制或玻璃钢灯座放置的方向应一致，可开启式门孔的铰链应完好，开关应灵活可靠，开启方向宜朝向慢车道或人行道侧。

7.3.15 采用预制或砖砌灯座应牢固不漏水，一条道路上的灯座尺寸、表面粉刷、装饰材料应一致。

7.3.16 灯杆根部应做混凝土结面，且不积水，浇制前应将杆根周围夯实，混凝土厚度不应小于100mm。

7.4 杆 上 路 灯

7.4.1 杆上安装路灯，悬挑1m及以下的小灯臂安装高度宜为4～5m；悬挑1m以上的灯架，安装高度应大于6m；设路灯专杆的，安装高度应根据设计要求确定。

7.4.2 杆上路灯灯臂的抱箍应紧固，不得松动，装灯方向与道路纵向应成90°，误差不得大于3°。

7.4.3 引下线宜使用铜绝缘线和引下线支架，且松紧一致。引下线直接搭接在主线路上时应在主线上背扣后缠绕7圈以上。当主导线为铝线时应缠上铝包带并使用铜铝过渡连接引下线。

7.4.4 熔断器宜安装在引下线离灯臂瓷瓶100mm处，带电部分与灯架、灯杆的距离不应少于50mm。非固定式保险台在不受拉力情况下，应安装在离灯架瓷瓶60mm处。

7.4.5 引下线应对称搭接在电杆两侧，搭接处离电杆中心宜为300～400mm，引下线接头不得超过一个，不同规格的导线不得对接。

7.4.6 **引下线严禁从高压线间穿过。**

7.4.7 在灯臂或架空线横担上安装镇流器应有衬垫压板，固定螺栓不得少于2只，直径应小于5mm。

7.5 其 它 路 灯

7.5.1 安装墙灯，其高度宜为3～4m。

7.5.2 安装墙灯时，路灯架空线与第一支持物距离不得大于25m，支持物之间相隔距离不得大于6m，特殊情况应按设计要求安装。

7.5.3 吊灯安装高度不宜小于6m，吊灯吊线采用16～25mm^{2}的镀锌钢绞线或$\phi 4$镀锌铁丝合股使用，其抗拉强度不应小于吊灯（包括各种配件、引下线铁板、瓷瓶等）重量的10倍，吊线两端应安装接线瓷瓶。

7.5.4 吊线松紧应合适，两端高度宜一致，当电杆的强度或刚度不足以承受吊线拉力时，应设拉线增强。

7.5.5 吊灯的电源引下线不得受力，其保险装置安装应符合本规程第7.4.5条的规定。

7.5.6 吊灯引下线如遇树枝等障碍物时，可沿吊线敷设支持物，支持物之间间距不宜大于1.5m。

7.6 工程交接验收

7.6.1 路灯安装工程交接验收时应按下列要求进行检查：

1 路灯安装试运行前，应检查灯杆、灯具、光源、镇流器、触发器、熔断器等电器的型号、规格并应符合设计要求；

2 灯杆杆位合理；

3 灯臂安装应与道路中心线垂直，固定牢靠。在杆上安装时，灯臂安装高度应符合设计要求，引下线松紧一致；

4 灯具纵向中心线和灯臂中心线应一致，灯具横向中心线和地面应平行，投光灯具投射角度应调整适当；

5 灯杆、灯臂的热镀锌和油漆层不应有损坏；

6 基础尺寸、标高与混凝土强度等级应符合设计要求；

7 金属灯杆、灯座均应接地（接零）保护，接地线端子固定牢固。

7.6.2 路灯安装工程交接验收时应提交下列资料和文件：

1 工程竣工资料；

2 设计变更文件；

3 灯杆、灯具、光源、镇流器等生产厂提供的产品说明书、试验记录、合格证件及安装图纸等技术文件；

4 试验记录。

本规程用词说明

1.0.1 为便于在执行本规程条文时区别对待，对要求严格程度不同的用词说明如下：

1 表示很严格，非这样作不可的：

正面词采用“必须”；

反面词采用“严禁”。

2 表示严格，在正常情况均应这样作的：

正面词采用“应”；

反面词采用“不应”或“不得”。

3 表示允许稍有选择，在条件许可时首先应这样作的：

正面词采用“宜”；

反面词采用“不宜”；

表示有选择，在一定条件下可以这样做的，采用“可”。

1.0.2 条文中规定按其它有关标准执行时的写法为：“应符合……的规定”或“应按……执行”。

中华人民共和国行业标准

城市道路照明工程施工及验收规程

CJJ 89—2001

条 文 说 明

前 言

《城市道路照明工程施工及验收规程》（CJJ 89—2001）经建设部2001年7月30日以建标［2001］165号文批准，业已发布。

为便于广大设计、施工、科研、学校等单位的有关人员在使用本规程时能正确理解和执行条文规定，《城市道路照明工程施工及验收规程》编制组按章、节、条顺序编制了本规程的条文说明，供使用者参考。在使用中如发现本条文说明有不妥之处，请将意见函寄北京市路灯管理处。

目　次

1 总　则

1.0.1　本条明确了本规程的制定目的，本规程的制定可以有效的规范城市道路照明建设，指导全国业内在城市道路照明工程中采用经济适用、高效节能的路灯器材和设备，同时还能采用技术先进、科学合理的安装工艺，提高工程质量和经济效益。

工程质量的提高又能保证路灯设施安全高效的运行，更好的为城市交通安全服务，为方便市民生活服务，为美化城市服务，从而收到更高的社会效益。

1.0.2　本条明确了规程的适用范围。我国幅原辽阔，南北气温、东西地区的地域差异很大，在执行本规程时，凡未做硬性规定的内容，可根据当地具体情况灵活掌握。在城市道路照明工程中，通常对电压等级 10kV 即称为高压，1kV 以下常用的 220V 和 380V 称为低压。

1.0.3　妥善运输和保管照明器材以防止其性能改变、质量变劣是照明工程施工的重要环节之一。

1.0.4　照明器材使用前，应做好检查工作，为顺利施工提供条件。

2 架 空 线 路

2.1 电 杆 与 横 担

2.1.1　架空线路在施工时，因受地形、环境、地下管线等的影响较大，因而在定位时与设计位置不完全一致的情况是客观存在的，根据各地情况提出适当的允许误差是必要的。

2.1.2　电杆埋深非常重要，实际中受客观条件的限制，存在着不能完全满足设计要求的事实。为统一标准，强调应符合设计要求。

2.1.5　本条所指的高压担是10kV主线路上的横担，低压担是指 380V 和 220V 主线路上的横担。

2.2 绝缘子与拉线

2.2.1　绝缘子在架空线路中很重要，安装前的检查除能保证工程质量外，也是保证安全运行的必要条件。

2.2.3　各地区在使用绝缘子方面有许多经验，在使用之中可根据地点和线号大小来决定采用表 2.2.3 中所列的哪一种型号的绝缘子。

2.2.6　拉线要安装在线路的受力点上，位置和方向不能有偏差，否则会造成线路歪斜，甚至造成设备事故。

2.2.7　关于跨越道路的水平拉线对地面垂直距离的规定，原电力规程规定不小于 6m。近些年来，由于道路加宽、车辆增加，尤其是大型物资运输车，已由交通部门要求在路边行驶，如仍按道路路面中心作为基点已不适宜，故本条对跨越道路的水平拉线做了进一步规定。

2.2.9 本条表2.2.9中拉线的上端是指拉线与电杆连接部分；下端是指拉线与拉线棍连接部分；花缠是指用绑线将下端绑扎完毕后，在拉线上斜缠上去，每个节距（即缠绕一圈）约70～100mm。

2.2.10 拉线加装绝缘子，是防止拉线蹭到高压线时，烧毁设备或发生人身触电事故。

2.2.11 防沉措施通常是在戗杆底部垫底盘或其它坚固物质。

2.3 导 线 架 设

2.3.1 导线在展放过程中，容易出现一些损伤情况，有的还会出现严重损伤影响导线机械强度。本条提出一些基本状况，应予以防止，以利导线架设后满足机械强度和安全运行。

2.3.3 在实际工作中，对导线的损伤补修各地有许多实践经验。本条参照国家标准对导线补偿做统一规定。

2.3.8 不同金属、不同规格、不同绞制方向的导线在档距内连接，因受条件限制，不易连接紧密、牢固，由于受物理和化学因素的影响，接头处易腐蚀，结果会造成严重的线路缺陷。

2.3.9 关于钳压连接，由于路灯架空导线一般截面较小，故本条对大截面导线的钳压连接没做规定。

电力复合脂是一种涂料，涂时应注意，只薄薄地涂上一层即可，不可涂得太多，过多会很快降低接头的握着强度。

2.3.10 目前一些地区在架空电力建设中已采用绝缘线，其架设方法、质量要求均处于试行，一时难以统一，本条只作为一般规定。

2.3.17、2.3.18 线间距离，导线对拉线、电杆及架构之间的距离是根据不同电压的放电距离和最大风偏时的线间距离确定的，是直接关系着设备和人身安全的重要规定。

3 低压电缆线路

3.1 一 般 规 定

3.1.2 电缆直埋或在管中均无宽松的空间，电缆接头极易受到挤压而变形，造成烧断电缆的事故。

3.1.4 在灯杆两侧预留0.5m余量是根据运行经验。当接头发生故障维修时，不至于更换整段电缆或增加接头。

3.1.6 根据运行经验，当电缆发生故障时，每档有两处以上标志容易查找事故、减少路面破坏。

3.1.8 汽车牵引力不易控制，容易损伤电缆。

3.1.9 运行经验表明，由于施工中芯线接触不好容易发热，塑料护套不清洁、密封不良，潮气和水分容易进入造成绝缘降低而发生故障。

3.1.10 绕接和接线端子连接往往会造成接触不良或接触面减小，从而影响电缆的正常工作。

3.1.12 根据施工和运行要求，架空电缆承力钢绞线、截面积不宜小于 $35mm^2$ 是为了保证工作人员在工作中的人身安全；架空电缆限制固定间距、加软垫保护是避免运行中电缆的损坏。

3.2 电 缆 敷 设

3.2.2 没有铠装的聚氯乙烯护套电缆在运行中易损坏，造成短路或接地。

3.2.3 路灯低压电缆多为无铠装电缆，直埋敷设时没有任何保护，在穿越铁路、道路等处，过往车辆的压力会损坏电缆，造成烧毁电缆的事故。

3.2.9 由于对接接口不易密封，往往会造成泥浆渗入，而插接容易操作和封口。

3.2.13 运行经验表明，交流单相电缆以单根穿入钢（铁）管时，由于电磁感应会造成金属管发热而将管内电缆烧坏。

3.2.15 在横穿道路及有车通行的地段经常有车行驶，由于塑料管承受压力能力差，如果不加保护容易损坏，用混凝土浇灌可以增加受压面积和受压强度。

3.2.19 在过街管两端及灯杆处设置工作井，是为了工程施工和运行维护时容易操作。

4 变压器、箱式变电站

4.1 一 般 规 定

4.1.1 我国道路照明供电主要由公用变压器供电。随着我国道路照明事业的发展，特别是经济发达地区对城市道路照明要求的提高，城市道路照明的供电将由专用变压器供电。为配合城市现代化建设，使用箱式组合变电站作为城市道路照明供电也是一种趋势。

我国城市道路照明专用变压器负荷容量以500kVA及以下较为合适。故本规程适用于电压为10kV及以下，频率为50Hz，容量为500kVA及以下的电力变压器。

按设计进行施工是现场施工的基本要求。当设计部门按技术经济政策和现场实际情况进行修改时，应有设计变更通知。

4.1.2 为确保供电的可靠和安全，变压器的安装场所应该选择无火灾、爆炸危险的地点，应远离加油站、石油气供应站、有化学腐蚀影响以及剧烈振动的场所。箱式组合变电站的箱体是由普通钢板制成的户外型箱体，内部电器组合紧凑，其安装场所是不易积水和通风良好的地方，避免电器受潮、箱体锈蚀以延长使用寿命。

4.1.3 设备到达现场后应及时检查，以便发现设备存在的缺陷和问题并及时处理，为安装工程顺利进行创造条件。

本条规定对外观检查有无机械损伤，以判断设备在运输过程有无受到冲击而使内部受损伤。

4.1.4 根据现行国家规范《电气安装工程电力变压器、油浸电抗器、互感器施工及验收规范》（GBJ 148—90）规定：制造厂规定可以不进行器身检查；容量为1000kVA及以下，运输过程中无异常情况的可以不在现场进行器身检查。

4.1.5 本条列出了进行器身检查时的有关条件。由于道路照明供电变压器属小容量变压器，可以安排在室内进行器身检查。

4.1.6 本条参照国家现行规范，列出对500kVA及以下小容量变压器进行器身检查的项目。

4.2 变压器、箱式变电站安装

4.2.1 为了避免安装现场混乱，文明施工。本条提出了设备安装前建筑工程应具备的条件和要求，以便给安装工程创造一定的施工条件。

4.2.2 室外变压器安装方式常用的有两种，杆上（柱上）式和落地式。落地式安全性比较差，占地面积大，整体形象不适宜在城市环境中使用，所以，在本规程中不推荐室外落地方式。

杆上台架的横梁槽钢，其型号可以根据变压器的大小、重量合理配用。为了确保安全，100kVA以上的变压器可以在槽钢横梁中部加装一根槽钢支撑柱子。在杆上横架上安装的变压器应选用没有滚轮的。

4.2.3 变压器在室内布置方式有多种，《建筑电气安装工程图集》（JD1—103～106）介绍了九种。

4.2.4 本条根据变压器结构而规定了变压器的安装要求，避免误吊不合理吊点而损坏变压器结构。比如油浸式变压器顶盖上盘的吊环是为吊芯用的，如果用作吊整体，会使顶盖上盘法兰变形，导致漏油。

4.2.5 本条对小容量变压器本体就位不提出升高坡度要求。

4.2.6 本条提出了变压器的附件安装程序和要求。各类型变压器所配用的附件可根据本条相关的附件安装要求进行安装。

4.2.7 本条对变压器绝缘油的使用提出一些基本的要求，油质量标准参照现行国家标准《变压器油》（GB 2536）、《设备中变压器油指标》（GB 7595）。

最好使用同一牌号的油品，以保证原来运行油的质量和明确的牌号特点。我国变压器的牌号按凝固点分为 10 号（凝固点 -10℃）、25 号（-25℃）和 45 号（-45℃）三种，一般是根据使用环境温度条件选用。同一牌号的合格油混合使用能保证其运行特性基本不变，而且维持设备技术档案中用油的统一性。

强调不同牌号的油不宜混合使用，混合使用的油其质量必须合格。标准是混合油的质量不低于其中一种油的质量。

4.2.8 本条提出变压器的高压、低压电气连接需按设计要求连接，可以采用硬母线（包括密集母线）连接，也可以采用电缆连接。各种连接方式的质量标准和制作技术规范可参照相关章节内容。

4.2.9 箱式变电站是由高压、低压开关设备、变压器一体组合而成的户外式供配电设备。它不仅具备传统土建变电站配电、开关、控制、计量、补偿的功能，还具有占地面积小，安装方便、迅速，运行可靠，移动灵活，投资少等优点。因此，适用于油田、施工工地、城市公共建筑、住宅区和道路照明等场所的供电。近年在我国部分城市道路照明中已被广泛使用。

本条根据箱式变电站的结构和使用条件，对基础和吊装提出了要求。在满足箱式变电站的基本技术条件下，各地方可根据当地的气候条件设计适合当地使用的基础结构。

4.2.10 箱式变电站主要组合设备有高压开关柜（通常配用环网柜），低压开关柜（包括路灯自动控制部分）、变压器（通常选用干式变压器）。

本条提出了投运前应该检查的项目，这是根据电器设备安全操作规程的相关内容提出的最基本的安全技术要求。

4.3 试 验 和 检 查

4.3.1 本条对箱式变电站运行前应作的试验项目及标准是参照《干式变压器》相关内容提出的。

高压开关设备耐压试验标准、低压开关设备绝缘电阻测试标准是参照国家现行标准《电气装置安装工程高压电器施工及验收规范》（GBJ 147—90）第 12.0.4 条、第 23.0.1 条的有关规定制定的。

4.3.2 本条参照现行国家标准《电气装置安装工程电气设备交接试验标准》（GB 50150—91）中 1600kVA 及以下油浸式电力变压器的试验项目。

4.3.3 本条参照《电气装置安装工程电气设备交接试验标准》（GB 50150—91）标准列出了变压器冲击合闸试验要求。

5 配电装置与控制

5.1 低压配电室一般规定

5.1.1 根据《10kV及以下变电所设计规范》（GB 50053），配电室靠近负荷中心是室址选择的基本要求，这样有利于提高供电电压质量、减少输电线路投资和电能损耗。

5.1.2、5.1.3 根据《低压配电设计规范》（GB 50054）有关规定制定。

5.2 配电柜（箱、盘）安装

5.2.1 目前国内配电柜（盘）的安装一般采用基础型钢作底座。基础型钢与接地干线应可靠焊接，柜、盘用螺栓或焊接固定在基础型钢上。

基础型钢施工前，首先要检查型钢的不直度并予以校正。在施工时电气人员予以配合，本条提出的要求是可以做到的。对基础位置误差及不平行度进行限制，以保证柜（箱、盘）对整个控制室或配电室的相对位置。

5.2.2 强调按设计要求采取防震措施。因为设计部门掌握柜（箱、盘）的安装地点的震动情况，据此提出不同的防震措施，如常用垫橡皮垫、防震弹簧等方法。

5.2.3 考虑到配电盘、自动装置盘等需要更换检修，若将柜、盘焊死，将造成更换检修困难，故提出不宜焊死。

5.2.4 本表系参照《建筑安装工程质量检验评定标准（自动化仪表安装工程）》（TJ 308—77）中的有关规定。

5.2.5 带有端子排的室外配电箱应封闭良好，以防水、防尘、防潮。

5.2.6 装有电器的可开启的柜（箱、盘）门，若无软线与柜（箱、盘）的框架连接接地，则当电器绝缘损坏漏电时，柜（箱、盘）门上带有危险的电位，将会危及运行人员的人身安全。裸铜软线要有足够的机械强度。

5.2.7 根据原水电部（84）电生监字142号文的要求，开关柜应具有防止带负荷拉合刀闸、防止带地线合闸、防止带电挂接地线、防止走错间隔、防止误拉合开关的“五防”要求，特强调提出这一条款。

5.3 配电柜（箱、盘）电器安装

5.3.1 发热元件宜安装在散热良好的地方，有些发热元件较笨重，不宜安装在顶部，否则既不安全又不便操作。装置性设备要求外壳接地，以防干扰，并保证弱电控制设备的正常运行。

5.3.2 第三款是因为近年来弱电保护和弱电控制大量应用，为防止强电对弱电的干扰而提出的要求。

第四款，主要考虑室外配电箱因受潮造成端子绝缘降低，故建议采用防潮端子。

第五款，小端子配大截面导线在工程中时有发生，造成安装困难且接触不良。

5.3.3 二次回路的连接件应采用铜质制品，以防止锈蚀。考虑防火要求，绝缘件应采用自熄性阻燃材料。

5.3.4 本条是参考国家标准《低压成套开关设备》（GB 7251—87）而编写的。

5.3.5 本条是根据现行国家标准《电气装置工程盘、柜及二次回路结线施工及验收规范》（GB 50171—92）而编写的，施工时必须执行，以免造成运行事故。

5.4 二次回路结线

5.4.1 为保证导线无损伤，配线时宜使用与导线规格相对应的剥线钳进行剥线。二次回路应设专用接地螺栓，使接地明显可靠。

5.4.2 本条参照国家现行标准《电力系统二次电路用控制及集电保护屏（柜、台）通用技术条件》（JB 5777.2—91）制订。

5.4.3 本条第三款，为保证导线不松散，多股导线不仅应端部绞紧，还应加终端部件，最好采取压接式终端部件。在一定的条件下，多股导线端部搪锡易发生电解反应而锈蚀，一般不主张采取搪锡处理。

5.4.4 本条第二款，根据现行国家标准《工业与民用电力装置的接地设计规范》（GBJ 65—83）及《电气装置安装工程接地装置施工及验收规范》（GB 50169—92），明确要求控制电缆的金属护层应予以接地。

5.5 路灯控制系统

5.5.1 目前，我国城市道路照明控制方式一般可归纳为有线控制、无线控制两种控制方式。从路灯控制发展趋势看，如果有条件可逐步应用推广微机无线遥控系统。目前，应用于路灯控制的电子产品较多，但功能基本相同。应选择结构合理，时钟精度高，性能可靠，操作简单，抗干扰能力强的产品。

5.5.2 根据《城市道路照明设计标准》（CJJ 45—91）第五章第二节中第5.2.3条的规定制定。

5.5.4 第三款，光控开关是根据环境光照度值作为（开关路灯的）判断条件。环境光照度的改变往往会造成光控开关误动作，因此选择一个避免受环境光干扰的位置显得尤为重要，用户可根据具体情况而定。

5.5.5 根据现行国家标准《110～550kV架空电力线路施工及验收规范》（GBJ 233—90）中第六章第一节的有关规定制定。

5.5.6 $$系统误报率=\frac{误报次数}{报警次数}$$

式中误报次数包括有故障没有报警、错报警和无故障也报警的次数。

6 安全保护

6.1 一般规定

6.1.1 灯杆电源接线板等外露电气部分设置必要的防护可以避免施工维修人员和行人误触有电设备造成人身伤亡和设备事故。

6.1.2 本条提到的电气装置的金属部分采取接零或接地保护后，可以有效地防止在电气装置的绝缘部分破坏时造成人身触电事故。

6.1.3 接地线是保护人身和设备安全的重要装置，必须具备足够的导电截面和一定的机械强度。因此本条对接地线的使用做了具体规定，必须严格执行。

6.2 接零和接地保护

6.2.3 单相开关如装在零线上，断开开关时，设备上仍然有电，因此，本条规定了单相开关应装在相线上。保护零线如装设开关或熔断器，则保护零线随时可能断开，造成人身触电事故。

6.2.5 接地装置的接地电阻值要求在10Ω以下，是为了在开关动作前尽量降低设备对地电压。

6.3 接地装置

6.3.5 本条是根据《电气装置安装工程接地装置施工及验收规范》（GB 50169—92）的规定制定的，是电气装置安全保护的重要规定，应严格执行。

7 路灯安装

7.1 一般规定

7.1.1 本条“同一条街道、公路”的路灯安装高度、仰角、装灯方向一般情况下要求一致是针对街道、公路的连续路段而言，特殊区域、平交路口，以及立交桥都应作专门考虑。

7.1.3 本条要求基础坑开挖尺寸要与设计相符，是指开挖基础坑口允许有正向偏差即基础坑尺寸大于设计尺寸。对基础平面高度本条不作硬性规定，考虑到城市规划对人行道板、绿化等方面的综合要求，基础平面高度由设计单位与上级主管单位协调后在设计文件中确定。

7.1.5 本条“常规照明灯具的效率不应低于60%”源于对国产灯具的普遍性的测试结果，由于灯具效率对照明水平的提高、能源利用等方面都比较重要，因此，应力争使用高效率的灯具。

7.1.6 “可调灯头应按设计调整至正确位置”指目前市场上有相当部分的灯具可供两个或三个光源等级选用，如250W/400W通用型、150W/250W/400W通用型。因此，在灯具内部应具有适用光源的灯头调整指示，使用时，应按设计采用光源等级，正确调整灯头位置。

7.1.9 本条中“每盏灯的相线宜装设熔断器”指每个起主要照明作用的光源不论是否同杆都应设置独立的熔断器，使它们不相互影响，独立工作。但与主要照明光源同杆装设的装饰性光源，如功率小于150W，可共用熔断器保护且独立于主要照明光源的保护装置。

7.1.10 本条所示熔丝安培等级系按照RL1型螺旋丝式熔断器的熔芯电流等级划分确定，如采用磁插式及其它型式熔断器，可相应配置熔体等级。

7.1.11 气体放电灯的灯泡、镇流器混用，会造成烧毁灯泡或镇流器的事故，因此本条规定应配套使用。

7.1.12 本条文中采用的标准是：

GB/T 9790—1988《金属覆盖及其他有关覆盖层维氏和努氏显微硬度试验》

ZBJ 36011—89《钢铁热浸铝工艺及质量检验》

GB/T 11373—1989《热喷涂金属件表面预处理通则》

7.2 中杆灯和高杆灯

7.2.3 关于基础顶面标高，考虑到高杆灯属大型地上构筑物，与周围环境配合，包括基础与邻近地平的衔接较为重要，而且高杆灯基础施工时，一般邻近地平尚未施工到位，所以，基础顶面标高必须经现场实测确定。

7.3 单挑灯、双挑灯和庭院灯

7.3.2 本条文中“因校直等因素作修改的部位不得超过2处，且修整面积不得超过杆身表面积的5%”是指由于各种原因如校直造成灯杆表面镀锌层破坏时，对允许数量和面积作出明确规定，超过时必须重新热镀锌。补救措施包括喷锌及喷锌后涂漆等。

7.3.3 灯杆轴线的直线度误差不得大于杆长的3‰是灯杆生产厂家的加工允许误差。以10m杆为例，其3‰为30mm，即为轴线的直线度误差。

7.3.4 灯杆允许误差均指生产厂家的加工允许误差。

长度误差不大于±0.5%，以10m杆为例，其±0.5%为±50mm，即为长度的允许误差。

灯杆横截面尺寸误差，对圆锥形灯杆，其截面圆度误差不大于±0.5%，指由于失圆后形成椭圆的长短轴允许的相对差。

对多边椎棱形灯杆，对边间距偏差以及对角间距偏差不大于±0.5%，指对边或对角距离最大与最小值允许的相对差。

接线手孔尺寸误差±5mm，指接线手孔长、宽尺寸。

7.3.5 本条中要求现场实际确定杆位时，直接段杆位放样值与设计值的偏差小于2%。以设计间距 $S = 50m$ 为例，要求放样值在49～51m，但考虑到实际施工中可能遇见支路、隔离带留口等设计变更，因此在遇到上述情况时，现场放点应作相应调整。

7.3.6 本条指出了灯杆安装允许偏差。以灯杆上口径 $\phi80$，下口径 $\phi180$ 为例，灯杆轴线上端允许偏移40mm，下端允许偏移90mm。

7.3.9 本条指出了灯臂安装允许偏差。以灯臂悬挑2.0m为例，灯臂轴线允许偏移100mm。

7.3.10 在35m/s及以下风速产生的风压下，将不导致灯杆整体内部应力破坏，即风压撤除后可自行恢复。

7.3.13 本条中采用的标准是：QB 1551—92《灯具油漆涂层》第7.1.13条。

7.3.16 混凝土结面是指供维修人员作业的平台。

7.4 杆 上 路 灯

7.4.3 设置引下线支架的目的是避免引下线直接搭接在主线路上使主线路若干点集中受力。

7.4.6 引下线穿过高压线可能会造成引下线搭接在高压线上烧毁路灯设备。因此，本条规定严禁引下线穿过高压线。